COOPERAÇÃO PENAL INTERNACIONAL

Obrigações processuais positivas e o dever de cooperar

Vladimir Aras

COOPERAÇÃO PENAL INTERNACIONAL

Obrigações processuais positivas e o dever de cooperar

2025

EDITORA *Jus*PODIVM

www.editorajuspodivm.com.br

EDITORA *Jus*PODIVM
www.editorajuspodivm.com.br

Rua Canuto Saraiva, 131 – Mooca – CEP: 03113-010 – São Paulo – São Paulo
Tel: (11) 3582.5757
• Contato: https://www.editorajuspodivm.com.br/central-de-relacionamento

Diagramação: Equipe *Jus*PODIVM

Capa: Ana Caquetti

A662c Aras, Vladimir
Cooperação Penal Internacional: Obrigações processuais positivas e o dever de cooperar / Aras, Vladimir – São Paulo: Editora JusPodivm, 2025.
704 p.

ISBN: 978-85-442-5362-5.

1. Direito Penal Internacional. 2. Cooperação Penal. I. Aras, Vladimir. II. Título.

CDD 341.14

BIBLIOTECÁRIA RESPONSÁVEL

Ana Carolina Ribeiro Mois – CRB7 – RJ 007348/0

1.ª ed., *2.ª tir.:* mar./2025; *3.ª tir.:* mai./2025.

Dedico este livro ao passado e ao futuro.
A José e Maria, meus pais.
A João Pedro, Pietra e Valentina, meus filhos.
Por tudo.

AGRADECIMENTOS

Alguém disse: "Não crie expectativas; crie codornas". Assim, a vida nos surpreende quando aparecem mãos generosas para nos apoiar na caminhada. Cada um ajudou de um jeito; todos ajudaram muito! Primeiro saiu minha tese de doutoramento e agora dou a público este livro.

Deixo minha gratidão a Américo Bedê Freire Júnior, Andrey Borges de Mendonça, Bernardo Montalvão, Celeste Maria Pacheco de Andrade, Danilo Andreato, Danilo Dias, Daniel de Resende Salgado, Douglas Fischer, Edson Almeida, Eduardo Pelella, Eduardo Schneider Lersch, Gabriela Aguirre, Georgia Renata Sanchez Diogo, Francisca Maria Beserra Araújo, Lorenzo Tordelli, Mariana Stancioli Campos de Pinto Teixeira, Mario Medeiros, Melina Castro Montoya Flores, Patrícia Oliveira, Pablo Stolze Gagliano, Rodrigo Janot, Rosa Ana Morán, Thiago Vieira, Walter Capanema e Wellington Cabral Saraiva. Eles sabem o quanto me ajudaram!

Agradeço muitíssimo ao meu orientador no doutoramento, o Professor Doutor Antonio Henrique Graciano Suxberger, uma inteligência admirável. Tenho enorme gratidão pelos Professores Arnaldo Sampaio de Moraes Godoy, Francisco Rezek, Inocêncio Mártires Coelho e Paulo Roberto de Almeida pelas lições e pela inspiração durante o curso.

Agradeço ainda aos Professores, Funcionários e Colegas do Programa de Pós-Graduação do CEUB, nas pessoas do Professor Marcelo Dias Varella, de Marley Antiste Ribeiro e de Alexandre Peres Teixeira; aos Professores do Departamento de Direito Público da Faculdade de Direito da Universidade Federal da Bahia; aos colegas e amigos do Ministério Público Federal (inclusive ao pessoal da Biblioteca do Ministério Público Federal e da Secretaria de Cooperação Internacional da Procuradoria-Geral da República); e aos Chefes que tive e o faço por todos na pessoa do primeiro deles, Ricardo Martins, um sábio Advogado.

Não posso deixar de demonstrar minha gratidão a Mônica, por tantas coisas maravilhosas durante o caminho, e a minha tia-avó e madrinha, Lourdes Baqueiro, por sua profecia.

Agradeço, por fim, a Deus, o Alfa e o Ômega.

À solidariedade entre os seres humanos, aquela "sutil, mas invencível convicção (...) que une a solidão de incontáveis corações: à solidariedade nos sonhos, nas alegrias, nos sofrimentos, nas aspirações, nas ilusões, nas esperanças e nos temores, à solidariedade que enlaça todos os homens uns aos outros, que une toda a humanidade, os mortos aos vivos, e os vivos aos que ainda nascerão".

(Joseph Conrad, *The Children of the Sea,* 1897).

APRESENTAÇÃO

A Editora Juspodivm traz à comunidade jurídica esta obra do Procurador Regional da República Vladimir Aras, versão final de uma tese de doutorado defendida com brilho perante banca de excepcional qualidade.[1]

Professor de Processo Penal, pesquisador consagrado às áreas de lavagem de dinheiro, criminalidade organizada, proteção de dados e cooperação penal internacional, Vladimir Aras lidera neste momento o trato desses domínios – de atualidade notória - no Ministério Público da União.

A *tese*, em sentido estrito, que o autor sustenta com rigor científico, é a de que o pedido de cooperação internacional não se inscreve tão só no rol dos direitos óbvios, das possibilidades do agente público, mas faz parte da agenda de seus deveres, de suas *obrigações processuais positivas*. Temos aí, pois, uma via de mão dupla: o agente público, na esfera da repressão ao crime transnacional, tem tanto o dever de prestar cooperação a seu homólogo estrangeiro quanto aquele outro dever, não menos importante, de pedir essa cooperação quando ela importe, em qualquer medida, ao interesse da investigação criminal.

Surpreende e impressiona, entretanto, a riqueza da informação e do argumento que em torno dessa tese o autor reuniu em seu trabalho, de proporções colossais. É o inteiro cenário da repressão ao crime transnacional que o livro ensina com maestria, valendo-se das melhores fontes primárias e secundárias da pesquisa científica. Vasta, segura e, mais que tudo, criativa nos seus conceitos, a obra tem garantida desde logo uma presença de peso na bibliografia brasileira de terrenos vários: o direito processual penal, o direito internacional penal, o direito *penal internacional* de que falou outrora

---

1. A banca foi presidida pelo orientador de tese, Professor Antonio Henrique Suxberger, e integrada por dois outros notáveis professores do UniCEUB, Liziane Oliveira e Bruno Buonicore; e ainda pelos professores Raúl Cervini, da Universidade Católica do Uruguai, e Lorena Bachmaier Winter, da Universidade Complutense de Madri.

Claude Lombois, e o direito *transnacional* conceituado há setenta anos por Philip Jessup.[2]

Faz pouco mais de um século que o *Direito das Gentes*, o direito internacional – adjetivado como *público* nas culturas latinas – ampliou seu escopo para além do estritamente necessário à regência das relações interestatais em tempo de guerra ou de paz e à disciplina dos espaços comuns, passando a tratar também de temas que até a primeira grande guerra eram inscritos na competência legislativa doméstica de cada soberania. Desde então convivemos com a produção internacional do *direito do trabalho*, do *direito econômico*, do *direito penal*, do *direito ambiental*, dos *direitos humanos* no que têm de mais básico e de mais inovador.

Contudo, a quintessência do Direito das Gentes é ainda hoje a garantia da paz e da segurança entre os membros da comunidade, à luz da regra de direito e do ideal de justiça. Foi para isso que se criou um dia a Liga das Nações, de cujas cinzas emergiria no segundo pós-guerra a Organização das Nações Unidas. A Organização – disse-o, ao final da infame campanha do Iraque, a diplomacia brasileira – *não foi criada para administrar as ruínas de guerras que ela não consegue evitar*. Não foi para confinar-se na assistência humanitária às vítimas da usurpação territorial e do genocídio que a ONU foi criada. De resto, no momento em que a Organização realizar seu fundamental objetivo de prover paz e segurança para todos, em bases firmes de direito e com perfeita justiça, já não haverá espaço para assistências humanitárias e outras caridades na terra devastada pelas armas.

Tenho a convicção de que a paz e a segurança internacionais não dependem somente da prevenção e repressão dos crimes de Estado, mas também da cooperação entre Estados para o combate à criminalidade comum, no que esta última cruza fronteiras e alcança o patamar da transnacionalidade. As áreas a que se dedica o Procurador e Professor Vladimir Aras têm, assim, tudo a ver com os objetivos fundamentais da Carta das Nações Unidas.

A doutrina brasileira do direito internacional, onde o autor deste livro tem hoje lugar de destaque, propende a fecundar o terreno global com sua qualidade, seu rigor científico e sua ética. Vivemos, afinal, num mundo cheio de remorsos e este é um país sem remorsos no plano externo. Nossas mazelas têm a ver com nossa problemática interna, mas na cena internacional este é um país sem mácula. Construímos nossa história sem ter lesado ninguém, sem ter agredido ninguém, sem que qualquer outra nação, outra comuni-

2. Essas duas obras emblemáticas fazem objeto de referências no livro e figuram na bibliografia.

dade humana, haja sido um dia vítima de uma violência, de uma injustiça imputável ao Brasil. Somos uma bandeira limpa em um mundo cheio de bandeiras ensanguentadas. Temos autoridade para dar determinadas lições à sociedade internacional – mais do que necessidade de recebê-las.

Se tentarmos, de modo sumário, estabelecer uma distinção entre categorias de países na atualidade da vida internacional, teremos uma primeira categoria, a dos detentores de um poder econômico, militar, político, que faz com que se situem acima do bem e do mal e que se entreguem ao requinte de sacrificar o direito em nome de seus interesses e instintos. Teremos uma segunda categoria, a dos países emergentes na prática da democracia, países que, saídos de um longo período de sombras, deslumbraram-se um tanto em excesso com a proposta ocidental e, carentes de senso crítico, aderiram com facilidade às injunções da liderança. Teremos uma terceira categoria, a das muitas nações que foram reduzidas à miséria na segunda metade do século XX e que hoje, naufragadas em prioridades tão dramáticas e pungentes, não têm vitalidade para pensar soluções para o dilema da sociedade internacional ou para a crise do direito internacional. Desses deserdados, desses tantos que foram reduzidos à ruína, não se pode esperar que priorizem outra preocupação que não aquela das suas mais primárias necessidades.

Existe uma derradeira categoria, aquela a que pertencemos: sem compromisso com os núcleos de poder e sua pretensão hegemônica, sem dívidas de ordem moral, sem nenhuma espécie de alumbramento diante de algo que para nós nem é novo nem prima pela exemplaridade; e sem termos sido reduzidos à impossibilidade de agir, havendo preservado nossa energia e nossa integridade. É de tais países que a comunidade internacional hoje mais espera, embora tantos prefiram não o dizer.

O dia virá em que, lembrando a história dos primeiros anos do século XXI, todos, mas sobretudo os operadores do direito, teremos dificuldade em acreditar que aquilo realmente aconteceu, que as palavras que ouvimos realmente foram ditas, que as cenas que acompanhamos à distância não eram a encenação de uma ópera de horror. O dia virá em que, superado este fosso de sombras para o direito internacional e a comunidade das nações, hesitaremos em dar crédito à memória quando ela nos insinuar que isso não foi um delírio. Creio que sobrevive em nós a esperança de que, quem sabe no que nos resta como expectativa de vida, esse novo tempo não demore a chegar.

São Paulo, junho de 2024.

Francisco Rezek

PREFÁCIO

Prologar una nueva obra de un joven académico brasileño representa siempre un inmenso honor para el firmante y a la vez un gran desafío, en este caso incrementado por la trayectoria y madurez jurídica de un colega como el Profesor Dr. Vladimir Aras, que siempre supo concitar nuestro interés por su línea de trabajo dirigida hacia los nuevos desafíos de la globalización que pueden comprometer el discurso del dogma penal y los paradigmas más sensibles del proceso penal, centros de prioritarios de atención y trabajo de aquellos que abrazan el compromiso efectivo con las garantías.

Estamos viviendo una época en que muchos juristas tienden a perder las referencias y valores que gracias al esfuerzo y resistencia visionaria de ilustres Maestros, permitieron que la raza humana superara sus formas más primitivas de supervivencia colectiva, para forjar progresivamente las bases de una convivencia en y por el Derecho, que en todas sus ramas se fue moldeando muy lentamente en clave superadora, tratando de alcanzar por medio de la ley, los paradigmas inherentes a dignidad del hombre, simiente y razón misma del Derecho, sobre el cual el Estado legitima su propia existencia, los límites de su control social, el alcance de su accionar interno y de su relacionamiento internacional convencional.

Eso trasciende o debería al menos reflejar los límites y garantías a la Cooperación Internacional particularmente el campo más sensible de la Cooperación de Asistencia Judicial Mutua en Materia Penal y por supuesto también acotar en términos de respecto del Orden Público Nacional e Internacional, así como los límites de la crucial Cooperación Mutua Administrativa, también conocida como Cooperación Directa.

El añorado Maestro del Cooperacionismo Judicial Garantista Italiano, Profesor y Magistrado Gioacchino Polimeni, en una fermental obra, apropiadamente citada y analizada en la obra del Dr. Vladimir Aras, sintetiza a modo introductorio a la Cooperación Judicial Penal Internacional como "un Estatuto de solidaridad ineretática y garantías". En esas breves palabras, él resume el cerne sobre el cual girará el debate permanente: la inevitable tensión dinámica entre una asistencia judicial internacional eficaz y las garantías del Orden Público Internacional de los Estados involucrados y fundamentalmente aquellas del propio "concernido" por la asistencia jurídica mutua (o sea aquella persona para la cual la asistencia jurídica mutua no solo una mera cuestión de Estados: sino algo que afecta sus derechos).

Dicho lo anterior, debe destacarse aspectos generales de la obra y sus destinatarios: (a) virtudes que otorgan a la obra un perfil didáctico y sistematizador, de doble lectura, a el nivel superior de profundización provechoso para el lector especializado (Docentes y Magistrados) y a través de una lectura suficientemente contrastada para niveles iniciales de Maestría y de Grado; y (b) la meticulosidad sustancial y formal, demostrativa del rigor técnico del autor. El libro aborda de forma prolija los fundamentos jurídicos, los regímenes internacionales, las obligaciones positivas que sustentan el deber de cooperar y el necesario correlato de garantías para los concernidos directos y para sus víctimas.

A lo largo de cinco capítulos, el autor se preocupa en clarificar la compleja trama de normas convencionales y extraconvencionales, jurisprudencia y doctrina relativa al tema abordado. En este aspecto sistematiza la interrelación entre los regímenes de prohibición y los regímenes de protección, demostrando cómo ambos se complementan y refuerzan en la lucha contra la impunidad y la salvaguarda de los bienes públicos globales.

A otro nivel de apreciación de la obra se evidencia un planteo innovador al abordar las obligaciones procesales positivas de primer y segundo nivel, así como el análisis de la jurisprudencia internacional en la materia. Estas contribuciones serán de utilidad general para comprender la naturaliza y alcance del deber de cooperar. Asimismo, el énfasis en distinguir el correlato entre el deber de prestar cooperación y el deber de requerir cooperación arroja luz sobre una cuestión que ha sido objeto de intenso debate en la doctrina y jurisprudencia de la Unión y en el concierto comparado internacional.

A través de su investigación, el autor se preocupa en demostrar la existencia de un deber jurídico, y no meramente moral, de cooperar activamente en la persecución de delitos y la protección de los derechos humanos. Esta conclusión tiene profundas implicaciones de "Portada General "para los Estados y sus instituciones, y sienta las bases para un sistema de justicia más eficaz y justo en el ámbito internacional.

El autor enfatiza la existencia de un deber amplio de cooperación activa, fundamentado en normas constitucionales (derecho interno), normas convencionales (derecho internacional) y el *ius cogens*. Desde su perspectiva este deber de requerir cooperación surge como una proyección procesal (*procedural limb*) de los derechos fundamentales materiales previstos en las constituciones, leyes fundamentales, tratados de derechos humanos y derecho internacional humanitario. Ciertamente estamos ante un deber implícito en los regímenes internacionales de prohibición y en los regímenes de protección, cuando se presenta el fenómeno de la extraneidad.

El deber de cooperar activamente es imperativo, en la medida en que se vincula con el derecho de acceso a la justicia. Por lo tanto, es una obligación procesal positiva con sustento constitucional, convencional y extraconvencional. Dentro del Estado, este deber apunta hacia adentro de los sistemas jurídicos, como una obligación de las agencias estatales de persecución penal y juzgamiento.

Finalmente, el autor afirma que el deber estatal de cooperar es un escudo, un remedio o un recurso efectivo a disposición de todos los actores procesales para promover sus derechos fundamentales a nivel interno o los derechos humanos reconocidos internacionalmente.

Cabe destacar también la importancia que el autor otorga a los derechos de las víctimas y su participación en los procedimientos de cooperación jurídica internacional. El enfoque inclusivo y respetuoso de los derechos fundamentales de todas las partes involucradas es un ejemplo para seguir en la búsqueda de una justicia verdaderamente equitativa y humanista. El autor afirma la importancia de la participación de la víctima en los procedimientos de cooperación jurídica internacional, espacio del cual estaba anteriormente excluida como el cuarto ausente. Sostiene que la participación de la víctima es esencial en la persecución extraterritorial de delitos. En este sentido, describe los siguientes derechos que deben ser asegurados a las víctimas: 1) El derecho a la información sobre los procedimientos de cooperación; 2) El derecho de impugnación de decisiones relativas a la cooperación; y 3) El derecho de provocar o solicitar medidas de cooperación internacional.

Por cierto que el autor enfatiza que la inclusión de los derechos de las víctimas no implica suprimir los derechos del acusado (concernido). Se trata simplemente de permitir que las víctimas ejerzan las garantías aseguradas a todos los seres humanos, sin distinción alguna. Asimismo, destaca que esta participación de las víctimas corresponde a las obligaciones positivas del Estado de garantizar derechos y proveer los medios para su ejercicio efectivo.

En resumen, el autor aboga por un enfoque inclusivo que reconozca y proteja los derechos de las víctimas en el contexto de la cooperación jurídica internacional, sin menoscabar los derechos del acusado.

En el último Capítulo de la obra, el autor recoge recientes aportes internacionales, en torno al flagelo de la "Cooperación Deficiente", anomalía que ciertos autores la elevan a la categoría de ilícito internacional y una evidencia de la protección insuficiente (*Untermassverbot*).

La cooperación deficiente puede ocurrir en las siguientes situaciones: 1) Por no accionamiento de las modalidades de cooperación cuando es necesario; 2) Por el accionamiento erróneo de las modalidades de cooperación; 3) Por el accionamiento tardío de las modalidades de cooperación; 4) Por el accionamiento indebido de las modalidades de cooperación.

El autor vincula cada una de estas situaciones con casos específicos para ilustrar el fenómeno de la cooperación deficiente. Además, distingue la cooperación deficiente de otros fenómenos como la extradición disfrazada, las abducciones y extracción ilegal de personas.

En resumen, el autor identifica la cooperación deficiente como un incumplimiento de las obligaciones internacionales de los Estados en materia de cooperación jurídica, lo que constituye un ilícito internacional y una protección insuficiente de los derechos humanos.

Nos permitimos acotar que esta última anomalía de accionamiento indebido ha tenido un precedente que involucró hace más de dos décadas, una medida de asistencia jurídica internacional solicitada por Magistrado de Brasil a la Justicia de Uruguay (Sede Penal de Punta del Este). La medida de asistencia mutua se desvirtuó de facto por el allanamiento directo e incautación de documentos por parte de autoridades de Brasil, sin adecuado conocimiento ni presencia cautelar de su ejecución por parte del Magistrado Uruguayo. Los Tribunales Superiores de Brasil anularon los efectos de la medida y el Juez uruguayo fue apartado del cargo.

En definitiva, la lectura de la obra nos permitió confirmar el notable y actualizado nivel académico de la nueva generación de Penalistas, Procesalistas Penales e integrantes del Ministerio Público de la Unión. El autor de la obra es ejemplo demostrativo de dicho perfeccionamiento.

Felicito al Profesor Vladimir Aras por esta fermental contribución y le deseo el mayor éxito en la difusión de sus ideas y propuestas.

Punta del Este, 12 de junio de 2024.

Profesor Doutor Raúl Cervini

LISTA DE SIGLAS

A/RES	– Resolução das Assembleia Geral das Nações Unidas
ACNUDH	– Alto Comissariado das Nações Unidas para os Direitos Humanos
ACNUR	– Alto Comissariado das Nações Unidas para Refugiados
ACTWG	– *Anticorruption and Transparency Experts Working Group* (Grupo de Trabalho de Especialistas em Anticorrupção e Transparência, da APEC)
ACHPR	– *African Commission of Human and People's Rights* (Comissão Africana de Direitos Humanos e dos Povos)
ACWG	– *Anticorruption Working Group* (Grupo de Trabalho Anticorrupção do G20)
ADC	– Carta Africana sobre Democracia, as Eleições e a Governação
AHRD	– *Asean Human Rights Declaration* (Declaração de Direitos Humanos da Asean)
AIEA	– Agência Internacional de Energia Atômica
AICHR	– *Asean Intergovernamental Commission on Human Rights* (Comissão Intergovernamental de Direitos Humanos da Asean)
AMERIPOL	– Comunidade de Polícia das Américas
APEC	– *Asia-Pacific Economic Cooperation* (Cooperação Econômica Ásia-Pacífico)
APIC	– *Agreement on the Privileges and Immunities of the International Criminal Court* (Acordo sobre Privilégios e Imunidades do Tribunal Penal Internacional)
APRODEH	– Associação Pró-Direitos Humanos
ASEAN	– *Association of Southeast Asian Nations* (Associação das Nações do Sudeste Asiático)

ASEANPOL – *Asean Chiefs of Police* (Chefes de Polícia da Asean)
ASP – *Assembly of the States Parties* (Assembleia dos Estados Partes do Estatuto de Roma)
ATCA – *Alien Tort Claims Act* (Lei dos EUA sobre Responsabilidade Civil por Ilícitos no Exterior)
AU – *African Union* (União Africana)
AUABC – Conselho Consultivo da União Africana sobre Corrupção
BENELUX – Bélgica, Holanda e Luxemburgo
BIRD – Banco Internacional para a Reconstrução e o Desenvolvimento
CADH – Convenção Americana de Direitos Humanos
CADHP – Comissão Africana de Direitos Humanos e dos Povos
CAN – Comunidade Andina de Nações
CARICOM – *Caribbean Community* (Comunidade do Caribe)
CAT – *Committee Against Torture* (Comitê contra a Tortura)
CAT – *United Nations Convention Against Torture* (Convenção das Nações Unidas contra a Tortura)
CCJ – *Caribbean Court of Justice* (Corte Caribenha de Justiça)
CCPR – *Committee on Civil and Political Rigths* (Comitê de Direitos Humanos do Pacto Internacional de Direitos Civis e Políticos)
CCSA – *Constitutional Court of South Africa* (Corte Constitucional da África do Sul)
CDI – Comissão de Direito Internacional
CDFUE – Carta de Direitos Fundamentais da União Europeia
CEACR – Comitê de Peritos para a Aplicação das Convenções e das Recomendações
CEAPAZ – Centro de Estudos e Ação para a Paz
CECA – Comunidade Europeia do Carvão e do Aço
CED – *Committee on Enforced Disappearances* (Comitê sobre Desaparecimentos Forçados)
CED – *International Convention for the Protection of All Persons from Enforced Disappearance* (Convenção Internacional para a Proteção de Todas as Pessoas contra o Desaparecimento Forçado)

CEDH	– Convenção Europeia de Direitos Humanos
CEE	– Comunidade Econômica Europeia
CEDAW	– *Committee on the Elimination of Discrimination Against Women* (Comitê para a Eliminação da Discriminação contra a Mulher)
CEDAW	– *Convention on the Elimination of All Forms of Discrimination Against Women* (Convenção sobre a Eliminação de Todas as Formas de Discriminação contra a Mulher)
CEDEAO	– Convenção da Comunidade Econômica dos Estados da África Ocidental
CEJIL	– Centro pela Justiça e Direito Internacional
CERD	– *Committee on the Elimination of Racial Discrimination* (Comitê para a Eliminação da Discriminação Racial)
CESCR	– *Committe on Economic, Social and Cultural Rights* (Comitê sobre Direitos Econômicos, Sociais e Culturais)
CETS	– *Council of Europe Treaty Series* (Série de Tratados do Conselho da Europa)
CIA	– *Central Intelligence Agency* (Agência Central de Inteligência dos Estados Unidos)
CICIG	– Comissão Internacional contra a Impunidade na Guatemala
CICV	– Comitê Internacional da Cruz Vermelha
CIDH	– Comissão Interamericana de Direitos Humanos
CIJ	– Corte Internacional de Justiça
CIT	– Conferência Internacional do Trabalho.
CMC	– Conselho do Mercado Comum (Mercosul)
CMW	– *Committee on Migrant Workers* (Comitê sobre Trabalhadores Migrantes)
CND	– *Commission on Narcotic Drugs* (Comissão de Drogas Narcóticas)
CNJ	– Conselho Nacional de Justiça (Brasil)
COE	– *Council of Europe* (Conselho da Europa)
COP	– *Conference of the Parties* (Conferência das Partes)
COPUOS	– *Committee on the Peaceful Uses of Outer Space* (Comitê da ONU para o Uso Pacífico do Espaço Exterior)

CORTE IDH – Corte Interamericana de Direitos Humanos
CPA – *Cour Permanente d'Arbitrage* (Corte Permanente de Arbitragem)
CPCJB – *United Nations Crime and Criminal Justice Branch* (Escritório das Nações Unidas sobre Crime e Justiça Criminal)
CPJI – Corte Permanente de Justiça Internacional
CPLP – Comunidade dos Países de Língua Portuguesa
CPP – Código de Processo Penal o Código de Procedimentos Penais
CPTM – Comitê para a Proteção dos Trabalhadores Migrantes
CRC – *Committee on the Rights of the Child* (Comitê sobre Direitos da Criança)
CRPD – *Committee on the Rights of Persons with Disabilities* (Comitê dos Direitos de Pessoas com Deficiência)
CRS – *Common Reporting Standard* (Padrão Comum de Relatórios)
CS/ONU – Conselho de Segurança das Nações Unidas
CTC – *Counter-Terrorism Committee* (Comitê de Combate ao Terrorismo do CS/ONU)
CTED – *Counter-Terrorism Committee Executive Directorate* (Diretoria-Executiva do Comitê de Combate ao Terrorismo)
CWC – *Chemical Weapons Convention* (Convenção sobre Armas Químicas)
DESCA – Direitos Econômicos, Sociais, Culturais e Ambientais
DICA – Direito Internacional dos Conflitos Armados
DIDH – Direito Internacional dos Direitos Humanos
DIH – Direito Internacional Humanitário
DIP – Direito Internacional Público
DIR – Direito Internacional dos Refugiados
DPI – Direito Penal Internacional
DPT – Direito Penal Transnacional
DPU – Defensoria Pública da União (Brasil)
DTT – *Double Tax Treaties* (Tratados de Dupla Tributação)
DUDH – Declaração Universal dos Direitos do Homem

EAW – European Arrest Warrant (Mandado de Detenção Europeu

ECI – Equipes Conjuntas de Investigação

ECJ – *European Court of Justice* (Tribunal de Justiça da União Europeia)

ECHR – *Europeu Court of Human Rights* (Tribunal Europeu de Direitos Humanos)

ECO-92 – Conferência das Nações Unidas sobre o Meio Ambiente e o Desenvolvimento

ECOSOC – *United Nations Economic and Social Council* (Conselho Econômico e Social das Nações Unidas)

ECOWAS – *Economic Comunity of West African States* (Comunidade Econômica dos Estados da África Ocidental – CEDEAO)

EEW – European Evidence Warrant (Mandado Europeu de Obtenção de Provas)

EIO – European Investigation Order (Decisão europeia de investigação em matéria penal)

EIMP – *Loi fédérale sur l'entraide internationale en matière pénale* (Lei Suíça de Cooperação Jurídica Internacional em Matéria Penal)

EPPO – *European Public Prosecution Office* (Procuradoria Europeia)

ETA – *Euskadi Ta Askatasuna* (Pátria Basca e Liberdade; Exército Separatista Basco)

ETS – *European Treaty Series* (Série de Tratados Europeus)

ETS – *Extraterritorial Torture Statute* (Lei sobre a Tortura Extraterritorial) (Estados Unidos)

EU – *European Union* (União Europeia)

EUA – Estados Unidos da América

EULEX – *European Union Rule of Law Mission in Kosovo* (Missão da União Europeia para o Estado de Direito em Kosovo)

EURATOM – Comunidade Europeia de Energia Atômica

EUROJUST – *European Union Agency for Criminal Justice Cooperation* (Agência da União Europeia para Cooperação Judiciária Penal).

EUROPOL – Agência da União Europeia para a Cooperação Policial

ESG – *Environment, Social and Corporate Governance* (Governança ambiental, social e corporativa)

FAO – *Food and Agriculture Organization of the United Nations* (Organização das Nações Unidas para a Alimentação e a Agricultura)

FATCA – *Foreign Account Tax Compliance Act* (Lei dos EUA de Conformidade Tributária de Contas no Exterior)

FPCA – *Foreign Corrupt Practices Act* (Lei dos EUA de Práticas Corruptas no Exterior)

FMI – Fundo Monetário Internacional

FRONTEX – Agência Europeia da Guarda de Fronteiras e Costeira

FSIA – *Foreign Sovereign Immunities Act* (Lei dos EUA de Imunidades Soberanas Estrangeiras)

GAFI – Grupo de Ação Financeira

GATT – *General Agreement on Trade and Tariffs* (Acordo Geral de Tarifas e Comércio)

GC – *Grand Chamber* (Grande Câmara; Tribunal Pleno)

GCM – *Global Compact for Safe, Orderly and Regular Migration* (Pacto Global para uma Migração Segura, Ordenada e Regular)

GMC – Grupo Mercado Comum (Mercosul)

GRECO – *Group of States Against Corruption* (Grupo de Estados contra a Corrupção, do Conselho da Europa)

HABITAT – *United Nations Human Settlements Program* (Programa das Nações Unidas para Assentamentos Humanos)

HCCH – *Hague Conference on Private International Law* (Conferência da Haia de Direito Internacional Privado)

HRC – *United Nations Human Rights Council* (Conselho de Direitos Humanos das Nações Unidas)

IA – Inteligência Artificial

IATA – *International Air Transport Association* (Associação Internacional de Transporte Aéreo)

ICANN – *Internet Corporation for Assigned Names and Numbers* (Corporação da Internet para Atribuição de Nomes e Números)

ICCAL – *Ius Constitucionale Commune* Latino-Americano

ICC – *International Criminal Court* (Tribunal Penal Internacional)

ICJ – *International Court of Justice* (Corte Internacional de Justiça)

ICSID – *International Centre for Settlement of Investment Disputes* (Centro Internacional para a Arbitragem de Disputas sobre Investimentos)

ICTR – *International Criminal Tribunal for Rwanda* (Tribunal Penal Internacional para Ruanda)

ICTY – *International Criminal Tribunal for the Former Yugoslavia* (Tribunal Penal Internacional para a ex-Iugoslávia)

ILC – *International Law Commission* (Comissão de Direito Internacional)

ILO – *International Labour Organization* (Organização Internacional do Trabalho)

INTERPOL – Organização Internacional de Polícia Criminal

IRMCT – *International Residual Mechanism for Criminal Tribunals* (Mecanismo Residual Internacional para os Tribunais Internacionais)

ISA – *International SeaBed Authority* (Autoridade Internacional dos Fundos Marinhos)

ISIL – *Islamic State of Iraq and the Levant* (Estado Islâmico do Iraque e do Levante)

ITLOS – *International Tribunal for the Law of the Sea* (Tribunal Internacional do Direito do Mar)

JASTA – *Justice Against Sponsors of Terrorism Act* (Lei dos EUA sobre Justiça para os Patrocinadores do Terrorismo)

JIT – *Joint Investigation Teams* (Equipes Conjuntas de Investigação)

KAL – *Korean Airlines* (Linhas aéreas coreanas)

LEA – *Law Enforcement Agencies* (Órgãos e Instituições de Aplicação da Lei)

LIDHO – *Ligue Ivoirienne des Droits de l'Homme* (Liga Marfinense dos Direitos do Homem)

MACMA – *Mutual Assistance in Criminal Matters Act* (Lei de Assistência Jurídica Mútua em Matéria Penal) (Nova Zelândia)

MARPOL – *International Convention for the Prevention of Pollution from Ships* (Convenção Internacional para a Prevenção da Poluição Causada por Navios)

MDE – Mandado de Detenção Europeu

MERCOSUL – Mercado Comum do Sul

MESICIC – Mecanismo de Acompanhamento da Implementação da Convenção Interamericana contra a Corrupção

MINUSCA – *Mission multidimensionnelle intégrée des Nations unies pour la stabilisation en Centrafrique* (Missão Multidimensional integrada das Nações Unidas para a Estabilização da República Centro-Africana).

MINUSTAH – *Mission des Nations Unies pour la stabilisation en Haiti* (Missão das Nações Unidas para a Estabilização no Haiti)

MLA – *Mutual Legal Assistance* (Assistência Jurídica Mútua)

MLAT – *Mutual Legal Assistance Treaty* (Tratado de Assistência Jurídica Mútua)

MMC – Mandado Mercosul de Captura

MNPCT – Mecanismo Nacional de Prevenção e Combate à Tortura

MONUSCO – *Mission de l'Organisation des Nations Unies pour la stabilisation en République démocratique du Congo* (Missão das Nações Unidas para a Estabilização na República Democrática do Congo)

MPC – *Ministère Public de la Confédération* (Ministério Público da Confederação Suíça)

MPF – Ministério Público Federal (Brasil)

MPF – *Ministerio Público Fiscal* (Argentina)

MSF – Médicos sem Fronteiras

NCCT – Non-cooperative Countries and Territories (Países e Territórios Não Cooperativos)

OACI – Organização de Aviação Civil Internacional

OAS – *Organization of American States* (Organização dos Estados Americanos)

OC – Opinião Consultiva

OCAM	– *Organisation Commune Africaine et Malgache* (Organização Comum Africana e Malgaxe)
OCDE	– Organização para a Cooperação e o Desenvolvimento Econômico
ODECA	– Organização dos Estados Centro-Americanos
ODS	– Objetivos do Desenvolvimento Sustentável da Agenda 2030 das Nações Unidas
OEA	– Organização dos Estados Americanos
OHCHR	– *Office of the High Commissioner on Human Rights* (Alto-Comissariado das Nações Unidas para Direitos Humanos)
OI	– Organização Internacional
OIM	– Organização Internacional para as Migrações
OIT	– Organização Internacional do Trabalho
OLAF	– Organismo Europeu de Luta Antifraude
OLP	– Organização para a Libertação da Palestina
OMC	– Organização Mundial do Comércio
OMI	– Organização Marítima Internacional
OMM	– Organização Meteorológica Mundial
OMPI	– Organização Mundial de Propriedade Intelectual
OMS	– Organização Mundial de Saúde
OMT	– Organização Mundial do Turismo
ONG	– Organização Não Governamental
ONU	– Organização das Nações Unidas
OPAQ	– Organização para a Proibição de Armas Químicas
OPCW	– *Organisation for the Prohibition of Chemical Weapons*
OTAN	– Organização do Tratado do Atlântico Norte
PanAm	– *Panamerican Airlines*
PACE	– *Parliamentary Assembly of the Council of Europe* (Assembleia Parlamentar do Conselho da Europa)
PCIJ	– *Permanent Court of International Justice* (Corte Permanente de Justiça Internacional)
PESC	– Política Externa e de Segurança Comum da União Europeia

PIDCP	– Pacto Internacional de Direitos Civis e Políticos
PIDESC	– Pacto Internacional de Direitos Econômicos, Sociais e Culturais
PLD/FTP	– Prevenção à Lavagem de Dinheiro e ao Financiamento do Terrorismo e da Proliferação de Armas de Destruição em Massa
PNUD	– Programa das Nações Unidas para o Desenvolvimento
PNUMA	– Programa das Nações Unidas para o Meio Ambiente
R2P	– *Responsibility to Protect* (Responsabilidade de Proteger)
RDC	– República Democrática do Congo
RSI	– Regulamento Sanitário Internacional
RTNC	– República Turca do Norte de Chipre
S/RES	– Resolução do Conselho de Segurança das Nações Unidas
SAARC	– *South Asian Association for Regional Cooperation* (Associação Sul-Asiática para Cooperação Regional)
SCC	– *Supreme Court of Canada* (Suprema Corte do Canadá)
SCJN	– *Suprema Corte de Justicia de la Nación* (Suprema Corte de Justiça da Colômbia)
SCM	– *Agreement on Subsidies and Countervailing Measures* (Acordo sobre Subsídios e Medidas Compensatórias)
SCOTUS	– *Supreme Court of the United States* (Suprema Corte dos Estados Unidos)
SDN	– *Societé des Nations* (Sociedade das Nações), o mesmo que Liga das Nações.
SENAJUS	– Secretaria Nacional de Justiça (Brasil)
SERAC	– *Social and Economic Rights Action Center* (Centro de Ações para os Direitos Econômicos e Sociais) (Nigéria)
SICA	– Sistema da Integração Centro-Americana
SFOR	– *Stabilisation Force in Bosnia and Herzegovina*
SOFA	– *Status of Forces Agreement* (Acordo sobre o Estatuto de Forças)
SOLAS	– *International Convencional for the Safety of Life at Sea* (Convenção Internacional para Salvaguarda da Vida Humana no Mar)

SPT	– *Subcomittee on Prevention of Torture* (Subcomitê sobre Prevenção da Tortura)
STF	– Supremo Tribunal Federal (Brasil)
TADHP	– Tribunal Africano dos Direitos do Homem e dos Povos
TAH	– Tribunal Arbitral *Ad Hoc* (Mercosul)
TC	– *Tribunal Constitucional* (Espanha)
TCANU	– Tribunal Contencioso-Administrativo das Nações Unidas
TCL	– *Transnational Criminal Law* (Direito Penal Transnacional)
TEDH	– Tribunal Europeu de Direitos Humanos
TIAR	– Tratado Interamericano de Assistência Recíproca
TIDM	– Tribunal Internacional do Direito do Mar
TIEA	– *Tax Information Exchange Agreements* (Acordo para o Intercâmbio de Informações relativas a Tributos)
TJCA	– Tribunal de Justiça da Comunidade Andina
TFUE	– Tratado sobre o Funcionamento da União Europeia
TJUE	– Tribunal de Justiça da União Europeia
TNC	– *Transnational Corporations* (Empresas Transnacionais)
TPI	– Tribunal Penal Internacional
TPI-I	– Tribunal Penal Internacional para os Crimes contra o Direito Humanitário Cometidos na ex-Iugoslávia
TPI-R	– Tribunal Penal Internacional para os Crimes Cometidos em Ruanda
TPR	– Tribunal Permanente de Revisão do Mercosul
TUE	– Tratado da União Europeia
TVPA	– *Torture Victim Protection Act* (Lei dos EUA de Proteção a Vítimas de Tortura)
UA	– União Africana
UE	– União Europeia
UIF	– Unidade de Inteligência Financeira
UIT	– União Internacional de Telecomunicações
UN	– *United Nations* (Nações Unidas)
UNAMIR	– *United Nations Assistance Mission for Rwanda* (Missão de Assistência das Nações Unidas para Ruanda)

UNAT – *United Nations Appeals Tribunal* (Tribunal de Apelações das Nações Unidas)

UNCAC – United Nations Convention Against Corruption (Convenção das Nações Unidas contra a Corrupção)

UNCIO – *United Nations Conference on International Organization* (Conferência das Nações Unidas sobre Organização Internacional)

UNCLOS – *United Nations Convention on the Law of the Sea* (Convenção das Nações Unidas sobre Direito do Mar)

UNDT – *United Nations Dispute Tribunal* (Tribunal de Controvérsias das Nações Unidas)

UNESCO – *United Nations Educational, Scientific and Cultural Organization* (Organização das Nações Unidas para a Educação, a Ciência e a Cultura)

UNFCC – *United Nations Framework Convention on Climate Change* (Convenção-Quadro das Nações Unidas sobre Mudança do Clima)

UNFICYP – *United Nations Peacekeeping Force in Cyprus* (Força das Nações Unidas para Manutenção da Paz em Chipre)

UNFPA – *United Nations Population Fund* (Fundo de População das Nações Unidas)

UNICEF – *United Nations International Children`s Emergency Fund* (Fundo das Nações Unidas para a Infância)

UNIDO – *United Nations Industrial Development Organization* (Organização das Nações Unidas para o Desenvolvimento Industrial)

UNMIK – *United Nations Interim Administration Mission in Kosovo* (Missão de Administração Interina das Nações Unidas no Kosovo)

UNODC – *United Nations Office on Drugs and Crime* (Escritório das Nações Unidas sobre Drogas e Crime)

UNOOSA – *United Nations Office for Outer Space Affairs* (Escritório das Nações Unidas para Assuntos do Espaço Exterior)

UNPOL – *United Nations Police* (Polícia das Nações Unidas)

UNTAET	– *United Nations Transitional Administration in East Timor* (Administração Transitória das Nações Unidas em Timor-Leste)
UNTOC	– United Nations Convention on Transnational Organized Crime (Convenção das Nações Unidas contra o Crime Organizado Transnacional)
UPU	– União Postal Universal
WGB	– *Working Group on Bribery* (Grupo de Trabalho Anticorrupção da OCDE).

SUMÁRIO

Capítulo 2

Capítulo 4

INTRODUÇÃO

Existe um *dever* de cooperar internacionalmente? Esse dever se manifesta do mesmo modo na cooperação jurídica internacional ativa e na cooperação passiva em matéria penal?[1] Quais são seus fundamentos e limites? A natureza desse dever é moral ou jurídica? Como classificá-lo diante das teorias de direitos humanos? Há um dever de diligência incidente na cooperação jurídica internacional? Quais as consequências de seu descumprimento? E qual seria o lugar da vítima na cooperação jurídica internacional? Essas inquietações orientam esta pesquisa e nos levam a examinar certos aspectos das relações entre o direito internacional penal, o direito penal transnacional, o direito penal interno e o direito internacional dos direitos humanos em busca da existência e do fundamento de um dever internacional de cooperar, especialmente do dever de *requerer* cooperação jurídica internacional.

Embora não sejam novas as discussões sobre a incidência de direitos fundamentais na cooperação jurídica internacional, tal debate sempre ocorreu com foco na posição do investigado ou acusado.[2] Nesta investigação procuramos desenvolver uma teoria *compreensiva* dos direitos humanos na cooperação jurídica internacional em matéria penal também com um olhar

---

1. A classificação da cooperação jurídica internacional como *ativa* ou *passiva* é referencial, pois adota o ponto de vista do observador em relação a um certo Estado. Vide, adiante, o item 2.11.1, quando tratamos dessa classificação. Souza diz que "a cooperação jurídica internacional, assim como ocorre com a extradição, permite a classificação em ativa e passiva, a primeira compreendendo a cooperação que se pede a uma autoridade estrangeira, e a segunda, a cooperação solicitada por uma autoridade estrangeira". SOUZA, Solange Mendes de. **Cooperação jurídica penal no Mercosul:** novas possibilidades. Rio de Janeiro: Renovar, 2001, p. 137.
2. Explica Cervini: "No meio do relacionamento entre os Estados, aparece com evidência a presença de um terceiro sujeito que interpõe seus direitos e garantias no jogo da ajuda recíproca entre os Estados. A este elemento chamamos de *concernido*, pessoa para quem a questão processual objeto da cooperação não é *assunto ou razão de Estado*, e em cuja situação careça, por completo, do direito de intervir e obter pronunciamentos jurisdicionais". CERVINI, Raúl; TAVARES, Juarez. **Princípios de Cooperação Judicial Penal Internacional no Protocolo do Mercosul**. São Paulo: Revista dos Tribunais, 2000, p. 74.

para as vítimas,[3] preenchendo uma evidente lacuna da dogmática, a partir de conceitos como obrigações processuais positivas e devida diligência. Há um esforço de inclusão do *quarto personagem*, antes invisível, como um sujeito processual sob o manto protetor das garantias fundamentais da pessoa humana, vistas sob dupla ótica, sem excluir ou restringir os tradicionais direitos dos investigados, que são essenciais à legitimação da justiça criminal, numa concepção garantista.

A presente pesquisa é uma continuidade. Seguimos o mesmo caminho traçado em nossa formação acadêmica, docência e atividade profissional na tentativa de estudar e de compreender as interações entre o direito penal, o direito processual penal e o direito internacional, nas suas várias dimensões, especialmente em relação a suas implicações práticas, na operação dos sistemas de justiça criminal. Desenvolvemos aqui uma vertente desse encontro, sob uma perspectiva que consideramos inovadora quanto ao enfoque, quanto à utilidade e quanto à finalidade última da cooperação jurídica internacional em matéria penal: o dever de cooperação *ativa* e sua configuração como uma obrigação processual positiva. Em apoio a esse esforço, trabalhamos com teorias das relações internacionais,[4] do direito internacional, do direito transnacional, com o empirismo e algumas experiências vívidas e vividas, que, como ensina Milton Santos, são "também a experiência dos outros" a quem lemos ou escutamos.[5]

Portanto, o esforço que procuramos desenvolver neste livro é mesmo uma continuidade de um longo período de reflexões e estudos sobre a cooperação internacional em matéria penal: haverá um dever de cooperar? Haverá um dever extraconvencional de prestar cooperação? Em que situações? E, fundamentalmente, haverá um dever de *requerer* cooperação? Internamente a quem incumbe esse dever? Trata-se de uma obrigação de meios ou de resultado? O que ocorre quando o Estado não se desincumbe desse dever? Que medidas sobram para acusados e vítimas diante desse descumprimento? As

3. "A vítima foi redescoberta então na segunda metade do século XX, com a realização do Primeiro Simpósio Internacional sobre Vitimologia e com a fundação da Sociedade Mundial de Vitimologia na década de 1970 [...], sendo esta a terceira fase da evolução histórica dos estudos sobre a vítima como ciência". SUXBERGER, Antonio Henrique; CASTRO, Henrique Bawden de. Políticas públicas para a vítima: ações do CNJ e do CNMP em face da agenda ODS 2030. **Delictae Revista de Estudos Interdisciplinares sobre o Delito**, *[S. l.]*, v. 5, n. 8, p. 185–221, 2020, p. 189-190, p. 192.

4. Segundo Ane-Marie Slaughter, o direito internacional e as relações internacionais estão "inextricavelmente interligados". SLAUGHTER, Anne-Marie. International Law and International Relations. **Collected Courses of the Hague Academy of International Law**, vol. 285, 2000, p. 21.

5. SANTOS, Milton. **Por uma outra globalização:** do pensamento único à consciência universal. 6.ed. Rio de Janeiro: Editora Record, 2000, p. 12.

respostas parecem depender simultaneamente do direito interno dos Estados e do direito internacional, na integração de dois subsistemas (ou *regimes*), um de proibição de condutas e outro de proteção à pessoa humana.

Nos quatro anos à frente da Secretaria de Cooperação Internacional (SCI) da Procuradoria-Geral da República (PGR), em Brasília, pudemos notar quão artesanal é a aplicação dos diversos institutos cooperacionais em vários países, muitos dos quais ainda não implementaram normas adequadas de cooperação jurídica internacional. Em consequência disso, há a desproteção de direitos de acusados e vítimas no processo penal transnacional *lato sensu* e ineficiência geradora de abusos, de um lado, e de impunidade, do outro. Alguns institutos desta disciplina continuam obscuros na atividade forense; outros permanecem ignorados pelo legislador, denotando um atraso de preocupações legislativas e dogmáticas na construção do direito criminal transnacional e de suas ferramentas e limites. Não é de se estranhar, portanto, que o tema escolhido para esta obra esteja ligado a um dos fundamentos deste universo, o dever de cooperar internacionalmente, visto primordialmente na dimensão ativa e, consequentemente, como dever de empregar mecanismos de cooperação internacional no lado da demanda, no âmbito da persecução penal internacional e transnacional, com um propósito de proteção e realização de direitos humanos e sem atropelá-los, no caminho. Cremos que há como demonstrar a existência deste dever.

A cooperação internacional é um multiverso. Buscamos foco num universo particular: o da cooperação jurídica internacional. O recorte que fazemos é o da cooperação jurídica internacional em matéria penal. Embora essa especialidade se espraie pelo campo cível e pela ambiência administrativa, em sentido estrito, o universo de institutos da cooperação penal, sua antiguidade e sua extrema relevância para a proteção de *bens públicos globais*[6] justifica que lhe dediquemos atenção. Como não poderia deixar de ser, será preciso tratar de direitos fundamentais no cenário internacional, notadamente do crescente espaço conferido aos acusados e à vítima nos sistemas processuais comparados. Será preciso também enxergar os processos que nos levaram a

---

6. O precursor dos estudos sobre os bens públicos globais (BPG) ou *global public goods* foi Paul Samuelson, em texto de 1954. Cf. SAMUELSON, Paul A. The Pure Theory of Public Expenditure. **The Review of Economics and Statistics**, *[S. l.]*, v. 36, n. 4, p. 387–389, 1954. Conforme Kaul, Grunberg e Stern, *bens públicos globais* não são coisas corpóreas; são resultados que tendem para a universalidade, beneficiando todos os países, todos os povos e todas as gerações, sem que haja disputas excludentes no seu consumo ou uso e quanto aos benefícios que produzem. KAUL, Inge; GRUNBERG, Isabelle; STERN, Marc A. Definindo bens públicos globais. In: KAUL, Inge; GRUNBERG, Isabelle; STERN, Marc A. (org.). **Bens públicos globais:** cooperação internacional no século XXI. Rio de Janeiro: Record, 2012, p. 43-44.

uma *necessidade* de cooperação internacional jamais vista e aos movimentos, no direito internacional e no direito transnacional, que conduziram à erosão de antigos conceitos vestfalianos que fazem surgir novas instituições, novos atores e novas organizações no ecossistema cooperacional.

Nos últimos anos, inúmeros autores desenvolveram a categoria doutrinária das obrigações processuais positivas, construída sobre as concepções jurisprudenciais do Tribunal Europeu de Direitos Humanos (TEDH), da Corte Interamericana de Direitos Humanos (Corte IDH) e do Tribunal Africano dos Direitos Humanos e dos Povos (TADHP), nos marcos regionais instituídos, respectivamente, em 1950, com a Convenção Europeia de Direitos Humanos (CEDH); em 1969, com a Convenção Americana de Direitos Humanos (CADH); e em 1981, com a Carta Africana dos Direitos do Homem e dos Povos (CADHP). Esse ambiente normativo, que configura os *regimes globais de proteção*, é resultado da internacionalização dos direitos humanos, um movimento do século 20, que tem sua gênese no pós-guerra, com o surgimento do direito internacional penal. *Pari passu,* vimos, desde os anos 1800,[7] a construção dos *regimes globais de proibição*, com suporte inicialmente em tratados bilaterais e depois em convenções multilaterais de alcance global, como consequência de uma diplomacia jurídica impulsionada desde o Reino Unido, que visava a abolição do tráfico humano. Esses dois *regimes internacionais*[8] precisam conter-se e encontrar-se em torno de um objetivo comum, a pessoa humana, vista sem distinções, sem rótulos, inclusive o de nacionalidade, demarcando sua centralidade na ordem internacional, como o principal sujeito de direitos. Embora a cooperação internacional penal seja uma interação de Estados, não são mais essas unidades políticas soberanas os verdadeiros clientes e destinatários primordiais dos seus procedimentos; na ordem interna e na ordem internacional, a conduta estatal deve ser orientada para os direitos e interesses da pessoa humana.

Para chegar ao dever internacional de *requerer* cooperação, partimos de uma ótica original: a das obrigações processuais positivas. Examinamos o conceito e inovamos ao desdobrá-las em obrigações de primeiro nível e de segundo nível. As primeiras, de que já se ocuparam vários autores, com

---

7. Talvez até mesmo antes disso, se levarmos em conta o crime de pirataria, uma construção costumeira, que começou a ser codificada em 1713, com o Tratado de Utrecht. Conforme Halwood e Miceli, "As noted, with the signing of the Treaty of Utrecht, European navies were able to turn their attention to rooting out piracy, and they did this with vigor". HALLWOOD, C. Paul; MICELI, Thomas J. **Maritime Piracy and Its Control:** An Economic Analysis. New York: Palgrave Macmillan, 2015, p. 104.
8. A noção de regimes internacionais vem de: RUGGIE, John G. International responses to technology: concepts and trends. **International Organization,** vol. 29, no. 3, 1975, p. 557-583.

destaque para Valdez Pereira e Fischer,[9] compreendem os deveres amplos dos Estados de investigar, processar, punir e executar sanções penais por delitos que violem garantias materiais (direitos substantivos) da pessoa humana. Pertencem a esse conjunto, num escalonamento de mais a menos: os a) *core crimes* do direito internacional penal; b) os crimes de relevância ou de preocupação internacional (*crimes of international concern*), previstos em várias convenções internacionais de criminalização (*suppression conventions*), que chamaremos, com apoio em Boister,[10] de crimes transnacionais; c) os crimes de direito interno cuja criminalização resulta de mandados implícitos de criminalização, decorrentes das leis fundamentais e dos tratados de direitos humanos; d) e os crimes comuns de direito interno com elementos de estraneidade *(extranéité; international element; elemento de extranjería).*[11] A primeira subespécie encontra lugar nos tratados de direito internacional penal, como a Convenção para a Prevenção e a Repressão do Crime de Genocídio de 1948, as Convenções de Genebra de 1949 e o Estatuto de Roma de 1998, do Tribunal Penal Internacional (TPI). A segunda tem seu ambiente numa longa sequência de tratados iniciada no século 19, que culminou com as grandes convenções penais de Viena (1988),[12] Palermo (2000)[13] e

9. FISCHER, Douglas; PEREIRA, Frederico Valdez. **As obrigações processuais penais positivas**: segundo as Cortes Europeia e Interamericana de Direitos Humanos. 2.ed. Porto Alegre: Livraria do Advogado, 2019.

10. BOISTER, Neil. **An introduction to transnational criminal law.** Oxford, U.K: Oxford University Press, 2012.

11. Os elementos de estraneidade são fatos jurídicos, ditos anormais, que se relacionam a ordenamentos estrangeiros. O conceito vem do direito internacional privado. A estraneidade é um fato jurídico que "funciona como elemento de conexão que diz respeito aos elementos da estrutura da relação jurídica (sujeitos, conteúdo, objeto) e que tem a capacidade de gerar conflitos de leis e conflitos de jurisdição". (JUGASTRU, Călina. Réflexions sur l'élément d'extranéité et les rapports de droit international privé. **Acta Universitatis Lucian Blaga**, n. 1-2, Universul Juridic, p. 109-121, 2007). No sentido em que a empregamos, a palavra "estraneidade" ou *estrangeirismo* (*extranéité*) descreve o elemento de internacionalidade que faz com que a persecução penal de um crime qualquer exija a cooperação internacional, em qualquer das etapas da sua investigação, processamento, julgamento ou execução. Madruga diz que entre os elementos de estraneidade que determinam a necessidade de cooperação internacional estão a "localização extraterritorial dos sujeitos do processo, dos elementos de prova (testemunhas, documentos, peritos, etc.) e dos bens, direitos e pessoas afetados pelas decisões resultantes do processo". MADRUGA, Antenor. Como entender a cooperação jurídica internacional. **Revista Consultor Jurídico**, 23 de agosto de 2011. Disponível em: https://www.conjur.com.br/2011-ago-24/cooperacao-internacional-entender-cooperacao-juridica-internacional. Acesso em: 2 jun. 2023.

12. UNITED NATIONS. **United Nations Convention against Illicit Traffic in Narcotic Drugs and Psychotropic Substances**, done at Vienna, on 12 December 1988. Disponível em: https://www.unodc.org/pdf/convention_1988_en.pdf. Acesso em: 10 jun. 2023.

13. UNITED NATIONS. **United Nations Convention Against Transnational Organized Crime and the Protocols Thereto**, adopted at Palermo on 15 December 2000. Disponível em: https://

Mérida (2003),[14] elas próprias documentos que comportam minitratados cooperacionais. A terceira subespécie é objeto de um precioso estudo de Andrade,[15] focado na Convenção Americana de Direitos Humanos, num campo antes desbravado por Gonçalves.[16] O último grupo de crimes que reclama a integração dos mundos do direito interno e dos mecanismos de cooperação penal é o dos delitos comuns, aos quais só passa a interessar a interação com outras ordens jurídicas quando presente um elemento eventual de *estrangeirismo.*

Já as obrigações processuais positivas de segundo nível não haviam merecido uma diferenciação ou destaque, nem correlação com outros deveres estatais de proteção e, sobretudo, de reparação. Neste aspecto descritivo da pesquisa, sobre um fenômeno presente em casos esparsos de tribunais internacionais, que ainda não havia sido diagnosticado, mapeado nem examinado, pensamos em denominá-las de deveres de segundo nível porque são dependentes do tipo subjacente de criminalidade envolvida, conforme as categorias substantivas anteriores, e do *iter* processual, nele se inserindo, sem perder sua importância para a consecução dos objetivos de um direito penal e de um processo penal transnacional dotados de garantias plenas e abrangentes e sem se consumir nele. De fato, mesmo após o trânsito em julgado da condenação tais medidas podem ser invocadas, pois se destinam à proteção da pessoa humana, inclusive das vítimas, também na dimensão reparatória *ex delicto*, com feições patrimoniais e extrapatrimoniais. Podem incidir inclusive antes do delito, como forma de prevenção a atentados à vida; podem ser implantadas depois do processo penal, ou independentemente dele. Percebe-se, assim, que as obrigações processuais positivas de segundo grau são hetero-referentes, adjetivando regimes internacionais plurívocos, surgindo então espaço para discutir se em relação a alguns desses marcos

---

www.unodc.org/documents/treaties/UNTOC/Publications/TOC%20Convention/TOCebook-e.pdf. Acesso em: 10 jul. 2023.

14. UNITED NATIONS. **United Nations Convention against Corruption**, adopted at Merida, on 9 December 2003. Disponível em: https://www.unodc.org/unodc/en/corruption/tools_and_publications/UN-convention-against-corruption.html. Acesso em: 10 jul. 2023.

15. ANDRADE, Carlos Gustavo Coelho de. **Mandados implícitos de criminalização:** a tutela penal dos direitos humanos na Constituição e na Convenção Americana. Rio de Janeiro: Lumen Juris, 2019.

16. GONÇALVES, Luiz Carlos dos Santos. **Mandados expressos de criminalização e a proteção de direitos fundamentais na Constituição brasileira de 1988**. Belo Horizonte: Editora Fórum, 2007.

normativos essas obrigações processuais seriam também obrigações *erga omnes*.[17]

Como veremos no tópico apropriado, as obrigações processuais positivas de segundo nível são obrigações de meio,[18] inerentes ao *due process of law* convencional e ao dever de diligência. Entre elas, estão a criação de órgãos com adequada estrutura para o desempenho de atividades de persecução criminal; a previsão de ferramentas de investigação e de processo conforme o estado da arte; a atribuição de competências legais aos órgãos de persecução penal para utilizá-los; o emprego pelas agências de persecução criminal de técnicas especiais de investigação (meios especiais de obtenção de provas); a adoção pelas *law enforcement agencies* (LEA) de medidas de proteção a vítimas, testemunhas e a réus colaboradores; e, aqui estão elas, as providências ativas de cooperação jurídica internacional em matéria penal, a cargo do Ministério Público e, quando juridicamente possível, da Polícia, com vistas à continuidade de ordens jurídicas (interna, internacional, transnacional), visão evidentemente inspirada por concepções monistas.[19] Tais obrigações de segundo nível são fundamentais para alcançar o elevado padrão necessário para o cumprimento *suficiente* pelos Estados do seu dever de cuidado e diligência (*due diligence*) na persecução criminal, que deve ser concretizado em prazo razoável, para todos, isto é, para o acusado e também para a vítima e seus familiares.

Como um *incidente* da persecução penal, a cooperação jurídica internacional em matéria penal é aqui classificada na categoria de obrigação de segundo nível, ao lado de outras relacionadas à *due diligence* estatal, especialmente das agências de persecução criminal, na perspectiva da proteção de acusados, vítimas e de outros sujeitos processuais. A partir do conceito de diligência devida, acolhido pela Corte Interamericana de Direitos Humanos, e do dever de "investigação efetiva", surgido na jurisprudência do

17. O conceito das obrigações *erga omnes* vem do caso *Barcelona Traction*, julgado em 1970 pela Corte Internacional de Justiça. INTERNATIONAL COURT OF JUSTICE. **Case Concerning the Barcelona Traction, Light and Power Company, Limited (Belgium v. Spain).** Judgment of 5 February 1970, I.C.J. Reports 1970, p. 32-33, §§ 33-34. Disponível em: https://www.icj-cij.org/sites/default/files/case-related/50/050-19700205-JUD-01-00-EN.pdf. Acesso em: 10 mai. 2023.

18. ECHR: "The Court reiterates that this procedural obligation is not an obligation of result but of means only". EUROPEAN COURT OF HUMAN RIGHTS. **Case of Šilih v. Slovenia [GC].** Judgment 9 April 2009, § 193. Disponível em: https://hudoc.echr.coe.int/fre#{%22itemid%22:[%22001-92142%22]}. Acesso em: 2 jun. 2023.

19. Sobre a divisão entre monistas e dualistas, cf. LAUTERPACHT, Hersch. **The function of law in the international community**. Oxford; New York: Oxford University Press, 2011. Vide também: KELSEN, Hans. **Teoria geral do direito e do estado**. 3. ed. São Paulo: Martins Fontes, 2000.

Tribunal Europeu de Direitos Humanos, este livro aborda os mecanismos de cooperação jurídica internacional sob um novo enfoque. Diante da tensão entre as modalidades de cooperação internacional e os direitos humanos, sobretudo os do acusado – prejudicado pelo princípio do *non-inquiry*[20] –, rejeitamos a posição de que algumas de suas medidas teriam conteúdo puramente administrativo,[21] o que poderia prejudicar a incidência de garantias processuais dos regimes globais de proteção.

Tradicionalmente, os pedidos de assistência para a obtenção de provas, a captura de foragidos, a transferência de processos, o reconhecimento de sentenças penais estrangeiras ou a recuperação de ativos são examinados pela doutrina especializada como temas que devem observar as garantias do devido processo legal, na perspectiva do investigado ou do acusado ou do condenado,[22] sob o viés da cooperação passiva, isto é, aquela a ser prestada pelo Estado requerido, sobretudo em matéria extradicional e no direito probatório transnacional. Estes estudos tiveram extremo valor para introduzir o acusado como sujeitos de direitos na cooperação jurídica internacional, sendo ele o "terceiro ausente". Agora, apoiando-se nessa concepção inclusiva, é preciso avançar e dar lugar também à vítima, sem privar o acusado dos direitos que conquistou. Na conjugação dos regimes globais de proibição[23] e dos tratados gerais ou específicos de cooperação jurídica internacional em matéria penal com as convenções multilaterais de proteção à pessoa humana – o que denominamos de modelo binário –, as providências de cooperação *ativa* relativas à extradição; à entrega; à obtenção de provas; às transferências de processos e de pessoas; à repatriação de ativos ou à

---

20. BACHMAIER WINTER, Lorena. Transnational Criminal Proceedings, Witness Evidence and Confrontation: Lessons from the ECtHR's Case Law. **Utrecht Law Review**, *[S. l.]*, v. 9, n. 4, p. 139, 2013.
21. "En accordant sa coopération, l'Etat requis ne punit pas lui-même32; il prête simplement son concours à l'autorité répressive étrangère. Les mesures qu'il prend à cet effet sont détachées de la procédure pénale nationale. Elles n'en constituent pas le simple prolongement à l'échelon inter- national, car elles doivent être mises en oeuvre selon une procédure séparée qui obéit à des règles propres. En cela, la coopération est de nature administrative33, et non pénale, quand bien même elle touche à des concepts du droit pénal, que la loi se réfère parfois à la procédure pénale et que l'exécution de la loi soit pour une large part déléguée aux autorités chargées de la poursuite pénale". ZIMMERMANN, Robert. **La cooperation judiciaire internationale en matière pénale**. 5e édition ed. Berne: Stämpfli editions, 2019, p. 10, § 8.
22. Vide, por exemplo: CERVINI, Raúl; TAVARES, Juarez. **Princípios de Cooperação Judicial Penal Internacional no Protocolo do Mercosul**. São Paulo: Revista dos Tribunais, 2000. Vide ainda: GLESS, Sabine. Transnational Cooperation in Criminal Matters and the Guarantee of a Fair Trial: Approaches to a General Principle. **Utrecht Law Review**, *[S. l.]*, v. 9, n. 4, p. 100, 2013.
23. NADELMANN, Ethan A. Global Prohibition Regimes: The Evolution of Norms in International Society. **International Organization**, *[S. l.]*, v. 44, n. 4, p. 479–526, 1990.

proteção da integridade física de vítimas, testemunhas, peritos, colaboradores e *whistleblowers* aparecem como obrigações estatais inerentes a uma persecução penal efetiva e diligente, na ótica do Estado requerente, num olhar *para dentro* de sua jurisdição.[24] Espera-se assim, dos Estados, numa sociedade internacional anárquica,[25] não apenas uma postura *passiva*, sob demanda, de *prestar* cooperação internacional, como medida decorrente de *comity*[26] – isto é, por cortesia ou deferência – ou como consequência de compromissos internacionais previstos em tratados de cooperação internacional, ou, quiçá, como produto de obrigações *erga omnes* ou de deveres de *jus cogens*. O livro identifica, assinala e descreve o dever *proativo*, ao menos constitucional e também convencional, para os Estados jurisdicionantes (sejam os do *locus delicti commissi*, sejam os que reclamam o exercício de sua jurisdição por outros critérios), de lançar mão de medidas de assistência jurídica internacional *ativa* na persecução criminal internacional, transnacional ou nos processos penais com estraneidade[27] eventual ou acidental (crimes "internacionalizados").

Na gramática das convenções de direitos humanos, algumas dessas medidas são alocadas como "recursos efetivos", que devem existir no direito interno dos Estados impactados pelas violações de direitos humanos. Situamos as providências de cooperação entre tais *recursos efetivos*, porque, por força de limitações territoriais e jurisdicionais, o Estado onde o fato se deu nem sempre será apto, isoladamente, a prover a proteção judicial que lhe incumbe. As medidas de cooperação *ativa* devem ser efetivamente empregadas na persecução criminal internacional e transnacional, e seus resultados devem submetidos a criteriosa avaliação de legalidade e de admissibilidade pelo Poder Judiciário do Estado requerente, para confirmar que as capturas, as provas e as medidas de cunho patrimonial foram obtidas ou concretizadas de acordo com devido processo e as garantias universais mínimas, segundo

24. Este aspecto é importante porque esta obra se coloca no limiar entre o direito interno e o internacional, adotando uma concepção monista, que explicita uma sinergia sistêmica. O direito internacional condiciona as instituições internas a se organizarem e a operarem de certa maneira, sob pena de sua incidência consecutiva, mediante certos mecanismos internacionais, com um posterior retorno ao direito interno, como consequência da articulação da responsabilidade internacional. O modelo sistêmico de integração dos regimes é, portanto, cíclico.
25. BULL, Hedley. **The anarchical society:** a study of order in world politics. 3rd ed. Basingstoke: Palgrave, 2002.
26. SCHULTZ, Thomas; RIDI, Niccolo. Comity and International Courts and Tribunals. **Cornell International Law Journal**, *[S. l.]*, v. 50, n. 3, 2017, p. 577–610.
27. Sobre a estraneidade no direito internacional privado, ver: ELHOUEISS, Jean-Luc. L'élément d'extranéité préalable en Droit international privé, **Journal du Droit International (Clunet)**, n. 1, p. 39-85, 2003, p. 40 e 47.

a principiologia própria da cooperação entre Estados soberanos e entre estes e organizações internacionais. Nota-se ainda uma vez o foco da pesquisa num modelo de regência dual, por regimes que consideramos indissociáveis, por meio das convenções de supressão (*suppression conventions*)[28] e pelos tratados de extradição e de *mutual legal assistance* (MLA),[29] de um lado, e do outro, pelos tratados de direitos humanos, que compõem os regimes global e regional de proteção. Conjuntamente, esses regimes têm um elo primordial: a pessoa humana, indiferenciada em seus atributos e indistintamente considerada, um indivíduo que, no seu espaço na ordem externa, merece sempre um *nível de proteção adequado*[30] nas interações internacionais.

Como não poderia deixar de ser, em se considerando que as medidas de cooperação internacional são de fato obrigações,[31] ao menos implícitas nos modelos convencionais, também consideraremos as consequências, no

28. Como veremos adiante, as convenções de supressão (*suppression conventions*) são os tratados que estruturam os regimes globais de proibição, sendo os seus principais marcos normativos e essenciais ao direito penal transnacional.

29. Os tratados de MLA são conhecidos genericamente como MLATs, podendo ser bilaterais ou multilaterais: "Mutual Legal Assistance Treaties (MLATs) in criminal matters are bilateral or multilateral treaties, entered between two or more countries, for providing international cooperation and assistance". UNITED KINGDOM. **Request for Mutual Legal Assistance in criminal matters**: guidelines for authorities outside of the United Kingdom. Glossary, March 2022. Disponível em: https://www.gov.uk/government/publications/mla-guidelines-for-foreign-authorities-2012/request-for-mutual-legal-assistance-in-criminal-matters-guidelines-for-authorities-outside-of-the-uk-accessible-version#part-3. Acesso em: 10 jul. 2023.

30. Para usar uma expressão própria da proteção internacional de dados pessoais. TJUE: "O artigo 45.º, n.º 1, primeiro período, do RGPD prevê que uma transferência de dados pessoais para um país terceiro pode ser autorizada através de uma decisão adotada pela Comissão, segundo a qual esse país terceiro, um território ou um ou mais setores específicos desse país terceiro assegura um nível de proteção adequado. A este respeito, sem exigir que o país terceiro em causa garanta um nível de proteção idêntico ao garantido na ordem jurídica da União, a expressão 'nível de proteção adequado' deve ser entendida, como confirma o considerando 104 deste regulamento, no sentido de que exige que esse país terceiro assegure efetivamente, em virtude da sua legislação interna ou dos seus compromissos internacionais, um nível de proteção das liberdades e dos direitos fundamentais substancialmente equivalente ao garantido na União por força do referido regulamento, lido à luz da Carta. Com efeito, na falta de uma exigência desta natureza, o objetivo mencionado no número anterior seria ignorado". TRIBUNAL DE JUSTIÇA DA UNIÃO EUROPEIA. Grande Seção. Acórdão de 16 de julho de 2020. **Caso C-311/18 (Schrems II). Data Protection Commissioner contra Facebook Ireland Ltd, Maximillian Schrems e outros**, § 94. Disponível em: https://curia.europa.eu/juris/document/document.jsf?text=&docid=228677&pageIndex=0&doclang=PT&mode=lst&dir=&occ=first&part=1&cid=7072130. Acesso em: 3 jul. 2023.

31. A palavra *obrigação* (*obligation; obligación*) é adotada nesta obra na sua acepção de "dever" no direito internacional dos direitos humanos e já introduzida no direito processual penal, não se confundindo com o conceito de *obrigação* do direito civil. Portanto, *obrigação* é sinônimo de *dever* estatal, diferenciando-se da responsabilidade (*responsibility; liability; responsabilidad; responsabilité*), que resultará para o Estado se este descumprir um dever exigido pela ordem jurídica internacional. No capítulo 3, esta distinção será relembrada.

plano da responsabilidade internacional dos Estados, do descumprimento das obrigações processuais positivas de segundo nível. Tais deveres estatais específicos, resultantes dos tratados de proteção à pessoa humana, encontram espaço na jurisprudência das cortes regionais de direitos humanos? Podem ter outras fontes? O que ocorre diante de sua violação? Quais são os elementos que definem o ilícito internacional de "cooperação deficiente"?

A pesquisa retratada neste livro apoiou-se em rigorosa revisão bibliográfica da doutrina estrangeira e brasileira e exame documental, sobretudo legislativo e jurisprudencial. Num levantamento exploratório, examinamos leis, tratados, decisões de comitês e tribunais nacionais, internacionais e supranacionais, além de livros e artigos científicos que abordam o tema da cooperação jurídica internacional, da jurisdição e dos direitos humanos, além de teorias de base relacionadas à soberania, à globalização, à responsabilidade internacional dos Estados, às relações internacionais, aos *regimes* e suas tensões entre a ordem mundial e a criminalidade transnacional.

A metodologia se centrou numa abordagem teórica, de natureza dedutiva, adequada aos objetivos e hipóteses de pesquisa, a partir do tratamento do tema nas relações internacionais, no direito internacional e no direito comparado, através de estudo normativo-jurídico.[32] Em certos trechos de alguns capítulos, adotou-se também uma abordagem descritiva, para identificar os vários instrumentos da cooperação jurídica internacional, classificá-los, contextualizá-los na principiologia que rege esta subdisciplina do direito internacional e do direito processual e abrir caminho para a crítica dos arranjos institucionais existentes e para a compreensão da verdadeira natureza dos atos cooperacionais. Foi empregado o procedimento monográfico, numa pesquisa teórica pura e ao mesmo tempo aplicada (quanto aos resultados), a partir de abordagem qualitativa (quanto à natureza do método utilizado), combinando as técnicas de análise bibliográfica, documental e observação direta,[33] tendo em vista a atividade do doutorando como membro do Ministério Público Federal, com atuação nas temáticas de cooperação internacional desde 2003. Para escrevê-la, buscamos apoio em autores nacionais e estrangeiros, do campo do Direito, das Relações Internacionais, da Ciência Política, da Filosofia e da Sociologia. Também atualizamos e reescrevemos textos de nossa autoria e os aproveitamos, para revisitar – agora com maior precisão, é o que esperamos – alguns temas de

32. BITTAR, Eduardo C. B. **Metodologia da pesquisa jurídica**: teoria e prática da monografia para os cursos de direito. 7 ed. São Paulo: Saraiva, 2009.

33. LÜDKE, Menga; ANDRÉ, Marli E. D. A. **Pesquisa em educação: abordagens qualitativas**. São Paulo: EPU, 1986, p. 26, 29 e 38.

cooperação internacional que mereceram nossa atenção nos últimos anos, dentro e fora deste programa de pós-graduação.

A adoção dos métodos combinados – com abordagens jurídico-comparativa e jurídico-compreensiva[34] – teve a vantagem de aportar complementações recíprocas, em proveito da riqueza informacional, da validação das hipóteses e da maior precisão dos dados.[35] Na análise documental, o foco foi nos tratados, nos atos normativos de organizações internacionais e na *soft law* internacional (*pré-droit; droit doux; soft norms; derecho blando; quase-direito*),[36] assim como na jurisprudência das cortes comunitárias[37] e internacionais e nas decisões e pronunciamentos dos organismos das Nações Unidas, da União Europeia (UE), da União Africana (UA), da Organização dos Estados Americanos (OEA), do Conselho da Europa (COE) e da Organização para a Cooperação e o Desenvolvimento Econômico (OCDE) e de mecanismos quase-judiciais de implementação dos tratados de direitos humanos.

Na busca do referencial conceitual, partiu-se da experiência pessoal no tema, e, na primeira etapa da pesquisa, o esforço de investigação compreendeu a revisão da literatura, o levantamento da base documental e dos casos de relevância para o objeto da pesquisa e, por fim, a determinação do referencial teórico, isto é, o conjunto das teorias que sustentam a argumentação desenvolvida no livro, quando se mostraram relevantes a teoria dos regimes internacionais;[38] a concepção das convenções de supressão;[39] a categoria

---

34. GUSTÍN, Miracy Barbosa de Sousa; DIAS, Maria Tereza Fonseca. **(Re)pensando a pesquisa jurídica:** teoria e prática. 3. ed. Belo Horizonte: Del Rey, 2010, p. 28-29.
35. LÜDKE, Menga; ANDRÉ, Marli E. D. A. **Pesquisa em educação: abordagens qualitativas**. São Paulo: EPU, 1986, p. 29.
36. Para Shaw, a *soft law* não é *law*. *Cf.* SHAW, Malcolm N. **International law**. Cambridge: Cambridge University Press, 2017, p. 117. Essas orientações têm valor normativo limitado e não têm a categoria de fonte do direito internacional, embora tenham relevância política para a formação do direito internacional e do direito interno, em questões muito específicas ou muito técnicas, de dificil negociação. Cf. ARAS, Vladimir. **Direito internacional público**. 2.ed. Rio de Janeiro: Método, 2023, p. 55-58.
37. Por exemplo, no caso Kadi, o Tribunal de Justiça da União Europeia (TJUE) se manifestou sobre o direito à proteção judicial efetiva: TRIBUNAL DE JUSTIÇA DA UNIÃO EUROPEIA. Acórdão de 3 de setembro de 2008. **Casos C-402/05 P e C-415/05 P, Yassin Abdullah Kadi e Al Barakaat International Foundation contra Conselho da União Europeia e outros**. Disponível em: https://curia.europa.eu/juris/document/document.jsf?text=&docid=67611&pageIndex=0&doclang=PT&mode=lst&dir=&occ=first&part=1&cid=1454393. Acesso em: 2 jun. 2023.
38. RUGGIE, John G. International responses to technology: concepts and trends. **International Organization,** vol. 29, no. 3, 1975.
39. NADELMANN, Ethan A. Global Prohibition Regimes: The Evolution of Norms in International Society. **International Organization**, *[S. l.]*, v. 44, n. 4, 1990.

dos bens públicos globais;[40] o conceito de multilateralismo compulsório, conforme Criddle e Fox-Decent;[41] o garantismo penal de Luigi Ferrajoli;[42] as contribuições de Peter Häberle sobre os Estados constitucionais cooperativos;[43] a teoria das obrigações positivas;[44] e o tema da responsabilidade internacional dos Estados. Na segunda etapa, foram identificados os mecanismos cooperacionais incidentes, sua filosofia contemporânea e seus fundamentos. Na terceira fase, fez-se a correlação entre os regimes internacionais de proibição e de proteção, as obrigações processuais positivas, o dever de proteção vitimária, os mandados expressos e implícitos de criminalização com o tema central do livro: a cooperação jurídica internacional como um dever estatal proativo, não apenas como um compromisso convencional sob demanda. Na busca pela institucionalidade do dever de requerer cooperação internacional, o livro foi estruturado em 5 capítulos.

No capítulo 1, buscamos identificar o binômio convencional que serve como fio condutor da tese que sustentamos nesta obra, ao descrever os regimes globais de proibição e os regimes globais de proteção. Partimos, porém, da explicitação da *necessidade* de cooperar internacionalmente, diante da cada vez mais intensa transnacionalização da criminalidade e dos apelos multidimensionais da globalização. Discutimos em seguida se o fundamento do dever de cooperar, na perspectiva passiva, continuaria a ser somente a cortesia internacional (*comity*), o que é essencial para compreender a enunciação de um dever de cooperar, passiva e ativamente. Em seguida, buscamos um lugar dogmático para a cooperação jurídica internacional, o que tem relevância para a discussão posterior sobre o regime de garantias que incidem em seus procedimentos. No âmbito do direito internacional da cooperação, conforme o veem Friedmann[45] e Wolfrum,[46] nos ocupamos

40. KAUL, Inge; GRUNBERG, Isabelle; STERN, Marc A. Introdução. In: KAUL, Inge; GRUNBERG, Isabelle; STERN, Marc A. (org.). **Bens públicos globais:** cooperação internacional no século XXI. Rio de Janeiro: Record, 2012, p. 25.

41. CRIDDLE, Evan J.; FOX-DECENT, Evan. Mandatory Multilateralism. **American Journal of International Law**, *[S. l.]*, v. 113, n. 2, p. 272–325, 2019, p. 273-274.

42. FERRAJOLI, Luigi. **Democracia e garantismo**. 2.ed. Madrid: Editorial Trotta, 2010.

43. HÄBERLE, Peter. **Estado constitucional cooperativo.** Renovar: Rio de Janeiro, 2007.

44. FISCHER, Douglas; VALDEZ, Frederico. **As obrigações processuais penais positivas**: segundo as cortes Europeia e Interamericana de Direitos Humanos. 2. ed. Porto Alegre: Livraria do Advogado Editora, 2019.

45. FRIEDMAN, Wolfgang. **The Changing Structure of International Law.** New York: Columbia University Press, 1964.

46. WOLFRUM, Rüdiger. International law of cooperation. In: BERNHARDT, Rudolf. **Encyclopedia of Public International Law**: International relations and legal cooperation in general, diplomacy and consular relations. Amsterdam, New York, Oxford: North-Holland, 1986, p. 193.

de conceitos fundamentais para esta investigação, como o dos *regimes internacionais*, conforme Ruggie,[47] e dos regimes globais de proibição de Nadelmann.[48] Descrevemos os vários elementos que integram esses regimes, fundados nas *suppression conventions*. Em seguida, tratamos o conjunto de normas regionais e universais sobre direitos humanos como um regime paralelo, a que denominamos *regime global de proteção*, que funciona como o segundo elemento do modelo binário que apoiamos, um sistema sinérgico que deve orientar a atividade estatal na persecução criminal internacional e transnacional e em todas as suas operações cooperacionais.

No capítulo 2, temos o primeiro encontro com os conceitos fundamentais da cooperação jurídica internacional. Começamos por um breve exame da evolução da disciplina e lançamos um olhar panorâmico sobre o tempo atual. Já no recorte da cooperação jurídica internacional em matéria penal, particularizando o foco da pesquisa em torno de uma especiação do gênero, buscamos o seu conceito, seus fundamentos, suas fontes, finalidades e tipologias e descrevemos as diferenças e tensões entre as duas principais famílias jurídicas, a *common law* e a *civil law*, em relação ao tema. Como passo essencial para a discussão da existência de um dever de cooperar e da incidência de direitos fundamentais nos procedimentos de cooperação, tratamos do seu *locus* entre as disciplinas jurídicas e de sua natureza jurídica. Tem-se ali a descrição dos *regimes* próprios. A estraneidade aparece com destaque, dada a sua essencialidade como premissa cooperacional, ora elemento necessário, ora ocasional da criminalidade em questão. O exame desses elementos fundantes é essencial para abrir caminho para a compreensão das categorias nas quais serão inseridas as medidas de cooperação internacional e como tais ferramentas poderão operar como remédios efetivos em prol das pessoas agravadas. Começa a se divisar com mais clareza o ambiente dual, ou binário, que deve reger, na nossa concepção, as interações verticais e horizontais no enfrentamento da criminalidade na sociedade internacional.

Suportado por esses elementos teóricos, o capítulo 3 aborda a cooperação internacional em matéria penal como província das obrigações estatais positivas. Tratamos da sua conceituação e da dicotomia entre obrigações positivas e negativas. Passa-se ao exame dessas obrigações nos contextos regionais africano, europeu e interamericano, para em seguida examinarmos aquelas de natureza processual (*procedural obligations*). Introduzimos nossa

47. RUGGIE, John G. International responses to technology: concepts and trends. **International Organization,** vol. 29, no. 3, 1975, p. 557-583.

48. NADELMANN, Ethan A. Global Prohibition Regimes: The Evolution of Norms in International Society. **International Organization**, *[S. l.]*, v. 44, n. 4, p. 479–526, 1990.

classificação das obrigações de primeiro nível e de segundo nível. Alguns dos princípios que regem a cooperação penal internacional são examinados, dando a tônica da proposição de um regime de cooperação internacional eficiente, efetivo e protetivo, que responde às necessidades da cooperação contemporânea e ao multilateralismo compulsório e que se mostra adequado à tutela dos bens públicos globais da ordem internacional. O ponto central desta parte da obra é a busca do espírito do dever de cooperar. Neste caminho, é necessário consolidar a ideia de um regime binário, dual, como requisito indispensável para a cooperação internacional em matéria penal. Neste segmento, tópicos específicos do direito cooperacional aparecem contextualizados na perspectiva da proteção da pessoa humana, inclusive da vítima, quando tratamos dos remédios efetivos e da devida diligência. Finaliza-se este capítulo com a abordagem os impactos negativos da cooperação jurídica internacional nos direitos humanos materiais e processuais, lançando-se também um olhar sobre a participação da vítima em tais procedimentos.

No capítulo 4, analisamos e definimos os contornos do dever internacional de cooperar e o desdobramos em dever internacional de *prestar* cooperação e em dever internacional de *requerer* cooperação, que é o problema central da pesquisa, onde se apresenta mais uma vez o seu caráter de originalidade. Os fundamentos do dever de cooperação passiva são delineados a partir do princípio da solidariedade e do princípio *aut dedere aut iudicare*, dos compromissos convencionais, das obrigações *erga omnes* e do *jus cogens*. Primeiro tratamos das várias fontes do dever de *prestar* cooperação. Em seguida, a mutualidade plena da cooperação é vista de forma mais particular, quando o dever de cooperação *ativa* é examinado como uma obrigação processual positiva, de natureza constitucional e convencional, que alcança qualquer um dos campos da criminalidade internacional (relativa aos *core international crimes*), da delinquência transnacional e da criminalidade *internacionalizada* (aquela na qual há incidentes de estraneidade eventual). Adotando essa perspectiva, identificamos em casos esparsos decididos por tribunais internacionais as noções que dão apoio à ideia central da obra quanto à existência de um dever de requerer cooperação internacional, que, na ótica interna, incumbe aos órgãos de persecução, para a tutela vitimária e em prol do acusado. Para torná-lo efetivo, inclusive para o réu, tratamos do dever do Ministério Público de promover medidas de cooperação internacional quando os tratados de assistência jurídica mútua vedarem o acesso direto pela defesa ao ambiente processual transnacional. O capítulo se encerra com a abordagem do dever estatal antípoda, o de não cooperar, que também se apresenta como uma obrigação do Estado, embora de cunho negativo, dependente da avaliação de riscos (*risk-based approach*).

O capítulo 5 lida com as consequências da afirmação do dever de cooperar passiva e ativamente, como uma obrigação estatal autônoma. Estabelecemos e delimitamos o conceito de *cooperação deficiente* e encontramos seu conteúdo, com base em situações concretas que podem advir na assistência passiva e ativa, relacionando a ocorrência dessa deficiência ao princípio da efetividade e ao dever de investigação efetiva e sua justiciabilidade ao esgotamento dos recursos internos. Identificamos esse fenômeno como uma violação ao dever internacional de proteção judicial efetiva e ao dever de devida diligência. Seguimos com o exame da violação, no plano internacional, do dever de cooperar, que aparece como um ilícito internacional do Estado. Destacamos a responsabilidade internacional do Estado por esse ato ilícito e avançamos na identificação, na descrição e no estudo dos mecanismos de responsabilização.

Ao final, nas nossas conclusões, todos esses pontos são alinhavados, costurando-se as relações entre eles, para consolidar as compreensões parciais de cada capítulo num bloco uniforme, que tem como núcleo as obrigações positivas e o dever de cooperar, notadamente o dever dos Estados de requerer cooperação jurídica internacional.

Inserida no debate sobre a conformação de políticas públicas pela via jurisdicional e no controle penal, esta investigação relaciona diretamente o direito penal e o direito processual penal ao direito internacional, encaixando-se na Linha 2 do Programa – Políticas Públicas, Processo Civil, Processo Penal e Controle Penal. Um estudo que associa o direito processual, o direito penal e o direito internacional pode contribuir de algum modo para a compreensão dos instrumentos de controle da criminalidade transfronteiriça em sentido amplo, da conformidade das relações interestatais e do papel dos diversos atores não estatais e intraestatais na cooperação internacional. Navegamos o setor de um multiverso no qual operam entidades subsoberanas e organizações internacionais e organismos não governamentais; Estados falidos[49] ou institucionalmente débeis e áreas não governadas.[50] Na vanguarda, vemos os avanços identificados em espaços comunitários intensamente integrados, tal como a União Europeia, abrindo-se ensejo para uma reflexão sobre a possibilidade, a viabilidade e a conveniência de replicação de tais modelos cooperacionais noutras plagas.

---

49. CRYER, Robert. Means of Gathering Evidence and Arresting Suspects in Situations of States' Failure to Cooperate. *In*: CASSESE, Antonio (Org.). **The Oxford companion to international criminal justice**. Oxford ; New York: Oxford University Press, 2009. p. 201–207.
50. KISSINGER, Henry. **Ordem mundial**. Rio de Janeiro: Editora Objetiva, 2015, p. 370.

A pesquisa, como se vê, passa pela análise da temática dos direitos fundamentais no processo penal, à luz das convenções de proteção à pessoa humana, na interface destas com os deveres internacionais de persecução e, em segunda escala, com os deveres de cooperação, aproximando distintas províncias das Relações Internacionais e do Direito, conforme o apropriado alerta de Arrighi:

> [...] nunca foi tão necessário como agora que o jurista, juiz ou advogado que opera no âmbito interno conheça, ademais de seu direito nacional, a normativa internacional, seus princípios, suas regras de interpretação, seus mecanismos de aplicação. A circulação de pessoas, de bens, de informação, a cooperação jurídica e judicial imprescindível para a proteção dos direitos individuais, para o combate às mais variadas formas de delinquência transnacional, a regulamentação das comunicações em suas mais diversas modalidades, exigem um conhecimento cada vez maior dos desenvolvimentos no campo do direito internacional. Não são normas que nos sejam estranhas e só necessárias ser conhecidas e compreendidas por um pequeno grupo de especialistas; são normas que fazem a nossa vida quotidiana.[51]

Quanto à sua finalidade, a presente investigação tem feição prescritiva porque pretende propor um modelo teórico para a compreensão de fenômenos jurídicos relacionados à cooperação jurídica internacional em matéria penal, em todas as suas formas (as tradicionais e as mais recentemente desenvolvidas), em função de um enfoque de direitos humanos de dupla fronte, que tem em mira vítimas e acusados e que associa dois regimes que têm a pessoa humana como norte. Tem bases empíricas e doutrinárias e pretensão normativa – quanto à afirmação do dever de cooperação ativa (o dever de *requerer* cooperação) e suas consequências – e busca enfrentar algumas questões de arranjos institucionais que podem nos levar a respostas satisfatórias quanto à eficiência dos modelos cooperacionais atualmente existentes. Estes aspectos e a colocação do tema no âmbito dos bens públicos globais e do multilateralismo compulsório, a afirmação do dever de requerer cooperação e a diferenciação das duas classes de obrigações processuais positivas parecem inéditos no referencial teórico examinado. De qualquer sorte, e buscando inspiração em Milton Santos, devemos dizer que a "originalidade

---

51. ARRIGHI, Jean Michel. Prólogo, 2017. In: TRINDADE, Antônio Augusto Cançado. **Princípios do direito internacional contemporâneo**, 2.ed. (revista e atualizada). Brasília: Fundação Alexandre de Gusmão, 2017, p. 21.

é a interpretação ou a ênfase própria, a forma individual de combinar o que existe e o que é vislumbrado".[52] E isso procuramos fazer neste trabalho.

O objetivo desta pesquisa não foi analisar - e muito menos resolver - os inúmeros problemas que afetam a cooperação jurídica internacional, na sua dimensão humana e na sua esfera institucional, muito menos dar a palavra final sobre o intrincado problema do dever geral de cooperação. Não desbravamos o multiverso; nos limitamos a um pequeno quadrante do espaço. Por isso, nosso objetivo, muito mais modesto, foi examinar os diversos institutos do direito cooperacional e seus arranjos institucionais, na perspectiva das obrigações estatais, derivadas do direito interno, das convenções de supressão e, principalmente, do *jus cogens,* das obrigações *erga omnes* e dos tratados dos regimes internacionais de proteção aos direitos humanos. Tais deveres estatais alcançam as atividades de persecução penal internacional e transnacional em sentido amplo. O enfoque expansivo dos regimes jurídicos de proteção à pessoa humana - numa ótica bifronte que olha para os acusados e para as vítimas e os demais *sujeitos* do processo - mostra que os mecanismos de assistência internacional *lato sensu* não se apartam do âmbito de incidência dessas normas; ao contrário, as normas de proteção à pessoa humana são mais do que compromissos puramente formais entre entidades políticas, segundo o princípio *pacta sunt servanda.* São elas e as aspirações universais de solidariedade e os direitos de acesso à justiça e de proteção efetiva que justificam a necessidade de cooperar e o dever de fazê-lo, tanto passivamente quanto ativamente, donde se falar num dever de *requerer* cooperação.

52. SANTOS, Milton. **Por uma outra globalização:** do pensamento único à consciência universal. 6.ed. Rio de Janeiro: Editora Record, 2000, p. 12.

Capítulo 1

OS REGIMES QUE CONDICIONAM A COOPERAÇÃO JURÍDICA INTERNACIONAL

Para identificar o binômio convencional que serve como infraestrutura do dever de cooperar, é preciso examinar o conceito mais geral de "cooperação" e distinguir os regimes globais de proteção e de proibição que a condicionam, no plano particular da cooperação jurídica internacional. Em seu verbete sobre o direito internacional da cooperação, Wolfrum definiu a expressão *cooperação*, em sentido lato, como "a ação voluntária e coordenada de dois ou mais Estados que se dá sob um certo regime jurídico e serve a objetivos específicos". A cooperação visa a realização de fins comuns, "sempre que a atividade singular de um Estado não é capaz de alcançar o mesmo resultado", distinguindo-se das ideias de interdependência e de solidariedade.[1] Esses fins comuns não são meramente ocasionais; podem representar objetivos essenciais à própria sobrevivência e segurança dos Estados, razão pela qual apontam para uma necessidade subjacente.

Ainda como um grande gênero de ações estatais, a cooperação ultrapassou as fronteiras das relações internacionais e alcançou o direito constitucional. Häberle sustenta que nos Estados constitucionais cooperativos, o direito constitucional e o direito internacional formam um conjunto normativo, cujo resultado é o direito comum da cooperação, no qual não faz sentido falar em primazia de um ou outro, pois ambos formam um todo, interagindo reciprocamente.[2] Tal "direito comum de cooperação é a tentativa, não somente terminológica, de ir além [...] da discussão do dualismo e monismo".[3] Essa concepção nos ajuda a compreender o sistema sinérgico

1. WOLFRUM, Rüdiger. International law of cooperation. In: BERNHARDT, Rudolf. **Encyclopedia of Public International Law:** International relations and legal cooperation in general, diplomacy and consular relations. Amsterdam, New York, Oxford: North-Holland, 1986, p. 193.
2. HÄBERLE, Peter. **Estado constitucional cooperativo.** Renovar: Rio de Janeiro, 2007, p. 12.
3. HÄBERLE. Op. cit., p. 65.

entre o direito penal transnacional, onde se localizam os regimes globais de proibição, e o direito internacional dos direitos humanos, que configuram os regimes regionais e global de proteção, condicionantes de práticas e medidas jurídicas internas, a cargo das autoridades estatais a eles sujeitas.

A cooperação não surge necessariamente de situações de equilíbrio ou de relacionamentos estatais amistosos. Diferenciando *cooperação* de *harmonia*, Keohane diz que "a cooperação requer que as ações de indivíduos ou organizações distintos – que não estão em harmonia preexistente – sejam colocadas em conformidade umas com as outras por meio de um processo de negociação". Este processo negocial visa à "coordenação de políticas" estatais e ocorre sempre que os Estados "percebem que suas políticas estão realmente ou potencialmente em conflito".[4] No pós-guerra, especialmente a partir das contribuições de Friedmann,[5] evidenciou-se que o direito internacional não se contentava apenas com a coexistência entre os Estados (*law of coexistence*); dependia também cada vez mais de cooperação, donde um direito da cooperação (*international law of cooperation*) precisava ser descrito e compreendido.

As necessidades humanas são inúmeras; os desafios planetários são gigantescos. O direito internacional da cooperação abrange, assim, muitos campos da cooperação horizontal, isto é, interestatal, e da cooperação vertical, na qual organizações internacionais colaboram com entidades estatais. Porém, o conceito de Wolfrum deixa de lado a cooperação entre atores não estatais, cada vez mais importante desde a proliferação das organizações internacionais no século 20, todas elas voltadas para a cooperação nos mais variados setores do direito internacional. A definição também não alcança a cooperação prestada por entes que não são sujeitos de direito internacional público.

Em seu sentido mais amplo, a cooperação internacional deve ser vista como um campo de múltiplos objetivos e temáticas, podendo voltar-se para as finalidades do desenvolvimento econômico, da segurança alimentar, da defesa do meio ambiente, da promoção da paz e da segurança coletivas, do comércio exterior, do sistema financeiro internacional, das telecomunicações, da regulação da Internet, do desporto, da proteção de bens culturais,[6] da

---

4. KEOHANE, Robert O. **After hegemony:** cooperation and discord in the world political economy. Princeton, N.J: Princeton University Press, 1984, p. 51 e 54.
5. FRIEDMAN, Wolfgang. **The Changing Structure of International Law.** New York: Columbia University Press, 1964, p. 16 e 41.
6. Na sua Resolução 2617 (2021), do regime internacional contra o terrorismo, o Conselho de Seguranca das Nações Unidas (CS/ONU) focou no tema dos bens culturais ao ressaltar a

exploração de bens comuns da humanidade e da luta contra a criminalidade, para citar alguns exemplos de objetivos que muitas vezes se confundem com bens públicos globais, como a paz e a justiça.

Em 1928, tendo em mente os lideres alemães da Primeira Guerra Mundial, Donnedieu de Vabres (1880-1952) entendia que "a ideia de assegurar o respeito às obrigações internacionais e a manutenção da paz geral pela ameaça de sanção penal para atingir o Estado infrator – por mais poderoso que seja – é um dos objetivos mais nobres a que a humanidade se propôs".[7] O jurista francês, que foi juiz do tribunal de Nuremberg, preocupava-se com a transnacionalização do crime, um fenômeno evidente já então, que poderia provocar conflitos de jurisdição entre os Estados.[8]

O direito internacional da cooperação aparece, portanto, como um "instrumento de finalidade colaborativa, um sistema de indução positiva para facilitar e estruturar a ação cooperativa" dos Estados, superando a função meramente negativa do direito internacional, como normas de abstenção.[9] A base dessas ordens, desses regimes e dessas organizações – que caracterizam o multilateralismo e, portanto, a lei de cooperação – é formada por interesses similares e sujeição a ameaças comuns relativas a um grupo de Estados.[10] Um exemplo de interesses e ameaças comuns trazido por Burley é o dos tratados do regime internacional contra o tráfico de escravizados. Temas antes reservados apenas às relações entre indivíduos e os Estados

importância de sua proteção, mediante a cooperação dos Estados: "with investigations, prosecutions, seizure and confiscation as well as the return, restitution and repatriation of trafficked, illicitly exported or imported, stolen, looted, illicitly excavated or illicitly traded cultural property, through appropriate channels and in accordance with relevant legal frameworks as well as with the United Nations Convention against Transnational Organized Crime and the Protocols thereto and relevant regional, subregional and bilateral agreements". UNITED NATIONS. Security Council. **Resolution S/RES/2617** (2021), adopted by the Security Council on 30 December 2021. § 32. Disponível em: https://digitallibrary.un.org/record/3952742?ln=EN. Acesso em: 10 jul. 2023.

7. DONNEDIEU DE VABRES, Henri. **Les principes modernes du Droit Pénal International**. Paris: Recueil Sirey, 1928, p. 4.
8. MEGRÉT, Frédéric. Henri Donnedieu de Vabres: Penal Liberal, Moderate Internationalist, Nuremberg Judge. In: TALLGREN, Immi; MEGRÉT, Frédéric (Orgs.). **The Dawn of a Discipline:** International Criminal Justice and its Early Exponents. Cambridge: Cambridge University Press, 2020, p. 146 e 153. apud BOISTER, Neil. The Growth of the Multilateral Suppression Conventions in the First Half of the 20th Century. *In*: BOISTER, Neil; GLESS, Sabine; JESSBERGER, Florian (Orgs.). **Histories of Transnational Criminal Law**. Oxford, United Kingdom; New York, NY: Oxford University Press, 2021, p. 50.
9. BURLEY, Anne-Marie. Regulating the World Multilateralism, International Law and the Projection of the New Deal Regulatory State. In: RUGGIE, John Gerard (org.). **Multilateralism matters:** the theory and praxis of an institutional form. New York: Columbia University Press, 1993, p. 127.
10. BURLEY, Anne-Marie. Op. cit, p. 128.

passam a ser objeto de atenção interestatal, em documentos como a Ata Final do Congresso de Viena, de 1815,[11] que inicia a sequência de acordos multilaterais do regime de proibição do tráfico de escravos. Em qualquer regime de cooperação, há obrigações de ação, que são exigíveis ao longo do tempo, como obrigações de trato sucessivo. Na visão de Burley, "a duração dos deveres afirmativos de cooperação impostos de acordo com os princípios gerais organizadores é indefinida, desta forma aceitando-se [...] que a distribuição de ônus e benefícios [...] pode ser desigual em algum momento".[12] A expectativa de reciprocidade, um dos princípios fundamentais das relações internacionais e do direito internacional, equilibra essa relação ao longo do tempo, tornando a cooperação uma escolha racional vista positivamente.

Embora existam deveres convencionais de cooperar – como os que decorrem da Carta das Nações Unidas[13] para a manutenção da paz e da segurança globais – e posições que defendem uma base costumeira para tal obrigação, Wolfrum objeta que não se pode afirmar a existência de um dever *geral* de cooperar, como um princípio do direito internacional.[14] Declarações,[15] cartas[16] e tratados como o Pacto Internacional de Direitos Econômicos, Sociais e Culturais (PIDESC), de 1966,[17] abordariam a cooperação internacional como um mecanismo voluntário, consensual, "fundada no livre

---

11. UNITED NATIONS. International Law Commission. **Yearbok of the International Law Commission**, 1963, p. 163. Disponível em: https://legal.un.org/ilc/publications/yearbooks/english/ilc_1963_v2.pdf. Acesso em: 10 jul. 2023.
12. BURLEY, Anne-Marie. Regulating the World Multilateralism, International Law and the Projection of the New Deal Regulatory State. In: RUGGIE, John Gerard (org.). **Multilateralism matters:** the theory and praxis of an institutional form. New York: Columbia University Press, 1993, p. 128.
13. Vide os arts. 1º, 11, 13 e 56 da Carta de San Francisco, de 1945. UNITED NATIONS. **Charter of the United Nations**, done at San Francisco, on 26 June 1945. Disponível em: https://www.un.org/en/about-us/un-charter/full-text. Acesso em: 10 jun. 2023.
14. WOLFRUM, Rüdiger. International law of cooperation. In: BERNHARDT, Rudolf. **Encyclopedia of Public International Law:** International relations and legal cooperation in general, diplomacy and consular relations. Amsterdam New York Oxford: North-Holland publ. company, 1986, p. 194.
15. Vide, especialmente, os arts. 8º, 9º e 17. UNITED NATIONS. General Assembly Resolution. **Declaration on Principles of International Law concerning Friendly Relations and Co-operation among States in accordance with the Charter of the United Nations** (Declaration on Friendly Relations), A_RES_2625(XXV), adopted on 24 October 1970. Disponível em: https://www.jus.uio.no/english/services/library/treaties/01/1-01/friendly-relations.html. Acesso em: 4 mai. 2023.
16. UNITED NATIONS. **Charter of economic rights and duties of States.** A/RES/3281(XXIX), 1975. Disponível em: https://digitallibrary.un.org/record/190150 . Acesso em: 4 mai. 2023.
17. Vide os arts. 1º, 2º e 11 do PIDESC. UNITED NATIONS. **International Covenant on Economic, Social and Cultural Rights**, adopted at New York, on 16 December 1966. Disponível em: https://www.ohchr.org/en/instruments-mechanisms/instruments/international-covenant-economic-social-and-cultural-rights. Acesso em: 2 jun. 2023.

consentimento", para a promoção do desenvolvimento e implementação de tais direitos, com uma ótica de proveito mútuo. O melhor exemplo da base convencional do dever *específico* de cooperar estaria, segundo Delbrück[18] e Wolfrum[19], no Tratado sobre o Espaço Cósmico, cujo art. 9º assim dispõe:

> No que concerne à exploração e ao uso do espaço cósmico, inclusive da Lua e demais corpos celestes, os Estados partes do Tratado *deverão* fundamentar-se sobre os princípios da cooperação e de assistência mútua e exercerão as suas atividades no espaço cósmico, inclusive na Lua e demais corpos celestes, levando devidamente em conta os interesses correspondentes dos demais Estados-Partes do Tratado.[20]

Embora essa formulação não se volte especificamente ao dever de realizar cooperação jurídica internacional para o enfrentamento ao crime, o reconhecimento convencional de um princípio de cooperação é um dado significativo. Criddle e Fox-Decent destacam o fundamento convencional – vindo do direito internacional penal e no direito internacional dos direitos humanos – do dever de cooperar internacionalmente e apontam também a existência de bases costumeiras responsáveis pelo desenvolvimento progressivo da obrigação positiva de cooperar no âmbito consuetudinário, notadamente diante de uma violação a uma proibição de *jus cogens*.[21] Segundo tais autores, no entendimento da Comissão de Direito Internacional (CDI),[22]

---

18. DELBRÜCK, Jost. Coexistence, Cooperation and Solidarity in International Law: The International Obligation to Cooperate: An Empty Shell or a Hard Law Principle of International Law?: A Critical Look at a Much Debated Paradigm of Modern International Law. *In*: HESTERMEYER, Holger P.; KÖNIG, Doris; MATZ-LÜCK, Nele; RÖBEN, Volker; SEIBERT-FOHR, Anja; STOLL, Peter-Tobias; VÖNEKY, Silja (org.). **Coexistence, cooperation and solidarity:** Liber Amicorum Rüdiger Wolfrum. [s.l.]: Brill Nijhoff, 2012, p. 5.
19. WOLFRUM, Rüdiger. International law of cooperation. In: BERNHARDT, Rudolf. **Encyclopedia of Public International Law:** International relations and legal cooperation in general, diplomacy and consular relations. Amsterdam New York Oxford: North-Holland publ. company, 1986, p. 194.
20. O Tratado sobre Princípios Reguladores das Atividades dos Estados na Exploração e Uso do Espaço Cósmico, inclusive a Lua e demais Corpos Celestes, foi aberto à assinatura em Londres, Moscou e Washington, em 1967. UNITED NATIONS. United Nations Office for Outer Space Affairs. **Treaty on Principles Governing the Activities of States in the Exploration and Use of Outer Space, including the Moon and Other Celestial Bodies**, done at London, Moscow, Washington, on 27 January 1967. Disponível em: https://www.unoosa.org/oosa/en/ourwork/spacelaw/treaties/introouterspacetreaty.html. Acesso em: 2 jun. 2023.
21. CRIDDLE, Evan J.; FOX-DECENT, Evan. Mandatory Multilateralism. **American Journal of International Law**, *[S. l.]*, v. 113, n. 2, p. 272–325, 2019, p. 285.
22. A *International Law Commission* (ILC) foi criada em 1947 pela Assembleia Geral das Nações Unidas para cumprir as atribuições previstas no art. 13, §1º, alínea *a*, da Carta de San Francisco: "a) promover cooperação internacional no terreno político e incentivar o desenvolvimento progressivo do direito internacional e a sua codificação". Cf. UNITED NATIONS. International

"esse dever de cooperar na repressão de graves violações complementa o dever dos Estados, baseado na Carta, de contribuir para ações multilaterais por meio das Nações Unidas".[23]

Considerando a perspectiva de proteção dos direitos humanos, cujo marco foi estruturado no pós-guerra – algo profundamente conectado com o âmago desta investigação –, Delbrück conclui que a obrigação de cooperar para protegê-los "tem uma firme base no direito internacional".[24] Mirando as obrigações processuais que derivam do regime internacional de proteção humanitária, como normas de *jus cogens*,[25] é possível – e necessário – afirmar a existência de um dever geral de cooperar internacionalmente, em sentido amplo, para a prevenção de violações e a responsabilização não só dos Estados, mas das pessoas físicas autoras ou coautoras dessas violações. Esta percepção terá consequências sobretudo no âmbito do direito internacional penal, no que se refere à persecução e julgamento dos *core international crimes*, cuja definição veremos neste capítulo.

1.1. A TRANSNACIONALIZAÇÃO DA CRIMINALIDADE COMO UM DESAFIO CONTEMPORÂNEO

Livre movimentação de pessoas, ativos, mercadorias, serviços e dados, mas não de provas; livre movimento de autores de crimes, produtos ilícitos, serviços ilegais e dados surrupiados de seus titulares, mas não das atividades de jurisdição criminal. Este é ainda um paradoxo de nosso tempo, que decorre do conceito vigente e sobrevivente de soberania, contribuindo para amarrar a reação ao crime globalizado. Tudo hoje está conectado, por meio de diversas redes, *proxies* e entrepostos, de que se valem os responsáveis por condutas de inspiração tão díspar quanto o narcotráfico intercontinental e o extremismo político, passando pelo terrorismo internacional, a corrupção

Law Commission. **Statute of the International Law Commission**, adopted by the General Assembly in Resolution 174 (II) of 21 November 1947. Disponível em: https://legal.un.org/ilc/texts/instruments/english/statute/statute.pdf. Acesso em: 10 jun. 2023.

23. CRIDDLE, Evan J.; FOX-DECENT, Evan. Mandatory Multilateralism. **American Journal of International Law**, *[S. l.]*, v. 113, n. 2, p. 272–325, 2019, p. 285, nota 86.

24. DELBRÜCK, Jost. Coexistence, Cooperation and Solidarity in International Law: The International Obligation to Cooperate: An Empty Shell or a Hard Law Principle of International Law?: A Critical Look at a Much Debated Paradigm of Modern International Law. *In*: HESTERMEYER, Holger P.; KÖNIG, Doris; MATZ-LÜCK, Nele; RÖBEN, Volker; SEIBERT-FOHR, Anja; STOLL, Peter-Tobias; VÖNEKY, Silja (org.). **Coexistence, cooperation and solidarity:** Liber Amicorum Rüdiger Wolfrum. [s.l.] : Brill Nijhoff, 2012, p. 7.

25. Vide o art. 53 da Convenção de Viena sobre o Direito dos Tratados, de 1969, que define *jus cogens* como uma norma imperativa de direito internacional. Cf. ARAS, Vladimir. **Direito internacional público**, 2.ed. Rio de janeiro: Método, 2023, p. 52-55.

transnacional e a cibercriminalidade inerentemente multijurisdicional. São as interações globais, em vários níveis, que aumentam o impacto da delinquência e da ciberdelinquência sobre as pessoas, as empresas e os Estados. Segundo Nye e Keohane,

> (...) pode-se falar de "interações globais" como movimentação de informações, dinheiro, objetos físicos, pessoas ou outras coisas tangíveis ou intangíveis através das fronteiras do Estado. Podemos distinguir quatro grandes tipos de interações globais: 1) comunicação, o movimento de informações, incluindo a transmissão de crenças, ideias e doutrinas; 2) transporte, a movimentação de objetos físicos, incluindo material bélico e bens pessoais, bem como mercadorias; 3) finanças, movimentação de dinheiro e instrumentos de crédito; 4) viagem, movimento de pessoas.[26]

Esses grandes fluxos sem dúvida alguma desafiam a soberania, que se apoia numa concepção exclusivista, e motivam o interesse por atuações coordenadas destinadas a lidar com a transição entre a cidade e o mundo. Para Schwab, o "espaço do conflito é cada vez mais local e global", e, se o recrutamento de agentes terroristas ou de integrantes de organizações criminosas pode ocorrer pela Internet, suas ações também são deslocalizadas e difundidas, ganhando alcance também global, graças à revolução digital.[27] Se antes era relativamente fácil para os Estados determinar de *onde* partiram certos ataques a seus interesses estratégicos, com a ciberguerra (*cyberwar*)[28] os governos podem considerar como suspeitos uma infinidade de atores estatais e não estatais (inclusive terroristas, hacktivistas e *crackers*), que podem estar em qualquer parte do Planeta, *inclusive* em seus próprios territórios.

Diante da fluidez desses movimentos e da intensidade das interações, as atividades de investigação criminal e de enfrentamento ao crime não podem mais ser confinadas aos limites territoriais dos Estados. Fronteiras nacionais juridicamente rígidas podem frustrar a persecução criminal, o que

---

26. NYE, Joseph S.; KEOHANE, Robert O. Transnational Relations and World Politics: An Introduction. **International Organization**, *[S. l.]*, v. 25, n. 3, p. 329–349, 1971, p. 332. Disponível em: http://www.jstor.org/stable/2706043. Acesso em: 10 jun. 2023.
27. SCHWAB, Klaus. **La quatrième révolution industrielle**. Malakoff: Dunod, 2017, p. 100.
28. "O fenômeno conhecido por guerra cibernética ficou mais conhecido, para o público em geral, após o ano de 2007, quando a Estônia foi vítima de uma sequência de ataques cibernéticos coordenados e sistemáticos contra suas infraestruturas críticas, públicas e privadas, afetando a vida de milhões de pessoas naquele país". OLIVEIRA, Liziane Paixão Silva; TEIXEIRA, Alexandre Peres. O Direito Internacional e a Defesa Cibernética da soberania na Amazônia Azul. **Revista da Escola de Guerra Naval**, *[S. l.]*, v. 28, n. 2, p. 355–404, 2022, p. 364.

torna essencial a cooperação internacional[29] e novos modos de segurança pública transnacional e de *inte(g)ração* jurídica bilateral ou multilateral, em modelos constitucionais cooperativos que podem transladar para a ordem internacional as proteções, inclusive penais, asseguradas pela ordem interna.

A criminalidade organizada se aproveita da globalização, internacionalizando-se mediante a exploração do relaxamento dos controles fronteiriços necessários para a promoção do comércio e do desenvolvimento, tornando indispensável, como consequência, o fortalecimento dos mecanismos de cooperação informacional, extradicional e probatória e o aperfeiçoamento dos métodos e critérios para a coordenação de jurisdições,[30] desde a etapa da investigação até a fase da execução penal. Segundo Kaul, Grunberg e Stern, a crescente abertura dos países no marco da globalização facilita o trânsito dos males globais.[31] Desde o final dos anos 1980, formou-se um denso e flexível reticulado no submundo do crime, que opera em camadas diversas, de forma sinérgica, ignorando marcos fronteiriços, limites subnacionais, regras domésticas de proibição e controle, em busca de territórios menos resistentes à propagação criminosa e mais lucrativos para a delinquência. Não por acaso Ferrajoli lista entre as emergências globais que põem em risco a sobrevivência da humanidade "o desenvolvimento do crime organizado e das economias ilegais, que têm demonstrado uma extraordinária capacidade de contágio e de corrupção da economia legal".[32] Tais emergências correspondem aos antes mencionados *males globais*, que se opõem à sobrevivência e ao gozo dos bens públicos globais, cuja proteção e promoção devem ser as metas últimas da ordem internacional.

Se há condições ideais de temperatura e pressão para que empresas prosperem no cenário global, outros empreendimentos coletivos, estes ilícitos, também se aproveitam de um mundo caótico e desigual. A literatura tem-se ocupado das corporações transnacionais ou *trasnational corporations*

---

29. CANADA. Supreme Court of Canada. **United States of America v. Cotroni** [1989] 1 SCR 1469, p. 1485. Disponível em: https://scc-csc.lexum.com/scc-csc/scc-csc/en/item/469/index.do. Acesso em: 10 mai. 2023.
30. UNITED NATIONS. General Assembly. **Statement of Principles and Programme of Action of the United Nations crime prevention and criminal justice programme**, annex to Resolution A/RES/46/152, adopted in Paris, on 18 December 1991, p. 219, §§ 5 e 6. Disponível em: https://documents-dds-ny.un.org/doc/RESOLUTION/GEN/NR0/582/40/IMG/NR058240.pdf?OpenElement. Acesso em: 10 jun. 2023.
31. KAUL, Inge; GRUNBERG, Isabelle; STERN, Marc A. Introdução. In: KAUL, Inge; GRUNBERG, Isabelle; STERN, Marc A. (org.). **Bens públicos globais:** cooperação internacional no século XXI. Rio de Janeiro: Record, 2012, p. 25.
32. FERRAJOLI, Luigi. **Por una constitución de la Tierra**: la humanidad en la encrucijada. Madrid: Editorial Trotta, 2022, p. 8.

(TNCs) como responsáveis por crimes ambientais, pela exploração de trabalho escravo contemporâneo e por corrupção noutros países. Reações a violações a direitos humanos na cadeia de fornecedores (*supply chain*) das grandes companhias globais passaram a ser objeto de novas leis nacionais[33] e regulamentos comunitários[34] de conformidade em direitos humanos, assim como de documentos internacionais, ainda situados no campo da *soft law*.[35] Tais documentos se acoplam aos regimes de proteção e são diretamente dependentes dos regimes de proibição, servindo ao controle dessas condutas corporativas. O poder quase incontrastável das TNCs, superior ao de muitos Estados, é uma das principais características da globalização econômica.[36] Bauman argumenta que a "ampla e multifacetada soberania do Estado", que caracterizava essas entidades políticas como ordenadoras do território, teria sido reduzida "à tarefa de combate ao crime".[37] E ainda assim, essa missão

33. A Lei contra Escravidão Contemporânea, em vigor desde janeiro de 2019, e com aplicabilidade extraterritorial (art. 10), visa a implementar compromissos internacionais da Austrália, previstos em nove tratados listados no art. 7º, entre os quais estão algumas *suppression conventions*, relacionadas à escravidão e ao tráfico de seres humanos. Seu alcance para além das fronteiras australianas submete empresas que exportam produtos para a Austrália e as companhias importadoras de produtos estrangeiros que lá operam. AUSTRALIA. **Modern Slavery Act 2018**, Act No. 153, Assented 10 December 2018. An Act to require some entities to report on the risks of modern slavery in their operations and supply chains and actions to address those risks, and for related purposes. Disponível em: https://www.legislation.gov.au/Details/C2018A00153 . Acesso em: 10 jun. 2023.

34. O Regulamento 2023/1115 da União Europeia (UE) tem como objetivo estabelecer regras para a importação e comercialização no mercado da UE de produtos derivados "que contenham ou tenham sido alimentados ou fabricados com produtos de base em causa, a saber bovinos, cacau, café, palmeira-dendém, borracha, soja e madeira, a fim de: a) minimizar o contributo da União para a desflorestação e a degradação florestal a nível mundial, contribuindo assim para a redução da desflorestação mundial; b) reduzir o contributo da União para as emissões de gases com efeito de estufa e para a perda de biodiversidade a nível mundial". UNIÃO EUROPEIA. **Regulamento (UE) 2023/1115 do Parlamento Europeu e do Conselho de 31 de maio de 2023 relativo à disponibilização no mercado da União e à exportação para fora da União de determinados produtos de base e produtos derivados associados à desflorestação e à degradação florestal e que revoga o Regulamento (UE) nº 995/2010**. Disponível em: https://eur-lex.europa.eu/legal-content/PT/TXT/HTML/?uri=CELEX:32023R1115#d1e976-206-1. Acesso em: 2 jun. 2023.

35. Os Princípios Orientadores sobre Empresas e Direitos Humanos, aprovados pela Resolução 17/4 (2011), do Conselho de Direitos Humanos (CDH) da ONU, contribuem para consolidar uma nova vertente na luta contra violações de direitos humanos. Cf. UNITED NATIONS. Human Rights Council. Human rights and transnational corporations and other business enterprises. **Resolution A/HRC/RES/17/4**, adopted by the Human Rights Council on 16 June 2011. Disponível em: https://documents-dds-ny.un.org/doc/RESOLUTION/GEN/G11/144/71/PDF/G1114471.pdf?OpenElement . Acesso em: 10 jun. 2023.

36. STEGER, Manfred B. **Globalization:** a very short introduction. Oxford, United Kingdom: Oxford University Press, 2013, p. 64-65.

37. BAUMAN, Zygmunt. **Globalização:** as consequências humanas. Rio de Janeiro: Zahar Editor, 2021, p. 133.

também sofre o impacto da erosão produzida pela globalização, que resulta na formação de uma sociedade internacional em rede, de modo que o exercício da soberania se sujeita "à concorrência de fontes de poder de difícil definição, em âmbito nacional e internacional", como os movimentos de capital especulativo, o crime organizado e as organizações não governamentais.[38]

Falando das dificuldades de detectar e punir crimes de colarinho branco – que chama de "crimes do topo da escala" –, Bauman pontua que esses delitos são normalmente cometidos "num *topo* extraterritorial" e que, se autoridades locais, resolvem investigá-los, "a globalidade da elite", que lhes provê mobilidade, lhe dá "capacidade de escapar", pois "há sempre lugares onde os guardiães locais da ordem ficam felizes em olhar para o outro lado no caso de haver algum conflito".[39] Os paraísos fiscais (*tax havens*), territórios alheios aos regimes jurídicos globais de controle, entrarão na equação descrita por Bauman, pois neles faltam as leis locais e também os deveres e a vontade de cooperar internacionalmente para o enfrentamento ao crime que se aproveita de sua natureza *offshore*, fora do alcance das jurisdições conformes.

> (...) devido à assimetria entre o caráter supranacional da economia e do capital financeiro e o caráter ainda predominantemente estatal da política e do direito, não só diminuíram e enfraqueceram os limites e controles que as políticas e o direito dos Estados nacionais podem impor às grandes potências econômicas e financeiras globais, mas também a relação entre política e economia foi literalmente invertida. Já não é a política que rege a economia, mas sim os poderes econômicos e financeiros das grandes empresas multinacionais que regem as forças políticas, ditando as regras, limites e vínculos a que estão condicionados os seus investimentos e sujeitando os Estados a avaliações de fiabilidade financeira.[40]

Apesar da gravidade do fenômeno contemporâneo da criminalidade corporativa, inequivocamente, são as operações de organizações criminosas transnacionais e das entidades terroristas algumas das principais ameaças à soberania estatal e à segurança coletiva no mundo. Hobsbawm é de opinião que no pós-guerra os Estados nacionais começaram a enfraquecer-se, priva-

---

38. CORREA, Eduardo Pitrez de Aguiar. **Política Criminal Transnacional da Sociedade em Rede**: regimes de proibição global, margem de apreciação, princípio da norma mais favorável. Rio de Janeiro: Lumen Juris, 2017, p. 25.
39. BAUMAN, Zygmunt. **Globalização:** as consequências humanas. Rio de Janeiro: Zahar Editor, 2021, p. 133-134.
40. FERRAJOLI, Luigi. **Por una constitución de la Tierra:** la humanidad en la encrucijada. Madrid: Editorial Trotta, 2022, p. 102-103.

dos que foram pouco a pouco do monopólio da força, um critério definidor da soberania estatal ao longo dos séculos.[41] Para Ferrajoli também as TNCs se converteram em poderes soberanos;[42] essas corporações contrastam o Estado e geram novos desafios à cooperação internacional. A partir de 1945, o mundo assistiria à "privatização dos meios de destruição, que transformou a perspectiva de violência e depredação em qualquer parte do globo".[43] É num ambiente de fragmentação, de empobrecimento e de choque de civilizações que se pode identificar a eclosão do fundamentalismo islâmico e a posterior internacionalização do terrorismo, como um grande empreendimento transnacional,[44] "talvez a maior causa de tensão internacional no novo milênio", que se apresenta como uma reação contra o Ocidente e seus valores.[45]

O vínculo entre a promoção da justiça criminal e a manutenção da paz e da segurança coletivas no Planeta já foi reconhecido mais de uma vez em documentos oficiais das Nações Unidas. É o caso dos crimes contra a humanidade, cuja prática impune ameaça esses valores superiores, inseridos no art. 1º da Carta de San Francisco, reclamando dos Estados o cumprimento do dever de exercer sua jurisdição penal em relação a eles, ainda que cometidos fora de seus territórios. A proibição das condutas a que se referem tais crimes tem natureza de *jus cogens.*[46] Neste grupo se insere o delito de tortura que – embora não seja um dos *core crimes*, integrando, porém, pelo menos quatro convenções internacionais de supressão[47] –, é uma conduta internacionalmente proibida por uma norma dotada de tal *status* e dessa força imperativa.[48] Também nesse gênero se enquadra a proibição da escravidão, "a qual é considerada uma norma imperativa do direito internacional (*jus*

---

41. HOBSBAWM, Eric J. **Era dos extremos:** o breve século XX; 1914-1991. 2. ed. São Paulo: Companhia das Letras, 2007, p. 540.
42. FERRAJOLI, Luigi. Op. cit., p. 102-103.
43. HOBSBAWM, Eric J. Op. cit., p. 539.
44. COMBS, Cindy C. **Terrorism in the twenty-first century**. 6th ed. Boston: Prentice Hall, 2011, p. 118.
45. HOBSBAWM, Eric J. Op. cit., p. 540.
46. UNITED NATIONS. International Law Commission. **The draft articles on prevention and punishment of crimes against humanity,** Report A/74/10. New York, 20 August 2019, p. 24, *commentaries* (3) e (5). Disponível em: https://legal.un.org/ilc/reports/2019/english/a_74_10_advance.pdf . Acesso em: 4 mai. 2023.
47. A Convenção das Nações Unidas contra a Tortura e Outras Penas ou Tratamentos Cruéis, Desumanos ou Degradantes, de 1984, conhecida como CAT, por *Convention against Torture*; a Convenção Interamericana para Prevenir e Punir a Tortura, de 1985; a Convenção Europeia para a Prevenção da Tortura e Penas ou Tratamentos Desumanos e Degradantes, de 1987; e o Estatuto de Roma do Tribunal Penal Internacional, de 1998.
48. INTERNATIONAL COURT OF JUSTICE. **Questions relating to the Obligation to Prosecute or Extradite (Belgium v. Senegal).** Judgment 20 July 2012, I.C.J. Reports 2012, § 99. Disponível

cogens), e implica em obrigações *erga omnes*",[49] cuja natureza foi descrita pela Corte Internacional de Justiça (CIJ), em 1970, no caso *Barcelona Traction*.[50] Para a CIJ, há, de um lado, obrigações de um Estado para com a comunidade internacional como um todo, "que dizem respeito a todos os Estados" e, de outro, aquelas obrigações mais restritas, de um Estado para com outro Estado, referentes ao instituto da proteção diplomática.[51] No caso das primeiras espécies de obrigações, "tendo em vista a importância dos direitos envolvidos, todos os Estados podem ser considerados como tendo um interesse legal em sua proteção; são obrigações *erga omnes*".[52]

Se a prevenção e a repressão a crimes de *jus cogens* implica a existência de obrigações *erga omnes*, qual será a natureza das medidas instrumentais – como as de cooperação jurídica internacional – decorrentes desses deveres? Nessas circunstâncias, haverá sempre o dever de cooperar?

1.2. SOBRE A NECESSIDADE DE COOPERAR INTERNACIONALMENTE

Ao tempo do isolacionismo soberanista, "a Justiça parava nas fronteiras dos Estados, parava no âmbito dos atos de primeiro grau [...], isto é, na notificação da demanda, e no máximo avançava ao nível dos meios probatórios".[53] O diagnóstico de Opertti Badan sobre o quadro da cooperação latino-americana em meados dos anos 1970 é preciso e ainda verdadeiro. Ex-ministro das relações exteriores do Uruguai e membro da Comissão de Direito Internacional das Nações Unidas, o jurista uruguaio acompanhou

em: https://www.icj-cij.org/sites/default/files/case-related/144/144-20120720-JUD-01-00-EN.pdf. Acesso em: 10 mai. 2023.

49. CORTE INTERAMERICANA DE DIREITOS HUMANOS. **Caso Trabalhadores da Fazenda Brasil Verde vs. Brasília.** Sentença de 20 de outubro de 2016, § 249. Disponível em: https://www.corteidh.or.cr/docs/casos/articulos/seriec_318_por.pdf. Acesso em: 2 jun. 2023.

50. INTERNATIONAL COURT OF JUSTICE. **Case Concerning the Barcelona Traction, Light and Power Company, Limited (Belgium v. Spain).** Judgment of 5 February 1970, I.C.J. Reports 1970, § 34. Disponível em: https://www.icj-cij.org/sites/default/files/case-related/50/050-19700205-JUD-01-00-EN.pdf https://www.icj-cij.org/sites/default/files/case-related/50/050-19700205-JUD-01-00-EN.pdf. Acesso em: 10 jun. 2023.

51. Sobre o instituto da proteção diplomática, vide REZEK, Francisco. **Direito internacional público**: curso elementar. 16.ed. São Paulo: Saraiva, 2016, p. 342-347.

52. INTERNATIONAL COURT OF JUSTICE. **Case Concerning the Barcelona Traction, Light and Power Company, Limited (Belgium v. Spain)**. Judgment of 5 February 1970, I.C.J. Reports 1970, § 33. Disponível em: https://www.icj-cij.org/sites/default/files/case-related/50/050-19700205-JUD-01-00-EN.pdf https://www.icj-cij.org/sites/default/files/case-related/50/050-19700205-JUD-01-00-EN.pdf. Acesso em: 10 jun. 2023.

53. OPERTTI BADAN, Didier. La cooperación jurídica interamericana. **Anuario Espanol de Derecho Internacional Privado**, *[S. l.]*, v. 0, p. 387–404, 2000, p. 390.

grande parte do desenvolvimento da cooperação jurídica internacional e as dificuldades do fluxo interjurisdicional. Havia uma barreira, às vezes intransponível, para a efetivação de medidas de cooperação internacional. No entanto, a realidade imperou e os Estados em toda a parte tiveram de render-se à necessidade de cooperar integralmente no campo jurídico, inclusive na execução de sentenças penais estrangeiras.

Numa concepção liberal, por oposição à escola realista de relações internacionais, "os Estados cooperam na expectativa de benefícios da cooperação futura e de recompensas contemporâneas", estendendo e assegurando a expectativa de reciprocidade cooperacional por meio de regimes, regras e organizações internacionais estáveis,[54] que são criados por decisão soberana de Estados. Numa sociedade internacional estruturada em torno de Estados soberanos, com fronteiras jurisdicionais impenetráveis, a cooperação jurídica internacional encontra barreiras que precisam ser contornadas, devido aos imperativos da criminalidade dotada de estraneidade necessária ou ocasional. Os tratados de cooperação jurídica internacional servem para destrancar as barreiras fronteiriças, destravar as portas dos judiciários, eliminar certas amarras jurisdicionais. São pontes, não muros; facilitam o diálogo interestatal quando não há outro meio para a satisfação da necessidade que depende de um *bem* situado no território de outro Estado; viabilizam o tráfego jurídico entre duas ou mais nações. Como ensina Häberle, "o Estado constitucional cooperativo vive de necessidades de cooperação no plano econômico, social e humanitário".[55] Essas necessidades são imensas na criminalidade transnacional, são razoavelmente importantes na criminalidade internacional[56] e ocasionalmente significativas na criminalidade doméstica.

Ainda quando sejam *abstratamente* necessários, quando se tem em mente o fenômeno criminal, nem sempre os mecanismos de cooperação jurídica internacional serão necessários *em concreto*, isto é, casuisticamente. Mesmo diante de elementos de estraneidade, se não houver resistência pelo interessado ou pelo detentor da informação, da prova ou dos valores buscados no exterior, a entrega transnacional desses elementos pode ocorrer sem necessidade de um procedimento interestatal. O foragido que se ho-

---

54. ZARTMAN, I. William; TOUVAL, Saadia. Introduction: return to the theories of cooperation. In: ZARTMAN, I. William; TOUVAL, Saadia (org.). **International cooperation:** the extents and limits of multilateralism. Cambridge: Cambridge University Press, 2010, p. 6-7.
55. HÄBERLE, Peter. **Estado constitucional cooperativo.** Renovar: Rio de Janeiro, 2007, p. 8, 13 e 15.
56. Adiante, neste capítulo, trataremos da distinção entre direito internacional penal e direito penal transnacional.

miziou em Estado estrangeiro pode aceitar voltar voluntariamente ao país onde deve ser julgado pelo crime que cometeu; o réu pode concordar em entregar provas ou ativos que mantém no exterior; a vítima[57] residente no estrangeiro pode retornar voluntariamente ao Estado do foro para prestar seu depoimento. Esses são exemplos de situações em que teoricamente seria necessária uma medida de cooperação internacional (extradição ou pedidos de *mutual legal assistance*), mas que, na prática, não precisarão ser implementadas, por falta de oposição. Então, a fórmula que torna necessária a cooperação internacional envolve a soberania estatal, que é impenetrável, salvo mediante consentimento, e a resistência jurídica de alguém (pessoa física ou jurídica), ao atendimento da pretensão persecutória transnacional ou internacional. Não é apenas a soberania que torna necessária a cooperação jurídica internacional; a resistência à pretensão estatal também a preordena; e a falta da cooperação internacional pode significar a denegação de justiça.[58]

A principal razão para a cooperação é a interdependência entre os Estados numa sociedade complexa e a incapacidade de autossatisfação de suas pretensões jurisdicionais por outros meios legítimos.[59] Como dizem Zartman e Touval, "os Estados não são politicamente ou economicamente autárquicos; eles não estão sozinhos. Eles precisam da assistência ativa ou passiva de outras partes para atingir seus objetivos" nos campos da segurança coletiva, do comércio internacional e das questões ambientais entre outros domínios. Para que os mecanismos de cooperação se legitimem econômica e politicamente deve custar *menos* cooperar do que agir de maneira unilateral.[60] No domínio do direito penal, as soluções transfronteiriças unilaterais costumam vir ao custo de ofensas ao direito internacional, de violações de

57. Note-se que, no âmbito deste estudo, em harmonia com a normativa internacional, "o conceito de vítima penal ultrapassa aquele que sofre o dano direto pelo direto, abarcando também familiares e pessoas próximas que tenham sofrido algum tipo de dano ao se relacionarem com o delito, mesmo que em momento posterior". SUXBERGER, Antonio Henrique; CASTRO, Henrique Bawden de. Políticas públicas para a vítima: ações do CNJ e do CNMP em face da agenda ODS 2030. **Delictae Revista de Estudos Interdisciplinares sobre o Delito**, *[S. l.]*, v. 5, n. 8, p. 185–221, 2020, p. 189-190, p. 195.

58. LESSA, Luiz Fernando Voss Chagas. **Persecução penal e cooperação internacional direta pelo Ministério Público**. Rio de Janeiro: Lumen Juris, 2013, p. 60-61.

59. As providências transnacionais *ilegítimas* mais comuns envolvem abduções internacionais (*extraordinary renditions*) e extradições disfarçadas (*extradition déguisée*), concretizadas à margem do direito interno e do direito internacional.

60. ZARTMAN, I. William; TOUVAL, Saadia. Introduction: return to the theories of cooperation. In: ZARTMAN, I. William; TOUVAL, Saadia (org.). **International cooperation:** the extents and limits of multilateralism. Cambridge: Cambridge University Press, 2010, p. 5.

direitos humanos e do descumprimento do dever de diligência devida (*due dilligence*).[61]

Se houver mais de uma entidade política soberana, haverá diversidade de sistemas jurídicos e, por conseguinte, surgirá a necessidade de adoção de interfaces para o diálogo processual binacional, minilateral ou multilateral. Se os espaços de validade do ordenamento "não fossem juridicamente delimitados, se os Estados não possuíssem quaisquer fronteiras fixas, as várias ordens jurídicas nacionais, e isso quer dizer, os Estados, não poderiam coexistir sem conflitos".[62] As fronteiras são, assim, os limites da jurisdição e os obstáculos jurídicos que a própria jurisdição deve ultrapassar, desde que autorizada por tratados ou por outros arranjos. Tais limites, contudo, não existem mais para outras atividades estatais legítimas, que se transnacionalizaram ou que agora são comunitárias, além de jamais terem existido para ações ilegítimas ou ilegais dos próprios Estados, de indivíduos ou de entes criminosos.

Tendo em conta a intocabilidade da soberania territorial, que nos remete ao princípio da impenetrabilidade da jurisdição, o julgamento de crimes transnacionais em sentido lato e de crimes internacionais (*core crimes*) depende da cooperação entre os Estados envolvidos e às vezes da cooperação com organizações internacionais e com tribunais internacionais. No entanto, essa cooperação jurídica costuma submeter-se aos influxos das relações diplomáticas e das tensões da política internacional, donde a importância de um modelo de cooperação baseado no direito internacional e no direito penal transnacional, e não em relações de amizade e *comity* ou em políticas externas aleatórias, que flutuam ao sabor dos ventos e das tempestades. Os interesses que devem ser resguardados pelo direito internacional penal e pelo direito penal transnacional têm elevado significado político-jurídico na ordem internacional. Dada a sua importância, nas instâncias civil, administrativa e penal, para a tutela de bens jurídico-penais ordinários e de relevantíssimos bens públicos globais (*global public goods*), é preciso fundar a cooperação jurídica internacional em "inequívocas obrigações convencionais".[63]Isso deve ser visto como um mínimo, em prol da segurança jurídica na atuação de Estados constitucionais cooperativos,[64] dispensando preceitos fluidos

61. Vide o conceito de devida diligência no capítulo 3.
62. KELSEN, Hans. **Teoria geral do direito e do estado**. São Paulo: Martins Fontes, 2000, p. 302.
63. HEYMANN, Philip B. Two Models of National Attitudes toward International Cooperation in Law Enforcement. **Harvard International Law Journal**, *[S. l.]*, v. 31, n. 1, p. 99–107, 1990, p. 99.
64. HÄBERLE, Peter. **Estado constitucional cooperativo.** Renovar: Rio de Janeiro, 2007, p. 12 e 65.

como os da cortesia, da amizade e da confiança, para que seja ampliada a colaboração interestatal com respeito aos direitos da pessoa humana.

> O modelo de direito internacional exige que o conteúdo e o alcance da obrigação de cada Estado sejam delineados tão claramente quanto possível; é a estrutura jurídica – não a confiança de um determinado Estado na boa vontade de seus aliados – que deve lidar com os potenciais abusos de parte das autoridades de repressão e com procedimentos indignos de merecer a proteção pelo direito internacional. As exceções ou qualificações do dever de prestar assistência tornam-se essenciais quando as condutas não forem criminalmente típicas no Estado requerido ou quando o crime tiver motivação política.[65]

Na opinião de Boister, o modelo de direito internacional descrito por Heymann[66] oferece o quadro jurídico para a cooperação entre quaisquer Estados – independentemente de suas filiações a esta ou àquela família jurídica –, a segurança para controlar a legalidade dos procedimentos cooperacionais, o respeito aos direitos humanos pelas autoridades cooperantes e os mecanismos de proteção da soberania.[67] Pode-se dizer que temos a necessidade de cooperar num modelo binário, que conjugue proteção efetiva e garantias,[68] fugindo do *prosecutorial model,* um arranjo cooperacional menos protetivo descrito por Heymann.[69]

Num mundo *sem* Estados soberanos, numa única federação global[70] ou num Estado mundial, não haveria necessidade de instrumentos de cooperação jurídica internacional em sentido lato, tais como os que conhecemos.

---

65. HEYMANN, Philip B. Two Models of National Attitudes toward International Cooperation in Law Enforcement. **Harvard International Law Journal**, *[S. l.]*, v. 31, n. 1, p. 99–107, 1990, p. 105.
66. Por oposição modelo mais informal e mais eficiente de abordagem do tema da cooperação internacional, por ele denominado "modelo persecutório" (*prosecutorial model*). Este formato de interação é muito dependente da confiança entre as autoridades cooperantes e somente serve, por isso, a Estados "próximos", que compartilhem valores comuns. Depende também de constante reciprocidade e de soluções não fundadas em compromissos formais dos Estados. HEYMANN, Philip B. Two Models of National Attitudes toward International Cooperation in Law Enforcement. **Harvard International Law Journal**, *[S. l.]*, v. 31, n. 1, p. 99–107, 1990, p. 102-104.
67. BOISTER, Neil. 'Transnational Criminal Law'? **European Journal of International Law**, *[S. l.]*, v. 14, n. 5, p. 953–976, 2003, p. 959.
68. FERRAJOLI, Luigi. **Democracia e garantismo**. 2.ed. Madrid: Editorial Trotta, 2010.
69. HEYMANN, Philip B. Two Models of National Attitudes toward International Cooperation in Law Enforcement. **Harvard International Law Journal**, *[S. l.]*, v. 31, n. 1, p. 99–107, 1990, p. 102-104.
70. KANT, Immanuel. **À paz perpétua**: um projeto filosófico. Petrópolis: Editora Vozes, 2020, p. 37, 42 e 46.

Tome-se como exemplo uma quase-federação ou um espaço comunitário, como a União Europeia (UE). Os desafios da cooperação jurídica intrafederativa ou intra-europeia não são os mesmos que se apresentam na cooperação externa, com Estados terceiros (*non-EU States*), mas alguns deles são idênticos, como a proteção da pessoa humana (acusados e vítimas), uma vez que as ordens jurídicas estatais intra-UE são diferenciadas no direito penal e no direito processual penal. Havendo, como há, Estados e fronteiras que delimitam a eficácia dos ordenamentos locais, inclusive suas jurisdições criminais, o "ato *coercitivo* estipulado pela ordem jurídica nacional só pode ser dirigido a indivíduos que estejam dentro do território do Estado", consideradas as exceções do direito internacional, que conferem imunidade de jurisdição a certas pessoas[71] ou a certos bens.

Num futuro muito distante talvez venha a existir um Parlamento global, como pretendia Held (1951-2019),[72] com leis comuns para todo o Planeta, ou uma federação de nações divisada por Christian Wolff (1679-1754), Immanuel Kant (1724-1804), Jürgen Habermas (1929-)[73] e outros defensores do cosmopolitismo jurídico.[74] Ainda que as nacionalidades não desvaneçam, somente neste longínquo e incerto termo, seria possível aposentar as ferramentas de cooperação internacional tal como hoje as divisamos. Por ora e talvez por séculos isto não passará de uma utopia kantiana ou de um sonho heldiano,[75] de modo que, mesmo diante de espaços intensamente integrados como a União Europeia, as questões de assistência mútua conti-

71. KELSEN, Hans. **Teoria geral do direito e do estado**. São Paulo: Martins Fontes, 2000, p. 335-336.

72. HELD, David. **Cosmopolitanism**: ideals and realities. Cambridge ; Malden, MA: Polity Press, 2010, p. 103–105.

73. HABERMAS, Jürgen. Kant's idea of Perpetual Peace: with the Benefit of Two Hundred Years' Hindsight. In: BOHMAN, James; LUTZ-BACHMANN, Matthias (Org.). **Perpetual peace:** essays on Kant's cosmopolitan ideal. Cambridge, Mass: MIT Press, 1997, p. 126.

74. Segundo Tosi, "na filosofia política e do direito, o 'globalismo jurídico' (ZOLO, 1998, p. 133-148), é hoje uma corrente da teoria do direito e da política internacional amplamente difundida entre estudiosos do direito internacional, filósofos e cientistas políticos, juristas, moralistas e teólogos que aderem a uma visão cosmopolita das relações internacionais. Pensamos a (*sic*) um dos maiores filósofos do direito do século XX, Hans Kelsen (1990), a Eric Weil (1990), a Jürgen Habermas (2002 e 2006), a John Rawls (2002/2003), a Hans Küng (1992/1999), e entre eles o nosso autor Norberto Bobbio". TOSI, Giuseppe. Guerra e paz nas relações internacionais segundo Norberto Bobbio (e Carl Schmitt), p. 198. *In*: SALATINI, Rafael; MORTARI BARREIRA, César (Orgs.). **Democracia e direitos humanos no pensamento de Norberto Bobbio**. Marília; São Paulo: Oficina Universitária; Cultura Acadêmica, 2018, p. 187–220.

75. Para Held, a emergência de uma ordem internacional cosmopolita seria historicamente inevitável. HELD, David. **Democracy and the global order:** from the modern state to cosmopolitan governance. Stanford: Stanford University Press, 1995, p. 221-235.

nuam candentes, nos quesitos regulares de eficiência, efetividade e respeito aos direitos humanos.[76]

Olhando para fora, pode-se afirmar, sem receio de equívoco, que a frequência e a quantidade de pedidos de cooperação jurídica internacional em matéria penal tendem a aumentar substancialmente nas próximas décadas, de forma persistente, como consequência natural dos processos de integração regional e da globalização multidimensional. Aumentará a *precisão*, a carência da cooperação jurídica internacional, de forma ainda mais ampla do que a que se viu no século 20. De igual modo, continuará presente a necessidade de cooperar, para os fins comuns, para a promoção dos bens públicos globais e, inclusive, para evitar a impunidade, especialmente nos crimes graves, e como maneira de proteger a soberania estatal contra incursões ilegítimas de outros Estados ou de entidades ilegais, que se alçam a intervenções no domínio interno, quando não se assegura a continuidade jurídica, entre fronteiras, dos deveres de proteção da pessoa humana e de persecução de delitos graves, muitos dos quais podem ser sérias violações de direitos humanos ou crimes internacionais em sentido estrito ou crimes relevantes de espectro doméstico com estraneidade eventual.

1.3. A CORTESIA COMO FUNDAMENTO DA COOPERAÇÃO INTERNACIONAL? FORA DA *COMITY* NÃO HÁ SALVAÇÃO?

Costuma-se dizer que a cooperação jurídica internacional se baseia na cortesia (*comity*), uma postura política, não jurídica dos Estados soberanos. Contudo, "em muitas áreas problemáticas" do mundo, inclusive nas relações internacionais, estamos "testemunhando uma virada rumo ao direito",[77] rumo ao direito internacional, entenda-se bem. A guerra e a criminalidade são alguns desses tópicos. Meras relações de boa vizinhança não são suficientes para equacionar problemas interjurisdicionais complexos. A simples

---

76. Tomemos como exemplo a proposta de abril de 2023 de adoção de um Regulamento relativo à Transmissão de Processos Penais entre os Estados da União. Entre os objetivos da proposta estão: "melhorar a eficiência e a boa administração da justiça na UE" e "melhorar o respeito pelos direitos fundamentais no procedimento de transmissão de processos penais", critérios que dão o color dos problemas que se pretende solucionar. UNIÃO EUROPEIA. Comissão Europeia. **Proposta COM(2023) 185 final 2023/0093,** Bruxelas, em 5 de abril de 2023, p. 1, 3, 6 e 10. Disponível em: https://ec.europa.eu/transparency/documents-register/api/files/COM(2023)424_0/090166e5ff7b266d?rendition=false . Acesso em: 2 jun. 2023.

77. GOLDSTEIN, Judith; KAHLER, Miles; KEOHANE, Robert O.; SLAUGHTER, Anne-Marie. Introduction: Legalization and World Politics. **International Organization**, *[S. l.]*, v. 54, n. 3, p. 385–399, 2000, p. 385.

cortesia internacional não é compatível "com o dever dos Estados de respeito e promoção dos direitos humanos – notadamente o acesso à justiça".[78]

Temas locais ou regionais ingressam na arena global, pela via da judicialização dos conflitos internos em foros internacionais. Decisões de cortes internacionais têm repercussões nas metrópoles, assim como nas aldeias, vilas e vilarejos da Terra. A profusão de organizações internacionais, foros, comitês e ambientes de governança global, somados a uma miríade de "tratados multilaterais universais" e à proliferação de tribunais internacionais e de mecanismos quase-judiciais de solução de controvérsias,[79] fornecem um retrato, embora incompleto, da globalização da justiça. Infelizmente, contudo, "a compressão da distância e a dissolução das fronteiras que impulsionam a globalização provaram ser muito mais eficientes na produção de mercados globais do que de uma justiça global".[80] Esta ainda não existe e dependemos dos tradicionais e dos novos mecanismos de cooperação jurídica para a tutela dos bens jurídico-penais que não raro se referem a direitos humanos internacionalmente reconhecidos, sejam os individualizáveis, sejam os de gozo coletivo ou difuso, como o direito humano a um meio ambiente saudável e sustentável. Demasiadamente estranho seria se, a esta altura, tivéssemos de depender apenas de um instituto de conceito e contornos tão incertos quanto a *comity*.

O conceito de jurisdição é hoje multifacetado e heterogêneo. Como bem explica Berman, as tradicionais formas de jurisdição exercidas pelo Estado coexistem hoje com "normas não estatais de enclaves tribais ou étnicos, entidades religiosas, regulamentos corporativos, costumes sociais, órgãos reguladores privados e uma ampla variedade de grupos, associações e instituições não estatais".[81] Escrevendo em 1975, Ruggie bem captou a complexa teia de relações da sociedade globalizada que nos encaminhariam para "uma única história":

> Com frequência e veemência cada vez maiores, nos dizem que em nossa "única Terra" estamos, pela primeira vez, vivendo uma única história. Isso significa que os ambientes tecnológico, ecológico, político, econômico e so-

78. ALLE, Saulo Stefanone. **Cooperação jurídica internacional e auxílio direto ativo em matéria penal**. Belo Horizonte: Arraes Editores, 2017, p. 74.

79. KRISCH, Nico. The Decay of Consent: International Law in an Age of Global Public Goods. **American Journal of International Law**, *[S. l.]*, v. 108, n. 1, p. 1–40, 2014, p. 34.

80. SLAUGHTER, Anne-Marie. Judicial Globalization. **Virginia Journal of International Law**, *[S. l.]*, v. 40, n. 4, p. 1103–1124, 2000, p. 1103.

81. BERMAN, Paul Schiff. The Globalization of Jurisdiction. **University of Pennsylvania Law Review**, *[S. l.]*, v. 151, n. 2, p. 311–545, 2002, p. 504.

> cial estão se tornando tão globalmente emaranhados que as mudanças que ocorrem em um segmento da sociedade internacional terão repercussões consequentes em todos os outros.[82]

Ao lado do adensamento das relações jurídicas internacionais e de seu embasamento em tratados e na *soft law*, o que se vê é o surgimento de uma nova forma de *comity*. A justiça se globaliza em torno dos diversos foros hoje existentes, no campo da arbitragem do comércio exterior, da navegação, das telecomunicações, dos direitos autorais, dos investimentos estrangeiros, dos diferendos de direitos humanos, dos crimes do direito internacional penal. Antes agrupáveis como problemas resolvíveis por mecanismos para a solução de conflitos internacionais (*international dispute resolution*), alguns desses temas agora fazem parte do campo de estudo dos litígios internacionais (*transnational litigation*), envolvendo atividades de prática forense que se desenrolam perante tribunais domésticos e internacionais.[83] Os juízes desses diversos e diferentes tribunais aplicam, como sempre, seu direito nacional, mas também o direito internacional e, embora por ora não componham um sistema de justiça global, "constituem uma comunidade global de cortes", para além do espaço doméstico, uma comunidade ainda em formação e que depende da adoção de princípios comuns para suas relações recíprocas.[84] Essa globalização judicial envolve interações verticais entre tribunais nacionais e cortes supranacionais, assim como relações horizontais entre tribunais nacionais em contextos transfronteiriços, que se desdobram em cooperação jurídica para a solução de controvérsias transnacionais, mediante uma nova forma de *cortesia* judicial, e na fertilização recíproca das jurisprudências nacionais das cortes apicais,[85] uma característica da comunidade global de cortes descrita por Slaughter,[86] na qual os juízes reconhecem-se mutuamente como participantes de um processo que transcende as fronteiras e que se concretiza independentemente dos governos.[87]

---

82. RUGGIE, John G. International responses to technology: concepts and trends. **International Organization,** vol. 29, no. 3, 1975, p. 557-584, p. 557.
83. SLAUGHTER, Anne-Marie. A Global Community of Courts. **Harvard International Law Journal**, *[S. l.]*, v. 44, n. 1, p. 191–220, 2003, p. 191-192.
84. SLAUGHTER, Anne-Marie. Op. cit., p. 192 e 194.
85. SLAUGHTER, Anne-Marie. Judicial globalization, **Virginia Journal of International Law**, v. 40, n. 4, p. 1103–1124, 2000, p. 1112.
86. SLAUGHTER, Anne-Marie. A Global Community of Courts. **Harvard International Law Journal**, *[S. l.]*, v. 44, n. 1, p. 191–220, 2003, p. 192.
87. SLAUGHTER, Anne-Marie. Op. cit., p. 193.

Essa nova *comity* judicial convive ainda com a antiga cortesia, a que existia antes dos tratados e dos costumes cooperacionais. Essa cortesia internacional (*comitas gentium; international comity*) organizava a cooperação entre os Estados, muito antes do surgimento dos regimes globais de proibição e de cooperação. Na *comitas*, "o Estado soberano e independente dos demais, por um ato puramente gracioso", cumpria o pedido estrangeiro, mesmo sem estar obrigado a isso.[88] Na gênese da cooperação internacional, havia uma espécie de "graciosa cortesia entre os Estados soberanos dispostos a prestar-se auxílio recíproco".[89] Na concepção de Abade, vigorava uma postura meramente voluntarista dos Estados, segundo a qual a cooperação (passiva) só ocorria "com base convencional ou por vontade *ad hoc* do Estado com base nos conceitos de reciprocidade e do tradicional *comitas gentium*".[90] Tratando do tema, Bateman argumenta com a extradição, um campo em que os governos costumam operar com posições de política externa nas relações internacionais, o que acarreta restrições à atuação do Poder Judiciário, sob pena de pôr em risco a "cortesia internacional" ou a deferência interestatal.[91] Rememorando a jurisprudência estadunidense, Gardner contribui para a compreensão desse conceito:

> A Suprema Corte [dos EUA] em *Hilton v. Guyot* (1895) definiu a cortesia internacional como "o reconhecimento que uma nação permite em seu território aos atos legislativos, executivos ou judiciais de outra nação". Essa definição é incompleta, no entanto, uma vez que a cortesia abrange muito mais do que o reconhecimento de atos estrangeiros. A Quarta Emenda à Lei de Relações Exteriores define a cortesia internacional de forma mais ampla como uma "deferência a Estados estrangeiros que não é exigida pelo direito internacional".[92]

---

88. FEUILLADE, Milton C. **Cooperación jurisdiccional internacional**. Ciudad de Buenos Aires: Editorial Ábaco de Rodolfo Depalma, 2011, p. 34.

89 MARCHETTI, Maria-Riccarda. Introduzione: la cooperazione "tradizionale" e le nuove forme de assistenza giudiziaria. In: MARCHETTI, Maria-Riccarda; SELVAGGI, Eugenio; BARROCU, Giovanni. **La nuova cooperazione giudiziaria penale:** dalle modifiche al Codice di procedura penale all'Ordine europeo di indagine. Milano: Wolters Kluwer, 2019, p. 9.

90. ABADE, Denise Neves. **Direitos fundamentais na cooperação jurídica internacional:** extradição, assistência jurídica, execução de sentença estrangeira e transferência de presos. São Paulo: Ed. Saraiva, 2013, p. 34.

91. BATEMAN, Thomas M. J. The new globalism in Canadian Charter of Rights interpretation: extradition, the death penalty, and the Courts. **International Journal of Human Rights,** v. 7, n. 3, p. 49–71, 2003, p. 53.

92. GARDNER, Maggie. A primer on international comity. **Transnational Litigation Blog,** October 31, 2022. Disponível em: https://tlblog.org/international-comity/#:~:text=International%20comity%20refers%20to%20deference,not%20required%20by%20international%20law.. Acesso em: 10 mai. 2023.

Esta é também a posição de Dodge, para quem "a cortesia internacional é a deferência aos atores do governo estrangeiro que não é exigida pelo direito internacional, mas está incorporada no direito interno."[93] Holmanu também entende que, na falta de tratados, a cooperação interestatal se conduz por cortesia internacional (*curtoaziei internationale*),[94] o que pode se confundir com a noção de cooperação por promessa de reciprocidade. Swire e Hemmings seguem a mesma linha: a cortesia é o fundamento para os pedidos entre Estados soberanos.[95] Mas evidentemente hoje não é mais seu único pilar. Em nossa concepção, em algumas dimensões, para além da cortesia e da reciprocidade, há um dever de cooperar tanto passivamente (dever de prestar cooperação) quanto ativamente (dever de requerer cooperação), problema central ao qual voltaremos no capítulo 4.

1.4. EM BUSCA DE UM LUGAR PARA A COOPERAÇÃO JURÍDICA INTERNACIONAL

A criminalidade internacional em sentido amplo é objeto do direito penal interno, do direito internacional penal e do direito penal transnacional. A qual deles se amolda a cooperação jurídica internacional? Se a criminalidade se globalizou, assim também o direito criminal. *Ubi homo ibi societas; ubi societas, ibi jus*. A conhecida frase de Ulpiano diagnostica a essência sociológica do fenômeno jurídico, de modo que numa sociedade de Estados com relações globalizadas, é inevitável a invocação do direito penal para a tutela de valores de toda a humanidade e de bens jurídicos transnacionais. A fragmentação dos direitos penais nacionais – como consequência da soberania territorial e de sua jurisdição prescritiva[96] – impossibilita o tratamento uniforme das ameaças a tais interesses superiores da humanidade e aos interesses próprios dos Estados.

93. DODGE, William S. International Comity in American Law. **Columbia Law Review**, v. 115, n. 8, 2015.

94. HOLMANU, Loredana-Elena. The Principle of Speciality Related to the International Judicial Cooperation in Criminal Matters. **Revista Universul Juridic**, vol. 2020, no. 8, August 2020, p. 98-113, p. 98.

95. SWIRE, Peter; HEMMINGS, Justin D. Mutual legal assistance in an era of globalized communications: the analogy to the visa waiver program. **New York University Annual Survey of American Law**, *[S. l.]*, v. 71, n. 4, p. 687–740, 2016, p. 694.

96. Para Keitner, a jurisdição pode ser classificada como prescritiva, quando diz respeito ao poder de legislar; adjudicatória, quando se refere ao poder de interpretar e aplicar leis; e executiva, relacionada à sujeição de pessoas, bens e dados a uma autoridade. KEITNER, Chimène I. Transnational Litigation: Jurisdiction and Immunities, in: SHELTON, Dinah (Org.), **The Oxford Handbook of International Human Rights Law**. Oxford ; New York: Oxford University Press, 2013, p. 797.

Uma das primeiras técnicas de aproximação de ordens jurídicas[97] tão distintas, separadas por um longo processo evolutivo foi o comparativismo. Carl Stooss, Franz von Liszt e Gerard van Hamel, especialmente o segundo, foram os pioneiros da escola penal unitária (unionista), que adotou, conforme Hungria, o direito penal comparado como método para criação de "um direito penal do futuro, transfundido nas leis de todas as nações". Pretendia-se que, pela conjugação de princípios fundamentais uniformes, se tivesse "em lugar de dialetos, um só idioma; ao invés da colcha de retalhos, o manto de um só tecido".[98] Boister registra que já em 1898, no livro *Das Völkerrecht systematisch dargestellt*, antecipando-se a intensas discussões que viriam após os anos 1940, Von Liszt cunhou um conceito de crimes contra o direito internacional.[99]

Hungria conta que a intenção de Von Liszt era desenhar "um código penal que fosse aceitável por toda parte, tanto na França como no Japão, tanto na Alemanha quanto no Egito", conclamando os povos a uma "solidariedade para a fecundação recíproca", de modo que o direito comparado pudesse aproximar não apenas os códigos penais, mas também a doutrina e a jurisprudência dos povos.[100] Contudo, fracassou a ideia de um grande código penal global uniforme, ao qual se poderia chegar por meio das convenções de supressão (*suppression conventions*). Tal fracasso muito se deveu aos desafios de acomodação da soberania estatal. Tais tratados "foram simplesmente um passo no processo de codificação, mas nunca abandonaram a soberania, pelo que, num certo sentido, o direito penal transnacional é um resíduo do nacionalismo".[101]

No tópico da aproximação de legislações e decisões, Hungria já antecipava a prática hoje defendida por internacionalistas e por direito-humanistas de que os tribunais apicais e as cortes regionais de direitos humanos devem

97. Ao lado do comparativismo, as leis-modelo e os tratados de supressão (*suppression conventions*) são outras duas técnicas de aproximação de ordens jurídicas.

98. HUNGRIA, Nelson. **Comentários ao código penal**. 5.ed. Rio de Janeiro: Forense, 1977, vol. I, tomo 1, p. 358-359.

99. BOISTER, Neil. The Growth of the Multilateral Suppression Conventions in the First Half of the 20th Century. *In*: BOISTER, Neil; GLESS, Sabine; JESSBERGER, Florian (Orgs.). **Histories of Transnational Criminal Law**. Oxford, United Kingdom; New York, NY: Oxford University Press, 2021, p. 42.

100. HUNGRIA, Nelson. **Comentários ao código penal**. 5.ed., vol. I, tomo 1. Rio de Janeiro: Forense, 1977, p. 360.

101. BOISTER, Neil. The Growth of the Multilateral Suppression Conventions in the First Half of the 20th Century. *In*: BOISTER, Neil; GLESS, Sabine; JESSBERGER, Florian (Orgs.). **Histories of Transnational Criminal Law**. Oxford, United Kingdom; New York, NY: Oxford University Press, 2021, p. 55.

empreender um constante "diálogo de cortes" (*judicial dialogue*) em busca de fertilizações ou polinizações cruzadas para o aperfeiçoamento de seus precedentes.[102] Slaughther fala em uma emergente comunidade global de tribunais, que se forma e se apresenta de diversas maneiras e que se fortalece também por meio de referências mútuas ao conteúdo de suas decisões, que não são invocadas como precedentes, mas como nortes ou como argumentos persuasivos, com vistas à formação, de modo consciente, de uma "jurisprudência global", que mescla o direito nacional e o internacional.[103]

Segundo a leitura de Hungria sobre a obra de Von Liszt, como "evangelizador do direito penal moderno", o que o mestre alemão pretendia no campo do direito penal comparado era submeter os vários códigos "a um processo de análise e de crítica" para extrair e fornecer à política criminal critérios para reformas legislativas, conjurando "tanto quanto possível, os preconceitos de injustificado nacionalismo", e trazendo ao mesmo tempo uma melhoria de cunho universalista, a partir de "princípios fundamentais idênticos".[104] Não há como ignorar a correlação desse pensamento com a concepção de Boister sobre a natureza do direito penal transnacional como uma manifestação do nacionalismo na solução dos problemas da ordem internacional. [105] É também de Hungria esta magistral lição, que antecipava, em 1977, sua avançada visão sobre os rearranjos que se avizinhavam no contexto da globalização da criminalidade:

> O mundo atual, com a facilidade e maior frequência de intercomunicação dos povos, e com a crescente necessidade de solidário esforço na debelação da criminalidade, já não comporta o anacronismo de legislações penais heterogêneas e reciprocamente ignoradas. Estão caindo e continuarão a cair as espessas paredes que, no século XIX, separavam, como a compartimentos estanques, os direitos particulares das nações, para que estas possam entender-se mutuamente, num mesmo e único idioma jurídico.[106]

---

102. RAMOS, André de Carvalho; GAMA, Marina Faraco Lacerda. Controle de convencionalidade, teoria do duplo controle e o pacto nacional do judiciário pelos direitos humanos: avanços e desafios. **Revista Direitos Culturais**, v. 17, n. 41, p. 283-297, 5 maio 2022, p. 287 e 290.
103. SLAUGHTER, Anne-Marie. A Global Community of Courts. **Harvard International Law Journal**, *[S. l.]*, v. 44, n. 1, p. 191–220, 2003, p. 193-194.
104. HUNGRIA, Nelson. **Comentários ao código penal**. 5.ed., vol. I, tomo 1. Rio de Janeiro: Forense, 1977, p. 362-363.
105. BOISTER, Neil. The Growth of the Multilateral Suppression Conventions in the First Half of the 20th Century. *In*: BOISTER, Neil; GLESS, Sabine; JESSBERGER, Florian (Orgs.). **Histories of Transnational Criminal Law**. Oxford, United Kingdom; New York, NY: Oxford University Press, 2021, p. 55.
106. HUNGRIA, Nelson. **Comentários ao código penal**. 5.ed. Rio de Janeiro: Forense, 1977, vol. I, tomo 1, p. 363.

Podia ser uma antevisão da globalização do direito penal. Ou de uma de suas manifestações precursoras, para além do comparativismo, que nos remetem à formação dos regimes globais de proibição, baseados em centenas de convenções de supressão e que contribuem para concretizar, na prática, uma mínima harmonização de regras de proibição, preceitos de jurisdição e de deveres de persecução e, por que não dizer, obrigações de cooperação.[107]

Ainda hoje o direito penal e o direito processual penal comparados nos fornecem elementos importantes para parametrizar avanços e retrocessos da ciência jurídica, com contribuições recíprocas. Obviamente, como alerta Langer, esses contributos devem ser adequadamente "traduzidos" para se integrarem aos ordenamentos receptores, e não meramente transplantados de um organismo jurídico a outro.[108] Mas o fenômeno a que se assiste, de polinizações cruzadas também no campo legislativo, responde a uma política criminal internacional, ainda que *ad hoc*, para lidar com uma complexa fenomenologia delinquencial.

Mais do que comparar sistemas jurídicos de países diversos para inspirar a formação de leis penais domésticas mais eficientes (função do direito comparado) ou de determinar deveres de legislar no campo penal com alguma parametrização mínima (papel dos regimes globais de proibição e da jurisprudência de direitos humanos), estamos vendo o surgimento de integrações de ordens jurídicas mais robustas em espaços comunitários, notadamente na Europa, no Caribe e em algumas regiões da América do Sul e da África, que impactam na cooperação jurídica internacional.

Em função do plano de harmonização das legislações dos Estados europeus passou-se à adoção de modelos uniformes, baseados em minuciosos tratados do Conselho da Europa (COE), e, mais tarde, no âmbito da União Europeia, por meio de decisões-quadro, diretivas e regulamentos, atos legislativos comunitários que devem ser transpostos (as diretivas) ou que têm aplicação direta na ordem jurídica supranacional (os regulamentos) e primazia sobre o direito interno. Com o incremento da integração regio-

---

107. UNITED NATIONS. International Law Commission. **Draft articles on Responsibility of States for Internationally Wrongful Acts**, with commentaries, 2001. The Yearbook of the International Law Commission, 2001, vol. II, Part Two, p. 114, Article 41, commentary 3. Disponível em: https://legal.un.org/ilc/texts/instruments/english/commentaries/9_6_2001.pdf. Acesso em: 10 jun. 2023.

108. LANGER, Máximo. Dos transplantes jurídicos às traduções jurídicas: a globalização do *plea bargaining* e a tese da americanização do processo penal. **Delictae Revista de Estudos Interdisciplinares sobre o Delito**, [S. l.], v. 2, n. 3, p. 19, 2017. Neste artigo, Langer propõe a "metáfora da tradução jurídica como um dispositivo heurístico alternativo para analisar a transferência de ideias e instituições jurídicas."

nal, os mecanismos usuais de assistência jurídica recíproca (*mutual legal assistance*) e de extradição – que sempre viabilizaram a comunicação entre os ordenamentos jurídico-penais subjacentes – rapidamente mostraram-se insuficientes para o cenário quase-federal europeu, passando-se a promover a implementação de diversas ferramentas comunitárias[109] inspiradas pelo princípio do reconhecimento mútuo[110] e a criar novas instituições supranacionais, com atuação na esfera penal.[111] Embora muitos passos atrás, essas iniciativas foram parcialmente reproduzidas no Mercado Comum do Sul (Mercosul), onde o primeiro instrumento inspirado no princípio do reconhecimento mútuo foi introduzido, com o Acordo de Foz do Iguaçu de 2010,[112] e, no plano mais amplo interamericano, com a instituição da Comunidade de Polícia das Américas (Ameripol), um mecanismo hemisférico, de natureza transgovernamental, para cooperação policial regional.[113]

Aparentemente, estamos assistindo aqui e ali à superação da fase do territorialismo da segurança e das soberanias muradas e à eclosão de uma soberania compartilhada em espaços comuns de justiça, segurança e liberdades públicas, que têm na União Europeia o seu mais bem acabado exemplo. Esse processo que somente se inicia sustenta-se nos institutos do

---

109. NILSSON, Hans G. From classical judicial cooperation to mutual recognition. **Revue internationale de droit pénal,** v. 77, n. 1–2, p. 53–58, 2006.

110. O princípio do reconhecimento mútuo (*mutual recognition; reconnaissance mutuelle*) de decisões judiciais, inclusive em matéria penal, é considerado a "pedra angular" de todo o sistema cooperativo da União Europeia. Foi instituído a partir dos Conselhos Europeus de Cardiff (1998) e de Tampere (1999), sendo adensado no Tratado de Lisboa (2007). Conforme Bachmaier Winter, tal princípio "se tornou o conceito-chave para a cooperação judicial na Europa como forma de superar as dificuldades de cooperação entre os diversos sistemas jurídicos domésticos". BACHMAIER WINTER, Lorena. The Proposal for a Directive on the European Investigation Order and the Grounds for Refusal: A Critical Assessment. In: RUGGERI, Stefano (org.). **Transnational Evidence and Multicultural Inquiries in Europe:** Developments in EU Legislation and New Challenges for Human Rights-Oriented Criminal Investigations in Cross-border Cases. Cham: Springer, 2014. p. 71–90, p. 73.

111. De que são exemplos a Europol, a Eurojust e o *European Public Prosecution Office* (EPPO) ou Procuradoria Europeia. Para estudos sobre o EPPO, cf. BACHMAIER WINTER, Lorena (Org.). **The European Public Prosecutor's Office**: The Challenges Ahead. Cham: Springer, 2018.

112. MERCOSUL. Decisão MERCOSUL/CMC/Dec. 48/10. **Acordo sobre o Mandado Mercosul de Captura e Procedimentos de Entrega entre os Estados Partes do Mercosul e Estados Associados,** aprovado em Foz do Iguaçu, em 16 de dezembro de 2010. Disponível em: http://www.sice.oas.org/trade/mrcsrs/decisions/DEC4810_p.pdf . Acesso em: 2 jun. 2023.

113. Em novembro de 2023, foi concluído o Tratado de Brasília, que criou a Ameripol como uma organização internacional. Argentina, Colômbia, Chile, Costa Rica, Equador, Haiti, Honduras, Panamá, Paraguai, República Dominicana, Suriname e Uruguai foram os primeiros Estados signatários. Para saber mais sobre a Ameripol vide: FACCIOLI FERNANDES, Ariel. Cooperação policial em resposta ao crime organizado: o caso da Ameripol. **Cadernos de Relações Internacionais**, Rio de Janeiro, v. 2020, n. 1, 2020.

direito internacional penal e no direito criminal transnacional, categorias que examinaremos nos próximos tópicos deste capítulo, que são intensamente dependentes de cooperação jurídica. Apesar desses movimentos de aproximação e de uniformização, tal como lembrava Hungria em 1977, "o direito penal [dos países] continua politicamente variável no espaço e ainda estamos bem longe da época em que o ideal da justiça universal conseguirá sobrepujar o *noli me tangere* da soberania estatal".[114] Diante disso, ainda é essencial contar com mecanismos de extradição, assistência mútua em matéria penal, transferência de processos e reconhecimento de sentenças penais estrangeiras.

1.4.1. Os Crimes Internacionais como Gênero e suas Espécies: Sua Relação com a Cooperação Jurídica Internacional

Em 6 de abril de 1994, o avião *Falcon 50* que transportava o presidente de Ruanda, Juvénal Habyarimana, de etnia hutu, caiu sobre Kigali, levando à eclosão de uma onda de violência racialmente motivada que resultou em um dos piores genocídios do século 20. Em poucos meses, naquele mesmo ano, foram exterminados mais de 800 mil tútsis. A resposta das Nações Unidas não tardou. Ainda em 1994, o Conselho de Segurança da ONU criou um tribunal penal internacional não militar, o segundo da História, para julgar crimes de genocídio e contra a humanidade (dois *core international crimes*) cometidos no território de Ruanda[115] Para cumprir sua missão, o Tribunal Penal Internacional para Ruanda (TPI-R) dependeria intensamente da cooperação jurídica internacional de natureza vertical, aquela entre Estados e organizações internacionais.

A criminalidade no contexto internacional pode ser vista sob três óticas distintas. Numa primeira categoria, estão os crimes internacionais propriamente ditos (*core international crimes*), condutas previstas em tratados ou em costumes que ofendem valores superiores da sociedade internacional e que, por sua gravidade, são julgados por tribunais penais internacionais, sem prejuízo de sua sujeição a cortes penais locais, conforme o direito penal interno. São crimes de *jus cogens*, entre os quais se acham o genocídio, os crimes de guerra, os crimes contra a humanidade e o crime de agressão, objeto do Estatuto de Roma do Tribunal Penal Internacional (TPI), de

114. HUNGRIA, Nelson. **Comentários ao código penal.** 5.ed. Rio de Janeiro: Forense, 1977, vol. I, tomo 1, p. 208.

115. ARAS, Vladimir. **O genocídio no direito interno e no direito internacional.** Boa Esperança, MG: Editora CEI, 2023.

1998.[116] A dependência do TPI para com a cooperação jurídica internacional é praticamente total, uma vez que a investigação e o processo dependem da assistência dos Estados Partes do ER/1998 e a execução penal somente se faz com o auxílio desses Estados.

Na segunda categoria, estão os crimes internacionalmente relevantes (*crimes of international concern*), sempre previstos nas convenções de supressão (*suppression treaties*), a partir de mandados internacionais de criminalização dirigidos ao legislador nacional e sujeitos a julgamento local por tribunais nacionais. Entre eles, listam-se os delitos de narcotráfico, corrupção, crime organizado, tráfico humano, tráfico de armas de fogo e lavagem de dinheiro, objeto, respectivamente, da Convenção de Viena de 1988,[117] da Convenção de Mérida de 2003[118] e da Convenção de Palermo de 2000[119] e de seus dois Protocolos. A cooperação jurídica internacional é um elemento sempre presente em tais convenções supressivas e, em regra, a persecução criminal de tais delitos exigirá o emprego de um ou mais instrumentos de entreajuda penal internacional nelas previstas ou reguladas em outros acordos do regime geral de cooperação.

Na terceira categoria se encontram os crimes comuns, tipificados pelo direito penal interno, não necessariamente previstos em tratados, mas cuja persecução pode depender de instrumentos de cooperação jurídica internacional, sempre que presente um elemento de estraneidade (*extranéité; foreign origin element; elemento de extranjería)*[120] relacionado a pessoas, provas, dados ou ativos. Tomemos como exemplo os crimes de homicídio, de tráfico e os delitos contra a ordem tributária, que ocasionalmente podem tornar-se crimes de persecução *internacionalizada*, pela mobilização de pessoas (réus, vítimas ou testemunhas) para o exterior ou pela remoção de provas para país estrangeiro.

---

116. Este parágrafo e os dois seguintes foram baseados em ARAS, Vladimir. **Direito internacional público**. 2.ed. Rio de janeiro: Método, 2023, capítulo suplementar eletrônico: Direito internacional penal, seção 1.
117. UNITED NATIONS. **United Nations Convention against Illicit Traffic in Narcotic Drugs and Psychotropic Substances**, done at Vienna, on 12 December 1988. Disponível em: https://www.unodc.org/pdf/convention_1988_en.pdf. Acesso em: 10 jun. 2023.
118. UNITED NATIONS. **United Nations Convention against Corruption**, adopted at Merida, on 9 December 2003. Disponível em: https://www.unodc.org/unodc/en/corruption/tools_and_publications/UN-convention-against-corruption.html. Acesso em: 10 jul. 2023.
119. UNITED NATIONS. **United Nations Convention Against Transnational Organized Crime and the Protocols Thereto,** adopted at Palermo on 15 December 2000. Disponível em: https://www.unodc.org/documents/treaties/UNTOC/Publications/TOC%20Convention/TOCebook-e.pdf. Acesso em: 10 jul. 2023.
120. Vide a discussão sobre estraneidade mais adiante, no capítulo 2.

Japiassú conceitua os crimes internacionais *em sentido estrito* (*core international crimes*) como sendo os delitos previstos no Estatuto de Roma, de 1998, "que geram uma responsabilidade imediata fundada diretamente no direito internacional". Já os crimes internacionais *em sentido amplo* corresponderiam aos crimes transnacionais (*transnational crimes*), cuja prática envolve mais de um Estado. Haveria ainda os crimes internacionais *por difusão ou por contaminação*, uma categoria ainda mais ampla que englobaria os crimes, previstos ou não em tratados, que "se manifestam mais ou menos ao mesmo tempo em lugares diversos [...], passando de um Estado a outro, por assim dizer, epidemicamente, graças à rapidez dos meios de transporte, à instantaneidade das comunicações e à atividade dos *mass media*".[121] Não importando a categoria ou o rótulo que tenham, a cooperação internacional será uma necessidade na sua persecução.

Para Weatherall, "distintos dos crimes ordinários de caráter transnacional, os crimes internacionais são concebidos como violações particularmente graves do direito internacional".[122] Neste sentido restrito, os crimes internacionais corresponderiam às condutas que violam normas de *jus cogens*.[123] Para Boister, a distinção entre crimes internacionais em sentido estrito e crimes transnacionais surgiu no pós-guerra, quando os crimes de guerra, os crimes contra a humanidade e o crime de agressão "escalaram a formidável barreira da soberania estatal".[124] Ao fazê-lo, passaram a ser crimes de jurisdição penal internacional que, como sabemos, são dependentes da cooperação jurídica internacional, exatamente por causa das limitações de *enforcement* dos tribunais internacionais.

Já Schabas explica que os crimes internacionais são aqueles que têm dimensão internacional e que exigem regras próprias de jurisdição e de cooperação interestatal, como a pirataria,[125] o tráfico humano, o terrorismo e a

121. JAPIASSÚ, Carlos Eduardo Adriano. **Direito penal internacional**. São Paulo: Tirant Lo Blanch, 2020, p. 50–51.

122. WEATHERALL, Thomas. **Jus cogens:** international law and social contract. Cambridge, United Kingdom: Cambridge University Press, 2015, p. 193.

123. WEATHERALL, Thomas. Op. cit., p. 199.

124. BOISTER, Neil. The Growth of the Multilateral Suppression Conventions in the First Half of the 20th Century. *In*: BOISTER, Neil; GLESS, Sabine; JESSBERGER, Florian (Orgs.). **Histories of Transnational Criminal Law**. Oxford, United Kingdom; New York, NY: Oxford University Press, 2021, p. 55.

125. A pirataria é um dos mais antigos crimes punidos internacionalmente, desde pelo menos o século 18, devido a suas características internacionais, especialmente a existência de vítimas internacionais e da interrupção do comércio marítimo internacional. ORENTLICHER, Diane F. Settling Accounts: The Duty to Prosecute Human Rights Violations of a Prior Regime. **Yale Law Journal**, *[S. l.]*, v. 100, n. 8, p. 2537–2618, 1991, p. 2553 e p. 2557, nota 78.

lavagem de dinheiro, além de crimes específicos, de jurisdição internacional, que surgiram no pós-guerra e que hoje são objeto do Estatuto de Roma, de 1988. Aqueles são agora denominados crimes transnacionais (*treaty crimes*); estes são os crimes internacionais (*core crimes*).[126] Os *crimes internacionais* – genocídio, crimes contra a humanidade, crimes de guerra e agressão – são atribuídos à competência de tribunais penais internacionais porque os Estados mostram-se relutantes em julgá-los ou se recusam a fazê-lo, pois, em geral, estão diretamente envolvidos em sua prática. Já os *crimes transnacionais* (*transnational crimes*) podem ser julgados por tribunais domésticos, com emprego de mecanismos regulares de cooperação interestatal,[127] uma vez que normalmente não neutralizam a reação governamental.

Gless e Vervaele propõem uma classificação dicotômica para essas figuras típicas. De um lado estariam os crimes internacionais em sentido estrito (*core international crimes*); de outro os crimes transnacionais (*transnational crimes*), conceito que abrange todos os crimes de direito penal interno que afetam mais de uma jurisdição e que têm algum liame com o exterior (estraneidade), devido à nacionalidade da vítima ou do agente; à matrícula da embarcação ou da aeronave; ou à presença do interesse jurídico de mais de um Estado.[128] Bassiouni pondera que a distinção entre crimes internacionais e crimes transnacionais seria pouco técnica: definir um crime assim ou assado, "com base nos motivos que sustentam sua criminalização, só é relevante para a determinação das modalidades específicas de seu *enforcement*",[129] isto é, se ocorrerá diretamente num tribunal internacional, ou se virá de modo indireto nos judiciários nacionais. Em qualquer dessas situações, é evidente, não se prescindirá de cooperação jurídica internacional.

Mangai[130] relata que a expressão *crime transnacional* foi cunhada em 1975 pelo criminólogo norte-americano de origem alemã, Gerhard Mueller, então presidente do *United Nations Crime and Criminal Justice Branch* (CPCJB), que foi depois substituído pelo Escritório das Nações Unidas sobre

126. SCHABAS, William. **An introduction to the International Criminal Court**. Sixth edition. Cambridge, United Kingdom ; New York, NY: Cambridge University Press, 2020, p. 89.
127. SCHABAS, William. Op. cit., p. 98.
128. GLESS, Sabine; VERVAELE, John A. E. Law Should Govern: Aspiring General Principles for Transnational Criminal Justice. **Utrecht Law Review**, *[S. l.]*, v. 9, n. 4, p. 2, 2013.
129. BASSIOUNI, M. Cherif. Policy Considerations on Interstate Cooperation in Criminal Matters. **Pace International Law Review**, *[S. l.]*, v. 4, n. 1, p. 123-145, 1992, p. 124, nota 5.
130. NATARAJAN, Mangai. Gerhard Mueller's Role in Developing the Concept of Transnational Crime for the United Nations. *In*: BOISTER, Neil; GLESS, Sabine; JESSBERGER, Florian (org.). **Histories of Transnational Criminal Law**. Oxford, United Kingdom; New York, NY. Oxford University Press, 2021. p. 70–83.

Drogas e Crime (UNODC), criado em 1997. Na visão de Mueller, "crime transnacional" era uma categoria criminológica que acabou ganhando conteúdo jurídico no ano 2000 com a Convenção das Nações Unidas contra o Crime Organizado Transnacional.

Boister diz que o composto *crime transnacional* descreve condutas de "efeitos transfronteiriços reais ou potenciais de preocupação internacional".[131] Normalmente esses delitos são identificados por expressões equívocas como *crimes of international concern* ou *common crimes against internationally protected interests*, sendo que sua tipificação e punição compete aos Estados.[132] Ao serem matéria afetada aos Estados, sua persecução deverá ser igualmente transnacionalizada, dadas as limitações soberanas decorrentes do princípio da impenetrabilidade da jurisdição nacional.

A partir de Schabas e Boister, podemos divisar duas espécies de *crimes de feição* ou de *relevância internacional*: a) os crimes internacionais próprios ou propriamente ditos, os verdadeiros crimes internacionais, aqueles que surgiram do direito consuetudinário e estão agora previstos nos tratados de criminalização direta e imediata, que preveem a conduta típica em todos os seus elementos, de que são exemplos os *core crimes* do ER/1998, e que estão submetidos à jurisdição de tribunais penais internacionais, sobretudo o Tribunal Penal Internacional (TPI) do Estatuto de Roma, correspondendo a crimes de *jus cogens*;[133] e b) os crimes transnacionais. Estes podem ser: b.1) crimes transnacionais próprios, ou crimes transnacionais em sentido estrito, aqueles que compreendem aos crimes previstos em tratados (*treaty crimes*) ou em costumes internacionais (como outrora a *pirataria*), para tipificação indireta, conforme o direito interno e por meio do cumprimento pelos Estados de mandados de criminalização em obediência às convenções de supressão, e que, em regra, são julgados por tribunais nacionais; e b.2) os crimes transnacionais impróprios ou eventualmente transnacionais, que abrangem os delitos transfronteiriços não previstos em tratados ou não decorrentes dos costumes internacionais, tipificados apenas no direito interno, mas que ocasionalmente podem ser cometidos a distância, atravessando

131. BOISTER, Neil. 'Transnational Criminal Law'? **European Journal of International Law**, *[S. l.]*, v. 14, n. 5, p. 953–976, 2003, p. 954.

132. BOISTER. Op. cit., p. 955.

133. Segundo a CIJ, o crime de tortura é parte do direito internacional consuetudinário, desde, ao menos, os anos 1940, e sua proibição "tornou-se uma norma peremptória (*jus cogens*)". Cf. INTERNATIONAL COURT OF JUSTICE. **Questions relating to the Obligation to Prosecute or Extradite (Belgium v. Senegal).** Judgment 20 July 2012, I.C.J. Reports 2012, § 99. Disponível em: https://www.icj-cij.org/sites/default/files/case-related/144/144-20120720-JUD-01-00-EN.pdf. Acesso em: 10 mai. 2023.

a fronteira de um Estado, e que também são normalmente julgados por tribunais domésticos, conforme o direito interno. Os primeiros são delitos *necessariamente* transnacionais; os segundos são delitos *eventualmente* transnacionais. O traço comum é a necessidade de persecução transnacional, por meio de qualquer uma das modalidades de cooperação jurídica e policial internacional.

Boister traz argumentos muito convincentes em prol da distinção entre crimes internacionais e crimes transnacionais, pontuando que estes últimos:

> (...) não têm um elemento internacional no sentido de estarem sujeitas ao opróbrio universal ou ameaçarem a segurança da comunidade internacional. Os crimes transnacionais são geralmente cometidos por particulares sem intervenção ou ajuda do Estado, e seu cometimento é direcionado à busca de lucro ou vantagem de natureza privada por si só. Seus autores não gozam de impunidade jurídica no Estado territorial ou de nacionalidade, embora possam gozar de impunidade *de facto* por incapacidade institucional, negligência ou corrupção. Embora sua repressão exija cooperação e certa erosão da soberania, a solidariedade internacional é muito mais fraca e sua repressão, portanto, não requer a densidade de institucionalização que os crimes internacionais (*core crimes*) exigem na forma de um tribunal penal internacional.[134]

Embora essas categorias se diferenciem quanto às fontes de tipificação, ao *status* ou natureza do bem jurídico tutelado, ao foro usual de julgamento e à presença indispensável ou acidental do elemento de transnacionalidade, assim como pela existência ou não de um liame jurisdicional com o Estado do foro, em todas elas os mecanismos de cooperação internacional, horizontal ou vertical, serão determinantes para o cumprimento das obrigações estatais de persecução e julgamento, a evitação da impunidade e a proteção efetiva dos direitos dos acusados e de suas vítimas. A questão é saber se há deveres específicos de cooperação passiva e, sobretudo, ativa em relação a cada uma dessas categorias criminosas, tarefa que enfrentaremos nos capítulos 3 e 4.

1.4.2. Os Crimes de *Jus Cogens* e a Codificação dos Crimes Internacionais

Os crimes de direito internacional (*crimes under international law)* ou crimes internacionais *(core international crimes*) são os crimes de guerra, o crime de genocídio e os crimes contra a humanidade. Se tomarmos em conta

---

134. BOISTER, Neil. **An introduction to transnational criminal law.** Oxford, U.K: Oxford University Press, 2012, p. 19.

as Emendas de Kampala ao Estatuto de Roma de 1998, o crime de agressão entrará neste rol. A proibição dessas condutas pelo direito internacional é uma norma de *jus cogens*, no sentido do art. 53 da Convenção de Viena sobre o Direito dos Tratados, de 1969. Dessa proibição deriva imediatamente um dever de criminalização. Resultarão outros deveres instrumentais?

O *jus cogens* é uma norma imperativa de direito internacional geral, "reconhecida pela comunidade internacional (...), como norma da qual nenhuma derrogação é permitida e que só pode ser modificada por norma ulterior de direito internacional geral da mesma natureza".[135] Para a Comissão de Direito Internacional (CDI),[136] tribunais internacionais[137] e cortes internacionais de direitos humanos,[138] as proibições da prática de crimes contra a humanidade, da escravidão e da tortura são normas de *jus cogens.*[139] De hierarquia superior às fontes ordinárias, o *jus cogens*, como conjunto de normas peremptórias de direito internacional geral, dá origem a obrigações *erga omnes*, aquelas que sujeitam todos os membros da sociedade internacional, fazendo surgir interesse e legitimidade de outros Estados para obter seu cumprimento.[140] Entre essas obrigações estariam as de processar e julgar tais crimes, providências que dependerão de mecanismos de cooperação internacional, que devem existir (por lei ou por tratado) e devem ser empregados, como fruto da devida diligência estatal na tutela de direitos humanos e de bens jurídicos relevantes.

---

135. UNITED NATIONS. **Vienna Convention on the Law of Treaties**, done at Vienna on 23 May 1969. Disponível em: https://www.planalto.gov.br/ccivil_03/_ato2007-2010/2009/decreto/d7030.htm. Acesso em: 4 mai. 2023.

136. UNITED NATIONS. International Law Commission. **Statute of the International Law Commission**, adopted by the General Assembly in Resolution 174 (II) of 21 November 1947. Disponível em: https://legal.un.org/ilc/texts/instruments/english/statute/statute.pdf. Acesso em: 10 jun. 2023.

137. INTERNATIONAL COURT OF JUSTICE. **Questions relating to the Obligation to Prosecute or Extradite (Belgium v. Senegal).** Judgment 20 July 2012, I.C.J. Reports 2012, § 99. Disponível em: https://www.icj-cij.org/sites/default/files/case-related/144/144-20120720-JUD-01-00-EN.pdf. Acesso em: 10 mai. 2023.

138. CORTE INTERAMERICANA DE DIREITOS HUMANOS. **Caso Trabalhadores da Fazenda Brasil Verde vs. Brasília.** Sentença de 20 de outubro de 2016, § 249. Disponível em: https://www.corteidh.or.cr/docs/casos/articulos/seriec_318_por.pdf. Acesso em: 2 jun. 2023.

139. UNITED NATIONS. International Law Commission. **The draft articles on prevention and punishment of crimes against humanity**, Report A/74/10. New York, 20 August 2019, p. 24-25. Disponível em: https://legal.un.org/ilc/reports/2019/english/a_74_10_advance.pdf. Acesso em: 4 mai. 2023.

140. UNITED NATIONS. International Law Commission. **Draft Conclusions on Identification and Legal Consequences of Peremptory Norms of General International Law (Jus Cogens***): with commentaries.Yearbook of the ILC* 2022, vol. II, Part Two. Disponível em: https://legal.un.org/ilc/texts/instruments/english/commentaries/1_14_2022.pdf. Acesso em: 10 mai. 2023.

Os crimes de direito internacional existem independentemente de as condutas por eles proibidas serem previstas como fatos típicos pelo direito interno, o que está claro no direito internacional penal desde os julgamentos de Nuremberg de 1945,[141] visão que mereceu críticas do ex-juiz da CIJ, Francisco Rezek, pela flexibilização de princípios liberais do direito penal clássico, em "jurisdições internacionais de circunstância".[142] Contudo, já na Primeira Guerra Mundial se divisava o surgimento desses crimes, como se vê da tentativa das potências aliadas de submeter a julgamento líderes políticos da Alemanha e da Turquia.[143]

Cumprindo seu mandato para a contínua codificação do direito das gentes, a Comissão de Direito Internacional (CDI) apresentou, em seu relatório de 2019, o Projeto de Artigos sobre a Prevenção e a Repressão a Crimes contra a Humanidade (*The draft articles on prevention and punishment of crimes against humanity)*, a fim de preencher um significativo hiato normativo. A Convenção de 1948 sobre a Prevenção e a Repressão do Crime de Genocídio já tem em conta o crime de genocídio, e as quatro Convenções de Genebra de 1949 e os seus dois Protocolos de 1977 lidam com os crimes de guerra. No entanto, não há um texto internacional *autônomo* – distinto do Estatuto de Roma – sobre crimes contra a humanidade. O anteprojeto da CDI pretende ser assim o documento base para a discussão de um novo tratado internacional e tornar-se uma espécie de lei-modelo para a adoção de regras nacionais de criminalização desses delitos nos planos domésticos,[144] tarefa que muitos países ainda não cumpriram, apesar da necessidade de *enabling legislations* em matéria penal estrita para a efetiva implementação dos dispositivos do ER/1998.[145]

141. UNITED NATIONS. International Law Commission. **The draft articles on prevention and punishment of crimes against humanity,** Report A/74/10. New York, 20 August 2019, p. 50, § 13, e p. 53, § 19. Disponível em: https://legal.un.org/ilc/reports/2019/english/a_74_10_advance.pdf. Acesso em: 4 mai. 2023.

142. REZEK, Francisco. Matrizes políticas da justiça penal internacional. **Revista de Direito Internacional**, *[S. l.]*, v. 13, n. 1, 2016, p. 342.

143. ARAS, Vladimir. **Direito internacional público**. 2.ed. Rio de janeiro: Método, 2023, capítulo suplementar eletrônico: Direito internacional penal.

144. UNITED NATIONS. International Law Commission. **The draft articles on prevention and punishment of crimes against humanity,** Report A/74/10. New York, 20 August 2019, p. 22-23. Disponível em: https://legal.un.org/ilc/reports/2019/english/a_74_10_advance.pdf. Acesso em: 4 mai. 2023.

145. Soler explica que a falta de leis deste tipo significa que praticamente o Estado Parte abdica de sua jurisdição primária, que é consequência do princípio da complementaridade da jurisdição do TPI. Segundo ele, este princípio funciona como um "catalisador de conformidade" e como um indutor dos deveres estatais de persecução criminal. Havendo leis penais e processuais habilitadoras, o Estado nacional pode exercer sua jurisdição sobre tais crimes. Na falta deles,

Destacam-se no Projeto de Artigos o art. 3º, com a previsão das obrigações gerais dos Estados (*general obligations*), de conteúdo negativo, que visam a impedir que os Estados pratiquem ações que correspondam a crimes contra a humanidade, haja ou não um conflito armado. Além disso, pelo Projeto, os Estados se comprometeriam a prevenir e punir crimes contra a humanidade (*duty to prevent; duty to punish*). No art. 4º do Projeto de Artigos institui-se a obrigação de prevenção (*obligation to prevent*), que incorpora ações estatais que também podem ser catalogadas como deveres positivos dos Estados, para a adoção de medidas legislativas, administrativas ou judiciais, para prevenir os crimes contra a humanidade, quando praticados em seu território; cabendo-lhes ainda cooperar para esse fim com outros Estados, organizações internacionais e organismos.

Nos arts 6º e 7º aparecem os deveres dos Estados de criminalização dos delitos contra a humanidade e de exercício da jurisdição sobre eles, por critérios territoriais ou extraterritoriais, o que compreende não apenas uma postura passiva, como também uma postura ativa. Exercer jurisdição pressupõe uma *atitude* dos órgãos locais de persecução criminal. Merece menção ainda o art. 8º que institui (ou reconhece) um dever para os Estados de investigar de forma célere (*prompt*), exaustiva (*thorough*) e imparcial (*impartial*) os crimes contra a humanidade que ocorram ou tenham ocorrido em seus territórios.[146] Obviamente, esses deveres importarão a adoção de outras tantas providências a cargo dos Estados, inclusive a cooperação sempre que houver estraneidade.

Os *deveres* de prestar cooperação, no campo extradicional e da assistência jurídica recíproca (*mutual legal assistance*) passiva, e de assegurar a proteção de vítimas e testemunhas e os direitos de participação daquelas também aparecem nos arts. 12, 13 e 14 do Projeto da CDI.[147] Tais deveres de cooperação buscam fundamento no art. 1º, § 3º, e nos arts. 55 e 56 da Carta das Nações Unidas, abrangendo diversas formas de cooperação heterônoma ou assimétrica,[148] para a prevenção e a repressão de violações a direitos humanos, de natureza interetática, com organizações internacionais

---

aciona-se o mecanismo de complementaridade. SOLER, Christopher. **The Global Prosecution of Core Crimes under International Law**. The Hague: T.M.C. Asser Press, 2019, p. 22.

146. UNITED NATIONS. International Law Commission. **The draft articles on prevention and punishment of crimes against humanity,** Report A/74/10. New York, 20 August 2019, p. 13-15, 26 e 50. Disponível em: https://legal.un.org/ilc/reports/2019/english/a_74_10_advance.pdf. Acesso em: 4 mai. 2023.

147. UNITED NATIONS. International Law Commission. **The draft articles on prevention and punishment of crimes against humanity,** Report A/74/10. Op. cit., p. 16-17.

148. Vide o capítulo 2 para um panorama sobre as espécies de cooperação jurídica internacional.

e com organizações não governamentais internacionais, a exemplo da Cruz Vermelha Internacional, da Anistia Internacional, do *Greenpeace* e dos Médicos Sem Fronteiras.[149]

1.4.3. A Superação da Dicotomia: Direito Penal Internacional vs. Direito Internacional Penal

Há um clássico dissenso sobre essas duas disciplinas, cujas nomenclaturas se confundem. A tentativa de distinção entre esses dois ramos parte da diferenciação entre os crimes internacionais *stricto sensu* e *lato sensu*. A doutrina nunca se entendeu quanto a tal classificação, o que fez com que perdesse mesmo o seu propósito didático.[150] Em inglês, ao lado do direito internacional penal (*international criminal law*), com a sigla ICL,[151] prevaleceu a expressão direito penal transnacional (DPT) ou *transnational criminal law* (TCL), fugindo-se dos dúbios termos em espanhol (*derecho internacional penal* vs. *derecho penal internacional*), francês (*droit international pénal* vs. *droit pénal international*), alemão (*Völkerstrafrecht vs. Internationales Strafrecht*) e português (direito internacional penal vs. direito penal internacional).[152]

A discussão em torno da coexistência do *direito penal internacional* com o *direito internacional penal* deixou de ter relevância com a instituição das cortes penais *ad hoc* e do TPI nos anos 1990. A expressão *direito penal internacional* era usada para identificar os institutos do direito penal interno de um Estado relacionados a crimes transnacionais, um conjunto normativo "agora mais apropriadamente denominado *direito penal transnacional*".[153] Japiassú adota linha diversa. Embora entenda que a dicotomia entre o direito penal internacional e o direito internacional penal deva ser superada, sustenta que deve prevalecer unicamente a expressão *direito penal internacional.*

> A concepção ampla do Direito Penal Internacional abrange, com certeza, o chamado Direito Internacional Penal, isto é, os aspectos penais concernentes ao Direito Internacional. Na verdade, deve-se superar a dicotomia ("Direito Penal Internacional" e "Direito Internacional Penal") ante a duvidosa praticidade dessa classificação, bem como a ausência de contornos claros

---

149. International Law Commission. Op. cit., p. 60, § 13, e p. 61, § 14.
150. JAPIASSÚ, Carlos Eduardo Adriano. **O Tribunal Penal Internacional**: a internacionalização do direito penal. Rio de Janeiro: Lumen Juris, 2004, p. 17.
151. Em português, adotamos para o direito internacional penal o acrônimo DPI, para evitar confusão com o direito internacional público (DIP).
152. CRYER, Robert; FRIMAN, Hakan; ROBINSON, Darryl; WILMSHURST, Elizabeth. **An introduction to international criminal law and procedure**. Cambridge: Cambridge University Press, 2007, p. 3.
153. CRYER, Robert; FRIMAN, Hakan; ROBINSON, Darryl; WILMSHURST, Elizabeth. Op. cit., p. 3.

de separação entre as duas disciplinas, o que recomenda, pois, a unificação metodológica de todos esses institutos jurídicos. A própria entrada em vigor do Tribunal Penal Internacional, cujo Estatuto reúne normas de Direito Penal, Direito Processual Penal, Direito de Execução Penal, Direito Internacional Público, dentre outros ramos, aconselha esta visão unitária sob o império da expressão "Direito Penal Internacional". Nesse sentido, autores contemporâneos, como Bassiouni, Lomboise Koering-Joulin também adotam a terminologia "Direito Penal Internacional".[154]

Um dos mais renomados penalistas franceses, Lombois consagrou o uso da expressão *droit pénal international*, para caracterizar a disciplina que regula as relações entre o direito de punir do Estado e sua soberania.[155] Qualquer que seja a visão correta – se é que há uma – ambos os ramos dependem, para sua implementação, de regras de cooperação jurídica internacional, de corte horizontal ou vertical, a depender de as necessidades de estraneidade se apresentarem na relação entre Estados (horizontalidade) ou na interação dos Estados com os tribunais e organizações internacionais (verticalidade da cooperação).

1.4.4. A Distinção entre o Direito Internacional Penal[156] e o Direito Penal Transnacional por meio da Cooperação Jurídica Internacional

O direito internacional penal (DPI) é o ramo do direito internacional público (DIP) que se ocupa das condutas que ofendem os valores mais importantes da humanidade, protegendo seus bens jurídicos superiores. Bassiouni diz que o direito internacional penal é produto do encontro de duas disciplinas: daquela que estuda os aspectos criminais do direito internacional com outra que se ocupa dos aspectos internacionais do direito penal interno.[157]

Adotando a concepção bipartida (DPI + DPT), o direito internacional penal criminaliza as mais graves violações ao direito internacional humanitário e ao direito internacional dos direitos humanos e sujeita os responsáveis, pessoas naturais, a punição perante tribunais nacionais ou cortes

---

154. JAPIASSÚ, Carlos Eduardo Adriano. **O Tribunal Penal Internacional**: a internacionalização do direito penal. Rio de Janeiro: Lumen Juris, 2004, p. 17.

155. LOMBOIS, Claude. **Droit pénal international**. Paris, Dalloz, 2e.ed., 1979.

156. Partes do segmento sobre direito internacional penal basearam-se em texto de autoria de Aras, com acréscimos e atualizações. Cf. ARAS, Vladimir. **Direito internacional público**. 2.ed. Rio de janeiro: Método, 2023, capítulo suplementar eletrônico: Direito internacional penal, seção 1.

157. BASSIOUNI, M. Cherif. The Penal Characteristics of Conventional International Criminal Law. **Case Western Reserve Journal of International Law**, *[S. l.]*, v. 15, p. 27–37, 1983, p. 27.

internacionais, tradicionais ou de justiça híbrida. O DPT cuida apenas de crimes transfronteiriços sujeitos a tribunais nacionais. Considerando uma concepção unitária e não bipartida, Japiassú e Gueiros sustentam que o direito penal internacional (DPI):

> (...) define os crimes internacionais, próprios ou impróprios, as regras relativas a aplicação territorial e extraterritorial do Direito Penal, a imunidade de pessoas especialmente protegidas, a cooperação penal internacional em todos os seus níveis, as extradições, as transferências de condenados entre países, a determinação da forma e dos limites de execução de sentença penal estrangeira, a existência e funcionamento de tribunais penais internacionais ou regionais, bem como as demais questões jurídicas que envolvam a imputação criminal de fatos que possam surgir no plano internacional.[158]

A disciplina tem uma parte substantiva (*substantive international criminal law*) e uma parte processual (*procedural international criminal law*). Dando fôlego ao dissenso doutrinário quanto à classificação de crimes internacionais, Bassiouni ensina que "o objeto do direito penal internacional abrange: 1) crimes (transnacionais e internacionais), que constituem sua parte substantiva, e 2) modalidades de execução que constituem a sua parte processual".[159] É nesta parte processual que se inserem os instrumentos de cooperação jurídica internacional. Numa definição ampla, Wise pensa que o direito penal internacional abrange "uma variedade de tópicos relacionados a conflito de leis penais, processo penal internacional e aqueles crimes internacionais que os Estados são obrigados por costume ou tratado a submeter a persecução interna".[160] Portanto, conforme Bassiouni e Wise, o direito internacional penal abrange também a matéria processual.

O art. 5º do Estatuto de Roma diz que a competência do Tribunal Penal Internacional "restringir-se-á aos crimes mais graves, que afetam a comunidade internacional no seu conjunto." Tais crimes são tipificados diretamente em tratados, com todos os seus elementos, que incluem os preceitos de incriminação e de fixação das reprimendas cabíveis. Paralelamente, os Estados membros dos tratados criminalizadores também estão obrigados a prever condutas semelhantes em seu direito interno, por meio das chamadas leis

---

158. GUEIROS, Artur; JAPIASSÚ, Carlos Eduardo. **Direito penal**: volume único. São Paulo: Atlas, 2018.
159. BASSIOUNI, M. Cherif. Policy Considerations on Interstate Cooperation in Criminal Matters. **Pace International Law Review**, *[S. l.]*, v. 4, n. 1, p. 123-145, 1992, p. 124.
160. WISE, Edward M. Terrorism and the Problems of an International Criminal Law. **Connecticut Law Review**, *[S. l.]*, v. 19, n. 4, p. 799–830, 1987, p. 830.

de internalização (*enabling legislation*), que permitem a atuação primária da Justiça local, dada a natureza complementar da jurisdição penal internacional. É o que se passa com o Estatuto de Roma do TPI, que tipifica os crimes de genocídio (art. 6º), crimes contra a humanidade (art. 7º), crimes de guerra (art. 8º) e crimes de agressão (art. 8º-bis) e estende sua competência ao julgamento dos crimes contra a administração da justiça previstos no art. 70 do tratado de 1998. Tais crimes podem ser julgados pelo Poder Judiciário dos Estados membros ou diretamente pelo TPI, se presentes as estritas condições para afirmação de sua jurisdição. Sem cooperação internacional, todavia, nada disso é possível.

Logo, o direito internacional penal (*international criminal law*) – ou, indistintamente, o direito penal internacional – tem como objeto os crimes internacionais propriamente ditos (*core crimes*), aqueles previstos e tipificados no Estatuto de Roma de 1998 e sujeitos a julgamento pelo Tribunal Penal Internacional, de forma subsidiária, caso os Estados Partes deixem de aplicar suas próprias normas aos autores desses crimes e julgá-los perante seu próprio Poder Judiciário. Devido à sua natureza, o direito internacional penal "perfura a armadura da soberania estatal", conferindo a esse ramo, em função dos bens jurídicos protegidos, uma legitimidade supranacional,[161] já reconhecida por pelo menos um tribunal internacional, que, devido à sua natureza *sui generis*, declarou sua própria primazia sobre tribunais domésticos.[162] Por isso, tendo em conta a constituição do TPI no fim dos anos 1990, com seu marco jurídico próprio, Boister insiste na distinção entre o direito internacional penal em sentido estrito – cujo objeto são os *core international crimes* – e o direito penal transnacional (*transnational criminal law*), como veremos a seguir.[163]

Realmente, ao lado do direito penal internacional em sentido estrito (que lida com os *core crimes*), a doutrina aponta a existência de um direito penal transnacional (*transnational criminal law*), um ramo diverso, com um

161. WERLE, Gerhard; JESSBERGER, Florian. **Principles of International Criminal Law**. 4. ed. Oxford: Oxford University Press, 2020, § 107.

162. Os crimes de competência do Tribunal Penal Internacional para a ex-Iugoslávia (TPI-I) "affect the whole of mankind and shock the conscience of all nations of the world. There can therefore be no objection to an international tribunal properly constituted trying these crimes on behalf of the international community". INTERNATIONAL CRIMINAL TRIBUNAL FOR THE FORMER YUGOSLAVIA. **The Prosecutor v. Tadić,** IT-94-1. Decision on the Defence Motion for Interlocutory Appeal on Jurisdiction. Decision of 2 October 1995, § 59. Disponível em: https://www.icty.org/x/cases/tadic/acdec/en/51002.htm. Acesso em: 2 jun. 2023.

163. BOISTER, Neil. 'Transnational Criminal Law'? **European Journal of International Law**, *[S. l.]*, v. 14, n. 5, p. 953–976, 2003, p. 961.

conjunto de princípios próprios,[164] que servem para colmatar lacunas na interação de ordens jurídicas distintas, que podem resultar na desproteção de interesses de acusados ou de vítimas. A persecução penal transfronteiriça não pode ser conduzida numa terra-sem-lei, especialmente quando alguns aspectos das relações internacionais ainda hoje são influenciados por contingências políticas, o que permite ver que, infelizmente, a justiça criminal transnacional não é governada apenas pelo direito.[165]

O direito criminal transnacional (DPT) é um ramo do direito interno que: a) determina as hipóteses de asserção da jurisdição extraterritorial dos Estados; b) busca a harmonização ou domesticação do direito interno por meio do cumprimento dos mandados convencionais de criminalização, decorrentes das convenções de supressão; e c) regula a cooperação internacional em matéria penal para dar efetividade à persecução criminal transnacional, por meio de instrumentos como as rogatórias, os pedidos de *mutual legal assistance* (MLA) ou auxílio direto[166] e os requerimentos de extradição, de transferência de processos penais, de transferência de condenados e de proteção de pessoas.[167]

Enquanto o direito internacional penal (DPI) viabiliza a sujeição de indivíduos a cortes internacionais, com base em normas incriminadoras extraídas diretamente de tratados, o direito penal transnacional (DPT) se preocupa com a submissão de autores de crimes previstos no direito penal interno a julgamento perante tribunais locais. Se no direito internacional penal prevalecem as normas convencionais e as consuetudinárias, no direito criminal transnacional têm primazia as normas do direito interno e os tratados dos regimes globais de proibição. Os arranjos institucionais de um e de outro são, portanto, distintos, embora ambos os ramos se encontrem na cooperação internacional, que terão também ferramentas diferenciadas, como a extradição no DPT e a entrega no DPI.

---

164. BOISTER, Neil. **An introduction to transnational criminal law**. Oxford, U.K: Oxford University Press, 2012, p. 13.
165. GLESS, Sabine; VERVAELE, John A. E. Law Should Govern: Aspiring General Principles for Transnational Criminal Justice. **Utrecht Law Review**, *[S. l.]*, v. 9, n. 4, 2013, p. 1.
166. A assistência jurídica mútua é regida por tratados bilaterais ou multilaterais, incidindo na fase da investigação, do processo e do julgamento. CURRIE, Robert J. Human Rights and International Mutual Legal Assistance: resolving the tension. **Criminal Law Forum**, *[S. l.]*, v. 11, n. 2, p. 143–182, 2000, p. 146.
167. Este parágrafo e o seguinte baseiam-se em: ARAS, Vladimir. **Direito internacional público**. 2.ed. Rio de janeiro: Método, 2023, capítulo suplementar eletrônico: Direito internacional penal, seção 1.

Boister explica que a expressão direito penal transnacional parte do direito transnacional de Jessup[168] e abrange todo o direito criminal que não se refira somente a uma entidade nacional, surgindo daí um conceito mais restritivo da disciplina que, tendo como principal elemento as convenções de supressão, "visa à eliminação indireta, pelo direito internacional" - valendo-se do direito penal interno –, "de atividades criminosas que têm efeitos transfronteiriços reais ou potenciais".[169] Neste sentido, o direito penal transnacional abarca condutas interestatais e intraestatais que ferem bens jurídicos nacionais compartilhados ou valores cosmopolitas,[170] donde esse elemento transfronteiriço pode ser essencial ou meramente normativo.

Para Gless e Vervale, o direito penal transnacional é a disciplina que rege a persecução e o julgamento de crimes transnacionais, podendo ser vista em duas perspectivas. Na primeira, de natureza empírico-indutiva, o direito penal transnacional abrange normas de direito penal e de direito processual, relacionadas à tipificação de condutas, à determinação de jurisdição, à extraterritorialidade da lei penal e a procedimentos de cooperação jurídica internacional. Na segunda abordagem, mais restritiva, de ordem dedutivo-normativa, o direito penal transnacional compreende apenas as normas jurídicas aprovadas especificamente para lidar com temas penais transnacionais.[171] Qualquer que seja a abordagem, os autores acentuam que a ótica fundamental de articulação dessas regras deve levar em conta os direitos da pessoa humana.[172] De fato, o direito internacional dos direitos humanos e o direito internacional penal têm bases comuns, em função das obrigações internacionais de proteção à pessoa humana impostas aos Estados, que também se apresentam na persecução transnacional estatal[173] e que, sem dúvida alguma, devem alcançar os procedimentos de cooperação internacional, de cunho jurídico e administrativo, inclusive policial.

As repercussões mais imediatas desta visão apontam para a necessidade de que o direito penal transnacional adote padrões uniformes de devido processo legal; institua preceitos comuns de direito probatório, a respeito de

168. JESSUP, Philip C. **Transnational law**. New Haven: Yale University Press, 1956.
169. BOISTER, Neil. 'Transnational Criminal Law'? **European Journal of International Law**, *[S. l.]*, v. 14, n. 5, p. 953–976, 2003, p. 955.
170. BOISTER. Op. cit., p. 968.
171. GLESS, Sabine; VERVAELE, John A. E. Law Should Govern: Aspiring General Principles for Transnational Criminal Justice. **Utrecht Law Review**, *[S. l.]*, v. 9, n. 4, 2013, p. 3.
172. GLESS, Sabine; VERVAELE, John A. E. Op. cit., p. 4.
173. CRYER, Robert; FRIMAN, Hakan; ROBINSON, Darryl; WILMSHURST, Elizabeth. **An introduction to international criminal law and procedure**. Cambridge: Cambridge University Press, 2007, p. 10, 77.

provas colhidas no exterior; e formule regras para o exercício da ampla defesa e do contraditório em casos transnacionais.[174] Contudo, numa postura mais contida, o Tribunal Europeu de Direitos Humanos (TEDH), em Estrasburgo, decidiu que a "admissibilidade das provas é matéria de regulamentação pelo direito interno e pelos tribunais nacionais e que a única preocupação do Tribunal é examinar se o processo foi conduzido de forma justa",[175] numa avaliação geral de devido processo (*due process*). Sem dúvida alguma, nessa posição do TEDH pesa a doutrina da margem de apreciação nacional (*margin of appreciation; marge d´appréciation*),[176] isto é, o espaço de manobra de que gozam os Estados Partes da Convenção Europeia de Direitos Humanos para cumprir suas obrigações convencionais.[177]

Como se vê, o direito penal transnacional é uma disciplina de implementação intermediada pelo direito interno que o "domestica"; depende "da legislação nacional para concretizar as disposições esqueléticas das convenções de supressão", tomando como premissa, nem sempre concretizada "a existência de sistemas penais nacionais plenamente desenvolvidos" no plano interno.[178] Boister elenca alguns dos critérios pelos quais se pode distinguir o direito internacional penal do direito penal transnacional: a) a

---

174. GLESS, Sabine; VERVAELE, John A. E. Law Should Govern: Aspiring General Principles for Transnational Criminal Justice. **Utrecht Law Review**, *[S. l.]*, v. 9, n. 4, 2013, p. 6.

175. EUROPEAN COURT OF HUMAN RIGHTS. Case of Al-Khawaja and Tahery v. the United Kingdom [GC]. Judgment 15 December 2011, § 118. Disponível em: https://hudoc.echr.coe.int/app/conversion/pdf/?library=ECHR&id=001-108072&filename=001-108072.pdf&TID=dmxsoxhwmd. Acesso em: 10 jun. 2023. Vide também: EUROPEAN COURT OF HUMAN RIGHTS. **Case of Gäfgen v. Germany** [GC]. Judgment 1 June 2010, § 162. Disponível em: https://policehumanrights-resources.org/gafgen-v-germany-application-no-22978-05. Acesso em: 10 jun. 2023.

176. "The term 'margin of appreciation' refers to the space for manoeuvre that the Strasbourg organs are willing to grant national authorities, in fulfilling their obligations under the European Convention on Human Rights (the Convention). The legal basis of the doctrine may be found in jurisprudence, not only that of the French *Conseil d'état*, which has used the term 'marge d'appréciation', but also that of the administrative law system within every civil jurisdiction. The most sophisticated and complex doctrines of administrative discretion have been developed in Germany, but the German theory of administrative discretion (*Ermessensspielraum*) is much narrower than the margin of appreciation as used in the Convention and EC law. At international law level, the first recourse to the margin of appreciation doctrine has occurred in the jurisprudence of the European Court of Human Rights". COUNCIL OF EUROPE. **Margin of appreciation doctrine**. The Lisbon Network, [s.d.]. Disponível em: https://www.coe.int/t/dghl/cooperation/lisbonnetwork/themis/echr/paper2_en.asp#P85_4073. Acesso em: 4 dez. 2023.

177. Tal doutrina foi reconhecida pela primeira vez pelo TEDH no caso *Handyside*, de 1976. EUROPEAN COURT OF HUMAN RIGHTS. Case of **Handyside v. The United Kingdom**. Judgment 7 December 1976, § 48-50. Disponivel em: https://hudoc.echr.coe.int/eng?i=001-57499. Acesso em: 4 dez. 2023.

178. BOISTER, Neil. 'Transnational Criminal Law'? **European Journal of International Law**, *[S. l.]*, v. 14, n. 5, p. 953–976, 2003, p. 958.

jurisdição, a tipificação e o *enforcement*; b) a extraterritorialidade; c) o bem jurídico tutelado; e d) sua relação com a sociedade internacional. Analisemos ponto a ponto cada um desses elementos diferenciadores, sempre segundo o referido autor.[179]

No direito penal internacional, o TPI exerce jurisdição com *enforcement* direto sobre os *core crimes,* ainda que não estejam tipificados no direito interno. Estes delitos normalmente têm como fonte os costumes internacionais, especialmente os relacionados à guerra, que foram depois tipificados pelo Estatuto de Roma de 1998, na esteira das Convenções de Genebra de 1949. O TPI não julga os chamados *treaty crimes*, isto é, os crimes convencionais em geral. Estes, decorrentes das *suppression conventions*, são objeto do direito penal transnacional; em regra não derivam de costumes; dependem de tipificação pelo direito interno de cada Estado Parte, a partir de comandos convencionais; e estão sujeitos aos tribunais domésticos. São, portanto, na ordem internacional, crimes de *enforcement* intermediado (*indirect enforcement*), isto é, por intermédio dos Estados, estando sujeitos a um "sistema indireto de obrigações interestatais", que adiante examinaremos como obrigações positivas.[180] No direito penal transnacional, a punição do agente dependerá sempre do direito interno, com exercício da jurisdição pelos tribunais locais.[181] Escrevendo em 1992, antes da criação do TPI, Bassiouni explicava que o esquema de execução indireta (*indirect enforcement system)* prevalecia no direito internacional penal, em mãos dos Estados. A execução direta (*direct enforcement)* dependeria da criação de um código de direito internacional, de um tribunal penal internacional e de um aparato internacional de execução penal.[182]

O segundo elemento distintivo é o escopo da extraterritorialidade. Aos crimes internacionais em sentido estrito (*core crimes*), devido à sua gravidade e a sua universal repulsa, aplica-se a extraterritorialidade pura ou absoluta, não sendo necessário qualquer elemento de conexão entre o crime e o tribunal internacional que o julgará. Já nos crimes convencionais (*treaty crimes)* do direito penal transnacional, os Estados que reclamam

179. BOISTER, Neil. Op. cit., p. 961.

180. Fischer e Valdez Pereira avançaram no exame dessa categoria, que foi pioneiramente por eles descrita na doutrina brasileira. Cf. FISCHER, Douglas; PEREIRA, Frederico Valdez. **As obrigações processuais penais positivas**: segundo as Cortes Europeia e Interamericana de Direitos Humanos. 2.ed. Porto Alegre: Livraria do Advogado, 2019.

181. BOISTER, Neil. 'Transnational Criminal Law'? **European Journal of International Law**, *[S. l.]*, v. 14, n. 5, p. 953–976, 2003, p. 962-963.

182. BASSIOUNI, M. Cherif. Policy Considerations on Interstate Cooperation in Criminal Matters. **Pace International Law Review**, *[S. l.]*, v. 4, n. 1, p. 123-145, 1992, p. 128, nota 13.

jurisdição extraterritorial devem demonstrar um determinado liame – "um vínculo genuíno"[183] – com o fato que pretendem submeter a seus tribunais, ainda que esse nexo seja tênue e baseado numa "obrigação convencional de aplicação de uma forma de universalidade subsidiária", tal como prevista nas convenções de supressão.[184] Rezek é de mesma opinião, restringindo o exercício da jurisdição extraterritorial às hipóteses em que demonstrado um vínculo com o Estado que exercerá a jurisdição, a fim de afastar o que chama de "ativismos judiciais" com base na extraterritorialidade da lei penal.[185]

O terceiro elemento distintivo trazido por Boister diz respeito à diversidade de grau dos bens jurídicos tutelados, escalonadamente, pelo direito internacional penal, pelo direito penal transnacional e pelo direito penal interno. O primeiro desses ramos tutela bens jurídicos universais, de especial valor e interesse para a ordem internacional, e reprime condutas extraordinariamente graves, que, em regra, têm envolvimento direto do Estado e que não são necessariamente transfronteiriças, pois podem ocorrer dentro dos limites de um só Estado, no âmbito de conflitos não internacionais ou noutras conjunturas domésticas. O segundo ramo, o direito penal transnacional, trata de crimes que afetam bens, interesses ou valores sociais, econômicos e culturais internacionalmente relevantes, em regra praticados por particulares, movidos por interesses privados, normalmente numa situação transfronteiriça efetiva ou potencial (dotados, então, de um elemento *fenomenológico* de transnacionalidade), mas não só, porque graves atos intraestatais, como a tortura, por outros motivos (contendo um elemento *normativo* de transnacionalidade), também são objeto de regimes globais de proibição.[186]

Um quarto critério distintivo apresentado por Boister baseia-se nos ensinamentos de Bull[187] e relaciona-se aos tipos de sociedade a que se referem o direito internacional penal e o direito penal transnacional. Aquele protege bens da sociedade mundial, vista como *civitas maxima*, a comunidade da humanidade, ao passo que este protege a sociedade de Estados de condutas que a incomodam ou ameaçam seus valores sociais, econômicos,

183. BLANCO CORDERO, Isidoro. Universal jurisdiction: general report. **Revue internationale de droit pénal**, Toulouse, v. 79, n. 1-2, p. 59-100, 2008, p. 122.

184. BOISTER, Neil. 'Transnational Criminal Law'? **European Journal of International Law**, *[S. l.]*, v. 14, n. 5, p. 953-976, 2003, p. 963-964.

185. REZEK, Francisco. Matrizes políticas da justiça penal internacional. **Revista de Direito Internacional**, *[S. l.]*, v. 13, n. 1, 2016, p. 343.

186. BOISTER, Neil. 'Transnational Criminal Law'? **European Journal of International Law**, *[S. l.]*, v. 14, n. 5, p. 953-976, 2003, p. 965-967.

187. BULL, Hedley. **The anarchical society**: a study of order in world politics. 3rd ed. Basingstoke: Palgrave, 2002.

culturais, ambientais e morais. Assim, "a comunidade internacional, agindo coletivamente, usa o direito internacional penal contra os inimigos da humanidade como um todo, *hostis humanis generis*", o que faz com que o direito penal internacional, com sua maior densidade institucional, ocupe um estamento superior ao do direito penal transnacional, vinculando-se a uma ordem mundial de toda a humanidade. No direito penal transnacional, a institucionalidade é mais débil, e o grau de solidariedade internacional que justifica a criminalização e a cooperação internacional é menor do que no direito internacional penal, disso resultando que, nele, "o Estado permanece como o *locus* do poder punitivo".[188]

Por fim, o direito penal transnacional submete a pessoa humana a partir de fontes do direito interno.[189] No direito penal transnacional, o indivíduo relaciona-se com o Estado, e não com a sociedade internacional; no direito internacional penal a pessoa humana acusada de um crime internacional (*core international crime*) interage diretamente com a sociedade internacional.[190] Neste sentido, o direito penal transnacional funciona como um *metadireito internacional privado* para o âmbito penal, desenhado para, ao mesmo tempo, "permitir e controlar" a extensão soberana da jurisdição extraterritorial dos Estados.[191]

Os critérios de Boister são precisos e concludentes para a compreensão dos dois ambientes jurídico-penais. Trazemos, contudo, um sexto elemento distintivo, relacionado aos mecanismos processuais de efetivação da jurisdição criminal num e noutro caso. A estraneidade é inerente aos crimes do direito internacional penal e do direito penal transnacional. No entanto, no primeiro, a cooperação jurídica internacional depende de instrumentos regulados no plano internacional, nos próprios tratados de implementação direta, mas com dependência de regras de direito interno. Além disso, são previstos institutos específicos, diversos dos que existem no plano interno, como a entrega, em lugar da extradição. Ademais, a cooperação será classificada como vertical, tendo normalmente o trajeto Estado → Tribunal, isto

---

188. BOISTER, Neil. 'Transnational Criminal Law'? **European Journal of International Law**, *[S. l.]*, v. 14, n. 5, p. 953–976, 2003, p. 968-972.

189. CRYER, Robert; FRIMAN, Hakan; ROBINSON, Darryl; WILMSHURST, Elizabeth. **An introduction to international criminal law and procedure**. Cambridge: Cambridge University Press, 2007, p. 4.

190. BOISTER, Neil. 'Transnational Criminal Law'? **European Journal of International Law**, *[S. l.]*, v. 14, n. 5, p. 953–976, 2003, p. 961.

191. Boister refere-se à noção desenvolvida por Donnedieu de Vabres. BOISTER, Neil. The Growth of the Multilateral Suppression Conventions in the First Half of the 20th Century. *In*: BOISTER, Neil; GLESS, Sabine; JESSBERGER, Florian (Orgs.). **Histories of Transnational Criminal Law**. Oxford, United Kingdom; New York, NY: Oxford University Press, 2021, p. 40.

é, com a prestação de assistência pelos Estados aos tribunais internacionais, a pedido destes. Já no direito penal transnacional, as normas de cooperação jurídica internacional, embora previstas nas convenções de supressão com maior ou menor detalhe, devem ser reproduzidas também no direito interno, essencialmente. As medidas de cooperação serão executadas sempre de acordo com suas disposições, com emprego de mecanismos próprios da cooperação horizontal, chamada de interestatal, no sentido Estado A → B.

1.4.5. A Cooperação Jurídica Internacional como uma Província do Processo Penal Internacional e do Processo Penal Transnacional

Segundo Bassiouni, o direito internacional penal compreende uma parte *substantiva,* que diz respeito apenas aos crimes internacionais, e uma parte *processual,* que se aplica aos crimes internacionais, aos crimes transnacionais e aos crimes de direito interno quando se exige cooperação interestatal.[192] A parte substantiva do direito criminal internacional sempre teve grande destaque, como se nota da profusão de textos doutrinários que eclodiram após os julgamentos de Nuremberg. Ali "os aspectos processuais ficaram em segundo plano (...), eclipsados pela sombra do direito internacional penal substantivo".[193]

Para além do debate entre modelos inquisitoriais, adversariais ou mistos e das divisões teóricas entre o *civil* e o *common law,*[194] o processo penal internacional tem natureza *sui generis,*[195] desvinculada das experiências dos direitos internos. Normalmente, os estudiosos se ocupam de uma análise *funcional* do procedimento perante os tribunais internacionais, visão que Ohlin contesta por enxergar no processo penal internacional um valor deontológico intrínseco, não puramente instrumental, decorrente do que ele denomina de *Grundnorm* da justiça criminal internacional: o estado de Direito *(rule of law).*[196] Embora cuidando da instância doméstica, De-Lo-

192. BASSIOUNI, M. Cherif. Policy Considerations on Interstate Cooperation in Criminal Matters. **Pace International Law Review**, *[S. l.]*, v. 4, n. 1, p. 123-145, 1992, p. 124-125.
193. OHLIN, Jens David. A Meta-Theory of International Criminal Procedure: Vindicating the Rule of Law. **UCLA Journal of International Law and Foreign Affairs**, *[S. l.]*, v. 14, n. 1, p. 77–120, 2009, p. 80.
194. DAMAŠKA, Mirjan R. **The faces of justice and state authority:** a comparative approach to the legal process. New Haven: Yale University Press, 1986.
195. CRYER, Robert; FRIMAN, Hakan; ROBINSON, Darryl; WILMSHURST, Elizabeth. **An introduction to international criminal law and procedure**. Cambridge: Cambridge University Press, 2007, p. 353.
196. OHLIN, Jens David. A Meta-Theory of International Criminal Procedure: Vindicating the Rule of Law. **UCLA Journal of International Law and Foreign Affairs**, *[S. l.]*, v. 14, n. 1, p. 77–120, 2009, p. 84, 100-105.

renzi *et al.* concordam com essa visão, pois entendem que "o processo penal cumpre uma importante função de garantia [...], protegendo o imputado contra abusos estatais, mediante a exigência de que o poder punitivo esteja subordinado a um devido processo legal".[197] Essa concepção não-instrumental do processo penal – campo no qual melhor se insere a cooperação jurídica internacional – nos servirá mais adiante quando tratarmos da autonomia do dever de cooperar.

Noutra perspectiva, por assim dizer, transnacionalista, o processo penal transnacional é a subdisciplina que rege a persecução criminal que envolve dois ou mais Estados soberanos, seja porque o crime tocou uma ou mais jurisdições durante o seu *iter*, seja porque provas, bens ou pessoas relacionadas ao fato estão noutros países. Para os internacionalistas, o direito internacional penal e o direito penal transnacional já incorporam as normas processuais que regem a interação entre duas ou mais jurisdições. Ou seja, normas como as de cooperação internacional estariam inseridas em seu objeto. Conforme Bassiouni, que adota a concepção unitária, o direito internacional penal "abrange os crimes transnacionais e internacionais que constituem sua *parte substantiva*, e as modalidades de execução que constituem a sua *parte processual*".[198] Para cumprir suas obrigações de extraditar ou de processar e julgar, os Estados fundam-se no processo penal internacional (*international criminal procedural law*), "que, por sua vez, se sustenta em modalidades e técnicas de cooperação penal internacional interestatal".[199]

Na classificação de Scarance Fernandes, são cinco as manifestações do direito processual penal internacional, como ramo do direito que tem por objeto "as normas processuais que, de alguma maneira, extravasam o âmbito interno de um país". São elas: a) as normas processuais penais dos tratados de direitos humanos e das convenções de supressão; b) as regras de procedimento e prova do TPI e de outros tribunais penais internacionais; c) o processo penal supranacional ou comunitário e os modelos regionais; d) as regras de jurisdição e competência dos crimes transnacionais; e e) as regras sobre cooperação internacional interestatal.[200]

---

197. DE-LORENZI, Felipe da Costa; CEOLIN, Guilherme Francisco; BUONICORE, Bruno Tadeu. As relações de complementaridade entre Direito Penal, Direito Processual Penal e política criminal. **Revista Brasileira de Políticas Públicas**, *[S. l.]*, v. 13, n. 1, 2023, p. 26.

198. BASSIOUNI, M. Cherif. Policy Considerations on Interstate Cooperation in Criminal Matters. **Pace International Law Review**, *[S. l.]*, v. 4, n. 1, p. 124, 1992, p. 124.

199. BASSIOUNI, M. Cherif. Op. cit., p. 124.

200. FERNANDES, Antônio Scarance. O direito processual penal internacional. In: FERNANDES, Antônio Scarance; ZILLI, Marcos Alexandre Coelho (coordenadores). **Direito processual penal internacional**. São Paulo: Atlas, 2012, p. 23-24.

Este último segmento é pervasivo e se imbrica com os demais, sendo dependente dos regimes jurídicos regionais e internacional de proteção à pessoa humana. Zilli[201] auxilia esse posicionamento teórico na medida em que esclarece que a internacionalização do processo penal resulta da afirmação convencional de direitos processuais (garantias judiciais), na Declaração Universal de Direitos Humanos de 1948, na Convenção Europeia e na Convenção Americana de 1969, o que fez surgir um padrão uniforme de *due process*, que prenuncia a adoção de um paradigma universal de devido processo penal. Tal universalidade se dá pela soma do *Bill of Rights* internacional com os conjuntos regionais de mesma natureza.

Tais visões são compatíveis com a metateoria de Ohlin de que o processo penal internacional vindica, justifica ou efetiva o estado de Direito.[202] Não há *rule of law* sem respeito aos direitos da pessoa humana em todas as formas de atuação estatal. Como explica Zilli, "o exercício do poder punitivo estatal não pode ser concretizado sem a observância de um padrão mínimo de respeitabilidade da liberdade humana".[203] Sendo a cooperação jurídica internacional um conjunto de ferramentas que serve a dois propósitos (a viabilização da imposição do poder punitivo e, ao mesmo tempo, à sua contenção), não se pode fugir a sua natureza ao mesmo tempo constitucional e processual. Assim, os temas de que tratamos se encaixam simultaneamente no direito internacional penal, no direito penal transnacional, no direito processual penal e no direito internacional dos direitos humanos. Por isso mesmo, as regras de cooperação jurídica internacional, embora digam respeito a relações entre Estados, não são matéria puramente administrativa.

1.4.6. A Cooperação Jurídica Internacional como Elemento da Política Criminal Transnacional

Bassiouni proclama que o direito internacional penal, na sua feição substantiva e processual, reclama uma política criminal própria.[204] Seria ela

201. ZILLI, Marcos Alexandre Coelho. Os caminhos da internacionalização do processo penal. In: FERNANDES, Antônio Scarance; ZILLI, Marcos Alexandre Coelho (coords.). **Direito processual penal internacional.** São Paulo: Atlas, 2012, p. 37.

202. OHLIN, Jens David. A Meta-Theory of International Criminal Procedure: Vindicating the Rule of Law. **UCLA Journal of International Law and Foreign Affairs**, *[S. l.]*, v. 14, n. 1, p. 77–120, 2009, p. 120.

203. ZILLI, Marcos Alexandre Coelho. Os caminhos da internacionalização do processo penal. In: FERNANDES, Antônio Scarance; ZILLI, Marcos Alexandre Coelho (coords.). **Direito processual penal internacional.** São Paulo: Atlas, 2012, p. 38.

204. BASSIOUNI, M. Cherif. Policy Considerations on Interstate Cooperation in Criminal Matters. **Pace International Law Review**, *[S. l.]*, v. 4, n. 1, p. 123-145, 1992, p. 125.

"internacional" ou "transnacional"? Rodrigues e Lopes da Mota ajudam a responder à questão dos *adjetivos* que qualificam a política criminal[205] que se forma no curso do processo de globalização do direito penal. Para eles, "frente à internacionalização do crime, urge responder com a internacionalização da política de combate ao crime".[206] Esta posição é semelhante à sustentada por Donnedieu de Vabres que, em 1928, vaticinou que "il est urgente qu'à l'internationalisme du crime s'oppose l'internationalisme de la répression".[207] No início do século 20, a questão da internacionalização da repressão – que é dependente da cooperação internacional – já era "urgente". No final daquele século também se passou a verificar a internacionalização dos direitos humanos, no âmbito dos procedimentos transnacionais de controle do crime,[208] primeiramente apenas em prol de acusados.

Neste percurso, assistimos a uma contínua "desnacionalização" da política criminal dos Estados, um processo no qual os vetores de sua produção deixam de ser puramente estatais[209] e passam a ser compartilhados com organizações internacionais (regionais e universais), agências especializadas das Nações Unidas e organismos intergovernamentais, que adotam principalmente o veículo dos tratados para uma extensa produção normativa, mas também outros meios, como a *soft law*. O centro de produção não é mais somente o Estado. Nos regimes globais de proibição, esse fenômeno se apresenta fortemente, tal como se nota no tópico da lavagem de capitais, cuja política criminal é orientada por organismos como o Grupo de Ação Financeira Internacional (GAFI) e suas 40 Recomendações para a prevenção

205. A política criminal "pode ser entendida como a disciplina responsável por discutir e determinar a tarefa e as funções da Justiça Penal e suas diretrizes e limites, estabelecendo, com base nisso, um modelo determinado de regulação, o qual abarcará a demarcação do âmbito do penalmente relevante, a aplicação das normas penais por meio do processo penal, a prevenção da criminalidade e a superação das consequências do crime para suas vítimas". DE-LORENZI, Felipe da Costa; CEOLIN, Guilherme Francisco; BUONICORE, Bruno Tadeu. As relações de complementaridade entre Direito Penal, Direito Processual Penal e política criminal. **Revista Brasileira de Políticas Públicas**, *[S. l.]*, v. 13, n. 1, 2023, p. 27.

206. RODRIGUES, Anabela Miranda; MOTA, José Luís Lopes da. **Para uma política criminal europeia:** quadro e instrumentos jurídicos da cooperação judiciária em matéria penal no espaço da União Europeia. Coimbra: Coimbra Editora, 2002, p. 15.

207. DONNEDIEU DE VABRES, Henri. **Les principes modernes du Droit Pénal International**. Paris: Recueil Sirey, 1928, p. 1.

208. "If States internationalize the processes of crime control, then surely individual protections must be similarly internationalized, at least to the extent that the requested State has control over the process". CURRIE, Robert J. Human Rights and International Mutual Legal Assistance: resolving the tension. **Criminal Law Forum**, *[S. l.]*, v. 11, n. 2, p. 143-182, 2000, p. 152.

209. RODRIGUES, Anabela Miranda. **O direito penal europeu emergente**. Coimbra: Coimbra Editora, 2008, p. 38.

e a repressão à lavagem de dinheiro e o financiamento ao terrorismo.[210] O GAFI funciona como um órgão central global de troca de informações de inteligência,[211] num segmento específico da cooperação internacional administrativa, cujas normas são suplementadas pelos Princípios de Egmont.[212]

No curso da globalização, vista como um *processo*, teremos, então, uma política criminal internacional, que se deve orientar por uma abordagem monista da ordem jurídica, na qual se destacam as visões de Kelsen,[213] mais formalista, e a de Lauterpacht, mais ousada.[214] Tendo sido professor, jurista e juiz da Corte Internacional de Justiça (CIJ), Lauterpacht tinha densas preocupações éticas com o Estado de direito, com a tutela dos direitos humanos, com a condição da pessoa como sujeito de direito internacional, com os crimes contra a humanidade[215] e com a própria função e evolução do direito internacional e da justiça internacional.[216] Para ele, que advogava a centralização da ordem internacional, a *voluntas civitatis maximae est servanda*, numa concepção na qual "a vontade da comunidade internacional é o pilar central do direito internacional".[217]

Professando a centralidade da pessoa humana na ordem internacional, dizia Lauterpacht ser "verdade que o direito internacional é feito para os Estados, e não os Estados para o direito internacional", sendo esta, porém, uma verdade "apenas no sentido de que o Estado é feito para os seres humanos, e não os seres humanos para o Estado".[218] O conjunto normativo assim estabelecido não será estranho à ordem jurídica nacional, cujo norte

---

210. ARAS, Vladimir; LUZ, Ilana Martins. **Lavagem de dinheiro:** comentários à Lei 9.613/1998. São Paulo: Almedina: 2023, p. 43.
211. SUXBERGER, Antonio Henrique Graciano; JÚNIOR, Dalbertom Caselato. O papel do GAFI/FATF: natureza jurídica de suas recomendações e formas de coerção aos países membros pela sua inobservância. **Cadernos de Dereito Actual**, *[S. l.]*, n. 11, p. 173–185, 2019, p. 180.
212. ARAS, Vladimir; LUZ, Ilana Martins. **Lavagem de dinheiro**: comentários à Lei 9.613/1998. São Paulo: Almedina: 2023, p. 350.
213. KELSEN, Hans. **Teoria geral do direito e do estado**. São Paulo: Martins Fontes, 2000, p. 515-544.
214. LAUTERPACHT, Hersch. **An international bill of the rights of man**. Oxford, United Kingdom: Oxford University Press, 2013.
215. KOSKENNIEMI, Martti. Hersch Lauterpacht and the Development of International Criminal Law Symposium on Contributions to the History of International Criminal Justice. **Journal of International Criminal Justice**, *[S. l.]*, v. 2, n. 3, p. 810–825, 2004, p. 811.
216. GALINDO, George Rodrigo Bandeira. Hersch Lauterpacht: an introduction. **A Panorama of Brazilian Law**, *[S. l.]*, v. 6, n. 9–10, p. 274–301, 2018, *passim*.
217. SIMONS, Nancy. Hersch Lauterpacht: The Function of Law in the International Community, 1933. *In*: BARRETT, Jill; GAUCI, Jean-Pierre (org.). **British Contributions to International Law**, 1915-2015 (Set). Leiden: Brill, Nijhoff, 2020, p. 51–66, p. 51-52.
218. LAUTERPACHT, Hersch. **The function of law in the international community**. Oxford; New York: Oxford University Press, 2011, p. 439.

também está no indivíduo. Seguindo sua perspectiva monista da ordem jurídica, Kelsen asseverava que "os tribunais do Estado são competentes para aplicar o direito internacional diretamente, sobretudo tratados concluídos pelo seu próprio governo com os governos de outros Estados de acordo com a constituição".[219] Certo é que a concepção monista é a única compatível com a existência e o funcionamento do direito internacional,[220] bem como como design dos regimes convencionais, orientados pela Convenção de Viena de 1969 e pelos compromissos de conformidade e de boa-fé.

No plano interno, em regra, os tratados que contêm comandos de direito penal (os chamados mandados expressos de criminalização) dependerão de interposição legislativa, por *lex populi,* em função da máxima *nullum crimen nulla pœna sine lege.* De fato, isto ocorre quando "o tratado internacional obriga o Estado a emitir uma lei cujo conteúdo é determinado pelo tratado". [221] Não sendo este o caso, é "supérfluo" o diploma que vise à transformação do direito internacional em direito interno. [222]

Considerando o direito internacional penal e o direito penal transnacional, a política criminal atinente à cooperação jurídica internacional é basicamente transnacional, sendo dependente também do direito interno. Seus vetores, promotores e catalisadores podem, portanto, ser encontrados na interseção destes dois planos, nas mãos dos legisladores domésticos – que promovem sua domesticação – e das fontes de produção do próprio direito transnacional, sobretudo no âmbito dos mecanismos de implementação das convenções de supressão. A operacionalização do direito internacional penal se servirá desse mesmo manancial. Rejeitando o adjetivo "internacional", Pitrez também adjetiva de *transnacional* essa nova política criminal, realçando o seu papel na harmonização das ordens jurídicas nacionais, etapa por ele considerada um aspecto "central do processo de internacionalização do direito penal" e também o "mecanismo preferencial" de manifestação dessa política, vocacionada à proteção dos direitos humanos e da ordem econômica global.[223] Assim vistas as coisas, a cooperação jurídica internacional em matéria penal é um dos objetos da política criminal *transnacional.* O tema

---

219. KELSEN, Hans. **Teoria geral do direito e do estado**. São Paulo: Martins Fontes, 2000, p. 538.
220. D'AMATO, Anthony. Domestic jurisdiction. In: BERNHARDT, Rudolf. **Encyclopedia of Public International Law**: States, responsibility of States, international law and municipal law. Amsterdam, New York, Oxford: North-Holland, 1987, p. 133.
221. KELSEN, Hans. **Teoria geral do direito e do estado**. São Paulo: Martins Fontes, 2000, p. 538.
222. KELSEN, Hans. Op. cit., p. 538.
223. CORREA, Eduardo Pitrez de Aguiar. **Política Criminal Transnacional da Sociedade em Rede**: regimes de proibição global, margem de apreciação, princípio da norma mais favorável. Rio de Janeiro: Lumen Juris, 2017, p. 82-83 e 88.

como se vê é transversal, e essa feição parece dar razão àqueles que ressaltam a importância da discussão conjunta dos problemas do direito penal, do direito processual penal e da política criminal.[224]

1.5. UM SISTEMA CONVENCIONAL BINÁRIO PARA A COOPERAÇÃO JURÍDICA INTERNACIONAL

Não são poucos os alertas da doutrina quanto aos riscos que o incremento da eficiência dos mecanismos de cooperação jurídica internacional e das ferramentas e procedimentos do direito criminal transnacional portam para a tutela dos direitos de defesa no processo penal.[225] No direito interno e no direito penal transnacional hiatos se apresentam. Boister argumenta que as disposições de proteção à pessoa humana nas convenções de supressão são esquálidas, uma vez que seus formuladores esperam que as normas de direito interno e de direito internacional protejam os indivíduos submetidos a persecução criminal transnacional.[226] Mas isso nem sempre ocorre.

Compartilhamos da opinião de Wade segundo a qual "a legitimidade dos arranjos supranacionais [...] baseia-se fundamentalmente em princípios que cidadãos e governos concordam ter importância tal que devem ser [por isso] protegidos".[227] Entre esses princípios estão a proteção da pessoa humana. Tratando da ordem supranacional europeia, Vervaele assegura haver "um duplo interesse da UE em jogo: o efetivo *enforcement* e o real cumprimento das normas da UE em matéria de direitos humanos".[228]

Para amplificar os direitos dos acusados e das vítimas na arena internacional, é preciso enxergar a articulação das convenções de supressão com os tratados de direitos humanos. Esses dois gêneros de convenções formam

---

224. DE-LORENZI, Felipe Da Costa; CEOLIN, Guilherme Francisco; BUONICORE, Bruno Tadeu. As relações de complementaridade entre Direito Penal, Direito Processual Penal e política criminal. **Revista Brasileira de Políticas Públicas**, *[S. l.]*, v. 13, n. 1, 2023, p. 20.

225. Assim pensam Gless, Bachmaier, Wade entre outros. Cf. BACHMAIER WINTER, Lorena. Transnational Criminal Proceedings, Witness Evidence and Confrontation: Lessons from the ECtHR's Case Law. **Utrecht Law Review**, *[S. l.]*, v. 9, n. 4, p. 127-146, 2013, p. 142; WADE, Marianne L. General Principles of Transnationalised Criminal Justice?: Exploratory Reflections. **Utrecht Law Review**, *[S. l.]*, v. 9, n. 4, p. 182, 2013; GLESS, Sabine; VERVAELE, John A. E. Law Should Govern: Aspiring General Principles for Transnational Criminal Justice. **Utrecht Law Review**, *[S. l.]*, v. 9, n. 4, 2013, p. 3.

226. BOISTER, Neil. 'Transnational Criminal Law'? **European Journal of International Law**, *[S. l.]*, v. 14, n. 5, p. 953–976, 2003, p. 959.

227. WADE, Marianne L. General Principles of Transnationalised Criminal Justice?: Exploratory Reflections. **Utrecht Law Review**, *[S. l.]*, v. 9, n. 4, 2013, p. 182.

228. VERVAELE, John A. E. Ne Bis In Idem: Towards a Transnational Constitutional Principle in the EU?: **Utrecht Law Review**, *[S. l.]*, v. 9, n. 4, 2013, p. 211.

um sistema binário, dual, interdependente, que se retroalimenta e que mutuamente se legitima. Sua conjunção é essencial para a construção de uma ordem pública competente.

O primeiro elemento da equação é o dos regimes globais de proibição, que surgem a partir dos anos 1800. O segundo elemento é o dos regimes global e regionais de proteção, um sucesso da segunda metade do século 20. Esses regimes, que reciprocamente se condicionam, compreendem poderes-deveres de investigar, processar, julgar e punir que compõem "um conjunto de poderes-deveres interdependentes", sob o guarda-chuva do dever de proteger, de modo que a legitimidade do exercício de tais competências no cenário transnacional reclama a observância dessas obrigações como um todo e a existência de mecanismos para impedir ou reparar abusos de poder estatal,[229] mas também o seu exercício anormal, omissivo ou deficiente. Deve-se, como sustenta Boister, buscar integrar o direito penal transnacional "no quadro geral de direitos humanos, incutindo assim os valores constitucionais básicos do direito internacional".[230] A forma de fazê-lo é passa por reconhecer e declarar o liame indissociável entre a persecução penal transnacional e internacional e a incidência das garantias materiais e processuais da pessoa humana em cada uma de suas etapas, numa ótica consequencialista, de prevenir para não ser preciso remediar.

Mais presente no estudo das Relações Internacionais do que no campo do Direito, a categoria dos *regimes internacionais* tem servido para melhor compreender, descrever e explicar as diversas e complexas interações que resultam da globalização, ou que a influenciaram, ou que lhe são inerentes, mostrando sua importância também em vários setores jurídicos, inclusive na esfera do direito internacional dos direitos humanos. Sua importância é inegável, inclusive na interconexão desse ramo com o direito internacional dos refugiados, no qual o princípio do *non-refoulement* tem impacto direto sobre mecanismos de cooperação jurídica internacional.[231] Assim visto o

229. WADE, Marianne L. General Op. cit., p. 183.

230. BOISTER, Neil. 'Transnational Criminal Law'? **European Journal of International Law**, *[S. l.]*, v. 14, n. 5, p. 953–976, 2003, p. 958.

231. A questão da segurança interna é intimamente ligada ao tema das migrações. Oliveira *et. al.* lembram que os Estados "se preocupam com os crimes transnacionais, tais como terrorismo, tráfico de drogas, armas e, sobretudo, tráfico de pessoas", e "frequentemente" se valem do "argumento securitário [...] para rejeitar refugiados" e o que se vê é que muitos migrantes "por causa de sua vulnerabilidade jurídica [...] acabam sendo alvo fácil dos agentes criminosos, tornando-se assim vítimas dessa situação". OLIVEIRA, Liziane Paixão Silva; PASSOS, Rute Oliveira; PORTO, Matheus Macedo Lima. Regimes internacionais e a proteção de refugiados: dos antecedentes históricos às novas perspectivas. **Dom Helder Revista de Direito**, *[S. l.]*, v. 2, n. 4, p. 47–64, 2019, p. 58.

quadro, não poderia ser mais adequada a referência de Oliveira *et al.* à lição de Bull[232] de que "a compreensão dos regimes internacionais de direitos humanos é subversiva à ideia de uma sociedade de Estados", servindo como instrumentos de coerção ao poder soberano dos Estados".[233] Na persecução penal transnacional, este deve prestar reverência aos interesses da pessoa humana, seja quem for, na aplicação dos regimes que ora examinaremos.

1.5.1. Os Regimes Internacionais como Categoria Fundamental para a Cooperação Jurídica Internacional

Os *regimes internacionais* são definidos a partir de seus "quatro componentes distintos: princípios, normas, regras e processos de tomada de decisão". Servem para regular, por convergência, diferentes campos das relações internacionais e resolver problemas que são tão interconectados que exigem soluções conjuntas, como o comércio exterior, a questão do petróleo ou a crise climática, por exemplo.[234] O primeiro conceito dos *regimes internacionais* vem de Ruggie, que os definiu em 1975 como "um conjunto de expectativas mútuas, regras e regulamentos, planos, energias organizacionais e compromissos financeiros, aceitos por um grupo de Estados",[235] servindo de exemplo o regime de controle de materiais nucleares, que apresenta aquelas quatro características.[236]

Em um sentido amplo, *regimes internacionais* são "os conjuntos de normas de comportamento e de regras e políticas que cobrem qualquer questão internacional e facilitam arranjos substantivos ou processuais entre os Estados a que se dirigem", englobando direitos e deveres decorrentes do direito costumeiro, do direito convencional e do direito das organizações internacionais.[237] Ressaltamos o componente obrigacional: os deveres esta-

232. BULL, Hedley. **The anarchical society:** a study of order in world politics. 3rd ed. Basingstoke: Palgrave, 2002.

233. OLIVEIRA, Liziane Paixão Silva; PASSOS, Rute Oliveira; PORTO, Matheus Macedo Lima. Regimes internacionais e a proteção de refugiados: dos antecedentes históricos às novas perspectivas. **Dom Helder Revista de Direito**, *[S. l.]*, v. 2, n. 4, p. 47–64, 2019, p. 51.

234. KEOHANE, Robert O. **After hegemony**: cooperation and discord in the world political economy. Princeton, N.J: Princeton University Press, 1984, p. 59, 61. Keohane partiu de uma definição de Krasner. Cf. KRASNER, Stephen. **International Regimes.** Ithaca, NY: Cornell University Press, 1983, p. 2.

235. RUGGIE, John G. International responses to technology: concepts and trends. **International Organization,** vol. 29, no. 3, 1975, p. 557-583, p. 570-571.

236. HASENCLEVER, Andreas; MAYER, Peter; RITTBERGER, Volker. **Theories of international regimes**. Cambridge; New York: Cambridge University Press, 1997, p. 10.

237. KLEIN, Eckart. International Régimes. In: BERNHARDT, Rudolf. **Encyclopedia of Public International Law**: International relations and legal cooperation in general, diplomacy and consular relations, vol. 8. Amsterdam, New York, Oxford: North-Holland, 1986, p. 202.

tais são um elemento inerente aos regimes, o que decorre da necessidade de "co-operação" nos vários domínios da ordem internacional, para alcançar ou promover fins comuns, como a proteção de bens públicos globais ou a regulação de sua exploração, como o leito do mar, os fundos marinhos e seu subsolo (a "Área").[238] Em sentido estrito, os regimes internacionais dizem respeito aos conjuntos convencionais que fazem parte da ordem internacional e respondem a interesses gerais da sociedade internacional, especulando-se se podem ter efeitos *erga omnes*.[239] No mínimo, na esfera dos deveres, sujeitam-se ao princípio *pacta sunt servanda*, quando tiverem *status* convencional. Em suma, os regimes internacionais "são *instituições*[240] descentralizadas".[241] Do ponto de vista da teoria das relações internacionais, a ideia de regimes internacionais se coloca no âmbito da corrente institucionalista, devido à crença de que esses *regimes* "podem mitigar os efeitos da anarquia [da sociedade internacional] e permitir aos Estados cooperarem na consecução de fins comuns".[242] Uma das manifestações desses regimes está nas cortes internacionais, que proferem suas decisões em prol dos regimes que as constituem, operando no seu nível de governança.[243]

Apesar da existência de tratados exclusivamente em matéria de cooperação jurídica internacional e de cooperação policial internacional, as regras, instituições e princípios que os informam não constituem um regime autônomo. A cooperação jurídica internacional faz parte do conteúdo de dois regimes que já mencionamos: o regime global de proibição, expressamente, e, implicitamente, do regime global de proteção. O marco jurídico cooperacional, seus componentes institucionais e sua cadeia de valor resultam da sinergia entre esses dois universos, num entrelaçamento subatômico que

---

238. Vide os arts. 133-191 da Convenção de Montego Bay, de 1982, conhecida como UNCLOS. Seu art. 136 considera a Área como patrimônio comum da humanidade. UNITED NATIONS. **United Nations Convention on the Law of the Sea**, done at Montego Bay on 10 December 1982. Disponível em: https://treaties.un.org/PAGES/ViewDetailsIII.aspx?src=TREATY&mtdsg_no=XXI-6&chapter=21&Temp=mtdsg3&clang=_en. Acesso em: 4 dez. 2023.

239. KLEIN, Eckart. International Régimes. In: BERNHARDT, Rudolf. **Encyclopedia of Public International Law**: International relations and legal cooperation in general, diplomacy and consular relations, vol. 8. Amsterdam, New York, Oxford: North-Holland, 1986, p. 203.

240. Nesta acepção, a palavra *instituições* não se confunde com o termo *organizações*. Ver: NORTH, Douglass C. **Institutions, institutional change, and economic performance**. Cambridge; New York: Cambridge University Press, 1990, p. 3.

241. KEOHANE, Robert O. **After hegemony**: cooperation and discord in the world political economy. Princeton, N.J: Princeton University Press, 1984, p. 98.

242. SLAUGHTER, Anne-Marie. International Law and International Relations. **Collected Courses of the Hague Academy of International Law**, vol. 285, 2000, p. 35.

243. BOGDANDY, Armin Von; VENZKE, Ingo. **In whose name?** a public law theory of international adjudication. Oxford, United Kingdom: Oxford University Press, 2014, p. 79.

potencializa lá e cá os direitos da pessoa humana. Vejamos seus elementos constituintes, sempre tendo em conta o princípio da integração sistêmica, que rege o direito internacional, conforme o art. 31.3.c da Convenção de Viena de 1969.[244]

1.5.2. Os Regimes Globais de Proibição como Primeiro Fator do Binômio Cooperacional

Ali Esami era um muçulmano de Borno que vivia no poderoso império iorubá de Oyó (*Ọ̀yọ́*), na atual Nigéria. Capturado na África por volta de 1817, Esami foi escravizado e depois vendido como mercadoria para o Novo Mundo. Como conta João José Reis, seu destino "poderia ter sido a Bahia, mas um navio inglês capturou o tumbeiro que o transportava e levou seu carregamento de cativos para Serra Leoa, onde a Inglaterra estabelecera uma base de combate ao tráfico".[245] Reis não diz, mas essa base representava uma das seminais instituições dos regimes globais de proibição, o primeiro deles, cujo exame histórico interessa para compreendermos sua composição e suas dinâmicas: o regime relacionado ao tráfico humano.

A Grã-Bretanha havia proibido o tráfico de escravos em 1807 e desde então "passou a atuar praticamente sozinha no intento de abolir aquele comércio", num papel de "polícia internacional contra o tráfico", conseguindo, pela via diplomática, restringir essa prática desumana a partir de 1810, mediante sucessivos tratados com Portugal, Espanha, Holanda, Suécia, França, países árabes, nações africanas e os Estados Unidos,[246] país no qual o tráfico negreiro foi criminalizado em 1819. Um dos tratados mais curiosos desse período foi o firmado em 23 de outubro de 1817 entre o Reino Unido e o Reino de Madagascar,[247] pelo qual, conforme seu art. 2º, ficaria banido o

244. Convenção de Viena de 1969, art. 31.3: "Serão levados em consideração, juntamente com o contexto: a) qualquer acordo posterior entre as partes relativo à interpretação do tratado ou à aplicação de suas disposições; b) qualquer prática seguida posteriormente na aplicação do tratado, pela qual se estabeleça o acordo das partes relativo à sua interpretação; c) quaisquer regras pertinentes de Direito Internacional aplicáveis às relações entre as partes". UNITED NATIONS. **Vienna Convention on the Law of Treaties**, done at Vienna on 23 May 1969. Disponível em: https://www.planalto.gov.br/ccivil_03/_ato2007-2010/2009/decreto/d7030.htm. Acesso em: 4 mai. 2023.

245. REIS, João José, **Rebelião escrava no Brasil: a história do levante dos malês em 1835**, Ed. rev. e ampliada. São Paulo, Brazil: Companhia das Letras, 2003, p. 165–167.

246. GUIZELIN, Gilberto da Silva. A abolição do tráfico de escravos no Atlântico Sul: Portugal, o Brasil e a questão do contrabando de africanos, **Almanack**, n. 5, p. 123–144, 2013, p. 124.

247. Este acordo, que ficou conhecido como Tratado Anglo-Merina (*The Britanno-Merina Treaty*), de 1817, foi firmado entre o rei Radama de Madagascar e Robert Farquhar, plenipotenciário da Grã-Bretanha e governador das Ilhas Maurício. O reino Merina perdurou de 1540 a 1897.

comércio de escravos a partir daquela ilha meridional africana, sob pena de ... escravidão.[248]

Por meio desses atos bilaterais de diplomacia jurídica, estava em construção o primeiro dos regimes globais de proibição,[249] que teve no Congresso de Viena de 1815 um momento marcante nas relações luso-britânicas com o tratado bilateral para proibição do tráfico negreiro ao norte da linha do Equador. Após a independência do Brasil em 1822, esse compromisso foi renovado. De acordo com o Tratado entre o Império Britânico e o Império do *Brazil* de 23 de novembro de 1826,[250] funcionariam em Freetown, em Serra Leoa, e no Rio de Janeiro as duas comissões mistas (*mixed commmissions*) anglo-brasileiras, órgãos jurisdicionais binacionais[251] que julgariam os casos de *pirataria* que fossem identificados na navegação no Atlântico Sul, onde, sob pressão britânica, o tráfico negreiro fora proscrito.[252] Em vigor a partir de 13 de março de 1830, o tratado em questão tornou o tráfico de escravizados crime de *pirataria*,[253] o que fazia sentido àquele tempo devido à natureza costumeira deste delito, que se consumava no comércio marítimo. A pirataria é um dos delitos dos regimes globais de proibição que nasceu

---

CAMPBELL, Gwyn. **The Madagascar Youths**: British Alliances and Military Expansion in the Indian Ocean Region. Cambridge: Cambridge University Press, 2022, p. 240-246.

248. Artigo 2º do Tratado de 1817: "Radama, King of Madagascar, will make a Proclamation and Law, prohibiting all his Subjects, or Persons depending on him or his Dominions, to sell any Slave, to be transported from Madagascar; or to aid, abet, or assist in such sale, under penalty, that any Person so offending, shall be reduced to slavery himself". CLARK, Roger S. British Anti-Slave Trade Treaties with African and Arab Leaders as Precursors of Modern Suppression Conventions. *In*: BOISTER, Neil; GLESS, Sabine; JESSBERGER, Florian (Orgs.). **Histories of Transnational Criminal Law**. Oxford, United Kingdom; New York, NY: Oxford University Press, 2021, p. 131.

249. Embora a pirataria tenha sido reconhecida como crime internacional costumeiro no século anterior, não se pode dizer que já estivessem presentes os elementos de um regime internacional.

250. BRASIL. Câmara dos Deputados. **Carta de Lei de 23 de novembro de 1826, que ratifica a Convenção entre o Imperio do Brazil e Grã-Bretanha para a abolição do tráfico de escravos.** Disponível em: https://www2.camara.leg.br/legin/fed/carlei_sn/1824-1899/cartadelei-39883-23-novembro-1826-570862-publicacaooriginal-150298-pe.html. Acesso em: 4 mai. 2023.

251. Por volta de 1820, chegou a haver em Freetown mais cinco *mixed commission courts,* que eram arranjos bilaterais entre os britânicos e outros países. Cf. ADDERLEY, Rosanne Marion. **New negroes from Africa: slave trade abolition and free African settlement in the nineteenth-century Caribbean**. Bloomington: Indiana University Press, 2006.

252. BETHELL, Leslie. **The abolition of the Brazilian slave trade:** Britain, Brazil and the slave trade question, 1807-1869. Cambridge: Cambridge University Press, 2009, p. 18–20.

253. BETHELL, Leslie. Op. cit., p. 66.

dos costumes internacionais.[254] Era até então o único delito internacional. Sua proibição começou a ser codificada pelo Tratado de Utrecht, de 1713,[255] e pela Declaração de Paris, de 1856,[256] até sua consolidação pela Convenção sobre o Alto-Mar, de 1958,[257] depois substituída pela Convenção das Nações Unidas sobre Direito do Mar (UNCLOS), de 1982.[258] Este tratado prevê em seu art. 100[259] um verdadeiro de dever de cooperar contra a pirataria.[260] Um movimento semelhante ocorreria com a escravidão e, antes dela, com o tráfico de escravos. Em sua forma primitiva, o regime de proibição do tráfico humano operava por meio de instituições binacionais, mas de forma claudicante, por falta de cooperação efetiva, como explica Bethell:

> Primeiramente, cores e documentação brasileira eram garantia de que, se fosse capturado deixando o Brasil, um navio seria apresentado à comissão anglo-brasileira no Rio de Janeiro onde havia uma razoável chance de absolvição. Na costa africana, a bandeira brasileira não oferecia maior proteção

254. JESCHECK, Hans-Heinrich. International crimes. In: BERNHARDT, Rudolf. **Encyclopedia of Public International Law**: Human Rights and the Individual in International Law. International Economic Relations. 1.ed., vol. 8. Amsterdam, New York, Oxford: North-Holland, 1985, p. 335.
255. A Paz de Utrecht (1713-1715) foi uma série de tratados que puseram fim à Guerra da Sucessão Espanhola (1702-1714), iniciada após a crise dinástica em Madri, com a morte de Carlos II sem sucessores diretos.
256. A Declaração de Paris foi firmada em 1856 por Reino Unido, França, Rússia, Prússia, Áustria e Sardenha, logo após a conclusão do Tratado de Paris, de 1856, que pôs fim à Guerra da Crimeia. A Declaração aboliu formalmente a atividade de corsários (*privateering; course*) e a emissão de cartas de corso. INTERNATIONAL COMMITTEE OF THE RED CROSS. International Humanitarian Law Databases. **Declaration Respecting Maritime Law,** Paris, 16 April 1856. Disponível em: https://ihl-databases.icrc.org/en/ihl-treaties/paris-decl-1856/declaration?activeTab=undefined. Acesso em: 10 jul. 2023.
257. UNITED NATIONS. **Convention on the High Seas**, done at Geneva, on 29 April 1958. Disponível em: https://treaties.un.org/pages/viewdetails.aspx?src=treaty&mtdsg_no=xxi-2&chapter=21. Acesso em: 10 jul. 2023. Segundo o art. 14: "Todos os Estados devem cooperar, na medida do possível, na repressão da pirataria no alto-mar ou em qualquer outro lugar fora da jurisdição de qualquer Estado". Conforme o art, 19 da Convenção, os Estados têm os direitos de apreensão ou captura de embarcações e aeronaves piratas e processar e julgar os responsáveis pela pirataria.
258. ANDREAS, Peter; NADELMANN, Ethan Avram. **Policing the globe: criminalization and crime control in international relations**, Oxford; New York: Oxford University Press, 2006, p. 25.
259. UNCLOS: "Art. 100. Dever de cooperar na repressaão da pirataria. Todos os Estados devem cooperar em toda a medida do possível na repressão da pirataria no alto-mar ou em qualquer outro lugar que não se encontre sob a jurisdição de algum Estado". UNITED NATIONS. **United Nations Convention on the Law of the Sea**, done at Montego Bay on 10 December 1982. Disponível em: https://treaties.un.org/PAGES/ViewDetailsIII.aspx?src=TREATY&mtdsg_no=XXI-6&chapter=21&Temp=mtdsg3&clang=_en. Acesso em: 4 dez. 2023.
260. PROELSS, Alexander; HOFMANN, Tobias. Law of the Sea and Transnational Organised Crime. *In*: HAUCK, Pierre; PETERKE, Sven (Orgs.). **International law and transnational organized crime**. First edition. Oxford, United Kingdom: Oxford University Press, 2016, p. 422–447, p. 436.

> do que a portuguesa, se uma embarcação fosse desafortunada o suficiente – ou vagarosa o bastante – para ser capturada por um cruzador britânico: devido à ausência de comissários brasileiros, a condenação das embarcações pela comissão mista de Serra Leoa era quase tão certa quanto em qualquer tribunal britânico do Vice-Almirantado.[261]

Quando em alto-mar, as cores da bandeira e os registros documentais fixavam a jurisdição do Estado de matrícula da embarcação e, portanto, a lei aplicável em caso de tráfico de escravizados. Essa questão apareceria no caso *The Antelope*, julgado pela Suprema Corte dos Estados Unidos (SCOTUS).[262] Em 1820, o navio-patrulha aduaneiro *Dallas* abordou o navio negreiro *O Antílope* que escalaria um porto na costa da Geórgia. A bordo daquele tumbeiro de bandeira espanhola estavam 281 pessoas pretas capturadas em Angola. Apresada a embarcação, instaurou-se um impasse judicial relativo ao conflito de leis nacionais quanto à legalidade da conduta dos transportadores e à propriedade da "carga" humana. Por decisão da SCOTUS, em 1825, cerca de 120 dos escravizados foram libertados e mandados para uma colônia na Libéria e os demais foram restituídos a seus *donos* espanhóis.[263] Por inspiração de Joseph Story, a captura de africanos para a escravização tornara-se crime de pirataria (*piracy*) nos EUA desde 1808.[264] Mas essa lei norte-americana não foi aplicada pelo tribunal local. Um dos argumentos da Suprema Corte em *The Antelope* foi o de que "os tribunais de um país não executam as leis penais de outra nação",[265] uma frase que se referia à lei da bandeira da embarcação e que se tornou célebre nas construções teóricas contra o reconhecimento de decisões penais estrangeiras.

---

261. Refere-se aos tribunais marítimos ligados à Real Marinha Britânica. Em Serra Leoa funcionava um desses tribunais, a *Sierra Leone Court of Vice Admiralty*, que, entre outras coisas, julgava os apresamentos de navios negreiros realizados pelo Esquadrão da África Ocidental (*West Africa Squadron*), criado em 1808. BETHELL, Leslie. **The abolition of the Brazilian slave trade**: Britain, Brazil and the slave trade question, 1807-1869. Cambridge: Cambridge University Press, 2009, p. 193-194.
262. ARAS, Vladimir. O reconhecimento de sentenças penais estrangeiras no Brasil: os casos Robinho, Falco e Narbondo. **Revista do Ministério Público do Rio Grande do Sul**, Porto Alegre, n. 93, jan. -jul. 2023, p. 161-194.
263. UNITED STATES. Supreme Court. **The Antelope**, 23 U.S. 66 (1825). Disponível em: https://supreme.justia.com/cases/federal/us/23/66/. Acesso em: 31 mar. 2023.
264. RUBIN, Alfred P. **The United States of America and the law of piracy**. International Law Studies, vol. 63, p. 122-200, 1988, p. 147-148.
265. "The courts of no country execute the penal laws of another", na conhecida expressão de Jonh Marshall. Cf. UNITED STATES. Supreme Court. **The Antelope,** 23 U.S. 66 (1825). Disponível em: https://supreme.justia.com/cases/federal/us/23/66/. Acesso em: 31 mar. 2023.

Apesar disso, a construção do primeiro regime de proibição continuava. A Convenção Anglo-Brasileira de 1826 renovou "todos os artigos e disposições dos Tratados concluídos entre Sua Magestade Britannica, e El-Rei de Portugal sobre este assumpto, em 22 de janeiro de 1815, e 28 de julho de 1817", com relação às Partes e aos seus súditos.[266] Ali estavam previstas as comissões mistas[267] que se juntariam aos juízes conservadores da Nação Britânica, do Tratado de Comércio e Navegação de 1810[268], dispositivos relativos a privilégios pessoais típicos de tratados desiguais, relacionados à limitação da soberania de um dos Estados signatários sobre fatos que seriam de sua jurisdição.[269]

As comissões mistas foram uma das primeiras instituições de jurisdição compartilhada para o *enforcement* direto de dispositivos penais e patrimoniais em relações internacionais. Não há como negar que se tratava de um dispositivo que criava um mecanismo de justiça híbrida, no âmbito de um novo regime de proibição, destinado a lidar com questões *daquela* globalização: o horrendo tráfico transatlântico de seres humanos, hoje um crime transnacional. A "cruzada britânica" do século 19 por meio de tratados bilaterais de supressão havia focado nos portos de oferta e demanda de escravos, o que acabou paulatinamente por restringir enormemente o tráfico negreiro e ao fim por contribuir para a criminalização de tal conduta nos

---

266. Assim, no original. BRASIL. Câmara dos Deputados. **Carta de Lei de 23 de novembro de 1826, que ratifica a Convenção entre o Imperio do Brazil e Grã-Bretanha para a abolição do tráfico de escravos**. Disponível em: https://www2.camara.leg.br/legin/fed/carlei_sn/1824-1899/cartadelei-39883-23-novembro-1826-570862-publicacaooriginal-150298-pe.html. Acesso em: 4 mai. 2023.

267. Vide o art. VIII do Tratado de 28 de julho de 1817. BRASIL. Câmara dos Deputados. **Carta de Lei de 8 de novembro de 1817,** que "ratifica a convenção addicional ao tratado de 22 de janeiro de 1815 entre este Reino e o da Grã-Bretanha assignada em Londres em 28 de julho deste anno, sobre o commercio ellicito da escravatura". Disponível em: https://www2.camara.leg.br/legin/fed/carlei/anterioresa1824/cartadelei-39430-8-novembro-1817-569614-publicacaooriginal-92834-pe.html. Acesso em: 4 mai. 2023.

268. PORTUGAL. Biblioteca Nacional. **Tratado de commercio, e navegação entre os muito altos, e muito poderosos senhores o Príncipe Regente de Portugal, e El Rei do Reino Unido da Grande Bretanha e Irlanda,** assignado no Rio de Janeiro em 19 de fevereiro de 1810. Disponível em: https://purl.pt/38134/2/. Acesso em: 4 mai. 2023.

269. De fato, o art. VI do tratado dizia: "Para a execução dos fins desta Convenção, as Altas Partes Contractantes concordam mais em nomearem concordam mais em nomearem desde já com missões mixtas, na fórma daquellas já estabelecidas por parte de Sua Magestade Britannica, e EL-Rei de Portugal em virtude da convenção de 28 de julho de 1817". BRASIL. Câmara dos Deputados. **Carta de Lei de 23 de novembro de 1826, que ratifica a Convenção entre o Império do Brazil e Grã-Bretanha para a abolição do tráfico de escravos.** Disponível em: https://www2.camara.leg.br/legin/fed/carlei_sn/1824-1899/cartadelei-39883-23-novembro-1826-570862-publicacaooriginal-150298-pe.html. Acesso em: 4 mai. 2023.

diversos Estados signatários e para a aprovação de sucessivas leis de abolição nos Estados importadores ao longo dos anos 1800.[270] Como explica Boister:

> O uso do direito dos tratados para estabelecer esses regimes não é um desenvolvimento recente. A sociedade internacional respondeu à globalização de condutas nocivas começando a desenvolver convenções de supressão no século XIX, e essa abordagem tornou-se cada vez mais significativa. Atualmente, considera-se que os delitos estabelecidos por essas convenções se enquadram em um amplo sistema de direito penal internacional. A outra parte desse sistema é o direito penal internacional *stricto sensu*, que consiste nas convenções que preveem a responsabilidade penal individual por violações do direito internacional perante um tribunal penal internacional.[271]

Em caso de violação do direito internacional, as sanções aos indivíduos podem decorrer do próprio direito internacional, *diretamente*, ou resultar da incidência *indireta* desta ordem jurídica, intermediada pelo direito nacional (interno),[272] campo que, conforme expusemos, pertence ao direito penal transnacional.

> Neste caso, o direito internacional autoriza os Estados a punirem os indivíduos que violaram as normas pertinentes do direito internacional e deixa aos Estados a determinação da punição, assim como o processo por meio do qual tal punição será infligida aos criminosos.[273]

Crimes no sentido estrito da expressão não podem ser cometidos por Estados, senão por indivíduos, e a preocupação em reprimi-los foi enunciada cedo, no começo do século 20, no bojo do pacto que criou a Liga das Nações (Sociedade das Nações ou SDN), em Versalhes, no ano de 1919. Era como o reconhecimento de que a cooperação internacional era essencial para enfrentar alguns dos aspectos da delinquência transnacional de então. Pelo art. 23 do Tratado de Versalhes, os Estados Membros confiaram à Liga das Nações a supervisão geral da execução dos acordos relativos ao tráfico de mulheres e crianças e ao tráfico de ópio e outras drogas perigosas; bem

270. CLARK, Roger S. British Anti-Slave Trade Treaties with African and Arab Leaders as Precursors of Modern Suppression Conventions. *In*: BOISTER, Neil; GLESS, Sabine; JESSBERGER, Florian (Orgs.). **Histories of Transnational Criminal Law**. Oxford, United Kingdom; New York, NY: Oxford University Press, 2021, p. 136.
271. BOISTER, Neil. 'Transnational Criminal Law'? **European Journal of International Law**, *[S. l.]*, v. 14, n. 5, p. 953–976, 2003, p. 955.
272. KELSEN, Hans. **Teoria geral do direito e do estado**. 3. ed., 2. tiragem. São Paulo: Martins Fontes, 2000, p. 506-507.
273. KELSEN, Hans. Op. cit., p. 507.

como a supervisão geral, com base nos tratados vigentes,[274] do comércio de armas e munições com os países em que o controle desse tráfico era necessário para o *interesse comum.*[275] Esse "interesse" deve ser lido, porém, como a pretensão das potências vencedoras da Primeira Guerra Mundial sobre vastos territórios na África e na Ásia, domínios coloniais que deveriam ser protegidos de "instabilidades", mediante a vedação do comércio de armas de fogo nos chamados "territórios proibidos". Esse regime global de proibição era, então, na visão de Stone, uma das ferramentas do imperialismo.[276] Hoje pode ser visto como um dos primeiros elementos de um sistema binário que passou a ter na pessoa humana o seu foco, sua missão e propósito.

1.5.2.1. Os Regimes Globais de Proibição como Regimes Internacionais

Definido o conceito geralmente aceito para os regimes internacionais e vista a sua primeira manifestação na tentativa de eliminação do tráfico humano, temos em nossas mãos "uma ferramenta analítica valiosa ou, no mínimo, um ponto de partida notável e não arbitrário" que nos permite especificar o objeto de estudo.[277] É essa base conceitual que servirá a Nadelmann e a nós, na ótica da cooperação jurídica internacional. Os regimes globais de proibição são arranjos institucionais de governança global[278] que contêm preceitos normativos que impõem obrigações positivas aos Estados.

---

274. Especialmente a Convenção de Bruxelas, de 1890, isto é, a "Convention Relative to the Slave Trade and Importation into Africa of Firearms, Ammunition, and Spiritous Liquors", concluída em Bruxelas em 2 de julho de 1890, e a Convenção de Saint-Germain-en-Laye de 10 de setembro de 1919, oficialmente "Convention for the Control of the Trade in Arms and Ammunition".

275. O dever de cooperação internacional começa a ser codificado no pacto que criou a Liga das Nações: "The High Contracting Parties, In order to promote international co-operation and to achieve international peace and security by the acceptance of obligations not to resort to war by the prescription of open, just and honourable relations between nations by the firm establishment of the understandings of international law as the actual rule of conduct among Governments, and by the maintenance of justice and a scrupulous respect for all treaty obligations in the dealings of organised peoples with one another agree to this Covenant of the League of Nations". LEAGUE OF NATIONS. **Covenant of the League of Nations**, done at Versailles on June 28, 1919, Part I. The Avalon Project. Yale Law School, 2008. Disponível em: https://avalon.law.yale.edu/imt/parti.asp. Acesso em: 10 jul. 2023.

276. "The European powers, motivated by concern about the stability of their colonial empires, agreed on the need to control arms trafficking, and the USA concurred". STONE, David R. Imperialism and Sovereignty: The League of Nations' Drive to Control the Global Arms Trade. **Journal of Contemporary History**, *[S. l.]*, v. 35, n. 2, p. 213–230, 2000, p. 214 e 218.

277. HASENCLEVER, Andreas; MAYER, Peter; RITTBERGER, Volker. **Theories of international regimes**. Cambridge; New York: Cambridge University Press, 1997, p. 10.

278. DREZNER, Daniel W. **All politics is global**: explaining international regulatory regimes. Princeton: Princeton University Press, 2008, p. 12.

A expressão *global prohibition regimes* foi introduzida por Nadelmann,[279] referindo-se às normas internacionais que proíbem Estados e particulares de praticar certas condutas transnacionais, consideradas relevantes por refletirem os interesses primordiais de natureza econômica ou de segurança e os valores morais de potências internacionais hegemônicas, muitas vezes partindo de normas de direito interno para sua formação.[280] Há, assim, na formação da política criminal transnacional, um vetor de dentro dos Estados para fora, assim como um vetor vindo da ordem internacional para dentro dos Estados.

Em lugar de negociações casuísticas *ad hoc* – tais como as engendradas por Londres ao longo do século 19 –, a constituição de regimes multilaterais para embasar a cooperação internacional é um método de abordagem das relações internacionais que reduz os custos de transação entre os Estados diante de problemas comuns, fazendo com que a "roda da cooperação não tenha de ser reinventada a cada momento".[281] Os regimes baseiam-se em princípios comuns, também resultantes de negociação, mas que dispensam o exame casuístico, próprio das soluções *ad hoc*, vistas como menos eficientes. Em sua essência, os regimes internacionais estabelecem "fórmulas para a cooperação internacional".[282] Como explica Keohane, os regimes não surgem do nada nem emergem do caos; "pelo contrário, eles são construídos uns sobre os outros",[283] isto é, podem ser sobrepostos, mas sempre estarão interconectados num ou mais pontos de seu espectro.

Esses regimes são resultado de uma política criminal transnacional, adjetivo preferível a "internacional" ou "mundial", usados por certos autores,[284] porque não será ela inteiramente planetária ou completamente uniforme, dado que os regimes de proibição podem ser regionais, quando vinculados a certas organizações internacionais, ou com pretensão universal, quando patrocinados pelas Nações Unidas, tendo sobretudo foco nos crimes

---

279. NADELMANN, Ethan A. Global Prohibition Regimes: The Evolution of Norms in International Society. **International Organization**, *[S. l.]*, v. 44, n. 4, p. 479–526, 1990, p. 479.

280. NADELMANN, Ethan A. Op. cit., p. 524.

281. ZARTMAN, I. William; TOUVAL, Saadia. Introduction: return to the theories of cooperation. In: ZARTMAN, I. William; TOUVAL, Saadia (org.). **International cooperation**: the extents and limits of multilateralism. Cambridge: Cambridge University Press, 2010, p. 7.

282. ZARTMAN, I. William; TOUVAL, Saadia. Op. cit., p. 7.

283. KEOHANE, Robert O. **After hegemony**: cooperation and discord in the world political economy. Princeton, N.J: Princeton University Press, 1984, p. 79.

284. PEREZ CEPEDA, Ana Isabel; BENITO SÁNCHEZ, Demelsa. La política criminal internacional contra la corrupción. In: BECHARA, Ana Elisa Liberatore S.; GÓMEZ DE LA TORRE, Ignacio Berdugo (Coord.). **Estudios sobre la corrupción**: una reflexión hispano brasileña. Salamanca: Universidad de Salamanca, Centro de Estudios Brasileños, 2012.

transnacionais.[285] Os parâmetros eleitos para estipular tal política criminal transnacional decorrem da globalização política e do desenho da sociedade internacional, com seus polos de poder, e do enfraquecimento da soberania estatal diante de organizações internacionais e outros atores não estatais ou de entes subnacionais. Conforme Held:

> Ao mapear a globalização política, é importante explorar a forma como o Estado soberano agora se encontra na encruzilhada de uma vasta gama de redes e organizações que foram estabelecidas para regular e gerenciar diversas áreas da atividade internacional e transnacional – comércio, comunicações, crimes e assim por diante. A rápida disputa de questões e desafios transnacionais gerou um sistema multicêntrico de governança dentro e fora das fronteiras políticas. Tem sido marcado pela transformação de aspectos da tomada de decisões políticas com base territorial, pelo desenvolvimento de organizações regionais e globais e, em muitos lugares, pelo aumento da importância do direito regional e internacional.[286]

É inegável que hoje há múltiplos centros de poder cujas decisões atravessam fronteiras, fazendo que toda política, inclusive a local, seja, em alguma medida, orientada ou influenciada pelo cenário global.[287] Bassiouni pondera, porém, que "o direito penal internacional é, com muita frequência, o produto de oportunidades circunstanciais."[288] Vale dizer, nem sempre o resultado das convenções de criminalização realmente traduz o planejamento estratégico de uma certa política criminal adredemente estudada. Podem ser elas próprias frutos de contingências econômicas. Como quer que seja, "o direito internacional estabelece um padrão mínimo para uma correta tipificação" de graves violações de direitos humanos, não podendo os Estados Partes adotar textos menos abrangentes.[289] Fornece também bases comuns para lidar com fenômenos criminais complexos, de cunho transnacional, que ameaçam outros bens jurídicos relevantes para a sociedade internacional. Apesar de

285. CORREA, Eduardo Pitrez de Aguiar. **Política Criminal Transnacional da Sociedade em Rede**: regimes de proibição global, margem de apreciação, princípio da norma mais favorável. Rio de Janeiro: Lumen Juris, 2017.

286. HELD, David. Democratic accountability and political effectiveness from a cosmopolitan perspective. **Government and Opposition**, v. 39, n. 2, p. 364-391, 2004, p. 366.

287. DREZNER, Daniel W. **All politics is global**: explaining international regulatory regimes. Princeton: Princeton University Press, 2008, p. 12.

288. BASSIOUNI, M. Cherif. Policy Considerations on Interstate Cooperation in Criminal Matters. **Pace International Law Review**, *[S. l.]*, v. 4, n. 1, p. 123-145, 1992, p. 124.

289. CORTE INTERAMERICANA DE DIREITOS HUMANOS. **Caso Goiburú e Outros vs. Paraguai**. Sentença de 22 de setembro de 2006, § 92. Disponível em: https://www.cnj.jus.br/wp-content/uploads/2016/04/15934c4d6d9ca1cf602e165fc5afa3cf.pdf. Acesso em: 10 mai. 2023.

ora ou outra refletirem percepções hegemônicas, de natureza econômica, estratégica ou mesmo moral, os regimes transnacionais de controle penal (*transnational crime control regimes,* outra maneira de denominá-los)[290] são flexíveis e buscam acomodar-se aos princípios fundamentais da ordem jurídica dos Estados Partes e exigir um padrão mínimo de garantias. No caso *Goiburú vs. Paraguai*, julgado em 2006, a Corte Interamericana de Direitos Humanos (Corte IDH) abraçou essa compreensão da interação entre os comandos convencionais penais e as garantias da pessoa humana, sem perder de vista a necessidade de conformidade (*compliance*) com as obrigações internacionais:

> (...) os Estados podem adotar uma maior severidade no tipo específico para efeitos de uma melhor persecução penal destes delitos, em função do que considerem uma maior ou melhor tutela dos bens jurídicos protegidos, com a condição de que, ao fazê-lo, não violem essas outras normas às quais estão obrigados. Ademais, a subtração de elementos que se consideram irredutíveis na fórmula persecutória estabelecida no âmbito internacional, bem como a introdução de modalidades que lhes façam perder sentido ou eficácia, podem levar à impunidade de condutas que os Estados estão obrigados a prevenir, erradicar e sancionar de acordo com o Direito Internacional.[291]

Apesar de haver um *gap* de direitos humanos nos procedimentos cooperacionais interestatais – ou uma falha sistêmica (*systeembreuk*), como a denomina Alphons M. M. Orie[292] –, caminha-se para um equilíbrio binominal no que se refere ao cumprimento de obrigações internacionais de repressão e de proteção e à conformidade estatal em relação a elas, a partir das premissas do *pacta sunt servanda* e da boa-fé, da percepção do dever geral de cooperação contra ameaças comuns e da centralidade da pessoa humana nas ordens interna e internacional. De fato, em *Goiburú*, cuidando da tortura e do desaparecimento forçado, a Corte IDH decidiu que o Estado paraguaio não havia cumprido as obrigações de criminalização decorrentes da Convenção Interamericana para Prevenir e Punir a Tortura, da Convenção Interamericana sobre Desaparecimento Forçado de Pessoas e do art. 2º da Convenção Americana de Direitos Humanos (CADH). Por isso, a Corte considerou pertinente ordenar ao Paraguai que, "como uma garantia de não

290. BOISTER, Neil. **An introduction to transnational criminal law**. Oxford, U.K: Oxford University Press, 2012, p. 19.

291. CORTE IDH. **Caso Goiburú e Outros vs. Paraguai**. Sentença de 22 de setembro de 2006, § 92.

292. Citado por VAN HOEK, Aukje A. H.; LUCHTMAN, Michiel J. J. P. Transnational cooperation in criminal matters and the safeguarding of human rights. **Utrecht Law Review**, *[S. l.]*, v. 1, n. 2, p. 1–39, 2005, p. 15.

repetição dos fatos" adequasse "a tipificação dos delitos de desaparecimento forçado e de tortura incluídos nos artigos 236 e 309 do atual Código Penal às disposições aplicáveis do Direito Internacional dos Direitos Humanos".[293] Revelando a ótica de emprego dos regimes de proibição para a tutela dos direitos humanos, completou o juiz Cançado Trindade:

> No ordenamento jurídico internacional, a partir da consagração das graves violações nas quatro Convenções de Genebra sobre Direito Internacional Humanitário de 1949 (e nos dois Protocolos Adicionais de 1977), gradualmente se deu início ao processo histórico corrente - intensificado nos últimos anos - de criminalização dessas graves violações dos direitos humanos e do Direito Internacional Humanitário.[294]

Pode-se concluir, deste modo, que os regimes globais de proibição refletem os interesses político-econômicos das potências hegemônicas e também preocupações universais com a proteção de direitos humanos.[295] A proteção ambiental também ingressa nessa equação, pois o direito ao meio ambiente saudável e equilibrado passou a ser considerado um direito humano.[296] Assim, ganha importância, por exemplo, o regime de cooperação internacional para a prevenção e a repressão ao tráfico de espécies da fauna e da flora silvestres ameaçados de extinção,[297] a proteção do meio marinho, da Antártica e de biomas transnacionais.

---

293. CORTE INTERAMERICANA DE DIREITOS HUMANOS. **Caso Goiburú e Outros vs. Paraguai.** Sentença de 22 de setembro de 2006, § 179. Disponível em: https://www.cnj.jus.br/wp-content/uploads/2016/04/15934c4d6d9ca1cf602e165fc5afa3cf.pdf. Acesso em: 10 mai. 2023.

294. CORTE IDH. **Caso Goiburú e Outros vs. Paraguai.** Sentença de 22 de setembro de 2006. Voto em separado do juiz Cançado Trindade, p. 2, § 6.

295. ANDREAS, Peter; NADELMANN, Ethan Avram. **Policing the globe**: criminalization and crime control in international relations. Oxford; New York: Oxford University Press, 2006, p. 3.

296. Por meio da Resolução A/RES/76/300, de 28 de julho de 2022, a Assembleia Geral das Nações Unidas reconheceu como direito humano o direito a um meio ambiente limpo, saudável e sustentável. No ano anterior, a Resolução A/HRC/RES/48/13, do Conselho de Direitos Humanos, de 8 de outubro de 2021, intitulada "O direito humano a um meio ambiente limpo, saudável e sustentável", já havia caminhado nessa direção. Cf. ARAS, Vladimir. **Direito internacional público**, 2.ed. Rio de janeiro: Método, 2023, p. 378.

297. CITES. Convention on International Trade in Endangered Species of Wild Fauna and Flora, adopted at Washington, D.C, on 3 March 1973. Disponível em: https://cites.org/eng/disc/what.php. Acesso em: 10 jul. 2023. A Convenção CITES está em vigor desde 1975 e tem 184 Estados Partes. Sua implementação deve muito ao trabalho de organizações não governamentais, como a *International Union for the Conservation of Nature* (IUCN), o *World Wide Fund for Nature* (WWF) e a *TRAFFIC Network*, o que mostra o papel significativo das ONGs na sociedade internacional. SLAUGHTER, Anne-Marie. International Law and International Relations. **Collected Courses of the Hague Academy of International Law**, vol. 285, 2000, p. 122.

Por trás do surgimento desses regimes e da emergência de regras de cooperação internacional em matéria penal estaria a formação de uma "sociedade internacional universal" fundada na "gradual homogeneização e harmonização de normas desenvolvidas inicialmente entre Estados europeus", inclusive aquelas destinadas à proteção da pessoa humana.[298] Para Boister, os regimes se vinculam ao direito penal transnacional, de que se valem os Estados, por meio de tratados voltados "a suprimir uma forma particular de conduta – uma 'convenção de supressão'– para estabelecer uma obrigação mútua de criminalizar essa conduta", criando também obrigações de persecução, com dois propósitos: "(i) suprimir essas atividades no mercado interno; e (ii) permitir a cooperação interestatal nessa repressão, garantindo a dupla incriminação", de modo que a mesma conduta seja punida nesses Estados. Evidentemente, tais convenções, nessa sua feição dual, não são autoexecutórias no quesito penal, dependendo de interposição legislativa, inclusive por sua vagueza e insuficiência típico-descritiva.[299] Como se viu em *Goiburú*, cabe aos Estados Partes legislar internamente para adequar sua legislação penal aos compromissos internacionais, também como consequência do regime paralelo de proteção da pessoa humana. No caso *Questões relativas à Obrigação de Processar ou Extraditar (Bélgica vs. Senegal),* decidido pela Corte Internacional de Justiça (CIJ) em 2012, que teve como objeto a Convenção das Nações Unidas contra a Tortura, de 1984, a tipificação da tortura aparece como obrigação convencional dos Estados, relacionada ao dever de legislar:

> A obrigação do Estado de criminalizar a tortura e estabelecer sua jurisdição sobre ela encontra seu equivalente nas provisões de várias convenções internacionais para o combate a crimes internacionais. Esta obrigação, que deve ser implementada pelo Estado interessado logo que esteja vinculado à Convenção, tem um caráter especialmente preventivo e dissuasivo, uma vez que, dotando-se dos instrumentos jurídicos necessários para processar este tipo de delito, os Estados Partes garantem que seus sistemas jurídicos funcionem nesse sentido e se comprometem a coordenar seus esforços para eliminar qualquer risco de impunidade.[300]

---

298. NADELMANN, Ethan A. Global Prohibition Regimes: The Evolution of Norms in International Society. **International Organization**, *[S. l.]*, v. 44, n. 4, p. 479–526, 1990, p. 483.

299. BOISTER, Neil. **An introduction to transnational criminal law.** Oxford, U.K: Oxford University Press, 2012, p. 14.

300. INTERNATIONAL COURT OF JUSTICE. **Questions relating to the Obligation to Prosecute or Extradite (Belgium v. Senegal).** Judgment 20 July 2012, I.C.J. Reports 2012, § 75. Disponível em: https://www.icj-cij.org/sites/default/files/case-related/144/144-20120720-JUD-01-00-EN.pdf. Acesso em: 10 mai. 2023.

O conceito de Nadelmann de regimes globais de proibição tem em mira os aspectos penais substantivos das regras de proibição, constantes das convenções de supressão. Boister diz que o direito penal transnacional é o mais poderoso instrumento de globalização de normas penais materiais, por meio de centenas de *suppression conventions*.[301] Não é temerário dizer que haverá muitas mais. De fato, "é provável que haja uma demanda crescente por regimes internacionais à medida que a interdependência cresce e os espaços políticos se tornam mais densos".[302] Basta pensar nos desafios da governança da inteligência artificial (IA) e de suas repercussões penais para imaginar o surgimento de mais um regime internacional que deva garantir a segurança da humanidade e o adequado controle sobre os usos legítimos das iás,[303] inclusive no ambiente penal e do processo criminal.

Tal como os compreendemos, estes regimes vão além dos aspectos substanciais e contêm também elementos processuais que são imprescindíveis para sua efetivação. Nadelmann os denomina de *procedural regimes;* lidam, por exemplo, com os mecanismos gerais e particulares de cooperação internacional em matéria penal.[304] Ademais, o direito penal transnacional, com seu foco no direito substantivo e atenção aos procedimentos de interação de ordens jurídicas, não abrange todos os mecanismos processuais de cooperação, que também servem ao direito interno, mesmo quando não presente uma obrigação internacional de criminalização. Ali a transnacionalização da persecução criminal resultará do elemento ocasional de estraneidade.

A consequência imediata da criminalização conjunta de certas condutas por vários Estados é a viabilização da cooperação interestatal para seu enfrentamento, num espaço de maior segurança jurídica. De fato, para Boister, um dos propósitos centrais das convenções de supressão é fincar pilares no direito interno "a fim de tornar eficaz a cooperação internacional na supressão de condutas específicas", por exemplo, por meio do preenchimento do

---

301. BOISTER, Neil. 'Transnational Criminal Law'? **European Journal of International Law**, *[S. l.]*, v. 14, n. 5, p. 953–976, 2003, p. 956.

302. KEOHANE, Robert O. **After hegemony**: cooperation and discord in the world political economy. Princeton, N.J: Princeton University Press, 1984, p. 79-80.

303. Em março de 2024, o Parlamento da União Europeia votou favoravelmente ao Regulamento sobre Inteligência Artificial, com vigência em 2026, ao passo que, em abril de 2024, a Assembleia Parlamentar do Conselho da Europa (PACE) aprovou o texto da Convenção-Quadro do Conselho da Europa sobre Inteligência Artificial, Direitos Humanos, Democracia e Estado de Direito *(Framework Convention on Artificial Intelligence, Human Rights, Democracy and the Rule of Law).*

304. NADELMANN, Ethan A. Global Prohibition Regimes: The Evolution of Norms in International Society. **International Organization**, *[S. l.]*, v. 44, n. 4, p. 479–526, 1990, p. 524.

requisito de dupla tipicidade.[305] No entanto, outros regimes de cooperação internacional puramente processual coexistem, não tendo o objetivo de tipificar condutas, mas apenas de viabilizar a interação jurisdicional para a aplicação de normas de direito penal interno.[306] Servem de exemplo a Convenção do COE sobre Auxílio Judiciário Mútuo em Matéria Penal, celebrada em Estrasburgo em 1959, a primeira do seu gênero; a Convenção Geral de Cooperação em Matéria de Justiça, celebrada em Antananarivo, em 1961; a Convenção Interamericana sobre Assistência Mútua em Matéria Penal, concluída em Nassau, em 1992; e a Convenção da Comunidade Econômica dos Estados da África Ocidental (CEDEAO) relativa a Assistência Mútua em Matéria Penal, firmada em Dacar, em 1992. Nenhuma delas contém comandos de criminalização.

Os regimes globais de proibição buscam padronizar leis e procedimentos para facilitar a cooperação internacional entre os Estados na luta contra o crime, mediante a eliminação ou a redução dos paraísos jurídicos "a partir dos quais crimes podem ser cometidos e para os quais os delinquentes podem fugir para livrar-se do processo e da punição".[307] Segundo Bassiouni, até o final dos anos 1990, existiam "315 instrumentos internacionais, desenvolvidos principalmente de forma *ad hoc* entre 1815-1988", abarcando "vinte e duas categorias de crimes",[308] entre eles o genocídio, o *apartheid*, o tráfico de pessoas, a escravidão, a pirataria e a corrupção. Tais convenções dizem respeito a crimes de direito internacional penal e de direito penal transnacional, expressa ou implicitamente reconhecidos nas convenções de criminalização.[309]

Quanto à sua composição, ou suas fontes, os regimes de proibição são principalmente baseados em convenções multilaterais de criminalização, que constituem a pedra fundamental do direito penal transnacional. Contudo, os tratados não são seu único componente normativo, já que também conformam esses regimes as resoluções específicas do Conselho de Segurança das Nações Unidas, outros atos de organizações internacionais, diretivas e regulamentos da União Europeia, assim como deliberações e documentos de

---

305. BOISTER, Neil. 'Transnational Criminal Law'? **European Journal of International Law**, *[S. l.]*, v. 14, n. 5, p. 953–976, 2003, p. 967.
306. BOISTER, Neil. 'Transnational Criminal Law'? **European Journal of International Law**, *[S. l.]*, v. 14, n. 5, p. 953–976, 2003, p. 974.
307. NADELMANN, Ethan A. Global Prohibition Regimes: The Evolution of Norms in International Society. **International Organization**, *[S. l.]*, v. 44, n. 4, p. 479–526, 1990, p. 481.
308. BASSIOUNI, M. Cherif. Policy Considerations on Interstate Cooperation in Criminal Matters. **Pace International Law Review**, *[S. l.]*, v. 4, n. 1, p. 123-145, 1992, p. 125-126.
309. BASSIOUNI, M. Cherif. Op. cit., p. 125-126.

organismos internacionais, como o GAFI, isto é, um conjunto normativo de alcance transnacional. A jurisprudência dos tribunais de direitos humanos também contribui para a formação e a correção desse conjunto, por meio da doutrina das obrigações positivas, que podem até converter *soft norms* em *hard law*.[310]

Vejamos nos próximos itens como se desdobram os referidos regimes internacionais, quanto ao seu conteúdo. É de se lembrar que, no caso *Questões relativas à Obrigação de Processar ou Extraditar (Bélgica vs. Senegal)*, a CIJ empacotou os deveres de legislar (criminalizar e afirmar sua jurisdição) e de realizar a persecução (investigar e processar ou extraditar) num único "mecanismo convencional de prevenção" da impunidade, de conteúdo processual, cujo resultado é factualmente dependente de provas[311] e juridicamente orientado pela dimensão da efetividade. Aqui, contudo, vamos fatorar os cinco elementos que compõem tais regimes. Contudo, as convenções de supressão não têm dispositivos uniformes, quanto ao conteúdo, das obrigações que portam. Bassiouni esclarece que isso se explica pelo fato de que tais tratados vêm sendo celebrados espaçadamente desde 1815 "em diferentes locais, por diferentes participantes",[312] o que lhes dá feições e conteúdos diferenciados.

1.5.2.2. O Dever de Criminalização nos Regimes Globais

Objeto do direito internacional humanitário (DIH), as quatro Convenções de Genebra de 1949 compõem um dos principais regimes globais de proibição do século 20. A Primeira Convenção para a Melhoria da Sorte dos Feridos e Enfermos em Exércitos em Campanha contém a obrigação de criminalização das condutas que violam os costumes de guerra. O tratado obriga as Partes Contratantes a "tomar todas as medidas legislativas necessárias para fixar as sanções penais adequadas a serem aplicadas às pessoas que cometam, ou deem ordem de cometer, qualquer das infrações graves à presente Convenção".[313] Tem-se ali uma obrigação dos Estados Partes que

---

310. MEYER, Frank. The Emergence of Criminal Law Norms in International Organizations. *In*: BOISTER, Neil; GLESS, Sabine; JESSBERGER, Florian (org.). **Histories of Transnational Criminal Law**. Oxford, United Kingdom; New York, NY. Oxford University Press, 2021, p. 94-95.

311. INTERNATIONAL COURT OF JUSTICE. **Questions relating to the Obligation to Prosecute or Extradite (Belgium v. Senegal).** Judgment 20 July 2012, I.C.J. Reports 2012, § 91, 94. Disponível em: https://www.icj-cij.org/sites/default/files/case-related/144/144-20120720-JUD-01-00-EN.pdf. Acesso em: 10 mai. 2023.

312. BASSIOUNI, M. Cherif. **Introduction to international criminal law**. 2nd rev. ed. Leiden; Boston: Martinus Nijhoff Publishers, 2013, p. 219.

313. INTERNATIONAL COMMITTEE OF THE RED CROSS. **Convention (I) for the Amelioration of the Condition of the Wounded and Sick in Armed Forces in the Field.** Geneva, 12 August 1949.

redundará em aprovação de leis penais e, eventualmente, em medidas de cooperação internacional, tendo em conta a natureza das interações entre as potências beligerantes.

Como vimos, os mais antigos comandos convencionais de criminalização resultam, entretanto, de compromissos bilaterais celebrados no século 19, no contexto da diplomacia jurídica britânica, voltada para a supressão do tráfico negreiro inicialmente no Atlântico[314] e depois noutras regiões do Planeta.[315] A Lei de Abolição do Tráfico de Escravos, de 1807, proibira a participação de todos os súditos britânicos no comércio de escravos a partir de 1º de janeiro de 1808.[316] Esta política unilateral do Reino Unido fez com que outros países proscrevessem o tráfico de escravos e passassem a processar criminalmente os violadores como autores do crime de pirataria marítima. De fato, a convenção firmada por D. Pedro I do Brasil e por George IV, do Reino Unido, "com o fim de pôr termo ao commercio de escravatura da Costa da África" foi ratificada no Brasil pela Carta de Lei de 23 de novembro de 1826.[317] Dizia o seu art. 1º:

> Artigo I. Acabados tres annos depois da troca das ratificações do presente Tratado, não será lícito aos subditos do Imperio do Brazil fazer o commercio de escravos na Costa d'África, debaixo de qualquer pretexto, ou maneira qualquer que seja. E a continuação deste commercio, feito depois da dita época, por qualquer pessoa subdita de Sua Magestade Imperial, será considerado e tratado de pirataria.[318]

Disponível em: https://ihl-databases.icrc.org/en/ihl-treaties/gci-1949/article-49. Acesso em: 10 jun. 2023. Vide o art. 50 da Convenção de Genebra (II) para a melhoria da sorte dos feridos, enfermos e náufragos das Forças Armadas no Mar; e o art. 129 da Convenção de Genebra (III) relativa ao Tratamento dos Prisioneiros de Guerra.

314. A exemplo do tratado anglo-brasileiro de 1826. Cf. UNITED KINGDOM. **British-Brazil Treaty of 1826.** Disponível em: https://babel.hathitrust.org/cgi/pt?id=hvd.hj1363&view=1up&seq=632. Acesso em: 10 jul. 2023.

315. Como os tratados anglo-egípcios de 1877 e 1884, que proibiram o tráfico no Egito e no Sudão. Cf. UNITED KINGDOM; EGYPT. **Convention for the Suppression of the Slave Trade, between** the governments of United Kingdom of Great Britain and the Khedivate of Egypt, done on 4 August 1877. Disponível em: https://api.parliament.uk/historic-hansard/commons/1885/aug/10/slave-traffic-anglo-egyptian-convention. Acesso em: 10 jul. 2023.

316. UNITED KINGDOM. **An Act for the Abolition of the Slave Trade.** 47° Georgii III, Session 1, cap. XXXVI, 25 March 1807. Disponível em: https://www.pdavis.nl/Legis_06.htm. Acesso em: 10 jul. 2023.

317. ARAS, Vladimir. A revolta dos malês de 1835. **Blog do Vlad**, 29 de janeiro de 2013. Disponível em: https://vladimiraras.blog/2013/01/29/a-revolta-dos-males-de-1835/. Acesso em: 10 jul. 2023.

318. BRASIL. Câmara dos Deputados. Carta de Lei de 23 de novembro de 1826, que ratifica a **Convenção entre o Imperio do Brazil e Grã-Bretanha para a abolição do tráfico de escravos.** Disponível em: https://www2.camara.leg.br/legin/fed/carlei_sn/1824-1899/carta-

As obrigações convencionais bilaterais não foram devidamente observadas pelo Brasil. Após o relativo fracasso da Lei Feijó de 1831 (a famosa "Lei para Inglês Ver"), a diplomacia britânica decidiu fazer valer as obrigações internacionais do Brasil. Diante da contínua inércia e da resistência das autoridades locais, inclusive as de persecução criminal, veio uma solução unilateral, o *Bill Aberdeen* (*Slave Trade Suppression Act*), de 1845,[319] uma lei para dar cumprimento à convenção bilateral firmada por Sua Majestade britânica e o Imperador do Brasil, para a regulamentação e definitiva abolição do tráfico de africanos escravizados.[320] Em sua esteira, o Brasil aprovou a Lei Eusébio de Queirós, de 1850, diploma que, aos poucos, baniu o tráfico negreiro no Atlântico Sul. Tais normas, que se remetiam ao Tratado do Rio de Janeiro de 1826, equipararam o comércio transatlântico de pessoas ao crime de pirataria marítima. Dizia o art. 2º da Lei de 1831, que foi revigorado pelo art. 4º da Lei de 1850:

> Art. 2º. Os importadores de escravos no Brasil incorrerão na pena corporal do art. 179 do Código Criminal imposta aos que reduzem à escravidão pessoas livres, e na multa de 200$000 por cabeça de cada um dos escravos importados, além de pagarem as despesas da reexportação para qualquer parte da África; reexportação, que o Governo fará efetiva com a maior possível brevidade, contratando as autoridades africanas para lhes darem um asilo. Os infratores responderão cada um por si, e por todos.[321]

Tal sucessão de leis brasileiras mostra como então ocorria a implementação de obrigações convencionais de criminalização, no contexto bilateral, em relação ao regime internacional de proibição que então nascia. Contudo, pouco ou nada se dizia sobre cooperação internacional, no sentido que hoje compreendemos o instituto. Estávamos ainda na era anterior à assistência jurídica mútua, um tempo em que os Estados davam alguma importância à extradição como forma tradicional e quase única de cooperação internacional.

---

delei-39883-23-novembro-1826-570862-publicacaooriginal-150298-pe.html. Acesso em: 4 mai. 2023.

319. JONES, Wilbur Devereux. The Origins and Passage of Lord Aberdeen's Act. **Hispanic American Historical Review**, *[S. l.]*, v. 42, n. 4, p. 502–520, 1962, p. 507.
320. ARAS, Vladimir. A revolta dos malês de 1835. **Blog do Vlad**, 29 de janeiro de 2013. Disponível em: https://vladimiraras.blog/2013/01/29/a-revolta-dos-males-de-1835/. Acesso em: 10 jul. 2023.
321. BRASIL. Câmara dos Deputados. **Lei de 7 de novembro de 1831**, que declara livres todos os escravos vindos de fôra do Imperio, e impõe penas aos importadores dos mesmos escravos. Disponível em: https://www.planalto.gov.br/ccivil_03/leis/LIM/LIM-7-11-1831.htm#:~:text=LEI%20DE%207%20DE%20NOVEMBRO,do%20Imperador%20o%20Senhor%20D.. Acesso em: 4 dez. 2023.

No quadro geral da política externa britânica, as proibições inicialmente bilaterais foram-se avolumando. Em 23 de dezembro de 1839, o Reino Unido firmou com o Haiti uma Convenção para a Efetiva Supressão do Tráfico de Escravos.[322] Ainda no século 19, os deveres de criminalização e de persecução passaram a ser previstos em convenções multilaterais. O primeiro tratado desse gênero foi a Convenção de Bruxelas de 1890[323] que baniu o tráfico de escravos em vários domínios coloniais sujeitos a potências europeias e a nações como o Império Otomano, o reino do Congo, o sultanato de Zanzibar e a Pérsia. Com o objetivo de proteger os interesses europeus na África, também foram proibidos o tráfico de armas e de bebidas alcoólicas para o continente.[324] A escravidão, contudo, somente seria banida pela Convenção sobre Escravatura, concluída em Genebra, em 1926.[325] Sobre cooperação internacional, seu art. 4º, na redação original, o texto genebrino limitava-se a dizer que os Estados Partes deveriam prestar-se assistência "com o objetivo de garantir a abolição da escravidão e do tráfico de escravos".[326]

---

322. BOISTER, Neil. 'Transnational Criminal Law'? **European Journal of International Law**, *[S. l.]*, v. 14, n. 5, p. 953–976, 2003, p. 955, nota 10.

323. THE BRUSSELS Conference Act of 1890. **Convention Relative to the Slave Trade and Importation into Africa of Firearms, Ammunition, and Spirituous Liquors**, done at Brussels on 2 July 1890. Disponível em: https://en.wikisource.org/wiki/General_Act_of_Brussels. Acesso em: 10 jul. 2023.

324. O art. 5º determinou a punição do crime de tráfico de escravos: "Article V. The Contracting Powers undertake, unless this has already been provided for by their laws in accordance with the spirit of the present Article, to enact or propose to their respective Legislatures in the course of one year at latest from the date of the signature of the present General Act a Law for rendering applicable, on the one hand, the provisions of their penal laws concerning the graver offences against the person, to the organizers and abettors of slave hunting, to perpetrators of the mutilation of adults and male infants, and to all persons who may take part in the capture of slaves by violence; and, on the other hand, the provisions relating to offences against individual liberty, to carriers, transporters, and dealers in slaves". Vide também, sobre o tráfico de armas, o art. 11: "Article XII. The Powers undertake to adopt or to propose to their respective Legislatures the measures necessary to insure the punishment everywhere of infringers of the prohibitions laid down in Articles VIII and IX, and that of their accomplices, besides the seizure and confiscation of the prohibited arms and ammunition, either by fine or by imprisonment, or by both penalties together, in proportion to the importance of the infraction, and in accordance with the gravity of each case." Cf. BLACK AGENDA REPORT. Brussels Conference Act of 1890. **Monthly Review**, 7 December 2022. Disponível em: https://mronline.org/2022/12/07/excerpt-brussels-conference-act-of-1890/. Acesso em: 10 jul. 2023.

325. CLARK, Roger S. British Anti-Slave Trade Treaties with African and Arab Leaders as Precursors of Modern Suppression Conventions. *In*: BOISTER, Neil; GLESS, Sabine; JESSBERGER, Florian (Orgs.). **Histories of Transnational Criminal Law**. Oxford, United Kingdom; New York, NY: Oxford University Press, 2021, p. 137.

326. LEAGUE OF NATIONS. **Slavery Convention**, done at Geneva on 25 September 1926. Disponível em: https://www.ohchr.org/en/instruments-mechanisms/instruments/slavery-convention. Acesso em: 10 jul. 2023.

Os modelos dos tratados de supressão evoluíram enormemente desde então. Sua feição básica de catalisar a formação de um direito penal transnacional continua intacta. Atualmente, alguns crimes convencionais (*treaty crimes)* – isto é, os crimes dos catálogos das convenções – são de tipificação obrigatória (*mandatory offences*); outros são de tipificação facultativa (*non-mandatory offences*).[327] Tomemos como exemplo a Convenção das Nações Unidas contra a Corrupção, cujo art. 23 determina a criminalização da lavagem de dinheiro, enquanto o art. 20 meramente exorta os Estados Partes a fazê-lo em relação ao delito de enriquecimento ilícito. Os deveres de criminalização estão ligados aos deveres de punição a ponto de os Estados, em certos casos, não poderem anistiar ou perdoar graves violações dos direitos humanos,[328] vedação que resulta do *jus cogens*, do regime convencional e da jurisprudência de tribunais de direitos humanos,[329] existindo ainda convenções que proíbem a incidência de regras de prescrição,[330] como a Convenção sobre a Imprescritibilidade dos Crimes de Guerra e dos Crimes Contra a Humanidade, de 1968.[331] No aspecto da proporcionalidade das penas, a Convenção sobre a Escravatura de 1926 já exigia dos Estados que, ao criminalizar tal conduta, instituíssem "penas severas".[332]

327. UNITED NATIONS. International Law Commission. **The draft articles on prevention and punishment of crimes against humanity**, Report A/74/10, New York, 20 August 2019, p. 120, § 37. Disponível em: https://legal.un.org/ilc/reports/2019/english/a_74_10_advance.pdf. Acesso em: 4 mai. 2023.

328. "The explicit duty to institute criminal proceedings against alleged torturers precludes adherents to the Convention Against Torture from enacting, or at least applying, an amnesty law that forecloses prosecution of torturers". ORENTLICHER, Diane F. Settling Accounts: The Duty to Prosecute Human Rights Violations of a Prior Regime. **Yale Law Journal**, *[S. l.]*, v. 100, n. 8, p. 2537–2618, 1991, p. 2567.

329. ARAS, Vladimir. O indulto aos autores do Massacre do Carandiru: a inconstitucionalidade e inconvencionalidade do Decreto 11.302/2022. **Meu Site Jurídico,** São Paulo, 5 de janeiro de 2023. Disponível em: https://meusitejuridico.editorajuspodivm.com.br/2023/01/05/o-indulto-aos-autores-do-massacre-do-carandiru-a-inconstitucionalidade-e-inconvencionalidade-do-decreto-11-302-2022/. Acesso em: 2 jun. 2023.

330. ORENTLICHER, Diane F. Settling Accounts: The Duty to Prosecute Human Rights Violations of a Prior Regime. **Yale Law Journal**, [S. l.], v. 100, n. 8, p. 2537–2618, 1991, p. 2594.

331. UNITED NATIONS. **Convention on the non-applicability of statutory limitations to war crimes and crimes against humanity,** done at New York, on 26 November 1968. Disponível em: https://treaties.un.org/pages/ViewDetails.aspx?src=IND&mtdsg_no=IV-6&chapter=4&clang=_en. Acesso em: 2 jun. 2023.

332. Artigo 6º: "Those of the High Contracting Parties whose laws do not at present make adquate provision for the punishment of infractions of laws and regulations enacted with a view to giving effect to the purposes of the present Convention undertake to adopt the necessary measures in order that severe penalties may be imposed in respect of such infractions". LEAGUE OF NATIONS. **Slavery Convention**, done at Geneva on 25 September 1926. Disponível em: https://www.ohchr.org/en/instruments-mechanisms/instruments/slavery-convention. Acesso em: 10 jul. 2023.

Embora alguns autores ainda sustentem a controvérsia sobre a condição dos indivíduos como sujeitos de direito internacional público, a seu tempo, Kelsen já afirmava categoricamente que a pessoa humana tinha direitos e deveres decorrentes diretamente da ordem internacional. Ora nos interessam os deveres das pessoas naturais de se absterem de certos delitos como a pirataria. Nos anos 1940, já existia uma norma de direito internacional geral que proscrevia a pirataria e autorizava os Estados a capturar naus piratas e a punir seus proprietários, ainda que não existisse norma penal no direito interno.[333]

As vedações e os consequentes deveres de abstenção (por parte dos indivíduos) e de punição (por parte dos Estados) constam também do direito convencional. Kelsen cita o art. 2º da Convenção Internacional para a Proteção de Cabos Telegráficos Submarinos, concluída em Paris em 1884, que previa como crime internacional a quebra ou dano de cabo submarino, por dolo ou culpa, sempre que houvesse a interrupção das comunicações. Como premissa para o exercício do dever de punir, "a Convenção obriga[va] os Estados a especificar, por meio dos seus direitos nacionais, as sanções". Um claro dever de criminalização. Além disso, o tratado "obriga[va] o Estado ao qual pertence o navio a bordo do qual foi cometido o delito (...) a executar a sanção", uma norma de jurisdição criminal. Na concepção kelseniana, quando os Estados impõem seu próprio direito nacional ao fato "executam o direito internacional".[334] Como conclui Wise, "a forma mais rudimentar de obrigação internacional de punir o crime deriva do direito sobre responsabilidade do Estado que [...] exige devida diligência para reprimir atos privados de violência dirigidos contra Estados estrangeiros ou seus nacionais".[335]

1.5.2.3. O Dever de Afirmar Jurisdição nos Regimes Globais

O dever de asserção da jurisdição é secundário à criminalização das condutas visadas no direito interno. Tal dever tem natureza processual, como obrigação estatal de procedimento. Tratados que lidam com os crimes internacionais *lato sensu* têm normas que impõem aos Estados estabelecer sua jurisdição doméstica sobre tais crimes, de forma mais ampla possível. Estas obrigações produzem um fenômeno de múltiplas jurisdições nacionais

333. KELSEN, Hans. **Teoria geral do direito e do estado**. São Paulo: Martins Fontes, 2000, p. 489 e 491.
334. KELSEN, Hans. **Teoria geral do direito e do estado**. São Paulo: Martins Fontes, 2000, p. 493.
335. WISE, Edward M. Terrorism and the Problems of an International Criminal Law. **Connecticut Law Review**, *[S. l.]*, v. 19, n. 4, p. 799–830, 1987, p. 806.

entrelaçadas – às vezes sobrepostas –, como uma enorme teia planetária, que visa a eliminar espaços de impunidade, os paraísos jurídicos. Como Beccaria vislumbrou com grande mérito, "a persuasão de não encontrar nenhum lugar na Terra em que o crime possa ficar impune seria um meio bem eficaz de preveni-lo".[336]

As regras de jurisdição são um elemento-chave dos tratados supressivos, aparecendo como obrigações estatais positivas.[337] Essas convenções de supressão criam deveres de asserção de jurisdição a partir de critérios predefinidos ou fatores de conexão (*connecting factors*) descritos nos textos convencionais, como a nacionalidade ativa ou a personalidade passiva.[338] Tais fatores justificam a extensão da jurisdição estatal, de um ou mais Estados, pela existência de ao menos um liame entre a conduta do agente e o Estado que pretende adjudicá-la.[339]

O Projeto de Artigos sobre a Prevenção e a Punição de Crimes contra a Humanidade reflete essa tendência em seu art. 7º, especificando que o exercício da jurisdição é obrigatório (como uma obrigação processual, portanto), inclusive quando o suposto autor, ainda que estrangeiro, estiver no território do Estado de abrigo.[340] No entanto, nem todos os tratados de criminalização contêm regras de asserção de jurisdição. Conforme Bassiouni, das 315 convenções que ele catalogou, promulgadas entre 1815 e 1988, somente 71 continham normas expressas sobre jurisdição.[341] Os tratados mais recentes, contudo, sempre instituem cláusulas jurisdicionais, como se pode notar nas Convenções de Viena (1988), Palermo (2000), Budapeste (2001) [342] e Mérida (2003). No caso *Questões relativas à Obrigação de Processar ou Extraditar (Bélgica vs. Senegal)*, a CIJ constatou a frequência dessa obrigação internacional em diversos tratados voltados para a persecução de crimes

---

336. BECCARIA, Cesare. **Dos delitos e das penas**. Rio de Janeiro: Nova Fronteira, 2011, p. 158.
337. JESSBERGER, Florian. A Short History of Jurisdiction in Transnational Criminal Law. *In*: BOISTER, Neil; GLESS, Sabine; JESSBERGER, Florian (Org.). **Histories of Transnational Criminal Law**. Oxford, United Kingdom; New York, NY: Oxford University Press, 2021, p. 261-275, p. 265 e 274.
338. PETRIG, Anna. The Expansion of Swiss Criminal Jurisdiction in Light of International Law. **Utrecht Law Review**, *[S. l.]*, v. 9, n. 4, 2013, p. 51.
339. PETRIG. Op. cit., p. 54.
340. UNITED NATIONS. International Law Commission. **The draft articles on prevention and punishment of crimes against humanity**, Report A/74/10. New York, 20 August 2019, p. 84. Disponível em: https://legal.un.org/ilc/reports/2019/english/a_74_10_advance.pdf. Acesso em: 4 mai. 2023.
341. BASSIOUNI, M. Cherif. Policy Considerations on Interstate Cooperation in Criminal Matters. **Pace International Law Review**, *[S. l.]*, v. 4, n. 1, p. 123-145, 1992, p. 129.
342. COUNCIL OF EUROPE. **Convention on Cybercrime** (CETS No. 185), adopted at Budapest on 23 November 2001. Disponível em: https://rm.coe.int/1680081561. Acesso em: 10 jul. 2023.

internacionais, em sentido lato. Tal obrigação tem de fato uma natureza instrumental e de efetividade para o sistema jurídico penal e a luta contra a impunidade.[343] Da asserção de jurisdição depende a efetividade das normas de criminalização. E sua implementação, por sua vez, costuma exigir medidas de cooperação jurídica internacional.

A lista de tratados com o perfil descrito pela CIJ é longa e remonta aos anos 1970, quando foi concluída a Convenção da Haia sobre o Apoderamento Ilícito de Aeronaves,[344] cujo art. 4º institui o dever de ampliar a jurisdição dos Estados Partes, sem prejuízo do seu direito processual, para alcançar as condutas que deveriam ser criminalizadas em função da Convenção. Outras tantas previsões semelhantes se seguiram ao longo dos anos, inclusive nas há pouco mencionadas Convenções de Viena, Palermo, Budapeste e Mérida, que compõem o quadrante fundamental dos mais importantes regimes de criminalização de condutas transnacionais atualmente vigentes, lidando com o tráfico de drogas, o crime organizado, o tráfico humano, tráfico de armas de fogo, a cibercriminalidade e a corrupção.

As normas sobre jurisdição em geral implicam competências para tipificar condutas (*jurisdiction to prescribe; competência legislativa*); competências para julgar os réus (*jurisdiction to adjudicate; competência judicial*); e competências para aplicar as sanções penais (*jurisdiction to enforce*), abrangendo, portanto, aspectos de direito penal e de direito processual penal e garantias fundamentais e convencionais como a do juiz natural.[345] Basicamente, a jurisdição de um Estado sobre um determinado crime se firma de acordo com critérios territoriais. O preceito fundamental para a asserção de jurisdição é de natureza territorial, pois é nele que se exerce a soberania. A nacionalidade aparece também como uma causa jurisdicional frequente, seja em sua perspectiva ativa (relacionada ao autor do crime), seja em sua ótica passiva (relacionada à cidadania da vítima). No entanto, outros critérios de extraterritorialidade são adotados no direito internacional ou no direito interno para ampliar o escopo da jurisdição adjudicatória

---

343. INTERNATIONAL COURT OF JUSTICE. **Questions relating to the Obligation to Prosecute or Extradite (Belgium v. Senegal).** Judgment 20 July 2012, I.C.J. Reports 2012, § 75. Disponível em: https://www.icj-cij.org/sites/default/files/case-related/144/144-20120720-JUD-01-00-EN.pdf. Acesso em: 10 mai. 2023.

344. UNITED NATIONS. **Convention for the Suppression of Unlawful Seizure of Aircraft**, The Hague, 16 December 1970. Disponível em: https://treaties.un.org/doc/db/terrorism/conv-2-english.pdf. Acesso em: 10 jun. 2023.

345. LUCHTMAN, Michiel J. J. P. Towards a Transnational Application of the Legality Principle in the EU's Area of Freedom, Security and Justice? **Utrecht Law Review**, *[S. l.]*, v. 9, n. 4, p. 19, 2013

do Estado, inclusive para afirmação da jurisdição penal universal.[346] Além disso, a expansão do alcance geográfico da jurisdição penal dos Estados tem respondido a obrigações positivas resultantes de compromissos veiculados em tratados de direitos humanos.[347]

1.5.2.4. Os Deveres Instrumentais nos Regimes Globais de Proibição

Os deveres convencionais de natureza instrumental dizem respeito aos meios de persecução criminal, considerado um mínimo denominador comum quanto a mecanismos de obtenção de provas, sobretudo as técnicas especiais de investigação dedicadas à determinação da autoria e da materialidade de crimes complexos ou muito graves. São exemplos as obrigações que constam do conjunto Viena/Palermo/Budapeste/Mérida, a respeito de entregas controladas, equipes conjuntas de investigação, informantes de boa-fé (*whistleblowers*), colaboração premiada e preservação e obtenção de provas digitais. Como acentuam Criddle e Fox-Decent, os juristas "não estudaram sistematicamente até que ponto o direito internacional exige que os Estados cooperem com seus pares no desenvolvimento de normas e instituições internacionais".[348] No processo penal, à luz do dever de eficiência, essas obrigações de cooperação legislativo-institucional são imperiosas e se encaixam na ideia dos regimes. Não é possível valer as regras penais que protegem valores da ordem jurídico-penal transnacional com instrumentos probatórios tradicionais, desenhados no passado para os desafios da delinquência pré-globalização, na qual imperava uma ótica isolacionista e autossuficiente de jurisdição.

Medidas de bloqueio internacional de ativos também pertencem a esta categoria. O regime global contra a lavagem de dinheiro e o financiamento do terrorismo é um bom exemplo. Os tratados e as normas de *soft law* que o compõem estabelecem deveres de cautela patrimonial e confisco em relação a bens, direitos e valores derivados de atividades criminosas. Recomendações do Grupo de Ação Financeira (GAFI) e resoluções do Conselho de Segurança das Nações Unidas e as ameaças de sanções (*smart sanctions;*

---

346. UNITED NATIONS. International Law Commission. **The draft articles on prevention and punishment of crimes against humanity,** Report A/74/10. New York, 20 August 2019, p. 86. Disponível em: https://legal.un.org/ilc/reports/2019/english/a_74_10_advance.pdf. Acesso em: 4 mai. 2023.

347. PETRIG, Anna. The Expansion of Swiss Criminal Jurisdiction in Light of International Law. **Utrecht Law Review**, *[S. l.]*, v. 9, n. 4, 2013, p. 52.

348. CRIDDLE, Evan J.; FOX-DECENT, Evan. Mandatory Multilateralism. **American Journal of International Law**, *[S. l.]*, v. 113, n. 2, p. 272–325, 2019, p. 273-274.

targeted sanctions) por falta de conformidade internacional com este regime servem ao propósito comum de, mediante persuasão e coerção, "reduzir as externalidades negativas da globalização aumentando os padrões regulatórios globais destinados a combater a lavagem de dinheiro".[349]

Também ingressam na categoria instrumental as medidas de proteção a vítimas, testemunhas, informantes em geral, inclusive réus colaboradores e *whistleblowers*. Valem como exemplo dessas medidas as contidas na Recomendação nº R (97) 13, do Conselho da Europa,[350] e na Recomendação Rec(2005)9,[351] assim como, no âmbito do regime global, o art. 24 da Convenção de Palermo de 2000 – *United Nations Convention on Transnational Organized Crime* (UNTOC) – e os arts. 32 e 33 da Convenção de Mérida de 2003 – *United Nations Convention Against Corruption (*UNCAC) –,[352] que buscam assegurar a integridade física, a vida e a segurança desses intervenientes no processo penal. Apesar dessa natureza instrumental, tais deveres podem se autonomizar, para além do processo penal, como veremos mais adiante.

1.5.2.5. O Dever de Institucionalização

Conhecidos como Agenda 2030, os 17 Objetivos do Desenvolvimento Sustentável das Nações Unidas são uma ambiciosa política da ONU, com prazo de 15 anos, para a melhoria dos direitos humanos em escala mundial, em temas como saúde, educação, moradia, meio ambiente e igualdade. O ODS 16 tem como norte a paz, a justiça e instituições fortes, com vistas a garantir a paz, promover o acesso à justiça e assegurar a defesa dos direitos de todos, por meio de instituições eficientes, transparentes, responsáveis e responsivas (*accountable*) em todos os níveis.[353] Prevalece na arquitetura dos ODS a noção de que não se pode alcançar justiça e paz sem instituições

---

349. DREZNER, Daniel W. **All politics is global:** explaining international regulatory regimes. Princeton: Princeton University Press, 2008, p. xii.

350. COUNCIL OF EUROPE. **Recommendation No. R (97) 13**, of the Committee of Ministers to Member States Concerning Intimidation of Witnesses and the Rights of Defence, adopted by the Committee of Ministers on 10 September 1997. Disponível em: https://rm.coe.int/12-rec-97-13e/1680a6dafc. Acesso em: 4 dez. 2023.

351. COUNCIL OF EUROPE. **Recommendation Rec(2005)9,** of the Committee of Ministers to Member States on the Protection of Winesses and Collaborators of Justice, adopted by the Committee of Ministers on 20 April 2005. Disponível em: https://www.coe.int/t/dg1/legalco-operation/economiccrime/organisedcrime/Rec%20_2005_9.pdf. Acesso em: 4 dez. 2023.

352. ENIKÖ, Felföldi. The rising importance on the protection of witnesses in the European Union. **Revue internationale de droit pénal**, Toulouse, v. 77, n. 1–2, p. 313–322, 2006.

353. UNITED NATIONS. **United Nations Sustainable Development Goals:** Peace, Justice and Strong Institutions. Disponível em: https://www.un.org/sustainabledevelopment/peace-justice/. Acesso em: 10 jul. 2023.

à altura dos desafios de garantir, inicialmente, a estabilidade democrática e prover justiça. Entre as metas do ODS 16, destacamos para os fins de nosso estudo, o propósito de reduzir todas as espécies de violência no mundo, o que abrange a criminalidade violenta; combater os abusos, a exploração, a violência e o tráfico tendo crianças e adolescentes como vítimas; diminuir de forma substancial o tráfico ilícito de armas de fogo e o fluxo de ativos financeiros ilícitos e, ao mesmo tempo, fortalecer a resposta dos Estados no campo da recuperação e repatriação desses ativos; combater todas as formas de crime organizado; e reduzir substancialmente a corrupção em todas as suas formas.[354] A Agenda 2030 tem caráter indutor da adoção de políticas públicas nacionais voltadas à vítima por parte dos órgãos do sistema de Justiça dos Estados Partes das Nações Unidas.[355]

A abordagem institucional no ODS 16 reflete a percepção de que a correta e diligente execução das políticas públicas, inclusive na seara criminal, reclama instituições fortes, eficientes e transparentes em toda a parte. Os regimes globais de proibição dependem de arranjos organizacionais semelhantes. Alguns tratados chegam a prever obrigações voltadas para a organização do Estado. Tais mandados de otimização estrutural voltam-se para as agências de persecução criminal e os órgãos de apoio nos marcos delimitados pelas convenções de supressão. Tomemos como exemplo o regime jurídico contra o narcotráfico, cuja operação depende de agências nacionais e internacionais para implementação das obrigações convencionais, para a prevenção do uso e do tráfico de entorpecentes e para a classificação e controle dessas substâncias psicotrópicas, nos termos das três convenções que tratam do assunto, as de 1961, 1971 e 1988.[356] Uma dessas estruturas é a Comissão de Drogas Narcóticas ou *Commission on Narcotic Drugs* (CND). Vinculada ao Conselho Econômico e Social das Nações Unidas, a CND, criada em 1946, é responsável pela política criminal mundial neste campo.[357]

No regime global anticorrupção, o art. 6º da Convenção das Nações Unidas contra a Corrupção traz para os Estados a obrigação de instituírem

---

354. **United Nations Sustainable Development Goals:** Goal 16 targets. Op. cit.

355. SUXBERGER, Antonio Henrique; CASTRO, Henrique Bawden De. Políticas públicas para a vítima: ações do CNJ e do CNMP em face da agenda ODS 2030. **Delictae Revista de Estudos Interdisciplinares sobre o Delito**, *[S. l.]*, v. 5, n. 8, p. 185–221, 2020, p. 189-190.

356. São elas a Convenção Única sobre Entorpecentes (1961), a Convenção sobre Substâncias Psicotrópicas (1971) e a Convenção Contra o Tráfico Ilícito de Entorpecentes e Substâncias Psicotrópicas (1988).

357. UNITED NATIONS. Economic and Social Council (ECOSOC). **Resolution 9(I) of 16 February 1946 on the Establishment of a Commission on Narcotic Drugs**. Disponível em: https://www.unodc.org/unodc/en/commissions/CND/index.html. Acesso em: 10 jul. 2023.

um ou mais de um órgão de prevenção da corrupção, com competência para instituir e supervisionar políticas de integridade. Para que a criação desses órgãos não seja ilusória, a Convenção pede que tenham "independência necessária [...] para que possam desempenhar suas funções de maneira eficaz e sem nenhuma influência indevida". A Convenção de Mérida, no art. 11, também se ocupa da face institucional da repressão ao prever que os Estados Partes devem garantir a independência e a integridade do Poder Judiciário e do Ministério Público, devendo haver pelo menos uma entidade estatal especializada na repressão da corrupção, nos termos do art. 36. O tratado vai ao ponto de exigir que os Estados devem proporcionar a essas autoridades e funcionários "formação adequada e recursos suficientes para o desempenho de suas funções".[358]

Por sua vez, os tratados e outros atos normativos que sedimentam o regime internacional contra a lavagem de ativos também contêm mandados de institucionalização. Considere-se como paradigma as 40 Recomendações do Grupo de Ação Financeira (GAFI), cuja Recomendação nº 29 trata da criação pelos Estados membros do GAFI de unidades nacionais de inteligência financeira para atuar "como um centro nacional de recebimento e análise de: (a) comunicações de operações suspeitas; e (b) outras informações relevantes sobre lavagem de dinheiro, crimes antecedentes e financiamento do terrorismo, e de disseminação dos resultados".[359] Centenas de países instituíram suas próprias UIFs, em conformidade com esse conjunto normativo.

Nesta ótica, para o efetivo funcionamento dos regimes globais de proibição, deve haver um compromisso dos Estados com a efetividade, o que dependerá da existência de um certo *design* institucional mínimo, com agências com competência especializada, dotadas de pessoal capacitado, de orçamento compatível com a missão, assim como com atribuições expressas em lei, inclusive para sua articulação internacional com os seus congêneres. A Corte Interamericana de Direitos Humanos captou essa necessidade. Ao julgar o caso dos *Membros da Aldeia Chichupac*, no contexto do dever de investigar, afirmou-se ser preciso, "em primeiro lugar, gerar um quadro normativo interno adequado e/ou organizar o sistema de administração

---

358. UNITED NATIONS. **United Nations Convention against Corruption,** adopted at Merida, on 9 December 2003. Disponível em: https://www.unodc.org/unodc/en/corruption/tools_and_publications/UN-convention-against-corruption.html. Acesso em: 10 jul. 2023.

359. FINANCIAL ACTION TASK FORCE. **International Standards on Combating Money Laundering and the Financing of Terrorism & Proliferation.** Paris: FATF, 2012-2023. Disponível em: https://www.fatf-gafi.org/en/publications/Fatfrecommendations/Fatf-recommendations.html. Acesso em: 10 jul. 2023.

da justiça de tal forma que o seu funcionamento garanta a realização, sem demora, de investigações *ex officio* sérias e eficazes".[360] A Guatemala já tinha sido palco de uma experiência inovadora, de justiça hibrida, com a operação durante muitos anos da Comissão Internacional contra a Impunidade na Guatemala (CICIG),[361] que põe às claras a necessidade de instituições independentes para promover direitos humanos, mediante a luta contra a impunidade. O TEDH também acolheu essa visão em *Vo vs. França*,[362] quando afirmou que a obrigação processual de investigar violações do direito à vida pressupõe também a criação de um sistema judicial eficiente e, em algumas circunstâncias, pode exigir o recurso ao direito penal. Este último ponto foi destacado em *MC vs. Bulgária*, um caso de violência contra a mulher, no qual o TEDH determinou a necessidade de criminalização da conduta como consequência dos arts. 3º e 8º da Convenção Europeia de Direitos Humanos, que asseguram o direito à integridade física e o direito à privacidade.[363]

Na cooperação jurídica internacional, um sistema eficiente depende da correta alocação de competências nos órgãos de cooperação, da redução das atividades cartoriais e do tempo de tramitação de pedidos e da mitigação da interferência de órgãos de natureza política no curso da persecução transnacional, a fim de que as interações da cooperação probatória ou da cooperação para a tutela de direitos humanos não se vejam obstadas, na atuação ativa e passiva, por ingerências indevidas, estranhas ao Direito e prejudiciais a acusados e vítimas. Um tema subjacente a este debate nos remete ao papel

---

360. CORTE INTERAMERICANA DE DIREITOS HUMANOS. **Caso Miembros de la Aldea Chichupac y comunidades vecinas del Municipio de Rabinal vs. Guatemala**. Sentencia de 30 de noviembre de 2016, § 213. Disponível em: https://www.corteidh.or.cr/docs/casos/articulos/seriec_328_esp.pdf. Acesso em: 10 jul. 2023.

361. A CICIG foi criada em 2007 por acordo entre a ONU e o governo guatemalteco. GUATEMALA. Comisión Internacional contra la Impunidad en Guatemala. **Que es la Cicig?** Disponível em: https://www.cicig.org/que-es-la-cicig/. Acesso em: 2 jun. 2023.

362. TEDH: "Although the right to have third parties prosecuted or sentenced for a criminal offence cannot be asserted independently (see *Perez v. France* [GC], no. 47287/99, § 70), the Court has stated on a number of occasions that an effective judicial system, as required by Article 2, may, and under certain circumstances must, include recourse to the criminal law". EUROPEAN COURT OF HUMAN RIGHTS. **Case of Vo v. France.** Judgment 8 July 2004, § 90. Disponível em: https://hudoc.echr.coe.int/fre#{%22itemid%22:[%22001-61887%22]}. Acesso em: 10 jul. 2023.

363. TEDH: "In accordance with contemporary standards and trends in that area, the member States' positive obligations under Articles 3 and 8 of the Convention must be seen as requiring the penalisation and effective prosecution of any non-consensual sexual act, including in the absence of physical resistance by the victim". EUROPEAN COURT OF HUMAN RIGHTS. **Case of MC v. Bulgaria**. Judgment 4 December 2003, § 166. Disponível em: https://www.coe.int/t/dg2/equality/domesticviolencecampaign/resources/M.C.v.BULGARIA_en.asp. Acesso em: 10 jul. 2023.

das autoridades centrais de cooperação jurídica internacional e quem, em cada Estado, exerce tal missão.[364]

1.5.2.6. Os Deveres de Cooperação Internacional nos Regimes Globais

O direito internacional penal em sentido estrito contém deveres de cooperação relacionados aos crimes internacionais, como se nota no Estatuto de Roma, de 1998, que constituiu o TPI. As convenções de supressão também contêm normas de cooperação internacional para os crimes transnacionais.[365] Estas se destinam à persecução dos crimes transnacionais previstos nessas mesmas convenções. E o direito interno também terá normas específicas sobre cooperação internacional, que devem ser acionadas sempre que surgir um evento de internacionalidade (estraneidade).[366] Esses três conjuntos de normas de cooperação devem integrar-se e operar de modo uniforme, como uma engrenagem tripla.[367]

Antes da era da *mutual legal assistance* (MLA), que se inicia nos anos 1950, diante da falta de tratados específicos, salvo os de extradição, as rogatórias eram o principal veículo de trânsito internacional de pedidos de cooperação jurídica em matéria cível e penal, dependendo, em algumas jurisdições, de intervenção judicial (*court-to-court requests*). Nesta fase, os pedidos rogatórios em matéria penal eram sempre transmitidos por autoridades diplomáticas. O modelo de rogatórias, além de moroso, não é obrigatório, baseando-se em *comity* ou cortesia judicial.[368] Em razão disso, os Estados europeus, no final dos anos 1950, adotaram um novo sistema de cooperação pan-europeia.[369] Vieram os tratados multilaterais de extradição em 1957 e a convenção multilateral de assistência jurídica mútua em

---

364. ARAS, Vladimir. O papel da autoridade central na cooperação penal. In: BALTAZAR JUNIOR, José Paulo; LIMA, Luciano Flores de (Org.). **Cooperação jurídica internacional em matéria penal.** Porto Alegre: Verbo Jurídico, 2010. p. 59-94.

365. BOISTER, Neil. 'Transnational Criminal Law'? **European Journal of International Law**, *[S. l.]*, v. 14, n. 5, p. 953–976, 2003, p. 975.

366. Para aprofundar o conceito de estraneidade, vide, adiante, o capítulo 2.

367. BASSIOUNI, M. Cherif. Policy Considerations on Interstate Cooperation in Criminal Matters. **Pace International Law Review**, *[S. l.]*, v. 4, n. 1, p. 123-145, 1992, p. 133-134.

368. SWIRE, Peter; HEMMINGS, Justin D. Mutual legal assistance in an era of globalized communications: the analogy to the visa waiver program. **New York University Annual Survey of American Law**, *[S. l.]*, v. 71, n. 4, p. 687–740, 2016, p. 691-692. No mesmo sentido: RICHARDSON, L. Song. Due Process for the Global Crime Age: A Proposal. **Cornell International Law Journal**, *[S. l.]*, v. 41, n. 2, p. 347–382, 2008, p. 352.

369. OLSON, Laura M. Re-enforcing Enforcement in a Specialized Convention. In: SADAT, Leila Nadya (Org.). **Forging a convention for crimes against humanity**. Cambridge ; New York: Cambridge University Press, 2011, p. 336.

1959.[370] Com os *Mutual Legal Assistance Treaties* (MLATs), passou a haver um dever de cooperar passivamente para cumprimento dos pedidos dos Estados requerentes,[371] ressalvadas as situações de recusa motivada. Estes acordos revolucionaram o modelo então vigente, nos quesitos rapidez, obrigatoriedade e modo de tramitação, estimulando a aprovação de outros tratados bilaterais e multilaterais nos anos seguintes, com um conjunto de obrigações convencionais cada vez mais amplo.

> Uma segunda geração de tratados foi redigida entre 1970 e 1973 sobre a transferência de sentenças e de processos, mas estes tratados não foram tão bem-sucedidos como os dois tratados básicos sobre extradição e assistência jurídica mútua que foram ratificados por quase todos os 46 Estados Membros do Conselho da Europa.[372]

As convenções do COE sobre extradição de 1957, sobre MLA de 1959 e sobre transferência de pessoas condenadas de 1983 são consideradas as convenções-mãe que inspiraram documentos semelhantes na União Europeia[373] e outras regiões do globo, como a Convenção Geral de Cooperação em Matéria de Justiça, celebrada em Antananarivo, em 1961;[374] a Convenção da Liga dos Estados Árabes para Cooperação Jurídica, concluída em Riad, em 1983;[375] e a Convenção Interamericana sobre Assistência Mútua em Matéria Penal, celebrada em Nassau, em 1992.[376] Embora contenham obrigações con-

370. COUNCIL OF EUROPE. **European Convention on Mutual Assistance in Criminal Matters**, ETS No. 30, done at Strasbourg on 20 April 1959 (Mutual Assistance Convention). Disponível em https://rm.coe.int/16800656ce. Acesso em: 10 jul. 2023.

371. RICHARDSON, L. Song. Due Process for the Global Crime Age: A Proposal. **Cornell International Law Journal**, *[S. l.]*, v. 41, n. 2, p. 347–382, 2008, p. 352.

372. NILSSON, Hans G., From Classical Judicial Cooperation to Mutual Recognition, **Revue internationale de droit pénal**, v. 77, n. 1–2, p. 53–58, 2006, p. 54.

373. SCHOMBURG, Wolfgang; LAGODNY, Otto; GLESS, Sabine; HACKNER, Thomas et. al. **Internationale Rechtshilfe in Strafsachen/International cooperation in criminal matters**. 4th ed, München: Beck, 2006 *apud* Ambos, Kai. International Cooperation in Criminal Matters. **Criminal Law Forum**, vol. 19, no. 2, June 2008, p. 299-302.

374. ORGANISATION COMMUNE AFRICAINE ET MALGACHE. **Convention générale de coopération en matière de justice,** signée à Tananarive, le 12 septembre 1961. Disponível em: https://www.unodc.org/documents/terrorism/Publications/Compendium_Niger/Receuil_Niger_Tome_1_FR.pdf. Acesso em: 2 jun. 2023. Criada em 1965, em Nouakchott, Mauritânia, como sucessora da União Africana e Malgaxe de Cooperação Econômica, a OCAM foi extinta em 1965.

375. LEAGUE OF ARAB STATES. **Riyadh Arab Agreement for Judicial Cooperation**, done at Riyadh on 6 April 1983. Disponível em: https://www.refworld.org/docid/3ae6b38d8.html. Acesso em: 10 jul. 2023.

376. ORGANIZAÇÃO DOS ESTADOS AMERICANOS. **Inter-American Convention on Mutual Legal Assistance in Criminal Matters**, done at Nassau, on May 23, 1992, OAS Treaty Series, No. 75. Disponível em: https://www.oas.org/juridico/english/treaties/a-55.html. Acesso em: 10 jul. 2023.

vencionais, para além da *comity*, e tenham aperfeiçoado o modelo rogatório, os MLATs também são morosos[377] e padecem do problema da tramitação intermediada, nas mãos das autoridades centrais.[378]

Cortes pontua que a evolução do número de MLATs a partir de 1977 nos Estados Unidos foi causada em parte pela necessidade de enfrentar a lavagem de dinheiro, o narcotráfico e a corrupção transnacional. Posteriormente, os desafios para a obtenção de provas digitais funcionaram como vetor de expansão.[379] Com o envolvimento mais próximo de dois dos mais importantes polos mundiais de promoção do *rule of law* nos temas de cooperação jurídica internacional - Europa e EUA - sua relevância cresceu reflexamente em todo o Planeta.

É no âmbito do direito internacional público que se colocam as regras que exigem dos Estados o cumprimento das obrigações assumidas nas convenções supressivas, inclusive as regras de cooperação.[380]

> Regras relativas à cooperação internacional em casos criminais geralmente se aplicam independentemente de a conduta em questão ser ou não um "crime internacional". Tais regras são essencialmente de caráter processual (e esta parte do tema pode ser chamada de "processo penal internacional").[381]

Entre os dispositivos sobre cooperação internacional nos tratados de supressão, as mais comuns dizem respeito à extradição e à assistência jurídica mútua em matéria penal. A partir de 1988, alguns desses tratados passaram também a prever mecanismos transnacionais de confisco. Também deles constam cláusulas sobre as vias de transmissão dos pedidos, normalmente

---

377. SWIRE, Peter; HEMMINGS, Justin D. Mutual legal assistance in an era of globalized communications: the analogy to the visa waiver program. **New York University Annual Survey of American Law**, *[S. l.]*, v. 71, n. 4, p. 687–740, 2016, p. 696.

378. As autoridades centrais são órgãos especiais da cooperação jurídica internacional em matéria civil e penal que se encarregam da tramitação dos pedidos entre um Estado e outro. Normalmente, as autoridades centrais são indicadas no texto do próprio tratado (o que é mais comum em acordos bilaterais) ou por declarações unilaterais da Parte dirigidas à organização internacional ou ao Estado depositário da convenção. A autoridade central pode ser substituída a qualquer tempo. Sua função pode ser atribuída ao Poder Executivo, ao Poder Judiciário ou ao Ministério Público. ARAS, Vladimir. O papel da autoridade central na cooperação penal. In: BALTAZAR JUNIOR, José Paulo; LIMA, Luciano Flores de (Org.). **Cooperação jurídica internacional em matéria penal.** Porto Alegre: Verbo Jurídico, 2010. p. 59-94.

379. CORTES, Sarah. MLAT Jiu-Jitsu and Tor: Mutual Legal Assistance Treaties in Surveillance. **Richmond Journal of Law & Technology**, *[S. l.]*, v. 22, n. 1, p. 1–99, 2015, p. 27-28 e 35-39.

380. WISE, Edward M. Terrorism and the Problems of an International Criminal Law. **Connecticut Law Review**, *[S. l.]*, v. 19, n. 4, p. 799–830, 1987, p. 805.

381. WISE. Op. cit., p. 811.

as chancelarias e, desde os anos 1960, as autoridades centrais. No início, a necessária intermediação dos Ministérios de Relações Exteriores para o tráfego dos pedidos de cooperação jurídica internacional revelava sua vinculação originária à política externa estatal e à defesa de interesses soberanos do Estado.[382] Entretanto, novas vias de trânsito surgiram. Alguns dos tratados de cooperação permitem a tramitação dos pedidos internacionais pela via policial,[383] abrindo-se a opção de remessa de solicitações por intermédio da Organização Internacional de Polícia Criminal (Interpol).[384] Contudo, a forma usual continua ser a das autoridades centrais, sendo o modelo presente em incontáveis tratados bilaterais e multilaterais de MLA, de transferência de condenados e de outras formas de cooperação. Tal modelo provoca tensões com os órgãos de persecução penal, especialmente nos países nos quais essas autoridades criminais são autônomas em relação aos governos (*stricto sensu*), como nos Estados nos quais o Ministério Público integra o Poder Judiciário ou é uma instituição extrapoder.[385]

1.5.2.7. Os Deveres de Reparação nos Regimes Globais

Um último grupo de obrigações convencionais no âmbito dos tratados de supressão refere-se aos deveres de reparação dos danos causados às vítimas dos crimes internacionais e dos crimes transnacionais, o que abrange instrumentos de recuperação de ativos, para fins de confisco e repatriação. A Convenção de Mérida contra a Corrupção contém dispositivos detalhados desta espécie.

---

382. DE BUSSER, Els. The Digital Unfitness of Mutual Legal Assistance. **Security and Human Rights**, *[S. l.]*, v. 28, n. 1–4, p. 161–179, 2018, p. 164.

383. Essa era desde os anos 1990 a posição de Bassiouni, para quem o canal policial deveria ser mais bem explorado na cooperação internacional. BASSIOUNI, M. Cherif. Policy Considerations on Interstate Cooperation in Criminal Matters. **Pace International Law Review**, *[S. l.]*, v. 4, n. 1, p. 123-145, 1992, p. 130-131.

384. UNTOC, art. 18, § 13: "A presente disposição não afetará o direito de qualquer Estado Parte a exigir que estes pedidos e comunicações lhe sejam remetidos por via diplomática e, em caso de urgência, e se os Estados Partes nisso acordarem, por intermédio da Organização Internacional de Polícia Criminal, se tal for possível".

385. Weber argumenta que a busca pela celeridade e eficácia da cooperação internacional tem provocado a "necessidade de ampliação das autoridades hábeis a formular e cumprir pedidos de cooperação, tramitados por intermédio das autoridades centrais, conforme os âmbitos de atribuição e competência disciplinados em cada um dos ordenamentos internos envolvidos". WEBER, Patrícia Maria Núñez. Cooperação internacional penal: conceitos básicos. In: MINISTÉRIO PÚBLICO FEDERAL. **Temas de Cooperação Internacional**. Brasília: MPF, Secretaria de Cooperação Internacional, 2015, p. 32.

Os dispositivos voltados à recuperação de ativos constituem a forma por excelência de reparação pecuniária, voltada a sanar os dados materiais e morais, inclusive o *pretium doloris*. A Convenção de Viena 1988 foi a primeira convenção de supressão a prever "um detalhado regime de confisco" do produto e do proveito do tráfico de drogas.[386] De fato, o confisco do produto do crime passou a ser um elemento dos tratados de cooperação interestatal[387] justamente com o art. 5º da Convenção contra o Tráfico Ilícito de Entorpecentes e Substâncias Psicotrópicas, de 1988.[388]

Em um estudo sobre o impacto negativo, sobre os direitos humanos, da não repatriação de ativos de origem ilícita para os Estados de origem, o Alto Comissariado das Nações Unidas para os Direitos Humanos (ACNUDH)[389] ressaltou a importância da cooperação internacional para a devolução deste tipo de ativos para a promoção dos direitos econômicos, sociais e culturais (e ambientais, como hoje se entende), os chamados DESCA. Como um componente das estratégias contra a corrupção, "a recuperação de ativos deve ser entendida à luz do marco dos direitos humanos, como parte dos diversos esforços que os Estados devem realizar para cumprir suas obrigações de respeito aos direitos humanos".[390]

A cooperação internacional *lato sensu* é mencionada expressamente no estudo, quando se destaca que tanto os Estados de origem dos ativos, quanto os países de destino desses valores devem cooperar internacionalmente para a repatriação desses bens. Conforme o ACNUDH, o princípio da cooperação implica que as obrigações estatais em relação aos direitos humanos "não são apenas aplicáveis em relação às suas próprias populações nacionais, mas

---

386. CRYER, Robert. Drug crimes and money laundering. In: SCHABAS, William; BERNAZ, Nadia (Org.) **Routledge handbook of international criminal law**. Abingdon, Oxon; New York: Routledge, 2011, p. 186.

387. BASSIOUNI, M. Cherif. Policy Considerations on Interstate Cooperation in Criminal Matters. **Pace International Law Review**, *[S. l.]*, v. 4, n. 1, p. 123-145, 1992, p. 126, nota 10.

388. UNITED NATIONS. **United Nations Convention against Illicit Traffic in Narcotic Drugs and Psychotropic Substances**, done at Vienna, on 12 December 1988. Disponível em: https://www.unodc.org/pdf/convention_1988_en.pdf. Acesso em: 10 jun. 2023.

389. UNITED NATIONS. Human Rights Council. Office of the High Commissioner for Human Rights. **Comprehensive study on the negative impact of the non-repatriation of funds of illicit origin to the countries of origin on the enjoyment of human rights, in particular economic, social and cultural rights:** report of the United Nations High Commissioner for Human Rights. A/HRC/19/42, 14 December 2011, § 25-26. Disponível em: https://digitallibrary.un.org/record/719224?ln=en . Acesso em: 10 jun. 2023.

390. UNITED NATIONS. HRC. Op. cit., § 25-26.

têm um alcance extraterritorial, aplicando-se tanto aos países em posição de ajudar quanto aos países que precisam de assistência".[391]

O relatório menciona expressamente a assistência jurídica mútua como um instrumento de responsabilidade recíproca dos Estados, o que faz com que os Estados de origem "devem buscar a repatriação" (note-se o foco na cooperação *ativa*), para cumprir suas obrigações positivas relativas aos DESCA, ao passo que os Estados de destino têm o dever de prestar auxílio jurídico para tal retorno, "facilitando a repatriação como parte de sua *obrigação* de cooperação e assistência internacional", no que se vê um dever geral de cooperação *passiva*.[392] A conclusão do ACNUDH é categórica, na linha das proposições do presente estudo:

> [...] uma abordagem baseada em direitos humanos para o processo de recuperação de ativos não apenas *exige* que os países de origem façam todos os esforços para conseguir a recuperação e repatriação dos produtos da corrupção para a implementação de seus direitos humanos internacionais obrigações; *exige* ainda que os países destinatários entendam a repatriação não como uma medida discricionária, mas também como um *dever* derivado das obrigações de cooperação e assistência internacional.[393]

1.5.2.8. Breves Notas sobre Alguns dos Marcos Globais de Cooperação

Ao lado dos regimes de proibição em sentido estrito, é possível identificar um marco institucional e normativo dedicado à cooperação internacional, sem preocupações com regras de criminalização. Outras vezes, as normas de cooperação estarão, como vimos acima, integrados às convenções de supressão.

Os modelos convencionais de *cooperação* internacional têm variado ao longo do tempo, de um conjunto mais conciso de dispositivos (pré-1988) para um regime mais detalhado, minucioso e enumerativo de dispositivos cooperacionais (pós-1988). O marco dessas mudanças é a Convenção contra o Tráfico Ilícito de Entorpecentes e Substâncias Psicotrópicas, concluída em

---

391. UNITED NATIONS. Human Rights Council. Office of the High Commissioner for Human Rights. **Comprehensive study on the negative impact of the non-repatriation of funds of illicit origin to the countries of origin on the enjoyment of human rights, in particular economic, social and cultural rights:** report of the United Nations High Commissioner for Human Rights. A/HRC/19/42, 14 December 2011, § 24. Disponível em: https://digitallibrary.un.org/record/719224?ln=en . Acesso em: 10 jun. 2023.

392. UNITED NATIONS. HRC. Op. cit., § 25.

393. HRC. Op. cit., § 25-26.

Viena, em 1988,[394] cujo art. 6º cuida de extradição e o art. 7º trata de assistência jurídica mútua, respectivamente, em doze e em vinte parágrafos. O sistema de Viena foi reproduzido anos depois na Convenção Internacional para Supressão do Financiamento do Terrorismo, de 1999; na Convenção de Palermo, do ano 2000; e na Convenção de Mérida, de 2003.[395] Com muitos artigos específicos sobre cooperação internacional, essas convenções realmente são "minitratados" de assistência jurídica mútua dentro de tratados maiores.[396]

A profusão de tratados em matéria de cooperação penal deve-se a vários fatores.[397] Todavia, um dos móveis preponderantes é o incremento do *comércio* internacional, propiciado pela globalização econômica. Realmente, a aproximação econômica entre as nações trouxe consigo os males da criminalidade. Esquemas criminosos antes isolados territorialmente puderam valer-se das benesses logísticas do mercado global, fazendo uso ilícito de vetores de desenvolvimento, de comunicação, de distribuição e transporte de mercadorias e serviços.

A facilidade de transferência de valores na economia mundial, a grande mobilidade de pessoas por fronteiras nacionais antes fechadas e a oferta de meios de comunicação e transporte rápidos e eficientes foram apropriados pelas organizações criminosas regionais, que também se globalizaram. Na outra ponta desse espectro criminoso, delinquentes isolados também passaram a valer-se dessas mesmas facilidades. Hoje é extraordinariamente fácil fazer remessas internacionais de valores (inclusive dinheiro "sujo") por meio do sistema bancário ou pelos serviços das *remittances houses* como a *Western Union*, a *MoneyGram e a Wise*, e por meio de ativos virtuais. Também é muito fácil transportar cargas (inclusive drogas, pessoas e outros tipos de "mercadorias" ilícitas) a distâncias consideráveis com grande rapidez. De

394. UNITED NATIONS. **United Nations Convention against Illicit Traffic in Narcotic Drugs and Psychotropic Substances**, done at Vienna, on 12 December 1988. Disponível em: https://www.unodc.org/pdf/convention_1988_en.pdf. Acesso em: 10 jun. 2023.

395. UNITED NATIONS. International Law Commission. **The draft articles on prevention and punishment of crimes against humanity,** Report A/74/10. New York, 20 August 2019, p. 122, § 2. Disponível em: https://legal.un.org/ilc/reports/2019/english/a_74_10_advance.pdf. Acesso em: 4 mai. 2023.

396. OLSON, Laura M. Re-enforcing Enforcement in a Specialized Convention. In: SADAT, Leila Nadya (Org.). **Forging a convention for crimes against humanity**. Cambridge ; New York: Cambridge University Press, 2011, p. 337.

397. Este e os três parágrafos seguintes foram adaptados e atualizados a partir das p. 327-328 de: ARAS, Vladimir. Direito probatório e cooperação jurídica internacional. *In*: SALGADO, Daniel de Resende; QUEIROZ, Ronaldo Pinheiro de. **A prova no enfrentamento à macrocriminalidade**. 2.ed. Salvador: JusPodivm, 2016, p. 315–382.

igual modo, não custa quase nada estabelecer diálogos instantâneos (inclusive para entabular acertos criminosos) a partir de qualquer parte do globo, devido ao advento das novas tecnologias da informação e da comunicação, de que são exemplos os celulares (*smartphones*) e a Internet. Os dados em geral também fluem quase que livremente pelo Planeta. Tudo e todos têm passe livre (ou quase) pelas fronteiras, enquanto os oficiais de justiça não podem transpô-las.

Junte-se tudo isso e teremos os ingredientes da criminalidade organizada transnacional, que vem crescendo na mesma medida em que se expandem os mercados consumidores de seus produtos ilícitos. Daí advém a necessidade de alcançar infratores que se deslocam fácil e rapidamente entre jurisdições distintas e que passaram a atuar transnacionalmente. Para isto, é imperioso que as várias nações atingidas pelos flagelos da cibercriminalidade e das delinquências comum e de tipo mafioso possam obter provas de fatos ilícitos ocorridos no exterior, ou alcançar provas que estejam em outros países, ou ainda obter a extradição ou captura de indivíduos envolvidos nos esquemas criminosos, sem prejuízo da repatriação de ativos.

Naturalmente, para que isso aconteça não é mais suficiente lançar mão dos costumes internacionais ou de promessas de reciprocidade, medidas burocráticas, pouco confiáveis, instáveis e carentes de elementos necessários à cooperação penal na sociedade da informação como são a celeridade, a segurança jurídica e o respeito a direitos fundamentais.[398] Tornou-se então imprescindível fortalecer o arcabouço normativo para a cooperação penal internacional, por meio de tratados multilaterais ou dos acordos bilaterais de cooperação penal,[399] de modo a fazer frente ao binômio globalização econômica-globalização criminal. Se antes, a regra era a persecução crimi-

398. Segurança jurídica, clareza e previsibilidade são conceitos conectados. Comentando o projeto de diretiva do que viria a ser a *European Investigation Order* (EIO), Bachmaier Winter faz um alerta importante, que ultrapassa o campo da cooperação internacional e serve de alerta ao legislador: "[...] is legal uncertainty and complexity are to be avoided in any legislative instrument, in the case of an instrument which is aimed at fostering and simplifying cooperation on the basis of mutual trust, the complexity can have clear damaging effects, as it impedes the instrument to achieve its objective. Legal uncertainty strikes deeply the confidence, and this counteracts the element that underpins the implementation of an instrument based on the mutual recognition". BACHMAIER WINTER, Lorena. The Proposal for a Directive on the European Investigation Order and the Grounds for Refusal: A Critical Assessment. *In*: RUGGERI, Stefano (org.). **Transnational Evidence and Multicultural Inquiries in Europe:** Developments in EU Legislation and New Challenges for Human Rights-Oriented Criminal Investigations in Cross-border Cases. Cham: Springer International Publishing, 2014. p. 71–90, p. 88.

399. Os chamados *MLATs – Mutual Legal Assistance Treaties*, ou tratados de assistência jurídica mútua.

nal predominantemente territorial, a constituição de vínculos convencionais específicos tornou mais comum a persecução criminal transnacional, preservando-se o respeito às regras ordinárias de jurisdição e soberania. Como já se disse, internacionalizou-se o crime; internacionalizaram-se os mecanismos de persecução criminal. Ou, em outras, palavras, se é livre a circulação criminosa, livre também – tanto quanto seja possível – deve ser a circulação das decisões judiciais e das medidas de persecução criminal, de uma jurisdição a outra.

Tomada como paradigma, a Convenção de Palermo reflete um modelo obrigacional positivo,[400] que se presta a enfrentar o fenômeno acima descrito. O primeiro *considerando* do preâmbulo do seu Protocolo sobre Tráfico de Pessoas, do ano 2000, revela a tônica das obrigações estatais orientadas pela eficiência da persecução criminal e para a proteção de direitos das vítimas do tráfico humano:

> Declarando que uma ação eficaz para prevenir e combater o tráfico de pessoas, em especial mulheres e crianças, exige por parte dos países de origem, de trânsito e de destino uma abordagem global e internacional, que inclua medidas destinadas a prevenir esse tráfico, punir os traficantes e proteger as vítimas desse tráfico, designadamente protegendo os seus direitos fundamentais, internacionalmente reconhecidos [...].[401]

O regime de Palermo foi reutilizado três anos depois em Mérida. Tal como os demais acordos internacionais de promoção da integridade, a Convenção das Nações Unidas contra a Corrupção, de 2003, exige que os Estados cooperem no nível ordinário de assistência e da extradição e que também colaborem para a recuperação de ativos, uma expressão guarda-chuva que abrange todas as atividades estatais para o confisco de bens, direitos e valores de origem ilícita,[402] assim como para obter valores lícitos destinados à repa-

---

400. EUROPEAN COURT OF HUMAN RIGHTS. **Case of Rantsev v. Cyprus and Russia**. Judgment, 7 January 2010, § 149, 172, 175 e 289. Disponível em: https://hudoc.echr.coe.int/eng#{%22itemid%22:[%22001-96549%22]}. Acesso em: 2 jun. 2023.

401. UNITED NATIONS. **Protocol to Prevent, Suppress and Punish Trafficking in Persons Especially Women and Children,** supplementing the United Nations Convention against Transnational Organized Crime. General Assembly Resolution A/RES/55/25, adopted on 15 November 2000. Disponível em: https://www.ohchr.org/en/instruments-mechanisms/instruments/protocol-prevent-suppress-and-punish-trafficking-persons. Acesso em: 2 jun. 2023.

402. IVORY, Radha Dawn. The Right to a Fair Trial and International Cooperation in Criminal Matters: Article 6 ECHR and the Recovery of Assets in Grand Corruption Cases. **Utrecht Law Review**, *[S. l.]*, v. 9, n. 4, p. 147, 2013, p. 149.

ração do dano. Nisso, a Convenção de Mérida vai além, com um tratamento minucioso sobre a repatriação de bens, direitos e valores.

A restituição de ativos que sejam produto de corrupção cometida contra Estados deve ser vista como um mecanismo de promoção de direitos econômicos, sociais e culturais,[403] numa abordagem de direitos humanos (*human rights approach towards corruption*) que se encaixa no dever estatal de reparação, tendo em mira ainda a obrigação estatal de emprego de todos os recursos disponíveis para a realização desses direitos.[404] Como vimos, em seu estudo sobre o impacto negativo da não repatriação de ativos de origem ilícita sobre os direitos humanos, o Alto Comissariado das Nações Unidas para os Direitos Humanos[405] concluiu haver clara interação entre a luta contra a corrupção e a promoção de direitos econômicos sociais e culturais:

> Tem sido cada vez mais enfatizado que a corrupção impede os Estados de cumprir suas obrigações de direitos humanos. Acredita-se que o desvio dos recursos disponíveis por meio de corrupção afeta a obrigação de tomar medidas, com o máximo desses recursos disponíveis, para alcançar progressivamente a plena realização dos direitos econômicos, sociais e culturais. A violação de direitos devido ao desvio de ativos por causa da corrupção é particularmente notável quando os Estados não podem cumprir suas obrigações básicas mínimas em relação a cada direito.[406]

Referido documento do ACNUDH reconhece, ainda, a obrigação dos Estados de investigar e processar corrupção e de cooperar para sua repatriação, podendo para isso aplicar medidas especiais, como o confisco alargado,[407] cabendo aos Estados alocar os recursos recuperados para a realização de direitos econômicos, sociais e culturais.[408] Esse conjunto de princípios, normas, regras, instituições e manifestações formais de organismos da ordem

---

403. IVORY, Radha Dawn. Op. cit., p. 150.

404. UNITED NATIONS. Human Rights Council. Office of the High Commissioner for Human Rights. **Comprehensive study on the negative impact of the non-repatriation of funds of illicit origin to the countries of origin on the enjoyment of human rights, in particular economic, social and cultural rights.** A/HRC/19/42, 14 December 2011, § 20, 25, 41, 42. Disponível em: https://www.ohchr.org/en/documents/reports/ahrc1942-negative-impact-non-repatriation-funds-illicit-origin-report. Acesso em: 2 jun. 2023.

405. HRC. **Comprehensive study on the negative impact of the non-repatriation of funds of illicit origin to the countries of origin on the enjoyment of human rights, in particular economic, social and cultural rights: report of the United Nations High Commissioner for Human Rights.** A/HRC/19/42, 14 December 2011.

406. HRC, Op. cit., § 22.

407. HRC, Op. cit., § 63(a)(ii)(iv).

408. HRC, Op. cit., § 63(c).

jurídica global fazem da cooperação internacional um elemento marcante dos regimes internacionais de proibição, que coexiste e forma pontes sinápticas com os regimes regionais e global de proteção da pessoa humana.

1.5.3. Os Regimes de Proteção como Segundo Fator do Binômio Cooperacional

Os regimes regionais e o regime global de proteção aos direitos humanos formam um binômio com os regimes globais de proibição. Tal conjunto é essencial à realização das atividades do Estado no sistema de justiça criminal. Tendo evoluído no pós-guerra, especialmente a partir da Declaração Universal de Direitos Humanos (DUDH), de 1948, esses regimes marcaram o processo de internacionalização dos direitos humanos e alcançaram uma dimensão quase universal, no âmbito onusiano, e um robusto porte regional, no âmbito europeu, interamericano,[409] africano e, com menos força e densidade, no mundo árabe.

A emergência do direito internacional dos direitos humanos, do direito internacional penal e do direito penal transnacional - disciplinas que dizem respeito ao papel dos indivíduos na ordem internacional - pôs em xeque o lugar de honra e de quase exclusividade das entidades estatais soberanas.[410] No século 20, foram criadas inúmeras instituições regionais e globais com o propósito de defender os valores da pessoa humana e sua dignidade. Em diversos campos, tratados limitaram a soberania estatal. Novos padrões foram adotados para a proteção universal dos direitos humanos e a defesa do meio ambiente,[411] formando sinergias para além dos interesses dos Estados nacionais e mesmo acima de seu alcance. Como vimos, é possível estabelecer a conexão das temáticas da proteção dos direitos humanos e da luta contra a criminalidade, no plano regional e no plano internacional, tendo em mira a Agenda 2030 das Nações Unidas, máxime no que tange aos Objetivos do Desenvolvimento Sustentável (ODS 16.a, especificamente), que enfeixam, como já destacamos, dimensões jurídicas, econômicas, sociais e institucionais.

---

409. Para uma análise tópica do sistema interamericano, vide: ARAS, Vladimir. O Brasil diante do sistema interamericano de direitos humanos. In: BRANCO, Paulo Gustavo Gonet; SILVA NETO, Manuel Jorge E; MOTA, Helena Mercês Claret da; RIBEIRO, Carlos Vinícius Alves (Org.). **Direitos fundamentais em processo:** estudos em comemoração aos 20 anos da Escola Superior do Ministério Público da União. Brasília: ESMPU, 2020. p. 819-846.

410. NYST, Carly. Solidarity in a disaggregated World: universal jurisdiction and the evolution of sovereignty. **The Journal of International Law and International Relations** (JILIR), September 2012, vol. 8, p. 36–61, p. 36.

411. SANDS, Philippe. Turtles and Torturers: The Transformation of International Law. **New York University Journal of International Law and Politics**, *[S. l.]*, v. 33, p. 527, 2000, p. 530.

Na prática forense europeia e de outros países, como a África do Sul, o Brasil e o Canadá, vemos tribunais apicais exportarem os *standards* locais de proteção à pessoa humana e adotarem padrões acolhidos por cortes de direitos humanos. A Suprema Corte dos Estados Unidos é uma das mais prolíficas nesta influência transnacional, inclusive por meio de transplantes jurídicos (*legal transplantations*), entendidos como a transferência de precedentes e normas de um sistema jurídico a outro.[412] Os limites territoriais não são tão relevantes quanto outrora neste tópico, o que faz com que documentos que garantem direitos humanos domesticamente tenham aplicação extraterritorial,[413] construindo um cenário cooperativo mais exigente, em que, para obter cooperação, certas concessões soberanas (quanto à jurisdição) devem ser feitas, especialmente a restrição à aplicação da pena de morte. No entanto, nem sempre é assim. Demonstrando certa preocupação, Cortes especula quanto à possibilidade de que pedidos de extradição de pessoas residentes em Estados norte-americanos nos quais a pena de morte já foi banida sejam deferidos, pondo em risco os extraditandos, que podem ser enviados ao país requerente da extradição, sem restrição expressa, uma vez que no plano federal da união norte-americana a pena de morte ainda é aplicada.[414] Em outras federações, como a brasileira, esse risco não ocorre porque a legislação penal é una, e a pena de morte já foi abolida inteiramente, permitindo que a corte nacional competente para pedidos de extradição exija um compromisso prévio à entrega extradicional, de que o Estado requerente não aplicará a pena de morte. Como se nota, os arranjos institucionais das nações interferem diretamente na mecânica da cooperação jurídica internacional.

A internacionalização e a universalização dos direitos humanos são um fenômeno positivo e sem volta. Estamos assistindo ao que Bateman chama de uma "desagregação" dos conceitos de território, soberania, legislação e jurisdição.[415] Podemos, assim, divisar uma cooperação internacional passiva – no Estado requerido – orientada por princípios de direitos humanos que se aplicam para além do território desses Estados requeridos. Tal aplicabili-

412. SLAUGHTER, Anne-Marie. A Global Community of Courts. **Harvard International Law Journal**, *[S. l.]*, v. 44, n. 1, p. 191–220, 2003, p. 196.
413. BATEMAN, Thomas M. J. The new globalism in Canadian Charter of Rights interpretation: extradition, the death penalty, and the Courts. **International Journal of Human Rights,** v. 7, n. 3, p. 49–71, 2003, p. 61.
414. CORTES, Sarah. MLAT Jiu-Jitsu and Tor: Mutual Legal Assistance Treaties in Surveillance. **Richmond Journal of Law & Technology**, *[S. l.]*, v. 22, n. 1, p. 1–99, 2015, p. 74-75.
415. BATEMAN, Thomas M. J. The new globalism in Canadian Charter of Rights interpretation: extradition, the death penalty, and the Courts. **International Journal of Human Rights**, v. 7, n. 3, p. 49–71, 2003, p. 64.

dade extraterritorial, que busca um nível adequado de proteção em ambos os Estados cooperantes, pode resultar de obrigações convencionais bilaterais ou multilaterais – como se costuma ver em alguns tratados – ou da aplicação direta do direito interno, como condição a que se deve sujeitar o Estado requerente para receber a assistência, *apesar* de sua soberania.

Como ensina Delbrück,[416] a cooperação *para* a proteção dos direitos humanos pode assumir diversas formas. Pode ocorrer de forma *bilateral*, numa relação entre os Estados interessados; pode ocorrer de modo *multilateral*, entre diversos Estados ou num ambiente organizacional, no seio de uma organização internacional, por meio dela ou com sua assistência; ou por cooperação via *instituições supranacionais* de âmbito regional ou com elas; ou por cooperação por meio de *atores não estatais* – como a Cruz Vermelha Internacional ou os Médicos sem Fronteiras; ou ainda de maneira *unilateral*, para a imposição de sanções soberanas que visam a constranger o Estado que as sofre a respeitar os *standards* internacionais de proteção à pessoa humana. Esta última forma, como mostra Delbrück, embora estranha, também é colaborativa se vista como uma ação conjunta de Estados em relação a uma certa soberania não conforme, com vistas a cumprir o art. 55.c da Carta das Nações Unidas.[417] Acrescentemos a esse conjunto a proteção dos direitos humanos por meio da cooperação internacional ativa em matéria penal - seja para fazer frente aos *core international crimes,* seja para lidar com os demais delitos internacionais em sentido amplo –, o que nos levará adiante a identificar aí mesmo uma das razões para a existência de um dever de *requerer* cooperação internacional, no cumprimento da diligência devida para a proteção de direitos humanos.

Não existe apenas um regime internacional de direitos humanos. Existe um regime global, chamado onusiano, e há os regimes regionais. A Convenção Europeia de Direitos Humanos, aprovada pelo Conselho da Europa em 1950, abriu a fila de tratados regionais de proteção à pessoa

---

416. DELBRÜCK, Jost. Coexistence, Cooperation and Solidarity in International Law: The International Obligation to Cooperate: An Empty Shell or a Hard Law Principle of International Law?: A Critical Look at a Much Debated Paradigm of Modern International Law. *In*: HESTERMEYER, Holger P.; KÖNIG, Doris; MATZ-LÜCK, Nele; RÖBEN, Volker; SEIBERT-FOHR, Anja; STOLL, Peter-Tobias; VÖNEKY, Silja (org.). **Coexistence, cooperation and solidarity: Liber Amicorum Rüdiger Wolfrum**. [s.l.] : Brill Nijhoff, 2012, p. 5.

417. Diz o art. 55, alínea c, da Carta da ONU, que, "Com o fim de criar condições de estabilidade e bem-estar, necessárias às relações pacíficas e amistosas entre as Nações, baseadas no respeito ao princípio da igualdade de direitos e da autodeterminação dos povos, as Nações Unidas favorecerão o respeito universal e efetivo dos direitos humanos e das liberdades fundamentais para todos, sem distinção de raça, sexo, língua ou religião".

humana. Quase duas décadas depois, em 1969, foi adotada a Convenção Americana de Direitos Humanos, chamada de Pacto de San José da Costa Rica. Em 1981, celebrou-se a Convenção Africana de Direitos Humanos e dos Povos, conhecida como Carta de Banjul. No ano 2000, a União Europeia aprovou a Carta de Direitos Fundamentais da União Europeia (CDFUE), que ganhou força vinculante com o Tratado de Lisboa, de 2007. Em 2004, foi a vez do mundo árabe codificar os direitos humanos regionalmente por meio da Carta Árabe de Direitos Humanos, a Carta de Túnis.[418] No âmbito onusiano, a DUDH, de 1948, receberia a companhia do Pacto Internacional de Direitos Civis e Políticos (PIDCP),[419] em 1966, ao lado do Pacto de Direitos Econômicos, Sociais e Culturais (PIDESC).[420] Pode-se dizer que regionalmente ou globalmente esses documentos formam um *Bill of Rights* que deve ser aplicado às atividades de persecução penal transnacional em sentido lato, pelo menos em relação a um mínimo denominador comum.

Infelizmente ainda não existe um sistema pan-asiático de proteção a direitos humanos. O mais amplo regime protetivo do Oriente gravita em torno da Associação das Nações do Sudeste Asiático (Asean), instituição criada em 1967, que tem na *Asean Intergovernamental Commission on Human Rights* (AICHR) o seu órgão temático. Dez países são partes da Asean, uma organização que abrange mais de 600 milhões de pessoas. Para ampliar as proteções básicas previstas nos arts. 1º, 2º e 14 da Carta da Asean decidiu-se, em 2012, em Phnom Phen, adotar uma Declaração de Direitos Humanos, conhecida por *Asean Human Rights Declaration* (AHRD)[421]. Porém, o texto sofreu críticas da comunidade internacional, por seu escopo limitado e, em alguns pontos, aquém do *standard* mínimo da ONU. Evidentemente, várias das nações da Ásia são partes de tratados do sistema onusiano, e há vários territórios europeus naquele continente, que estão vinculados ao regime de Estrasburgo. Também não existem sistemas regionais organizados para

---

418. LEAGUE OF ARAB STATES. **Arab Charter on Human Rights**, adopted at Tunis, on 22 May 2004. Disponível em: https://digitallibrary.un.org/record/551368. Acesso em: 10 jul. 2023.

419. UNITED NATIONS. **International Covenant on Civil and Political Rights,** adopted at New York, on 16 December 1966. Disponível em: https://www.ohchr.org/en/instruments-mechanisms/instruments/international-covenant-civil-and-political-rights. Acesso em: 2 jun. 2023.

420. UNITED NATIONS. **International Covenant on Economic, Social and Cultural Rights**, adopted at New York, on 16 December 1966. Disponível em: https://www.ohchr.org/en/instrument-s-mechanisms/instruments/international-covenant-economic-social-and-cultural-rights. Acesso em: 2 jun. 2023.

421. ASEAN. **Human Rights Declaration**. Disponível em https://asean.org/asean-human-rights--declaration/. Acesso em: 10 jul. 2023.

a proteção de direitos humanos no Pacífico ou na Oceania,[422] o que torna ainda mais importante o PIDCP.

Os regimes ou *sistemas* de proteção estão estruturados em torno de instituições judiciais e quase-judiciais, que acompanham a implementação, pelos Estados Partes, de suas obrigações convencionais de prevenção a violações de direitos humanos e de proteção judicial em casos de violações concretas a tais direitos, cabendo-lhes desempenhar certas atividades, apontadas como obrigações *positivas*, para garantir a conformidade estatal em relação aos seus compromissos internacionais. Entre tais obrigações estão as de natureza legislativa, como o dever de legislar especificamente sobre o tema, inclusive sobre matéria penal e sobre competência judiciária; e de natureza administrativa, como o dever de institucionalizar órgãos de tutela de direitos humanos e de estruturá-los. Tais dispositivos realizam uma função de *capacity building* dos sistemas locais de justiça e promovem o adequado treinamento dos seus operadores, com garantia de sua independência funcional.[423] Exemplo deste último tipo está no art. 3º do Protocolo Facultativo à Convenção das Nações Unidas contra a Tortura, que determina a criação de mecanismos preventivos nacionais.[424] Implícita ou explicitamente também haverá obrigações convencionais de *tipificar* certas condutas, como sustentam Andrade[425] e Gonçalves,[426] e como se nota, por exemplo, no art. 7.c da Convenção de Belém do Pará.[427] Em *Cestaro vs. Itália*, de 2015, o TEDH

---

422. ARAS, Vladimir. Teoria geral dos direitos humanos: a internacionalização dos direitos humanos. **Apostila**: Aula 3. Curso Golden, 2020, p. 19-20.

423. Falando dos sistemas regionais europeu e interamericano, Huneeus argumenta que "they also proactively foster structural changes to enhance the ability of domestic systems to provide adequate remedies". HUNEEUS, Alexandra. International Criminal Law by Other Means: The Quasi-criminal Jurisdiction of the Human Rights Courts. **American Journal of International Law**, *[S. l.]*, v. 107, n. 1, p. 1–44, 2013, p. 20-21.

424. UNITED NATIONS. **Optional Protocol to the Convention against Torture and other Cruel, Inhuman or Degrading Treatment or Punishment**, adopted on 18 December 2002. Disponível em: https://www.ohchr.org/sites/default/files/cat-one.pdf . Acesso em: 2 jun. 2023.

425. ANDRADE, Carlos Gustavo Coelho de. **Mandados implícitos de criminalização:** a tutela penal dos direitos humanos na Constituição e na Convenção Americana. Rio de Janeiro: Lumen Juris, 2019.

426. GONÇALVES, Luiz Carlos dos Santos. **Mandados expressos de criminalização e a proteção de direitos fundamentais na Constituição brasileira de 1988**. Belo Horizonte: Editora Fórum, 2007.

427. Convenção de Belém do Pará: "Os Estados Partes condenam todas as formas de violência contra a mulher e convêm em adotar, por todos os meios apropriados e sem demora, políticas destinadas a prevenir, punir e erradicar tal violência e a empenhar-se em incorporar na sua legislação interna normas penais, civis, administrativas e de outra natureza, que sejam necessárias para prevenir, punir e erradicar a violência contra a mulher, bem como adotar as medidas administrativas adequadas que forem aplicáveis". ORGANIZAÇÃO DOS ESTADOS

foi categórico ao afirmar que um pré-requisito de uma investigação séria e eficiente é a existência de legislação que criminalize práticas contrárias ao art. 3º da Convenção Europeia.

> A ausência de legislação penal capaz de prevenir e punir eficazmente os autores de atos contrários ao artigo 3.º pode impedir que as autoridades processem as violações desse valor fundamental das sociedades democráticas, avaliando a sua gravidade, impondo penas adequadas e impedindo a implementação de qualquer medida susceptível de enfraquecer excessivamente a pena, prejudicando o seu efeito preventivo e dissuasivo.[428]

O reforço das obrigações positivas de natureza penal na jurisprudência das cortes regionais de direitos humanos "evidencia a ambivalência da relação entre o direito penal e os direitos humanos",[429] ou como sustenta Delmas-Marty, "o paradoxo de um direito penal que protege e ameaça os direitos humanos, enquanto os direitos humanos tornam possível regular e ampliar o direito penal".[430] Essa relação binominal se apresenta na sinergia entre os regimes globais de proibição e os regimes internacionais de proteção. Estes são complementados pela operação de instituições internacionais responsáveis pela checagem de sua implementação pelos Estados Partes, a exemplo da Comissão Interamericana de Direitos Humanos (CIDH) e da Comissão Africana de Direitos Humanos e dos Povos (CADHP), assim como por cortes regionais de direitos humanos, competentes para responsabilizar internacionalmente os Estados Partes das convenções por violações aos direitos previstos nos documentos regionais. São eles o Tribunal Europeu de Direitos Humanos (TEDH), com sede em Estrasburgo; a Corte

---

AMERICANOS. **Convenção Interamericana para Prevenir, Punir e Erradicar a Violência contra a Mulher,** concluída em Belém do Pará, em 9 de junho de 1994. Disponível em: https://www.oas.org/juridico/english/treaties/a-61.html. Acesso em: 2 jun. 2023.

428. EUROPEAN COURT OF HUMAN RIGHTS. **Case of Cestaro v. Italy**. Judgment 7 April 2015, § 209. Disponível em: shttps://hudoc.echr.coe.int/eng#{%22itemid%22:[%22001-153901%22]}. Acesso em: 10 jul. 2023.

429. MARTIN-CHENUT, Kathia. Droits de l'Homme: Le renforcement des obligations positives de nature pénale dans la jurisprudence interaméricaine : l'exemple des graves violations des droits de l'Homme commises pendant les dictatures des pays du Cône Sud. **Revue de science criminelle et de droit pénal comparé**, Paris, v. 3, n. 3, p. 705–725, 2012, p. 707.

430. DELMAS-MARTY, Mireille. Postface: d'un paradoxe à l'autre. In: CARTUYVELS; DUMONT, Hugues; OST, François; VAN DE KERCHOVE; Michel; VAN DROOGHENBROEK, Sébastien (dir.). Les droits de l'homme, bouclier ou épée du droit pénal?. Bruxelles: Bruylant, 2007, p. 615 *apud* MARTIN-CHENUT, Kathia. Droits de l'Homme: Le renforcement des obligations positives de nature pénale dans la jurisprudence interaméricaine : l'exemple des graves violations des droits de l'Homme commises pendant les dictatures des pays du Cône Sud. **Revue de science criminelle et de droit pénal comparé**, Paris, v. 3, n. 3, p. 705–725, 2012, p. 707.

Interamericana de Direitos Humanos, localizada em San José; e o Tribunal Africano dos Direitos do Homem e dos Povos, situada em Arusha. A Carta Árabe de Direitos Humanos, que é considerada abaixo do padrão mínimo internacional em matéria de direitos humanos,[431] prevê a constituição do Tribunal Árabe de Direitos Humanos, para julgamento de Estados, com sede em Manama, no Barém.[432]

No âmbito onusiano, apesar da falta de uma corte universal de direitos humanos, operam vários órgãos convencionais e extraconvencionais que lidam com este tema. Um dos principais mecanismos de direitos humanos da ONU é o Alto Comissariado das Nações Unidas para Direitos Humanos (ACNUDH) ou *Office of the High Commissioner on Human Rights* (OHCHR), com sede em Genebra. O ACNUDH é ligado à Secretaria Geral e foi criado pela Resolução AG 48/141, em 1993. Também faz parte do sistema ONU o Conselho de Direitos Humanos das Nações Unidas (*United Nations Human Rights Council - HRC*), regulado pela Resolução AG 60/251, de 2006, composto por 47 Estados eleitos pela Assembleia Geral. Há ainda as agências especializadas que gravitam em torno do Conselho Econômico e Social (ECOSOC), como a Organização Internacional do Trabalho (OIT); e a Organização das Nações Unidas para Educação, Ciência e Cultura (UNESCO). No sistema atuam outros organismos como o Fundo das Nações Unidas para a Infância (UNICEF); o Alto Comissariado das Nações Unidas para Refugiados (ACNUR); o Programa das Nações Unidas para o Desenvolvimento (PNUD); o Programa das Nações Unidas para o Meio Ambiente (PNUMA); o Fundo de População das Nações Unidas (UNFPA); o Programa das Nações Unidas para Assentamentos Humanos (HABITAT) etc. Ao lado das agências especializadas das Nações Unidas, devemos citar os chamados *UN human rights treaty bodies*, órgãos convencionais criados por certos tratados de direitos humanos, com competência quase-judicial. Suas manifestações também podem promover a cooperação internacional em sentido amplo e aclaram as obrigações positivas dos Estados.

431. AL-MIDANI, Mohammed Amin; CABANETTES, Mathilde; AKRAM, Susan M. Arab Charter of Human Rights: League of Arab States, 2004, **Boston University International Law Journal**, v. 24, p. 147-163, 2007.

432. INTERNATIONAL COMISSION OF JURISTS. **The Arab Court of Human Rights**: a flawed statute for an ineffective court. Geneva: ICJ, 2015. Disponível em: https://www.icj.org/wp-content/uploads/2015/04/MENA-Arab-Court-of-Human-Rights-Publications-Report-2015-ENG.pdf. Acesso em: 10 jul. 2023.

O órgão convencional construído pelo PIDCP é o Comitê de Direitos Humanos, objeto dos arts. 28 a 47 e do Protocolo Facultativo ao Pacto,[433] também aprovado em 1966. Atualmente, no sistema onusiano, há 10 *human rights treaty bodies,* que são compostos por peritos (quase-juízes) independentes indicados pelos Estados Partes e escolhidos pela Assembleia Geral das Nações Unidas. São mecanismos convencionais, pois previstos em tratados, que monitoram as convenções de direitos humanos do sistema onusiano, merecendo menção, dentro do escopo deste trabalho, o Comitê contra a Tortura (CAT), o Comitê sobre Eliminação da Discriminação Racial (CERD), e Subcomitê para a Prevenção da Tortura (SPT), todos com sede em Genebra.[434] Esses mecanismos podem operar na responsabilização internacional dos Estados quando há violação a direitos de investigados, de acusados ou de vítimas no contexto dos processos penais, inclusive quando há manifestações de estraneidade (*international element*). Como veremos nos capítulos 3 e 4, suas manifestações trazem elementos para a configuração do dever de cooperar.

433. UNITED NATIONS. **Optional Protocol to the International Covenant on Civil and Political Rights,** adopted on 16 December 1966. Disponível em: https://www.ohchr.org/en/instruments-mechanisms/instruments/optional-protocol-international-covenant-civil-and-political. Acesso em: 10 jul. 2023.

434. ARAS, Vladimir. Os sistemas de proteção: a ONU e os direitos humanos. **Apostila**: Aula 4. Curso Golden, 2020, p. 15-16.

Capítulo 2

COOPERAÇÃO INTERNACIONAL COMO GÊNERO E A COOPERAÇÃO JURÍDICA INTERNACIONAL COMO ESPÉCIE

Como vimos no primeiro capítulo, Wolfrum definiu *cooperação* como "a ação voluntária e coordenada de dois ou mais Estados que se dá sob um certo regime jurídico e serve a objetivos específicos".[1] A cooperação internacional é o aspecto ativo do dever de coexistência pacífica entre os Estados.[2] A cooperação favorece a coexistência de soberanias em plano de igualdade. Vista como um grande gênero, a cooperação é o engajamento interestatal no qual as partes decidem trabalhar em conjunto para produzir benefícios recíprocos que seriam inalcançáveis por meio de uma ação unilateral, constituindo, mais do que a inexistência de conflitos, "uma ação consciente, específica e positiva" para um fim comum.[3] Justifica-se a cooperação, visando a realização de fins comuns, "sempre que a atividade singular de um Estado não é capaz de alcançar o mesmo resultado".[4] A tutela dos bens públicos globais (*global public goods*), entre os quais estão a paz, a segurança coletiva e a justiça, depende de cooperação internacional multidimensional e dos regimes internacionais de proibição e de proteção.

Esta concepção aproxima-se de uma das teorias das relações internacionais, o institucionalismo, que desnuda a cooperação como uma ação colaborativa motivada pelo atingimento de interesses comuns significativos,

1. WOLFRUM, Rüdiger. International law of cooperation. In: BERNHARDT, Rudolf. **Encyclopedia of Public International Law:** International relations and legal cooperation in general, diplomacy and consular relations. Amsterdam, New York, Oxford: North-Holland, 1986, p. 193.
2. DETTER, Ingrid. The problem of unequal treaties. **International and Comparative Law Quarterly**, v. 15, n. 4, p. 1069–1089, 1966, p. 1069.
3. ZARTMAN, I. William; TOUVAL, Saadia. Introduction: return to the theories of cooperation. In: ZARTMAN, I. William; TOUVAL, Saadia (org.). **International cooperation:** the extents and limits of multilateralism. Cambridge: Cambridge University Press, 2010, p. 1.
4. WOLFRUM, Rüdiger. International law of cooperation. In: BERNHARDT, Rudolf. **Encyclopedia of Public International Law:** International relations and legal cooperation in general, diplomacy and consular relations. Amsterdam, New York, Oxford: North-Holland, 1986, p. 193.

numa tônica utilitária e racionalista,[5] que se anima pela expectativa de prestações futuras[6] num modelo estável de interações. A percepção desses benefícios recíprocos em potencial é a premissa para o desenvolvimento de instituições internacionais, que "podem fornecer informações, reduzir custos de transação, tornar os compromissos mais críveis, estabelecer pontos focais para coordenação e, em geral, facilitar a operação de reciprocidade".[7]

De difícil definição jurídica, a cooperação internacional (*lato sensu*) é um padrão de ação recíproca, voltado para atingir objetivos positivos em diferentes campos, numa relação da qual os participantes esperam extrair benefícios mútuos, mostrando-se como uma necessidade decorrente da interdependência dos Estados "e de interesses específicos de um determinado Estado exposto às presentes tensões do mundo".[8] Quando um Estado *decide* cooperar com outro, "a própria decisão e o procedimento para cumpri-la envolvem o ato voluntário de uma renúncia ou um sacrifício parcial de sua autodeterminação interna ou externa", correspondente à autolimitação da soberania.[9] Neste sentido mais geral, a cooperação, embora necessária, é sempre voluntária.

De natureza bilateral, minilateral ou multilateral, a cooperação internacional pode assumir formas positivas e negativas, como cooperação para agir ou para bloquear uma ação. Segundo uma visão, não há cooperação sem conflito, vista esta desinteligência como uma incompatibilidade acidental de metas. A isto a cooperação internacional se prestaria: superar tais conflitos.[10] Mas há também cooperação quando conflitos ou diferendos não existem. Tomando em conta a cooperação internacional para o desenvolvimento, talvez uma das mais relevantes formas de assistência internacional, Diogo a subdivide em cooperação técnica, cooperação financeira, cooperação científica e cooperação para a educação, situando-as no âmbito do *soft*

---

5. KEOHANE, Robert O.; MARTIN, Lisa L. The Promise of Institutionalist Theory. **International Security**, *[S. l.]*, v. 20, n. 1, p. 39-51, 1995, p. 39.
6. BURLEY, Anne-Marie. Regulating the World Multilateralism, International Law and the Projection of the New Deal Regulatory State. In: RUGGIE, John Gerard (org.). **Multilateralism matters**: the theory and praxis of an institutional form. New York: Columbia University Press, 1993, p. 128.
7. KEOHANE, Robert O.; MARTIN, Lisa L. The Promise of Institutionalist Theory. **International Security**, *[S. l.]*, v. 20, n. 1, p. 39-51, 1995, p. 42.
8. LOEWENSTEIN, Karl. Sovereignty and International Co-Operation. **American Journal of International Law**, *[S. l.]*, v. 48, n. 2, p. 224–244, 1954, p. 224.
9. LOEWENSTEIN, Karl. Op. cit., p. 224.
10. ZARTMAN, I. William; TOUVAL, Saadia. Introduction: return to the theories of cooperation. In: ZARTMAN, I. William; TOUVAL, Saadia (org.). **International cooperation:** the extents and limits of multilateralism. Cambridge: Cambridge University Press, 2010, p. 2.

power, segundo o conceito de Nye,[11] como mecanismo da política externa dos Estados para a projeção de influência na ordem internacional sem o recurso à força militar ou ao poderio econômico hegemônico de um país.[12]

Martin pontua que, na teoria das relações internacionais, o padrão que descreve as posições estatais na "nova literatura sobre cooperação internacional é o modelo do dilema do prisioneiro".[13] Segundo essa lógica, a atuação unilateral dos Estados ao longo do tempo gera resultados que não produzem ganhos sustentáveis para nenhum deles. Como consequência, "os Estados precisam colaborar se querem alcançar individualmente os seus próprios objetivos específicos".[14] Seja como opção política, seja por altruísmo na busca por um mundo melhor, seja como resultado determinístico da globalização e de outros fenômenos contemporâneos (como a crise climática), seja como fruto de uma análise e de escolhas racionais na perspectiva da teoria dos jogos, a cooperação internacional é vantajosa para as partes, sempre dependente de instituições que a promovam. Ao logo dos séculos 19 e 20, diversos regimes internacionais foram estruturados – nos domínios da segurança coletiva, da organização do trabalho, do sistema financeiro, da proteção ambiental e em muitos outros campos – para ordenar o espaço planetário e a miríade de relações dos diversos atores estatais e não estatais da sociedade internacional. É revelador da crescente formalização das relações internacionais o surgimento de instituições globais com competências especificas em áreas antes reservadas ao domínio dos Estados, como a Liga das Nações e depois a ONU; a Organização Internacional do Trabalho (OIT); o Banco Mundial, o Fundo Monetário Internacional (FMI) e o Acordo Geral de Tarifas e Comércio (GATT), depois Organização Mundial do Comércio (OMC) – estas componentes do regime jurídico de Bretton Woods –; e entidades como a Autoridade Internacional dos Fundos Marinhos (ISA) e a Corporação da Internet para Atribuição de Nomes e Números (ICANN). Tais organismos e organizações destinam-se à promoção da cooperação e do desenvolvimento nesses domínios, em proveito de benefícios comuns para todos os Estados.

11. NYE, Joseph S. **Soft power:** the means to success in world politics. New York: Public Affairs, 2004.
12. DIOGO, Georgia Renata Sanchez. **Asistencia técnica internacional al desarollo en el enfrentamiento a la corrupción.** Dissertação [Mestrado]. Máster Iberoamericano en Políticas Anticorrupción. Universidad de Salamanca, Salamanca, 2021, p. 16-17.
13. MARTIN, Lisa L. A economia política da cooperação internacional. In: KAUL, Inge; GRUNBERG, Isabelle; STERN, Marc A. (org.). **Bens públicos globais:** cooperação internacional no século XXI. Rio de Janeiro: Record, 2012, p. 93.
14. MARTIN, Lisa L. Op. cit., p. 94.

Como lembra Parrotta, grande parte dessas estruturas foi criada no pós-guerra. De fato, "a política de cooperação para o desenvolvimento vem em geral coincidir com os planos de reconstrução pós-bélica e a criação do sistema das Nações Unidas".[15] Isso revela o impacto das atrocidades que varreram o mundo, sobretudo com a ascensão do nazismo e a expansão da máquina de guerra hitlerista sobre o território europeu. Cooperar para reconstruir a Europa; cooperar para evitar novas guerras regionais ou mundiais; cooperar para punir os criminosos de guerra; cooperar para proteger os direitos humanos tornaram-se necessidades inadiáveis. Mais do que isso tornaram-se parte da política externa dos Estados em torno dos valores da pessoa humana.

Do alto de sua autoridade, Cançado Trindade dizia ser preciso "reconhecer a intensa atividade de cooperação internacional desenvolvida nos últimos anos no seio das Nações Unidas e organizações internacionais". Citando Ustor,[16] o jurista brasileiro registrou não ser "um exagero falar da emergência de uma regra de direito internacional costumeiro" a respeito da cooperação internacional. Estaria ali a gênese de um dever geral de cooperar. Mas estamos em busca de um dever de cooperar juridicamente no modo *ativo* das relações jurídico-penais entre os Estados. Nosso recorte está, portanto, no domínio da cooperação jurídica internacional em matéria penal.

Nos campos do direito internacional penal, do direito penal transnacional e do direito penal interno internacionalizado (isto é, com estraneidade), o conflito fundamental a demandar iniciativas de cooperação internacional está no choque de soberanias que impõem ou pretendem impor suas ordens jurídicas territoriais para regular a criminalização de condutas e a persecução e a punição de um determinado fato criminoso. Um primeiro motivador da cooperação neste setor do multiverso cooperacional é o potencial conflito de soberanias que adviria da tentativa unilateral de uma das partes de fazer valer sua ordem jurídica em relação a uma pessoa ou bens noutro país; ou, ainda, a busca unilateral de adjudicar fatos submetidos a sua jurisdição, mas cujo acertamento é dependente do exercício de poder soberano por outro ou outros Estados. No regime das Nações Unidas, o catalisador fundamental da

---

15. PARROTTA, Alessandro. **Manuale di diritto della cooperazione internazionale:** sviluppo, integrazione e diritti fondamentali. Pisa: Pacini Giuridica, 2020, p. 3.

16. USTOR, Endre. The Principle of Co-operation Among States and the Development of International Law. In: **Hungarian Branch of the International Law Association.** Questions of International Law. Budapest: Progresprint, 1971, p. 246 e p. 242-245 *apud* TRINDADE, Antônio Augusto Cançado. **Princípios do direito internacional contemporâneo.** 2.ed (revista e atualizada). Brasília: Fundação Alexandre de Gusmão, 2017, p. 156.

cooperação internacional no campo jurídico-penal é a paz, sua preservação e a punição de todos quantos a quebrarem a ou a ameaçarem, não uma paz utópica, mas aquela condição para a estabilidade da ordem internacional, na qual a igualdade soberana é respeitada e os direitos humanos - civis, políticos, econômicos, sociais, culturais e ambientais – podem ser exercidos com liberdade e permanência.

A luta contra a criminalidade é um dos valores inerentes à paz e à segurança coletivas. O terrorismo, o tráfico de armas, o tráfico humano e o ecocídio são exemplos de condutas, inerentes a regimes internacionais de proibição, que podem levar a guerras ou a violações acachapantes dos direitos humanos. Embora a ordem jurídica do Estado "A" possa regular fatos extraterritoriais, inclusive para prever a punição de crimes cometidos nos Estados "B", "C" ou "D", por quem quer que seja,[17] tal ordenamento somente pode ser imposto diretamente no território do Estado que o instituiu, isto é, o próprio Estado "A". A exceção a esse princípio de impenetrabilidade, no plano evolutivo iniciado no século 20, está nas intervenções ordenadas pelo Conselho de Segurança das Nações Unidas (CS/ONU) com base no capítulo VII da Carta de 1945, de que são exemplos diversas medidas criativas, como as que estruturaram tribunais penais internacionais, as que ordenaram a constituição de comissões de investigação para coleta de provas de crimes internacionais; ou as que resultaram em representações (*referrals*) à Procuradoria do Tribunal Penal Internacional para apuração de crimes de sua competência.[18]

A invocação das competências do CS/ONU, conforme o capítulo VII da Carta das Nações Unidas, confere amplitude a sua operação, como um dos principais atores da ordem internacional do pós-guerra, com impacto

17. Segundo a antiga Corte Permanente de Justiça Internacional, no caso *Lotus,* de 1927: "The territoriality of criminal law, therefore, is not an absolute principle of international law and by no means coincides with territorial sovereignty." O caso *Lotus* dizia respeito à colisão em alto-mar do vapor francês Lotus com o vapor turco Boz-Kourt, evento de que resultou a morte de 8 tripulantes e passageiros e no afundamento da embarcação turca. O evento foi judicializado em Constantinopla (hoje Istambul), onde um marinheiro francês foi acusado criminalmente pelo evento, conforme a lei turca. Tal episódio motivou a reação francesa, conforme o direito das gentes, contra o julgamento de seu cidadão na Turquia, por um fato ocorrido em alto-mar. PERMANENT COURT OF INTERNATIONAL JUSTICE. Judgment No. 9. **The case of the S.S. Lotus (France v. Turkey).** September 7th, 1927. Disponível em: https://www.icj-cij.org/public/files/permanent-court-of-international-justice/serie_A/A_10/30_Lotus_Arret.pdf. Acesso em: 4 mai. 2023.

18. Por meio da Resolução 1593, de 2005, o Conselho de Segurança enviou a questão relativa à situação em Darfur, no Sudão, para exame pela Procuradoria do TPI. UNITED NATIONS. **Security Council. Resolution S/RES/1593 (2005)**, adopted on 31 March 2005. Disponível em https://press.un.org/en/2005/sc8351.doc.htm. Acesso em: 10 jul. 2023.

na justiça criminal internacional, como se viu nas suas resoluções de 1993 e 1994 que, respectivamente, criaram os tribunais penais para a ex-Iugoslávia e para Ruanda. Suas deliberações são verticais e impositivas. Mas no plano das relações interestatais, há uma limitação de alcance. Neste campo, "a restrição refere-se, em princípio, apenas aos atos coercitivos estabelecidos pela ordem jurídica nacional e ao *procedimento* que conduz a esses atos".[19] O destaque na palavra *procedimento* é nosso, para realçar o papel do processo cooperacional na extensão do alcance territorial da ordem jurídica do Estado que necessita de assistência de outro para fazer valer a sua ordem jurídica. Deste modo, haverá uma violação ao direito internacional, se um Estado pratica um ato coercitivo unilateralmente no território de outro Estado, como, por exemplo, quando concretiza a captura de um criminoso, sem consentimento do Estado de abrigo.[20] Foi essa também a compreensão da Corte Permanente de Justiça Internacional (CPJI) no caso *Lotus:* uma autoridade estrangeira não pode realizar investigações ou colher provas unilateralmente no território (ainda que ficto) de outro Estado, sem o consentimento deste.[21] Contudo, o direito internacional está repleto de eventos nos quais os Estados ignoraram essa regra basilar de impenetrabilidade do espaço jurídico de outras nações e realizaram, às vezes *manu militari*,[22] incursões que, de outro modo, deveriam guiar-se por tratados de assistência mútua em matéria penal ou por acordos de extradição ou por *comity*. Neste sentido, é perceptível que a existência de mecanismos de cooperação internacional estáveis, fluidos e eficientes pode prevenir a quebra da ordem internacional e a violação flagrante a direitos da pessoa humana, que, em lugar de ser sujeito dos procedimentos coopera-

---

19. KELSEN, Hans. **Teoria geral do direito e do estado**. São Paulo: Martins Fontes, 2000, p. 301.

20 KELSEN, Hans. **Teoria geral do direito e do estado**. São Paulo: Martins Fontes, 2000, p. 301.

21. PCIJ: "Thus, if a war vessel, happening to be at the spot where a collision occurs between a vessel flying its flag and a foreign vessel, were to send on board the latter an officer to make investigations or to take evidence, such an act would undoubtedly be contrary to international law". PERMANENT COURT OF INTERNATIONAL JUSTICE. Judgment No. 9. **The case of the S.S. Lotus (France v. Turkey).** September 7th, 1927, p. 25. Disponível em: https://www.icj-cij.org/public/files/permanent-court-of-international-justice/serie_A/A_10/30_Lotus_Arret.pdf. Acesso em: 4 mai. 2023.

22. A invasão do Panamá para a captura e remoção de Manoel Noriega, ex-homem forte do país, foi ordenada por George Bush e executada em 20 de dezembro de 1989 por um efetivo de 26 mil militares. A chamada *Operation Just Cause* é um dos mais claros eventos de incursão à margem do DIP, violadora da soberania de um Estado Parte da ONU. Como manifestação de *hard power*, serviu como encorajamento à intervenção unilateral de potências em lugar da adoção de políticas de cooperação. MA, Frances Y. F. Noriega's Abduction from Panama: Is Military Invasion an Appropriate Substitute for International Extradition. **Loyola of Los Angeles International & Comparative Law Review**, Los Angeles, v. 13, n. 4, p. 925–953, 1991, p. 952.

cionais, é tratada como objeto de ações abusivas e unilaterais de um Estado soberano, como as abduções internacionais (*extraordinary renditions*).

Não é novo o diagnóstico sobre a *necessidade* de cooperar internacionalmente para a defesa de interesses comuns da humanidade. Em 1991, ao adotar Resolução 46/152, relativa à criação de um programa eficaz de prevenção ao crime e justiça criminal, a Assembleia Geral das Nações Unidas levou em conta os elevados custos da criminalidade em termos materiais e humanos, especialmente em suas modalidades transnacionais, e suas consequências para os Estados e para as vítimas.[23] Os custos humanos da criminalidade devem ser sopesados na formulação das políticas públicas, inclusive na política criminal transnacional e internacional veiculadas pelas convenções que conformam os regimes internacionais de que já tratamos. Tratando da justiça criminal norte-americana, Aaronson descreve um cenário muito parecido com o que se via – e ainda se vê – noutros países, no qual as vítimas são tratadas de modo inadequado pelas autoridades policiais e de justiça criminal; não têm acesso à reparação completa dos danos que suportaram; não contam com serviços de assistência após o crime e, muitas vezes, sequer têm direito de participação no processo penal, "exceto no papel de depoentes".[24]

Este modo de colocar o problema, considerando os direitos de acusados e das vítimas, se encaixa na nova visão sobre a necessidade de ampliar os mecanismos de proteção vitimária no contexto das relações internacionais, algo que já se evidenciava em 1985, quando a ONU aprovou a Declaração dos Princípios Fundamentais de Justiça Relativos às Vítimas da Criminalidade e de Abuso de Poder. Ali pela primeira vez se afirmou "a necessidade de adoção, a nível nacional e internacional, de medidas que visem garantir o reconhecimento universal e eficaz dos direitos das vítimas da criminalidade",[25] reconhecimento este que terá impacto nos regimes convencionais. Que medidas seriam estas, quando consideradas as situações de estraneida-

23. UNITED NATIONS. General Assembly. **Creation of an effective United Nations crime prevention and criminal justice programme.** A/RES/46/152, 18 December 1991. Disponível em: https://documents-dds-ny.un.org/doc/RESOLUTION/GEN/NR0/582/40/IMG/NR058240.pdf?OpenElement. Acesso em: 10 jun. 2023.

24. AARONSON, David. New Rights and Remedies: The Federal Crime Victims' Rights Act of 2004. **Pace Law Review**, *[S. l.]*, v. 28, n. 4, p. 623–682, 2008, p. 625.

25. UNITED NATIONS. General Assembly Resolution. A/RES/40/34. **Declaration of Basic Principles of Justice for Victims of Crime and Abuse of Power,** 28 November 1985, § 1. Disponível em: http://www.dhnet.org.br/direitos/sip/onu/ajus/prev29.htm. Acesso em: 10 jun. 2023.

de?[26] O § 4º da Resolução de 1985 nos oferece uma pista dos mecanismos disponíveis, entre os quais estão as providências estatais para "*estabelecer* e *reforçar* os meios necessários à investigação, à persecução e à condenação dos culpados da prática de crimes", o que põe na berlinda a cooperação para o desenvolvimento na forma de *capacity building*.

Na Declaração de 1985 também aparece o que consideramos uma obrigação estatal positiva[27] de cooperar internacionalmente, com base nos tratados de assistência jurídica mútua "em campos como o da investigação e o da persecução penal dos delinquentes, da sua extradição e do confisco dos seus bens para os fins de indenização às vítimas".[28] Ali, entretanto, o foco está na assistência passiva, e não no aspecto *ativo* da cooperação jurídica internacional como uma providência essencial à luz do dever de devida diligência *para* a promoção de direitos humanos. Segundo Ramos, a "realização cooperativa dos direitos humanos" é uma "consequência do Estado constitucional cooperativo e da cooperação jurídica internacional no direito internacional privado".[29]

Na mesma Declaração onusiana, a necessidade de efetividade dos remédios disponíveis para as vítimas é destacada, cabendo aos Estados "proporcionar meios de recurso acessíveis às vítimas, quando as vias de recurso existentes no âmbito nacional possam revelar-se insuficientes".[30] O esgotamento desses remédios internos é o gatilho para a mobilização das instâncias internacionais, no plano regional ou no plano global, com ativação das cortes de direitos humanos ou dos *human rights treaty bodies*. Se pensarmos nos deveres estatais de proteção e de persecução e, em sendo o caso, de punição de autores de crimes que violem direitos humanos, notaremos a existência da equação binominal que reúne num só sistema os regimes de

26. A estraneidade é um fato jurídico que "funciona como elemento de conexão que diz respeito aos elementos da estrutura da relação jurídica (sujeitos, conteúdo, objeto) e que tem a capacidade de gerar conflitos de leis e conflitos de jurisdição". JUGASTRU, Călina. Réflexions sur l'élément d'extranéité et les rapports de droit international privé. **Acta Universitatis Lucian Blaga**, n. 1-2, Universul Juridic, p. 109-121, 2007.

27. A cooperação internacional como uma obrigação estatal será detalhada minuciosamente no capítulo 3.

28. UNITED NATIONS. General Assembly Resolution. A/RES/40/34. **Declaration of Basic Principles of Justice for Victims of Crime and Abuse of Power**, 28 November 1985, § 4, h. Disponível em: http://www.dhnet.org.br/direitos/sip/onu/ajus/prev29.htm. Acesso em: 10 jun. 2023.

29. RAMOS, André de Carvalho. **Curso de direito internacional privado**. 3. ed. São Paulo: SaraivaJur, 2023, p. 494.

30. UNITED NATIONS. General Assembly Resolution. A/RES/40/34. **Declaration of Basic Principles of Justice for Victims of Crime and Abuse of Power,** 28 November 1985, § 5, d. Disponível em: http://www.dhnet.org.br/direitos/sip/onu/ajus/prev29.htm. Acesso em: 10 jun. 2023.

proibição e os regimes de proteção, pondo às claras os procedimentos penais como alguns desses remédios.

Paradoxalmente, o direito penal pode violar e pode proteger direitos humanos. Entre os principais pontos do Programa de Paris aprovado pelas Nações Unidas em 1991 para a prevenção do crime e a promoção da justiça criminal estão o fortalecimento da cooperação internacional e o aumento da eficiência e da efetividade da administração da justiça criminal, com "o devido respeito aos direitos humanos de todos aqueles atingidos pelo crime e de todos os envolvidos no sistema de justiça criminal".[31] A cooperação mencionada na Resolução 46/152, de 1991, adotada em Paris, não se limita à assistência jurídica internacional, abrangendo estratégias de prevenção da criminalidade transnacional e de *capacity building*, devendo-se levar em conta as necessidades e prioridades dos Estados recebedores, numa preocupação com a horizontalidade da interação entre as soberanias.[32] Este tema, historicamente, tem levado a discussões no Sul global, diante da distinção entre cooperação vertical[33] Norte-Sul e cooperação horizontal Sul-Sul, caracterizada esta pelas interações entre os países em desenvolvimento.[34]

Na Declaração de Princípios que acompanha sua Resolução de 1991, as Nações Unidas reconheceram que a prevenção do crime e a promoção da justiça são prioritariamente responsabilidades dos Estados, tendo ressaltado que a cooperação internacional e regional são imprescindíveis para a efetivação das funções da justiça criminal, a promoção dos direitos individuais e a garantia dos direitos das vítimas e da segurança pública, num mundo marcado por várias formas de violência.[35] Todo direito fundamental deve merecer proteção do ordenamento jurídico contra sua violação, "um processo

31. UNITED NATIONS. General Assembly. **Statement of Principles and Programme of Action of the United Nations crime prevention and criminal justice programme**, annex to Resolution A/RES/46/152, adopted in Paris, on 18 December 1991, p. 219, § 16, c, e. Disponível em: https://documents-dds-ny.un.org/doc/RESOLUTION/GEN/NR0/582/40/IMG/NR058240.pdf?OpenElement. Acesso em: 10 jun. 2023.
32. UNITED NATIONS. General Assembly. **Creation of an effective United Nations crime prevention and criminal justice programme.** A/RES/46/152, 18 December 1991, p. 217. Disponível em: https://documents-dds-ny.un.org/doc/RESOLUTION/GEN/NR0/582/40/IMG/NR058240.pdf?OpenElement. Acesso em: 10 jun. 2023.
33. Os adjetivos "vertical" e "horizontal" são também empregados para distinguir a cooperação entre Estados da cooperação entre Estados e organizações internacionais.
34. DIOGO, Georgia Renata Sanchez. **Asistencia técnica internacional al desarollo en el enfrentamiento a la corrupción**. Dissertação [Mestrado]. Máster Iberoamericano en Políticas Anticorrupción. Universidad de Salamanca, Salamanca, 2021, p. 18.
35. UNITED NATIONS. General Assembly. **Statement of Principles and Programme of Action of the United Nations crime prevention and criminal justice programme**, annex to Resolution A/RES/46/152, adopted in Paris, on 18 December 1991, p. 218. Disponível em: https://docu-

no qual o sistema de justiça criminal desempenha um papel essencial".[36] A concepção de que os Estados têm uma função central na proteção dos direitos humanos por meio da luta contra o crime, se deslocada para o campo do direito internacional penal, encontrará apoio no entendimento de Bassiouni quanto à importância dos Estados no sistema de execução indireta (*indirect enforcement*) deste ramo jurídico.[37]

2.1. UMA BREVE VISÃO DO TEMPO PASSADO[38]

"Se um grande homem fugir das terras do Egito e chegar às terras de [...],[39] o grande chefe de Hatti não o receberá. O grande chefe de Hatti mandará que seja trazido a [Ramsés II], o grande governante do Egito".[40] Mais ou menos assim é a tradução da cláusula 11 dos textos em egípcio hieroglífico e em babilônio cuneiforme do tratado firmado em torno de 1280 a. C. entre o faraó Ramsés II, do Egito, e Hattušili. Este era o rei dos hititas, povo que ocupava parte da Ásia Menor. Segundo João Marcello Araújo Júnior este, que foi um dos primeiros tratados cooperacionais de que se tem notícia, era um acordo de aliança e paz que continha dispositivos sobre extradição.[41]

Langdon e Gardiner[42] contam que a estela com a inscrição hieroglífica do tratado foi copiada por Jean-François Champollion (1790-1832), em Karnak, com o registro da guerra entre os dois povos e do tratado de aliança que se seguiu a ela, celebrado no dia 21 do primeiro mês de inverno do 21º

ments-dds-ny.un.org/doc/RESOLUTION/GEN/NR0/582/40/IMG/NR058240.pdf?OpenElement. Acesso em: 10 jun. 2023.

36. UN. **Statement of Principles and Programme of Action of the United Nations crime prevention and criminal justice programme**, annex to Resolution A/RES/46/152. Op. cit., p. 219, § 2.
37. BASSIOUNI, M. Cherif. **Introduction to international criminal law**. 2nd rev. Leiden ; Boston: Martinus Nijhoff Publishers, 2013, p. 499-500.
38. Parte desta seção foi adaptada a partir das p. 323-327 de: ARAS, Vladimir. Direito probatório e cooperação jurídica internacional. *In*: SALGADO, Daniel de Resende; QUEIROZ, Ronaldo Pinheiro de. **A prova no enfrentamento à macrocriminalidade**. 2.ed. Salvador: JusPodivm, 2016. p. 315–382.
39. Trecho ilegível no texto do tratado de extradição firmado em 1280 a. C. entre os egípcios e os hititas, considerado o mais antigo até agora conhecido.
40. LANGDON, Stephen H.; GARDINER, Alan H. The Treaty of Alliance between attušili, King of the Hittites, and the Pharaoh Ramesses II of Egypt. **The Journal of Egyptian Archaeology**, v. 6, n. 1, 1920, p. 179–205, p. 192.
41. ARAÚJO JUNIOR, João Marcello. Extradição: alguns aspectos fundamentais. **Revista Forense**. Rio de Janeiro, v. 90, n. 326, p. 61-67, abr/jun 1994, p. 61.
42. LANGDON, Stephen H.; GARDINER. Alan H. The Treaty of Alliance between attušili, King of the Hittites, and the Pharaoh Ramesses II of Egypt. **The Journal of Egyptian Archaeology**, v. 6, n. 1, 1920, p. 179–205, p. 179 e 185.

ano do reinado de Ramsés II. O arqueólogo alemão Hugo Winckler (1863-1913) encontrou a cópia em babilônio em Hattusa (atual Boğazkale), a antiga capital dos hititas. Foi apenas com a descoberta dessa versão hitita, escrita na língua diplomática de então, o babilônio, que foi possível desvendar a verdadeira natureza daquele precioso documento.

A extradição daqueles tempos diferia de sua finalidade atual, pois visava a captura de foragidos políticos e não de criminosos comuns, como ocorre hoje em dia.[43] Os polos se inverteram: atualmente nos crimes políticos a extradição é vedada. O mais antigo tratado a permitir a extradição de acusados comuns data de 4 de março de 1376, tendo sido firmado entre Carlos V, da França, e Amadeu VI, o Conde de Saboia.[44] Todavia, Celso Duvivier de Albuquerque Mello[45] e Blakesley[46] lecionam que o primeiro acordo sobre extradição da era moderna foi assinado pela França e pelos Países Baixos em 1736. Por meio de tais vínculos, esses soberanos instituíram um dever de cooperar passivamente, isto é, sob demanda da outra parte, assegurando-se a reciprocidade de tratamento.

No entanto, a expansão dos modelos de cooperação internacional em matéria penal deu-se já a partir do século 19, num contexto político, de enfrentamento do anarquismo na Europa. A cooperação policial ganhou força naquele momento como relata Jakobi.[47] A marcante nota política dessa comunhão de interesses estatais não se esgotou nos eventos europeus posteriores a 1848. Na América do Sul, durante as ditaduras militares do Cone Sul, os governos militares no poder se reuniram em torno da Operação

43. DEL'OLMO, Florisbal de Souza. **A extradição no alvorecer do século XXI**. Rio de Janeiro: Renovar, 2007, p. 16.

44. BLAKESLEY, Christopher L. The Practice of Extradition from Antiquity to Modern France and the United States: A Brief History. **Boston College International and Comparative Law Review**, Boston, v. 4, n. 1, p. 39, 1981, p. 48.

45. MELLO, Celso Duvivier de Albuquerque. **Curso de direito internacional público**. 13. ed. Rio de Janeiro: Renovar, 2001, p. 978.

46. BLAKESLEY, Christopher L. The Practice of Extradition from Antiquity to Modern France and the United States: A Brief History. **Boston College International and Comparative Law Review**, Boston, v. 4, n. 1, p. 39, 1981, p. 50.

47. "Modern global crime governance can be traced to the nineteenth century (Knepper 2010). The revolutions of 1848 led autocratic regimes to suppress liberal movements and, at the same time, led to more international cooperation in doing so (Defl em 2002: 47). While initial international agreements against anarchists failed, police forces started cooperating across borders, as did the Prussian and Russian political police and the Prussian and French forces (Defl em 2002: 64–6). In 1898, political delegates gathered in Rome on the issue of anarchism, followed by another meeting in St. Petersburg in 1904. However, both conferences against anarchism failed in providing sustaining international activities due mostly to the delicate, political nature of the problem". JAKOBI, Anja P. **Common goods and evils?** the formation of global crime governance. 1. ed. Oxford: Oxford Univ. Press, 2013, p. 66.

Condor, para uma empreitada semelhante: somar esforços de seus aparelhos de segurança para capturar "subversivos".

Independentemente dos tratados, o longo histórico de relações extradicionais e cooperacionais entre as nações, mesmo que sem base convencional e inspiradas apenas pela *comity* ou por outras "razões de Estado", produziu um costume internacional de cooperação,[48] valendo recordar que as regras do direito consuetudinário são fontes do direito internacional público.[49] Notadamente a partir da segunda metade do século 20, começou a diversificação das convenções internacionais sobre a cooperação interetática. Não mais se firmavam apenas tratados bilaterais; passou-se à era das grandes convenções multilaterais sobre o tema. Isto não significa que o século 19 não tenha assistido ao surgimento de convenções multilaterais. Como já vimos, Bassiouni retroage a era das convenções de supressão a 1815, ano do Congresso de Viena.[50] A partir de então não apenas a extradição serviria de objeto aos tratados; agora também outras formas de cooperação penal passariam a ser regulamentadas pelos Estados. Marcos desse novo panorama foram a Convenção Europeia sobre Extradição, firmada em Paris em 13 de dezembro de 1957,[51] e a Convenção Europeia sobre Assistência Mútua em Matéria Penal, firmada em Estrasburgo em 29 de abril de 1959,[52] ambas concluídas sob os auspícios do Conselho da Europa (COE). O COE também patrocinou outros importantes tratados sobre cooperação penal, que testemunham o desenvolvimento dos vários mecanismos hoje disponíveis à

---

48. Neste sentido, Cançado Trindade, citando Endre Ustor. Cf. USTOR, Endre. The Principle of Co-operation Among States and the Development of International Law. **Hungarian Branch of the International Law Association:** Questions of International Law. Budapest: Progresprint, 1971, p. 246 e p. 242-245 *apud* TRINDADE, Antônio Augusto Cançado. **Princípios do direito internacional contemporâneo.** 2.ed (revista e atualizada). Brasília: Fundação Alexandre de Gusmão, 2017, p. 156.
49. Parte desta seção foi adaptada a partir das p. 323-326 de: ARAS, Vladimir. Direito probatório e cooperação jurídica internacional. *In*: SALGADO, Daniel de Resende; QUEIROZ, Ronaldo Pinheiro de. **A prova no enfrentamento à macrocriminalidade**. 2.ed. Salvador: JusPodivm, 2016.
50. BASSIOUNI, M. Cherif. Policy Considerations on Interstate Cooperation in Criminal Matters. **Pace International Law Review**, *[S. l.]*, v. 4, n. 1, p. 123-145, 1992, p. 125-126.
51. Identificada pelo código CETS 24, isto é, como o 24º tratado do Conselho da Europa, esta convenção está em vigor desde 18 de abril de 1960. O Protocolo Adicional à Convenção (ETS 86) foi aberto a assinaturas em 15 de outubro de 1975 e está em vigor desde 20 de agosto de 1979. O 2º Protocolo Adicional (ETS 98) é de 17 de março de 1978 e entrou em vigor em 5 de junho de 1983.
52. A CETS 30 entrou em vigor em 12 de junho de 1962. Todos os Estados europeus são partes. Há dois protocolos adicionais a essa convenção, o ETS 99, em vigor desde 12 de abril de 1982, e o ETS 182, vigente desde 1º de fevereiro de 2004.

sociedade das nações para o enfrentamento da criminalidade transnacional[53] e dos crimes de direito internacional penal.

Paralelamente, no espaço jurídico compartilhado pelos 27 membros da União Europeia, outros tantos tratados foram sendo firmados ao longo dos anos, para regulamentar a cooperação penal entre países europeus. Um dos acordos mais significativos foi a Convenção relativa ao Auxílio Judiciário Mútuo em Matéria Penal entre os Estados Membros da União Europeia, aberta a assinatura em 29 de maio de 2000, complementada por um protocolo, concluído em 16 de outubro de 2001. Anteriormente, vieram a Convenção entre os Estados Membros das Comunidades Europeias sobre a Aplicação do Princípio "*Ne bis in idem*" (aberta a assinatura em 25 de maio de 1987), a Convenção relativa à Extradição entre os Estados Membros da União Europeia (aberta a assinatura em 27 de setembro de 1996) e a Convenção que cria um Serviço Europeu de Polícia - Europol (aberta a assinatura em 26 de julho de 1995). Por meio de instrumentos de direito comunitário, em sentido estrito, deu-se a criação da Eurojust,[54] pela Decisão 2002/187/JAI, de 28 de fevereiro de 2002, como um órgão supranacional de cooperação internacional composto por magistrados (sobretudo membros do Ministério Público e juízes) dos 27 Estados Membros.

No século 20, o primeiro grande marco da cooperação internacional em matéria penal foi a criação da *International Criminal Police Organization*

---

53. Podemos citar, entre outras: a) a Convenção Europeia sobre a Validade Internacional de Julgamentos Criminais (ETS 70), aberta a assinatura na Haia, em 28 de maio de 1970 e em vigor desde 26 de julho de 1974; b) a Convenção Europeia sobre a Transferência de Procedimentos em Matéria Penal (ETS 73), dada em Estrasburgo em 15 de maio de 1972 e vigente a partir de 30 de março de 1978; c) a Convenção Europeia sobre a Transferência de Sentenciados (ETS 112), concluída em Estrasburgo em 21 de março de 1983 e em vigência desde 1º de julho de 1985, assim como seu Protocolo Adicional (ETS 167), de 1997, vigente a partir de 1º de junho de 2000; d) a Convenção Europeia sobre Lavagem, Busca, Apreensão e Perdimento de Produtos de Crime (ETS 141), dada em Estrasburgo em 8 de novembro de 1990 e vigente em 1º de setembro de 1993; e) a Convenção sobre Cibercrime (ETS 185), firmada em Budapeste em 23 de novembro de 2001 e em vigor desde 1º de julho de 2004, assim como seu Protocolo Adicional (ETS 186), vigente a partir de 1º de março de 2006; e a Convenção Europeia sobre Lavagem, Busca, Apreensão e Perdimento de Produtos de Crime e sobre o Financiamento ao Terrorismo (CETS 198), concluída em Varsóvia, no dia 16 de maio de 2005 e em vigor desde 1º de maio de 2008. O ETS 141 continua a viger entre os Estados que não são partes do CETS 198.

54. Bachmaier Winter argumenta que, embora a Eurojust desempenhe um papel importante na coordenação das investigações transnacionais da UE e na solução de problemas de jurisdição, ainda assim foi necessário criar a Procuradoria Europeia (EPPO) para lidar de modo mais eficiente com os crimes que atingem os interesses financeiros da União, os *PIF crimes*. BACHMAIER WINTER, Lorena. Cross-Border Investigations Under the EPPO Proceedings and the Quest for Balance. In: BACHMAIER WINTER, Lorena (org.). **The European Public Prosecutor's Office:** The Challenges Ahead. Legal Studies in International, European and Comparative Criminal Law. Cham: Springer, 2018. p. 117–139, p. 118.

(Interpol) em Viena, no ano de 1923 e sua evolução institucional a partir de 1956, quando adquiriu sua forma atual.[55] Uma nota marcante de sua história está no fato de que a entidade não foi criada por um tratado nem por Estados, funcionando no seu início como uma rede transnacional de polícias.[56] Antes da Interpol, a cooperação internacional policial já existia na prática europeia, fortalecendo-se sobretudo durante a era napoleônica (1799-1815), quando o modelo francês de polícia se espalhou pelo continente europeu e facilitou a cooperação ainda seminal entre os países da Europa,[57] especialmente pela possibilidade de intercâmbio direto de informações entre as polícias, sem a necessidade de intermediação dos canais diplomáticos.[58] A cooperação internacional estava então focada no enfrentamento de movimentos violentos de anarquia política, na captura de dissidentes políticos, no enfrentamento da falsificação de moeda, na luta contra o tráfico de mulheres brancas, na disseminação de pornografia e no tráfico de drogas.[59] Esses eram os regimes internacionais de maior relevância, consideradas as convenções de supressão então vigentes e a orientação da política criminal dos Estados europeus em relação a "revolucionários" e a "subversivos" e em torno de questões morais.

O ponto culminante do desenvolvimento da assistência penal internacional no campo regional deu-se com a inclusão na ordem jurídica da União Europeia do princípio do reconhecimento mútuo de decisões judiciais, inclusive em matéria penal. Trata-se da "pedra angular" de todo o sistema

55. A Interpol foi criada em 1923, com o nome de *International Criminal Police Commission* (ICPC), mas somente adquiriu personalidade de direito internacional público por meio de sua constituição, adotada em Viena, em 1956, quando passou a chamar-se *International Criminal Police Organization*. Contudo a Interpol só foi reconhecida pela ONU como organização intergovernamental em 1971 e no ano seguinte firmou um acordo de sede com a França, o que lhe conferiu definitivamente o *status* de organização internacional. Vide: INTERPOL. **How our history started**. Disponível em: https://www.interpol.int/Who-we-are/INTERPOL-100/1923-how-our-history-started. Acesso em 10 jul. 2023.

56. CALCARA, Giulio. A transnational police network co-operating up to the limits of the law: examination of the origin of Interpol. **Transnational Legal Theory**, *[S. l.]*, v. 11, n. 4, p. 521–548, 2020, p. 522 e 529.

57. HUFNAGEL, Saskia. The Historical Development of International Law Enforcement Cooperation: The Case of Interpol. *In*: BOISTER, Neil; GLESS, Sabine; JESSBERGER, Florian (org.). **Histories of Transnational Criminal Law**. Oxford, United Kingdom; New York, NY: Oxford University Press, 2021, p. 287–299, p. 288 e 291.

58. CALCARA, Giulio. A transnational police network co-operating up to the limits of the law: examination of the origin of INTERPOL. **Transnational Legal Theory**, *[S. l.]*, v. 11, n. 4, p. 521–548, 2020, p. 525.

59. HUFNAGEL, Saskia. The Historical Development of International Law Enforcement Cooperation: The Case of Interpol. *In*: BOISTER, Neil; GLESS, Sabine; JESSBERGER, Florian (org.). **Histories of Transnational Criminal Law**. Oxford, United Kingdom; New York, NY: Oxford University Press, 2021, p. 287–299, p. 288 e 291.

cooperativo da União, resultando do Conselho Europeu de Cardiff (1998)[60] e do Conselho Europeu de Tampere (1999)[61] e do Tratado de Lisboa (2007). Sobre tal princípio se baseiam, por exemplo, o mandado de detenção europeu (EAW),[62] o mandado europeu de obtenção de provas (EEW)[63] e a decisão europeia de investigação em matéria penal (EIO).[64] Tal princípio viabilizou a cooperação direta entre as autoridades judiciárias (*lato sensu*) no seio da União, com dispensa da intermediação por chancelarias ou autoridades centrais nacionais, órgãos estranhos às atividades de persecução criminal e de julgamento.

No plano global, os grandes momentos de consolidação do modelo cooperativo multilateral no âmbito dos regimes internacionais deram-se com a tríade de convenções firmadas em Viena (1988), Palermo (2000) e Mérida (2003), que veiculam minitratados de cooperação internacional em matéria penal. Esses três textos magnos criam uma base quase universal para a assistência jurídica em matéria penal e a extradição, servindo como modelos para as leis de cooperação e como base jurídica na falta de tratados específicos entre os Estados que pretendem cooperar. Outro marco dessa evolução ocorreu com o Estatuto de Roma, de 7 de outubro de 1998, que entrou em vigor em 1º de julho de 2002. Este tratado criou a primeira corte criminal internacional permanente e consagrou mecanismos de cooperação – chamada de vertical – entre os Estados Partes e o próprio Tribunal Penal Internacional (TPI), conforme seus arts. 86 a 102, sendo de se assinalar, por

---

60. UNIÃO EUROPEIA. **Conselho Europeu de Cardiff**, 15 e 16 de junho de 1998: conclusões da Presidência. Disponível em: https://www.europarl.europa.eu/summits/car1_en.htm. Acesso em: 2 abr. 2023.
61. UNIÃO EUROPEIA. **Conselho Europeu de Tampere,** de 15 e 16 de outubro de 1999: conclusões da Presidência, § 36. Disponível em: https://www.europarl.europa.eu/summits/tam_pt.htm. Acesso em: 10 jun. 2023.
62. Decisão-quadro 2002/584/JAI, do Conselho relativa ao mandado de detenção europeu e aos processos de entrega entre os Estados-membros, que foi a primeira concretização do princípio do reconhecimento mútuo no direito processual penal europeu. A euro-ordem dispensa o procedimento extradicional.
63. Decisão-quadro 2008/978/JAI do Conselho, relativa a um mandado europeu de obtenção de provas (*European Evidence Order*) ou EEO, destinado à obtenção de objetos, documentos e dados para utilização no âmbito de processos penais. A Decisão-Quadro 2008/978/JAI foi substituída pela Diretiva 2014/41/UE, relativa à *European Investigation Order* (EIO), para os Estados-Membros vinculados pela referida diretiva. Irlanda e Dinamarca continuam sujeitas à EEO.
64. Diretiva 2014/41/EUE do Parlamento Europeu e do Conselho de 3 de abril de 2014 relativa à decisão europeia de investigação em matéria penal. Trata-se da *European Investigation Order* (EIO), que contém motivos de recusa de execução em caso de violações de direitos humanos vigentes na UE.

sua finalidade específica, o instituto da entrega, que se diferencia do milenar instituto da extradição.[65]

O continente americano não esteve alheio à ascensão do tema ao patamar das necessidades para a convivência entre os Estados na sociedade das nações. Já em 1928, a Convenção de Havana de Direito Internacional Privado (Código Bustamante) [66] previa regras gerais de cooperação penal, especialmente sobre extradição e cartas rogatórias, entre outras disposições. Mais recentemente, no âmbito do Mercosul, seus Estados Partes, o Brasil, a Argentina, o Uruguai e o Paraguai, firmaram o Acordo de Extradição de 10 de dezembro de 1998[67] e o Protocolo de Assistência Jurídica Mútua em Assuntos Penais (Protocolo de San Luis), de 25 de junho de 1996, sobre assistência jurídica mútua em matéria penal,[68] entre outros acordos de importante alcance regionais, alguns dos quais inspirados no modelo europeu de reconhecimento mútuo.

Demonstrando a densidade regional da ideia de cooperação, a OEA patrocinou a Convenção Interamericana sobre Assistência em Matéria Penal (Convenção de Nassau), concluída em 23 de maio de 1992,[69] e o Protocolo Facultativo de 11 de junho de 1993 (Protocolo de Manágua) que a complementa, sobre cooperação em crimes tributários, um segmento que era outrora inexpugnável à assistência jurídica internacional. São também produto do esforço da OEA a Convenção Interamericana sobre o Cumprimento de Sentenças Penais no Exterior (Convenção de Manágua), de 1993,[70] a Convenção Interamericana contra a Corrupção (Convenção de Caracas), de 1996, e a Convenção Interamericana contra o Terrorismo (Convenção de Barbados), de 2005.

---

65. Distinção importante tendo em vista que muitos Estados não extraditam seus próprios nacionais a outras soberanias, mas podem entregá-los à jurisdição do TPI. Vide o art. 102 do Estatuto de Roma de 1998.
66. ORGANIZAÇÃO DOS ESTADOS AMERICANOS. **Convenção de Havana de Direito Internacional Privado,** de 20 de fevereiro de 1928. Disponível em: https://www.oas.org/juridico/spanish/mesicic3_ven_anexo3.pdf. Acesso em: 2 jun. 2023.
67. MERCOSUL. Decisão Mercosul/CMC/Dec. Nº 14/98. **Acordo de Extradição entre os Estados Partes do Mercosul,** aprovado no Rio de Janeiro em 10 de dezembro de 1998. Disponivel em: https://www.oas.org/juridico/spanish/tratados/sp_acuer_sobre_extra_ent_esta_part_mercosur.pdf. Acesso em: 4 dez. 2023.
68. MERCOSUL. **Protocolo de Assistência Jurídica Mútua em Assuntos Penais**, aprovado em San Luis em 26 de junho de 1996, Decisão CMC nº 02/96. Disponível em: http://www.sice.oas.org/trade/mrcsrs/decisions/DEC296.asp . Acesso em: 2 jun. 2023.
69. ORGANIZAÇÃO DOS ESTADOS AMERICANOS. **Inter-American Convention on Mutual Legal Assistance in Criminal Matters**, done at Nassau, on May 23, 1992, OAS Treaty Series, No. 75. Disponível em: https://www.oas.org/juridico/english/treaties/a-55.html. Acesso em: 10 jul. 2023.
70. Países não americanos, como Arábia Saudita, a Índia e a Tchéquia são partes desta convenção.

Enfim, se antes a cooperação jurídica internacional (inclusive a cooperação penal) baseava-se na teoria da cortesia internacional (*comitas gentium*),[71] tendo passado pela utilização corriqueira do princípio da reciprocidade para introduzir maior segurança nas trocas jurídicas entre os Estados, o certo é que hoje essa atividade estatal tem por base incontáveis tratados, uns gerais, outros específicos. Ademais, nos ordenamentos jurídicos democráticos e comprometidos com os direitos humanos, surge um verdadeiro dever de cooperação, ligado à ideia de acesso à justiça[72] como direito fundamental e ao dever de persecução penal e de evitação da impunidade, na sinergia sistêmica que estamos a vasculhar e a demonstrar.

2.2. UMA VISÃO PANORÂMICA DO TEMPO RECENTE

O exame da história da cooperação jurídica internacional nos permite ver que seu percurso é milenar, formalizando-se inicialmente entre soberanos, como pontuou Vattel;[73] depois entre Estados nacionais; e mais adiante entre Estados e organizações internacionais. No entanto, foi apenas no século 20 que a cooperação jurídica internacional ganhou mais corpo e isso foi, sem dúvida, uma consequência da globalização, que multiplicou os fatores de estraneidade que tornaram a assistência jurídica internacional e a extradição ainda mais necessárias ao *rule of law* em Estados Democráticos de Direito. Nesta mesma toada, os direitos humanos, na cooperação jurídica internacional *passiva*, passaram a ser enunciados e estudados pela doutrina.[74] Chegou a hora – como aqui se propõe – de examinar e sedimentar sua inserção também na cooperação internacional *ativa*, isto é, na perspectiva da demanda, como uma atividade inerente à *due diligence* estatal na persecução penal, no cumprimento de obrigações atinentes a todos as pessoas envolvidas no processo penal.

---

71. POP, Oana Mihaela. The Principles and General Rules of the International Judicial Cooperation in Criminal Matters. **Agora International Journal of Juridical Sciences**, 2008, p. 209-217.

72. ALLE, Saulo Stefanone. **Cooperação jurídica internacional e auxílio direto ativo em matéria penal**. Belo Horizonte: Arraes Editores, 2017, p. 75.

73. VATTEL, Emer de. **O direito das gentes**. Brasília: Instituto de Pesquisa de Relações Internacionais: Editora Universidade de Brasília, 2004, p. 156, § 233.

74. Vide, por exemplo: ABADE, Denise Neves. **Direitos fundamentais na cooperação jurídica internacional**: extradição, assistência jurídica, execução de sentença estrangeira e transferência de presos. 1. ed. São Paulo: Saraiva, 2013; BACHMAIER WINTER, Lorena. Transnational Criminal Proceedings, Witness Evidence and Confrontation: Lessons from the ECtHR's Case Law. **Utrecht Law Review**, *[S. l.]*, v. 9, n. 4, p. 129, 2013; SHELTON, Dinah (Org.), **The Oxford Handbook of International Human Rights Law**, Oxford: Oxford University Press, 2013; SLUITER, Göran. International Criminal Proceedings and the Protection of Human Rights. **New England Law Review**, *[S. l.]*, v. 37, p. 935, 2002.

Uma característica formidável da internacionalização dos direitos humanos é a sua insinuação nas várias ciências – como mostram a bioética e o biodireito – e nas mais variadas disciplinas jurídicas, que são impregnadas pela ótica do valor do ser humano como centro da ordem jurídica interna e como sujeito crucial da ordem jurídica internacional, apesar do longo histórico de ocupação do espaço internacional por soberanias ensimesmadas com os seus próprios interesses de política externa. A partir dos julgamentos de Nuremberg, a doutrina da proteção à pessoa humana revolveu o solo do direito internacional e semeou o solo da cooperação internacional com seus valores e o circunscreveu, com suas cercas de limites. O investigado, outrora mero objeto de pedidos de extradição estatais, passou a ter direitos, inclusive na assistência passiva, perdendo força velhas teorias – como a do *non-inquiry*[75] – que fechavam aos olhos ao impacto da cooperação internacional no seu patrimônio jurídico. Na colheita seguinte, a vítima, antes ignorada na cooperação internacional, também teria agora reconhecidos seus direitos de participação e de obter informações no processo penal "internacional" em sentido amplo, inclusive com o direito de impugnar decisões no exterior[76] e de promover e ver o êxito dos pedidos ativos de cooperação.

O direito internacional da cooperação se tornou permeável ao princípio *pro persona*, que determina a primazia da norma mais favorável ao indivíduo. *Pari passu*, os Estados modificaram sua forma de interagir. Deixaram de se apoiar nos velhos mecanismos de cartas rogatórias (*exhortos; letters rogatory; commissions rogatoires*) para veicular suas pretensões transnacionais por meio de pedidos de assistência jurídica recíproca (*mutual legal assistance requests*). A milenar extradição agora coexiste com ordens regionais de captura e entrega já vigentes ou em vias de vigência, na Escandinávia, na União Europeia, na Comunidade do Caribe e no Mercosul. Surgiram novos

---

75. Esta teoria como que recomendava ao Estado requerido uma postura muito mais "passiva", do que se se podia esperar, algo como um "não pergunte, não se preocupe", sugerindo uma "cegueira deliberada" (aqui tomamos esta expressão de empréstimo, empregando-a para os Estados nas suas relações internacionais) por parte das autoridades do Estado requerido quanto à observância de regras de devido processo no Estado requerente e vice-versa, denotando um excesso de confiança mútua e de complacência. Conforme Currie, que foi um dos primeiros a propor este debate no último ano do século 20, os Estados Partes de tratados de proteção a direitos humanos deveriam aplicá-los a seus procedimentos de cooperação internacional. CURRIE, Robert J. Human Rights and International Mutual Legal Assistance: resolving the tension. **Criminal Law Forum**, *[S. l.]*, v. 11, n. 2, p. 143–182, 2000.

76. Numa ação rescisória julgada pelo Supremo Tribunal Federal brasileiro em 2023, o pai da vítima de um feminicídio ocorrido na Colômbia conseguiu anular o trânsito em julgado de uma decisão do mesmo tribunal que havia negado a extradição do homicida para a Colômbia. BRASIL. Supremo Tribunal Federal. Tribunal Pleno, **Ação Rescisória 2921**, Relator Ministro Alexandre de Moraes, j. em 30/03/2023.

instrumentos de cooperação internacional, ditos primários ou de jurisdição sucessiva, tais como a transferência de processos penais e a transferência de pessoas condenadas, enfraquecendo-se o dogma de que "os tribunais de um país não executam as leis penais de outra nação".[77] E o princípio do reconhecimento mútuo estabeleceu-se como um fundamento para aperfeiçoar a cooperação internacional na UE e noutros blocos regionais.

Os Estados abandonaram o modelo precário da *comity*, de mera cortesia ou deferência entre vizinhos, e adotaram um sistema no qual há uma obrigação de prestar cooperação, numa relação cooperativa entre iguais, executada por juízes, membros do Ministério Público e, em certas circunstâncias, pela Polícia Judiciária. As nações associaram ao frágil sistema de cooperação por reciprocidade um robusto sistema de cooperação de base convencional,[78] vinculado a regimes globais de proibição ou a marcos cooperacionais autônomos. Knapp registra que os Estados Unidos firmaram o seu primeiro tratado de MLA em 1973, com a Suíça, e nos anos 1980 celebraram outros tantos com inúmeros países.[79] As Filipinas concluíram seu primeiro acordo deste tipo em 1988, com a Austrália.[80] O Brasil só assinou o seu primeiro MLAT em 1989, com a Itália.[81]

A partir da segunda metade do século 20, começaram a surgir novos arranjos organizacionais, inclusive um novo canal de interação formal, as autoridades centrais, além de adidâncias, procuradorias de ligação, redes de cooperação, contatos diretos[82] e outros pontos de contato que operam em

77. Já conhecemos a notável expressão de John Marshall de que "The courts of no country execute the penal laws of another". Cf. UNITED STATES. Supreme Court. **The Antelope**, 23 U.S. 66 (1825). Disponível em: https://supreme.justia.com/cases/federal/us/23/66/. Acesso em: 31 mar. 2023.
78. NILSSON, Hans G., From Classical Judicial Cooperation to Mutual Recognition. **Revue internationale de droit pénal**, v. 77, n. 1–2, p. 53–58, 2006, p. 54.
79. KNAPP, James. Mutual Legal Assistance Treaties as a Way to Pierce Bank Secrecy. **Case Western Reserve Journal of International Law**, *[S. l.]*, v. 20, n. 2, p. 405–434, 1988, p. 412.
80. PANGILINAN, John Stephen B. Analyzing the No-Standing Provisions of the Mutual Legal Assistance Treaties on Criminal Matters (MLATS) Entered by the Philippines and the Implications of the Supreme Court's Decision in People v. Sergio on MLATS. **Ateneo Law Journal**, v. 65, n. 1, p. 259–307, 2020, p. 263.
81. BRASIL; ITÁLIA. **Tratado sobre Cooperação Judiciária em Matéria Penal** entre a República Federativa do Brasil e a República Italiana, de 17 de outubro de 1989. Disponível em: http://www.planalto.gov.br/ccivil_03/decreto/1990-1994/d0862.htm. Acesso em: 10 jul. 2023.
82. Segundo o art. 9º da Portaria nº 215/2015 da DPU e da SENAJUS, "o disposto nesta Portaria não prejudica nem impede a cooperação direta entre as Defensorias Públicas no Brasil e suas instituições homólogas no exterior, para fins de concessão de assistência jurídica gratuita, quando existir esse canal de cooperação estabelecido". BRASIL. Secretaria Nacional de Justiça; Defensoria Pública da União. **Portaria nº 231, de 17 de dezembro de 2015**. Disponível em: https://www.gov.br/mj/pt-br/assuntos/sua-protecao/cooperacao-internacional/cooperacao-

formato 24/7 (24 horas por dia; 7 dias por semana), pondo fim à exclusividade da diplomacia *jurídica* em mãos das chancelarias, que se caracterizava pelo demorado e ineficiente trânsito de cartas rogatórias entre os países.[83] Esses novos *atores* (entre eles as autoridades centrais), com suas interações reticulares, quase sinápticas, e essas novas *velocidades* (como as da MLA), mudaram definitivamente a paisagem da cooperação jurídica internacional, que, todavia, continua em evolução, em busca de novíssimos atores, outros caminhos e velocidades ainda maiores.

No âmbito de tratados multilaterais, foram instituídos neste período mais recente uma dezena de novos institutos cooperacionais, para juntar-se à extradição e aos pedidos rogatórios de comunicação de atos processuais e obtenção de provas. Novos atores surgiram, agora havendo interação entre Estados, tribunais penais internacionais, órgãos supranacionais de cooperação e entidades não estatais, alguns dos quais também se tornaram catalizadores e propagadores dessas transformações. A década de 1990 foi profusa na afirmação do direito processual penal internacional e, como consequência, do direito da cooperação, por conta da criação dos dois tribunais *ad hoc* para a ex-Iugoslávia e para Ruanda, em 1993 e 1994, respectivamente, e da aprovação do Estatuto de Roma do TPI, em 1998. Os atentados terroristas do *9/11* nos Estados Unidos também promoveram maior fluidez nas interações internacionais em matéria penal,[84] notadamente na luta contra o terrorismo e seu financiamento e a lavagem de dinheiro transnacional.

Embora de forma mais lenta, foi reduzida a preponderância de fatores políticos nas interações estatais relativas à cooperação jurídica, dando maior lugar a relações soberanas orientadas por critérios técnico-jurídicos, mais jurisdicionais do que políticos. Os Estados substituíram velhos princípios

---

-juridica-internacional-em-materia-civil/acesso-internacional-a-justica/como-solicitar-assistencia-internacional/portariaeanexos.pdf. Acesso em: 24 jun. 2024.

83. Já em 1953 eram notórias e generalizadas a morosidade e a burocracia cartorial das cartas rogatórias. Segundo Jones: "Letters rogatory are forwarded through diplomatic channels; they may pass through a dozen or more offices on their voyage to the foreign court and home again, with an opportunity for delay or loss at each stop. Moreover, no two countries impose the same requirements for authentication, and the same country may demand different authentication procedures at different times. Litigants encounter formidable, if not prohibitive, delay and expense in translating the letter, interrogatories, and annexed papers into the foreign language and then translating the foreign court's record of execution back into English. As a result of these difficulties, execution and return of a letter rogatory may require many months". JONES, Harry Leroy. International Judicial Assistance: Procedural Chaos and a Program for Reform. **Yale Law Journal**, *[S. l.]*, v. 62, n. 4, p. 515–562, 1953, p. 529-530.

84. KEMP, Gerhard. Foreign relations, international co-operation in criminal matters and the position of the individual. **South African Journal of Criminal Justice,** *[S. l.]*, v. 16, n. 3, p. 370–392, 2003, p. 372.

(como o da soberania territorial absoluta, no plano jurisdicional, insulada e reativa) por novas ideias (como a confiança e o reconhecimento mútuos, integrativos, comunitários e abertos ao mundo); flexibilizaram-se outros postulados, como o da dupla incriminação, que passou a ser dispensada em relação a uma grande lista de crimes.

Descrever cada um desses avanços não é objetivo desta pesquisa. No entanto, tomemos em consideração dois deles, em particular, pela *revolução* que representam na *evolução* do sistema cooperacional. O primeiro mecanismo é a substituição da cooperação internacional intermediada pela cooperação direta, a fim de que, como diz Pullen, seja eliminado o "atravessador desnecessário" (*unnecessary middleman*) presente em toda e qualquer solicitação. Este modelo direto, que dispensa a intermediação de chancelarias ou mesmo das autoridades centrais, passou a ser praticamente impositivo com a digitalização e a aceleração da sociedade, que tornou as rogatórias e os pedidos de MLA não só obsoletos, mas ferramentas lentas e inteiramente inadequadas para lidar com as necessidades da persecução transnacional de crimes digitais[85] e de crimes facilitados por meios informáticos (*computer-facilitated crimes*), nos quais as provas são voláteis, "aterritoriais" e estão sob controle de empresas globais,[86] muitas das quais se situam em território norte-americano ou mantêm seus servidores na Irlanda ou em locais fora do alcance das jurisdições atingidas pelos ilícitos. Essa percepção levou os Estados Unidos, a União Europeia e o Conselho da Europa a desenharem novos mecanismos de obtenção direta de provas digitais, sem a necessidade de participação de órgãos de centralização da tramitação de pedidos de cooperação interestatal. Surgiram assim, respectivamente, as iniciativas do *Cloud Act*, nos EUA;[87] a proposta de regulamento da *e-Evidence*, para preservação e acesso direto a provas digital no âmbito da comunidade,[88] e um novo tratado no COE, o

---

85. PULLEN, Phillip J. Nail in the MLAT Coffin: Examining Alternatives Solutions to the Current Mutual Legal Assistance Treaty Regime in International Cross-Border Data Sharing. **North Carolina Journal of International Law**, *[S. l.]*, v. 44, n. Special Issue, p. 1–16, 2018, p. 5-7 e 12.
86. DE BUSSER, Els. The Digital Unfitness of Mutual Legal Assistance. **Security and Human Rights**, *[S. l.]*, v. 28, n. 1–4, p. 161–179, 2018, p. 163 e 179.
87. Trata-se da legislação conhecida como "The Clarifying Lawful Overseas Use of Data Act (CLOUD Act)", que foi sancionada nos EUA em 2018. Cf. UNIÃO EUROPEIA. **The CLOUD Act.** Eurojust, 22 Dec. 2022. Disponível em: https://www.eurojust.europa.eu/sites/default/files/assets/the-cloud-act.pdf. Acesso em: 4 dez. 2023.
88. UNIÃO EUROPEIA. **Proposta de Regulamento do Parlamento Europeu e do Conselho relativo às ordens europeias de entrega ou de conservação de provas eletrônicas em matéria penal.** COM(2018) 225. Estrasburgo, 17 de abril de 2018. Disponível em: https://eur-lex.europa.eu/legal-content/PT/TXT/HTML/?uri=CELEX:52018PC0225. Acesso em: 2 jun. 2023.

Segundo Protocolo à Convenção de Budapeste[89] sobre cooperação reforçada para a obtenção de provas eletrônicas.[90] Essas medidas simplificadoras do acesso a provas reduzem as pressões para a aprovação de leis de localização digital (*data localization*), por meio das quais os Estados buscam assegurar o controle territorial sobre os dados referentes à sua jurisdição e sobre o acesso a eles, exigindo que as empresas os mantenham no seu território, o que garante a incidência direta das leis locais e evita, entre outras coisas, a necessidade de cooperação jurídica internacional.[91]

O segundo mecanismo funda-se no robustecimento da confiança mútua entre os Estados, criando-se um sistema paralelo ao de cooperação jurídica internacional (MLA): o da cooperação intracomunitária, num modelo quase federativo de colaboração. Temos aí uma virada histórica, saltando-se da cooperação interestatal clássica para a era do reconhecimento mútuo, ora circunscrito a espaços comunitários muito integrados, como a União Europeia, onde isto só é possível por haver um nível similar de proteção a direitos humanos nos Estados Membros.[92] A regra da cooperação jurídica internacional deixa assim de medir apenas o interesse estatal e passa a mensurar o interesse da pessoa humana, daí se tornando evidente por que precisamos compreender a cooperação jurídica internacional como um dever, um dever bifronte para os Estados: o de prestar cooperação, segundo

---

89. COUNCIL OF EUROPE. **Convention on Cybercrime** (CETS No. 185), adopetd at Budapest on 23 November 2001. Disponível em: https://rm.coe.int/1680081561. Acesso em: 10 jul. 2023.

90. COUNCIL OF EUROPE**. Second Additional Protocol to the Convention on Cybercrime on enhanced co-operation and disclosure of electronic evidence** (CETS No. 224), adopted at Strasbourg, on 12 May 2022. Disponível em: https://www.coe.int/en/web/conventions/full-list?module=treaty-detail&treatynum=224. Acesso em: 10 jun. 2023.

91. "For countries outside of the United States, the combination of more electronic evidence located abroad (due to encryption and other factors) and high barriers to getting MLA evidence (due to bureaucratic delays and relatively strict U.S. legal standards) has at least one logical solution-require companies to locate their cloud servers in the country that seeks the evidence. With data localization, a country can use its local legal process to gain the electronic evidence, in the short time typical of local criminal investigations and without the friction of meeting the legal requirements of the United States or another country". SWIRE, Peter; HEMMINGS, Justin D. Mutual legal assistance in an era of globalized communications: the analogy to the visa waiver program. **New York University Annual Survey of American Law**, *[S. l.]*, v. 71, n. 4, p. 687–740, 2016, p. 710.

92. Bachmaeir Winter alerta que "embora a cooperação judicial e a assistência mútua em matéria penal na UE funcione muito mais eficientemente no presente do que funcionava nos anos anteriores, notavelmente melhor do que a cooperação com Estados terceiros, a mora na execução de pedidos é ainda um problema". BACHMAIER WINTER, Lorena. Cross-Border Investigations Under the EPPO Proceedings and the Quest for Balance. *In*: BACHMAIER WINTER, Lorena (org.). **The European Public Prosecutor's Office:** The Challenges Ahead. Legal Studies in International, European and Comparative Criminal Law. Cham: Springer International Publishing, 2018. p. 117–139, p. 117.

as fontes próprias do direito internacional; e o dever de *requerer* cooperação internacional, como consequência das obrigações positivas que são impostas aos Estados, no sistema bifásico que já identificamos.

2.3. O CONCEITO DE COOPERAÇÃO JURÍDICA INTERNACIONAL

É vasto o domínio da cooperação internacional. Já o chamamos de multiverso. No campo do Direito, a lente que utilizamos nos permite visualizar a cooperação internacional, que pode ser de ordem penal, civil ou administrativa. Essas são suas distintas espécies, seus pontos de inserção no processo, como atividade processual que é. Agregando-lhe uma qualidade, a cooperação internacional poderá ser *jurídica*, *judicial* ou *jurisdicional*. Tais adjetivos são indiferenciados, havendo, contudo, doutrinadores que os distinguem e preferem um ao outro, conforme argumentações as mais variadas. Não dedicaremos tempo a esta questão semântica já bem tratada por Feuillade, que prefere a denominação cooperação *jurisdicional* internacional, definindo-a como o "mecanismo pelo qual as autoridades competentes dos Estados se prestam auxílio recíproco para executar em seu país atos processuais que pertencem e, portanto, estão destinados a integrar-se a processos que são levados a cabo no estrangeiro".[93] O verbo adotado pelo autor (*prestar* auxílio) aponta para o aspecto passivo da cooperação, o de cumprimento de pedidos sob demanda; nossa atenção está voltada, contudo, para a cooperação ativa.

Na definição de Zimmermann, "a cooperação *judiciária* internacional em matéria penal significa a execução pelo Estado requerido [...] de medidas para facilitar o julgamento e punição de infrações penais no Estado requerente".[94] De novo, o conceito centra-se no aspecto passivo da cooperação, mas se nota o reflexo dessa prestação no exercício da atividade jurisdicional do Estado requerente, que ocupa o polo ativo. Segundo Raúl Cervini e Juarez Tavares, "a cooperação penal internacional se concretiza quando o aparato judicial de um Estado, que não tem poder de império senão dentro de seu território, recorre ao auxílio, à assistência que podem prestar outros Estados, por meio de suas autoridades jurisdicionais".[95] A limitação soberana e o critério jurisdicional dão a tônica dessa definição.

---

93. FEUILLADE, Milton C. **Cooperación jurisdiccional internacional**. Ciudad de Buenos Aires: Editorial Ábaco de Rodolfo Depalma, 2011, p. 29-33.
94. ZIMMERMANN, Robert. **La cooperation judiciaire internationale en matière pénale**. 5e édition ed. Berne: Stämpfli editions, 2019, p. 5.
95. CERVINI, Raúl; TAVARES, Juarez. **Princípios de cooperação judicial penal internacional no Protocolo do Mercosul.** São Paulo: Revista dos Tribunais, 2000, p. 49.

Nosso foco de estudo está na cooperação jurídica internacional em matéria penal (*entraide pénale internationale; mutual legal assistance; auxilio judiciario mutuo; cooperazione giudiziaria internazionale etc.*) em sentido amplo, isto é, no conjunto de institutos jurídicos, princípios, regras e instituições previstas em tratados bilaterais ou multilaterais ou estabelecidas unilateralmente no direito interno que se destinam a viabilizar a persecução penal no encontro de jurisdições distintas, de Estados ou de tribunais penais internacionais. Por "matéria penal" entende-se toda e qualquer investigação, processo ou execução penal, em qualquer grau de jurisdição, inclusive as ações penais originárias (*ratione muneris*), no foro especial; as ações penais privadas, de titularidade da vítima ou de seu representante legal; as ações penais propostas contra pessoas jurídicas; e as ações e execuções civis *ex delicto*. Seus instrumentos - entre eles a extradição,[96] a entrega, a transferência de pessoas, a transferência de processos penais, o reconhecimento de sentenças penais estrangeiras, as rogatórias e a assistência judiciária mútua probatória (*mutual legal assistance*) - apresentam-se como procedimentos incidentes na investigação criminal, na ação penal ou na execução penal, ou ainda como medidas de sucessão processual, exigindo a coordenação de ordens jurídicas distintas, com intermediação do direito internacional penal, do direito penal transnacional e do direito interno. A cooperação penal ou entreajuda penal tem em vista propiciar a *continuidade* da persecução criminal, que seria obstada em razão da limitação da jurisdição nacional ou da jurisdição internacional nos espaços sujeitos a soberania estrangeira ou a soberania alguma.[97] Forma-se um *continuum*, de modo que "todas as modalidades de assistência judiciária fazem parte de uma *divisão internacional do trabalho na repressão de infrações penais*".[98] Trata-se de uma divisão funcional de competências internacionais (*jurisdictio*), no campo da jurisdição adjudicatória, por sucessão ou por interposição de atos estatais, a depender da modalidade de cooperação internacional de que se cuide. Deve haver "uma continuidade jurídica que viabilize um fluido trânsito

---

96. Escrevendo em 2013, Bassiouni registrava que "No período historicamente curto de cinquenta anos, a prática milenar da extradição como modalidade por excelência da cooperação internacional tornou-se apenas uma entre várias modalidades". BASSIOUNI, M. Cherif. **Introduction to international criminal law**. 2nd rev. Leiden; Boston: Martinus Nijhoff Publishers, 2013, p. 500.
97. Parte desta seção foi adaptada a partir das p. 317-318 de: ARAS, Vladimir. Direito probatório e cooperação jurídica internacional. *In*: SALGADO, Daniel de Resende; QUEIROZ, Ronaldo Pinheiro de. **A prova no enfrentamento à macrocriminalidade**. 2.ed. Salvador: JusPodivm, 2016. p. 315–382.
98. LAGODNY, Otto; SCHOMBURG, Wolfgang. International Cooperation in Criminal Matters and Rights of the Individual from a German Perspective. **European Journal of Crime, Criminal Law and Criminal Justice**, *[S. l.]*, v. 2, n. 4, p. 379–405, 1994, p. 395.

jurisdicional entre os Estados Partes formais – sem desconhecer os direitos das pessoas concernidas".[99]

Noutras palavras, a cooperação jurídica (ou judicial ou jurisdicional) internacional é o conjunto de mecanismos jurídicos postos à disposição de Estados ou de organizações internacionais especializadas – a exemplo do Tribunal Penal Internacional – para viabilizar a persecução criminal ou a execução penal ou a reparação do dano *ex delicto* em situações que dependam de outra jurisdição. Nas jurisdições estatais, a estraneidade eventualmente estará presente. Por outro lado, os aspectos de estraneidade são inerentes à jurisdição dos tribunais internacionais e nos crimes transnacionais, o que torna essencial a cooperação internacional para sua operação.

A cooperação jurídica internacional em matéria penal é uma espécie do gênero cooperação jurídica internacional, que engloba também instrumentos civis de ajuda interestatal – no âmbito da insolvência internacional, da adoção internacional de crianças e adolescentes, da prestação de alimentos no exterior, dos aspectos civis do sequestro internacional de menores etc – e institutos de entreajuda no campo administrativo, onde se inserem procedimentos de assistência, inclusive probatória, entre os Fiscos, as aduanas, as agências anticorrupção, os órgãos de defesa da concorrência, as comissões de valores mobiliários, as unidades de inteligência financeira e outras instituições nacionais de função puramente executiva.

Espaços comunitários muito integrados, como a União Europeia, têm um marco diferenciado para a colaboração entre as autoridades judiciárias dos Estados Membros, que paulatinamente substituiu a assistência jurídica mutual (MLA) pelo princípio do reconhecimento mútuo, constituindo "um sistema paralelo", que coexiste com o modelo de cooperação extra-UE, isto é, com terceiros Estados.[100] A Comunidade do Caribe (Caricom) também adota um regime intracomunitário mais denso, inclusive para a captura e entrega de foragidos.[101]

---

99. CERVINI, Raúl; TAVARES, Juarez. **Princípios de cooperação judicial penal internacional no Protocolo do Mercosul.** São Paulo: Revista dos Tribunais, 2000, p. 50.

100 MARCHETTI, Maria-Riccarda. Introduzione: la cooperazione "tradizionale" e le nuove forme de assistenza giudiziaria. In: MARCHETTI, Maria-Riccarda; SELVAGGI, Eugenio; BARROCU, Giovanni. **La nuova cooperazione giudiziaria penale:** dalle modifiche al Codice di procedura penale all'Ordine europeo di indagine. Milano: Wolters Kluwer, 2019, p. 9.

101. CARICOM. **Caricom Arrest Warrant Treaty**, done at Grenada on 5 July 2017. Disponível em: https://caricom.org/wp-content/uploads/CARICOM-Arrest-Warrant-Treaty.pdf. Acesso em: 10 jul. 2023.

A cooperação internacional em matéria penal não é matéria que interessa exclusivamente aos Estados soberanos. Organizações internacionais[102] e supranacionais,[103] dotadas de personalidade jurídica de direito internacional público, também podem firmar tratados de assistência em matéria penal com Estados e com outros sujeitos de direito internacional.[104] Ademais, tribunais internacionais sujeitam-se a um regime próprio de cooperação jurídica internacional em matéria penal, decorrente dos tratados que os constituem (caso do TPI, consoante o Estatuto de Roma) ou das resoluções que os criaram (casos dos tribunais internacionais *ad hoc* para a ex-Iugoslávia e para Ruanda).[105] As regras próprias de cooperação internacional do Tribunal Penal Internacional estão nos arts. 86 a 102 do Estatuto de Roma de 1998, com uma ampla disciplina para a assistência, denominada vertical, entre os Estados Partes do tratado e o TPI.[106] Além do TPI – que é uma corte de cunho permanente, constituída para julgar crimes posteriores à sua instalação segundo sua competência *ratione temporis* –, estão ou estiveram em funcionamento vários outros tribunais, como os tribunais *ad hoc* de 1993 e 1994 e diversos tribunais internacionalizados ou cortes híbridas.[107]

---

102. Como consta de seu preâmbulo, o acordo TPI/UE "diz respeito às regras de cooperação e de auxílio entre o Tribunal Penal Internacional e a União Europeia, e não entre o Tribunal Penal Internacional e os Estados-Membros da União Europeia". TRIBUNAL PENAL INTERNACIONAL; UNIÃO EUROPEIA. **Acordo de cooperação e auxílio entre o Tribunal Penal Internacional e a União Europeia,** celebrado em Luxemburgo em 10 de abril de 2006. Disponível em: https://www.consilium.europa.eu/en/documents-publications/treaties-agreements/agreement/?id=2005079&DocLanguage=en . Acesso em: 2 jun. 2023.
103. UNIÃO EUROPEIA; ESTADOS UNIDOS DA AMÉRICA. **Acordo entre a União Europeia e os Estados Unidos da América sobre auxílio judiciário mútuo.** Jornal Oficial nº L 181, de 19 de julho de 2003. Disponível em: https://eur-lex.europa.eu/legal-content/PT/TXT/HTML/?uri=CELEX:22003A0719(02). Acesso em: 2 jun. 2023. Vide também o tratado entre a EU e o Japão, concluído em Bruxelas e Tóquio, em 2 de janeiro de 2011, sobre assistência judiciária mútua em matéria penal.
104. THE CARIBEAN COMMUNITY (CARICOM); THE INTERNATIONAL CRIMINAL POLICE ORGANIZATION (ICPO-INTERPOL). **Cooperation Agreement between Caricom and Interpol**, signed on 25 February 2009 and on 19 March 2009. Disponível em: http://www.commonlii.org/caribbean/other/treaties/CaricomTSer/2009/1.pdf. Acesso em: 10 jul. 2023.
105. Vide, por exemplo: INTERNATIONAL CRIMINAL TRIBUNAL FOR THE FORMER YUGOSLAVIA. **Updated Statute of the ICTY**, adopted 25 May 1993 by Resolution S/RES/827. Disponível em: https://www.icty.org/x/file/Legal%20Library/Statute/statute_sept09_en.pdf. Acesso em: 10 jun. 2023.
106. INTERNATIONAL CRIMINAL COURT. **Rome Statute of the International Criminal Court**, done at Rome on 17 July 1998. Disponível em: https://www.icc-cpi.int/sites/default/files/RS-Eng.pdf. Acesso em: 10 jul. 2023.
107. WERLE, Gerhard; JESSBERGER, Florian. **Principles of International Criminal Law**. 4. ed. Oxford: Oxford University Press, 2020, § 354 e 361.

As cortes *ad hoc* não mais operam.[108] É o caso do Tribunal Internacional para a ex-Iugoslávia (com sede na Haia) e do Tribunal Internacional para Ruanda (com sede em Arusha, Tanzânia), ambos constituídos por resoluções do Conselho de Segurança das Nações Unidas, em 1993 e em 1994, respectivamente, o que, como vimos, tem consequências importantes no seu regime cooperacional extraconvencional.[109] Entre as cortes hibridas estão o Tribunal Especial para Serra Leoa (com sedes em Freetown e na Haia); o Tribunal Especial para o Líbano (com sedes na Haia e em Beirute); as Câmaras Extraordinárias nas Cortes do Camboja (com sede em Phnom Penh); e as Câmaras Africanas Extraordinárias (com sede em Dacar, Senegal). Também ingressam na lista os tribunais mistos (*mixed international-national courts)* que operam ou operaram no Timor Leste, em Kosovo, na Bósnia-Herzegovina e na República Centro-Africana.[110]

A existência de cooperação entre Estados e de cooperação com tribunais internacionais permite classificar a cooperação como *horizontal* ou *vertical*, respectivamente, sendo esta a que se opera entre Estados e órgãos de justiça internacional.[111]

2.4. OS FUNDAMENTOS DA COOPERAÇÃO JURÍDICA INTERNACIONAL

Os fundamentos da cooperação jurídica internacional se confundem com as fontes do dever de cooperar passivamente. A prestação de assistência interestatal tem como base jurídica os tratados, os costumes internacionais[112] e, como uma espécie de acordos *ad hoc*, as promessas de reciprocidade,[113]

---

108. Os tribunais para a ex-Iugoslávia e Ruanda encerraram suas atividades e foram substituídos pelo *United Nations Mechanism for International Criminal Tribunals* (MICT), criado em 2010 pela Resolução 1966 do Conselho de Segurança das Nações Unidas.

109. SOLER, Christopher. **The Global Prosecution of Core Crimes under International Law**. The Hague: T.M.C. Asser Press, 2019, p. 16-17.

110. DONLON, Fidelma. Hybrid courts. In: SCHABAS, William; BERNAZ, Nadia (Org.) **Routledge handbook of international criminal law.** Abingdon, Oxon; New York: Routledge, 2011, p. 85.

111. SELVAGGI, Eugenio. C'è un altro mondo là fuori: ovvero il futuro della la cooperazione giudiziaria. In: MARCHETTI, Maria-Riccarda; SELVAGGI, Eugenio; BARROCU, Giovanni. **La nuova cooperazione giudiziaria penale: dalle modifiche al Codice di procedura penale all'Ordine europeo di indagine**. Milano: Wolters Kluwer, 2019, p. 566.

112. FEUILLADE, Milton C. **Cooperación jurisdiccional internacional**. Ciudad de Buenos Aires: Editorial Ábaco de Rodolfo Depalma, 2011, p. 31.

113. "È ben noto infatti come la cooperazione guidiziaria possa attuarsi anche in mancanza di convenzione: vale a dire che è possibile attuarla caso per caso su base di reciprocitá". MARCHETTI, Maria-Riccarda. Introduzione: la cooperazione "tradizionale" e le nuove forme de assistenza giudiziaria. In: MARCHETTI, Maria-Riccarda; SELVAGGI, Eugenio; BARROCU, Giovanni. **La**

estas inteiramente dependentes do direito interno, mas como reflexo de um princípio internacional cooperativo, na expectativa de vantagens futuras. Em grande medida, a cooperação jurídica internacional se apoia numa "teia de tratados internacionais" que vinculam os Estados;[114] e é "disciplinada em instrumentos normativos de natureza bilateral ou plurilateral que fornecem a base jurídica para sua instauração e que [...] impõem obrigações de concessão dela mesma quando preenchidas as condições previstas".[115] Logo, seu fundamento primário no âmbito convencional é o princípio *pacta sunt servanda*.[116]

Antes dos tratados e dos costumes cooperacionais, era a cortesia internacional (*comitas gentium; comity*) que organizava a cooperação entre os Estados. Na *comitas*, "o Estado soberano e independente dos demais, por um ato puramente gracioso", cumpria o pedido estrangeiro. [117] Na gênese da cooperação internacional, havia uma espécie de "graciosa cortesia entre os Estados soberanos dispostos a prestar auxílio recíproco".[118]

Genericamente, podemos fundar a cooperação internacional na solidariedade internacional. Segundo Vattel, "[c]ada Estado deve a outro Estado o que ele deve a si mesmo à medida que este outro tenha necessidade real de ajuda, e que ele possa conceder essa ajuda sem negligenciar os deveres para consigo mesmo".[119] A depender do substrato material que seja objeto da cooperação internacional, poderemos divisar seus fundamentos no *jus*

---

nuova cooperazione giudiziaria penale: dalle modifiche al Codice di procedura penale all'Ordine europeo di indagine. Milano: Wolters Kluwer, 2019, p. 2, nota 4.

114. FEUILLADE, Milton C. **Cooperación jurisdiccional internacional**. Ciudad de Buenos Aires: Editorial Ábaco de Rodolfo Depalma, 2011, p. 31.

115 MARCHETTI, Maria-Riccarda. Introduzione: la cooperazione "tradizionale" e le nuove forme de assistenza giudiziaria. In: MARCHETTI, Maria-Riccarda; SELVAGGI, Eugenio; BARROCU, Giovanni. **La nuova cooperazione giudiziaria penale: dalle modifiche al Codice di procedura penale all'Ordine europeo di indagine**. Milano: Wolters Kluwer, 2019, p. 8-9.

116. ZIMMERMANN, Robert. **La cooperation judiciaire internationale en matière pénale**. 5e édition ed. Berne: Stämpfli editions, 2019, p. 197, § 190.

117. FEUILLADE, Milton C. **Cooperación jurisdiccional internacional**. Ciudad de Buenos Aires: Editorial Ábaco de Rodolfo Depalma, 2011, p. 34.

118 MARCHETTI, Maria-Riccarda. Introduzione: la cooperazione "tradizionale" e le nuove forme de assistenza giudiziaria. In: MARCHETTI, Maria-Riccarda; SELVAGGI, Eugenio; BARROCU, Giovanni. **La nuova cooperazione giudiziaria penale: dalle modifiche al Codice di procedura penale all'Ordine europeo di indagine**. Milano: Wolters Kluwer, 2019, p. 9.

119. VATTEL, Emer de. **O direito das gentes**. Brasília: Instituto de Pesquisa de Relações Internacionais: Editora Universidade de Brasília, 2004, p. 193-194.

cogens[120] ou nas obrigações *erga omnes*[121] ou ainda no ideal universal de realização da justiça, como um dos objetivos da comunidade internacional, do que resulta para os Estados o dever de cooperar.[122] Essa diferenciação pelo objeto tem em mira o direito internacional penal (onde se colocam as proibições de *jus cogens*); o direito penal transnacional e o direito penal interno "transnacionalizado" ou "internacionalizado" por estraneidade eventual.

O jurista egípcio Mahmoud Cherriff Bassiouni (1937-2017) - seguramente um dos maiores mestres do direito internacional penal - compreendia que a cooperação internacional em matéria penal se fundamenta na aspiração da constituição da "*civitas maxima,* na qual se baseia o brocardo *aut dedere aut iudicare*", [123] que orienta a assistência extradicional. O filósofo alemão Christian Wolff (1679-1754) sustentava que a *civitas maxima* era o fundamento do próprio direito das gentes, uma "república máxima" ou "universal" .[124] Uma das mais densas manifestações dessa *comunidade internacional* foi a constituição dos Tribunais Penais Internacionais de Nuremberg e do Extremo Oriente, em Tóquio, no pós-guerra.[125] Hoje, esse ideal é representado pelo TPI.

> Uma concepção supranacional do direito necessariamente significa que existe uma *civitas maxima*, um corpo político superior aos Estados individuais. A *civitas maxima*, da qual deriva o *jus cogens*, traduz-se numa comunidade

---

120. BASSIOUNI, M. Cherif. **Introduction to international criminal law**. 2nd rev. Leiden; Boston: Martinus Nijhoff Publishers, 2013, p. 500.
121. Referindo-se ao art. 29 do seu Estatuto, o TPI-I afirmou que o "Article 29 imposes an obligation on Member States towards all other Members or, in other words, an obligation *erga omnes partes*. By the same token, Article 29 posits a community interest in its observance". INTERNATIONAL CRIMINAL TRIBUNAL FOR THE FORMER YUGOSLAVIA. **The Prosecutor v. Tihomir Blaškić**. Request of the Republic of Croatia for Review of the Decision of the Trial Chamber II of 18 July 1997, Appeals Chamber. Judgment of 29 October 1997, § 26. Disponível em: https://www.icty.org/x/cases/blaskic/acdec/en/71029JT3.html. Acesso em: 10 jul. 2023.
122. FEUILLADE, Milton C. **Cooperación jurisdiccional internacional**. Ciudad de Buenos Aires: Editorial Ábaco de Rodolfo Depalma, 2011, p. 34-35.
123. BASSIOUNI, M. Cherif. **Introduction to international criminal law**. 2nd rev. Leiden ; Boston: Martinus Nijhoff Publishers, 2013, p. 500. Mais adiante, o autor explica: "The earlier Roman law concept of a *civitas maxima* became the source of the contemporary maxim *aut dedere aut judicare*, which translates into the international obligation to prosecute or extradite for certain international crimes. This latter concept was first developed by Hugo Grotius in 1625 in *De Jure Belli ac Pacis*.98 It is now the foundation of ICL and ICJ, both of which depend on state cooperation". BASSIOUNI, **Introduction to international criminal law...,** Op. cit., p. 1010.
124. WOLFF, Christian. Jus gentium methodo scientifica pertractatum, 1749, apud ONUF, Nicholas Greenwood. Civitas Maxima: Wolff, Vattel and the Fate of Republicanism. **American Journal of International Law**, *[S. l.]*, v. 88, p. 280, 1994, p. 282 e 202.
125. MUELLER, Gerhard O. W. International Criminal Law: Civitas Maxima: an overview. **Case Western Reserve Journal of International Law**, *[S. l.]*, v. 15, n. 1, p. 1–7, 1983, p. 3.

> internacional que tem a prerrogativa de impor normas internacionais que se sobrepõem às nacionais.[126]

Assim vistas as coisas, pode-se determinar que a assistência jurídica internacional não se rege mais pela mera *comitas gentium*.[127] No domínio do direito internacional privado, esta concepção "foi substituída por Story pela noção de que a aplicação do direito estrangeiro se faz na busca da boa justiça".[128] A aplicação do direito internacional penal faria o mesmo papel: viabilizar a boa administração da justiça internacional na comunidade das nações, que é ou deveria ser uma comunidade dos povos. Se não valerem os tratados, aí estarão os costumes; se estes não se apresentarem, haverá deveres resultantes do *jus cogens;* ou ainda teremos a vinculação dos Estados a resoluções obrigatórias do Conselho de Segurança da ONU, a obrigações *erga omnes*. Fora daí a assistência passiva se regerá por *comity*, mas apenas residualmente. Na União Europeia, decidiu-se ser um dever dos Estados Membros do bloco constituir um espaço de liberdade, segurança e justiça, compromisso do qual deriva a necessidade de aperfeiçoar mecanismos de cooperação penal interestatal. Neste contexto, ali e para além dali, as nações comprometem-se, por reciprocidade, por cortesia, por costumes ou por vínculos jurídicos derivados de tratados, a cooperar entre si para a persecução de crimes considerados graves, dando-se, na UE, um passo adiante, garantindo-se força ao princípio do reconhecimento mútuo e assegurando-se a primazia do direito comunitário.[129]

A razão de ser da cooperação também é a soberania e, em função dela, a limitação da jurisdição. A soberania é, ao mesmo tempo, fundamento e fronteira da cooperação internacional. Segundo Ramos, o limite tradicional da cooperação internacional sempre foi o poder soberano do Estado; prestar cooperação jurídica era uma atividade muito restrita devido ao "medo dos

---

126. BASSIOUNI, M. Cherif. **Introduction to international criminal law**. 2nd rev. Leiden; Boston: Martinus Nijhoff Publishers, 2013, p. 1010.

127. Parte desta seção foi adaptada a partir das p. 319-323 de: ARAS, Vladimir. Direito probatório e cooperação jurídica internacional. *In*: SALGADO, Daniel de Resende; QUEIROZ, Ronaldo Pinheiro de. **A prova no enfrentamento à macrocriminalidade**. 2.ed. Salvador: JusPodivm, 2016. p. 315–382.

128. DOLINGER, Jacob. **Direito internacional privado**: parte geral. 8. ed., ampliada e atualizada ed. Rio de Janeiro: Renovar, 2005, p. 141.

129. TRIBUNAL DE JUSTIÇA DA UNIÃO EUROPEIA. Acórdão de 5 de fevereiro de 1963. Processo 26/62. **NV Algemene Transport- en Expeditie Onderneming van Gend & Loos, e Administração Fiscal neerlandesa.** Disponível em: https://eur-lex.europa.eu/legal-content/PT/TXT/HTML/?uri=CELEX:61962CJ0026&from=PT. Acesso em: 20 jul. 2023.

bárbaros",[130] uma espécie de xenofobia jurídica[131] – por oposição à noção de *Völkerrechtsfreundlichkeit*[132] – que temia a cooperação penal com outras nações e insistia na autoafirmação da soberania do país. Infelizmente, muito desse vezo preconceituoso ainda está impregnado na praxe judiciária de países como o Brasil, como se vê nos Habeas Corpus 91.002/RJ[133] e 87.759/DF,[134] julgados pela Suprema Corte brasileira, nos quais se fez uma interpretação soberanista das regras de competência de outros Estados quanto à emissão de cartas rogatórias. Já no Habeas Corpus 85.588/RJ,[135] também

---

130. RAMOS, André de Carvalho. Cooperação jurídica internacional. **Seminário sobre Cooperação Jurídica Internacional**. Salvador, Bahia: ESMPU, 22 e 23 de setembro de 2008.

131. A Suprema Corte dos Estados Unidos tem sido refratária ao direito internacional. É ilustrativa a fala do *Justice* Clarence Thomas no caso *Knight v. Florida* em reação ao voto divergente do *Justice* Breyer: "Se houvesse alguma base [para o pedido do réu] em nossa própria jurisprudência, seria desnecessário para os autores da pretensão referir-se ao Tribunal Europeu dos Direitos do Homem, ao Supremo Tribunal do Zimbábue, ao Supremo Tribunal da Índia ou ao *Privy Council*". Cf. UNITED STATES. Supreme Court, **Knight v. Florida,** 528 U.S. 990 (1999), Decided November 8, 1999, Thomas J., concurring. Disponível em: https://www.law.cornell.edu/supct/html/98-9741.ZA.html#FN1SRC. Acesso em: 10 jun. 2023. O dissenso entre os dois juízes prosseguiu no caso *Foster v. Florida*, como conta Slaughter em seu artigo. SLAUGHTER, Anne-Marie. A Global Community of Courts. **Harvard International Law Journal**, *[S. l.]*, v. 44, n. 1, p. 191–220, 2003, p. 197.

132. Trata-se do princípio da abertura ao direito internacional: "O princípio da abertura ao direito internacional tem *status* constitucional na Alemanha. A Lei Básica comprometeu as autoridades públicas alemãs com a cooperação internacional (art. 24 GG) e a integração europeia (art. 23 GG). Em todo o caso, a Constituição alemã dá especial ênfase ao direito internacional nas suas regras gerais (artigo 25.º da Lei Básica). O artigo 59(2) da Lei Fundamental confere ao direito internacional o *status* de direito federal ordinário. Com essas disposições, a Lei Básica visa integrar a República Federal da Alemanha na ordem jurídica internacional da comunidade de Estados como um membro pacífico e igualitário. Isso também é enfatizado no preâmbulo da Lei Fundamental." REHM VERLAG. **Kommentar zu den arbeits- und dienstrechtlichen Regelungen einschließlich Kommentierung des Entgelttransparenzgesetzes**. Disponível em: https://www.rehm-verlag.de/. Acesso em: 2 jun. 2023. Conforme Reiling, o "princípio da abertura ao direito internacional deve conferir eficácia interna ao direito internacional e pode, assim, contribuir para uma integração progressiva dos dois sistemas jurídicos". REILING, Katharina. Die Anwendung des Grundsatzes der Völkerrechtsfreundlichkeit auf rechtsunverbindliche internationale Standards. **Zaörv**, *[S. l.]*, v. 78, p. 312–338, 2017.

133. STF: "Não se harmoniza com a ordem jurídica pátria carta rogatória emitida pelo Ministério Público". BRASIL. Supremo Tribunal Federal. 1ª Turma. **Habeas Corpus 91.002/RJ**, Relator Ministro Marco Aurélio, j. em 26/02/2008.

134. STF: "Consoante dispõe o inciso I do artigo 202 do Código de Processo Civil, a carta rogatória é instrumento próprio à cooperação entre Judiciários, devendo o subscritor estar integrado a esse Poder. Não há possibilidade de Procuradoria da República de Estado estrangeiro requerer à autoridade judiciária brasileira o cumprimento de carta rogatória por si expedida". BRASIL. Supremo Tribunal Federal. 1ª Turma. **Habeas Corpus 87.759/DF**, Relator Ministro Marco Aurélio, j. em 26/02/2008.

135. STF: "A prática de atos decorrentes de pronunciamento de autoridade judicial estrangeira, em território nacional, objetivando o combate ao crime, pressupõe carta rogatória a ser submetida, sob o ângulo da execução, ao crivo do Superior Tribunal de Justiça, não cabendo potencializar a cooperação internacional a ponto de colocar em segundo plano formalidade

julgado pelo STF brasileiro, a questão da soberania nacional foi invocada como obstáculo à cooperação penal, como ficou claro na intervenção do ministro Ricardo Lewandowski durante o voto do ministro Cezar Peluso. Num pedido de cooperação em que se pretendia dispensar o *exequatur* a uma carta rogatória, o referido ministro via um "atentado à soberania nacional", abrindo-se, na sua visão, "um precedente perigoso" no qual o STF estaria "legitimando qualquer tipo de ingresso de autoridade estrangeira no território para praticar o ato que quiser".[136]

Essa decisão muito se aproxima da chamada xenofobia jurídica, já que, no caso concreto posto ao exame da Suprema Corte brasileira, não se estava diante de uma invasão de hordas bárbaras ou de agentes secretos estrangeiros à la James Bond, Jack Bauer, Jason Bourne ou John Wick. Não se tratava de defender uma soberania nacional "ameaçada" por uma mera rogatória. Tratava-se apenas de um pedido da Confederação Helvética para que autoridades daquele país (doutas e letradas, frise-se) acompanhassem atos de instrução a serem realizados no Brasil, para ouvida de nacionais brasileiros, no interesse de investigação criminal em curso na Suíça. Tal fato foi percebido e rebatido pelo ministro Peluso.[137]

Nos Estados Unidos também se via resistência semelhante, decorrente da falta de leis que permitissem aos tribunais federais do país executar cartas rogatórias em assuntos penais.[138] Era como se ainda estivéssemos em 1975, na era pré-globalização, quando, como alertava Badan Opertti, o isolamento, a desconfiança e a rejeição eram dominantes na cooperação internacional. Mais valia "a ideia do obstáculo [...] do que a ideia da cooperação".[139] Para os Estados Unidos, foi justamente em 1978, que o Departamento de Estado foi autorizado a firmar tratados de assistência jurídica mútua em matéria

---

essencial à valia dos atos a serem realizados". BRASIL. Supremo Tribunal Federal. 1ª Turma. **Habeas Corpus 85.588/RJ**. Relator Ministro Marco Aurélio, j. em 04/04/2006.

136. BRASIL. Supremo Tribunal Federal. 1ª Turma. **Habeas Corpus 85.588/RJ**. Relator Ministro Marco Aurélio, j. em 04/04/2006, p. 696.

137. Voto do Ministro Cezar Peluso, no STF: "Com o devido respeito, penso que a coisa não é tão dramática, pois, afinal de contas, o Estado requerente se submeteu à autoridade judiciária brasileira, que, eventualmente podia não ser competente. Não se trata de invasão". BRASIL. Supremo Tribunal Federal. 1ª Turma. **Habeas Corpus 85.588/RJ**. Relator Ministro Marco Aurélio, j. em 04/04/2006, p. 696-697.

138. KENNEY, William S. Structures and Methods of International and Regional Cooperation in Penal Matters. **New York Law School Law Review**, *[S. l.]*, v. 29, n. 1, p. 39–100, 1984, p. 40.

139. OPERTTI BADAN, Didier. La cooperación jurídica interamericana. **Anuario Español de Derecho Internacional Privado**, *[S. l.]*, v. 0, p. 387–404, 2000, p. 390.

penal (MLATs).[140] Antes disso, só havia um acordo bilateral em matéria penal dos EUA, aquele que fora firmado com a Suíça em 1973 e que só entrou em vigor no final daquela década.

Esta digressão permite ver que assistimos à construção de um novo paradigma, no qual a prestação de cooperação internacional (assistência passiva) não é mais um favor entre os Estados (uma "cortesia"), nem uma concessão à soberania, mas sim uma obrigação internacional de cooperação. Esta obrigação também tem suas inflexões domésticas, tendo em vista a necessidade de corporificar o princípio fundamental da cooperação, que se traduz num direito *dos interessados* no pedido de cooperação ao estrangeiro, o que inclui vê-lo cumprido a tempo e modo,[141] agora no enfoque da cooperação ativa, segundo a ótica do Estado requerente.

Presenciamos a incorporação à ordem jurídica de tratados com enorme gama de deveres, que exigem dos Estados prestações positivas não discricionárias nem graciosas,[142] cuja execução cabe ao Ministério Público e ao Poder Judiciário desses países, no que diz com a cooperação penal, mas também aos seus órgãos legislativos e executivos em relação a obrigações de legislar, estruturar agências e capacitar autoridades de execução. O respeito aos interesses de Estados estrangeiros se traduz em respeito aos interesses e direitos de seus súditos que merecem proteção constitucional e convencional mesmo quando não residentes no território do Estado da diligência. Se, em certos casos, rejeitar um pedido de cooperação internacional (como, por exemplo, na negativa de extradição de réu acusado de crime político ou de opinião) corresponde a proteger direitos fundamentais da pessoa humana, noutros casos, a criação de óbices inconsistentes a essa mesma cooperação interestatal também pode ferir direitos individuais e difusos de sujeitos residentes no Estado requerente da cooperação. Como explicam Vervale e Gless, a justiça penal transnacional "já não diz respeito exclusivamente à cooperação internacional entre Estados em matéria penal". A pessoa humana já não é mero objeto de medidas de cooperação; o indivíduo passou a ter

---

140. KENNEY, William S. Structures and Methods of International and Regional Cooperation in Penal Matters. **New York Law School Law Review**, *[S. l.]*, v. 29, n. 1, p. 39–100, 1984, p. 41, nota 3.

141. Este e o parágrafo seguinte foram adaptados a partir das p. 321-322 de: ARAS, Vladimir. Direito probatório e cooperação jurídica internacional. *In*: SALGADO, Daniel de Resende; QUEIROZ, Ronaldo Pinheiro de. **A prova no enfrentamento à macrocriminalidade**. 2.ed. Salvador: JusPodivm, 2016, p. 315–382.

142. RAMOS, André de Carvalho. Cooperação jurídica internacional. **Seminário sobre Cooperação Jurídica Internacional**. Salvador, Bahia: ESMPU, 22 e 23 de setembro de 2008.

direitos e obrigações no âmbito da justiça penal transnacional,[143] e tais direitos devem ser reconhecidos e respeitados também nos incidentes cooperacionais do processo penal transnacional. Nesta linha de ideias, concordamos com Cebrián Salvat, que sustenta que o fundamento da cooperação jurídica internacional *não é mais* a soberania estatal, mas sim os direitos dos jurisdicionados a uma efetiva prestação jurisdicional. Diz ela: "o que está em jogo nestes casos [de cooperação jurídica internacional] são os interesses dos jurisdicionados, o direito dos particulares a receber a tutela judicial efetiva dos juízes e tribunais do Estado".[144]

2.5. A TENSÃO ENTRE OS MODELOS DE COOPERAÇÃO JURÍDICA INTERNACIONAL NA *COMMON LAW* E NA *CIVIL LAW*

Os regimes globais de proibição exercem uma importante função na compatibilização dos diferentes modos de cumprir a cooperação jurídica internacional. De um lado, nos países da *common law*, sobretudo na praxe norte-americana, parece prevalecer um modelo de atuação ministerial (*prosecutorial model*), no qual predominam os interesses dos órgãos de persecução criminal, num arranjo informal de interação interestatal, por oposição ao modelo internacionalista (*international law model*), mais formalista e fundado em tratados, que buscam assegurar um relacionamento interetático com respeito à soberania das partes.[145] A manifestação do primeiro modelo é facilmente verificável pelas cláusulas presentes em vários MLATs celebrados pelos Estados Unidos da América que impedem seu emprego por particulares ou no exclusivo interesse destes. São as chamadas *no-standing provisions*, de que trataremos mais adiante.

Muitos Estados de *civil law*[146] ainda se valem de produção probatória no exterior por escrito, com remessa de questões a serem respondidas pelo

---

143. GLESS, Sabine; VERVAELE, John A. E. Law Should Govern: Aspiring General Principles for Transnational Criminal Justice. **Utrecht Law Review**, *[S. l.]*, v. 9, n. 4, p. 3, 2013.

144. CEBRIÁN SALVAT, María Asunción. **La asistencia judicial internacional en España**. Granada: Editorial Comares, 2018, p. 15.

145. HEYMANN, Philip B. Two Models of National Attitudes toward International Cooperation in Law Enforcement. **Harvard International Law Journal**, *[S. l.]*, v. 31, n. 1, p. 99–107, 1990, p. 102 e 104.

146. Segundo Koch, em 2003, 33,8% dos países seguiam o sistema de *civil law*, enquanto o modelo de *common law* era adotado por 28,24% dos países, alcançando 62% das jurisdições então existentes. No contexto, a palavra "jurisdição" se refere a sistemas nacionais (Estados Unidos, Brasil, Japão etc.) e a sistemas subnacionais (Quebec, Louisiana, Escócia, Porto Rico etc.). Cf. KOCH, Charles. Envisioning a Global Legal Culture. **Michigan Journal of International Law**, *[S. l.]*, v. 25, n. 1, p. 1–76, 2003, p. 2. Checando a fonte dos dados, verificamos que, em 2023, tendo em conta os 192 Estados Partes da ONU: 40% deles são da família da *civil law* pura;

depoente no país de destino, perante a autoridade estrangeira, com apoio em rogatórias. Noutro modelo, que não se restringe a países de *common law*, a presença física (em pessoa) da testemunha perante o juízo do Estado requerente é essencial para a produção probatória, notadamente na fase judicial, quando vigora fortemente o princípio da oralidade, oportunidade na qual se deve observar o direito ao confronto. Desta necessidade surgem ferramentas específicas de cooperação internacional, para a transferência de depoentes.

Em matéria extradicional, os países da *common law* adotam um sistema de checagem probatória mais profunda, que exige a apresentação pelo Estado requerente de prova pré-constituída suficiente (*prima facie evidence*). Enquanto os Estados que seguem o sistema continental europeu, mormente o modelo belga[147] e o francês,[148] aplicam um procedimento de mera delibação, nos Estados Unidos,[149] em Cingapura, na Austrália e nos Estados nórdicos, por exemplo, segue-se um procedimento que exige um exame mais vertical da justa causa apresentada pelo Estado requerente para justificar a extradição. Ao firmar a Convenção Europeia de Extradição, de 1957, o Reino Unido afastou-se do requisito da prova pré-constituída (*prima facie*) e aproximou-se do modelo continental,[150] cujo *standard* probatório é reduzido. Isso mostra que, em matéria de cooperação jurídica internacional,

11,98 % são países que adotam apenas a *common law;* 1,56% adotam apenas a lei islâmica (Afeganistão, Arábia Saudita e Maldivas) e um país, Andorra (0,52%), segue um modelo próprio de direito costumeiro. Os demais filiam-se a sistemas mistos, com 11 variações. Os dados atualizados, inclusive com a indicação das jurisdições que adotam o direito islâmico, o direito costumeiro ou *customary law* (Andorra, Jersey e Guernsey) em suas formas pura ou mista, o direito judaico em modelo misto (Israel) e outros sistemas mistos estão disponíveis em: UNIVERSITY OF OTTAWA. **World Legal Systems**. Ottawa: JuriGlobe, 2023. Disponível em: http://www.juriglobe.ca/eng/. Acesso em: 30 set. 2023.

147. "Extradição: deferimento que independe, no sistema belga a que filiado o direito extradicional brasileiro, de qualquer juízo sobre a procedência das acusações em que se funda o pedido". BRASIL. Supremo Tribunal Federal. Tribunal Pleno. **Extradição 714**. Relator Ministro Sepúlveda Pertence, j. em 13/11/1997.

148. A forma contemporânea de extradição surgiu na França, em 1830. HARRINGTON, Joanna. The Making of Modern International Extradition Law. *In*: BOISTER, Neil; GLESS, Sabine; JESSBERGER, Florian (org.). **Histories of Transnational Criminal Law**. Oxford, United Kingdom; New York, NY: Oxford University Press, 2021, p. 276–286, p. 277.

149. "[...] based on a long line of U.S. Supreme Court decisions dealing with extradition-related appeals, the United States is apparently constitutionally bound to require that a court make a finding of probable cause before agreeing to extradite a fugitive wanted outside its borders". GOLDBERGER, Richard. It's Just Not Cricket: Is the Principle of Reciprocity being Honored in the U.S.-U.K. Extradition Treaty. **Cardozo Law Review**, *[S. l.]*, v. 29, n. 2, p. 819–852, 2007, p. 831.

150. GOLDBERGER, Richard. It's Just Not Cricket: Is the Principle of Reciprocity being Honored in the U.S.-U.K. Extradition Treaty. **Cardozo Law Review**, *[S. l.]*, v. 29, n. 2, p. 819–852, 2007, p. 830.

as linhas divisórias entre as grandes famílias não são estanques, havendo mescla sistêmica. Obviamente, como lembra Bechara:

> Nem todo ato do procedimento constitui expressão das garantias processuais, da mesma forma que nem toda diferença de procedimento revela uma incompatibilidade insuperável, se atendidos os parâmetros que se extraem não somente das normas constitucionais, as quais, no tocante às garantias processuais, são inspiradas no modelo ou padrão difundido pelos tratados internacionais de direitos humanos.[151]

Mesmo assim, quando os modelos são diversos há maiores óbices ao fluxo decisório de um Estado a outro e uma espécie de banco de areia na navegação da cooperação, o que pode redundar em atrasos de execução de pedidos intersistêmicos ou na recusa de cumprimento dos pedidos. Isso torna os regimes convencionais de proibição e os conjuntos de tratados específicos sobre cooperação jurídica internacional ainda mais importantes, para darem fluidez aos pedidos entre Estados de *common law* e de *civil law* ou entre estes e os países que adotam sistemas jurídicos diversos.

Outro motivo de tensão entre as famílias jurídicas está na exigência de cooperação mediante tratados, para fins de extradição. Embora haja exceções, vigora na *common law* o princípio de que não há extradição sem tratado (*no extradiction without treaty*). Por outro lado, Estados da família continental extraditam com fundamento em tratados ou com base em promessas de reciprocidade. Esta opção não é aleatória, porque, em regra, no sistema anglo-americano, os países não admitem, salvo excepcionalmente, a aplicação extraterritorial de suas leis penais. Logo, devem extraditar seus nacionais quando estes cometem crimes no exterior. Ao revés, os Estados que se filiam à família continental admitem a aplicação extraterritorial de suas leis penais aos seus nacionais e podem, portanto, muito mais facilmente, recusar a extradição de seus cidadãos por motivo de nacionalidade, cabendo-lhes processá-los perante seus tribunais. Assim, "a observância da regra contra a extradição de nacionais surge como uma característica distintiva das jurisdições de *civil law*, em oposição às jurisdições de *common law*", podendo-se mencionar a Austrália, o Reino Unido e os EUA como países

151. BECHARA, Fábio Ramazzini. Cooperação jurídica internacional: equilíbrio entre eficiência e garantismo. *In*: BRASIL, Ministério da Justiça. Secretaria Nacional de Justiça (org.). **Manual de cooperação jurídica internacional e recuperação de ativos:** cooperação em matéria penal. 3.ed. Brasília: Ministério da Justiça, 2014. p. 47–53.

que extraditam os seus nacionais[152] e têm escassa extraterritorialidade de suas leis penais. Como antípodas, Alemanha, Brasil e Japão não extraditam seus nacionais, mas os alcançam extraterritorialmente, mediante o avanço de suas leis penais e, portanto, de suas jurisdições. Na prática cooperacional isso significa que haverá, nos países de *civil law*, mais motivos de recusa de pedidos de extradição do que nos países da *common law*. Consequentemente, naqueles haverá mais situações nas quais se deverá acionar o princípio *aut dedere aut iudicare*, que é ativado como cláusula de reserva para evitação da impunidade em situações de inextraditabilidade de nacionais.

Apesar de a dicotomia entre as famílias da *common law* e da *civil law* se desvanecer em vários aspectos, devido ao fenômeno dos transplantes jurídicos (*legal transplants, legal borrowing*),[153] Apesar de a dicotomia entre as famílias da *common law* e da *civil law* se desvanecer em vários aspectos, devido ao fenômeno dos transplantes jurídicos (*legal transplants, legal borrowing*)[154] e a suas miscigenações constantes,[155] alguns de seus institutos e práticas continuam a existir com grande grau de diferenciação. Tal fenômeno de mescla se faz notar, inclusive, na formatação dos tribunais penais internacionais e na elaboração de suas regras de processo e prova, assim como em matéria extradicional,[156] como relata Boister, ao pontuar o surgimento do princípio da dupla incriminação num tratado bilateral anglo-americano de 1794, donde se espalhou pelo mundo, tornando-se uma regra geral.[157] Essa miscigenação jurídica pode ser sentida no TPI, criado pelo Estatuto de

---

152. JULIÉ, William; FAUVARQUE, Juliette. **The rule against the extradition of nationals:** overview and perspectives. International Bar Association, London, [s.d.]. Disponível em: https://www.ibanet.org/article/22AF1681-37A0-487A-A660-3ACA32938540. Acesso em: 4 set. 2023.
153. WATSON, Alan. **Legal transplants:** an approach to comparative law. 2.ed. Athens: University of Georgia Press, 1993. Sobre seu livro lançado em 1974, Watson conta que "the main premise of which is that law does not reflect totally the society in which it operates. Instead, much of it is borrowed from other systems". WATSON, Alan. The Birth of Legal Transplants. **Georgia Journal of International and Comparative Law**, *[S. l.]*, v. 41, p. 605, 2012.
154. WATSON, Alan. **Legal transplants:** an approach to comparative law. 2.ed. Athens: University of Georgia Press, 1993.
155. Segundo Langer, nas últimas três décadas, "um significativo número de países introduziu reformas adversariais em seus processos penais inquisitoriais". LANGER, Máximo. From Legal Transplants to Legal Translations: The Globalization of Plea Bargaining and the Americanization Thesis in Criminal Procedure. **Harvard International Law Journal**, *[S. l.]*, v. 45, n. 1, p. 1–64, 2004, p. 26.
156. YATES, Sean. Transplanting Legal Context without the Law: Double Criminality in Meng Wanzhou's Extradition Case. **Scholars International Journal of Law, Crime and Justice**, vol. 3, issue 9, Sep. 2020, p. 309-314.
157. O art. 27 do *Treaty of Amity, Commerce and Navigation (United States and Great Britain)*, de 19 de novembro de 1794, conhecido como *Jay Treaty*, é tido por Boister como a primeira aparição do princípio da dupla incriminação. BOISTER, Neil. A History of Double Criminality in Extradition.

Roma de 1998, no qual há procedimentos processuais que foram transplantados da *civil law* enquanto outros vieram da *common law*, como constata Cassese.[158] Os arquitetos desses tribunais penais internacionais, "ao moldarem suas disposições processuais, decidiram hibridizar e misturar as regras processuais anglo-americanas e continentais", o que faz com que o processo penal internacional seja um amálgama de institutos anglo-americanos e europeus continentais.[159]

Heymann resume bem a questão do entrechoque dos dois modelos predominantes de cooperação internacional, buscando as razões para sua diferenciação no espírito dessas famílias processuais, o que nos remete aos seus arranjos institucionais característicos. Numa, na *common law*, os promotores e procuradores gozam de grande discricionariedade (*prosecutorial discretion*) e podem solucionar causas por meio de amplos mecanismos negociais, o que faz com que tenham uma "atitude mais casual em relação à cooperação internacional". Isso se reflete na admissão, com maior latitude, de procedimentos extraterritoriais unilaterais, na *common law*, que coexiste com o excessivo formalismo, numa crença cartorial, presente em países da *civil law*. A tendência dos operadores da *civil law* de "pensar em termos de uma aplicação rigorosa, sistemática e não discricionária" do direito faz surgir uma concepção de cooperação internacional mais formalista, demarcada por regras e estruturas jurídicas mais rígidas.[160]

2.6. O *LOCUS* DA COOPERAÇÃO JURÍDICA INTERNACIONAL

O dissenso impera entre os publicistas no momento de situar a cooperação jurídica internacional num dos campos do conhecimento jurídico. A esta altura, já vimos que a cooperação internacional interessa às Relações Internacionais e ao Direito. Quanto a este, em que ramo melhor se colocaria? Haverá quem a estude no âmbito do direito internacional público ou do direito internacional privado (*conflict of laws*), ou do direito processual. Por exemplo, Rezek examina a extradição, a mais tradicional forma de coo-

---

Journal of the History of International Law / Revue d'histoire du droit international, *[S. l.]*, v. 25, n. 2, p. 218–257, 2023, p. 223-225.

158. CASSESE, Antonio. The Statute of the International Criminal Court: Some Preliminary Reflections. **European Journal of International Law**, *[S. l.]*, v. 10, n. 1, p. 144–171, 1999, p. 169.

159. DAMAŠKA, Mirjan. Negotiated Justice in International Criminal Courts. **Journal of International Criminal Justice**, *[S. l.]*, v. 2, p. 1018-1039, 2004, p. 1019-1020.

160. HEYMANN, Philip B. Two Models of National Attitudes toward International Cooperation in Law Enforcement. **Harvard International Law Journal**, *[S. l.]*, v. 31, n. 1, p. 99–107, 1990, p. 106.

peração internacional, em sua obra de direito internacional público.[161] Mazzuoli também insere a extradição em seu livro sobre a mesma disciplina.[162] Outros internacionalistas, a exemplo de Shaw,[163] incluem os temas de direito internacional penal no direito internacional público. Cervini lembra que "a cooperação nasce dos Estados e encontra seu reconhecimento originário no direito internacional público".[164]

Embora na sua obra clássica *Commentaries on the Conflicts of Laws*, Joseph Story cuide de aspectos internacionais da extradição e da criminalidade,[165] Briggs diz que não há um direito internacional privado criminal, sendo este um assunto "arquetípico do direito público", cujos aspectos internacionais têm disciplina própria.[166] Rogerson concorda que o direito internacional privado ocupa-se do direito civil e comercial, mas não lida com questões de direito constitucional, penal e administrativo.[167] Contudo, Ramos aborda a cooperação jurídica internacional *cível* no campo do direito internacional privado.[168]

Caminhando com a divergência quanto à abrangência do direito internacional privado, Dolinger entende que, diferentemente do que alguns juristas argumentavam, este ramo também abrange o direito público, pois "questões fiscais, financeiras, monetário-cambiais, penais e administrativas assumem aspectos internacionais e exigem que se recorra a regras e princípios de direito internacional privado".[169] Antes dele, Espínola entendia não haver

---

161. REZEK, Francisco. **Direito internacional público**: curso elementar. 16.ed. São Paulo: Saraiva, 2016, p. 239-258.
162. MAZZUOLI, Valerio de Oliveira. **Curso de direito internacional público**. 13. ed. Rio de Janeiro: Editora Forense, 2020, p. 665-685.
163. SHAW, Malcolm N. **International Law**. 8.ed. Cambridge: Cambridge University Press, 2017. Vide os capítulos 7 e 11 de sua obra.
164. CERVINI, Raúl. El principio de confidencialidad en la cooperación judicial penal internacional su relación con el ejercicio efectivo de la magistratura de la defensa, en particular, a la luz del protocolo del Mercosur. **Revista de Derecho: Facultad de Derecho de la Universidad Católica de Uruguay**, Montevideo, n. 6, p. 11–29, 2011, p. 15.
165. LORENZEN, Ernest G. Story's Commentaries on the Conflict of Laws: One Hundred Years After. **Harvard Law Review**, *[S. l.]*, v. 48, p. 15, 1934, p. 26.
166. BRIGGS, Adrian. **The conflict of laws**. Third edition ed. Oxford, United Kingdom: Oxford University Press, 2013, p. 2.
167. ROGERSON, Pippa; COLLIER, John G. **Collier's conflict of laws**. Fourth edition ed. Cambridge, UK: Cambridge University Press, 2013, p. 2-3.
168. RAMOS, André de Carvalho. **Curso de direito internacional privado**. 3. ed. São Paulo: SaraivaJur, 2023, p. 485-562.
169. DOLINGER, Jacob. **Direito internacional privado: parte geral**. 8. ed., ampliada e atualizada ed. Rio de Janeiro: Renovar, 2005, p. 3. Veja ainda sua explanação sobre o tema nas p. 16-19, com referências a autores contrários e favoráveis à inclusão do direito penal ou do direito internacional penal no âmbito do direito internacional privado.

razão "para excluir do campo [do direito internacional privado] as normas de competência das leis *penaes*".[170]

O direito internacional privado (*conflito de leis*, na literatura de língua inglesa) é uma disciplina do direito público, que, apesar do nome, não tem natureza internacional; é direito interno, cujas regras determinam se e quando o direito estrangeiro será aplicado num país.[171] Segundo Kelsen, o direito internacional privado não é verdadeiramente um direito internacional, mas direito nacional. Seria o "corpo de regras que devem ser aplicadas a um conflito entre dois sistemas de Direito na decisão de casos que têm ligação com mais de um território", um marco que pode, excepcionalmente, levar à aplicação pelas autoridades locais de normas jurídicas estrangeiras, de direito civil, administrativo, direito penal etc.[172] Essa jusincidência alienígena decorre não de uma intromissão da ordem jurídica estrangeira, ou de uma obrigação estatal resultante do direito internacional, mas de uma determinação do próprio direito interno do Estado, de onde extrai sua validade.

A doutrina de direito internacional privado compreende os conflitos de leis, os conflitos de jurisdição, o reconhecimento de sentenças estrangeiras, a nacionalidade e a condição jurídica do estrangeiro.[173] A prática de crimes por um cidadão estrangeiro no território de um país que não o seu é uma das situações de conflitos de leis.[174] Este ramo procura encontrar solução para o problema da validade e da eficácia simultâneas de mais de uma ordem jurídica nacional sobre o mesmo fato ou relação jurídica. Esse conflito é sempre *aparente* pois o direito *interno* determinará o direito aplicável, valendo-se dos elementos de conexão.

Podemos citar como exemplo de norma de direito internacional privado, no campo penal-processual, aquela que ordena a aplicação da lei prescricional do Estado estrangeiro (ou a nacional, se mais favorável), a pedidos de extradição. Trata-se do princípio da lei prescricional preferente (ou princípio da *lex mitior*), que ordena ao tribunal competente, a partir de uma norma de direito processual (cooperacional) interna, a incidência num caso concreto de uma norma jurídica, em matéria penal, talhada por

---

170. ESPÍNOLA, Eduardo. **Elementos de direito internacional privado**. Rio de Janeiro: Jacintho Ribeiro dos Santos Editor, 1925, p. 27.

171. ARAÚJO, Nádia de. **Direito internacional privado:** teoria e prática brasileira. 3. ed., atualizada e ampliada ed. Rio de Janeiro: Renovar, 2006, p. 32 e nota 66.

172. KELSEN, Hans. **Teoria geral do direito e do estado**. São Paulo: Martins Fontes, 2000, p. 347-354.

173. ARAÚJO, Nádia de. **Direito internacional privado:** teoria e prática brasileira. 3. ed., atualizada e ampliada ed. Rio de Janeiro: Renovar, 2006, p. 32 e nota 66.

174. KELSEN, Hans. **Teoria geral do direito e do estado**..., p. 347-348 e 351.

outro Estado, ou, como prefere Kelsen, de uma norma de mesmo *conteúdo* que uma norma estrangeira, à qual o legislador nacional faz referência. Por isso, mais do que regras de *conflito* (aparente) de leis, as normas de direito internacional privado são regras de referência ao direito estrangeiro ou regras de sua incorporação.[175]

Por outro lado, se a cooperação internacional for colocada no campo do direito internacional público, partiríamos da definição de Kelsen de que este ramo "regulamenta a conduta mútua dos Estados", nas suas relações internacionais.[176] Mas não só, pois o direito internacional abrange também o direito internacional dos direitos humanos, o direito internacional humanitário e o direito internacional penal, que são hoje suas esferas especializadas. De fato, conforme Ramos, entre os eixos da proteção internacional da pessoa humana, como sub-ramos específicos do direito internacional público, estão o direito internacional dos direitos humanos (DIDH) e o direito internacional humanitário (DIH), além do direito internacional dos refugiados (DIR).[177]

Zimmermann, por sua vez, acentua que as normas de cooperação dizem respeito ao direito internacional público, ao direito internacional penal, ao direito penal, ao direito processual penal, ao direito constitucional e ao direito administrativo, de modo que, dado o seu caráter multidisciplinar, o tema se faz árido.[178] Esse caráter multifacetado das regras de cooperação internacional se evidencia pelo exame dos regimes internacionais que lhe dizem respeito.

Diante da controvérsia e do peso das opiniões divergentes, cabe pensar no direito da cooperação jurídica como uma disciplina *transversal*, que é informada pelo direito internacional público, pelo direito internacional dos direitos humanos e pelo direito internacional privado, e, considerada, em alguma medida, a sua natureza instrumental, também se acomoda bem no universo do direito processual. Em se tratando de cooperação jurídica internacional em matéria penal, suas fontes estão no direito internacional público e no direito público interno, sendo inequívoca sua afinidade com o direito internacional penal e com o direito penal transnacional. Ficamos, portanto, com a visão de McClean, de que a cooperação jurídica internacional não se amolda bem a qualquer das categorias acima indicadas: "ela se coloca

---

175. KELSEN, Hans. Op. cit., p. 350 e 354.

176. KELSEN. Op. cit., p. 486.

177. RAMOS, André de Carvalho. **Curso de direitos humanos**. 10. ed. São Paulo: SaraivaJur, 2023, p. 137.

178. ZIMMERMANN, Robert. **La cooperation judiciaire internationale en matière pénale**. 5e édition ed. Berne: Stämpfli editions, 2019, p. 8, § 2.

um tanto desamparada na terra de ninguém entre o direito internacional privado, de um lado, e o processo penal do outro".[179] É, assim, uma disciplina *sui generis*, que, na sua acepção criminal, serve ao direito internacional penal e ao direito penal transnacional e ao direito internacional dos direitos humanos, no âmbito do modelo binominal de que já cuidamos.

2.7. A NATUREZA JURÍDICA DA COOPERAÇÃO JURÍDICA INTERNACIONAL

No âmbito *substancial* das relações internacionais, as regras, procedimentos e instituições voltadas à cooperação internacional em matéria penal fazem parte de *regimes internacionais* específicos. Na ótica *política*, a cooperação é um ato de soberania, pelo qual um Estado, o requerente, reconhece que outro Estado, o requerido, exerce poder de império sobre seu próprio território, assim como reconhece que em tal território há "plena vigência de seu ordenamento jurídico".[180] Coloca-se, portanto, no âmbito das relações internacionais do Estado. Na perspectiva *jurisdicional*, a cooperação é ato de coordenação de jurisdições, a do Estado requerente (onde tem curso a persecução criminal), com a do Estado requerido, que exerce a sua própria em auxílio ao primeiro[181], de modo incidental, ou de forma sucessiva à dele. Operacionalmente, cria-se "uma divisão do trabalho [...] entre os Estados cooperantes, cada um desempenhando funções específicas no sistema de justiça criminal e assumindo responsabilidades por determinadas decisões e ações".[182] Lagodny e Schomburg opinam que todas as modalidades de cooperação jurídica internacional correspondem a uma "divisão internacional do trabalho" para a luta contra o crime.[183] Por fim, do ponto de vista *funcional*, a cooperação internacional é um *incidente* do processo civil, penal ou administrativo, em sentido amplo,[184] tendo, portanto, natureza processual,

179. McCLEAN, David. **International co-operation in civil and criminal matters**. Oxford: Oxford University Press, 2002, p. 153.

180. OPERTTI BADAN, Didier. **Exhortos y embargo de bienes extranjeros**. Montevideo: Amalio M. Fernández, 1976, p. 60.

181. FEUILLADE, Milton C. **Cooperación jurisdiccional internacional**. Ciudad de Buenos Aires: Editorial Ábaco de Rodolfo Depalma, 2011, p. 35.

182. VAN HOEK, Aukje A. H.; LUCHTMAN, Michiel J. J. P. Transnational cooperation in criminal matters and the safeguarding of human rights. **Utrecht Law Review**, *[S. l.]*, v. 1, n. 2, p. 1–39, 2005, p. 38.

183. LAGODNY, Otto; SCHOMBURG, Wolfgang. International Cooperation in Criminal Matters and Rights of the Individual from a German Perspective. **European Journal of Crime, Criminal Law and Criminal Justice**, *[S. l.]*, v. 2, n. 4, p. 379–405, 1994, p. 395.

184. Na instância penal, a cooperação envolve todas as etapas da investigação, do processo penal (instrução) e do julgamento do caso, inclusive procedimentos conduzidos perante o júri de acusação (*grand jury*), juízes de instrução (*jueces de instrucción; investigating magistrates; juges*

"função coadjuvante ao processo principal".[185] Na doutrina *direito-humanista*, a cooperação jurídica internacional será um dos remédios efetivos para a tutela dos direitos humanos internacionalmente reconhecidos.

Não se pode aceitar a resistência à assimilação dos procedimentos de cooperação internacional em matéria penal ao âmbito de incidência dos direitos processuais, como se a ação penal e os pedidos de assistência e extradição – e as ações cíveis *ex delicto* – fossem elementos estranhos à persecução criminal.[186] Tampouco se pode acolher a doutrina de que os atos de cooperação seriam atos estatais insindicáveis pelo Judiciário situados no âmbito de relações internacionais soberanas.[187] Tais concepções não são compatíveis com os regimes globais de proteção à pessoa humana e nem se coadunam com o lugar alcançado pelo indivíduo no cenário internacional. Como coloca Abade, "a cooperação jurídica internacional pode ser entendida [...] como um conjunto de atos de auxílio entre Estados no campo jurisdicional",[188] atividade de cunho processual e de fundo político-jurídico, dado que representa o reconhecimento da soberania para consumar o desiderato de justiça. No âmbito penal, este fim último é inequivocamente de mesma natureza.

Funcionalmente, a natureza jurídica dos procedimentos de cooperação jurídica internacional em matéria penal não é de direito penal substantivo,

---

d'instruction) e juízes das garantias (*giudici delle indagini preliminari; juges des libertés et de la détention*), e investigações feitas por autoridades policiais ou pelo Ministério Público. Também ingressam no conceito os procedimentos de confisco patrimonial *ex delicto* (*forfeiture proceeedings*).

185. CERVINI, Raúl; TAVARES, Juarez. **Princípios de cooperação judicial penal internacional no Protocolo do Mercosul.** São Paulo: Revista dos Tribunais, 2000, p. 50.

186. Gless narra a posição de Ferdinand von Maritz, para quem a cooperação internacional e o processo penal são duas coisas diferentes. GLESS, Sabine. The Acquisition of Legal Status by Individuals in Transnational Criminal Proceedings in Europe. *In*: BOISTER, Neil; GLESS, Sabine; JESSBERGER, Florian (org.). **Histories of Transnational Criminal Law**. Oxford, United Kingdom; New York, NY: Oxford University Press, 2021, p. 300–318, p. 315 e nota 101.

187. Sobre este ponto, ver o relato de Kemp sobre a perspectiva sul-africana da *act of state doctrine*: "Labelling executive or administrative action a matter of 'international relations' (and international co-operation in criminal matters should be regarded as such) should not per se lead to judicial restraint or the lack of locus standi of the individual concerned". KEMP, Gerhard. Foreign relations, international co-operation in criminal matters and the position of the individual. **South African Journal of Criminal Justice,** *[S. l.]*, v. 16, n. 3, p. 370–392, 2003, p. 387-390.

188. ABADE, Denise Neves. **Direitos fundamentais na cooperação jurídica internacional**: extradição, assistência jurídica, execução de sentença estrangeira e transferência de presos. São Paulo: Ed. Saraiva, 2013, p. 40.

mas de cunho processual penal. Suas regras têm incidência imediata.[189] Na ótica europeia, explicam Blakesley e Lagodny, a extradição de um fugitivo não é uma sanção penal; é "vista apenas como uma assistência a um Estado estrangeiro em seu processo penal".[190] Como um incidente do processo penal doméstico (nos casos de cooperação horizontal) ou no processo penal perante tribunais internacionais (na cooperação vertical), os atos de cooperação internacional "praticados em outro Estado passam posteriormente a fazer parte do processo originário, formando assim um procedimento unitário composto por diferentes peças ou elementos".[191] Há assim um hibridismo ou uma mescla de procedimentos,[192] que exige o reconhecimento, a admissibilidade e o acoplamento de certos atos processuais realizados no exterior, para que se dê continuidade à persecução criminal. Forma-se um *continuum* procedimental e probatório, mediante o enxerto formal de atos praticados alhures, conforme outra ordem jurídica, o ordenamento interno do Estado requerido ou a regra comum vigente entre as partes cooperantes, decorrente de um determinado tratado de cooperação internacional que se imporá por especialidade, ou resultado do direito comunitário, que tem primazia sobre o direito interno.

Tratar as medidas de cooperação jurídica internacional como atividade jurisdicional ou como procedimentos de finalidade jurisdicional, como inerentes ao procedimento de persecução criminal – e não como um feito de cunho administrativo, separado do processo penal *lato sensu* – tem consequências imediatas sobre os direitos das pessoas envolvidas, especialmente o acusado. A mais importante delas é a incidência de todo o conjunto de garantias que regem o devido processo legal e o direito a um julgamento justo, especialmente as reconhecidas em tratados como o Pacto Internacional de Direitos Civis e Políticos, de 1966. A existência do interesse de uma soberania não é razão para afastar direitos fundamentais da pessoa humana,

---

189. BRASIL. Superior Tribunal de Justiça. Corte Especial. **HDE 7986/DF**. Relator Ministro Francisco Falcão, j. em 20/03/2024.

190. BLAKESLEY, Christopher L.; LAGODNY, Otto. Finding Harmony Amidst Disagreement over Extradition, Jurisdiction, the Role of Human Rights, and Issues of Extraterritoriality under International Criminal Law, **Vanderbilt Journal of Transnational Law**, v. 24, n. 1, p. 1–74, 1991, p. 46.

191. BACHMAIER WINTER, Lorena. Transnational Criminal Proceedings, Witness Evidence and Confrontation: Lessons from the ECtHR's Case Law. **Utrecht Law Review**, *[S. l.]*, v. 9, n. 4, p. 129, 2013.

192. KRÜSSMANN, Thomas. Transnationales Strafprozessrecht, Baden-Baden: Nomos, 2009, p. 134 *apud* BACHMAIER WINTER, Lorena. Transnational Criminal Proceedings, Witness Evidence and Confrontation: Lessons from the ECtHR's Case Law. **Utrecht Law Review**, *[S. l.]*, v. 9, n. 4, p. 129, 2013.

ainda que estrangeira. O fato de as medidas de cooperação se ligarem às relações internacionais do Estado não suprime os direitos individuais relativos ao controle penal e às limitações do poder punitivo,[193] poder este que é compartilhado pelos Estados requerente e requerido – ou pelos Estados de emissão e de execução, na ótica da União Europeia. Conforme a Convenção de Viena de 1969, as normas do direito interno não podem ser invocadas para justificar o descumprimento de obrigações convencionais. Isso é ainda mais imperioso quando tais obrigações estão previstas em convenções de direitos humanos, valendo o princípio *pacta sunt servanda*.

Falando do sujeito alvo da cooperação internacional passiva na perspectiva da União Europeia, explica Gless que "a proteção dessas pessoas é inadequada em situações, por exemplo, em que o auxílio judiciário mútuo não é considerado parte do processo penal e, portanto, não é coberto pelas garantias da CEDH" ou pelas salvaguardas do direito processual penal interno.[194] Os tribunais domésticos têm abraçado essa concepção, não só na Europa. Em 2002, no caso *Purganan*,[195] a Suprema Corte das Filipinas inicialmente entendera que a extradição não seria um procedimento criminal, afirmando que, por tal razão, não teria o extraditando direito ao pagamento de fiança.[196] Posteriormente, em 2007, o tribunal apical filipino mudou de posição e, embora reafirmando a natureza administrativa da extradição – caracterização de que discordamos –, permitiu que extraditandos tenham direito ao pagamento de fiança e a liberdade provisória no curso do procedimento extradicional.[197] Pangilinan conclui que naquele país a atuação do

193. Essas limitações são inerentes ao direito penal e ao direito processual penal. DE-LORENZI, Felipe Da Costa; CEOLIN, Guilherme Francisco; BUONICORE, Bruno Tadeu. As relações de complementaridade entre Direito Penal, Direito Processual Penal e política criminal. **Revista Brasileira de Políticas Públicas**, *[S. l.]*, v. 13, n. 1, 2023, p. 20.

194. GLESS, Sabine. Transnational Cooperation in Criminal Matters and the Guarantee of a Fair Trial: Approaches to a General Principle. **Utrecht Law Review**, *[S. l.]*, v. 9, n. 4, p. 100, 2013.

195. A extradição seria um procedimento *sui generis*: "Third, as pointed out in *Secretary of Justice v. Lantion*, extradition proceedings are not criminal in nature. In criminal proceedings, the constitutional rights of the accused are at fore; in extradition which is sui generis – in a class by itself – they are not." PHILIPPINES. Supreme Court. **Government of the United States vs. Hon. Guillermo Purganan and Marc Jimenez**. Case G. R. No. 148571, Decision 24 September 2002. Disponível em: https://lawphil.net/judjuris/juri2002/sep2002/gr_148571_2002.html. Acesso em: 10 jul. 2023.

196. PANGILINAN, John Stephen B. Analyzing the No-Standing Provisions of the Mutual Legal Assistance Treaties on Criminal Matters (MLATS) Entered by the Philippines and the Implications of the Supreme Court's Decision in People v. Sergio on MLATS, **Ateneo Law Journal**, v. 65, n. 1, p. 259–307, 2020, p. 263.

197. "An extradition proceeding being *sui generis*, the standard of proof required in granting or denying bail can neither be the proof beyond reasonable doubt in criminal cases nor the standard of proof of preponderance of evidence in civil cases. While administrative in character,

Estado na cooperação internacional pode sofrer escrutínio judicial quando direitos individuais são afetados, acionando-se as obrigações estatais de protegê-los.[198] Evolução similar ocorreu no Brasil, onde a Supremo Tribunal Federal passou a admitir medidas cautelares diversas da prisão para assegurar a presença de extraditandos em procedimentos extradicionais. Na legislação anterior a 2017, a prisão preventiva do extraditando era automática e praticamente obrigatória.[199]

No encontro de distintas ordens jurídicas nacionais, poderá haver controvérsia sobre o regime jurídico de proteção a ser aplicado aos procedimentos cooperacionais passivos. A partir da doutrina estrangeira, Abade descreve o sistema de *non-inquiry* integral (que rechaça a aplicação de direitos fundamentais na execução de pedidos de cooperação jurídica internacional);[200] o sistema de *non-inquiry* mitigado (em que se admite a incidência

---

the standard of substantial evidence used in administrative cases cannot likewise apply given the object of extradition law which is to prevent the prospective extraditee from fleeing our jurisdiction. In his Separate Opinion in *Purganan*, then Associate Justice, now Chief Justice Reynato S. Puno, proposed that a new standard which he termed "clear and convincing evidence" should be used in granting bail in extradition cases. According to him, this standard should be lower than proof beyond reasonable doubt but higher than preponderance of evidence. The potential extraditee must prove by clear and convincing evidence that he is not a flight risk and will abide with all the orders and processes of the extradition court." PHILIPPINES. Supreme Court. **Government of Hong Kong Special Administrative Region v. Hon Felixberto T. Olalia Jr. and Juan Antonio Muñoz.** Case G. R. No. 153675, Decision 19 April 2007. Disponível em: https://lawphil.net/judjuris/juri2007/apr2007/gr_153675_2007.html. Acesso em: 10 jul. 2023.

198. PANGILINAN, John Stephen B. Analyzing the No-Standing Provisions of the Mutual Legal Assistance Treaties on Criminal Matters (MLATS) Entered by the Philippines and the Implications of the Supreme Court's Decision in People v. Sergio on MLATS, **Ateneo Law Journal**, v. 65, n. 1, p. 259–307, 2020, p. 291.

199. STF: "Esta Corte tem entendimento pacífico de que "a privação cautelar da liberdade individual do extraditando deve perdurar até o julgamento final, pelo Supremo Tribunal Federal, do pedido de extradição, vedada, em regra, a adoção de meios alternativos que a substituam, como a prisão domiciliar, a prisão-albergue ou a liberdade vigiada (Lei nº 6.815/80, art. 84, parágrafo único)." BRASIL. Supremo Tribunal Federal. Tribunal Pleno. **Extradição 1035 AgR**. Relatora Ministra Ellen Gracie, j. em 17/12/2009. Disponível em: https://jurisprudencia.stf.jus.br/pages/search/sjur173892/false. Acesso em: 10 jul. 2023.

200. Zimmermann argumenta que, devido à predominância dos direitos fundamentais na ordem jurídica europeia, o princípio do favor (*pro solicitudine*) perdeu parte de sua força. ZIMMERMANN, Robert. **La cooperation judiciaire internationale en matière pénale**. 5e édition ed. Berne: Stämpfli editions, 2019, p. 12. Segundo Weber, "Em decorrência desse princípio, temos que: a) a denegação do atendimento à solicitação do Estado estrangeiro precisa ser justificada ao requerente, o mais rápido possível; b) a inviabilidade do atendimento integral do pleito não obsta a busca do atendimento parcial ou segundo formalidades específicas permitidas pelo direito interno do Estado requerido, sempre que tais tentativas sejam de interesse do Estado requerente. Cabe ainda registrar a função hermenêutica do princípio, a determinar que incide interpretação restritiva sobre cláusulas impeditivas de cooperação internacional, mesmo quando sejam conceitos abertos, como ordem pública". WEBER, Patrícia Maria Núñez.

dos direitos fundamentais, se houver previsão em tratados ou no direito interno) e o sistema de ordem pública, que, sendo "impregnada" pelo dever de proteção aos direitos fundamentais, exige que estes sempre incidam na cooperação jurídica internacional.[201] Faltou à doutrina posterior estender essa concepção à vítima e a outros sujeitos processuais, nos procedimentos passivos, uma vez que, mesmo testemunhas, podem ter interesses a serem tutelados em pedidos de assistência jurídica internacional. Basta pensar no cumprimento de pedidos de tomada de depoimentos para instrução probatória que importem a transferência internacional de depoentes ou na coleta de declarações em situações de flagrante ameaça à integridade física ou à vida da testemunha. Não podemos esquecer que organizações criminosas transnacionais podem alcançar os vários intervenientes do processo penal em qualquer parte do globo.[202] *Whistleblowers* também podem ser vítimas de atentados transnacionais, inclusive executados por agentes estatais e cumpre aos Estados protegê-los, conforme a jurisprudência das cortes regionais de direitos humanos.[203]

Em suma, os mecanismos de cooperação internacional em matéria penal, guardando uma base jurídica constitucional (segundo cada direito interno) e convencional (conforme o direito internacional), acabam assumindo, nos casos concretos, a natureza de procedimentos acessórios da ação penal, já que se destinam à produção de provas, à "produção" de ativos ou à "produção" do sujeito passivo da relação processual – mediante sua apresentação a outro Estado seja para prestar declarações, defender-se de uma acusação ou para cumprir uma sentença penal condenatória –, ou ainda se destinam a propiciar o confisco penal ou a reparação do dano. Portanto, sua natureza jurídica é de procedimento instrumental ao processo penal

---

Cooperação internacional penal: conceitos básicos. In: MINISTÉRIO PÚBLICO FEDERAL. **Temas de Cooperação Internacional**. Brasília: MPF, Secretaria de Cooperação Internacional, p. 25-38, 2015, p. 34.

201. ABADE, Denise Neves. **Direitos fundamentais na cooperação jurídica internacional**: extradição, assistência jurídica, execução de sentença estrangeira e transferência de presos. São Paulo: Ed. Saraiva, 2013, p. 86-106.

202. Em 2022, o *fiscal* (promotor) antidrogas do Paraguai, Marcelo Pecci, foi assassinado enquanto passava sua lua-de-mel numa praia da Colômbia. A investigação realizada pelos dois países mostrou que a morte de Pecci foi uma execução relacionada à sua dedicação ao enfrentamento do crime organizado no Cone Sul. OQUENDO, Catalina. Caso Pecci: el entramado criminal que acabó la vida del fiscal paraguayo. **El País,** 24 de enero de 2023. Disponível em: https://elpais.com/america-colombia/2023-01-24/caso-pecci-el-entramado-criminal-que-acabo-con-la-vida-del-fiscal-paraguayo.html. Acesso em: 2 jun. 2023.

203. CORTE INTERAMERICANA DE DIREITOS HUMANOS. **Caso Viteri Ungaretti vs. Ecuador**. Sentencia de 27 de noviembre de 2023. Disponível em: https://www.corteidh.or.cr/docs/casos/articulos/seriec_510_esp.pdf. Acesso em: 3 abr. 2024.

nacional, o que implica que as medidas de cooperação penal internacional estarão sujeitas aos mesmos princípios garantistas que regem, no território de cada um dos Estados cooperantes, o devido processo legal penal, observado o mínimo internacionalmente pactuado nas convenções regionais e nos tratados onusianos de direitos humanos.[204]

Nesta linha, se os sujeitos passivos dos pedidos de cooperação jurídica internacional têm os mesmos direitos que teriam num procedimento criminal exclusivamente doméstico, os próprios tratados dos regimes de proibição e os tratados específicos de cooperação internacional também estão submetidos à pauta constitucional e convencional mínima para a tutela de direitos processuais, mas também de direitos materiais, como a vida e a integridade física, por exemplo, o que abrange a proteção contra a tortura, uma norma de *jus cogens* que incidirá haja o que houver. O próprio processo serve a esses propósitos que são, ao mesmo tempo, materiais e procedimentais, e não apenas a lei penal. Como veremos adiante, o direito a remédios efetivos relaciona-se ao direito de acesso à justiça e implicitamente à proteção em concreto (efetiva) dos direitos fundamentais materiais. Portanto, parece ter razão Ohlin, quando reivindica um papel próprio, não meramente instrumental, para o processo penal internacional, nele vendo um valor deontológico intrínseco, não puramente acessório. Essa função deriva, como vimos, da *Grundnorm* da justiça criminal internacional, que é o estado de Direito (*rule of law*).[205]

Coleta de provas, prisão de suspeitos, congelamento de ativos são medidas que podem ocorrer na etapa inicial da persecução criminal. A determinação da jurisdição competente e a decisão de transferir procedimentos podem advir na etapa judicial da persecução. Já as medidas de confisco e de transferência de condenados ou de execução de sentenças estrangeiras são próprias da etapa posterior ao trânsito em julgado da condenação.[206] Em qualquer dessas etapas funcionalmente diversas, deverá haver a aplicação das garantias do devido processo legal penal ao acusado ou sentenciado e, sempre que possível, também às vítimas e demais sujeitos processuais. Este é o âmbito de ocorrência do dever de cooperação internacional, nos planos passivo e ativo, com base nos regimes convencionais de proteção à pessoa

---

204. ARAS, Vladimir. Direito probatório e cooperação jurídica internacional. *In*: SALGADO, Daniel de Resende; QUEIROZ, Ronaldo Pinheiro de. **A prova no enfrentamento à macrocriminalidade**. 2.ed. Salvador: JusPodivm, 2016, p. 319.

205. OHLIN, Jens David. A Meta-Theory of International Criminal Procedure: Vindicating the Rule of Law. **UCLA Journal of International Law and Foreign Affairs**, *[S. l.]*, v. 14, n. 1, p. 77–120, 2009, p. 84, 100-105.

206. GLESS, Sabine; VERVAELE, John A. E. Law Should Govern: Aspiring General Principles for Transnational Criminal Justice. **Utrecht Law Review**, *[S. l.]*, v. 9, n. 4, p. 4, 2013.

humana, de modo que a cooperação internacional, em sua natureza funcional, também pode ser vista como um instrumento de proteção a direitos fundamentais, um remédio contra abusos e uma medicina contra a impunidade.

2.8. AS FONTES DA COOPERAÇÃO JURÍDICA INTERNACIONAL

Os tratados de cooperação internacional fundam-se na pretensão de obtenção de "vantagens mútuas por parte dos membros essencialmente egoístas de uma *sociedade de Estados*".[207] Os tratados e os costumes são as fontes básicas do direito da cooperação jurídica internacional. Também são fontes as decisões de tribunais internacionais e de outros órgãos criados por tratados, como é o caso das resoluções do Conselho de Segurança das Nações Unidas. O direito interno também é uma fonte substancial. Ainda há que mencionar o *jus cogens*.

Segundo Bassiouni, as normas de direito internacional penal podem estar sujeitas a execução direta (*direct enforcement system*), por tribunais internacionais, ou a um sistema de execução indireta, por meio dos Estados nacionais (*indirect enforcement system*).[208] A esses mesmos sistemas, Soler dá os nomes de mecanismos verticais e horizontais de execução.[209] Tanto num quanto no outro modelo, os instrumentos ou ferramentas de cooperação jurídica internacional serão os mesmos, seja para os crimes de jurisdição internacional, seja para os crimes de competência interna. A diferença entre eles decorrerá tão-somente da *fonte* das obrigações, as que criam os deveres de *prestar* cooperação internacional num ou noutro caso.

Assim, para os Estados, no direito penal transnacional, as fontes das obrigações relacionadas à cooperação interestatal em matéria penal são os tratados dos regimes globais de proibição, complementados pelo direito interno, ou o próprio direito interno, caso não existam tratados vigentes entre as partes.[210] A fonte do dever de prestar cooperação, na condição de Estado requerido, também virá dos tratados próprios do regime instrumental de cooperação internacional, que são as convenções internacionais que não contêm mandados de criminalização e que se limitam a regular a prestação

207. WISE, Edward M. Terrorism and the Problems of an International Criminal Law. **Connecticut Law Review**, *[S. l.]*, v. 19, n. 4, p. 799–830, 1987, p. 824.

208. BASSIOUNI, M. Cherif. **Introduction to international criminal law**. 2nd rev. Leiden ; Boston: Martinus Nijhoff Publishers, 2013, p. 499-500.

209. SOLER, Christopher. **The Global Prosecution of Core Crimes under International Law**. The Hague: T.M.C. Asser Press, 2019, p. 16-17; 22-23.

210. BASSIOUNI, M. Cherif. **Introduction to international criminal law**. 2nd rev. Leiden ; Boston: Martinus Nijhoff Publishers, 2013, p. 499-500.

de assistência jurídica recíproca ou a concessão de extradição ou ainda outros procedimentos cooperacionais, como a transferência de condenados.[211] Eventualmente, os atos de cooperação podem basear-se em acordos *ad hoc* diversos de tratados, que viabilizam extradições ou a prestação de assistência jurídica mútua em matéria penal. No primeiro grupo, cite-se o acordo *ad hoc* de 1993, denominado "acordo especial de extradição", entre o Brasil e o Reino Unido para a extradição de Paulo César Farias, procurado pelas autoridades brasileiros por crimes financeiros e corrupção.[212] No segundo grupo, destacam-se os acordos casuísticos celebrados entre 1976 e 1982 entre os Estados Unidos e os 27 países que precisavam de assistência probatória para investigações sobre atos de corrupção de seus funcionários públicos praticados por companhias norte-americanas, entre elas a Lockheed Aircraft Corporation e a McDonnel Douglas Corporation.[213] Celebrados para resolver o hiato causado pela falta de tratados de MLA nos anos 1970, assim como a carência de normas internas de cooperação internacional, esses acordos de escopo limitado ficaram conhecidos como *Lockheed Agreements*.[214]

Já no sistema de execução indireta (*indirect enforcement system*) do direito internacional penal – quando também a jurisdição criminal é encargo dos Estados – a fonte do dever de cooperar e a base jurídica das ferramentas cooperacionais "decorre de tratados específicos para crimes internacionais e do direito internacional geral, ou seja, do direito internacional consuetudinário e das normas imperativas *de jus cogens*", tendo como objeto os crimes internacionais em sentido estrito.[215]

---

211. São exemplos desta classe de tratados a Convenção Interamericana sobre Assistência Jurídica Mútua em Matéria Penal, concluída em Nassau em 1992; o Acordo de Extradição entre os Estados Partes do Mercosul, celebrado no Rio de Janeiro, em 1998; e a Convenção sobre a Transferência de Pessoas Condenadas entre os Estados Membros da Comunidade dos Países de Língua Portuguesa, firmada em Praia, em 2005, e os incontáveis tratados bilaterais sobre essas temáticas firmados entre os Estados mais diversos.

212. UNITED KINGDOM; BRAZIL. **Special Extradition Arrangements between the Government of United Kingdom and the Government of Brazil**, done at London on 29 October 1993. Disponível em: https://blogdovladimir.files.wordpress.com/2014/01/acordo-de-extradiccca-7acc83o-ad-hoc-paulo-cecc81sar-farias.pdf. Acesso em: 10 jul. 2023. Sobre o tema vide: ARAS, Vladimir. Fugas famosas, extradições legítimas e abduções ilegais. **Blog do Vlad**, 5 de janeiro de 2014. Disponível em: https://vladimiraras.blog/2014/01/05/fugas-famosas-extradicoes-legitimas-e-abducoes-ilegais/. Acesso em: 2 jun. 2023.

213. KENNEY, William S. Structures and Methods of International and Regional Cooperation in Penal Matters. **New York Law School Law Review**, *[S. l.]*, v. 29, n. 1, p. 39–100, 1984, p. 79, notas 299 e 300.

214. RISTAU, Bruno A. International Cooperation in Penal Matters: The "Lockheed Agreements". **Michigan Journal of International Law**, *[S. l.]*, v. 4, n. 1, p. 85–104, 1983, p. 88-90.

215. BASSIOUNI, M. Cherif. **Introduction to international criminal law**. 2nd rev. Leiden ; Boston: Martinus Nijhoff Publishers, 2013, p. 499-500.

Também encontraremos fontes da cooperação jurídica internacional no direito comunitário, de que são exemplos os vários atos normativos da União Europeia sobre o tema, assim como alguns outros aprovados nos sistemas de integração regional, como a Caricom, o Mercosul e a CEDEAO. Em maior ou menor grau, todos esses elementos sistêmicos se articulam com o direito interno, notadamente as leis processuais penais e as leis de cooperação jurídica internacional, e com as normas do direito internacional dos direitos humanos, que lhe servem ao mesmo tempo de limite e de catalisador.

2.9. A ESTRANEIDADE E A NECESSIDADE DE COOPERAR INTERNACIONALMENTE

Há basicamente duas formas pelas quais os Estados se relacionam internacionalmente no plano da justiça criminal, quando suas ordens jurídicas se encontram (ou entram em choque) diante de um mesmo fato classificado como crime por ambas as soberanias. Uma pela afirmação unilateral de suas jurisdições por critérios territoriais ou extraterritoriais, conforme sua interpretação soberana; outra pela cooperação internacional, que poderá exigir algum nível de coordenação prévia. Esta segunda abordagem exige a prestação de assistência de um Estado a outro por meio de instrumentos de cooperação internacional *lato sensu*, como a extradição, o reconhecimento de sentenças penais estrangeiras e a assistência probatória. Estas medidas encaixam-se no conceito grociano de *dedere*, princípio segundo o qual, na sua concepção atual, o Estado dá algo a outro Estado em lugar de afirmar sua própria jurisdição penal: *aut dedere aut iudicare*[216] ou, como prefere Van Steenberghe, *prosequi vel dedere*.[217]

A necessidade imediata de cooperar internacionalmente surge da incidência de elementos de internacionalidade no curso da persecução penal, em qualquer de suas etapas, inclusive na fase executiva. A *estraneidade* (*extranéité; foreign origin element; international element*) diz respeito a um aspecto internacional que incide na relação jurídica, dizendo respeito ao agente, à vítima, aos fatos, às provas, aos dados ou aos bens. Segundo Elhoueiss, a estraneidade é a qualidade daquilo que é estrangeiro. O conceito é próprio do direito internacional privado, ramo do direito público interno

---

216. BLAKESLEY, Christopher L.; LAGODNY, Otto. Finding Harmony Amidst Disagreement over Extradition, Jurisdiction, the Role of Human Rights, and Issues of Extraterritoriality under International Criminal Law, **Vanderbilt Journal of Transnational Law**, v. 24, n. 1, p. 1–74, 1991, p. 39.
217. VAN STEENBERGHE, Raphael. The Obligation to Extradite or Prosecute: Clarifying Its Nature. **Journal of International Criminal Justice**, *[S. l.]*, v. 9, p. 1089–1116, 2011, p. 1107 e 1116.

que eventualmente determinará a aplicação de uma lei estrangeira noutro país. O conceito também se apresenta no direito internacional público, com conteúdo bastante diverso.[218] Etimologicamente, a palavra vem do latim *extraneus, estrangeiro.* A estraneidade pode se referir a pessoas, a coisas ou a situações. Nas relações internacionais, a presença da estraneidade se vincula ao encontro da ordem jurídica local com o direito estrangeiro, tanto em matéria cível como administrativa e penal, pondo-se na berlinda, no que nos interessa, as questões da jurisdição territorial e da lei penal aplicável.[219]

No direito internacional público, "a estraneidade ou internacionalidade resultará de um vínculo estabelecido entre dois Estados por ocasião de uma relação de direito público que envolve um Estado ou uma representação do Estado", na qual a internacionalidade pública (estraneidade em sentido lato) se confunde com a natureza pública dessa relação interestatal. Já a estraneidade em sentido estrito, do campo do direito internacional privado, tem em conta uma ordem jurídica de referência, relativa ao foro do processo. Esta condição é inerente à sua essência relativa (não absoluta), como uma função da *lex fori*,[220] podendo ser real (de natureza territorial ou de espaço geográfico) ou pessoal (referente ao vínculo de nacionalidade ou de espaço pessoal).[221]

A estraneidade pode justificar a extensão da jurisdição estatal em casos extraterritoriais, com aplicação do princípio da nacionalidade ativa ou da personalidade passiva. Mas deve ser vista com parcimônia, como alerta Petrig,[222] lembrando o caso *Barcelona Traction, Light and Power Company, Limited*,[223] julgado pela CIJ, no qual o juiz Gerald Fitzmaurice recomendou que a extensão da jurisdição dos tribunais nacionais fosse exercida com

---

218. ELHOUEISS, Jean-Luc. L'élément d'extranéité préalable en Droit international privé, **Journal du Droit International (Clunet),** n. 1, p. 39-85, 2003, p. 40, 47. Disponível em: https://www.hbc-solicitors.com/images/publications/JDI_Clunet_2003.pdf. Acesso em: 10 jun. 2023.

219. CANADA. Bureau de la traduction. Juridictionnaire. **Extranéité**. Disponível em: https://www.btb.termiumplus.gc.ca/tpv2guides/guides/juridi/index-fra.html?lang=fra. Acesso em: 10 jun. 2023.

220. A *lex fori* é a lei do tribunal que conhece a causa. ROGERSON, Pippa; COLLIER, John G. **Collier's conflict of laws**. Fourth edition ed. Cambridge, UK: Cambridge University Press, 2013, p. 5.

221. ELHOUEISS, Jean-Luc. L'élément d'extranéité préalable en Droit international privé, **Journal du Droit International (Clunet),** n. 1, p. 39-85, 2003, p. 52-53, 85.

222. PETRIG, Anna. The Expansion of Swiss Criminal Jurisdiction in Light of International Law. **Utrecht Law Review**, *[S. l.]*, v. 9, n. 4, p. 53, 2013.

223. Neste julgado, a CIJ definiu a existência de obrigações *erga omnes partes*, que, juntamente, com o *jus cogens*, compõem as normas fundamentais do direito internacional. Em relação a elas "todos os Estados podem ser considerados como tendo um interesse legal em sua proteção". INTERNATIONAL COURT OF JUSTICE. **Case Concerning the Barcelona Traction, Light and Power Company, Limited (Belgium v. Spain).** Judgment of 5 February 1970,

moderação e contenção em casos que tenham um elemento de conexão estrangeiro, a fim de "evitar invasão indevida de uma jurisdição que mais propriamente pertença a um Estado ou que mais adequadamente possa ser por ele exercida".[224] De fato, a aplicação sem moderação do princípio da nacionalidade ativa e, mais ainda, do princípio da personalidade passiva pode ter um efeito catalisador de conflitos de jurisdição, entre o Estado que invoca estes princípios e o Estado do *locus delicti commissi*.

A estraneidade será vista, assim, na prática da cooperação jurídica internacional, como algum evento relacionado à persecução criminal que diga respeito ao acusado (sua nacionalidade, sua residência no exterior ou seu deslocamento para país estrangeiro); à vítima (sua nacionalidade, sua residência ou sua deslocação ao exterior); às testemunhas (sua residência no Estado do foro ou no estrangeiro no momento da tomada do depoimento); e às provas documentais, aos dados e aos ativos (sua localização no Estado do foro ou noutro país).

Tais eventos de estraneidade podem ser *ocasionais* ou *acidentais*, quando se apresentem num crime comum da jurisdição doméstica; ou podem ser inerentes ou próprios do crime internacional ou do crime transnacional em questão, quando parte do *iter criminis* (e do procedimento probatório) tiver natureza transfronteiriça ou quando o crime for inteiramente extraterritorial. Aí veremos então o caráter essencial ou necessário da estraneidade, que sempre se apresenta nos crimes de direito internacional penal e nos crimes transnacionais. Neste último caso, ainda que não haja estraneidade

---

I.C.J. Reports 1970. Disponível em: https://www.icj-cij.org/sites/default/files/case-related/50/050-19700205-JUD-01-00-EN.pdf. Acesso em: 10 mai. 2023.

224. INTERNATIONAL COURT OF JUSTICE. **Case Concerning the Barcelona Traction, Light and Power Company, Limited (Belgium v. Spain)**. Judgment of 5 February 1970, I.C.J. Reports 1970, Separate Opinion of Judge Sir Gerald Fitzmaurice, p. 105. Disponível em: https://www.icj-cij.org/sites/default/files/case-related/50/050-19700205-JUD-01-04-EN.pdf. Acesso em: 10 jun. 2023. Do voto do juiz Fitzmaurice: "Il est vrai qu'à l'heure actuelle le droit international n'impose aux Etats aucune règle rigide délimitant le domaine de leur compétence nationale en pareilles matières (et il en est évidemment d'autres: par exemple les questions de transports maritimes, la législation antitrust etc.), mais il leur laisse à cet égard une grande latitude. Néanmoins a) il postule l'existence de limites, même si dans tout cas d'espèce c'est au tribunal qu'il incombe éventuellement de les définir aux fins de l'affaire dont il s'agit, et b) il impose à tout Etat l'obligation de faire preuve de modération et de mesure quant à l'étendue de la compétence que s'attribuent ses juridictions dans les affaires qui comportent un élément étranger et d'éviter d'empiéter indûment sur la compétence d'un autre Etat quand celle-ci est mieux fondée ou peut être exercée de façon plus appropriée."

em concreto, estará presente o elemento *normativo* de transnacionalidade, como sustenta Boister.[225]

2.10. AS FINALIDADES DA COOPERAÇÃO JURÍDICA INTERNACIONAL

No sentido funcional, os pedidos de cooperação jurídica em matéria penal são incidentes da persecução penal, servindo aos fins da investigação criminal, do processo penal ou da execução penal, ou ainda à etapa de reparação dos danos causados à vítima. Funcionalmente, são também remédios efetivos à disposição do acusado e das vítimas, para a efetiva proteção judicial de seus direitos materiais e processuais.

As finalidades precípuas dos instrumentos de cooperação internacional em matéria penal em sentido lato são a comunicação de atos processuais e a obtenção de provas, sejam elas documentais (de natureza física ou digital), provas periciais ou provas testemunhais, inclusive o interrogatório do réu. As medidas de cooperação também se prestam à captura de foragidos, à recuperação de ativos e à proteção de vítimas e testemunhas ameaçadas ou em situação de vulnerabilidade.[226] Por meio da cooperação internacional penal, também chamada de assistência jurídica (*mutual legal assistance*)[227] em matéria penal ou entreajuda penal (*entraide pénale internationale*),[228] é possível implementar medidas de auxílio mútuo que interessam à elucidação da materialidade ou da autoria de uma infração penal, além de outras que dizem respeito ao sujeito da infração, que pode ser alvo de diligências que lhe cerceiam a liberdade como a extradição e a entrega, ou que contribuem para aperfeiçoar a execução penal, como no caso da transferência de condenados ou da execução de condenações penais estrangeiras (*recognition of foreign judgments*).[229] Também é possível executar medidas que interessam às vítimas, notadamente as providências de recuperação e repatriação de

225. BOISTER, Neil. 'Transnational Criminal Law'? **European Journal of International Law**, *[S. l.]*, v. 14, n. 5, p. 953–976, 2003, p. 965-967.

226. Parte desta seção foi adaptada e atualizada a partir das p. 318-319 de: ARAS, Vladimir. Direito probatório e cooperação jurídica internacional. *In*: SALGADO, Daniel de Resende; QUEIROZ, Ronaldo Pinheiro de. **A prova no enfrentamento à macrocriminalidade**. 2.ed. Salvador: JusPodivm, 2016. p. 315–382.

227. McCLEAN, David. **International co-operation in civil and criminal matters**. Oxford: Oxford University Press, 2002, p. 152 e seguintes.

228. ROUX-DEMARE, François-Xavier. **De l'entraide pénale à l'Europe pénale**. Paris: Dalloz, 2014.

229. MICHAELS, Ralf. Recognition and Enforcement of Foreign Judgments. *In*: WOLFRUM, Rüdiger (org.). **Max Planck Encyclopedia of Public International Law**. Oxford: Oxford University Press, 2009.

ativos e as medidas de proteção transfronteiriça, sem prejuízo da extensão transnacional, como *longa manus*, da participação vitimária como assistente de acusação ou parte civil, ou como interessada no reconhecimento e execução de sentenças estrangeiras nos casos que lhe digam respeito.

Logo, há uma forte relação entre as medidas de cooperação e o direito processual penal e o direito da execução penal dos Estados envolvidos, que podem lançar mão de tratados ou de promessas de reciprocidade para obter a eficácia transnacional de sua atividade de persecução, de *enforcement* e de tutela de direitos humanos no processo e por meio dele, dadas as limitações soberanas de que já cuidamos. Neste último caso, havendo normas de cooperação internacional previstas no direito interno, tais dispositivos regerão a assistência, de modo que o "direito interno se aplica na falta de um tratado" e regula "todas as questões que o direito internacional não regula, nem explicitamente nem implicitamente".[230]

A que se presta um pedido de cooperação internacional em matéria penal? Bassiouni lista seis mecanismos de cooperação internacional: o reconhecimento de condenações estrangeiras; a extradição, a assistência jurídica mútua (*mutual legal assistance*), a transferência de processos penais, a transferência de pessoas condenadas e o bloqueio e confisco de produto do crime.[231] Catalogamos tais modalidades de MLA de forma diversa, tomando por referência suas finalidades e objeto. Tais solicitações a autoridades estrangeiras – ou de um tribunal internacional a um Estado e vice-versa – podem servir para meros atos de comunicação processual; para a produção probatória oral, documental ou pericial, em meio físico ou digital; para a localização e captura de foragidos; para a recuperação de ativos; para medidas de proteção a vítimas, testemunhas e colaboradores; ou para providências reparatórias não pecuniárias. Podem também servir para a transferência de pessoas para a participação em atos de instrução probatória.[232]

---

230. ZIMMERMANN, Robert. **La cooperation judiciaire internationale en matière pénale**. 5e édition ed. Berne: Stämpfli editions, 2019, p. 241-242, § 228.

231. Além dessas seis modalidades, o autor propunha que se passasse a adotar mais uma modalidade (na verdade mais uma *porta*) nos tratados e no direito interno, para aumentar a efetividade da cooperação internacional contra o crime: a cooperação policial (*law enforcement cooperation)* e a cooperação ministerial (*prosecutorial cooperation*). BASSIOUNI, M. Cherif. Policy Considerations on Interstate Cooperation in Criminal Matters. **Pace International Law Review**, *[S. l.]*, v. 4, n. 1, p. 123-145, 1992, p. 126 e 145.

232. ARAS, Vladimir. Direito probatório e cooperação jurídica internacional. *In*: SALGADO, Daniel de Resende; QUEIROZ, Ronaldo Pinheiro de. **A prova no enfrentamento à macrocriminalidade**. 2.ed. Salvador: JusPodivm, 2016, p. 342-343.

Eventualmente, pode ser necessário reconhecer e dar eficácia a sentenças penais estrangeiras, para a transferência de pessoas condenadas ou para a execução de condenações criminais estrangeiras, com ou sem prévia homologação e conversão. Tradicionalmente, o reconhecimento de decisões penais estrangeiras era restrito na ordem jurídica de grande parte dos Estados. Porém, desde os anos 1960, vem-se desenhando um novo cenário, de maior abertura e de maior amplitude cooperativa entre os Estados soberanos, no qual se tem permitido, com base em tratados ou em promessa de reciprocidade, a validação transnacional de julgamentos penais, tanto na Europa[233] quanto nas Américas.[234] Procedimentos desta natureza também ingressaram nos regimes jurídicos onusianos. De fato, conforme Aras, três tratados das Nações Unidas preveem expressamente a transferência de execução penal para *enforcement* de decisões estrangeiras: o art. 16.12 da Convenção de Palermo, o art. 44.13 da Convenção de Mérida, e o art. 6.10 da Convenção de Viena.[235] Sobre a cooperação *post iudicium*, Britto acentua que a possibilidade de dar eficácia a sentenças penais estrangeiras tem agora significativa importância devido ao "incremento do fluxo migratório e o consequente aumento do fluxo de pessoas em conflito com a lei [...] acrescido pela realidade de *desterritorialização* do ilícito penal, com a migração da criminalidade para o ambiente virtual".[236]

A mobilidade das pessoas no cenário global aumentou a necessidade de novos mecanismos de enfrentamento não apenas da criminalidade transnacional, como também da criminalidade doméstica praticada por estrangeiros ou nacionais que logo depois emigram. Neste cenário, adquirem grande importância a transferência de pessoas condenadas (*transfer of sentenced persons*); a transferência de processos penais (*transfer of criminal proceedings*); e o reconhecimento e execução de condenações estrangeiras (*recognition and enforcement of foreign judgments*), que são formas de trans-

---

233. COUNCIL OF EUROPE. **European Convention on the International Validity of Criminal Judgments**, done at The Hague, 28 May 1970. Disponível em: https://rm.coe.int/1680072d3b. Acesso em: 31 mar. 2023. A Convenção da Haia de 1970 sobre a Validade Internacional de Julgamentos Penais (ETS 70) entrou em vigor em 26 de julho de 1974, tendo sido ratificada por 23 Estados do Conselho da Europa (COE).

234. ORGANIZAÇÃO DOS ESTADOS AMERICANOS. **Convenção Interamericana sobre o Cumprimento de Sentenças Penais no Exterior,** concluída em Manágua, em 9 de junho de 1993. Disponível em: http://www.oas.org/juridico/english/sigs/a-57.html. Acesso em: 2 jun. 2023.

235. ARAS, Vladimir. O reconhecimento de sentenças penais estrangeiras no Brasil: os casos Robinho, Falco e Narbondo. **Revista do Ministério Público do Rio Grande do Sul**, Porto Alegre, n. 93, jan. -jul. 2023, p. 168.

236. BRITO, Débora Valle de. **Cooperação Jurídica Internacional na execução penal:** transferência de pessoa condenada e de execução da pena. São Paulo: Thomson Reuters Brasil, 2023, p. 16.

ferência de competência ou de delegação de jurisdição,[237] integrando a nossa tipologia da cooperação por sucessão. Se na transferência de um processo penal delega-se a outro Estado a persecução criminal para o julgamento de um certo delito, na transferência de execução penal delega-se a outro país a etapa final da persecução, a do cumprimento da decisão condenatória resultante do julgamento no Estado sentenciante.[238]

2.11. AS TIPOLOGIAS DA COOPERAÇÃO JURÍDICA INTERNACIONAL

Classificar institutos, teorias, comportamentos e espécies é uma prática que acompanha o saber científico nas mais diversas áreas do conhecimento. Nem sempre as tipologias obtidas são úteis para além de fins didáticos; raramente as classificações são imunes a críticas; nunca são livres de equívocos. Mesmo assim, seguimos classificando o mundo em busca de alguma organicidade em meio ao caos, ou na esperança de sistematizar a realidade de modo mais facilmente compreensível ao observador.

A cooperação jurídica internacional já é em si uma categoria dentro do grande gênero da cooperação internacional. O adjetivo "jurídica" a diferencia das outras mil formas de cooperar internacionalmente. No microcosmo da atividade processual estatal de cooperação, precisamos de outro qualificativo, o adjetivo "penal", para delimitar ainda mais o objeto a ser classificado, uma vez que teremos também a cooperação jurídica no campo cível e no domínio puramente administrativo, não judicial. Há, porém, outras formas de classificar a cooperação jurídica internacional em matéria penal, mais ou menos úteis, como veremos a seguir, com impacto no problema principal desta obra, que se volta mais para a cooperação *ativa* do que para a *passiva*.

2.11.1. Cooperação Internacional Ativa e Passiva

A cooperação jurídica internacional pode apresentar-se na forma *ativa* e na forma *passiva*. Apesar da crítica à sua utilidade, trazida por autores como Zimmermann, esta classificação, ainda muito disseminada na doutrina, é relevante do ponto de vista legislativo, uma vez que as leis autônomas de

237. VOYNOVA, Ralitsa. Comparison of the transfer of criminal proceeding with other forms of international legal cooperation in criminal matters. **International Conference**: Knowledge-Based Organization, vol. 21, No. 2, 2015, p. 532-540, p. 532 e 536.

238. GIRGINOV, Anton. Recognition and enforcement of foreign criminal judgments under the law of Somalia. **Scholars International Journal of Law, Crime and Justice**. Dubai, Oct. 2019, p. 288-297, p. 288.

cooperação de diversos países ou os seus códigos de processo penal adotam tal tipologia, expressa ou implicitamente. Tome-se como exemplo a Suíça, cuja Lei de Cooperação Internacional de 1981[239] refere-se aos Estados requerente (*requérant*) e requerido (*requis*), adjetivos que anunciam a espécie de procedimento cooperacional, ativo ou passivo, segundo o ponto de vista daquele país.

A cooperação será *ativa* a partir da ótica do Estado que dá início ao procedimento ou que remete a solicitação ao exterior ou que pede uma captura ou o bloqueio de ativos. A doutrina reconhece a classificação bipartida ativa/passiva (*solicitud activa/pasiva*; *demande active/passive; outgoing/incoming request)* como se nota em Harari *et. al.*[240] e em Zimmermann,[241] com referência à Suíça, embora admitindo sua imprecisão; ou em Liakopoulos, com referência ao TPI.[242] Também a Lei de Cooperação Jurídica Internacional de Cabo Verde e o CPP chileno[243] adotam tal classificação,[244] enquanto a Itália prefere classificar os pedidos pelo critério de origem e destino: extradição para o exterior (*estradizione per l'estero*) e extradição do exterior (*estradizione dall'estero*), objetos dos arts. 697 e 720 do CPP local, respectivamente.[245] Fundamentalmente, trata-se da mesma ideia.

Esta classificação é *referencial*, dependente da posição do observador, pois um mesmo pedido será ativo no Estado requerente e passivo no Estado requerido. Tal fato, todavia, não desnatura o interesse da classificação,

---

239. SUISSE. Le Conseil federal. **Loi sur l'entraide pénale internationale**, EIMP, du 20 mars 1981. Disponível em: https://www.fedlex.admin.ch/eli/cc/1982/846_846_846/fr. Acesso em: 10 jul. 2023.

240. HARARI, Maurice; JAKOB, Raphaël; JENNI, Erwin. La délégation de la poursuite pénale à la Suisse. **Semaine Judiciaire**, *[S. l.]*, n. 12, p. 385–410, 2013, p. 385.

241. "La coopération est parfois dite active lorsque la Suisse la requiert, passive lorsque la Suisse est l'Etat requis". ZIMMERMANN, Robert. **La cooperation judiciaire internationale en matière pénale**. 5e édition ed. Berne: Stämpfli editions, 2019, p. 7-8, § 1.

242. "The cooperation whose obligation is enshrined in the Statute not only includes active cooperation (art. 86) but also what can be defined as passive cooperation". LIAKOPOULOS, Dimitris. Types of international cooperation and legal assistance in the ICC. **Revista de Derecho Universidad San Sebastián,** *[S. l.]*, v. 25, p. 104–148, 2019, p. 125.

243. O art. 431 do CPP chileno cuida da *extradición activa* e o art. 440 aborda a *extradición pasiva*. CHILE. **Código Procesal Penal**, Ley 19.696, de 29 de Septiembre de 2000. Disponível em: https://www.bcn.cl/leychile/navegar?idNorma=176595. Acesso em: 10 jul. 2023.

244. Vide o art. 31 da Lei 6/2011, de Cabo Verde, que cuida da extradição passiva, e o art. 69 que trata da extradição ativa. CABO VERDE. **Lei nº 6/VIII/2011, de 29 de agosto de 2011**. Disponível em: https://www.ministeriopublico.cv/index.php/component/jdownloads/send/10-ministerio-publico-na-jurisdicao-crimninal/63-lei-de-cooperacao-judiciaria-internacional-lei-n-6-viii-2011?Itemid=0 . Acesso em: 2 jun. 2023.

245. ITALIA. **Codice di procedura penale**. Disponível em: https://www.altalex.com/documents/news/2010/09/22/estradizione. Acesso em: 10 jul. 2023.

porque os requisitos para pedidos ativos e passivos podem ser diversos, inclusive quando há tratado vigente entre as partes cooperantes, diante da necessidade de articulação destes acordos com o direito interno do Estado requerido. Mais do que isso, a legitimidade e a competência para a formalização e a execução dos pedidos mudarão nos diversos países a depender de que espécie de cooperação se trate, uma vez que será o direito interno que determinará os órgãos responsáveis por tais providências nos pedidos que saem e nos pedidos que chegam. Por fim, os temas de cooperação passiva podem ser detalhados pela legislação do Estado que recebe a demanda, quando se trate de executar pedidos de assistência, dado o fato de que estará presente sua competência legislativa (*jurisdiction to prescribe*). Nos pedidos de cooperação ativa, as formalidades do pedido orientam-se por tratados, se houver, ou pelo direito interno do Estado requerido, faltando, portanto, ao Estado requerente poder de ingerência legislativa.

A distinção entre cooperação ativa (relativa aos *outgoing requests*) e passiva (referente aos *incoming requests*) tem importância fulcral na construção desta obra, uma ver que o dever, de natureza convencional, de *requerer* cooperação internacional remete a ela, numa perspectiva dúplice, vendo-se o Estado jurisdicionante em si mesmo, diante de seus compromissos internos, e este mesmo Estado em relação a seus compromissos internacionais, perante instâncias de *accountability* regionais ou universais, no cumprimento dos regimes internacionais de proibição e dos tratados de proteção à pessoa humana. Dizendo de outra forma, o dever de *requerer* cooperação diz respeito à cooperação ativa, à luz das doutrinas da proteção efetiva e da devida diligência, oponíveis às autoridades internas, de persecução criminal, do Estado que requereu cooperação internacional ou que deveria tê-la requerido num dado caso.

2.11.2. Cooperação Internacional Horizontal e Vertical

No direito *interno*, a chamada cooperação judiciária nacional de natureza horizontal corresponde às interações não hierárquicas entre órgãos jurisdicionais de um mesmo Estado. Nela, "um juízo efetivamente postula (no sentido de solicitar a outro a prática de um ato processual) ou provoca uma atuação concertada, sem que haja sujeição ou subordinação do juízo requerido", numa relação de alteridade, por meio de um diálogo reticular.[246]

246. CABRAL, Antonio do Passo. Fundamentos para uma teoria da cooperação judiciária: a revolução que se avizinha. *In*: CABRAL, Antonio do Passo; DIDIER JR., Fredie (org.). **Cooperação judiciária nacional**. Salvador: JusPodivm, 2021, p. 23–60, p. 36-37.

No direito *internacional*, os adjetivos *vertical* e *horizontal* descrevem dois tipos de situações e convém não as confundir: a) a primeira relacionada ao *enforcement* do direito internacional penal; b) a segunda relativa ao modo de interação entre os atores cooperantes, considerada a natureza jurídica dos sujeitos de direito internacional.

Diz-se que a execução (*enforcement*) do direito internacional penal é *vertical,* como entende Soler, ou *direta,* como postula Bassiouni,[247] quando a persecução criminal se dá no próprio tribunal internacional de competência penal, tendo como objeto os crimes internacionais. Por outro lado, o *enforcement* do direito internacional penal será indireto – ou horizontal, na classificação de Soler –,[248] quando, devido à dependência do TPI, dos tribunais penais *ad hoc* e das cortes híbridas para com o aparato persecutório dos Estados, cabe a estes, aos Estados, cumprir seus deveres internacionais e exercer sua jurisdição sobre os crimes de direito internacional penal que a eles toquem.

O que nos interessa agora, para as tipologias da cooperação internacional, é a segunda acepção ("b"), acima, quando os adjetivos vertical e horizontal dizem respeito ao sentido da interação entre os atores cooperantes, pondo em relevo seu polo subjetivo, isto é, quem são os sujeitos de direito internacional público que interagem: Estados entre si (na cooperação horizontal); organizações e tribunais internacionais e Estados (na cooperação vertical). Na cooperação horizontal, os Estados estão em posição de igualdade soberana. Na cooperação vertical,[249] há uma relação de subordinação do Estado ao tribunal internacional, seja porque este tem autoridade vinculante sobre ele (como os tribunais criados pelo CS/ONU, que tinham *binding authority*), seja porque tal tribunal é complementar à jurisdição do Estado Parte de uma convenção, sujeitando-o agora por imposição de sua constituição ou do seu direito interno ou do próprio tratado que o criou (caso do TPI).[250] Note-se,

---

247. BASSIOUNI, M. Cherif. **Introduction to international criminal law**. 2nd rev. Leiden ; Boston: Martinus Nijhoff Publishers, 2013, p. 499-500.

248. SOLER, Christopher. **The Global Prosecution of Core Crimes under International Law**. The Hague: T.M.C. Asser Press, 2019, p. 16.

249. Para Vergueiro, é vertical a cooperação jurídica internacional entre os Estados e as organizações internacionais de natureza judicial, especialmente os tribunais. VERGUEIRO, Luiz Fabricio Thaumaturgo. **Cooperação jurídica internacional vertical: civil e criminal**. São Paulo: Quartier Latin, 2016, p. 85.

250. CASSESE, Antonio. On the Current Trends towards Criminal Prosecution and Punishment of Breaches of International Humanitarian Law. **European Journal of International Law**, *[S. l.]*, v. 9, p. 2-17, 1998, p. 13.

contudo, que a cooperação tendo organizações internacionais de um lado e do outro também será do tipo *horizontal.*

A cooperação dos Estados com tribunais penais internacionais e outras cortes supranacionais (vertical) está prevista em diversos tratados.[251] O aumento do número desses tribunais penais internacionais a partir dos anos 1990 tornou mais importante a cooperação vertical.[252] Suas interações são uma das facetas da comunidade global de cortes.[253] Pode-se também cogitar a existência da cooperação entre Estados e cortes internacionais de direitos humanos, dada a influência de suas decisões em processos penais já findos ou em curso, além de se ter a possibilidade de indução de atividades processuais futuras, no âmbito interno, como resultado das sentenças dessas cortes de direitos humanos. No que tange ao Tribunal Europeu de Direitos Humanos, a obrigação dos Estados de cooperar com o TEDH está prevista na regra 44A do seu Regulamento.[254] Tal dever inclui a obrigação processual, baseada nos arts. 34 e 38 da Convenção Europeia de 1950, de atender a requisições documentais do TEDH e de apresentar provas necessárias aos seus julgamentos.[255] Examinando a Corte IDH, Huneeus descreve sua jurisdição quase-criminal que se apresenta quando o Tribunal adjudica violações de direitos humanos que correspondem a crimes de direito internacional.[256]

No caso *Blaškić,* o TPI-I distinguiu a cooperação *horizontal* (aquela que ocorre entre os tribunais internos de diferentes Estados) da coopera-

---

251. PROST, Kimberly. State cooperation and transfers. In: SCHABAS, William; BERNAZ, Nadia (Org.) **Routledge handbook of international criminal law**, Abingdon, Oxon ; New York: Routledge, 2011, p. 305–306.

252. SCHOMBURG, Wolfgang; LAGODNY, Otto; GLESS, Sabine; HACKNER, Thomas et. al. Internationale Rechtshilfe in Strafsachen/International cooperation in criminal matters. 4th ed, München: Beck, 2006 *apud* Ambos, Kai. International Cooperation in Criminal Matters. Criminal Law Forum, vol. 19, no. 2, June 2008, p. 299-302.

253. SLAUGHTER, Anne-Marie. A Global Community of Courts. **Harvard International Law Journal**, *[S. l.]*, v. 44, n. 1, p. 191–220, 2003, p. 194.

254. Segundo as Regras de Processo do TEDH: "Artigo 44-A. 1. Dever de cooperar com o Tribunal: As partes devem cooperar plenamente na condução do processo e, em particular, proceder, no âmbito dos seus poderes, de acordo com o que o Tribunal julgue necessário à boa administração da justiça. Esta obrigação aplica-se igualmente às Partes contratantes que não sejam partes no processo quando a sua colaboração for necessária". EUROPEAN COURT OF HUMAN RIGHTS. Registry of the Court. **Rules of Court.** Amended as of 23 June 2023. Disponível em: https://www.echr.coe.int/documents/d/echr/rules_court_eng. Acesso em: 10 jul. 2023.

255. SCHABAS, William. **The European convention on human rights:** a commentary, First edition. Oxford, United Kingdom: Oxford University Press, 2015, p. 812.

256. HUNEEUS, Alexandra. International Criminal Law by Other Means: The Quasi-criminal Jurisdiction of the Human Rights Courts. **American Journal of International Law**, *[S. l.]*, v. 107, n. 1, p. 1–44, 2013, p. 30-31.

ção *vertical* (aquela entre o Tribunal e os Estados),[257] e o fez implicitamente reconhecendo que as cortes penais internacionais são leões sem dentes e sem garras ou, como dizia Cassese, gigantes sem braços e sem pernas,[258] cujas próteses correspondem ao poder de império de que as autoridades dos Estados dispõem, sem as quais as ordens e decisões da Justiça penal internacional não são cumpridas.

Assim, na segunda acepção de verticalidade e horizontalidade, se as situações de estraneidade se apresentarem na relação entre Estados, teremos cooperação *horizontal*. O "direito internacional penal horizontal" refere-se em regra à cooperação internacional interestatal para a aplicação do direito penal interno.[259] O texto do Projeto de Artigos sobre a Prevenção e a Punição de Crimes contra a Humanidade faz referência a essa distinção doutrinária: na modalidade *vertical*, a cooperação com o TPI; na modalidade *horizontal*, a cooperação interestatal, também chamada de interetática.[260]

---

257. Sobre a cooperação horizontal, o TPI-I afirmou: "Normally, individuals subject to the sovereign authority of States may only be tried by national courts. If a national court intends to bring to trial an individual subject to the jurisdiction of another State, as a rule it relies on treaties of judicial cooperation or, if such treaties are not available, on voluntary interstate cooperation. Thus, the relation between national courts of different States is *horizontal* in nature". Por outro lado, a respeito da cooperação vertical, o Tribunal pontuou: "the Statute granted the International Tribunal the power to address to States binding orders concerning a broad variety of judicial matters (including the identification and location of persons, the taking of testimony and the production of evidence, the service of documents, the arrest or detention of persons, and the surrender or transfer of indictees to the International Tribunal). Clearly, a "vertical" relationship was thus established, at least as far as the judicial and injunctory powers of the International Tribunal are concerned (whereas in the area of enforcement the International Tribunal is still dependent upon States and the Security Council)". INTERNATIONAL CRIMINAL TRIBUNAL FOR THE FORMER YUGOSLAVIA. **The Prosecutor v. Tihomir Blaškić**. Request of the Republic of Croatia for Review of the Decision of the Trial Chamber II of 18 July 1997, Appeals Chamber. Judgment of 29 October 1997, § 47. Disponível em: https://www.icty.org/x/cases/blaskic/acdec/en/71029JT3.html. Acesso em: 10 jul. 2023.
258. CASSESE, Antonio. On the Current Trends towards Criminal Prosecution and Punishment of Breaches of International Humanitarian Law. **European Journal of International Law**, *[S. l.]*, v. 9, p. 2, 1998, p. 13.
259. ERASMUS, Adele E. Revisiting Schwarzenberger today: The problem of an international criminal law. **South African Journal of Criminal Justice**, *[S. l.]*, v. 16, n. 3, p. 393–414, 2003, p. 413.
260. "Whereas the 1998 Rome Statute of the International Criminal Court regulates relations between the International Criminal Court and its States parties (a 'vertical' relationship), the focus of the present draft articles is on the adoption of national laws and on inter-State cooperation (a 'horizontal' relationship)". UNITED NATIONS. International Law Commission. **The draft articles on prevention and punishment of crimes against humanity,** Report A/74/10. New York, 20 August 2019, p. 23. Disponível em: https://legal.un.org/ilc/reports/2019/english/a_74_10_advance.pdf . Acesso em: 4 mai. 2023.

2.11.3. Cooperação Internacional Primária e Secundária

A cooperação jurídica internacional pode ser classificada também em primária e secundária, conforme Hulsman.[261] Esta tipologia parte da *intensidade* da cooperação prestada pelo Estado estrangeiro. Será *primária* (*primary; primaire*) a cooperação nos casos de transferência de processos penais e de reconhecimento e execução de sentenças penais estrangeiras. Já a cooperação de menor intensidade, dita *secundária* (*secondary; secondaire*), ocorre na extradição e na assistência jurídica mútua,[262] especialmente a probatória, chamada impropriamente de *entraide judiciaire mineur* [263] ou *small MLA*.[264] Fasolin explica que a cooperação primária exige um "elevado nível de confiança mútua" entre os Estados cooperantes.[265] A cooperação secundária, por sua vez, "não implica a transferência de responsabilidade processual".[266] Mendonça diz que "as hipóteses de cooperação primária estão em conflito com o princípio da territorialidade da jurisdição" e comportariam "uma restrição de soberania".[267]

Segundo De Schutter, na *entraide primaire* o juiz do local do fato "abandona seu poder prioritário quanto à persecução em prol do juiz do domicílio ou do local da prisão".[268] Para Bestagno, na cooperação judiciária *primária*, uma etapa do processo penal (*lato sensu*) é de jurisdição de outro Estado,

261. HULSMAN, Lodwijk Henri Christiaan. Transmission des poursuites pénales à l'État de séjour et exécution des décisions pénales étrangères. In: **Le Droit pénal international:** Recueil d'études en hommage à Jacob Maartens. Leiden: E. J. Brill, 1965, p. 113 e seguintes.

262. "[...] il trasferimento dei procedimenti penali e dellesecuzione rappresentano forme di cooperazione "primaria" fra gli Stati, in quanto hanno ad oggetto linserimento di una fase del processo penale iniziato in uno Stato in un altro ordinamento statale (mentre le forme di cooperazione secondaria, quali estradizione e assistenza giudiziaria, comportano la collaborazione con lo Stato richiedente, nel cui ambito soltanto ha luogo il processo penale)". LORUSSO, Artemisia. **La cooperazione giudiziaria internazionale nella lotta agli illeciti economici.** Tese [Dottorato di Diritto internazionale dell'Economia]. Università Commerciale Luigi Bocconi, Milano, 2009, p. 27, nota 87.

263. DE SCHUTTER, Bart. L'entraide judiciaire en matière pénale dans le cadre du Benelux. **Revue Belge de Droit International.** *[S. l.]*, v. 1, p. 102-126, 1967, p. 109.

264. DE BUSSER, Els. The Digital Unfitness of Mutual Legal Assistance. **Security and Human Rights**, *[S. l.]*, v. 28, n. 1-4, p. 161-179, 2018, p. 164.

265. FASOLIN, Silvia. **Conflitti di giurisdizione e ne bis in idem europeo.** Tesi di Dottorato - Università degli Studi di Ferrara, Ferrara, 2013, p. 50, nota 140.

266. STESSENS, Guy. **Money laundering: a new international law enforcement model.** Cambridge [England]; New York: Cambridge University Press, 2000, p. 253.

267. MENDONÇA, Andrey Borges de. **Cooperação internacional no processo penal:** a transferência de processos. São Paulo: Revista dos Tribunais, 2021, p. 103.

268. DE SCHUTTER, Bart. L'entraide judiciaire en matière pénale dans le cadre du Benelux. **Revue Belge de Droit International.** *[S. l.]*, v. 1, p. 102-126, 1967, p. 108.

diverso daquele onde a persecução teve início.[269] A cooperação primária "abrange todas as formas de cooperação que exigem que um Estado *assuma* pelo menos parte do procedimento do outro Estado, quer instaurando processos penais, quer aplicando sanções penais pronunciadas noutro Estado".[270] De fato, tomando como exemplo a transferência de execução penal (*enforcement of foreign judgments*), uma vez que esta se concretize, a sentença condenatória proferida no Estado "A" será executada no Estado "B", após seu reconhecimento ou homologação. Dá-se, em verdade, um fenômeno de *sucessão* de jurisdições, atuando primeiramente uma e depois a outra, sequencialmente, no curso de um mesmo *iter* processual em sentido amplo. Assim também se dá na transferência de processos penais, modalidade cooperacional na qual toda a etapa da instrução processual, por exemplo, pode ser repassada ou delegada a outro Estado, para que de tal ponto se prossiga, até o julgamento do mérito, noutra jurisdição. Enquanto na cooperação primária, o Estado de destino passa a exercer amplamente sua jurisdição a partir de certo ponto, na cooperação secundária, o Estado requerente permanece como *dominus litis*, e a assistência estrangeira tem conteúdo limitado.[271] Amalfitano também acolhe essa distinção doutrinária, afirmando que nas formas tradicionais de cooperação há um menor envolvimento do Estado que presta a assistência, pois este "intervém apenas incidentalmente nos processos que têm curso no sistema jurídico da Parte assistida".[272]

A insuficiência dessa classificação nos parece patente, pois transmite-se a ideia errônea de que a cooperação *secundária* seria menos importante, desconsiderando-se o valor intrínseco do proveito obtido pelo Estado requerente e o impacto, às vezes muito significativo, que a extradição, a forma de cooperação por excelência, tem sobre o direito de liberdade. Tornando o cenário ainda mais nebuloso, a jurisprudência suíça criou uma ambiguidade que interfere na tipologia de Hulsman, quando o Judiciário adotou os mesmos adjetivos para classificar um outro fenômeno relativo aos procedimentos de cooperação internacional em matéria penal. O Tribunal Federal suíço chama

---

269. BESTAGNO, Francesco. Il trasferimento dell'esecuzione delle condanne penali tra gli Stati membri dell'Unione europea. **Diritto comunitario e degli scambi internazionali,** vol. 33, n. 3, p. 269, 1994, p. 279.

270. STESSENS, Guy. **Money laundering:** a new international law enforcement model. Cambridge [England]; New York: Cambridge University Press, 2000, p. 253.

271. KEMP, Gerhard. Foreign relations, international co-operation in criminal matters and the position of the individual. **South African Journal of Criminal Justice,** *[S. l.]*, v. 16, n. 3, p. 370–392, 2003, p. 374.

272. AMALFITANO, Chiara. **Conflitti di giurisdizione e riconoscimento delle decisioni penali nell'Unione europea**. Milano: Giuffrè, 2006, p. 125.

de cooperação primária (*entraide primaire*) a assistência "estritamente penal" em proveito da qual certas informações ou provas são entregues ao Estado requerente, ao passo que a cooperação secundária (*entraide secondaire*) [273] identifica a assistência internacional na qual há "a utilização posterior destas mesmas informações em procedimentos conexos ao processo penal conduzido no Estado requerente".[274] Vê-se que esta distinção relaciona-se ao princípio da especialidade (*réserve de la spécialité*), que limita a utilização da prova entregue pelo Estado requerido ao Estado estrangeiro requerente. A cooperação secundária, neste sentido, liga-se ao art. 67.2 da Lei de Cooperação Jurídica Internacional da Suíça, que prevê o referido princípio.[275] Eis as razões pelas quais, diferentemente de Hulsman,[276] Bestagno[277] e Mendonça,[278] não adotamos tal tipologia e preferimos, por clareza, propor uma outra classificação, que denomina a cooperação *primária* de cooperação *sucessiva* ou *sequencial*, como se explicita no item a seguir.

---

273. Como, por exemplo, a utilização de provas obtidas no exterior para fins penais e depois seu uso numa ação civil de reparação do dano causado à vítima, ou a entrega dessas provas a uma comissão parlamentar de inquérito ou seu uso num procedimento administrativo, situações que operam como exceções à regra de especialidade e que podem ser permitidas desde que presente a conexão destes feitos com o processo penal:"Ce mode d'entraide est dit *secondaire*, puisqu'il présuppose toujours l'existence d'une entraide *primaire* - strictement pénale - pour laquelle les renseignements ont été transmis". SUISSE. **Årret du Tribunal fédéral, ATF 132 II 178**, consid. 2.2. Cause A. contre Office fédéral de la justice, Office central USA (recours de droit administratif), 1A.326/2005 du 1er mars 2006. Disponível em: http://relevancy.bger.ch/php/clir/http/index.php?highlight_docid=atf%3A%2F%2F132=-II178-3%Ade&lang=de&type-show_document. Acesso em: 10 jul. 2023.
274. SUISSE. Département fédéral de justice et police. **L'entraide judiciaire internationale en matière pénale:** directives. 9éme éd., 2009, p. 31, nota 224. Disponível em: https://www.rhf.admin.ch/dam/rhf/fr/data/strafrecht/wegleitungen/wegleitung-strafsachen-f.pdf.download.pdf/wegleitung-strafsachen-f.pdf. Acesso em: 2 jun. 2023.
275. "Art. 67. Règle de la spécialité. 1. Les renseignements et les documents obtenus par voie d'entraide ne peuvent, dans l'Etat requérant, ni être utilisés aux fins d'investigations ni être produits comme moyens de preuve dans une procédure pénale visant une infraction pour laquelle l'entraide est exclue". SUISSE. **Loi fédérale sur l'entraide internationale en matière penale,** EIMP, du 20 mars 1981. Disponível em: https://www.fedlex.admin.ch/eli/cc/1982/846_846_846/fr. Acesso em: 10 jun. 2023.
276. HULSMAN, Lodwijk Henri Christiaan. Transmission des poursuites pénales à l'État de séjour et exécution des décisions pénales étrangères. In: **Le Droit pénal international:** Recueil d'études en hommage à Jacob Maartens. Leiden: E. J. Brill, 1965, p. 113.
277. BESTAGNO, Francesco. Il trasferimento dell'esecuzione delle condanne penali tra gli Stati membri dell'Unione europea. **Diritto comunitario e degli scambi internazionali**, vol. 33, n. 3, p. 269, 1994, p. 279.
278. MENDONÇA, Andrey Borges de. **Cooperação internacional no processo penal:** a transferência de processos. São Paulo: Revista dos Tribunais, 2021, p. 101-104.

2.11.4. Cooperação Internacional Incidental e Sucessiva

A classificação da cooperação internacional em primária e secundária não parece satisfatória, podendo causar dúvidas quanto à sua efetiva importância para a persecução criminal. O fato de se denominar uma assistência passiva de "secundária" diz menos sobre ela do que deveria. A prova testemunhal não é um elemento acidental (secundário) da persecução criminal. Haverá casos em que todas as testemunhas de um fato podem estar no exterior, como de regra ocorre nos casos de aplicação extraterritorial da lei penal. Então, a assistência prestada pelo Estado estrangeiro - embora seja secundária, segundo a classificação proposta por Hulsman em 1965 -[279] terá sido substancial para a definição do mérito da ação penal. Tome-se em conta a extradição, que seria da espécie *secundária*, segundo tal tipologia. Note-se que a entrega extradicional de um fugitivo ao Estado requerente é uma providência de alta relevância para a persecução criminal, sobretudo para os Estados que não admitem o julgamento *in absentiam*, de maneira que a ausência do réu no Estado do foro paralisa o exercício da jurisdição criminal.

Thomas lembra que Hulsman classificava como "cooperação secundária" qualquer colaboração prestada pelo Estado requerido para proveito de um processo instaurado e em curso ou em execução no Estado requerente, abrangendo, portanto, a assistência jurídica mútua e a extradição. A cooperação primária ocorria apenas quando o Estado requerido assumia como sua a ação penal contra alguém ou a execução de sua pena, seja em situação prisional seja em livramento condicional.[280]

Por essa insuficiência conceitual e também para fins de percepção cristalina do conteúdo e da natureza da transferência de processos penais e do reconhecimento e execução de sentenças penais estrangeiras (ou transferência de execução penal), propomos inseri-las na espécie que denominamos de cooperação *sucessiva* (por sucessão), *sequencial* ou *subsequente*, uma vez que a jurisdição do Estado "B", que receberá o processo transferido ou a sentença condenatória para execução, se sucede à jurisdição do Estado "A" onde o processo teve início ou onde foi proferida a condenação. Vale dizer, na continuidade da persecução através das fronteiras estatais, o Estado "B"

---

279. HULSMAN, Lodwijk Henri Christiaan. Transmission des poursuites pénales à l'État de séjour et exécution des décisions pénales étrangères. In: **Le Droit pénal international:** Recueil d'études en hommage à Jacob Maartens. Leiden: E. J. Brill, 1965, p. 113 e seguines.

280. THOMAS, Françoise. Les conventions européennes d'entraide judiciaire en matière pénale: possibilités et limites. **Revue de Droit Pénal et de Criminologie**, n. 5, Bruxelles, 1978, p. 487-488.

se substitui ao Estado "A", o que permite identificar essa cooperação como *vicariante*. Não há aqui uma acessoriedade da prestação jurisdicional no exterior, mas uma continuidade, sem interrupção da *mesma* relação jurídica processual em sentido lato, porém agora noutra jurisdição.[281]

Já a chamada cooperação secundária é mais bem definida como o procedimento cooperacional *incidental*, em sentido estrito, uma vez que, no curso da persecução penal ordinária ou principal no Estado "A", há um evento de estraneidade, isto é, um incidente ligado a um elemento de estrangeirismo, que exige a colaboração do Estado "B", para que uma citação seja realizada, uma prova seja colhida ou ativos sejam bloqueados no exterior, ou ainda para que haja uma captura internacional de pessoa foragida. Essa intercorrência não acarreta uma sucessão ou substituição de jurisdições, pois "A" continuará sendo o Estado competente (do foro), e a prestação de assistência por "B" é uma medida acessória à jurisdição principal (a do Estado "A"), que se mantém, sendo a cooperação tão-somente um evento ocasional no curso original da relação jurídica processual.

Percebe-se então que esta classificação, que diferencia a cooperação *incidental* ou *intercorrente* da cooperação *sucessiva* ou *subsequente* põe em relevo o papel que o Estado requerido assume no processo penal, um papel que, na modalidade sequencial, é o de sucessor do Estado requerente, pois, a partir da transferência do processo ou da execução, a causa passa a ser sua, como se sempre o tivesse sido.

Embora a transferência de pessoas condenadas não seja uma modalidade de cooperação internacional interestatal em sentido estrito, dado o seu conteúdo predominantemente humanitário e ressocializador, ela também se encaixa na tipologia da assistência internacional por sucessão. Este procedimento, junto com a transferência de processos penais e a transferência de execução penal, serve à boa administração da justiça, em busca do juiz *mieux placé* para levar à sua eficiente consecução, dando-se um fenômeno processual no qual ocorre "a passagem de funções jurisdicionais da autoridade originalmente investida para outra considerada mais adequada para exercê-las".[282]

---

281. Aqui há de se indagar se a lei penal a ser aplicada é a do Estado A (sucedido) ou a do Estado B (sucessor), diante do princípio *lex mixior*, ou da lei penal mais favorável. Este tema, contudo, foge do escopo deste texto.

282. FASOLIN, Silvia. **Conflitti di giurisdizione e ne bis in idem europeo**. Tesi di Dottorato - Università degli Studi di Ferrara, Ferrara, 2013, p. 50-51.

2.11.5. Cooperação Internacional Homogênea e Heterogênea

A cooperação *homogênea* se dá entre sujeitos juridicamente iguais. Será homogênea a cooperação entre Estados somente; ou aquela na qual interagem apenas organizações internacionais ou tribunais internacionais. Será *heterogênea* a cooperação que envolva Estados e organizações internacionais, assim como aquela que ocorra entre sujeitos de direito internacional público e organismos *sui generis*, como o Comitê Internacional da Cruz Vermelha,[283] ou organizações não governamentais internacionais, a exemplo da Anistia Internacional, do *Greenpeace*, da Transparência Internacional ou dos Médicos sem Fronteiras. Tais entes podem colher informações e provas relevantes à persecução criminal por Estados (*indirect enforcement*) ou por tribunais internacionais (*direct enforcement*), sobretudo em cenários de conflitos armados internacionais ou não internacionais, notadamente quando haja a desestruturação ou a desintegração das agências locais de persecução criminal.

Aqui também se encaixa a cooperação com instituições arbitrais internacionais. O dever de cooperação para com essas entidades existirá como uma decorrência do princípio cooperativo, de natureza processual, também presente no direito interno, que exige das partes colaboração com os tribunais para a entrega de provas e informações e com outros atos concretos que permitam avançar para a solução da lide. Este é um dever dos sujeitos do processo para que se obtenha, em tempo razoável, uma decisão justa e efetiva.

Nos processos de arbitragem internacional (que podem ter como fundamento atos de corrupção, por exemplo) e nos processos perante cortes internacionais de justiça – como as de proteção aos direitos humanos – os Estados têm o dever de cooperar com tais tribunais para o desempenho de suas atividades, normalmente em razão de tratados. No âmbito desses marcos convencionais, podem escolher o grau dessa cooperação (se integral ou parcial), uma vez que decidem se se submeterão ou não aos mecanismos de

283. "A Cruz Vermelha Internacional também entra na categoria dos sujeitos de DIP que não são Estados. Criada em 1863 por Henry Dunant, hoje tem sede em Genebra e exerce suas atividades em todo o mundo através de seu Comitê Internacional e também por meio de suas sociedades nacionais (associações com estatuto de direito interno), em especial durante guerras, conflitos e calamidades. Pode celebrar tratados com Estados e exerce missões no âmbito das Convenções de Genebra de 1949 (Decreto 42.121/1957). A depender do país em que atua, opera como Crescente Vermelho, como Estrela de Davi Vermelha ou como Cristal Vermelho". ARAS, Vladimir. **Direito internacional público**..., p. 146.

implementação das obrigações convencionais e, eventualmente, à jurisdição obrigatória de tribunais criados em tais segmentos cooperativos.[284]

2.11.6. A Cooperação Internacional de Primeiro, Segundo e Terceiro Níveis

Na doutrina, a tipologia de Gioacchino Polimeni[285] e Paulo Mouso,[286] difundida por Cervini,[287] quanto à graduação dos requisitos (*princípio de la gradualidad*) para a cooperação jurídica internacional, aponta para o princípio da proporcionalidade. Quanto mais ingerência houver nos direitos individuais do suspeito, maiores devem ser os requisitos exigidos para a execução do pedido de cooperação internacional pelo Estado requerido. As medidas de cooperação de primeiro nível abarcam atos de simples comunicação processual e de produção probatória comum, como oitivas de testemunhas. As medidas de segundo nível abrangem providências mais invasivas, como buscas e apreensões e quebras de sigilo bancário. As medidas de terceiro nível são ainda mais intrusivas e referem-se basicamente à prisão para fins de extradição.[288]

Bergman também menciona essa classificação, falando em três níveis de assistência, estando no primeiro grau as medidas de comunicação processual e de cooperação probatória. No segundo nível estariam as medidas cautelares transnacionais. No terceiro nível, se acham as medidas de reconhecimento extraterritorial da eficácia de sentenças e laudos arbitrais estrangeiros.[289]

284. DELBRÜCK, Jost. Coexistence, Cooperation and Solidarity in International Law: The International Obligation to Cooperate: An Empty Shell or a Hard Law Principle of International Law?: A Critical Look at a Much Debated Paradigm of Modern International Law. *In*: HESTERMEYER, Holger P.; KÖNIG, Doris; MATZ-LÜCK, Nele; RÖBEN, Volker; SEIBERT-FOHR, Anja; STOLL, Peter-Tobias; VÖNEKY, Silja (org.). **Coexistence, cooperation and solidarity:** Liber Amicorum Rüdiger Wolfrum. [s.l.] : Brill Nijhoff, 2012, p. 13-14.

285. POLIMENI, Gioachino. **La assistenza in materia penale**. Milano: Turccio Editore, 1990, p. 39-49, *apud* CERVINI, Raúl; TAVARES, Juarez. **Princípios de cooperação judicial penal internacional no Protocolo do Mercosul**. São Paulo: Revista dos Tribunais, 2000, p. 130-131.

286. MOUSO, Paulo. Cooperación judicial inter-etática. **Revista Colombiana de Derecho Procesal**, Bogotá, año 3, vol. 2, 1990, p. 31, *apud* CERVINI, Raúl; TAVARES, Juarez. **Princípios de cooperação judicial penal internacional no Protocolo do Mercosul**. São Paulo: Revista dos Tribunais, 2000, p. 130.

287. CERVINI, Raúl. Princípios da cooperação judicial internacional em assuntos penais. Revista do Ministério Público do Rio Grande do Sul. Porto Alegre, n. 30, jun-set 1993.

288. CERVINI, Raúl; TAVARES, Juarez. **Princípios de cooperação judicial penal internacional no Protocolo do Mercosul.** São Paulo: Revista dos Tribunais, 2000, p. 130-131.

289. BERGMAN, Eduardo Tellechea. La cooperación jurisdicional internacional en el ámbito del Mercosur, con especial referencia al derecho uruguayo. **Revista da Associação dos Juízes Federais do Rio Grande do Sul**, Porto Alegre, n. 3, p. 9–55, 2007, p. 12.

Levando em conta o grau de interferência nos direitos dos sujeitos da cooperação internacional, Ramos classifica essas modalidades em cooperação básica, cooperação intermediária e cooperação avançada.[290]

Além de relacionar-se à proporcionalidade, o princípio da gradação ou gradualidade também opera no âmbito da dupla tipicidade (dupla incriminação), requisito que é quase sempre exigível nas medidas de cooperação mais gravosas ou mais intrusivas, como a extradição[291] e o confisco criminal,[292] também chamadas de medidas de terceiro grau na classificação apoiada por Cervini.[293]

290. RAMOS, André de Carvalho. **Curso de direito internacional privado**. 3. ed. São Paulo: SaraivaJur, 2023, p. 489.

291. Novos mecanismos de assistência internacional para a captura de foragidos, como a entrega, admitem a cooperação sem a presença de dupla incriminação. É o caso do mandado de detenção europeu ou *European Arrest Warrant*, instituído com base na Decisão-Quadro, de 13 de junho de 2002 (2002/584/JHA), do Conselho da União Europeia. Desde janeiro de 2005, a ordem de captura pode ser emitida para qualquer uma das infrações penais listadas da decisão que a criou. Algumas delas dispensam a dupla tipicidade, conforme o artigo 2º, §2º, da Decisão-Quadro de 2002, o que inclui os delitos de terrorismo, tráfico de pessoas, corrupção, lavagem de dinheiro, cibercrimes etc.

292. A Convenção das Nações Unidas contra a Corrupção (UNCAC) admite a *non-conviction based confiscation* (NCB), o que remete à possibilidade de confisco em casos de corrupção cível, sem dupla incriminação, ou ainda que o fato tenha prescrito ou o direito de ação tenha sido atingido por outra causa extintiva de punibilidade. Nos países de *civil law*, como a Colômbia e o Peru, a este procedimento se dá o nome de ação de extinção de domínio (*extinción de dominio*).

293. CERVINI, Raúl; TAVARES, Juarez. **Princípios de cooperação judicial penal internacional no Protocolo do Mercosul.** São Paulo: Revista dos Tribunais, 2000, p. 130-131.

Capítulo 3

A COOPERAÇÃO JURÍDICA INTERNACIONAL COMO UMA OBRIGAÇÃO PROCESSUAL POSITIVA

Como sujeitos clássicos do direito internacional público, os Estados soberanos têm direitos e deveres (*duties*; *devoirs*; *deberes*) ou obrigações na ordem internacional.[1] Estes deveres – que aqui trataremos como sinônimos de obrigações (*obligaciones; obligations*)[2] – decorrem do direito interna-

1. Esses termos são equívocos e suas descrições variam conforme a disciplina. Segundo Stolze, não se confundem "obrigação" (*debitum*) e responsabilidade (*obligatio*). Buscando apoio no direito civil alemão, o autor diz que *Schuld* significa dever e que *Haftung* corresponde a responsabilidade. Cf. GAGLIANO, Pablo Stolze. **Novo curso de direito civil:** obrigações. 24.ed. SaraivaJur, 2023, p. 10. Conforme Simão, no direito civil, a obrigação decompõe-se em dois momentos: "*Schuld*, como um dever legal em sentido amplo [...]; e *Haftung*, que consiste na submissão ao poder de intervenção daquele a quem não se presta o que deve ser prestado". Este autor traz a lição de Moreira Alves, a partir das *Institutas* de Justiniano, de que "obrigação é um vínculo jurídico pelo qual estamos obrigados a pagar alguma coisa segundo o direito de nossa cidade". Cf. SIMÃO, José Fernando. A teoria dualista do vínculo obrigacional e sua aplicação ao direito civil brasileiro. **Revista Jurídica ESMP-SP**, v. 3, 2013, p. 165-181, p. 168 e nota 3. Como matéria de ordem pública, no plano interno, as obrigações dos Estados para com pessoas físicas e jurídicas são objeto do direito administrativo que as distribui entre os diversos órgãos e poderes do Estado. BLECKMANN, Albert. General Theory of Obligations under Public International Law. **German Yearbook of International Law**, *[S. l.]*, v. 38, p. 26, 1995, p. 29-30. Alguns filósofos diferenciam "dever" de "obrigação", mas outros, como Verweij, tratam os termos como sinônimos. VERWEIJ, Marcel. The Concept of Duty and Obligation. *In*: VERWEIJ, Marcel (org.). Preventive Medicine between Obligation and Aspiration. **International Library of Ethics, Law, and the New Medicine**. Dordrecht: Springer Netherlands, 2000. p. 103–122, p. 103. Para Brandt, embora alguns filósofos não façam distinção entre *duty* e *obligation*, os termos são distintos no seu campo de estudo. BRANDT, Richard B. The concepts of obligation and duty. **Mind**, *[S. l.]*, v. LXXIII, n. 291, p. 374–393, 1964. Zimmerman também trata as palavras como sinônimas. ZIMMERMAN, Michael J. Duty and Obligation. *In*: LAFOLLETTE, Hugh. **The International Encyclopedia of Ethics**. Malden, Mass.: Wiley-Blackwell, 2013, p. 1121.
2. Ragazzi sustenta que, no direito internacional, as palavras dever (*duty*) e obrigação (*obligation*) são usadas indistintamente. RAGAZZI, Maurizio. **The concept of international obligations erga omnes**. Oxford: New York: Clarendon Press; Oxford University Press, 1997, p. 133, nota 3. Em seu livro sobre persecução de crimes de direito internacional penal, Soler usa a expressão "duty to cooperate" como sinônima de "obligation to cooperate". SOLER, Christopher. **The Global Prosecution of Core Crimes under International Law**. The Hague: T.M.C. Asser Press, 2019, *passim*.

cional geral, *ipso facto*, ainda que contra a vontade dos Estados, e do direito internacional convencional, este baseado no consentimento. Para Kelsen, esses direitos e deveres "são direitos e deveres do Estado apenas na medida em que são estipulados pelo direito internacional geral, que tem o caráter de direito consuetudinário". Entre eles estão os direitos de estabelecer relações diplomáticas, celebrar tratados e o direito de jurisdição.[3] Tais direitos ligam-se à *soberania*, e é sua manifestação nas relações jurídicas como jurisdição que torna necessária a cooperação internacional em matéria penal. A soberania é a sua razão de ser.[4]

Se houvesse uma integração dos Estados numa federação mundial de nações, ou um Estado mundial, as contingências e os desafios da cooperação internacional seriam bem diversos ou nem existiriam. A experiência dos espaços comunitários de justiça permite divisar como seria um mundo de fronteiras compartilhadas ou um planeta sem fronteiras, mais instrumentalizado para enfrentar os problemas comuns da humanidade que inspiram a cooperação.

Conforme a Comissão de Direito Internacional (CDI), "as obrigações internacionais podem ser instituídas por uma norma consuetudinária de direito internacional, por um tratado ou por um princípio geral aplicável na ordem jurídica internacional."[5] Na concepção monista, os deveres dos Estados advêm da ordem jurídica internacional, de modo que "o Estado está sujeito diretamente apenas ao direito internacional".[6] É esta ordem que lhe impõe deveres positivos (ações) e deveres negativos (abstenções), que se refletirão no âmbito interno e no âmbito internacional. As obrigações a que se sujeitam os Estados na ordem internacional têm uma feição intrínseca, de obrigatoriedade, que resulta da própria natureza do direito internacional público; e uma feição extrínseca, quanto às maneiras de manifestação de tais deveres, nos vários ramos do direito internacional, que nos levam às várias categorias obrigacionais.

---

3. KELSEN, Hans. **Teoria geral do direito e do estado**. 3. ed. São Paulo: Martins Fontes, 2000, p. 357 e 360.
4. KEMP, Gerhard. Foreign relations, international co-operation in criminal matters and the position of the individual. **South African Journal of Criminal Justice,** *[S. l.]*, v. 16, n. 3, p. 370–392, 2003, p. 371.
5. UNITED NATIONS. International Law Commission. **Draft articles on Responsibility of States for Internationally Wrongful Acts**, with commentaries, 2001. The Yearbook of the International Law Commission, 2001, vol. II, Part Two, p. 55, § 3. Disponível em: https://legal.un.org/ilc/texts/instruments/english/commentaries/9_6_2001.pdf. Acesso em: 10 jun. 2023.
6. KELSEN, Hans. **Teoria geral do direito e do estado**, 3. ed., 2. tiragem. São Paulo: Martins Fontes, 2000, p. 547.

Os internacionalistas sustentam um longo debate sobre os fundamentos das obrigações internacionais. Schachter arrola várias teorias que procuram determiná-los, como a doutrina do consentimento dos Estados, a base costumeira, o direito natural, a necessidade social, a vontade de comunidade internacional, a interdependência,[7] ou um sentido de justiça. No entanto, referido autor pondera que, diante da incerteza quanto ao fundamento correto, na prática, as bases das obrigações podem ser encontradas nas fontes do direito internacional.[8] Por sua vez, Watson entende que o consentimento é o preceito fundamental na teoria das obrigações internacionais, sendo este o elemento determinante para garantir a conformidade estatal quanto ao cumprimento de tais obrigações.[9]

3.1. UMA BREVE TAXONOMIA DAS OBRIGAÇÕES INTERNACIONAIS

Uma singela taxonomia das obrigações internacionais dos Estados pode encaixá-las em obrigações bilaterais e multilaterais, a depender de sua fonte. Num segmento à parte, com destaque, estão as obrigações *erga omnes*, descritas pela Corte Internacional de Justiça (CIJ) em 1970.[10]

As obrigações podem ser divididas também em obrigações de meio ou de conduta (*obligations of conduct, obligaciones de medio, obligations de comportement*), em obrigações de resultado (*obligations of result; obligaciones*

7. TESÓN, Fernando R. Interdependence, Consent, and the Basis of International Obligation. **American Society of International Law Proceedings**, *[S. l.]*, v. 83, p. 558, 1989, p. 565.
8. "By some pragmatically-inclined international lawyers the issue is not likely to be regarded as important. As long as the obligation itself-the legal norm or prescription-can be identified in one of the so-called formal sources-treaty or custom or in general principles of law-it seems to matter little what the underlying basis of the obligation may be". SCHACHTER, Oscar. Towards a Theory of International Obligation. **Virginia Journal of International Law**, *[S. l.]*, v. 8, p. 300, 1967, p. 301-302.
9. "Consent remains important in such unilateral instances of compliance because the state deciding to comply with the norm on its own initiative is the same state determining the norms it is bound by. This being so, it is extremely unlikely that a state will spontaneously comply with a norm to which it has clearly not consented. On the other hand, it will be quite likely to comply with rules it has openly accepted". WATSON, J. Shand. State Consent and the Sources of International Obligation. **American Society of International Law Proceedings**, *[S. l.]*, v. 86, p. 108, 1992, p. 112.
10. INTERNATIONAL COURT OF JUSTICE. Case Concerning the Barcelona Traction, Light and Power Company, Limited (Belgium v. Spain). Judgment of 5 February 1970, I.C.J. Reports 1970, p. 32-33, §§ 33-34. Disponível em: https://www.icj-cij.org/sites/default/files/case-related/50/050-19700205-JUD-01-00-EN.pdf. Acesso em: 10 mai. 2023.

de resultado; obligations de résultat)[11] e em obrigações mistas (de conduta e resultado). Noutra categoria estão as obrigações positivas e as negativas. Estas podem ser substanciais (materiais) ou de natureza processual (*procedural obligations*).

Essas várias obrigações, "por definição, implicam algum tipo de restrição à liberdade de ação estatal", podendo dizer respeito a funções legislativas, executivas ou judiciais do Estado. Como consequência de uma obrigação internacional o Estado deve realizar uma ação específica em relação a outro Estado ou à comunidade das nações "ou tem de promulgar uma determinada legislação ou modificar suas atividades executivas ou jurisdicionais", cabendo-lhe cumpri-las de boa-fé.[12]

Um exemplo de obrigações de meio e de resultado está no art. 4º da Convenção Internacional sobre a Eliminação de todas as Formas de Discriminação Racial, de 1965, que exige dos Estados Partes a criminalização desse comportamento (a conduta) e impõe a tais Estados que informem ao Comitê sobre Discriminação Racial,[13] em Genebra, os casos decididos com base na norma penal, a fim de permitir a verificação do cumprimento efetivo da Convenção (o resultado).[14] A diferença entre obrigações de conduta (meio) e de resultado importa no momento da verificação do seu adimplemento

---

11. CORTE INTERAMERICANA DE DIREITOS HUMANOS. **Caso López Sosa vs. Paraguay.** Sentencia de 17 de mayo de 2023, § 110. Disponível em: https://corteidh.scjn.gob.mx/buscador/doc?-doc=casos_sentencias/seriec_489_esp.pdf. Acesso em: 2 jun. 2023.
12. Segundo Wolfrum, obrigações de resultado são "those where States have to achieve a specific factual situation the prescription of which may be either prohibitive or commanding". Por sua vez, as obrigações de meio (ou de conduta), são "those where the State concerned is required to undertake a particular action. There are numerous typical examples of this. All international obligations to cooperate may be qualified as obligations of conduct, unless a goal of the cooperation is stated in which case the obligation may be goal-oriented". Haveria ainda uma terceira categoria: as obrigações-metas ou programáticas (*goal-oriented obligations*). WOLFRUM, Rüdiger. Obligation of Result Versus Obligation of Conduct: Some Thoughts About the Implementation of International Obligations. *In*: ARSANJANI, Mahnoush H.; COGAN, Jacob; SLOANE, Robert; WIESSNER, Siegfried (org.). **Looking to the Future: Essays on International Law in Honor of W. Michael Reisman**. Leiden: Brill Nijhoff, 2011. p. 363–383, p. 363, 369 e 373.
13. UNITED NATIONS. Committee on the Elimination of Racial Discrimination. General Recommendation XV on Article 4 of the Convention: organized violence based on ethnic origin, Doc.A/48/18, adopted on 23 March 1993. Disponível em: http://www.bayefsky.com/general/cerd_genrecom_15.php. Acesso em: 10 jul. 2023.
14. WOLFRUM, Rüdiger. Obligation of Result Versus Obligation of Conduct: Some Thoughts About the Implementation of International Obligations. *In*: ARSANJANI, Mahnoush H.; COGAN, Jacob; SLOANE, Robert; WIESSNER, Siegfried (org.). **Looking to the Future: Essays on International Law in Honor of W. Michael Reisman**. Leiden: Brill Nijhoff, 2011. p. 363–383, p. 380.

pelos mecanismos de monitoramento ou pelos tribunais internacionais a que se sujeite um Estado.[15]

Na taxonomia das obrigações no direito internacional dos direitos humanos, no campo referente ao processo penal, haverá prestações positivas e negativas, devidas pelo Estado ao acusado, às vítimas e a outros sujeitos processuais. Haverá também consequências do seu descumprimento. A essência das obrigações internacionais do Estado em relação aos direitos civis e políticos está em garanti-los para todos e não os lesar.[16] Mas há também obrigações de agir, chamadas positivas. Intrinsecamente, tais obrigações têm natureza de direito constitucional, de direito administrativo, de direito penal e processual penal, e seu cumprimento pode ser exigido do Estado pelos seus destinatários.

As obrigações estatais positivas nos interessam como elemento dos regimes globais de proteção e dos regimes internacionais de proibição. Elas terão, prioritariamente, fundamento convencional, embasadas quase sempre no consentimento, o que lhes provê um alto potencial de adimplemento pelos Estados. Estes ingressam nesses grandes regimes voluntariamente, mediante elevados compromissos político-criminais e de promoção de direitos.

3.2. A CIRCULARIDADE DA JURISDIÇÃO DE DIREITOS HUMANOS E AS OBRIGAÇÕES INTERNACIONAIS DO ESTADO

O desenvolvimento histórico dos direitos humanos na área internacional é indissociável de sua perspectiva penal. Em 1948, comentando a posição da pessoa humana no direito internacional, Sir Hersch Lauterpacht já dizia que a concepção dos crimes contra a humanidade, julgados pelo Tribunal de Nuremberg, partira do reconhecimento de que a pessoa humana tinha direitos na ordem internacional, independentemente dos Estados. A afirmação histórica dos crimes contra a humanidade, sujeitos a jurisdição direta da

15. "It should be taken into account that the role of international adjudicative bodies diff ers when it comes to assessing whether an obligation of result or an obligation of conduct has been complied with. Whereas in the case of an obligation of result it is only necessary to compare the anticipated situation at the given time with the actual facts, in case of an obligation of conduct it may be the task to assess whether national laws and regulations conform to what has been required by the international treaty in question. WOLFRUM, Rüdiger. Obligation of Result Versus Obligation of Conduct: Some Thoughts About the Implementation of International Obligations. *In*: ARSANJANI, Mahnoush H.; COGAN, Jacob; SLOANE, Robert; WIESSNER, Siegfried (org.). **Looking to the Future: Essays on International Law in Honor of W. Michael Reisman**. Leiden: Brill Nijhoff, 2011. p. 363–383, p. 383.
16. OPSAHL, Torkel. Human Rights Today: International Obligations and National Implementation. **Scandinavian Studies in Law**, *[S. l.]*, v. 23, p. 149–176, 1979, p. 158.

comunidade internacional, representava a agnição da existência dos direitos humanos, titularizados diretamente pela pessoa humana, como sujeito de direitos na ordem internacional.[17] Isso não mudou neste século. Hoje a Corte Interamericana (Corte IDH) e o Tribunal Europeu de Direitos Humanos (TEDH) seguem a mesma trilha, cuidando do direito penal como soldado de reserva dos direitos humanos e tratando o exercício da persecução penal como uma obrigação positiva inerente às convenções de direitos humanos.

No diagnóstico de Huneeus, tais tribunais regionais de direitos humanos podem exercer um papel complementar para a adjudicação de crimes de direito internacional penal, naquilo que ela denomina "jurisdição quase-penal das cortes regionais de direitos humanos".[18] No caso *Las Palmeras vs. Colômbia*, de 2000, Cançado Trindade remarcou exatamente tal convergência entre o *corpus juris* de direitos humanos e o direito internacional humanitário, previsto nas Convenções de Genebra, que integram um dos mais valiosos regimes internacionais de proteção e proibição.[19]

Sem dúvida alguma, dada a sua *circularidade procedimental*,[20] as jurisdições de direitos humanos, também contribuem para a implementação do direito penal transnacional, devido aos compromissos convencionais (dos regimes internacionais de proibição) aos quais a jurisprudência das cortes regionais de direitos humanos vez ou outra se reporta. No caso *Maria da Penha Fernandes*, a Comissão Interamericana de Direitos Humanos (CIDH) invocou a Convenção de Belém do Pará para assinalar o descumprimento pelo Brasil de seus deveres para prevenir e reprimir a violência contra a mulher.[21] No caso *X. e Outros vs. Bulgária*, o TEDH fez referência a obrigações

17. LAUTERPACHT, Hersch. The Subjects of the Law of Nations. **Law Quarterly Review**, *[S. l.]*, v. 64, No. 1, p. 97-119, 1948, p. 104.
18. HUNEEUS, Alexandra. International Criminal Law by Other Means: The Quasi-criminal Jurisdiction of the Human Rights Courts. **American Journal of International Law**, *[S. l.]*, v. 107, n. 1, p. 1–44, 2013.
19. CORTE INTERAMERICANA DE DIREITOS HUMANOS. **Caso Las Palmeras v. Colombia**, Sentencia de 4 de Febrero de 2000. Excepciones preliminares. Voto razonado del juez A. A. Cançado Trindade, § 7. Disponível em: https://www.corteidh.or.cr/docs/casos/articulos/seriec_67_esp.pdf. Acesso em: 2 jun. 2023.
20. Os casos julgados pelas cortes regionais de direitos humanos sempre começam no espaço interno. Por descumprimento dos deveres internacionais, vão ao sistema regional ou ao sistema onusiano e, quando procedentes, resultam em novos passos no espaço interno estatal, donde se nota sua circularidade.
21. CIDH: "Entretanto, neste caso emblemático de tantos outros, a ineficácia judicial, a impunidade e a impossibilidade de a vítima obter uma reparação mostra a falta de cumprimento do compromisso de reagir adequadamente ante a violência doméstica. O artigo 7 da Convenção de Belém do Pará parece ser uma lista dos compromissos que o Estado brasileiro ainda não cumpriu quanto a esses tipos de caso. [...] Ante o exposto, a Comissão considera que se

convencionais que constam da Convenção de Lanzarote, de 2007,[22] sobre violência sexual contra crianças e adolescentes.[23] Os regimes que formam o modelo binário – convenções de direitos humanos + convenções em matéria penal – que condiciona a cooperação internacional de fato interagem. O caso *Siliadin vs. França* é outro exemplo dessas sinergias.[24] A fim de estabelecer a obrigação positiva estatal relativa à proibição penal da escravidão no plano interno, o TEDH apoiou-se nas obrigações convencionais da Convenção nº 29 da Organização Internacional do Trabalho (OIT) sobre Trabalho Forçado, de 1930; na Convenção Suplementar sobre a Abolição da Escravatura, do Tráfico de Escravos e das Instituições e Práticas Análogas à Escravatura, de 1956; e na Convenção sobre os Direitos da Criança, de 1989.[25]

Tendo em conta os direitos humanos envolvidos, devido a suas obrigações negativas – que correspondem a deveres de autocontenção –, os Estados devem abster-se de violar tais direitos; e, em face de obrigações positivas, os Estados devem adotar medidas para prevenir e punir violações de direitos por terceiros. No cumprimento de tais prestações positivas e negativas, os Estados devem agir com diligência devida,[26] de modo proativo, inclusive com finalidade preventiva, sempre que tiverem conhecimento de que uma violação do direito internacional ocorreu ou está prestes a ocorrer, como

---

verificam neste caso as condições de violência doméstica e de tolerância por parte do Estado definidas na Convenção de Belém do Pará e que o Estado é responsável pelo não-cumprimento de seus deveres estabelecidos nas alíneas b, d, e, f e g do artigo 7 dessa Convenção". COMISSÃO INTERAMERICANA DE DIREITOS HUMANOS. **Maria da Penha Maia Fernandes vs. Brasil,** Caso 12.051, Relatório 55/01, de 4 de abril de 2001, §§ 57-58. Disponível em: https://www.cidh.oas.org/annualrep/2000port/12051.htm. Acesso em: 2 jun. 2023.

22. COUNCIL OF EUROPE. **Council of Europe Convention on Protection of Children against Sexual Exploitation and Sexual Abuse**, adopted at Lanzarote on 25 October 2007. Disponível em: https://rm.coe.int/1680084822. Acesso em: 10 jul. 2023.
23. Neste caso, relativo a abuso sexual de menores, o TEDH determinou que a obrigação processual positiva de conduzir uma investigação efetiva "deve ser interpretada à luz das obrigações decorrentes dos outros instrumentos internacionais aplicáveis, e mais especificamente da Convenção de Lanzarote." EUROPEAN COURT OF HUMAN RIGHTS. **Case of X and Others v. Bulgaria.** Judgment 2 February 2021, § 192. Disponível em: https://hudoc.echr.coe.int/eng#{%22itemid%22:[%22001-207953%22]}. Acesso em: 4 set. 2023.
24. Vide, por exemplo, EUROPEAN COURT OF HUMAN RIGHTS. **Case of Siliadin v. France**. Judgment 26 July 2005, § 89. Disponível em: https://hudoc.echr.coe.int/eng#{%22itemid%22:[%22001-69891%22]}. Acesso em: 2 jun. 2023.
25. SHELTON, Dinah. Resolving Conflicts between Human Rights and Environmental Protection: Is there a Hierarchy? In: DE WET, Erika; VIDMAR, Jure (Org.). **Hierarchy in international law: the place of human rights.** Oxford, United Kingdom: Oxford University Press, 2012, nota 37, p. 214.
26. SHELTON, Dinah; GOULD, Ariel. Positive and Negative Obligations, in: SHELTON, Dinah (Org.), **The Oxford Handbook of International Human Rights Law,** 1. ed. Oxford: Oxford University Press, 2013, p. 452.

se viu no julgamento pela CIJ do caso do *Estreito de Corfu*.[27] Desde então, explicam Shelton e Gould, a dualidade entre obrigações positivas e negativas passou a ser levada em conta pelos organismos internacionais de direitos humanos.[28] Tais autores dão como exemplo o Pacto Internacional de Direitos Civis e Políticos (PIDCP)[29] e o Pacto Internacional de Direitos Econômicos Sociais e Culturais (PIDESC), ambos de 1966, como documentos que preveem obrigações positivas e negativas para os Estados Partes. Essa constatação dá a essas obrigações alcance quase universal.

Diante delas, no aspecto preventivo, "o Estado é obrigado a tomar todas as medidas necessárias para impedir que os indivíduos que vivem no seu território – cidadãos e estrangeiros – cometam tais atos", isto é, o deve de prevenir condutas que prejudiquem um Estado estrangeiro ou seus nacionais. Se a prevenção falha, o "Estado é obrigado a punir os infratores e a compeli-los a pagar os danos",[30] no que se configura uma obrigação positiva, que dependerá de prestações de meio e de resultado. No plano geral da ordem internacional, considerando a categoria dos bens públicos globais,[31] recordamos que "a luta contra a impunidade em relação a certos crimes é um interesse comum de todos os Estados e, consequentemente, um valor fundamental do sistema jurídico internacional moderno".[32] Nisso se pode entrever a natureza das medidas de cooperação internacional como mecanismos de tutela desses bens, providência dependente do multilateralismo e essencial para a promoção dos direitos humanos e da justiça.

---

27. INTERNATIONAL COURT OF JUSTICE. **The Corfu Channel Case (United Kingdom v. Albania).** Judgment of April 9th, 1949, I.C.J. Reports 1949, p. 23. Disponível em: https://www.icj-cij.org/sites/default/files/case-related/1/001-19490409-JUD-01-00-EN.pdf . Acesso em: 2 jun. 2023.
28. SHELTON, Dinah; GOULD, Ariel. Positive and Negative Obligations, in: SHELTON, Dinah (Org.), **The Oxford Handbook of International Human Rights Law,** 1. ed. Oxford: Oxford University Press, 2013, p. 452.
29. UNITED NATIONS. **International Covenant on Civil and Political Rights,** adopted at New York, on 16 December 1966. Disponível em: https://www.ohchr.org/en/instruments-mechanisms/instruments/international-covenant-civil-and-political-rights. Acesso em: 2 jun. 2023.
30. KELSEN, Hans. **Teoria geral do direito e do estado**, 3. ed., 2. tiragem. São Paulo: Martins Fontes, 2000, p. 513.
31. Ver: SAMUELSON, Paul A. The Pure Theory of Public Expenditure. **The Review of Economics and Statistics**, *[S. l.]*, v. 36, n. 4, p. 387–389, 1954. Vide ainda: KAUL, Inge; GRUNBERG, Isabelle; STERN, Marc A. Definindo bens públicos globais. In: KAUL, Inge; GRUNBERG, Isabelle; STERN, Marc A. (org.). **Bens públicos globais:** cooperação internacional no século XXI. Rio de Janeiro: Record, 2012, p. 43-44.
32. CALIGIURI, Andrea. Governing International Cooperation in Criminal Matters: the role of the aut dedere aut judicare principle. **International Criminal Law Review**, *[S. l.]*, v. 18, p. 244–274, 2018, p. 270.

Evitar a impunidade – inclusive por meio da cooperação internacional – é um valor sustentado pela Corte IDH, que a define como a falência da persecução criminal, devido à deficiência generalizada do exercício pelo Estado das atividades de investigar, processar, julgar e condenar os autores de violações dos direitos humanos protegidos pela Convenção Americana.[33] Esta concepção é clara no caso *Paniagua Morales e Outros vs. Guatemala*, de 1998.[34] A impunidade é tida como nefasta pela Corte "porque favorece a repetição crônica de violações dos direitos humanos", além de incapacitar as vítimas e suas famílias para "defenderem os seus direitos"[35] e obterem reparação.

3.3. A DICOTOMIA ENTRE OBRIGAÇÕES POSITIVAS E NEGATIVAS

No início do século 20, Duguit já divisava a necessidade de um direito público que assegurasse, não só abstenções, mas que consagrasse também a obrigação positiva de "realizar outras coisas", para a ampliação dos direitos de todos. Entre essas medidas, ele já incluía os "serviços policiais, militares e judiciais", que são "naturalmente" prestados pelo Estado "para a defesa do território e para impor a ordem e a paz".[36] Essa noção é útil para a compreensão das obrigações positivas de natureza processual, no campo penal.

Lazarus recorda que vários teóricos contemporâneos dos direitos humanos sustentam que "os Estados ou outros atores têm o dever de respeitar e proteger os direitos e não apenas um dever de desistir de violá-los", o que aponta simultaneamente para deveres negativos e positivos.[37] Essa concepção tem apoio na "principal afirmação" de Shue, conforme ele mesmo postulou,

---

33. MARTIN-CHENUT, Kathia. Le renforcement des obligations positives de nature pénale dans la jurisprudence interaméricaine : l'exemple des graves violations des droits de l'Homme commises pendant les dictatures des pays du Cône Sud. **Revue de science criminelle et de droit pénal comparé**, Paris, v. 3, n. 3, p. 705–725, 2012, p. 706.
34. CORTE INTERAMERICANA DE DIREITOS HUMANOS. **Caso de la Panel Blanca (Paniagua Morales y Otros) vs. Guatemala**. Sentencia de 8 de marzo de 1998, Fondo, § 173. Disponível em: https://www.corteidh.or.cr/docs/casos/articulos/seriec_37_esp.pdf. Acesso em: 2 jun. 2023.
35. MARTIN-CHENUT, Kathia. Le renforcement des obligations positives de nature pénale dans la jurisprudence interaméricaine : l'exemple des graves violations des droits de l'Homme commises pendant les dictatures des pays du Cône Sud. **Revue de science criminelle et de droit pénal comparé**, Paris, v. 3, n. 3, p. 705–725, 2012, p. 706.
36. DUGUIT, Leon. **Law in the Modern State**. 4th. ed. New York: B. W. Huebsch, 1919, p. 29.
37. LAZARUS, Liora. Positive Obligations and Criminal Justice: Duties to Protect or Coerce? *In*: ZEDNER, Lucia; ROBERTS, Julian V. (Org.). **Principles and values in criminal law and criminal justice: essays in honour of Andrew Ashworth**. Oxford, U.K: Oxford University Press, 2012. p. 135–155, p. 145-146.

segundo a qual "levar os direitos a sério significa levar a sério os deveres".[38] Direitos "dão origem a deveres positivos"; vale dizer, as obrigações positivas são "uma inevitável consequência do reconhecimento de um direito".[39] Tais obrigações "exigem uma ação específica, enquanto os deveres negativos exigem que um agente se abstenha de agir".[40]

As obrigações negativas são deveres de abstenção, na perspectiva dos limites à ação estatal em detrimento de direitos convencionais. Por sua vez, as obrigações positivas exigem ações estatais para garantir o gozo desses direitos.[41] Cuidando do direito às prestações positivas em sentido amplo (prestações normativas) e em sentido estrito (prestações fáticas), Alexy explica que, considerando uma ou outra, o cidadão terá direito em face do Estado a que este realize tais ações. Esses direitos "a algo" se dividem em direitos a ações negativas (direito a uma abstenção estatal) e em direitos a ações positivas, (direito a uma prestação).[42]

Os direitos a prestações em sentido amplo dividem-se em três categorias: a) direitos do particular a proteção do Estado contra intervenções de terceiros; b) direitos à existência de organizações e procedimentos para assegurar direitos fundamentais; e c) direitos a prestações em sentido estrito, devidas pelo Estado, mas que poderiam em tese ser obtidas de particulares.[43] As normas de proteção abrangem "a proteção por meio de normas de direito penal, por meio de normas de responsabilidade civil, por meio de normas de direito processual, por meio de atos administrativos e por meio de ações

38. SHUE, Henry. **Basic rights: subsistence, affluence, and U.S. foreign policy**. 40th anniversary edition ed. Princeton: Princeton University Press, 2020, p. 374.

39. LAZARUS, Liora. Positive Obligations and Criminal Justice: Duties to Protect or Coerce? *In*: ZEDNER, Lucia; ROBERTS, Julian V. (Org.). **Principles and values in criminal law and criminal justice: essays in honour of Andrew Ashworth**. Oxford, U.K: Oxford University Press, 2012. p. 135–155, p. 146.

40. ROFF, Heather. **Global justice, Kant and the responsibility to protect: a provisional duty**. London: New York: Routledge, Taylor & Francis Group, 2013, p. 15.

41. STARMER, Keir. Positive obligations under the Convention. *In*: COOPER, Jonathan; JOWELL, Jeffrey L. (org.). **Understanding human rights principles**. Oxford: Hart, 2001. p. 139-159, p. 139.

42. A respeito do direito penal, Alexy pontua: "Direitos a ações positivas normativas são direitos a atos estatais de criação de normas. Se se pressupõe uma titularidade de direitos fundamentais por parte do nascituro – algo que é deixado em aberto pelo Tribunal Constitucional Federal –, o direito do nascituro à proteção por meio de normas do direito penal é um direito dessa espécie". ALEXY, Robert. **Teoria dos direitos fundamentais**. 2.ed. São Paulo: Editora Malheiros, 2011, p. 213.

43. ALEXY, Robert. **Teoria dos direitos fundamentais**. 2.ed. São Paulo: Editora Malheiros, 2011, p. 444, 450, 472, 499.

fáticas".[44] Para proteger certos direitos humanos no contexto do direito internacional penal e do direito penal transnacional e do direito penal interno com estraneidade, normas de cooperação internacional devem ser aprovadas e efetivadas, no cumprimento do dever de legislar. Sem eles, o princípio da legalidade processual é impactado na dupla dimensão dos interesses dos acusados e das vítimas.

A concepção dicotômica de obrigações positivas e negativas encontra apoio no Comentário Geral 31, expedido pelo Comitê de Direitos Humanos do PIDCP. Tal opinião onusiana atesta a dualidade das obrigações estatais, tanto positivas quanto negativas,[45] que são impostas ao Estado e, internamente, a cada uma de suas autoridades, de qualquer dos poderes, de forma vinculante. Diante delas, cabe aos Estados adotar medidas legislativas, administrativas, judiciais e de qualquer outra natureza para o cumprimento de tais deveres convencionais.[46] Observando-se tal dicotomia, o descumprimento de qualquer delas pode resultar na responsabilidade internacional dos Estados, por ação ou por omissão.[47]

Shelton e Gould lembram, contudo, que as obrigações estatais podem ser também classificadas de outra maneira, como uma tríade, compreendendo deveres de *respeitar* (obrigação negativa), *proteger* (obrigação positiva) e de *cumprir* (obrigação positiva) as prestações decorrentes dos compromissos convencionais.[48]

O limite entre obrigações positivas e negativas nem sempre é certo. Em seu voto divergente no caso *Gül vs. Suíça*, o juiz Martens lembrou dessa indefinição em certos casos e que o TEDH evoluiu no seu tratamento, antes distinto, das obrigações positivas e negativas, para atribuir semelhantes efeitos ao seu descumprimento. É sua, contudo, a definição mais concisa de

---

44. ALEXY, Robert. **Teoria dos direitos fundamentais**. 2.ed. São Paulo: Editora Malheiros, 2011, p. 450.
45. PIDCP: "Artigo 2. 1. Os Estados Partes do presente Pacto comprometem-se a respeitar e a garantir a todos os indivíduos que se achem em seu território e que estejam sujeitos a sua jurisdição os direitos reconhecidos no presente Pacto, sem discriminação alguma por motivo de raça, cor, sexo, língua, religião, opinião política ou de outra natureza, origem nacional ou social, situação econômica, nascimento ou qualquer outra condição".
46. UNITED NATIONS. Human Rights Committee. **General Comment No. 31**: The Nature of the General Legal Obligation Imposed on States Parties to the Covenant. Geneva, adopted on 29 March 2004, UN Doc CCPR/C/21/Rev.1/Add.13, §§ 4-7. Disponível em: https://digitallibrary.un.org/record/533996. Acesso em: 2 jun. 2023.
47. SHELTON, Dinah; GOULD, Ariel. Positive and Negative Obligations, *in*: SHELTON, Dinah (Org.), **The Oxford Handbook of International Human Rights Law**, 1. ed. Oxford: Oxford University Press, 2013, p. 453.
48. SHELTON, Dinah; GOULD, Ariel. **Positive and Negative Obligations**, p. 453.

tais obrigações: "as obrigações negativas exigem que os Estados membros se abstenham de agir; e as positivas, que ajam".[49]

O fato é que "todos os direitos básicos envolvem algumas obrigações positivas". Estando obrigados a cumprir seus compromissos convencionais, os Estados inevitavelmente estão sujeitos a "obrigações positivas correlatas", que surgiram mesmo diante de "direitos aparentemente negativos, como a proibição da tortura".[50] O que importa perceber é que um direito humano qualquer somente poderá ser efetivamente assegurado, protegido e exercido, se o Estado cumprir em relação a ele, simultânea ou sucessivamente, deveres positivos e negativos.[51] A partir dessa concepção, Mowbray conclui que "os direitos básicos, tal como garantidos na Convenção [Europeia], exigem que aqueles que estão sujeitos aos seus deveres correspondentes assumam uma série de diferentes tipos de obrigações". Tais obrigações serão positivas e negativas, em diversas formas, todas oponíveis ao Estado, para assegurar a efetividade dos direitos convencionais.[52]

3.4. AS OBRIGAÇÕES POSITIVAS E A DEVIDA DILIGÊNCIA ESTATAL

A doutrina das obrigações estatais positivas surge com a afirmação do dever de proteção aos direitos humanos. Sua gênese está na doutrina da proteção diplomática devida pelos Estados aos seus cidadãos no exterior.[53] O Estado patrial tem obrigação de defender seus nacionais de agravos que sofram noutras jurisdições.[54] Cançado Trindade conta que, como resultado

---

49. EUROPEAN COURT OF HUMAN RIGHTS. **Case of Gül v. Switzerland.** Judgment 19 February 1996. Dissenting Opinion of Judge Martens, § 7. Disponível em: https://www.refworld.org/cases,ECHR,3ae6b6b20.html. Acesso em: 2 jun. 2023.
50. MOWBRAY, A. R. **The development of positive obligations under the European Convention on Human Rights by the European Court of Human Rights**, Oxford ; Portland, Or: Hart Pub, 2004, p. 224.
51. SHUE, Henry. **Basic rights: subsistence, affluence, and U.S. foreign policy**. 40th anniversary edition ed. Princeton: Princeton University Press, 2020, p. 348.
52. MOWBRAY, **The development of positive obligations under the European Convention on Human Rights by the European Court of Human Rights**, p. 224-225.
53. SHELTON, Dinah; GOULD, Ariel, Positive and Negative Obligations, *in*: SHELTON, Dinah (Org.), **The Oxford Handbook of International Human Rights Law**, 1. ed. Oxford: Oxford University Press, 2013, p. 452.
54. Este instituto que nada tem a ver com as imunidades diplomáticas é um método para impedir ou minorar os danos causados por um Estado aos direitos de um nacional de outro Estado. Como diz Aras: "A proteção diplomática liga-se à ideia de nacionalidade, ao passo que a proteção funcional, atinente ao pessoal das organizações internacionais, tem relação com o vínculo funcional e se sobrepõe à primeira quando apresenta tal relação de subordinação. Assim, quando um particular sofre dano ou ameaça de dano a um direito seu por um sujeito

da expansão da justiça internacional e devido ao imperativo de realização da justiça, os tribunais internacionais abraçaram a teoria das obrigações positivas para combater as graves violações do direito internacional, especialmente as dos direitos humanos e aquelas do direito internacional humanitário, o que levou ao estabelecimento de "padrões mais elevados de comportamento estatal"[55] em relação à pessoa humana.

A importância concreta da teoria das obrigações positivas[56] é demonstrada por Starmer, a partir do caso *DeShaney vs. Winnebago Social Services Department*, julgado pela Suprema Corte dos Estados Unidos em 1989.[57] Tratava-se de uma situação persistente de violência doméstica paterna contra Joshua DeShanney, um menino de 4 anos. A série de eventos violentos cometidos contra o menor foi devidamente documentada durante meses, sem que qualquer providência tenha sido efetivamente adotada pelas autoridades locais para proteger a vida e a integridade física da criança, mediante sua retirada da custódia do abusador, seu pai. Após contínuas e sucessivas agressões, a vítima sofreu lesões cerebrais irreversíveis. A tese judiciária

---

de direito internacional público, o Estado de sua nacionalidade ou a organização internacional para a qual tal pessoa atua pode apresentar uma reclamação internacional para que a afronta cesse. O ato mediante o qual o Estado confere proteção diplomática a um de seus súditos chama-se 'endosso'. No entanto, não há direito subjetivo público ao endosso. Em regra, o endosso dependerá da nacionalidade (contínua e efetiva) do solicitante e do esgotamento dos recursos internos, administrativos ou judiciais, no Estado supostamente ofensor." Cf. ARAS, Vladimir. **Direito internacional público.** 2.ed. Rio de janeiro: Método, 2023, p. 271-272.

55. TRINDADE, Antônio Augusto Cançado. **Os tribunais internacionais contemporâneos**. Brasília: FUNAG, 2013, p. 74 e 96.

56. TEDH: "The Court does not have to develop a general theory of the positive obligations which may flow from the Convention [...]". EUROPEAN COURT OF HUMAN RIGHTS**. Case of Plattform "Ärzte für das Leben" v. Austria.** Judgment 21 June 1988, § 31. Disponível em: https://hudoc.echr.coe.int/fre#{%22itemid%22:[%22001-57558%22]}. Acesso em: 10 jul. 2023.

57. SCOTUS: "Petitioner is a child who was subjected to a series of beatings by his father, with whom he lived. Respondents, a county department of social services and several of its social workers, received complaints that petitioner was being abused by his father, and took various steps to protect him; they did not, however, act to remove petitioner from his father's custody. Petitioner's father finally beat him so severely that he suffered permanent brain damage, and was rendered profoundly retarded". Especificamente sobre a obrigação positiva em favor da vítima, a Corte decidiu: "[...] nothing in the language of the Due Process Clause itself requires the State to protect the life, liberty, and property of its citizens against invasion by private actors. The Clause is phrased as a limitation on the State's power to act, not as a guarantee of certain minimal levels of safety and security. It forbids the State itself to deprive individuals of life, liberty, or property without "due process of law," but its language cannot fairly be extended to impose an affirmative obligation on the State to ensure that those interests do not come to harm through other means. Nor does history support such an expansive reading of the constitutional text". UNITED STATES. Supreme Court. **DeShanney v. Winnebago City Department of Social Services**, 489 U.S. (1989), Decided February 22, 1989, p. 195-196. Disponível em: https://supreme.justia.com/cases/federal/us/489/189/. Acesso em: 10 jul. 2023.

adotada pelos tribunais norte-americanos em Wisconsin e em Colúmbia foi a de que a Décima Quarta Emenda à Constituição dos EUA não exige das autoridades locais ou estaduais a adoção de providências para proteger seus cidadãos de "violência privada" ou de outras condutas indevidas não atribuíveis a funcionários públicos. Excluiu-se expressamente a interpretação de que o Estado estaria obrigado a uma "*affirmative obligation*" em relação àquela vítima, pois seu "seu propósito é proteger os cidadãos do Estado, e não garantir que o Estado os proteja uns dos outros".[58]

Nessa visão equivocada, não seria possível conceber, portanto, uma eficácia contra particulares dos direitos fundamentais (*Drittwirkung*), que os faça oponíveis ao Estado e a terceiros, vertical e horizontalmente.[59] Os Estados Unidos não são partes da Convenção Interamericana de Direitos Humanos. Se o fossem, seguramente este seria um caso no qual a responsabilidade do Estado seria afirmada, por falta de proteção efetiva da vítima.

Felizmente, a concepção das obrigações positivas que prevalece na área de jurisdição das três cortes regionais de direitos humanos é diametralmente oposta quanto ao papel do Estado na proteção da pessoa humana. Mediante um método comparativo, Starmer ressalta a posição do TEDH num caso muito semelhante ocorrido nos anos 1990 no Reino Unido. A., um menino de 9 anos, era violentamente disciplinado pelo seu padrasto. Julgado por abuso, o agressor foi absolvido pelo júri. O caso foi então levado a Estrasburgo, que, em 1998, decidiu que os Estados Partes da Convenção Europeia são obrigados a assegurar que pessoas em sua jurisdição não sejam submetidas a tortura ou a outros tratamentos desumanos ou degradantes, inclusive cometidos por particulares.[60] Starmer explica que o foco do caso britânico foi a falta de efetividade da persecução criminal contra o agressor de A., diante de um marco jurídico surgido no século 20 que tem a pessoa humana como centro. Na concepção da Suprema Corte norte-americana,

---

58. STARMER, Keir. Positive obligations under the Convention. *In*: COOPER, Jonathan; JOWELL, Jeffrey L. (org.). **Understanding human rights principles**. Oxford: Hart, 2001. p. 139–159, p. 140-141.
59. VON GEHLEN, Gabriel Menna Barreto. **A eficácia contra particulares dos direitos fundamentais (Drittwirkung) sob enfoque de seus deveres de proteção (Schutzpflichten)**. Dissertação [Mestrado em Direito]. Faculdade de Direito, Universidade Federal do Rio Grande do Sul, Porto Alegre, 2006, p. 122-124.
60. Invocando sua própria jurisprudência e a Convenção das Nações Unidas sobre Direito da Criança, de 1989, o TEDH decidiu que: "Children and other vulnerable individuals, in particular, are entitled to State protection, in the form of effective deterrence, against such serious breaches of personal integrity". EUROPEAN COURT OF HUMAN RIGHTS. **Case of A. v. The United Kingdom** [GC]. Judgment 23 September 1998. Disponível em: https://hudoc.echr.coe.int/eng#{%22itemid%22:[%22001-58232%22]}. Acesso em: 10 jul. 2023.

apenas obrigações *negativas* decorrem do *Bill of Rights* do século 18, ao passo que as obrigações positivas devem ser expressamente previstas pelo legislador, o que não ocorria no caso *DeShanney*.[61]

O dever de proteção engloba várias medidas a cargo do Estado, como a criminalização de condutas, para resguardar a pessoa humana de "lesões perpetradas quer por agentes do Poder Público, quer por particulares".[62] A adoção da doutrina do *Drittwirkung* está presente na jurisprudência do TEDH desde, pelo menos, o caso *Young, James e Webster vs. Reino Unido*, de 1981,[63] e o caso *X e Y vs. Países Baixos*, de 1985.[64] Na Corte IDH, a introdução dessa construção teórica deu-se a partir dos votos de Cançado Trindade, numa série de causas julgadas contra a Colômbia, relacionados à atuação de grupos paramilitares e guerrilhas naquele país,[65] com especial destaque para o caso *Comunidade de Paz de San José vs. Colômbia*, de 2002.

---

61. STARMER, Keir. Positive obligations under the Convention. *In*: COOPER, Jonathan; JOWELL, Jeffrey L. (org.). **Understanding human rights principles**. Oxford: Hart, 2001. p. 139–159, p. 143-144.
62. RAMOS, André de Carvalho. Mandados de criminalização no direito internacional dos direitos humanos: novos paradigmas da proteção das vítimas de violações de direitos humanos. **Revista Brasileira de Ciências Criminais**, *[S. l.]*, v. 62, p. 547-572, 2006, p. 60.
63. EUROPEAN COURT OF HUMAN RIGHTS. **Case of Young, James and Webster v. United Kingdom.** Judgment 13 August 1981, §§ 48-65. Disponível em: https://hudoc.echr.coe.int/eng?i=001-57608. Acesso em: 10 jul. 2023.
64. A abrangência da proteção fica clara nesta passagem da sentença do TEDH: "The Court recalls that although the object of Article 8 (art. 8) is essentially that of protecting the individual against arbitrary interference by the public authorities, it does not merely compel the State to abstain from such interference: in addition to this primarily negative undertaking, there may be positive obligations inherent in an effective respect for private or family life (see the Airey judgment of 9 October 1979, Series A no. 32, p. 17, para. 32). These obligations may involve the adoption of measures designed to secure respect for private life even in the sphere of the relations of individuals between themselves". EUROPEAN COURT OF HUMAN RIGHTS. **Case of X and Y v. The Netherlands.** Judgment 26 March 1985, § 23. Disponível em: https://www.coe.int/t/dg2/equality/domesticviolencecampaign/resources/x%20and%20y%20v%20the%20netherlands_EN.asp. Acesso em: 10 jul. 2023.
65. Cançado Trindade: "Al sostener, como lo vengo haciendo, hace años, las convergencias entre el *corpus juris* de los derechos humanos y del Derecho Internacional Humanitario (en los planos normativo, hermenéutico y operativo), pienso, sin embargo, que el propósito concreto y específico del desarrollo de las obligaciones *erga omnes* de protección (cuya necesidad vengo igualmente sosteniendo hace tiempo) puede ser mejor servido, más bien por la identificación y cumplimiento de la obligación general de garantía del ejercicio de los derechos de la persona humana, común a la Convención Americana y las Convenciones de Ginebra (infra), que por una correlación entre normas sustantivas – relativas a derechos protegidos, como el derecho a la vida – de la Convención Americana y las Convenciones de Ginebra". CORTE INTERAMERICANA DE DIREITOS HUMANOS. **Caso Las Palmeras v. Colombia**, Sentencia de 4 de Febrero de 2000. Excepciones preliminares. Voto razonado del juez A. A. Cançado Trindade, § 7. Disponível em: https://www.corteidh.or.cr/docs/casos/articulos/seriec_67_esp.pdf. Acesso em: 10 jul. 2023.

Mais de 50 camponeses foram executados naquela localidade por membros das Autodefesas Unidas da Colômbia,[66] uma organização paramilitar não estatal. Contudo, a primeira expressão mais concreta dessa concepção de eficácia dos direitos humanos também nas relações entre particulares vem da Opinião Consultiva 18/03,[67] conforme registra Mijangos Gonazález.[68] A eficácia horizontal dos direitos humanos nas relações entre particulares reclama, de parte do Estado, o exercício de deveres de proteção (*Schutzpflichten*), "que correspondem a medidas positivas adequadas à proteção do bem jurídico fundamental ou ao impedimento de intervenções de terceiros neste mesmo âmbito protegido".[69] Neste espaço, a responsabilidade internacional do Estado decorrerá não do ato do particular em si, mas da falta de prevenção do ato ilícito pelo Estado somada à deficiência de repressão, de modo que, conforme Akandji-Kombe, a doutrina da eficácia horizontal dos direitos humanos é uma consequência direta da teoria das obrigações positivas.[70] Embora reconheça a importância da *Drittwirkung* para a evolu-

---

66. "Estamos, como lo señala la Corte, ante una obligación *erga omnes* de protección, por parte del Estado, a todas las personas bajo su jurisdicción. Dicha obligación crece en importancia en una situación de conflicto armado, como la del presente caso involucrando una Comunidad de Paz, la de San José de Apartadó. Tratase, a mi modo de ver, de un caso que requiere claramente el reconocimiento de los efectos de la Convención Americana vis-à-vis terceros (el *Drittwirkung*), sin el cual las obligaciones convencionales de protección se reducirían a poco más que letra muerta". CORTE INTERAMERICANA DE DIREITOS HUMANOS. **Caso de la Comunidad de Paz de San José de Apartadó vs. Colombia**, Resolución de la Corte Interamericana de 18 de junio de 2002, Medidas Provisionales. Voto concurrente del juez A. A. Cançado Trindade, p. 5, § 14. Disponível em: https://www.acnur.org/fileadmin/Documentos/BDL/2005/3306.pdf. Acesso em: 2 jun. 2023.
67. Corte IDH: "Em uma relação trabalhista regida pelo direito privado, deve-se ter em consideração que existe uma obrigação de respeito dos direitos humanos entre particulares. Isto é, da obrigação positiva de assegurar a efetividade dos direitos humanos protegidos, que existe para os Estados, derivam-se efeitos em relação a terceiros (*erga omnes*). Essa obrigação foi desenvolvida pela doutrina jurídica e, em particular, pela teoria do *Drittwirkung*, segundo a qual os direitos fundamentais devem ser respeitados tanto pelos poderes públicos como pelos particulares em relação a outros particulares". CORTE INTERAMERICANA DE DIREITOS HUMANOS. **Opinião Consultiva OC-18/03**, de 17 de setembro de 2003, solicitada pelo México, §§ 140 e 143. Disponível em: https://www.corteidh.or.cr/docs/opiniones/seriea_18_por.pdf . Acesso em: 2 jun. 2023.
68. MIJANGOS GONZÁLEZ, Javier. The Doctrine of the Drittwirkung der Grundrechte in the Case Law of the Inter-American Court of Human Rights. **InDret**, *[S. l.]*, v. 1, 2008, p. 13-14.
69. VON GEHLEN, Gabriel Menna Barreto. **A eficácia contra particulares dos direitos fundamentais (Drittwirkung) sob enfoque de seus deveres de proteção (Schutzpflichten)**. Dissertação [Mestrado em Direito]. Faculdade de Direito, Universidade Federal do Rio Grande do Sul, Porto Alegre, 2006, p. 49.
70. "In practical terms, it is because the state has been unable legally or materially to prevent the violation of the right by individuals, and otherwise because it has not made it possible for the perpetrators to be punished, that it risks being held responsible by the European Court". AKANDJI-KOMBE, Jean-François. **Positive obligations under the European Convention on**

ção da doutrina das obrigações positivas, Xenos manifesta certo ceticismo quanto ao seu alcance e a sua adequação ao sistema da CEDH.[71]

3.4.1. O Conceito, a Origem e a Natureza das Obrigações Positivas

Para Starmer, as obrigações positivas "são a marca distintiva da Convenção Europeia dos Direitos Humanos", que distinguem esse tratado "de outros instrumentos de direitos humanos, particularmente aqueles elaborados antes da Segunda Guerra Mundial". Tais deveres afirmativos não estão necessariamente ligados a um direito convencional específico.[72] Essa concepção autonomiza os deveres positivos estatais, inclusive na persecução criminal e nos incidentes relativos à operação do sistema de justiça criminal.

A importância da jurisprudência de Estrasburgo para a evolução de tais obrigações é inquestionável. Mowbray identifica nos chamados *Casos de Vadiagem – De Wilde e Outros vs. Bélgica*, de 1971 –,[73] uma das primeiras manifestações da teoria das obrigações positivas no *case law* do TEDH, quando a corte ainda tinha seu *design* original. Ali se discutiu a obrigação estatal de proporcionar aos detidos, classificados pela polícia belga como vadios, acesso a procedimentos judiciais rápidos para determinar a legalidade de suas prisões,[74] algo como uma audiência de custódia. Naquela fase, o TEDH decidia seus casos ainda tendo em conta apenas as obrigações *expressas* na Convenção.

Neste ponto, vale lembrar que as obrigações positivas podem ser expressas (*express positive obligations)* ou implícitas (*implied positive obligations*). Conforme Mowbray, a doutrina das obrigações implícitas teria surgido na

---

Human Rights: A guide to the implementation of the European Convention on Human Rights, Strasbourg: Council of Europe, 2007, p. 14-15.

71. XENOS, Dimitris. **The Positive Obligations of the State under the European Convention of Human Rights**, New York: Routledge, 2012, p. 47.

72. STARMER, Keir. Positive obligations under the Convention. *In*: COOPER, Jonathan; JOWELL, Jeffrey L. (org.). **Understanding human rights principles**. Oxford: Hart, 2001. p. 139–159, p. 159.

73. Os casos de vadiagem (*vagrancy; vagabondage*) baseavam-se numa lei belga de 1891 "pour la répression du vagabondage et de la mendicité", que determinava a prisão de pessoas que estivessem em tal situação. O TEDH reconheceu a violação às obrigações estatais previstas no art. 5º da Convenção Europeia, sobre a liberdade individual. EUROPEAN COURT OF HUMAN RIGHTS. **Cases of De Wilde, Ooms and Versyp ("Vagrancy") v. Belgium.** Applications no. 2832/66; 2835/66; 2899/66. Judgment 18 June 1971. Disponível em: https://opil.ouplaw.com/display/10.1093/law:ihrl/7echr71.case.1/law-ihrl-7echr71. Acesso em: 10 jul. 2023.

74. MOWBRAY, A. R.. **The development of positive obligations under the European Convention on Human Rights by the European Court of Human Rights**, Oxford ; Portland, Or: Hart Pub, 2004, p. 222.

jurisprudência do TEDH, no caso *Airey vs. Irlanda*, de 1979,[75] em que se discutia o direito à assistência jurídica gratuita em processos civis, no contexto do art. 6º da CEDH, que prevê o direito ao devido processo legal.[76] De fato, o cumprimento de um dever convencional eventualmente pode demandar que o Estado adote de imediato "alguma ação positiva" e, "em tais circunstâncias, o Estado não pode simplesmente permanecer passivo", de maneira que "a obrigação de garantir um direito efetivo de acesso aos tribunais se enquadra nesta categoria de dever".[77] Mesmo quando os tratados não determinam expressamente que os Estados Partes adotem certas medidas ou pratiquem certas condutas, a construção dos direitos substanciais (materiais) nos textos convencionais faz perceber a existência de deveres implícitos, referentes à proteção desses direitos de maneira efetiva.[78]

Ressaltando que as obrigações positivas teriam surgido no TEDH um pouco antes do momento assinalado por Mowbray, Akandji-Kombe as situa nos casos linguísticos belgas em 1968,[79] notando que tal teoria tem gênese judicial, construída por meio de expansão progressiva de seu conteúdo e alcance, pela via interpretativa, configurando uma "*judge-made opus*" que resultou na criação de uma "arma decisiva" para dar efetividade aos direitos convencionais. Mediante a vinculação das obrigações positivas a cada uma das previsões materiais, o propósito das obrigações positivas é dar efetividade aos direitos convencionais, para o seu "exercício genuíno".[80]

---

75. EUROPEAN COURT OF HUMAN RIGHTS. **Case of Airey v. Ireland**. Judgment 9 October 1979. Disponível em: https://www.icj.org/wp-content/uploads/2014/03/ECHR-Airey-v.-Ireland-jurisprudence-1979-eng.pdf. Acesso em: 3 jun. 2023.
76. MOWBRAY, Alastair R. **The development of positive obligations under the European Convention on Human Rights by the European Court of Human Rights**. Oxford ; Portland, Oregon: Hart Publishing, 2004, p. 227-228.
77. EUROPEAN COURT OF HUMAN RIGHTS. **Case of Airey v. Ireland**. Judgment 9 October 1979, §§ 25 e 32. Disponível em: https://www.icj.org/wp-content/uploads/2014/03/ECHR-Airey-v.-Ireland-jurisprudence-1979-eng.pdf. Acesso em: 3 jun. 2023.
78. MERRILLS, J. G. The Development of International Law by the European Court of Human Rights. Manchester: Manchester University Press, 1993, p. 102-103, *apud* MOWBRAY, Alastair R. **The development of positive obligations under the European Convention on Human Rights by the European Court of Human Rights**. Oxford; Portland, Oregon: Hart Publishing, 2004, p. 3.
79. EUROPEAN COURT OF HUMAN RIGHTS. **Case Relating to Certain Aspects of the Laws on the Use of Languages in Education in Belgium**. Judgment 23 July 1968. Disponível em: https://hudoc.echr.coe.int/eng?i=001-57525. Acesso em: 10 jul. 2023.
80. AKANDJI-KOMBE, Jean-François. **Positive obligations under the European Convention on Human Rights:** A guide to the implementation of the European Convention on Human Rights. Strasbourg: Council of Europe, 2007, p. 5, p. 6 e nota 3, e p. 8-10.

Pontuando a gênese da teoria sob exame no caso *Marckx vs. Bélgica*, de 1979,[81] Xenos entende que as obrigações positivas existem por causa da natureza vinculante da CEDH para os Estados. Têm elas impacto na governança das democracias europeias, pois permitem aos indivíduos interferir diretamente no cumprimento dos deveres estatais para a proteção ativa dos direitos convencionais, sujeitando os Estados a um amplo monitoramento e a uma constante revisão de suas práticas.[82]

Para Starmer, neste passo citado por Mowbray, "a base teórica para tais obrigações [positivas] é uma combinação de três princípios inter-relacionados". No contexto europeu, as obrigações positivas decorreriam da correlação do: a) dever geral de garantia, previsto no art. 1º da CEDH; b) da necessidade de a proteção e o gozo dos direitos convencionais serem efetivos; e c) da necessidade de assegurar, conforme o art. 13 do tratado, a existência de recursos internos efetivos para confrontar violações aos direitos convencionais.[83] *Mutatis mutandi*, essa planta baixa serve para explicar o modelo interamericano e o sistema regional africano. Em todos eles, estará presente um dever guarda-chuva de devida diligência *para* a promoção de direitos humanos, de maneira unilateral ou cooperativa.[84]

Esses conceitos convencionais de extração jurisprudencial podem ser correlacionados aos deveres constitucionais dos Estados Democráticos de Direito, nos quais há obrigações tácitas e expressas de criminalização de

---

81. TEDH: "By proclaiming in paragraph 1 the right to respect for family life, Article 8 (art. 8-1) signifies firstly that the State cannot interfere with the exercise of that right otherwise than in accordance with the strict conditions set out in paragraph 2 (art. 8-2). As the Court stated in the 'Belgian Linguistic' case, the object of the Article is 'essentially' that of protecting the individual against arbitrary interference by the public authorities (judgment of 23 July 1968, Series A no. 6, p. 33, para. 7). Nevertheless, it does not merely compel the State to abstain from such interference: in addition to this primarily negative undertaking, there may be positive obligations inherent in an effective 'respect' for family life". EUROPEAN COURT OF HUMAN RIGHTS. **Case of Marckx v. Belgium.** Judgment 13 June 1979, § 31. Disponível em: https://hudoc.echr.coe.int/fre#{%22itemid%22:[%22001-57534%22]}. Acesso em: 10 jul. 2023.
82. XENOS, Dimitris. **The Positive Obligations of the State under the European Convention of Human Rights**, New York: Routledge, 2012, p. 3-4 e 22.
83. STARMER, Keir. **European Human Rights Law**. London: LAC, 1999, *apud* MOWBRAY, Alastair R. **The development of positive obligations under the European Convention on Human Rights by the European Court of Human Rights.** Oxford; Portland, Oregon: Hart Publishing, 2004, p. 5.
84. Ramos traz como exemplos da "realização cooperativa dos direitos humanos" as providências para tutelar os direitos da criança em caso de subtração internacional, ou para assegurar os direitos patrimoniais de vítimas de um estelionato transnacional, ou para garantir os direitos difusos à reparação em caso de corrupção com ocultação de valores no exterior. RAMOS, André de Carvalho. **Curso de direito internacional privado**. 3. ed. São Paulo: SaraivaJur, 2023, p. 494.

condutas para a tutela dos direitos fundamentais, como lembra Gonçalves, podendo-se, por isso, afirmar que as sanções penais têm uma "função protetiva dos direitos fundamentais",[85] inclusive nas relações entre particulares.

Por vezes chamadas de "deveres afirmativos",[86] as obrigações positivas, no âmbito da justiça penal, se aplicam aos mais diferentes estádios da persecução criminal, desde a etapa da investigação até a fase da execução penal e da reparação do dano *ex delicto*.[87] Neste sentido, podem ser conciliadas, por paralelismo, com as diferentes espécies de incidentes de cooperação internacional, que ocorrerão na etapa inicial da investigação (com as medidas probatórias, as de captura de pessoas e as de coordenação de jurisdições);[88] durante o processo penal (com as medidas probatórias e as de captura e também as de transferência de processos penais); na fase da execução penal (com as medidas de captura pessoal e as de reconhecimento de sentenças penais estrangeiras em sentido lato); e, por fim, por ocasião da reparação do dano (com as providências de recuperação e de repatriação de ativos). Todas essas providências, de jurisdição incidental ou de jurisdição sucessiva, podem ser lidas como obrigações estatais positivas, como adiante veremos.

3.4.2. O Conceito de Devida Diligência Estatal

Presente em várias disciplinas – como em atividades de *compliance* para a prevenção de ilícitos –, o conceito de *due diligence* é útil para a gestão de riscos operacionais no domínio corporativo; seu objetivo é mitigá-los ou neutralizá-los, orientando a tomada de decisões para evitação de responsabilização empresarial ou para sua mitigação.[89] Contudo, trazido para o nosso

85. GONÇALVES, Luiz Carlos dos Santos. **Mandados expressos de criminalização e a proteção de direitos fundamentais na Constituição brasileira de 1988**. Belo Horizonte: Editora Fórum, 2007, p. 56.

86. RAGAZZI, Maurizio. **The concept of international obligations *erga omnes***. Oxford: New York: Clarendon Press ; Oxford University Press, 1997, p. 133, nota 2.

87. MOWBRAY, A. R., **The development of positive obligations under the European Convention on Human Rights by the European Court of Human Rights**, Oxford ; Portland, Or: Hart Pub, 2004, p. 222.

88. A formação de equipes conjuntas de investigação coordena a atividade de apuração de delitos de jurisdição comum a dois ou mais Estados. Amalfitano trata a transferência de processos penais e o reconhecimento de condenações estrangeiras como outras duas formas de coordenação de jurisdições, que pode ocorrer nas três fases da persecução criminal. AMALFITANO, Chiara. **Conflitti di giurisdizione e riconoscimento delle decisioni penali nell'Unione europea**. Milano: Giuffrè, 2006, p. 41-42 e 127.

89. "The purpose of due diligence is first and foremost to avoid causing or contributing to adverse impacts on people, the environment and society, and to seek to prevent adverse impacts directly linked to operations, products, or services through business relationships. When involvement in adverse impacts cannot be avoided, due diligence should enable enterprises

campo de estudo, o conceito de *due diligence* em direitos humanos, quando relacionado à atividade estatal,[90] liga-se à noção de proteção efetiva, isto é, à concretização da tutela dos direitos humanos em relação a cada vítima em potencial, para evitar a responsabilização do Estado internamente ou perante organismos internacionais. Seu norte são os direitos convencionais.

No direito internacional público, o conceito de *due dilligence* remonta ao diferendo entre os Estados Unidos da América e o Reino Unido no caso do navio *Alabama*, usado pelos Confederados durante a Guerra Civil norte-americana, no século 19. Esse caso foi resolvido por um laudo arbitral de 1872, que deu razão aos EUA, que reclamara do fato de que a embarcação fora armada e equipada em porto sob controle de Londres. Relacionava-se assim à responsabilidade internacional do Estado à prática de atos ilícitos em detrimento de outras soberanias, pela falha de fiscalização.

Com a evolução do instituto, seu emprego estendeu-se aos casos em que "a violação de uma obrigação internacional de um Estado se deveu às ações de particulares". O Estado passou a ser responsabilizado pela conduta deficiente de seus órgãos – o conceito de *proteção deficiente* deve ser lembrado aqui – ou seja, "pela omissão no uso da devida diligência para prevenir e reprimir atos cometidos por particulares".[91] Segundo o Instituto de Direito Internacional, no contexto da responsabilidade internacional por atos que

---

to mitigate them, prevent their recurrence and, where relevant, remediate them". ORGANIZATION FOR ECONOMIC COOPERATION AND DEVELOPMENT. **Risk-Based Due Diligence for RBC**. Disponível em: https://mneguidelines.oecd.org/Essentials%20of%20due%20diligence.pdf. Acesso em: 10 jul. 2023.

90. O conceito de devida diligência estatal em direitos humanos não se confunde a *due diligence* esperada das empresas socialmente responsáveis, que empregam em seus processos a chamada *"corporate human rights diligence"*, que pode ser definida como "a way for enterprises to proactively manage potential and actual adverse human rights impacts with which they are involved. It involves four core components: (a) Identifying and assessing actual or potential adverse human rights impacts that the enterprise may cause or contribute to through its own activities, or which may be directly linked to its operations, products or services by its business relationships; (b) Integrating findings from impact assessments across relevant company processes and taking appropriate action according to its involvement in the impact; (c) Tracking the effectiveness of measures and processes to address adverse human rights impacts in order to know if they are working; (d) Communicating on how impacts are being addressed and showing stakeholders – in particular affected stakeholders – that there are adequate policies and processes in place". UNITED NATIONS. Human Rights Council. Office of the High Commissioner for Human Rights. **Corporate human rights due diligence**: emerging practices, challenges and ways forward. Geneva, October 2018. Disponível em https://www.ohchr.org/sites/default/files/Documents/Issues/Business/ExecutiveSummaryA73163.pdf. Acesso em: 10 jul. 2023.

91. HERDEGEN, Mathias. Due diligence. In: BERNHARDT, Rudolf. **Encyclopedia of Public International Law:** States, responsibility of States, international law and municipal law. Amsterdam, New York, Oxford: North-Holland, 1987, p. 138-140.

violassem direitos de estrangeiros, a devida diligência abrangia "as medidas às quais, dadas as circunstâncias, seria normalmente adequado recorrer para prevenir ou controlar tais ações".[92] Em 1957, o relator especial da CDI, García Amador, descreveu a carência de devida diligência como uma falta ligada à responsabilidade internacional do Estado, ponderando que esta só ocorre "se a conduta de seus órgãos ou autoridades revela patente ou manifesta negligência na tomada das medidas que são normalmente adotadas [...] para prevenir ou punir as ações lesivas".[93]

Segundo Bonnitcha e Maccorquodale, a devida diligência pode ser vista como um processo corporativo (conceito que ora não nos interessa) ou como um *padrão de conduta* (aspecto que se aproxima de nosso objeto). Este segundo conceito tem uma estrutura finalística: "advogados de direitos humanos entendem a devida diligência como um *padrão de conduta* necessário para cumprir uma obrigação".[94] A *diligence nécessaire* compreende o conjunto de atividades estatais que representam meios para o cumprimento de deveres afirmativos ou obrigações positivas. A diligência devida envolve o cumprimento do dever de cuidado[95] e a busca de eficiência e efetividade na tutela de direitos humanos. Corresponde, portanto, ao conjunto de ações sistemáticas voltadas à perfeita consecução do objetivo último da tutela de direitos humanos numa relação de meios para fins.

Quando aplicada às obrigações positivas, a devida diligência envolverá a adoção pelos órgãos estatais de todas as providências necessárias para otimização do quadro legislativo nacional, a provisão de recursos orçamentários, seu adequado emprego, a estruturação orgânica da instituição competente, a capacitação de seus agentes e o cumprimento de suas atribuições com observância da lei e do devido processo legal como uma obrigação de meio.

---

92 HERDEGEN, Mathias. Due diligence. In: BERNHARDT, Rudolf. **Encyclopedia of Public International Law:** States, responsibility of States, international law and municipal law. Amsterdam, New York, Oxford: North-Holland, 1987, p. 140.

93. GARCÍA-AMADOR, Francisco V. **State responsibility**: International responsibility. Second report of the Special Rapporteur, 15 February 1957, p. 122, § 15.9. Disponível em: https://legal.un.org/ilc/documentation/english/a_cn4_106.pdf. Acesso em: 10 jul. 2023.

94. BONNITCHA, Jonathan; MCCORQUODALE, Robert. The Concept of 'Due Diligence' in the UN Guiding Principles on Business and Human Rights. **European Journal of International Law**, *[S. l.]*, v. 28, n. 3, p. 899–919, 2017, p. 900 e 902.

95. No seu Comentário Geral nº 31, o Comitê de Direitos Humanos usa em espanhol a expressão "*cuidado debido*" na tradução de "*due diligence*". Em francês, outra língua oficial da ONU, são usados os termos "*diligence nécessaire*". UNITED NATIONS. Human Rights Committee. **General Comment No. 31**: The Nature of the General Legal Obligation Imposed on States Parties to the Covenant. Geneva, adopted on 29 March 2004, UN Doc CCPR/C/21/Rev.1/Add.13, § 8. Disponível em: https://digitallibrary.un.org/record/533996. Acesso em: 2 jun. 2023.

Abrange, portanto, o cumprimento das obrigações positivas estatais tal como se espera que o sejam, mediante uma série de providências de jurisdição prescritiva, jurisdição administrativa e jurisdição adjudicatória.

Em seu voto no caso *Lotus,* de 1927,[96] o juiz Moore asseverou que cabe ao Estado usar a devida diligência "para evitar a prática, dentro de seus domínios, de um crime contra outra nação ou seu povo".[97] Singelamente, a *due diligence* é "fazer o dever de casa", fazer o que se espera, não agir negligentemente.[98] Sinteticamente, a devida diligência corresponde ao agir estatal cuidadoso, prudente e eficiente. Quando não atua desta maneira, o Estado é responsável pelo dano, ainda que infligido por particulares.

3.5. A CLASSIFICAÇÃO DAS OBRIGAÇÕES POSITIVAS

Entre outras coisas, as obrigações positivas englobam "a proteção do cidadão contra outros cidadãos por meio de normas de direito penal", implicam a aprovação de "normas organizacionais e procedimentais" e abarcam também "prestações em dinheiro e outros bens".[99] Tais deveres, portanto, podem ser de índole material (*substantive obligations, obligaciones sustantivas, obligations de fond*), vindo normalmente enunciados nos tratados regionais e globais de proteção à pessoa humana; podem também ter conteúdo processual. Entre as obrigações processuais (*procedural obligations, obligaciones de procedimento, obligations de procédure*) estão os deveres de empregar as melhores técnicas persecutórias e o maior leque de mecanismos probatórios orais, documentais e periciais para a tutela penal efetiva. As obrigações positivas serão ainda institucionais ou organizacionais, implicando o dever

96. PERMANENT COURT OF INTERNATIONAL JUSTICE. Judgment No. 9. **The case of the S.S. Lotus (France v. Turkey).** September 7th, 1927. Disponível em: https://www.icj-cij.org/public/files/permanent-court-of-international-justice/serie_A/A_10/30_Lotus_Arret.pdf. Acesso em: 4 mai. 2023.
97. Citando o caso *United States v. Arjona* (1887), o juiz Moore escreveu em seu voto: "It is well settled that a State is bound to use due diligence to prevent the commission within its dominions of criminal acts against another nation or its people". PERMANENT COURT OF INTERNATIONAL JUSTICE. Judgment No. 9. **The case of the S. S. Lotus (France v. Turkey**). September 7th, 1927, Judge Moore Separate Opinion, p. 88. Disponível em: https://jusmundi.com/en/document/opinion/en-lotus-dissenting-opinion-by-m-moore-wednesday-7th-september-1927Acesso em: 4 mai. 2023.
98. WHITTUCK, Edward Arthur. **Gai Institutiones: or Institutes of Roman Law by Gaius**. 4th edn, 1905, p. 429, *apud* BONNITCHA, Jonathan; MCCORQUODALE, Robert. The Concept of 'Due Diligence' in the UN Guiding Principles on Business and Human Rights. **European Journal of International Law**, *[S. l.]*, v. 28, n. 3, p. 899–919, 2017, p. 903.
99. ALEXY, Robert. **Teoria dos direitos fundamentais**. 2.ed. São Paulo: Editora Malheiros, 2011, p. 442.

de criação de órgãos competentes, dotados de independência e capacidade operacional.[100]

A distinção entre obrigações substantivas e processuais é fundamental. Aquelas asseguram diretamente o gozo dos direitos fundamentais previstos nas convenções de direitos humanos. Estas dizem respeito à previsão de remédios efetivos – poderíamos dizer "garantias" – para a proteção desse gozo e a sanção a sua violação. Pensemos no direito de liberdade e na garantia do *habeas corpus*; pensemos ainda no direito à vida e na garantia da ação penal. Ambas as espécies de obrigações (materiais e processuais) interagem de modo a permitir uma proteção ampla dos direitos convencionais.[101] Sua importância é significativa. Na lição de Häberle:

> A realização cooperativa dos direitos humanos é a tarefa do Estado constitucional (cooperativo) nas suas relações externas de criar, na comunidade jurídica internacional, uma medida mínima de realidade material e processual dos direitos fundamentais.[102]

No contexto que as examinamos, as obrigações positivas normalmente derivam de tratados. Contudo, normas de *jus cogens* também podem produzi-las. Evidentemente também podem resultar do direito constitucional. Vidmar exemplifica com a vedação absoluta da tortura, que produz uma obrigação positiva de caráter peremptório para os Estados de investigá-la e puni-la, que se reflete na proibição do rechaço (*non-refoulement*),[103] com impacto em medidas migratórias, como a deportação, e instrumentos cooperacionais, como a extradição e a entrega.

As obrigações estatais podem ser também classificadas em deveres de prevenção, de repressão e de satisfação. As primeiras implicam a evitação de resultados danosos; os deveres de repressão operam quando a violação já se deu; e as providências de satisfação têm em mira a reparação em sentido lato.

---

100. MOWBRAY, Alastair R. **The development of positive obligations under the European Convention on Human Rights by the European Court of Human Rights**. Oxford; Portland, Oregon: Hart Publishing, 2004, p. 40.
101. AKANDJI-KOMBE, Jean-François, **Positive obligations under the European Convention on Human Rights: A guide to the implementation of the European Convention on Human Rights**, Strasbourg: Council of Europe, 2007, p. 16.
102. HÄBERLE, Peter. **Estado constitucional cooperativo.** Renovar: Rio de Janeiro, 2007, p. 66.
103. VIDMAR, Jure. Norm Conflicts and Hierarchy in International Law: Towards a Vertical International Legal System. In: DE WET, Erika; VIDMAR, Jure (Org.). **Hierarchy in international law: the place of human rights**. Oxford, United Kingdom: Oxford University Press, 2012, p. 37, nota 102.

Como antes vimos, as obrigações positivas podem ser expressas, estando enunciadas claramente nos textos convencionais; ou implícitas, quando decorrem do texto do tratado, conforme a interpretação que lhe é dada pelas cortes de direitos humanos e pelos mecanismos convencionais de direitos humanos, como os comitês onusianos. Resultando sobretudo da jurisprudência de tribunais internacionais, as obrigações positivas implícitas podem se acoplar a qualquer um dos dispositivos materiais dos tratados de direitos humanos ou das convenções de supressão ou a suas cláusulas gerais relativas ao dever de garantir direitos.

A partir da jurisprudência do TEDH, Starmer sustenta a existência de cinco categorias de obrigações positivas: a) observando critérios de proporcionalidade diante da natureza e da gravidade de uma potencial violação, o primeiro dever do Estado é o de criar um conjunto legislativo, civil ou penal, que realmente proteja os direitos convencionais; b) o dever de prevenção a violações de direitos humanos pelo Estado e por terceiros aparece em segundo lugar; c) a terceira obrigação positiva corresponde ao dever de informar as vítimas e potenciais vítimas de uma violação de direitos convencionais; d) como quarta obrigação positiva, cumpre aos Estados investigar, processar e punir as violações de direitos humanos; e, por fim, e) o quinto dever positivo é o de prover meios materiais para que os próprios indivíduos possam evitar violações aos seus direitos convencionais ou reagir a elas.[104] Este é, por exemplo, o dever de prestar assistência jurídica gratuita, no âmbito do devido processo legal, a pessoas carentes de recursos materiais, tal como o TEDH deliberou no caso *Airey vs. Irlanda*,[105] de 1979. Como já sabemos, para alguns autores, entre ele Mowbray, foi ali que se iniciou o desenvolvimento das obrigações positivas implícitas, que estão espalhadas por vários dispositivos convencionais, inclusive no art. 6º da CEDH, que institui as garantias judiciais do devido processo.[106]

---

104. STARMER, Keir. Positive obligations under the Convention. *In*: COOPER, Jonathan; JOWELL, Jeffrey L. (org.). **Understanding human rights principles**. Oxford: Hart, 2001. p. 139–159, p. 146-147, 150. Vide também: MOWBRAY, Alastair R. **The development of positive obligations under the European Convention on Human Rights by the European Court of Human Rights**. Oxford; Portland, Oregon: Hart Publishing, 2004, p. 5.

105. EUROPEAN COURT OF HUMAN RIGHTS. **Case of Airey v. Ireland**. Judgment 9 October 1979, § 25 e 32. Disponível em: https://www.icj.org/wp-content/uploads/2014/03/ECHR-Airey-v.-Ireland-jurisprudence-1979-eng.pdf. Acesso em: 3 jun. 2023.

106. MOWBRAY, Alastair R. **The development of positive obligations under the European Convention on Human Rights by the European Court of Human Rights**. Oxford; Portland, Oregon: Hart Publishing, 2004, p. 125.

3.5.1. As Obrigações Positivas no Sistema Europeu de Proteção

A jurisprudência do Tribunal Europeu de Direitos Humanos exerce um grande apelo global, por ter sido pioneira e devido à sua natureza multissistêmica, abarcando a experiência de diversos países dos dois principais modelos jurídicos do planeta, a *common law* e a *civil law*, e de sistemas mistos, abrangendo 46 democracias constitucionais. Law aponta a similitude entre a CEDH e convenções que vieram depois, como o PIDCP e outros tratados regionais de direitos humanos, o que aumenta o potencial de influência da jurisprudência do TEDH para além da Europa,[107] na era do diálogo de cortes. É natural que seja assim também por outro motivo: o continente europeu exportou muitas de suas instituições jurídicas para a África, as Américas e a Oceania, e, em menor grau, também para a Ásia.

A Convenção Europeia de Direitos Humanos, de 1950, compreende obrigações positivas e negativas oponíveis aos Estados Partes, especialmente a respeito de direitos civis e políticos. Valendo-se da cláusula geral de garantia prevista no art. 1º da CEDH,[108] o Tribunal Europeu de Direitos Humanos inaugurou sua jurisprudência sobre obrigações positivas nos anos 1960.[109] De fato, a primeira ocasião em que uma obrigação positiva foi destacada ocorreu no *Caso Relativo a Certos Aspectos da Legislação Belga sobre o Uso de Línguas na Educação vs. Bélgica*, de 1968, a respeito da falta de oferta de ensino fundamental na língua francesa em certas localidades daquele país.[110]

Segundo Mowbray, "estas obrigações constituem uma tentativa judicial progressiva de reforçar as salvaguardas jurídicas de pessoas potencialmente vulneráveis".[111] Shelton e Gould lembram, contudo, que a doutrina das obrigações positivas foi sedimentada, pelo TEDH, apenas a partir do caso

107. LAW, David S. Judicial Comparativism and Judicial Diplomacy. **University of Pennsylvania Law Review**, *[S. l.]*, v. 163, n. 4, p. 927–1036, 2015, p. 1026-1027.

108. Convenção Europeia de Direitos Humanos: "Artigo 1° Obrigação de respeitar os direitos do homem As Altas Partes Contratantes reconhecem a qualquer pessoa dependente da sua jurisdição os direitos e liberdades definidos no título I da presente Convenção". Cf. COUNCIL OF EUROPE. **European Convention of Human Rights**. Disponível em: https://www.echr.coe.int/documents/convention_por.pdf. Acesso em: 2 jun. 2023.

109. SHELTON, Dinah; GOULD, Ariel. Positive and Negative Obligations. *In*: SHELTON, Dinah (Org.), **The Oxford Handbook of International Human Rights Law**, 1. ed. Oxford: Oxford University Press, 2013, p. 454.

110. EUROPEAN COURT OF HUMAN RIGHTS. **Case Relating to Certain Aspects of the Laws on the Use of Languages in Education in Belgium v. Belgium**. Judgment 23 July 1968, § B.3. Disponível em: https://hudoc.echr.coe.int/eng?i=001-57525. Acesso em: 2 jun. 2023.

111. MOWBRAY, Alastair R. **The development of positive obligations under the European Convention on Human Rights by the European Court of Human Rights**. Oxford; Portland, Oregon: Hart Publishing, 2004, p. 72.

Marckx vs. Bélgica,[112] precedente de 1979, no qual, com base no art. 1º da Convenção, a Corte afirmou que tal Convenção "não se limita a obrigar o Estado a abster-se" de ingerências no exercício de direitos convencionais, havendo também "obrigações positivas" inerentes a um efetivo "respeito" aos direitos em jogo.[113] Entre os deveres positivos, estão as obrigações de legislar, que, do mesmo modo que as demais, podem ativar a responsabilidade internacional do Estado em caso de inércia.[114]

Os casos, de 1968 e 1979, ambos contra a Bélgica, inauguraram a jurisprudência do TEDH sobre obrigações positivas implícitas (*implied positive obligations*), revelando ainda as obrigações processuais positivas (*procedural obligations*) de investigação e de punição, que são dependentes do cumprimento de obrigações materiais (*substantive obligations*) de natureza legislativa e administrativa destinadas à proteção de determinados direitos.[115] Segundo Feldman, muitos dos direitos convencionais referem-se a obrigações negativas; outros tantos têm caráter positivo, sendo expressos (como o direito ao devido processo legal) ou implícitos,[116] como os deveres de persecução e de cooperação internacional.

As obrigações positivas estão espalhadas pela jurisprudência do TEDH, abarcando temas penais e não penais, direitos civis e políticos, direitos econômicos, sociais e culturais e agora também direitos ambientais (DESCA), mas numa opção enunciadora considerada por parte dos teóricos como um tanto ampla, caótica, indiferenciada e imprevisível,[117] ou mesmo incoerente.[118]

---

112. SHELTON, Dinah; GOULD, Ariel, Positive and Negative Obligations. *In*: SHELTON, Dinah (Org.), **The Oxford Handbook of International Human Rights Law**, 1. ed. Oxford: Oxford University Press, 2013, p. 454.

113 EUROPEAN COURT OF HUMAN RIGHTS. **Case of Marckx v. Belgium**. Judgment 13 June 1979, § 31. Disponível em*:* https://hudoc.echr.coe.int/fre#{%22itemid%22:[%22001-57534%22]}. Acesso em: 2 jun. 2023.

114. EUROPEAN COURT OF HUMAN RIGHTS. **Case of VgT Verein Gegen TierFabriken v. Switzerland.** Judgment 28 June 2001, § 45. Disponível em: https://hudoc.echr.coe.int/eng#{%22itemid%22:[%22001-59535%22]} . Acesso em: 2 jun. 2023.

115. SHELTON, Dinah; GOULD, Ariel, Positive and Negative Obligations. *In*: SHELTON, Dinah (Org.), **The Oxford Handbook of International Human Rights Law**, 1. ed. Oxford: Oxford University Press, 2013, p. 454.

116. FELDMAN, David. **Civil liberties and human rights in England and Wales**, 2nd ed. Oxford ; New York: Oxford University Press, 2002, p. 53.

117. STOYANOVA, Vladislava. Causation between State Omission and Harm within the Framework of Positive Obligations Under the ECHR. **Human Rights Law Review**, *[S. l.]*, v. 18, p. 309–346, 2018, p. 310.

118. LAVRYSEN, Laurens. Causation and Positive Obligations under the European Convention on Human Rights: A Reply to Vladislava Stoyanova. **Human Rights Law Review**, *[S. l.]*, v. 18, n. 4, p. 705–718, 2018, p. 705.

Sistematicamente, tais obrigações podem ser materiais (*substantive*) ou processuais (*procedural*), como o TEDH as definiu em *Öneryildiz vs. Turquia,* de 2004.[119] Chamando tais obrigações de *positive duties*, Lazarus ressalta que o papel que o direito penal desempenha na proteção dos direitos humanos não pode ser negligenciado, lembrando que um dos primeiros casos nos quais o TEDH as reconheceu com essa perspectiva foi em *Osman vs. Reino Unido*, no ano 2000, no qual o dever de realização de uma investigação sobre uma violação ao direito à vida aparece como uma *ancillary procedural obligation* do art. 2º da CEDH,[120] isto é, uma obrigação processual acessória à tutela do direito à vida. Em outros termos, tem-se ali uma projeção processual (*procedural limb*) deste direito material.

Estando entre as mais relevantes obrigações positivas processuais, os deveres de investigar e punir violações de direitos humanos surgiram paulatinamente na jurisprudência regional.[121] O Tribunal Europeu de Direitos Humanos (TEDH) tem um longo histórico de reconhecimento de tais obrigações positivas como oponíveis aos Estados Partes da Convenção Europeia de Direitos Humanos de 1950. A cada dispositivo que reconhece e afirma direitos fundamentais, como a vida, a integridade física, a liberdade e a privacidade, destaca-se uma garantia material (*substantial limb*) e uma garantia processual (*procedural limb*), de caráter implícito, que funciona como projeção da primeira. Os Estados têm assim, não apenas uma obrigação de não violar direitos fundamentais previstos na Convenção, mas também a de criar o arcabouço institucional e legislativo necessário à proteção desses mesmos direitos[122] e de realizar apurações completas sobre violações concretas.

Sobre o direito à vida no contexto da CEDH, a Corte Europeia já havia afirmado que competia aos Estados adotar as medidas apropriadas para proteger a vida como "dever primordial" por meio de leis penais eficazes (*effective criminal law provisions*), com suporte em instrumentos apropriados de *law*

119. EUROPEAN COURT OF HUMAN RIGHTS. **Case of Öneryildiz v. Turkey** [GC]. Judgment 30 November 2004, §§ 110 e 141. Disponível em: https://hudoc.echr.coe.int/fre#{%22itemid%22:[%22001-67614%22]} . Acesso em: 2 jun. 2023.

120. LAZARUS, Liora. Positive Obligations and Criminal Justice: Duties to Protect or Coerce? *In*: ZEDNER, Lucia; ROBERTS, Julian V. (Org.). **Principles and values in criminal law and criminal justice: essays in honour of Andrew Ashworth**. Oxford, U.K: Oxford University Press, 2012. p. 135–155, p. 137 e 139.

121. SHELTON, Dinah; GOULD, Ariel. Positive and Negative Obligations, *In*: SHELTON, Dinah (Org.), **The Oxford Handbook of International Human Rights Law**, 1. ed. Oxford: Oxford University Press, 2013, p. 453.

122. EUROPEAN COURT OF HUMAN RIGHTS. **Case of Makaratzis v. Greece** [GC]. Judgment 20 December 2004, § 57. Disponível em: https://hudoc.echr.coe.int/fre#{%22itemid%22:[%22001-67820%22]}. Acesso em: 4 mai. 2023.

enforcement para a prevenção, repressão e punição de violações a tais disposições. Entre tais obrigações positivas, inserem-se "medidas operacionais preventivas para proteger um indivíduo ou indivíduos cuja vida esteja em risco devido aos atos criminosos de outra pessoa".[123] Levando em conta esses padrões, cabe a cada Estado Parte ter instrumentos processuais penais, no direito interno, capazes de levar a uma persecução efetiva. Técnicas especiais de investigação (ou meios especiais de obtenção de provas), instrumentos de cooperação internacional e medidas de proteção a vítimas e testemunhas fazem parte deste rol. Isto é, cada violação de direitos substantivos reclama a atuação do Estado na condução de investigações efetivas para o julgamento e eventual punição dos infratores.[124]

Um dos mais antigos casos no qual o TEDH reconheceu a doutrina das obrigações positivas para a garantia do direito à vida foi *McCann*, julgado em 1995. Ali a Corte reafirmou, com base no art. 2º da Convenção de 1950, a obrigação estatal de proteção a esse direito.[125] Neste julgado, a obrigação positiva relativa à vida foi identificada pela expressão *positive duty to protect life*.[126] Quando conjugada com a obrigação geral do art. 1º da Convenção, que impõe aos Estados conferir ampla proteção a todos os direitos da pessoa humana, pode-se inferir – disse então o Tribunal em Estrasburgo – que deve haver por parte do Estado alguma forma de investigação oficial efetiva (*effective official investigation*), diante de um atentado à vida de um de seus cidadãos.[127]

---

123. EUROPEAN COURT OF HUMAN RIGHTS. **Case of Kiliç v. Turkey**. Judgment 28 March 2000, § 62. Disponível em: https://hudoc.echr.coe.int/eng#{%22itemid%22:[%22001-58524%22]}. Acesso em: 4 mai. 2023.

124. No caso *X. e Outros vs. Bulgária*, julgado em 2021, o TEDH acentuou a importância de os Estados Partes lançarem mão de todos os instrumentos de que dispõem para a efetiva apuração de certos crimes graves. Particularmente, a Corte referiu-se ao emprego de meios especiais de obtenção de prova e à deflagração de mecanismos de cooperação jurídica internacional, no marco da Convenção de Lanzarote, de 2017, para a apuração eficiente de supostos crimes de violência sexual contra três menores, adotados por pais italianos, que antes da adoção viviam num orfanato na província de Veliko Tarnovo, na Bulgária. Trata-se do que denominamos obrigações positivas de "segundo nível", adiante examinadas. EUROPEAN COURT OF HUMAN RIGHTS. **Case of X and Others v. Bulgaria**, Judgment 2 February 2021, §§ 216-222. Disponível em: https://hudoc.echr.coe.int/eng#{%22itemid%22:[%22001-207953%22]}. Acesso em: 10 set. 2023.

125. EUROPEAN COURT OF HUMAN RIGHTS. **Case of McCann and Others v. United Kingdom**. Judgment 27 September 1995. Disponível em: https://hudoc.echr.coe.int/eng#{%22itemid%22:[%22001-58524%22]}. Acesso em: 4 mai. 2023.

126. Case of McCann and Others v. United Kingdom, § 151.

127. Case of McCann and Others v. United Kingdom, § 161.

Dando nota do caráter multifacetado e aberto das obrigações positivas, no caso *Ilaşcu e Outros vs. Moldávia e Rússia*,[128] também a partir do art. 1º da Convenção Europeia, o TEDH estabeleceu que tais medidas podem ser de variadas naturezas, não sendo previamente determinadas nem determináveis pela Corte, cabendo às autoridades estatais definir quais serão suficientes e mais eficazes diante do quadro em concreto, podendo a Corte examinar sua efetividade. Pela sua abrangência, o TEDH, como colegiado, nunca as definiu.[129] Englobam conforme Mowbray, deveres como os de proteção a pessoas vulneráveis vítimas de violência; de oferta de assistência jurídica gratuita a acusados de crimes; e o de investigar homicídios, como se decidiu no caso *Kelly e Outros vs. Reino Unido*. Em *Kelly* nota-se a atenção dada pelo TEDH ao descumprimento dos deveres de investigar com prontidão, diligência e de maneira efetiva nove mortes causadas pela Polícia em 1987, durante uma operação antiterrorista do *SAS* em Loughgall, na Irlanda do Norte.[130] As falhas da persecução foram consideradas incompatíveis com a obrigação processual estatal prevista no art. 2º da Convenção.[131] Para Schabas, a efetiva proteção ao direito à vida, mediante medidas de aplicação do direito interno existente, está no núcleo das obrigações positivas derivadas desse artigo da CEDH, com impacto inclusive em medidas de cooperação internacional como a extradição,[132] de que é exemplo o caso *Soering vs. Reino Unido*, de 1989.[133]

---

128. TEDH: "Although it is not for the Court to indicate which measures the authorities should take in order to comply with their obligations most effectively, it must verify that the measures actually taken were appropriate and sufficient in the present case. When faced with a partial or total failure to act, the Court's task is to determine to what extent a minimum effort was nevertheless possible and whether it should have been made". EUROPEAN COURT OF HUMAN RIGHTS. **Case of Ilaşcu and Others v. Moldova and Russia.** Judgment 8 July 2004, § 334. Disponível em: https://hudoc.echr.coe.int/fre#{%22itemid%22:[%22001-61886%22]}. Acesso em: 2 jun. 2023.
129. MOWBRAY, Alastair R. **The development of positive obligations under the European Convention on Human Rights by the European Court of Human Rights**. Oxford; Portland, Oregon: Hart Publishing, 2004, p. 2.
130. Conforme a Wikipedia, a "Emboscada de Loughgall" (*Loughgall Ambush*) ocorreu em 8 de maio de 1987 durante o período turbulento da história britânica conhecido como *The Troubles*. Uma unidade do Exército Republicano Irlandês (IRA) cometeu um atentado contra uma delegacia do *Royal Ulster Constabulary* (RUC) em Loughgall. A contraofensiva conduzida pelo *Special Air Service* (SAS) do Exército Britânico e pelo RUC resultou na morte de nove pessoas.
131. EUROPEAN COURT OF HUMAN RIGHTS. **Case of Kelly and Others v. The United Kingdom** [GC]. Judgment 4 May 2001, §§ 133, 134, 139. Disponível em: https://hudoc.echr.coe.int/eng-press#{%22itemid%22:[%22001-59453%22]}. Acesso em: 3 jun. 2023.
132. SCHABAS, William. **The European convention on human rights: a commentary**, First edition. Oxford, United Kingdom: Oxford University Press, 2015, p. 127.
133. EUROPEAN COURT OF HUMAN RIGHTS. Case of Soering v. The United Kingdom. Judgment, 7 July 1989, § 85. Disponível em: https://hudoc.echr.coe.int/eng#{%22itemid%22:[%22001-57619%22]}. Acesso em: 10 mai. 2023.

Em *Ilaşcu e Outros vs. Moldávia e Rússia*, o TEDH ponderou, porém, que o cumprimento de tais obrigações pelos Estados não deve representar um "ônus impossível ou desproporcional", o que equivale a reconhecer a escassez ou a limitação dos recursos públicos ou ainda a ocorrência de certas situações de fato que podem limitar a implementação de medidas de proteção em certas áreas ou o próprio exercício da jurisdição em determinadas zonas do seu território.[134]

Nestes e noutros casos, o TEDH valeu-se, como chave interpretativa, do princípio da efetividade dos mecanismos de proteção, tal como se vê em *Artico vs. Itália*,[135] de 1980; *Soering vs. Reino Unido*,[136] de 1989; *Yaşa vs. Turquia*,[137] de 1998; e *Öneryildiz vs. Turquia*, de 2004.[138] Starmer cita ainda os casos *Airey vs. Irlanda*,[139] *X e Y vs. Países Baixos*[140] e Aydın *vs. Turquia*,[141] que exemplificariam o fundamento primordial das obrigações positivas conforme Estrasburgo. Neles, o princípio da efetividade aparece, segundo o autor,[142] como o fio condutor de toda a jurisprudência do TEDH, iniciada com o caso *Plattform Ärzte für das Leben vs. Áustria*, de 1988.[143] Em

---

134. ECHR. Case of Ilaşcu and Others v. Moldova and Russia, §§ 332-334.
135. EUROPEAN COURT OF HUMAN RIGHTS. **Case of Artico v. Italy.** Judgment 13 May 1980. Disponível em: https://www.legal-tools.org/doc/773d09. Acesso em: 2 jun. 2023.
136. EUROPEAN COURT OF HUMAN RIGHTS. **Case of Soering v. The United Kingdom**. Judgment 7 July 1989. Disponível em: https://hudoc.echr.coe.int/eng#{%22itemid%22:[%22001-57619%22]}. Acesso em: 10 mai. 2023.
137. EUROPEAN COURT OF HUMAN RIGHTS. **Case of Yaşa v. Turkey.** Judgment 2 September 1998. Disponível em: https://www.hr-dp.org/files/2013/09/09/CASE_OF_YASA_v._TURKEY_.pdf. Acesso em: 2 jun. 2023.
138. EUROPEAN COURT OF HUMAN RIGHTS. **Case of Öneryildiz v. Turkey**. Judgment 30 November 2004. Disponível em: https://hudoc.echr.coe.int/fre#{%22itemid%22:[%22001-67614%22]}. Acesso em: 2 jun. 2023.
139. EUROPEAN COURT OF HUMAN RIGHTS. **Case of Airey v. Ireland**. Judgment 9 October 1979, § 25 e 32. Disponível em: https://www.icj.org/wp-content/uploads/2014/03/ECHR-Airey-v.-Ireland-jurisprudence-1979-eng.pdf. Acesso em: 3 jun. 2023.
140. EUROPEAN COURT OF HUMAN RIGHTS. **Case of X and Y v. The Netherlands**. Judgment 26 March 1985. Disponível em: https://www.coe.int/t/dg2/equality/domesticviolencecampaign/resources/x%20and%20y%20v%20the%20netherlands_EN.asp. Acesso em: 10 jul. 2023.
141. TEDH: "It appears to the Court that the essence of her complaint under Article 6 § 1 of the Convention is the failure of the public prosecutor to conduct an effective investigation, which, if not giving rise to a prosecution, at the very least would prove that she had suffered harm while in custody, thus enhancing the prospects of success of her claim for compensation". EUROPEAN COURT OF HUMAN RIGHTS. **Case of Aydın v. Turkey.** Judgment 25 September 1997, § 101. Disponível em: https://hudoc.echr.coe.int/eng#{%22itemid%22:[%22001-58371%22]}. Acesso em: 10 jul. 2023.
142. STARMER, Keir. Positive obligations under the Convention. *In*: COOPER, Jonathan; JOWELL, Jeffrey L. (org.). **Understanding human rights principles**. Oxford: Hart, 2001. p. 139–159, p. 146.
143. TEDH: "Genuine, effective freedom of peaceful assembly cannot, therefore, be reduced to a mere duty on the part of the State not to interfere: a purely negative conception would not

alguns desses casos também se revela a utilização pelo Tribunal do art. 13 da Convenção para apoiar as obrigações positivas de persecução criminal, quanto à disponibilidade de um remédio efetivo para fazer frente a violações de direitos convencionais.[144] Tal artigo, independentemente de qualquer outra disposição, determina ao Estado que realize investigações efetivas e rigorosas, de modo que o dever de investigação está implícito na noção de remédio efetivo.[145]

Apesar do largo alcance das obrigações positivas, a jurisprudência do TEDH "é mais deferente para com os Estados do que a da Corte Interamericana", como constata Huneeus. Coerente com sua doutrina de "margem de apreciação nacional" (*margin of appreciation; marge d'appréciation*),[146] que se remete ao princípio da discricionariedade, atinente ao mérito administrativo, o Tribunal de Estrasburgo, atuando de forma mais contida que seu congênere de San José, costuma proferir sentenças "declaratórias" nas quais impõe uma compensação financeira a ser paga à vítima, deixando ao

---

be compatible with the object and purpose of Article 11. Like Article 8, Article 11 sometimes requires positive measures to be taken, even in the sphere of relations between individuals, if need be". EUROPEAN COURT OF HUMAN RIGHTS. **Case of Plattform "Ärzte für das Leben" v. Austria**. Judgment 21 June 1988, § 32. Disponível em: https://hudoc.echr.coe.int/fre#{%22itemid%22:[%22001-57558%22]}. Acesso em: 10 jul. 2023.

144. TEDH: "The Court recalls at the outset that Article 13 guarantees the availability at the national level of a remedy to enforce the substance of the Convention rights and freedoms in whatever form they might happen to be secured in the domestic legal order. The effect of this Article is thus to require the provision of a domestic remedy allowing the competent national authority both to deal with the substance of the relevant Convention complaint and to grant appropriate relief, although Contracting States are afforded some discretion as to the manner in which they conform to their obligations under this provision. The scope of the obligation under Article 13 varies depending on the nature of the applicant's complaint under the Convention. Nevertheless, the remedy required by Article 13 must be 'effective' in practice as well as in law, in particular in the sense that its exercise must not be unjustifiably hindered by the acts or omissions of the authorities of the respondent State". EUROPEAN COURT OF HUMAN RIGHTS**. Case of Aydın v. Turkey.** Judgment 25 September 1997, § 103. Disponível em: https://hudoc.echr.coe.int/eng#{%22itemid%22:[%22001-58371%22]}. Acesso em: 10 jul. 2023.

145. TEDH: "It is true that no express provision exists in the Convention such as can be found in Article 12 of the 1984 United Nations Convention against Torture and Other Cruel, Inhuman or Degrading Treatment or Punishment, which imposes a duty to proceed to a 'prompt and impartial' investigation whenever there is a reasonable ground to believe that an act of torture has been committed. However, in the Court's view, such a requirement is implicit in the notion of an 'effective remedy' under Article 13". EUROPEAN COURT OF HUMAN RIGHTS. **Case of Aksoy v. Turkey**. Judgment 18 December 1996, § 98. Disponível em: https://hudoc.echr.coe.int/fre#{%22itemid%22:[%22001-58003%22]}. Acesso em: 10 jul. 2023.

146. Tal doutrina foi reconhecida pela primeira vez pelo TEDH no caso *Handyside*, de 1976. EUROPEAN COURT OF HUMAN RIGHTS. Case of **Handyside v. The United Kingdom**. Judgment 7 December 1976, § 47-50. Disponivel em: https://hudoc.echr.coe.int/eng?i=001-57499. Acesso em: 4 dez. 2023.

Estado escolher as medidas para conformidade com a Convenção Europeia, em cada caso concreto.[147]

3.5.2. As Obrigações Positivas no Sistema Interamericano de Proteção

O sistema regional interamericano de proteção aos direitos humanos começou a ser estruturado em 1948 com a Carta de Bogotá, que fundou a Organização dos Estados Americanos (OEA) e criou a Comissão Interamericana de Direitos Humanos (CIDH). No entanto, foi somente com o Pacto de São José da Costa Rica, de 1969, que foram robustecidos os mecanismos regionais, com a instituição da Corte Interamericana de Direitos Humanos (Corte IDH) na capital costarriquenha.[148] Sua primeira sentença foi proferida em 1988.

Seu histórico é marcado por três diferenças substanciais em relação ao TEDH, como assinala Huneeus. Primeiramente, diferentemente do TEDH, a Corte IDH começou a operar no final dos anos 1970 num continente conflagrado por golpes de Estado, instabilidade política generalizada e uma profusão de crimes contra a humanidade cometidos por governos locais contra suas próprias populações, de que são exemplos a Operação Condor nos anos 1970[149] e o genocídio indígena guatemalteco nos anos 1980.[150] Diante dos inúmeros casos de desaparecimento forçado e de tortura praticados por regimes ditatoriais latino-americanos, a Corte em San José passou a determinar aos Estados que realizassem persecuções criminais para identificar e punir os responsáveis por tais violações e que adotassem outras medidas, inclusive de criminalização de condutas, para reparar os agravos

---

147. HUNEEUS, Alexandra. International Criminal Law by Other Means: The Quasi-criminal Jurisdiction of the Human Rights Courts. **American Journal of International Law**, *[S. l.]*, v. 107, n. 1, p. 1–44, 2013, p. 24.

148. ARAS, Vladimir. O Brasil diante do sistema interamericano de direitos humanos. In: BRANCO, Paulo Gustavo Gonet; SILVA NETO, Manuel Jorge E; MOTA, Helena Mercês Claret da; RIBEIRO, Carlos Vinícius Alves (Org.). **Direitos fundamentais em processo: estudos em comemoração aos 20 anos da Escola Superior do Ministério Público da União**. Brasília: ESMPU, 2020. p. 819-846, p. 820-822.

149. O "Plan Condor" foi uma "vaste opération de répression qui a réuni les forces de sécurité et les services secrets latino-américains dans le but de combattre, voire d'exterminer, les opposants politiques dans la région". MARTIN-CHENUT, Kathia. Le renforcement des obligations positives de nature pénale dans la jurisprudence interaméricaine: l'exemple des graves violations des droits de l'Homme commises pendant les dictatures des pays du Cône Sud. **Revue de science criminelle et de droit pénal comparé**, Paris, v. 3, n. 3, p. 705–725, 2012, p. 708.

150. Vide, por exemplo: CORTE INTERAMERICANA DE DIREITOS HUMANOS. **Caso Masacre Plan de Sánchez vs. Guatemala**. Sentencia de 19 de noviembre de 2004. Disponível em: https://www.corteidh.or.cr/docs/casos/articulos/seriec_116_esp.pdf. Acesso em: 4 dez. 2023.

e evitar sua reiteração. Paralelamente às interações com o sistema de justiça criminal, a Corte IDH desenvolveu em sua jurisprudência um modelo criativo e multifacetado de reparações, com foco nos direitos das vítimas e nas noções de justiça, memória, verdade e não repetição. Por fim, a Corte em San José adotou um procedimento de supervisão de suas sentenças,[151] que prolonga o diálogo do Tribunal com as instâncias estatais responsáveis pelo seu cumprimento.

A doutrina das obrigações positivas no contexto interamericano vem sendo construída desde o primeiro julgamento da Corte IDH, em *Velásquez Rodríguez vs. Honduras*, de 1988.[152] Como se deu na Europa, o Tribunal em San José tomou como fundamento o art. 1.1 da Convenção Americana,[153] que encontra seu símile no art. 1º da Convenção Europeia, tratando-se de preceito que funciona como "fundamento geral para a proteção dos direitos reconhecidos pela Convenção".[154] A Corte afirmou que os Estados têm o dever de "garantir o livre e pleno exercício dos direitos reconhecidos pela Convenção a toda pessoa que se encontre sob sua jurisdição"[155] e o dever de "organizar o aparato do Estado de modo a garantir os direitos reconhecidos na Convenção",[156] uma obrigação positiva nitidamente institucional. No entanto, na parte dispositiva, a Corte apenas ordenou uma medida de compensação pecuniária, pois, como foi sua primeira sentença, deve ter con-

---

151. HUNEEUS, Alexandra. Courts Resisting Courts: Lessons from the Inter-American Court's Struggle to Enforce Human Rights. **Cornell International Law Journal**, *[S. l.]*, v. 44, n. 3, p. 493–533, 2011, p. 500-503.

152. O processo diz respeito à detenção ilegal e ao desaparecimento do estudante Angel Manfredo Velásquez Rodríguez, em Tegucigalpa, em 12 de setembro de 1981, sob responsabilidade de forças de segurança hondurenhas. CORTE INTERAMERICANA DE DIREITOS HUMANOS. **Caso Velásquez Rodríguez vs. Honduras.** Sentença de 29 de julho de 1988, Mérito, § 148. Disponível em: https://www.corteidh.or.cr/docs/casos/articulos/seriec_04_por.pdf. Acesso em: 2 jun. 2023.

153. Convenção Americana de Direitos Humanos: "Artigo 1. Obrigação de Respeitar os Direitos. 1. Os Estados-Partes nesta Convenção comprometem-se a respeitar os direitos e liberdades nela reconhecidos e a garantir seu livre e pleno exercício a toda pessoa que esteja sujeita à sua jurisdição, sem discriminação alguma por motivo de raça, cor, sexo, idioma, religião, opiniões políticas ou de qualquer outra natureza, origem nacional ou social, posição econômica, nascimento ou qualquer outra condição social." Cf. ORGANIZAÇÃO DOS ESTADOS AMERICANOS. **Convenção Americana sobre Direitos Humanos.** aprovada em San José da Costa Rica, em 22 de novembro de 1969. Disponível em: https://www.planalto.gov.br/ccivil_03/decreto/d0678.htm. Acesso em: 2 jun. 2023.

154. CORTE INTERAMERICANA DE DIREITOS HUMANOS. **Caso Velásquez Rodríguez vs. Honduras.** Sentença de 29 de julho de 1988, Mérito, § 163. Disponível em: https://www.corteidh.or.cr/docs/casos/articulos/seriec_04_por.pdf. Acesso em: 2 jun. 2023.

155. CORTE IDH. Caso Velásquez Rodríguez vs. Honduras. Sentença de 29 de julho de 1988, § 62.

156. Caso Velásquez Rodríguez vs. Honduras, § 158.

siderado este tipo de reparação menos invasivo à soberania de Honduras.[157] De todo modo, a concepção protetiva que o Tribunal abraçou é autorizada, na visão de San José, pelo art. 1.1. da Convenção Americana, que funciona como o "fundamento genérico da proteção dos direitos reconhecidos pela Convenção", listando deveres fundamentais de respeito e garantia, de modo que qualquer ação ou omissão estatal em relação a eles "constitui um fato que compromete sua responsabilidade".[158] Desse dispositivo convencional resulta para os Estados Partes uma obrigação de conformidade "em relação a cada um dos direitos protegidos", de modo que qualquer alegação de que houve violação a tais direitos "implica, necessariamente, a violação também do artigo 1.1 da Convenção".[159] É a partir daí que a Corte IDH constrói sua posição sobre as obrigações positivas:

> O artigo 1.1 é fundamental para determinar se uma violação dos direitos humanos reconhecidos pela Convenção pode ser atribuída a um Estado Parte. Com efeito, o referido artigo põe a cargo dos Estados Partes os deveres fundamentais de respeito e de garantia, de tal modo que todo menosprezo aos direitos humanos reconhecidos na Convenção que possa ser atribuído, segundo as regras do Direito Internacional, à ação ou omissão de qualquer autoridade pública, constitui um fato imputável ao Estado que compromete sua responsabilidade nos termos previstos pela mesma Convenção.[160]

Posteriormente, tal como fez o TEDH em relação ao art. 13 da Convenção Europeia, a Corte IDH passou também a acoplar obrigações positivas ao art. 25 da Convenção Americana, na perspectiva dos remédios efetivos.[161] O

157. "The *Velasquez* court also hesitated to impose the sweeping remedy that would seem to be implied by the language of its judgment. At the remedy stage the court ordered only monetary compensation. Lawyers for the victims' families, the Inter-American Commission, and a group of international law experts acting as *amici curiae* had asked the court for much broader injunctive measures, including an injunction requiring Honduras to prosecute criminally those responsible for disappearances, restructure the security apparatus, publicly condemn the practice of disappearances, and pay homage to the victims". ROHT-ARRIAZA, Naomi. Sources in International Treaties of an Obligation to Investigate, Prosecute, and Provide Redress. *In*: ROHT-ARRIAZA, Naomi (org.). **Impunity and human rights in international law and practice**. New York: Oxford University Press, 1995, p. 31.

158. CORTE IDH. **Caso Velásquez Rodríguez vs. Honduras**, §§ 163-164.

159. Caso **Velásquez Rodríguez vs. Honduras**, § 162.

160. Caso **Velásquez Rodríguez vs. Honduras**, § 164.

161. "Como ambas as Convenções não possuem mandados de criminalização expressos, tal dever dos Estados de investigar, perseguir em juízo e punir os autores de tais violações foi decorrência de dois tipos de dispositivos convencionais. O primeiro tipo foi o que estabelecia os deveres genéricos dos Estados de garantia e respeito aos direitos humanos estatuídos nesses textos convencionais (por exemplo, o art. 1.1 da Convenção Americana de Direitos Humanos). O segundo tipo de dispositivo foi aquele que contempla o direito à proteção judicial e ao devido processo legal por parte de todos os indivíduos (por exemplo, o art. 25 da Convenção

Tribunal destaca a existência de obrigações de *respeitar* os direitos e liberdades previstas na Convenção (dever de abstenção) e de *garantir* o seu pleno exercício a todas as pessoas sujeitas a sua jurisdição (deveres de prestação). Desta última obrigação decorre o dever estatal de "organizar todo o aparato governamental e, em geral, todas as estruturas através das quais se manifesta o exercício do poder público, de maneira tal que sejam capazes de assegurar juridicamente o livre e pleno exercício dos direitos humanos". Podemos denominar esse dever de obrigação institucional ou organizacional, que exige a existência de leis adequadas e suficientes para alcançar este fim. Conclui-se consequentemente que, "os Estados devem prevenir, investigar [de modo efetivo] e punir toda violação dos direitos reconhecidos pela Convenção" - como obrigações de meio[162] - e, sempre que possível, restabelecer o exercício do direito violado ou reparar os danos causados à vítima da violação.[163]

O Estado também terá o dever de *prevenir*, na medida do possível, as violações de direitos humanos que ocorram em sua jurisdição. Caso estas ocorram, cabe a suas autoridades, na perspectiva da garantia, "investigar seriamente, com os meios a seu alcance, as violações que tenham sido cometidas no âmbito de sua jurisdição a fim de identificar os responsáveis, impor as sanções pertinentes e assegurar à vítima uma adequada reparação".[164] Se as autoridades estatais não cumprirem o dever de investigar, e o autor da violação ficar impune, o Estado terá descumprido sua obrigação convencional, seja quando o violador for um agente estatal ou quando o Estado tolerar que "particulares ou grupos deles atuem livre ou impunemente em prejuízo dos direitos humanos reconhecidos na Convenção."[165] Ficam delimitados assim os três tipos de obrigações positivas e negativas no contexto interamericano: a de se abster de violar os direitos humanos garantidos; a de prevenir violações por parte de agentes estatais e não estatais; e a de proceder à investigação e a eventual punição de violações dos direitos humanos.[166]

Americana de Direitos Humanos)". RAMOS, André de Carvalho. Mandados de criminalização no direito internacional dos direitos humanos: novos paradigmas da proteção das vítimas de violações de direitos humanos. **Revista Brasileira de Ciências Criminais**, *[S. l.]*, v. 62, p. 547-572, 2006, p. 568.

162. SHELTON, Dinah; GOULD, Ariel. Positive and Negative Obligations. In: SHELTON, Dinah (Org.), **The Oxford Handbook of International Human Rights Law**, 1. ed. Oxford: Oxford University Press, 2013, p. 455.

163. CORTE IDH. Caso Velásquez Rodríguez vs. Honduras, § 166-168.

164. Caso Velásquez Rodríguez vs. Honduras, § 174.

165. Caso Velásquez Rodríguez vs. Honduras, § 176.

166. SHELTON, Dinah; GOULD, Ariel. Positive and Negative Obligations, *In*: SHELTON, Dinah (Org.), **The Oxford Handbook of International Human Rights Law**, 1. ed. Oxford: Oxford University Press, 2013, p. 455.

Afloraram, assim, na jurisprudência interamericana, as obrigações de respeitar os direitos e liberdade fundamentais[167] e de "garantir o livre e pleno exercício dos direitos reconhecidos na Convenção".[168] Esta última obrigação compreende deveres institucionais ou organizacionais do Estado, de formação ou reformatação das estruturas orgânicas pelas quais o ente estatal exerce seus poderes preventivos e punitivos. Esse arranjo institucional adequado permitirá aos Estados "prevenir, investigar e punir toda violação dos direitos reconhecidos pela Convenção e procurar, ademais, o restabelecimento, se possível, do direito violado e, se for o caso, a reparação dos danos produzidos".[169]

A sentença em *Velásquez Rodríguez* já deixava clara a perspectiva interamericana das obrigações positivas, ali se dizendo caber aos Estados Partes da Convenção Americana de Direitos Humanos prevenir as violações a esses direitos e "investigar seriamente, com os meios a seu alcance, as violações que tenham sido cometidas no âmbito de sua jurisdição a fim de identificar os responsáveis, impor as sanções pertinentes e assegurar à vítima uma adequada reparação."[170] Portanto, o dever de investigar, de natureza implícita, foi afirmado de forma contundente pela Corte IDH já no seu primeiro julgado. Se os órgãos estatais não atuam, os autores dos crimes ficam impunes e os direitos das vítimas não são reparados, o Estado terá descumprido suas obrigações convencionais e incorrido em responsabilidade internacional.[171]

Para Martin-Chenut, as obrigações positivas são produto da interpretação judicial dinâmica da Convenção Americana sobre Direitos Humanos, como um "*instrument vivant et évolutif*". De fato, sua mera leitura "não nos permite afirmar a existência expressa de obrigações positivas, especialmente aquelas de natureza penal". São os juízes interamericanos os seus criadores, aqueles que determinam sua existência, sentido e alcance, o que decorre da insuficiência das obrigações negativas para a plena tutela dos direitos humanos.[172]

---

167. CORTE IDH. Caso Velásquez Rodríguez vs. Honduras, § 165.
168. Caso Velásquez Rodríguez vs. Honduras, § 166.
169. CORTE IDH. **Caso Velásquez Rodríguez vs. Honduras**, § 166.
170. **Caso Velásquez Rodríguez vs. Honduras**, § 174.
171. **Caso Velásquez Rodríguez vs. Honduras**, § 176.
172. MARTIN-CHENUT, Kathia. Le renforcement des obligations positives de nature pénale dans la jurisprudence interaméricaine: l'exemple des graves violations des droits de l'Homme commises pendant les dictatures des pays du Cône Sud. **Revue de science criminelle et de droit pénal comparé**, Paris, v. 3, n. 3, p. 705–725, 2012, p. 705.

Tanto as obrigações de prevenção quanto as de repressão – entre as quais está o dever de investigar – são obrigações de meio, e não de resultado.[173] A investigação deve ser rigorosa e consistente, orientada para a busca da verdade e eventual punição dos autores.[174] Não há violação à obrigação convencional quando uma investigação efetiva é realizada e não se descobre a autoria do crime ou, quando, por outro motivo, não se pode responsabilizar o autor. Embora obviamente não se possa garantir à vítima um resultado condenatório, essa investigação:

> [...] deve empreender-se com seriedade e não como uma simples formalidade fadada de antemão a ser infrutífera. Deve ter um sentido e ser assumida pelo Estado como um dever jurídico próprio e não como uma simples gestão de interesses particulares que dependa da iniciativa processual da vítima ou de seus familiares ou do aporte privado de elementos probatórios, sem que a autoridade pública procure efetivamente a verdade.[175]

Ao longo do tempo, o sistema regional interamericano "tem desempenhado um papel muito importante no movimento para fortalecer as obrigações positivas de proteção através do direito penal", por meio das quais os Estados ficam "obrigados a recorrer à repressão criminal para proteger os direitos humanos", por meio da criminalização de certas violações dos direitos humanos ou da "redução da autonomia processual penal dos Estados".[176] Chegou-se mais recentemente a desenvolver o conceito de impunidade estrutural,[177] tendo em conta certo tipo de criminalidade contra grupos especialmente protegidos.

---

173. CORTE IDH. **Caso Velásquez Rodríguez vs. Honduras**, § 177.
174. CORTE INTERAMERICANA DE DIREITOS HUMANOS. **Caso López Sosa vs. Paraguay.** Sentencia de 17 de mayo de 2023, § 110. Disponível em: https://corteidh.scjn.gob.mx/buscador/doc?doc=casos_sentencias/seriec_489_esp.pdf. Acesso em: 2 jun. 2023.
175. CORTE IDH. **Caso Velásquez Rodríguez vs. Honduras**, § 177.
176. MARTIN-CHENUT, Kathia. Le renforcement des obligations positives de nature pénale dans la jurisprudence interaméricaine: l'exemple des graves violations des droits de l'Homme commises pendant les dictatures des pays du Cône Sud. **Revue de science criminelle et de droit pénal comparé**, Paris, v. 3, n. 3, p. 705-725, 2012, p. 706.
177. CORTE INTERAMERICANA DE DIREITOS HUMANOS. **Caso Sales Pimenta vs. Brasil**. Sentença de 30 de junho de 2022. Disponível em: https://www.corteidh.or.cr/docs/casos/articulos/seriec_454_por.pdf. Acesso em: 2 jun. 2023.

Apesar de reconhecer a obrigação estatal de investigar, em respeito à soberania e ao autogoverno estatais, a Corte IDH não detalha seus passos. Seu conteúdo não é pré-determinado, porque dependerá dos casos concretos, do sistema jurídico do Estado onde se deu o fato e da avalição de efetividade feita pelos tribunais de direitos humanos quanto à estrutura e operacionalidade de seu sistema jurídico.[178] Para o TEDH, "não é possível reduzir a variedade de situações que pode ocorrer a uma simples lista de verificação de atos de investigação ou outros critérios simplificados".[179] A mesma ideia vale no espaço regional interamericano. No entanto, pode-se dizer que o elemento chave nos dois sistemas é o rigor na coleta probatória, como obrigação de meio,[180] de modo que sejam adotadas todas as medidas investigativas razoáveis e esperadas para "obter as provas relativas ao fato",[181] o que inclui provas testemunhais, exames periciais, exumações, empregando-se, sempre que necessário, medidas de cooperação internacional, que são incidentes à persecução quando, no caso concreto, houver elementos de estraneidade necessários ou eventuais.

3.5.3. As Obrigações Positivas no Sistema Africano de Proteção

O mais jovem sistema regional de proteção aos direitos humanos foi constituído na África, a partir da Carta de Banjul, de 1981. O Tribunal Africano dos Direitos do Homem e dos Povos funciona em Arusha, na Tanzânia, tendo proferido 217 julgamentos, nos 353 casos abertos desde sua instalação em 2008.[182] Trinta e quatro países ratificaram o Protocolo de Ouagadougou, de 1998, que criou o Tribunal, mas apenas oito deles "depositaram a declaração a reconhecer a competência do Tribunal para conhecer de casos apresentados diretamente por ONGs e indivíduos particulares".[183] Na falta

178. MOWBRAY, Alastair R. **The development of positive obligations under the European Convention on Human Rights by the European Court of Human Rights**. Oxford; Portland, Oregon: Hart Publishing, 2004, p. 30.

179. EUROPEAN COURT OF HUMAN RIGHTS. **Case of Velikova v. Bulgaria**. Judgment 18 May 2000, § 80. Disponível em: https://hudoc.echr.coe.int/eng#{%22itemid%22:[%22001-58831%22]}. Acesso em: 2 jun. 2023.

180. CORTE INTERAMERICANA DE DIREITOS HUMANOS. **Caso Leguizamón Zaván y Otros vs. Paraguay.** Sentencia de 15 de noviembre de 2022, § 70. Disponível em: https://corteidh.scjn.gob.mx/buscador/doc?doc=casos_sentencias/seriec_473_esp.pdf. Acesso em: 2 jun. 2023.

181. EUROPEAN COURT OF HUMAN RIGHTS. **Case of Kelly and Others v. The United Kingdom** [GC]. Judgment 4 May 2001, § 96. Disponível em: https://hudoc.echr.coe.int/eng-press#{%22itemid%22:[%22001-59453%22]}. Acesso em: 3 jun. 2023.

182. Conforme dados de dezembro de 2023.

183. TRIBUNAL AFRICANO DOS DIREITOS DO HOMEM E DOS POVOS. **Sobre nós**. Disponível em: https://www.african-court.org/wpafc/?lang=pt-pt. Acesso em: 2 jun. 2023.

dessa declaração, somente a Comissão Africana dos Direitos Humanos e dos Povos (*Banjul Commission*) pode receber as comunicações das supostas vítimas, analisá-las e eventualmente encaminhá-las ao Tribunal. Para Mba, o fundamento convencional pan-africano para as obrigações estatais positivas é ainda mais explícito que o seu correspondente europeu.[184] Segundo o art. 1º da Convenção Africana, que é sua cláusula geral de garantia, os Estados da União Africana "reconhecem os direitos, deveres e liberdades enunciados nesta Carta e comprometem-se a adotar medidas legislativas ou outras para os aplicar".[185]

Interpretando este dispositivo, a Comissão Africana dos Direitos Humanos e dos Povos assentou a ideia das obrigações positivas e negativas em sua manifestação de 2001, no caso *SERAC vs. Nigéria*, descrevendo-as como deveres de respeitar, proteger, promover e cumprir os direitos convencionais previstos na Carta de Banjul. Em *SERAC*, a Comissão Africana realizou um *diálogo judicial*[186] com o Tribunal Europeu e a Corte Interamericana de Direitos Humanos, mencionando, respectivamente, os casos *X e Y vs. Países Baixos*, de 1985,[187] e *Velásquez Rodríguez vs. Honduras*, de 1988.[188] Para a Comissão Africana, em consonância com a jurisprudência internacional, a Carta de Banjul "exige uma ação positiva por parte dos governos no cumprimento de suas obrigações derivadas dos instrumentos de direitos humanos".[189] A fertilização cruzada acrescenta à argumentação judiciária uma enorme gama de precedentes e textos,[190] que enriquecem a adjudicação dos direitos humanos. Segundo Shelton e Gould, neste caso, relativo a direitos ambientais do povo

---

184. MBA, Osita, Positive Obligations Under the African Charter on Human and Peoples' Rights: The Duty of the Nigerian Government to Enact a Freedom of Information Act. **Commonwealth Law Bulletin,** vol. 35, n. 2, p. 215-249, 2009, p. 230.
185. UNIÃO AFRICANA. **Carta Africana dos Direitos Humanos e dos Povos,** adotada em Banjul, em 27 de junho de 1981. Disponível em: http://www.dhnet.org.br/direitos/sip/africa/banjul.htm. Acesso em: 2 jun. 2023.
186. RAMOS, André de Carvalho. **Curso de direitos humanos**. 10 ed. São Paulo: SaraivaJur, 2023, p. 556–558.
187. EUROPEAN COURT OF HUMAN RIGHTS. **Case of X and Y v. The Netherlands**. Judgment 26 March 1985. Disponível em: https://www.coe.int/t/dg2/equality/domesticviolencecampaign/resources/x%20and%20y%20v%20the%20netherlands_EN.asp. Acesso em: 10 jul. 2023.
188. CORTE IDH. Caso Velásquez Rodríguez vs. Honduras, § 177.
189. AFRICAN COMMISSION OF HUMAN AND PEOPLE'S RIGHTS. **Case of the Social and Economic Rights Action Center and the Center for Economic and Social Rights v. Nigeria**. Communication No. 155/96, 27 October 2001, ACHPR/COMM/A044/1, 27 May 2002, § 57. Disponível em: https://www.escr-net.org/sites/default/files/serac.pdf. Acesso em: 2 jun. 2023.
190. SLAUGHTER, Anne-Marie. A Global Community of Courts. **Harvard International Law Journal**, *[S. l.]*, v. 44, n. 1, p. 191–220, 2003, p. 203.

ogoni, habitantes do delta do Rio Níger, a Comissão Africana pela primeira vez reconheceu a dicotomia entre as obrigações convencionais estatais:[191]

> Ideias internacionalmente aceitas sobre as várias obrigações engendradas pelos direitos humanos indicam que todos os direitos, tanto civis e políticos quanto os sociais e econômicos, fazem surgir pelo menos quatro níveis de deveres para um Estado que se compromete a aderir a um regime de direitos, a saber, os deveres de respeitar, proteger, promover e cumprir esses direitos. Essas obrigações se aplicam universalmente a todos os direitos e implicam uma combinação de deveres negativos e positivos. Como instrumento de direitos humanos, a Carta Africana não é alheia a esses conceitos e a ordem em que são tratados aqui é escolhida por uma questão de conveniência e de forma alguma deve implicar uma prioridade que lhes seja conferida.[192]

Posteriormente, em *LIDHO e Outros vs. Costa do Marfim*, o Tribunal Africano acolheu a concepção de que há uma quádrupla obrigação dos Estados, que inclui os deveres de respeitar, proteger, promover e assegurar os direitos consagrados nas convenções que ratificam. Para o TADHP, a obrigação de respeitar "exige que o Estado Parte se abstenha de cometer violações". Pela obrigação de proteger, o Estado deve resguardar "os titulares de direitos contra violações por parte de terceiros". Por fim, as obrigações de promoção e exercício exigem que o Estado tome "as providências necessárias para garantir a disseminação e o gozo efetivo dos direitos em questão".[193]

Ao decidir o caso *Wambura e Mkama vs. Tanzânia*, o Tribunal de Arusha recordou sua posição de que, conforme o art. 27.1 do Protocolo de 1998,[194] diante de violações aos direitos humanos, pode decretar "medidas apropriadas para remediar a violação, incluindo o pagamento de uma compensação ou reparação justa". Tais medidas reparatórias "podem incluir a restituição, indenização e reabilitação da vítima, bem como medidas para garantir a não

---

191. SHELTON, Dinah; GOULD, Ariel. Positive and Negative Obligations, *In*: SHELTON, Dinah (Org.), **The Oxford Handbook of International Human Rights Law**, 1. ed. Oxford: Oxford University Press, 2013, p. 456.
192. AFRICAN COMMISSION OF HUMAN AND PEOPLE'S RIGHTS. **Case of The Social and Economic Rights Action Center and the Center for Economic and Social Rights v. Nigeria**. Communication No. 155/96, 27 October 2001, ACHPR/COMM/A044/1, 27 May 2002, § 44. Disponível em: https://www.escr-net.org/sites/default/files/serac.pdf. Acesso em: 2 jun. 2023.
193. TRIBUNAL AFRICANO DOS DIREITOS DO HOMEM E DOS POVOS. **Ligue Ivoirienne des Droits de l'Homme (LIDHO) e Outros c. Costa do Marfim**. Acórdão de 5 de setembro de 2023, §§ 4-5 e 132. Disponível em: https://www.african-court.org/cpmt/storage/app/uploads/public/651/a72/8fa/651a728fa9e3b406792385.pdf. Acesso em: 10 set. 2023.
194. O TADHP foi criado pelo Protocolo à Carta Africana dos Direitos do Homem e dos Povos sobre o Estabelecimento da Corte Africana dos Direitos Humanos e dos Povos, adotado em 10 de junho de 1998. Sua entrada em vigor ocorreu em 25 de janeiro de 2005.

repetição das violações".[195] Podem abranger até mesmo ordens liberatórias. Num caso em que os peticionários pediram para serem libertados da prisão, o Tribunal decidiu que emitiria tal ordem, se ficasse suficientemente provado que a detenção ou a condenação foram arbitrárias e que "o seu contínuo encarceramento resultaria na má administração da justiça".[196]

No caso *Legal Resources Foundation vs. Zâmbia*, de 2001, também lembrado por Mba,[197] a Comissão Africana afirmou que as obrigações positivas impostas aos Estados Partes pelo art. 1º da Carta de Banjul não são meramente propositivas, pois exigem que eles se comprometam "a adotar medidas legislativas ou outras para dar-lhes cumprimento", caracterizando-se como obrigações de natureza peremptória.[198] Uma dessas medidas envolve o direito à informação, o que podemos chamar de transparência ativa. No caso *Paul e Faustin*, à luz do art. 9º da Carta de Banjul, o TADHP determinou existir uma "obrigação proativa" de tornar públicas informações necessárias à tutela de direitos, "a fim de permitir que os indivíduos tomem decisões informadas".[199] Por sua vez, em *Wambura e Mkama vs. Tanzânia*, de 2023, o Tribunal em Arusha assegurou aos réus o direito à assistência judiciária gratuita, determinando que, "quando os arguidos são acusados de infrações graves que acarretam penas pesadas e são indigentes, devem ter acesso à assistência jurídica gratuita como um direito, quer os arguidos a solicitem ou não", direito este a ser exercido na fase de julgamento e na etapa recursal.[200]

---

195. TRIBUNAL AFRICANO DOS DIREITOS DO HOMEM E DOS POVOS. **Chacha Wambura e Mang'Azi Mkama c. República Unida da Tanzânia**. Acórdão de 5 de setembro de 2023, §§ 100-101, 132 e 135. Disponível em: https://www.african-court.org/cpmt/storage/app/uploads/public/651/6e2/eb4/6516e2eb4b222849666172.pdf. Acesso em: 10 set. 2023.
196. TRIBUNAL AFRICANO DOS DIREITOS DO HOMEM E DOS POVOS. **Stephen John Rutakikirwa c. República Unida da Tanzânia**, Petição n.º 013/2016. Acórdão de 24 de março de 2022 (méritos e reparações), § 89. Disponível em: https://www.african-court.org/cpmt/storage/app/uploads/public/624/362/a49/624362a49914b858060701.pdf. Acesso em: 2 jun. 2023.
197. MBA, Osita, Positive Obligations Under the African Charter on Human and Peoples' Rights: The Duty of the Nigerian Government to Enact a Freedom of Information Act. Rochester, NY: **SSRN**, 2009, **Commonwealth Law Bulletin,** vol. 35, n. 2, p. 215-249, 2009, p. 231.
198. AFRICAN COMMISSION OF HUMAN AND PEOPLE'S RIGHTS. **Legal Resources Foundation v. Zambia,** Comm. No. 211/98, 23 April 2001, § 62. Disponível em: http://hrlibrary.umn.edu/africa/comcases/Comm211-98.pdf. Acesso em: 2 jun. 2023.
199. TRIBUNAL AFRICANO DOS DIREITOS DO HOMEM E DOS POVOS. **Baedan Dogbo Paul e Baedan M'Bouke Faustin c. Costa do Marfim.** Acórdão de 5 de setembro de 2023, § 75. Disponível em: https://www.african-court.org/cpmt/storage/app/uploads/public/651/6e5/f45/6516e5f452e9b960946601.pdf. Acesso em: 10 set. 2023.
200. TRIBUNAL AFRICANO DOS DIREITOS DO HOMEM E DOS POVOS. **Chacha Wambura e Mang'Azi Mkama c. República Unida da Tanzânia**. Acórdão de 5 de setembro de 2023, §§ 100-101. Disponível em: https://www.african-court.org/cpmt/storage/app/uploads/public/651/6e2/eb4/6516e2eb4b222849666172.pdf. Acesso em: 10 set. 2023.

Mostrando a natureza multifacetária das obrigações positivas na jurisprudência pan-africana, no caso *Maige*, julgado em 2023, o TADHP determinou à Tanzânia o cumprimento de um dever de legislar, para suprimir de sua legislação penal a previsão de chicotadas como pena corporal. Os réus haviam sido condenados por roubo com emprego de armas de fogo a 30 anos de prisão e a 12 chibatadas ou açoites.[201] Na fundamentação, o Tribunal em Arusha realizou um diálogo de cortes com o TEDH[202] e outros mecanismos internacionais, como o Comitê de Direitos Humanos do PIDCP[203] e o Relator Especial das Nações Unidas sobre a Tortura, invocando também a jurisprudência regional. No dispositivo, o TADHP ordenou ao Estado demandado que suprimisse de suas leis penais as penas de punição corporal, "de modo a torná-las compatíveis com a proibição de tortura, tratamento ou punição cruel, desumano ou degradante", previstas no art. 5º da Carta de Banjul. [204]

Na jurisprudência recente do TADHP, o caso *LIDHO e Outros vs. Costa do Marfim*, de 2023, é um dos mais significativos em torno das obrigações processuais positivas. Em 2006, a companhia transnacional do ramo de energia Trafigura Ltd. exportou ilegalmente para a Costa do Marfim 528 m^3 de resíduos químicos tóxicos, com isto violando a Convenção relativa à Proibição da Importação de Resíduos Perigosos e Controle de Movimentos Transfronteiriços e Gestão de Resíduos Perigosos na África (Convenção de Bamako), de 1991.[205] Esses rejeitos foram despejados em várias zonas de

---

201. TRIBUNAL AFRICANO DOS DIREITOS DO HOMEM E DOS POVOS. **Yassin Rashid Maige c. República Unida da Tanzânia.** Acórdão de 5 de setembro de 2023, §§ 131-139 e 173. Disponível em: https://www.african-court.org/cpmt/storage/app/uploads/public/651/6e5/657/6516e5657706d085563578.pdf . Acesso em: 2 jun. 2023.

202. EUROPEAN COURT OF HUMAN RIGHTS. **Case of Tyrer v. United Kingdom**. Judgment 25 April 1978, § 33. Disponível em: https://hudoc.echr.coe.int/fre#{%22itemid%22:[%22001-57587%22]}. Acesso em: 10 set. 2023.

203. "Under article 2, paragraph 3 (a), of the Covenant, the State party is under an obligation to provide Mr. Osbourne with an effective remedy, and should compensate him for the violation. The State party is also under an obligation to refrain from carrying out the sentence of whipping upon Mr. Osbourne. The State party should ensure that similar violations do not occur in the future by repealing the legislative provisions that allow for corporal punishment". UNITED NATIONS. Human Rights Committee. **Osbourne v. Jamaica**, Communication n. 759/1997, 13 April 2000, CCPR/C/68/D/759/1997, §§ 9.1 e 11. Disponível em: http://hrlibrary.umn.edu/undocs/session68/view759.htm . Acesso em: 10 jul. 2023.

204. TRIBUNAL AFRICANO DOS DIREITOS DO HOMEM E DOS POVOS. **Yassin Rashid Maige c. República Unida da Tanzânia**. Acórdão de 5 de setembro de 2023, §§ 131-139 e 173. Disponível em: https://www.african-court.org/cpmt/storage/app/uploads/public/651/6e5/657/6516e5657706d085563578.pdf. Acesso em: 2 jun. 2023.

205. Em vigor desde 1998, a Convenção de Bamako integra o regime global de proibição dos crimes ambientais, contendo obrigações de criminalização, asserção de jurisdição e de cooperação internacional. UNIÃO AFRICANA. **Convenção relativa à Proibição da Importação de Resíduos Perigosos e Controle de Movimentos Transfronteiriços e Gestão de Resíduos Perigosos**

Abidjã, capital econômica do país, num crime ambiental que contaminou o lençol freático da região, prejudicou a saúde de milhares de pessoas e teria provocado a morte de 17 delas por inalação dos gases tóxicos. Na decisão que proferiu em 2023, o Tribunal Africano aplicou a doutrina das obrigações positivas. Entre outras medidas, ordenou que a Costa do Marfim reabrisse a investigação criminal, pois os responsáveis haviam ficado impunes até então. Tal sentença da Corte africana cuida de questões relativas a empresas e direitos humanos na instância ambiental, com responsabilização internacional do Estado por não haver adotado as medidas que lhe cabiam para exigir conformidade ambiental da referida multinacional.[206]

O TADHP reconheceu que o Estado violou a Convenção de Bamako, inclusive o seu art. 4.4, que determina o dever de processar os infratores ambientais. Para a Corte em Arusha, "o objetivo desta obrigação de processar é implementar o direito das vítimas a um recurso eficaz [para] implementação do direito à restituição ou, quando isso não for aplicável, o direito à indenização por perdas sofridas e outras medidas necessárias".[207] Diante dos fatos, o Tribunal considerou que o "Estado Demandado não garantiu o direito a um recurso efetivo em relação à acusação e punição dos responsáveis pelo despejo dos resíduos tóxicos".[208] Com isso, a Costa do Marfim "violou o direito a um recurso efetivo protegido nos termos do nº 1 do artigo 7º lido em conjunto com o artigo 1º da Carta". Aqui se nota que a técnica judicial de afirmação das obrigações positivas africanas é exatamente a mesma adotada pelo TEDH e pela Corte IDH: a conjugação da cláusula geral de proteção com o dispositivo que consagra o direito material violado, lendo-se neste último uma obrigação processual implícita. Por isso mesmo, a Corte em Arusha mencionou dois precedentes de Estrasburgo, o caso *Osman vs. Reino*

---

em África, feita em Bamako em 30 de janeiro de 1991. Disponível em: https://au.int/sites/default/files/treaties/7774-treaty-0015_-_bamako_convention_on_hazardous_wastes_p.pdf. Acesso em: 10 set. 2023.

206. TRIBUNAL AFRICANO DOS DIREITOS DO HOMEM E DOS POVOS. **Ligue Ivoirienne des Droits de L Homme (LIDHO) e Outros c. Costa do Marfim.** Acórdão de 5 de setembro de 2023, §§ 155-156 Disponível em: https://www.african-court.org/cpmt/storage/app/uploads/public/651/a72/8fa/651a728fa9e3b406792385.pdf. Acesso em: 10 set. 2023.

207. TADHP. **Ligue Ivoirienne des Droits de L Homme (LIDHO) e Outros c. Costa do Marfim**. Acórdão de 5 de setembro de 2023, §§ 134 e 155-156.

208. TRIBUNAL AFRICANO DOS DIREITOS DO HOMEM E DOS POVOS. **Ligue Ivoirienne des Droits de L Homme (LIDHO) e Outros c. Costa do Marfim**. Acórdão de 5 de setembro de 2023, § 163. Disponível em: https://www.african-court.org/cpmt/storage/app/uploads/public/651/a72/8fa/651a728fa9e3b406792385.pdf . Acesso em: 10 set. 2023.

Unido[209] e o caso *Anguelova vs. Bulgária*,[210] no quais o TEDH "confirmou que as medidas positivas para garantir o direito à vida" envolvem a aprovação de "legislação penal eficaz" e a condução de "inquéritos judiciais destinados a garantir a aplicação eficaz das leis nacionais que protegem o direito à vida, inclusive em casos que envolvam a responsabilidade de agentes ou órgãos do Estado".[211]

Apesar da gravidade dos crimes ambientais e contra a saúde pública praticados em Abidjã, a impunidade no caso Trafigura se consolidou e tornou-se notória. Em relação "à obrigação de acusação que emana do direito a um recurso efetivo, o Tribunal observa[ou] que apenas dois diretores da Trafigura foram condenados a penas de prisão". Nenhum funcionário público ou autoridade foi considerado culpado. Esse quadro de impunidade resultou em parte do Memorando de Entendimento de 13 de fevereiro de 2017, firmado pelo governo marfinense, pelo qual se garantiu "às entidades e aos indivíduos implicados imunidade da acusação", o que permitiu que os executivos da Trafigura fossem "libertados e autorizados a deixar o país".[212] Concluiu-se, então, que outros suspeitos "nunca foram alvo de processo judicial pelas suas ações, nos termos das obrigações internacionais do

209. TEDH: "It is common ground that the State's obligation in this respect extends beyond its primary duty to secure the right to life by putting in place effective criminal-law provisions to deter the commission of offences against the person backed up by law-enforcement machinery for the prevention, suppression and sanctioning of breaches of such provisions. It is thus accepted by those appearing before the Court that Article 2 of the Convention may also imply in certain well-defined circumstances a positive obligation on the authorities to take preventive operational measures to protect an individual whose life is at risk from the criminal acts of another individual. The scope of this obligation is a matter of dispute between the parties". EUROPEAN COURT OF HUMAN RIGHTS. **Case of Osman v. United Kingdom**. Judgment 28 October 1998, § 115. Disponível em: https://hudoc.echr.coe.int/fre#{%22itemid%22:[%22001-58257%22]}. Acesso em: 10 set. 2023.

210. EUROPEAN COURT OF HUMAN RIGHTS. **Case of Anguelova v. Bulgaria**. Judgment 13 June 2002, § 137. Disponível em: https://hudoc.echr.coe.int/eng#{%22itemid%22:[%22001-60505%22]}. Acesso em: 10 set. 2023.

211. TADHP. **Ligue Ivoirienne des Droits de L Homme (LIDHO) e Outros c. Costa do Marfim**, § 135.

212. O elemento de estraneidade está presente neste caso em duas situações: pelo negócio de importação dos rejeitos químicos; e pela saída do país de suspeitos do crime, o que faz surgir a necessidade de cooperação internacional, para o cumprimento da obrigação positiva de investigar e processar determinada por Arusha. TRIBUNAL AFRICANO DOS DIREITOS DO HOMEM E DOS POVOS. **Ligue Ivoirienne des Droits de L Homme (LIDHO) e Outros c. Costa do Marfim.** Acórdão de 5 de setembro de 2023, §§ 163 e 230. Disponível em: https://www.african-court.org/cpmt/storage/app/uploads/public/651/a72/8fa/651a728fa9e3b406792385.pdf. Acesso em: 10 set. 2023.

Estado Demandado, o que abrange o direito a um recurso efetivo e a não recorrência".[213]

Por essas razões, ao selecionar as medidas apropriadas para o caso, o TADHP decidiu ordenar ao país que "reabra[isse] uma investigação independente e imparcial sobre as alegadas violações, a fim de estabelecer a responsabilidade criminal e individual de todas as pessoas e entidades implicadas com vista a processá-las e puni-las". Trata-se de uma obrigação positiva já clássica nas outras duas cortes regionais. Considerando a magnitude da lesão em Abidjã, "os tribunais nacionais tinham a obrigação de alargar o âmbito das investigações de modo a ter em conta os casos de todas as vítimas e conceder-lhes as reparações necessárias", sem prejuízo da reforma institucional indicada pela Corte.[214] O alcance transnacional do caso levará ao destaque das obrigações processuais de cooperação internacional, como necessárias à investigação efetiva, para a tutela, inclusive patrimonial, dos direitos das vítimas do desastre ambiental de 2006 na Costa do Marfim.

3.5.4. Obrigações Positivas no Sistema Onusiano de Proteção

Considerando as sucessivas manifestações das Nações Unidas, notadamente da Assembleia Geral e do Conselho de Direitos Humanos, sobre a tutela internacional dos direitos humanos, pode-se afirmar que o marco jurídico protetivo da pessoa humana no plano universal "aciona obrigações positivas de cooperação".[215] Disso são exemplos a Resolução 35/8, de 2017, do Conselho de Direitos Humanos;[216] o relatório do Secretariado-Geral das Nações Unidas, de 2009, sobre a responsabilidade de proteger (R2P) as populações de crimes de guerra, genocídio, limpeza étnica e crimes contra a

213. TADHP. **Ligue Ivoirienne des Droits de L Homme (LIDHO) e Outros c. Costa do Marfim**, §§ 229-230.

214. TADHP. **Ligue Ivoirienne des Droits de L Homme (LIDHO) e Outros c. Costa do Marfim**, §§ 158-160 e 229.

215. CRIDDLE, Evan J.; FOX-DECENT, Evan. Mandatory Multilateralism. **American Journal of International Law**, *[S. l.]*, v. 113, n. 2, p. 272–325, 2019, p. 285.

216. "Reaffirms the duty of States to cooperate with one another in accordance with the Charter of the United Nations in the promotion of universal respect for and observance of human rights and fundamental freedoms for all, including with respect to the elimination of all forms of racial discrimination and all forms of religious intolerance". UNITED NATIONS. Human Rights Council. Enhancement of international cooperation in the field of human rights. **Resolution A/HRC/RES/35/8**, adopted by the Human Rights Council on 22 June 2017, § 3. Disponível em: https://digitallibrary.un.org/record/1302320/files/A_HRC_RES_35_8-EN.pdf?ln=en. Acesso em: 10 jul. 2023.

humanidade;[217] e outros documentos internacionais que reforçam e detalham os compromissos constantes dos arts. 55 e 56 da Carta das Nações Unidas.

O dever de investigar, processar e punir está bem descrito nas opiniões do Comitê de Direitos Humanos (CCPR) do Pacto Internacional de Direitos Civis e Políticos (PIDCP). No seu Comentário Geral 31 de 2004 ao art. 2º do PIDCP, o Comitê sublinhou que as obrigações estatais de garantir e respeitar direitos humanos decorrentes desse artigo do tratado são vinculantes para os Estados Partes e "todos os poderes do Estado (executivo, legislativo, judiciário) e outras autoridades públicas ou estatais, de qualquer nível, nacional, regional ou local, estão em condições de assumir a responsabilidade do Estado Parte".[218] Para o Comitê de Direitos Humanos do PIDCP, o tratado impõe obrigações positivas aos Estados Partes, para que protejam as pessoas submetidas a sua jurisdição:

> As obrigações positivas dos Estados Partes de velar pelos direitos do Pacto somente se cumprirão plenamente se os indivíduos estiverem protegidos pelo Estado, não apenas contra violações dos direitos do Pacto por seus agentes, mas também contra os atos cometidos por pessoas o entidades privadas que obstariam o gozo dos direitos do Pacto (...) Recorda-se aos Estados a relação recíproca entre as obrigações positivas impostas no art. 2º e a necessidade de prever remédios eficazes caso ocorra uma violação do parágrafo 3º do art. 2º (...) Do art. 7º se deduz também implicitamente que os Estados Partes têm que adotar medidas positivas para garantir que as pessoas ou entidades privadas não inflijam torturas ou tratamentos ou castigos cruéis, desumanos ou degradantes a outras pessoas submetidas a seu poder.[219]

217. UNITED NATIONS. Secretary General. **Implementing the responsibility to protect**. Report A/63/677, 12 January 2009, p. 8, § 10.b. Disponível em: https://www.un.org/unispal/document/auto-insert-180580/. Acesso em: 10 jul. 2023. Vide também o § 138 da Ata da Cúpula Mundial de 2005. UNITED NATIONS. General Assembly. 2005 World Summit Outcome Resolution A/RES/60/11, adopted on 16 September 2005. Disponível em: https://www.un.org/en/development/desa/population/migration/generalassembly/docs/globalcompact/A_RES_60_1.pdf. Acesso em: 10 jul. 2023.

218. UNITED NATIONS. Human Rights Committee. **General Comment No. 31:** The Nature of the General Legal Obligation Imposed on States Parties to the Covenant. Geneva, adopted on 29 March 2004, UN Doc CCPR/C/21/Rev.1/Add.13. Disponível em: https://digitallibrary.un.org/record/533996. Acesso em: 2 jun. 2023, § 225.

219. HRC. **General Comment No. 31:** The Nature of the General Legal Obligation Imposed on States Parties to the Covenant.

No mesmo Comentário Geral 31, o Comitê observou que o gozo dos direitos reconhecidos pelo Pacto pode ser garantido pelo Poder Judiciário de diversas maneiras, seja pela aplicação direta do Pacto, pela incidência de dispositivos constitucionais ou legais comparáveis ou mediante o efeito interpretativo do PIDCP quando da implementação do direito interno. Especificamente, cabe ao Estado prover os necessários mecanismos administrativos para efetivar a obrigação geral de investigar alegações de violações de direitos humanos de maneira imediata, completa e eficaz por meio de órgãos independentes e imparciais. Segundo o Comitê CCPR, instituições nacionais de direitos humanos, com poderes adequados, podem contribuir para esse fim. A falha de um Estado Parte em conduzir uma investigação sobre as alegações de violações pode, por si só, constituir uma violação separada do Pacto. Além disso, a imediata cessação de uma violação contínua é um elemento essencial do direito a um remédio eficaz.[220]

Se no curso de uma investigação imparcial forem comprovadas violações de direitos do Pacto, os Estados Partes devem garantir que os responsáveis sejam levados à justiça. Assim como a insuficiência da investigação, entende o Comitê CCPR, a falha em processar os autores dessas violações pode, por si só, constituir uma violação separada do Pacto Internacional. Essas obrigações surgem, em particular, com relação a violações reconhecidas como crimes conforme o direito interno ou o direito internacional, como tortura ou tratamento cruel, desumano ou degradante semelhante (art. 7º); a execução sumária e arbitrária (art. 6º); e o desaparecimento forçado (artigos 6º, 7º e 9º). Vê-se aqui mais uma vez a correlação dos regimes internacionais de proteção e de proibição. A impunidade em relação a tais violações funciona como um elemento que contribui para a repetição das violações. Se cometidas como parte de um ataque sistemático e generalizado contra a população civil, essas violações do Pacto são crimes contra a humanidade, na forma do art. 7º do Estatuto de Roma do Tribunal Penal Internacional.[221]

No contexto da investigação criminal, a participação das vítimas é um tópico cada vez mais realçado pelos organismos internacionais de proteção da pessoa humana. O Comentário Geral nº 3 do Comitê das Nações Unidas contra a Tortura (CAT) "enfatiza a importância da participação da vítima

---

220. UNITED NATIONS. Human Rights Committee. **General Comment No. 31**: The Nature of the General Legal Obligation Imposed on States Parties to the Covenant. Geneva, adopted on 29 March 2004, UN Doc CCPR/C/21/Rev.1/Add.13. Disponível em: https://digitallibrary.un.org/record/533996 . Acesso em: 2 jun. 2023.

221. HRC. **General Comment No. 31**: The Nature of the General Legal Obligation Imposed on States Parties to the Covenant.

no processo de reparação, e que a restauração da dignidade da vítima é o objetivo final na provisão de reparação". O conceito usual de reparação (*redress*, *reparación*, *réparation*, em três dos seis idiomas oficiais da ONU) é menos abrangente do que o empregado pelo Comitê. A obrigação estatal de garantir reparação às vítimas é de natureza dúplice: envolvendo obrigações processuais e materiais. Entre aquelas estão as obrigações de legislar, estabelecer mecanismos para noticiar ilícitos, organizar e aparelhar órgãos e instituições de investigação e de julgamento para assegurar que tais mecanismos e órgãos sejam eficientes e acessíveis a todas as vítimas. Já as obrigações substantivas exigem dos Estados Partes cinco formas de reparação às vítimas: a restituição, a indenização, a reabilitação, a satisfação e o direito à verdade e garantias de não repetição.[222]

A Convenção Internacional para a Proteção de Todas as Pessoas contra o Desaparecimento Forçado, de 2006, adotou esse padrão abrangente quanto ao dever de reparação (*redress*).[223] Seu artigo 24 determina que a vítima tem o direito à verdade e o direito de saber o andamento e o resultado da investigação estatal, cabendo ainda ao Estado adotar medidas para "procurar, localizar e libertar pessoas desaparecidas e, no caso de morte, localizar, respeitar e devolver seus restos mortais". No quesito reparação, os §§ 4º e 5º desse artigo garantem o direito a uma "indenização rápida, justa e adequada", por danos materiais e morais, e, sempre que cabível, outras formas de reparação devem ser asseguradas como a restituição (como retorno ao *status ex ante*); a reabilitação (na forma de programas para este fim); a satisfação (como pedidos de desculpas), inclusive com o restabelecimento da dignidade e da reputação da vítima; e garantias de não repetição.[224]

A satisfação é vista como um meio de cumprir as obrigações processuais de investigação e persecução, que incluem o direito a medidas eficazes para fazer cessar as violações, a revelação pública dos fatos tal como se deram (direito à verdade), o reconhecimento oficial da violação e "aplicação de

---

222. UNITED NATIONS. Committee against Torture. **General Comment No. 3** (2012) on the implementation of article 14 by States parties, CAT/C/GC/3, 13 December 2012, § 4-6. Disponível em: https://www2.ohchr.org/english/bodies/cat/docs/gc/cat-c-gc-3_en.pdf. Acesso em: 10 jun. 2023.

223. UNITED NATIONS. **International Convention for the Protection of All Persons from Enforced Disappearance,** adopted on 23 December 2010. Disponível em: https://www.ohchr.org/en/instruments-mechanisms/instruments/international-convention-protection-all-persons-enforced. Acesso em: 10 jun. 2023.

224. UNITED NATIONS. International Law Commission. **The draft articles on prevention and punishment of crimes against humanity,** Report A/74/10. New York, 20 August 2019, p. 108, § 20. Disponível em: https://legal.un.org/ilc/reports/2019/english/a_74_10_advance.pdf. Acesso em: 4 mai. 2023.

sanções judiciais ou administrativas aos responsáveis pelas violações", entre outras medidas.[225] Um Estado que não realize uma investigação ou não proponha a ação penal cabível estará negando de fato o direito genérico à reparação vitimária e, consequentemente, violando deveres convencionais.[226]

O Comitê de Direitos Humanos também fez ver a relação indissociável entre essas obrigações positivas e o direito a um *recurso* (remédio, instrumento, meio, mecanismo) efetivo[227] para assegurar a proteção dos direitos convencionais, tal como prevê o art. 2.3 do PIDCP.[228] Tais recursos podem ser judiciais ou administrativos, exigindo-se que sejam capazes de proteger os direitos humanos internacionalmente reconhecidos, devendo levar em conta os interesses de grupos especialmente vulneráveis a violações.[229] Segundo o Comitê, mecanismos administrativos, como parte do gênero "remédios efetivos", são muito úteis para o cumprimento da obrigação geral dos Estados de investigar violações de maneira imediata, rigorosa e efetiva, por meio de órgãos imparciais e independentes".[230] Se as investigações revelarem violações ao PIDCP, o Comitê de Direitos Humanos espera que os responsáveis sejam processados, uma vez que o descumprimento do dever de investigar e processar os violadores "pode resultar num descumprimento adicional da Convenção".[231]

---

225. UNITED NATIONS. Committee against Torture. **General Comment No. 3** (2012) on the implementation of article 14 by States parties, CAT/C/GC/3, 13 December 2012, § 16. Disponível em: https://www2.ohchr.org/english/bodies/cat/docs/gc/cat-c-gc-3_en.pdf. Acesso em: 10 jun. 2023.
226. UNITED NATIONS. Committee against Torture. **General Comment No. 3** (2012) on the implementation of article 14 by States parties, CAT/C/GC/3, 13 December 2012, § 17. Disponível em: https://www2.ohchr.org/english/bodies/cat/docs/gc/cat-c-gc-3_en.pdf. Acesso em: 10 jun. 2023.
227. PIDCP: "Artigo 2. 3. Os Estados Partes do presente Pacto comprometem-se a: a) Garantir que toda pessoa, cujos direitos e liberdades reconhecidos no presente Pacto tenham sido violados, possa dispor de um recurso efetivo, mesmo que a violência tenha sido perpetrada por pessoas que agiam no exercício de funções oficiais; b) Garantir que toda pessoa que interpuser tal recurso terá seu direito determinado pela competente autoridade judicial, administrativa ou legislativa ou por qualquer outra autoridade competente prevista no ordenamento jurídico do Estado em questão; e a desenvolver as possibilidades de recurso judicial".
228. UNITED NATIONS. Human Rights Committee. **General Comment No. 31**: The Nature of the General Legal Obligation Imposed on States Parties to the Covenant. Geneva, adopted on 29 March 2004, UN Doc CCPR/C/21/Rev.1/Add.13, § 8. Disponível em: https://digitallibrary.un.org/record/533996. Acesso em: 2 jun. 2023.
229. HRC. **General Comment No. 31:** The Nature of the General Legal Obligation Imposed on States Parties to the Covenant. Geneva, adopted on 29 March 2004, UN Doc CCPR/C/21/Rev.1/Add.13, § 15.
230. HRC. **General Comment No. 31**: The Nature of the General Legal Obligation Imposed on States Parties to the Covenant, § 15.
231. HRC. **General Comment No. 31**, § 18.

3.6. AS OBRIGAÇÕES PROCESSUAIS POSITIVAS NO ÂMBITO PENAL

Visto o surgimento das obrigações positivas nas três cortes regionais de direitos humanos e nos mecanismos onusiano, está agora clara a existência de uma miríade delas, alocadas em distintas classificações. Interessam-nos a partir de agora apenas as obrigações processuais positivas (*procedural obligations, obligaciones de procedimento, obligations de procédure*), pois nelas estão inseridos deveres expressos e implícitos que os Estados devem observar, por meio de suas autoridades na persecução criminal, nos processos penais domésticos e nos processos penais internacionais, transnacionais e "internacionalizados". Como explica Stoyanova, "em vários domínios da sua jurisprudência sobre obrigações positivas, o TEDH acrescentou uma camada processual ao âmbito dos direitos convencionais, exigindo que os Estados garantam a disponibilidade de procedimentos nacionais efetivos", para a proteção das garantias substantivas ou dos direitos materiais.[232] As decisões destes e de outros tribunais regionais acionam internamente o dever de processar, servindo de gatilho[233] para competências próprias do Estado na interação do sistema penal e dos sistemas de direitos humanos, assim como para a cooperação internacional.

Dedere (deliver; entregar*), iudicare (adjudicate;* julgar*), punire (punish;* punir) são as "ferramentas básicas para a aplicação (*enforcement*) do direito no plano internacional".[234] Tais ferramentas descrevem deveres positivos, de ordem passiva e ativa, que formam um sistema. As obrigações de prevenir e de punir crimes internacionais estão conectadas. A Corte Internacional de Justiça assentou que uma "uma das formas mais eficientes de prevenir crimes em geral" é prever sanções penais (obrigação prescritiva positiva) para os autores de tais atos, e efetivamente impor tais penas aos responsáveis pelos delitos que se pretende prevenir (obrigação adjudicató-

232. STOYANOVA, Vladislava. Causation between State Omission and Harm within the Framework of Positive Obligations Under the ECHR. **Human Rights Law Review**, *[S. l.]*, v. 18, p. 309–346, 2018, p. 331.

233. HUNEEUS, Alexandra. International Criminal Law by Other Means: The Quasi-criminal Jurisdiction of the Human Rights Courts. **American Journal of International Law**, *[S. l.]*, v. 107, n. 1, p. 1–44, 2013, p. 3.

234. BLAKESLEY, Christopher L.; LAGODNY, Otto. Finding Harmony Amidst Disagreement over Extradition, Jurisdiction, the Role of Human Rights, and Issues of Extraterritoriality under International Criminal Law, **Vanderbilt Journal of Transnational Law**, v. 24, n. 1, p. 1–74, 1991, p. 39.

ria).[235] Essa concepção já estava presente nos julgamentos de Nuremberg, de 1946, no tocante à responsabilidade individual por crimes contra o direito internacional. Tais infrações gravíssimas são "cometidas por pessoas, não por entidades abstratas, e é somente mediante a punição dos indivíduos que cometem esses crimes que as disposições de direito internacional podem ser respeitadas".[236] Descreve-se aí uma obrigação processual dos Estados na ordem internacional, de responsabilizar pessoas naturais autoras de crimes.

Correlata ao dever de punir, a obrigação de prevenir crimes de direito internacional disseminou-se por meio de diversos tratados, a partir da Convenção para a Prevenção e a Repressão do Crime de Genocídio, concluída em Paris em 1948. Dispositivos que impõem aos Estados obrigações de prevenir tais delitos - alguns dos quais correspondem a regras de proibição que têm a natureza de *jus cogens*, isto é, de direito imperativo, de hierarquia superior - estão presentes em dezenas de tratados que compõem os mais diversos regimes globais de proibição, para o enfrentamento do terrorismo, do crime organizado, da corrupção, da tortura, do desaparecimento forçado, do tráfico humano, do tráfico de armas e de outros crimes graves.[237] Disposições semelhantes podem ser lidas em tratados de proteção da pessoa humana, voltados para a eliminação ou supressão de violações a direitos humanos, a exemplo da Convenção Americana de Direitos Humanos (Pacto de São José da Costa Rica, de 1969); do Pacto Internacional de Direitos Civis e Políticos (PIDCP, de 1966);[238] e da Convenção do Conselho da Europa para a Prevenção e o Combate à Violência contra as Mulheres e a Violência

---

235. INTERNATIONAL COURT OF JUSTICE. **Case Concerning the Application of the Convention on the Prevention and Punishment of the Crime of Genocide (Bosnia and Herzegovina v. Serbia and Montenegro).** Judgment 26 February 2007, I.C.J. Reports 2007, p. 180, § 426. Disponível em: https://www.icj-cij.org/sites/default/files/case-related/91/091-20070226-JUD-01-00-EN.pdf. Acesso em: 4 mai. 2023.

236. "Crimes against international law are committed by men, not by abstract entities, - and only by punishing individuals who commit such crimes can the provisions of international law be enforced". INTERNATIONAL MILITARY TRIBUNAL. Judgment of 30 September 1946. **Nuremberg Trial Proceedings**, vol. 22, 30 September 1946, p. 466. Disponível em: https://avalon.law.yale.edu/imt/09-30-46.asp. Acesso em: 4 mai. 2023.

237. UNITED NATIONS. International Law Commission. **The draft articles on prevention and punishment of crimes against humanity.** Report A/74/10. New York, 20 August 2019, p. 54-55. Disponível em: https://legal.un.org/ilc/reports/2019/english/a_74_10_advance.pdf. Acesso em: 4 mai. 2023.

238. UNITED NATIONS. **International Covenant on Civil and Political Rights**, adopted at New York, on 16 December 1966. Disponível em: https://www.ohchr.org/en/instruments-mechanisms/instruments/international-covenant-civil-and-political-rights. Acesso em: 2 jun. 2023.

Doméstica (Convenção de Istambul, de 2011).[239] A prevenção de infrações penais pode-se dar mediante medidas legislativas ou administrativas, para de fato evitar que crimes sejam praticados.[240]

Por outro lado, o dever de investigar é uma das principais obrigações processuais positivas, sendo crucial para a operação do modelo preventivo de violações e para a evitação da impunidade em concreto, além de ser elemento necessário a várias formas de reparação à vítima. Trata-se de um dever de base interna e internacional, normalmente de fundamento convencional e eventualmente de base constitucional.

> Deve-se notar que a obrigação de investigar não surge apenas das normas convencionais do Direito Internacional obrigatórias para os Estados Partes; mas também decorre da legislação interna que se refere ao dever de investigar *ex officio* determinadas condutas ilícitas e às normas que permitem às vítimas ou seus familiares denunciar ou apresentar denúncias, com o objetivo de participar processualmente na investigação criminal com a pretensão de estabelecer a verdade dos fatos.[241]

A *soft law* também segue o mesmo padrão. O Protocolo de Istambul sobre a investigação do crime de tortura descreve em detalhes os elementos que devem estar presentes numa efetiva investigação, a ser conduzida segundo as melhores técnicas, de modo rigoroso, célere e profissional por órgãos e autoridades capacitadas, imparciais e independentes.[242] No caso *Goiburú vs. Paraguai*, a Corte IDH afirmou que "a realização de uma investigação *ex officio*, sem dilação, de maneira séria, imparcial e efetiva, é um elemento fundamental e condicionante para a proteção de certos direitos", previstos na

239. UNITED NATIONS. International Law Commission. **The draft articles on prevention and punishment of crimes against humanity.** Report A/74/10. New York, 20 August 2019, p. 56-57. Disponível em: https://legal.un.org/ilc/reports/2019/english/a_74_10_advance.pdf. Acesso em: 4 mai. 2023.

240. ILC. **The draft articles on prevention and punishment of crimes against humanity.** Report A/74/10. New York, 20 August 2019, p. 57.

241. CORTE INTERAMERICANA DE DIREITOS HUMANOS. **Caso García Prieto y Otro vs. El Salvador.** Sentencia de 20 de noviembre de 2007, § 104. Disponível em: https://www.corteidh.or.cr/docs/casos/articulos/seriec_168_esp.pdf. Acesso em: 10 jul. 2023.

242. UNITED NATIONS. Human Rights Council. Office of the High Commissioner on Human Rights. **Istanbul Protocol:** Manual on the Effective Investigation and Documentation of Torture and Other Cruel, Inhuman or Degrading Treatment or Punishment. New York and Geneva, 29 June 2022. Disponível em: https://www.ohchr.org/en/publications/policy-and-methodological-publications/istanbul-protocol-manual-effective-0. Acesso em: 10 jul. 2023, p. 46-47, § 193.

CADH.[243] Ao descrever tais obrigações positivas, nos seus vários julgados, a Corte IDH toma como fontes a Convenção Americana e outras fontes endógenas ao sistema, como a Convenção Interamericana sobre Desaparecimento Forçado, de 1994, e fontes exógenas ao regime protetivo regional, a exemplo da Convenção das Nações Unidas sobre os Direitos da Criança, [244] assim como a jurisprudência internacional, inclusive de tribunais penais, disso resultando a construção de obrigações positivas de índole penal-processual, no âmbito de sua doutrina de "apelo ao direito penal para a proteção dos direitos humanos". [245]

No TEDH há uma *jurisprudence constante* sobre a implicitude das obrigações processuais positivas. Em vários julgados, desde 1987, como em *B. vs. Reino Unido*,[246] e *M.C. vs. Bulgária*,[247] o TEDH vem afirmando que, para garantir a efetividade das normas de proteção aos direitos garantidos pela Convenção,[248] é essencial reconhecer a existência de deveres implícitos, de natureza positiva, para os Estados. Tendo em conta os arts. 2º, 3º, 4º e 14 da Convenção, por exemplo, – que protegem o direito à vida, proíbem a tortura, vedam a escravidão e proscrevem a discriminação – o Tribunal identificou "uma obrigação processual de realizar uma investigação efetiva sobre supostas violações ao conteúdo substantivo dessas disposições",[249] tal

---

243. CORTE INTERAMERICANA DE DIREITOS HUMANOS. **Caso Goiburú e Outros vs. Paraguai.** Sentença de 22 de setembro de 2006, p. 30, § 88. Disponível em: https://www.cnj.jus.br/wp-content/uploads/2016/04/15934c4d6d9ca1cf602e165fc5afa3cf.pdf. Acesso em: 10 mai. 2023.
244. MARTIN-CHENUT, Kathia. Le renforcement des obligations positives de nature pénale dans la jurisprudence interaméricaine: l'exemple des graves violations des droits de l'Homme commises pendant les dictatures des pays du Cône Sud. **Revue de science criminelle et de droit pénal comparé**, Paris, v. 3, n. 3, p. 705–725, 2012, p. 706.
245. MARTIN-CHENUT, Kathia. Op. cit., p. 712.
246. EUROPEAN COURT OF HUMAN RIGHTS. **Case of B. v. The United Kingdom.** Judgment 8 July 1987, § 63. Disponível em: https://hudoc.echr.coe.int/eng#{%22itemid%22:[%22001-57453%22]}. Acesso em: 10 jul. 2023.
247. EUROPEAN COURT OF HUMAN RIGHTS. **Case of M. C. v. Bulgaria.** Judgment 4 December 2003, §§ 148-153. Disponível em: https://www.coe.int/t/dg2/equality/domesticviolencecampaign/resources/M.C.v.BULGARIA_en.asp. Acesso em: 10 jul. 2023.
248. TEDH: "Procedural obligations have been implied in varying contexts under the Convention, where this has been perceived as necessary to ensure that the rights guaranteed under the Convention are not theoretical or illusory but practical and effective". EUROPEAN COURT OF HUMAN RIGHTS. **Case of Ilhan v. Turkey** [GC]. Judgment 27 June 2000, § 91. Disponível em: https://hudoc.echr.coe.int/Eng#{%22itemid%22:[%22001-58734%22]} . Acesso em: 3 jun. 2023.
249. EUROPEAN COURT OF HUMAN RIGHTS. Case of Šilih v. Slovenia. Judgment [GC]. Judgment 9 April 2009, § 154. Disponível em: https://hudoc.echr.coe.int/fre#{%22itemid%22:[%22001-92142%22]}. Acesso em: 2 jun. 2023.

como fizera nos casos *McCann e Outros*;[250] *Ergī vs. Turquia*;[251] *Mastromatteo vs. Itália*;[252] e *Assenov e Outros vs. Bulgária*.[253]

A referida obrigação processual de conduzir investigações efetivas ou de prever a possibilidade de propor ações penais ou cíveis, conforme o caso, é "considerada na jurisprudência da Corte [Europeia] como uma obrigação inerente ao artigo 2º [da Convenção]", quanto ao direito à vida. Conforme tal previsão, o direito à vida deve ser "protegido pela lei" e, como vimos, sua violação também poderá ter consequências sobre o art. 13 da Convenção, que prevê uma obrigação processual diversa,[254] relacionada à existência de remédios efetivos para a tutela de direitos.[255]

Para Mowbray, o dever de investigar é uma obrigação implícita, que foi pela primeira vez enunciada pelo TEDH no já mencionado caso *McCannn*, de 1995, com a finalidade de assegurar a efetividade do direito à vida, numa concepção de art. 2º + art. 1º, mais tarde confirmada noutros casos.[256] A combinação do art. 1º da CEDH com outros dispositivos materiais, especialmente o art. 3º e o art. 8º, apareceu sucessivamente na jurisprudência do Tribunal, como se nota em *Assenov e Outros vs. Bulgária*,[257] de 1998, quanto ao direito à integridade física e a proibição da tortura e outros tratamentos desumanos ou degradantes, numa interpretação expansiva do art. 3º relativa

250. EUROPEAN COURT OF HUMAN RIGHTS. **Case of McCann and Others v. United Kingdom**. Judgment 27 September 1995, §§ 157-164. Disponível em: https://hudoc.echr.coe.int/eng#{%22itemid%22:[%22001-58524%22]}. Acesso em: 4 mai. 2023.

251. EUROPEAN COURT OF HUMAN RIGHTS. **Case of Ergī vs. Turkey.** Judgment 28 July 1998, § 82. Disponível em: https://hudoc.echr.coe.int/eng#{%22itemid%22:[%22001-58200%22]}. Acesso em: 2 jun. 2023.

252. EUROPEAN COURT OF HUMAN RIGHTS. **Case of Mastromatteo v. Italy** [GC]. Judgment 24 October 2002, § 89. Disponível em: https://hudoc.echr.coe.int/fre#{%22itemid%22:[%22001-60707%22]}. Acesso em: 2 jun. 2023.

253. EUROPEAN COURT OF HUMAN RIGHTS. **Case of Assenov and Others v. Bulgaria**. Judgment 28 October 1998, §§ 101-102. Disponível em: https://ihrda.uwazi.io/pt/entity/ok77zua456o?page=22. Acesso em: 3 jun. 2023. No §117 desse julgado, assegurou-se à vítima o direito de acesso aos autos da investigação.

254. EUROPEAN COURT OF HUMAN RIGHTS. **Case of Öneryıldız v. Turquia** [GC]. Judgment 30 November 2004, § 148. Disponível em: https://hudoc.echr.coe.int/eng#{%22itemid%22:[%22001-67614%22]}. Acesso em: 10 jul. 2023.

255. EUROPEAN COURT OF HUMAN RIGHTS. **Case of Šilih v. Slovenia**. Judgment [GC]. Judgment 9 April 2009, § 153. Disponível em: https://hudoc.echr.coe.int/fre#{%22itemid%22:[%22001-92142%22]}. Acesso em: 2 jun. 2023.

256. MOWBRAY, Alastair R. **The development of positive obligations under the European Convention on Human Rights by the European Court of Human Rights**. Oxford ; Portland, Oregon: Hart Publishing, 2004, p. 27 e 29.

257. EUROPEAN COURT OF HUMAN RIGHTS. **Case of Assenov and Others v. Bulgaria**. Judgment 28 October 1998, §§ 101-102. Disponível em: https://ihrda.uwazi.io/pt/entity/ok77zua456o?page=22. Acesso em: 3 jun. 2023.

à obrigação processual implícita de realizar investigações efetivas.[258] No caso *Ilhan vs. Turquia*, do ano 2000,[259] contudo, a jurisprudência variou com a afirmação de que a obrigação processual para a proteção do direito do art. 3º da CEDH estaria no art. 13 do tratado. Em 2004, Mowbray explicava que, embora os diversos órgãos do TEDH tenham reconhecido uma obrigação processual positiva implícita no art. 3º da Convenção, a aplicação dessa concepção vinha sendo errática até então.[260]

Desse quadro resulta a conclusão quanto à autonomia das obrigações processuais positivas, o que permite ao TEDH examinar eventuais violações a tais deveres de modo separado em relação às obrigações substanciais ou materiais. Em certos casos, portanto, poderá haver o cumprimento de obrigações substantivas e descumprimento de obrigações processuais, de modo que, para o TEDH, "a obrigação processual de realizar uma investigação efetiva nos termos do artigo 2º evoluiu para tornar-se um dever separado e autônomo". Tal destacamento de uma em relação à outra pode resultar em responsabilização do Estado pelo só fato de haver descumprido as obrigações processuais, o que tem efeito sobre a competência *ratione temporis* dos tribunais internacionais, uma vez que o descumprimento do dever de investigar, julgar e punir se protrai no tempo, para além do momento da violação, por quem quer que seja, ao direito material protegido.[261]

> Esta abordagem encontra respaldo também na jurisprudência do Comitê de Direitos Humanos das Nações Unidas e, em particular, da Corte Interamericana de Direitos Humanos, que, embora sob disposições diferentes, aceitam

258. MOWBRAY, Alastair R. **The development of positive obligations under the European Convention on Human Rights by the European Court of Human Rights**. Oxford ; Portland, Oregon: Hart Publishing, 2004, p. 59-61.

259. TEDH: "The Court considers that the requirement under Article 13 of the Convention for a person with an arguable claim of a violation of Article 3 to be provided with an effective remedy will generally provide both redress to the applicant and the necessary procedural safeguards against abuses by state officers". EUROPEAN COURT OF HUMAN RIGHTS. **Case of Ilhan v. Turkey** [GC]. Judgment 27 June 2000, § 92. Disponível em: https://hudoc.echr.coe.int/Eng#{%22itemid%22:[%22001-58734%22]} . Acesso em: 3 jun. 2023.

260. "In particular the circumstances when the Court will scrutinise domestic investigations under this Article, in contrast to utilising Article 13, remain obscure. Additionally, the willingness of the Court to reach decisions on complaints relating to allegations of breaches of both the substantive prohibitions and effective investigation duties enshrined in Article 3 does not follow a consistente pattern". MOWBRAY, Alastair R. **The development of positive obligations under the European Convention on Human Rights by the European Court of Human Rights**. Oxford ; Portland, Oregon: Hart Publishing, 2004, p. 64.

261. EUROPEAN COURT OF HUMAN RIGHTS. **Case of Šilih v. Slovenia**. Judgment [GC]. Judgement 9 April 2009, §§ 158-159. Disponível em: https://hudoc.echr.coe.int/fre#{%22itemid%22:[%22001-92142%22]}. Acesso em: 2 jun. 2023.

a jurisdição *ratione temporis* sobre denúncias processuais relativas a mortes que ocorreram fora de sua jurisdição temporal.[262]

Embora mais desenvolvidas no âmbito da tutela do direito à vida (art. 2º da CEDH), como Schabas lembra, as obrigações processuais positivas também podem derivar de previsões implícitas noutros artigos convencionais, como o art. 3º, que proíbe a tortura, e o art. 4º, que veda a escravidão e trabalhos forçados.[263] Tais obrigações processuais sempre se apoiam, no contexto europeu, na cláusula geral de garantia do art. 1º da CEDH, sendo que sua origem na Corte Interamericana de Direitos Humanos está nos casos de desaparecimento forçado.[264] De fato, nos casos *Rantsev vs. Chipre e Rússia*,[265] *S. M. vs. Croácia*[266] e *Zoletic vs. Azerbaijão*,[267] o TEDH deixou claro que obrigações processuais positivas de investigar, processar e julgar também podem derivar do art. 4º da Convenção Europeia de Direitos Humanos.

Qual a relação entre as duas espécies de obrigações positivas? A natureza jurídica das obrigações processuais é meramente instrumental, acessória? Na verdade, não. Há um claro caráter de autonomia. As obrigações processuais são estruturantes e dizem respeito ao estado de Direito, não sendo meros elementos acessórios dos deveres substanciais. Tais obrigações incidem antes

262. ECHR. **Case of Šilih v. Slovenia.** Judgment [GC]. Judgment 9 April 2009, § 160.

263. Vide, por exemplo, EUROPEAN COURT OF HUMAN RIGHTS. **Case of Siliadin v. France**. Judgment 26 July 2005, § 89. Disponível em: https://hudoc.echr.coe.int/eng#{%22itemid%22:[%22001-69891%22]}. Acesso em: 2 jun. 2023.

264. SCHABAS, William. **The European convention on human rights:** a commentary, First edition. Oxford, United Kingdom: Oxford University Press, 2015, p. 191, 193 e 206.

265. EUROPEAN COURT OF HUMAN RIGHTS. **Case of Rantsev v. Cyprus and Russia**. Judgment, 7 January 2010, § 283-288. Disponível em: https://hudoc.echr.coe.int/eng#{%22itemid%22:[%22001-96549%22]} . Acesso em: 3 nov. 2023.

266. EUROPEAN COURT OF HUMAN RIGHTS. **Case of S. M. v. Croatia.** Judgment 25 June 2020, § 304-320. Disponível em: https://hudoc.echr.coe.int/fre?i=001-203503. Acesso em: 3 nov. 2023.

267. ECHR: "185. Like Articles 2 and 3, Article 4 also entails a procedural obligation to investigate where there is a credible suspicion that an individual's rights under that Article have been violated (see *C.N. v. the United Kingdom*, cited above, § 69, and *S.M. v. Croatia*, cited above, §§ 324-25). The procedural obligation under Article 4 of the Convention, as an element of the broader concept of positive obligations, essentially relates to the domestic authorities' duty to apply in practice the relevant criminal-law mechanisms put in place to prohibit and punish conduct contrary to that provision. This entails the requirements of an effective investigation concerning allegations of treatment contrary to Article 4 of the Convention. The procedural obligation under the converging principles of Articles 2 and 3 of the Convention informs the specific content of the procedural obligation under Article 4 of the Convention". EUROPEAN COURT OF HUMAN RIGHTS. **Case of Zoletic and Others v. Azerbaijan**. Judgment 7 October 2021, § 180-191. Disponível em: https://hudoc.echr.coe.int/fre#{%22itemid%22:[%22001-212040%22]}. Acesso em: 3 nov. 2023.

e para além do processo penal, como se nota nos deveres de legislar e de prover reparações não penais às vítimas.

Vejamos agora a classificação das obrigações processuais positivas quanto ao seu grau, em obrigações de primeiro e segundo nível, não numa concepção hierárquica, mas de sequencialidade. Para a efetividade do cumprimento dos deveres estatais de devida diligência ambas as espécies (no primeiro nível e no segundo nível) são necessárias, operando uma após a outra, de modo que o atendimento das primeiras é condição para o efetivo adimplemento das segundas, e, ao seu tempo, estas também determinam a eficácia daquelas.

3.6.1. As Obrigações Processuais Positivas de Primeiro Nível

Desde a sua primeira sentença em 1988, a Corte Interamericana sempre "destacou a importância do dever do Estado de investigar e punir as violações dos direitos humanos".[268] Por derivar do direito internacional, dentro dos regimes internacionais de proibição e de proteção, tal dever é uma "obrigação imperativa", que "não pode ser excluída ou condicionada por atos ou disposições regulamentares internas de qualquer espécie".[269]

O dever de punir, inclusive punir os próprios agentes do Estado, é uma obrigação positiva estatal inerente ao dever de garantir os direitos humanos.[270]Segundo Orenlichter, "a lógica subjacente a estes deveres é simples: a acusação e a punição são os meios mais eficazes – e, portanto, os únicos adequados – de garantir uma classe restrita de direitos que merecem proteção especial". Tal dever, que se remete ao *jus puniendi*, resulta da obrigação positiva que os Estados têm, em conformidade com o PIDCP, com a Convenção Europeia de Direitos Humanos e com a Convenção Americana de Direitos Humanos,[271] não se podendo olvidar os demais documentos regionais da Liga dos Estados Árabes, da União Africana, da Associação de Nações do Sudeste Asiático (Asean) e da União Europeia. Tomando a tortura como

---

268. CORTE INTERAMERICANA DE DIREITOS HUMANOS. **Caso Terrones Silva y Otros vs. Perú.** Sentencia de 26 de septiembre de 2018, § 181. Disponível em: https://www.corteidh.or.cr/docs/casos/articulos/seriec_360_esp.pdf. Acesso em: 2 jun. 2023.

269. CORTE IDH. Caso Terrones Silva y Otros vs. Perú. Sentencia de 26 de septiembre de 2018, § 207.

270. "The obligation to *ensure* rights creates affirmative obligations on the state – for example, to discipline its officials". BUERGENTHAL, Thomas. To respect and to ensure: state obligations and permissible derogations. *In*: HENKIN, Louis (org.). **The International Bill of Rights: the covenant on civil and political rights**. New York: Columbia University Press, 1981, p. 77.

271. ORENTLICHER, Diane F. Settling Accounts: The Duty to Prosecute Human Rights Violations of a Prior Regime. **Yale Law Journal**, *[S. l.]*, v. 100, n. 8, p. 2537-2618, 1991, p. 2568.

exemplo, um crime que integra os regimes internacionais de proibição, a Corte IDH traça a fundamentalidade do dever de persecução desse delito, o que lhe dá o *status* de uma obrigação de primeiro nível:

> [...] o dever de investigar é um dever imperativo do Estado que deriva do direito internacional e não pode ser atenuado por atos ou disposições regulamentares nacionais de qualquer tipo. Como já salientou este Tribunal, nos casos de graves violações dos direitos fundamentais, a necessidade imperativa de evitar a sua repetição só será satisfeita se for evitada a impunidade e for respeitado o direito das vítimas e da sociedade como um todo ao acesso ao conhecimento da verdade do que aconteceu. Portanto, a obrigação de investigar constitui um meio para garantir tais direitos, e seu descumprimento acarreta a responsabilidade internacional do Estado.[272]

Para o cumprimento do dever de investigação efetiva, a forma desta "pode variar dependendo das circunstâncias". Os instrumentos que devem ser postos à disposição das vítimas não podem "ser codificados em uma lista simplificada" de atos pré-determinados.[273] Para cumprir estas obrigações, "os Estados membros são obrigados a estabelecer um quadro legislativo e administrativo" para proibir e punir as condutas vedadas.[274] Apesar da essencialidade, em alguns casos, da possibilidade de provocação da justiça criminal para adimplir a obrigação processual positiva fundamental, haverá situações de insuficiência de ação estatal, pelo fato de a apuração ter sido falha ou em função da sua ineficácia como um problema sistêmico.[275]

Nos casos *Velásquez Rodríguez vs. Honduras*, de 1988, e *Godínez-Cruz vs. Honduras*,[276] de 1989, a Corte IDH assentou que o dever estatal de inves-

---

272 CORTE INTERAMERICANA DE DIREITOS HUMANOS. **Caso Vargas Areco vs. Paraguay**. Sentencia de 26 de septiembre de 2006, § 81. Disponível em: https://www.corteidh.or.cr/docs/casos/articulos/seriec_155_esp.pdf. Acesso em: 10 jul. 2023.

273. EUROPEAN COURT OF HUMAN RIGHTS. **Case of Sultan Karabulut v. Turkey**. Judgment, 24 January 2008, § 71. Disponível em: https://hudoc.echr.coe.int/fre#{%22itemid%22:[%22001-76909%22]}. Acesso em: 2 jun. 2023.

274. EUROPEAN COURT OF HUMAN RIGHTS. **Case of Rantsev v. Cyprus and Russia.** Judgment, 7 January 2010, § 285. Disponível em: https://hudoc.echr.coe.int/eng#{%22itemid%22:[%22001-96549%22]}. Acesso em: 2 jun. 2023.

275. ECHR. **Case of Rantsev v. Cyprus and Russia,** § 285.

276. CORTE IDH: "El Estado está en el deber jurídico de prevenir, razonablemente, las violaciones de los derechos humanos, de investigar seriamente con los medios a su alcance las violaciones que se hayan cometido dentro del ámbito de su jurisdicción a fin de identificar a los responsables, de imponerles las sanciones pertinentes y de asegurar a la víctima una adecuada reparación [...] Ese hecho, unido a la falta de investigación de lo ocurrido, representa una infracción de un deber jurídico, a cargo de Honduras, establecido en el artículo 1.1 de la Convención en relación con el artículo 4.1 de la misma, como es el de garantizar a

tigar decorre da combinação do art. 1.1 da Convenção Americana de 1969 com outros direitos, de natureza substantiva, que dela constam, como, por exemplo, o art. 4º, que assegura o direito à vida. No entanto, somente em 1996, no caso *El Amparo vs. Venezuela*,[277] a obrigação processual positiva de processar violações de direitos humanos passou a constar do comando sentencial, na parte dispositiva, tornando a persecução criminal um dos remédios convencionais para as violações. Posteriormente, os deveres de investigar, processar e punir passaram também a ser baseados no direito à proteção judicial, previsto no art. 25 da Convenção Americana, correspondendo ao direito da vítima de obter essas prestações do Estado.[278] Como visto, este modelo emula o adotado na Europa em relação ao art. 13 da CEDH.

Num dos mais importantes julgamentos para a afirmação das obrigações processuais positivas, *Myrna Mack Chang vs. Guatemala*, de 2006,[279] a Corte IDH foi minuciosa na estipulação das providências que o Estado guatemalteco deveria adotar como forma de reparação pelo desaparecimento forçado da vítima. O governo deveria não apenas investigar, processar e julgar os responsáveis (autores materiais e intelectuais), como também processar os autores por obstrução da justiça, observando nos processos o princípio da publicidade. Ademais, deveria afastar óbices de natureza penal ou processual que pudessem promover a impunidade, como as normas prescricionais,[280]

toda persona sujeta a su jurisdicción la inviolabilidad de la vida y el derecho a no ser privado de ella arbitrariamente, lo cual implica la prevención razonable de situaciones que puedan redundar en la supresión de ese derecho". CORTE INTERAMERICANA DE DIREITOS HUMANOS. **Caso Godínez Cruz vs. Honduras.** Sentencia de 20 de enero de 1989, §§ 182, 184, 187-191 e 198. Disponível em: https://www.corteidh.or.cr/docs/casos/articulos/seriec_05_esp.pdf. Acesso em: 10 jul. 2023.

277. Corte IDH: "Decide que el Estado de Venezuela está obligado a continuar las investigaciones de los hechos a que se refiere este caso y sancionar a quienes resulten responsables". CORTE INTERAMERICANA DE DIREITOS HUMANOS. **Caso El Amparo vs. Venezuela**. Sentencia de 14 de septiembre de 1996 (Reparaciones y Costas), § 64.4. Disponível em: https://www.corteidh.or.cr/docs/casos/articulos/seriec_28_esp.pdf. Acesso em: 2 jun. 2023.

278. HUNEEUS, Alexandra. International Criminal Law by Other Means: The Quasi-criminal Jurisdiction of the Human Rights Courts. **American Journal of International Law**, *[S. l.]*, v. 107, n. 1, p. 1–44, 2013, p. 8.

279. CORTE INTERAMERICANA DE DIREITOS HUMANOS. **Caso Myrna Mack Chang vs. Guatemala.** Sentencia de 25 de noviembre de 2003, §§ 275-277. Disponível em: https://www.corteidh.or.cr/docs/casos/articulos/seriec_101_esp.pdf. Acesso em: 10 jul. 2023.

280. Partindo da sentença da Corte IDH no caso *Bulacio vs. Argentina*, de 2003, Ezequiel Malarino argumenta que o procedimento interamericano viola o direito ao devido processo, uma vez que não permite que o acusado (o réu criminal) no direito interno participe das discussões que podem conduzir a uma sentença da Corte contrária aos seus interesses jurídicos no processo penal doméstico. No caso *Bulacio*, a Justiça argentina havia decretado a prescrição da pretensão punitiva num caso de tortura, mas o réu nesse processo, como é próprio do modelo da Corte IDH, não pôde participar da causa em San José. É a teoria do "terceiro ausente".

as leis de anistia e as causas de exclusão de responsabilidade penal. Adicionalmente, impôs-se ao Estado providenciar segurança para as testemunhas do crime, para as autoridades encarregadas do caso e para os familiares da vítima.[281] Estamos aqui diante de categorias diversas de obrigações: umas de primeiro nível, que são os pontos de partida da devida diligência estatal; outras de segundo nível, que, dependem das primeiras para sua consecução, mas se autonomizam e passam a ser essenciais no curso da persecução para que haja efetividade do próprio dever fundamental de investigar, processar e punir.

A proteção a vítimas e testemunhas é um bom elemento comparativo para melhor compreendermos a relação entre obrigações de primeiro e de segundo nível. De início, precisamos identificar as obrigações de legislar e as obrigações de investigar processar e punir como obrigações *processuais (procedural obligations; obligations de procédure; obligaciones de procediemento).*[282] Em seu Comentário Geral n. 3, de 2012, o Comitê contra a Tortura (CAT) descreveu as obrigações substantivas e as processuais como essenciais para cumprimento do direito à reparação (*right to redress*), conforme o art.

A Corte IDH determinara a reabertura da ação penal na Argentina. Diz Malarino: "The case shows that the IACHR takes into consideration only the arguments submitted by parties to international proceedings, and not the range of interests that might be at stake in domestic proceedings. The Court should therefore not require a national tribunal to adopt specific measures, especially where such measures will affect the positions of individuals who had no opportunity to represent their interests before the Court". MALARINO, Ezequiel. Judicial Activism, Punitivism and Supranationalisation: Illiberal and Antidemocratic Tendencies of the Inter-American Court of Human Rights. **International Criminal Law Review**, Leiden, v. 12, n. 4, p. 665–695, 2012, p. 692.

281. CORTE INTERAMERICANA DE DIREITOS HUMANOS. **Caso Myrna Mack Chang vs. Guatemala.** Sentencia de 25 de noviembre de 2003, §§ 275-277. Disponível em: https://www.corteidh.or.cr/docs/casos/articulos/seriec_101_esp.pdf. Acesso em: 10 jul. 2023.

282. Note que, na teoria das obrigações positivas, o adjetivo "processual" não qualifica apenas direitos e deveres no âmbito do processo penal ou civil. Num sentido amplo, diz respeito ao processo como sequência de atos estatais para a tutela de direitos, na perspectiva convencional, que abrange deveres quádruplos de respeitar, proteger, promover e assegurar ou garantir os direitos humanos internacionalmente reconhecidos. Quanto à atividade estatal, o qualificativo *procedural* relaciona-se ao modo oficial de se fazer algo, refere-se ao curso de ação, diz respeito à maneira de proceder, às regras de competência, às agências competentes, o que exige a aprovação de uma lei. Essa é a razão pela qual o dever de legislar ou de reformar a legislação pode ser considerada uma obrigação processual, nesta acepção, ela própria decorrente de um certo *processo* legislativo. No sentido mais estrito, a lei processual (*procedural law*) descreve os meios de garantir direitos ou de obter reparações, referindo-se aos remédios efetivos. Contudo, no caso X e Outros vs. Bulgária, o TEDH asseverou que, "[g]enerally speaking", o dever de legislar é classificado como uma "substantive obligation". EUROPEAN COURT OF HUMAN RIGHTS. **Case of X and Others v. Bulgaria.** Judgment 2 February 2021, § 178. Disponível em: https://hudoc.echr.coe.int/eng#{%22itemid%22:[%22001-207953%22]}. Acesso em: 10 jul. 2023.

14 da Convenção de 1984.[283] Para satisfazer suas obrigações processuais, os Estados Partes devem aprovar leis e estabelecer mecanismos de reclamação, órgãos e instituições de investigação, inclusive órgãos judiciários independentes [...] e assegurar que tais mecanismos e órgãos sejam eficazes e acessíveis a todas as vítimas".[284]

Pois bem, normalmente, vítimas e testemunhas são protegidas *ex post factum* em função de uma persecução criminal em curso ou já concluída, para a qual tenham concorrido. Mas, para que sejam resguardadas, é preciso que haja leis específicas para este fim, que existam recursos orçamentários nos órgãos que executarão tal dever de proteção e mecanismos da admissão de tais pessoas nos programas e de sua exclusão. A proteção, contudo, não se dá em função do processo penal. Ela ocorre como consequência dos direitos materiais dessas pessoas à segurança pessoal, à vida e à integridade física, que existem independentemente de qualquer processo penal e que existirão mesmo depois que os réus forem sentenciados e cumprirem suas penas. No aspecto relacional, a existência e o funcionamento dos programas de proteção dependem do cumprimento da obrigação de primeiro nível de legislar de forma eficiente no sistema penal-processual.[285] Esta competência legislativa

283. Convenção contra a Tortura: "Artigo 14. 1. Cada Estado Parte *assegurará, em seu sistema jurídico*, à vítima de um ato de tortura, o direito à reparação e a uma indenização justa e adequada, incluídos os meios necessários para a mais completa reabilitação possível. Em caso de morte da vítima como resultado de um ato de tortura, seus dependentes terão direito à indenização. 2. O disposto no presente Artigo não afetará qualquer direito a indenização que a vítima ou outra pessoa possam ter em decorrência das leis nacionais". UNITED NATIONS. **Convention against Torture and Other Cruel, Inhuman or Degrading Treatment or Punishment.** General Assembly Resolution 39/46, 10 December 1984. Disponível em: https://www.ohchr.org/en/instruments-mechanisms/instruments/convention-against-torture-and-other-cruel-inhuman-or-degrading. Acesso em 10 mai. 2023.

284. UNITED NATIONS. Committee against Torture. **General comment No. 3** (2012) on the implementation of article 14 by States parties, CAT/C/GC/3, 13 December 2012, §§ 4-6. Disponível em: https://www2.ohchr.org/english/bodies/cat/docs/gc/cat-c-gc-3_en.pdf. Acesso em: 10 jun. 2023.

285. Nos §§ 19-22 do Comentário Geral n. 3, de 2012, no capítulo sobre "obligaciones de procedimento" (*procedural obligations*), o CAT, volta a tratar do dever de legislar como uma obrigação de procedimento, essencial à efetividade dos direitos das vítimas à reparação: "20. To give effect to article 14, States parties *shall enact legislation* specifically providing a victim of torture and ill-treatment with an *effective remedy* and the right to obtain adequate and appropriate redress, including compensation and as full rehabilitation as possible. Such legislation must allow for individuals to exercise this right and ensure their access to a judicial remedy". UNITED NATIONS. Committee against Torture. **General Comment No. 3 (2012) on the implementation of article 14 by States parties**, CAT/C/GC/3, 13 December 2012, § 20. Disponível em: https://www2.ohchr.org/english/bodies/cat/docs/gc/cat-c-gc-3_en.pdf. Acesso em: 10 jun. 2023.

abrange o *jus tractum*.[286] Assim, estes programas decorrem das obrigações de primeiro nível de cunho material e procedimental. No entanto, uma vez cumprida as etapas legislativa e administrativa para a existência do programa, o Estado passará a ter, para com vítimas e testemunhas determinadas, uma obrigação em concreto, que se autonomiza do processo penal, pois é inerente aos direitos substantivos dessas vítimas ou testemunhas, haja o que houver na ação penal.

O cumprimento eficiente dessas obrigações de segunda camada, que têm como foco as vítimas e outros sujeitos processuais, desempenha um papel crucial na persecução penal, no sentido de sua efetividade. Se algo acontece a tais depoentes, o resultado pode ser a impunidade e, portanto, o descumprimento das obrigações de meio que caracterizam os deveres positivos estatais de primeira ordem. A inefetividade das obrigações de segundo nível acarreta a inefetividade dos deveres de primeiro nível, numa relação simbiótica também presente nas medidas de cooperação jurídica internacional. A segunda camada de obrigações nem sempre é necessária na casuística; porém, quando suas premissas se dão, há um dever de devida diligência quanto a elas, capaz de determinar a sorte da própria persecução criminal e a responsabilidade internacional do Estado.

Na sentença do caso *Moiwana vs. Suriname*, de 2005, embora sem as classificar ou as distinguir, a Corte IDH evidenciou a existência de obrigações positivas de primeiro nível e de segundo nível.[287] A obrigação prioritária era a de "investigar e punir os responsáveis" pelo massacre de membros da comunidade *maroon*[288] de Moiwana, em 1986. Para cumpri-la, a Corte elencou uma segunda escala de obrigações, algumas de natureza instrumental e outras de natureza complementar em relação ao fato principal, ordenando ao Estado que: a) removesse todos os obstáculos, de fato e de direito, que

---

286. O *jus tractum* também conhecido por *jus tractatuum* ou *ius tractandi* é a expressão latina usada para identificar o direito dos Estados de celebrar tratados.

287. CORTE INTERAMERICANA DE DIREITOS HUMANOS. **Caso Moiwana vs. Surinam.** Sentencia de 15 de junio de 2005. Disponível em: https://www.corteidh.or.cr/docs/casos/articulos/seriec_124_ing.pdf. Acesso em: 10 jul. 2023.

288. "En el siglo XVII, durante la colonización europea del territorio actual de Suriname, se llevó forzadamente a esta región a numerosas personas originarias de África que fueron puestas a trabajar como esclavos en las plantaciones. Muchas de ellas, sin embargo, lograron escapar al bosque lluvioso en la parte oriental de lo que hoy es Suriname, donde establecieron comunidades nuevas y autónomas; estas personas llegaron a ser conocidas como *Bush Negroes* o *Maroons*. Posteriormente, emergieron seis diferentes grupos de *Maroons*: N'djuka, Matawai, Saramaka, Kwinti, Paamaka y Boni o Aluku." CORTE INTERAMERICANA DE DIREITOS HUMANOS. **Caso Moiwana vs. Surinam**. Sentencia de 15 de junio de 2005, § 86.1. Disponível em: https://www.corteidh.or.cr/docs/casos/articulos/seriec_124_ing.pdf. Acesso em: 10 jul. 2023.

levaram à impunidade pelo massacre; b) utilizasse todos os *meios* disponíveis para agilizar a investigação e o processo judicial; c) punisse, de acordo com a legislação interna aplicável, os funcionários do Estado, bem como os indivíduos, que fossem considerados responsáveis por terem *obstruído* a investigação criminal sobre o ataque à aldeia de Moiwana; d) fornecesse garantias de segurança adequadas às vítimas, testemunhas, funcionários judiciais, promotores e outros operadores de justiça; e e) localizasse, exumasse e devolvesse à comunidade os restos mortais dos seus integrantes chacinados em 1986 "para que os falecidos possam ser honrados segundo os rituais da cultura *N'djuka*".[289]

O dever de utilizar todos os meios disponíveis para lidar com a violação detalha e aprofunda o dever de investigar; o dever de processar os responsáveis por obstrução da justiça está na segunda camada de deveres que buscam garantir a eficácia da obrigação primária. As garantias de segurança podem ser desdobradas em garantias para as vítimas e testemunhas e em garantias para os integrantes do aparato estatal, obrigações de segunda escala em relação às demais, mas não de menor importância dado o seu caráter autônomo de remédios efetivos.

O dever de investigar é correlato aos deveres de processar e julgar, sendo estes uma consequência direta do correto cumprimento do primeiro, numa relação de meios e fins, no contexto de uma obrigação de conduta (de meios), e não de resultado. A mesma relação opera com o dever de cooperar internacionalmente de forma ativa, no curso do processo penal ou nos processos não penais de tutela de direitos humanos. Em regra, tais deveres resultam das convenções que compõem os dois regimes internacionais sinérgicos, não podendo ser impostas a Estados terceiros, salvo como consequência de normas de *jus cogens* ou de costumes internacionais ou de deliberações vinculantes do Conselho de Segurança das Nações Unidas.

Como lembra Orentlicher, num primeiro grau, os tratados de direitos humanos "exigem que os Estados Partes criminalizem abusos específicos, como o genocídio e a tortura, investiguem as violações e procurem punir os infratores". O dever de processar criminalmente essas violações decorre

---

289. CORTE INTERAMERICANA DE DIREITOS HUMANOS. **Caso Moiwana vs. Surinam**. Sentencia de 15 de junio de 2005, §§ 207-208. Disponível em: https://www.corteidh.or.cr/docs/casos/articulos/seriec_124_ing.pdf. Acesso em: 10 jul. 2023. Este caso faz lembrar uma bem-sucedida cooperação internacional extrajudicial do Brasil para a repatriação de sangue de indígenas ianomâmi da região de Toototobi, na Amazônia. Amostras de sangue de integrantes do grupo foram retiradas sem autorização e levadas por pesquisadores para estudos em universidades norte-americanas. O sangue foi devolvido ao Brasil graças aos esforços da PGR e do Itamaraty, sendo entregues à comunidade indígena para os rituais próprios de sua cultura.

implicitamente de tratados como o PIDCP[290] ou expressamente de tratados como a Convenção sobre o Genocídio, de 1948, e a Convenção contra a Tortura, de 1984, que adotam, porém, duas abordagens distintas. De fato, como "não especificam os meios pelos quais os direitos devem ser protegidos, estes instrumentos de direitos humanos não se referem diretamente à obrigação de um Estado investigar ou processar" tais crimes. Estas são, assim, obrigações implícitas.[291] A Convenção de 1948 apostou no exercício da jurisdição internacional com *enforcement* direto por uma corte penal que nunca chegou a ser instalada; a Convenção de 1984 preferiu o caminho mais modesto do *enforcement* indireto, entregando a jurisdição, inclusive a universal, aos Estados Partes.[292] Em qualquer desses âmbitos o elemento internacional (estraneidade) está necessariamente presente, sendo o gatilho para amplas formas de cooperação internacional e também de formas específicas de assistência probatória e de extradição.

Os deveres de investigar, processar e punir violações de direitos humanos e do direito internacional humanitário[293] não são adimplidos pela abstrata existência de um sistema jurídico para lidar com as alegadas violações de direitos humanos. É preciso um passo a mais, de modo que a falta de diligência devida na prevenção ou na repressão a tais violações corresponde ao descumprimento de tais deveres afirmativos.[294] Deste modo, a existência de remédios efetivos – como o *habeas corpus* e as audiências de custódia estão para a liberdade individual – é fundamental para a conformidade estatal com as obrigações positivas de primeiro nível. A gênese de tais remédios

---

290. ORENTLICHER, Diane F. Settling Accounts: The Duty to Prosecute Human Rights Violations of a Prior Regime. **Yale Law Journal**, *[S. l.]*, v. 100, n. 8, p. 2537–2618, 1991, p. 2551-2552.

291. ROHT-ARRIAZA, Naomi. Sources in International Treaties of an Obligation to Investigate, Prosecute, and Provide Redress. In: ROHT-ARRIAZA, Naomi (Org.). **Impunity and human rights in international law and practice.** New York: Oxford University Press, 1995, p. 28.

292. ORENTLICHER, Diane F. Settling Accounts: The Duty to Prosecute Human Rights Violations of a Prior Regime. **Yale Law Journal**, *[S. l.]*, v. 100, n. 8, p. 2537–2618, 1991, p. 2562-2563.

293. "Hence, states have an obligation under international law to investigate serious violations of international humanitarian law or human rights law, to take effective measures in respect to the perpetrators, to ensure that they are prosecuted, tried and sentenced where appropriate, and to provide the victims with effective remedies. Impunity is therefore a failure of states to meet these obligations". MICUS, Annelen. **The Inter-American human rights system as a safeguard for justice in national transitions:** from amnesty laws to accountability in Argentina, Chile and Peru. Leiden ; Boston: Brill Nijhoff, 2015, p. 46.

294. ROHT-ARRIAZA, Naomi. Sources in International Treaties of an Obligation to Investigate, Prosecute, and Provide Redress. In: ROHT-ARRIAZA, Naomi (Org.). **Impunity and human rights in international law and practice.** New York: Oxford University Press, 1995, p. 30-31.

está no art. 8º da Declaração Universal de Direitos Humanos, de 1948,[295] encontrando previsão também no art. 2.3 do PIDCP, revelando-se um elemento essencial do *International Bill of Rights*.[296] Nesta ótica, decisões que determinem providências de investigação criminal são remédios compatíveis com esse dispositivo.[297] Nos países nos quais ações civis *ex delicto* e ações penais são vinculáveis, fica ainda mais claro como os processos penais funcionam como remédios para as vítimas das violações.[298]

Em suma, as obrigações positivas de primeiro nível são aquelas impostas diretamente pelos regimes convencionais de proibição e de proteção, sendo indispensáveis para a proteção judicial efetiva dos direitos convencionais, como obrigações de meio. Têm natureza estruturante e tutelam diretamente o direito fundamental violado. A elas associam-se outras, de segundo nível - em regra instrumentais, mas que eventualmente se autonomizam. Na primeira manifestação, essas obrigações de segundo grau estão abrangidas pelo dever de devida diligência e podem assumir o papel de remédios efetivos.

3.6.2. As Obrigações Processuais Positivas de Segundo Nível

Em 1928, Donnedieu de Vabres já enunciava a universalidade do direito de punir, como sendo "aquele que atribui aos tribunais penais de todos os Estados a vocação de julgar um crime cometido por qualquer indivíduo, em qualquer país".[299] O autor referia-se a uma das noções de jurisdição

295. DUDH: "Artigo 8º. Toda a pessoa tem direito a recurso efetivo para as jurisdições nacionais competentes contra os atos que violem os direitos fundamentais reconhecidos pela Constituição ou pela lei".

296. PIDCP, art. 2º, § 3º: "Os Estados Partes do presente Pacto comprometem-se a: a) Garantir que toda pessoa, cujos direitos e liberdades reconhecidos no presente Pacto tenham sido violados, possa dispor de um recurso efetivo, mesmo que a violência tenha sido perpetrada por pessoas que agiam no exercício de funções oficiais; b) Garantir que toda pessoa que interpuser tal recurso terá seu direito determinado pela competente autoridade judicial, administrativa ou legislativa ou por qualquer outra autoridade competente prevista no ordenamento jurídico do Estado em questão; e a desenvolver as possibilidades de recurso judicial; e c) Garantir o cumprimento, pelas autoridades competentes, de qualquer decisão que julgar procedente tal recurso".

297. SCHACHTER, Oscar. The Obligation to Implement the Covenant in Domestic Law. In: *HENKIN, L. The International Bill of Rights*. New York: Columbia University Press, 1981, p. 325 apud ROHT-ARRIAZA, Naomi. Sources in International Treaties of an Obligation to Investigate, Prosecute, and Provide Redress. In: ROHT-ARRIAZA, Naomi (Org.). **Impunity and human rights in international law and practice**. New York: Oxford University Press, 1995, p. 33.

298. ROHT-ARRIAZA, Naomi. Sources in International Treaties of an Obligation to Investigate, Prosecute, and Provide Redress. In: ROHT-ARRIAZA, Naomi (Org.). **Impunity and human rights in international law and practice**. New York: Oxford University Press, 1995, nota 67, p. 317.

299. DONNEDIEU DE VABRES, Henri. **Les principes modernes du Droit Pénal International**. Paris: Recueil Sirey, 1928, p. 135.

universal, na perspectiva então vigente, que se amoldava ao fato de que não existiam e nunca haviam existido tribunais internacionais. A escolha da palavra "vocação" (*vocation*, no original) não é casual, já que naquele momento histórico não existia um dever de asserção de jurisdição, salvo para os crimes de pirataria e de tráfico de escravos e uns outros poucos dos regimes de proibição que se formavam. De qualquer modo, seja antes, como agora, seja diante de um dever ou de uma faculdade, na asserção de jurisdição internacional ou transnacional está implícita uma obrigação de cooperar, pois a jurisdição assim estabelecida sempre dependerá do concurso desses outros países para se tornar efetiva.

Segundo Ashworth, dois são os deveres fundamentais do Estado e razão de ser de sua existência e legitimidade: os deveres de prover segurança e de prover justiça. O desempenho dessas missões exige a construção de um quadro jurídico-institucional para impedir violações de direitos e de um sistema de justiça que possa operar consecutivamente quando tais violações ocorrerem.[300] Entre as obrigações positivas dos Estados estará, portanto, explicita ou implicitamente, o dever de criminalizar condutas para a proteção de direitos fundamentais, o que decorrerá de injunções de sua própria política criminal ou de obrigações resultantes das convenções de direitos humanos (o regime de proteção) ou dos tratados em matéria penal (o regime de proibição).[301] No regime de proteção, as obrigações de cooperação são basicamente implícitas, resultado da evolução jurisprudencial das cortes de direitos humanos.[302] Nos regimes de proibição, contudo, as obrigações de cooperação, também positivas, costumam ser explicitadas, embora apenas na sua manifestação passiva, isto é, quanto ao dever de prestar cooperação, mediante um modelo de prontidão normativa para tanto.

Como vimos, na primeira camada das obrigações processuais positivas, estão os deveres de legislar, de estruturar (organizar) e de processar. Normalmente, tais obrigações são suficientes para a tutela de direitos humanos ou para o cumprimento das convenções de supressão. Entretanto, quando o elemento de internacionalidade (a estraneidade) está presente concreta ou normativamente, a cooperação jurídica internacional (e a cooperação policial internacional) deixam de ser acidentais e se tornam cruciais para o exercício do dever primário de investigação efetiva, convertendo-se, nesse

300. ASHWORTH, Andrew. **Positive obligations in criminal law**. Oxford: Hart, 2013, p. 100.
301. ASHWORTH. Op. cit., p. 196.
302. ASHWORTH. Op. cit., p. 198.

mesmo passo em instrumentos autônomos para a tutela de direitos fundamentais, na forma de "remédios efetivos".

No primeiro estamento, as obrigações positivas cumprem o papel de defesa imediata dos direitos materiais. Mesmo quando examinadas no seu segundo nível, tais obrigações farão esse papel, pois direta e indiretamente se apresentam como elementos estruturais dos deveres mais amplos de proteção do indivíduo em geral, a exemplo de vítimas, testemunhas e seus familiares. Diferentemente de algumas obrigações de primeiro nível, os deveres processuais de segundo grau são mais amplos do ponto de vista subjetivo. No processo penal, compõem um processo de inclusão de novos sujeitos, sem excluir outros ou limitar direitos dos atores usuais. Neste sentido, adotando a concepção de Ohlin[303] do processo penal internacional, são obrigações de *rule of law*, autônomas.[304] Detectamos essa modalidade de obrigação positiva em dois dos sistemas regionais de proteção e no sistema onusiano.

O dever de cooperação – passiva, frisemos – é regido pelo direito internacional público, só existindo quando há "uma obrigação convencional ou uma resolução do Conselho de Segurança das Nações Unidas".[305] A afirmação categórica de Lagodny desconsidera os costumes e o *jus cogens* e, no plano da cooperação jurídica, deixa de mencionar o modelo cooperacional que se funda no direito comunitário, que tem autonomia em relação ao direito internacional. Como quer que seja, a cooperação é condicionada e limitada por vários fatores, como a falta de tratados, a impossibilidade de cooperar por reciprocidade, a falta de leis internas que a regulem, a falta de condições político-institucionais para a cooperação, e a inexistência ou o rompimento de relações diplomáticas.[306] Essas limitações terão consequência direta no

303. OHLIN, Jens David. A Meta-Theory of International Criminal Procedure: Vindicating the Rule of Law. **UCLA Journal of International Law and Foreign Affairs**, *[S. l.]*, v. 14, n. 1, p. 77–120, 2009, p. 84, 100-105.

304. Exemplos para além do processo penal são: medidas de recuperação de ativos, após encerrada a ação penal; medidas contínuas de proteção pessoal mantidas mesmo depois da condenação criminal; medidas de reparação não pecuniárias, como a busca transnacional pelos despojos da vítima.

305. LAGODNY, Otto. **The individual as subject of international cooperation in criminal matters: a comparative study**. Baden-Baden: Nomos, 2002, p. 4. Disponível em: https://pure.mpg.de/rest/items/item_2502206/component/file_3014506/content. Acesso em: 2 jun. 2023.

306. Em 2019, o TEDH discutiu um caso de cooperação jurídica deficiente no qual os dois países envolvidos não mantêm relações diplomáticas; "a special feature in this case is that the alleged lack of cooperation involved a *de facto* entity set up within Cyprus's internationally recognised territory, but which is under the effective control of Turkey for the purposes of the Convention ([...]. As the two respondent States have no formal diplomatic relations, the international treaties to which both States were parties [...] cannot be the sole framework of reference in determining whether both States used all the possibilities available to them to

exercício do poder punitivo do Estado e, portanto, no cumprimento dos seus deveres positivos de investigar, processar e punir.

O dever de prestar cooperação (passivamente, portanto) costuma ser claramente enunciado nas convenções de supressão,[307] sendo um elemento inerente aos regimes globais de proibição. Fica implícita a *possiblidade* de requerer cooperação, na relação entre os Estados Partes. Por outro lado, o *dever* de requerer cooperação – agora considerado na ótica ativa[308] – não tem esse mesmo destaque, apesar do foco textual em verbos reflexivos (prestar-se, prestarão mutuamente)[309] e em construções animadas por reciprocidade ("cooperarão entre si").[310] A obrigação positiva de cooperar *ativamente* é sempre implícita, seja nos regimes convencionais de proibição ou nos regimes de proteção, quando aparece na segunda camada dos deveres estatais afirmativos, sempre que se aciona o gatilho da *extranéité*.

No caso do *Presídio Miguel Castro Castro vs. Peru*, de 2006, a Corte Interamericana de Direitos Humanos, ecoando o que dissera em *Vargas Areco vs. Paraguai*,[311] salientou que os Estados Partes da CADH têm o "dever de combater a impunidade", valendo-se de todos os meios legais disponíveis,

cooperate with each other. In the absence of formal diplomatic relations, formalised means of cooperation are more likely to fail and States may be required to use other more informal or indirect channels of cooperation, for instance through third States or international organisations". EUROPEAN COURT OF HUMAN RIGHTS. **Case of Güzelyurtlu and Others v. Turkey and Cyprus** [GC]. Judgment 29 January 2019, § 237. Disponível em: https://hudoc.echr.coe.int/eng#{%22itemid%22:[%22001-189781%22]}, Acesso em: 10 jul. 2023.

307. Vide, por exemplo, o art. 13 da Convenção de Palermo, sobre cooperação internacional para o confisco de ativos, cuja construção aponta para uma obrigação processual positiva de cunho passivo.

308. O capítulo 4 desta obra é inteiramente dedicado aos deveres de cooperar, isto é, ao dever de prestar cooperação (cooperação passiva), um sério problema de direito internacional, e ao dever de requerer cooperação (cooperação ativa), um problema que imaginamos ter equacionado com a doutrina das obrigações positivas.

309. Convenção de Mérida, art. 43.1: "[...] os Estados Partes considerarão a possibilidade de prestar-se assistência nas investigações e procedimentos correspondentes a questões civis e administrativas relacionadas com a corrupção".

310. Como se vê no art. 23 da Convenção de Budapeste, de 2001, sobre cibercriminalidade.

311. CORTE IDH: "Este Tribunal ha señalado invariablemente que el Estado tiene el deber de evitar y combatir la impunidad, caracterizada como la falta en su conjunto de investigación, persecución, captura, enjuiciamiento y condena de los responsables de las violaciones de los derechos protegidos por la Convención Americana. Se debe combatir la impunidad por todos los medios legales disponibles, tomando en cuenta, conjuntamente con la necesidad de hacer justicia en el caso concreto, que aquella propicia la repetición crónica de las violaciones de derechos humanos y la total indefensión de las víctimas". CORTE INTERAMERICANA DE DIREITOS HUMANOS. **Caso Vargas Areco vs. Paraguay**. Sentencia de 26 de septiembre de 2006, § 153. Disponível em: https://www.corteidh.or.cr/docs/casos/articulos/seriec_155_esp.pdf. Acesso em: 2 jun. 2023.

para a busca, a captura, o julgamento e a condenação de todos os responsáveis pelas violações de direitos humanos. A impunidade deve ser combatida, segundo a Corte, para "fazer justiça no caso concreto" e impedir a "repetição crônica das violações de direitos humanos e a total desproteção das vítimas".

A chacina na penitenciária Miguel Castro ocorreu em Lima em maio de 1992 durante o governo de Alberto Fujimori. À época do início do processo em San José, Fujimori estava no Chile e ainda não havia sido acusado de envolvimento no massacre, que terminou com a morte de 42 presos e torturas e lesões em mais de 175 pessoas. Por isso, a Corte IDH ressaltou a importância de instaurar "um processo penal contra o ex-presidente peruano Alberto Fujimori Fujimori, a quem se atribui ter planejado e executado a Operação Mudança 1", que visaria eliminar integrantes do grupo *Sendero Luminoso* presos naquele estabelecimento penal.[312] Enunciou-se nesse trecho a obrigação de primeiro nível do Peru: investigar, processar e julgar Fujimori. O dever internacional de cooperar, como uma obrigação processual positiva de segundo nível,[313] aparece nessa mesma sentença quando o Tribunal em San José, considerando "a obrigação geral de garantia estabelecida no artigo 1.1 da Convenção Americana", determina que o Estado peruano adote "todas as medidas necessárias, de caráter judicial e *diplomático*, para julgar e punir todos os responsáveis pelas violações cometidas".[314] A referência óbvia a medidas de caráter diplomático indica a necessidade de providências do Estado para a extradição de Fujimori do Chile para o Peru, para que lá fosse julgado. Trata-se de um dever ativo, o de requerer cooperação, resultante do marco convencional regional.

A proibição da tortura é uma norma de *jus cogens*. Ao mesmo tempo, sua vedação e criminalização fazem parte de regimes globais e regionais de proibição, tanto do direito penal transnacional quanto do direito internacional penal, por meio da Convenção contra a Tortura e Outros Tratamentos ou Penas Cruéis, Desumanos ou Degradantes, de 1984; da Convenção Interamericana contra a Tortura de 1985; e da Convenção Europeia para a Prevenção da Tortura e Penas ou Tratamentos Desumanos ou Degradantes, de 1987, assim como do Estatuto de Roma do TPI, de 1998. Sua vedação

312. CORTE INTERAMERICANA DE DIREITOS HUMANOS. **Caso del Penal Miguel Castro Castro vs. Perú.** Sentencia de 25 de noviembre de 2006, §§ 3, 209, 405 e 406. Disponível em: https://www.corteidh.or.cr/docs/casos/articulos/seriec_160_esp.pdf. Acesso em: 10 jul. 2023.

313. Tal obrigação não foi classificada nem enunciada desta maneira pela Corte. Esta é a nossa concepção do problema.

314. CORTE INTERAMERICANA DE DIREITOS HUMANOS. **Caso del Penal Miguel Castro Castro vs. Perú.** Sentencia de 25 de noviembre de 2006, § 407. Disponível em: https://www.corteidh.or.cr/docs/casos/articulos/seriec_160_esp.pdf. Acesso em: 10 jul. 2023.

também decorre de convenções de direitos humanos, como a CEDH (1950), o PIDCP (1966) e a CADH (1969). Neste âmbito, vemos claramente as sinapses entre os regimes de proibição e proteção, que delineiam as obrigações positivas. No seu Comentário Geral n. 3, de 2012, ao cuidar das obrigações de procedimento (*procedural obligations*), o Comitê contra a Tortura (CAT), que é um dos *human-rights treaty bodies,* destacou os deveres de cooperar como uma obrigação de segundo nível, mas não apenas ao mencionar o dever de extraditar (cooperação passiva), e sim ao destacar que cabe aos Estados aprovar leis "para tornar isso possível",[315] vendo-se então a sequencialidade entre as obrigações primárias e as secundárias.

Em regra, as obrigações processuais de segundo nível são instrumentais. Entre os deveres de segundo nível estão as medidas de proteção à vida[316] e à integridade física de vítimas, testemunhas, colaboradores, defensores de direitos humanos, ativistas ambientais, jornalistas investigativos e informantes de boa-fé (*whistleblowers*),[317] sempre que estejam sob ameaça direta potencial ou iminente.[318] Tais medidas de proteção podem ser deferidas em um país para implantação noutro por meio de cooperação internacional.[319] Além da aprovação de leis penais e da persecução criminal dos delitos que violem direitos convencionais, como o direito à vida, "o Estado também tem uma obrigação positiva[320] de adotar medidas preventivas operacionais para

---

315. "Under the Convention, States parties are required to prosecute or extradite alleged perpetrators of torture when they are found in any territory under its jurisdiction, and to adopt the necessary legislation to make this possible". UNITED NATIONS. Committee against Torture. **General comment No. 3** (2012) on the implementation of article 14 by States parties, CAT/C/GC/3, 13 December 2012, § 22. Disponível em: https://www2.ohchr.org/english/bodies/cat/docs/gc/cat-c-gc-3_en.pdf. Acesso em: 10 jun. 2023.

316. Mowbray classifica tais obrigações como substantivas. MOWBRAY, Alastair R. **The development of positive obligations under the European Convention on Human Rights by the European Court of Human Rights**. Oxford ; Portland, Oregon: Hart Publishing, 2004, p. 40.

317. CORTE INTERAMERICANA DE DIREITOS HUMANOS. **Caso Viteri Ungaretti vs. Ecuador**. Sentencia de 27 de noviembre de 2023. Disponível em: https://www.corteidh.or.cr/docs/casos/articulos/seriec_510_esp.pdf. Acesso em: 3 abr. 2024.

318. EUROPEAN COURT OF HUMAN RIGHTS. **Case of Akkoç v. Turkey.** Judgment 10 October 2000. Disponível em: https://hudoc.echr.coe.int/app/conversion/docx/?library=ECHR&id=001-58905&filename=CASE%20OF%20AKKOC%20v.%20TURKEY.docx&logEvent=False. Acesso em: 6 jun. 2023.

319. Vide a Diretiva 2011/99/UE, de 13 de dezembro de 20211, relativa à decisão europeia de proteção, por meio do adensamento do princípio do reconhecimento mútuo, permitindo que medidas cautelares protetivas tenham eficácia transnacional, em prol de vítimas ou potenciais vítimas de crimes.

320. EUROPEAN COURT OF HUMAN RIGHTS. **Case of Opuz v. Turkey**. Judgment 9 June 2009, § 128. Disponível em: https://hudoc.echr.coe.int/fre#{%22itemid%22:[%22001-92945%22]}. Acesso em: 2 jun. 2023.

proteger a vida de uma pessoa que esteja em risco".[321] Ademais, no contexto interamericano, a proteção às autoridades do sistema de justiça passou a ser uma preocupação constante da Corte IDH.[322] Até mesmo medidas de assistência social e de acompanhamento psicológico podem ser determinadas.[323]

Também estão implícitas nos deveres convencionais de prevenir, garantir e proteger, obrigações de organização de um "sistema judicial eficiente e independente", capaz de realizar as tarefas de primeira ordem, com previsões de natureza penal, cível ou administrativa.[324] Conforme a Corte, "o objetivo essencial de tal investigação é assegurar a aplicação efetiva das leis internas que protegem o direito à vida e, nos casos envolvendo agentes ou órgãos do Estado, garantir sua responsabilidade por mortes ocorridas sob sua responsabilidade".[325] Em *De Cubber vs. Bélgica*, o TEDH já havia percorrido essa trilha ao afirmar como obrigação positiva dos Estados o dever de organizar seus sistemas jurídicos de modo a assegurar a conformidade com as exigências do art. 6.1 da Convenção Europeia.[326]

---

321. SCHABAS, William. **The European convention on human rights: a commentary**, First edition. Oxford, United Kingdom: Oxford University Press, 2015, p. 129.
322. CORTE IDH: "Además, en las circunstancias del presente caso y con base en lo establecido en el *Caso Contreras y otros*, la Corte dispone que el Estado debe adoptar otras medidas, tales como: [...] c) promover acciones pertinentes de cooperación internacional con otros Estados, a fin de facilitar la recopilación y el intercambio de información, así como otras acciones legales que correspondan; d) asegurarse de que los distintos órganos del sistema de justicia involucrados en el caso cuenten con los recursos humanos, económicos, logísticos, científicos o de cualquier índole necesarios para desempeñar sus tareas de manera adecuada, independiente e imparcial y adoptar las medidas necesarias para garantizar que funcionarios judiciales, fiscales, investigadores y demás operadores de justicia cuenten con un sistema de seguridad y protección adecuado, tomando en cuenta las circunstancias de los casos a su cargo y el lugar donde se encuentran laborando, que les permita desempeñar sus funciones con debida diligencia, así como la protección de testigos, víctimas y familiares". CORTE INTERAMERICANA DE DIREITOS HUMANOS. **Caso Rochac Hernández y Otros vs. El Salvador**. Sentencia de 14 de octubre de 2014, § 189. Disponível em: https://corteidh.scjn.gob.mx/buscador/doc?doc=casos_sentencias/CasoRochacHernandezotrosVsElSalvador_FondoReparacionesCostas.htm. Acesso em: 2 jun. 2023.
323. CORTE INTERAMERICANA DE DIREITOS HUMANOS. **Caso Ramírez Escobar y Otros vs. Guatemala.** Sentencia de 9 de marzo de 2018, §§ 382-385. Dispoivel em: https://corteidh.scjn.gob.mx/buscador/doc?doc=casos_sentencias/351_CasoRamirezEscobarvsGuatemala_FondoReparacionesCostas.html. Acesso em: 10 jul. 2023.
324. EUROPEAN COURT OF HUMAN RIGHTS. **Case of Calvelli and Ciglio v. Italy** [GC]. Judgment 17 January 2002, § 51. Disponível em: https://hudoc.echr.coe.int/eng#{%22itemid%22:[%22001-60329%22]}. Acesso em: 2 jun. 2023.
325. EUROPEAN COURT OF HUMAN RIGHTS. **Case of Mastromatteo v. Italy** [GC]. Judgment 24 October 2002, § 89. Disponível em: https://hudoc.echr.coe.int/fre#{%22itemid%22:[%22001-60707%22]}. Acesso em: 2 jun. 2023.
326. EUROPEAN COURT OF HUMAN RIGHTS. **Case of De Cubber v. Belgium**. Judgment 26 October 1984, § 35. Disponível em: https://hudoc.echr.coe.int/ukr#{%22ite-

Tomando como exemplo os casos de tráfico internacional de pessoas, ecoando a decisão do TEDH em *Rantsev*, Schabas[327] lembra que a Convenção Europeia impõe a obrigação de "cooperar efetivamente com as autoridades competentes de outros Estados" que possam ter interesse na apuração de fatos que tenham tocado seus territórios como países de origem, trânsito ou destino de vítimas do tráfico humano.[328]

Os tratados recentes que compõem os regimes globais de proibição contêm disposições sobre a afirmação da jurisdição territorial ou extraterritorial dos Estados Partes. Segundo o TEDH, esse dever de assunção de jurisdição só tem lógica quando lido "à luz da obrigação geral", que todo Estado tem, de investigar os crimes cuja tipificação também é ordenada por esses regimes convencionais. Disso resulta, ainda conforme a Corte, a obrigação de investigar crimes cometidos dentro de seus próprios territórios, assim como a de "cooperar efetivamente com as autoridades competentes de outros Estados envolvidos" para apurar fatos extraterritoriais. Tal dever, diz o TEDH, é compatível com as obrigações convencionais dos tratados gerais em matéria penal e dos acordos específicos de assistência jurídica mútua.[329] No caso *Ilaşcu e Outros vs. Moldávia e Rússia*, entendeu o TEDH que o Estado "deve procurar, com todos os meios legais e diplomáticos de que disponha, perante Estados estrangeiros e organizações internacionais, continuar a garantir o gozo dos direitos e liberdades definidos na Convenção".[330] Há uma óbvia referência a um segunda camada obrigacional.

Avançando na construção do modelo protetivo regional, no caso *Ignaccolo-Zenide vs. Romênia*,[331] o TEDH aplicou a teoria das obriga-

---

mid%22:[%22001-57465%22]} Acesso em: 6 nov. 2023. Vide no mesmo sentido o caso *Guincho vs. Portugal*, Judgment 10 July 1984, § 38.

327. SCHABAS, William. **The European convention on human rights: a commentary**, First edition. Oxford, United Kingdom: Oxford University Press, 2015, p. 207.

328. EUROPEAN COURT OF HUMAN RIGHTS. **Case of Rantsev v. Cyprus and Russia**. Judgment, 7 January 2010, § 285. Disponível em: https://hudoc.echr.coe.int/eng#{%22itemid%22:[%22001-96549%22]}. Acesso em: 2 jun. 2023.

329. ECHR. **Case of Rantsev v. Cyprus and Russia**, § 289.

330. EUROPEAN COURT OF HUMAN RIGHTS. **Case of Ilaşcu and Others v. Moldova and Russia.** Judgment 8 July 2004, §§ 332-334. Disponível em: https://hudoc.echr.coe.int/fre#{%22itemid%22:[%22001-61886%22]}. Acesso em: 2 jun. 2023.

331. TEDH: "The Court notes, lastly, that the authorities did not take the measures to secure the return of the children to the applicant that are set out in Article 7 of the Hague Convention. Having regard to the foregoing, and notwithstanding the respondent State's margin of appreciation in the matter, the Court concludes that the Romanian authorities failed to make adequate and effective efforts to enforce the applicant's right to the return of her children and thereby breached her right to respect for her family life, as guaranteed by Article 8". EUROPEAN COURT OF HUMAN RIGHTS. **Case of Ignaccolo-Zenide v. Romania**. Judgment

ções processuais positivas a partir do art. 8º da Convenção Europeia e da Convenção da Haia sobre os Aspectos Civis do Sequestro Internacional de Crianças, de 1980. Após o divórcio, as partes não se entendiam sobre a guarda de suas duas filhas menores. Inicialmente, o pai obteve a custódia das meninas e mudou-se para os Estados Unidos e depois para a Romênia. A mãe contestou essas mudanças perante tribunais da França, onde vivia. As autoridades judiciais francesas determinaram, com base na Convenção da Haia de 1980, que a Romênia devolvesse as meninas para a mãe na França, mas sem sucesso, uma vez que o pai resistiu à ordem, escondeu as crianças, e as autoridades judiciais romenas foram lenientes, morosas e omissas[332] nas medidas destinadas ao cumprimento do tratado. O TEDH entendeu que, no polo passivo, a Romênia não adotou as providências cabíveis para a reunião parental, descumprindo com isso uma obrigação positiva inerente ao art. 8º da Convenção Europeia, que, no caso concreto, deveria ser lida em conjunto com as obrigações positivas previstas nos arts. 7º e 11 da Convenção da Haia de 1980 sobre cooperação internacional sobre os aspectos civis da abdução internacional de menores,[333] tratado do qual Romênia e França também eram partes. Este é sem dúvida um caso no qual o TEDH reconheceu um duplo dever convencional (passivo) de cooperação, cujo não cumprimento violou um direito convencional material da mãe e de suas filhas, todas vítimas de um processo de alienação parental.

Posição semelhante foi adotada pela Corte IDH em *Rochac Hernández e Outros*, de 2014, quando se ordenou a El Salvador "promover ações pertinentes de cooperação internacional com outros Estados, a fim de facilitar a coleta e o intercâmbio de informações, bem como outras ações jurídicas apropriadas".[334] Ali, a Corte IDH estabeleceu claramente o dever de cooperar

---

25 January 2000, §§ 33-34, 59, 62, 69-73, 94-95, 102-108 e 113. Disponível em: https://www.refworld.org/cases,ECHR,5bbb83470.html. Acesso em: 10 jul. 2023.

332. MOWBRAY, Alastair R. **The development of positive obligations under the European Convention on Human Rights by the European Court of Human Rights**. Oxford ; Portland, Oregon: Hart Publishing, 2004, p. 167.

333. Convenção da Haia, de 1980: "Artigo 7. As autoridades centrais devem cooperar entre si e promover a colaboração entre as autoridades competentes dos seus respectivos Estados, de forma a assegurar o retorno imediato das crianças e a realizar os demais objetivos da presente Convenção". HAGUE CONFERENCE ON PRIVATE INTERNATIONAL LAW (HCCH). **Convention of 25 October 1980 on the Civil Aspects of International Child Abduction.** Disponível em: https://www.hcch.net/en/instruments/conventions/full-text/?cid=24. Acesso em: 10 set. 2023.

334. Este caso cuida do desaparecimento forçado de cinco menores durante os conflitos de 1980-1982 em El Salvador, envolvendo atividades de grupos paramilitares. CORTE INTERAMERICANA DE DIREITOS HUMANOS. **Caso Rochac Hernández y Otros vs. El Salvador.** Sentencia de 14 de octubre de 2014, § 189. Disponível em: https://corteidh.scjn.gob.mx/buscador/doc?-

ativamente como uma obrigação processual positiva. San José ordenou concretamente ao governo salvadorenho que realizasse, de forma séria, diligente, rigorosa e célere, esforços para descobrir o paradeiro de cinco vítimas de desaparecimento forçado, devendo prover "recursos humanos, técnicos e científicos adequados e idôneos", na qual, "se necessário" – o que identifica o elemento eventual de estraneidade – "deverá solicitar a cooperação de outros Estados e organizações internacionais".[335]

No caso *Contreras e Outros vs. El Salvador*, julgado em 2011, a Corte IDH já havia determinado providência semelhante em relação a outras vítimas. O desaparecimento de crianças levou o Tribunal a ordenar que El Salvador, entre outras medidas, buscasse identificar eventuais movimentos transfronteiriços, cabendo ao Estado "utilizar e aplicar nesta hipótese as ferramentas jurídicas adequadas para a análise do caso, incluindo a necessária cooperação interestatal".[336] Mais recentemente, em *Maidanik e Outros*, a Corte IDH ordenou que Montevidéu adotasse "todas as medidas adequadas, de natureza judicial e *diplomática*, para julgar e punir todos os responsáveis pelas violações cometidas, promovendo por todos os meios à sua disposição os pedidos de extradição"[337] com base no direito interno e no direito internacional. Ademais, exortou o Uruguai "e os demais Estados Partes da Convenção Americana" a colaborarem entre si "para erradicar a

---

doc=casos_sentencias/CasoRochacHernandezotrosVsElSalvador_FondoReparacionesCostas.htm . Acesso em: 2 jun. 2023.

335. CORTE IDH: "Además, en las circunstancias del presente caso y con base en lo establecido en el *Caso Contreras y otros*, la Corte dispone que el Estado debe adoptar otras medidas, tales como: [...] c) promover acciones pertinentes de cooperación internacional con otros Estados, a fin de facilitar la recopilación y el intercambio de información, así como otras acciones legales que correspondan". CORTE INTERAMERICANA DE DIREITOS HUMANOS. **Caso Rochac Hernández y Otros vs. El Salvador.** Sentencia de 14 de octubre de 2014, §§ 189 e 197. Disponível em: https://corteidh.scjn.gob.mx/buscador/doc?doc=casos_sentencias/CasoRochacHernandezotrosVsElSalvador_FondoReparacionesCostas.htm. Acesso em: 2 jun. 2023.

336. CORTE INTERAMERICANA DE DIREITOS HUMANOS. **Caso Contreras y Otros vs. El Salvador.** Sentencia de 31 de agosto de 2011, §§ 152 e 191. Disponível em: https://corteidh.scjn.gob.mx/buscador/doc?doc=casos_sentencias/CasoContrerasOtrosVsElSalvador_FondoReparacionesCostas.htm. Acesso em: 10 jul. 2023.

337. Os fatos deste caso ocorreram durante a ditadura civil-militar uruguaia, que durou de 1973 a 1985, no contexto da Operação Condor. Dizem respeito à morte de cinco pessoas, causadas por forças de segurança do governo em 1974. CORTE INTERAMERICANA DE DIREITOS HUMANOS. **Caso Maidanik y Otros vs. Uruguay.** Sentencia de 15 de noviembre de 2021, §§ 29, 55 e 212. Disponível em: https://corteidh.scjn.gob.mx/buscador/doc?doc=casos_sentencias/seriec_444_esp.pdf#CAMAUR_S1_PARR212 Acesso em: 10 jul. 2023.

impunidade das violações cometidas neste caso, processando e punindo os responsáveis".[338]

Noutro processo julgado pela Corte IDH, marca-se a autonomia das obrigações processuais positivas de segundo nível e sua relação direta com direitos convencionais materiais. Vê-se também a autonomia da cooperação jurídica internacional em relação ao processo penal. Neste caso, ocorrido na Guatemala nos anos 1990-2000, duas crianças, os irmãos Ramírez, foram vítimas de um esquema de adoções ilegais. Um dos menores adotados, J. R., não se qualificou como vítima no processo interamericano, embora tenha sido afastado de sua mãe e de seu irmão e levado para morar nos Estados Unidos. Reconhecendo a violação de direitos convencionais, entre outras providências, a Corte IDH ordenou medidas ativas de cooperação com os EUA para tentativa de restauração familiar[339] e a realização de uma investigação criminal, administrativa e disciplinar sobre os fatos, inclusive para apurar se as crianças foram vítimas de tráfico humano. Do mesmo modo, o Tribunal determinou outras medidas ativas de cooperação com os EUA para "facilitar a correção do nome e dados pessoais de Osmín Tobar Ramírez, nos registros do referido Estado", uma medida de reparação cujo resultado "não depende estritamente da Guatemala, pelo que seu cumprimento atenderá aos esforços que o Estado realizar".[340] Inequivocamente, trata-se de uma obrigação processual positiva de cooperação internacional em modo ativo, e, portanto, de um dever de segundo nível, para tutela direta do direito fundamental à convivência familiar e dos direitos ao nome e à identidade pessoal dessa vítima.

---

338. CORTE INTERAMERICANA DE DIREITOS HUMANOS. **Caso Maidanik y Otros vs. Uruguay.** Sentencia de 15 de noviembre de 2021, § 212. Disponível em: https://www.corteidh.or.cr/docs/casos/articulos/seriec_444_esp.pdf. Acesso em: 10 jul. 2023.

339. CORTE IDH. "Guatemala deberá garantizar que ese primer consentimiento o, en su caso, negativa de participar en el proceso de vinculación al que se refiere esta medida, sea plenamente informado. Para el cumplimiento de esta medida, el Estado deberá activar, utilizar y cubrir los gastos que generen los mecanismos diplomáticos disponibles para coordinar la cooperación con los Estados Unidos de América, donde actualmente vive J.R.". CORTE INTERAMERICANA DE DIREITOS HUMANOS. **Caso Ramírez Escobar y Otros vs. Guatemala**. Sentencia de 9 de marzo de 2018, §§ 320 e 382-385. Dispoivel em: https://corteidh.scjn.gob.mx/buscador/doc?doc=casos_sentencias/351_CasoRamirezEscobarvsGuatemala_FondoReparacionesCostas.html. Acesso em: 10 jul. 2023.

340. CORTE INTERAMERICANA DE DIREITOS HUMANOS. **Caso Ramírez Escobar y Otros vs. Guatemala**. Sentencia de 9 de marzo de 2018, §§ 389 e 436.13. Dispoivel em: https://corteidh.scjn.gob.mx/buscador/doc?doc=casos_sentencias/351_CasoRamirezEscobarvsGuatemala_FondoReparacionesCostas.html. Acesso em: 10 jul. 2023.

3.7. A COOPERAÇÃO JURÍDICA INTERNACIONAL COMO UMA OBRIGAÇÃO PROCESSUAL POSITIVA E COMO UM REMÉDIO EFETIVO

Como o Estado é obrigado a proteger os direitos humanos *erga omnes partes*, é também obrigado a reagir *processualmente* a essas violações, sob pena de responder por elas, no plano internacional. A tríade "direitos humanos – dever de proteção – dever de processar" incialmente exige dos Estados a aprovação de normas penais *suficientes* para o adequado desempenho desses deveres afirmativos.[341] Contudo, são também necessárias normas *processuais* igualmente suficientes, ao lado de uma estrutura institucional capaz de executar tais normas jurídicas.

A cooperação jurídica internacional deve ser vista ao mesmo tempo como uma obrigação positiva, cuja consecução responde a um dever de devida diligência e cujo conteúdo, dado o seu objetivo finalístico, opera como um remédio efetivo. Este modelo se baseia nas obrigações positivas primárias, a exemplo dos deveres de investigar, processar e punir, delas se extraindo obrigações secundárias, que são acidentais.

Ao cuidar do tema no caso *Anzualdo Castro vs. Peru*, a Corte Interamericana de Direitos Humanos passou a "analisar se o Estado conduziu as investigações criminais com a devida diligência e dentro de um prazo razoável, e se estas constituíram recursos eficazes para garantir o direito de acesso à justiça das supostas vítimas".[342] A cooperação jurídica internacional pode exercer essa função.

Concordamos com Alle, que diz ser hoje incontestável que o direito internacional "caminha para a construção de um conjunto de deveres positivos (não meramente de abstenção) para a proteção de valores comuns, como desenvolvimento, segurança jurídica e democracia – todos ameaçados pela criminalidade transnacional".[343] Conforme Cervini relata, modernas teorias da cooperação internacional apontam que seu "fundamento essencial" estaria na promoção da "justiça que, por seu intermédio", se pretende

341. WERLE, Gerhard; JESSBERGER, Florian. **Principles of International Criminal Law**. 4. ed. Oxford: Oxford University Press, 2020, § 284.

342. CORTE INTERAMERICANA DE DIREITOS HUMANOS. **Caso Anzualdo Castro Vs. Perú.** Sentencia de 22 de septiembre de 2009, § 125. https://www.corteidh.or.cr/docs/casos/articulos/seriec_202_esp.pdf. Acesso em: 10 jul. 2023.

343. ALLE, Saulo Stefanone. **Cooperação jurídica internacional e auxílio direto ativo em matéria penal**. Belo Horizonte: Arraes Editores, 2017, p. 69.

alcançar.[344] São exatamente estes os componentes do paradigma que descreve e explica as obrigações positivas de cooperar, com vistas à promoção de bens públicos globais.

3.7.1. A Cooperação Jurídica Internacional como uma Obrigação Processual Positiva

O exame de decisões de tribunais internacionais e de manifestações de órgãos regionais e globais de defesa dos direitos humanos não deixa dúvidas de que a realização de medidas de cooperação jurídica internacional corresponde a uma obrigação processual positiva inerente à garantia do *due process* e ao dever de proteção das vítimas, na perspectiva do acesso à justiça e dos remédios efetivos. Dada sua natureza em regra incidental, a adoção de medidas de cooperação jurídica internacional ordinariamente se faz no âmbito de processos penais ou de processos civis *ex delicto*, nos quais o Estado se conforma aos seus deveres primários de investigar, processar, punir e reparar.

Todos esses deveres limitam-se pela soberania e encontram obstáculo nas fronteiras do Estado. Como lembra Tomuschat, "nenhum Estado pode assumir o ônus de garantir o gozo dos direitos humanos no território de outros Estados".[345] É da natureza das coisas que assim seja, por lhes faltar jurisdição. Tais muros impenetráveis da soberania só podem ser rompidos "processualmente", de forma legítima, por meio de mecanismos cooperacionais, que servem de pontes sobre fossos. Por esta razão, criminalmente, o que resulta de uma violação de um tratado de direitos humanos "é um dever de processar por parte do Estado onde o crime foi praticado",[346] além de um amplo direito à reparação (*redress*). É exatamente neste *locus* específico que se situa o dever – para este mesmo Estado – de *requerer* cooperação internacional para fazer valer seus próprios deveres de proteção, conforme o seu direito interno e o direito internacional que lhe vincule, quando o seu poder punitivo for limitado porque algo (provas, ativos etc.) ou alguém (acusados, vítimas, testemunhas etc.) está fora de seu alcance jurisdicional.

---

344. CERVINI, Raúl; TAVARES, Juarez. **Princípios de cooperação judicial penal internacional no Protocolo do Mercosul.** São Paulo: Revista dos Tribunais, 2000, p. 53.

345. TOMUSCHAT, Christian. The Duty to Prosecute International Crimes Committed by Individuals. In: CREMER, Hans Joachin; GIEGERICH, Thomas; RICHTER, Dagmar; ZIMMERMANN, Andreas (eds.). **Tradition und Weltoffenheit des Rechts**: Festschrift für Helmut Steinberger. Berlin ; New York: Springer, 2002, p. 326.

346. WERLE, Gerhard; JESSBERGER, Florian. **Principles of International Criminal Law**. 4. ed. Oxford: Oxford University Press, 2020, § 284.

A obrigação positiva de requerer cooperação liga-se deste modo aos deveres de investigar, processar e punir, ocupando um segundo estamento obrigacional. Já vimos que as modalidades de cooperação jurídica internacional têm natureza de incidentes no processo penal, na fase investigação (um pedido probatório, por exemplo), da instrução (p. ex., uma medida de citação transnacional), da execução penal (uma extradição executória, exemplificativamente) ou na etapa da reparação (a exemplo de um pedido de confisco transnacional). A não realização desses atos pelo Ministério Público ou pela Polícia Judiciária – ou seu indeferimento pelo Poder Judiciário – terão impacto na efetividade da persecução criminal ou na sua duração, o que pode representar uma violação autônoma de deveres estatais relacionados à razoável duração do processo penal e à efetividade da proteção conferida por aquela jurisdição aos seus súditos.

Pode-se divisar, portanto, que, na dimensão analisada, as medidas de cooperação jurídica internacional que operam como elementos de uma persecução criminal efetiva têm as seguintes características: a) são obrigações positivas de natureza processual; b) são obrigações positivas de segundo nível, relacionadas aos deveres de investigar, processar e julgar; c) são remédios efetivos para a tutela de direitos materiais e processuais; d) são obrigações implícitas nas convenções de direitos humanos;[347] e) são obrigações expressas nos modernos regimes internacionais de proibição, ao menos na feição passiva; f) são obrigações de meio, instrumentais na luta contra a impunidade; e g) são instrumentos do *rule of law*.

Diante de uma violação a direitos humanos, do direito internacional humanitário, do direito internacional penal ou do direito penal transnacional – presente a estraneidade necessária ou eventual –, as autoridades estatais de persecução devem agir com devida diligência (*due diligence*) na consecução do dever de investigar e processar tais eventos. A não realização de medidas de cooperação internacional, quando cabíveis e necessárias no contexto casuístico, faz surgir o fenômeno da *cooperação deficiente*, uma violação

347. O dever de investigação está implícito na noção de remédio efetivo. O mesmo fenômeno ocorre com o dever de requerer medidas de cooperação internacional. TEDH: "It is true that no express provision exists in the Convention such as can be found in Article 12 of the 1984 United Nations Convention against Torture and Other Cruel, Inhuman or Degrading Treatment or Punishment, which imposes a duty to proceed to a 'prompt and impartial' investigation whenever there is a reasonable ground to believe that an act of torture has been committed. However, in the Court's view, such a requirement is implicit in the notion of an 'effective remedy' under Article 13". EUROPEAN COURT OF HUMAN RIGHTS. **Case of Aksoy v. Turkey.** Judgment 18 December 1996, § 98. Disponível em: https://hudoc.echr.coe.int/fre#{%22itemid%22:[%22001-58003%22]}. Acesso em: 10 jul. 2023.

à proibição da proteção insuficiente, que impacta no art. 2º do PIDCP, no art. 25 da CADH, no art. 13 da CEDH, nos arts. 1º e 3º da Carta de Banjul e nos dispositivos equivalentes das cartas de direitos humanos similares. Também será deficiente a cooperação por falta de leis adequadas de habilitação (*enabling legislation*), conceito que compreende a aprovação de normas processuais e administrativas internas para viabilizar todas as formas de cooperação jurídica internacional em matéria penal. Omissões legislativas têm impacto no dever do Estado de prover justiça penal, que configura, como já discutimos, uma obrigação positiva de primeiro nível. Tais omissões minam os deveres estatais de proteção, violando direitos e criando uma situação de proteção insuficiente (*Untermassverbot*).[348] A conjugação desses conceitos e dispositivos convencionais leva à incidência do princípio da proibição da insuficiência, "que se refere à estrutura que o princípio de proporcionalidade adquire na aplicação dos direitos fundamentais de proteção".[349]

A jurisprudência das cortes regionais de direitos humanos, com destaque para decisões de San José e Estrasburgo, revela o impacto que o descumprimento das obrigações positivas de cooperação internacional tem sobre o gozo e o exercício de direitos humanos convencionais e como tal inadimplência pode acionar a responsabilidade internacional do Estado. Como veremos no capítulo 4, na análise da casuística sobre cooperação deficiente, além da construção desta categoria, faltava o diagnóstico do fenômeno do dever de requerer cooperação ativa e faltava ainda sua classificação como uma obrigação positiva dos Estados, num olhar para dentro, que tem em conta a distribuição interna de competências dos órgãos do *law enforcement* e do sistema de justiça criminal e seus deveres para com cada réu ou vítima de uma persecução penal com elementos de estraneidade.

Compreendida a dimensão da cooperação jurídica internacional, cabe ao Estado, agindo diligentemente, reconhecer sua própria limitação jurisdicional em processos penais com estraneidade e não se conformar com ela. Cabe a suas autoridades de persecução criminal – e aos órgãos centrais do diálogo cooperacional[350] – cumprirem seus deveres de proteção efetiva, lan-

---

348. FISCHER, Douglas; VALDEZ, Frederico. **As obrigações processuais penais positivas:** segundo as cortes Europeia e Interamericana de Direitos Humanos. 2.ed. Porto Alegre: Livraria do Advogado Editora, 2019, p. 39 e 80.

349. FISCHER, Douglas; VALDEZ, Frederico. **As obrigações processuais penais positivas: segundo as cortes Europeia e Interamericana de Direitos Humanos**. 2.ed. Porto Alegre: Livraria do Advogado Editora, 2019, p. 38.

350. Como as chancelarias e as autoridades centrais de cooperação jurídica internacional.

çando mãos de remédios transnacionais para a tutela dos direitos humanos postos em jogo, sejam os de vítimas ou de acusados.

3.7.2. A Devida Diligência na Cooperação Jurídica Internacional

A proteção judicial efetiva exige compromisso, cuidado e zelo.[351] O princípio da devida diligência é conhecido há muito tempo pelo direito internacional. Em 1933, no caso *Noyes (Estados Unidos) vs. Panamá*, referente a uma situação de proteção diplomática,[352] uma corte arbitral considerou o Panamá responsável pelas lesões sofridas por Walter Noyes, em junho de 1927. Os árbitros entenderam que o Estado panamenho havia descumprido suas obrigações de proteção, mediante a alocação de força policial para segurança pública, e de não ter sido diligente na manutenção da ordem pública nem em agir para capturar e punir os agressores da vítima.[353] Isso significa, segundo Shelton e Gould, que o dever de diligência do Estado não será considerado inadimplido pelo só fato da conduta e de seu resultado danoso, "mas sim pela falta de prevenção ou de resposta por parte das autoridades a essa conduta".[354] Como decidiu a Corte Interamericana em sua sentença de 1988, no caso *Velásquez Rodríguez*:

> [...] o Estado tem o dever jurídico de prevenir, razoavelmente, as violações dos direitos humanos, de investigar seriamente, com os meios a seu alcance, as violações que tenham sido cometidas no âmbito de sua jurisdição a fim

---

351. O art. 25 da CADH tem simetria com o art. 2º do PIDCP. Ambos se inspiram no art. 13 da CEDH. Diz o dispositivo interamericano: "Artigo 25. Proteção judicial. 1. Toda pessoa tem direito a um recurso simples e rápido ou a qualquer outro recurso efetivo, perante os juízes ou tribunais competentes, que a proteja contra atos que violem seus direitos fundamentais reconhecidos pela constituição, pela lei ou pela presente Convenção, mesmo quando tal violação seja cometida por pessoas que estejam atuando no exercício de suas funções oficiais. 2. Os Estados Partes comprometem-se: a. a assegurar que a autoridade competente prevista pelo sistema legal do Estado decida sobre os direitos de toda pessoa que interpuser tal recurso; b. a desenvolver as possibilidades de recurso judicial; e c. a assegurar o cumprimento, pelas autoridades competentes, de toda decisão em que se tenha considerado procedente o recurso."

352. Não é de se confundir o instituto da *proteção diplomática* com o das *imunidades* diplomáticas. Cf. ARAS, Vladimir. **Direito internacional público**. 2.ed. Rio de janeiro: Método, 2023, p. 271-272.

353. COMISSION US-PANAMA. **Noyes (U.S.A.) v. Panama**, Award 22 May 1933. Disponível em: https://jusmundi.com/en/document/decision/en-noyes-u-s-a-v-panama-award-monday--22nd-may-1933. Acesso em: 2 jun. 2023.

354. SHELTON, Dinah; GOULD, Ariel, Positive and Negative Obligations. *In*: SHELTON, Dinah (Org.), **The Oxford Handbook of International Human Rights Law**, 1. ed. Oxford: Oxford University Press, 2013, p. 456.

> de identificar os responsáveis, impor as sanções pertinentes e assegurar à vítima uma adequada reparação.[355]

No mesmo julgado, a Corte ponderou, em harmonia com o decidido em 1933 no caso *Noyes*, que a responsabilidade do Estado por atos de terceiros, particulares, não decorre desse "fato em si mesmo, mas da falta da devida diligência para prevenir a violação ou para tratá-la nos termos requeridos pela Convenção".[356] A falta de devida diligência também foi identificada no caso *Maria da Penha Fernandes*, apreciado pela Comissão Interamericana de Direitos Humanos (CIDH) em 2001. Seu relatório é mencionado como uma daquelas manifestações de organismos internacionais que revelam a existência de um costume internacional que "obriga os Estados a prevenir e a responder a atos de violência contra a mulher com devida diligência".[357]

> Dado que essa violação contra Maria da Penha é parte de um padrão geral de negligência e falta de efetividade do Estado para processar e condenar os agressores, a Comissão considera que não só é violada a obrigação de processar e condenar, como também a de prevenir essas práticas degradantes. Essa falta de efetividade judicial geral e discriminatória cria o ambiente propício à violência doméstica, não havendo evidência socialmente percebida da vontade e efetividade do Estado como representante da sociedade, para punir esses atos.[358]

Lembrando que o art. 7º, alínea *b*, da Convenção de Belém do Pará, de 1994,[359] consagra o dever de devida diligência estatal no enfrentamento a todas as formas de violência contra a mulher, mediante atos de prevenção, investigação e de punição, Shelton e Gould ressaltam que tal dever de diligência ou proatividade estatal emergiu do regime da responsabilidade internacional dos Estados e da jurisprudência interamericana como um

---

355. CORTE INTERAMERICANA DE DIREITOS HUMANOS. **Caso Velásquez Rodríguez vs. Honduras.** Mérito. Sentença de 29 de julho de 1988, § 174. Disponível em: https://www.corteidh.or.cr/docs/casos/articulos/seriec_04_por.pdf. Acesso em: 2 jun. 2023.

356. CORTE IDH. **Caso Velásquez Rodríguez vs. Honduras**, § 172.

357. EUROPEAN COURT OF HUMAN RIGHTS. **Case of Bevacqua and S. v. Bulgaria.** Judgment 12 June 2008. Disponível em: https://hudoc.echr.coe.int/fre#{%22itemid%22:[%22001-86875%22]}. Acesso em: 2 jun. 2023.

358. COMISSÃO INTERAMERICA DE DIREITOS HUMANOS. **Maria da Penha Fernandes vs. Brasil.** Caso 12.051, Relatório 54/01, de 4 de abril de 2001, § 56. Disponível em: https://www.cidh.oas.org/annualrep/2000port/12051.htm. Acesso em: 2 jun. 2023.

359. ORGANIZAÇÃO DOS ESTADOS AMERICANOS. **Convenção Interamericana para Prevenir, Punir e Erradicar a Violência contra a Mulher**, concluída em Belém do Pará, em 9 de junho de 1994.Disponível em: https://www.planalto.gov.br/ccivil_03/decreto/1996/d1973.htm. Acesso em: 2 jun. 2023.

importante instrumento "para a proteção de direitos humanos nos planos regional e global".[360] A falta de devida diligência também foi objeto do caso *Sales Pimenta vs. Brasil*, julgado em 2022. A causa dizia respeito ao advogado Gabriel Sales Pimenta, ativista de direitos humanos assassinado no norte brasileiro em 1982. Reverberando a posição da Comissão Interamericana (CIDH), o Tribunal registrou:

> [...] a Comissão assinalou que as autoridades não atuaram com a devida diligência para assegurar a presença dos acusados M.C.N. e J.P.N. ou impedir sua fuga, nem para executar as ordens de prisão expedidas contra eles. Acrescentou que, em vista de que o Estado não teria "elucidado devidamente nem contraditado" os indícios de que as pessoas envolvidas na investigação teriam sofrido ameaças, considerou que "também há[via] responsabilidade por violação do dever de investigar com a devida diligência, o que inclui necessariamente a garantia da segurança e proteção das testemunhas antes, durante e depois dos procedimentos investigatórios".[361]

O dever de devida diligência é ainda mais cogente ("obrigação reforçada") quando se trate de investigar a morte de defensores de direitos humanos,[362] "em função do papel essencial dessas pessoas para a democracia".[363] Tais providências que usualmente se circunscrevem à jurisdição do Estado podem projetar-se para o exterior, quando se trate de obter provas, congelar e repatriar ativos e realizar capturas de foragidos noutros países, situação na qual a devida diligência dependerá de providências de cooperação internacional de natureza ativa.

No caso *Angulo Losada vs. Bolívia*, de 2022, a Corte IDH decidiu que o Estado descumpriu o dever de investigar "com diligência reforçada e rigorosa como lhe cabia num caso de violência sexual cometida contra uma menina,

---

360. SHELTON, Dinah; GOULD, Ariel, Positive and Negative Obligations. In: SHELTON, Dinah (Org.), **The Oxford Handbook of International Human Rights Law**, 1. ed. Oxford: Oxford University Press, 2013, p. 457.

361. CORTE INTERAMERICANA DE DIREITOS HUMANOS. **Caso Sales Pimenta vs. Brasil**. Sentença de 30 de junho de 2022, § 72. Disponível em: https://www.corteidh.or.cr/docs/casos/articulos/seriec_454_por.pdf. Acesso em: 2 jun. 2023.

362. Decidiu a Corte Interamericana que "el Estado mexicano tenía una obligación doblemente reforzada de llevar a cabo la investigación sobre la muerte de la señora Digna Ochoa con debida diligencia, en virtud de su condición de mujer y defensora de derechos humanos". CORTE INTERAMERICANA DE DIREITOS HUMANOS. **Caso Digna Ochoa y Familiares vs. México**. Sentença de 25 de noviembre de 2021, § 104. Disponível em: https://www.corteidh.or.cr/docs/casos/articulos/seriec_447_esp.pdf . Acesso em: 2 jun. 2023.

363. CORTE INTERAMERICANA DE DIREITOS HUMANOS. **Caso Sales Pimenta vs. Brasil**. Sentença de 30 de junho de 2022, § 91 e 144. Disponível em: https://www.corteidh.or.cr/docs/casos/articulos/seriec_454_por.pdf. Acesso em: 2 jun. 2023.

acabando por revitimizar a vítima", deixando o agressor impune.[364] A falta de providências adequadas para a extradição do violador, que fugiu para a Colômbia, foi determinante para o resultado ineficiente da persecução criminal boliviana.

Além de eliminar as chances de efetividade da persecução criminal e limitar os direitos à ampla defesa (*fair trial*), a negligência processual - que pode ocorrer nos processos penais internacionais, nos casos transnacionais e nas ações de direito penal interno com estraneidade - pode acentuar uma característica negativa dos procedimentos de cooperação internacional: a sua morosidade. Escrevendo nos anos 1950, Jones já apontava esse problema na prática cooperacional norte-americana. O arranjo institucional da cooperação jurídica internacional - com a intermediação do diálogo judiciário por chancelarias no canal diplomático empregado pelas rogatórias - levava a que as cartas rogatórias passassem por várias mãos antes de chegar à autoridade estrangeira que a cumpriria. Como resultado da burocracia cooperacional, "a execução e o retorno de uma carta rogatória podem[iam] levar muitos meses".[365] Nesta ordem de ideias, o dever de devida diligência cooperacional também se impõe aos órgãos centrais de cooperação jurídica internacional, no canal diplomático ou na via das autoridades centrais. Vale dizer, as autoridades encarregadas das etapas puramente processuais e das fases essencialmente administrativas da interação jurídica internacional devem observar o dever de *due dilligence,* que terá consequências sobre o tempo total da persecução e sua aptidão para tutelar direitos.

3.7.3. As Modalidades de Cooperação Jurídica Internacional como Remédios Efetivos

Outro aspecto dos deveres afirmativos deve ser ressaltado. Em seus conjuntos jurisprudenciais, a Corte IDH e o TEDH têm apontado diversas vezes que, além de ser uma obrigação positiva, o dever de investigar e processar violações de direitos humanos é também um "remédio efetivo" nos termos do art. 25 da Convenção Americana e do art. 13 da Convenção Europeia.[366]

---

364. CORTE INTERAMERICANA DE DIREITOS HUMANOS. **Caso Angulo Losada vs. Bolívia.** Sentencia de 18 de noviembre de 2022, § 182. Disponível em: https://www.corteidh.or.cr/docs/casos/articulos/seriec_475_esp.pdf . Acesso em: 2 jun. 2023.

365. JONES, Harry Leroy. International Judicial Assistance: Procedural Chaos and a Program for Reform. **Yale Law Journal**, *[S. l.]*, v. 62, n. 4, p. 515–562, 1953, p. 529-530.

366. ROHT-ARRIAZA, Naomi. Sources in International Treaties of an Obligation to Investigate, Prosecute, and Provide Redress. In: ROHT-ARRIAZA, Naomi (Org.). **Impunity and human rights in international law and practice**. New York: Oxford University Press, 1995, p. 33.

Um remédio efetivo pode assumir diversas formas. Pode ser um instrumento cível, criminal, administrativo ou constitucional, todos reunidos sob a categoria de mecanismos estatais de acesso à justiça (*state-based judicial mechanisms*). Uma das formas de assegurar a existência de tais mecanismos efetivos é por meio da regulamentação da cooperação jurídica internacional e sua implementação em casos concretos.[367] Essa concepção se harmoniza com a Resolução A/RES/60/147 (2005), da Assembleia Geral das Nações Unidas, que adotou os Princípios Básicos e Diretrizes sobre o Direito a uma Medida de Reparação para Vítimas de Graves Violações ao Direito Internacional dos Direitos Humanos e ao Direito Internacional Humanitário, especialmente os Princípios 4 e 5.[368]

No caso *Kadi* (I), o Tribunal de Justiça da União Europeia (TJUE) afirmou que o direito à proteção judicial efetiva é um princípio geral do direito comunitário decorrente da herança constitucional dos Estados Membros da UE, tendo sido reconhecido pelo art. 47 da Carta de Direitos Fundamentais da União Europeia (CDFUE) e pelos arts. 6º e 13 da CEDH.[369] Conforme

---

367. "As the Guiding Principles make clear, access to effective remedy has both procedural and substantive aspects. It refers both to the processes through which allegations can be raised and remedy sought and to the substantive outcomes of those processes for the affected individual or community". UNITED NATIONS. Office of the United Nations High Commissioner for Human Rights. **Access to remedy in cases of business-related human rights abuse:** an interpretive guide. New York and Geneva: UN, 2024, p. 21, 25, 27 e 29.

368. UN Guiding Principles: "4. In cases of gross violations of international human rights law and serious violations of international humanitarian law constituting crimes under international law, States have the duty to investigate and, if there is sufficient evidence, the duty to submit to prosecution the person allegedly responsible for the violations and, if found guilty, the duty to punish her or him. *Moreover, in these cases, States should, in accordance with international law, cooperate with one another and assist international judicial organs competent in the investigation and prosecution of these violations.* 5. To that end, where so provided in an applicable treaty or under other international law obligations, States shall incorporate or otherwise implement within their domestic law appropriate provisions for universal jurisdiction. Moreover, where it is so provided for in an applicable treaty or other international legal obligations, States should facilitate extradition or surrender offenders to other States and to appropriate international judicial bodies and provide judicial assistance and other forms of cooperation in the pursuit of international justice, including assistance to, and protection of, victims and witnesses, consistent with international human rights legal standards and subject to international legal requirements such as those relating to the prohibition of torture and other forms of cruel, inhuman or degrading treatment or punishment". UNITED NATIONS. General Assembly. **Basic Principles and Guidelines on the Right to a Remedy and Reparation for Victims of Gross Violations of International Human Rights Law and Serious Violations of International Humanitarian Law** (A/RES/60/147), 15 December 2015. Disponível em: https://www.ohchr.org/en/instruments-mechanisms/instruments/basic-principles-and-guidelines-right-remedy-and-reparation. Acesso em: 10 jun. 2023.

369. TRIBUNAL DE JUSTIÇA DA UNIÃO EUROPEIA. Acórdão de 3 de setembro de 2008. **Processos C-402/05 P e C-415/05 P, Yassin Abdullah Kadi e Al Barakaat International Foundation contra Conselho da União Europeia e outros.** Disponível em: https://curia.europa.eu/

este último artigo, "qualquer pessoa cujos direitos e liberdades reconhecidos na [...] Convenção tiverem sido violados tem direito a recurso perante uma instância nacional".[370] O direito ao recurso efetivo deve ter relação com a violação de um dos direitos convencionais. Entre esses remédios efetivos (*effective remedies; recursos efectivos; recours effectifs*) estão ações diretas de inconstitucionalidade;[371] ações civis de reparação por dano moral;[372] recursos especiais sobre questões de direito;[373] a persecução criminal rigorosa;[374] e outros mecanismos judiciais ou não destinados a assegurar a proteção dos direitos humanos no nível interno dos Estados Partes, antes que a alegada vítima possa acionar a instância regional do TEDH, em harmonia com o princípio da subsidiariedade da jurisdição internacional.[375]

O direito a um remédio efetivo pode ser exercido perante uma autoridade nacional, que pode ser judicial ou de outra natureza, desde que esta tenha competência para tomar decisões impositivas e executórias para a tutela do direito violado.[376] Para ser efetivo, o remédio deve ser suficiente para o fim pretendido, embora o resultado possa ser incerto, e deve ser célere e acessível às partes.[377] Quando o direito a vida está em jogo, a noção de remédio efetivo abrange ao menos o direito a reparação e o direito a uma investigação

juris/document/document.jsf?text=&docid=67611&pageIndex=0&doclang=PT&mode=lst&dir=&occ=first&part=1&cid=1454393. Acesso em: 2 jun. 2023.

370. COUNCIL OF EUROPE. **European Convention on Human Rights**. Disponível em: https://www.echr.coe.int/documents/d/echr/convention_ENG . Acesso em: 10 jul. 2023.
371. EUROPEAN COURT OF HUMAN RIGHTS. **Case of Mendrei v. Hungary** (dec.), 5 July 2018. Disponível em: https://laweuro.com/?p=7365. Acesso em: 10 jul. 2023.
372. EUROPEAN COURT OF HUMAN RIGHTS. **Case of Saygılı v. Turkey** (dec.), 11 July 2017. Disponível em: https://hudoc.echr.coe.int/eng#{%22itemid%22:[%22001-177130%22]} . Acesso em: 10 jul. 2023.
373. EUROPEAN COURT OF HUMAN RIGHTS. **Case of Di Sante v. Italy** (dec.), 24 June 2004. Disponível em: https://hudoc.echr.coe.int/eng#{%22itemid%22:[%22001-45118%22]}. Acesso em: 10 jul. 2023.
374. EUROPEAN COURT OF HUMAN RIGHTS. **Case of Aksoy v. Turkey**. Judgment 18 December 1996, § 98. Disponível em: https://hudoc.echr.coe.int/fre#{%22itemid%22:[%22001-58003%22]}. Acesso em: 10 jul. 2023.
375. EUROPEAN COURT OF HUMAN RIGHTS. **Guide on Article 13 of the European Convention on Human Rights:** Right to an effective remedy, updated on 31 August 2022, p. 7, § 2. Disponível em: https://www.echr.coe.int/documents/d/echr/guide_art_13_eng. Acesso em: 10 jul. 2023.
376. EUROPEAN COURT OF HUMAN RIGHTS. **Guide on Article 13 of the European Convention on Human Rights:** Right to an effective remedy, updated on 31 August 2022, p. 12-13, §§ 25-30. Disponível em: https://www.echr.coe.int/documents/d/echr/guide_art_13_eng. Acesso em: 10 jul. 2023.
377. Disse o TEDH: "the notion of an *effective remedy* entails, in addition to the payment of compensation where appropriate, a thorough and effective investigation capable of leading to the identification and punishment of those responsible and including effective access for the complainant to the investigatory procedure". EUROPEAN COURT OF HUMAN RIGHTS. **Case**

rigorosa, capaz de levar à punição dos responsáveis pela violação.[378] Todos esses remédios servem ao direito de acesso à justiça, do qual decorre "um dever de agir para promover todas as esferas de direitos humanos".[379]

A Corte Interamericana de Direitos Humanos mais de uma vez também tem afirmado tal direito, extraindo-o do art. 25 da Convenção Americana de 1969, como um pilar do estado de Direito.[380] Resultam disso os denominados "*victim-centered remedies*",[381] isto é, as ações, processos, recursos e medidas que focam nos interesses das vítimas, sem, contudo, ignorar as garantias dos acusados, um difícil equilíbrio que pode ser alcançado nos Estados Democráticos de Direito. Tal concepção dá a tais remédios (instrumentos, medidas etc.) um amplo escopo. Serão compatíveis com as convenções de direitos humanos as ferramentas processuais, previstas em lei, que promovam a efetiva proteção dos direitos convencionais.

Quando há elementos de internacionalidade (*extranéité*), quais são então as providências que concretizam tais obrigações positivas de modo efetivo? No contexto da cooperação jurídica internacional, o direito à proteção efetiva se apresenta no aspecto passivo, quando o investigado ou réu é alvo de uma medida no Estado requerido, podendo nele impugnar os pedidos ou resistir à pretensão transnacional, perante os tribunais do Estado requerido e também os do Estado requerente, mediante um recurso ou remédio efetivo.[382] Por sua vez, a vítima também pode reclamar proteção

---

of Çelik and İmret v. Turkey. Judgment 26 October 2004, §§ 54 e 59. Disponível em: https://hudoc.echr.coe.int/fre#{%22itemid%22:[%22001-67194%22]}. Acesso em: 10 jul. 2023.

378. EUROPEAN COURT OF HUMAN RIGHTS. **Case of Kaya v. Turkey**. Judgment 19 February 1998, § 107. Disponível em: https://hudoc.echr.coe.int/app/conversion/pdf/?library=ECHR&id=-001-58138&filename=001-58138.pdf. Acesso em: 3 jun. 2023.

379. Segundo Alle, com que concordamos, "cooperar é um caminho necessário para o cumprimento desse dever". ALLE, Saulo Stefanone. **Cooperação jurídica internacional e auxílio direto ativo em matéria penal**. Belo Horizonte: Arraes Editores, 2017, p. 75.

380. CORTE INTERAMERICANA DE DIREITOS HUMANOS. **Cuadernillos de jurisprudência de la Corte**, No. 13: Protección Judicial. San José: Corte IDH, 2021, p. 3. Vide também: CORTE INTERAMERICANA DE DIREITOS HUMANOS. Caso Mohamed vs. Argentina. Sentencia de 23 de noviembre de 2012, § 82. Disponível em: https://www.corteidh.or.cr/docs/casos/articulos/seriec_255_esp.pdf. Acesso em: 2 jun. 2023.

381. HUNEEUS, Alexandra. International Criminal Law by Other Means: The Quasi-criminal Jurisdiction of the Human Rights Courts. **American Journal of International Law**, *[S. l.]*, v. 107, n. 1, p. 1–44, 2013, p. 3.

382. O caso *Wong Ho Wing* trata da responsabilidade internacional do Estado peruano pela demora excessiva do processo de extradição de Wong Ho Wing, um cidadão chinês procurado pelas autoridades de Hong Kong, que esteve preso durante a tramitação. Discutiu-se também o seu direito de impugnar a decisão do Poder Executivo sobre sua extradição, em recurso com efeito suspensivo. CORTE INTERAMERICANA DE DIREITOS HUMANOS. **Caso Wong Ho Wing vs. Perú.** Sentencia de 30 de junio de 2015, §§ 196 e 205. Disponível em: https://corteidh.

efetiva, que pode se materializar no curso da cooperação ativa, com a adoção de providências estatais de devida diligência para a persecução criminal (prisional ou probatória) ou para a recuperação de bens, direitos e valores expatriados. O acusado também se beneficia de medidas de cooperação ativa, especialmente na produção probatória de seu interesse no exterior, para alcançar evidências que podem ser cruciais para sua defesa e absolvição. No momento da execução penal, a transferência de pessoas condenadas é um remédio efetivo para promover a ressocialização do apenado no seu país de nacionalidade ou de sua residência habitual. Essa concepção se amolda mesmo a pedidos cíveis de cooperação internacional, como a concretização de medidas de retorno de crianças e adolescentes, mediante a aplicação da Convenção da Haia sobre os Aspectos Civis do Sequestro Internacional de Crianças, de 1980. A demora na execução de pedidos de cooperação desta natureza tem impacto significativo no direito à convivência familiar e nos direitos de guarda, assim como serve como antídoto ao gravíssimo problema da alienação parental transnacional.

No processo penal internacional ou no processo penal transnacional, os remédios efetivos correspondem às modalidades de cooperação jurídica internacional assinaladas por Bassiouni, com os acréscimos que fazemos. Consideradas as posições da vítima, do acusado e de outros personagens do processo penal, tais mecanismos de cooperação funcionam como remédios efetivos para a tutela de seus direitos convencionais, de cunho material (vida, liberdade, privacidade etc.) ou processual (*due process*, prazo razoável, acesso à justiça etc.).

As seis principais modalidades (*modalities*) de cooperação jurídica interestatal, na lição de Bassiouni são: a) o reconhecimento de sentenças penais estrangeiras; [383] b) a extradição; c) o auxílio judiciário mútuo em matéria penal; d) a transferência de processos penais; e) a transferência de pessoas condenadas; e f) a apreensão e confisco do produto ilícito do crime.[384] In-

---

scjn.gob.mx/buscador/doc?doc=casos_sentencias/297_CasoWongH0WingVsPeru_ExcepcionFondoReparacionesCostas.htm . Acesso em: 2 jun. 2023.

383. A legislação cabo-verdiana também prevê a cooperação internacional para a "vigilância de pessoas condenadas ou libertadas condicionalmente", ou seja, para a execução penal de penas não privativas de liberdade. CABO VERDE. **Lei nº 6/VIII/2011, de 29 de agosto de 2011**. Disponível em: https://www.ministeriopublico.cv/index.php/component/jdownloads/send/10-ministerio-publico-na-jurisdicao-crimninal/63-lei-de-cooperacao-judiciaria-internacional-lei-n-6-viii-2011?Itemid=0. Acesso em: 2 jun. 2023.

384. BASSIOUNI, M. Cherif. Policy Considerations on Interstate Cooperation in Criminal Matters. **Pace International Law Review**, *[S. l.]*, v. 4, n. 1, p. 123-145, 1992, p. 133.

serimos[385] outras providências em tal grupo: g) as medidas de comunicação processual; h) a entrega vertical e horizontal, ao lado da extradição; i) as demais formas de confisco, a saber, o confisco por equivalência, o confisco alargado e o perdimento civil (*non-conviction based forteiture*; *extinción de domínio*); j) as medidas de coordenação de jurisdições para investigações conjuntas (ECI); k) as medidas transnacionais reparatórias não pecuniárias; e l) as medidas de proteção pessoal transnacional.[386]

Muitas dessas modalidades de cooperação internacional estão previstas expressamente nas convenções de supressão (*suppression treaties*), ou em tratados bilaterais ou multilaterais específicos (não criminalizadores) de assistência jurídica em matéria penal (MLATs). Outras têm um arcabouço jurídico ainda escasso. É a conjugação dessas normas dos regimes de proibição e do direito interno com os dispositivos convencionais dos regimes de proteção que elucida as obrigações processuais positivas de cooperar, como remédios efetivos para a proteção de direitos fundamentais processuais e materiais de acusados e de vítimas.

Cervini diz que "nesse frágil equilíbrio dinâmico, entre eficiência da prestação assistencial e garantias dos concernidos, se encontra precisamente a funcionalidade legitimante da moderna cooperação penal internacional".[387] Esta concepção é absolutamente coincidente com o fundamento da cooperação jurídica internacional em matéria cível. Sobre o ponto, Cebrián Salvat advoga que o fundamento da cooperação jurídica internacional é a

---

385. Para um exame dos conceitos e contornos de cada uma dessas modalidades cooperacionais, vide: ARAS, Vladimir. Direito probatório e cooperação jurídica internacional. *In*: SALGADO, Daniel de Resende; QUEIROZ, Ronaldo Pinheiro de. **A prova no enfrentamento à macrocriminalidade**. 2.ed. Salvador: JusPodivm, 2016, p. 315-382. Vide ainda: ARAS, Vladimir. Cooperação penal internacional na nova lei de migração: atribuição e competência para os pedidos ativos e passivos. *In*: VELLOSO, Ana Flávia Penna; JARDIM, Tarciso Dal Maso (org.). **A nova lei de migração e os regimes internacionais**. Belo Horizonte: Fórum, 2021. p. 191–214. Cf. também: ARAS, Vladimir. A transferência internacional de pessoas condenadas. *In*: VELLOSO, Ana Flávia Penna; JARDIM, Tarciso Dal Maso (org.). **A nova lei de migração e os regimes internacionais**. Belo Horizonte: Fórum, 2021. p. 215–232. Por fim, v.: ARAS, Vladimir. O reconhecimento de sentenças penais estrangeiras no Brasil: os casos Robinho, Falco e Narbondo. **Revista do Ministério Público do Estado do Rio Grande do Sul**, *[S. l.]*, v. 93, p. 161–194, 2023.

386. O desenvolvimento dessas medidas de proteção se acentuou a partir da Convenção de Palermo, do ano 2000, como se nota de seu art. 24, que cuida de proteção a testemunhas, e do art. 25 que trata da proteção vitimária. Tais dispositivos alcançam também os réus colaboradores. UNITED NATIONS. United Nations **Convention Against Transnational Organized Crime and the Protocols Thereto**, adopted at Palermo on 15 December 2000. Disponível em: https://www.unodc.org/documents/treaties/UNTOC/Publications/TOC%20Convention/TOCebook-e.pdf. Acesso em: 10 jul. 2023.

387. CERVINI, Raúl; TAVARES, Juarez. **Princípios de cooperação judicial penal internacional no Protocolo do Mercosul.** São Paulo: Revista dos Tribunais, 2000, p. 50.

necessidade de assegurar os direitos dos jurisdicionados a uma prestação jurisdicional efetiva.[388] Esta é realmente, segundo pensamos, a razão pela qual se deve prestar assistência judicial internacional, seja no âmbito penal, seja no âmbito civil: assegurar direitos.

3.8. OS IMPACTOS NEGATIVOS DA COOPERAÇÃO JURÍDICA INTERNACIONAL NOS DIREITOS HUMANOS MATERIAIS E PROCESSUAIS

Os procedimentos de cooperação jurídica internacional "afetam direta ou indiretamente a situação de indivíduos concretos, provocando, em muitos casos, danos claramente irreversíveis na esfera de sua liberdade ou de seu patrimônio."[389] Além de colocarem em risco os direitos materiais, outros direitos também são tensionados ou comprimidos. Previstos nas leis fundamentais e nas principais convenções internacionais de direitos humanos, os direitos humanos processuais – chamados de garantias judiciais pelo art. 8º do Pacto de São Jose da Costa Rica – englobam os direitos de acesso à justiça e à proteção judicial e os direitos atinentes ao devido processo legal (*due process of law*). Seu adensamento deu-se com a Declaração Universal dos Direitos Humanos, de 1948, cujo art. 8º assegura a todos o direito a um "recurso efetivo" contra atos violadores de seus direitos substanciais. Sua implementação depende da existência de outras garantias institucionais, materializadas nas leis que regulam o processo civil, o processo penal e o processo administrativo, e da existência das instituições de administração de justiça que as apliquem e as garantam.[390]

388. "La necesidad de prestar asistencia judicial internacional se fundamenta ahora, de forma mucho más coherente, sobre la base de los intereses privados. [...] Los particulares tienen derecho a uma tutela judicial efectiva no sólo cuando se encuentran ante un litigio interno o nacional, sino también en los litigios internacionales. [...] Denegarles la realización de um acto de asistencia judicial internacional que sea necesario [...] sería vulnerar ese derecho a la tutela judicial efectiva". CEBRIÁN SALVAT, María Asunción. **La asistencia judicial internacional en España**. Granada: Editorial Comares, 2018, p. 15.

389. CERVINI, Raúl. El principio de confidencialidad en la cooperación judicial penal internacional su relación con el ejercicio efectivo de la magistratura de la defensa, en particular, a la luz del protocolo del Mercosur. **Revista de Derecho: Facultad de Derecho de la Universidad Católica de Uruguay**, Montevideo, n. 6, p. 11–29, 2011, p. 15.

390. LEDESMA, María Elizabeth López. **Los derechos humanos procesales em las causas criminales indígenas de los siglos XVII y XVIII em Nueva España**. 2016. Tese (Doutorado em Direito] – Instituto de Derechos Humanos Bartolomé de las Casas, Universidad Carlos III de Madrid, Madrid, 2016, p. 25. Disponível em: https://e-archivo.uc3m.es/handle/10016/22583. Acesso em: 4 mai. 2023.

A integração entre os Estados por meio da cooperação jurídica internacional não é uma "terra de ninguém fronteiriça" (*no man's land between borders*), para usar uma expressão de Gless.[391] A submissão de alguém a procedimentos de cooperação internacional não pode resultar na diminuição de suas garantias processuais ou do direito a um processo justo.[392] A inclusão da pessoa humana nos processos cooperacionais foi chamada por Lagodny de doutrina *tridimensional*, na qual a ela seriam concedidos direitos e garantias. O indivíduo não seria mais um mero objeto na relação entre dois Estados;[393] a relação jurídica interestatal passou a ser tripolar.[394] No século 21, a inserção da vítima como sujeito nos procedimentos de cooperação internacional criou um sistema de *quatro dimensões*. A ocupação pela vítima do seu lugar na extradição e nos pedidos de assistência jurídica mútua é mais uma etapa da internacionalização dos direitos humanos. Essa nova concepção exige, como explica Zimmermann, que o Estado requerente e o Estado requerido ponham:

> [...] no centro do procedimento a proteção dos interesses do indivíduo, que passaria então da fase de objeto de cooperação para a de sujeito (central) do procedimento. Concretamente, isto implica um exame cuidadoso do pedido estrangeiro, não à luz dos tratados de cooperação, mas dos direitos individuais, cujo respeito se torna o princípio fundamental da cooperação (e já não a própria cooperação). Disto resulta o abandono do princípio do favorecimento (*principe de faveur*),[395] a aplicação estrita da máxima de ofício no exame do pedido estrangeiro, a limitação da concessão condicional de cooperação, a

391. GLESS, Sabine. Transnational Cooperation in Criminal Matters and the Guarantee of a Fair Trial: Approaches to a General Principle. **Utrecht Law Review**, *[S. l.]*, v. 9, n. 4, p. 108, 2013.

392. BACHMAIER WINTER, Lorena. Transnational Criminal Proceedings, Witness Evidence and Confrontation: Lessons from the ECtHR's Case Law. **Utrecht Law Review**, *[S. l.]*, v. 9, n. 4, p. 128, 2013.

393. LAGODNY, Otto. Die Rechtsstellung des Auszuliefernden in der Bundesrepublik Deutschland. Freiburg: Max Planck-Institut, 1987, p. 98 e 259 *apud* GLESS, Sabine. The Acquisition of Legal Status by Individuals in Transnational Criminal Proceedings in Europe. *In*: BOISTER, Neil; GLESS, Sabine; JESSBERGER, Florian (org.). **Histories of Transnational Criminal Law**. Oxford, United Kingdom; New York, NY: Oxford University Press, 2021, p. 300–318, p. 315.

394. LAGODNY, Otto. **The individual as subject of international cooperation in criminal matters: a comparative study**. Baden-Baden: Nomos, 2002, p. 3. Disponível em: https://pure.mpg.de/rest/items/item_2502206/component/file_3014506/content. Acesso em: 2 jun. 2023.

395. Este princípio, que é um *favor libertatis*, não se confunde com o princípio *favor commissionis*, também chamando de princípio *pro solicitudine*. Sobre este último, ver: WEBER, Patrícia Maria Núñez. Cooperação internacional penal: conceitos básicos. In: MINISTÉRIO PÚBLICO FEDERAL. **Temas de Cooperação Internacional**. Brasília: MPF, Secretaria de Cooperação Internacional, p. 25-38, 2015, p. 34.

prioridade dos interesses individuais sobre os interesses públicos, o pleno reconhecimento do direito recorrer de decisões de execução.[396]

A interação cada vez mais intensa de diferentes sistemas jurídicos pode aumentar os riscos de violações de direitos materiais e processuais de acusados, vítimas ou de outros sujeitos processuais. Eventuais "violações extraterritoriais" dos tratados de direitos humanos, no contexto da cooperação internacional ocorrem "quando há uma negativa flagrante do direito a um julgamento justo no Estado terceiro", conforme Schabas. Contudo, o TEDH tem recusado a tarefa de realizar um escrutínio mais profundo dos procedimentos judiciais estrangeiros[397] devido a "preocupações de que tal revisão" de algum modo contrarie "a tendência atual de fortalecer a cooperação internacional na administração da justiça", uma "tendência que em princípio é de interesse das pessoas envolvidas".[398] Contudo, os próprios marcos jurídicos cooperacionais – aqueles dos regimes de proibição e os dos conjuntos normativos puramente processuais – passaram as prever garantias para a pessoa humana.[399]

Os riscos carreados por processos de extradição e entrega formam a principal base jurisprudencial da questão. A razão de ser está no valor supremo da liberdade, que é posta na berlinda quando há a transferência de custódia de um Estado a outro. Outra razão está na profusão de tratados de extradição e na longevidade do instituto, cuja formulação contemporânea já é pluricentenária.

A possibilidade de impugnar provas obtidas no exterior é outro problema crucial da cooperação internacional em matéria penal. A legislação dos Estados e os tratados de MLA devem prever um duplo mecanismo de

396. ZIMMERMANN, Robert. **La cooperation judiciaire internationale en matière pénale**. 5e édition ed. Berne: Stämpfli editions, 2019, p. 12.

397. SCHABAS, William. **The European convention on human rights: a commentary**, First edition. Oxford, United Kingdom: Oxford University Press, 2015, p. 127.

398. EUROPEAN COURT OF HUMAN RIGHTS. **Case of Drozd and Janousek v. France and Spain.** Judgment 26 June 1992, § 110. Disponível em: https://hudoc.echr.coe.int/eng?i=001-57774. Acesso em: 10 mai. 2023.

399. Convenção de Nova York de 1999: "Artigo 17. A qualquer pessoa mantida sob custódia ou a respeito da qual quaisquer outras medidas sejam tomadas ou que estejam sendo processadas em conformidade com a presente Convenção será assegurado tratamento justo, inclusive o gozo de todos os direitos e garantias que lhe faculta a legislação do Estado em cujo território a pessoa estiver presente, bem como as disposições do direito internacional, inclusive o direito internacional sobre direitos humanos". UNITED NATIONS. **International Convention for the Suppression of the Financing of Terrorism,** adopted at New York, on 9 December 1999. Disponível em: https://treaties.un.org/doc/db/terrorism/english-18-11.pdf. Acesso em: 2 jun. 2023.

controle, que concilie um *standard* internacional e um *standard* doméstico de conformidade. Primeiramente, a produção probatória no Estado *requerido* deve ser avaliada no Estado *requerente* diante do paradigma internacional de controle, formado pelos tratados internacionais aplicáveis e pela jurisprudência das cortes internacionais de direitos humanos pertinentes. Tal prova deve ser checada também quanto à legalidade de sua produção segundo o *standard* doméstico do Estado requerido. Cabe, portanto, ao Estado requerente, observando o princípio *lex diligentiæ*, verificar a dupla conformidade da prova em confronto com o direito interno do Estado requerido e com o *standard* mínimo vigente tendo em conta os direitos humanos (inclusive processuais) internacionalmente reconhecidos,[400] sem prejuízo de sua própria ordem pública.

Outra dimensão do problema da violação de direitos humanos como resultado da cooperação internacional está na diversidade de sistemas jurídicos quando se tem em vista o princípio da dupla incriminação. Os Estados Unidos da América nos fornecem o melhor exemplo dessas tensões, pois têm uma legislação bastante ampla sobre *free speech*, conceito que abarca condutas que, noutros países como a França e o Brasil, podem configurar crimes de preconceito ou discriminação racial. Pedidos dirigidos aos Estados Unidos que violem a Primeira Emenda à Constituição não são processados.[401] A principiologia da cooperação internacional opera para a recusa de execução do pedido, por falta de dupla incriminação ou por ofensa à ordem pública, ou para a limitação do uso da prova eventualmente entregue ao Estado requerente, em respeito ao princípio da especialidade.

---

400. Diz Currie: "1. States should include in MLATs a clause to the following effect: (a) the requested State shall, in the rendering of assistance, observe the norms contained in any human rights treaty to which it is a party, under customary international law, or under the domestic law of the requested State; (b) evidence obtained through serious violations of international human rights norms shall not be admissible in the requesting State. 2. States should amend their domestic MLA statutes or other relevant laws to ensure: (a) that courts in criminal proceedings are required to exclude evidence which is the product of serious violations of human rights norms contained in any human rights treaty to which it is a party, under customary international law, or under the domestic law of the requested State; (b) that individuals are entitled to assert these rights". CURRIE, Robert J. Human Rights and International Mutual Legal Assistance: resolving the tension. **Criminal Law Forum**, *[S. l.]*, v. 11, n. 2, p. 143–182, 2000, p. 180.

401. A autoridade central norte-americana, o *Office of International Affairs* (OIA), um órgão na Divisão Criminal da Procuradoria dos Estados Unidos, dentro do Departamento de Justiça, "reviews incoming MLA requests to screen out evidence that will be used to prosecute speech crimes, such as criminal libel, political dissent, or blasphemy". SWIRE, Peter; HEMMINGS, Justin D. Mutual legal assistance in an era of globalized communications: the analogy to the visa waiver program. **New York University Annual Survey of American Law**, *[S. l.]*, v. 71, n. 4, p. 687–740, 2016, p. 735-736.

Examinemos a seguir, com mais profundidade, os problemas apontados, que se relacionam à (in)existência de remédios efetivos para tutela de direitos na cooperação jurídica internacional, uma obrigação positiva que cumpre aos Estados observar, num primeiro nível, por meio de leis, e, no segundo nível, mediante o emprego correto de mecanismos concretos (as "modalidades") caso a caso.

3.8.1. A Extradição como Fator de Risco a Direitos Materiais

Houve um tempo em que a temática de direitos humanos não tinha espaço algum na cooperação jurídica internacional. Gless relata que, em 1909, a Corte Imperial alemã (*Reichsgericht*) decidiu que a extradição era um assunto entre os governos e que "o extraditando era um mero objeto a ser entregue".[402] A aquisição de direitos pelos extraditandos foi um processo que se consolidou ao longo do século 20,[403] muito embora já em meados do século 19 a Bélgica e a França tenham começado a adotar uma abordagem mais inclusiva nos seus tratados de extradição.[404]

Segundo a concepção antes vigente, em se tratando de extradição, não se impunha ao Estado extraditante o ônus de verificar se o julgamento a ser conduzido no Estado requerente seria compatível com o devido processo convencional.[405] Contudo, atualmente, se houver o risco de que o extraditando sofrerá flagrante denegação de justiça (*flagrant denial of justice*) no Estado requerente, o Estado Parte requerido pode recusar-se a cooperar ou estabelecer condições compensatórias. Embora o TEDH não a tenha definido, a expressão *flagrant denial of justice* (*un déni de justice flagrant*) tem alcance restrito, indo além de meras irregularidades processuais.[406] A casuística

402. GLESS, Sabine. The Acquisition of Legal Status by Individuals in Transnational Criminal Proceedings in Europe. *In*: BOISTER, Neil; GLESS, Sabine; JESSBERGER, Florian (org.). **Histories of Transnational Criminal Law**. Oxford, United Kingdom; New York, NY: Oxford University Press, 2021, p. 300–318, p. 310.

403. GLESS, Sabine. Op. cit., p. 310.

404. GLESS, Sabine. Op. cit., p. 313.

405. EUROPEAN COURT OF HUMAN RIGHTS. **Case of Drozd and Janousek v. France and Spain.** Judgment 26 June 1992, § 110. Disponível em: https://hudoc.echr.coe.int/eng?i=001-57774. Acesso em: 10 mai. 2023.

406. Vide os casos *Soering v. the United Kingdom*, 1989, § 113; *Mamatkulov and Askarov v. Turkey* [GC], 2005, §§ 90-91; *Al-Saadoon and Mufdhi v. the United Kingdom*, 2010, § 149; *Ahorugeze v. Sweden*, 2011, § 115; e *Othman (Abu Qatada) v. the United Kingdom*, 2012, § 258, todos do TEDH. Cf. EUROPEAN COURT OF HUMAN RIGHTS. **Guide on Article 6 of the European Convention on Human Rights**: right to a fair trial (criminal limb), Updated on 31 August 2022, p. 107-108, §§ 574-575. Disponível em: https://www.echr.coe.int/documents/d/echr/guide_art_6_criminal_eng. Acesso em: 10 jul. 2023.

revela que podem ser consideradas flagrantes denegações uma condenação à revelia sem possibilidade de rejulgamento a pedido do réu;[407] uma prisão sem acesso a um juízo ou tribunal imparcial para controle da privação de liberdade;[408] a recusa do direito à assistência jurídica por um advogado, notadamente quando se trata de pessoa presa em país estrangeiro;[409] ou o uso em juízo de declarações ou confissões obtidas mediante tortura.[410] Para serem assim classificadas, tais situações devem acarretar um risco real para a pessoa extraditanda, que lhe cabe demonstrar, tendo em conta sua condição pessoal e a conjuntura político-institucional no Estado requerente.[411]

No caso *Altun vs. Alemanha*, apreciado em 1983, a hoje extinta Comissão Europeia de Direitos Humanos admitiu o processamento do pedido diante da possiblidade de que o réu pudesse ser torturado no Estado requerente (a Turquia), o que violaria o art. 3º da Convenção Europeia.[412] Para Zimmer-

---

407. Vide os casos *Einhorn v. France* (dec.), 2001, § 33; *Sejdovic v. Italy* [GC], 2006, § 84; e *Stoichkov v. Bulgaria*, 2005, § 56, todos do TEDH.
408. EUROPEAN COURT OF HUMAN RIGHTS. **Case of Al-Moayad v. Germany** (dec.), 20 February 2007, § 101. Disponível em: https://hudoc.echr.coe.int/eng#{%22itemid%22:[%22001-79710%22]}. Acesso em: 10 jul. 2023.
409. TEDH: "A flagrant denial of a fair trial, and thereby a denial of justice, undoubtedly occurs where a person is detained because of suspicions that he has been planning or has committed a criminal offence without having any access to an independent and impartial tribunal to have the legality of his or her detention reviewed and, if the suspicions do not prove to be well-founded, to obtain release [...]. Likewise, a deliberate and systematic refusal of access to a lawyer to defend oneself, especially when the person concerned is detained in a foreign country, must be considered to amount to a flagrant denial of a fair trial within the meaning of Article 6 §§ 1 and 3 (c). The Court refers to its well-established case-law in these fields (see, *a fortiori* and among many other authorities, *John Murray v. the United Kingdom*, Judgment 8 February 1996, *Reports* 1996-I, p. 53-56, §§ 59-70; and *Öcalan*, cited above, §§ 131-137, 148)." Cf. ECHR. **Caso Al-Moayad v. Germany** (dec.), 20 February 2007, § 101, já citado.
410. "267. For the foregoing reasons, the Court considers that the admission of torture evidence is manifestly contrary, not just to the provisions of Article 6, but to the most basic international standards of a fair trial. It would make the whole trial not only immoral and illegal, but also entirely unreliable in its outcome. It would, therefore, be a flagrant denial of justice if such evidence were admitted in a criminal trial". EUROPEAN COURT OF HUMAN RIGHTS. **Case of Othman (Abu Qatada) v. the United Kingdom**. Judgment 17 January 2012, § 267. Disponível em: https://www.refworld.org/cases,ECHR,4f169dc62.html. Acesso em: 10 jul. 2023. Vide também o caso *El Haski v. Belgium,* 2012, § 85.
411. EUROPEAN COURT OF HUMAN RIGHTS. **Guide on Article 6 of the European Convention on Human Rights:** right to a fair trial (criminal limb), Updated on 31 August 2022, p. 108, §§ 576-577. Disponível em: https://www.echr.coe.int/documents/d/echr/guide_art_6_criminal_eng. Acesso em: 10 jul. 2023.
412. EUROPEAN COMMISSION ON HUMAN RIGHTS. **Case of Cemal Kemal Altun v. Germany.** Judgment 12 March 1984. Disponível em: https://www.refworld.org/cases,COECOMMHR,3ae6b6f7c.html. Acesso em: 10 mai. 2023.

man, deve ser rechaçada a visão de que a inserção da abordagem de direitos humanos no prévio exame dos pedidos seria um obstáculo à cooperação jurídica internacional. A execução de pedidos estrangeiros às vezes depende de medidas que podem restringir inclusive o direito à vida e o direito de liberdade, "e não é menos óbvio que os Estados sempre prestaram grande atenção à proteção jurídica das pessoas afetadas por medidas coercitivas".[413]

O fato é que a mera transferência internacional da custódia de uma pessoa, seja por meio de extradição ou de entrega, pode ter impacto em seus direitos materiais e nos seus direitos *processuais*. O mesmo fenômeno ocorre quando há a transferência de processos penais ou da execução penal, quando a movimentação transnacional da persecução fará incidir uma *outra ordem jurídica* sobre o procedimento criminal. Quando esses diferentes ordenamentos forem equivalentes, não haverá impacto significativo no direito de defesa. Contudo, se os níveis de proteção forem diversos, poderemos estar diante de um risco de violação a uma garantia judicial internacionalmente reconhecida.

No campo extradicional, um dos precedentes de direitos humanos mais significativos é o caso de Jens Soering.[414] Em 1989, esse cidadão alemão foi preso no Reino Unido, a pedido dos Estados Unidos, como suspeito de um duplo homicídio. Sua extradição foi impugnada nos tribunais britânicos, sem sucesso. Em Estrasburgo, o TEDH determinou haver potencial violação ao art. 3º da Convenção Europeia, que veda a tortura e tratamentos semelhantes, razão pela qual Jens Soering não poderia ser extraditado. Considerou-se que a permanência do extraditando no corredor da morte nos EUA corresponderia a um tratamento cruel, desumano ou degradante. Como consequência da decisão, o Estado da Virgínia modificou sua lei, e o governo federal norte-americano pôde assumir perante Londres o compromisso de que não seria aplicada pena de morte a Soering. Conforme Abade, esse precedente consagrou na jurisprudência europeia a doutrina do ricochete, também conhecida como teoria da proteção indireta (*indirect protection*

413. ZIMMERMANN, Robert. **La cooperation judiciaire internationale en matière pénale**. 5e édition ed. Berne: Stämpfli editions, 2019, p. 220, § 211.

414. TEDH: "The alleged breach derives from the applicant's exposure to the so-called *death row phenomenon*. This phenomenon may be described as consisting in a combination of circumstances to which the applicant would be exposed if, after having been extradited to Virginia to face a capital murder charge, he were sentenced to death. EUROPEAN COURT OF HUMAN RIGHTS. **Case of Soering v. The United Kingdom** [GC]. Judgment, 7 July 1989, § 81. Disponível em: https://hudoc.echr.coe.int/eng#{%22itemid%22:[%22001-57619%22]}. Acesso em: 10 mai. 2023.

ou *protection par ricochet*).[415] Deste modo, caso um pedido de extradição ponha em risco direitos do extraditando, como, por exemplo, a vida, cabe ao Estado requerido cumprir suas obrigações processuais positivas para impedir que tal violação ocorra.[416]

Não se trata meramente de uma abstenção, mas de uma atitude cooperacional proativa. Os Estados Partes da CEDH devem, desde então, cooperar cautelosamente com Estados terceiros porque podem ser responsabilizados perante o TEDH por violações de suas obrigações convencionais mesmo quando ocorridas no Estado de destino.[417]

Antes da implantação do sistema de entregas[418] na União Europeia, o Tribunal Constitucional espanhol proferiu uma decisão bastante significativa sobre a possibilidade de restrição da extradição diante do risco de convalidação de violações ao devido processo legal no Estado requerente. No caso *Paviglianiti*, discutiu-se um pedido de extradição enviado pela Itália à Espanha para transferência da custódia de Domenico Paviglianiti, que, tendo sido acusado de inúmeros crimes como membro da *'Ndrangheta*, fora condenado à revelia em dois desses casos, pela justiça italiana em Turim e Bari, a 12 e a 20 anos de reclusão, respectivamente. Conforme a ordem jurídica espanhola, não é possível a condenação criminal de réus revéis em crimes graves, o que levou o Tribunal Constitucional em Madri a considerar vulnerado o direito de defesa do extraditando, consoante o art. 24.2 da Constituição espanhola, que "veda absolutamente o julgamento penal à revelia" ou *in absentia* (*contumacia; rebeldía*). Deste modo, a entrega extradicional da pessoa buscada pela Itália deveria ter sido denegada pelos

415. ABADE, Denise Neves. **Direitos fundamentais na cooperação jurídica internacional:** extradição, assistência jurídica, execução de sentença estrangeira e transferência de presos. 1. ed. São Paulo: Ed. Saraiva, 2013, p. 130-131.

416. CORTE INTERAMERICANA DE DIREITOS HUMANOS. **Caso Wong Ho Wing vs. Perú.** Sentencia de 30 de junio de 2015. Disponível em: https://corteidh.scjn.gob.mx/buscador/doc?doc=casos_sentencias/297_CasoWongH0WingVsPeru_ExcepcionFondoReparacionesCostas.htm . Acesso em: 2 jun. 2023.

417. GLESS, Sabine. Transnational Cooperation in Criminal Matters and the Guarantee of a Fair Trial: Approaches to a General Principle. **Utrecht Law Review**, *[S. l.]*, v. 9, n. 4, p. 93, 2013.

418. No âmbito da UE, a partir de 1º de janeiro de 2004, a extradição foi substituída pela entrega, que se executa mediante a expedição de um mandado de detenção europeu. UNIÃO EUROPEIA. **Handbook on how to issue and execute a European Arrest Warrant.** Commision Notice of 28 September 2017, Brussels, 2017, p. 11. Disponível em: https://e-justice.europa.eu/fileDownload.do?id=db28c045-9f92-472e-9452-518b4ce84712. Acesso em: 4 dez. 2024.

tribunais espanhóis ou condicionada à "celebração de um novo julgamento potencialmente rescisório do mérito da condenação".[419]

A Corte IDH também compreende que, nos procedimentos extradicionais, devem incidir as garantias do devido processo legal e outros direitos humanos internacionalmente reconhecidos. Em *Wong Ho Wing*, de 2015, San José decidiu que os processos de extradição "devem observar as obrigações internacionais dos Estados em matéria de direitos humanos, na medida em que suas decisões possam afetar os direitos das pessoas", atendendo-se a garantias mínimas do devido processo.[420] Mostra-se assim a importância de articular os regimes internacionais de proibição e de proteção.

Em 1990, no Brasil, um caso bem diverso também levou à incidência de restrições de direitos humanos num processo extradicional. Ao julgar o pedido da República do Paraguai para a extradição do ex-ditador paraguaio Alfredo Strossner, o STF brasileiro decidiu que não a autorizaria, por risco de ofensa aos direitos de defesa.

> A perspectiva – inocorrente no caso concreto – de submissão do extraditando a tribunal de exceção, qualquer que seja a noção conceitual que se lhe

419. TC: "Por ello las quejas referidas a la autorización de entrega incondicionada para el cumplimiento de las Órdenes de ejecución núm. 551/1996 de la Fiscalía de Turín, y núm. 154/1996 de la Fiscalía General de Bari, han de ser atendidas. La argumentación ofrecida por las resoluciones de la Audiencia Nacional no se ajusta a las exigencias absolutas que dimanan del derecho de defensa, tal y como las hemos definido, pues admiten la legitimidad constitucional del juicio en contumacia por delito castigado con pena grave cuando no se dan al acusado posibilidades de impugnación ulterior que salvaguarden adecuadamente sus derechos de defensa, lo que determina la estimación parcial de la demanda. Dicha estimación tiene como efecto inmediato la nulidad, también parcial, de las resoluciones que pusieron término al procedimiento de extradición, sólo en la medida en que accedieron a la entrega del demandante para el cumplimiento de las Órdenes de ejecución núm. 551/1996 de la Fiscalía de Turín, y núm. 154/1996 de la Fiscalía General de Bari, sin someterla a la condición de que, mediante un nuevo proceso, se dén al recurrente las posibilidades de impugnación suficientes para salvaguardar sus derechos de defensa". ESPAÑA. Tribunal Constitucional. **STC 91/2000,** de 30 de marzo de 2000, ponente Magistrado Tomás S. Vives Antón, §§ 10 e 16. Disponível em: http://hj.tribunalconstitucional.es/es-ES/Resolucion/Show/4075. Acesso em: 10 jul. 2023.
420. CORTE IDH: "La Corte considera necesario que el derecho a ser oído se garantice en un proceso de extradición. Al respecto, el perito Ben Saul señaló que a la persona se le debe permitir exponer las razones por las cuales no debería ser extraditado. Sin embargo, esto no implica que debe garantizarse en todas las etapas del proceso. Al respecto, la Corte advierte que, en muchos de los Estados Parte de la Convención los procesos de extradición involucran una etapa o aspecto político. Esta circunstancia o caracteristica se desprende de la naturaleza misma de los procesos de extradición, que constituyen procesos de cooperación judicial internacional entre Estados". CORTE INTERAMERICANA DE DIREITOS HUMANOS. **Caso Wong Ho Wing vs. Perú.** Sentencia de 30 de junio de 2015, §§ 208 e 229. Disponível em: https://corteidh.scjn.gob.mx/buscador/doc?doc=casos_sentencias/297_CasoWongH0WingVsPeru_ExcepcionFondoReparacionesCostas.htm . Acesso em: 2 jun. 2023.

> atribua, veda, de modo absoluto, a possibilidade de deferimento do pedido extradicional. A noção de tribunal de exceção admite, para esse efeito, configuração conceitual mais ampla. Além de abranger órgãos estatais criados *ex post facto*, especialmente instituídos para o julgamento de determinadas pessoas ou de certas infrações penais, com evidente ofensa ao princípio da naturalidade do juízo, também compreende os tribunais regulares, desde que caracterizada, em tal hipótese, a supressão, em desfavor do réu, de qualquer das garantias inerentes ao devido processo legal. A possibilidade de privação, em juízo penal, do *due process of law*, nos múltiplos contornos em que se desenvolve esse princípio assegurador dos direitos e da própria liberdade do acusado – garantia de ampla defesa, garantia do contraditório, igualdade entre as partes perante o juiz natural e garantia de imparcialidade do magistrado processante – impede o válido deferimento do pedido extradicional.[421]

Embora as premissas filosófica e normativa estivessem corretas, a abordagem adotada pela Corte – que não exigiu informações adicionais do Estado requerente – impediu que uma pessoa acusada de crimes das mais variadas naturezas e gravidades permanecesse impune, transformando-se o Estado requerido em um *safe haven*. Stroessner viveu no Brasil até a sua morte e jamais foi responsabilizado pelos crimes que cometeu no Paraguai.

No caso *Pinochet*, decidido pelo governo britânico no ano 2000, a extradição solicitada pela Espanha, por crimes cometidos no território chileno, acabou sendo negada pelo Reino Unido por motivos humanitários, em razão de sua condição de saúde.[422] Um direito humano também operou para obstar um procedimento cooperacional. Pinochet morreu sem prestar contas pelos crimes que cometeu durante o seu governo, iniciado com um golpe de Estado em 1973.

Embora não se trate de extradição, vale recordar que, em 2023, o Mecanismo Residual dos Tribunais Penais Internacionais determinou a suspensão por prazo indeterminado do processo penal contra Felicién Kabuga, acusado de genocídio em Ruanda, tendo em conta diagnóstico médico de demência.[423] A paralisação da instância penal internacional é uma decorrência da incidência das normas de direitos humanos em todas

---

421. O pedido paraguaio foi indeferido por unanimidade porque não tinha observado as formalidades previstas no direito interno brasileiro e no tratado entre as partes, o que impediria, por exemplo, o exame da dupla incriminação. BRASIL. Supremo Tribunal Federal. Tribunal Pleno. **Extradição 524**. Relator Ministro Celso de Mello, julgado em 31/10/1990.
422. BERMAN, Paul Schiff. The Globalization of Jurisdiction. **University of Pennsylvania Law Review**, *[S. l.]*, v. 151, n. 2, p. 311–545, 2002, p. 324, nota 36, e p. 361.
423. UNITED NATIONS. International Residual Mechanism for Criminal Tribunals. **Prosecutor v. Félicien Kabuga**, Case No. MICT-13-38-AR80.3, Appeals Chamber, Decision of 7 August 2023, §§ 7, 46 e 77-78. Disponível em: https://www.irmct.org/sites/default/files/case_do-

as etapas do processo criminal, mesmo em proveito de autores de graves crimes contra a humanidade.

As condições do sistema prisional de um Estado também podem impactar no sucesso de um pedido de extradição. Em 2014, o Brasil pediu à Itália a extradição de Henrique Pizzolato, que havia sido condenado por corrupção passiva, peculato e lavagem de dinheiro. Submetido o caso a julgamento pelo Tribunal de Apelação de Bolonha, aquela corte indeferiu o pedido brasileiro em razão das péssimas condições do sistema penitenciário brasileiro, que contrariavam a CEDH. Em recurso à Corte de Cassação em Roma, o Estado brasileiro conseguiu demonstrar que havia unidades prisionais com condições semelhantes às italianas nas quais o extraditando poderia cumprir sua pena. Diante das garantias assumidas pelo Brasil perante a Itália, para o respeito aos direitos humanos do sentenciado durante a execução penal, a Corte e depois o Conselho de Estado permitiram a entrega extradicional,[424] e Pizzolato retornou ao Brasil, para cumprir sua pena.

Na via inversa, o STF brasileiro negou pedidos de extradição ou de prisão extradicional de interesse de países como a China,[425] a Turquia[426]

cuments/DECISION-ON-APPEALS-OF-FURTHER%20DECISION-ON-FE%CC%81LICIEN-KABUGA%E2%80%99S-FITNESS-TO-STAND-TRIAL.pdf. Acesso em: 22 set. 2023.

424. ARAS, Vladimir. A um passo. **Blog do Vlad,** 17 de marco de 2015. Disponível em: https://vladimiraras.blog/2015/03/17/a-um-passo/. Acesso em: 2 jun. 2023. Vide ainda: ARAS, Vladimir; PELLELA, Eduardo. Os caminhos para Roma. Folha de São Paulo, 18 de fevereiro de 2015. Disponível em: https://www1.folha.uol.com.br/fsp/opiniao/208642-os-caminhos-para-roma.shtml. Acesso em: 2 jun. 2023.

425. STF: "6. Não obstante, a jurisprudência do STF impede a extradição nos casos em que se verificar a possibilidade de imposição de pena de morte ou prisão perpétua. Essa vedação consta do art. art. 5º, XLVII, da CF/88, do art. 7º do Pacto Internacional de Direitos Civis e Políticos, art. 5.2 da Convenção Americana de Direitos Humanos e art. 3.1, "i", do Tratado de Extradição firmado entre o Brasil e a China. Precedentes. 7. Os extraditandos demonstraram a aplicação de pena de morte em situação semelhante aos fatos que ensejaram os pedidos formulados pelo Governo da China. 8. Indeferimento dos pedidos de extradição". BRASIL. Supremo Tribunal Federal. 2ª Turma. **Extradição 1424**. Relator Ministro Dias Toffoli, j. em 20/10/2020.

426. STF: "7. É possível também ao Supremo Tribunal Federal rejeitar o pedido de extradição passiva quando a submissão do estrangeiro à Jurisdição do Estado requerente possa implicar em violação a direitos humanos internacionalmente reconhecidos, dentre eles, a garantia de ser julgado por juiz isento, imparcial, e sob a égide do devido processo legal. Óbice também previsto no art. 82, VIII, da Lei de Migração. 8. Ressuma dos autos notícia de que o Estado Requerente vem sendo questionado por atitudes de menoscabo à democracia, inclusive de glosas, feitas pelo Parlamento Europeu, ao aumento do controle realizado pelo Poder Executivo e à pressão política no trabalho dos Magistrados (Resolução de 13 de março de 2019). A isso, somam-se as evidências de instabilidade política, com demissões de juízes e prisões de opositores ao governo. 9. Contexto no qual há fundada dúvida quanto às garantias de que o extraditando será efetivamente submetido a um tribunal independente e imparcial, a

e a Venezuela,[427] devido a possível violação de direitos humanos nessas jurisdições, seja pelo risco de imposição de pena de morte ou por potenciais violações ao devido processo legal, em Estados submetidos a graves situações de instabilidade política ou ainda diante da falta de independência do Poder Judiciário. Nos três casos, a Suprema Corte brasileira adotou *standards* internacionais de direitos humanos para rejeitar os pedidos, no que agiu corretamente ao evitar conferir efeito extraterritorial a dispositivos da Constituição do próprio país. Foram invocados como padrões mínimos a Convenção Americana de Direitos Humanos e o Pacto Internacional de Direitos Civis e Políticos.

A Suprema Corte do Canadá também restringiu a discricionariedade das autoridades locais, especialmente em matéria extradicional, quando em jogo violações a direitos fundamentais de pessoas procuradas ou foragidas. Em 2001, no caso *Estados Unidos vs. Burns*, o tribunal apical canadense determinou que o governo local *deveria* exigir garantias (*assurances*) de que o extraditando não seria submetido a pena de morte no Estado requerente.[428] Tal julgado reverteu precedente em sentido contrário, *Kindler vs. Canadá*,

---

salvo de instabilidades e pressões exógenas e endógenas". BRASIL. Supremo Tribunal Federal. 2ª Turma. **Extradição 1578**. Relator Ministro Edson Fachin, j. em 20/02/2020.

427. STF: "1. Pode o Supremo Tribunal Federal rejeitar pedido de extradição passiva quando a submissão do estrangeiro à Jurisdição do Estado requerente implicar em violação a direitos humanos internacionalmente reconhecidos, dentre eles, a garantia de ser julgado por juiz isento, imparcial, e sob a égide do devido processo legal, o que configura exceção ao princípio da contenciosidade limitada. 2. É relevante a alegação de violação a direitos humanos a futura submissão do extraditando ao julgamento por magistrada demissível ad nutum, que teria sido punida em razão de ter proferido decisão favorável a corréu em situação similar à do extraditando. A isso, soma-se o fato de o Estado requerente estar sendo intensamente questionado pela comunidade internacional por atitudes de menoscabo à democracia, consistentes na perseguição de opositores, cooptação de magistrados para decisão em favor dos interesses do Poder Executivo e punição aos integrantes do Poder Judiciário e membros do Ministério Público com atuação independente, além do que a anterior adesão à Convenção Americana sobre Direitos Humanos (Pacto de São José da Costa Rica) foi notoriamente denunciada". BRASIL. Supremo Tribunal Federal. 1ª Turma. **Pedido de Preventiva para Extradição 760 AgR**. Relator Ministro Edson Fachin, j. em 10/11/2015.

428. SCC: "128. International experience thus confirms the validity of concerns expressed in the Canadian Parliament about capital punishment. It also shows that a rule requiring that assurances be obtained prior to extradition in death penalty cases not only accords with Canada's principled advocacy on the international level but is also consistent with the practice of other countries with whom Canada generally invites comparison, apart from the retentionist jurisdictions in the United States. [...] 132. Accordingly, we find that the Minister's decision to decline to request the assurances of the State of Washington that the death penalty will not be imposed on the respondents as a condition of their extradition, violates their rights under section 7 of the Carta". CANADA. Supreme Court of Canada. **United States v. Burns,** 2001 SCC 7. Judgment 15 February 2001. Disponível em: https://scc-csc.lexum.com/scc-csc/scc-csc/en/item/1842/index.do. Acesso em: 10 jul. 2023.

de 1991 – em que a não exigência dessa garantia pelo Estado requerente fora considerada inerente à discricionariedade conferida pelo tratado bilateral canadense-norte-americano ao ministro da Justiça.[429] Esse avanço da jurisprudência constitucional canadense – apoiada no conjunto convencional que se agrega à *Canadian Charter of Rights and Freedoms* do país – encontra paralelo noutras nações, como o Brasil, onde o Supremo Tribunal Federal também condiciona a entrega extradicional à assunção do compromisso, pelo Estado requerente, de que não será aplicada a pena de morte ao extraditando e de que, caso ela já tenha sido imposta, tal sanção será comutada.[430]

A Corte Constitucional da África do Sul também se debruçou sobre o tema no caso *Mohammed e Outro*, de 2001, quando julgou inválida a entrega do extraditando sem a prévia assunção, pelos EUA, de compromisso de que ele não seria submetido a pena de morte no Estado requerente. O Tribunal local reconheceu potencial ofensa ao direito à vida, à dignidade da pessoa humana e à proibição de sujeição a tratamento desumano, cruel ou degradante.[431] A Suprema Corte sul-africana estendeu ao extraditando os direitos previstos na Constituição do país.

O risco de que alguém seja submetido a pena de prisão perpétua sem direito a livramento condicional ou direito a formas progressivas de execução também já foi examinado pelo TEDH. No caso mais recente, *Bijan Balahan vs. Suécia* (2023), o Tribunal entendeu que não seria inconven-

429. BATEMAN, Thomas M. J. The new globalism in Canadian Charter of Rights interpretation: extradition, the death penalty, and the Courts. **International Journal of Human Rights,** v. 7, n. 3, p. 49–71, 2003, p. 49-50 e 59.

430. Trata-se de uma obrigação processual positiva de segundo nível que surgiu na jurisprudência da Corte e depois foi introduzida na legislação extradicional. STF: "[...] o Chefe da Missão Diplomática pode assumir, em nome de seu Governo, o compromisso oficial de comutar, a pena de morte, em pena privativa de liberdade. Esse compromisso pode ser validamente prestado antes da entrega do extraditando ao Estado requerente. O compromisso diplomático em questão traduz pressuposto da entrega do extraditando, e não do deferimento do pedido extradicional pelo Supremo Tribunal Federal". BRASIL. Supremo Tribunal Federal. Tribunal Pleno. **Extradição 744.** Relator Ministro Celso de Mello, j. em 18/02/2000.

431. CCSA: "3.1 It is declared that the handing over of Mohamed at Cape Town on or about 6 October 1999 by agents of the South African government to agents of the United States for removal by the latter to the United States for him to stand trial in the Federal Court for the Southern District of New York on criminal charges in respect of which he could, if convicted, be sentenced to death, was unlawful in that: 3.1.1 It infringed Mohamed´s rights under sections 10, 11 and 12(1)(d) of the Constitution to human dignity, to life and not to be treated or punished in a cruel, inhuman or degrading way, inasmuch as a prior undertaking was not obtained from the United States government that the death sentence would not be imposed on Mohamed or, if imposed, would not be executed. SOUTH AFRICA. Constitutional Court of South Africa. **Khalfan Khamis Mohamed and Other v. President of South Africa and Others**, decided on 28 May 2001, [2001] ZACC 18, p. 53-54. Disponível em: https://collections.concourt.org.za/handle/20.500.12144/2133. Acesso em: 10 jul. 2013.

cional, nos termos do art. 3º da CEDH, a extradição do requerente para os Estados Unidos, onde poderia ser condenado, pela Justiça da Califórnia, a prisão perpétua pela prática de mutilações, tortura e outros crimes graves. A condenação de um adulto a prisão perpétua não é incompatível com a Convenção Europeia, salvo quando houver manifesta desproporcionalidade (*gross disproportionality*) ou irredutibilidade da condenação (*irreducible life sentences*).[432] O critério de aferição *(test)* estabelecido pela Corte em *Sanchez-Sanchez vs. Reino Unido*[433] não foi atendido, quanto à existência de um risco real de prisão perpétua *without parole*. Não ficou caracterizada a violação ao art. 3º da CEDH mesmo havendo a possibilidade de incidência da polêmica *Three Strikes Law*, diploma que teoricamente poderia resultar na imposição de uma pena de prisão perpétua *de facto*, considerados o tempo mínimo de cumprimento da pena e a expectativa de vida do sentenciado.[434]

Tais mudanças de paradigma, que resultam na impregnação dos procedimentos de cooperação jurídica internacional pelo direito internacional dos direitos humanos, refletem a validade do modelo binominal de regência (regimes de proibição + regimes de proteção) e, antes disso, a alteração da prevalência do marco jurídico de proteção à pessoa humana sobre as questões de política externa, de competência exclusiva do Poder Executivo. Como diz Bateman, a extradição atravessa a cerca entre dois campos da atividade estatal: a política externa e a jurisdição.[435] Esse quadro leva à imposição de padrões universais de proteção à pessoa humana nos procedimentos cooperacionais, sobretudo em matéria extradicional, tópico no qual os direitos materiais da pessoa humana são mais ameaçados. As relações causais (*causal connection*) entre a extradição ou a deportação a partir de um país e violações a direitos humanos cometidas no Estado de destino agora têm alcance extraterritorial, fazendo com que estas possam ser imputadas ao primeiro país.[436] A causa-

432. EUROPEAN COURT OF HUMAN RIGHTS. **Case of Bijan Balahan v. Sweden**. Judgment 29 June 2023, §§ 49-55 e 69. Disponível em: https://hudoc.echr.coe.int/eng#{%22itemid%22:[%22001-225452%22]}. Acesso em: 29 jun. 2023.

433. O critério tem duas partes: a) possibilidade real de condenação a prisão perpétua sem livramento condicional; e b) inexistência de um mecanismo efetivo de revisão da condenação. EUROPEAN COURT OF HUMAN RIGHTS. **Case of Sanchez-Sanchez v. the United Kingdom** [GC]. Judgment 3 November 2022, §§ 95-97. Disponível em: https://laweuro.com/?p=20013. Acesso em: 2 jun. 2023. Disponível em: https://laweuro.com/?p=20013. Acesso em: 10 jul. 2023.

434. ECHR. **Case of Bijan Balahan v. Sweden**, §§ 61-64.

435. BATEMAN, Thomas M. J. The new globalism in Canadian Charter of Rights interpretation: extradition, the death penalty, and the Courts. **International Journal of Human Rights,** v. 7, n. 3, p. 49–71, 2003, p. 50.

436. CANADA. Supreme Court of Canada. **Suresh v. Canada (Minister of Citizenship and Immigration).** [2002] 1 SCR 3. Disponível em: https://scc-csc.lexum.com/scc-csc/scc-csc/en/item/1937/index.do. Acesso em: 10 mai. 2023.

lidade, que pode ser transnacional, toma assim o lugar da territorialidade como elemento definidor da aplicação de normas de proteção à pessoa humana no contexto das relações internacionais entre Estados soberanos, o que é mais uma das formas de globalização do Direito.[437]

As restrições oriundas do direito internacional dos direitos humanos marcam agora fortemente a cooperação internacional, especialmente a extradição.[438] A doutrina do *ricochete* ganhou espaço, entendendo-se que, mediante sua aplicação, o atentado ao direito do extraditando que seria externo, no estrangeiro, passa a ser interno, de responsabilidade do Estado requerido. É uma teoria que prioriza os direitos do homem com base no direito interno e no direito internacional, constituindo uma cláusula de ordem pública internacional, formando parte do "*jus cogens* regional", como entende Zimmermann.[439]

Refletindo esses avanços, em matéria extradicional, as *suppression conventions* agora ressalvam as garantias da pessoa humana, como se vê no art. 16.13 da Convenção de Palermo,[440] ou no art. 17 da Convenção Internacional para Supressão do Financiamento do Terrorismo, de 1999, como já vimos.[441] Ademais, tendem a ser rejeitadas alternativas ilegais à extradição, como as abduções internacionais. No caso *El Masri vs. Ex-República Iugoslava da Macedônia*, o TEDH reconheceu ter havido flagrante denegação de justiça contra o requerente, o cidadão alemão Khaled El-Masri, que foi sequestrado pela Agência Central de Inteligência dos EUA (CIA) em Skopje, numa abdução internacional (*extraordinary rendition*), considerada pela Corte como

437. BATEMAN, Thomas M. J. The new globalism in Canadian Charter of Rights interpretation: extradition, the death penalty, and the Courts. **International Journal of Human Rights**, v. 7, n. 3, p. 49–71, 2003, p. 67.

438. KEMP, Gerhard. Foreign relations, international co-operation in criminal matters and the position of the individual. **South African Journal of Criminal Justice,** *[S. l.]*, v. 16, n. 3, p. 370–392, 2003, p. 376.

439. ZIMMERMANN, Robert. **La cooperation judiciaire internationale en matière pénale**. 5e édition ed. Berne: Stämpfli editions, 2019, p. 12.

440. Convenção de Palermo do ano 2000: "Artigo 16. Extradição. 13. Qualquer pessoa que seja objeto de um processo devido a qualquer das infrações às quais se aplica o presente Artigo terá garantido um tratamento equitativo em todas as fases do processo, incluindo o gozo de todos os direitos e garantias previstos no direito interno do Estado Parte em cujo território se encontra". Vide também o art. 44.14 da UNCAC.

441. Convenção de Nova York de 1999: "Artigo 17. A qualquer pessoa mantida sob custódia ou a respeito da qual quaisquer outras medidas sejam tomadas ou que estejam sendo processadas em conformidade com a presente Convenção será assegurado tratamento justo, inclusive o gozo de todos os direitos e garantias que lhe faculta a legislação do Estado em cujo território a pessoa estiver presente, bem como as disposições do direito internacional, inclusive o direito internacional sobre direitos humanos".

absolutamente contrária ao estado de Direito. Levado para o Afeganistão, El-Masri foi interrogado sob tortura. A Anistia Internacional e a Comissão Internacional de Juristas alegaram que ficara provada a existência de um "sistema secreto de detenções e entregas" coordenado pelos Estados Unidos, que violava o direito interno e deveres jurídicos internacionais, "sem qualquer processo judicial ou administrativo", que dependesse da cooperação ativa ou passiva de outros Estados. Na conclusão da Corte, a abdução de El-Masri foi classificada como desaparecimento forçado, o que representou uma violação do art. 5º da CEDH pelo governo norte-macedônio, decorrente da transferência extrajudicial da vítima.[442]

No quesito captura de pessoas, em alguns países – de que são exemplos o Paraguai, a Bolívia e os Estados Unidos – é possível a aplicação de medidas migratórias como sucedâneo de extradição. Esta substituição de procedimentos cooperacionais por providências de direito migratório pode ser considerada uma espécie de extradição disfarçada (*extradition déguisée*)[443], quando sirva ao atendimento de uma pretensão extradicional já formalmente conhecida pelo Estado territorial.

Na Europa, o caso *Puigdemont*,[444] relativo à campanha nacionalista pela independência da Catalunha, pôs à lume algumas deficiências do modelo regional de captura, baseado no princípio do reconhecimento mútuo. O líder independentista catalão foi alvo de um mandado de detenção europeu

---

442. EUROPEAN COURT OF HUMAN RIGHTS. **Case of El-Masri v. the Former Yugoslav Republic of Macedonia [GC].** Judgment 13 December 2012, §§ 21-36, 178, 221 e 239-242. Disponível em: https://hudoc.echr.coe.int/fre#{%22itemid%22:[%22001-115621%22]}. Acesso em: 10 jun. 2023.

443. CORTE IDH: "A la vez, si bien pudiera ser cierto que una orden de captura no es *per se* una razón para conceder el estatuto de refugiado, la Corte advierte que la existencia de una orden de captura sí es una razón para, en caso de proceder, respetar los procedimientos formales de deportación o extradición establecidos en las leyes internas y en los tratados internacionales de la materia. En este caso, la familia Pacheco Tineo fue entregada a autoridades migratorias y policiales del Perú, según consta en un informe del Director General de INTERPOL de Bolivia, remitido por el Estado en su contestación, y según lo manifestado por el Asesor de Migración al Cónsul de Chile el día siguiente a la expulsión (*supra* párr..105). Es decir, el Estado de Bolivia no los expulsó sólo por su situación migratoria irregular, sino también por la existencia de una orden de captura internacional, sin que esa razón conste como fundamento de la decisión de expulsión de la Fiscalía o del SENAMIG". CORTE INTERAMERICANA DE DIREITOS HUMANOS. **Caso Familia Pacheco Tineo vs. Bolivia.** Sentencia de 25 de noviembre de 2013, § 188. Disponível em: https://corteidh.scjn.gob.mx/buscador/doc?doc=casos_sentencias/272_CasoFamiliaPachecoTineoVsBolivia_ExcepcionesPreliminaresFondoReparacionesCostas_.htm. Acesso em: 2 jun. 2023.

444. KÖNIG, Julia; MEICHELBECK, Paulina; PUCHTA, Miriam. The Curious Case of Carles Puigdemont: The European Arrest Warrant as an Inadequate Means with Regard to Political Offenses. **German Law Journal**, *[S. l.]*, v. 22, n. 2, p. 256–275, 2021.

(MDE) emitido pela Espanha e endereçado à Alemanha, pelos crimes de peculato e de rebelião. O Tribunal Regional Federal de Schleswig-Holstein recusou o cumprimento do mandado pelo delito de rebelião, por falta de dupla incriminação já que se trata de crime político. Segundo König e Puchta, a previsão da exceção de crime político no procedimento do MDE atende a um aspecto humanitário relevante mesmo na União Europeia. Contudo, a corte local autorizou a entrega pelo outro crime.[445]

Noutros processos, a Alemanha se recusou a cumprir dois MDEs oriundos da Romênia e da Hungria devido às más condições carcerárias nos dois países.[446] No caso *Aranyosi-Căldăraru*, aplicando o art. 4º da CDFUE, o TJUE decidiu que a não execução do mandado poderia fundar-se na existência de um risco real de submissão dos procurados a tratamento desumano ou degradante nos Estados de emissão, em caso de entrega.[447] Assim, concluiu-se que, ao cumprir mandados de detenção e entrega, mesmo sujeitos ao regime de reconhecimento mútuo – que se baseia num alto grau de confiança recíproca dos ordenamentos jurídicos cooperantes –, o Estado de execução não pode fiar-se cegamente nessa premissa, tornando esse procedimento puramente mecânico e divorciado do dever de respeito aos direitos fundamentais da pessoa procurada.[448]

O tema se coloca ainda noutra dimensão. A cooperação com tribunais internacionais para a transferência de prisioneiros foi examinada pelo TEDH em *Naletilić vs. Croácia*.[449] O requerente era procurado pelo Tribunal Penal

445. "Ultimately, the OLG did not consider Puigdemont a planner, organizer, nor even a supporter of concrete foreseeable acts of violence and, therefore, declared a surrender on the grounds of rebellion to be inadmissible". KÖNIG, Julia; MEICHELBECK, Paulina; PUCHTA, Miriam. The Curious Case of Carles Puigdemont: The European Arrest Warrant as an Inadequate Means with Regard to Political Offenses. **German Law Journal**, *[S. l.]*, v. 22, n. 2, p. 256–275, 2021.

446. "Mandatory grounds for refusal in the EAW are restricted to cases of amnesty, young age and *ne his in idem*. The list of grounds for optional non-execution of the EAW is longer but the main absentee is a ground for refusal based on human rights". DE BUSSER, Els. The Digital Unfitness of Mutual Legal Assistance. **Security and Human Rights**, *[S. l.]*, v. 28, n. 1–4, p. 161–179, 2018, p. 170.

447. TRIBUNAL DE JUSTIÇA DA UNIÃO EUROPEIA. Acórdão do Tribunal (Grande Seção), de 5 de abril de 2016. **Processos Apensos C-404/15 (Pál Aranyosi) e C-659/15 (Robert Căldăraru) PPU,** Hanseatisches Oberlandesgericht in Bremen. https://curia.europa.eu/juris/document/document.jsf?text=&docid=174758&pageIndex=0&doclang=PT&mode=lst&dir=&occ=first&part=1&cid=4099768. Acesso em: 10 jul. 2023.

448. EUROPEAN COURT OF HUMAN RIGHTS. **Case of Romeo Castaño v. Belgium**. Judgment 9 July 2019, § 84. Disponível em: https://hudoc.echr.coe.int/#{%22itemid%22:[%22001-194618%22]}. Acesso em: 10 jul. 2023.

449. EUROPEAN COURT OF HUMAN RIGHTS. **Case of Naletilić v. Croatia,** (dec.) 4 May 2000. Disponível em: https://juricaf.org/arret/CONSEILDELEUROPE-COUREUROPEENNEDESDROIT-

Internacional para a ex-Iugoslávia (TPI-I) por crimes contra a humanidade e crimes de guerra. A justiça de Zagreb determinou a entrega do réu ao TPI-I na Haia.[450] O TEDH assentou que procedimentos extradicionais ou de entrega podem suscitar violações ao art. 6º da Convenção, quando houver flagrante denegação de justiça (*flagrant denial of justice*). No entanto, ponderou que não era este o caso de Naletilić, pois, além de não se tratar de extradição, o acusado "foi entregue a um tribunal internacional que oferece todas as garantias necessárias, incluindo as de imparcialidade e independência, como o demonstram seu estatuto e seu regimento interno".[451]

No contexto da *mutual legal assistance* (MLA), as regras de proteção à pessoa humana também devem prevalecer, com base no princípio *pro persona*. Convenções multilaterais mais recentes têm feito constar em seus textos cláusulas de proteção aos direitos humanos, independentemente da gravidade dos delitos objeto das convenções supressivas. Serve de exemplo o art. 15 da Convenção de Budapeste sobre Cibercriminalidade.[452] Nesta ordem de ideias, torna-se uma obrigação positiva dos Estados disponibilizar a pessoas procuradas para extradição ou entrega os remédios efetivos necessários para barrar ou restringir a execução de pedidos de transferência internacional de custódia.

SDELHOMME-20000504-5189199. Acesso em: 10 jun. 2023.

450. Naletilić foi transferido de Zagreb para o TPI-I no ano 2000. Em 2008, ele e o correu foram transferidos para a Itália, para cumprir suas penas. INTERNATIONAL CRIMINAL TRIBUNAL FOR THE FORMER YUGOSLAVIA. **The Prosecutor v. Naletilić and Martinović** (IT-98-34). Disponível em: https://www.icty.org/en/case/naletilic_martinovic. Acesso em: 2 jun. 2023.

451. EUROPEAN COURT OF HUMAN RIGHTS. **Case of Naletilić v. Croatia** (dec.) 4 May 2000. Disponível em: https://juricaf.org/arret/CONSEILDELEUROPE-COUREUROPEENNEDESDROITSDELHOMME-20000504-5189199. Acesso em: 10 jun. 2023.

452. Convenção de Budapeste de 2001: "Artigo 15 - Condições e garantias. 1. Cada Parte assegurará que o estabelecimento, a implementação e a aplicação dos poderes e procedimentos previstos nesta seção sujeitem-se às condições e garantias instituídas na sua legislação interna, que estabelecerá proteção adequada aos direitos humanos e às liberdades públicas, incluindo os direitos nascidos em conformidade com as obrigações que esse Estado tenha assumido na Convenção do Conselho da Europa para a Proteção dos Direitos Humanos e das Liberdades Fundamentais, de 1950, na Convenção Internacional da ONU sobre Direitos Civis e Políticos, de 1966, e em outros instrumentos internacionais de direitos humanos, e que tais poderes e procedimentos incorporarão o princípio da proporcionalidade". COUNCIL OF EUROPE. **Convention on Cybercrime** (CETS No. 185), adopetd at Budapest on 23 November 2001. Disponível em: https://rm.coe.int/1680081561. Acesso em: 10 jul. 2023. Contudo, é de se observar que este dispositivo está alocado no Capítulo 2 da Convenção, que diz respeito às medidas a serem adotadas no nível nacional, e não no Capítulo 3, que diz respeito à cooperação internacional.

3.8.2. O Princípio da Não Averiguação *(Non-Inquriry)* como Violação de Garantias do Devido Processo Cooperacional e do Direito à Prova

Mencionado por Bachmaier Winter, o princípio da não averiguação (*principle of non-inquiry*) leva a que o Estado requerente, por motivos pragmáticos, por respeito à soberania ou por motivo de confiança mútua, não verifique a forma como a prova foi produzida no Estado requerido.[453] A autora cita um julgado de 2003 no qual o Tribunal Supremo espanhol reafirmou sua jurisprudência segundo a qual a Justiça daquele país não seria fiscal da legalidade de procedimentos adotados noutro Estado. Assim, "de forma geral, e mais especificamente, em relação aos países que compõem a União Europeia, [o Tribunal] tem declarado que tal poder de 'fiscalização' não é adequado", não lhes competindo realizar controles de conformidade jurídica sobre os atos praticados durante a execução de carta rogatória enviada ao exterior.[454] Como consequência, os pedidos de MLA em regra não precisam ser acompanhados de todas as provas que embasam a investigação criminal no Estado requerente, bastando o relato dos fatos e o resumo analítico da justa causa, o que evidentemente simplifica o procedimento de cooperação e reduz o *standard* probatório para o deferimento da medida solicitada pelo Estado estrangeiro.[455] Essa opção metodológica pode ser prejudicial à ampla defesa.

Van Hoek e Luchtman explicam que a regra do *non-inquiry* surgiu no direito extradicional e passou a ser aplicada a outros domínios da cooperação internacional, funcionando como uma regra de confiança (*Vertrouwensregel*) no âmbito de um exame formal (*formelles Prüfungsprinzip*), no sentido da divisão do trabalho entre as autoridades domésticas e as estrangeiras quanto ao tema de fundo.[456] Segundo Shearer "questões como a observância do

453. BACHMAIER WINTER, Lorena. Transnational Criminal Proceedings, Witness Evidence and Confrontation: Lessons from the ECtHR's Case Law. **Utrecht Law Review**, *[S. l.]*, v. 9, n. 4, p. 139, 2013.

454. TS: "En definitiva, podemos afirmar que existe al respecto un consolidado cuerpo jurisprudencial en relación a las consecuencias derivadas de la existencia de un espacio judicial europeo, en el marco de la Unión fruto de la comunión en unos mismos valores y garantías compartidos entre los países de la Unión, aunque su concreta positivación dependa de las tradiciones jurídicas de cada Estado, pero que en todo caso salvaguardan el contenido esencial de aquellos valores y garantias [...]". ESPAÑA. Tribunal Supremo. Sala de lo Penal. Recurso de casación. **STS 39/2003**, de 10 de enero de 2003, Magistrado Ponente Joaquin Gimenez García, Recurso 353/2002, p. 4. Disponível em: https://www.poderjudicial.es/search/TS/openDocument/19222a0fa2793adc/20030912. Acesso em: 2 jun. 2023.

455. VAN HOEK, Aukje A. H.; LUCHTMAN, Michiel J. J. P. Transnational cooperation in criminal matters and the safeguarding of human rights. **Utrecht Law Review**, *[S. l.]*, v. 1, n. 2, p. 1–39, 2005, p. 16.

456. "The underlying rationale of this approach is an (otherwise implicit) international division of labour between the requesting and requested authorities. It is not considered to be up to the authorities of the requested state to establish guilt and to safeguard the principle *in*

estado de Direito no Estado requerente e o *status* das normas de direitos humanos naquele país, especialmente no que se refere ao julgamento justo [e] garantias processuais" ficavam de fora das indagações do Estado requerido, por ocasião do acoplamento das duas ordens jurídicas.[457] Cervini repudia essa construção, ao afirmar acertadamente que a prestação de assistência jurídica mútua em matéria penal deve orientar-se pelo respeito às garantias individuais.[458] Assim, se a prova obtida no exterior violar a lei do Estado requerido ou os princípios fundamentais de justiça do Estado requerente, de modo "chocante"[459] à consciência jurídica, tais elementos probatórios devem ser excluídos dos autos ou não devem ser admitidos.

Sluiter lembra que mesmo os tribunais penais internacionais podem violar direitos humanos no exercício de suas competências, com destaque para o direito de liberdade, o direito à privacidade, o direito ao devido processo legal e o direito de participação.[460] Tais cortes devem, ao menos, aplicar corretamente seus próprios estatutos e o PIDCP, sem prejuízo de se deixarem persuadir pela jurisprudência das cortes regionais de direitos humanos.[461] Provas obtidas pelos Estados e que possam ser úteis ao Tribunal, ainda que não tenham sido colhidas a seu pedido, devem passar pelo

---

dubio pro reo, as this is the task of the requesting party". VAN HOEK, Aukje A. H.; LUCHTMAN, Michiel J. J. P. Transnational cooperation in criminal matters and the safeguarding of human rights. **Utrecht Law Review**, *[S. l.]*, v. 1, n. 2, p. 1–39, 2005, p. 2 e 15.

457. SHEARER, Ivan A. Extradition and Human Rights, **Australian Law Journal**, vol. 68, No. 6, p. 451-454, 1994, p. 452 e nota 5.

458. CERVINI, Raúl. El principio de confidencialidad en la cooperación judicial penal internacional su relación con el ejercicio efectivo de la magistratura de la defensa, en particular, a la luz del protocolo del Mercosur. **Revista de Derecho: Facultad de Derecho de la Universidad Católica de Uruguay**, Montevideo, n. 6, p. 11–29, 2011, p. 16.

459. "We do not mean to say that in a case where federal officials had induced foreign police to engage in conduct that shocked the conscience, a federal court, in the exercise of its supervisory powers over the administration of federal justice, might not refuse to allow the prosecution to enjoy the fruits of such action". UNITED STATES. United States Court of Appeals, Fifth Circuit. **Birdsell v. United States**, 346 F.2d 775 (5th Cir. 1965), Jul 8, 1965. Disponível em: https://casetext.com/case/birdsell-v-united-states. Acesso em: 10 jul. 2023. No mesmo julgado, relacionado a uma busca veicular realizada pela Polícia mexicana no México, o Tribunal estadunidense refutou a alegação defensiva de que teria ocorrido violação à Quarta Emenda à Constituição dos EUA: "their reasoning, that the United States is bound by the Bill of Rights wherever it acts, is inapplicable to an action by a foreign sovereign in its own territory in enforcing its own laws, even though American officials were present and cooperated in some degree."

460. SLUITER, Göran. International Criminal Proceedings and the Protection of Human Rights. **New England Law Review**, *[S. l.]*, v. 37, p. 935-948, 2002, p. 935 e 939.

461. INTERNATIONAL CRIMINAL TRIBUNAL FOR RWANDA. **Prosecutor v. Jean-Bosco Barayagwiza,** Case No.: ICTR-97-19-AR72, Decision, 3 November 1999, § 40. Disponível em: https://cld.irmct.org/assets/Uploads/full-text-dec/2000/00-03-31%20Barayagwiza%20Decision%20on%20Review.pdf. Acesso em: 10 jul. 2023.

crivo de admissibilidade conforme os *standards* internacionais de direitos humanos, e não conforme o direito local.[462]

No entanto, no caso *Nikolić*, lembrado por Sluiter, o TPI-I admitiu o seguimento da ação penal contra o réu, que fora abduzido por particulares no território da ex-Iugoslávia e entregue ao Tribunal. Afirmou-se naquela ocasião a doutrina *male captus bene detentus*, porque não houve o envolvimento da Promotoria do Tribunal nem das forças que lhe prestavam apoio – *The Stabilisation Force (SFOR)* na Bósnia-Herzegovina – na violação do direito fundamental do acusado.[463] Deste modo, o abuso cometido contra o foragido não podia ser imputado à acusação ou ser considerado como óbice à continuidade do procedimento perante o tribunal internacional.

Bachmaier Winter questiona a correção da doutrina da não averiguação (*non-inquiry*), sustentando que países como a Suíça realizam uma dupla verificação de conformidade jurídica dos procedimentos de cooperação internacional, tendo em conta o direito do Estado requerente e o direito do Estado requerido, cuja existência e vigência podem em regra ser verificadas até mesmo pela Internet.[464] Se prevalece entre os Estados cooperantes a ideia de confiança mútua (*mutual trust*) quanto ao respeito à lei e aos direitos humanos (uma presunção *juris tantum*), ao menos deve-se assegurar à defesa a possibilidade de impugnar a legalidade do procedimento cooperacional,

---

462. TPI-I: "The Prosecution has challenged the submission of the Defence that Rule 42 contains the test for the admissibility of evidence taken before persons other than investigators of the Prosecution and that it is not the appropriate standard for evaluating statements from other systems. The appropriate standard is to be found in Rule 95. The Trial Chamber is not satisfied that this is a correct analysis of the provisions, and does not accept the Prosecution's position. Rule 42 embodies the essential provisions of the right to a fair hearing as enshrined in Article 14(3) of the International Covenant on Civil and Political Rights and Article 6(3)(c) of the European Convention on Human Rights. These are the internationally accepted basic and fundamental rights accorded to the individual to enable the enjoyment of a right to a fair hearing during trial. It seems to us extremely difficult for a statement taken in violation of Rule 42 to fall within Rule 95 which protects the integrity of the proceedings by the non-admissibility of evidence obtained by methods which cast substantial doubts on its reliability." INTERNATIONAL CRIMINAL TRIBUNAL FOR THE FORMER YUGOSLAVIA. **The Prosecutor v. Zejnil Delali and others**, Case No.: IT-96-21-T, Decision on Zdravko Mucic's Motion for the Exclusion of Evidence, 2 September 1997, § 43. Disponível em: https://www.icty.org/x/cases/mucic/tdec/en/70902732.htm. Acesso em: 10 jul. 2023.
463. NTERNATIONAL CRIMINAL TRIBUNAL FOR THE FORMER YUGOSLAVIA. **The Prosecutor v. Nikolić**, Case No. IT-94-2-PT, Decision on Defence Motion challenging the Exercise of Jurisdiction by the Tribunal, 9 October 2002, § 111. Disponível em: https://www.icty.org/x/cases/dragan_nikolic/tdec/en/10131553.htm. Acesso em: 10 jul. 2023.
464. BACHMAIER WINTER, Lorena. Transnational Criminal Proceedings, Witness Evidence and Confrontation: Lessons from the ECtHR's Case Law. **Utrecht Law Review**, *[S. l.]*, v. 9, n. 4, p. 139, 2013.

sem que isso signifique descrédito para com o sistema jurídico estrangeiro ou limitação do princípio do mútuo reconhecimento, quando aplicável.

Não havendo a dupla checagem da legalidade da produção probatória no exterior, esta prova deve ter seu valor epistêmico reduzido, notadamente quanto à prova oral.[465] A posição de Bachmaier Winter encontra eco em Abade, que, criticando as teorias de *non-inquiry* integral e mitigada, sustenta que deve haver "a aplicação imediata" dos direitos fundamentais nos procedimentos de cooperação, com proteção de tais direitos no Estado requerido e no Estado requerente.[466] Stessens sustenta que a execução de pedidos de cooperação internacional pelo Estado requerido "deve satisfazer os mesmos requisitos de direitos humanos que uma medida investigativa ou cautelar num procedimento puramente interno do Estado requerido".[467] Nas relações interestatais, sobretudo entre países de famílias jurídicas distintas, tal doutrina de "cegueira voluntária" gera um desequilíbrio entre as garantias do devido processo no âmbito doméstico e essas mesmas garantias no processo penal transnacional, pondo em risco a legitimidade e a confiabilidade dos procedimentos de cooperação internacional.[468]

De fato, quando levamos em conta a prova oral, a prova documental e a prova pericial produzidas em jurisdições estrangeiras, a legalidade de sua produção e obtenção, conforme o direito local, e a cadeia de custódia para coleta, tratamento e transferência ao Estado requerente também devem ser consideradas, em harmonia com o princípio da dupla controlabilidade ou *dupla conformidade* dos pedidos de cooperação jurídica internacional, que deve permitir a impugnação do pedido de cooperação no Estado requerente

465. BACHMAIER WINTER, Lorena. Op. cit., p. 141.

466. ABADE, Denise Neves. **Direitos fundamentais na cooperação jurídica internacional:** extradição, assistência jurídica, execução de sentença estrangeira e transferência de presos. São Paulo: Saraiva, 2013, p. 106-107.

467. STESSENS, Guy. **Money laundering: a new international law enforcement model.** Cambridge [England] ; New York: Cambridge University Press, 2000, p. 265.

468. RICHARDSON, L. Song. Due Process for the Global Crime Age: A Proposal. **Cornell International Law Journal**, *[S. l.]*, v. 41, n. 2, p. 347–382, 2008, p. 349.

e no Estado requerido,[469] inclusive quanto à admissibilidade da prova,[470] segundo um padrão mínimo internacional (no que diz respeito à checagem da produção probatória no Estado requerido) e o padrão doméstico (no tocante à produção da prova no Estado requerido e à admissibilidade dessa prova no Estado requerente).[471]

Cabe à legislação processual penal dos Estados estabelecer os critérios para a obtenção de provas no exterior e para sua admissibilidade e adequada valoração no processo. Normalmente, segue-se a legislação do Estado requerido,[472] salvo disposição expressa em tratados. Infelizmente, nem sempre as leis sobre cooperação jurídica internacional ou mesmo os códigos processuais têm regras claras a este respeito, ficando para os tribunais a tarefa de determiná-las sob demanda, de quando em quando, mediante o estabelecimento de diretrizes para além dos casos concretos.[473] Em muitos ordenamentos jurídicos, "provas obtidas no exterior são admitidas sem checagem da legalidade da execução dos pedidos de cooperação interna-

469. Essa faculdade sofre limitações quando o pedido de cooperação é essencialmente confidencial, o que reduz a possibilidade de impugnação ou a posterga, formando-se um contraditório diferido, para a verificação *ex post* do respeito às garantias individuais. Além disso, os "remédios" processuais disponíveis variarão conforme a jurisdição e também quanto ao momento de sua utilização, o que pode conduzir a restrições ao direito de defesa quanto ao escrutínio judicial, na combinação dos dois sistemas jurídicos, a depender do direito vigente, causando uma falha sistêmica (*systeembreuk*), na expressão de Alphons M. M. Orie. Vide, neste sentido: VAN HOEK, Aukje A. H.; LUCHTMAN, Michiel J. J. P. Transnational cooperation in criminal matters and the safeguarding of human rights. **Utrecht Law Review**, *[S. l.]*, v. 1, n. 2, p. 1–39, 2005, p. 15.

470. As Regras de Processo e Prova do TPI-I previam a inadmissibilidade, no Tribunal, de provas obtidas com violação do direito internacional dos direitos humanos: "Rule 95 Evidence Obtained by Means Contrary to Internationally Protected Human Rights. No evidence shall be admissible if obtained by methods which cast substantial doubt on its reliability or if its admission is antithetical to, and would seriously damage, the integrity of the proceedings". INTERNATIONAL CRIMINAL TRIBUNAL FOR THE FORMER YUGOSLAVIA. **Rules of Procedure and Evidence**. The Hague, as amended on 25 July 1997. Disponível em: https://www.icty.org/x/file/Legal%20Library/Rules_procedure_evidence/IT032_rev11_en.pdf. Acesso em: 10 jul. 2023. O Estatuto de Roma do TPI contém regra similar, respeitadas certas condições, no art. 69.7: "Não serão admissíveis as provas obtidas com violação do presente Estatuto ou das normas de direitos humanos internacionalmente reconhecidas quando: a) Essa violação suscite sérias dúvidas sobre a fiabilidade das provas; ou b) A sua admissão atente contra a integridade do processo ou resulte em grave prejuízo deste".

471. CURRIE, Robert J. Human Rights and International Mutual Legal Assistance: resolving the tension. **Criminal Law Forum**, *[S. l.]*, v. 11, n. 2, p. 143–182, 2000, p. 180.

472. ZIMMERMANN, Robert. **La cooperation judiciaire internationale en matière pénale**. 5e édition ed. Berne: Stämpfli editions, 2019, p. 11, § 8.a.

473. BACHMAIER WINTER, Lorena. Transnational Criminal Proceedings, Witness Evidence and Confrontation: Lessons from the ECtHR's Case Law. **Utrecht Law Review**, *[S. l.]*, v. 9, n. 4, p. 127, 2013.

cional",[474] embora a ordem pública (*ordre public*; *public policy*) possa ser levada em consideração.[475] Noutros Estados, filtros rigorosos são adotados quando da admissibilidade de provas estrangeiras.

A diversidade de métodos e critérios nos diversos países impacta o devido processo legal e a eficiência dos procedimentos probatórios transnacionais.[476] As convenções internacionais de cooperação e os tratados supressivos deveriam estabelecer um mínimo internacionalmente aceitável, por referência às convenções do regime global e dos regimes regionais de proteção. Tal previsão facilitaria a deslocação do referencial de controle dos atos produzidos no exterior, tendo como padrão, não o direito interno estrangeiro – cujo exame e compreensão são difíceis a um jurista não familiarizado –, mas sim a interpretação dada aos direitos humanos internacionalmente reconhecidos pelos tribunais internacionais e pelos mecanismos de seguimento e implementação dos regimes internacionais de proteção à pessoa humana, a exemplo do Comitê de Direitos Humanos do PIDCP.[477] Vale dizer o padrão referencial para aferir a regularidade do procedimento probatório no exterior deve observar, pelo menos, as garantias judiciais previstas nas convenções regionais e internacionais aplicáveis.

Contudo, há uma tendência de contenção sistêmica. Nos procedimentos cooperacionais, o TEDH tem afirmado que o art. 6º da Convenção, que assegura o devido processo legal, não tem efeitos extraterritoriais, a saber, não se exige dos Estados Partes que imponham a observância de seus parâmetros pelo Estado terceiro requerente. Em *Estados Unidos vs. Verdugo-Urquidez*, a Suprema Corte norte-americana afastou a alegação de que uma busca e apreensão sem mandado realizada no México deveria ser levada em conta para invalidar a prova a ser usada nos EUA.[478] Criticando o que chama de

474. BACHMAIER WINTER, Lorena. Op. cit., p. 128.

475. ABADE, Denise Neves. Direitos fundamentais na cooperação jurídica internacional: extradição, assistência jurídica, execução de sentença estrangeira e transferência de presos. São Paulo: Saraiva, 2013, p. 86-97 e 108.

476. BACHMAIER WINTER, Lorena. Op. cit., p. 128.

477. ALLE, Saulo Stefanone. **Cooperação jurídica internacional e auxílio direto ativo em matéria penal**. Belo Horizonte: Arraes Editores, 2017, p. 149-150.

478. SCOTUS "We think that the text of the Fourth Amendment, its history, and our cases discussing the application of the Constitution to aliens and extraterritorially require rejection of respondent's claim. At the time of the search, he was a citizen and resident of Mexico with no voluntary attachment to the United States, and the place searched was located in Mexico. Under these circumstances, the Fourth Amendment has no application. For better or for worse, we live in a world of nation-states in which our Government must be able to 'functio[n] effectively in the company of sovereign nations'. Perez v. Brownell, 356 U. S. 44, 356 U. S. 57 (1958). Some who violate our laws may live outside our borders under a regime quite different

doutrina da "bandeja de prata internacional", Cortes lembra que no caso *Lustig vs. Estados Unidos*, de 1949,[479] a Suprema Corte permitiu que provas ilicitamente obtidas que haviam sido oferecidas voluntariamente (como se "numa bandeja de prata") por autoridades estrangeiras a órgãos de persecução norte-americanos fossem usadas porque não se sujeitariam às limitações constitucionais da Quarta Emenda à Constituição daquele país.[480]

Para minorar esses problemas, cabe aos Estados Partes do regime global e dos regimes regionais de proteção à pessoa humana cumprir as obrigações processuais positivas implícitas de legislar em matéria de cooperação jurídica internacional, para permitir a incidência, ao menos, do padrão mínimo de garantias judiciais internacionalmente reconhecidas, como o contraditório e a publicidade (quando possíveis), o direito à ampla defesa, o direito à assistência de advogado, a possibilidade de impugnação dos pedidos e de interposição de recursos, além de direitos de compreensão linguística do pedido. Alguns desses direitos devem ser extensíveis às vítimas de crimes, quando sua atuação transnacional se justifique para a tutela de seus direitos patrimoniais ou para a impugnação de medidas cooperacionais que possam interferir no seu direito a uma reparação efetiva, no sentido da jurisprudência regional interamericana, ou ainda para promover o êxito de tais modalidades de persecução transnacional, seja para a prova do crime, seja para a viabilização do julgamento ou da execução penal.

3.8.3. A Admissibilidade das Provas na Cooperação Jurídica Internacional e o Fenômeno da Cooperação Irregular

A admissibilidade da prova no Estado requerente (ou mesmo num terceiro Estado) pode ser impactada pelos procedimentos adotados no

---

from that which obtains in this country". UNITED STATES. Supreme Court. **United States v. Verdugo-Urquidez,** 494 U.S. 259 (1990), Decided 28 February 1990, p. 274. Disponível em: https://www.oyez.org/cases/1989/88-1353. Acesso em: 10 jul. 2023.

479. SCOTUS: "The crux of that doctrine is that a search is a search by a federal official if he had a hand in it; it is not a search by a federal official if evidence secured by state authorities is turned over to the federal authorities on a silver platter". UNITED STATES. Supreme Court. **Lustig v. United States**, 338 U.S. 74, 78-79 (1949), Decide 27 June 1949, p. 79-80. Disponível em: https://supreme.justia.com/cases/federal/us/338/74/. Acesso em: 10 jul. 2023.

480. Cortes argumenta que a teoria da "bandeja de prata" se encaixa em situações abusivas envolvendo duas formas de cooperação internacional: as comunicações espontâneas e as equipes conjuntas de investigação. Citando o caso *Lustig*, ela critica o entendimento do tribunal: "The court reasons that foreign agents are not deterred by the exclusionary rule, and evidence handed to U.S. federal agents *on a silver platter* may be admitted." CORTES, Sarah. MLAT Jiu-Jitsu and Tor: Mutual Legal Assistance Treaties in Surveillance. **Richmond Journal of Law & Technology**, *[S. l.]*, v. 22, n. 1, p. 1–99, 2015, p. 83 e nota 345 e p. 86-87.

Estado requerido ou ainda num terceiro Estado. O vazamento de dados bancários do *Kredietbank Luxembourg* (KB Lux), entre 1993 e 1994, ilustra bem os problemas que podem advir da interação de diferentes ordens jurídicas, quando, na origem, provas são obtidas ilegalmente, entregues às autoridades de um país e acabam sendo enviadas formalmente a outro país por meio de mecanismos de assistência ativa (comunicação espontânea) ou de assistência passiva (pedido de MLA). É o que se pode chamar de cooperação secundária. Os dados vazados ilegalmente por funcionários do referido banco em Luxemburgo foram entregues a autoridades belgas. Apesar do rechaço do uso dessas informações pela Justiça local, foram elas enviadas, por mecanismos de cooperação internacional em matéria fiscal, a outros países europeus, inclusive à Holanda, onde processos penais foram abertos contra contribuintes holandeses. A mesma prova que foi considerada inválida na Bélgica foi validada por alguns tribunais distritais holandeses e recusada por outros.[481] Qual seria a solução jurídica adequada, tendo em vista o pecado original correspondente à violação de sigilo? Certo é que provas obtidas mediante vazamentos informacionais promovidos por denunciantes de boa-fé no exercício de sua liberdade de expressão podem ser relevantes para o debate público,[482] mas a prática de *whistleblowing* pode ter impacto na validade da prova assim obtida, sanando seu vício de origem e permitindo seu uso contra terceiros?

Situação semelhante ocorreu no caso *Swissleaks,* envolvendo um *whistleblower,* Hervé Falciani, que foi acusado de violar a legislação suíça, no tocante ao sigilo bancário de clientes do *HSBC Private Bank*, em Genebra. Os dados obtidos ilegalmente na Suíça foram entregues por Falciani à França e compartilhados com autoridades de outros países, inclusive o

---

481. VAN HOEK, Aukje A. H.; LUCHTMAN, Michiel J. J. P. Transnational cooperation in criminal matters and the safeguarding of human rights. **Utrecht Law Review**, [S. l.], v. 1, n. 2, p. 1–39, 2005, p. 1-3.

482. TEDH: "In these circumstances, it is for the Court itself to undertake the balancing exercise of the interests involved. In this connection, it reiterates that it has acknowledged that the information disclosed by the applicant was undeniably of public interest [...]. At the same time, it cannot overlook the fact that the impugned disclosure was carried out through the theft of data and a breach of the professional secrecy by which the applicant was bound. That being so, it notes the relative weight of the disclosed information, having regard to its nature and the extent of the risk attached to its disclosure. In the light of its findings [...] as to the importance, at both national and European level, of the public debate on the tax practices of multinational companies, to which the information disclosed by the applicant has made an essential contribution, the Court considers that the public interest in the disclosure of that information outweighs all of the detrimental effects". EUROPEAN COURT OF HUMAN RIGHTS. **Case of Halet v. Luxembourg.** Judgment 14 February 2023, § 202. Disponível em: https://hudoc.echr.coe.int/eng?i=001-223259. Acesso em: 4 dez. 2023.

Reino Unido.[483] Em 2015, o Brasil, que tinha contribuintes seus na lista de pessoas alcançadas pelo vazamento, pediu à Suíça a entrega dessas provas, o que foi negado. Diante da recusa, autoridades brasileiras fizeram o mesmo requerimento à França, que enviou os documentos ao Brasil, para seu uso no âmbito de uma investigação conduzida por uma Comissão Parlamentar de Inquérito.[484] A questão é saber se: a) a condição de Falciani, como autor de um crime na Suíça, desnatura seu *status* de *whistleblower*, qualidade que lhe foi atribuída por autoridades criminais e tributárias de vários países;[485] e se b) a prova assim obtida pode ser usada para persecução criminal e para fins de tributação nos países dos correntistas do banco suíço.

Os tratados não costumam ter respostas para este quebra-cabeças. Contudo, o interesse público na validação dessas informações, inclusive para uso em juízo, parece evidente. De que serviriam os canais internos e externos de denúncia que devem existir nas organizações se não para permitir a apuração dos fatos noticiados pelo denunciante? A exigência de autenticidade da informação revelada também aponta nessa direção.[486] Porém, deve-se estabelecer se esse interesse é suficiente para superar a vedação ao emprego de provas ilicitamente obtidas, ainda que a violação tenha ocorrido noutra

---

483. "The revelations contained in the HSBC scandal were only brought to light because of a whistle-blower, Hervé Falciani, who stole thousands of records of accounts from HSBC (Suisse) in Switzerland in his role as an IT worker. Mr Falciani was employed by HSBC to improve systems for the protection of personal data,139 and from 2006, he began to collect data on the bank's customers. In December 2008, he was detained and questioned by Swiss authorities, before being released with orders to return promptly the next day. However, Falciani did not return and instead fled to France where he gave five discs of information to the French authorities. In turn, the French authorities shared this information with other law enforcement authorities, including those in the UK". PROTAX CONSORTIUM. **Case studies of tax crimes in the European Union**: Report, 30 October 2018, p. 108, 111 e 243-255. Disponível em: https://ec.europa.eu/research/participants/documents/downloadPublic?documentIds=080166e5bede4cdd&appld=PPGMS. Acesso em: 10 jul. 2023.

484. BRASIL. Ministério Público Federal. **Brasil envia pedido de cooperação à França para investigar caso SwissLeaks,** Brasília, 31 de março de 2015. Disponível em: https://www.mpf.mp.br/pgr/noticias-pgr/brasil-envia-pedido-de-cooperacao-a-franca-para-investigar-caso-swissleaks. Acesso em: 10 jul. 2023. Vide ainda: PF E MINISTÉRIO PÚBLICO recebem todos os dados do HSBC da Suíça, Brasília, **Poder360**, 6 de julho de 2015. Disponível em: https://www.poder360.com.br/swissleaks-hsbc/pf-e-ministerio-publico-recebem-todos-os-dados-do-hsbc-da-suica/. Acesso em: 2 jun. 2023.

485. Considerando a jurisprudência europeia (conferir o caso *Halet vs. Luxemburgo*) e a jurisprudência interamericana (ver o caso *Viteri Ungaretti vs. Equador*), a resposta a essa questão é negativa. Mesmo violando um dever contratual ou legal de sigilo, o denunciante não perde sua condição de *whistleblower*.

486. EUROPEAN COURT OF HUMAN RIGHTS. **Case of Halet v. Luxembourg.** Judgment 14 February 2023, § 124-127. Disponível em: https://hudoc.echr.coe.int/eng?i=001-223259. Acesso em: 4 dez. 2023.

jurisdição. Talvez a solução esteja na existência ou não de prévio envolvimento de agentes estatais na conduta do *whistleblower*, o que poderia determinar o aproveitamento da prova ou sua rejeição. A adoção dos canais *internos* de denúncia – em lugar da exposição pública de informações sigilosas – também permitiria a validação da prova.

No caso *Echeverri Rodríguez vs. Países Baixos*, julgado inadmissível em 1995, o TEDH refutou as alegações do requerente de que a interceptação telefônica utilizada contra ele havia sido realizada ilegalmente nos Estados Unidos e que, portanto, os diálogos captados não poderiam ser usados no processo penal a que respondia por tráfico internacional de drogas na Holanda. Para a Justiça holandesa, tais alegações não foram devidamente demonstradas e fundaram-se "na sua maior parte, em suposições", não se provando que os métodos adotados no exterior ofenderam a ordem pública neerlandesa. O TEDH entendeu que de fato o requerente não havia demonstrado qualquer violação aos direitos convencionais, embora reconhecesse que o uso de prova obtida ilegalmente noutro país pode ter consequências no âmbito do art. 6º da CEDH.[487] Este caso traz à lume outro problema, este relacionado à incapacidade probatória da pessoa atingida pela medida cooperacional. A dificuldade do acusado em produzir prova relativa a fato ocorrido no exterior, inclusive quanto à forma de coleta da prova usada para incriminá-lo, põe na berlinda a assimetria informacional entre o Estado, de um lado, e o réu e a vítima, de outro lado, que é mais acentuada na cooperação internacional do que no processo penal em geral.[488]

Para que seja possível a admissão e a utilização de uma prova estrangeira na persecução penal do Estado requerente, com sua posterior valoração, a evidência deve ter uma origem conhecida e legítima, e sua fiabilidade deve estar presente. Sua origem deve, portanto, resultar da entrega por colaboração voluntária do detentor da prova, seja ele quem for;[489] da obtenção direta

---

487. EUROPEAN COURT OF HUMAN RIGHTS. **Case of Echeverri Rodríguez v. The Netherlands**, (dec.) 27 June 2000, p. 4 e 8. Disponível em: https://hudoc.echr.coe.int/eng?i=001-5366. Acesso em: 10 jul. 2023.

488. Quanto à assimetria informacional em prejuízo do réu, cf. VAN HOEK, Aukje A. H.; LUCHTMAN, Michiel J. J. P. Transnational cooperation in criminal matters and the safeguarding of human rights. **Utrecht Law Review,** [S. l.], v. 1, n. 2, p. 1–39, 2005, p. 20-21.

489. As entregas probatórias voluntárias transnacionais dispensam a realização de pedidos de cooperação jurídica internacional. Podem ser resultado de acordos de leniência ou de acordos penais, que instituam o dever de plena colaboração probatória (*full cooperation*) da pessoa física ou jurídica celebrante.

pelo Estado interessado, quando isso for possível;[490] da sua obtenção por rogatórias ou por *mutual legal assistance* (MLA) ordinária, como nos pedidos ativos de produção de prova ou nas comunicações (passivas) espontâneas, [491] observando-se os canais formais de trânsito;[492] da obtenção de provas por meio de equipes conjuntas de investigação (ECI);[493] ou da obtenção de provas por cooperação direta, com base em instrumentos de reconhecimento mútuo ou com fundamento em arranjos regionais transfronteiriços.[494] Trata-se, portanto, de um esquema probatório multifacetário, que sempre deverá indicar o caminho percorrido pela prova e os passos da cadeia de custódia transnacional. Se isso não ocorrer, a prova poderá ser considerada ilicitamente *transmitida* e, por conta disso, ter a sua fiabilidade questionada ou ter reduzida sua qualidade epistêmica, com impacto nos contextos da valoração e da decisão.[495] Não se tratará, contudo, de uma prova ilicitamente *obtida*, dado que a não observância do canal formal de transmissão transnacional de evidências somente repercute sobre sua autenticidade, que é conferida pela legalização consular, pelo apostilamento ou pelo trânsito da peça de informação por intermédio da autoridade central ou da chancelaria.

A admissibilidade no Estado requerente de provas estrangeiras é marcada por quatro situações distintas de *cooperação irregular*: a) o uso de provas obtidas *ilicitamente* noutro país; b) o uso de provas transmitidas ilegalmente ao Estado requerente; c) o uso de provas obtidas legalmente

---

490. É o caso da obtenção no exterior de documentos públicos disponíveis em fontes abertas, documentos estes que podem ser legalizados internacionalmente por meio da Convenção da Apostila, de 1961, por exemplo. A propósito, ver ARAS, Vladimir. A Convenção da Apostila e a atividade probatória em matéria penal. *In*: RAMOS, André de Carvalho; ARAÚJO, Nadia de (Orgs.). **A Conferência da Haia de Direito Internacional Privado e seus impactos na sociedade**: 125 anos (1893-2018). Belo Horizonte: Arraes Editores, 2018.

491. Nas comunicações espontâneas, o Estado que detém a prova identifica que este material pode interessar a outro Estado e toma iniciativa, sem pedido prévio, de enviá-lo a tal Estado estrangeiro, para que proceda como entender de direito.

492. Normalmente descritos nos tratados de assistência jurídica internacional, esses canais são as chancelarias e as autoridades centrais de cooperação internacional.

493. Nas ECI, a prova é obtida conjuntamente por autoridades co-investigantes de dois ou mais países integrantes da equipe e pode ser imediatamente utilizada nos procedimentos penais dos Estados cooperantes, sem necessidade de legalização consular ou autenticação pela autoridade central.

494. Tal como a *European Investigation Order* (EIO) e os arranjos jurídicos que permitem a cooperação transnacional direta, sem intervenção da autoridade central, em regiões de fronteira.

495. Atividade que recai no âmbito da prova sobre prova, pois atinente à fiabilidade da prova obtida no exterior. Ver: SALGADO, Daniel De Resende. **A metaprova no processo penal:** seu perfil conceitual e funcional e o controle racional da fiabilidade da prova. 2. ed. São Paulo: JusPodivm, 2024.

no Estado requerido, mas de maneira *diversa* da prevista pela legislação do Estado requerente; e d) o uso ilegal pelo Estado requerente de provas licitamente obtidas e licitamente transmitidas. A primeira situação (uso de provas ilicitamente obtidas) resultará do descumprimento do esquema probatório descrito no parágrafo anterior. O segundo caso será o de provas encaminhadas ao Estado requerente à margem do canal da autoridade central ou da chancelaria, se outro meio legítimo não for utilizado. A terceira situação (diversidade de ordens jurídicas probatórias) nos leva ao debate sobre a adoção do princípio *lex diligentiæ* (a lei do Estado requerido) ou da *lex fori* (a lei do Estado requerente) no cumprimento de pedidos de cooperação probatória. A quarta situação (uso ilegal de provas lícitas) remete-nos ao princípio da especialidade probatória, que limita seu emprego para além dos usos autorizados pelo Estado requerido, salvo mediante consentimento,[496] numa perspectiva de aderência à finalidade.

A *primeira* situação de cooperação *irregular*, com provas ilicitamente obtidas no exterior, recomenda atenção redobrada das autoridades judiciárias quanto à validação probatória, para proteção dos direitos fundamentais no processo penal em sentido lato. No caso *Estados Unidos vs. Verdugo-Urquidez*, julgado em 1990, a Suprema Corte norte-americana manteve a validade de prova obtida ilegalmente, mediante uma busca e apreensão realizada no México, sem mandado judicial, por policiais dos dois países. A SCOTUS decidiu que a prova podia ser utilizada nos EUA, porque o investigado era mexicano, e a diligência fora realizada no México, o que impedia a aplicação da Quarta Emenda à Constituição dos EUA, que não tem alcance extraterritorial.[497] Assim, na opinião de Gane e Mackarel, esse inusitado acórdão da Suprema Corte dos EUA permite que suas autoridades "adotem medidas ilegais em países estrangeiros com o objetivo de obter provas, sem serem obrigados a comprovar justa causa por detrás da sua busca ou apreensão", desde que isso não "choque a consciência" do tribunal.[498] Não fosse por mais

---

496. GANE, Christopher; MACKAREL, Mark. The Admissibility of Evidence Obtained from Abroad into Criminal Proceedings: The Interpretation of Mutual Legal Assistance Treaties and Use of Evidence Irregularly Obtained. **European Journal of Crime, Criminal Law and Criminal Justice**, *[S. l.]*, v. 4, n. 2, p. 98–119, 1996, p. 101.

497. UNITED STATES. Supreme Court. **United States v. Verdugo-Urquidez**, 494 U.S. 259 (1990), Decided 28 February 1990, p. 274. Disponível em: https://www.oyez.org/cases/1989/88-1353. Acesso em: 10 jul. 2023.

498. Os autores dizem que se abriram as portas para a obtenção ilegal de provas (*evidence-napping*). GANE, Christopher; MACKAREL, Mark. The Admissibility of Evidence Obtained from Abroad into Criminal Proceedings: The Interpretation of Mutual Legal Assistance Treaties and Use of Evidence Irregularly Obtained. **European Journal of Crime, Criminal Law and Criminal Justice**, *[S. l.]*, v. 4, n. 2, p. 98–119, 1996, p. 109-110. Na doutrina suíça, essa prática ilegal

nada, a violação ao princípio da impenetrabilidade da jurisdição mexicana era flagrante e suficiente para invalidar a prova, que não foi obtida num contexto de ECI e não tinha autorização judicial. Nesta forma de cooperação irregular, a ilicitude pode ser praticada pelas autoridades do Estado requerente, isoladamente, ou em colusão ou conluio com as autoridades do Estado requerido.[499]

A *segunda* situação, como vimos, diz respeito ao uso de provas licitamente obtidas na jurisdição estrangeira, mas ilegalmente *transmitidas* ao Estado requerente. Corresponde à prática de empregar no processo penal provas antecipadamente recebidas por canais informais de cooperação internacional, ou documentos obtidos apenas para fins de inteligência criminal[500] e, portanto, carentes de autenticação ou legalização. Estes atributos referem-se à fiabilidade da prova, e não à ilicitude em sua obtenção. O envio

---

ganha o nome de cooperação selvagem (*entraide sauvage*), notadamente quando se usa a cooperação ativa para entregar a outro Estado provas que este mesmo país havia requerido em cooperação passiva. V. ZIMMERMANN, Robert. **La cooperation judiciaire internationale en matière pénale**. 5e édition ed. Berne: Stämpfli editions, 2019, p. 454, § 418.

499. No caso *United States v. Marzano*, de 1976, criticado por Gane e Mackarel, autoridades das Ilhas Caimã e dos EUA agiram em conluio para a prisão, busca e apreensão de provas e a transferência ilegal, sem extradição, de uma pessoa procurada por roubo a banco. Procedimento similar houve no processo *Liangsiriprasert v. United States Government*, julgado pelo *Privy Council*, em Londres, após decisão da Corte de Apelação de Hong Kong, em 1991. GANE, Christopher; MACKAREL, Mark. The Admissibility of Evidence Obtained from Abroad into Criminal Proceedings: The Interpretation of Mutual Legal Assistance Treaties and Use of Evidence Irregularly Obtained. **European Journal of Crime, Criminal Law and Criminal Justice**, *[S. l.]*, v. 4, n. 2, p. 98–119, 1996, p. 111 e 114. Outro exemplo deste tipo, citado por Aras, é o de Jesse James Hollywood, abduzido no Estado do Rio de Janeiro em 2005, numa operação conjunta da Polícia Federal brasileira e do FBI, e ilegalmente deportado para os EUA. Vide: ARAS, Vladimir. A história de Jesse James Hollywood. **Blog do Vlad**, 12 de janeiro de 2010. Disponível em: https://vladimiraras.blog/2010/01/12/jesse-james-hollywood-deportado-e-condenado-a-prisao-perpetua/. Acesso em: 2 jun. 2023.

500. A expressão engloba as atividades de inteligência de segurança pública e de investigação criminal em sentido estrito. No caso *CAJAR*, a Corte IDH decidiu que as atividades de inteligência de Estado também devem se submetem a normas de proteção de dados pessoais e ao princípio da autodeterminação informativa. CORTE INTERAMERICANA DE DIREITOS HUMANOS. **Caso Miembros de la Corporación Colectivo de Abogados "José Alvear Restrepo" vs. Colombia**, § 566-608 e p. 316, ponto resolutivo 13. Sentencia de 18 de octobre de 2023. Disponível em: https://www.corteidh.or.cr/docs/casos/articulos/seriec_506_esp.pdf. Acesso em: 15 abr. 2024. Essa concepção é compatível com a adotada pelo TJUE no caso *Schrems II*, quando se determinou que a transferência internacional de dados pessoais da UE para os EUA deveria prever mecanismos de acesso à justiça, dado o risco de acesso a esses dados por agências de inteligência norte-americanas. TRIBUNAL DE JUSTIÇA DA UNIÃO EUROPEIA. Grande Seção. Acórdão de 16 de julho de 2020. **Caso C-311/18 (Schrems II). Data Protection Commissioner contra Facebook Ireland Ltd, Maximillian Schrems e outros.** Disponível em: https://curia.europa.eu/juris/document/document.jsf?text=&docid=228677&pageIndex=0&doclang=PT&mode=lst&dir=&occ=first&part=1&cid=7072130. Acesso em: 3 jul. 2023.

de documentos por meio do canal Interpol não configura essa situação, quando seu emprego é previsto em tratados de assistência em matéria penal. A não utilização dos canais da autoridade central ou das chancelarias para a transmissão das provas não acarreta a inadmissibilidade das provas, uma vez que elas não foram ilicitamente obtidas. O vício que as acomete está apenas no âmbito da cadeia de custódia transnacional da evidência.

Esta concepção prevaleceu no caso *Kamal Jain*, decidido na França em 1992.[501] A Polícia britânica entregou de maneira extraoficial à sua congênere francesa cópias de depoimentos relativos ao crime de narcotráfico atribuído ao réu. Este foi processado na França com essas provas, as quais foram admitidas e consideradas válidas pela Justiça francesa.[502] Em caso de cooperação internacional envolvendo o Brasil e os Estados Unidos, no escândalo conhecido como Banestado, o Superior Tribunal de Justiça brasileiro também validou prova transmitida ao Estado requerente fora do canal da autoridade central.[503]

Outro aspecto deve ser considerado, em função da contaminação de provas por derivação, a partir da aplicação da teoria dos frutos da árvore envenenada.[504] Se uma determinada prova é transmitida a um Estado, sua retransmissão a outro Estado depende da autorização do primeiro Estado requerido conforme a sequência (ERqdo → ERqte1 → ERqte2), observando-se o princípio da especialidade. Se a transmissão inicial foi viciada, por exemplo, pela quebra da cadeia de custódia transnacional da documentação, a retransmissão a terceiro Estado também poderá sofrer impactos quanto à

501. FRANCE. Cour d'appel d'Aix-en-Provence, 13ème Chambre correctionnelle, Pourvoi nº 92-16.996, du 14 mai 1992. Disponível em: https://www.cours-appel.justice.fr/aix-en-provence. Acesso em: 10 jul. 2023.

502. HARFIELD, Clive; HARFIELD, Karen. **Covert investigation**. 6. ed. New York: Oxford University Press, 2023, p. 253.

503. STJ: "4. O MLAT busca facilitar a cooperação entre os Estados signatários, não só pelo rito do art. 4º (em que a solicitação é feita pela autoridade central do país requerente), mas também por 'qualquer outra forma de assistência' (art. 1º, n. 2, "h"), 'ajuste ou outra prática bilateral cabível' (art. 17). Tratar o procedimento formal do art. 4º como impositivo, sob pena de nulidade das provas obtidas por formas atípicas de cooperação, desconsideraria o teor destes textos normativos e violaria frontalmente o art. 1º, n. 5, do Acordo. 5. Respeitadas as garantias processuais do investigado, não há prejuízo na cooperação direta entre as agências investigativas, sem a participação das autoridades centrais. A ilicitude da prova ou do meio de sua obtenção somente poderia ser pronunciada se a parte recorrente demonstrasse alguma violação de suas garantias ou das específicas regras de produção probatória, o que não aconteceu". BRASIL. Superior Tribunal de Justiça. **Agravo no Recurso Especial n. 701.833/SP**. Relator Ministro Ribeiro Dantas, Quinta Turma, j. em 04/05/2021.

504. UNITED STATES. Supreme Court of the United States. **Silverthorne Lumber Co. Inc. v. United States**, 251 U.S. 385 (1920), decided January 26, 1920. Disponível em: https://supreme.justia.com/cases/federal/us/251/385/. Acesso em: 4 dez. 2023.

autenticidade da prova e, portanto, sua fiabilidade. Nestes casos, o segundo Estado requerido (isto é, aquele beneficiado pela retransmissão da prova) deverá repetir a diligência probatória no exterior, em busca de água limpa, de uma fonte independente daquela viciada. A solução evidente será a de solicitar ao Estado requerido, originalmente detentor da prova, que lhe transmita essa mesma evidência diretamente. Aplica-se aqui a lógica do precedente *Murray vs. Estados Unidos*, de 1988,[505] que instituiu uma exceção às regras de exclusão (*exclusionary rules*), na jurisprudência dos Estados Unidos. Essa teoria mitiga muitas das limitações decorrentes da teoria dos frutos da árvore envenenada, também desenvolvida pela Suprema Corte norte-americana.[506] Deste modo, uma prova documental entregue pela Suíça ao Brasil e depois reenviada ao Peru, antes de ser julgada inadmissível no Brasil, poderia ser validamente empregada pelas autoridades peruanas, se, na repetição da persecução probatório internacional, fosse obtida de novo, mas agora de uma fonte independente (na verdade a fonte original): a Suíça.

Consideremos agora a *terceira* situação de cooperação irregular. Como já vimos, a diversidade de direito probatório no Estado requerente e no Estado requerido, quanto à admissibilidade da prova, é contornada pela adoção do princípio *lex diligentiæ*. A prova pode ser produzida no Estado requerido, conforme o seu próprio direito processual penal. O controle judicial a ser feito deve buscar verificar se a prova foi produzida no exterior na forma do direito do Estado requerido e na forma do direito internacional incidente, de maneira que se aplica "o direito estrangeiro, mesmo que diferente, exceto se incompatível com princípios de ordem pública".[507] No caso, *R. vs. Terry*, de 1994, a Suprema Corte do Canadá decidiu que a Carta de Direitos Fundamentais do país não se aplicava extraterritorialmente, o que implica a impossibilidade de invalidar provas *licitamente* obtidas no exterior, segundo o direito local, mas num padrão *diferente* do previsto pela lei canadense.[508] Uma maneira de evitar tais conflitos transnacionais de normas está em

505. UNITED STATES. Supreme Court of the United States. **Murray v. United States,** 487 U.S. 533 (1988), decided June 27, 1988. Disponível em: https://supreme.justia.com/cases/federal/us/487/533/. Acesso em: 4 dez. 2023.

506. UNITED STATES. Supreme Court of the United States. **Silverthorne Lumber Co. Inc. v. United States**, 251 U.S. 385 (1920), decided January 26, 1920. Disponível em: https://supreme.justia.com/cases/federal/us/251/385/. Acesso em: 4 dez. 2023.

507. ALLE, Saulo Stefanone. **Cooperação jurídica internacional e auxílio direto ativo em matéria penal**. Belo Horizonte: Arraes Editores, 2017, p. 103.

508. CANADA. Supreme Court of Canada. **R. v. Terry**, Robert Scott Terry v. Her Majesty the Queen and the Attorney General of Canada, [1996] 2 S.C.R. 207, Decided on 30 May 1996. Disponível em: https://scc-csc.lexum.com/scc-csc/scc-csc/en/item/1388/index.do. Acesso em: 10 jul. 2023.

produzir a prova, sobretudo a oral, mediante a transferência do depoente (acusado, vítima ou testemunha) do Estado requerido para o Estado requerente, mediante salvo-conduto, para que preste o depoimento oral perante o juízo competente e depois retorne ao Estado requerido. Também preserva a *lex fori* na produção da prova oral a adoção de oitivas por videoconferência transnacional. Nessas duas formas, a prova será colhida de acordo com a lei do Estado requerente, eliminando-se o choque de ordens jurídicas.

Contudo, quebras de sigilo para a produção de prova documental e a concretização de meios especiais de obtenção de provas (*special investigative techniques*) seguirão o direito interno do Estado requerido, em regra. Uma forma de prevenir controvérsias sobre a admissibilidade e, consequentemente, a validade dessas provas passa pela previsão convencional ou pela prática cooperacional dos Estados de, na execução dos pedidos estrangeiros, de observar certas providências indicadas pelo Estado requerente, para validação da prova segundo sua ordem jurídica.[509] O art. 10 da Convenção de Nassau, de 1992, prevê essa hipótese. Em regra, os pedidos de MLA "serão feitos por escrito e serão cumpridos de conformidade com o direito interno do Estado requerido". Mas se as leis do Estado requerido nada dispuserem em contrário, "serão cumpridos os trâmites mencionados no pedido de assistência na forma expressa pelo Estado requerente.[510] Regra similar aparece no art. 4º da Convenção da União Europeia sobre MLA, do ano 2000, permitindo-se a adoção de formalidades indicadas pelo Estado requerente, caso não sejam contrárias à ordem pública do Estado requerido.[511] A Convenção da Asso-

509. "A number of MLATs do make provision for the requesting state to outline any procedure they require to be followed, 32 but no mandatory instructions as to procedure are required to accompany the request, thereby allowing variations between different requests, and presumably therefore different standards of admissibility". GANE, Christopher; MACKAREL, Mark. The Admissibility of Evidence Obtained from Abroad into Criminal Proceedings: The Interpretation of Mutual Legal Assistance Treaties and Use of Evidence Irregularly Obtained. **European Journal of Crime, Criminal Law and Criminal Justice**, *[S. l.]*, v. 4, n. 2, p. 98–119, 1996, p. 102.

510. ORGANIZAÇÃO DOS ESTADOS AMERICANOS. **Inter-American Convention on Mutual Legal Assistance in Criminal Matters,** done at Nassau, on May 23, 1992, OAS Treaty Series, No. 75. Disponível em: https://www.oas.org/juridico/english/treaties/a-55.html. Acesso em: 10 jul. 2023.

511. "Artigo 4.º Formalidades e procedimentos para execução dos pedidos de auxílio judiciário mútuo. 1 - Nos casos em que for concedido auxílio judiciário mútuo, o Estado membro requerido respeitará as formalidades e procedimentos expressamente indicados pelo Estado membro requerente, salvo disposição em contrário da presente Convenção e desde que as formalidades e procedimentos indicados não sejam contrários aos princípios fundamentais de direito do Estado membro requerido". UNIÃO EUROPEIA. **Convenção Relativa ao Auxílio Judiciário Mútuo em Matéria Penal entre os Estados Membros da União Europeia**, concluída em Bruxelas, em 29 de maio de 2000. Disponível em: https://www.ministeriopublico.

ciação Sul-Asiática para a Cooperação Regional (SARCC) sobre assistência mútua em matéria penal repete esses dispositivos de forma mais condensada determinando que "Os pedidos de assistência serão executados prontamente, de acordo com as leis e práticas do Estado Parte requerido e, na medida em que tal não seja proibido por essas leis, na forma especificada pelo Estado Parte requerente".[512]

A *quarta* situação de cooperação *irregular* diz respeito ao uso *ilícito* de provas *licitamente* obtidas. Como visto, esse fenômeno relaciona-se à desobediência da regra de especialidade. A prova terá sido produzida lícita e legitimamente no exterior, mas com expressa restrição de uso imposta pelo Estado requerido (*specialty rule; règle de la specialité*), conforme seu direito interno ou o acordo internacional vigente. Essa restrição é, em regra, de natureza substantiva ou objetiva, relativa aos crimes nos quais a prova pode ser usada no Estado requerente, mas pode refletir também uma restrição subjetiva, relativa às pessoas contra as quais tal prova poderá ser usada. Embora a prova tenha sido validamente admitida no processo penal no Estado requerente, este material somente pode ser usado pela acusação para a finalidade declarada no pedido e autorizada pelo Estado requerido,[513] sob pena de violação do princípio da boa-fé, do princípio da cooperação leal e do princípio *pacta sunt servanda*, com impactos no devido processo legal cooperacional.[514] Pode-se usar a prova para o fim X, mas não para o fim Y. Falando da ótica portuguesa, Brito tem opinião diversa, no sentido de que haveria mera irregularidade no uso dessa prova, porque o vício se dá na sua produção, que se refere ao "procedimento exterior da realização da prova", o que faria surgir apenas uma "forma de antinormatividade, a

---

pt/instrumento/convencao-relativa-ao-auxilio-judiciario-mutuo-em-materia-penal-entre-os--estados-memb-20. Acesso em: 2 jun. 2023.

512. SOUTH ASIAN ASSOCIATION FOR REGIONAL COOPERATION. **SAARC Convention on Mutual Assistance in Criminal Matters**, done at Colombo, on 30 August 2008. Disponível em: https://www.saarc-sec.org/index.php/resources/agreements-conventions/48-saarc-convention-on-mutual-assistance-in-criminal-matters/file. Acesso em: 10 jul. 2023.

513. GANE, Christopher; MACKAREL, Mark. The Admissibility of Evidence Obtained from Abroad into Criminal Proceedings: The Interpretation of Mutual Legal Assistance Treaties and Use of Evidence Irregularly Obtained. **European Journal of Crime, Criminal Law and Criminal Justice**, *[S. l.]*, v. 4, n. 2, p. 98–119, 1996, p. 102.

514. No Brasil, o Tribunal Regional Federal da 3ª Região, em São Paulo, determinou a exclusão de prova obtida na Suíça e usada contra o ex-deputado federal Paulo Salim Maluf, numa acusação por evasão de divisas, fato atípico no Estado requerido. A corte federal brasileira entendeu ter havido violação ao princípio da especialidade previsto na Lei de Cooperação Suíça de 1981 e no MLAT suíço-brasileiro de 2004. BRASIL. Tribunal Regional Federal da 3ª Região. **Mandado de Segurança 0080370-68.2005.4.03.0000,** Primeira Seção, Relatora Desembargadora Suzana Camargo, j. em 28/12/2006.

reclamar, quando muito, o regime de mera irregularidade".[515] Ou seja, o vício seria sanável por não estar em confronto com garantias fundamentais da pessoa humana. Conforme Costa Andrade, tais máculas não são daquelas "patologias que colidem com étimos e princípios inultrapassáveis [...] que integram o cerne dos direitos individuais com inscrição constitucional", razão pela qual correspondem a meras irregularidades.[516]

Em função do princípio da *dupla conformidade*, as partes poderão impugnar a forma de produção e o modo de obtenção da prova tanto no Estado requerido quanto no Estado requerente, sucessivamente. Também podem impugnar o modo de transmissão da prova, tendo em vista a cadeia de custódia transnacional. Esta abordagem não se confunde com o duplo critério de admissibilidade (*double admissibility test*) proposto por Gane e Mackarel, que se dirige à compatibilidade a ser verificada pelo Estado requerente em duas etapas,[517] uma das quais exigiria que o tribunal competente do Estado requerente examinasse o direito do Estado requerido, uma tarefa deveras complexa e sujeita a muitos equívocos. Na nossa visão, o exame de admissibilidade da prova pelo Estado requerente deve ter em conta o direito interno do Estado requerido e o padrão mínimo de direitos humanos processuais internacionalmente aceitos, a partir dos tratados aplicáveis, entre eles o art. 14 do PIDCP, que lista as garantias mínimas do devido processo no âmbito quase-universal.

Qualquer que seja a solução para este difícil problema, a prova obtida no exterior tem de ser examinada quanto ao modo de sua produção, obtenção, transmissão e custódia, para só então ser admitida e valorada. Como vimos, alguns MLATs impedem expressamente que seus textos sejam invocados para o exercício de direitos individuais que pretendam tê-los por fundamento,

---

515. BRITO, Mariana Isabel Rodrigues. **Aquisição de prova transnacional:** da admissibilidade da prova obtida no estrangeiro. [Dissertação de Mestrado], Universidade Católica Portuguesa, Porto, 2023, 64 p., p. 50.

516. COSTA ANDRADE, Manuel da. **Sobre as proibições de prova em processo penal.** Coimbra: Coimbra Editora, 2006, p. 330.

517. "In our view, the problems which we have identified above can only effectively be addressed by adopting a policy of 'double admissibility'. In other words, evidence obtained in a foreign jurisdiction, and presented domestically, would need to satisfy a two-fold test: (i) would such evidence, if obtained in this manner domestically be admissible, and (ii) would such evidence, obtained in this manner, be admissible in the state in which it was obtained?". GANE, Christopher; MACKAREL, Mark. The Admissibility of Evidence Obtained from Abroad into Criminal Proceedings: The Interpretation of Mutual Legal Assistance Treaties and Use of Evidence Irregularly Obtained. **European Journal of Crime, Criminal Law and Criminal Justice**, *[S. l.]*, v. 4, n. 2, p. 98–119, 1996, p. 118.

o que faz com que a legitimidade[518] para impugnar um pedido passivo de cooperação internacional e os remédios para fazê-lo dependam, no Estado requerido, apenas do seu próprio direito interno. O impacto nas obrigações processuais positivas do Estado (inclusive no dever de legislar) são significativos. Em alguns países vigorará a *no-standing provision*, nos pedidos passivos de assistência, o que põe em risco os direitos fundamentais na cooperação jurídica internacional. No Estado requerente, sede do processo e julgamento, todavia, a impugnabilidade deve ser plena, seja para o acusado (inclusive os colaboradores de justiça), para a vítima ou para outras pessoas atingidas por pedidos de cooperação, como peritos e testemunhas. Essa impugnabilidade abrangente alcançará etapas do procedimento probatório transnacional ocorridas no exterior e no Estado do foro.

Segundo o Mecanismo Residual dos Tribunais Internacionais (IRMCT), por mais grave que o crime seja, "a justiça só pode ser feita mediante julgamentos que sejam justos e conduzidos com amplo respeito aos direitos dos acusados", uma "característica vital" para a credibilidade da Justiça Internacional e para o seu legado.[519]

3.9. A PARTICIPAÇÃO VITIMÁRIA NA COOPERAÇÃO JURÍDICA INTERNACIONAL COMO UMA OBRIGAÇÃO POSITIVA

No escopo deste estudo, é preciso lançar os olhos sobre a questão da vítima num modelo verdadeiramente garantista de processo penal. A percepção da justiça processual (*procedural justice*) em concreto – elemento essencial para a legitimidade do sistema judiciário – depende da efetiva participação (*substantive participation*) dos envolvidos, o que significa levar em consideração as posições de acusados e vítimas antes da tomada

---

518. Vide os comentários de Gane e Mackarel sobre o caso *United States v. Sturman and others*, de 1991, no qual a Procuradoria dos EUA obteve na Suíça provas contra os réus, supostamente para investigação de uma organização criminosa, mas as utilizou para meros crimes tributários, o que era vedado pelo tratado, dando-se uma violação de especialidade. Os autores também citam *United States v. Garcia*, de 1994. GANE, Christopher; MACKAREL, Mark. The Admissibility of Evidence Obtained from Abroad into Criminal Proceedings: The Interpretation of Mutual Legal Assistance Treaties and Use of Evidence Irregularly Obtained. **European Journal of Crime, Criminal Law and Criminal Justice**, *[S. l.]*, v. 4, n. 2, p. 98–119, 1996, p. 105-107.

519. IRMCT: "It is axiomatic that justice must be done and must be seen to be done". UNITED NATIONS. International Residual Mechanism for Criminal Tribunals. **Prosecutor v. Félicien Kabuga**, Case No. MICT-13-38-AR80.3, Appeals Chamber, Decision of 7 August 2023, § 78. Disponível em: https://www.irmct.org/sites/default/files/case_documents/DECISION-ON--APPEALS-OF-FURTHER%20DECISION-ON-FE%CC%81LICIEN-KABUGA%E2%80%99S-FITNESS-TO-STAND-TRIAL.pdf. Acesso em: 22 set. 2023.

da decisão.[520] Não basta apenas assegurar uma participação meramente formal (*formal participation*) desses atores.[521] As convenções de supressão têm previsto esse direito.[522]

A falta de justiça processual no plano interno pode constituir uma violação de direitos humanos imputável ao Estado. Uma de suas manifestações é o direito de participação nos processos penais e, por extensão, nos procedimentos de cooperação internacional. O reconhecimento das obrigações processuais positivas, como a de investigar, também é uma das representações da justiça processual.[523] No final do século 20, Cervini já pontificava a necessidade de um "enfoque integrado", em que se tivesse em conta a eficiência da persecução transnacional, a diversidade dos sistemas jurídicos envolvidos na interação e os direitos dos indivíduos concretos, com atenção para os interesses "das partes substanciais dessas mesmas instâncias de auxílio – os Estados e os cidadãos".[524]

Numa primeira dimensão, devemos levar em conta os direitos de defesa; na segunda dimensão merecem lugar especial os direitos das vítimas, que eram um sujeito ausente nos procedimentos de cooperação. Isso significa que os pedidos de assistência jurídica internacional, de extradição e as demais modalidades já listadas devem observar o princípio do devido processo legal e assegurar aos investigados e réus suas garantias processuais, previstas nas constituições ou nos tratados, tais como o direito de defesa, ao contraditório e ao duplo grau, que também surgem como garantias mínimas, mesmo na cooperação internacional ou intrarregional. Por outro lado, é imperioso

520. TEDH: "[...] this right can only be seen to be effective if the observations are actually *heard*, that is duly considered by the trial court. In other words, the effect of Article 6 is, among others, to place the *tribunal* under a duty to conduct a proper examination of the submissions, arguments and evidence adduced by the parties, without prejudice to its assessment of whether they are relevant [...]." EUROPEAN COURT OF HUMAN RIGHTS. **Case of Perez v. France.** Judgment 12 February 2004, § 80. Disponível em: https://hudoc.echr.coe.int/fre?i=001-61629. Acesso em: 10 jul. 2023.

521. BREMS, Eva; LAVRYSEN, Laurens. Procedural Justice in Human Rights Adjudication: The European Court of Human Rights. **Human Rights Quarterly**, *[S. l.]*, v. 35, n. 1, p. 176–200, 2013, p. 180-181.

522. UNTOC: "Artigo 25. Assistência e proteção às vítimas. 3. Cada Estado Parte, sem prejuízo do seu direito interno, assegurará que as opiniões e preocupações das vítimas sejam apresentadas e tomadas em consideração nas fases adequadas do processo penal aberto contra os autores de infrações, por forma que não prejudique os direitos da defesa". Vide também o art. 32.5 da UNCAC.

523. BREMS, Eva; LAVRYSEN, Laurens. Procedural Justice in Human Rights Adjudication: The European Court of Human Rights. **Human Rights Quarterly**, *[S. l.]*, v. 35, n. 1, p. 176–200, 2013, p. 185 e 193.

524. CERVINI, Raúl; TAVARES, Juarez. **Princípios de cooperação judicial penal internacional no Protocolo do Mercosul.** São Paulo: Revista dos Tribunais, 2000, p. 64.

ter em conta os direitos e interesses dos ofendidos em todas as etapas da persecução criminal, e não apenas quando se constituem como partes civis ou assistentes de acusação, que são as formas tradicionais de inserção das vítimas no processo penal.[525]

Os direitos de participação vitimária incluem, em primeiro lugar, o próprio direito de participação, associado ao direito à informação, aos direitos de assistência jurídica e de representação processual de sua escolha, o direito à prova, o direito a tratamento não discriminatório nem ofensivo, assim como o direito aos recursos e a outros remédios processuais,[526] inclusive o direito à indenização.[527] A participação vitimária é um dos princípios gerais do dever de devida diligência para a investigação de graves violações a direitos humanos.[528] É, portanto, uma obrigação positiva dos Estados dar-lhes esse lugar.

Cuidando dos direitos dos acusados na cooperação jurídica internacional, Cervini e Chaves sustentam que, não sendo uma questão apenas entre Estados, na cooperação jurídica internacional, "a pessoa cujos direitos podem ver-se afetados pela diligência rogada [...] tem legitimação para comparecer e defender seu direito em tais procedimentos". A garantia desse direito depende do cumprimento de outro: o direito à informação prévia, sempre que possível.[529] Tal conclusão se aplica também às vítimas, quando forem assistentes de acusação ou partes civis, dado o seu direito de participação

525. OSMO, Carla; MARTIN-CHENUT, Kathia. A participação das vítimas no sistema interamericano: fundamento e significado do direito de participar. **Revista Direito e Práxis**, *[S. l.]*, v. 8, n. 2, 2017, p. 1459.

526. CENTRO POR LA JUSTICIA Y EL DERECHO INTERNACIONAL; LEÓN, Gisela; KRSTICEVIC, Viviana; OBANDO, Luis. **Debida diligencia en la investigación de graves violaciones a derechos humanos.** Buenos Aires: CEJIL, 2010. Disponível em: https://www.corteidh.or.cr/tablas/r25129.pdf. Acesso em: 2 jun. 2023, p. 107-114.

527. "Durante el proceso de investigación y el trámite judicial, las víctimas de violaciones de derechos humanos, o sus familiares, deben tener amplias oportunidades para participar y ser escuchados, tanto en el esclarecimiento de los hechos y la sanción de los responsables, como en la búsqueda de una justa compensación". CORTE INTERAMERICANA DE DIREITOS HUMANOS. **Caso de la Masacre de Mapiripán vs. Colômbia**. Sentencia de 15 de septiembre de 2005, § 219. https://www.corteidh.or.cr/docs/casos/articulos/seriec_134_esp.pdf. Acesso em: 10 jul. 2023.

528. CENTRO POR LA JUSTICIA Y EL DERECHO INTERNACIONAL. **Debida diligencia en la investigación de graves violaciones a derechos humanos.** Buenos Aires: CEJIL,2010, p. 22.

529. CERVINI, Raúl; CHAVES, Gastón. Legitimación de los sujetos eventualmente afectados por medidas de cooperación judicial penal internacional para intervenir procesalmente en el decurso de esas instancias. *In*: UNIVERSIDAD CATÓLICA DEL URUGUAY DÁMASO ANTONIO LARRAÑAGA; INSTITUTO SUPERIOR IBERO-AMERICANO DE ESTUDOS CRIMINAIS; INTERNATIONAL CENTER OF ECONOMIC PENAL STUDIES (org.). **Curso de cooperación penal internacional**. Montevideu: Carlos Alvarez Editor, 1994. p. 101–122, p. 121.

e tendo em conta que elas também sofrerão as consequências do processo penal internacionalizado por estraneidade.

No contexto criminal, o principal direito das vítimas é o de que o Estado cumpra o dever de investigar, em prazo razoável, as violações de direitos humanos.[530] De fato, "os familiares das vítimas têm o direito, e os Estados a obrigação, de que o que lhes aconteceu seja efetivamente investigado pelas autoridades estatais".[531] Mendéz sustenta que a participação das vítimas na persecução criminal pode contribuir para o maior aprofundamento das investigações criminais e para aumentar a eficiência do sistema de justiça.[532] O dever de realizar a persecução criminal dos autores de graves violações de direitos humanos passou a ser considerado uma obrigação de *jus cogens* pela Corte IDH,[533] a partir do caso *Goiburú vs. Paraguai*, inerente ao direito à justiça.[534] No caso concreto, tinha-se um crime de desaparecimento forçado, que integra tanto o regime regional quanto o regime global de proibição.

Segundo Lutz, as obrigações positivas que incidem sobre este domínio fazem surgir o direito das vítimas "de ver a justiça ser feita"; além do "direito de saber a verdade"; do direito à reparação material e moral e o "um direito

530. Corte IDH: "Cabe señalar que la obligación de investigar no sólo se desprende de las normas convencionales de Derecho Internacional imperativas para los Estados Parte, sino que además se deriva de la legislación interna que haga referencia al deber de investigar de oficio ciertas conductas ilícitas y a las normas que permiten que las víctimas o sus familiares denuncien o presenten querellas para participar procesalmente en la investigación penal con la pretensión de establecer la verdad de los hechos". CORTE INTERAMERICANA DE DIREITOS HUMANOS. **Caso Valle Jaramillo y Otros vs. Colombia**. Sentencia de 27 de noviembre de 2008, § 99. Disponível em: https://www.corteidh.or.cr/docs/casos/articulos/seriec_192_esp.pdf. Acesso em: 10 jul. 2023.

531. CORTE INTERAMERICANA DE DIREITOS HUMANOS. **Caso García Prieto y Otro vs. El Salvador.** Sentencia de 20 de noviembre de 2007, § 103. Disponível em: https://www.corteidh.or.cr/docs/casos/articulos/seriec_168_esp.pdf. Acesso em: 10 jul. 2023.

532. MENDEZ, Juan E. La participación de la víctima ante la Corte Interamericana de Derechos Humanos. San José: Rafael Nieto-Navia, 1994. In: NIETO-NAVIA, Rafael. **La Corte y el sistema interamericano de derechos humanos**. San José: Corte Interamericana de Derechos Humanos, 1994, p. 321-332. apud OSMO, Carla; MARTIN-CHENUT, Kathia. A participação das vítimas no sistema interamericano: fundamento e significado do direito de participar. **Revista Direito e Práxis**, *[S. l.]*, v. 8, n. 2, 2017, p. 1459.

533. OSMO, Carla; MARTIN-CHENUT, Kathia. A participação das vítimas no sistema interamericano: fundamento e significado do direito de participar. **Revista Direito e Práxis**, *[S. l.]*, v. 8, n. 2, 2017, p. 1464.

534. CORTE IDH: "Em definitivo, a Corte considera que [...], diante da particular gravidade destes delitos e da natureza dos direitos lesados, a proibição do desaparecimento forçado de pessoas e o correlativo dever de investigá-los e punir seus responsáveis alcançou o caráter de *jus cogens*". CORTE INTERAMERICANA DE DIREITOS HUMANOS. **Caso Goiburú e Outros vs. Paraguai**. Sentença de 22 de setembro de 2006, § 84. Disponível em: https://www.cnj.jus.br/wp-content/uploads/2016/04/15934c4d6d9ca1cf602e165fc5afa3cf.pdf. Acesso em: 10 mai. 2023.

a instituições novas, reorganizadas e responsáveis".[535] De fato, no caso *Tiu Tojín*, de 2008, a Corte IDH decidiu que a Guatemala deveria cumprir o seu dever de investigar, processar e julgar os responsáveis pelo desaparecimento de Maria e de Josefa Tiu Tojín e de assegurar às vítimas o acesso à justiça,[536] à luz do art. 8º da CADH, que prevê esse direito. Noutro ponto da sentença, a Corte afirmou ser necessário, garantir o direito a uma representação adequada no processo.

> Pode-se deduzir disto que os Estados não devem impor obstáculos às pessoas que recorrem a juízes ou tribunais para que os seus direitos sejam determinados ou protegidos. Qualquer norma ou prática da ordem interna que dificulte o acesso dos indivíduos aos tribunais, e que não seja justificada pelas necessidades razoáveis da própria administração da justiça, deve ser entendida como contrária ao referido artigo 8.1 da Convenção. Isto é particularmente relevante nos casos de desaparecimento forçado de pessoas, dado que o direito às garantias judiciais também inclui o direito dos familiares da vítima de aceder a elas.[537]

No caso *Juan Humberto Sánchez vs. Honduras*, de 2003, a Corte IDH já havia decidido que "os familiares da vítima deverão[riam] ter pleno acesso e capacidade de atuar, em todas as etapas e instâncias de ditas investigações, de acordo com a lei interna e as normas da Convenção Americana".[538] Para que esse direito não caia no vazio, cabe aos Estados instituir normas que permitam às vítimas e a seus familiares participarem da investigação e do processo penal, "em todas as etapas e instâncias", o que abrange também os procedimentos de cooperação internacional no modo ativo. Para isto, como obrigação positiva primária, os Estados devem instituir as "regras que permitem às partes ofendidas ou prejudicadas denunciar ou exercer ação penal e, se for o caso, participar da investigação e do processo".[539]

---

535. LUTZ, Ellen L. International Obligations to Respect and Ensure Human Rights. **Whittier Law Review**, *[S. l.]*, v. 19, p. 345, 1997, p. 347.
536. CORTE INTERAMERICANA DE DIREITOS HUMANOS. **Caso Tiu Tojín vs. Guatemala**. Sentencia de 26 de noviembre de 2008, § 72. Disponível em: https://www.corteidh.or.cr/docs/casos/articulos/seriec_190_esp.pdf. Acesso em: 10 jul. 2023.
537. CORTE IDH. Caso Tiu Tojín vs. Guatemala, § 95.
538. CORTE INTERAMERICANA DE DIREITOS HUMANOS. **Caso Juan Humberto Sánchez vs. Honduras.** Sentencia de 7 de junio de 2003. Disponível em: https://www.corteidh.or.cr/docs/casos/articulos/seriec_99_esp.pdf. Acesso em: 10 jul. 2023.
539. CORTE INTERAMERICANA DE DIREITOS HUMANOS. **Caso Ríos y otros vs. Venezuela.** Sentencia de 28 de enero de 2009, § 284. Disponível em: https://www.corteidh.or.cr/docs/casos/articulos/seriec_194_esp.pdf. Acesso em: 10 jul. 2023.

A participação das vítimas faz-se sem prejuízo dos direitos do acusado, especialmente a presunção de inocência. Não se cuida de um método de supressão de direitos de um (o réu) para agraciar outro (o ofendido); trata-se da inclusão das vítimas na equação fundamental das garantias de todos os seres humanos, sem distinção de qualquer espécie, sem que se descambe para a legitimação de uma "vingança da vítima" ou de um "*Parquet bias*"[540] ou para a adoção de um *prosecutorial model* na persecução transnacional.[541] Como advertem Fischer e Valdez Pereira, abordar as "[...] exigências de eficiência e efetividade do conjunto do procedimento penal não significa de forma alguma [...] desmerecimento ou desprestígio das qualidades processuais indispensáveis às garantias de defesa e da dignidade dos imputados".[542] O que se busca é o equilíbrio sistêmico entre os regimes internacionais de proibição e de proteção e a ocupação dos espaços da persecução doméstica e transnacional pelos atores processuais, sem exclusão de nenhum.

Considerado o tema do acesso à justiça pelo investigado ou acusado, certos óbices são impostos por alguns tratados, como já vimos, o que põe em xeque a paridade de armas, especialmente quando tais pessoas, notadamente os réus, não dispõem de condições econômicas para custear uma defesa transnacional. Assim, as cláusulas de ilegitimidade nos MLATs (*no-standing provisions*) são um problema à parte,[543] que desafia outra obrigação positiva estatal: o controle de convencionalidade, ou, para usarmos uma expressão menos interamericana, o controle de compatibilidade da ordem jurídica convencional com os tratados de direitos humanos do regime global de proteção.

O art. 1.3 do Tratado de Assistência Jurídica Mútua em Matéria Penal da Asean[544] contém uma dessas previsões limitativas, que alcança os investiga-

---

540. OSMO, Carla; MARTIN-CHENUT, Kathia. A participação das vítimas no sistema interamericano: fundamento e significado do direito de participar. **Revista Direito e Práxis**, *[S. l.]*, v. 8, n. 2, 2017, p. 1469.

541. HEYMANN, Philip B. Two Models of National Attitudes toward International Cooperation in Law Enforcement. **Harvard International Law Journal**, *[S. l.]*, v. 31, n. 1, p. 99–107, 1990, p. 105.

542. FISCHER, Douglas; PEREIRA, Frederico Valdez. **As obrigações processuais penais positivas: segundo as Cortes Europeia e Interamericana de Direitos Humanos**. 2.ed. Porto Alegre: Livraria do Advogado, 2019, p. 102.

543. PANGILINAN, John Stephen B. Analyzing the No-Standing Provisions of the Mutual Legal Assistance Treaties on Criminal Matters (MLATS) Entered by the Philippines and the Implications of the Supreme Court's Decision in People v. Sergio on MLATS, **Ateneo Law Journal**, v. 65, n. 1, p. 259–307, 2020.

544. Tratado de Kuala Lumpur, de 2004: "This Treaty applies solely to the provision of mutual assistance among the Parties. The provisions of this Treaty shall not create any right on the part of any private person to obtain, suppress or exclude any evidence or to impede the execution of any request for assistance". ASSOCIATION OF SOUTHEAST ASIAN NATIONS. **Treaty**

dos, mas também as vítimas. Na perspectiva interamericana, um dispositivo desta ordem seria inconvencional, sempre que a proteção de interesses de acusados e vítimas depender de instrumentos de cooperação internacional do tipo MLA e não puder ser realizada por outras vias. Percebe-se aqui de pronto o problema do dever de *requerer* cooperação internacional, que é inerente ao dever de investigar, como modo de contornar tais restrições e de cumprir o dever de atuar com devida diligência e o dever de prover acesso à justiça. Cabe aos órgãos estatais adimplir as obrigações positivas relacionadas ao acesso à produção probatória na persecução internacional, na persecução transnacional e na persecução "internacionalizada" por estraneidade, de modo a reduzir a assimetria entre o Estado e a pessoa humana, e tornar mais efetiva a persecução criminal em suas duas dimensões, como instrumento de contenção do poder punitivo e como ferramenta da realização da justiça para as vítimas.

Além de assegurar o direito de *acesso* à justiça, a Declaração das Nações Unidas sobre Direitos das Vítimas, de 1985, garante a elas o direito a mecanismos judiciais para a reparação do dano, o direito à assistência jurídica, o direito à informação sobre o processo e o direito de ser ouvida e ter suas preocupações consideradas.[545] Entre estes direitos estão também incorporados o direito a um intérprete para poder compreender o processo, caso não domine o idioma utilizado; o direito de se expressar no seu próprio idioma; o de ter suas informações e seus pedidos considerados, além do eventual direito à repatriação ao seu Estado de nacionalidade ou de residência nos crimes de tráfico internacional de pessoas (*human trafficking; trata de personas*) e de tráfico de migrantes (*migrant smuggling; tráfico de migrantes*). Como já assinalamos, dada sua autonomia na perspectiva do *rule of law*, a cooperação jurídica internacional pode ir além dos fins imediatos do processo penal e tutelar de forma direta bens jurídicos materiais de vítimas (e também dos autores) de crimes.

Nos crimes internacionais, nos crimes transnacionais ou nos crimes domésticos com elementos de estraneidade, as vítimas podem pretender participar do procedimento de cooperação, isto é, dos procedimentos

---

on Mutual Legal Assistance in Criminal Matters, done at Kuala Lumpur, on 29 November 2004. Disponível em: https://asean.org/wp-content/uploads/2021/01/20160901074559.pdf. Acesso em: 10 jul. 2023.

545. UNITED NATIONS. General Assembly Resolution. A/RES/40/34. **Declaration of Basic Principles of Justice for Victims of Crime and Abuse of Power,** adopted on 28 November 1985, § 4. Disponível em: http://www.dhnet.org.br/direitos/sip/onu/ajus/prev29.htm. Acesso em: 10 jun. 2023.

abertos no Estado requerido a pedido do Estado de jurisdição (cooperação horizontal), ou no Estado requerido a pedido de um tribunal internacional (cooperação vertical), a fim de conhecer seu conteúdo, acompanhar sua tramitação e assegurar o seu resultado útil. Obviamente, nas ações penais de iniciativa exclusiva da vítima, o direito de participação na persecução criminal transnacional é ainda mais premente. Por isso, para um processo justo, em todas as etapas do processo penal *lato sensu*, deve-se garantir que "as vítimas possam formular suas solicitações e apresentar provas e que estas sejam plena e seriamente analisadas pelas autoridades antes que se resolvam os fatos, responsabilidades, penalidades e reparações".[546] Esse direito se estende a todas as formas de cooperação, inclusive as relacionadas ao reconhecimento de sentenças penais estrangeiras.

Identificar e obter provas no exterior parece ser uma pretensão óbvia da vítima no processo penal, no seu papel de assistente de acusação ou de autor privado ou de parte civil. Participar *pessoalmente* de julgamentos no exterior também é direito das vítimas, o que pode ser viabilizado pelos mecanismos de transferência de pessoas, presencialmente, ou, mediante um pedido de MLA para coleta do depoimento por videoconferência. Eventualmente, as vítimas também podem pretender que a ação penal em curso no *locus delicti commissi* seja transferida para o seu Estado de nacionalidade, associando esse interesse à pretensão ressarcitória na esfera cível. A depender do ordenamento jurídico interno, o princípio da personalidade passiva permite que vítimas de crimes transnacionais ou de delitos extraterritoriais provoquem a mudança do foro da persecução de um Estado a outro, para que o processo penal tenha curso no Estado de seu domicílio.[547] A mudança de jurisdição pode se justificar pelo não domínio do idioma, pela incompreensão do sistema jurídico, devido aos custos pessoais para comparecimento ou por motivos probatórios.[548] Em qualquer caso, a transferência de processos penais deve-se orientar pelo princípio da boa administração da justiça e a condição particular da pessoa ofendida, como vítima de tráfico humano ou como indivíduo inserido em programa de proteção.[549]

546. CORTE INTERAMERICANA DE DIREITOS HUMANOS. **Caso de la Masacre de la Rochela vs. Colombia**. Sentencia de 11 de mayo de 2006, § 195. Disponível em: https://www.corteidh.or.cr/docs/casos/articulos/seriec_163_esp.pdf. Acesso em: 10 jul. 2023.

547. ECHLE, Regula. The Passive Personality Principle and the General Principle of Ne Bis In Idem. **Utrecht Law Review**, *[S. l.]*, v. 9, n. 4, p. 56-57, 2013.

548. ECHLE, Regula. The Passive Personality Principle and the General Principle of Ne Bis In Idem. **Utrecht Law Review**, *[S. l.]*, v. 9, n. 4, p. 59, 2013.

549. MENDONÇA, Andrey Borges de. **Cooperação internacional no processo penal: a transferência de processos**. São Paulo: Revista dos Tribunais, 2021, p. 193.

A Corte IDH relacionou o direito das vítimas de participação no processo às obrigações positivas estatais vinculadas ao direito à verdade, acentuando que estas obrigações exigem do Estado a implementação de "desenhos institucionais que permitam que esse direito seja concretizado da forma mais adequada, participativa e *completa* possível e não enfrente obstáculos jurídicos ou práticos que o tornem ilusório".[550] A completude não é uma palavra vã. Se os pedidos de cooperação jurídica são, em geral, incidentais ao processo, é uma consequência lógica que as vítimas possam participar de todas as suas fases e incidentes, no exercício do direito à justiça. Embora o direito à verdade não seja previsto expressamente na Convenção Americana, a jurisprudência da Corte IDH reconhece sua autonomia, cuja violação pode ter relação com "os direitos às garantias judiciais e à proteção judicial, reconhecidos nos artigos 8 e 25 do tratado, ou o direito de acesso à informação, protegido em seu artigo 13".[551] Já expusemos nossa concepção de que todas as modalidades de cooperação internacional são, para vítimas e acusados, remédios efetivos que aderem às obrigações positivas estatais primárias.

Os mecanismos orgânicos que devem existir nos diversos países para a tutela dos direitos humanos e para o acesso à justiça dizem respeito ao Poder Judiciário, ao Ministério Público, à Defensoria Pública, aos *ombudsmen,* aos serviços públicos de assistência e à Polícia, sem prejuízo da intervenção de outras agências e instituições. Em casos transnacionais, as autoridades centrais e as chancelarias terão um papel a desempenhar no diálogo transfronteiriço.

Importa muito que a distribuição de competências na cooperação jurídica internacional corresponda, de forma eficiente, às atribuições dos órgãos de defesa dos direitos humanos, seja por meio da lei penal ou fora dela. Inclui-se entre as obrigações positivas de primeiro nível o dever de legislar sobre os mecanismos de cooperação e estruturar adequadamente essas *agências* para que possam atuar com a devida diligência na tutela de direitos humanos nas atividades de cooperação jurídica e policial internacional. Essas medidas podem envolver a localização de vítimas no exterior, sua repatriação e a prestação de assistência consular a elas com base na

550. CORTE INTERAMERICANA DE DIREITOS HUMANOS. **Caso de la Masacre de la Rochela vs. Colombia**. Sentencia de 11 de mayo de 2006, § 195. Disponível em: https://www.corteidh.or.cr/docs/casos/articulos/seriec_163_esp.pdf. Acesso em: 10 jul. 2023.

551. CORTE INTERAMERICANA DE DIREITOS HUMANOS. **Caso Sales Pimenta vs. Brasil**. Sentença de 30 de junho de 2022, § 115. Disponível em: https://www.corteidh.or.cr/docs/casos/articulos/seriec_454_por.pdf . Acesso em: 2 jun. 2023.

Convenção de Viena de 1963 sobre Relações Consulares, além da oferta de proteção diplomática, se for o caso.

O caso *Roche Azaña e outros vs. Nicarágua*, julgado em 2020 pela Corte Interamericana, é um bom exemplo de que o processo penal contemporâneo deve dar lugar a preocupações vitimárias[552] e de como isso deve ocorrer em casos transfronteiriços. A presença de dois elementos de estraneidade – relacionados ao domicílio das vítimas e à condição de migrantes de duas delas – faz com que o julgado sirva bem ao propósito deste estudo. A Corte IDH reconheceu uma violação à Convenção Americana de Direitos Humanos porque os ofendidos, dois equatorianos, vítimas de um crime de homicídio e de uma tentativa de homicídio, foram esquecidos no processo penal que correu na Nicarágua, perante o tribunal do júri local.[553]

Em 14 de abril de 1996, em uma ação de fiscalização por barreira rodoviária realizada por policiais nicaraguenses, o cidadão equatoriano Pedro Bacilio Roche Azaña foi morto a tiros e seu irmão, Patricio Fernando Roche Azaña, foi ferido. Ambos eram migrantes[554] equatorianos que aparentemente rumavam para os Estados Unidos, quando foram parados na blitz e em seguida alvejados. Submetidos a julgamento pelo tribunal popular nicaraguense, os quatro policiais réus foram absolvidos em 27 de fevereiro de 1997. Os veredictos do júri na Nicarágua são imotivados, tema que foi objeto de outro julgado interamericano de grande importância, relacionado aos sistemas de aferição da prova.[555] Entre outras coisas, a Comissão Interamericana de Direitos Humanos (CIDH) apontou que essa absolvição sem motivação pelos jurados violava a CADH. Alegou também que a falta de um recurso contra a decisão absolutória igualmente feria o direito das vítimas à proteção judicial. Agravando as ofensas aos direitos das vítimas – isto é, os familiares do morto, a vítima sobrevivente e o pai de ambas, residentes no Equador –, o júri foi realizado na Nicarágua sem que tais pessoas pudessem

---

552. Trecho atualizado e ampliado a partir das páginas 767-771 de: ARAS, Vladimir. A vítima no processo penal: passado, presente e futuro. In: MADEIRA, Guilherme; BADARÓ, Gustavo; CRUZ, Rogerio Schietti (org.). **Código de processo penal**: estudos comemorativos aos 80 anos de vigência. São Paulo: Thomson Reuters Brasil, 2021. v. 1, p. 731–783.

553. CORTE INTERAMERICANA DE DIREITOS HUMANOS. **Caso Roche Azaña y Otros vs. Nicaragua**. Sentencia de 3 de junio de 2020, §§ 254-271. Disponível em: https://www.corteidh.or.cr/docs/casos/articulos/seriec_403_esp.pdf. Acesso em: 10 jul. 2023.

554. Um dos direitos dos migrantes como vítimas de ilícitos é o de assistência consular, que eventualmente se relaciona ao direito à proteção diplomática, a ser prestado pelo Estado de sua nacionalidade, diante do Estado territorial.

555. CORTE INTERAMERICANA DE DIREITOS HUMANOS. **Caso V.R.P. y V.P.C. y otros vs. Nicaragua.** Sentencia de 8 de marzo de 2018. Disponível em: https://www.corteidh.or.cr/docs/casos/articulos/seriec_350_esp.pdf Acesso em: 2 jun. 2023.

dele participar.[556] Os familiares e a vítima supérstite não foram informados da sessão do júri. A informação sobre o julgamento poderia ter sido viabilizada por cooperação internacional simples entre autoridades nicaraguenses e equatorianas, com base na Convenção de Nassau, de 1992, por exemplo. Uma obrigação processual positiva da justiça criminal da Nicarágua foi flagrantemente descumprida.

Em 3 de junho de 2020, a Corte IDH acolheu em parte os argumentos da Comissão e reconheceu a responsabilidade internacional da Nicarágua por violação de direitos dos ofendidos. A Corte não examinou a questão da falta de motivação para a decisão absolutória pelo tribunal do júri nicaraguense. Tampouco foi tomada em conta a limitação recursal, em detrimento da posição jurídica das vítimas. Bastou ao Tribunal em San José assinalar a violação do direito de participação das vítimas, o que se mostrou suficiente para afirmar a responsabilidade internacional da Nicarágua, por violação aos arts. 8.1 e 25 da Convenção de 1969. Na referida sentença interamericana, o Tribunal afirmou categoricamente que as vítimas deveriam ter tido o direito de participação transnacional. Fica implícita a obrigação positiva de manejo, pela Nicarágua, de ferramentas cooperacionais:

> Neste caso, a Corte observa, conforme sublinhado anteriormente, que nem o senhor Patricio Fernando Roche Azaña nem seus familiares tiveram a oportunidade de participar no processo que levou à absolvição do acusado. Nesta medida, o Tribunal considera que não é necessário analisar ou pronunciar-se especificamente sobre a alegada falta de fundamentação da sentença do júri ou sobre a alegada impossibilidade de as vítimas recorrerem da sentença de absolvição, uma vez que, ao não serem notificadas da própria existência do processo, foram impedidas de intervir processualmente na busca da obtenção de justiça. Desta forma, a falta de adoção de medidas que garantissem o acesso à justiça e a participação efetiva dos migrantes e das suas famílias na investigação e no processo penal pelos atos que atentaram contra a vida e a integridade pessoal, constitui por si só uma violação dos artigos 8.1 e 25 da Convenção, o que, somado à situação de impunidade prevalecente.[557]

---

556. No caso *Dimitrova e Outros vs. Bulgária* (2011), O TEDH relembrou a necessidade de assegurar a publicidade e a transparência no processo penal e afirmou o direito dos familiares da vítima de um homicídio de participarem do procedimento "na medida necessária à proteção dos seus legítimos interesses", sendo que a falta de participação efetiva, direito contido no art. 2º da CEDH, levou ao não cumprimento pelo Estado búlgaro de seus deveres convencionais. EUROPEAN COURT OF HUMAN RIGHTS. **Case of Dimitrova and Others v. Bulgaria**. Judgment 27 January 2011, §§ 77, 87-89. Disponível em: https://www.refworld.org/cases,ECHR,4d5d276a2.html. Acesso em: 10 jul. 2023.

557. CORTE INTERAMERICANA DE DIREITOS HUMANOS. **Caso Roche Azaña y Otros vs. Nicaragua.** Sentencia de 3 de junio de 2020, § 96. Disponível em: https://www.corteidh.or.cr/docs/casos/articulos/seriec_403_esp.pdf. Acesso em: 10 jul. 2023.

Portanto, no caso *Roche Azaña*, a Corte Interamericana deixou muito claro que as vítimas de crimes também têm direito ao devido processo legal. E tal direito se apresenta ainda que se trate de estrangeiros, especialmente os migrantes. As vítimas eram equatorianas e estavam em território nicaraguense quando foram alvejadas por policiais locais. O processo penal e o julgamento dos acusados transcorreram sem qualquer informação às vítimas, cujos pais só foram cientificados do desfecho do júri em 1998.[558] No particular, a Corte indicou que o fato de a acusação ter sido conduzida pelo Ministério Público não elimina o direito das vítimas à participação no processo penal.[559] E sua situação de migrantes, quadro que acentua as vulnerabilidades econômica e jurídica, deveria ter sido compensada pelas autoridades locais, pois o direito ao devido processo legal deve ser assegurado a toda pessoa, independentemente de seu *status* migratório.[560]

A Corte IDH ressaltou que as garantias estabelecidas pelo art. 8º da Convenção Americana pressupõem que as vítimas devem contar com ampla possibilidade de ser ouvidas[561] e atuar nos respectivos processos, de modo que possam formular suas pretensões e apresentar provas, tendo também direito que aquelas e estas sejam analisadas de forma completa e séria pelas autoridades judicantes, antes que decidam sobre responsabilidades, sanções e reparações de qualquer espécie.[562] Pode-se concluir, assim, que o Ministério Público nicaraguense deveria ter lançado mão de mecanismos de comunicação processual e de modalidades probatórias de cooperação jurídica internacional, o que não fez, prejudicando o resultado da persecução criminal.

O Tribunal Europeu de Direitos Humanos também reconhece o direito à participação efetiva das vítimas no processo penal, como se vê em *Cestaro vs. Itália* (2015).[563] Em mais de um caso julgado pelo TEDH este direito foi enunciado categoricamente. Apesar de partir de fundamentos convencionais diversos, a concepção adotada no Velho Continente é similar à interamerica-

558. CORTE IDH. **Caso Roche Azaña y Otros vs. Nicaragua**, §§ 87-89 da sentença.

559. **Caso Roche Azaña y Otros vs. Nicaragua**, § 90.

560. Caso **Roche Azaña y Otros vs. Nicaragua**, §§ 91-93.

561. Sobre o direito de ser ouvido em procedimentos de cooperação internacional, veja também na Corte IDH a decisão em *Wong Ho Wing*. CORTE INTERAMERICANA DE DIREITOS HUMANOS. **Caso Wong Ho Wing vs. Perú**. Sentencia de 30 de junio de 2015, §§ 228-s.

562. CORTE IDH. **Caso Roche Azaña y Otros vs. Nicaragua**, § 90.

563. TEDH: "Furthermore, the victim should be able to participate effectively in the investigation in one form or another". EUROPEAN COURT OF HUMAN RIGHTS. **Case of Cestaro v. Italy**. Judgment 7 April 2015, § 211. Disponível em: shttps://hudoc.echr.coe.int/eng#{%22itemid%22:[%22001-153901%22]}. Acesso em: 10 jul. 2023.

na, abrangendo a etapa anterior ao início da persecução criminal em juízo, e incluindo o direito de acesso às provas, por exemplo.[564]

No âmbito da *soft law*, as Regras de Brasília, de 2008, sobre acesso à justiça, também dão um lugar à vítima no processo penal. Conforme a Regra 56, as vítimas devem receber informação sobre a possibilidade de obter reparação do dano que sofreram; devem ser informadas quanto ao lugar e modo de dar início a um processo; devem ser cientificadas do destino dado a suas representações ou notícias de fato e quanto a fases relevantes do desenvolvimento do processo penal e sobre as decisões do Poder Judiciário.[565] Tais medidas podem ser viabilizadas mediante o cumprimento das obrigações positivas de cooperação ativa. Nelas, a vítima – que era o *quarto* personagem ausente nos procedimentos entre o Estado A, o Estado B e o réu – deve poder exercer seus direitos e buscar defender seus interesses, entre os quais estão a revelação da verdade, a realização da justiça e a busca da reparação.

Embora por volta do ano 2000, a doutrina se preocupasse, e com razão, com a inclusão do acusado nos procedimentos de cooperação, como um legitimado para impugná-lo e exercer outros direitos processuais,[566] Cervini já trazia as bases filosóficas e teóricas que sustentam a extensão desses direitos de participação aos ofendidos, também eles "destinatários finais de todo o tráfico jurídico", numa época em que a atuação do Estado deve "ter seu centro no homem e nos seus interesses".[567]

---

564. EUROPEAN COURT OF HUMAN RIGHTS. **Case of Dedovskiy and Others vs. Russia.** Judgment 15 May 2008, § 92. Disponível em: https://hudoc.echr.coe.int/app/conversion/pdf/?library=ECHR&id=001-86218&filename=001-86218.pdf&TID=thkbhnilzk . Acesso em: 10 jul. 2023. Conforme o TEDH: "The Court also finds that the applicants' right to participate effectively in the investigation was not secured. It transpires from both of the prosecutor's decisions of 21 and 25 September 2001 that the investigator had not heard the applicants or other victims in person and that he did not even consider mentioning their version of the events in the decisions". Vide ainda o caso *Oğur v. Turkey*, Judgment 20 May 1999, § 92: "It must be noted, lastly, that during the administrative investigation the case file was inaccessible to the victim's close relatives, who had no means of learning what was in it."

565. CUMBRE JUDICIAL IBEROAMERICANA. **Regras de Brasília sobre Acesso à Justiça das Pessoas em Condição de Vulnerabilidade**, aprovadas pela XIV Conferência Judicial Ibero-americana, que teve lugar em Brasília durante os dias 4 a 6 de março de 2008. Vide a Regra 56.

566. O professor uruguaio menciona com bastante precisão "o direito de invocar a aplicação do instrumento a seu favor; o direito de ser informado de qualquer aplicação do instrumento e o direito de acesso ao tribunal para controlar a legitimidade de tal aplicação". CERVINI, Raúl; TAVARES, Juarez. **Princípios de cooperação judicial penal internacional no Protocolo do Mercosul.** São Paulo: Revista dos Tribunais, 2000, p. 65 e sua nota 57.

567. CERVINI, Raúl; TAVARES, Juarez. **Princípios de cooperação judicial penal internacional no Protocolo do Mercosul.** São Paulo: Revista dos Tribunais, 2000, p. 65.

Capítulo 4

O DEVER INTERNACIONAL DE COOPERAR

O estudo das obrigações processuais positivas nos traz ao dever de cooperar. Sendo decorrente da solidariedade e da ideia – talvez utópica – de uma *civitas maxima*, nos diversos campos da atividade humana e nos vários setores da atividade dos Estados, a cooperação é, ao menos, uma *necessidade* dos sujeitos de direito internacional. Em alguns segmentos da ordem internacional, mais do que uma necessidade e mais do que uma aspiração de solidariedade, temos um verdadeiro *dever* de cooperação, sobretudo quando levamos em conta a proteção e a promoção dos bens públicos globais. Mosler defende que obrigação geral em favor da paz, que é um elemento fundamental da ordem jurídica internacional, deve ser ladeada por uma "obrigação de cooperação".[1] E "não há paz sem justiça".[2]

Na sua dimensão genérica – e na sua manifestação jurídico-penal, objeto de nosso exame – a cooperação não surge da harmonia; surge do conflito.[3] Currie vai ao ponto nevrálgico da questão que nos importa ao acentuar as dificuldades que resultam da interação de duas ou mais ordens jurídicas igualmente soberanas: o conflito entre esses sistemas jurídicos autossuficientes pode resultar no desencontro de jurisdições, capaz de, devido à "disparidade na proteção dos direitos humanos", deixar os Estados na difícil posição de não poderem cooperar ou de "não quererem cooperar numa investigação criminal internacional e, possivelmente, violarem a obrigação de o fazer".[4]

---

1. No original: "Heutzutage müßte man die Kooperationspflicht hinzufügen". Cf. MOSLER, Hermann. Völkerrecht als Rechtsordnung, **ZaöRV**, v. 36, 1976, p. 33.
2. IOANNES PAULUS, PP II. Mensagem do Papa João Paulo II, para a Celebração do XXXV Dia Mundial da Paz, em 1º de janeiro de 2002. Vaticano, 8 de dezembro de 2001. Disponível em: https://www.vatican.va/content/john-paul-ii/pt/messages/peace/documents/hf_jp-ii_mes_20011211_xxxv-world-day-for-peace.html. Acesso em: 4 dez. 2024.
3. KEOHANE, Robert O. **After hegemony:** cooperation and discord in the world political economy. Princeton, N.J: Princeton University Press, 1984, p. 51 e 54.
4. CURRIE, Robert J. Human Rights and International Mutual Legal Assistance: resolving the tension. **Criminal Law Forum**, *[S. l.]*, v. 11, n. 2, p. 143–182, 2000, p. 143.

Diante dos regimes internacionais e de sua ordem interna, os Estados estão sujeitos a um dever bifronte. Cumpre-lhes *prestar* cooperação, segundo as fontes próprias do direito internacional, sejam elas os tratados, os costumes ou as resoluções do Conselho de Segurança da ONU, que integram os regimes de proibição e de proteção. Cabe-lhes ainda o dever de *requerer* cooperação internacional, como consequência das obrigações positivas que são impostas aos Estados pelas suas ordens constitucionais e pelos tratados internacionais de direitos humanos. Compreender essa distinção genética a partir das tipologias de cooperação e dos regimes internacionais é crucial para equacionar o problema posto (existe um dever de cooperação?). Essa tarefa exige que nos apoiemos nos conceitos já estudados de obrigações positivas, diligência devida e proteção judicial efetiva.

Como vimos, no direito internacional dos direitos humanos, o conceito de devida diligência define "a extensão das obrigações de um Estado para prevenir e *responder* a violações dos direitos humanos" que estejam sujeitas a sua jurisdição.[5] Frisamos o verbo "responder", reagir à violação, que nos encaminha aos deveres de investigar, processar e julgar. Em seu Comentário Geral nº 31, de 2004, ao tratar dessas obrigações positivas estatais, o Comitê de Direitos Humanos do PIDCP ponderou que tais deveres afirmativos somente serão cumpridos integralmente se as pessoas "forem protegidas pelo Estado, não apenas contra violações dos direitos reconhecidos no Pacto por parte dos seus agentes, mas também contra atos cometidos por pessoas ou entidades privadas".[6] Esta é, como sabemos, a teoria da eficácia horizontal dos direitos humanos.[7] Conforme o mesmo Comitê:

> Pode haver circunstâncias em que a falha em garantir os direitos do Pacto [...] daria origem a violações desses direitos pelos Estados Partes, como resultado de os Estados Partes permitirem ou não tomarem medidas apropriadas ou *exercerem a devida diligência* para prevenir, punir, investigar ou reparar os danos causados por tais atos por pessoas ou entidades privadas.[8]

5. BONNITCHA, Jonathan; MCCORQUODALE, Robert. The Concept of 'Due Diligence' in the UN Guiding Principles on Business and Human Rights. **European Journal of International Law**, *[S. l.]*, v. 28, n. 3, p. 899–919, 2017, p. 904.
6. UNITED NATIONS. Human Rights Committee. **General Comment No. 31**: The Nature of the General Legal Obligation Imposed on States Parties to the Covenant. Geneva, adopted on 29 March 2004, UN Doc CCPR/C/21/Rev.1/Add.13, § 8. Disponível em: https://digitallibrary.un.org/record/533996. Acesso em: 2 jun. 2023.
7. MIJANGOS GONZÁLEZ, Javier. The Doctrine of the Drittwirkung der Grundrechte in the Case Law of the Inter-American Court of Human Rights. **InDret**, *[S. l.]*, v. 1, 2008, p. 13-14.
8. UNITED NATIONS. Human Rights Committee. **General Comment No. 31**: The Nature of the General Legal Obligation Imposed on States Parties to the Covenant. Geneva, adopted on

Segundo o Comentário Geral nº 31, de 2004, as obrigações do §1º do art. 2º[9] do Pacto Internacional de Direitos Civis e Políticos "são vinculantes para os Estados Partes".[10] No mesmo documento, o Comitê CCPR fez questão de lembrar aos Estados Partes do Pacto "a relação existente entre as obrigações positivas impostas em virtude do artigo 2º e a necessidade de proporcionar recursos eficazes em caso de violar-se o disposto no parágrafo 3º do artigo 2º", isto é, caso seja descumprido o direito a um remédio efetivo.[11] É exatamente neste nicho – entre as obrigações positivas e os remédios efetivos – que se situa o dever de *requerer* cooperação jurídica internacional.

Conforme os Princípios de Cooperação Internacional aprovados pelas Nações Unidas em 1973, os Estados devem cooperar "entre si numa base bilateral e multilateral com vistas a impedir e prevenir crimes de guerra e crimes contra a humanidade" e devem tomar "as medidas nacionais e *internacionais* necessárias para esse fim". Nota-se a atenção para a cooperação internacional *ativa*: os Estados tomarão medidas internacionais de cooperação bilateral ou multilateral para impedir e prevenir tais crimes internacionais.[12] Trata-se da descrição de uma obrigação positiva secundária a outra, delimitada no primeiro Princípio, que exige dos Estados que os autores de crimes de guerra e de crimes contra a humanidade, onde quer que ocorram, sejam objeto de investigação, processo, julgamento e, em sendo o caso, punição.[13]

---

29 March 2004, UN Doc CCPR/C/21/Rev.1/Add.13, § 8. Disponível em: https://digitallibrary.un.org/record/533996. Acesso em: 2 jun. 2023.

9. PIDCP: "Artigo 2. [...] 1. Os Estados Partes do presente Pacto comprometem-se a *respeitar e a garantir a todos os indivíduos que se achem em seu território e que estejam sujeitos a sua jurisdição os direitos reconhecidos no presente Pacto,* sem discriminação alguma por motivo de raça, cor, sexo, língua, religião, opinião política ou de outra natureza, origem nacional ou social, situação econômica, nascimento ou qualquer outra condição".

10. UNITED NATIONS. Human Rights Committee. **General Comment No. 31**: The Nature of the General Legal Obligation Imposed on States Parties to the Covenant. Geneva, adopted on 29 March 2004, UN Doc CCPR/C/21/Rev.1/Add.13, § 8. Disponível em: https://digitallibrary.un.org/record/533996. Acesso em: 2 jun. 2023.

11. PIDCP: "Artigo 2. [...] 3. Os Estados Partes do presente Pacto comprometem-se a: a) Garantir que toda pessoa, cujos direitos e liberdades reconhecidos no presente Pacto tenham sido violados, possa dispor de um *recurso efetivo*, mesmo que a violência tenha sido perpetrada por pessoas que agiam no exercício de funções oficiais".

12. UNITED NATIONS. General Assembly Resolution. A/RES/3074 (XXVIII). **Principles of International Cooperation in the Detection, Arrest, Extradition, and Punishment of Persons Guilty of War Crimes and Crimes Against Humanity**, adopted on 3 December 1973, § 3. Disponível em: https://www.ohchr.org/en/instruments-mechanisms/instruments/principles-international-co-operation-detection-arrest. Acesso em: 10 jul. 2023.

13. UNITED NATIONS. **Principles of International Cooperation in the Detection, Arrest, Extradition, and Punishment of Persons Guilty of War Crimes and Crimes Against Humanity**, adopted on 3 December 1973. Op. cit., § 1.

Reforçando os aspectos da cooperação passiva, os Princípios declaram que os Estados devem "ajudar-se mutuamente na detecção, prisão e julgamento de pessoas suspeitas de terem cometido tais crimes e, se forem consideradas culpadas, na sua punição".[14] Os Princípios também exortam os Estados a cooperarem entre si para colher informações e provas que possam ajudar a levar a julgamento as pessoas acusadas de crimes de guerra e contra a humanidade,[15] inclusive mediante extradição.[16]

Como obrigação positiva adicional, os Estados devem ter um marco jurídico adequado ao cumprimento de suas "obrigações internacionais" relativas à cooperação internacional para o enfrentamento desses crimes.[17] Ao cooperarem com vistas à identificação, a prisão, a extradição e a eventual punição de pessoas acusadas de crimes de guerra e crimes contra a humanidade, os Estados devem agir "em conformidade com as disposições do Carta das Nações Unidas e da Declaração sobre os Princípios do Direito Internacional relativos às Relações Amistosas e à Cooperação entre os Estados, de acordo com a Carta das Nações Unidas".[18] Tal documento revela que, ao menos para os crimes internacionais (*core international crimes*), já em 1973 se mostrou necessário adensar os princípios de direito internacional que regem a cooperação internacional neste domínio. Embora a Assembleia Geral não os tenha denominado de obrigações positivas, é isso o que tais Princípios são, configurando o substrato para o dever de cooperar.

Os dois regimes internacionais que examinamos (regimes de proteção e de proibição) servem de fundamento expresso ou implícito para o dever de cooperar. Em se tratando de regimes de base convencional, o princípio

---

14. UN. **Principles of International Cooperation in the Detection, Arrest, Extradition, and Punishment of Persons Guilty of War Crimes and Crimes Against Humanity**. Op. cit., § 4.
15. **Principles of International Cooperation**.... Op. cit., § 6.
16. **Principles of International Cooperation**.... Op. cit., § 5.
17. Embora redigida como uma negação, o Princípio 8 reflete na verdade o dever positivo de estabelecer um marco jurídico adequado e remover óbices normativos à cooperação eficiente. "States shall not take any legislative or other measures which may be prejudicial to the international obligations they have assumed in regard to the detection, arrest, extradition and punishment of persons guilty of war crimes and crimes against humanity". UNITED NATIONS. General Assembly Resolution. A/RES/3074 (XXVIII). **Principles of International Cooperation in the Detection, Arrest, Extradition, and Punishment of Persons Guilty of War Crimes and Crimes Against Humanity**, adopted on 3 December 1973, § 8. Disponível em: https://www.ohchr.org/en/instruments-mechanisms/instruments/principles-international-co-operation-detection-arrest. Acesso em: 10 jul. 2023.
18. UNITED NATIONS. **Principles of International Cooperation in the Detection, Arrest, Extradition, and Punishment of Persons Guilty of War Crimes and Crimes Against Humanity**, § 5.

pacta sunt servanda se impõe objetivamente aos Estados.[19] Para Kelsen, por meio desse princípio, o direito internacional "estabelece a norma que obriga os Estados a respeitar tratados".[20] Inspirando pela boa-fé, o princípio *pacta sunt servanda* "transcende efetivamente o direito dos tratados, sendo caracterizado pela doutrina como norma do direito consuetudinário ou como princípio geral do direito internacional".[21] Seu cumprimento será ainda mais importante quando se está diante de tratados do regime internacional de proteção à pessoa humana, cuja efetiva implementação pelos Estados é uma condição essencial para a manutenção da paz.[22]

Araújo sustenta que haveria uma obrigação de "promover a cooperação jurídica internacional"[23] e seu cumprimento deveria ser guiado pelo princípio da boa-fé. Este princípio está indissociavelmente ligado ao *pacta sunt servanda*, em razão do art. 26 da Convenção de Viena sobre Direitos dos Tratados, de 1969: "Todo tratado em vigor obriga as partes e deve ser cumprido por elas de boa fé".

Os fundamentos do dever geral de cooperar podem ser encontrados na ética kantiana. Pozzatti Junior escreveu que a cooperação internacional passiva não seria mera cortesia, mas um dever internacional dos Estados, de natureza moral e jurídica, no âmbito de um cosmopolitismo global, que ainda hoje teria como obstáculos o nacionalismo e a soberania. Contudo, ele advertiu que "o argumento de que existe um dever de cooperação internacional não é feito por Kant, mas a partir de uma inspiração kantiana". Baseia-se, tal ideia, sobretudo, nos princípios da moralidade, da reciprocidade e da solidariedade e no dever cosmopolita de hospitalidade, que exigem

19. LAUTERPACHT, Hersch. **The function of law in the international community**. Oxford ; New York: Oxford University Press, 2011, p. 428.
20. KELSEN, Hans. **Teoria geral do direito e do estado**. São Paulo: Martins Fontes, 2000, p. 503.
21. TRINDADE, Antônio Augusto Cançado. **Princípios do direito internacional contemporâneo**, 2.ed. (revista e atualizada). Brasília: Fundação Alexandre de Gusmão, 2017, p. 195.
22. LAUTERPACHT, Hersch. **An international bill of the rights of man**. Oxford, United Kingdom: Oxford University Press, 2013, p. 169.
23. "O respeito à obrigação de promover a cooperação jurídica internacional é imposto pela própria comunidade internacional. Qualquer resistência ou desconfiança com relação ao cumprimento de atos provenientes do estrangeiro deve ceder lugar ao princípio da boa-fé que rege as relações internacionais de países soberanos, tanto nos casos cíveis quanto penais". ARAÚJO, Nádia de. A importância da cooperação jurídica internacional para a atuação do Estado brasileiro no plano interno e internacional. *In*: BRASIL, Ministério da Justiça. Secretaria Nacional de Justiça (org.). **Manual de cooperação jurídica internacional e recuperação de ativos: cooperação em matéria penal.** 3. ed. Brasília: Ministério da Justiça, 2014. p. 29–46, p. 32.

a colaboração dos Estados para a proteção dos direitos humanos, em sua manifestação de cidadania cosmopolita.[24]

> [...] a cooperação também pode ser vista como um imperativo categórico, devido à sua universalidade (satisfação dos projetos alheios, que, em última análise, são os meus projetos) e a sua necessidade (primeiramente porque é condição necessária para a concretização de muitos direitos humanos, e, por isso, se trata de um dever e não de mera cortesia). Nessa perspectiva, a concretização da dignidade humana se coloca como o fundamento maior do dever de cooperação.[25]

Refletindo sobre se a *necessidade* de cooperar estaria acompanhada de um *dever* jurídico de cooperar fundada no direito extraconvencional, Delbrück conclui que, apesar da existência de deveres de cooperar em certos tratados – como a Convenção das Nações Unidas sobre o Direito do Mar, de 1982, e o Tratado da Antártica, de 1959, esta obrigação geral ainda não existiria.[26] Cançado Trindade era mais assertivo, tendo afirmado que a jurisprudência internacional dá apoio expresso ao princípio do dever de cooperação internacional.[27] Esse dever, segundo ele, deveria "sempre efetuar-se com base na igualdade absoluta dos Estados", princípio essencial para a coexistência pacífica entre as nações.

A Declaração de 1970 Relativa aos Princípios do Direito Internacional referentes às Relações Amistosas e à Cooperação entre os Estados em conformidade com a Carta da das Nações Unidas,[28] documento de grande importância política para o direito internacional e as relações internacionais,

---

24. POZZATTI JUNIOR, Ademar. Existe um fundamento para afirmar um dever de cooperação internacional? Ensaio sobre o direito internacional no quadro da ética prática kantiana. **Anuario Mexicano de Derecho Internacional**, v. 1, n. 17, p. 591–622, 2017, p. 593-594, 598, 601, 614 e 620-621.
25. POZZATTI JUNIOR, Ademar. Op. cit., p. 600.
26. DELBRÜCK, Jost. Coexistence, Cooperation and Solidarity in International Law: The International Obligation to Cooperate: An Empty Shell or a Hard Law Principle of International Law?: A Critical Look at a Much Debated Paradigm of Modern International Law. *In*: HESTERMEYER, Holger P.; KÖNIG, Doris; MATZ-LÜCK, Nele; RÖBEN, Volker; SEIBERT-FOHR, Anja; STOLL, Peter-Tobias; VÖNEKY, Silja (org.). **Coexistence, cooperation and solidarity: Liber Amicorum Rüdiger Wolfrum**. [s.l.] : Brill Nijhoff, 2012, p. 4.
27. TRINDADE, Antônio Augusto Cançado. **Princípios do direito internacional contemporâneo**, 2.ed. (revista e atualizada). Brasília: Fundação Alexandre de Gusmão, 2017, p. 197.
28. UNITED NATIONS. General Assembly Resolution. **Declaration on Principles of International Law concerning Friendly Relations and Co-operation among States in accordance with the Charter of the United Nations (Declaration on Friendly Relations),** A_RES_2625(XXV), adopted on 24 October 1970. Disponível em: https://www.jus.uio.no/english/services/library/treaties/01/1-01/friendly-relations.html. Acesso em: 4 mai. 2023.

consolidou sete princípios básicos de direito internacional, de conteúdo substantivo, além daqueles outros sete que haviam sido incluídos no art. 2º da Carta de San Francisco, em 1945. A Declaração trouxe princípios *lex lata*, já inseridos no direito internacional contemporâneo (como o da não intervenção) e princípios cujo adensamento era preconizado, *de lege ferenda*, e que a partir de então seriam reconhecidos (como o princípio da autodeterminação dos povos).[29] São eles:

> a) O princípio de que os Estados devem abster-se, em suas relações internacionais, da ameaça ou uso da força contra a integridade territorial ou a independência política de qualquer Estado, ou de qualquer outra forma incompatível com os propósitos das Nações Unidas. b) O princípio de que os Estados resolverão suas controvérsias internacionais por meios pacíficos, de modo que a paz, a segurança e a justiça internacionais não sejam ameaçadas; c) O dever de não intervir em assuntos da jurisdição interna de qualquer Estado, de acordo com a Carta. d) O dever dos Estados de cooperar uns com os outros de acordo com a Carta. e) O princípio da igualdade de direitos e da autodeterminação dos povos. f) O princípio da igualdade soberana dos Estados. g) O princípio de que os Estados devem cumprir de boa fé as obrigações por eles assumidas de acordo com a Carta. [30]

O dever de não intervir nos assuntos da jurisdição interna de outro Estado aponta para o dever de cooperar, quando isso se revelar necessário. Fazendo a crônica dos debates sobre a Declaração aprovada em Genebra em 1970, Cançado Trindade registra que o delegado húngaro na CDI, Endre Ustor, destacara um aspecto notável do princípio de cooperação entre Estados: o dever destes de cooperar no campo jurídico, inclusive para o desenvolvimento progressivo do direito internacional e sua codificação, dever este implícito no dever geral de cooperação.[31]

---

29. TRINDADE, Antônio Augusto Cançado. **Princípios do direito internacional contemporâneo**, 2. ed. (revista e atualizada). Brasília: Fundação Alexandre de Gusmão, 2017, p. 122, 126, 154, 175, 194.
30. UNITED NATIONS. General Assembly Resolution. **Declaration on Principles of International Law concerning Friendly Relations and Co-operation among States in accordance with the Charter of the United Nations (Declaration on Friendly Relations),** A_RES_2625(XXV), adopted on 24 October 1970. Disponível em: https://www.jus.uio.no/english/services/library/treaties/01/1-01/friendly-relations.html. Acesso em: 4 mai. 2023.
31. USTOR, Endre. The Principle of Co-operation Among States and the Development of International Law. **Hungarian Branch of the International Law Association**: Questions of International Law. Budapest: Progresprint, 1971, p. 246 e 242-245 *apud* TRINDADE, Antônio Augusto Cançado. **Princípios do direito internacional contemporâneo.** 2.ed (revista e atualizada). Brasília: Fundação Alexandre de Gusmão, 2017, p. 156.

O dever internacional de cooperar de acordo com a Carta das Nações Unidas tem contribuído para "desenvolvimentos impressionantes nas últimas décadas em determinados domínios do direito internacional, como, e.g., a proteção internacional dos direitos humanos e do meio ambiente humano."[32] Como produto da codificação do direito internacional, a Declaração de 1970 afirmou "o dever de os Estados cooperarem entre si como obrigação reciprocamente reconhecida à luz do objetivo de promover o desenvolvimento socioeconômico e manter a paz e a segurança",[33] metas essas repetidas na Declaração do Milênio do ano 2000, cujo art. 9º reconheceu a cooperação internacional para o desarmamento, a manutenção da paz e da segurança internacionais e do respeito ao direito internacional humanitário e ao direito internacional dos direitos humanos.[34] Deste último tópico se destacam os temas da cooperação para a não-proliferação e para a luta contra o tráfico de armas, o tráfico de drogas, o tráfico de pessoas, os crimes internacionais, a defesa do meio ambiente[35] e a luta contra o terrorismo e a criminalidade transnacional organizada.[36]

Embora tais declarações – e outras mais citadas adiante – façam parte do conjunto de *soft law* (*pré-droit; quase-direito*), não se pode perder de vista sua relevância jurídico-política ou, ao menos, "sua função de modelo ou seu caráter de apelo para o futuro desenvolvimento do direito internacional, em especial do direito internacional contratual como veículo de cooperação".[37] O dever de cooperar na forma passiva tem, contudo, outras bases mais sólidas do que o quase-direito. Conforme Sluiter, as resoluções do Conselho

---

32. TRINDADE, Antônio Augusto Cançado. **Princípios do direito internacional contemporâneo**. 2.ed. (revista e atualizada). Brasília: Fundação Alexandre de Gusmão, 2017, p. 122, 126, 154, 175, 197.
33. CHRISTÓFOLO, João Ernesto. **Princípios constitucionais de relações internacionais:** significado, alcance e aplicação. Belo Horizonte: Del Rey Editora, 2019, p. 542.
34. UNITED NATIONS. General Assembly. **United Nations Millennium Declaration**. A/RES/55/2, adopted on 8 September 2000. Disponível em: https://www.ohchr.org/en/instruments-mechanisms/instruments/united-nations-millennium-declaration. Acesso em: 10 jul. 2023.
35. *Mutatis mutandi*, o diagnóstico de Oliveira e Bertoldi sobre o quadro do direito internacional do meio ambiente se aplica aos desafios da criminalidade internacional, que também envolve delitos ambientais de largo impacto: "Para enfrentar as questões ambientais, são necessários novos métodos de cooperação internacional, um novo olhar sobre a própria igualdade soberana dos Estados, superando a visão tradicional do direito internacional. A vulnerabilidade das fronteiras e a gravidade dos problemas ambientais, que atingem toda humanidade, impõem aos Estados cooperação". OLIVEIRA, Liziane Paixão Silva; BERTOLDI, Márcia Rodrigues. A importância do soft law na evolução do direito internacional. **Revista do Instituto de Direito Brasileiro**, *[S. l.]*, n. 10, p. 6265–6289, 2012, p. 6282.
36. CHRISTÓFOLO, João Ernesto. **Princípios constitucionais de relações internacionais:** significado, alcance e aplicação. Belo Horizonte: Del Rey Editora, 2019, p. 549.
37. HÄBERLE, Peter. **Estado constitucional cooperativo.** Renovar: Rio de Janeiro, 2007, p. 41.

de Segurança das Nações Unidas são exemplos desses alicerces. Ele se refere especificamente às manifestações do CS/ONU sobre a cooperação internacional vertical com os antigos tribunais penais *ad hoc.*

> [...] o parágrafo dispositivo 4 da Resolução 827 e o parágrafo dispositivo 2 da Resolução 955 obrigam os Estados a cooperar plenamente com o Tribunal da Iugoslávia e o Tribunal de Ruanda, respectivamente, de acordo com seus respectivos Estatutos. O Artigo 29 do Estatuto do Tribunal da Iugoslávia e o Artigo 28 do Estatuto do Tribunal de Ruanda reiteram essas obrigações. Ambos os artigos contêm em seu primeiro parágrafo um dever geral de cooperação dos Estados e, no segundo parágrafo, uma obrigação dos Estados em relação a formas específicas de assistência, incluindo a prisão e transferência do acusado para os Tribunais.[38]

Já mencionamos alhures a conclusão do Alto Comissariado das Nações Unidas para Direitos Humanos (ACNUDH) quanto aos impactos negativos da corrupção sobre os direitos humanos econômicos, sociais, culturais e ambientais. A existência de um dever geral de cooperar para a recuperação de ativos – uma das modalidades de cooperação jurídica internacional – revela o potencial dessa ferramenta para o direito à reparação dos danos difusos causados às vítimas da corrupção, especialmente a *grand corruption.* Para o ACNUDH, os Estados destinatários dos recursos desviados devem prestar sua assistência compreendendo a repatriação de bens, direitos e valores não apenas "como uma medida discricionária, mas também como um *dever* derivado das obrigações de cooperação e assistência internacional."[39]

Esse breve apanhado, entretanto, ainda não é suficiente para responder à questão crucial de que nos ocupamos: existe um dever de cooperação *ativa*? Para respondê-la precisamos aprofundar o exame do dever geral de cooperar, tratar da solidariedade como seu principal fundamento, buscar as fontes específicas que o sustentam e depois centrar nossa atenção na cooperação jurídica internacional e nas suas tipologias ativa e passiva. Nesse esforço, nossa roupagem teórica será a das obrigações positivas.

---

38. SLUITER, Göran. Case Analysis: To Cooperate or not to Cooperate?: The Case of the Failed Transfer of Ntakirutimana to the Rwanda Tribunal. **Leiden Journal of International Law**, *[S. l.]*, v. 11, p. 383, 1998, p. 385-386.
39. UNITED NATIONS. Human Rights Council. Office of the High Commissioner for Human Rights. **Comprehensive study on the negative impact of the non-repatriation of funds of illicit origin to the countries of origin on the enjoyment of human rights, in particular economic, social and cultural rights:** report of the United Nations High Commissioner for Human Rights. A/HRC/19/42, 14 December 2011, § 26. Disponível em: https://digitallibrary.un.org/record/719224?ln=en. Acesso em: 10 jun. 2023.

4.1. SOBRE O DEVER INTERNACIONAL DE COOPERAR: UMA INTRODUÇÃO

A esta altura do processo de globalização da criminalidade e da internacionalização dos direitos humanos ninguém mais questiona a *necessidade* de cooperar para, respectivamente, combatê-la e protegê-los. A questão que se coloca é (ainda) a existência de um *dever* geral de cooperar. Muitos autores negam sua existência no domínio geral e nos domínios particulares das relações interestatais.

As origens remotas desse dever podem ser buscadas em Kant,[40] ou mesmo em Vattel.[41] Segundo o modelo vateliano de perfeição, descrito de forma precisa por Glanville, "todos os Estados têm o dever de contribuir para a preservação e aperfeiçoamento de outros Estados [...] na medida em que podem fazê-lo sem negligenciar seus deveres para consigo mesmos".[42] A promoção da paz e da justiça em toda a parte contribuiria para o aperfeiçoamento da comunidade das nações e para o seu desenvolvimento.

Outros autores contribuem para tornar juridicamente presente o dever de cooperar. A concepção de Häberle sobre a abertura dos modernos Estados constitucionais ao direito internacional indica um caminho rumo à maior densidade jurídica - e não apenas moral - do dever de cooperar, se não a partir de fontes internacionais, ao menos como uma consequência de suas próprias ordens internas. O Estado constitucional cooperativo se integra à ordem global, se enreda nela, exercendo uma função de proteção de direitos fundamentais, cuja concretização interna generalizada é dependente da consumação de mecanismos de cooperação internacional, ou seja, de sua iteração bilateral, minilateral e multilateral. Diz o professor alemão que:

> "Estado constitucional cooperativo" é o Estado que justamente encontra a sua identidade também no direito internacional, no entrelaçamento das

---

40. POZZATTI JUNIOR, Ademar. Existe um fundamento para afirmar um dever de cooperação internacional? Ensaio sobre o direito internacional no quadro da ética prática kantiana. **Anuario Mexicano de Derecho Internacional**, v. 1, n. 17, p. 601.
41. VATTEL, Emer de. **O direito das gentes**. Brasília: Instituto de Pesquisa de Relações Internacionais: Editora Universidade de Brasília, 2004, p. 193-194.
42. "All states have a duty to contribute to the preservation and perfection of other states, he claimed, insofar as they can do so without neglecting their duties toward themselves. He explained that the perfection of other states involved providing for their necessities and conveniences, helping them secure peace and justice, and contributing to their capacities to achieve these things for themselves. These tasks are central to the humanitarianism, peacebuilding, and R2P agendas today". GLANVILLE, Luke. Responsibility to Perfect: Vattel's Conception of Duties beyond Borders. **International Studies Quarterly**, *[S. l.]*, v. 61, n. 2, p. 385–395, 2017, p. 386.

relações internacionais e supranacionais, na percepção da cooperação e responsabilidade internacional, assim como no campo da solidariedade.[43]

A teoria do Estado constitucional cooperativo substitui os Estados nacionais, servindo de fundamento jurídico para a transição do "direito de coexistência para o direito de cooperação na comunidade (não mais sociedade) de Estados".[44] Examinando essa visão, Ramos diz que se trata de um Estado que, "premido pelos fluxos transfronteiriços, age disposto à cooperação internacional".[45] É um Estado de Direito que, consciente do "entrelaçamento internacional" das ordens jurídicas e dos interesses comuns – como a defesa dos bens públicos globais – "irá abrir-se mais fortemente ao direito estrangeiro", permitindo processos de integração e de cooperação que outrora não havia e que não são possíveis em Estados insulados e autocráticos.[46]

De início, não parece haver dúvidas quanto à existência de um dever internacional *geral* de cooperar entranhado nos alicerces da Carta das Nações Unidas, de 1945 – toda ela dependente de cooperação para o atingimento de seus fins –, e como afirmado pela Assembleia Geral das Nações Unidas em 1970.[47] Essa obrigação também foi detectada pela Comissão de Direito Internacional, que afirmou o dever de cooperar diante de uma grave violação a normas de *jus cogens*.[48] Entre essas normas estão a proibição do crime de agressão, do crime de genocídio, dos crimes contra a humanidade, da discriminação racial e do *apartheid*, da escravidão, da tortura e da pirataria. Também são de *jus cogens*[49] as normas básicas de direito internacional

43. HÄBERLE, Peter. **Estado constitucional cooperativo.** Renovar: Rio de Janeiro, 2007, p. 4.
44. HÄBERLE, Peter. *Op. cit.*, p. 65.
45. RAMOS, André de Carvalho. **Curso de direito internacional privado**. 3. ed. São Paulo: SaraivaJur, 2023, p. 494.
46. HÄBERLE, Peter. *Op. cit.,* p. 60.
47. UNITED NATIONS. General Assembly Resolution. **Declaration on Principles of International Law concerning Friendly Relations and Co-operation among States in accordance with the Charter of the United Nations** (Declaration on Friendly Relations), A_RES_2625(XXV), adopted on 24 October 1970. Disponível em: https://www.jus.uio.no/english/services/library/treaties/01/1-01/friendly-relations.htmlAcesso em: 4 mai. 2023.
48. UNITED NATIONS. International Law Commission. **Draft Conclusions on Identification and Legal Consequences of Peremptory Norms of General International Law (Jus Cogens***): with commentaries*. A/77/10. Yearbook of the ILC 2022, vol. II, Part Two, p. 71. Disponível em: https://legal.un.org/ilc/texts/instruments/english/commentaries/1_14_2022.pdf. Acesso em: 10 mai. 2023.
49. As normas de *jus cogens* vêm do direito costumeiro, são de natureza imperativa, inderrogáveis e indeléveis. Cf. CRAWFORD, James; BROWNLIE, Ian. **Brownlie's principles of public international law**. Eighth edition ed. Oxford, United Kingdom: Oxford University Press, 2012, p. 1953.

humanitário e o direito à autodeterminação.[50] O direito ao meio ambiente saudável e sustentável, com sua inequívoca relação com os direitos humanos, começa a ganhar esses contornos, também reclamando a cooperação internacional para sua proteção, como se nota em julgados da Corte IDH,[51] do TEDH[52] e do ITLOS.[53]

Nota-se, de pronto, que a existência ou não desse dever dependerá de sua identificação como a) uma obrigação convencional, isto é, prevista em tratado, tal como interpretada pelas instâncias internacionais competentes; ou b) como fruto de um costume internacional; ou c) como consequência de uma norma de *jus cogens;* ou ainda d) como resultado de uma resolução vinculante do Conselho de Segurança das Nações Unidas. Logo, não há uma única resposta para essa questão tormentosa e que é dependente do conceito de soberania e do valor fundante da ordem jurídica internacional atual: se uma soberania incontrastável, ou se uma soberania que reconhece

50. UNITED NATIONS. International Law Commission. **Draft Conclusions on Identification and Legal Consequences of Peremptory Norms of General International Law (Jus Cogens***): with commentaries*. A/77/10. Yearbook of the ILC 2022, vol. II, Part Two, p. 86-88. Disponível em: https://legal.un.org/ilc/texts/instruments/english/commentaries/1_14_2022.pdf. Acesso em: 10 mai. 2023.
51. CORTE IDH: "Los Estados han reconocido el derecho al medio ambiente sano, el cual conlleva una obligación de protección que atañe a la Comunidad Internacional en su conjunto. Es difícil imaginar obligaciones internacionales con una mayor trascendencia que aquéllas que protegen al medio ambiente contra conductas ilícitas o arbitrarias que causen daños graves, extensos, duraderos e irreversibles al medio ambiente en un escenario de crisis climática que atenta contra la supervivencia de las especies. En vista de lo anterior, la protección internacional del medio ambiente requiere del reconocimiento progresivo de la prohibición de conductas de este tipo como una norma imperativa (jus cogens) que gane el reconocimiento de la Comunidad Internacional en su conjunto como norma que no admita derogación". CORTE INTERAMERICANA DE DIREITOS HUMANOS. **Caso Habitantes de La Oroya vs. Perú.** Sentencia de 27 de noviembre de 2023, § 129. Disponível em: https://www.corteidh.or.cr/docs/casos/articulos/seriec_511_esp.pdf. Acesso em: 10 abr. 2024.
52. No caso *Verein Klimaseniorinnen Schweiz e Outros vs. Suíça*, o TEDH apontou a violação de obrigações positivas de implementar medidas adequadas para enfrentar as mudanças climáticas e fez ver a importância da cooperação internacional. EUROPEAN COURT OF HUMAN RIGHTS. **Case of Verein Klimaseniorinnen Schweiz and Others vs. Switzerland.** Judgment 9 April 2024, § 181 e 377. Disponível em: https://hudoc.echr.coe.int/eng?i=001-233206. Acesso em: 10 abr. 2024.
53. INTERNATIONAL TRIBUNAL FOR THE LAW OF THE SEA. **Request for an Advisory Opinion Submitted by the Commission of Small Island States on Climate Change and International Law**. Case No. 31, Advisory Opinion, 21 May 2024. Disponível em: https://www.itlos.org/fileadmin/itlos/documents/cases/31/Advisory_Opinion/C31_Adv_Op_21.05.2024_orig.pdf. Acesso em: 24 jun. 2024.

a posição central da pessoa humana na comunidade internacional e se *move* com base em tal valor.[54]

Devido a essas dificuldades fundacionais, parte da doutrina questiona a existência de uma norma de direito internacional *geral* que institua um dever de cooperar internacionalmente. O Estado teria o direito de *não* cooperar por ser soberano, numa concepção bodiniana de soberania. Um dos principais impactos da Quarta Revolução Industrial sobre os modelos sócio-político-econômicos vigentes no Planeta é a necessidade de mais colaboração, vistos o conjunto de desafios a serem enfrentados, a maior repartição do poder no seio dos Estados[55] e o eclipse da soberania,[56] devido à superação do modelo bodiniano[57] de soberania como poder perpétuo e absoluto de uma república.[58] Mas a discussão sobre o dever de *prestar* cooperação ainda costuma girar em torno de concepções voluntaristas, dependentes de manifestações de vontade do Estado soberano, sobretudo quanto ao cumprimento de tratados.

Distinguindo a cooperação vertical (com tribunais) da horizontal (interestatal), Ambos explica que, quanto a esta, não existe no direito internacional geral uma "*obligation to cooperate*".[59] Esta é também a opinião de Ramos, para quem, "não há prática internacional consistente (ainda) que

---

54. O debate sobre a Responsabilidade de Proteger (R2P) é significativo neste ponto. Cf. ROFF, Heather. **Global justice, Kant and the responsibility to protect: a provisional duty**. London: New York: Routledge, Taylor & Francis Group, 2013. Cf. também: INTERNATIONAL COMMISSION ON INTERVENTION AND STATE SOVEREIGNTY. **The Responsibility to Protect:** Report of the International Commission on Intervention and State Sovereignty, Ottawa, December 2001, p. 81. Disponível em: https://idl-bnc-idrc.dspacedirect.org/bitstream/handle/10625/18432/IDL-18432.pdf?sequence=6&isAllowed=y. Acesso em: 10 mai. 2023. Vide ainda: ARAS, Vladimir. **O genocídio no direito interno e no direito internacional.** Boa Esperança, MG: Editora CEI, 2023, p. 67-70.
55. SCHWAB, Klaus. **La quatrième révolution industrielle**. Malakoff: Dunod, 2017, p. 41.
56. DUGUIT, Leon. **Law in the Modern State**. 4th. ed. New York: B. W. Huebsch, 1919.
57. OLIVEIRA, Liziane Paixão Silva. A soberania frente à globalização. **Revista do Programa de Mestrado em Direito do UniCEUB**, Brasília, v. 2, n. 1, p. 202–225, 2005, p. 215 e 222.
58. BODIN, Jean. **Les six livres de la République**. Texte édition 1583. Livre I. Paris: Éditions Myriel, 2017, p. 179.
59. "Vertical cooperation differs from the horizontal cooperation between equal sovereign states, in that there is no general international law-based obligation to cooperate, but, rather, such cooperation depends on the sovereign decision of the state concerned [...] In a vertical cooperation regime cooperation does not, at least theoretically, depend on the sovereign decision of the states concerned, but these are, as a general rule, obliged to cooperate". AMBOS, Kai. Prosecuting International Crimes at the National and International Level: Between Justice and Realpolitik. *In*: KALECK, Wolfgang; RATNER, Michael; SINGELNSTEIN, Tobias; WEISS, Peter (org.). **International Prosecution of Human Rights Crimes.** Berlin Heidelberg New York: Springer, 2007, p. 60.

reconheça tal costume", ou seja, não existiria no momento atual um costume internacional que submeta os Estados ao dever de *prestar* cooperação.[60] Mendonça segue a mesma linha, entendendo que "a obrigação de cooperar somente existirá se houver um tratado internacional ou lei impondo-a".[61] Amalfitano também sustenta que não existe uma norma de direito internacional geral que imponha aos Estados a obrigação de cooperar (leia-se *prestar* cooperação), de modo que a cooperação internacional "deriva sempre e em qualquer caso de manifestações de vontade do Estado (e portanto de escolhas discricionárias) dos legisladores nacionais, quer sejam expressas no plano interno ou no internacional".[62]

Descrevendo as concepções que rejeitam o dever *geral* de cooperar como *voluntaristas*, porque baseadas na vontade soberana dos Estados, Abade entende que há uma "indeterminação do dever de cooperar de base costumeira" e argumenta que "a cooperação ocorrerá se houver: a) tratado internacional assim determinando, ou b) vontade *ad hoc* do Estado com base nos conceitos de reciprocidade e do tradicional *comitas gentium*". [63] Divorciando-se dessa linha voluntarista, Alle acentua que "as teses que recusam o reconhecimento de um dever geral de cooperar estão sempre atreladas à ultrapassada concepção puramente voluntarista (criativa)[64] do direito internacional". Para este autor, há um vínculo indissociável entre o dever de cooperar e o direito de acesso à justiça.[65] De fato, como *bem público global*, o direito à justiça impõe um dever comum a todos os Estados – uma obrigação *erga omnes* de promover esse valor universal e fazê-lo valer em seus territórios e fora dele mediante cooperação internacional, o que poderia ser alcançado, numa concepção *supraestatal* do princípio da universalidade

---

60. RAMOS, André de Carvalho. **Curso de direito internacional privado**. 3. ed. São Paulo: SaraivaJur, 2023, p. 492.
61. MENDONÇA, Andrey Borges de. **Cooperação internacional no processo penal:** a transferência de processos. São Paulo: Revista dos Tribunais, 2021, p. 39, nota 38, *in fine*.
62. AMALFITANO, Chiara. **Conflitti di giurisdizione e riconoscimento delle decisioni penali nell'Unione europea**. Milano: Giuffrè, 2006, p. 107 e 108-109.
63. ABADE, Denise Neves. **Direitos fundamentais na cooperação jurídica internacional:** extradição, assistência jurídica, execução de sentença estrangeira e transferência de presos. 1. ed. São Paulo: Ed. Saraiva, 2013, p. 34 e 39.
64. Por referência ao consentimento criativo, diverso do consentimento perceptivo. REZEK, Francisco. **Direito internacional público**: curso elementar. 16.ed. São Paulo: Saraiva, 2016, p. 172.
65. ALLE, Saulo Stefanone. **Cooperação jurídica internacional e auxílio direto ativo em matéria penal**. Belo Horizonte: Arraes Editores, 2017, p. 152.

da jurisdição,[66] por meio da divisão do trabalho universal (competência judicial) entre os Estados para alcançar qualquer crime, em qualquer parte, seja quem forem suas vítimas ou seus autores.[67] Por isso, Alle, valendo-se da teoria do consentimento perceptivo – conforme a explicação de Rezek[68] – sustenta a existência de um dever de cooperar como "um princípio que se extrai de convenções internacionais de cooperação jurídica internacional" e que, "além disso, decorre de princípios gerais de direito internacional", entre os quais cita a igualdade soberana entre os Estados e princípios de direitos humanos.[69]

Por sua vez, Lessa argumenta que "mais do que um dever moral ou uma necessidade", a cooperação internacional "é uma obrigação assumida por todos os integrantes da ONU", como um dever jurídico que permeia toda a Carta das Nações Unidas.[70] Recorrendo a Schücking,[71] o autor fluminense acentua que o dever de cooperar em matéria penal, além dos compromissos de base convencional, poderia ser extraído do direito natural ou dos costumes internacionais. Como consequência da rejeição da teoria do dever meramente moral de cooperar, Lessa se posiciona a favor da "obrigatoriedade da cooperação internacional em matéria criminal entre os integrantes da sociedade internacional", seja pela aplicação do princípio da universalidade, seja pela concorrência da regra *aut dedere aut iudicare*, seja

66. Para uma explicação sobre o conceito de universalidade supraestatal, recorremos a Amalfitano. Segundo ela, o princípio ordinário da universalidade de jurisdição, pelo qual o Estado unilateralmente estende o alcance extraterritorial de sua lei penal, "si distingue da quella *sovrastatale* (e può, anzi, configurarsi come negazione della stessa), secondo cui la funzione giurisdizionale è individuata come unica per tutti gli ordinamenti della comunità internazionale, i quali dovrebbero coordinare la loro attività conoscitiva e suddividersi le competenze al pari di quanto accade nei sistemi nazionali". AMALFITANO, Chiara. **Conflitti di giurisdizione e riconoscimento delle decisioni penali nell'Unione europea**. Milano: Giuffrè, 2006, p. 109, nota 8.

67. A expressão procura abarcar os principais critérios de determinação da jurisdição territorial e extraterritorial do Estado.

68. Neste tópico, Rezek trata das formas extraconvencionais de expressão do direito internacional público, distinguindo o consentimento *criativo* (próprio dos tratados) do consentimento *perceptivo*. REZEK, Francisco. **Direito internacional público**: curso elementar. 16.ed. São Paulo: Saraiva, 2016, p. 172.

69. ALLE, Saulo Stefanone. **Cooperação jurídica internacional e auxílio direto ativo em matéria penal**. Belo Horizonte: Arraes Editores, 2017, p. 56 e 154.

70. LESSA, Luiz Fernando Voss Chagas. **Persecução penal e cooperação internacional direta pelo Ministério Público**. Rio de Janeiro: Lumen Juris, 2013, p. 56.

71. SCHÜCKING, Walther. Communication of Judicial and Extra-Judicial Acts in Penal Matters and Letters Rogatory in Penal Matters. **The American Journal of International Law**, vol. 22, n. 1, Supplement: Codification of International Law (Jan. 1928), p. 46-103, p. 50.

pela incidência de um preceito de *jus cogens*, que, como fontes do direito internacional, são cogentes.[72]

Tratando do contexto regional do Mercosul, e especificamente do dever do Estado de indicar e motivar as razões de recusa do cumprimento de um pedido de assistência jurídica internacional que lhe seja dirigido, Bergman sustenta que, "exceto em caso de falta de requisitos básicos exigíveis [...], este deve ser prestado necessariamente".[73] Contudo, como se vê, o autor uruguaio cuidou da assistência passiva de base convencional, não havendo dúvidas de que há nestes casos um dever de cooperação (*pacta sunt servanda*), excepcionado pelas situações de recusa motivada com base no próprio tratado. Por outro lado, o foco de grande parte dessas opiniões é o dever de *prestar* cooperação; não o de *requerê-la*, tal como aqui o formulamos. Se partirmos dos costumes internacionais, de imediato divisaremos um dever de processar ou de cooperar, vindo do direito internacional geral, no axioma grociano *aut dedere aut punire*. Sua previsão nos modernos tratados de extradição não desnatura sua origem. Mesmo assim, como veremos adiante, não há consenso quanto à sua natureza.[74]

A existência de um dever de *prestar* cooperação com base em princípios de direito internacional também não é de fácil demonstração. Um dos mais fortes apoios à tese está na Declaração de 1970 Relativa aos Princípios do Direito Internacional referentes às Relações Amistosas e à Cooperação entre os Estados em conformidade com a Carta da das Nações Unidas.[75] Sobre o princípio da cooperação, o quarto dos sete princípios ali enunciados, Cançado Trindade conta que:

72. LESSA, Luiz Fernando Voss Chagas. **Persecução penal e cooperação internacional direta pelo Ministério Público**. Rio de Janeiro: Lumen Juris, 2013, p. 72.

73. BERGMAN, Eduardo Tellechea. La cooperación jurisdicional internacional en el ámbito del Mercosur, con especial referencia al derecho uruguayo. **Revista da Associação dos Juízes Federais do Rio Grande do Sul**, Porto Alegre, n. 3, p. 9–55, 2007, p. 12.

74. Soler situa tal princípio entre as regras de direito internacional costumeiro. SOLER, Christopher. **The Global Prosecution of Core Crimes under International Law**. The Hague: T.M.C. Asser Press, 2019, p. 153.

75. UNITED NATIONS. General Assembly Resolution. **Declaration on Principles of International Law concerning Friendly Relations and Co-operation among States in accordance with the Charter of the United Nations** (Declaration on Friendly Relations), A_RES_2625(XXV), adopted on 24 October 1970. Disponível em: https://www.jus.uio.no/english/services/library/treaties/01/1-01/friendly-relations.html. Acesso em: 4 mai. 2023.

> Na sessão de Genebra de 1967 do Comitê Especial,[76] muitos representantes insistiram – com sucesso – na inclusão, na formulação do princípio, de uma cláusula estipulando o dever de cooperação dos Estados na promoção do respeito e observância dos direitos humanos e eliminação de todas as formas de discriminação racial e de intolerância religiosa. Acentuou-se, ainda, que o presente princípio de cooperação era uma precondição ou então um corolário do conceito de coexistência pacífica em constante relação com os demais princípios do direito internacional.[77]

No campo da proteção ambiental, o dever de cooperar é cada vez mais evidente,[78] com inevitáveis consequências no relacionamento do direito internacional do meio ambiente com o direito penal transnacional, para a tutela penal desse bem público global, que ainda não conta com um claro regime internacional de supressão e reclama a formulação de novos tipos penais internacionais, como o ecocídio.[79] Também já se sustenta a existência de um dever costumeiro de cooperar para minorar as mudanças climáticas que podem ameaçar a vida na Terra.[80] A pandemia de covid-19 (2020-2023) provocou intenso debate acadêmico sobre a existência de um dever de cooperar, com base no Regulamento Sanitário Internacional, para a prevenção, a vigilância e o controle de epidemias e pandemias que ameacem

---

76. Refere-se ao Comitê Especial sobre os Princípios do Direito Internacional que regem as Relações Amistosas e Cooperação entre os Estados. Cf. UNITED NATIONS. International Law Commission. **Consideration of principles of international law concerning friendly relations and co-operation among States in accordance with the Charter of the United Nations**, DOC. A/6955, 18 December 1967, § 58. Disponível em: https://legal.un.org/ilc/documentation/english/a_cn4_209.pdf. Acesso em: 10 jul. 2023.
77. TRINDADE, Antônio Augusto Cançado. **Princípios do direito internacional contemporâneo**, 2.ed. (revista e atualizada). Brasília: Fundação Alexandre de Gusmão, 2017, p. 156.
78. ORANYE, Nkechinyelu Patricia; AREMU, Abimbola W. The duty to cooperate in state interactions for the sustainable use of international watercourses. **Discover Sustainability**, *[S. l.]*, v. 2, n. 1, p. 45, 2021.
79. Segundo Aras, "Uma das propostas é emendar o Estatuto de Roma de 1998 do TPI para incluir o ecocídio entre os crimes sujeitos a sua jurisdição. Segundo a fundação STOP Ecocide, o art. 8-ter do Estatuto de Roma poderia ser redigido de modo a considerar *ecocídio* a prática de atos ilícitos ou arbitrários sabendo-se que podem causar danos graves e generalizados ou de longo prazo ao meio ambiente, este definido como a Terra, sua biosfera, criosfera, litosfera, hidrosfera, atmosfera, bem como o espaço exterior". ARAS, Vladimir. Direito internacional público, 2.ed. Rio de janeiro: Método, 2023, p. 411-412.
80. Para Mayer, "Human rights treaties can be construed as requiring states to mitigate climate change on the grounds that the impacts of climate change hinder the enjoyment of human rights". Mais adiante o autor afirma que "customary international law can justify enhanced international cooperation on climate change mitigation". MAYER, Benoit. Climate Change Mitigation as an Obligation under Customary International Law. **Yale Journal of International Law**, *[S. l.]*, v. 48, p. 105, 2023, p. 108-109.

severamente a vida humana.[81] São apenas alguns exemplos do desenvolvimento do tema nos vários domínios do direito internacional público, que podem servir de inspiração para cimentar um dever de cooperação jurídica internacional para lidar com esses fenômenos, na sua feição penal, e outros da criminalidade transnacional e dos *core international crimes*.

A necessidade de punir esses crimes de direito internacional penal em sentido estrito levou autores como Sluiter[82] e Soler[83] a detectar um dever internacional de cooperar, a depender das circunstâncias. A obrigação convencional de cooperar contra crimes internacionais em sentido estrito previstos em tratados, como o genocídio, não é contestada.[84] Soler vai adiante e diz que o dever de cooperar (*prestar* cooperação) não estaria apenas no Estatuto de Roma; poderia ser inferido não só da Convenção sobre o Genocídio como também das Convenções de Genebra de 1949, da Convenção contra a Tortura de 1984 e da própria Carta das Nações Unidas.[85]

De todo modo, consideradas as diferenças entre os tribunais internacionais *ad hoc* e o TPI (onde se faz cooperação vertical) e as jurisdições domésticas (onde prevalece a cooperação horizontal), "é difícil tratar do

81. "A general obligation to cooperate in the maintenance of international peace and security as well as in the solving of international problems of an economic, social, cultural, or humanitarian character is enshrined in Article 1(1) and (3) of the UN Charter and supplemented by the Preamble to the Charter". YIALLOURIDES, Constantinos. The Legal Duty of States to Cooperate in the Fight against Pandemic Disease under the International Health Regulations. **International Community Law Review**, *[S. l.]*, v. 25, p. 213, 2023, p. 222 e seguintes.

82. SLUITER, Göran. Cooperation of States with International Criminal Tribunals. In: CASSESE, Antonio (ORG.). **The Oxford companion to international criminal justice**. Oxford ; New York: Oxford University Press, 2009, p. 187-200, p. 191-197.

83. "Indeed, 'the duty to 'exercise criminal jurisdiction' should be read in a manner consistent with the customary obligation *aut dedere aut judicare*, and is therefore satisfied by extradition and surrender, since those are criminal proceedings that result in prosecution' *Aut dedere aut judicare* hence becomes the bridge between the vertical and horizontal systems of enforcement. Both systems are engrafted upon *aut dedere aut judicare*. In a nutshell, all this reveals that *aut dedere aut judicare* is not merely confined to the horizontal system of enforcement. It is the pivot upon which the general enforcement of international criminal justice hinges". SOLER, Christopher. **The Global Prosecution of Core Crimes under International Law**. The Hague: T.M.C. Asser Press, 2019, p. 174.

84. "Contracting Parties to the Genocide Convention are under an obligation to cooperate with the ICC in relation to the prosecution of Bashir for the genocide allegations, including by arresting him and surrendering him to the Court". GILLETT, Matthew. The Call of Justice: Obligations under the Genocide Convention to Cooperate with the International Criminal Court. **Criminal Law Forum**, *[S. l.]*, v. 23, p. 63, 2012, p. 66 e 87.

85. "Notwithstanding such qualifications, I go a step further in so far as Sluiter's observations can contribute to shape a reliable obligation to cooperate which is extraneous to and detached from the ratification of the ICC Statute". SOLER, Christopher. **The Global Prosecution of Core Crimes under International Law**. The Hague: T.M.C. Asser Press, 2019, p. 180-181.

direito da cooperação como um regime uniforme", explica Sluiter.[86] Como se não bastasse a existência de diversos ramos do direito internacional especializado, mesmo no direito internacional penal as fontes da ordem internacional podem gerar controvérsias e soluções distintas para um mesmo problema. Disso trataremos adiante em detalhe, não sem antes examinar se a solidariedade internacional poderia ser o protofundamento do dever de cooperação jurídica internacional.

4.2. A SOLIDARIEDADE ENTRE OS ESTADOS COMO SUPEDÂNEO DO DEVER INTERNACIONAL DE COOPERAÇÃO PASSIVA

Em seu tratado *Le Droit de Gens*, Emer de Vattel (1714-1767) codificou a clássica máxima relacional de que "tudo o que nós devemos a nós mesmos, o devemos também para os outros, à medida que tenham realmente necessidade de ajuda e que possamos dá-lo sem negligenciar a nós mesmos". Esta noção que Vattel, no século 18, identificava como a primeira lei geral, a "eterna e imutável lei da natureza", é extensiva aos Estados no sentido de que "cada Estado deve a outro Estado o que ele deve a si mesmo à medida que este outro tenha necessidade real de ajuda, e que ele possa conceder essa ajuda sem negligenciar os deveres para consigo mesmo".[87] As pessoas eram livres para formarem Estados, mas não podiam livrar-se de seus deveres para com a humanidade, constituindo este um princípio geral de obrigações recíprocas entre os Estados, mesmo além de suas fronteiras.[88]

Torna-se óbvia a razão pela qual é preciso fazer uma análise principiológica da cooperação internacional cuidando deste preceito, que é considerado um princípio constitucional (por ser constituinte ou formador) da ordem jurídica internacional, e determinante para a construção do dever de cooperação numa ótica de inspiração kantiana. Conforme Wolfrum, a cooperação não se confunde com a solidariedade, pois esta não institui obrigações jurídicas, mas sim descreve a situação de dependência mútua entre os Estados e

86. SLUITER, Göran. Cooperation of States with International Criminal Tribunals. In: CASSESE, Antonio (ORG.). **The Oxford companion to international criminal justice**. Oxford ; New York: Oxford University Press, 2009, p. 187-200.

87. VATTEL, Emer de. **O direito das gentes**. Brasília: Instituto de Pesquisa de Relações Internacionais: Editora Universidade de Brasília, 2004, p. 193-194.

88. GLANVILLE, Luke. Responsibility to Perfect: Vattel's Conception of Duties beyond Borders. **International Studies Quarterly**, *[S. l.]*, v. 61, n. 2, p. 385–395, 2017, p. 388 e 390.

demarca "a disponibilidade para cooperar e aceitar os custos daí resultantes com vista à promoção de interesses comuns ou de valores partilhados".[89]

Segundo Koroma, o princípio da solidariedade vai muito além de uma ideia de boa-vizinhança, adquirindo o caráter de um princípio fundamental de direito internacional, que "em muitos casos cria *obrigações negativas* para os Estados de não conduzir certas atividades e, num número cada vez maior de situações, estabelece *deveres concretos* para os Estados adotarem certas medidas para o bem comum",[90] isto é, institui deveres negativos e positivos. Desta maneira, tal princípio espraia-se por vários setores do direito internacional geral e de seus ramos especializados, inclusive nos temas do direito internacional humanitário, do direito internacional dos direitos humanos, do direito internacional dos refugiados, e nos campos da responsabilidade internacional do Estado, da responsabilidade de proteger (R2P),[91] do direito internacional ambiental e das mudanças climáticas, "uma ameaça imediata e provavelmente definitiva para o Planeta".[92] A *responsibility to protect* é uma forma de solidariedade vertical que visa à prevenção de crimes contra a humanidade, o genocídio e os crimes de guerra, que se concretiza mediante deveres de prevenção e de assistência humanitária acordada ou intervenções contra-soberanas, com base na Carta das Nações Unidas.[93] Partindo de uma noção kantiana de respeito à humanidade, Bagnoli tam-

89. WOLFRUM, Rüdiger. International law of cooperation. In: BERNHARDT, Rudolf. **Encyclopedia of Public International Law: International relations and legal cooperation in general, diplomacy and consular relations**, Amsterdam, New York, Oxford: North-Holland, 1986.
90. KOROMA, Abdul G. Solidarity: evidence of an emerging international legal principle. In: HESTERMEYER, Holger P.; KÖNIG, Doris; MATZ-LÜCK, Nele; RÖBEN, Volker; SEIBERT-FOHR, Anja; STOLL, Peter-Tobias; VÖNEKY, Silja. **Coexistence, Cooperation and Solidarity (2 vols.): Liber Amicorum Rüdiger Wolfrum**. [s.l.] : Brill, Nijhoff, 2012, p. 103-129, p. 103.
91. KOROMA, Abdul G. Solidarity: evidence of an emerging international legal principle. In: HESTERMEYER, Holger P. *et al*, **Coexistence, Cooperation and Solidarity (2 vols.): Liber Amicorum Rüdiger Wolfrum**, [s.l.]: Brill | Nijhoff, 2012, p. 103-129, p. 104.
92. No âmbito do direito internacional do meio ambiente, Oliveira e Keryjaouen destacam a importância da força vinculante dos preceitos de direitos humanos para levar a uma ação coletiva (e, portanto, cooperativa) dos Estados em escala mundial para proteger o bem público global em questão: "le Conseil des Droits de l'Homme ratifie dans une de ses résolutions, que seule la force coercitive dans le domaine des Droits de l'Homme,sera capable d'affermir et d'apporter l'éclairage pour l'élaboration d'un plan de sauvegarde des politiques contre les changements climatiques. La planète nécessite la realization d'un objectif commun à l'échelle globale". OLIVEIRA, Liziane Paixão Silva; KERYJAOUEN, Isa. Direitos humanos e mudança climática. **Interfaces Científicas - Direito**, *[S. l.]*, v. 4, n. 1, p. 23–32, 2015, p. 29-30.
93. Sobre R2P, vide: ROFF, Heather. **Global justice, Kant and the responsibility to protect: a provisional duty**. London : New York: Routledge, Taylor & Francis Group, 2013. Vide também ARAS, Vladimir. **O genocídio no direito interno e no direito internacional**. Boa Esperança, MG: Editora CEI, 2023, p. 67-70.

bém sustenta a existência de um dever de assistência humanitária.[94] Casini aponta o princípio da solidariedade no direito ambiental, argumentando que o princípio do desenvolvimento sustentável seria uma "sofisticada manifestação do princípio da solidariedade", tendo em conta sua perspectiva intergeracional.[95] Note-se que, com base na solidariedade internacional, pode-se justificar a proatividade dos Estados *para* a promoção dos direitos humanos, e não apenas fundar uma solidariedade passiva, sob demanda.

Não custa muito esforço expandir essa conclusão para alcançar também o direito internacional penal[96] e, a partir das noções de paz, segurança coletiva, dignidade da pessoa humana e acesso à justiça, fundar as obrigações materiais e processuais positivas estatais, como deveres de agir, no âmbito dos regimes de proteção e dos regimes globais de proibição e de eliminação de certas condutas tidas como graves violações internacionais (*suppression treaties; suppression conventions;*[97] *crime-suppression conventions*).[98] Como se vê em Kant, quanto à sua ideia de direito cosmopolita:

> Uma vez que agora, com o estabelecimento consistente de uma comunidade (mais estrita ou mais ampla) entre os povos da Terra, chegou-se tão longe que a violação do direito em um lugar da Terra é sentido em todos, então a ideia de um direito cosmopolita não é um modo fantástico nem exagerado de representação do direito, mas um complemento necessário do código não escrito, tanto do Direito do Estado quanto do Direito de Gentes, para um Direito Público da Humanidade e assim para a paz perpétua da qual, apenas sob essa condição, podemos nos lisonjear de nos encontrarmos em uma contínua aproximação.[99]

---

94. "I have attempted to show that in constructing a moral case for humanitarian intervention based on the defense of human rights, we are bound to recognize it as a duty rather than permission, and as *a perfect duty rather than an imperfect one* – a duty that proceeds from respect for humanity rather than from charity. This qualification implies that the gross violation of human rights calls for intervention and that a state that grossly violates the human rights of its citizens is outlaw and has no right not to be interfered with". BAGNOLI, Carla. Humanitarian Intervention as a Perfect Duty: A Kantian Argument. **Nomos: American Society for Political and Legal Philosophy**, *[S. l.]*, v. 47, p. 117-142, 2006, p. 131.

95. CASINI, Lorenzo. Solidarity between States in the Global Legal Space. **European Review of Public Law**, [S. l.], v. 26, n. 1, p. 91–115, 2014, p. 9.

96. GOROBETS, Kostiantyn. Solidarity as a Practical Reason: Grounding the Authority of International Law, **Netherlands International Law Review**, v. 69, n. 1, p. 3–27, 2022, p. 10.

97. IVORY, Radha Dawn. The Right to a Fair Trial and International Cooperation in Criminal Matters: Article 6 ECHR and the Recovery of Assets in Grand Corruption Cases. **Utrecht Law Review**, *[S. l.]*, v. 9, n. 4, p. 147, 2013, p. 148.

98. BOISTER, Neil. **An introduction to transnational criminal law**. Oxford, U.K: Oxford University Press, 2012, p. 10.

99. KANT, Immanuel. **À paz perpétua:** um projeto filosófico. Petrópolis: Editora Vozes, 2020, p. 50.

Pode-se dizer que a visão de Kant projeta a ideia de uma justiça penal internacional - talvez de uma universalidade supraestatal[100] - como essencial à paz e à segurança, objetivos essenciais das Nações Unidas, uma organização criada muito depois de seu tempo, em torno de uma perspectiva operacional de cooperação. A partir de uma análise rigorosa de vários textos de Kant, para além de "*À Paz Perpétua*", Heinze argumenta que o filósofo alemão teria apoiado a criação do TPI, se pudesse vê-lo concretizado, pela sua compatibilidade com o seu "Segundo Artigo Definitivo".

Referido autor diz que "uma sinopse dos escritos de Kant sobre filosofia moral e política fornece orientações úteis sobre como garantir a paz e a segurança no mundo e como proteger violações graves dos direitos humanos".[101] Como acentuou o próprio Kant "se, por boa fortuna", uma "nação poderosa e esclarecida" constitui-se como uma república, "essa república dá um centro à união federativa para que os outros Estados se juntem a esta última",[102] mediante *alianças* entre elas assegurando-se a paz perpétua.[103] Junte-se a essa visão kantiana (universalista), sua concepção de dignidade da pessoa humana, como fonte dos direitos humanos, e estará justificada a existência do *jus puniendi* em mãos da sociedade internacional.[104] Pozzatti Junior apoia a ideia de que a solidariedade na concepção kantiana pode ser tomada como fundamento do dever geral de cooperação internacional.[105]

---

100. Vide Amalfitano para uma explicação sobre o conceito de universalidade supraestatal. AMALFITANO, Chiara. **Conflitti di giurisdizione e riconoscimento delle decisioni penali nell'Unione europea**. Milano: Giuffrè, 2006, p. 109, nota 8.
101. HEINZE, Alexander. The Statute of the International Criminal Court as a Kantian Constitution. *In*: BERGSMO, Morten; BUIS, Emiliano J. (org.). **Philosophical foundations of international criminal law: correlatating thinkers**. Brussels: Torkel Opsahl Academic EPublisher, p. 351-428, 2018, p. 359 e 369.
102. Não há como não pensar na União Europeia, onde, não por acaso, se avançou do modelo de cooperação intergovernamental para a cooperação jurídica por reconhecimento mútuo, integracionista. Segundo Tully: "My critical survey was not restricted to this negative, Socratic task of showing that Kant's idea of Europe and the world does not possess the cosmopolitan status it intends to possess". TULLY, James. The Kantian idea of Europe: critical and cosmopolitan perspectives. *In*: PAGDEN, Anthony (org.). **The idea of Europe:** from antiquity to the European Union. Woodrow Wilson Center seriesWashington, DC: Cambridge; New York: Woodrow Wilson Center Press; Cambridge University Press, 2002. p. 331–358, p. 358.
103. KANT, Immanuel. **À paz perpétua: um projeto filosófico**. Petrópolis: Editora Vozes, 2020, p. 45.
104. HEINZE, Alexander. The Statute of the International Criminal Court as a Kantian Constitution. *In*: BERGSMO, Morten; BUIS, Emiliano J. (org.). **Philosophical foundations of international criminal law: correlatating thinkers**. Brussels: Torkel Opsahl Academic EPublisher, p. 351-428, 2018, p. 385.
105. POZZATTI JUNIOR, Ademar. Existe um fundamento para afirmar um dever de cooperação internacional? Ensaio sobre o direito internacional no quadro da ética prática kantiana.

Por outro lado, segundo Bull, a criação das Nações Unidas representou a "realização da doutrina solidarista grociana da ordem internacional", voltada para a governança mundial mediante a cooperação entre os Estados.[106] A existência de um Tribunal Penal Internacional seria uma demonstração concreta de uma sociedade internacional solidária, segundo a visão grociana ou internacionalista.[107] É justamente esta a posição de Nyst, que vê no princípio da jurisdição penal universal um vetor de adensamento do princípio da solidariedade. Esta se opõe a uma visão pluralista de que o direito internacional diria respeito apenas a uma sociedade de Estados, com pouco ou quase nenhum espaço para atores não-estatais.[108]

Ao congregar normas de direitos humanos e de responsabilidade penal internacional, o princípio da jurisdição universal desafia a concepção usual de soberania e nos dá "inúmeros exemplos de abreviação de limitações tradicionais de jurisdição territorial em nome de uma comunidade de toda a humanidade" e em favor da universalização dos direitos humanos.[109] Bull conclui que a ordem internacional apresenta características das doutrinas de Hobbes, Kant e Grotius: "o elemento de guerra e luta pelo poder entre os Estados, o elemento da solidariedade e conflito transnacionais, atravessando as divisões entre Estados, e o elemento de cooperação e relações reguladas entre os Estados".[110] Eis o alicerce perfeito para um dever de cooperar juridicamente no plano internacional.

Anuario Mexicano de Derecho Internacional, v. 1, n. 17, p. 601. Disponível em: https://doi.org/10.22201/iij.24487872e.2017.17.11046. Acesso em: 3 mai. 2023.

106. BULL, Hedley. **The anarchical society: a study of order in world politics**. 3rd ed. Basingstoke: Palgrave, 2002, p. 230.

107. HEINZE, Alexander. The Statute of the International Criminal Court as a Kantian Constitution. *In*: BERGSMO, Morten; BUIS, Emiliano J. (org.). **Philosophical foundations of international criminal law: correlatating thinkers**. Brussels: Torkel Opsahl Academic EPublisher, p. 351-428, 2018, p. 404.

108. A Escola Inglesa de relações internacionais compreende três visões do ordenamento internacional: o pluralismo interestatal (o modelo tradicional do direito internacional), o solidarismo interestatal e o cosmopolitismo (uma visão da governança global não como resultado de negociações e concessões estatais, mas da atuação de diversos atores), que podem, contudo, coexistir. Cf. KINGSBURY, Benedict; KRISCH, Nico; STEWART, Richard B. The Emergence of Global Administrative Law. **Revue internationale de droit économique**, *[S. l.]*, v. XXVII, n. 1, p. 37–58, 2013, p. 43.

109. NYST, Carly. Solidarity in a disaggregated World: universal jurisdiction and the evolution of sovereignty. **The Journal of International Law** and **International Relations** (JILIR), September 2012, vol. 8, p. 36–61, 2012, p. 58-59.

110. BULL, Hedley. **The anarchical society: a study of order in world politics**. 3rd ed. Basingstoke: Palgrave, 2002, p. 39.

Contudo, a partir de Alexy, Gorobets pondera que o princípio da solidariedade mais se aproximaria de um mandado de otimização,[111] não sendo juridicamente vinculante (*non-legally normative principle*), pois "incapaz de gerar obrigações jurídicas" para os Estados, apesar de sua importância estruturante e inspiradora para o direito internacional.[112] Diga-se, contudo, que, como "as Nações estão compelidas pela natureza a cultivarem entre si a sociedade humana, elas estão obrigadas mutuamente a todos os deveres que a segurança e o bem-estar desta sociedade requerem".[113]

Capturando essa percepção originada em grandes teóricos da humanidade, em 2001, as Nações Unidas aprovaram uma resolução na qual se afirma a solidariedade como um valor fundamental da ordem internacional – porque estruturante das relações internacionais – valor este ínsito na Carta de San Francisco de 1945, para a promoção da democracia e de uma ordem internacional justa.[114] No preâmbulo do documento, a Assembleia Geral reafirmou que "todos têm direito a uma ordem social e internacional justa e equitativa na qual os direitos e liberdades estabelecidos na Declaração Universal dos Direitos Humanos possam ser plenamente realizados". Destaca-se a solidariedade ao lado de outros princípios como a defesa da paz, da democracia, *da justiça, do estado de Direito*, da igualdade e da *cooperação* entre os Estados.[115] Tudo isso é coerente com a posição de Cervini de que a cooperação jurídica internacional deve ser vista como "um estatuto global de solidariedade e de garantias".[116]

---

111. ALEXY, Robert. **Tres escritos sobre los derechos fundamentales y la teoría de los princípios**. Serie de Teoría Jurídica y Filosofia del Derecho, N. 28. Bogotá: Universidad Externado de Colômbia, 2003, p. 101-102. Disponível em: https://ucu.edu.uy/sites/default/files/pdf/XV_sem_int_dc-e3.pdf. Acesso em: 2 jun. 2023. Para Alexy, "os princípios são mandados de otimização porque ordenam que algo se realize na maior medida possível, de acordo com as possibilidades fáticas e jurídicas", p. 107-108.

112. GOROBETS, Kostiantyn. Solidarity as a Practical Reason: Grounding the Authority of International Law, **Netherlands International Law Review**, v. 69, n. 1, p. 3-27, 2022, p. 14-15, 18-20.

113. VATTEL, Emer de. **O direito das gentes**. Brasília: Instituto de Pesquisa de Relações Internacionais: Editora Universidade de Brasília, 2004, p. 193.

114. CASINI, Lorenzo. Solidarity between States in the Global Legal Space. **European Review of Public Law**, *[S. l.]*, v. 26, n. 1, p. 91–115, 2014, p. 9.

115. "Urges States to continue their efforts, through enhanced international cooperation, towards the promotion of a democratic and equitable international order". UNITED NATIONS. General Assembly Resolution. A/RES/56/151. **Promotion of a democratic and equitable international order**, adopted on 19 December 2001. Disponível em: http://www.worldlii.org/int/other/UNGA/2001/244.pdf. Acesso em: 10 jun. 2023.

116. CERVINI, Raúl; TAVARES, Juarez. **Princípios de cooperação judicial penal internacional no Protocolo do Mercosul**. São Paulo: Revista dos Tribunais, 2000, p. 43.

Casini acentua o papel constitucional da solidariedade também nos mecanismos de integração regional, como a União Europeia, fundada com referência a esse princípio, que é identificado como *valor* no art. 2º do Tratado da União Europeia (TUE),[117] onde aparece mais uma vez ao lado da democracia, da igualdade, da dignidade humana, do respeito aos direitos humanos e do *rule of law*, notando-se, tanto na experiência europeia, quanto em textos similares – como a Carta de Banjul e a Carta da Associação de Nações do Sudeste Asiático (Asean) – o papel inspirador da solidariedade para o alcance de objetivos comuns, com fundamento em responsabilidades compartilhadas e deveres mútuos.[118]

Wolfrum enxerga a solidariedade como princípio estruturante do direito internacional, que se consubstancia de três maneiras: o atingimento de objetivos comuns por meio de ações conjuntas; o atingimento de fins comuns por meio de ações diferenciadas; e a consecução de ações que beneficiam um determinado Estado.[119] O interesse comum na cooperação resulta dessa concepção de solidariedade entre os povos, que, por sua vez, é orientada pelo princípio da igualdade e da não-discriminação e sobretudo pela necessidade de manutenção da paz e da segurança coletivas.[120] Nas suas origens, porém, se sobressai o elemento horizontal que caracteriza a solidariedade entre os seres humanos.[121]

Assim, a solidariedade pode ser definida como uma forma de ação ou de não-ação estatal – conceitos diversos de *inação* ou de *omissão* pelo seu caráter deliberado e positivo – com vistas à colaboração para a obtenção de

---

117. TUE:"Artigo 2º. A União funda-se nos valores do respeito pela dignidade humana, da liberdade, da democracia, da igualdade, do Estado de direito e do respeito pelos direitos do Homem, incluindo os direitos das pessoas pertencentes a minorias. Estes valores são comuns aos Estados-Membros, numa sociedade caracterizada pelo pluralismo, a não discriminação, a tolerância, a justiça, a solidariedade e a igualdade entre homens e mulheres". UNIÃO EUROPEIA. **Tratado da União Europeia**, feito em Maastricht, em 7 de fevereiro de 1992. Disponível em: https://eur-lex.europa.eu/resource.html?uri=cellar:9e8d52e1-2c70-11e6-b497-01aa75ed71a1.0019.01/DOC_2&format=PDF. Acesso em: 2 jun. 2023.

118. CASINI, Lorenzo. Solidarity between States in the Global Legal Space. **European Review of Public Law**, *[S. l.]*, v. 26, n. 1, p. 91–115, 2014, p. 10-11.

119. WOLFRUM, Rüdiger. Solidarity Amongst States: an emerging structural principle of International Law. **Indian Journal of International Law,** v. 49, No. 1, p. 8-20, 2009, p. 9.

120. Conforme Oliveira e Teixeira, "a paz e a segurança internacionais e estabilidade político jurídico institucional, delas oriunda, são os pilares do aprimoramento e do exercício dos direitos humanos (DH), das liberdades fundamentais, da autodeterminação dos povos e do desenvolvimento político/ econômico/ social/ cultural das sociedades". OLIVEIRA, Liziane Paixão Silva; TEIXEIRA, Alexandre Peres. O Direito Internacional e a Defesa Cibernética da soberania na Amazônia Azul. **Revista da Escola de Guerra Naval**, *[S. l.]*, v. 28, n. 2, p. 355–404, 2022, p. 356.

121. CASINI, Lorenzo. Solidarity between States in the Global Legal Space. **European Review of Public Law**, [S. l.], v. 26, n. 1, p. 91–115, 2014, p. 2.

um resultado comum ou para não o impedir.[122] É, para certos autores, um conceito jurídico, não apenas social, ético ou moral,[123] noção compatível com a lição seminal de Duguit de que a solidariedade é uma *règle de droit*[124] e com a concepção de que veio para substituir princípios morais e indeterminados como o de fraternidade *(fraternité)*.[125]

Contudo, como alerta Gorobets, esta compreensão da solidariedade como uma noção jurídica não é compartilhada por toda a doutrina, limitando-se, para alguns, à condição de aspiração ou de legitimação moral do direito internacional.[126] Casini[127] registra que a solidariedade só alcança o *status* de princípio jurídico à medida que perde o seu caráter altruísta, caso em que tem impacto sobre a soberania estatal numa arquitetura de poder em teias (*power as webs*), na expressão de Slaughter.[128] A globalização, da forma como se apresenta atualmente, é um fator complicador para a perspectiva altruísta, pois "mata a noção de solidariedade, devolve o homem à condição primitiva do cada um por si e, como se voltássemos a ser animais da selva, reduz as noções de moralidade pública e particular a um quase nada".[129] Por outro lado, conforme Oliveira, "a globalização amplia e aperfeiçoa a cooperação entre os Estados soberanos",[130] podendo, neste sentido, catalisar atuações solidaristas.

---

122. CASINI, Lorenzo. Solidarity between States in the Global Legal Space. **European Review of Public Law**, [S. l.], v. 26, n. 1, p. 91–115, 2014, p. 3.
123. GOROBETS, Kostiantyn. Solidarity as a Practical Reason: Grounding the Authority of International Law, **Netherlands International Law Review**, v. 69, n. 1, p. 3–27, 2022, p. 7.
124. "Cette règle social de conduite n'est point une règle de morale, mais bien une règle de droit. Elle ne s'applique qu'aux manifestations extérieures de la volonté humaine; elle ne s'impose point à l'homme intérieur; elle est la règle de ses actes extérieurs, et non pas celle de ses pensées et de ses désirs, ce que doit être au contraire toute règle de morale". DUGUIT, Leon. **Le droit social, le droit individual et la transformation de l'Etat**. Paris: Librairie Félix Alcan, 1908. Citado por GOROBETS, Op. cit., p. 5.
125. GOROBETS, Kostiantyn. Solidarity as a Practical Reason: Grounding the Authority of International Law, **Netherlands International Law Review**, v. 69, n. 1, p. 3–27, 2022, p. 8.
126. GOROBETS, Kostiantyn. Solidarity as a Practical Reason: Grounding the Authority of International Law, **Netherlands International Law Review**, v. 69, n. 1, p. 3–27, 2022, p. 10-11.
127. CASINI, Lorenzo. Solidarity between States in the Global Legal Space. **European Review of Public Law**, [S. l.], v. 26, n. 1, p. 91–115, 2014, p. 17-18.
128. SLAUGHTER, Anne-Marie. The Real New World Order. **Foreign Affairs**, *[S. l.]*, v. 76, n. 5, p. 183–197, 1997, p. 184.
129. SANTOS, Milton. **Por uma outra globalização: do pensamento único à consciência universal.** 6.ed. Rio de Janeiro: Editora Record, 2000, p. 65.
130. OLIVEIRA, Liziane Paixão Silva. A soberania frente à globalização. **Revista do Programa de Mestrado em Direito do UniCEUB**, Brasília, v. 2, n. 1, p. 202–225, 2005, p. 203.

O dever de solidariedade, que impõe obrigações aos Estados em relação a questões globais,[131] se espraia por vários campos na sociedade internacional, exsurgindo com maior intensidade em situações de catástrofes naturais ou de conflitos armados internacionais ou de conflitos armados não-internacionais. O art. 222 do Tratado sobre o Funcionamento da União Europeia (TFUE) consolida tal princípio no direito comunitário, ao pontuar, na sua cláusula de solidariedade, que os Estados Membros da UE devem agir conjuntamente num "espírito de solidariedade", sempre que um deles estiver diante de um desastre natural ou humano ou de atentados terroristas.[132]

Todavia, a atuação solidária não se circunscreve à assistência humanitária, sendo o vetor inspirador de todo o edifício da cooperação internacional, no campo do Direito Internacional dos Conflitos Armados (DICA), do Direito Internacional dos Refugiados (DIR), do Direito Internacional do Meio Ambiente ou ainda em contextos pandêmicos, do Direito Internacional Sanitário, como se notou durante a emergência de saúde pública internacional causada pelo vírus covid-19, entre 2020 e 2023. O art. 4.1.b da Convenção Internacional de Combate à Desertificação nos Países Afetados por Seca Grave e/ou Desertificação, Particularmente na África, assinada em Paris, em 1994 (UNCCD), cuida do princípio da solidariedade ao destacar, entre os compromissos e obrigações dos países africanos, a promoção da "cooperação e integração regionais, num espírito de solidariedade e parceria baseados no interesse comum, nos programas e atividades que visem o combate à

---

131. GOROBETS, Kostiantyn. Solidarity as a Practical Reason: Grounding the Authority of International Law, **Netherlands International Law Review**, v. 69, n. 1, p. 3-27, 2022, p. 10.

132. TFUE: "Artigo 222. 1. A União e os seus Estados-Membros atuarão em conjunto, num espírito de solidariedade, se um Estado-Membro for alvo de um ataque terrorista ou vítima de uma catástrofe natural ou de origem humana. A União mobiliza todos os instrumentos ao seu dispor, incluindo os meios militares disponibilizados pelos Estados-Membros, para: a) – Prevenir a ameaça terrorista no território dos Estados-Membros, – proteger as instituições democráticas e a população civil de um eventual ataque terrorista, – prestar assistência a um Estado-Membro no seu território, a pedido das suas autoridades políticas, em caso de ataque terrorista; b) Prestar assistência a um Estado-Membro no seu território, a pedido das suas autoridades políticas, em caso de catástrofe natural ou de origem humana. 2. Se um Estado-Membro for alvo de um ataque terrorista ou vítima de uma catástrofe natural ou de origem humana, os outros Estados-Membros prestam-lhe assistência a pedido das autoridades políticas do Estado-Membro afetado. Para o efeito, os Estados-Membros coordenam-se no Conselho (...)." UNIÃO EUROPEIA. **Tratado sobre o Funcionamento da União Europeia,** concluído em Roma, em 25 de marco de 1957. Disponível em: https://eur-lex.europa.eu/resource.html?uri=cellar:9e8d52e1-2c70-11e6-b497-01aa75ed71a1.0019.01/DOC_3&format=PDF. Acesso em: 4 mai. 2023.

desertificação e/ou mitigação da seca".[133] É, sem dúvida, um chamado à ação coletiva, e não meramente uma exortação à cooperação passiva.

A solidariedade inerente ao dever de respeito à dignidade da pessoa humana faz eclodir para os Estados uma responsabilidade coletiva, de cunho moral e jurídico, para com todos e cada um dos habitantes do Planeta.[134] Casini identifica na solidariedade internacional uma ideia (na sua dimensão histórica), um valor (na sua dimensão constitucional) e um princípio (na sua dimensão administrativa), ressaltando sua natureza de pedra angular da sociedade internacional e de diretriz de governança para as instituições globais.[135] Pode-se dizer, portanto, que a solidariedade é uma noção nuclear ao dever de cooperação, que inspirou a Declaração de 1970 sobre os Princípios do Direito Internacional, devendo ser tida como um deles, essencial para a manutenção da integridade e da funcionalidade de uma sociedade global intensamente interdependente.[136] Contudo, Gorobets segue caminho diverso em sua conclusão: a solidariedade não seria um princípio jurídico de direito internacional. As regras gerais de conduta estabelecidas pelo direito internacional "obrigam juridicamente os Estados a agir de uma maneira justificada por motivos de solidariedade". Assim, na sua visão, seriam as regras de direito internacional "que se tornam razões para ações, e não as de solidariedade como tais".[137]

Particularizando o enfoque quanto à incidência da solidariedade na cooperação jurídica internacional, Cervini agrega que esta é um mecanismo regular do direito internacional, "derivação natural do princípio da solidariedade judicial interetática".[138] A inserção da solidariedade universal na

---

133. UNITED NATIONS. **The United Nations Convention to Combat Desertification (UNCCD)**, adopted at Paris, on 14-15 October 1994. Disponível em: https://www.unccd.int/sites/default/files/2022-02/UNCCD_Convention_ENG_0_0.pdf. Acesso em: 10 jun. 2023.

134. UNITED NATIONS. Human Rights Council. **The negative impact of corruption on the enjoyment of human rights.** Resolution A/HRC/RES/23/9 adopted on 13 June 2013, § 2. Disponível em: https://documents-dds-ny.un.org/doc/UNDOC/GEN/G13/149/72/PDF/G1314972.pdf?OpenElement. Acesso em: 10 jul. 2023.

135. CASINI, Lorenzo. Solidarity between States in the Global Legal Space. **European Review of Public Law**, [S. l.], v. 26, n. 1, p. 91–115, 2014, p. 4 e 8.

136. GOROBETS, Kostiantyn. Solidarity as a Practical Reason: Grounding the Authority of International Law, **Netherlands International Law Review**, v. 69, n. 1, p. 3–27, 2022, p. 8 e 9.

137. GOROBETS, Kostiantyn. Solidarity as a Practical Reason: Grounding the Authority of International Law, **Netherlands International Law Review**, v. 69, n. 1, p. 3–27, 2022, p. 24.

138. CERVINI, Raúl. El principio de confidencialidad en la cooperación judicial penal internacional su relación con el ejercicio efectivo de la magistratura de la defensa, en particular, a la luz del protocolo del Mercosur. **Revista de Derecho: Facultad de Derecho de la Universidad Católica de Uruguay**, Montevideo, n. 6, p. 11–29, 2011, p. 15-16.

cooperação internacional como valor e inspiração é notório, partindo da percepção de que os problemas de enfrentamento à criminalidade transnacional, de realização da justiça transnacional e de proteção nacional e transnacional aos direitos humanos são desafios comuns da humanidade. Como certa vez disse o Procurador-Geral brasileiro ao seu congênere paraguaio,[139] na cooperação internacional "o seu problema é o meu problema".[140] Essa é talvez a forma mais simples de enunciar a lição de Vattel sobre a solidariedade entre os soberanos e sobre o que devemos uns aos outros na sociedade internacional que ela sustenta.

Pontuemos, porém, que modernas teorias das relações internacionais - baseadas nos estudos de Oye[141], Keohane[142] e outros autores - sustentam uma razão menos idealista para a cooperação, na qual não seria preciso presumir que "os atores sejam altruístas ou idealistas para explicarmos por que podem cooperar uns com os outros". Desta forma, diz Martin que "tudo o de que precisamos é demonstrar que todos podem se beneficiar dos esforços cooperativos",[143] tal como ocorre no conhecido *dilema do prisioneiro*, da teoria dos jogos. No longo prazo, a "cooperação mútua - a não confissão - é a estratégia dominante para ambos os jogadores", em busca de equilíbrio e vantagens recíprocas.[144] Essa equação funcionaria da mesma forma na cooperação entre os Estados pela expectativa de reciprocidade, e não pela *esperança* de solidariedade.

---

139. No ambiente da diplomacia jurídica, o chefe da *Fiscalía* paraguaia promovia, perante as autoridades brasileiras, o andamento de um pedido de extradição de uma autoridade local, mandante do homicídio do jornalista paraguaio Pablo Medina, do periódico ABC Color. Tratava-se de um caso de grande repercussão no Paraguai e de alta relevância para os direitos civis e políticos na região fronteiriça, sobretudo a liberdade de imprensa. Vide: EXTRADICIÓN de Neneco es inédita para el Brasil. **ABC Color**, Asunción, 19 de noviembre de 2015. Disponível em: https://www.abc.com.py/edicion-impresa/politica/extradicion-de-neneco-es-inedita-para-el-brasil-1428440.html. Acesso em: 2 jun. 2023.
140. Frase proferida pelo Procurador-Geral Rodrigo Janot ao seu homólogo paraguaio Javier García Verón, em reunião bilateral em dezembro de 2014, de que participamos, a propósito da extradição de Vilmar "Neneco" Acosta Marques para o Paraguai. Cf. BRASIL. Supremo Tribunal Federal. 2ª Turma. **Extradição 1393.** Relator Ministro Dias Toffoli, j. em 25/08/2015.
141. OYE, Kenneth A. Explaining cooperation under anarchy. In: OYE, Kenneth A. (Org.). **Cooperation under anarchy**. Princeton, N.J: Princeton University Press, 1986, p. 7.
142. "Egoistic governments can rationally seek to form international regimes on the basis of shared interests". KEOHANE, Robert O. **After hegemony: cooperation and discord in the world political economy**. Princeton, N.J: Princeton University Press, 1984, p. 107.
143. MARTIN, Lisa L. A economia política da cooperação internacional. In: KAUL, Inge; GRUNBERG, Isabelle; STERN, Marc A. (org.). **Bens públicos globais: cooperação internacional no século XXI**. Rio de Janeiro: Record, 2012, p. 102.
144. KEOHANE, Robert O. **After hegemony: cooperation and discord in the world political economy**. Princeton, N.J: Princeton University Press, 1984, p. 74.

4.3. AS FONTES DO DEVER DE COOPERAR INTERNACIONALMENTE[145]

O Estatuto da Corte Internacional de Justiça (CIJ) integra o tratado constitutivo da ONU e seu estudo é essencial para a compreensão das fontes do direito internacional público. Miranda ensina que "o conceito de fontes de direito em geral é um conceito plurívoco, com vários sentidos (formal, material, documental, orgânico, sociológico)" e explica que o art. 38 do Estatuto da CIJ "ponto de referência habitual no tratamento do assunto, joga ele próprio com mais de uma acepção do termo".[146] Miranda adverte que o art. 38 do Estatuto da CIJ "não contém uma enumeração exaustiva das fontes, apenas uma enumeração exemplificativa e que, feita em certa época, tem de ser submetida a uma interpretação atualista". De fato, tal artigo "não esgota os modos de produção ou revelação dos existentes nem pode impedir futuras mutações de direito internacional. Basta lembrar as decisões das organizações internacionais e entidades afins".[147]

Mazzuoli lembra que não há hierarquia entre as fontes do direito internacional público, ressalvando, apenas, o art. 103 da Carta das Nações Unidas. Esta tem primazia "sobre todos os demais compromissos internacionais concluídos por quaisquer de seus membros". O autor excetua também as "normas de *jus cogens* (que prevalecem sobre todas as demais regras ou compromissos internacionais)".[148] Rezek segue a mesma linha, ao afirmar que o Estatuto da CIJ não pretendeu estipular uma hierarquia ao listar os tratados antes do costume.[149] Entre as fontes primárias estão os costumes, os tratados e os princípios gerais de direito. São fontes secundárias a jurisprudência[150] e a doutrina.

---

145. Parte desde tópico foi adaptado de ARAS, Vladimir. **Direito internacional público**. 2.ed. Rio de Janeiro: Método, 2023, p. 37-38.
146. MIRANDA, Jorge. **Curso de direito internacional público:** uma visão sistemática do direito internacional dos nossos dias. 4.ed. Rio de Janeiro: Forense, 2009, p. 39-40.
147. MIRANDA, Jorge. Op. cit., p. 40.
148. MAZZUOLI, Valério de Oliveira. **Curso de direito internacional público.** 13.ed. Rio de Janeiro: Forense, 2020, p. 67.
149. REZEK, Francisco. **Direito internacional público:** curso elementar. 16.ed. São Paulo: Saraiva, 2016.
150. Sobre o papel da CIJ no desenvolvimento da jurisprudência internacional, Friedmann argumentava em 1959 que "the Court has proceeded with extreme caution. It has, on the whole, been very reluctant to develop a "common law of mankind" around the cases which it has had to decide. The work of the Court has generally been bolder and more creative in its advisory opinions". FRIEDMANN, Wolfgang G. Sir Hersch Lauterpacht and the International Court. **Virginia Law Review**, *[S. l.]*, v. 45, p. 407, 1959, p. 407.

Embora não sejam uma fonte primária nem secundária do direito internacional,[151] não se pode menosprezar a *soft law*, pelo seu caráter catalisador da codificação do direito internacional, assim como por sua natureza dinâmica e flexível, que permite "regular temas complexos que dificilmente seriam ratificados de outra forma".[152] No âmbito dos regimes internacionais de proibição, não se pode ignorar o papel dos Princípios de Egmont, que contêm uma detalhada normatização da cooperação internacional entre unidades de inteligência financeira, na prevenção e na repressão ao crime de lavagem de dinheiro e ao financiamento do terrorismo.[153] Aras entende que as 40 Recomendações do Grupo de Ação Financeira Internacional (GAFI), embora apontadas por grande parte da doutrina como *soft law*, a esta altura já adquiriram caráter vinculante.[154] Shaw diz que em certas áreas do direito internacional as *soft norms*[155] aparecem com mais frequência: o direito internacional econômico e o direito internacional do meio ambiente.[156]

Inequivocamente, contudo, as principais fontes do direito que regula a cooperação jurídica internacional são os tratados e as normas de *jus cogens*, aqui, sobretudo, no direito internacional penal. Segundo Cebrián Salvat, "não existe [...] nenhuma norma consuetudinária internacional que obrigue os Estados, sob condição de reciprocidade, a prestar-se assistência judicial in-

---

151. SHAW, Malcolm N. **International law**. Cambridge: Cambridge University Press, 2017, p. 117.
152. OLIVEIRA, Liziane Paixão Silva; BERTOLDI, Márcia Rodrigues. A importância do soft law na evolução do direito internacional. **Revista do Instituto de Direito Brasileiro**, *[S. l.]*, n. 10, p. 6265–6289, 2012, p. 6279.
153. Vide, por exemplo, o Princípio C.10, que nos remete à necessidade de cumprimento pelos Estados de legislar para a adoção de um marco normativo suficiente: "[...] FIUs should have an adequate legal basis for providing cooperation on money laundering, associated predicate offences and the financing of terrorism". EGMONT GROUP**. Principles for information exchange between financial intelligence unities.** October 28, 2013. Disponível em: https://egmontgroup.org/wp-content/uploads/2022/07/2.-Principles-Information-Exchange-With--Glossary_April2023.pdf. Acesso em: 10 jun. 2023.
154. ARAS, Vladimir; LUZ, Ilana Martins. **Lavagem de dinheiro:** comentários à Lei 9.613/1998. São Paulo: Almedina: 2023, p. 351.
155. Muitas normas de pré-direito são mencionadas nos julgados do sistema interamericano, o que abre a dicussão seu *status* no *ius constitutionale commune* regional (ICCAL), pois, se as decisões da Corte as invocam, passam a integrar a *ratio decidendi* de sentenças vinculantes e também suas cláusulas operativas, pois a Corte determina que essas normas sejam observadas pelos Estados, a exemplo do Protocolo de Minnesota sobre a Investigação de Mortes Potencialmente Ilícitas, de 2016. UNITED NATIONS. Office of the High Commissioner for Human Rights. **The Minnesota Protocol on the Investigation of Potentially Unlawful Death (2016)**. New York; Geneva: UN, 2017. Disponível em: https://www.ohchr.org/sites/default/files/Documents/Publications/MinnesotaProtocol.pdf. Acesso em: 10 jul. 2023.
156. SHAW, Malcolm N. **International law**. Cambridge: Cambridge University Press, 2017. p. 118.

ternacional mútua"[157] Apesar da predominância dos tratados, como adverte Alle, estes não são o meio exclusivo de realização da cooperação internacional. Há como cooperar mesmo sem tratados. Sua celebração serve para simplificar e tornar mais fácil a cooperação jurídica internacional, não sendo um fator condicionante dela, isto é, os acordos internacionais formais não funcionam como uma pré-condição da cooperação, nem como uma condição *sine qua non*. Tal pensamento equivocado se apoia num legalismo extremo,[158] que considera que "um tratado específico é condição de legalidade para a cooperação".[159] E não é, pois muitos países cooperam por reciprocidade e todos estarão obrigados a cooperar se presente uma norma de *jus cogens*.

4.3.1. Fontes Internacionais Convencionais

Os costumes (direito consuetudinário) e as leis são as principais fontes do direito interno. No direito internacional, as principais fontes são os costumes e os tratados. "Toda norma jurídica é fonte de outra norma".[160] Usando os Estados como seus órgãos, a sociedade internacional cria o direito internacional.[161]

Schomburg e Lagodny[162] alocam as fontes do direito da cooperação internacional em esferas concêntricas de seis camadas ou níveis. No primeiro

---

157. CEBRIÁN SALVAT, María Asunción. **La asistencia judicial internacional en España**. Granada: Editorial Comares, 2018, p. 14.
158. Estados que seguem a tradição anglo-americana em direito extradicional, não extraditam sem tratados (*no extradition without treaty*). Pode-se denominar esta regra de princípio da convencionalidade, uma manifestação da legalidade convencional em sentido processual. A cooperação extradicional exige a prévia celebração de um acordo de extradição, ainda que *ad hoc*. Não, há, portanto, em regra, extradição por promessa de reciprocidade. No Reino Unido, é clássico o condicionamento da extradição à existência de um tratado. Conforme Bradley e Goldsmith, "Extradition in Great Britain is governed by its 1989 Extradition Act. This Act provides that a person who is in Great Britain and is accused in a foreign state of an *extradition crime* may be *arrested and returned* to that state if the state has an extradition treaty with Great Britain." BRADLEY, Curtis A.; GOLDSMITH, Jack L. Pinochet and International Human Rights Litigation. **Michigan Law Review**, *[S. l.]*, v. 97, n. 7, p. 2129, 1999, p. 2135. Do mesmo modo se passa nos Estados Unidos, que só extraditam foragidos com base em tratados ou em leis aprovadas pelo Congresso. MUELLER, Gerhard. International Judicial Assistance in Criminal Matters. **Villanova Law Review**, *[S. l.]*, v. 7, n. 2, p. 193–231, 1961, p. 221.
159. ALLE, Saulo Stefanone. **Cooperação jurídica internacional e auxílio direto ativo em matéria penal**. Belo Horizonte: Arraes Editores, 2017, p. 59.
160. KELSEN, Hans. **Teoria geral do direito e do estado,** Op. cit., p. 191–192.
161. KELSEN. Op. cit., p. 504.
162. SCHOMBURG, Wolfgang; LAGODNY, Otto; GLESS, Sabine; HACKNER, Thomas et. al. **Internationale Rechtshilfe in Strafsachen**/International cooperation in criminal matters. 4th ed, München: Beck, 2006 *apud* Ambos, Kai. International Cooperation in Criminal Matters. **Criminal Law Forum**, vol. 19, no. 2, June 2008, p. 299-302.

nível, estará o direito interno; no segundo nível, aparecem as normas de cooperação resultantes de tratados bilaterais; na terceira camada estão as convenções de *Schengen*; na quarta esfera, o direito comunitário da União Europeia; no quinto nível situam-se os tratados do Conselho da Europa; e, finalmente, na última esfera, os tratados do sistema onusiano.

Tal classificação peca, contudo, por dizer respeito apenas à União Europeia, ignorando os tratados regionais interamericanos, africanos e asiáticos, assim como os arranjos comunitários diversos do da União Europeia. Um modelo mais universal deve levar em conta o direito interno, como primeira camada; o direito convencional bilateral, na segunda camada; o direito comunitário ou os acordos em sistemas de integração regional, na terceira camada; e o direito convencional multilateral, na quarta e última camada. Blakesley e Lagodny defendem um sistema de direito internacional penal de três níveis, baseado no direito nacional, no direito internacional convencional e no direito supranacional.[163]

Assim, os tratados de supressão que integram os regimes internacionais de proibição são fontes da cooperação jurídica internacional, assim como as convenções não criminalizadoras sobre cooperação jurídica internacional em matéria penal, o que inclui os MLATs. Superada em várias dimensões, a cortesia (*comity*) deve ceder lugar a um dever de cooperar, ativa e passivamente, dever este que se ampara em inúmeros tratados "que [lhe] fazem alusão".[164] Tomemos a Convenção de Viena de 1988 como exemplo. Seu art. 17 contém três modalidades do dever de cooperar para a repressão do tráfico ilícito de drogas em alto-mar. Para Proelss e Hofmann, a quebra desse dever acarreta a responsabilidade internacional do Estado da bandeira da embarcação.[165] Se este Estado-pavilhão autorizar a abordagem e a inspeção da nau, e "se provas que impliquem em tráfico ilícito forem descobertas", cabe ao outro Estado "adotar medidas adequadas com respeito ao navio, às pessoas e à carga que se encontrem a bordo".[166]

---

163. BLAKESLEY, Christopher L.; LAGODNY, Otto. Finding Harmony Amidst Disagreement over Extradition, Jurisdiction, the Role of Human Rights, and Issues of Extraterritoriality under International Criminal Law, **Vanderbilt Journal of Transnational Law**, v. 24, n. 1, p. 1–74, 1991, p. 40, nota 167.

164. ALLE, Saulo Stefanone. **Cooperação jurídica internacional e auxílio direto ativo em matéria penal**. Belo Horizonte: Arraes Editores, 2017, p. 154.

165. PROELSS, Alexander; HOFMANN, Tobias. Law of the Sea and Transnational Organised Crime. *In*: HAUCK, Pierre; PETERKE, Sven (Orgs.). **International law and transnational organized crime**. First edition. Oxford, United Kingdom: Oxford University Press, 2016, p. 422–447, p. 440.

166. UNITED NATIONS. **United Nations Convention against Illicit Traffic in Narcotic Drugs and Psychotropic Substances,** done at Vienna, on 12 December 1988. Disponível em: https://www.unodc.org/pdf/convention_1988_en.pdf. Acesso em: 10 jun. 2023.

A cooperação internacional também pode ter por base o direito costumeiro. Exemplo disso são os arranjos entre Andorra, a França e a Espanha, com seu sistema de coprincipado, que permite que pessoas condenadas a penas superiores a 3 anos de prisão em Andorra cumpram suas penas em penitenciárias na França ou na Espanha.[167] Também de natureza consuetudinária é a Regra 161 de Direito Internacional Humanitário, quanto à obrigação dos Estados de cooperar para a persecução de crimes de guerra.[168]

4.3.2. Fontes Internacionais Não Convencionais

Resoluções das Nações Unidas e de organizações políticas regionais, como a União Africana (UA), também podem ser fontes de deveres de cooperação internacional, especialmente da assistência passiva.

Em 1988, uma bomba derrubou o voo 103 da PanAm, sobre a cidade de Lockerbie, na Escócia, matando todos os seus passageiros e tripulantes. As suspeitas recaíram sobre dois agentes dos serviços de inteligência líbios. Como anota Wiener, o governo britânico (Estado territorial) e o governo norte-americano (Estado da matrícula da aeronave) não atenderam aos pedidos de cooperação expedidos pela Líbia com base na Convenção de Montreal, de 1971.[169] Por sua vez, a Líbia recusou-se a extraditar seus dois

---

167. Note-se este trecho da sentença do TEDH em Drozd e Jarousek, de 1992: "The Court takes note of the declaration made by the French Government to the effect that they could and in fact would refuse their customary co-operation if it was a question of enforcing an Andorran judgment which was manifestly contrary to the provisions of Article 6 (art. 6) or the principles embodied therein". EUROPEAN COURT OF HUMAN RIGHTS. **Case of Drozd and Janousek v. France and Spain.** Judgment 26 June 1992, § 110. Disponível em: https://hudoc.echr.coe.int/eng?i=001-57774 . Acesso em: 10 mai. 2023.

168. ICRC: "Rule 161. States must make every effort to cooperate, to the extent possible, with each other in order to facilitate the investigation of war crimes and the prosecution of the suspects". Segundo o Comitê Internacional da Cruz Vermelha, comentando essa regra, "The voting record of the General Assembly resolutions, together with the fact that the UN Security Council and UN Commission on Human Rights *urged* States to cooperate rather than calling on them to do so, indicates that there does not seem to be, in customary international law, an absolute obligation to cooperate, but rather an expectation that States should make efforts in good faith to do so, to the extent possible". INTERNATIONAL COMMITTEE OF THE RED CROSS. **Customary International Humanitarian Law,** Geneva, 2024, Rule 161. Disponível em: https://ihl-databases.icrc.org/en/customary-ihl/v1/rule161. Acesso em: 10 jul. 2023.

169. Trata-se da Convenção para a Repressão aos Atos ilícitos Contra a Segurança da Aviação Civil, concluída em Montreal em 1971. Segundo o art. 11.1 da Convenção, "os Estados Contratantes prestarão entre si a maior assistência possível em relação aos processos criminais instaurados com relação aos crimes. Aplicar-se-á em todos os casos a lei do Estado que receber a solicitação." A obrigação de extraditar está prevista no art. 8º da Convenção. UNITED NATIONS. **Convention for the Suppression of Unlawful Acts against the Safety of Civil Aviation,** concluded at Montreal on 23 September 1971. Disponível em: https://treaties.un.org/doc/Publication/UNTS/Volume%20974/volume-974-I-14118-english.pdf. Acesso em: 2 jun. 2023.

cidadãos para serem julgados no Reino Unido.[170] A cooperação tradicional ficou obstada pelos impasses diplomáticos.

Diante disso, a Líbia provocou a Corte Internacional de Justiça (CIJ), pedindo o reconhecimento do descumprimento dos deveres *convencionais* de cooperação por parte de Londres, que detinha as provas necessárias ao julgamento.[171] O tema foi levado à consideração do Conselho de Segurança das Nações Unidas, que emitiu a Resolução nº 731, de 21 de janeiro de 1992, na qual exigiu que a Líbia cooperasse efetivamente para a apuração do atentado terrorista. Na sequência, o CS/ONU adotou medidas mais rigorosas contra a Líbia, por meio da Resolução nº 748, de 31 de março de 1992,[172] e da Resolução nº 883, de 11 de novembro de 1993,[173] determinando que o país entregasse ao governo do Reino Unido os dois suspeitos de terem cometido o atentado contra a aeronave da PanAm. A imposição de amplas sanções econômicas ao país, a suas empresas e a seus cidadãos, indicava a obrigatoriedade do cumprimento de tais resoluções, expedidas pelo Conselho de Segurança com base no capítulo VII da Carta das Nações Unidas.[174]

Após a publicação da Resolução CS/ONU nº 748 (1992), a CIJ decidiu que, naquele contexto, o seu teor deveria prevalecer sobre qualquer outra obrigação *convencional* dos Estados Partes da ONU, inclusive sobre a Convenção de Montreal, nos termos dos arts. 25 e 103 da Carta das Nações Unidas.[175]

---

170. WIENER, Imre A. New Elements of International Co-Operation in Criminal Matters. **Acta Juridica Hungarica**, vol. 41, no. 3-4, 2000, p. 171-180, p. 172.

171. INTERNATIONAL COURT OF JUSTICE. **Case Concerning Questions of Interpretation and Application of the 1971 Montreal Convention Arising from the Aerial Incident at Lockerbie (Libyan Arab Jamahiriya v. United Kingdom).** Order of 14 April 1992, I.C.J Reports 1992. Disponível em: https://www.icj-cij.org/public/files/case-related/88/088-19920414-ORD-01-00-EN.pdf. Acesso em: 10 jun. 2023.

172. UNITED NATIONS. Security Council. **Resolution S/RES/748 (1992),** adopted on 31 March 1992, § 1, 4. Disponível em: https://digitallibrary.un.org/record/196976. Acesso em: 10 jun. 2023.

173. UNITED NATIONS. Security Council. **Resolution S/RES/883 (1993)**, adopted on 11 November 1993. Disponível em: https://digitallibrary.un.org/record/197374. Acesso em: 10 jul. 2023.

174. WIENER, Imre A. New Elements of International Co-Operation in Criminal Matters. **Acta Juridica Hungarica**, vol. 41, no. 3-4, 2000, p. 171-180, p. 173.

175. INTERNATIONAL COURT OF JUSTICE. **Case Concerning Questions of Interpretation and Application of the 1971 Montreal Convention Arising from the Aerial Incident at Lockerbie (Libyan Arab Jamahiriya v. United Kingdom).** Order of 14 April 1992, I.C.J Reports 1992, p. 15, §39. Disponível em: https://www.icj-cij.org/public/files/case-related/88/088-19920414-ORD-01-00-EN.pdf. Acesso em: 10 jun. 2023.

Somente em 1998, uma solução se viabilizou. Mediante a Resolução nº 1192 (1998), o Conselho de Segurança das Nações Unidas suspendeu as sanções contra a Líbia, sob condição de entrega dos seus dois nacionais para julgamento, e exortou os Estados Membros envolvidos no incidente a cooperar para que os dois acusados líbios comparecessem a uma corte criminal escocesa que funcionaria nos Países Baixos, de maneira extraterritorial, para julgá-los com base no direito escocês.[176]

A implementação do esquema desenhado para o funcionamento da Corte Escocesa em Lockerbie envolveu medidas de cooperação jurídica de diversas naturezas. Em 1998, o Reino Unido da Grã-Bretanha e os Países Baixos celebraram um acordo especial para o funcionamento em seu território de uma corte formada por três juízes escoceses de primeira instância, afastando-se o julgamento pelo júri, por objeção da Líbia.[177] Por sua vez, o CS/ONU decidiu que o governo líbio deveria, "assegurar o aparecimento dos réus à Holanda para fins de julgamento" – o que equivalia a extraditá-los para os Países Baixos – e também a garantir que "qualquer prova ou testemunha na Líbia" fossem "a pedido do tribunal, prontamente disponibilizadas ao tribunal na Holanda para efeitos do julgamento".[178] Por outro lado, cabia ao governo holandês manter os réus sob custódia e apresentá-los a julgamento na corte escocesa *ad hoc*. Esta solução *sui generis* funcionou como uma alternativa a formas tradicionais de cooperação jurídica internacional[179] e inequivocamente institui deveres extraconvencionais de cooperação jurídica internacional em matéria penal.

A Líbia cumpriu as determinações do Conselho de Segurança, os suspeitos embarcaram em um avião das Nações Unidas em Trípoli e foram entregues às autoridades holandesas, conforme as resoluções, que funcionaram indubitavelmente como fontes do dever de cooperar. Boister pontua que este é um dos exemplos de *enforcement* de convenções de supressão por meios exógenos, já que tais tratados não contêm suficientes mecanismos para garantir o seu respeito pelos Estados Partes. Outros desses meios são

---

176. UNITED NATIONS. Security Council. **Resolution S/RES/1192** (1998), adopted on 27 August 1998, § 4, 8. Disponível em: https://documents-dds-ny.un.org/doc/UNDOC/GEN/N98/251/64/PDF/N9825164.pdf?OpenElement. Acesso em: 10 jun. 2023.
177. WIENER, Imre A. New Elements of International Co-Operation in Criminal Matters. Acta Juridica Hungarica, vol. 41, no. 3-4, 2000, p. 171-180, p. 174.
178. UNITED NATIONS. Security Council. **Resolution S/RES/1192**, adopted on 27 August 1998, § 4. Disponível em: https://documents-dds-ny.un.org/doc/UNDOC/GEN/N98/251/64/PDF/N9825164.pdf?OpenElement. Acesso em: 10 jun. 2023.
179. WIENER, Imre A. New Elements of International Co-Operation in Criminal Matters. Acta Juridica Hungarica, vol. 41, no. 3-4, 2000, p. 171-180, p. 175.

as sanções unilaterais, ou medidas semelhantes impostas por organizações internacionais, como o Banco Mundial, em matéria de corrupção.[180]

Outro exemplo de julgamento internacionalizado conduzido com base em resoluções de uma organização internacional foi o de Hissène Habré, ex-ditador do Chade. Acusado da prática de tortura e de crimes contra a humanidade, Habré asilou-se no Senegal em 1990, até que a Bélgica invocou a Convenção contra a Tortura e Outros Tratamentos ou Penas Cruéis, Desumanos ou Degradantes, de 1984, para obter sua extradição. Em 2005, este pedido foi negado pela Corte de Apelação de Dacar.

Diante da pressão belga pela extradição, o governo senegalês submeteu a questão à União Africana, que decidiu em 2006 que o ex-ditador chadiano deveria ser processado no Senegal, em nome dos Estados Membros da União. Na mesma decisão, a UA *determinou* que os Estados Partes cooperassem com o Senegal para a consecução do julgamento.[181] Após a decisão da Corte Internacional de Justiça no *caso Questões relativas à Obrigação de Processar ou Extraditar (Bélgica vs. Senegal)*, em 2012, Habré foi finalmente julgado no Senegal.[182] Este caso mostra a relevância das resoluções de organizações internacionais para a concretização de medidas de cooperação jurídica internacional em matéria penal.

4.3.3. O *Jus Cogens* como Fonte

Bassiouni explica que existe uma hierarquia de fontes no direito internacional penal, uma vez que alguns dos crimes internacionais resultam de proibições de *jus cogens*, normas fundamentais de direito internacional, ao lado das obrigações *erga omnes*, cujo conteúdo é de difícil determinação.[183] Nem todos os crimes internacionais têm essa natureza, de maneira que para

---

180. BOISTER, Neil. 'Transnational Criminal Law'? **European Journal of International Law**, *[S. l.]*, v. 14, n. 5, p. 953–976, 2003, p. 960.

181. UNIÃO AFRICANA. **Decision on the Hissène Habré Case and the African Union.** Assembly/AU/ Dec.127(VII). Disponível em: https://archives.au.int/bitstream/handle/123456789/955/Assembly%20AU%20Dec%20127%20%28VII%29%20_E.PDF?sequence=1&isAllowed=y. Acesso em: 2 jun. 2023.

182. INTERNATIONAL COURT OF JUSTICE. **Questions relating to the Obligation to Prosecute or Extradite (Belgium v. Senegal).** Judgment 20 July 2012, I.C.J. Reports 2012, § 68. Disponível em: https://www.icj-cij.org/sites/default/files/case-related/144/144-20120720-JUD-01-00-EN.pdf. Acesso em: 10 mai. 2023.

183. TAVERNIER, Paul. L'identification des règles fondamentales, un problème résolu?. In: TOMUSCHAT, Christian; THOUVENIN, Jean-Marc (Org.). **The fundamental rules of the international legal order: Jus Cogens and obligations Erga Omnes**. Leiden ; Boston: Martinus Nijhoff Publishers, 2006.

esses outros as fontes do dever de cooperação também serão diversas.[184] As normas de *jus cogens* têm um *status* superior ao dos tratados e ao das normas ordinárias de direito costumeiro, o que as torna imperativas e inderrogáveis, salvo se por outra norma de igual hierarquia e natureza.[185]

Acompanhando tal entendimento, Zimmermann acentua que o *jus cogens* pode ser invocado pelo Estado requerido para a recusa à cooperação jurídica internacional. Tais normas, do mesmo modo que "a ordem pública internacional ou os princípios gerais do direito internacional" podem "justificar a recusa de cooperação decorrente dos tratados e da lei", advindo daí um direito subjetivo público para a pessoa interessada perante o Estado requerido.[186]

A invocação do *jus cogens* como fonte do direito internacional penal, inclusive em procedimentos cooperacionais, ficou clara no caso *Furundžija*, julgado pelo Tribunal Penal Internacional para a ex-Iugoslávia (TPI-I). Anton Furundžija foi acusado do crime de tortura, que resulta da violação de uma proibição de *jus cogens*, sendo um daqueles delitos submetidos a jurisdição penal universal, de modo que os Estados têm competência para investigar, processar e punir ou extraditar pessoas acusadas deste crime que estejam em sua jurisdição.[187] Como os *core international crimes* derivam de proibições de *jus cogens*, a obrigação dos Estados de processar e punir seus autores pode ser considerada uma norma peremptória de direito internacional. Portanto, os Estados não podem celebrar acordos internacionais ou aprovar leis internas pelas quais renunciam à punição desses crimes.[188] Disso decorre, no segundo nível de obrigações positivas, que os deveres de cooperar internacionalmente guardarão o mesmo fundamento: serão peremptórios no plano ativo e no plano passivo, salvo, neste caso, quando houver norma de igual hierarquia determinando a recusa, a exemplo da proibição do rechaço (*non-refoulement*). Lessa sustenta que a "obrigatoriedade de se processar cri-

---

184. BASSIOUNI, M. Cherif. **Introduction to international criminal law**. 2nd rev. Leiden; Boston: Martinus Nijhoff Publishers, 2013, p. 500.

185. INTERNATIONAL CRIMINAL TRIBUNAL FOR THE FORMER YUGOSLAVIA. **The Prosecutor v. Anto Furundžija.** Judgment 10 December 1998, § 153. Disponível em: https://www.icty.org/x/cases/furundzija/tjug/en/. Acesso em: 10 mai. 2023.

186. ZIMMERMANN, Robert. **La cooperation judiciaire internationale en matière pénale**. 5e édition ed. Berne: Stämpfli editions, 2019, p. 204, § 196.

187. INTERNATIONAL CRIMINAL TRIBUNAL FOR THE FORMER YUGOSLAVIA. **The Prosecutor v. Anto Furundžija.** Judgment 10 December 1998, § 144, 156. Disponível em: https://www.icty.org/x/cases/furundzija/tjug/en/. Acesso em: 10 mai. 2023.

188. CASSESE, Antonio. On the Current Trends towards Criminal Prosecution and Punishment of Breaches of International Humanitarian Law. **European Journal of International Law**, *[S. l.]*, v. 9, p. 2-17, 1998, p. 6.

minosos internacionais e, portanto, cooperar na sua persecução, é obrigação que decorre de norma imperativa de direito internacional", válida para os crimes internacionais em sentido estrito e para os crimes transnacionais, porque uns "chocam a consciência da humanidade"[189] e os outros põem em risco a paz e a segurança coletivas do Planeta.[190]

Para Van Steenberghe, o princípio *aut dedere aut iudicare*, uma construção que vem desde Grotius, retrata um dever decorrente do *jus cogens* com repercussão direta na atividade persecutória dos Estados soberanos, em relação aos *core international crimes*, prevendo duas obrigações alternativas, de processar ou de extraditar (*prosequi vel dedere*).[191] Apesar da oposição de Cosnard à existência de um dever de *jus cogens* relacionado à jurisdição penal universal,[192] o preâmbulo do Estatuto de Roma de 1998 *relembra* – verbo cuja escolha não é acidental – "que é dever de cada Estado exercer a respectiva jurisdição penal sobre os responsáveis por crimes internacionais".[193] É que esse dever já existia e foi cumprido, por exemplo, em Nuremberg, a partir de 1946.

Conforme decidiu a Corte IDH, em 2006, no caso do *Presidio Miguel Castro Castro*, a proibição da prática de crimes contra a humanidade "é uma norma de *jus cogens*, e, portanto, o Estado tem o dever de não deixar estes crimes impunes". Para evitar tal impunidade, cabe ao Estado "utilizar os *meios, instrumentos e mecanismos* nacionais e *internacionais* para a efetiva persecução de tais condutas e a punição dos seus perpetradores".[194] Entre os meios internacionais à disposição do Estado estão os instrumentos de cooperação internacional policial e de cooperação jurídica internacional.

No caso *Anzualdo Castro*, também contra o Peru, julgado em 2009, San José reafirmou que o acesso à justiça é uma norma *imperativa* de direito

---

189. BASSIOUNI, M. Cherif. International crimes: *jus cogens* and *obligatio erga omnes*. **Law and Contemporary Problems**, v. 59, n. 4, p. 63-74, 1996, p. 65-66.

190. LESSA, Luiz Fernando Voss Chagas. **Persecução penal e cooperação internacional direta pelo Ministério Público**. Rio de Janeiro: Lumen Juris, 2013, p. 70-71.

191. VAN STEENBERGHE, Raphael. The Obligation to Extradite or Prosecute: Clarifying Its Nature. **Journal of International Criminal Justice**, *[S. l.]*, v. 9, p. 1089-1116, 2011, p. 1107 e 1116.

192. COSNARD, Michel. La compétence universelle en matière pénale/ In: TOMUSCHAT, Christian; THOUVENIN, Jean-Marc (Org.). **The fundamental rules of the international legal order: Jus Cogens and obligations Erga Omnes**. Leiden ; Boston: Martinus Nijhoff Publishers, 2006, p. 363.

193. INTERNATIONAL CRIMINAL COURT. **Rome Statute of the International Criminal Court,** done at Rome on 17 July 1998. Disponível em: https://www.icc-cpi.int/sites/default/files/RS-Eng.pdf. Acesso em: 10 jul. 2023.

194. CORTE INTERAMERICANA DE DIREITOS HUMANOS. **Caso del Penal Miguel Castro Castro vs. Perú.** Sentencia de 25 de noviembre de 2006, § 404. Disponível em: https://www.corteidh.or.cr/docs/casos/articulos/seriec_160_esp.pdf. Acesso em: 10 jul. 2023.

internacional, donde decorre que "a necessidade de erradicar a impunidade se apresenta ante a comunidade internacional como um dever de cooperação entre os Estados, que devem adotar as medidas necessárias para não deixar na impunidade essas violações". Descrevendo a forma de cumprimento deste dever, a Corte IDH afirmou que o Estado pode fazê-lo mediante a asserção de sua própria jurisdição "para aplicar o direito interno e o direito internacional" ou mediante colaboração "com outros Estados" que tenham decidido julgar tais atos criminosos.[195] O desenvolvimento dessa teoria permite afirmar a existência de um dever de cooperar ativa e passivamente para a repressão de violações de direitos humanos que constituam crimes conforme o direito interno ou o direito internacional.

4.3.4. O Direito Comunitário como Fonte

A cooperação interestatal – e ora se adota este adjetivo intencionalmente, em lugar de "internacional" – também se funda no direito comunitário. O exemplo por excelência é o da União Europeia, que migrou de um sistema de cooperação internacional baseado em tratados para uma cooperação interestatal lastreada no direito supranacional, formado por decisões-quadro, diretivas e regulamentos, sob o manto do Tratado de Lisboa.

Para Roux-Demare, a evolução política da União Europeia pôs em curso "um outro modo particular de relação [entre os Estados] que se estende progressivamente ao domínio penal".[196] Como terceiro passo da evolução sistêmica, que se inicia com o modelo soberanista, de cooperação como cortesia, e que se transmudou em modelo de cooperação intergovernamental, chegou-se a um padrão integracionista, na classificação de Ramos.[197] Conforme Cebrián Salvat, "o conceito tradicional de assistência ou cooperação internacional que predominava na Europa até meados do século passado repousava sobre a noção de *soberania estatal*, própria do direito internacional público".[198] Para Marchetti, o modelo da União Europeia na verdade cria um sistema paralelo de cooperação jurídica, que coexiste com os modos

195. CORTE INTERAMERICANA DE DIREITOS HUMANOS. **Caso Anzualdo Castro Vs. Perú.** Sentencia de 22 de septiembre de 2009, § 125. https://www.corteidh.or.cr/docs/casos/articulos/seriec_202_esp.pdf. Acesso em: 10 jul. 2023.

196. ROUX-DEMARE, François-Xavier. **De l'entraide pénale à l'Europe pénale**. Paris: Dalloz, 2014, p. 19.

197. RAMOS, André de Carvalho. **Curso de direito internacional privado**. 3. ed. São Paulo: SaraivaJur, 2023, p. 486-487.

198. CEBRIÁN SALVAT, María Asunción. **La asistencia judicial internacional en España**. Granada: Editorial Comares, 2018, p. 12.

tradicionais de cooperar com terceiros países, com base em tratados ou em promessa de reciprocidade.[199]

Os tratados internacionais sobre cooperação jurídica internacional firmados no continente europeu, sob os auspícios do Conselho da Europa (COE), a partir dos anos 1950, foram substituídos na União Europeia por normas supranacionais (comunitárias), que têm primazia sobre o direito interno dos Estados Partes. Tais textos estão sujeitos a interpretação do seu sentido pelo Tribunal de Justiça da União Europeia (TJUE).

Outras regiões do globo em processo de integração – como o Caribe, os Andes, a África Ocidental e o Cone Sul – estão em etapas diferenciadas de formação de suas comunidades supranacionais; nenhuma delas chegou ainda ao grau de aproximação político-jurídico-institucional da UE. No Mercosul, por exemplo, embora o Conselho Mercado Comum (CMC) tome decisões que adotam textos de acordos e protocolos regionais de cooperação, tais atos normativos ainda precisam passar nos Estados Membros pelo processo ordinário de nacionalização. No tópico cooperação internacional em matéria penal, este procedimento foi aplicado ao Acordo de San Juan, Argentina, de 2010, sobre equipes conjuntas de investigação;[200] ao Acordo de Foz do Iguaçu, de 2010, sobre o Mandado Mercosul de Captura (MMC);[201] à Emenda de Montevidéu de 2018 ao Protocolo de San Luis, Argentina, de 1996, sobre assistência jurídica mútua em assuntos penais, para cooperação direta transfronteiriça;[202] e ao Acordo de Bento Gonçalves, Brasil, de 2019, sobre cooperação policial nos espaços fronteiriços.[203] Isso ocorre por causa

199. MARCHETTI, Maria-Riccarda. Introduzione: la cooperazione "tradizionale" e le nuove forme de assistenza giudiziaria. In: MARCHETTI, Maria-Riccarda; SELVAGGI, Eugenio; BARROCU, Giovanni. **La nuova cooperazione giudiziaria penale: dalle modifiche al Codice di procedura penale all'Ordine europeo di indagine**. Milano: Wolters Kluwer, 2019, p. 9.

200. MERCOSUL. Decisão Mercosul/CMC/Dec. 22/10. **Acordo Quadro de Cooperação entre os Estados Partes do Mercosul e Estados Associados para a Criação de Equipes Conjuntas de Investigação**, aprovado em San Juan, em 2 de agosto de 2010. Disponível em: http://www.sice.oas.org/trade/mrcsrs/decisions/DEC2210_p.pdf. Acesso em: 2 jun. 2023.

201. MERCOSUL. Decisão MERCOSUL/CMC/Dec. 48/10. **Acordo sobre o Mandado Mercosul de Captura e Procedimentos de Entrega entre os Estados Partes do Mercosul e Estados Associados,** aprovado em Foz do Iguaçu, em 16 de dezembro de 2010. Disponível em: http://www.sice.oas.org/trade/mrcsrs/decisions/DEC4810_p.pdf . Acesso em: 2 jun. 2023.

202. MERCOSUL. Decisão Mercosul/CMC/Dec. 06/18. **Emenda ao Protocolo de Assistência Mútua em Assuntos Penais**, assinado em San Luis, Argentina, em 25 de junho de 1996, aprovada em Montevidéu em 17 de dezembro de 2018. Disponível em: http://www.sice.oas.org/Trade/MRCSRS/Decisions/DEC_006_2018_p.pdf . Acesso em: 2 jun. 2023.

203. MERCOSUL. Decisão Mercosul/CMC/Dec. 12/19. **Acordo de Cooperação Policial Aplicável aos Espaços Fronteiriços entre os Estados Partes do Mercosul**, celebrado em Bento Gonçalves, Brasil, em 5 de dezembro de 2019. Disponível em: https://normas.mercosur.int/simfiles/

da "baixa intensidade da integração" entre os Estados Membros e Associados do Mercosul, cujo "relacionamento informa-se mais pelo direito internacional do que pelo direito de integração", o que faz com que as medidas de cooperação jurídica internacional ainda sejam majoritariamente reguladas "por normas de direito internacional clássico".[204]

4.3.5. A Jurisprudência como Fonte

Considerada fonte secundária do direito internacional, a jurisprudência das cortes internacionais tem grande importância para a cooperação jurídica internacional em matéria penal. A Corte IDH afirma que sua jurisprudência (*res iudicata* e *res interpretata*) é obrigatória, integrando o *corpus juris* interamericano e vinculando as autoridades dos Estados Partes. Ainda que não fosse por sua imperatividade em relação aos Estados Partes de um tratado criador de uma jurisdição internacional, as decisões desses tribunais têm grande força persuasiva no diálogo de cortes, como registra Shaw.[205]

Em termos de direitos humanos, as decisões dos tribunais internacionais formam coisa julgada internacional e assumem caráter vinculante para as Partes. O art. 68.1 da Convenção Americana determina que os Estados Partes da Convenção se comprometem a cumprir as decisões da Corte em todos os casos em que forem partes. Na decisão de supervisão do cumprimento da sentença *Gelman vs. Uruguai*, a Corte IDH listou julgados de vários tribunais apicais do continente que já reconheciam a obrigatoriedade de observância das sentenças interamericanas. São citados os tribunais da Argentina, Bolívia, Colômbia, Costa Rica, Guatemala, México, Panamá, Peru e República Dominicana, mas não o Brasil.[206] De fato, a Suprema Corte Mexicana concluiu

---

normativas/75397_DEC_012-2019_ES_Acuerdo%20Cooperaci%C3%B3n%20Policial%20 Espacios%20Fronterizos.pdf. . Acesso em: 2 jun. 2023.

204. SOUZA, Solange Mendes de. **Cooperação jurídica internacional no Mercosul:** novas possibilidades. Rio de Janeiro: Renovar, 2001, p. 231.

205. Como nota Shaw "the growing significance of the case-law of the International Criminal Tribunal for the Former Yugoslavia and the International Criminal Tribunal for Rwanda needs to be noted. As a consequence, it is not rare for international courts of one type or another to cite each other's decisions, sometimes as support and sometimes to disagree". SHAW, Malcolm N. **International Law**. 8.ed. Cambridge: Cambridge University Press, 2017, p. 111.

206. CORTE INTERAMERICANA DE DIREITOS HUMANOS. **Caso Gelman vs. Uruguay**. Supervisión de Cumplimiento de Sentencia, Resolución de 20 de marzo de 2013, §§ 75-85. Disponível em: https://www.corteidh.or.cr/docs/supervisiones/gelman_20_03_13.pdf . Acesso em: 10 jul. 2023.

que as sentenças interamericanas são vinculantes para o Estado mexicano e seus juízes quando o México for parte no litígio.[207]

O Brasil ainda está um passo atrás desses países americanos, uma vez que não há pronunciamento semelhante do Supremo Tribunal Federal quanto à sujeição do tribunal aos julgados da Corte IDH. Porém, o Conselho Nacional de Justiça (CNJ) realizou um importante movimento ao aprovar a Recomendação 123/2022 do CNJ que "conclama os órgãos do Poder Judiciário a observar os tratados internacionais de direitos humanos em vigor no país e o uso da jurisprudência da Corte Interamericana de Direitos Humanos, aplicando o controle de convencionalidade para garantir a harmonia entre o Direito interno e os compromissos internacionais assumidos pelo país". Embora se trate de uma recomendação (isto é, de uma mera exortação), e o Conselho Nacional de Justiça não tenha competência jurisdicional, o ato 123/2022 tem grande significado político, dada a importância do CNJ no desenho do Poder Judiciário brasileiro. Assim, os juízes brasileiros devem observar os tratados e convenções internacionais de direitos humanos em vigor no Brasil e devem também "utilizar" a jurisprudência da Corte Interamericana de Direitos Humanos.[208]

---

207. SCJN: "O Estado mexicano aceitou a jurisdição da Corte Interamericana de Direitos Humanos, portanto, quando for parte em uma controvérsia ou litígio perante essa jurisdição, a sentença proferida nesse foro, juntamente com todas as suas considerações, constitui coisa julgada, cabendo exclusivamente a esse órgão internacional avaliar quaisquer exceções formuladas pelo Estado mexicano, sejam elas relacionadas com a extensão da jurisdição da própria Corte ou com as reservas e ressalvas por ela formuladas. Portanto, a Suprema Corte de Justiça da Nação, mesmo como tribunal constitucional, não é competente para analisar, revisar, qualificar ou decidir se uma sentença proferida pela Corte Interamericana de Direitos Humanos é correta ou incorreta, ou se excede em relação às regras que regem sua matéria e processo. Portanto, a Suprema Corte não pode fazer nenhum pronunciamento que questione a validade do que foi resolvido pela Corte Interamericana de Direitos Humanos, uma vez que para o Estado mexicano tais sentenças constituem coisa julgada. A única coisa apropriada é respeitar e reconhecer a sentença em todos os seus termos. Assim, as resoluções proferidas por aquela instância internacional são obrigatórias para todos os órgãos do Estado mexicano, tendo sido parte em uma controvérsia específica, sendo vinculantes para o Poder Judiciário não apenas os pontos específicos de resolução da sentença, mas também a totalidade dos critérios nela contidos". MÉXICO. Suprema Corte de Justicia de la Nación. **Varios 912/2010**. Tese do Tribunal Pleno, aprobada en 28 de noviembre de 2011, Gazeta Oficial, Libro III, tomo 1, Dez. 2011, p. 556-557. Disponível em: https://www.scjn.gob.mx/sites/default/files/gaceta/documentos/2017-04/10_III_DIC.pdf . Acesso em: 2 jun. 2023. Em 2011, a SCJN decidiu que a jurisprudência interamericana é vinculante no país. Cf. MÉXICO. Suprema Corte de Justicia de la Nación. Acuerdo del Tribunal Pleno. **Contradición de Tesis 293/2011**, Ponente Ministro Arturo Zaldívar Lelo de Larrea, Sesionada el 03/09/2013. Disponível em: https://www2.scjn.gob.mx/ConsultaTematica/PaginasPub/DetallePub.aspx?AsuntoID=129659. Acesso em: 2 jun. 2023.
208. BRASIL. Conselho Nacional de Justiça. **Recomendação 123, de 7 de janeiro de 2022**. Disponível em: https://atos.cnj.jus.br/files/original1519352022011161dda007f35ef.pdf. Acesso em: 2 jun. 2023.

No entanto, para além da *res iudicata*, prevalece no sistema interamericano a concepção de que a *res interpretata* também deve ser observada, como se vê em um trecho do voto de Eduardo Ferrer Mac-Gregor Poisot no caso *Gelman*. Para ele, o juiz nacional "deve aplicar a jurisprudência convencional, mesmo aquela que surge nos processos em que o Estado nacional a que pertence não é parte", uma vez que reconhecido o valor da interpretação que a Corte IDH "faz do *corpus juris* interamericano para criar um padrão na região sobre sua aplicabilidade e eficácia". E agrega que a tentativa de reduzir a obrigatoriedade da jurisprudência convencional apenas aos casos nos quais o Estado tenha sido parte material equivaleria a anular a essência da própria Convenção Americana.[209]

Em diversos casos, a Corte Interamericana de Direitos Humanos tem acentuado que os Estados Partes da CADH devem obediência aos tratados do conjunto interamericano e à sua própria jurisprudência, tanto a resultante dos casos que dizem respeito a um Estado específico (*res iudicata*) quanto a derivada dos casos envolvendo outras Partes. A partir daí podemos divisar o conceito de *res interpretata*, cujas origens no direito internacional parecem remontar ao caso *Irlanda vs. Reino Unido*, de 1978, julgado referente ao conturbado período chamado *The Troubles*:[210]

> [...] De fato, as sentenças da Corte servem não apenas para decidir os casos que lhe são submetidos, mas, de maneira mais geral, para elucidar, salvaguardar e desenvolver as normas instituídas pela Convenção, contribuindo assim para que os Estados cumpram os compromissos assumidos por eles como Partes Contratantes (Artigo 19).[211]

---

209. "Assim, a 'força normativa' da Convenção Americana se estende à interpretação que dela faz a Corte Interamericana, como 'intérprete final' do referido Pacto no sistema interamericano de proteção dos direitos humanos. A interpretação realizada pela Corte Interamericana das disposições convencionais adquire a mesma eficácia que estas, pois na realidade as 'normas convencionais' constituem o resultado da 'interpretação convencional' que a Corte Interamericana realiza como 'órgão judiciário autônomo cujo objetivo é a aplicação e interpretação' do *corpus juris* interamericano. Em outras palavras, o resultado da interpretação da Convenção Americana forma sua jurisprudência; ou seja, 'constituem normas que derivam da CADH, do que resulta que gozam da mesma eficácia (direta) que tem tal tratado internacional". CORTE INTERAMERICANA DE DIREITOS HUMANOS. **Caso Gelman vs. Uruguay**. Supervisión de Cumplimiento de Sentencia, Resolución de 20 de marzo de 2013, Voto razonado del juez Eduardo Ferrer Mac-Gregor Poisot, §§ 51-52. Disponível em: https://www.corteidh.or.cr/docs/supervisiones/gelman_20_03_13.pdf . Acesso em: 10 jul. 2023.

210. Período que vai de 1968 a 1998, marcado por conflitos violentos pela independência da Irlanda do Norte, envolvendo católicos e protestantes. O conflito foi encerrado pelo Acordo de Belfast, de 1998.

211. EUROPEAN COURT OF HUMAN RIGHTS. **Case of Ireland v. United Kingdom**. Judgment 13 September 1977. Disponível em: https://www.refworld.org/cases,ECHR,3ae6b7004.html. Acesso em: 12 mar. 2023.

Dizia então o TEDH que aquilo que fora decidido num caso deveria ser observado pelos outros Estados Partes. Em *Opuz vs. Turquia*, de 2009, o Tribunal Europeu voltou ao ponto, assinalando que, uma vez que o Tribunal tem a palavra final vinculante sobre os direitos e liberdades públicas definidos na Convenção Europeia, cumpre-lhe verificar se as autoridades nacionais levaram em conta adequadamente os princípios derivados de sua jurisprudência em temas similares, mesmo quando dizem respeito a outros Estados Partes.[212]

Em 2013, no caso *Fabris vs. França*, o juiz Pinto de Albuquerque, do TEDH, trouxe mais elementos para a compreensão do conceito de *res interpretata* e de sua força vinculante. Ao tratar do efeito direto e *erga omnes* das decisões da Corte, ele assentou que os "Estados Partes não envolvidos no processo não devem fechar os olhos à interpretação oficial da Convenção feita pela Corte, que é a última instância investida desse poder". Se um Estado Parte assim fizer, de maneira intencional ou negligente, descumprirá seus compromissos convencionais, tal como interpretados pelo TEDH, e, portanto, violará o próprio tratado, cuja observância deve ser orientada pelo princípio da boa-fé.[213] Na nota 6 ao seu próprio voto, Pinto de Albuquerque lembra que, no documento preparatório para a Conferência de Interlaken, de 2009, o presidente do TEDH afirmou que o efeito vinculante do direito tal como interpretado pelo Tribunal "vai além da *res iudicata* em sentido

212. EUROPEAN COURT OF HUMAN RIGHTS. **Case of Opuz v. Turkey**. Judgment 9 June 2009, § 163. Disponível em: https://hudoc.echr.coe.int/fre#{%22itemid%22:[%22002-1449%22]}. Acesso em: 12 mar. 2023.

213. TEDH: "O descumprimento da jurisprudência da Corte, mesmo por parte de Estados não partes nas controvérsias nas quais esta foi estabelecida, contraria a mencionada obrigação de agir de forma efetiva, rápida e preventiva, a fim de assegurar a todos os direitos e liberdades previstos na Convenção. Estes desenvolvimentos culminaram no reconhecimento da Convenção como "instrumento constitucional de ordem pública europeia" e, portanto, do Tribunal como "Tribunal Constitucional da Europa". Assim, todos os órgãos e representantes de qualquer autoridade pública do Estado demandado, em todos os níveis de sua organização (nacional, federal, regional ou local), estão diretamente vinculados às sentenças do Tribunal e, portanto, a usar a expressão cunhada pela Declaração de Brighton, "todas as leis e políticas devem ser formuladas, e todos os funcionários do Estado devem cumprir suas responsabilidades, de uma forma que se dê pleno efeito à Convenção". Neste contexto, sendo a Corte encarregada de interpretar e aplicar a Convenção por meio de sentenças definitivas e vinculantes (artigo 19 da Convenção), o efeito direto e *erga omnes* das sentenças da Corte não pode ser restringido pelos Estados Partes. Somente a própria Corte pode determinar uma restrição dos efeitos de suas sentenças". EUROPEAN COURT OF HUMAN RIGHTS. **Case of Fabris v. France.** Judgment 7 February 2013. Disponível em: https://hudoc.echr.coe.int/eng#{%22itemid%22:[%22001-116716%22]}. Acesso em: 10 jul. 2023. Vide o voto do juiz Pinto de Albuquerque.

estrito",[214] compreendendo o dever estatal de dar efeito à Convenção de forma proativa, inclusive a partir de sua *res interpretata*.[215]

O TEDH voltou a este ponto em *Jeronovičs vs. Letônia*, de 2016. Suas decisões não servem apenas para adjudicar casos concretos. De maneira geral, servem também para "elucidar, salvaguardar e desenvolver as regras instituídas pela Convenção, contribuindo assim para a observância pelos Estados dos compromissos assumidos por eles como Partes Contratantes".[216] Seguindo a mesma concepção, reconheceu a Comissão de Veneza, no seu parecer de 2002 sobre a implementação das sentenças do TEDH, a existência de autoridade *erga omnes* da interpretação judicial, no sentido de que "As sentenças da Corte têm [...], de acordo com a famosa fórmula francesa, *autorité de la choose interprétée*".[217] O mesmo entendimento pode-se ver na sentença do TEDH no caso *Karner vs. Austria* (2003).[218] O princípio da eficácia geral da *res interpretata* aparece também na Resolução 1226 (2000) da Assembleia Parlamentar do Conselho da Europa (COE).[219]

---

214. EUROPEAN COURT OF HUMAN RIGHTS. **Case of Fabris v. France.** Judgment 7 February 2013. Opinion of Judge Pinto de Albuquerque. Disponível em: https://hudoc.echr.coe.int/eng#{%22itemid%22:[%22001-116716%22]}. Acesso em: 10 jul. 2023.

215. Vide o item 4.c da Declaração de Interlaken, de 19 de fevereiro de 2010, resultado da Conferência de Alto Nível sobre o Futuro da Corte Europeia de Direitos Humanos. COUNCIL OF EUROPE. Committee of Ministers. **High Level Conference on the Future of the European Court of Human Rights**, Interlaken, 18 and 19 February 2010. Disponível em: https://www.echr.coe.int/Documents/2010_Interlaken_FinalDeclaration_ENG.pdf. Acesso em: 12 mar. 2023.

216. EUROPEAN COURT OF HUMAN RIGHTS. **Case of Jeronovičs v. Latvia.** Judgment 5 July 2016. § 109. Disponível em: https://www.policinglaw.info/assets/downloads/Jeronovi%C4%8Ds_v._Latvia.pdf Acesso em: 10 jul. 2023.

217. COUNCIL OF EUROPE. Venice Comission. **Opinion on the Implementation of the Judgments of the European Court of Human Rights**, adopted by the Venice Commission at its 53rd Plenary Session (Venice, 13-14 December 2002). Disponível em: https://www.venice.coe.int/webforms/documents/default.aspx?ref=cdl-ad(2002)034&lang=EN. Acesso em: 10 jul. 2023.

218. TEDH: "A Corte tem afirmado reiteradamente que suas 'sentenças, de fato, servem não apenas para decidir os casos que lhe são submetidos, mas, de maneira mais geral, para elucidar, salvaguardar e desenvolver as normas instituídas pela Convenção, contribuindo assim para o cumprimento pelos Estados dos compromissos assumidos por eles como Partes Contratantes' (ver Irlanda v. Reino Unido, citado acima, p. 62, § 154, e Guzzardi v. Itália, acórdão de 6 de novembro de 1980, Série A n.º 39, p. 31 , § 86). Embora o objetivo principal do sistema da Convenção seja fornecer assistência individual, sua missão também é determinar questões de interesse comum com base em políticas públicas, elevando assim os padrões gerais de proteção dos direitos humanos e estendendo a jurisprudência de direitos humanos em toda a comunidade de Estados Partes da Convenção". EUROPEAN COURT OF HUMAN RIGHTS. **Case of Karner v. Austria**. Judgment 24 July 2003, § 26. Disponível em: https://hudoc.echr.coe.int/eng#{%22itemid%22:[%22001-61263%22]}. Acesso em: 10 jul. 2023.

219. COE: "O princípio da solidariedade implica que a jurisprudência do Tribunal faça parte da Convenção, estendendo assim a força juridicamente vinculativa da Convenção *erga omnes* (a todas as outras partes). Isso significa que os Estados Partes não apenas devem executar as sentenças da Corte proferidas nos casos em que são parte, mas também devem levar em

Considerando-se a existência do *corpus juris* convencional interamericano, a jurisprudência da Corte IDH, isto é, sua *res interpretata*, também dele fará parte, com caráter de *stare decisis*. Tais elementos formam assim um bloco de convencionalidade.[220] Foi isto o que decidiu a Corte IDH, no famoso precedente *Radilla Pacheco vs. México*, de 2009, no qual se determinou que o Poder Judiciário deve exercer o controle de convencionalidade de ofício entre as normas internas e a CADH, levando em conta não só o tratado em si, mas também a "interpretação que dele faz a Corte Interamericana de Direitos Humanos, intérprete última da Convenção Americana".[221] Ao justificar o seu voto no caso *Gelman vs. Uruguai*, o juiz Eduardo Ferrer Mac-Gregor Poisot ressaltou a importância do conceito de *res interpretata* no contexto interamericano, por inspiração, exatamente, do modelo europeu da *chose interpretée*, que reclama a eficácia das sentenças do TEDH em relação a todos os Estados Partes da Convenção Europeia de 1950. No cenário interamericano, para ele, tal obrigatoriedade é decorrência dos arts. 1º e 2º da CADH.[222]

Como veremos adiante, tanto Estrasburgo quanto San José reconhecem um dever de *requerer* cooperação internacional no curso de uma persecução criminal. Tal como as obrigações processuais positivas em geral, tal dever tem forte base jurisprudencial. Observado o disposto no art. 38 do Estatuto da Corte Internacional de Justiça,[223] a jurisprudência dos tribunais regionais de direitos humanos é, sem dúvida, uma das fontes do dever de cooperar.[224]

---

consideração as possíveis implicações que as sentenças proferidas em outros casos podem ter para seu próprio ordenamento jurídico e na sua prática forense". COUNCIL OF EUROPE. Parliamentary Assembly. **Resolution 1226 (2000)**. Text adopted by the Assembly on 28 September 2000. Disponível em: https://assembly.coe.int/nw/xml/XRef/Xref-XML2HTML-en.asp?fileid=16834&lang=en. Acesso em: 10 jul. 2023.

220. DAILY, Tom Gerald. Kindred strangers: why has the Constitutional Court of South Africa never cited the African Court on Human and Peoples' Rights? **Constitutional Court Review**, *[S. l.]*, v. 9, p. 387–408, 2019.

221. CORTE INTERAMERICANA DE DIREITOS HUMANOS. **Caso Radilla Pacheco vs. México.** Sentencia de 23 de noviembre de 2009, § 329. Disponível em: https://www.corteidh.or.cr/docs/casos/articulos/seriec_209_ing.pdf. Acesso em: 10 jul. 2023.

222. CORTE INTERAMERICANA DE DIREITOS HUMANOS. **Caso Gelman vs. Uruguay**. Supervisión de Cumplimiento de Sentencia, Resolución de 20 de marxzo de 2013. Voto razonado del juez Eduardo Ferrer Mac-Gregor Poisot, § 60. Disponível em: https://www.corteidh.or.cr/docs/supervisiones/gelman_20_03_13.pdf . Acesso em: 10 jul. 2023.

223. "Although these are, in the words of article 38, to be utilised as a subsidiary means for the determination of rules of law rather than as an actual source of law, judicial decisions can be of immense importance". SHAW, Malcolm N. **International Law**. 8.ed. Cambridge: Cambridge University Press, 2017, p. 109.

224. "Judicial decisions are not strictly a formal source of law, but in many instances they are regarded as evidence of the law. A coherent body of previous jurisprudence will have important

Fiquemos, por ora, com apenas um exemplo. No caso *Güzelyurtlu e Outros vs. Turquia e Chipre*, o TEDH descreveu com precisão o que vêm a ser o dever usual de prestar cooperação (*obligation to afford assistance*) e o pouco estudado dever de *requerer* cooperação (*obligation to seek assistance*): trata-se de uma "*two-way obligation*", uma "obrigação de cooperar de dupla via", um dever bifronte, com ônus recíprocos, que resulta - conforme vimos ao examinar as obrigações positivas - do art. 2º da Convenção Europeia, como uma projeção processual do direito à vida. A forma de cumprir tais obrigações - ou seja, quais modalidades de cooperação a empregar diante de um fato - responde a situações casuísticas, sendo dependente, como Estrasburgo deixa claro, das circunstâncias fáticas, "por exemplo, de se os principais elementos probatórios estão localizados no território do Estado Parte em questão ou se o os suspeitos para lá fugiram".[225] Esse exame levará as autoridades estatais a adotar esse ou aquele mecanismo de cooperação internacional para cumprir o dever de investigação criminal efetiva.

4.3.6. O Direito Interno como Fonte

Ainda que haja tratados e outros instrumentos jurídicos a reger a cooperação jurídica internacional, o direito interno sempre poderá servir como fonte subsidiária da realização e do cumprimento de pedidos de assistência jurídica internacional e de extradição, diante de lacunas do regime convencional ou quando o procedimento a ser seguido no Estado requerido disser respeito à competência e à legitimidade de seus órgãos de justiça criminal.

O direito interno tem grande relevância na execução de pedidos em casos de grande complexidade e no tocante ao exercício de direitos processuais por sujeitos da cooperação internacional, como acusados e vítimas, especialmente quando pretendem intervir transnacionalmente. Já vimos que, nos Estados Democráticos de Direito, as leis fundamentais instituem mandados expressos e implícitos de criminalização. Destas disposições e dos preceitos de garantia de direitos humanos - nas Constituições - decorrem projeções processuais que instituem deveres internos de persecução e julgamento, nos quais estão inseridos os deveres de cooperar, sempre que a estraneidade se

---

consequences in any given case". CRAWFORD, James; BROWNLIE, Ian. **Brownlie's principles of public international law**. Eighth edition ed. Oxford, United Kingdom: Oxford University Press, 2012, p. 37.

225. EUROPEAN COURT OF HUMAN RIGHTS. **Case of Güzelyurtlu and Others v. Turkey and Cyprus** [GC]. Judgment 29 January 2019, §§ 232-235. Disponível em: https://hudoc.echr.coe.int/eng#{%22itemid%22:[%22001-189781%22]}. Acesso em: 10 jul. 2023.

apresentar. Por outro lado, as constituições e as leis processuais instituem garantias judiciais importantes para o devido processo legal.

No entanto, a falta de legislação sobre as modalidades de cooperação jurídica internacional e mecanismos de impugnação pode representar uma violação de uma obrigação estatal positiva, isto é, o descumprimento do dever de legislar. Em *Fernández Prieto y Tumbeiro vs. Argentina* (2020), a Corte IDH pontuou que o art. 2º da CADH "contempla o dever geral dos Estados Partes de adequar seu direito interno a suas disposições para garantir os direitos nela consagrados". Nesta linha, determinou que este dever é bipartido, pois, exige do Estado "a supressão das normas e práticas de qualquer natureza que signifiquem violação às garantias previstas na Convenção" e ainda "a expedição de normas e o desenvolvimento de práticas conducentes à efetiva observância das referidas garantias".[226]

A importância do direito interno na cooperação jurídica internacional será ainda maior quando invocado o princípio da reciprocidade, que se apresenta quanto inexistem vínculos convencionais. Sua aplicação, contudo, é limitada aos países que o admitem. Como lembra Marchetti, "a cooperação judiciária pode ser implementada mesmo na ausência de um acordo: ou seja, é possível implementá-la caso a caso com base na reciprocidade".[227] Kemp explica que, "na falta de acordos [...], a lei normalmente prevê um esquema de cooperação voluntária (e discricionária) entre Estados com base na *cortesia*".[228]

4.4. O DEVER INTERNACIONAL DE PRESTAR COOPERAÇÃO: A COOPERAÇÃO PASSIVA

Vários tratados expressam inequivocamente o dever de *prestar* cooperação internacional. Os Estados são obrigados a prestar cooperação uns aos outros, nas etapas de investigação, persecução e julgamento, de forma

226. CORTE INTERAMERICANA DE DIREITOS HUMANOS. **Caso Fernández Prieto y Tumbeiro vs. Argentina**. Sentencia de 1 de septiembre de 2020, § 99. Disponível em: https://www.corteidh.or.cr/docs/casos/articulos/resumen_411_esp.pdf. Acesso em: 10 jul. 2023.

227. MARCHETTI, Maria-Riccarda. Introduzione: la cooperazione "tradizionale" e le nuove forme de assistenza giudiziaria, p. 2, nota 4. In: MARCHETTI, Maria-Riccarda; SELVAGGI, Eugenio; BARROCU, Giovanni. **La nuova cooperazione giudiziaria penale: dalle modifiche al Codice di procedura penale all'Ordine europeo di indagine**. Milano: Wolters Kluwer, 2019.

228. KEMP, Gerhard. Foreign relations, international co-operation in criminal matters and the position of the individual. **South African Journal of Criminal Justice,** *[S. l.]*, v. 16, n. 3, p. 370–392, 2003, p. 378.

mais abrangente possível.[229] O emprego de expressões reflexivas (*afford one another; se prestarán; s'accordent mutuellement; prestar-se-ão*) ou adjetivos e advérbios de sentido colaborativo (mútuo; mutuamente) veiculam deveres recíprocos, muito facilmente perceptíveis quando se mira o polo passivo. Por outro lado, a existência de deveres de cooperação no plano ativo resulta de outros dispositivos e da *case law*, como veremos neste capítulo.

A cooperação jurídica internacional é ao mesmo tempo uma obrigação de meio[230] e uma obrigação positiva relacionada ao cumprimento do dever de diligência e à prestação de proteção efetiva. É uma obrigação inerente aos direitos processuais, sendo seu elemento tutelar intrínseco. É ainda uma obrigação autônoma, à luz dos arts. 1º e 13 da CEDH, dos arts. 1º e 25 da CADH e dos arts. 1º, 3º, 26 e 50 da CADHP,[231] como remédio efetivo para o acesso à justiça e a efetiva proteção judicial. O exame de documentos correlatos, aprovados pela Asean, pela Comunidade Andina, pela Liga dos Estados Árabes, pode levar à percepção de que nesses espaços jurídicos prevalece a mesma concepção estrutural, ao se estabelecer a necessidade de garantir *meios* para a proteção judicial de direitos humanos.

Não há controvérsia quanto à existência de um dever *convencional* de prestar cooperação.[232] Se os Estados são ligados por um vínculo baseado em tratado, ressalvados os motivos de recusa, a cooperação requerida deve ser prestada pelo Estado requerido. No contexto comunitário europeu, também

---

229. UNITED NATIONS. International Law Commission. **The draft articles on prevention and punishment of crimes against humanity**, Report A/74/10. New York, 20 August 2019, p. 124, § 7. Disponível em: https://legal.un.org/ilc/reports/2019/english/a_74_10_advance.pdf. Acesso em: 4 mai. 2023.

230. Segundo Wolfrum, obrigações de resultado são "those where States have to achieve a specific factual situation the prescription of which may be either prohibitive or commanding". Por sua vez, as obrigações de meio (ou de conduta), são "those where the State concerned is required to undertake a particular action. There are numerous typical examples of this. All international obligations to cooperate may be qualified as obligations of conduct, unless a goal of the cooperation is stated in which case the obligation may be goal-oriented". Haveria ainda uma terceira categoria: as obrigações-metas ou programáticas (*goal-oriented obligations*). WOLFRUM, Rüdiger. Obligation of Result Versus Obligation of Conduct: Some Thoughts About the Implementation of International Obligations. *In*: ARSANJANI, Mahnoush H.; COGAN, Jacob; SLOANE, Robert; WIESSNER, Siegfried (org.). **Looking to the Future: Essays on International Law in Honor of W. Michael Reisman**. Leiden: Brill Nijhoff, 2011. p. 363–383, p. 363, 369 e 373.

231. Carta de Banjul: "Artigo 50. A Comissão só pode deliberar sobre uma questão que lhe foi submetida depois de se ter assegurado de que *todos os recursos internos, acaso existam,* foram esgotados, salvo se for manifesto para a Comissão que o processo relativo a esses recursos se prolonga de modo anormal".

232. ABADE, Denise Neves. **Direitos fundamentais na cooperação jurídica internacional:** extradição, assistência jurídica, execução de sentença estrangeira e transferência de presos, 1. ed. São Paulo: Saraiva, 2013, p. 34 e 39.

está presente este dever. No caso *Romeo Castaño*, de 2019,[233] o TEDH considerou inconvencional a recusa de cumprimento pela Bélgica do mandado de detenção europeu emitido contra N. J. E., suposto homicida do tenente-coronel Romeo Castaño, morto num atentado do Exército Separatista Basco (ETA) em 1981. O TEDH considerou que o Estado belga deveria ter agido de forma proativa para dirimir as dúvidas que pairavam sobre as consequências da ordem espanhola de entrega, se o procurado fosse inserido no sistema prisional espanhol. A omissão quanto a essa checagem belga poderia levar a que uma grave violação de direitos humanos – o ato terrorista atribuído ao sujeito da medida transnacional – ficasse impune.[234] O TEDH concluiu que a Bélgica havia descumprido sua obrigação de cooperar, com base no art. 2º da Convenção Europeia, ao não cumprir o mandado de detenção europeu emitido pela Espanha, com fundamento no direito comunitário, sem base fática adequada. As autoridades belgas não deveriam ter entregado o procurado à Espanha de qualquer maneira; deveriam ter adotado devida diligência para assegurar-se de que o motivo da recusa era fundado em bases legítimas.[235] Em seus votos em separado, os juízes Spano e Pavli afirmaram que o "dever de cooperar dos Estados Membros do Conselho da Europa está em consonância com a efetiva proteção do direito à vida", assegurado pelo art. 2º da Convenção, lido em conjunto com o art. 1º do mesmo tratado.[236]

Para Zamboni, este caso representa "um importante desenvolvimento da doutrina das obrigações positivas", porque, avançando sobre as bases firmadas no caso *Rantsev vs. Chipre e Rússia*,[237] o TEDH estabeleceu para um Estado (a Bélgica) uma obrigação processual de agir em relação a uma

---

233. Segundo Zamboni, "*Romeo Castaño* is the first case in which the Court sanctioned a State's failure to cooperate in an investigation concerning an event occurring outside its jurisdiction irrespective of a free-standing obligation under article 2 of the Convention". ZAMBONI, Matteo. Romeo Castaño v. Belgium and the Duty to Cooperate under the ECHR. **EJIL: Talk!**, August 19, 2019. Disponível em: https://www.ejiltalk.org/romeo-castano-v-belgium-and-the-duty--to-cooperate-under-the-echr/. Acesso em: 2 jun. 2023.

234. HARRINGTON, Joanna. The Making of Modern International Extradition Law. *In*: BOISTER, Neil; GLESS, Sabine; JESSBERGER, Florian (org.). **Histories of Transnational Criminal Law**. Oxford, United Kingdom; New York, NY: Oxford University Press, 2021, p. 276–286, p. 286.

235. EUROPEAN COURT OF HUMAN RIGHTS. **Case of Romeo Castaño v. Belgium**. Judgment 9 July 2019, §§ 91-92. Disponível em: https://hudoc.echr.coe.int/#{%22itemid%22:[%22001-194618%22]}. Acesso em: 10 jul. 2023.

236. EUROPEAN COURT OF HUMAN RIGHTS. **Case of Romeo Castaño v. Belgium**. Judgment 9 July 2019, § 81 and Concurring Opinion of Judge Spano Joined by Judge Pavli, II. Disponível em: https://hudoc.echr.coe.int/#{%22itemid%22:[%22001-194618%22]}. Acesso em: 10 jul. 2023.

237. EUROPEAN COURT OF HUMAN RIGHTS. **Case of Rantsev v. Cyprus and Russia**. Judgment, 7 January 2010, §§ 207-208. Disponível em: https://hudoc.echr.coe.int/eng#{%22itemid%22:[%22001-96549%22]}. Acesso em: 2 jun. 2023.

investigação criminal que tinha curso fora de sua jurisdição (na Espanha), no curso de uma cooperação passiva.[238]

O entrecruzamento das obrigações positivas impostas aos Estados Partes das diversas convenções do sistema onusiano e dos regimes regionais de proteção constrói um dever geral de cooperação nesse amplo espaço territorial, mesmo quando os Estados cooperantes não integrem o mesmo regime jurídico convencional regional. Constitui-se, assim, no âmbito dessa teia convencional, uma obrigação *erga omnes* de cooperar internacionalmente, sedimentada no PIDCP, na Convenção Europeia de Direitos Humanos, no Pacto de São José da Costa Rica, na Carta de Banjul e em documentos regionais similares.

No tocante à cooperação vertical, os Estados Partes têm uma obrigação geral de cooperar com o TPI.[239] O Estatuto também prevê exceções à obrigação de cooperar com o Tribunal.[240] O dever legal de cooperação está igualmente no art. 86 do Estatuto de Roma, segundo o qual "Os Estados Partes deverão, em conformidade com o disposto no presente Estatuto, cooperar plenamente com o Tribunal no inquérito e no procedimento contra crimes da competência deste". Segundo Schabas, "os Estados Partes têm a obrigação geral de cooperar com o Tribunal em sua investigação criminal. Eles devem garantir ter dispositivos legais nacionais em vigor para prover tal cooperação".[241] Em *Tadić*, o TPI-I, um dos tribunais *ad hoc* anteriores ao TPI, registrou a existência desse dever, num caso que dizia respeito à cooperação probatória.[242] A própria fonte desse dever de cooperar com o TPI não é claramente determinada, segundo Jacobs, que especula se o dever de cooperar com o Tribunal viria apenas do Estatuto de Roma ou se também adviria de uma fonte externa, como a Carta das Nações Unidas, o direito

238. ZAMBONI, Matteo. Romeo Castaño v. Belgium and the Duty to Cooperate under the ECHR. **EJIL: Talk!**, August 19, 2019. Disponível em: https://www.ejiltalk.org/romeo-castano-v-belgium-and-the-duty-to-cooperate-under-the-echr/. Acesso em: 2 jun. 2023.

239. BASSIOUNI, M. Cherif. **Introduction to international criminal law**. 2nd rev. ed. Leiden ; Boston: Martinus Nijhoff Publishers, 2013, p. 699.

240. BASSIOUNI, M. Cherif. **Introduction to international criminal law**. 2nd rev. ed. Leiden ; Boston: Martinus Nijhoff Publishers, 2013, p. 702.

241. SCHABAS, William. **An introduction to the International Criminal Court**. Sixth edition. Cambridge, United Kingdom ; New York, NY: Cambridge University Press, 2020, p. 265.

242. INTERNATIONAL CRIMINAL TRIBUNAL FOR THE FORMER YUGOSLAVIA. **The Prosecutor v. Tadić**, IT-94-1, Case No. IT-94-1-A. Judgment, 15 July 1999, § 52. Disponível em: https://ucr.irmct.org/LegalRef/CMSDocStore/Public/English/Judgment/NotIndexable/IT-94-1-A/JUD62R0000067347.TIF. Acesso em: 10 jul. 2023.

internacional costumeiro, ou tratados de direito internacional penal ou de direitos humanos, como a Convenção do Genocídio.[243]

O sistema de execução indireta do direito internacional penal parte da premissa de que os Estados Partes das convenções de supressão aplicarão o seu direito penal interno e de que cooperarão para a persecução, o julgamento e a punição dos infratores. Deste modo, os crimes internacionais decorrentes de tais regimes de proibição e de supressão devem ser tipificados pela legislação criminal doméstica, havendo deveres convencionais "concomitantes de processar ou de extraditar e de cooperar com outros Estados".[244]

A cooperação com base em tratados amplia as garantias de previsibilidade e de reciprocidade.[245] Na falta de tratados de *mutual legal assistance* e de obrigações decorrentes do direito supranacional comunitário, os Estados continuam a cooperar por *comity* ou por expectativa de reciprocidade, valendo-se do tradicional caminho das rogatórias,[246] numa base casuística. Mas haveria um *dever* de cooperar para além dos tratados?

4.4.1. A Cortesia Internacional como Fundamento do Dever de Cooperação Jurídica Internacional Passiva

A cortesia internacional (*comity*) é o princípio predominante na cooperação internacional na falta de tratados.[247] Sua subsistência no direito cooperacional contemporâneo pode ser contestada diante do dever internacional de cooperar, mais especificamente, em decorrência da existência de uma obrigação *erga omnes* de cooperar internacionalmente para a apuração de crimes que violem direitos humanos, sejam ou não crimes de *jus cogens*.

---

243. JACOBS, Dov. The Frog that Wanted to be an Ox: The ICC's Approach to Immunities and Cooperation. *In*: STAHN, Carsten (org.). **The law and practice of the International Criminal Court**. 1. ed. Oxford: Oxford University Press, 2015, p. 282–302, p. 285.

244. BASSIOUNI, M. Cherif. The Penal Characteristics of Conventional International Criminal Law. **Case Western Reserve Journal of International Law**, *[S. l.]*, v. 15, p. 27–37, 1983, p. 29.

245. VAN DER WILT, Harmen. Extradition and Mutual Legal Assistance in the Draft Convention on Crimes Against Humanity. **Journal of International Criminal Justice**, *[S. l.]*, p. 795-812, 2018.

246. Swire e Hemmings relatam que no caso *Silk Road*, uma importante investigação criminal sobre narcotráfico e lavagem de dinheiro, os EUA tiveram de enviar uma rogatória para a Islândia a fim de obter acesso a dados contidos em servidores hospedados naquele país insular. O atentado ao jornal *Charlie Hebdo* também envolveu a execução de uma rogatória francesa nos EUA, para compartilhamento de dados sobre os suspeitos. Cf. SWIRE, Peter; HEMMINGS, Justin D. Mutual legal assistance in an era of globalized communications: the analogy to the visa waiver program. **New York University Annual Survey of American Law**, *[S. l.]*, v. 71, n. 4, p. 687–740, 2016, p. 702.

247. POP, Oana Mihaela. The Principles and General Rules of the International Judicial Cooperation in Criminal Matters. **Agora International Journal of Juridical Sciences**, 2008, p. 209-217, p. 21.

Cervini alerta que já passou o tempo da cortesia na cooperação internacional, estando ela superada. O que anima a assistência jurídica interestatal é "imperioso reconhecimento dos direitos do concernido", isto é, aquela pessoa humana que sofre as medidas de cooperação ou que por elas é atingido,[248] o que nos faz pensar no sujeito ausente, o quarto personagem, a vítima.

A cortesia internacional (*international comity, comitas gentium, courtoisie internationale*) ou a deferência internacional (*mutual deference*) não tem natureza de obrigação jurídica, correspondendo a um modelo de conduta interestatal capaz de produzir vantagens recíprocas.[249] Seu uso é confuso no direito internacional privado[250] e no direito internacional público. Neste ramo, o termo *cortesia* é empregado para identificar as condutas interestatais praticadas "por motivos que não sejam a crença de que existe uma norma jurídica obrigatória que os vincule". Serve, assim, a *comity* "para explicar o que o direito internacional não é".[251] O conceito é mesmo vago e ambíguo, não se podendo por hábito ou equívoco, como alerta Lauterpacht, tratar como mera *comity* aquilo que muitas vezes serão obrigações jurídicas dos Estados.[252]

> [...] pode-se argumentar que o termo "*comity of nations*" é enganoso e que não existe tal antiguidade a ponto de tornar impraticável seu abandono. Essencialmente, o termo "cortesia das nações" refere-se a considerações de cortesia, amizade, sentimento de boa vizinhança e reciprocidade. Tais considerações não são, aparentemente, compatíveis com qualquer elemento distintivo de uma obrigação jurídica.[253]

A *comity* reclama interações por meio de autoridades diplomáticas, em regra mediante o envio de cartas rogatórias, sendo dependente da re-

248. CERVINI, Raúl; TAVARES, Juarez. **Princípios de cooperação judicial penal internacional no Protocolo do Mercosul.** São Paulo: Revista dos Tribunais, 2000, p. 50.
249. MACALISTER-SMITH, Peter. Comity. In: BERNHARDT, Rudolf. **Encyclopedia of Public International Law: History of international law, foundations and principles of international law, sources of international law, law of treaties**. Amsterdam, New York, Oxford: North-Holland publ. company, 1984, p. 41-42.
250. RAMSEY, Michael D. Escaping International Comity. **Iowa Law Review**, *[S. l.]*, v. 83, p. 893-952, 1997, p. 893 e 952.
251. SCHULTZ, Thomas; RIDI, Niccolo. Comity and International Courts and Tribunals. **Cornell International Law Journal**, *[S. l.]*, v. 50, n. 3, p. 577–610, 2017, p. 581.
252. LAUTERPACHT, Hersch. Allegiance, Diplomatic Protection and Criminal Jurisdiction over Aliens. **Cambridge Law Journal**, *[S. l.]*, v. 9, n. 3, p. 330–348, 1947, p. 331-332.
253. LAUTERPACHT, Hersch. Op. cit., p. 331.

ciprocidade.[254] Sua operação pressupõe a existência de um mundo de soberanias separadas (bodinianas), que não compartilham objetivos comuns, um mundo sem laços sólidos de interação ou de integração. Este é também o pensamento de Ramos, para quem a cooperação jurídica internacional "num mundo dividido numa constelação de soberanias estatais" não era uma obrigação internacional, pois se baseava inicialmente na cortesia entre os Estados, a partir de uma perspectiva soberanista,[255] "na qual predominava a normatividade interna na regulação da cooperação".

Em *Hilton vs. Guyot*, de 1895, a Suprema Corte dos EUA conceituou *comity* como "a deferência que uma nação concede em seu território aos atos legislativos, executivos ou judiciais de outra nação, tendo devida consideração quanto ao dever e à conveniência internacionais quanto aos direitos de seus próprios cidadãos ou de outras pessoas que estejam sob a proteção de suas leis".[256] Percebem-se, embutidas, as noções de boa vizinhança e de limitação soberana, que sustentam a cortesia internacional. Contudo, para a Suprema Corte norte-americana, a *comity* não representaria um dever internacional tampouco corresponderia a uma mera *cortesia* ou boa-vontade, mas a uma conduta soberana de reconhecimento de atos de um Estado estrangeiro.[257] A amplitude da ideia de *comity* nos EUA, é, entretanto, uma peculiaridade de seu direito internacional privado.[258]

Para Slaughter, a *comity* é o respeito devido por um Estado às leis e decisões de outra nação, em virtude de sua pertinência à sociedade internacional, funcionando como "uma presunção de reconhecimento que é mais do que cortesia e menos do que uma obrigação".[259] Se a *comitas gentium* não é uma obrigação jurídica, nenhuma consequência ou sanção jurídica

---

254. POP, Oana Mihaela. The Principles and General Rules of the International Judicial Cooperation in Criminal Matters. **Agora International Journal of Juridical Sciences**, 2008, p. 209-217, p. 211.

255. A propósito, vide ANDOLINA, Italo. **Ricerche sul processo III:** cooperazione internazionale in materia giudiziaria. Catania: Libreria Editrice Torre, 1996, p. 21; ABADE, Denise Neves. **Direitos fundamentais na cooperação jurídica internacional:** extradição, assistência jurídica, execução de sentença estrangeira e transferência de presos. São Paulo: Ed. Saraiva, 2013, p. 59.

256. UNITED STATES. Supreme Court, **Hilton v. Guyot,** 159 U.S. 113, 164 (1895), Decided June 3, 1895. Disponível em: https://supreme.justia.com/cases/federal/us/159/113/ . Acesso em: 2 jun. 2023.

257. UNITED STATES. Supreme Court, **Hilton v. Guyot,** 159 U.S. 113, 164 (1895), Decided June 3, 1895. Disponível em: https://supreme.justia.com/cases/federal/us/159/113/ . Acesso em: 2 jun. 2023.

258. PAUL, Joel R. Comity in International Law. **Harvard International Law Journal**, *[S. l.]*, v. 32, p. 1, 1991, p. 79.

259. SLAUGHTER, Anne-Marie. A Global Community of Courts. **Harvard International Law Journal**, *[S. l.]*, v. 44, n. 1, p. 191–220, 2003, p. 205.

advém de sua não observância, salvo no campo da reciprocidade, podendo resultar em retorsão. Isso não impede, porém, que uma prática de cortesia se torne juridicamente exigível, se convertida em costume internacional ou se codificada num tratado.[260] Para a Corte Constitucional da África do Sul, "a *comity* internacional descreve as ações entre os Estados com base apenas na boa vontade ou cortesia", nela se podendo fundar um pedido de extradição.[261] Esse conceito se aproxima do de promessa de reciprocidade.

No caso *Haya de la Torre (Colômbia vs. Peru)*, de 1951, sobre asilo diplomático, a CIJ exortou os Estados a "encontrar uma solução prática e satisfatória [para o diferendo], orientando-se por aquelas considerações de *cortesia* e boa vizinhança que, em matéria de asilo, sempre ocuparam um lugar de destaque nas relações entre as repúblicas latino-americanas".[262] Os governos em Lima e Bogotá divergiam sobre o *status* a ser conferido ao líder político aprista Victor Raúl Haya de la Torre (1895-1979), que buscou asilo na embaixada colombiana em Lima, em janeiro de 1949, mas não obteve o salvo-conduto, como determinava o costume regional latino-americano.

A Corte da Haia também mencionou a *comitas gentium* no julgamento de 1969 sobre o caso da *Plataforma Continental do Mar do Norte (República Federal da Alemanha/Países Baixos)*, quando recordou a existência de "muitos atos internacionais, por exemplo, no campo do cerimonial e do protocolo, [...] que são motivados apenas por considerações de cortesia, conveniência ou tradição, e não por qualquer senso de dever legal".[263]

---

260. MACALISTER-SMITH, Peter. Comity. In: BERNHARDT, Rudolf. **Encyclopedia of Public International Law: History of international law, foundations and principles of international law, sources of international law, law of treaties**. Amsterdam, New York, Oxford: North-Holland publ. company, 1984, p. 42.

261. SOUTH AFRICA. Constitutional Court of South Africa. **Jürgen Harksen v. The President of the Republic of South Africa et al.** Case CCT 41/99, decided on 30 March 2000, Justice Goldstone, § 3. Disponível em: https://www.saflii.org/za/cases/ZACC/2000/29.pdf. Acesso em: 10 jul. 2023.

262. "But it can be assumed that the Parties, now that their mutual legal relations have been made clear, will be able to find a practical and satisfactory solution by seeking guidance from those considerations of courtesy and good-neighbourliness which, in matters of asylum, have always held a prominent place in the relations between the Latin-American republics. For these reasons The Court [. . .] by thirteen votes to one, finds that Colombia is under no obligation to surrender Victor Raúl Haya de la Torre to the Peruvian authorities". INTERNATIONAL COURT OF JUSTICE. **Haya de la Torre (Colombia v. Peru).** Judgment of 13 June 1951. I. C. J. Reports 1951, p. 83. Disponível em: https://www.icj-cij.org/sites/default/files/case-related/14/014-19510613-JUD-01-00-EN.pdf . Acesso em: 2 jun. 2023.

263. "The States concerned must therefore feel that they are conforming to what amounts to a legal obligation. The frequency, or even habitua1 character of the acts is not in itself enough. There are many international acts, e.g., in the field of ceremonial and protocol, while are performed almost invariably, but which are motivated only by considerations of courtesy, convenience or tradition, and not by any sense of legal duty". INTERNATIONAL COURT OF JUSTICE. **North Sea**

Os temas de cooperação jurídica internacional em material penal, civil e administrativa são abordados como parte da *comity*, quando não reguladas por tratados.[264] Seu valor jurídico, contudo, não pode ser negado. Embora a cortesia não seja "uma fonte de direito internacional, [...] pode ser, e tem sido, a base e a justificativa para o surgimento de regras de direito internacional".[265] De fato, pela repetição e não oposição por um *persistent objector*, uma prática de *comity* pode-se converter em um costume internacional. Conforme Crawford, "regras específicas de cortesia, mantidas consistentemente sem reservas, podem se transformar em regras de direito consuetudinário."[266]

Partindo das ideias de *comitas* e negociação judicial desenvolvidas por Slaughter, que dá um sentido próprio à *judicial comity*,[267] Marcelo Neves sugere que a negociação judicial "pode ter significado em outras áreas do direito, quando os casos ultrapassem fronteiras", como, por exemplo, na "criminalidade transnacional", onde "caberia abrir um espaço de negociação transjudicial para a solução razoavelmente satisfatória do problema".[268] Alguns instrumentos de coordenação de jurisdições nacionais[269] podem servir a este tipo de "negociação" – podemos chamá-los de acordos ou negócios processuais transnacionais – entre juízes e autoridades de persecução criminal de países distintos, para a implementação de medidas de proteção a pessoas no exterior, ou para organizar atividades investigativas transfronteiriças, ou para coletar provas de maneira conjunta, ou simplesmente para

---

Continental Shelf (Federal Republic of Germany/Netherlands). Judgment of 20 February 1969. I. C. J. Reports 1969, p. 44, § 77. Disponível em: https://www.icj-cij.org/sites/default/files/case-related/52/052-19690220-JUD-01-00-EN.pdf . Acesso em: 2 jun. 2023.

264. MACALISTER-SMITH, Peter. Comity. In: BERNHARDT, Rudolf. **Encyclopedia of Public International Law:** History of international law, foundations and principles of international law, sources of international law, law of treaties. Amsterdam, New York, Oxford: North-Holland publ. company, 1984, p. 43.

265. SCHULTZ, Thomas; RIDI, Niccolo. Comity and International Courts and Tribunals. **Cornell International Law Journal**, *[S. l.]*, v. 50, n. 3, p. 577–610, 2017, p. 581.

266. CRAWFORD, James; BROWNLIE, Ian. **Brownlie's principles of public international law**. Eighth edition ed. Oxford, United Kingdom: Oxford University Press, 2012, p. 24.

267. "Judicial comity provides the framework and the ground rules for a global dialogue among judges in the context of specific cases". SLAUGHTER, Anne-Marie. **A new world order.** Princeton: Princeton University Press, 2004, p. 87. Ou, ainda, segundo a mesma autora, a cortesia judicial (*judicial comity*) seria a "deference not to foreign law or foreign national interests, but specifically to foreign courts". SLAUGHTER, Anne-Marie. Judicial Globalization. **Virginia Journal of International Law**, *[S. l.]*, v. 40, n. 4, p. 1103–1124, 2000, p. 1112.

268. NEVES, Marcelo. **Transconstitucionalismo**. São Paulo: WMF Martins Fontes, 2009, p. 186.

269. Sobre coordenação de jurisdições por meio de cooperação internacional, vide: AMALFITANO, Chiara. **Conflitti di giurisdizione e riconoscimento delle decisioni penali nell'Unione europea**. Milano: Giuffrè, 2006.

a definição da competência internacional dos Estados, conforme a ideia de melhor administração da justiça.

O dever de prestar cooperação internacional, sob demanda de Estado estrangeiro, já foi visto como mera consequência da *comity*, no sentido do direito das gentes. Geiger pondera que, na falta de um tratado, tal dever imporia aos Estados apenas a obrigação de, agindo de boa-fé, considerar a execução do pedido estrangeiro, de modo discricionário, segundo os parâmetros do direito interno.[270] Obviamente, esse quadro, que nem jurídico é, mostra-se insuficiente para as necessidades da moderna cooperação internacional e para os desafios da promoção dos direitos humanos em toda a parte. A manutenção desse quadro os desguarnece e desprotege bens públicos globais essenciais à humanidade.

4.4.2. O Dever Internacional de Cooperar Passivamente no Direito Internacional Geral

A promoção da paz, da segurança e do desenvolvimento são os objetivos fundamentais da cooperação internacional. É desses bens comuns globais que decorre o dever de cooperar no direito internacional geral.[271] Contudo, Kai Ambos diz que tal dever não existiria.[272] Por outro lado, Meili entendia que, na visão do direito internacional predominante por volta de 1910, "os Estados civilizados" já estavam "obrigados a prestar-se mutuamente assistência jurídica em processos penais", como "uma obrigação do direito internacional".[273]

---

270. GEIGER, Rudolf. Legal Assistance between States in Criminal Matters. In: BERNHARDT, Rudolf. **Encyclopedia of Public International Law:** International relations and legal cooperation in general, diplomacy and consular relations. Amsterdam, New York, Oxford: North-Holland, 1986, p. 249.

271. O direito internacional geral é composto pelos costumes internacionais universais, pelos princípios gerais de direito, pelas convenções multilaterais de natureza universal e pelas normas de *jus cogens*. O conceito é alvo de dissenso doutrinário, como se nota em: KUNZ, Josef L. General International Law and the Law of International Organizations. **American Journal of International Law**, *[S. l.]*, v. 47, n. 3, p. 456–462, 1953. Tunkin sustenta que, não apenas o direito costumeiro, mas as convenções multilaterais gerais (*general multilateral treaties*) também integrariam o direito internacional geral. Cf. TUNKIN, Grigory. Is General International Law Customary Law Only? **European Journal of International Law**, *[S. l.]*, v. 4, p. 534-541, 1993, p. 541.

272. AMBOS, Kai. Prosecuting International Crimes at the National and International Level: Between Justice and Realpolitik. *In*: KALECK, Wolfgang; RATNER, Michael; SINGELNSTEIN, Tobias; WEISS, Peter (org.). **International prosecution of Human Rights crimes**. Berlin Heidelberg New York: Springer, 2007, p. 55–68, p. 60.

273. MEILI, Friedrich. **Lehrbuch des Internationalen Strafrechts und Strafprozessrechts**. Zurich: Orel Füssli, 1910, p. 374 *apud* MUELLER, Gerhard. International Judicial Assistance in Criminal

Cuidando do direito internacional penal, especialmente da cooperação vertical – substancialmente diversa da horizontal –, Sluiter sustenta que as principais bases do dever de cooperar neste domínio estão no Estatuto de Roma do TPI, nos estatutos dos tribunais (como o TPI-R e o TPI-I), nas resoluções do Conselho de Segurança relativas a tais cortes, na Carta das Nações Unidas e em acordos bilaterais entre Estados e esses tribunais *ad hoc*, para estabelecimento de suas sedes, a utilização de suas prisões e a entrega de foragidos.[274]

O dever geral de cooperação pode ser identificado no art. 2º da Carta das Nações Unidas;[275] na Declaração de 1970 Relativa aos Princípios do Direito Internacional referentes às Relações Amistosas e à Cooperação entre os Estados em conformidade com a Carta da das Nações Unidas (onde aparece como o quarto princípio);[276] na Carta de Direitos e Deveres Econômicos dos Estados, de 1974;[277] e nas Conclusões da Comissão de Direito Internacional sobre a Identificação e as Consequências Jurídicas das Normas Peremptórias de Direito Internacional Geral (*Jus Cogens*), de 2022.[278]

O desenvolvimento e aclaramento dos sete princípios de direito internacional foi produto do trabalho do Comitê Especial sobre os Princípios do Direito Internacional, que se reuniu em Genebra em 1970, dando lugar à Declaração que seria aprovada pela Assembleia Geral da ONU no mesmo ano.[279] O dever de cooperação internacional é o quarto desses sete princípios fundamentais de direito internacional, incidindo sobre as diversas especia-

---

Matters. **Villanova Law Review**, *[S. l.]*, v. 7, n. 2, p. 193–231, 1961, p. 197.

274. SLUITER, Göran. Cooperation of States with International Criminal Tribunals. In: CASSESE, Antonio (Org.). **The Oxford companion to international criminal justice**. Oxford ; New York: Oxford University Press, 2009, p. 187-200, p. 192.

275. UNITED NATIONS. **Charter of the United Nations**, done at San Francisco, on 26 June 1945. Disponível em: https://www.un.org/en/about-us/un-charter/full-text. Acesso em: 10 jun. 2023.

276. UNITED NATIONS. General Assembly Resolution. **Declaration on Principles of International Law concerning Friendly Relations and Co-operation among States in accordance with the Charter of the United Nations** (Declaration on Friendly Relations), A_RES_2625(XXV), adopted on 24 October 1970. Disponível em: https://www.jus.uio.no/english/services/library/treaties/01/1-01/friendly-relations.html. Acesso em: 4 mai. 2023.

277. UNITED NATIONS. **Charter of economic rights and duties of States**. Resolution A/RES/3281(XXIX), adopted on 12 December 1974. Disponível em: https://digitallibrary.un.org/record/190150. Acesso em: 2 jun. 2023.

278. UNITED NATIONS. International Law Commission. **Draft Conclusions on Identification and Legal Consequences of Peremptory Norms of General International Law (Jus Cogens***):* with commentaries. Yearbook of the ILC 2022, vol. II, Part Two. Disponível em: https://legal.un.org/ilc/texts/instruments/english/commentaries/1_14_2022.pdf. Acesso em: 10 mai. 2023. Vide a Conclusão 19, p. 70-71.

279. TRINDADE, Antônio Augusto Cançado. **Princípios do direito internacional contemporâneo**. 2.ed. (revista e atualizada). Brasília: Fundação Alexandre de Gusmão, 2017, p. 122.

lizações do direito internacional, como o direito internacional ambiental e o direito internacional penal.[280] Ali se afirmou a obrigação dos Estados de cooperar uns com os outros, em conformidade com a Carta das Nações Unidas.

Segundo o art. 1º, § 3º, da Carta de São Francisco, de 1945, entre os propósitos das Nações Unidas estão "conseguir uma cooperação internacional para resolver os problemas internacionais de caráter econômico, social, cultural ou humanitário". Nota-se o amplo escopo da cooperação interestatal, o que abrangerá interesses estatais de primeira ordem e os direitos civis, políticos, econômicos, sociais, culturais e ambientais da pessoa humana. Também é objetivo das Nações Unidas "promover e estimular o respeito aos direitos humanos e às liberdades fundamentais para todos, sem distinção de raça, sexo, língua ou religião". Aqui a proibição da discriminação e a promoção da igualdade ganham reforço substancial.[281] Essas metas devem ser lidas em conjunto, estando indissociavelmente vinculadas ao atual estado do direito internacional, cuja conformação se volta à proteção da pessoa humana, por meio do cuidado com os interesses comuns planetários e os interesses específicos de cada integrante da humanidade.

O tratado constitutivo das Nações Unidas dá realce ao princípio da cooperação noutros trechos, como, por exemplo, nos seus arts. 11.1 e 13.1, que foram as bases sobre as quais operou o Comitê Especial de 1970. Conforme tais dispositivos, compete à Assembleia Geral "considerar princípios gerais de cooperação na manutenção da paz e da segurança internacionais (...) e fazer recomendações relativas a tais princípios aos Membros ou ao Conselho de Segurança, ou a este e àqueles conjuntamente", incentivando "o desenvolvimento progressivo do direito internacional e a sua codificação".[282] Neste campo, a cooperação corresponderá a uma "ação voluntária e coordenada de dois ou mais Estados que transcorre segundo um regime jurídico e serve a objetivos consensuais específicos".[283]

Na Declaração de Princípios aprovada pela Assembleia Geral em 1970, o dever estatal de cooperar de conformidade com a Carta das Nações

280. ORANYE, Nkechinyelu Patricia; AREMU, Abimbola W. The duty to cooperate in state interactions for the sustainable use of international watercourses. **Discover Sustainability**, v. 2, n. 1, p. 45, 2021. p. 1.

281. UNITED NATIONS. **Charter of the United Nations**, done at San Francisco, on 26 June 1945. Disponível em: https://www.un.org/en/about-us/un-charter/full-text. Acesso em: 10 jun. 2023.

282. Carta das Nações Unidas, de 1945.

283. UNITED NATIONS. **Charter of the United Nations**, done at San Francisco, on 26 June 1945. Disponível em: https://www.un.org/en/about-us/un-charter/full-text. Acesso em: 10 jun. 2023.

Unidas em todas as esferas das relações internacionais materializa-se independentemente dos sistemas políticos, econômicos ou sociais dos Estados. Esta Declaração busca seu fundamento no compromisso da Carta de São Francisco de manter a paz mundial e a segurança coletiva internacional, objetivos fundamentais das Nações Unidas, assim como a defesa dos direitos humanos e das liberdades públicas, a promoção do progresso e a estabilidade econômica e a eliminação de todas as formas de discriminação racial e intolerância religiosa. Tais objetivos têm na cooperação internacional um seu instrumento de realização, que se condiciona pelo respeito à igualdade soberana entre as nações e pelo princípio da não-intervenção. A Declaração também destaca o dever dos Estados de cooperar diretamente com as Nações Unidas para o cumprimento de seus objetivos fundacionais.[284]

Por sua vez, a Carta de Direitos e Deveres Econômicos dos Estados[285] é um dos principais documentos da ordem econômica internacional nas relações Norte-Sul.[286] A cooperação econômica por ela incentivada era vista como uma forma de promover o desenvolvimento e a paz no Planeta. Entre os seus princípios fundamentais também está o da cooperação internacional para o desenvolvimento. No âmbito da soberania econômica, o art. 2º, alínea *b*, assegura aos Estados o direito de regular e supervisionar as atividades de empresas transnacionais que atuem em seus territórios e de exigir o cumprimento de suas leis. A parte final deste dispositivo acentua que, no exercício de suas soberanias, os Estados podem cooperar com seus pares para garantir o direito nele enunciado. [287] De fato, segundo o art. 9º da Carta de 1974, os Estados Partes da ONU têm obrigação de cooperar nos campos econômico, social, cultural, científico e tecnológico para a "promoção do progresso socioeconômico no mundo".[288]

---

284. UNITED NATIONS. General Assembly Resolution. **Declaration on Principles of International Law concerning Friendly Relations and Co-operation among States in accordance with the Charter of the United Nations** (Declaration on Friendly Relations), A_RES_2625(XXV), adopted on 24 October 1970. Disponível em: https://www.jus.uio.no/english/services/library/treaties/01/1-01/friendly-relations.html. Acesso em: 4 mai. 2023.
285. UNITED NATIONS. **Charter of economic rights and duties of States.** A/RES/3281(XXIX), 1975. Disponível em: https://digitallibrary.un.org/record/190150. Acesso em: 4 mai. 2023.
286. TRINDADE, Antônio Augusto Cançado. As Nações Unidas e a Nova Ordem Econômica Internacional. **As Nações Unidas e a Nova Ordem Econômica Internacional**, v. 21, n. 81, p. 213–231, 1984, p. 217-218.
287. UNITED NATIONS. **Charter of economic rights and duties of States.** A/RES/3281(XXIX), 1975. Disponível em: https://digitallibrary.un.org/record/190150 . Acesso em: 4 mai. 2023.
288. UN. **Charter of economic rights and duties of States.** Resolution A/RES/3281(XXIX), adopted on 12 December 1974.

Vista como uma necessidade para o desenvolvimento, a segurança e a paz e como "um dever comum dos Estados",[289] a cooperação internacional poderá ser de cunho bilateral, sub-regional, regional, inter-regional ou universal, materializando-se por meio de tratados internacionais, arranjos intergovernamentais ou pela criação de organizações internacionais, especializadas ou de cunho geral, sendo delimitada, porém, pela ideia de igualdade soberana entre as nações.

Partindo das concepções de Friedmann,[290] Ma pontua que, desde a Segunda Guerra Mundial, o direito internacional evoluiu de um direito que regulava meramente a coexistência dos Estados (*law of coexistence*) a um direito que regula a cooperação entre eles (*law of co-operation*).[291] O dever de cooperação é o principal aspecto desse segundo segmento do direito internacional público,[292] que se apresenta em vários de seus campos especializados.[293]

Para Friedmann, nas suas origens, o direito internacional clássico se ocupava basicamente de buscar impedir ou regular os conflitos interestatais, de onde surgiu a dimensão jurídica da coexistência (*law of coexistence*) ou *lei de co-ordenação*.[294] Com a evolução do direito internacional, a realização dos interesses nacionais não depende necessariamente do *conflito* ou de sua evitação. Tais interesses passaram também a ser alcançados por meio

---

289. Tome-se em conta o espírito do art. 17 da Carta de Direitos e Deveres Econômicos dos Estados, de 1974.

290. O autor se refere a Wolfgang Friedmann, autor de: FRIEDMANN, Wolfgang. **The Changing Structure of International Law**. New York, Columbia University Press, 1964.

291. WOLFRUM, Rüdiger. International law of cooperation. In: BERNHARDT, Rudolf. **Encyclopedia of Public International Law:** International relations and legal cooperation in general, diplomacy and consular relations, p. 193.

292. MA, Xuechan. **The Spratly Islands and international law**: legal solutions to coexistence and cooperation in disputed areas, Leiden ; Boston: Brill Nijhoff, 2022, p. 177-178.

293. A CIJ então afirmou que "o antigo tratamento *laissez-faire* dos recursos vivos marinhos em alto-mar foi substituído pelo reconhecimento do dever de ter o devido respeito [*due regard*] pelos direitos de outros Estados e pelas necessidades da preservação para o benefício de todos.". INTERNATIONAL COURT OF JUSTICE. **Fisheries Jurisdiction Cases (United Kingdom v. Iceland).** Judgment of 25 July 1974, I.C.J. Reports 1974, p. 31, § 72. Disponível em: https://www.icj-cij.org/sites/default/files/case-related/55/055-19740725-JUD-01-00-EN.pdf. Acesso em: 10 jul. 2023.

294. Para além do que se lê na Carta das Nações Unidas e noutros tratados sobre solução pacífica de controvérsias ou sobre não proliferação, o art. 26 da Carta dos Direitos e Deveres Econômicos dos Estados, de 1974, acentua o dever estatal de coexistência com tolerância e de respeito à paz, independentemente de diferenças de sistemas políticos, econômicos ou culturais. UNITED NATIONS. **Charter of economic rights and duties of States**. Resolution A/RES/3281(XXIX), adopted on 12 December 1974. Disponível em: https://digitallibrary.un.org/record/190150. Acesso em: 2 jun. 2023.

da cooperação nos mais diversos campos, surgindo poderosos vetores de coordenação estatal para a consecução de objetivos comuns de forma mais vantajosa (*law of co-operation*).[295] A lei de *co-operação* foi instituída como um contraponto à *lei de co-ordenação*, mas não a substitui; seu propósito é atender aos interesses do Estado ou de uma maior ou menor comunidade de Estados, em torno de objetivos comuns previamente traçados, no âmbito de arranjos institucionais cooperativos mais ou menos densos.[296] Segundo Häberle, sua teoria do Estado constitucional cooperativo substitui os Estados nacionais, servindo de fundamento jurídico para a transição do "direito de coexistência para o direito de cooperação na comunidade (não mais sociedade) de Estados".[297]

Em 1973, considerando os deveres da ONU de promoção da paz e da segurança internacionais e a Declaração de Princípios do Direito Internacional de 1970, a Assembleia Geral das Nações Unidas adotou uma resolução com os Princípios de Cooperação Internacional para a Identificação, Prisão, Extradição e Punição de Pessoas Condenadas por Crimes de Guerra e Crimes contra a Humanidade. Ali já eram enunciados os deveres estatais de investigação, processo, julgamento e punição de autores de tais crimes internacionais e o dever de cooperação para a prevenção e a punição de tais delitos.[298] Podemos dizer que estávamos diante de obrigações positivas. A declaração de princípios exortava os Estados Membros da ONU a não adotarem medidas legislativas ou de outra natureza que possam limitar o impedir o cumprimento de suas obrigações internacionais desses crimes.[299]

A cooperação internacional é também central no esforço mundial para a promoção e a proteção dos direitos humanos, como responsabilidades prioritárias dos Estados Membros da ONU, das quais também resultaram deveres

---

295. McDOUGAL, Myres S.; REISMAN, W. Michael. The changing structure of International Law: unchanging theory for inquiry. **Columbia Law Review**, vol. 65, p. 810-835, 1965, p. 811-812.

296. WOLFRUM, Rüdiger. International law. In: WOLFRUM, Rüdiger. **The Max Planck Encyclopedia of Public International Law.** Max Planck Institute for Comparative Public Law and International Law, Heidelberg and Oxford University Press, 2012, §§ 49, 51 e 56.

297. HÄBERLE, Peter. **Estado constitucional cooperativo.** Renovar: Rio de Janeiro, 2007, p. 65.

298. UNITED NATIONS. International Law Commission. Report A/74/10. **The draft articles on prevention and punishment of crimes against humanity.** New York, 20 August 2019, p. 60-61, § 13. Disponível em: https://legal.un.org/ilc/reports/2019/english/a_74_10_advance.pdf. Acesso em: 4 mai. 2023.

299 UNITED NATIONS. General Assembly Resolution. A/RES/3074 (XXVIII). **Principles of International Cooperation in the Detection, Arrest, Extradition, and Punishment of Persons Guilty of War Crimes and Crimes Against Humanity**, adopted on 3 December 1973. Disponível em: https://www.ohchr.org/en/instruments-mechanisms/instruments/principles-international-co-operation-detection-arrest. Acesso em: 10 jul. 2023.

no campo criminal de enfrentamento ao racismo, à xenofobia, à intolerância e a outras violações de direitos humanos.[300] O dever estatal de cooperar é uma decorrência da integração dos Estados à sociedade internacional, sobretudo em temas de assistência humanitária e de direitos humanos, previstos em tratados, inclusive em missões de investigação (*fact-finding*). Esse dever de cooperar exige interações com os organismos convencionais de proteção à pessoa humana, nos campos investigativo, diplomático e humanitário, e com outras entidades não estatais, como a Cruz Vermelha Internacional e organizações não governamentais.[301]

Tal dever de cooperar é também inerente ao princípio da boa-fé nos marcos convencionais. Diante da existência de um tratado, cria-se uma expectativa razoável, ligada à segurança jurídica, de que os Estados Partes levarão em consideração os interesses das outras Partes e os interesses gerais protegidos para dar efetivo cumprimento às obrigações "contratuais" assumidas no tratado.[302] Tal dever existirá, porém, independentemente de obrigações convencionais, como consequência da boa-fé. Como lembra Kolb, no caso *Blaškić*[303], o Tribunal Penal para a ex-Iugoslávia (TPI-I) decidiu que havia um dever de cooperação de boa-fé dos Estados para com o tribunal para a entrega de documentos sigilosos necessários ao exercício de sua jurisdição.[304] No campo penal, o reconhecimento do dever geral de cooperação, como princípio imanente à ordem internacional, surgiu diante da necessidade de punição dos indivíduos responsáveis por graves violações aos direitos humanos ocorridas em conflitos armados internacionais.[305]

O direito internacional também reconhece um dever geral de cooperação internacional para promover a realização dos direitos humanos. O

---

300. UNITED NATIONS. Human Rights Council. **Enhancement of international cooperation in the field of human rights**. Resolution A/HRC/RES/23/3, adopted by the Human Rights Council on 13 June 2013, §§ 1, 5 e 6. Disponível em: https://www.ohchr.org/sites/default/files/Documents/HRBodies/HRCouncil/AdvisoryCom/A-HRC-RES-23-3_en.pdf. Acesso em: 4 mai. 2023.
301. VAN BOVEN, Theo. Duty of States to Cooperate. **Mennesker og Rettigheter**, vol. 5, no. 3, 1987, p. 8-9.
302. KOLB, Robert. **Good faith in international law**. Oxford, UK ; Portland, Oregon: Hart Publishing, 2017, p. 67.
303. INTERNATIONAL CRIMINAL TRIBUNAL FOR THE FORMER YUGOSLAVIA. **The Prosecutor v. Tihomir Blaškić**. Request of the Republic of Croatia for Review of the Decision of the Trial Chamber II of 18 July 1997, Appeals Chamber. Judgment of 29 October 1997, § 68. Disponível em: https://www.icty.org/x/cases/blaskic/acdec/en/71029JT3.html. Acesso em: 10 jul. 2023.
304. KOLB, Robert. **Good faith in international law**. Oxford, UK ; Portland, Oregon: Hart Publishing, 2017, p. 22.
305. CHRISTÓFOLO, João Ernesto. **Princípios constitucionais de relações internacionais:** significado, alcance e aplicação. Belo Horizonte: Del Rey Editora, 2019, p. 549.

art. 2º.1 do Pacto Internacional sobre Direitos Econômicos, Sociais e Culturais (PIDESC) "refere-se especificamente à obrigação de tomar medidas, inclusive por meio de assistência e cooperação internacional, para realizar os direitos consagrados no Pacto". A Convenção das Nações Unidas sobre os Direitos da Criança, de 1989,[306] igualmente impõe aos Estados Partes o dever de implantar os direitos econômicos, sociais e culturais "na medida máxima de seus recursos disponíveis e, quando necessário, no âmbito da cooperação internacional". Os Princípios 23 e 29 de Maastricht[307] e o art. 3º da Declaração sobre o Direito ao Desenvolvimento também estabelecem o dever de cooperação internacional.[308]

No marco do multilateralismo impositivo (*mandatory multilateralism*), em que procedimentos não consensuais começam a surgir, o direito internacional "exige que os Estados cooperem entre si para resolver disputas relativas a (...) violações graves dos direitos humanos internacionais e do direito penal internacional".[309] Apesar de o consentimento ainda ser um dos fundamentos do direito internacional, em vários campos – como o do *jus cogens* e da R2P – sente-se sua mitigação, com o questionamento de dogmas como o da não intervenção, agora excepcionada por questões humanitárias, e da imunidade soberana dos Estados e de seus representantes máximos, também menos ampla a partir do pós-guerra.[310]

---

306. UNITED NATIONS. **Convention on the Rights of the Child**, adopted by General Assembly Resolution A/44/25, of 20 November 1989. Disponível em: https://www.unicef.org/child-rights-convention/convention-text. Acesso em: 2 jun. 2023.

307. "IV. Obligations to protect. 23. General obligation All States must take action, separately, and jointly through international cooperation, to protect economic, social and cultural rights of persons within their territories and extraterritorially, as set out in Principles 24 to 27." ETO CONSORTIUM. **Maastricht Principles on Extraterritorial Obligations of States in the Area of Economic, Social and Cultural Rights.** FIAN International: Heidelberg, 2013. Disponível em: https://www.fidh.org/IMG/pdf/maastricht-eto-principles-uk_web.pdf. Acesso em: 10 nov. 2023.

308. UNITED NATIONS. Human Rights Council. Office of the High Commissioner for Human Rights. **Comprehensive study on the negative impact of the non-repatriation of funds of illicit origin to the countries of origin on the enjoyment of human rights, in particular economic, social and cultural rights.** A/HRC/19/42, 14 December 2011, § 38-38. Disponível em: https://www.ohchr.org/en/documents/reports/ahrc1942-negative-impact-non-repatriation-funds-illicit-origin-report. Acesso em: 2 jun. 2023.

309. CRIDDLE, Evan J.; FOX-DECENT, Evan. Mandatory Multilateralism. **American Journal of International Law**, *[S. l.]*, v. 113, n. 2, p. 272–325, 2019, p. 286.

310. KRISCH, Nico. The Decay of Consent: International Law in an Age of Global Public Goods. **American Journal of International Law**, *[S. l.]*, v. 108, n. 1, p. 1–40, 2014, p. 1.

Apesar desse conjunto de doutrinas, ideias e documentos, vários internacionalistas, como Delbrück[311] e Wolfrum,[312] mantêm a posição de que hoje ainda não existe um dever internacional *geral* de cooperar; este não encontraria base no direito costumeiro, senão no direito internacional convencional. Rejeitando os entendimentos contrários, Feullaide diz que, sim, a cooperação internacional assumiu o grau de costume de direito internacional.[313] O dever do Estado onde o crime internacional ocorreu (*locus delicti commissi*) de realizar a persecução criminal – mediante *indirect, horizontal enforcement* – é hoje reconhecido pelo direito internacional consuetudinário, ao menos em relação aos crimes de guerra. Bassiouni sustenta a natureza costumeira da obrigação *aut dedere aut iudicare* em relação a certos crimes de direito internacional.[314] Tal dever também existe, aqui decorrente de obrigações *convencionais*, para o crime de genocídio (conforme o art. 4º da Convenção do Genocídio, de 1948), para crimes internacionais que constituem tortura (art. 7º da Convenção contra a Tortura, de 1984) e para certas violações graves do art. 146 da IV Convenção de Genebra, de 1949.[315] Assim, em certas circunstâncias, o direito internacional exige que os Estados cumpram o dever de processar (*duty to prosecute*) crimes internacionais.[316] É desse dever de processar que derivará o dever de cooperar internacionalmente, no plano vertical ou no horizontal, numa ótica de segunda camada.

A partir do caso *Velásquez Rodríguez* vs. *Honduras*,[317] julgado pela Corte Interamericana de Direitos Humanos em 1988, difundiu-se a opinião de que o dever de processar criminalmente graves violações de direitos humanos é

---

311. DELBRÜCK, Jost. Coexistence, Cooperation and Solidarity in International Law: The International Obligation to Cooperate: An Empty Shell or a Hard Law Principle of International Law?: A Critical Look at a Much Debated Paradigm of Modern International Law. *In*: HESTERMEYER, Holger P.; KÖNIG, Doris; MATZ-LÜCK, Nele; RÖBEN, Volker; SEIBERT-FOHR, Anja; STOLL, Peter-Tobias; VÖNEKY, Silja (org.). **Coexistence, cooperation and solidarity:** Liber Amicorum Rüdiger Wolfrum. [s.l.] : Brill Nijhoff, 2012, p. 10.
312. WOLFRUM, Rüdiger. International law of cooperation. In: BERNHARDT, Rudolf. **Encyclopedia of Public International Law:** International relations and legal cooperation in general, diplomacy and consular relations. Amsterdam, New York, Oxford: North-Holland, 1986.
313. FEUILLADE, Milton C. **Cooperación jurisdiccional internacional**. Ciudad de Buenos Aires: Editorial Ábaco de Rodolfo Depalma, 2011, p. 31.
314. BASSIOUNI, M. Cherif; WISE, Edward M. **Aut Dedere Aut Judicare:** The Duty to Extradite or Prosecute in International Law. Dordrecht; Boston; London: Martinus Nijhoff, 1995, p. 24, 25, 51-57.
315. WERLE, Gerhard; JESSBERGER, Florian. **Principles of International Criminal Law**. 4. ed. Oxford: Oxford University Press, 2020, §§ 276-277.
316. WERLE, Gerhard; JESSBERGER, Florian. Op. cit., § 275.
317. CORTE INTERAMERICANA DE DIREITOS HUMANOS. **Caso Velásquez Rodríguez vs. Honduras.** Sentença de 29 de julho de 1988, Mérito, § 163. Disponível em: https://www.corteidh.or.cr/docs/casos/articulos/seriec_04_por.pdf. Acesso em: 2 jun. 2023.

uma obrigação convencional *ratione personæ*, em relação aos Estados Partes de regimes regionais de proteção à pessoa humana, que constituem *affirmative duties,* como diz Roht-Arriaza.[318] Werle e Jessberger lembram que o Tribunal Europeu de Direitos Humanos e o Comitê de Direitos Humanos da ONU já tinham essa mesma posição: "o dever de processar decorre do dever dos Estados de garantir os direitos humanos e assegurar-lhes proteção jurídica efetiva".[319] Há também deveres de investigação e persecução criminal que têm fundamento não convencional, destacando-se os princípios gerais de direito e o direito internacional costumeiro.[320] No domínio do direito internacional não convencional, o dever dos Estados Membros da ONU de cooperarem verticalmente com tribunais *ad hoc* foi reconhecido como uma obrigação *erga omnes* pelo Tribunal Internacional para a ex-Iugoslávia no caso *Blaškić*, em 1997.[321] Conforme Soler:

> [...] o Estatuto concedeu ao Tribunal Internacional o poder de dirigir aos Estados ordens obrigatórias relativas a uma ampla variedade de questões judiciais (incluindo a identificação e localização de pessoas, a obtenção de testemunhos e a produção de provas, a entrega de documentos, a prisão ou detenção de pessoas e a entrega ou transferência de indiciados ao Tribunal Internacional).[322]

4.4.3. O Dever Internacional de Cooperar Passivamente em Função do Princípio *Aut Dedere aut Iudicare*

O mais importante dos princípios do direito extradicional é o *aut dedere aut iudicare*.[323] É também um dos mais antigos preceitos da cooperação in-

318. ROHT-ARRIAZA, Naomi. Sources in International Treaties of an Obligation to Investigate, Prosecute, and Provide Redress. In: ROHT-ARRIAZA, Naomi (Org.). **Impunity and human rights in international law and practice.** New York: Oxford University Press, 1995, p. 30-32.
319. WERLE, Gerhard; JESSBERGER, Florian. **Principles of International Criminal Law**. 4. ed. Oxford: Oxford University Press, 2020, § 279.
320. ROHT-ARRIAZA, Naomi. Sources in International Treaties of an Obligation to Investigate, Prosecute, and Provide Redress. In: ROHT-ARRIAZA, Naomi (Org.). **Impunity and human rights in international law and practice.** New York: Oxford University Press, 1995, p. 39.
321. INTERNATIONAL CRIMINAL TRIBUNAL FOR THE FORMER YUGOSLAVIA. **The Prosecutor v. Tihomir Blaškić.** Request of the Republic of Croatia for Review of the Decision of the Trial Chamber II of 18 July 1997, Appeals Chamber. Judgment of 29 October 1997, § 26. Disponível em: https://www.icty.org/x/cases/blaskic/acdec/en/71029JT3.html. Acesso em: 10 jul. 2023.
322. SOLER, Christopher. **The Global Prosecution of Core Crimes under International Law**. The Hague: T.M.C. Asser Press, 2019, p. 16-17.
323. O princípio *aut dedere aut iudicare* era formulado originalmente como *aut dedere aut punire*, mas a expressão mudou para preservar o princípio da presunção de inocência. CALIGIURI, Andrea.

ternacional. Grotius (1583-1645) já dava conta de sua existência no século 17. Registrando que não era dado aos Estados o poder de invadir o território de outra potência para punir os criminosos foragidos que ali se encontrassem, o Estado onde tal pessoa se encontrasse tinha duas opções: "punir a pessoa culpada tal como merece ou entregá-la à parte que a reclama", para que se decidisse sobre sua sorte.[324]

Ao comentar a responsabilidade dos Estados pelos atos de seus cidadãos em relação a outros Estados ("Da parte que uma Nação deve ter nos atos de seus cidadãos"), Vattel (1714-1767) tratou da obrigação processual do Estado de nacionalidade ("Dever do soberano do agressor"), no âmbito da cooperação jurídica internacional, de punir o infrator ou entregá-lo "ao Estado injuriado para que se faça justiça".[325] Na concepção de Vattel:

> Desde que o soberano não deve permitir que seus súditos molestem ou injuriem os súditos de outros Estados, muito menos que eles ofendam audaciosamente as potências estrangeiras, ele deve obrigar o culpado, se possível, a reparar o dano, ou a injúria, ou puni-lo exemplarmente ou, enfim, de acordo com a natureza e das circunstâncias, entregá-lo ao Estado injuriado, para que se faça justiça. Esta é a prática geralmente observada em relação a graves crimes que violam as leis e a segurança de todas as Nações. Assassinos, incendiários e ladrões são detidos onde quer que sejam encontrados e entregues para o soberano em cujo território o crime foi cometido.[326]

Marcado por essa longa tradição histórica, o princípio *aut dedere aut iudicare* acabou codificado no art. 7º da Convenção da Haia sobre o Apoderamento Ilícito de Aeronaves, de 1970,[327] donde a expressão "fórmula

---

Governing International Cooperation in Criminal Matters: the role of the aut dedere aut judicare principle. **International Criminal Law Review**, *[S. l.]*, v. 18, p. 244–274, 2018, p. 245.

324. Grotius: "Since as a matter of fact, states are not accustomed to permit other states to cross their borders [into other states' territories] with an armed force for the purpose of exacting punishment, and since such a course is inexpedient, it follows that the state in which he who has been found guilty dwells ought to do one of two things. When appealed to, it should either punish the guilty person as he deserves, or it should entrust him to the discretion of the party making the appeal. This latter course is surrender (*dedere*), a procedure most frequently mentioned in historical narratives". GROTIUS, Hugo. **On the law of war and peace**. Cambridge; New York: Cambridge University Press, 2012, Book II, Chapter 21, § IV, p. 294.

325. VATTEL, Emer de. **O direito das gentes**. Brasília: Instituto de Pesquisa de Relações Internacionais: Editora Universidade de Brasília, 2004, p. 232.

326. VATTEL, Emer de. Op. cit., p. 232-233.

327. Convenção sobre o Apoderamento Ilícito de Aeronaves: "Article 7. The Contracting State in the territory of which the alleged offender is found shall, if it does not extradite him, be obliged, without exception whatsoever and whether or not the offence was committed in its territory, to submit the case to its competent authorities for the purpose of prosecution.

da Haia" para designá-lo tal como ali aparece. Não havendo um pedido de extradição, o Estado de abrigo (ou Estado custódio) deve submeter o caso às autoridades que têm competência para a persecução criminal. Se há um pedido de extradição, o Estado requerido converte-se em *forum deprehensionis* e então terá a alternativa de extraditar, se não julgar a pessoa procurada, conforme a *Hague formula*, que se tornou um padrão em diversos tratados.[328]

Contudo, um segundo modelo convencional, surgido com a Convenção Internacional para a Repressão da Moeda Falsa, de 1929,[329] estabelece uma prioridade diversa conforme a regra *primo dedere secundo iudicare*, significando que o Estado custódio deve prioritariamente extraditar a pessoa procurada, somente devendo processá-la se a extradição for rejeitada.[330] O terceiro modelo obrigacional contém não uma, mas duas alternativas, vendo-se, por exemplo na Convenção Internacional para a Proteção de Todas as Pessoas contra o Desaparecimento Forçado, de 2006,[331] e na Carta Africana sobre Democracia, as Eleições e a Governação (ADC):[332] o Estado de abrigo

---

Those authorities shall take their decision in the same manner as in the case of any ordinary offence of a serious nature under the law of that State." UNITED NATIONS. Convention for the Suppression of Unlawful Seizure of Aircraft, The Hague, 16 December 1970. Disponível em: https://treaties.un.org/doc/db/terrorism/conv2-english.pdf. Acesso em: 10 jun. 2023.

328. CALIGIURI, Andrea. Governing International Cooperation in Criminal Matters: the role of the aut dedere aut judicare principle. **International Criminal Law Review**, *[S. l.]*, v. 18, p. 244–274, 2018, p. 248.

329. Convenção de 1929: "Artigo 9º. Os estrangeiros que cometeram, no estrangeiro, os atos previstos no artigo 3 e que se encontrem no território de um país cuja legislação interna admite, como regra geral, o princípio da perseguição de infrações cometidas no estrangeiro, devem ser punidos como se o ato houvesse sido cometido no território desse país. A obrigação da persecução é submetida a condição de que a extradição tenha sido pedida e que o país requerido não possa entregar o inculpado, por uma razão não relacionada com o ato". LEAGUE OF NATIONS. **Convention for the Suppression of Counterfeiting Currency,** signed at Geneva on April 20, 1929. Disponível em: https://treaties.un.org/pages/LONViewDetails.aspx?src=LON&id=560&chapter=30&clang=_en. Acesso em: 10 jul. 2023.

330. CALIGIURI, Andrea. Governing International Cooperation in Criminal Matters: the role of the aut dedere aut judicare principle. **International Criminal Law Review**, *[S. l.]*, v. 18, p. 244–274, 2018, p. 252.

331. Convenção de 2006: "Artigo 11. 1. O Estado Parte no território de cuja jurisdição se encontre uma pessoa suspeita de haver cometido crime de desaparecimento forçado, caso não conceda sua extradição ou a sua entrega a outro Estado, de acordo com suas obrigações internacionais, ou sua entrega a uma corte penal internacional cuja jurisdição tenha reconhecido, submeterá o caso a suas autoridades competentes para fins de ajuizamento da ação penal." UNITED NATIONS. **International Convention for the Protection of All Persons from Enforced Disappearance**, done at New York, on 20 December 2006. Disponível em: https://treaties.un.org/Pages/ViewDetails.aspx?src=IND&mtdsg_no=IV-16&chapter=4&clang=_en. Acesso em: 2 jun. 2023.

332. Vide o art. 25, §§ 5º e 9º da Carta. UNIÃO AFRICANA. **Carta Africana sobre a Democracia, as Eleições e a Governação**, adotada Adis Abeba, em 30 de janeiro de 2007. Disponível em:

pode extraditar a pessoa procurada ou pode entregá-la a um tribunal penal internacional; se não o fizer, deve processá-la em seu território.[333]

Para a CDI, o princípio *aut dedere aut iudicare* é uma obrigação internacional,[334] evidenciando-se tal obrigação na partícula *iudicare* e a alternativa na expressão *dedere*. Assim, hoje, o princípio *aut dedere aut iudicare* é uma obrigação processual positiva de feição alternativa. Sua leitura, conforme os *travaux préparatoires* da Convenção de 1970, compreende, na verdade, a "obrigação de detenção do suposto infrator, a possibilidade de sua extradição, a obrigação de submetê-lo à autoridade competente e a possibilidade de propositura de uma ação penal".[335] Após o surgimento dos regimes jurídicos para responsabilização penal internacional de pessoas físicas no século 20, a obrigação de processar ou *extraditar* passou a abranger também a possível *entrega* (*surrender*) desse indivíduo a uma corte penal internacional. Essa distinção aparece no art. 10 do Projeto de Artigos sobre a Prevenção e a Repressão a Crimes contra a Humanidade.[336] Na opinião da CDI, o dever de processar vem antes do dever de extraditar: *primo iudicare, secundo dedere*, no entanto, como lembra Van der Wilt, tal hierarquia obrigacional não é absoluta.[337]

Para alguns autores, não há uma prioridade entre entregar ou punir. Os comandos seriam alternativos. O Estado poderia cumprir uma ou outra obrigação, já que o direito convencional e o direito internacional costumeiro não estabeleceriam uma preferência disto ou daquilo. O fato é que não há um dever *primo dedere secundo prosequi* (extraditar primeiro; processar depois),[338] o que fica claro no caso *Hissène Habré*. Em 2005, a Corte de Apelação

---

https://au.int/en/treaties/african-charter-democracy-elections-and-governance. Acesso em: 2 jun. 2023.

333. CALIGIURI, Andrea. Governing International Cooperation in Criminal Matters: the role of the aut dedere aut judicare principle. **International Criminal Law Review**, *[S. l.]*, v. 18, p. 244–274, 2018, p. 255.

334. UNITED NATIONS. International Law Commission. **The draft articles on prevention and punishment of crimes against humanity,** Report A/74/10. New York, 20 August 2019, p. 87, § 11. Disponível em: https://legal.un.org/ilc/reports/2019/english/a_74_10_advance.pdf. Acesso em: 4 mai. 2023.

335. UNITED NATIONS. International Law Commission. **The draft articles on prevention and punishment of crimes against humanity,** Report A/74/10. New York, 20 August 2019, p. 93, § 3. Disponível em: https://legal.un.org/ilc/reports/2019/english/a_74_10_advance.pdf. Acesso em: 4 mai. 2023.

336. ILC. Op. cit., p. 94-95, § 7-8.

337. VAN DER WILT, Harmen. Extradition and Mutual Legal Assistance in the Draft Convention on Crimes Against Humanity. **Journal of International Criminal Justice**, *[S. l.]*, 2018, p. 796.

338. BLAKESLEY, Christopher L.; LAGODNY, Otto. Finding Harmony Amidst Disagreement over Extradition, Jurisdiction, the Role of Human Rights, and Issues of Extraterritoriality under

de Dacar negou o pedido de extradição de Hissène Habré, ex-presidente do Chade, que residia no Senegal desde 1990, como asilado político. A pressão belga por sua extradição levou o governo senegalês a referir o caso à União Africana, que decidiu em 2006 que o ex-ditador chadiano deveria ser processado no Senegal, em nome dos Estados Membros da UA, uma vez que a organização ainda não tinha um tribunal penal próprio. Na mesma decisão, a UA determinou que os Estados Partes cooperassem com o Senegal para a consecução do julgamento.[339] Naquele mesmo ano, o Comitê das Nações Unidas contra a Tortura emitiu uma decisão, na qual afirmou que o Senegal descumpriu duas obrigações (positivas) previstas na Convenção das Nações Unidas contra a Tortura e Outros Tratamentos ou Penas Cruéis, Desumanos ou Degradantes, de 1984:[340] o art. 5º, sobre a instituição por lei de jurisdição sobre certos crimes internacionais; e o art. 7º, sobre a persecução criminal ou a extradição de acusados de tortura, declarando, na ocasião, formalmente a existência de tal dever.[341] Neste meio tempo, em 2008, o Senegal emendou o art. 9º de sua Constituição para permitir que crimes internacionais de genocídio, crimes contra a humanidade e crimes de guerra pudessem ser julgados no país, conforme seu direito penal interno, independentemente do princípio da irretroatividade da lei penal, se, ao tempo dos fatos, tais condutas já fossem proibidas pelo direito internacional. Com isso, a obrigação de legislar sobre o tema foi adimplida pelo Senegal.[342]

International Criminal Law, **Vanderbilt Journal of Transnational Law**, v. 24, n. 1, p. 1–74, 1991, p. 70.

339. UNIÃO AFRICANA. **Decision on the Hissène Habré Case and the African Union**. Assembly/ AU/ Dec.127(VII). Disponível em: https://archives.au.int/bitstream/handle/123456789/955/Assembly%20AU%20Dec%20127%20%28VII%29%20_E.PDF?sequence=1&isAllowed=y . Acesso em: 2 jun. 2023.

340. UNITED NATIONS. **Convention against Torture and Other Cruel, Inhuman or Degrading Treatment or Punishment**. General Assembly Resolution 39/46, 10 December 1984. Disponível em: https://www.ohchr.org/en/instruments-mechanisms/instruments/convention-against-torture-and-other-cruel-inhuman-or-degrading. Acesso em 10 mai. 2023. Diz o art. 7º, §1º, da Convenção: "1. O Estado Parte no território sob a jurisdição do qual o suposto autor de qualquer dos crimes mencionados no Artigo 4º for encontrado, se não o extraditar, obrigar-se-á, nos casos contemplados no Artigo 5º, a submeter o caso as suas autoridades competentes para o fim de ser o mesmo processado."

341. UNITED NATIONS. Committee against Torture. **Suleymane Guengueng et al. v. Senegal.** Communication No. 181/2001. CAT/C/36/D/181/2001 19 May 2006. Disponível em: https://www.globalhealthrights.org/wp-content/uploads/2014/07/CAT-2006-Soleymane-Guengueng-v-Senegal.pdf. Acesso em: 10 jun. 2023.

342. INTERNATIONAL COURT OF JUSTICE. **Questions relating to the Obligation to Prosecute or Extradite (Belgium v. Senegal)**. Judgment 20 July 2012, I.C.J. Reports 2012. § 48 e 74. Disponível em: https://www.icj-cij.org/sites/default/files/case-related/144/144-20120720-JUD-01-00-EN.pdf. Acesso em: 10 mai. 2023.

Diante da continuidade do impasse entre os dois países, em 2009, o tema foi levado à consideração da Corte Internacional de Justiça (CIJ) no caso *Questões relativas à Obrigação de Processar ou Extraditar (Bélgica vs. Senegal)*, decidido em 2012. Tratava-se de promover o processo contra Habré. A Bélgica alegava que o Senegal tinha o dever de processá-lo por tortura e crimes contra a humanidade ou de extraditá-lo para Bruxelas, em conformidade com a regra *aut dedere aut iudicare*, prevista no art. 7º da Convenção contra a Tortura (CAT) ou ainda com base nos costumes internacionais, que conformam o direito internacional consuetudinário. O governo belga também alegou que Dacar não cumprira a obrigação de adotar regras de direito interno que lhe permitissem exercer a jurisdição universal prevista no art. 5º, §2º, da CAT.[343]

No julgamento de 2012, a CIJ pela primeira vez[344] garantiu a legitimidade ativa de um Estado para invocar responsabilidade com base em uma obrigação *erga omnes partes*, tendo constatado a responsabilidade internacional do Senegal por não haver cumprido as obrigações de investigar e processar Habré por crimes de tortura e contra a humanidade cometidos no Chade, desde a entrada em vigor da CAT para o país.[345] Em sua decisão de 2012, a CIJ afirmou que os deveres que resultam da Convenção contra a Tortura, de 1984, são semelhantes aos que derivam da Convenção contra o Genocídio, de 1948, podendo ser definidos como obrigações *erga omnes partes*, no sentido de que qualquer Estado tem o direito de vê-las cumpridas ou de fazer com que o sejam.[346] Tal construção deu à Bélgica legitimidade

343. Conforme o art. 5º da Convenção contra a Tortura: "2. Cada Estado Parte tomará também as medidas necessárias para estabelecer sua jurisdição sobre tais crimes nos casos em que o suposto autor se encontre em qualquer território sob sua jurisdição e o Estado não extradite de acordo com o Artigo 8º para qualquer dos Estados mencionados no parágrafo 1 do presente Artigo." UNITED NATIONS. **Convention against Torture and Other Cruel, Inhuman or Degrading Treatment or Punishment.** General Assembly Resolution 39/46, 10 December 1984. Disponível em: https://www.ohchr.org/en/instruments-mechanisms/instruments/convention-against-torture-and-other-cruel-inhuman-or-degrading. Acesso em 10 mai. 2023.

344. SARTIPI, Hossein; HOJATZADEH, Ali Reza. The Innovation in Concept of the Erga-Omnesisation of International Law, **International Journal of Humanities & Social Science Studies (IJHSSS)**, v. II, n. II, p. 189–228, 2015, p. 218.

345. INTERNATIONAL COURT OF JUSTICE. **Questions relating to the Obligation to Prosecute or Extradite (Belgium v. Senegal).** Judgment 20 July 2012, I.C.J. Reports 2012. Disponível em: https://www.icj-cij.org/sites/default/files/case-related/144/144-20120720-JUD-01-00-EN.pdf. Acesso em: 10 mai. 2023.

346. ICJ. **Questions relating to the Obligation to Prosecute or Extradite (Belgium v. Senegal)**. Judgment 20 July 2012, I.C.J. Reports 2012, § 68.

(*standing*) para a causa contra o Senegal na CIJ, relativamente ao cumprimento dessas obrigações positivas.[347]

Ademais, a Corte concluiu ter havido mora legislativa do Senegal na implementação de suas obrigações positivas (legislativas), relativas à criminalização de certos delitos internacionais e à definição de sua jurisdição para julgá-los, o que teve impacto no cumprimento de outra obrigação, prevista no art. 7º do mesmo tratado.[348] Decidiu-se ainda que o Senegal descumpriu sua obrigação convencional, prevista no art. 6.2 da CAT, de investigar os fatos em tempo oportuno e de maneira eficaz.[349] Por fim, a Corte assentou que o país também descumpriu a obrigação de investigar e processar o acusado (art. 7.1) ou de o extraditar, alternativa esta que respeita a independência dos sistemas judiciais dos Estados Partes da CAT e que funciona como uma faculdade do Estado, em face da obrigação *primária* de persecução penal em seu território.[350]

A persecução é uma obrigação convencional; a extradição, neste contexto, é uma *alternativa* ao cumprimento deste dever,[351] que se impõe a cada Estado Parte a partir da entrada em vigor da Convenção CAT para cada um deles. Para o Senegal este marco temporal situou-se em 26 de junho de 1987.[352] A CIJ chegou a afirmar que o dever convencional do Senegal de cumprir a obrigação de processar ou então extraditar o ex-ditador do Chade

347. ICJ. **Questions relating to the Obligation to Prosecute or Extradite (Belgium v. Senegal),** § 69.

348. ICJ. **Questions relating to the Obligation to Prosecute or Extradite (Belgium v. Senegal),** § 75-77.

349. ICJ. **Questions relating to the Obligation to Prosecute or Extradite (Belgium v. Senegal),** § 88, 114-115.

350. No caso *Yerodia*, os juízes Rosalyn Higgins, Pieter Kooijmans and Thomas Buergenthal fizeram constar em seu voto conjunto: "It may immediately be noted that this is an early form of the aut dedere aut prosequi to be seen in later conventions. But the obligation to prosecute is *primary*, making it even stronger". INTERNATIONAL COURT OF JUSTICE. **Arrest Warrant of 11 April 2000 (Democratic Republic of the Congo v. Belgium).** Judgment of 14 February 2002. Separate Opinion of Judges Higgins, Kooijmans and Buergenthal, § 29. Disponível em: https://www.icj-cij.org/sites/default/files/case-related/121/121-20020214-JUD-01-05-EN.pdf. Acesso em: 2 jun. 2023.

351. "The Commission addressed the normative hierarchy between prosecution and extradition by noting that in Belgium v. Senegal the Court held that under the CAT the two obligations do not carry the same weight-extradition is an option but prosecution is an obligation. 3 1 Moreover, the 1996 Draft Code "clarifies that the obligation to prosecute arises independently from any request for extradition." MOYO, Monica P. Introductory Note to Final Report on the Obligation to Extradite or Prosecute (Aut Dedere Aut Judicare) (Int'l L. Comm'n). **International Legal Materials**, *[S. l.]*, v. 54, p. 758-779, 2015, p. 759.

352. ICJ. Questions relating to the Obligation to Prosecute or Extradite (Belgium v. Senegal), § 90, 94-95, 100-102 e 121.

não poderia ser afetado pela decisão do Tribunal de Justiça da Comunidade Econômica dos Países da África Ocidental (CEDEAO), que, em 2010,[353] ordenou que o país observasse o princípio da irretroatividade de sua lei penal e que procedesse ao julgamento de Habré num tribunal penal internacional *ad hoc*.[354] Ao fim, a CIJ determinou a responsabilidade internacional do Senegal e ordenou que o país submetesse de imediato o caso Habré a suas autoridades de persecução criminal, se não optasse por extraditá-lo para a Bélgica.[355]

O princípio *extradite ou processe* também foi debatido pela Corte da Haia noutro caso de grande envergadura para o direito internacional. Por ocasião do julgamento do caso *Yerodia* (*República Democrática do Congo vs. Bélgica*), o presidente da CIJ, o juiz Gilbert Guillaume, fez constar em seu voto em separado que o Estado de abrigo do autor do crime está obrigado a prendê-lo e então a extraditá-lo ou a processá-lo internamente, devendo antes afirmar sua jurisdição por lei.[356] Rezek, que era um dos juízes da Corte naquele momento, trazia uma questão preliminar: "Há uma ordem lógica que a rigor se impõe, e sem a qual estaríamos afinal decidindo uma questão hipotética: a de saber se a imunidade existiria ou não *caso* a justiça belga fosse competente...".[357]

Atualmente, o princípio *aut dedere aut iudicare* está previsto expressamente em diversas convenções multilaterais em matéria de tortura, terrorismo, segurança da aviação civil, proteção da saúde pública etc.,[358] assim como em tratados bilaterais, como é o caso do Tratado de Extradição

---

353. COURT OF JUSTICE OF THE ECONOMIC COMMUNITY OF STATES OF WEST AFRICA. **Case of Hissène Habré v. Senegal,** Decision No. ECW/CCJ/JUD/06/10, 18 November 2010, § 61. Disponível em: https://www.asser.nl/upload/documents/20120419T034816-Habre%20Ecowa%20 2010.pdf. Acesso em: 10 jun. 2023.

354. INTERNATIONAL COURT OF JUSTICE. **Questions relating to the Obligation to Prosecute or Extradite (Belgium v. Senegal).** Judgment 20 July 2012, I.C.J. Reports 2012, § 111. Disponível em: https://www.icj-cij.org/sites/default/files/case-related/144/144-20120720-JUD-01-00-EN. pdf. Acesso em: 10 mai. 2023.

355. ICJ. **Questions relating to the Obligation to Prosecute or Extradite (Belgium v. Senegal),** § 121.

356. INTERNATIONAL COURT OF JUSTICE. **Arrest Warrant of 11 April 2000 (Democratic Republic of the Congo v. Belgium).** Judgment of 14 February 2002. Separate Opinion of Judge President Gilbert Guillaume, § 9. Disponível emhttps://www.icj-cij.org/sites/default/files/ case-related/121/121-20020214-JUD-01-01-EN.pdf. Acesso em: 2 jun. 2023.

357. REZEK, Francisco. Matrizes políticas da justiça penal internacional. **Revista de Direito Internacional**, *[S. l.]*, v. 13, n. 1, 2016, p. 344.

358. PETRIG, Anna. The Expansion of Swiss Criminal Jurisdiction in Light of International Law. **Utrecht Law Review**, *[S. l.]*, v. 9, n. 4, p. 44, 2013.

entre a Itália e o Brasil.[359] Convenções regionais sobre extradição, como a Convenção Europeia de Extradição de 1957, contêm regra semelhante.[360] Lessa lembra que hoje o princípio é invocado para justificar a extradição ou a persecução de autores de "delitos comuns sem repercussão internacional", o que dá nota de sua natureza de costume internacional.[361]

Embora a CDI não tenha batido o martelo quanto à natureza costumeira do *aut dedere aut iudicare*, indicou que os dois elementos para a formação do costume estão presentes.[362] O dever de cooperar também decorre de normas costumeiras que começaram a se sedimentar ao tempo de Grotius[363] e que foram adensadas graças ao direito internacional humanitário e ao trabalho da própria CDI, podendo-se afirmar sua natureza costumeira pelo menos em relação a alguns crimes, como a tortura.[364] Diante da profusão de tratados que consolidam essa obrigação, Bassiouni sustenta a natureza costumeira do *aut dedere aut iudicare* e, até mesmo, sua característica de *jus cogens*, quanto a certos crimes.[365] Entretanto, na visão de Caligiuri, o princípio *aut*

---

359. O art. 6º desse tratado regula a recusa facultativa da extradição: "1. Quando a pessoa reclamada, no momento do recebimento do pedido, for nacional do Estado requerido, este não será obrigado a entregá-la. Neste caso, não sendo concedida a extradição, a Parte requerida, a pedido da Parte requerente, submeterá o caso às suas autoridades competentes para eventual instauração de procedimento penal. Para tal finalidade, a Parte requerente deverá fornecer os elementos úteis". BRASIL; ITÁLIA. **Tratado de Extradição, entre a República Federativa do Brasil e a República Italiana**, de 17 de outubro de 1989. Disponível em: https://www.planalto.gov.br/ccivil_03/decreto/1990-1994/d0863.htm#:~:text=1%C2%B0%20O%20Tratado%20de,na%20data%20de%20sua%20publica%C3%A7%C3%A3o.. Acesso em: 2 jun. 2023.

360. Conforme o art. 6º, §2º, da Convenção: "2. Se a Parte requerida não extraditar o seu nacional, deverá, a pedido da Parte requerente, submeter o assunto às autoridades competentes, a fim de que, se for caso disso, o procedimento criminal possa ser instaurado. Para esse efeito, os autos, informações e objetos relativos à infração serão enviados gratuitamente pela via prevista no n.º 1 do artigo 12." COUNCIL OF EUROPE. **European Convention on Extradition**, ETS no. 24, done at Paris on 13 December 1957. Disponível em: https://rm.coe.int/1680064587. Acesso em: 10 jul. 2023.

361. LESSA, Luiz Fernando Voss Chagas. **Persecução penal e cooperação internacional direta pelo Ministério Público.** Rio de Janeiro: Lumen Juris, 2013, p. 68 e 71.

362. MOYO, Monica P. Introductory Note to Final Report on the Obligation to Extradite or Prosecute (Aut Dedere Aut Judicare) (Int'l L. Comm'n). **International Legal Materials**, *[S. l.]*, v. 54, p. 758-779, 2015, p. 759.

363. MITCHELL, Claire. **Aut Dedere, aut Judicare:** The Extradite or Prosecute Clause in International Law. eCahiers de l'InstitutGenève: Graduate Institute Publications, 2011, § 58.

364. MITCHELL, Claire. **Aut Dedere, aut Judicare:** The Extradite or Prosecute Clause in International Law. eCahiers de l'InstitutGenève: Graduate Institute Publications, 2011, § 70.

365. "[...] constant reaffirmation in these treaties of the duty to extradite or prosecute may be taken to confirm that, at least so far as international offenses are concerned, the principle *aut dedere aut judicare* has been accepted as a positive norm of general international law". BASSIOUNI, M. Cherif; WISE, Edward M. **Aut Dedere Aut Judicare:** The Duty to Extradite or Prosecute in International Law. Dordrecht; Boston; London: Martinus Nijhoff, 1995, p. 24, 25, 51-57.

dedere aut iudicare ainda não alcançou o *status* de costume internacional para todos os crimes.[366]

Além da manifestação da Corte IDH no caso *Goiburú*[367] a favor da natureza costumeira do princípio em tela, o Tribunal de Justiça da União Europeia também assim já se posicionou no caso *Petruhhin*, julgado em Luxemburgo em 2016, levando Caligiuri a especular que o Tribunal da UE "parece considerar o princípio *aut dedere aut iudicare* como um princípio geral de direito aplicável a qualquer situação, a fim de garantir a eficácia da cooperação internacional entre os Estados e de garantir que uma pessoa acusada não fique impune".[368] Assim decidiu o TJUE:

> [...] embora, tendo em conta o adágio "aut dedere, aut judicare" (extraditar ou julgar), a não extradição dos nacionais seja geralmente compensada pela possibilidade de o Estado-Membro requerido proceder criminalmente contra os seus próprios nacionais por infrações graves cometidas fora do seu território, esse Estado-Membro é, em regra, incompetente para julgar esses fatos, quando nem o autor nem a vítima da suposta infração têm a nacionalidade desse Estado-Membro. A extradição permite, assim, evitar que infrações cometidas no território de um Estado por pessoas que fugiram desse Estado fiquem impunes.[369]

O princípio *aut dedere aut iudicare*, quando convencional, é "uma regra fundamental do tratado, como parte de sua razão de ser".[370] No entanto, seu cumprimento é contingenciado pela lei local, o que faz aumentar a importância das convenções de supressão, para o cumprimento do dever de processar

---

366. "From the point of view of general international law, we have pointed out that conclusion and ratification of a growing number of treaties that embodies an *aut dedere aut judicare* clause is not an evidence for the formation and the existence of a customary rule of similar content". CALIGIURI, Andrea. Governing International Cooperation in Criminal Matters: the role of the aut dedere aut judicare principle. **International Criminal Law Review**, *[S. l.]*, v. 18, p. 244–274, 2018, p. 274.

367. CORTE INTERAMERICANA DE DIREITOS HUMANOS. **Caso Goiburú e Outros vs. Paraguai.** Sentença de 22 de setembro de 2006, § 132. Disponível em: https://www.cnj.jus.br/wp-content/uploads/2016/04/15934c4d6d9ca1cf602e165fc5afa3cf.pdf. Acesso em: 10 mai. 2023.

368. CALIGIURI, Andrea. Governing International Cooperation in Criminal Matters: the role of the aut dedere aut judicare principle. **International Criminal Law Review**, *[S. l.]*, v. 18, p. 244–274, 2018, p. 269.

369. TRIBUNAL DE JUSTIÇA DA UNIÃO EUROPEIA. Acórdão de 6 de setembro de 2016, **Processo C-182/15, Supremo Tribunal da Letônia (Aleksei Petruhhin).** Disponível em: https://curia.europa.eu/juris/document/document.jsf?text=&docid=183097&pageIndex=0&doclang=PT&mode=lst&dir=&occ=first&part=1&cid=876058 . Acesso em: 2 jun. 2023.

370. CALIGIURI, Andrea. Governing International Cooperation in Criminal Matters: the role of the aut dedere aut judicare principle. **International Criminal Law Review**, *[S. l.]*, v. 18, p. 244–274, 2018, p. 258.

ou do dever de cooperar (mediante extradição). Com efeito, como lembra Caligiuri, o Estado de abrigo deve ter jurisdição extraterritorial sobre o fato cometido pela pessoa procurada (o que exige lei processual), deve dispor das provas do crime (o que reclama um pedido de transferência passiva[371] de processo penal ou um pedido ativo de obtenção de provas) e deve considerar as regras de extinção da punibilidade e de imunidade à jurisdição eventualmente aplicáveis.[372] Esses elementos podem impedir na prática o cumprimento pelo Estado (*forum deprehensionis*) do dever de processar (*iudicare*), tornando-se evidente a relevância do papel uniformizador que as convenções supressivas desempenham no plano da legalidade penal, por meio dos comandos de tipificação de condutas e de asserção da jurisdição.

Mesmo a obrigação de extraditar (*dedere*) pode ser impactada pela deficiência institucional do Estado custódio, pela inexistência de tratado (*no extradition without treaty*), pela não inclusão da infração penal em questão na lista de crimes extraditáveis, ou pela natureza política do crime, conforme a lei local. Mais uma vez se nota a função viabilizadora das *suppression conventions*, ao estabelecer um regime internacional que alcance os temas de cooperação internacional, criando obrigações institucionais específicas, que permitam a tutela penal dos direitos humanos.

Na nossa compreensão, pela profusão de tratados bilaterais e multilaterais, decisões de cortes internacionais e manifestações de organismos internacionais que se remetem ao *aut dedere aut iudicare* e ao seu longo percurso histórico, este princípio adquiriu o *status* de norma costumeira no direito internacional penal, no direito penal transnacional e mesmo no direito interno, na medida em que o acesso à justiça e a proteção judicial efetiva são direitos humanos com característica de *jus cogens*, disso resultando, na perspectiva da pessoa humana, um direito internacional à justiça e à vedação da impunidade.

---

371. Mendonça sustenta que a tipologia ativa/passiva se adequa melhor às formas de cooperação secundárias, já que as modalidades primárias são ambivalentes. MENDONÇA, Andrey Borges de. **Cooperação internacional no processo penal: a transferência de processos**. São Paulo: Revista dos Tribunais, 2021, p. 104-105.

372. CALIGIURI, Andrea. Governing International Cooperation in Criminal Matters: the role of the aut dedere aut judicare principle. **International Criminal Law Review**, *[S. l.]*, v. 18, p. 244–274, 2018, p. 259.

4.4.4. O Dever Internacional de Cooperar Passivamente por Força de Resoluções do Conselho de Segurança das Nações Unidas

Quando adotadas em conformidade com o capítulo VII da Carta de São Francisco de 1945, para manter ou restaurar a paz internacional e a segurança coletivas, as resoluções do Conselho de Segurança das Nações Unidas (CS/ONU) têm força vinculante, devendo ser cumpridas por todos os Estados Membros da organização.[373]

Apesar do fracasso do arranjo institucional do Conselho de Segurança,[374] vez ou outra o colegiado mostra sua importância para a promoção dos direitos humanos por meio da justiça criminal internacional. Nos anos 1990, dois tribunais foram criados por resoluções do Conselho de Segurança, com base no capítulo VII da Carta da ONU, a partir de proposta dos Estados Unidos. Tais atos determinaram a constituição dos tribunais para julgar os crimes cometidos durante a guerra da Iugoslávia (Resolução S/RES/808 e Resolução S/RES/827, de 1993)[375] e de Ruanda (Resolução S/RES/955, de 1994).[376] Tais cortes internacionais tinham primazia sobre as jurisdições nacionais.[377]

O Tribunal Penal Internacional para os Crimes contra o Direito Humanitário Cometidos na ex-Iugoslávia (TPI-I), com sede na Haia, foi competente para julgar graves violações às Convenções de Genebra de 1949, crimes de guerra, crimes contra a humanidade e genocídio. Suas atividades foram encerradas em 2017. Foi a primeira vez que se criou "um tribunal penal internacional dotado de jurisdição sobre indivíduos residentes em Estados

---

373. ROQUE, H. Harry L. Jr. The Security Council under Chapter VII of the UN Charter: Problems under the Rule of Law. **World Bulletin: Bulletin of the International Studies of the Philippines**, *[S. l.]*, v. 17, p. 124-141, 2001, p. 125.

374. Tenha-se em mente a paralisia crônica do CS/ONU em graves situações de crise como as guerras da Síria, da Ucrânia, do Iêmen e em Gaza-Israel e o conflito do Alto Carabaque (Armênia/Azerbaijão), só para mencionar eventos em curso nesta década que ameaçam gravemente a paz e a segurança coletivas. A existência de 5 membros permanentes, com poder de veto, já se mostrou incompatível com a nova ordem internacional e com o princípio da igualdade soberana entre os Estados.

375. UNITED NATIONS. **Security Council. Resolution S/RES/827** (1993), adopted by the Security Council on 25 May 1993. Disponível em: https://digitallibrary.un.org/record/166567. Acesso em: 10 jul. 2023.

376. UNITED NATIONS. Security Council. **Resolution S/RES/955** (1994), adopted by the Security Council on 8 November 1994. Disponível em: https://digitallibrary.un.org/record/198038. Acesso em: 10 jul. 2023.

377. SCHARF, Michael P.; DAY, Margaux. The *ad hoc* international criminal tribunals: Launching a new era of accountability. In: SCHABAS, William; BERNAZ, Nadia (Org.) **Routledge handbook of international criminal law,** Abingdon, Oxon; New York: Routledge, 2011, p. 51-52.

soberanos, sejam eles Estados da ex-Iugoslávia ou terceiros Estados", tribunal este "dotado de primazia sobre os tribunais nacionais".[378]

Já o Tribunal Penal Internacional para os Crimes Cometidos em Ruanda (TPI-R), sediado em Arusha, na Tanzânia, foi competente para julgar graves violações de direitos humanos, especialmente genocídio, cometidos naquele país em 1994, envolvendo tutsis e hutus. Esta corte encerrou suas atividades em 2015. A forma de criação do TPI-R, por resolução do CS/ONU, foi relevante para o funcionamento daquela jurisdição, uma vez que "obrigou os países vizinhos para os quais os acusados haviam fugido, bem como o próprio governo de Ruanda, a cooperar plenamente com o Tribunal".[379] Do mesmo modo que o TPI-I, o Tribunal para Ruanda seguia o *princípio da complementaridade*. Vale dizer, as jurisdições de tais cortes complementavam as jurisdições dos Estados onde os fatos se deram, tendo primazia sobre elas. Anos depois, o ER/1998 criaria o TPI também guiado pelo princípio da complementaridade, mas agora com prevalência das jurisdições nacionais.[380]

Enquanto funcionaram, o TPI-R e o TPI-I compartilharam estruturas, especialmente a Promotoria e a Câmara de Apelação. Essas cortes foram descontinuadas em dezembro de 2015 e dezembro de 2017, respectivamente, e agora seus processos estão sob responsabilidade do Mecanismo Internacional Residual para os Tribunais Penais (IRMCT).[381] Criado em 2010, pela Resolução 1966 do Conselho de Segurança da ONU, para funcionar na Haia e em Arusha, o Mecanismo ficou encarregado de exercer as funções judiciais anteriormente desempenhadas pelos dois tribunais, inclusive a execução penal, a prestação de assistência à jurisdição nacional, e a proteção de vítimas e testemunhas

Por terem sido criados por resoluções do Conselho de Segurança das Nações Unidas, com base no capítulo VII da Carta de São Francisco, o TPI-I e o TPI-R podiam emitir mandados a qualquer Estado Parte da ONU, para a

---

378. INTERNATIONAL CRIMINAL TRIBUNAL FOR THE FORMER YUGOSLAVIA. **The Prosecutor v. Tihomir Blaškić.** Request of the Republic of Croatia for Review of the Decision of the Trial Chamber II of 18 July 1997, Appeals Chamber. Judgment of 29 October 1997, § 47. Disponível em: https://www.icty.org/x/cases/blaskic/acdec/en/71029JT3.html. Acesso em: 10 jul. 2023.

379. SCHARF, Michael P.; DAY, Margaux. The *ad hoc* international criminal tribunals: Launching a new era of accountability. In: SCHABAS, William; BERNAZ, Nadia (Org.) **Routledge handbook of international criminal law,** Abingdon, Oxon ; New York: Routledge, 2011, p. 51-52.

380. CASSESE, Antonio. On the Current Trends towards Criminal Prosecution and Punishment of Breaches of International Humanitarian Law. **European Journal of International Law**, *[S. l.]*, v. 9, p. 2-17, 1998, p. 16.

381. UNITED NATIONS. **International Residual Mechanism for Criminal Tribunals** (IRMCT). Disponível em: https://www.irmct.org/en. Acesso em: 10 jul. 2023.

produção de provas, apresentação de pessoas, captura de foragidos mediante entrega (*surrender*), e não por meio de extradição. A relação entre os Tribunais e os Estados era de natureza vertical, vinculante, sem possibilidade de invocação do direito interno para recusa à cooperação.[382] É também este o entendimento de Dimitris Liakpopoulos, para quem "a obrigação decorrente do caráter vinculante da Resolução 827 das Nações Unidas e sua imposição a todos os Estados como uma obrigação *erga omnes* foi claramente definida pela Câmara de Apelações do TPI-I no caso *Blaškić*",[383] em função do art. 29 do seu Estatuto, que contém regra semelhante ao art. 28 do Estatuto do TPI-R.[384] Cassese segue a mesma posição quanto à natureza vinculante dessas ordens, ao examinar o referido caso *Blaškić*, no qual, a pedido da Promotoria, um juiz do TPI-I expediu dois mandados de exibição para apresentação pessoal de documentos (*subpoenae duces tecum*), um dos quais encontrou resistência da Croácia, que recusava a ordem vinculante, alegando sua soberania e sua imunidade estatal.[385]

Como já sabemos, a cooperação com tribunais é classificada como vertical. Nela, a cooperação, "ao menos em teoria, não depende de decisões soberanas dos Estados em questão, mas estes estão, regra geral, obrigados a cooperar". Seu dever de cooperar deriva do art. 25 da Carta das Nações Unidas,[386] base para a elaboração dos estatutos de tais tribunais *ad hoc*,

382. CASSESE, Antonio. On the Current Trends towards Criminal Prosecution and Punishment of Breaches of International Humanitarian Law. **European Journal of International Law**, *[S. l.]*, v. 9, p. 2-17, 1998, p. 14.

383. "The obligation arising from the binding nature of the United Nations Resolution n. 827 and its imposition on all states as an *erga omnes* obligation was clearly defined by the Appeals Chamber of the ICTY in the Blaškić case of 29 October 1997". LIAKOPOULOS, Dimitris. Types of international cooperation and legal assistance in the ICC. **Revista de Derecho Universidad San Sebastián,** *[S. l.]*, v. 25, p. 104–148, 2019, p. 115.

384. "Art. 28. Cooperação e assistência judiciária. 1. Os Estados devem cooperar com o Tribunal Internacional para o Ruanda na investigação e no exercício da ação penal contra as pessoas acusadas de terem cometido violações graves ao direito internacional humanitário." INTERNATIONAL CRIMINAL TRIBUNAL FOR RWANDA. S**tatute of the International Criminal Tribunal for the Prosecution of Persons Responsible for Genocide and Other Serious Violations of International Humanitarian Law** Committed in the Territory of Rwanda and Rwandan Citizens Responsible for Genocide and Other Such Violations Committed in the Territory of Neighbouring States, between 1 January 1994 and 31 December 1994. Disponível em: https://www.ohchr.org/en/instruments-mechanisms/instruments/statute-international-criminal-tribunal-prosecution-persons. Acesso em: 10 jul. 2023.

385. CASSESE, Antonio. On the Current Trends towards Criminal Prosecution and Punishment of Breaches of International Humanitarian Law. **European Journal of International Law**, *[S. l.]*, v. 9, p. 2-17, 1998, p. 12-13.

386. O art. 25 da Carta da ONU dá a base convencional para tais obrigações: "Os Membros das Nações Unidas concordam em aceitar e executar as decisões do Conselho de Segurança, de acordo com a presente Carta". UNITED NATIONS. **Charter of the United Nations**, done at

onde se descreve a obrigação de cooperação, tal como o fazem o art. 29 do Estatuto do TPI-I e o art. 28 do TPI-R. Em caso de descumprimento desses deveres, o Estado inadimplente pode sujeitar-se a sanções do CS/ONU.[387]

Assim, nos tribunais *ad hoc*, os deveres de transmitir provas e de prender e entregar pessoas procuradas por esses tribunais internacionais não emanava de convenções ou tratados no regime ordinário de cooperação internacional, como obrigação convencional; decorria do cumprimento de resoluções adotadas pelo CS/ONU nos termos do Capítulo VII da Carta das Nações Unidas.[388] Nessas resoluções, o Conselho de Segurança "instou solenemente todos os Estados Membros a cumprir as ordens e requisições do Tribunal Internacional", com isso criando uma obrigação *erga omnes partes:* "Por outras palavras, cada Estado Membro das Nações Unidas tem interesse jurídico no cumprimento da obrigação prevista no artigo 29" do Estatuto do Tribunal.[389]

Diversamente dos tribunais *ad hoc* criados por resolução do CS/ONU, o TPI, que surgiu com base no consentimento dos Estados Partes do Estatuto de Roma de 1998, "não pode obrigar os Estados que não são Partes a cooperar com ele quando tais Estados não estiverem dispostos a fazê-lo, a menos que se possa obter tal cooperação com fundamento numa resolução do CSNU".[390] Os Estados que não são Partes do Estatuto não têm o dever de cooperar com o TPI. Contudo, "tal dever de cooperar torna-se obrigatório e incondicional", mesmo para estes Estados não partes, "quando a jurisdição do TPI é desencadeada por uma Resolução do CS/ONU, desde que esses

---

San Francisco, on 26 June 1945. Disponível em: https://www.un.org/en/about-us/un-charter/full-text. Acesso em: 10 jun. 2023.

387. AMBOS, Kai. Prosecuting International Crimes at the National and International Level: Between Justice and Realpolitik, *In*: KALECK, Wolfgang; RATNER, Michael; SINGELNSTEIN, Tobias; WEISS, Peter (org.). **International Prosecution of Human Rights Crimes**. Berlin Heidelberg New York: Springer, 2007, p. 60-61.

388. SOLER, Christopher. **The Global Prosecution of Core Crimes under International Law**. The Hague: T.M.C. Asser Press, 2019, p. 16-17.

389. TPI-I: "1. States shall cooperate with the International Tribunal in the investigation and prosecution of persons accused of committing serious violations of international humanitarian law. 2. States shall comply without undue delay with any request for assistance or an order issued by a Trial Chamber, including, but not limited to: (a) the identification and location of persons; (b) the taking of testimony and the production of evidence; (c) the service of documents; (d) the arrest or detention of persons; (e) the surrender or the transfer of the accused to the International Tribunal." Cf. INTERNATIONAL CRIMINAL TRIBUNAL FOR THE FORMER YUGOSLAVIA. **Updated Statute of the ICTY,** adopted 25 May 1993 by Resolution S/RES/827. Disponível em: https://www.icty.org/x/file/Legal%20Library/Statute/statute_sept09_en.pdf. Acesso em: 10 jun. 2023.

390. SOLER, Christopher. **The Global Prosecution of Core Crimes under International Law**. The Hague: T.M.C. Asser Press, 2019, p. 19-20.

Estados sejam Estados Membros da ONU".[391] Soler sustenta a mesma posição, entendendo que, apesar de não haver dever de cooperar para os Estados alheios ao ER/1998, este dever surgirá incondicionalmente, se a jurisdição do TPI for acionada por uma resolução do CS/ONU, dado o seu caráter vinculante para todos os Estados Membros da ONU.[392] Esta também é a compreensão de Ambos,[393] o que mostra o poder do CS/ONU em relação à manutenção da paz e da segurança coletivas, por meio da promoção da justiça penal internacional.

Fazendo valer essa regra, em 2005, o CS/ONU aprovou a Resolução 1593, sobre a situação de Darfur no Sudão. Seu § 2º determinou que "o Sudão e todas as outras partes do conflito" deveriam cooperar de forma completa com a Procuradoria e com o TPI para a apuração dos fatos ali ocorridos.[394] Estados que não sejam partes do ER/1998 também estarão obrigados a cooperar com o TPI se formalizarem acordos bilaterais *ad hoc* com o Tribunal, na forma do art. 87.5[395] do Estatuto de Roma.[396]

Discorrendo sobre as decisões de organizações internacionais que precederam a negociação e conclusão de tratados internacionais em matéria penal como a Convenção de Mérida, Alle argumenta que tais manifestações já são fontes do direito internacional, contendo "insistentes menções à necessária cooperação internacional", de modo que o "direito produzido pelas organizações internacionais" daria suporte à cooperação "como um imperativo da

391. SLUITER, Göran. Cooperation of States with International Criminal Tribunals. In: CASSESE, Antonio (ORG.). **The Oxford companion to international criminal justice**. Oxford ; New York: Oxford University Press, 2009, p. 187-200, p. 198-199.

392. SOLER, Christopher. **The Global Prosecution of Core Crimes under International Law**. The Hague: T.M.C. Asser Press, 2019, p. 199.

393. AMBOS, Kai; TRIFFTERER, Otto. **Rome statute of the international criminal court: a commentary**. Third ed. London: Bloomsbury T & T Clark, 2016, p. 2014.

394. CS/ONU: "2. Decides that the Government of Sudan and all other parties to the conflict in Darfur, shall cooperate fully with and provide any necessary assistance to the Court and the Prosecutor pursuant to this resolution and, while recognizing that States not party to the Rome Statute have no obligation under the Statute, urges all States and concerned regional and other international organizations to cooperate fully". UNITED NATIONS. Security Council. **Resolution S/RES/1593** (2005), adopted on 31 March 2005. Disponível em: https://documents-dds-ny.un.org/doc/UNDOC/GEN/N05/292/73/PDF/N0529273.pdf?OpenElement. Acesso em: 10 jul. 2023.

395. ER/1998: "Artigo 85 [...] 5. a) O Tribunal poderá convidar qualquer Estado que não seja Parte no presente Estatuto a prestar auxílio ao abrigo do presente Capítulo com base num convênio *ad hoc*, num acordo celebrado com esse Estado ou por qualquer outro modo apropriado".

396. AMBOS, Kai. Prosecuting International Crimes at the National and International Level: Between Justice and Realpolitik, *In*: KALECK, Wolfgang; RATNER, Michael; SINGELNSTEIN, Tobias; WEISS, Peter (org.). **International Prosecution of Human Rights Crimes**. Berlin Heidelberg New York: Springer, 2007, p. 60-61.

ordem internacional".[397] Como vimos ao examinar os regimes internacionais de proibição, um dos elementos do conjunto convencional formado pelas *suppression conventions* é justamente a cooperação jurídica internacional, fator que, examinado à luz da teoria do consentimento perceptivo,[398] poderia ser visto como uma fonte do dever de cooperar passivamente.

4.4.5. O Dever Internacional de Cooperar Passivamente como Obrigação *Erga Omnes*

É tentador tratar o dever de cooperar – nas suas duas dimensões ativa e passiva – como uma obrigação *erga omnes*. Segundo a CIJ, as obrigações *erga omnes* surgem por sua própria natureza, em função da importância dos direitos em questão.[399] Shelton explica que as "questões de interesse comum da humanidade estão ligadas ao reconhecimento de obrigações *erga omnes* e também à formação de instituições e procedimentos de conformidade que [as] reforçam [...] no interesse comum".[400]

Considerar um tema – como a criminalidade organizada, a criminalidade ambiental de natureza transnacional, as graves violações de direitos humanos e o terrorismo internacional, dizemos nós – uma questão de *common concern of humanity* faz surgir obrigações *erga omnes* relativas a estas questões. Falando dos problemas ambientais que afligem a humanidade, Shelton pontua que, quando "determinado dano ambiental é identificado como de interesse de todos", o escopo das obrigações *erga omnes* é ampliado e surge para os Estados um dever de cooperação internacional que deles pode ser exigido.[401] Como se viu no caso *Mox Plant* (*Irlanda vs. Reino Unido*),[402] o Tribunal Internacional do Direito do Mar (ITLOS), com sede em Hamburgo, afirmou em 2001 que o dever de cooperação é um princípio fundamental

397. ALLE, Saulo Stefanone. **Cooperação jurídica internacional e auxílio direto ativo em matéria penal**. Belo Horizonte: Arraes Editores, 2017, p. 59.

398. Ao cuidar das formas extraconvencionais de expressão do direito internacional, Rezek diferencia o consentimento *criativo* do consentimento *perceptivo*. REZEK, Francisco. **Direito internacional público**: curso elementar. 16.ed. São Paulo: Saraiva, 2016, p. 172.

399. INTERNATIONAL COURT OF JUSTICE. **Case Concerning the Barcelona Traction, Light and Power Company, Limited (Belgium v. Spain).** Judgment of 5 February 1970, I.C.J. Reports 1970, p. 32-33, § 33. Disponível em: https://www.icj-cij.org/sites/default/files/case-related/50/050-19700205-JUD-01-00-EN.pdf. Acesso em: 10 mai. 2023.

400. SHELTON, Dinah. Common Concern of Humanity. **Environmental Policy and Law**, *[S. l.]*, v. 39, 2009, p. 83.

401. SHELTON, Dinah. Op. cit., p. 86.

402. Sobre o caso vide VARELLA, Marcelo D.; OLIVEIRA, Vitor Eduardo Tavares de. Da unidade à fragmentação do direito internacional: o caso MOX Plant. **Revista da Faculdade de Direito da UFMG**, Belo Horizonte, n. 54, p. 119-140, jan./jun. 2009, p. 123-124.

do direito internacional, ordenando que os dois Estados cooperassem para a solução do diferendo.[403] Como vimos, essa concepção cooperativa também está presente em decisões recentes da Corte IDH[404] e do TEDH,[405] no contexto do direito internacional do meio ambiente.

Segundo o Instituto de Direito Internacional, as obrigações *erga omnes* correspondem a obrigações segundo o direito internacional geral que sujeitam um Estado à sociedade internacional "tendo em vista seus valores comuns e sua preocupação com o cumprimento, de modo que uma violação dessa obrigação permite que todos os Estados tomem medidas" para sua observância.[406] Também são consideradas obrigações gerais, do tipo *erga omnes partes,* aquelas que derivam "de um tratado multilateral que um Estado Parte do tratado deve [cumprir], em qualquer caso, [em relação] a todos os outros Estados Partes do mesmo tratado, tendo em vista seus valores e preocupações comuns de cumprimento". [407] Um exemplo das obrigações *erga omnes partes* está nos tratados de direitos humanos.[408]

O conceito de obrigações *erga omnes* surgiu em 1970. No caso *Barcelona Traction, Light and Power Company, Limited*, a Corte Internacional de Justiça estabeleceu a distinção fundamental entre as obrigações internacionais dos Estados como um todo de outras que derivam do direito à proteção diplomática, tema que era objeto do diferendo. Para a Corte da Haia, nas primeiras, "tendo em vista a importância dos direitos envolvidos, todos os Estados podem ser considerados como tendo um interesse legal em sua proteção; são obrigações *erga omnes*".[409] Menna Barreto ressalta que, mediante

---

403. INTERNATIONAL TRIBUNAL FOR THE LAW OF THE SEA. **MOX Plant (Ireland v. United Kingdom)**, Provisional Measures, Order of 3 December 2001, ITLOS Reports 2001, §§ 82 e 84. Disponível em: https://www.itlos.org/fileadmin/itlos/documents/cases/case_no_10/published/C10-O-3_dec_01.pdf. Acesso em: 2 jun. 2023.

404. CORTE INTERAMERICANA DE DIREITOS HUMANOS. **Caso Habitantes de La Oroya vs. Perú.** Sentencia de 27 de noviembre de 2023. Disponível em: https://www.corteidh.or.cr/docs/casos/articulos/seriec_511_esp.pdf. Acesso em: 10 abr. 2024.

405. EUROPEAN COURT OF HUMAN RIGHTS. **Case of Verein Klimaseniorinnen Schweiz and Others vs. Switzerland.** Judgment 9 April 2024. Disponível em: https://hudoc.echr.coe.int/eng?i=001-233206. Acesso em: 10 abr. 2024.

406. INSTITUT DE DROIT INTERNATIONAL. **Les obligations et les droits erga omnes en droit international.** Cinquiéme session, Cracovie, 27 août 2005, p. 1. Disponível em: https://www.idi-iil.org/app/uploads/2017/06/2005_kra_01_en.pdf, Acesso em: 10 mai. 2023.

407. INSTITUT DE DROIT INTERNATIONAL. Op. cit., p. 1.

408. DE WET, Erika, *Jus Cogens* and Obligations *Erga Omnes*. *In*: SHELTON, Dinah (Org.), **The Oxford Handbook of International Human Rights Law**, 1. ed. [s.l.]: Oxford University Press, 2013, p. 441.

409. INTERNATIONAL COURT OF JUSTICE. **Case Concerning the Barcelona Traction, Light and Power Company, Limited (Belgium v. Spain)**. Judgment of 5 February 1970, I.C.J. Reports

o *obiter dictum* no caso *Barcelona Traction* – cuja autoria é atribuída ao juiz polonês Manfred Lachs – a CIJ "reconhecia a existência de obrigações que não são meramente bilaterais, de um Estado com outro, mas sim integrais e indivisíveis, que se impõem e vinculam simultaneamente todos os Estados".[410] Para a CJI:

> Tais obrigações derivam, por exemplo, no direito internacional contemporâneo, da proibição de atos de agressão e de genocídio, assim como dos princípios e regras relativos aos direitos básicos da pessoa humana, incluindo a proteção contra a escravidão e a discriminação racial. Alguns dos direitos de proteção correspondentes entraram no corpo do direito internacional geral (*Reservas à Convenção sobre a Prevenção e Punição do Crime de Genocídio*, Opinião Consultiva, I.C.J. Reports 1951, p. 23); outros são asseguradas por instrumentos internacionais de caráter universal ou quase-universal.[411]

Ragazzi é de opinião de que, depois da manifestação da CIJ, a doutrina internacionalista passou a advogar que "as obrigações *erga omnes* podem também incluir obrigações positivas" e isso ter-se-ia refletido em "pelo menos um pronunciamento da Corte Internacional e em vários votos de seus membros".[412] O autor exemplifica com as obrigações previstas no art. 1º das quatro Convenções de Genebra de 1949, que teriam sido convertidas em regras de direito internacional costumeiro, fazendo com que a obrigação de "respeitar e fazer respeitar"[413] se tornasse uma obrigação *erga omnes* no

---

1970, p. 32-33, § 33. Disponível em: https://www.icj-cij.org/sites/default/files/case-related/50/050-19700205-JUD-01-00-EN.pdf. Acesso em: 10 mai. 2023.

410. MENNA BARRETO, Caio Cézar Ovelheiro. **De Corte Internacional para Corte Mundial: a Corte Internacional de Justiça e a comunitarização do direito internacional**, Dissertação de Mestrado em Direito, Faculdade de Direito, Universidade do Estado do Rio de Janeiro, Rio de Janeiro, 2023, p. 32.

411. O caso dizia respeito a uma empresa canadense, sob controle de duas *holdings* belgas, a Barcelona Traction, Light and Power Company. A companhia provia serviços de energia elétrica na Espanha e teve suas atividades limitadas pela ditadura franquista, o que causou prejuízos aos seus acionistas belgas, ativando um caso de proteção diplomática pela Bélgica, embora a empresa fosse canadense. INTERNATIONAL COURT OF JUSTICE. **Case Concerning the Barcelona Traction, Light and Power Company, Limited (Belgium v. Spain).** Judgment of 5 February 1970, I.C.J. Reports 1970, p. 32-33, § 33-34. Disponível em: https://www.icj-cij.org/sites/default/files/case-related/50/050-19700205-JUD-01-00-EN.pdf. Acesso em: 10 mai. 2023.

412. RAGAZZI, Maurizio. **The concept of international obligations erga omnes**. Oxford: New York: Clarendon Press; Oxford University Press, 1997, p. 152.

413. I Convenção de Genebra de 1949, art. 1º: "As Altas Partes Contratantes comprometem-se a respeitar e a fazer respeitar a presente Convenção em todas as circunstâncias". INTERNATIONAL COMMITTEE OF THE RED CROSS. **The Geneva Conventions of 12 August 1949.** Disponível em: https://www.icrc.org/en/doc/assets/files/publications/icrc-002-0173.pdf. Acesso em: 10 jul. 2023.

direito internacional humanitário.[414] O caso do *Estreito de Corfu*, acerca da proibição de minagem não notificada,[415] também é por ele apontado como exemplo de reconhecimento de uma obrigação *erga omnes* que compreende uma obrigação positiva: a de notificar outros Estados da existência de minas marítimas em certa área.[416]

No caso do *Estreito de Corfu*, considerações sobre princípios humanitários (contra colocação de minas nas áreas de navegação) e o princípio da liberdade da navegação determinaram o reconhecimento de uma obrigação positiva de notificar. Com mais razão, a necessidade de prover justiça e reprimir graves violações de direitos humanos e crimes internacionais estabelecerá também, a partir da teia de tratados dos regimes de proibição e de proteção, obrigações *erga omnes* para os Estados, quanto ao dever de investigar, processar e punir.

Vimos que os deveres estatais relacionados à prevenção da impunidade englobam tais deveres de investigar, processar e punir e, se for o caso, extraditar ou entregar autores de crimes. No que diz respeito aos crimes de *jus cogens*, o dever de cooperação será uma obrigação *erga omnes*. Mas o dever de cooperar não pode resultar apenas da equação entre *jus cogens* e obrigações *erga omnes* – para com toda a sociedade internacional – ou de obrigações *erga omnes partes*, estas fundadas em tratados multilaterais ou destinadas à proteção de um interesse coletivo de um grupo de Estados.[417] A falta de um tratado ou da proibição de uma certa conduta (criminosa) como vedação de *jus cogens* tornaria frágil o marco cooperacional em relação a uma infinidade

---

414. RAGAZZI, Maurizio. **The concept of international obligations erga omnes**. Oxford: New York: Clarendon Press; Oxford University Press, 1997, p. 152.

415. CIJ: "The obligations incumbent upon the Albanian authorities consisted in notifying, for the benefit of shipping in general, the existence of a minefield in Albanian territorial waters and in warning the approaching British warships of the imminent danger to which the minefield exposed them. Such obligations are based, not on the Hague Convention of 1907, No. VTII, which is applicable in time of war, but on certain general and well-recognized principles, namely: elementary considerations of humanity, even more exacting in peace than in war; the principle of the freedom of maritime communication; and every State's obligation not to allow knowingly its territory to be used for acts contrary to the rights of other States". INTERNATIONAL COURT OF JUSTICE. **The Corfu Channel Case (United Kingdom v. Albania).** Judgment of April 9th, 1949, I.C.J. Reports 1949, p. 22. Disponível em: https://www.icj-cij.org/sites/default/files/case-related/1/001-19490409-JUD-01-00-EN.pdf. Acesso em: 2 jun. 2023.

416. RAGAZZI, Maurizio. **The concept of international obligations erga omnes**. Oxford: New York: Clarendon Press; Oxford University Press, 1997, p. 153.

417. Vide a distinção feita pela Comissão no art. 48(1)(a) e (b). UNITED NATIONS. International Law Commission. **Articles on the Responsibility of States for Internationally Wrongful Acts (ARSIWA),** annex to the General Assembly Resolution 56/83 of 12 December 2001. Disponível em: https://legal.un.org/ilc/texts/instruments/english/draft_articles/9_6_2001.pdf. Acesso em: 10 mai. 2023.

de outros crimes que não integram os regimes globais de proibição, como é o caso – só para tomar um exemplo – do crime de homicídio cometido em circunstâncias ordinárias. O fundamento do dever de cooperação tem de ser outro, derivado da obrigação *erga omnes* de proteção vitimária, de acesso à justiça e de proteção efetiva aos direitos humanos, em geral, como obrigações de primeiro nível relacionadas à investigação, processo, julgamento e punição de qualquer violação a normas de proteção à pessoa humana.

Se, como disse a Corte Regional Federal para a 2ª Região dos Estados Unidos em 1980, o torturador passou a ser, tal como o pirata, o traficante de escravos e escravocrata, um inimigo de toda a humanidade (*hostis humani generis*),[418] outros crimes igualmente repugnantes farão vítimas assim reconhecidas pela comunidade internacional, como o terrorismo. As obrigações *erga omnes* têm a capacidade fertilizar a ordem jurídica, gerando impactos em vários campos do direito internacional, como os da jurisdição e do cumprimento de decisões internacionais, funcionando como um fator de humanização da ordem internacional descentralizada, "convidando os Estados a atuar de forma proativa em defesa de seus interesses e valores comuns".[419]

Não precisamos, assim, recorrer à R2P como fundamento geral para o dever de cooperar em matéria penal. A R2P estabelece que os Estados soberanos têm a responsabilidade de proteger seus cidadãos de crimes de guerra, genocídio, limpeza étnica e crimes contra a humanidade. Conforme essa concepção, se os Estados falham em resguardar os direitos de seus súditos, a sociedade internacional teria o dever de intervir, inclusive militarmente,[420] sob os auspícios do Conselho de Segurança das Nações Unidas. Vê-se, portanto, que, se acolhida, a R2P seria uma providência de

---

418. A expressão em latim é de Emer de Vattel e foi empregada pelo tribunal no caso Peña-Irala. Em 29 de marco de 1976, Joelito Filártiga, de 17 anos, foi sequestrado e morto, sob tortura, por Américo Norberto Peña-Irala, então inspetor-geral de Polícia de Assunção. Ele e familiares de Joelito mudaram-se para os Estados Unidos, onde a família da vítima processou Peña-Irala por tortura num juízo cível, que afastou a alegação de *forum non conveniens* e condenou o ex-inspetor a pagar uma reparação de mais de 10 milhões de dólares. Cf. UNITED STATES. United States Court of Appeals, Second Circuit. **Filártiga v. Peña-Irala**, 630 F. 2d 876 (2d Cir.1980). Disponível em: https://casetext.com/case/filartiga-v-pena-irala. Acesso em: 10 mai. 2023.

419. SARTIPI, Hossein; HOJATZADEH, Ali Reza, The Innovation in Concept of the Erga-Omnesisation of International Law, **International Journal of Humanities & Social Science Studies (IJHSSS)**, v. II, n. II, p. 189–228, 2015, p. 218.

420. Criada pelo governo do Canadá como um órgão independente, a ICISS foi uma resposta a um discurso do Secretário-geral da ONU, Kofi Annan, durante a Cúpula do Milênio, sobre as responsabilidades da comunidade internacional na prevenção de extermínios em massa e graves violações do direito internacional humanitário. In: INTERNATIONAL COMMISSION ON INTERVENTION AND STATE SOVEREIGNTY. **The Responsibility to Protect:** Report of the International Commission on Intervention and State Sovereignty, Ottawa, December 2001,

redundância, como um estepe, em caso de inércia do Estado que já tem a obrigação de prevenir violações, investigá-las, processá-las e puni-las. Adotada durante a Cúpula Mundial da ONU em 2005 e reafirmada pelo Conselho de Segurança da ONU em 2006,[421] a R2P difere de intervenções humanitárias ao enfatizar a responsabilidade primordial do Estado onde os eventos ocorrem e introduzir a ideia de que a sociedade internacional deve prestar assistência para a tutela dos direitos da pessoa humana, sempre que os eventos listados tiverem lugar.[422]

O fundamento para o dever de prestar cooperação deve ser buscado nas obrigações *erga omnes* em sentido estrito, estejam ou não vinculadas a uma proibição de *jus cogens*. A proteção dos direitos das vítimas de crimes – quaisquer crimes – é um valor superior da humanidade, algo que pode ser identificado como um interesse coletivo de todos os Estados, que já o fazem (ou devem fazê-lo) isoladamente, no âmbito de suas jurisdições em relação a fatos cometidos em seus territórios. Proteger tais direitos, transnacionalmente, por meio do emprego do direito penal, no âmbito de uma persecução criminal transfronteiriça é algo que pode ser lido como uma obrigação *erga omnes*, vinculada aos deveres de proteger os direitos da pessoa humana, que embutem obrigações estatais negativas (de abstenção) e positivas (de ação).

A jurisprudência de tribunais internacionais apoia essa compreensão extensiva quanto ao alcance das obrigações *erga omnes*. No caso *Questões relativas à Obrigação de Processar ou Extraditar (Bélgica vs. Senegal)*, julgado em 2012, a CIJ invocou as obrigações *erga omnes partes* como fundamento para o dever de o Senegal processar o ex-ditador do Chade, Hissène Habré, ou extraditá-lo para a Bélgica, conforme requerido, com base na Convenção das Nações Unidas contra a Tortura (CAT), de 1984: "Os Estados Partes na Convenção têm um interesse comum em garantir, tendo em conta os seus valores partilhados, que os atos de tortura sejam evitados e que, caso ocorram, os seus autores não gozem de impunidade".[423] Tomando como referência o

---

p. 81. Disponível em: https://idl-bnc-idrc.dspacedirect.org/bitstream/handle/10625/18432/IDL-18432.pdf?sequence=6&isAllowed=y. Acesso em: 10 mai. 2023.

421. Essa resolução ressaltava que os governos da região dos Grandes Lagos Africanos tinham "um papel prioritário quanto à responsabilidade de proteger suas populações, inclusive de ataques de milícias e grupos armados". UNITED NATIONS. Security Council. **Resolution S/RES/1653** (Great Lakes), adopted on 27 January 2006, § 10. Disponível em: https://www.globalr2p.org/resources/resolution-1653-great-lakes-region-s-res-1653/. Acesso em: 23 jan. 2023.

422. ARAS, Vladimir. **O genocídio no direito interno e no direito internacional**. Boa Esperança, MG: Editora CEI, 2023, p. 68.

423. INTERNATIONAL COURT OF JUSTICE. **Questions relating to the Obligation to Prosecute or Extradite (Belgium v. Senegal).** Judgment 20 July 2012, I.C.J. Reports 2012, § 68. Disponível

caso *La Cantuta,* no qual pendia pedido de extradição do ex-presidente Alberto Fujimori apresentado pelo Chile ao Peru, Cançado Trindade assinalou a existência de um dever internacional de cooperação entre Estados para a proteção dos direitos humanos, expressando-o como uma "garantia coletiva":

> A reação da consciência jurídica se manifesta hoje no reconhecimento de que o dever amplo de investigar, para assegurar o respeito dos direitos humanos consagrados na Convenção Americana (artigo 1.1), também se aplica em escala interestatal, no exercício da *garantia coletiva* pelos Estados Partes na Convenção Americana (como o são o Chile e o Peru).[424]

O dever de cooperar como um conceito *erga omnes partes* também foi invocado pela relatora especial das Nações Unidas Agnès Callamard sobre execuções extrajudiciais em seu relatório sobre o assassinato político do jornalista saudita Jamal Khashoggi, ocorrido dentro do consulado da Arábia Saudita em Istambul, em 2018. Em casos com elementos internacionais ou transnacionais, o dever de investigar *contém* um dever de cooperar: "A obrigação de investigação também inclui deveres de cooperação internacional, sem dúvida agravados num caso como o da execução do Sr. Khashoggi, dado o local do crime (num consulado)".[425] A conclusão da relatora foi cristalina no sentido de que "a obrigação de cooperação se impunha tanto à Turquia quanto à Arábia Saudita".[426]

---

em: https://www.icj-cij.org/sites/default/files/case-related/144/144-20120720-JUD-01-00-EN.pdf. Acesso em: 10 mai. 2023.

424. CORTE INTERAMERICANA DE DIREITOS HUMANOS. **Caso La Cantuta vs. Peru.** Sentença de 29 de novembro de 2006, § 160. Disponível em: https://www.cnj.jus.br/wp-content/uploads/2016/04/bbc1e35bbcf9642732059e06abd21568.pdf. Acesso em: 10 mai. 2023. Vide o voto de Cançado Trindade, p. 14, § 59.

425. UNITED NATIONS. Human Rights Council. **Report of the Special Rapporteur on extrajudicial, summary or arbitrary executions:** Investigation into the unlawful death of Mr. Jamal Khashoggi. A/HRC/41/CRP.1, 19 June 2019, p. 54, § 258. Disponível em: https://www.ohchr.org/en/press-releases/2019/06/khashoggi-killing-un-human-rights-expert-says-saudi-arabia-responsible. Acesso em: 10 jul. 2023.

426. UN Special Rapporteur Agnès Callamard: "States have duties of international cooperation in investigations of potentially unlawful deaths, particularly when they concern alleged international crimes such as extrajudicial execution or enforced disappearance. Such obligations are no doubt further heightened in the case of Mr. Khashoggi's murder, given the location of the crime (abroad, and in a consulate) and the complex legal issues it generates. The obligation of cooperation was imposed on both Turkey and Saudi Arabia". UNITED NATIONS. Human Rights Council. **Report of the Special Rapporteur on extrajudicial, summary or arbitrary executions:** Investigation into the unlawful death of Mr. Jamal Khashoggi. A/HRC/41/CRP.1, 19 June 2019, p. 55, § 263. Disponível em: https://www.ohchr.org/sites/default/files/HRBodies/HRC/RegularSessions/Session41/Documents/A_HRC_41_CRP.1.docx. Acesso em: 10 jul. 2023.

As regras convencionais que exigem dos Estados o respeito aos direitos humanos internacionalmente consagrados são obrigações *erga omnes*.[427] Tal conclusão, que partiu do Comitê do PIDCP em 2004, alcança os deveres de acesso à justiça e a garantia coletiva de proteção, de que resultam, no processo penal – e eventualmente na tutela de direitos coletivos e difusos –, deveres estatais de prevenção e repressão, que compreendem a realização de todas as providências necessárias de cooperação internacional, conforme a *due diligence* que se impõe ao Estado.

No caso *Furundžija*, o Tribunal Penal Internacional para a ex-Iugoslávia (TPI-I) afirmou a existência de uma obrigação *erga omnes* para a punição do crime de tortura, que decorre da natureza de *jus cogens* da proibição da tortura.[428] Também são vedadas pelo *jus cogens* a escravidão, o genocídio e a discriminação racial.[429] Para Verdross, as normas de *jus cogens* "não existem para satisfazer as necessidades de certos Estados, mas o interesse maior de toda a comunidade",[430] donde se conclui pela existência de uma obrigação positiva de segundo nível, de cooperar, também neste âmbito.

4.4.6. O Dever Internacional de Cooperar Passivamente como Consequência do *Jus Cogens*

A afirmação de que certos crimes internacionais derivam de proibições de *jus cogens* "acarreta o dever de processar ou de extraditar" seus autores, a inaplicabilidade de regras prescricionais para tais crimes e de leis de anistia e faz surgir o princípio da universalidade da jurisdição para sua persecução e julgamento, "independentemente de onde tenham sido cometidos, de quem os tenha cometido (inclusive chefes de Estado)", quem sejam suas vítimas e

---

427. UNITED NATIONS. Human Rights Committee. **General Comment No. 31**: The Nature of the General Legal Obligation Imposed on States Parties to the Covenant. Geneva, adopted on 29 March 2004, UN Doc CCPR/C/21/Rev.1/Add.13. Disponível em: https://digitallibrary.un.org/record/533996. Acesso em: 2 jun. 2023.

428. INTERNATIONAL CRIMINAL TRIBUNAL FOR THE FORMER YUGOSLAVIA. **The Prosecutor v. Anto Furundžija.** Judgment 10 December 1998, §§ 151-154. Disponível em: https://www.icty.org/x/cases/furundzija/tjug/en/. Acesso em: 10 mai. 2023.

429. DE WET, Erika, *Jus Cogens* and Obligations *Erga Omnes*. In: SHELTON, Dinah (Org.), **The Oxford Handbook of International Human Rights Law**, 1. ed. Oxford: Oxford University Press, 2013, p. 441.

430. VERDROSS, Alfred. Jus Dispositivum and Jus Cogens in International Law. In GROSS, Leo (ed.). **International Law in the Twentieth Century**. New York: Ardent Media, 1969, p. 220.

apud O'DONOGHUE, Aoife. **Constitutionalism in global constitutionalisation**. Cambridge, United Kingdom: Cambridge University Press, 2014, p. 114.

não importando se cometidos em tempos de paz ou durante uma guerra.[431] Assim, "a caracterização de certos crimes como de *jus cogens* impõe aos Estados a obrigação *erga omnes* de não permitir a impunidade dos autores de tais crimes".[432]

Satripi e Hojatzadeh afirmam que a origem contemporânea do vínculo entre obrigações *erga omnes* e crimes de *jus cogens* está na opinião consultiva proferida em 1951 pela CIJ no caso relativo às *Reservas à Convenção para a Prevenção e a Repressão ao Crime de Genocídio*. Ali se afirmou que os postulados que informam a Convenção de 1948 "são princípios que são reconhecidos pelas nações civilizadas como obrigatórios para os Estados, mesmo sem qualquer obrigação convencional".[433]

> Tendo em vista os valores compartilhados, todos os Estados Partes da Convenção do Genocídio têm um interesse comum em garantir que atos de genocídio sejam evitados e que, caso ocorram, seus autores não gozem de impunidade. Esse interesse comum implica que as obrigações em questão são devidas por qualquer Estado Parte a todos os outros Estados Partes da Convenção. No julgamento no caso referente às questões relativas à obrigação de processar ou extraditar (*Bélgica vs. Senegal),* a Corte observou que as disposições relevantes da Convenção contra a Tortura eram "semelhantes" às da Convenção do Genocídio. O Tribunal considerou que estas disposições geraram "obrigações [que] podem ser definidas como 'obrigações *erga omnes partes*' no sentido de que cada Estado parte tem interesse em vê-las cumpridas em qualquer caso" (Julgamento, CIJ, Relatórios 2012 (II), p. 449, § 68). Segue-se que qualquer Estado parte da Convenção do Genocídio, e não apenas um Estado especialmente afetado, pode invocar a responsabilidade de outro Estado Parte com vistas a apurar o alegado descumprimento de suas obrigações *erga omnes partes*, e fazer com que esse descumprimento tenha fim.[434]

---

431. SARTIPI, Hossein; HOJATZADEH, Ali Reza, The Innovation in Concept of the Erga-Omnesisation of International Law, **International Journal of Humanities & Social Science Studies (IJHSSS)**, v. II, n. II, p. 189–228, 2015, p. 212-213.

432. *Idem.*

433. INTERNATIONAL COURT OF JUSTICE. **Reservations to the Convention on the Prevention and Punishment of the Crime of Genocide**. Advisory Opinion of May 28th, 1951. I.C.J. Reports, 1951, p. 23. Disponível em: https://www.icj-cij.org/sites/default/files/case-related/12/012-19510528-ADV-01-00-EN.pdf. Acesso em: 10 mai. 2023.

434. INTERNATIONAL COURT OF JUSTICE. **Application of the Convention on the Prevention and Punishment of the Crime of Genocide (The Gambia v. Myanmar)**, Provisional Measures, Order of 23 January 2020, § 41. Disponível em: https://www.icj-cij.org/sites/default/files/case-related/178/178-20200123-ORD-01-00-EN.pdf. Acesso em: 10 mai. 2023.

A violação de normas de *jus cogens* é justificativa para a asserção da jurisdição universal de um Estado sobre fatos cometidos noutro Estado,[435] suscitando o exercício da ação penal por fatos extraterritoriais, do que resulta a necessidade de cooperar ativamente (pelo Estado que assume a jurisdição) e o dever de prestar cooperação (pelo Estado que não exerceu o seu *jus puniendi*). Como visto, em 1998, em *Furundžija*, o TPI-I reconheceu a existência de uma obrigação *erga omnes* para a punição do crime de tortura, que é uma consequência direta da natureza de *jus cogens* da proibição da tortura.[436] A responsabilidade internacional individual de Anto Furundžija derivava da natureza peremptória da norma de proibição, de modo a torná-la efetiva.[437]

Bartsch e Elberling sustentam que "toda regra de *jus cogens* contém ou pressupõe uma regra processual, que garante a sua aplicação judicial",[438] donde se pode mais uma vez afirmar a existência de uma obrigação processual positiva de investigar, processar e punir e, em sendo necessário, cooperar internacionalmente para estes fins. Para o cumprimento de tais deveres, não importa onde o autor do crime ou a vítima estejam no momento da persecução criminal, já que incide o princípio da jurisdição penal universal. Mesmo assim, não se pode ignorar que, para efeitos práticos, o Estado do *locus delicti commissi* deve buscar a custódia do acusado, o que ativa mecanismos de extradição ou entrega.[439]

Quanto à amplitude das obrigações estatais em relação a crimes de *jus cogens*, Bassiouni acentua que o *status* superior de tais normas imperativas abrange os deveres de processar ou extraditar; não aplicar regras de prescrição nem imunidades soberanas; garantir a aplicabilidade universal dessas

---

435. COSNARD, Michel. La compétence universelle en matière pénale. In: TOMUSCHAT, Christian; THOUVENIN, Jean-Marc (Org.). **The fundamental rules of the international legal order: Jus Cogens and obligations Erga Omnes**. Leiden; Boston: Martinus Nijhoff Publishers, 2006, p. 355.

436. INTERNATIONAL CRIMINAL TRIBUNAL FOR THE FORMER YUGOSLAVIA. **The Prosecutor v. Anto Furundžija**. Judgment 10 December 1998, §§ 151-154. Disponível em: https://www.icty.org/x/cases/furundzija/tjug/en/. Acesso em: 10 mai. 2023.

437. MCGREGOR, Lorna. Addressing the Relationship between State Immunity and Jus Cogens Norms: A Comparative Assessment. *In*: KALECK, Wolfgang; RATNER, Michael; SINGELNSTEIN, Tobias; WEISS, Peter (org.). **International prosecution of Human Rights crimes**. Berlin Heidelberg New York: Springer, 2007, p. 69-84, p. 76.

438. BARTSCH, Kerstin; ELBERLING, Björn. Jus Cogens vs. State Immunity, Round Two: The Decision of the European Court of Human Rights in the Kalogeropoulou et al. v. Greece and Germany Decision. **German Law Journal**, *[S. l.]*, v. 4, n. 5, p. 477–491, 2003, p. 486.

439. ZIMMERMANN, Andreas. The Exercise of Universal Jurisdiction in Criminal Matters. In: TOMUSCHAT, Christian; THOUVENIN, Jean-Marc (Org.). **The fundamental rules of the international legal order:** Jus Cogens and obligations Erga Omnes. Leiden; Boston: Martinus Nijhoff Publishers, 2006, p. 337.

proibições e obrigações em tempo de paz ou durante a guerra; e a asserção de jurisdição universal sobre tais crimes, tudo de modo a evitar a impunidade.[440] O art. 41 do Projeto de Artigos sobre Responsabilidade Estatal[441] igualmente impõe aos Estados uma obrigação positiva de "cooperar para pôr fim por meios legítimos" a qualquer séria violação de uma norma de *jus cogens*, havendo, portanto, consequências processuais em função da classificação desses preceitos como normas peremptórias de direito internacional geral.[442] Talmon pondera, com razão, que o dever de cooperar previsto em tal dispositivo refere-se a Estados terceiros, e não ao Estado responsável pela violação.[443] De qualquer modo, se uma obrigação *erga omnes* derivada do *jus cogens* impõe a um Estado a persecução criminal, logicamente o obriga à cooperação internacional, no segundo nível das obrigações positivas.

Quanto à salvaguarda internacional da pessoa humana, segundo a Corte IDH, nos arts. 48 e 50 da CADH, há "um propósito mais amplo da proteção internacional aos direitos humanos [...] e particularmente, neste contexto, o dever jurídico de cooperar para a investigação e a reparação das violações aos direitos humanos que lhes poderiam ser imputadas".[444] Em 2006, a Corte IDH voltou a reconhecer, agora com mais clareza, o dever internacional de cooperar, relacionando-o a obrigações decorrentes do *jus cogens* – estas dotadas de superioridade hierárquica – ao afirmar que a violação de normas desta natureza faz surgir deveres de processar, julgar e punir, uma vez que a eliminação da impunidade se revela como "um dever de cooperação internacional", vinculado ao direito de acesso à Justiça.

---

440. BASSIOUNI, M. Cherif. International crimes: *jus cogens and obligatio erga omnes*. **Law and Contemporary Problems**, v. 59, n. 4, p. 63-74, 1996, p. 65-66.
441. UNITED NATIONS. International Law Commission. **Draft articles on Responsibility of States for Internationally Wrongful Acts**, with commentaries, 2001. The Yearbook of the International Law Commission, 2001, vol. II, Part Two, p. 114, Article 41, commentary 3. Disponível em: https://legal.un.org/ilc/texts/instruments/english/commentaries/9_6_2001.pdf. Acesso em: 10 jun. 2023.
442. MCGREGOR, Lorna. Addressing the Relationship between State Immunity and Jus Cogens Norms: A Comparative Assessment. *In*: KALECK, Wolfgang; RATNER, Michael; SINGELNSTEIN, Tobias; WEISS, Peter (org.). **International prosecution of Human Rights crimes**. Berlin Heidelberg New York: Springer, 2007, p. 69–84, p. 76-77.
443. TALMON, Stefan. The Duty Not to 'Recognize as Lawful' a Situation Created by the Illegal Use of Force or Other Serious Breaches of a Jus Cogens Obligation: An Obligation without Real Substance?. In: TOMUSCHAT, Christian; THOUVENIN, Jean-Marc (Org.). **The fundamental rules of the international legal order: Jus Cogens and obligations Erga Omnes**. Leiden; Boston: Martinus Nijhoff Publishers, 2006, p. 99-125, p. 124-125.
444. CORTE INTERAMERICANA DE DIREITOS HUMANOS. **Caso Velásquez Rodríguez vs. Honduras.** Sentencia de 26 de junio de 1987, Excepciones Preliminares, § 59. Disponível em: https://www.corteidh.or.cr/docs/casos/articulos/seriec_01_esp.pdf. Acesso em: 2 jun. 2023.

A decisão em questão se deu no caso *La Cantuta*, ocorrido na época do governo de Alberto Fujimori, no Peru, quando inequivocamente o Tribunal Interamericano afirmou que o acesso à justiça é uma norma de *jus cogens*, da qual resultam obrigações *erga omnes* de conteúdo positivo para os Estados, para evitar a impunidade de violações de direitos humanos, de forma direta, em sua jurisdição, ou de forma indireta, mediante cooperação interestatal.[445]

No caso *Anzualdo Castro vs. Peru*, de 2009, a Corte voltou ao ponto, acentuando o dever dos Estados de adotar providências persecutórias necessárias para impedir a impunidade, mediante exercício da ação penal ou por meio de cooperação internacional.[446] Para Currie, "os Estados têm o dever básico de cumprir suas obrigações decorrentes do direito internacional, inclusive as obrigações em matéria de direitos humanos", ao menos como obrigações *erga omnes*.[447] Percebemos, entretanto, conforme a Corte IDH, que a força dessas obrigações – quando tomado em conta o direito de acesso à justiça, que é corolário do direito à proteção judicial efetiva – deriva do *jus*

445. CORTE IDH: "Conforme reiteradamente mencionado, os fatos deste caso infringiram normas inalienáveis do Direito Internacional (jus cogens). Nos termos do artigo 1.1 da Convenção Americana, os Estados são obrigados a investigar as violações de direitos humanos e a julgar e punir os responsáveis. Ante a natureza e gravidade dos fatos, principalmente por se tratar de um contexto de violação sistemática de direitos humanos, a necessidade de erradicar a impunidade se apresenta perante a comunidade internacional como um dever de cooperação interestatal. O acesso à justiça constitui norma imperativa de Direito Internacional e, como tal, gera obrigações erga omnes para os Estados de adotar as medidas necessárias para não deixar impunes essas violações, seja exercendo sua jurisdição para aplicar o direito interno e o Direito Internacional no julgamento e, caso seja pertinente, punição dos responsáveis por fatos dessa natureza, seja colaborando com outros Estados que o façam ou procurem fazê-lo. A Corte recorda que, em conformidade com o mecanismo de garantia coletiva estabelecido na Convenção Americana, simultaneamente às obrigações internacionais regionais e universais na matéria, os Estados Partes na Convenção devem colaborar entre si nesse sentido". CORTE INTERAMERICANA DE DIREITOS HUMANOS. **Caso La Cantuta vs. Peru.** Sentença de 29 de novembro de 2006, § 160. Disponível em: https://www.cnj.jus.br/wp-content/uploads/2016/04/bbc1e35bbcf9642732059e06abd21568.pdf. Acesso em: 10 mai. 2023.

446. CORTE IDH: "[..] dada a natureza e a gravidade dos fatos, ainda mais em contextos de violações sistemáticas dos direitos humanos, e dado que o acesso à justiça constitui uma norma imperativa de direito internacional, a necessidade de erradicar a impunidade se apresenta perante a comunidade internacional como um dever de cooperação entre os Estados, que devem adotar as medidas necessárias para evitar deixar impunes estas violações, seja exercendo a sua jurisdição para aplicar o seu direito interno e o direito internacional para processar e, quando apropriado, punir os responsáveis, ou colaborar com outros Estados que o façam ou tentem fazê-lo". CORTE INTERAMERICANA DE DIREITOS HUMANOS. **Caso Anzualdo Castro vs. Perú.** Sentencia de 22 de septiembre de 2009, § 125. Disponível em: https://corteidh.scjn.gob.mx/buscador/doc?doc=casos_sentencias/CasoAnzualdoCastroVsPeru_ExcepcionPreliminarFondoReparacionesCostas.htm. Acesso em: 2 jun. 2023.

447. CURRIE, Robert J. Human Rights and International Mutual Legal Assistance: resolving the tension. **Criminal Law Forum**, *[S. l.]*, v. 11, n. 2, p. 143–182, 2000, p. 155.

cogens. Não por outro motivo, em *Goiburú*,[448] a Corte Interamericana de Direitos Humanos reforçou que "diante da particular gravidade destes delitos e da natureza dos direitos lesados, a proibição do desaparecimento forçado de pessoas e o correlativo dever de investigá-los e punir seus responsáveis alcançou o caráter de *jus cogens*". A posição da Corte foi inequívoca:

> O acesso à justiça constitui uma norma imperativa de Direito Internacional e, como tal, gera obrigações *erga omnes* para os Estados de adotar as medidas que sejam necessárias para não deixar impunes essas violações, seja exercendo sua jurisdição para aplicar seu direito interno e o Direito Internacional para julgar e, se for o caso, punir os responsáveis, seja colaborando com outros Estados para que o façam ou procurem fazê-lo.[449]

Vistos as diversas fontes do dever internacional de prestar cooperação, lancemos agora os olhos sobre o dever de requerer cooperação internacional em matéria penal. Antes, o foco foi a cooperação passiva; agora nos deteremos sobre a cooperação ativa, com a descrição e o exame da teoria que lhe serve de base, notadamente na assistência jurídica internacional, sem prejuízo de sua adaptação também à cooperação policial entre as nações.

4.5. O DEVER INTERNACIONAL DE REQUERER COOPERAÇÃO JURÍDICA: UM OLHAR SOBRE A COOPERAÇÃO ATIVA

Numa concepção cosmopolita e, quiçá, kantiana do mundo, os direitos humanos se universalizaram; sua titularidade não decorre mais do fato de uma cidadania específica ou de uma nacionalidade particular. Outrora havia apenas o frágil instituto da proteção diplomática para garantir os direitos de "hospitalidade" dos estrangeiros. A evolução do direito internacional humanitário, do direito internacional dos direitos humanos, do direito internacional dos refugiados e do direito internacional penal abandonou este tempo. Dotados de universalidade, os direitos humanos internacionalmente reconhecidos podem ser exercidos por todos, independentemente de qualquer critério distintivo, inclusive a nacionalidade, não importando quando nem onde. A "realização cooperativa dos direitos humanos" – estes não mais restritos ao domínio reservado dos Estados –, é, como se viu, uma

---

448. CORTE INTERAMERICANA DE DIREITOS HUMANOS. **Caso Goiburú e Outros vs. Paraguai.** Sentença de 22 de setembro de 2006, § 84. Disponível em: https://www.cnj.jus.br/wp-content/uploads/2016/04/15934c4d6d9ca1cf602e165fc5afa3cf.pdf. Acesso em: 10 mai. 2023.

449. CORTE IDH. **Caso Goiburú e Outros vs. Paraguai.** Sentença de 22 de setembro de 2006, § 131.

característica dos Estados constitucionais cooperativos.[450] Uma das tantas formas de estender os braços do estado de Direito para além das fronteiras nacionais, em prol da concretização dos direitos humanos, é mediante a cooperação internacional para a realização da justiça criminal, sobretudo nos *core international crimes* e nos *crimes of international concern*.

Como registra Berman com propriedade, "O universo normativo da efetivação dos direitos humanos por meio do aparato jurídico é resultado direto da criação jurisdicional em Nuremberg".[451] Não é de admirar que, espontaneamente, uma das cortes internacionais de direitos humanos tenha passado a exercer uma jurisdição quase-penal[452] ao implementar as convenções de proteção à pessoa humana. Tampouco é estranho notar que todas elas tenham adotado uma teoria de obrigações positivas que enquadra o aparato punitivo estatal na função reparatória do Estado quanto à efetiva proteção de direitos fundamentais, numa lógica de suficiência. Como lembra Kemp, embora vinculada às relações internacionais entre Estados, a cooperação internacional em matéria penal em última análise diz respeito à pessoa humana, isto é, a suspeitos, a acusados, a vítimas e testemunhas,[453] às pessoas cujos direitos podem ser tutelados (ou ameaçados) pela sua execução ou por sua inexecução.[454]

A doutrina de direitos humanos aparece sempre como um limitador das atividades de persecução criminal e de cooperação internacional. Neste estudo, todavia, o direito constitucional de cada Estado e o direito interna-

---

450. HÄBERLE, Peter. **Estado constitucional cooperativo.** Renovar: Rio de Janeiro, 2007, p. 70.
451. BERMAN, Paul Schiff. The Globalization of Jurisdiction. **University of Pennsylvania Law Review**, *[S. l.]*, v. 151, n. 2, p. 311–545, 2002, p. 504.
452. HUNEEUS, Alexandra. International Criminal Law by Other Means: The Quasi-criminal Jurisdiction of the Human Rights Courts. **American Journal of International Law**, [S. l.], v. 107, n. 1, p. 1–44, 2013.
453. KEMP, Gerhard. Foreign relations, international co-operation in criminal matters and the position of the individual. **South African Journal of Criminal Justice,** *[S. l.]*, v. 16, n. 3, p. 370–392, 2003, p. 371.
454. Em 20 de outubro de 2023, o ministro da Justiça belga, Vincent Van Quickenborne, renunciou ao seu cargo, após reconhecer que a justiça da Bélgica havia cometido um grave erro, por omissão, ao não tramitar um pedido de extradição encaminhado pela Tunísia a Bruxelas, em 2022, para a extradição de Abdesalem Lassoued. Pouco mais de um ano depois, em 16 de outubro, esse homem cometeu um atentado terrrorista em Bruxelas, no qual duas pessoas foram mortas e uma terceira vítima foi ferida gravemente. A apuração ainda não esclareceu as causas do erro, mas aparentemente se tem um caso de cooperação deficiente, que pode deflagrar a responsabilidade do Estado belga, por descumprimento do dever de cooperar, com a devida diligência, num caso envolvendo um jihadista. WARLAND, Maïté; JORIS, Mélanie. Démission de Vincent Van Quickenborne: chronique d'une faute inacceptable. **RTBF**, Bruxelles, 21 octobre 2023. Disponível em: https://www.rtbf.be/article/demission-de-vincent-van-quickenborne-chronique-dune-faute-inacceptable-11275468. Acesso em: 21 out. 2023.

cional dos direitos humanos se apresentam *também* como catalisadores da cooperação jurídica internacional, como seus motores, para acionar as engrenagens do Estado na persecução criminal transnacional e internacional, sempre que em jogo a tutela de um direito protegido por meio do direito internacional penal, do direito penal transnacional ou do direito penal interno. Os crimes internacionais em sentido estrito procuram punir as condutas mais deploráveis que se pode cometer. Por outro lado, é necessário combater a criminalidade transnacional pelas "ameaças que representa para a segurança individual e para a estabilidade dos Estados".[455] Mesmo crimes comuns podem representar violações mais ou menos graves a direitos internacionalmente reconhecidos, nos regimes regionais e global de proteção.

Tenhamos em conta o dever geral de garantia, previsto no art. 1.1 da Convenção Americana de Direitos Humanos, que tem "amplo alcance", como ensinou Cançado Trindade.[456] As leis fundadoras de cada Estado Democrático de Direito também terão previsões sobre os direitos fundamentais, como a vida, a integridade física e a liberdade, deles decorrendo inequivocamente obrigações *constitucionais* positivas para seus aparatos de prevenção e de proteção, inclusive para o *law enforcement* e para o Poder Judiciário. Decorre disso que, de modo compatível com este mecanismo de garantia coletiva instituído pelas convenções de direitos humanos, os Estados Partes devem cumprir as obrigações internacionais, regionais e universais sobre violações de direitos humanos, e colaborar entre si, ou seja, devem cooperar para enfrentar tais violações,[457] inclusive por meio do processo penal transnacional ou da persecução criminal "internacionalizada". Em *La Cantuta*, de 2006, embora sem dizê-lo, a Corte IDH enunciou, pela segunda vez,[458] o dever

455. MINGST, Karen A.; ARREGUÍN-TOFT, Ivan M. **Essentials of international relations**. Seventh edition ed. New York: W.W. Norton & Company, 2017, p. 358.

456. CORTE INTERAMERICANA DE DIREITOS HUMANOS. **Caso La Cantuta vs. Peru**. Sentença de 29 de novembro de 2006. Voto do juiz Cançado Trindade, p. 14, § 51. Disponível em: https://www.cnj.jus.br/wp-content/uploads/2016/04/bbc1e35bbcf9642732059e06abd21568.pdf. Acesso em: 10 mai. 2023.

457. CORTE INTERAMERICANA DE DIREITOS HUMANOS. **Caso La Cantuta vs. Peru**. Sentença de 29 de novembro de 2006, § 160. Disponível em: https://www.cnj.jus.br/wp-content/uploads/2016/04/bbc1e35bbcf9642732059e06abd21568.pdf. Acesso em: 10 mai. 2023.

458. Como veremos adiante, dois meses antes de decidir *La Cantuta*, a obrigação de requerer cooperação internacional já aparecera nos debates da Corte IDH no caso *Goiburú*. CORTE INTERAMERICANA DE DIREITOS HUMANOS. **Caso Goiburú e Outros vs. Paraguai.** Sentença de 22 de setembro de 2006. Voto em separado do juiz Cançado Trindade, p. 1, § 1-2. Disponível em: https://www.cnj.jus.br/wp-content/uploads/2016/04/15934c4d6d9ca1cf602e165fc5afa3cf.pdf. Acesso em: 10 mai. 2023.

de requerer cooperação internacional. Em seu voto em separado, Cançado Trindade fez um registro histórico sobre a evolução sistêmica:

> Durante anos, no seio desta Corte, insisti na necessidade do reconhecimento e da identificação do *jus cogens*, e elaborei, em numerosos votos (no exercício das funções tanto contenciosa quanto consultiva do Tribunal), a construção doutrinária da aplicação do conteúdo material do *jus cogens* e das respectivas obrigações *erga omnes* de proteção, em suas dimensões tanto horizontal (vis-à-vis a comunidade internacional como um todo) como vertical (abrangendo as relações do indivíduo tanto com o poder público como com entidades não estatais ou outros indivíduos). Com isso, evoluiu e expandiu-se a própria noção de "vítima" de acordo com a Convenção Americana, ampliaram-se tanto os parâmetros da proteção devida aos jurisdicionados como o círculo de pessoas protegidas. [459]

Na mesma ocasião, que se deu poucos meses antes do fim de seu mandato na Corte IDH,[460] o professor Cançado Trindade exortou a Corte a não "frear ou retroceder sua própria jurisprudência em matéria de direito imperativo (*jus cogens*) no [...] domínio de proteção da pessoa humana, em matéria de direito tanto substantivo como processual".[461] Seu alerta é crucial para o desenho de obrigações positivas derivadas de obrigações *erga omnes*, nas quais as projeções processuais do *jus cogens* incidente alcançam o dever de persecução penal nos casos transnacionais e nos *internacionalizados*, nos quais haja violações a proibições imperativas, exigindo o emprego de mecanismos de cooperação jurídica internacional, já que presente a estraneidade. O reconhecimento da proibição de certas condutas como normas de *jus cogens*,[462] e a consequente previsão de uma obrigação *erga omnes* de impedir

---

459. CORTE INTERAMERICANA DE DIREITOS HUMANOS. **Caso La Cantuta vs. Peru**. Sentença de 29 de novembro de 2006. Voto do juiz Antônio Augusto Cançado Trindade, p. 16-17, § 60. Disponível em: https://www.cnj.jus.br/wp-content/uploads/2016/04/bbc1e35bbcf9642732059e-06abd21568.pdf. Acesso em: 10 mai. 2023.

460. "De minha parte, encerro com nostalgia esse período para mim inesquecível de serviços prestados e de profunda realização pessoal como Juiz Titular desta Corte, que não poderia ser mais gratificante, no processo de aprendizagem interminável que proporciona a busca – frente a todo tipo de adversidade– da realização do direito à verdade e à justiça bem como a busca sem fim do sentido da vida, da existência humana". Caso La Cantuta vs. Peru. Sentença de 29 de novembro de 2006, voto em separado, p. 17, § 62.

461. CORTE INTERAMERICANA DE DIREITOS HUMANOS. **Caso La Cantuta vs. Peru.** Sentença de 29 de novembro de 2006. Voto do juiz Antônio Augusto Cançado Trindade, p. 17, § 61. Disponível em: https://www.cnj.jus.br/wp-content/uploads/2016/04/bbc1e35bbcf9642732059e-06abd21568.pdf. Acesso em: 10 mai. 2023.

462. Segundo a Conclusão 3 das *Draft conclusions on peremptory norms of general international law (jus cogens)*, "As normas imperativas do direito internacional geral (*jus cogens*) refletem e protegem os valores fundamentais da comunidade internacional, são hierarquicamente

sua impunidade cria duas espécies de deveres, em relação aos Estados e aos indivíduos. Para estes, surge a obrigação de não praticar tais atos, sob pena de responsabilidade pessoal perante a Justiça interna ou tribunais internacionais. Para aqueles, serão vedadas medidas legislativas, administrativas ou judiciais que autorizem, tolerem tais condutas ou lhes assegurem impunidade. Por isso, cada Estado tem o dever de investigar, processar e punir ou extraditar pessoas acusadas desses crimes, criando-se, a partir do binômio *jus cogens*+obrigação *erga omnes*, uma base jurídica para a jurisdição penal universal,[463] que acarreta um dever de processar e julgar ou de extraditar os autores desses crimes.[464] Em 2018, em seu Parecer Consultivo OC-25/18, a Corte Interamericana registrou que o "dever de cooperação entre Estados para a promoção e observância dos direitos humanos é uma norma de caráter *erga omnes*, pelo que deve ser cumprida por todos os Estados, e de caráter vinculante no direito internacional".[465]

Não se pode esquecer que o artigo 49 da Primeira Convenção, o art. 50 da Segunda Convenção, o art. 129 da Terceira Convenção de Genebra, e o art. 146 da Quarta Convenção, todas concluídas em Genebra em 1949, são exemplos das obrigações positivas que nos interessam, porque, quanto aos crimes de guerra nelas previstos, criam para os Estados Partes "a obrigação de procurar (*obligation to search; obligation de rechercher*) pessoas que supostamente cometeram, ou ordenaram que fossem cometidas [certas] violações

---

superiores a outras regras do direito internacional e são universalmente aplicáveis." Cf. UNITED NATIONS. International Law Commission. **Peremptory norms of general international law (jus cogens),** 20 August 2019, p. 142, § 56. Disponível em; https://legal.un.org/ilc/reports/2019/english/a_74_10_advance.pdf. Acesso em: 10 jun. 2019.

463. INTERNATIONAL CRIMINAL TRIBUNAL FOR THE FORMER YUGOSLAVIA. **The Prosecutor v. Anto Furundzija**. Judgment 10 December 1998, §§ 155-157. Disponível em: https://www.icty.org/x/cases/furundzija/tjug/en/. Acesso em: 10 mai. 2023.

464. SARTIPI, Hossein; HOJATZADEH, Ali Reza, The Innovation in Concept of the Erga-Omnesisation of International Law, **International Journal of Humanities & Social Science Studies (IJHSSS)**, v. II, n. II, p. 189–228, 2015, p. 223-225.

465. CORTE IDH: "Finalmente, la Corte recuerda que el deber de cooperación entre Estados en la promoción y observancia de los derechos humanos, es una norma de carácter erga omnes, por cuanto debe ser cumplida por todos los Estados, y de carácter vinculante en el derecho internacional. En efecto, el deber de cooperación constituye una norma consuetudinaria de derecho internacional, cristalizada en el artículo 4.2 de la Resolución 2625 del 24 de octubre de 1970 de la Asamblea General de Naciones Unidas, concerniente a la "Declaración de Principios de derecho internacional relativas a las relaciones amistosas y cooperación entre Estados conforme a la Carta de Naciones Unidas", la cual fue adoptada de forma unánime por los Estados membros". CORTE INTERAMERICANA DE DIREITOS HUMANOS. **Opinión Consultiva OC-25/18,** de 30 de mayo de 2018, solicitada por la República del Ecuador. La Institución del Asilo y su Reconocimiento como Derecho Humano en el Sistema Interamericano de Protección, § 199. Disponível em: https://www.corteidh.or.cr/docs/opiniones/seriea_25_esp.pdf. Acesso em: 10 jul. 2023.

graves" ao direito de Genebra, cabendo a este Estado submeter "essas pessoas, independentemente de sua nacionalidade, aos seus próprios tribunais" ou, "se preferir, e de acordo com as disposições da sua própria legislação, entregar essas pessoas para julgamento a outra Alta Parte Contratante interessada".[466] Em seu voto no caso Yerodia, o juiz Ranjeva afirmou que as Convenções de Genebra realmente dão lugar a obrigações internacionais [467]

Ao proferir seu voto em separado em *La Cantuta*, Cançado Trindade traçou o caminho para o reconhecimento de um dever internacional de cooperação entre Estados para a proteção dos direitos humanos, por meio de providências ativas a serem adotadas na persecução criminal. O referido juiz destacou que, ao determinar o Estado peruano o dever de solicitar e impulsionar, mediante providências "de natureza judicial e diplomática", a extradição de Fujimori, a Corte havia dado um passo para "desenvolver uma aproximação ou convergência entre o Direito Internacional dos Direitos Humanos e o Direito Penal Internacional".[468] O caso *La Cantuta* inspirou um importante trecho do relatório especial das Nações Unidas, de 2019, sobre a execução do jornalista Jamal Khashoggi, no interior do consulado saudita na Turquia. A relatora especial da ONU Agnès Callamard concluiu que "a Arábia Saudita violou a sua obrigação processual de investigar a morte do Sr. Khashoggi por vários motivos, quanto a sua efetividade, transparência e cooperação internacional".[469] A falta de medidas de cooperação efetivas na relação interestatal turco-saudita pode ter contribuído para a impunidade

466. INTERNATIONAL COMMITTEE OF THE RED CROSS. **Convention (I) for the Amelioration of the Condition of the Wounded and Sick in Armed Forces in the Field**. Geneva, 12 August 1949. Disponível em: https://ihl-databases.icrc.org/en/ihl-treaties/gci-1949/article-49. Acesso em: 10 jun. 2023.

467. INTERNATIONAL COURT OF JUSTICE**. Arrest Warrant of 11 April 2000 (Democratic Republic of the Congo v. Belgium)**. Judgment of 14 February 2002. Separate Opinion of Judge Raymond Ranjeva, § 7. Disponível em: https://www.icj-cij.org/sites/default/files/case-related/121/121-20020214-JUD-01-03-EN.pdf. Acesso em: 2 jun. 2023.

468. CORTE INTERAMERICANA DE DIREITOS HUMANOS. **Caso La Cantuta vs. Peru**. Sentença de 29 de novembro de 2006. Vide o voto de Cançado Trindade, p. 14, § 50. Disponível em: https://www.cnj.jus.br/wp-content/uploads/2016/04/bbc1e35bbcf9642732059e06abd21568.pdf. Acesso em: 10 mai. 2023.

469. UN Special Rapporteur Agnès Callamard: "Upon reviewing the steps taken by Saudi Arabia in the aftermath of the killing of Mr. Khashoggi, and on the basis of the evidence available, the Special Rapporteur can only conclude that Saudi Arabia violated its procedural obligation to investigate Mr. Khashoggi's death, on multiple grounds, such as effectiveness, transparency and international cooperation". UNITED NATIONS. Human Rights Council. **Report of the Special Rapporteur on extrajudicial, summary or arbitrary executions**: Investigation into the unlawful death of Mr. Jamal Khashoggi. A/HRC/41/CRP.1, 19 June 2019, p. 60, § 298. Disponível em: https://www.ohchr.org/sites/default/files/HRBodies/HRC/RegularSessions/Session41/Documents/A_HRC_41_CRP.1.docx . Acesso em: 10 jul. 2023.

no caso. Como decidiu o TEDH no caso *Güzelyurtlu*, de 2019, a assistência jurídica recíproca ou mútua compreende uma "obrigação bilateral de cooperar entre si, o que implica ao mesmo tempo a obrigação de solicitar assistência e a de prestá-la".[470] Para controle da criminalidade transnacional e da delinquência internacionalizada, "os MLAT são ferramentas eficazes, eficientes e indispensáveis". Porém, não é qualquer cooperação que se pode fazer; é preciso cooperar observando os padrões internacionais de direitos humanos. Como pondera Richardson, "o exame minucioso dos MLATs pela lente do devido processo [...] demonstra que os seus mecanismos de recolha de provas são falhos",[471] entre outros motivos, devido à falta de normas sobre garantias judiciais nos regimes de proibição e no direito interno.

Identificando mais de 300 tratados dos regimes globais de proibição, concluídos nos 173 anos que vão de 1815 a 1988, Bassiouni destaca dez mecanismos presentes nesse conjunto convencional. Quatro deles são de natureza tipicamente penal (*substantive*), como: a) o reconhecimento explícito de que certas condutas devem ser proscritas, por serem crimes internacionais; b) o reconhecimento implícito da natureza criminal de certas condutas, pela instituição de deveres de as proibir, prevenir, processar e punir; c) a criminalização direta da conduta proscrita; e d) a obrigação de afirmar jurisdição criminal. Tais documentos internacionais também costumam prever direitos (como faculdades) ou obrigações autônomas de processar e punir, de extraditar, de confiscar produtos ou proveitos do crime e também o "*duty or right to cooperate*", isto é, o *direito* ou o *dever* de cooperar na persecução e na punição de tais condutas.[472] Essa indeterminação recai primeiramente sobre a asserção de jurisdição, uma vez que afirmar o direito de exercê-la é o primeiro passo para que um Estado realize medidas de persecução e, inclusive, de cooperação internacional.

---

470. EUROPEAN COURT OF HUMAN RIGHTS. **Case of Güzelyurtlu and Others v. Turkey and Cyprus** [GC]. Judgment 29 January 2019, § 233. Disponível em: https://hudoc.echr.coe.int/eng#{%22itemid%22:[%22001-189781%22]}. Acesso em: 10 jul. 2023.

471. RICHARDSON, L. Song. Due Process for the Global Crime Age: A Proposal. **Cornell International Law Journal**, *[S. l.]*, v. 41, n. 2, p. 347–382, 2008, p. 350.

472. BASSIOUNI, M. Cherif. Policy Considerations on Interstate Cooperation in Criminal Matters. **Pace International Law Review**, *[S. l.]*, v. 4, n. 1, p. 123-145, 1992, p. 125-126. No caso Yerodia, o juiz Gilber Guillaume afirmou em seu voto em separado que o direito internacional penal "[...] recognizes in many situations the possibility, or indeed the obligation, for a State other than that on whose territory this offence was committed to confer jurisdiction on its courts to prosecute the authors of certain crimes where they are present on its territory". INTERNATIONAL COURT OF JUSTICE. **Arrest Warrant of 11 April 2000 (Democratic Republic of the Congo v. Belgium)**. Judgment of 14 February 2002. Separate Opinion of Judge President Gilbert Guillaume, § 15. Disponível emhttps://www.icj-cij.org/sites/default/files/case-related/121/121-20020214-JUD-01-01-EN.pdf. Acesso em: 2 jun. 2023.

A cooperação jurídica internacional abrange um conjunto de ferramentas que serve a dois propósitos: a viabilização da imposição do poder punitivo e, ao mesmo tempo, à sua contenção. Nos casos em que presentes elementos de estraneidade, os Estados têm o dever de tentar localizar testemunhas que estejam no exterior, de forma diligente (dever de *due diligence*) e justificar o insucesso desta tentativa,[473] na perspectiva do devido processo legal, notadamente para assegurar o direito ao confronto (*confrontation clause*) e o exercício do *cross-examination* ou, noutros sistemas jurídicos, a submissão da pessoa a inquirição intermediada pelo juiz.[474] No processo penal doméstico, em regra, a testemunha deve estar presente e esta tem sido a jurisprudência do TEDH, com alguns temperamentos casuísticos.[475] Por isso, nos processos transnacionais, preferencialmente os depoimentos de depoentes no exterior devem ser tomados presencialmente, por uma de três maneiras: a) o deslocamento do juiz e das partes ao exterior (procedimento custoso e muitas vezes impraticável); b) a transferência temporária do depoente do Estado de sua residência até o Estado do foro (o que depende da concordância da pessoa que prestará depoimento); ou b) a realização do depoimento desse depoente por videoconferência,[476] com base no direito interno ou em tratados vigentes.[477]

---

473. O TEDH entendeu que a justiça criminal polonesa não podia ser responsabilizada, porque não se demonstrou que o órgão de julgamento tinha ciência de que a testemunha se encontrava nos EUA. EUROPEAN COURT OF HUMAN RIGHTS. **Case of Fąfrowicz v. Poland**. Judgment 17 April 2012, § 56. Disponível em: http://hudoc.echr.coe.int/eng?i=001-110469 . Acesso em: 10 jun. 2023.

474. Neste caso se levou em conta o peso dado aos depoimentos impugnados na decisão condenatória, uma vez que o réu foi expulso da França para a Argélia e não participou da instrução. EUROPEAN COURT OF HUMAN RIGHTS. **Case of Zentar v. France.** Arrêt 13 avril 2006, § 29. Disponível em: https://hudoc.echr.coe.int/fre?i=001-73338. Acesso em: 10 jul. 2023. Vide também: EUROPEAN COURT OF HUMAN RIGHTS. **Case of Tseber v. Czech Republic**. Judgment 22 November 2012, § 48. Disponível em: http://hudoc.echr.coe.int/sites/eng/pages/search.aspx?i=001-114661. Acesso em: 10 jun. 2023. E ainda: EUROPEAN COURT OF HUMAN RIGHTS. **Case of Pello v. Estonia**. Judgment 12 April 2007, §§ 32 e 34. Disponível em: https://hudoc.echr.coe.int/app/conversion/pdf/?library=ECHR&id=001-80123&filename=001-80123.pdf. Acesso em: 10 jul. 2023.

475. BACHMAIER WINTER, Lorena. Transnational Criminal Proceedings, Witness Evidence and Confrontation: Lessons from the ECtHR's Case Law. **Utrecht Law Review**, *[S. l.]*, v. 9, n. 4, p. 130-131, 2013.

476. Tome-se como exemplo o art. 10 da Convenção de MLA da União Europeia, do ano 2000, que prevê a instrução por videoconferência, para oitiva de testemunhas, peritos e, eventualmente, do acusado. UNIÃO EUROPEIA. **Convenção relativa ao Auxílio Judiciário Mútuo em Matéria Penal entre os Estados Membros da União Europeia**, concluída em Bruxelas, em 29 de maio de 2000. Disponível em: https://gddc.ministeriopublico.pt/sites/default/files/documentos/instrumentos/convencao_aux_judiciario_mutuo_mat_penal_entre_est_membros_ue.pdf . Acesso em: 2 jun. 2023.

477. Neste caso que teve curso na Islândia, testemunhas residentes no exterior e consideradas importantes pela defesa acabaram não sendo ouvidas no processo penal. EUROPEAN COURT

Se o depoimento for colhido por rogatória, ao menos deve ser assegurado ao réu ou a seus advogados[478] e também à vítima o direito de acompanhar presencialmente a coleta do depoimento no exterior e de fazer perguntas diretas e reperguntas ou perguntas intermediadas quando da inquirição, conforme o direito processual local.[479] Para isso, deve-se assegurar o direito à informação, pois não haverá possibilidade de participação sem que aquela seja atendido em prazo hábil. A oitiva por videoconferência – e não o envio de questionários por meio de rogatórias – é, na visão de Bachmaier Winter, o meio mais adequado de assegurar a ampla defesa, a paridade de armas e o direito de inquirição cruzada.[480] Em 2019, no caso o *Povo vs. Sergio e Outro*, a Suprema Corte das Filipinas decidiu que a oitiva de testemunhas por MLA, em depoimento por escrito, deve ser excepcional, dando-se preferência ao seu comparecimento pessoal ao juízo ou tribunal de julgamento.[481] Suxberger *et al.* sustentam que a instrução por videoconferência potencializa o acesso à justiça e à produção de provas digitais.[482]

Sedimentados os fundamentos e alguns desdobramentos – inclusive *pro reo* – do dever internacional de *requerer* cooperação, vejamos agora os fatores que o condicionam e explicitam, a partir da teoria dos regimes.

OF HUMAN RIGHTS. **Case of Sigurður Einarsson and Others v. Iceland**. Judgment 4 June 2019, §§ 112-116. Disponível em: http://hudoc.echr.coe.int/eng?i=001-193494 . Acesso em: 2 jun. 2023. Vide também EUROPEAN COURT OF HUMAN RIGHTS. Case of Marcello Viola v. Italy. Judgment 5 October 2006, § 67-72. Disponível em: http://hudoc.echr.coe.int/eng?i=001-77246. Acesso em: 10 jun. 2023.

478 Agora Macedônia do Norte. EUROPEAN COURT OF HUMAN RIGHTS. **Case of Solakov v. Former Yugoslav Republic of Macedonia.** Judgment 31 October 2001, § 57, 60, 63. Disponível em: http://hudoc.echr.coe.int/eng?i=001-59869. Acesso em: 2 jun. 2023.

479. Este pedido não foi admitido pelo TEDH, mas contém uma importante discussão sobre depoimentos por rogatórias. Provas foram colhidas na Turquia para um processo penal na Alemanha. EUROPEAN COURT OF HUMAN RIGHTS. **Case of P. V. v. Germany**, (dec.) 13 July 1987, § 4. Disponível em: https://www.stradalex.com/fr/sl_src_publ_jur_int/document/echr_11853-85. Acesso em: 10 jun. 2023.

480. BACHMAIER WINTER, Lorena. Transnational Criminal Proceedings, Witness Evidence and Confrontation: Lessons from the ECtHR's Case Law. **Utrecht Law Review**, *[S. l.]*, v. 9, n. 4, p. 138, 2013.

481. PHILIPPINES. Supreme Court. Third Division. **The People of the Philippines v. Maria Cristina P. Sergio and Julius Lacanilao,** G.R. No. 240053, 9 October 2019. Disponível em: https://chanrobles.com/cralaw/2019octoberdecisions.php?id=944. Acesso em: 10 jul. 2023.

482. "During the pandemic, courts worldwide started to use videoconferencing intensively. Beyond efficiency, videoconferencing has a great potential to increase access to justice and digital evidence production". Mesmo antes da pandemia a videoconferência já era usada em "international cross-border procedures". SUXBERGER, Antonio Henrique; ROCHA, Cinara Maria Carneiro; CARVALHO, João Álvaro. Information technology in judicial procedures: challenges in the use of videoconferencing for hearings and trials. **Revista do Ministério Público do Distrito Federal e Territórios**, Brasília, n. 12, p. 15-43, 2022, p. 17 e 19.

4.5.1. Os Mandados de Criminalização e o Dever Estatal de Legislar Como Requisito do Dever de Cooperar Ativa e Passivamente

Lauterpacht percebeu muito cedo a relação entre o dever dos Estados de proteger direitos humanos e a necessidade de punir os autores dos crimes que os violem. Para ele, tais crimes não podiam ser anistiados.[483] Esta é uma obrigação positiva relacionada aos deveres de processar e punir violações de direitos humanos, que acabou prevalecendo na jurisprudência da Corte Interamericana de Direitos Humanos.

As obrigações estatais de respeitar direitos humanos, conforme os tratados de proteção à pessoa humana (obrigações de proteger), contêm deveres estatais de legislar, o que inclui a produção de leis penais de aplicação territorial e extraterritorial.[484] Tal dever de elaboração legislativa resulta de obrigações convencionais, como também pode ser percebido nas recomendações de organismos internacionais de direitos humanos,[485] assim como nos regimes internacionais de proibição. Ao estudá-los, notamos que o dever de legislar é um dos fatores cruciais das convenções de supressão. A falta de leis suficientemente protetivas pode impactar no direito das vítimas à reparação, como alerta Ferstman ao tratar do crime de tortura. As vítimas devem ter direito a uma reparação justa e adequada, o que somente se viabiliza com base no direito interno, inclusive mediante a adoção de remédios processuais pertinentes na instância cível.[486]

No caso *Güzelyurtlu*, o TEDH reconheceu que os Estados não podem cooperar num vácuo jurídico.[487] Segundo Huneeus, os próprios regimes regionais europeu e interamericano fomentam mudanças estruturais sistêmicas ao promover a adoção de remédios adequados para lidar com as

---

483. VRDOLJAK, Ana Filipa. Human Rights and Genocide: The Work of Lauterpacht and Lemkin in Modern International Law. **European Journal of International Law**, *[S. l.]*, v. 20, p. 1163, 2009, p. 1164 e 1186.

484. PETRIG, Anna. The Expansion of Swiss Criminal Jurisdiction in Light of International Law. **Utrecht Law Review**, *[S. l.]*, v. 9, n. 4, p. 52, 2013.

485. PETRIG, Anna. The Expansion of Swiss Criminal Jurisdiction in Light of International Law. **Utrecht Law Review**, *[S. l.]*, v. 9, n. 4, p. 53, 2013.

486. FERSTMAN, Carla. The Approach of the United Kingdom to Crimes under International Law: The Application of Extraterritorial Jurisdiction. *In*: KALECK, Wolfgang; RATNER, Michael; SINGELNSTEIN, Tobias; WEISS, Peter (org.). **International prosecution of Human Rights crimes**. Berlin Heidelberg New York: Springer, 2007, p. 149–158, p. 155.

487. EUROPEAN COURT OF HUMAN RIGHTS. **Case of Güzelyurtlu and Others v. Turkey and Cyprus** [GC]. Judgment 29 January 2019, § 235. Disponível em: https://hudoc.echr.coe.int/eng#{%22itemid%22:[%22001-189781%22]}, Acesso em: 10 jul. 2023.

violações de direitos humanos".[488] No seu Comentário Geral n. 3, de 2012, no capítulo sobre "obligaciones de procedimento" (*procedural obligations*), o Comitê contra a Tortura (CAT) assinalou o dever de legislar como uma obrigação de procedimento fundamental para a efetiva proteção dos direitos convencional das vítimas à reparação. Para que o art. 14 da Convenção contra a Tortura de 1984 tenha efetividade, os Estados "devem aprovar leis" (*shall enact legislation)* que prevejam "remédios efetivos".[489] Como discutimos no capítulo 3, os instrumentos de cooperação jurídica internacional classificam-se como remédios efetivos para a tutela vitimária.

O dever de legislar é bifronte. Tanto sujeita os Estados a aprovar leis penais e processuais quanto determina que eliminem de sua legislação normas incompatíveis com as obrigações positivas. Foi o que aconteceu no caso *Maige*, julgado em 2023, pelo TADHP. A Corte em Arusha determinou à Tanzânia o cumprimento de um dever de legislar, para revogar dispositivos do Código Penal que previam a pena corporal de chicotadas, evidentemente incompatível com a Carta de Banjul, com o PIDCP e com a CAT.[490] A natureza bipartida da obrigação de legislar foi reconhecida em *Fernández Prieto y Tumbeiro vs. Argentina* (2020), no qual a Corte IDH concluiu que o art. 2º da CADH consagra o dever de adequação legislativa, o que abrange tanto "a supressão das normas [...] que signifiquem violação às garantias previstas na Convenção" quanto "a expedição de normas [...] conducentes à efetiva observância das referidas garantias".[491] O TEDH também assinalou a importância do dever de legislar como uma obrigação positiva, cujo descumprimento pode acarretar a responsabilidade Internacional do Estado.[492]

---

488. HUNEEUS, Alexandra. International Criminal Law by Other Means: The Quasi-criminal Jurisdiction of the Human Rights Courts. **American Journal of International Law**, *[S. l.]*, v. 107, n. 1, p. 1–44, 2013, p. 20-21.

489. UNITED NATIONS. Committee against Torture. **General comment No. 3** (2012) on the implementation of article 14 by States parties, CAT/C/GC/3, 13 December 2012, § 20. Disponível em: https://www2.ohchr.org/english/bodies/cat/docs/gc/cat-c-gc-3_en.pdf. Acesso em: 10 jun. 2023.

490. TRIBUNAL AFRICANO DOS DIREITOS DO HOMEM E DOS POVOS. **Yassin Rashid Maige c. República Unida da Tanzânia**, Acórdão de 5 de setembro de 2023, §§ 131-139 e 173 Disponível em: https://www.african-court.org/cpmt/storage/app/uploads/public/651/6e5/657/6516e5657706d085563578.pdf. Acesso em: 2 jun. 2023.

491. CORTE INTERAMERICANA DE DIREITOS HUMANOS. **Caso Fernández Prieto y Tumbeiro vs. Argentina.** Sentencia de 1 de septiembre de 2020, § 99. Disponível em: https://www.corteidh.or.cr/docs/casos/articulos/resumen_411_esp.pdf. Acesso em: 10 jul. 2023.

492. TEDH: "The responsibility of a State may then be engaged as a result of not observing its obligation to enact domestic legislation". EUROPEAN COURT OF HUMAN RIGHTS. **Case of VgT Verein Gegen TierFabriken v. Switzerland**. Judgment 28 June 2001, § 45. Disponível em: https://hudoc.echr.coe.int/eng#{%22itemid%22:[%22001-59535%22]}. Acesso em: 2 jun. 2023.

Nos regimes internacionais, a obrigação básica dos Estados é a de criminalizar condutas consideradas internacionalmente relevantes. A proteção penal dos direitos humanos é um dever internacional dos Estados, que se relaciona à sua dimensão objetiva.[493] Esse dever está previsto, por exemplo, na Resolução A/RES/60/147 (2005) da Assembleia Geral das Nações Unidas, que adotou os Princípios Básicos e Diretrizes sobre o Direito a uma Medida de Reparação para Vítimas de Graves Violações ao Direito Internacional dos Direitos Humanos e ao Direito Internacional Humanitário.[494] Nesses Princípios, a Assembleia Geral declarou que a obrigação de respeitar, garantir a observância e implementar o direito internacional dos direitos humanos e o direito internacional humanitário abrange, num rol exemplificativo, os deveres de tomar medidas legislativas e administrativas e outras apropriadas para evitar tais violações; investigar violações de forma efetiva, imediata, completa e imparcial e posicionar-se em relação aos supostos responsáveis de acordo com a lei interna e internacional; assegurar às vítimas de uma violação acesso igualitário e efetivo à Justiça; e garantir medidas de compensação efetivas a tais vítimas. Na mesma linha, segundo o item 60 da Declaração e Programa de Ação de Viena (1993), os "Estados deverão revogar a legislação que conduza à impunidade dos responsáveis por violações graves dos Direitos Humanos, tais como a tortura, devendo igualmente instaurar ações judiciais contra tais violações".[495]

Mandados de criminalização ou de *penalização* correspondem a deveres estatais de instituição e aplicação do direito penal, derivados do direito internacional e do direito constitucional. A expressão corresponde a outras como "obrigações positivas de criminalização" e "obrigações positivas em matéria penal", presentes na jurisprudência da Corte IDH, do Tribunal Europeu de Direitos Humanos[496] e do Tribunal Africano dos Direitos do Homem e dos

---

493. Esta seção, com adições e atualizações, baseia-se em: ARAS, Vladimir. **Direito internacional público**. 2.ed. Rio de janeiro: Método, 2023, capítulo suplementar eletrônico: Direito internacional penal, seção 1.

494. UNITED NATIONS. General Assembly. **Basic Principles and Guidelines on the Right to a Remedy and Reparation for Victims of Gross Violations of International Human Rights Law and Serious Violations of International Humanitarian Law** (A/RES/60/147), 15 December 2015. Disponível em: https://www.ohchr.org/en/instruments-mechanisms/instruments/basic-principles-and-guidelines-right-remedy-and-reparation. Acesso em: 10 jun. 2023.

495. UNITED NATIONS. World Conference on Human Rights. **Vienna Declaration and Programme of Action,** adopted at Vienna, on 25 June 1993. Disponível em: https://www.ohchr.org/en/instruments-mechanisms/instruments/vienna-declaration-and-programme-action. Acesso em: 10 jun. 2023.

496. ANDRADE, Carlos Gustavo Coelho de. **Mandados implícitos de criminalização:** a tutela penal dos direitos humanos na Constituição e na Convenção Americana. Rio de Janeiro: Lumen Juris, 2019, p. 9 e nota 17.

Povos. Podem ter caráter expresso ou implícito. Nos regimes de proibição, a obrigação de criminalizar costuma ser expressa, ao passo que nos regimes de proteção esse dever tem normalmente natureza implícita como uma projeção do direito substancial protegido. Em casos de graves violações ao direito internacional dos direitos humanos e ao direito internacional humanitário que constituam crimes em face do direito internacional, os Estados têm a obrigação de investigar, julgar e punir os responsáveis por tais infrações, notadamente quando as criminalizações refletem proibições de *jus cogens*. Além disso, nesses casos, os Estados devem cooperar entre si e com as cortes internacionais competentes para a investigação e o julgamento dessas violações, e para a proteção a vítimas e testemunhas.

Os bens jurídicos tutelados pelo direito internacional penal correspondem aos direitos fundamentais mais relevantes e que, por isso mesmo, exigem o mais elevado grau de proteção estatal contra ações ou omissões de agentes do Estado ou de cidadãos comuns. Esses bens jurídicos são essenciais para a preservação da ordem internacional.[497] Em função dessa necessidade de garantir por todos os meios a dignidade da pessoa humana, as mais graves violações a direitos fundamentais internacionalmente reconhecidos podem dar origem a mandados expressos de criminalização de condutas que violam esses mesmos direitos humanos. Tal estratégia tem grande potencial preventivo e dissuasório e se presta a garantir o *rule of law*.

Tais mandados de criminalização podem ser internos (constitucionais) ou externos (internacionais, previstos em tratados), então chamados "convencionais". Podem ser também expressos ou implícitos, também chamados tácitos, "aqueles que podem ser inferidos a partir de interpretação teleológica e sistemática e da hermenêutica do texto da Constituição e dos tratados"[498]. Os tratados que contêm esses comandos de tipificação são as já conhecidas convenções de supressão (*suppression conventions*) e conformam os já examinados regimes globais de proibição. As condutas nelas retratadas dependem de criminalização indireta, por leis nacionais.[499] Os tratados supressivos

497. ZILLI, Marcos Alexandre Coelho. Os caminhos da internacionalização do processo penal. In: FERNANDES, Antonio Scarance; ZILLI, Marcos Alexandre Coelho (coords.). **Direito processual penal internacional.** São Paulo: Atlas, 2012, p. 51.

498. ANDRADE, Carlos Gustavo Coelho de. **Mandados implícitos de criminalização: a tutela penal dos direitos humanos na Constituição e na Convenção Americana,** Rio de Janeiro: Lumen Juris, 2019, p. 10-11.

499. PETZSCHE, Anneke. A Historical Perspective on Modes of Liability in Transnational Criminal Law. *In*: BOISTER, Neil; GLESS, Sabine; JESSBERGER, Florian (org.). **Histories of Transnational Criminal Law**. Oxford, United Kingdom; New York, NY: Oxford University Press, 2021, p. 249–260, p. 252.

são a espinha dorsal desses regimes, tendo surgido a partir do século 19 e ganhado maior expressão no século 20, em sua manifestação multilateral,[500] com o fim de promover um alinhamento substantivo entre as legislações penais dos Estados Partes e de alcançar uma aproximação processual entre Estados cooperantes, facilitando a assistência interestatal.[501] Contudo, a criação desses regimes foi casuística, ponto a ponto, sempre que determinadas ameaças aos Estados eram identificadas, e moldados a partir de *clubes* de Estados que compartilhavam interesses similares na ordem internacional.[502]

Como consequência dos deveres de implementação, em atenção ao princípio *pacta sunt servanda*, leis penais domésticas surgirão para o cumprimento das ordens de criminalização, num esforço multilateral por conformidade (*compliance*) e aproximação de ordens jurídicas. Assim, a proteção em concreto dos direitos humanos poderá fazer-se também mediante a aplicação da lei penal, ainda que como *ultima ratio*, afirmando-se o estado de Direito, a isonomia e a legalidade em concreto, bem como consagrando-se a universalidade dos direitos fundamentais. Pode-se facilmente perceber essa correlação em diversos julgados da Corte Interamericana de Direitos Humanos, do Tribunal Europeu de Direitos Humanos e do Tribunal Africano dos Direitos do Homem e dos Povos, assim como em manifestações dos *UN human rights treaty bodies*, os organismos convencionais que monitoram o cumprimento das várias convenções de direitos humanos. Bassiouni diz que o direito internacional penal "também inclui a legislação nacional, regional e internacional de proteção aos direitos humanos".[503] Nota-se, assim, aquela equação binominal capaz de produzir um ambiente de conformidade dúplice, em prol da proteção de interesses jurídicos transnacionais e internacionais relevantes para a pessoa humana, para a sociedade de Estados e para os

500. Antes, porém, o art. 20 do Tratado de Aliança Comércio e Navegação, de 19 de novembro de 1794, entre os EUA e o Reino Unido, conhecido como *Jay Treaty*, já previa uma obrigação bilateral de persecução da pirataria marítima: "It is further agreed that both the said Contracting Parties, shall not only refuse to receive any Pirates into any of their Ports, Havens, or Towns, or permit any of their Inhabitants to receive, protect, harbour conceal or assist them in any manner, but will bring to condign punishment all such Inhabitants as shall be guilty of such Acts or offences". UNITED STATES; UNITED KINGDOM. **Treaty of Amity, Commerce, and Navigation**, signed at London November 19, 1794. Disponível em: https://avalon.law.yale.edu/18th_century/jay.asp#art20. Acesso em: 2 jun. 2023.

501. BOISTER, Neil. The Growth of the Multilateral Suppression Conventions in the First Half of the 20th Century. *In*: BOISTER, Neil; GLESS, Sabine; JESSBERGER, Florian (Orgs.). **Histories of Transnational Criminal Law**. Oxford, United Kingdom ; New York, NY: Oxford University Press, 2021, p. 40.

502. BOISTER, Neil. Op. cit., p. 47-48.

503. BASSIOUNI, M. Cherif. Policy Considerations on Interstate Cooperation in Criminal Matters. **Pace International Law Review**, *[S. l.]*, v. 4, n. 1, p. 123-145, 1992, p. 124.

espaços comunitários. Como lembra Orentlicher, "o direito internacional penal desempenhou um papel importante e, na verdade, fundamental no desenvolvimento do direito dos direitos humanos".[504]

Desse binômio, considerado no contexto da dimensão objetiva dos direitos humanos, decorrem os deveres estatais de investigar, julgar e punir violações de direitos humanos e prover reparações às vítimas. O direito penal desempenha assim uma função de proteção a bens jurídicos que correspondem a direitos fundamentais. Esta missão e vocação serão atendidas na sua dimensão internacional ou na sua acepção transnacional, por meio de instrumentos de cooperação internacional. A articulação dos regimes de proteção e de proibição é bem visível no caso *Cárdenas e Outro vs. Bolívia*, no qual a Corte IDH assentou que uma investigação eficaz depende da aprovação de um marco normativo adequado e útil, o que compreende, obviamente, tipificações penais e instrumentos processuais. O processo penal, diz a Corte IDH, "é um instrumento adequado para prevenir futuras violações de direitos humanos".[505] O Tribunal determinou que o Estado boliviano ratificasse um tratado internacional, a Convenção sobre Desaparecimentos Forçados, e introduzisse em seu direito interno as normas para cumprir as obrigações convencionais que seriam então assumidas.[506]

Ao lado da criminalização de certas condutas, em tais regimes globais há regras sobre fixação de jurisdição, aproximação dos meios probatórios e prestação de cooperação internacional em matéria penal, com foco na extradição e na assistência passiva. As convenções de direito internacional penal e de direito penal transnacional contêm obrigações específicas para os Estados, entre as quais estão os deveres de "criminalizar a conduta proscrita, processar seus infratores, extraditar acusados ou condenados por esses crimes [...] e fornecer assistência jurídica aos Estados que investigam o cometimento desses crimes".[507] Ademais, tratados internacionais em matéria penal podem conter mandados implícitos de criminalização, como explica Bassiouni. Orentlicher tem a mesma opinião em relação às convenções de direitos humanos, mencionando expressamente o Pacto Internacional de Direitos

---

504. ORENTLICHER, Diane F. Settling Accounts: The Duty to Prosecute Human Rights Violations of a Prior Regime. **Yale Law Journal**, *[S. l.]*, v. 100, n. 8, p. 2537–2618, 1991, p. 2555.

505. CORTE INTERAMERICANA DE DIREITOS HUMANOS. **Caso Ibsen Cárdenas y Ibsen Peña vs. Bolívia**. Sentencia de 1 de septiembre de 2010, § 66. Disponível em: https://www.corteidh.or.cr/docs/casos/articulos/seriec_217_esp1.pdf . Acesso em: 2 jun. 2023.

506. CORTE IDH. **Caso Ibsen Cárdenas y Ibsen Peña vs. Bolívia,** § 193.

507. BASSIOUNI, M. Cherif. **Introduction to international criminal law**. 2nd rev. ed. Leiden; Boston: Martinus Nijhoff Publishers, 2013, p. 24.

Civis e Políticos (PIDCP).[508] Algumas das convenções contêm o "implícito reconhecimento da natureza criminosa do ato ao estabelecer um dever de proibição, prevenção, persecução, punição ou algo semelhante", de onde derivam direitos ou deveres de cooperação.[509] Portanto, existem mandados internacionais *implícitos* de criminalização, que decorrem do dever convencional genérico dos Estados de garantia e proteção dos direitos humanos, conjugado com o direito à proteção judicial (acesso à justiça), com o direito ao devido processo legal e com o direito à razoável duração do processo (para acusados e vítimas).[510] Tais direitos e deveres estão previstos nas convenções internacionais de direitos humanos (arts. 1.1, 8.5 e 25 da Convenção Americana de Direitos Humanos, por exemplo). Advêm da constatação da necessidade de tutela penal "em face dos mais graves ataques contra direitos fundamentais essenciais e direitos humanos, a partir da determinação constitucional ou internacional".[511] A obrigação de criminalizar condutas que as violem serve para evitar a proteção insuficiente, correspondendo a um direito das vítimas de obter a punição, de acordo com o devido processo legal e no devido tempo.[512] A criminalização da violação de normas de proteção aos direitos humanos é "um importante instrumento de sua garantia". Deste modo, o direito de acesso à justiça e a um remédio efetivo "implicam um dever de ação penal por parte do Estado do local do crime".[513]

Cuidando da proibição da escravidão, tal como prevista no art. 4º, da Convenção Europeia de Direitos Humanos, de 1950, o TEDH confirmou a existência de mandados *implícitos* de criminalização, como obrigações afirmativas, ao declarar ser uma consequência necessária de tal proibição "que os Estados têm obrigações positivas, à semelhança do artigo 3º, por

---

508. "The text could, moreover, reasonably be interpreted to require States Parties to ensure at least some rights through use of criminal sanctions." ORENTLICHER, Diane F. Settling Accounts: The Duty to Prosecute Human Rights Violations of a Prior Regime. **Yale Law Journal**, *[S. l.]*, v. 100, n. 8, p. 2537–2618, 1991, p. 2571.

509. BASSIOUNI, M. Cherif. Policy Considerations on Interstate Cooperation in Criminal Matters. **Pace International Law Review**, *[S. l.]*, v. 4, n. 1, p. 123-145, 1992, p. 126.

510. Vide, entre outros: COMISSÃO INTERAMERICANA DE DIREITOS HUMANOS. **Maria da Penha Maia Fernandes vs. Brasil,** Caso 12.051, Relatório 55/01, de 4 de abril de 2001. Disponível em: https://www.cidh.oas.org/annualrep/2000port/12051.htm. Acesso em: 2 jun. 2023.

511. ANDRADE, Carlos Gustavo Coelho de. **Mandados implícitos de criminalização:** a tutela penal dos direitos humanos na Constituição e na Convenção Americana. Rio de Janeiro: Lumen Juris, 2019, p. 11.

512. Vide o caso *Velásquez Rodríguez vs. Honduras* (1988); o caso *Genie Lacayo vs. Nicarágua* (1997); o caso *Myrna Mack Chang vs. Guatemala* (2003); e o caso *Márcia Barbosa de Souza vs. Brasil* (2021), todos da Corte IDH.

513. WERLE, Gerhard; JESSBERGER, Florian. **Principles of International Criminal Law**. 4. ed. Oxford: Oxford University Press, 2020, § 275.

exemplo, de adotar disposições de direito penal que sancionem as práticas referidas no artigo 4º e de as aplicar na prática".[514] Em decisão anterior, relativa aos Países Baixos, o TEDH já havia determinado a adoção de dispositivos de índole penal, como obrigação positiva para a proteção do direito à privacidade e à proteção à integridade sexual de pessoas com deficiência. Em *X. e Y. vs. Países Baixos,* o Tribunal afirmou que se podia inferir do art. 8º da Convenção Europeia uma obrigação de criminalização. Partiu-se do pressuposto de que a legislação civil holandesa era insuficiente para a proteção dos requerentes e que os tipos penais existentes não representavam proteção efetiva. No caso concreto, a Srta. Y., a filha adolescente do Sr. X., foi estuprada por uma pessoa identificada como Sr. B. Os autos mostram que Y era uma pessoa com deficiência mental.[515] O Tribunal considerou que o Estado holandês tinha, portanto, "algum grau de responsabilidade que decorria da deficiência legislativa que deu lugar à violação do art. 8º" da Convenção.[516] Essa responsabilidade decorria da inexistência da proteção penal decorrente do comando convencional implícito.

Os crimes que são objeto de convenções internacionais de supressão – que normalmente contêm mandados *expressos* de criminalização – são julgados por tribunais nacionais, e não por jurisdições penais internacionais. São os já examinados *crimes transnacionais*, aqueles "dotados de efeito transfronteiriço real ou potencial e os crimes intraestatais, mas que ofendem um valor fundamental da comunidade internacional".[517]

---

514. "In those circumstances, the Court considers that, in accordance with contemporary norms and trends in this field, the member States' positive obligations under Article 4 of the Convention must be seen as requiring the penalisation and effective prosecution of any act aimed at maintaining a person in such a situation". EUROPEAN COURT OF HUMAN RIGHTS. **Case of Siliadin v. France**. Judgment 26 July 2005, §§ 89 e 112. Disponível em: https://hudoc.echr.coe.int/eng#{%22itemid%22:[%22001-69891%22]}. Acesso em: 2 jun. 2023.

515. TEDH: "27. A Corte considera que é insuficiente a proteção oferecida pela lei civil no caso de delito do tipo infligido à Srta. Y. Este é um caso em que estão em questão valores fundamentais e aspetos essenciais da vida privada. A dissuasão eficaz é indispensável nesta área e só pode ser alcançada por disposições de direito penal; de fato, é por tais disposições que o assunto é normalmente regulado. Além disso, como foi salientado pela Comissão, esta é realmente uma área em que os Países Baixos têm geralmente optado por um sistema de proteção baseado no direito penal. A única lacuna, até onde a Comissão e a Corte estão informadas, diz respeito às pessoas na situação da Srta. Y; nestes casos, este sistema encontra um obstáculo processual que o legislador neerlandês aparentemente não previu". EUROPEAN COURT OF HUMAN RIGHTS. **Case of X and Y v. The Netherlands**. Judgment 26 March 1985, §§ 23 e 27. Disponível em: https://www.coe.int/t/dg2/equality/domesticviolencecampaign/resources/x%20and%20y%20v%20the%20netherlands_EN.asp. Acesso em: 10 jul. 2023.

516. ECHR. Case of X and Y v. The Netherlands. Judgment 26 March 1985, § 40.

517. CRYER, Robert; FRIMAN, Hakan; ROBINSON, Darryl; WILMSHURST, Elizabeth. **An introduction to international criminal law and procedure**. Cambridge: Cambridge University Press, 2007,

Em tais convenções supressoras, os signatários (...) reconhecem a existência de uma compreensão comum, de natureza penal, sobre a necessidade de punir e os contornos mais gerais das normas incriminadoras. Contudo, diz Boister, "a gramática geral da política criminal e penal é difícil de identificar", sendo certo, porém, que os Estados Partes desses tratados se mostram "relutantes em harmonizar seus sistemas penais em um grau maior do que o absolutamente necessário devido à resistência interna à aplicação de princípios penais desconhecidos".[518] Todas as obrigações de criminalizar se encaixam na categoria das obrigações de primeiro nível. As regras de cooperação internacional que são essenciais para sua efetividade, em casos de estraneidade, são as obrigações de legislar quanto ao segundo nível, distinção objeto do capítulo 3.

4.5.2. O Dever de Asserção de Jurisdição Como Requisito do Dever de Cooperar Ativamente

No contexto dos regimes globais de proibição, os Estados devem afirmar (ou estabelecer) em seu direito interno sua jurisdição para a persecução dos crimes internacionais e dos crimes transnacionais. Trata-se de uma obrigação convencional positiva, de natureza processual, que se relaciona ao princípio da efetividade. Deve-se dar consequência às regras jurisdicionais territoriais ou extraterritoriais que habilitam os Estados ao julgamento dos mais graves crimes internacionais e dos delitos transnacionais. Isso significa que os Estados devem afirmar sua jurisdição sobre os casos dos regimes internacional e transnacional tanto na perspectiva legislativa (*jurisdiction to prescribe*) quanto na perspectiva judicial (*jurisdiction to adjudicate*).

Fala-se, então, em uma obrigação em exercer a jurisdição nacional, como providência inerente à concretização de uma investigação criminal e a consequente propositura de uma ação penal para julgamento dos autores desses crimes essencialmente internacionais ou ocasionalmente internacionais, isto é, internacionalizados por estraneidade acidental. Diante da complementaridade da justiça penal internacional, "um sistema de justiça criminal efetivo depende principalmente de investigação e persecução eficazes".[519] A razão de ser assim já a conhecemos: os tribunais internacionais,

---

p. 3.

518. BOISTER, Neil. 'Transnational Criminal Law'? **European Journal of International Law**, *[S. l.]*, v. 14, n. 5, p. 953–976, 2003, p. 958.

519. TLADI, Dire. Complementarity and cooperation in international criminal justice Assessing initiatives to fill the impunity gap. Institute for Security Studies, **ISS Paper** 277, Nov. 2014, p. 3.

tal como o TPI, em regra são desenhados com funções complementares aos sistemas jurídicos domésticos. Portanto, cabe aos Estados, primariamente, a persecução criminal internacional, valendo-se dos instrumentos de cooperação internacional, no sistema de *enforcement* indireto.

Em 2011, o TPI se manifestou sobre este ponto ao decidir uma questão preliminar no caso *Procurador vs. Uhuru Kenyatta*, relativo à Situação no Quênia.[520] A Câmara de Questões Preliminares II registrou que os Estados Partes do Estatuto de Roma não apenas têm o poder de exercer primariamente sua jurisdição sobre os crimes convencionais, como têm o dever internacional de fazê-lo, tendo em vista o princípio da complementaridade e o direito internacional costumeiro, anterior à criação do Tribunal. O dever dos Estados de exercer sua jurisdição sobre crimes internacionais já aparecera no caso *Katanga*, em decisão da Câmara de Apelação do TPI.[521] Se tomados em consideração os regimes globais de proibição, a solução será a mesma, em favor da existência de um dever de exercer a jurisdição como premissa de uma investigação e persecução efetivas, para punição, se for o caso, dos autores dos crimes.

Muitas regras de direito internacional, especialmente as de natureza convencional, pressionam os Estados a adotarem preceitos jurisdicionais extraterritoriais de longo alcance,[522] permitindo que os Estados ajam como *longa manus* em matéria penal ou como justiça vicariante, quando outros Estados não queiram ou não possam fazê-lo, ou quando determinados interesses justificarem a ampliação do alcance geográfico da lei penal interna. Petrig especula que uma das razões para esse maior alcance dos judiciários nacionais, em termos de jurisdição adjudicativa, está na necessidade de os Estados cumprirem suas obrigações positivas em relação à proteção da pessoa humana contra abusos ou violências cometidos por outros indivíduos.[523] O lado positivo dessa expansão dos modelos nacionais de aplicação extrater-

---

520. INTERNATIONAL CRIMINAL COURT. Pre-Trial Chamber II. **The Situation in the Republic of Kenya:** In the case of the Prosecutor v. Uhuru Muigai Kenyatta. Decision on the Application by the Government of Kenya Challenging the Admissibility of the Case Pursuant to Article 19(2) (b) of the Statute, No. ICC-01/09-02/11, 30 May 2011, p. 16, § 40. Disponível em: https://www.icc-cpi.int/court-record/icc-01/09-02/11-96. Acesso em: 10 jun. 2023.

521. INTERNATIONAL CRIMINAL COURT. Appeals Chamber. **Prosecutor v. Katanga**, Case No. ICC-01/04-01/07-1497. Judgment on the Appeal of Mr. Germain Katanga against the Oral Decision of Trial Chamber II of 12 June 2009 on the Admissibility of the Case, § 85–86. Disponível em: http://www.icc-cpi.int/iccdocs/doc/doc746819.pdf . Acesso em: 10 jun. 2023.

522. PETRIG, Anna. The Expansion of Swiss Criminal Jurisdiction in Light of International Law. **Utrecht Law Review**, *[S. l.]*, v. 9, n. 4, p. 53, 2013.

523. PETRIG, Anna. Op. cit., p. 35.

ritorial da lei penal é a formação de uma densa rede de jurisdições aptas à persecução penal de certos delitos, evitando a existência de paraísos judiciais e de impunidade, aumentando as chances da vítima de ver a justiça ser feita. Por outro lado, efeitos negativos podem advir dessa expansão jurisdicional unilateral, no campo político, assim como na esfera dos direitos fundamentais do acusado, com a possibilidade de dupla ou múltiplas persecuções pelo mesmo fato, ou de ocorrência de conflito de jurisdições,[524] ou ainda no que se refere à legalidade e à previsibilidade de condutas penais, no sentido da conformidade de pessoas físicas e jurídicas à lei penal potencialmente aplicável,[525] o que também tem impacto – a depender da legislação prevalecente – sobre as garantias judiciais que poderão ser invocadas no processo penal nesta ou naquela jurisdição em conflito, tornando a *forum choice* um tema de particular importância.[526]

Deve-se ainda levar em conta o princípio da não-intervenção, de modo que os Estados "devem abster-se de estender o escopo de aplicação do seu direito penal interno" de maneira contrária a esse princípio, uma vez que o exercício da jurisdição extraterritorial pode impactar os assuntos internos de outra soberania. Para justificar essa extensão, o Estado que reclama jurisdição extraterritorial deve provar a existência de vínculos genuínos[527] entre o fato e sua *competência* judicial, sob pena de incorrer em abuso de direito, de sorte que seu poder soberano de alegar sua capacidade de julgar é limitado pelo direito internacional.[528]

Nos arts 6º e 7º do Projeto de Artigos sobre Crimes contra a Humanidade da CDI aparecem os deveres dos Estados de criminalização dos delitos contra a humanidade e de exercer jurisdição sobre eles, por critérios territoriais ou extraterritoriais, o que compreende não apenas uma postura passiva, como também uma postura ativa. Exercer jurisdição pressupõe uma *atitude*. Merece menção ainda o art. 8º do Projeto, que institui (ou reconhece) um dever para os Estados de investigar de forma célere (*prompt*),

---

524. AMALFITANO, Chiara. **Conflitti di giurisdizione e riconoscimento delle decisioni penali nell'Unione europea**. Milano: Giuffrè, 2006.
525. PETRIG, Anna. Op. cit., p. 35 e 54.
526. Neste sentido, em relação ao espaço europeu, vide: LUCHTMAN, Michiel. Transnational Law Enforcement Cooperation: Fundamental Rights in European Cooperation in Criminal Matters. **European Journal of Crime, Criminal Law and Criminal Justice**, Leiden, The Netherlands, v. 28, n. 1, p. 14–45, 2020, p. 30.
527. ECHLE, Regula. The Passive Personality Principle and the General Principle of Ne Bis In Idem. **Utrecht Law Review**, *[S. l.]*, v. 9, n. 4, p. 60, 2013.
528. PETRIG, Anna. The Expansion of Swiss Criminal Jurisdiction in Light of International Law. **Utrecht Law Review**, *[S. l.]*, v. 9, n. 4, p. 54-55, 2013.

exaustiva (*thorough*) e imparcial (*impartial*) os crimes contra a humanidade que ocorram ou tenham ocorrido em seus territórios.[529]

No quadro geral dos crimes internacionais, transnacionais ou internacionalizados, medidas de cooperação internacional podem mitigar os problemas decorrentes dos conflitos jurisdicionais positivos que envolvam dois ou mais Estados e evitar o *bis in idem* internacional,[530] um problema de difícil equacionamento sob a perspectiva soberana. Esses mecanismos são a formação de equipes conjuntas de investigação (ECI), na etapa inicial da persecução criminal; a transferência de processos penais, nas fases inicial e intermediária da persecução; e a transferência de execução penal, na última etapa do processo penal em sentido lato. Vemos essas três modalidades em algumas das convenções de supressão, como Palermo e Mérida. No entanto, a falta de *enabling legislation* em vários Estados Partes impede que essas medidas sejam efetivamente implantadas, criando-se uma situação de cooperação deficiente por déficit legislativo.

4.6. O DEVER DE REQUERER COOPERAÇÃO INTERNACIONAL NA JURISPRUDÊNCIA DOS TRIBUNAIS INTERNACIONAIS

Diferentes tribunais internacionais reconheceram a obrigação de *requerer* cooperação internacional, como forma de cumprir obrigações processuais positivas primárias. A cooperação internacional é ela própria uma obrigação positiva de cunho convencional e, nos Estados Democráticos de Direito, também tem natureza constitucional. Por essa razão, o dever de pedir assistência interestatal encontra seu fundamento na ordem interna e na ordem internacional, sob a ótica de uma persecução completa e diligente. Dado o alcance quase-universal do Pacto Internacional de Direitos Civis e Políticos,[531] a natureza costumeira e universal do direito internacional

529. UNITED NATIONS. International Law Commission. Report A/74/10. **The draft articles on prevention and punishment of crimes against humanity,** New York, 20 August 2019, p. 13-15, 26 e 50. Disponível em: https://legal.un.org/ilc/reports/2019/english/a_74_10_advance.pdf. Acesso em: 4 mai. 2023.

530. DE JONGE, Boudewijn. Transfer of criminal proceedings: from stumbling block to cornerstone of cooperation in criminal matters in the EU. **ERA Forum**, *[S. l.]*, v. 21, n. 3, p. 449–464, 2020, p. 4490-457.

531. Apenas 24 países não são partes ou não ratificaram o Pacto: Arábia Saudita, Brunei, Butão, China, Comores, Cuba, Emirados Árabes Unidos, Kiribati, Ilhas Cook, Ilhas Salomão, Malásia, Mianmar, Micronésia, Nauru, Niue, Omã, Palau, Santa Sé, Santa Lúcia, São Cristóvão e Névis, Singapura, Sudão do Sul, Tonga e Tuvalu. UNITED NATIONS. Office of the High Commissioner for Human Rights. **Status of Rafitication of the International Covenant on Civil and Political Rights**. Geneva: OHCHR, 21 February 2023. Disponível em: https://indicators.ohchr.org/. Acesso em: 10 jul. 2023.

humanitário (DIH) e o caráter de *jus cogens* do direito de acesso à Justiça, o dever de *requerer* cooperação é oponível a qualquer Estado como projeção processual (*procedural limb*; *volet procédural*) de obrigações contidas no PIDCP ou no direito de Genebra e, principalmente, nas normas de *jus cogens*.

Destacamos a seguir alguns casos oriundos dos sistemas regionais europeu e interamericano de direitos humanos e outros dois da Corte Internacional de Justiça. Embora a jurisprudência (*case law*) não seja considerada por toda a doutrina uma fonte do direito internacional,[532] serve, ao menos, para determiná-lo. Contudo, a jurisprudência dos tribunais regionais de direitos humanos tem força obrigatória para os Estados Partes, seja como *res iudicata* (*inter partes*) ou como *res interpretata*, um resultado da interpretação do *corpus iuris* regional. Ademais, as sentenças da Corte Internacional de Justiça "devem ser equiparadas às fontes", uma vez que a Corte da Haia "se apega a sua jurisprudência como autêntica fonte do direito".[533] Esse raciocínio se estende às cortes regionais de direitos humanos.[534] Para Varella "não há como negar que [...] as interpretações anteriores dos tribunais exercem uma influência importante nos julgados futuros".[535] Malanczuk chama a atenção para a capacidade de inovação da jurisprudência da CIJ na ordem jurídica, questionando se, diante disso, "as decisões da Corte Internacional de Justiça realmente podem ser ainda consideradas apenas meios subsidiários de determinação do direito".[536]

Os casos aqui destacados – que se somam a vários outros já comentados ao longo deste estudo – servem para demonstrar e relacionar os principais pontos deste trabalho, apresentando as modalidades de cooperação jurídica

---

532. "Legal writers who subscribe to this view have reached the point of drawing a fundamental distinction between the various sources of international law, distinguishing those which create law from those which simply set out either to make known or to note the existence of legal rules; this would make it possible to classify caselaw in the latter category". MONACO, Riccardo. Sources of International Law. In: BERNHARDT, Rudolf. **Encyclopedia of Public International Law:** History of international law, foundations and principles of international law, sources of international law, law of treaties. v. 7. Amsterdam, New York, Oxford: North-Holland publ. company, 1984, p. 432.

533. PASTOR RIDRUEJO, José Antonio. **Curso de derecho internacional público y organizaciones internacionales**, 4.ed. Tecnos: Madrid, 1992, p. 104 *apud* ACCIOLY, Hildebrando; NASCIMENTO E SILVA, Geraldo Eulálio. **Manual de Direito Internacional Público**. 12. ed. São Paulo: Editora Saraiva, 1996, p. 41.

534. ACCIOLY, Hildebrando; NASCIMENTO E SILVA, Geraldo Eulálio. **Manual de Direito Internacional Público**. 12. ed. São Paulo: Editora Saraiva, 1996, p. 41.

535. VARELLA, Marcelo D. **Direito internacional público**. 8.ed. São Paulo: Saraiva Educação, 2019, p. 169.

536. MALANCZUK, Peter. **Akehurst's Modern introduction to international law.** 7.ed. Londres: Routledge, 1997, p. 946.

internacional em matéria penal como: a) obrigações positivas processuais; b) obrigações estatais de segundo nível; c) uma obrigação de meio que deve observar o dever de devida diligência; d) instrumentos que viabilizam, potencializam ou facilitam o acesso à justiça; e) remédios efetivos para a tutela dos direitos humanos de vítimas, acusados e outros sujeitos processuais; e f) elos entre os regimes internacionais de proibição e de proteção.

Como decidiu a Corte Interamericana de Direitos Humanos em *Contreras e Outros vs. El Salvador*, um caso sobre desaparecimento forçado de pessoas, a erradicação da impunidade depende do cumprimento pelos Estados do seu dever de cooperação, cabendo-lhes "adotar as medidas necessárias para não deixar impunes estas violações", o que pode ocorrer mediante o exercício de sua própria jurisdição, para investigar, processar e punir seus autores, "ou colaborando com outros Estados" que já o façam ou que queiram fazê-lo.[537] Ao buscar esse fim, os Estados devem observar "estritamente as exigências do devido processo legal", alerta que evidencia o sistema binário que interliga os regimes internacionais de proibição e de proteção, inclusive no âmbito da persecução criminal internacional, transnacional ou *internacionalizada* (por estraneidade acidental).

4.6.1. O Dever Internacional de Requerer Cooperação: O Caso *Habré (Bélgica vs. Senegal)*

Em um dos seus mais importantes julgados sobre direito internacional penal, a Corte Internacional de Justiça afirmou a existência de obrigações processuais positivas (*procedural obligation*) relacionadas ao dever de persecução criminal. No caso *Questões relativas à Obrigação de Processar ou Extraditar (Bélgica vs. Senegal)*, decidido em 2012, a Corte da Haia,[538] reconheceu que o art. 6.2 da Convenção contra a Tortura de 1984 (CAT)[539]

537. CORTE INTERAMERICANA DE DIREITOS HUMANOS. **Caso Contreras y Otros vs. El Salvador.** Sentencia de 31 de agosto de 2011, § 130. Disponível em: https://corteidh.scjn.gob.mx/buscador/doc?doc=casos_sentencias/CasoContrerasOtrosVsElSalvador_FondoReparacionesCostas.htm. Acesso em: 10 jul. 2023.

538. INTERNATIONAL COURT OF JUSTICE. **Questions relating to the Obligation to Prosecute or Extradite (Belgium v. Senegal).** Judgment 20 July 2012, I.C.J. Reports 2012, § 80. Disponível em: https://www.icj-cij.org/sites/default/files/case-related/144/144-20120720-JUD-01-00-EN.pdf. Acesso em: 10 mai. 2023.

539. CAT: "Artigo 6º 1. Todo Estado Parte em cujo território se encontre uma pessoa suspeita de ter cometido qualquer dos crimes mencionados no Artigo 4º, se considerar, após o exame das informações de que dispõe, que as circunstâncias o justificam, procederá à detenção de tal pessoa ou tomará outras medidas legais para assegurar sua presença. A detenção e outras medidas legais serão tomadas de acordo com a lei do Estado, mas vigorarão apenas pelo tempo necessário ao início do processo penal ou de extradição. 2. O Estado em questão procederá

continha uma obrigação dessa natureza, oponível ao Senegal, relativa ao dever de investigar os crimes cometidos por Hissène Habré no Chade. O caso Habré se insere no contexto dos regimes internacionais de proibição da tortura e dos crimes contra a humanidade. Tais crimes ocorreram no território do Chade. Sua estraneidade é eventual ou acidental, marcada pelo exercício ocasional da jurisdição extraterritorial belga e pelo deslocamento do autor do Chade para o Senegal.

Desdobrando o dever de realizar uma investigação efetiva, em seu território, a Bélgica argumentou que "O Estado em cujo território se encontre o suspeito deverá[ia] adotar *medidas efetivas* para a obtenção de provas, se necessário mediante a assistência jurídica mútua, por meio do envio de cartas rogatórias aos países que possam auxiliá-lo".[540] Concordando com a alegação belga, a CIJ concluiu que, no cumprimento de obrigação processual de realizar uma investigação preliminar, nos termos do art. 6.2 da CAT, o Senegal deveria ter pedido a cooperação internacional das autoridades chadianas para a obtenção de provas, assim como a de qualquer outro Estado que pudesse ter informações ou evidências sobre os fatos, para permitir que o *standard* probatório mínimo fosse alcançado, inclusive nos casos de aplicação do princípio da jurisdição universal.[541]

Este trecho do julgado faz ver a natureza instrumental – de segundo nível, portanto – da obrigação de *requerer* cooperar internacional, inclusive na persecução probatória, devendo tal obrigação ser cumprida da mesma maneira – e com a mesma diligência – que o Estado o faria em um caso doméstico. Todos esses passos se enquadram no objetivo convencional de

---

imediatamente a uma investigação preliminar dos fatos". UNITED NATIONS. **Convention against Torture and Other Cruel, Inhuman or Degrading Treatment or Punishment.** General Assembly Resolution 39/46, 10 December 1984. Disponível em: https://www.ohchr.org/en/instruments-mechanisms/instruments/convention-against-torture-and-other-cruel-inhuman-or-degrading. Acesso em 10 mai. 2023.

540. INTERNATIONAL COURT OF JUSTICE. **Questions relating to the Obligation to Prosecute or Extradite (Belgium v. Senegal).** Judgment 20 July 2012, I.C.J. Reports 2012, §§ 80-81. Disponível em: https://www.icj-cij.org/sites/default/files/case-related/144/144-20120720-JUD-01-00-EN.pdf . Acesso em: 10 mai. 2023.

541. CIJ: "Thus the co-operation of the Chadian authorities should have been sought in this instance, and that of any other State where complaints have been filed in relation to the case, so as to enable the State to fulfil its obligation to make a preliminary inquiry". INTERNATIONAL COURT OF JUSTICE. **Questions relating to the Obligation to Prosecute or Extradite (Belgium v. Senegal).** Judgment 20 July 2012, I.C.J. Reports 2012, §§ 83-84. Disponível em: https://www.icj-cij.org/sites/default/files/case-related/144/144-20120720-JUD-01-00-EN.pdf . Acesso em: 10 mai. 2023.

tornar efetiva a persecução doméstica e internacional do crime de tortura.[542] Como o Senegal não demostrou ter cumprido tais obrigações – não tendo iniciado de imediato a apuração preliminar (o que incluía a expedição de rogatórias ao Chade ou mesmo à Bélgica) sobre os crimes de tortura atribuídos a Habré –, a CIJ concluiu que o Estado violou o art. 6º da CAT.[543]

4.6.2. O Dever Internacional de Requerer Cooperação: O Caso *Yerodia (República Democrática do Congo vs. Bélgica)*

Noutro precedente marcante para o direito internacional penal, a CIJ refletiu sobre o tema da jurisdição extraterritorial, afirmada com base no princípio da universalidade. No caso *Yerodia (República Democrática do Congo vs. Bélgica)*,[544] julgado pela CIJ em 2002, reconheceu-se que, por norma costumeira, os chefes de Estado e de Governo e os chanceleres têm regime jurídico similar ao dos agentes diplomáticos,[545] vedando sua persecução criminal por outros Estados enquanto nos cargos. Contudo, conforme entendeu a Corte Especial para Serra Leoa, o princípio da imunidade soberana, que resulta do princípio da igualdade entre os Estados, não impede o exercício da jurisdição criminal por tribunais penais internacionais, pois estes obtêm sua legitimidade e autoridade a partir da sociedade internacional,[546] inclusive por decisão do Conselho de Segurança da ONU, como se deu nos casos das cortes *ad hoc* para a ex-Iugoslávia e para Ruanda.

O caso *Yerodia* se insere no regime internacional dos crimes contra a humanidade e dos crimes de guerra, por violação do direito de Genebra de 1949. A estraneidade que se apresentou e ativou o dever de cooperar é

542. ICJ. **Questions relating to the Obligation to Prosecute or Extradite (Belgium v. Senegal),** § 87.

543. ICJ. **Questions relating to the Obligation to Prosecute or Extradite (Belgium v. Senegal),** § 88.

544. Em 11 de abril de 2000, um juiz de instrução do Tribunal de Bruxelas expediu um mandado de prisão internacional contra Abdoulaye Yerodia Ndombasi, que era o ministro das relações exteriores da República Democrática do Congo. Na investigação belga, Yerodia era suspeito da prática de crimes de guerra e crimes contra a humanidade. O mandado de prisão tinha fins extradicionais. A Bélgica exerceu sua jurisdição universal que, conforme a legislação da época, dispensava a presença do acusado em seu território, como era também o caso da Espanha, como se viu no processo contra Augusto Pinochet. INTERNATIONAL COURT OF JUSTICE. **Arrest Warrant of 11 April 2000 (Democratic Republic of the Congo v. Belgium).** Judgment of 14 February 2002, §§ 10 e 20. Disponível em: https://www.icj-cij.org/sites/default/files/case-related/121/121-20020214-JUD-01-00-EN.pdf. Acesso em: 2 jun. 2023.

545. ARAS, Vladimir. **Direito internacional público**, 2.ed. Rio de janeiro: Método, 2023, p. 240–241.

546. SPECIAL COURT FOR SIERRA LEONE. **Prosecutor v. Charles Taylor**. In the Appeals Chamber, Decision on Immunity of Jurisdiciton, 31 May 2004, §§ 51-53. Disponível em: http://www.rscsl.org/Documents/Decisions/Taylor/Appeal/059/SCSL-03-01-I-059.pdf. Acesso em: 2 jun. 2023.

acidental, uma vez que os fatos se deram no território da República Democrática do Congo, e a Bélgica alegou sua jurisdição extraterritorial com base no princípio da universalidade.

Um dos pedidos do Congo foi para que a CIJ determinasse à Bélgica o recolhimento e cancelamento do mandado de prisão internacional expedido contra o ministro das relações exteriores congolês e que tal informação fosse circulada para os países aos quais a Bélgica pedira assistência, por meio da Interpol. [547] A Bélgica contra-argumentou que, mesmo com o reconhecimento da imunidade e a inviolabilidade soberana do chanceler congolês, isso "não implicaria de forma alguma em uma obrigação de recolher o mandado de prisão".[548] A Corte, porém, entendeu que o reconhecimento da responsabilidade internacional de Bruxelas deveria eliminar todas as consequências da conduta ilegal do Estado belga, pelo que ordenou à Bélgica "por sua própria escolha, cancelar o mandado em questão e assim informar as autoridades a quem foi distribuído".[549] Na fundamentação do pedido, a Corte admitiu que "várias convenções internacionais *ou* a prevenção e a punição de certos crimes graves imponham aos Estados obrigações de persecução ou extradição, exigindo-lhes assim que alarguem[assem] a sua jurisdição penal". Vê-se aí o reconhecimento de obrigações positivas de investigação e cooperação internacional. A maioria do Tribunal ponderou, contudo, que tal obrigação "não afeta[va] de forma alguma as imunidades ao abrigo do direito internacional consuetudinário".[550]

O princípio *extradite ou processe* foi discutido no caso *Yerodia*. Em seu voto em separado, o então presidente da CIJ, o juiz Gilbert Guillaume, concluiu que o Estado de abrigo do autor de crime previsto em convenções de supressão está obrigado a prendê-lo e então extraditá-lo ou a processá-lo internamente, devendo antes cumprir a obrigação positiva de afirmar sua jurisdição por meio de uma lei para que seus tribunais possam processá-lo,

547. INTERNATIONAL COURT OF JUSTICE. **Arrest Warrant of 11 April 2000 (Democratic Republic of the Congo v. Belgium)**. Judgment of 14 February 2002, p. 8, § 11, no. 4, e p. 10, § 14. Disponível em: https://www.icj-cij.org/sites/default/files/case-related/121/121-20020214-JUD-01-01-EN.pdf. Acesso em: 2 jun. 2023.

548. ICJ. **Arrest Warrant of 11 April 2000 (Democratic Republic of the Congo v. Belgium).** Judgment of 14 February 2002, p. 32, § 74.

549. ICJ. Arrest Warrant of 11 April 2000, p. 32, § 74.

550. INTERNATIONAL COURT OF JUSTICE. **Arrest Warrant of 11 April 2000 (Democratic Republic of the Congo v. Belgium).** Judgment of 14 February 2002, p. 25, § 59. Disponível emhttps://www.icj-cij.org/sites/default/files/case-related/121/121-20020214-JUD-01-01-EN.pdf. Acesso em: 2 jun. 2023.

caso não venha a ser extraditado.[551] A indicação de obrigações positivas de primeiro nível – indispensáveis para a cooperação ativa, no segundo nível – fica evidente no seguinte trecho do voto de Guillaume:

> Esta disposição marcou um ponto de viragem, do qual a Conferência de Haia estava, além disso, consciente. A partir de então, a obrigação de processar não estava mais condicionada à existência de jurisdição, mas sim a própria jurisdição teve que ser estabelecida para tornar possível a ação penal.[552]

A decisão da CIJ é questionável porque o Tribunal decidiu o caso *Yerodia*, quando o suspeito já não era mais o chanceler congolês e, portanto, já não gozava de imunidade pessoal. Ademais, como bem lembrou o juiz Van den Wyngaert, "a Corte Internacional de Justiça deveria ao menos ter deixado explícito que o próprio Congo deveria ter abordado o assunto", isto é, deveria ter exercido sua jurisdição sobre o caso,[553] cumprindo a obrigação positiva de investigar, processar e julgar Abdoulaye Yerodia Ndombasi (1933-2019). Infelizmente:

> Adotando uma abordagem minimalista e formalista, o Tribunal equilibrou-se *de facto* a favor dos interesses dos Estados na condução das relações internacionais, e não do interesse da comunidade internacional em fazer valer a responsabilização internacional de funcionários do Estado suspeitos de crimes de guerra e crimes contra a humanidade.[554]

Ao não afirmar o dever do Congo de exercer sua jurisdição contra seu chanceler, a Corte também deixou de ordenar outras medidas cabíveis em termos de cooperação ativa, tendo-se limitado a considerar ilegal, por violação da imunidade, o pedido de preliminar de difusão vermelha emitido pela Bélgica, precursor de um futuro pedido ativo de cooperação internacional extradicional.

---

551. ICJ. **Arrest Warrant of 11 April 2000 (Democratic Republic of the Congo v. Belgium).** Separate Opinion of Judge President Gilbert Guillaume, § 9.
552. ICJ. **Arrest Warrant of 11 April 2000 (Democratic Republic of the Congo v. Belgium).** Separate Opinion of Judge President Gilbert Guillaume, § 7.
553. INTERNATIONAL COURT OF JUSTICE. **Arrest Warrant of 11 April 2000 (Democratic Republic of the Congo v. Belgium).** Judgment of 14 February 2002. Dissenting Opinion of Judge Van den Wyngaert, p. 161, § 35. Disponível em: https://www.icj-cij.org/sites/default/files/case-related/121/121-20020214-JUD-01-09-EN.pdf. Acesso em: 2 jun. 2023.
554. ICJ. **Arrest Warrant of 11 April 2000 (Democratic Republic of the Congo v. Belgium).** Judgment of 14 February 2002. Dissenting Opinion of Judge Van den Wyngaert, p. 186, § 85.

4.6.3. O Dever Internacional de Requerer Cooperação: O Caso *Goiburú e Outros vs. Paraguai*

Julgado pela Corte IDH em setembro de 2006, o caso *Goiburú* é um marco na jurisprudência interamericana. Cançado Trindade a ele se referiu como de "transcendência histórica", por, pela primeira vez, abordar a "sinistra Operação Condor".[555] Apreciou-se a ocorrência de detenção ilegal e arbitrária, tortura e desaparecimento forçado do cidadão paraguaio Agustín Goiburú Giménez, sequestrado na Argentina em 9 de fevereiro de 1977. Goiburú era opositor político de Alfredo Stroessner, que tomou o poder no Paraguai em 1954. Seu desaparecimento é resultado "de uma ação coordenada entre as forças de segurança paraguaia e argentina, dentro da Operação Condor",[556] que consubstanciou uma "prática sistemática de 'terrorismo de Estado' de âmbito interestatal".[557] A demanda também se refere à detenção ilegal e arbitrária, tortura e desaparecimento forçado de Carlos José Mancuello Bareiro e dos irmãos Rodolfo Feliciano e Benjamín de Jesús Ramírez Villalba, supostamente cometidos por agentes estatais entre 1974 e 1977.

O caso *Goiburú* se enquadra nos regimes internacionais de proibição da tortura e de proscrição dos desparecimentos forçados. O elemento de estraneidade presente nos fatos é de natureza essencial (não acidental), devido à atuação transfronteiriça e coordenada internacionalmente entre as forças de inteligência militar e de repressão que operaram no Cone Sul nos anos de chumbo. Na década de 1970, regimes ditatoriais da Argentina, Bolívia, Brasil, Chile e Paraguai passaram a cooperar na prisão de exilados políticos, considerados subversivos e fugitivos em seus países. A esse regime de cooperação interestatal contra os direitos humanos no Cone Sul deu-se o nome de *Operação Condor*. A iniciativa baseava-se numa estratégia comum de defesa coletiva dos governos militares de então.[558] Em telegrama enviado em 1976 pelo adido do FBI em Buenos Aires a operação ilegal foi assim descrita:

---

555. CORTE INTERAMERICANA DE DIREITOS HUMANOS. **Caso Goiburú e Outros vs. Paraguai.** Sentença de 22 de setembro de 2006. Voto em separado do juiz Cançado Trindade, p. 1, § 1-2. Disponível em: https://www.cnj.jus.br/wp-content/uploads/2016/04/15934c4d6d9ca1cf602e165fc5afa3cf.pdf. Acesso em: 10 mai. 2023.

556. CORTE IDH. **Caso Goiburú e Outros vs. Paraguai.** Sentença de 22 de setembro de 2006, §§ 61.23-61.24 e 61-28.

557. CORTE IDH. **Caso Goiburú e Outros vs. Paraguai**, § 72.

558. CORTE IDH. **Caso Goiburú e Outros vs. Paraguai**, § 61.5-61.8.

> "Operação Condor" é o nome chave de um acordo de cooperação para coleta, intercâmbio e armazenamento de dados de inteligência relativos aos chamados "esquerdistas", comunistas e marxistas, estabelecido recentemente em cooperação entre os serviços de inteligência da América do Sul, para eliminar as atividades terroristas marxistas na área. Adicionalmente, a "Operação Condor" mantém operações conjuntas contra alvos terroristas nos países membros da "Operação Condor". O Chile é o centro da "Operação Condor" e, além do Chile, inclui como membros a Argentina, Bolívia, Paraguai e Uruguai. O Brasil também está de acordo, provisoriamente, em proporcionar informações para a "Operação Condor".[559]

Na sentença proferida em 2006, a Corte IDH apontou não só o descumprimento pelo Paraguai dos deveres decorrentes do art. 1.1. da CADH, como também semelhante inércia por parte de outros países que haviam colaborado na Operação Condor. Os crimes cometidos contra os dissidentes paraguaios "foram perpetrados com a colaboração de autoridades de outros Estados do continente e que se encontram[vam] parcialmente na impunidade ante o descumprimento da obrigação de investigá-los". Com isto, o Tribunal revelou um dever proativo, o dever de *requerer* cooperação internacional,[560] que não foi cumprido pelo Paraguai devido, entre outros motivos, à "não concretização de um pedido de extradição" de Stroessner, o que contribuiu de modo relevante para sua impunidade.[561] O ex-ditador se asilou no Brasil.

A diligência devida aparece na sentença, identificando o dever das autoridades estatais de conduzir procedimentos com observância das garantias judiciais, num prazo razoável. Também se enunciou a necessidade de que, no âmbito dos recursos efetivos, fossem assegurados os "direitos de acesso à justiça, à investigação da verdade dos fatos e à reparação dos familiares".[562] Para ser *efetiva*, uma investigação "deve ser realizada por todos os meios legais disponíveis e estar orientada à determinação da verdade e à persecução, captura, julgamento e punição de todos os responsáveis intelectuais

---

559. CORTE INTERAMERICANA DE DIREITOS HUMANOS. **Caso Goiburú e Outros vs. Paraguai.** Sentença de 22 de setembro de 2006. Voto em separado do juiz Cançado Trindade, § 61.8. Disponível em: https://www.cnj.jus.br/wp-content/uploads/2016/04/15934c4d6d9ca1cf602e-165fc5afa3cf.pdf. Acesso em: 10 mai. 2023.

560. CORTE IDH. **Caso Goiburú e Outros vs. Paraguai**, § 93.

561. Corte IDH: "A ausência de dois dos principais processados, o ex-ditador Alfredo Stroessner Matiauda e o ex-Ministro do Interior Sabino Augusto Montanaro, asilados no Brasil e em Honduras, respectivamente, declarados "revéis em relação aos mandados da justiça", somada à falta de concretização de um pedido de extradição a respeito do primeiro daqueles, determinam em parte importante a impunidade dos fatos". CORTE INTERAMERICANA DE DIREITOS HUMANOS. **Caso Goiburú e Outros vs. Paraguai**, § 119.

562. CORTE IDH. **Caso Goiburú e Outros vs. Paraguai**, § 110.

e materiais pelos fatos".[563] Não foi atendido pelo Paraguai o requisito da efetividade dos *recursos* (instrumentos) adotados para lidar com as graves violações de direitos humanos ocorridas naquele período.

No requisito do prazo razoável, a demora das autoridades paraguaias para a tramitação dos pedidos de extradição necessários no caso *Goiburú e Outros* levou a Corte IDH a assentar que tal morosidade ou a falta dos pedidos extradicionais constituíam "um sério obstáculo para a efetividade dos processos e determina[ram] em parte importante a impunidade dos fatos".[564] A inexistência de devida diligência na cooperação internacional impactara, portanto, a efetividade dos recursos (remédios) atinentes à resposta estatal devida às vítimas e à sociedade paraguaia.

> Por um lado, a declaração de revelia e a ordem de prisão preventiva do acusado Sabino Augusto Montanaro, que não foi acompanhada de um pedido de extradição por parte das autoridades judiciais paraguaias à República de Honduras. Por outro lado, não consta que o pedido de extradição de Alfredo Stroessner tenha sido efetivamente apresentado à República Federativa do Brasil, que tenha sido impulsionado através de medidas adicionais por parte das autoridades judiciais ou diplomáticas paraguaias. Ambos os processados gozaram da condição de asilados políticos nestes Estados. No momento de proferir esta Sentença, não consta na informação apresentada aos autos ações de autoridades judiciais paraguaias no sentido de formular outros pedidos de extradição, nem consta se existem ou existiram investigações ou causas penais abertas contra essas pessoas em Honduras ou no Brasil.[565]

O fato de terem sido violados pelo Paraguai, durante a ditadura Stroessner, normas imperativas de direito internacional (*jus cogens*), relacionadas à proibição da tortura e dos desaparecimentos forçados, fazia "necessária a ativação de meios, instrumentos e mecanismos nacionais e internacionais para a persecução efetiva de tais condutas e a punição de seus autores".[566] Ressaltamos a referência da Corte IDH a medidas de persecução penal internacional como elementos integrantes da devida diligência estatal, que resultam de fontes internacionais convencionais e consuetudinárias. Foi a

---

563. **Caso Goiburú e Outros vs. Paraguai**, § 117.
564. CORTE INTERAMERICANA DE DIREITOS HUMANOS. **Caso Goiburú e Outros vs. Paraguai.** Sentença de 22 de setembro de 2006. Voto em separado do juiz Cançado Trindade, § 127. Disponível em: https://www.cnj.jus.br/wp-content/uploads/2016/04/15934c4d6d9ca1cf602e165fc5afa3cf.pdf. Acesso em: 10 mai. 2023.
565. CORTE IDH. **Caso Goiburú e Outros vs. Paraguai**, § 127.
566. **Caso Goiburú e Outros vs. Paraguai**, § 128.

primeira vez que a Corte IDH reconheceu um dever internacional de requerer cooperação.

Partindo da premissa de que os crimes objeto do caso *Goiburú* são delitos de *jus cogens*, surge para os Estados uma obrigação *erga omnes* que lhes exige a adoção de instrumentos para a evitação da impunidade dessas graves violações aos direitos humanos, de forma compatível com a obrigação geral de garantia prevista no art. 1.1. da Convenção Americana.[567] Os deveres de devida diligência e de adoção de recursos efetivos levaram a Corte IDH a reconhecer que se impunha ao Paraguai o "dever inescusável" de requerer, no tempo oportuno, da maneira adequada e por todos os meios ao seu alcance, a extradição dos responsáveis pelos crimes do caso *Goiburú*, promovendo as medidas necessárias de ordem judicial e diplomática, para a captura e a entrega dos suspeitos.[568]

Avançando sobre os fundamentos dos pedidos de cooperação jurídica internacional em matéria penal, a Corte IDH assentou que a alegação do governo paraguaio de que não haveria tratado de extradição com Honduras não era suficiente para deixar de requerer a extradição de Sabino Augusto Montanaro, um dos suspeitos. Como se sabe, Estados que seguem o modelo europeu continental de direito (*civil law*) costumam aceitar extradições por promessa de reciprocidade: "A inexistência de tratados de extradição não constitui uma base ou justificativa suficiente para deixar de impulsionar um pedido nesse sentido", concluiu a Corte.[569]

O dever de cooperar registrado pela Corte IDH não se esgota na sua dimensão ativa (dever de requerer cooperação). O Tribunal Interamericano também destacou o dever de prestar cooperação (dever de cooperar passivamente) ao registrar que a necessidade de eliminar violações a direitos humanos e evitar a impunidade, "se apresenta perante a comunidade internacional como um dever de cooperação interestatal", cabendo, portanto, aos Estados exercer sua jurisdição ou colaborar "com outros Estados que o façam ou procurem fazê-lo".[570]

Ficou claro, ademais, que a Corte não aceita que figuras como o asilo e o refúgio, previstas no direito internacional, sejam *indevidamente* aplicadas

567. CORTE INTERAMERICANA DE DIREITOS HUMANOS. **Caso Goiburú e Outros vs. Paraguai.** Sentença de 22 de setembro de 2006. Voto em separado do juiz Cançado Trindade, § 129. Disponível em: https://www.cnj.jus.br/wp-content/uploads/2016/04/15934c4d6d9ca1cf602e165fc5afa3cf.pdf. Acesso em: 10 mai. 2023.

568. **Caso Goiburú e Outros vs. Paraguai**, § 130.

569. **Caso Goiburú e Outros vs. Paraguai,** § 130.

570. **Caso Goiburú e Outros vs. Paraguai**, § 131.

a pessoas no território de um Estado para evitar o cumprimento das obrigações de prestar cooperação internacional em matéria extradicional por crimes contra os direitos humanos. Deste modo, os Estados das Américas, no marco do direito interamericano, estão obrigados a cooperar de boa-fé, "seja mediante a extradição ou o julgamento em seu território dos responsáveis".[571] No caso concreto, a exortação do Tribunal dizia respeito ao Brasil e a Honduras, onde se encontravam asilados os responsáveis pelos crimes cometidos pelo regime de Stroessner e aos quais incumbia, juntamente com o Paraguai, fazer valer a garantia coletiva de proteção aos direitos humanos. Neste trecho do julgamento, a Corte IDH ecoa o princípio *aut dedere aut iudicare*, que corresponde também, na nossa visão, a uma obrigação *erga omnes*, que existirá independentemente de tratado.[572]

O descumprimento de tais obrigações torna "ilusória a proteção judicial consagrada nos artigos 8.1 e 25 da Convenção Americana",[573] de modo que a cooperação internacional é um recurso necessário à efetiva proteção judicial das vítimas. Por isso, o Tribunal reconheceu a responsabilidade internacional do Paraguai, ordenando a adoção pelo país "de todas as medidas necessárias, de caráter judicial e *diplomático*, para julgar e punir todos os responsáveis pelas violações cometidas, impulsionando [...] os pedidos de extradição [...] conforme as normas internas ou de direito internacional".[574] Trata-se, sem dúvida, de uma obrigação processual positiva relacionada ao dever de requerer cooperação internacional para a tutela de direitos humanos e a luta contra a impunidade. Considerada a necessidade de disponibilização de

---

571. CORTE INTERAMERICANA DE DIREITOS HUMANOS. **Caso Goiburú e Outros vs. Paraguai.** Sentença de 22 de setembro de 2006. Voto em separado do juiz Cançado Trindade, § 132. Disponível em: https://www.cnj.jus.br/wp-content/uploads/2016/04/15934c4d6d9ca1cf602e165fc5afa3cf.pdf. Acesso em: 10 mai. 2023.

572. Em sentido contrário, considerando que esse princípio não tem ainda a natureza de norma costumeira no direito internacional, vide: CALIGIURI, Andrea. Governing International Cooperation in Criminal Matters: the role of the aut dedere aut judicare principle. **International Criminal Law Review**, *[S. l.]*, v. 18, p. 244-274, 2018. Vide ainda: MITCHELL, Claire. **Aut Dedere, aut Judicare:** The Extradite or Prosecute Clause in International Law. eCahiers de l'Institut Genève: Graduate Institute Publications, 2011.

573. Caso Goiburú e Outros vs. Paraguai, § 61.5-61.8.

574. Corte IDH: "Outrossim, em função da efetividade do mecanismo de garantia coletiva estabelecido de acordo com a Convenção, e como foi declarado, o Paraguai, assim como os Estados Partes na Convenção, deve colaborar entre si para erradicar a impunidade das violações cometidas neste caso, mediante o julgamento e punição de seus responsáveis, e colaborar de boa fé entre si, seja mediante a extradição ou o julgamento em seu território destes responsáveis". CORTE INTERAMERICANA DE DIREITOS HUMANOS. **Caso Goiburú e Outros vs. Paraguai.** Sentença de 22 de setembro de 2006. Voto em separado do juiz Cançado Trindade, § 166. Disponível em: https://www.cnj.jus.br/wp-content/uploads/2016/04/15934c4d6d9ca1cf602e165fc5afa3cf.pdf. Acesso em: 10 mai. 2023.

recursos efetivos para a tutela cível e penal de direitos humanos, a extradição surge como um instrumento desta natureza, tendo a Corte IDH declarado a bilateralidade do dever cooperacional.[575]

Infelizmente, quanto a Alfredo Stroessner, o ex-ditador do Paraguai, o Brasil rejeitou um pedido paraguaio de extradição por questões formais, relacionadas à deficiência narrativa e documental. Embora a alegação de inextraditabilidade por crimes políticos tenha sido afastada, o Supremo Tribunal Federal brasileiro debateu o assunto e destacou a impossibilidade de extradições políticas disfarçadas.[576]

> A inextraditabilidade de estrangeiros por delitos políticos ou de opinião reflete, em nosso sistema jurídico, uma tradição constitucional republicana. Dela emerge, em favor dos súditos estrangeiros, um direito público subjetivo, oponível ao próprio Estado e de cogência inquestionável. Há, no preceito normativo que consagra esse favor constitucional, uma insuperável limitação jurídica ao poder de extraditar do Estado brasileiro.[577]

Por outro lado, posteriormente, o Brasil se integrou ao esforço interamericano para rever os crimes da época das ditaduras regionais, pondo em marcha o mecanismo de garantia coletiva, na medida em que organizou com a Argentina a primeira equipe conjunta de investigação (ECI) do país. Em 2015, integrantes do Ministério Público Federal brasileiro e do *Ministerio Público Fiscal* argentino formaram uma força-tarefa binacional para apurar a conduta de autoridades dos dois países na Operação Condor.[578] Sobre essa página sombria da história da América do Sul, não custa anotar que:

> Lamentavelmente, o que ocorreu revela a existência de um aparato repressivo tipicamente 'multinacional'. Em seu apoio, as forças de repressão estrangeiras passaram a integrar as chamadas 'forças-tarefas', dedicando-se a sequestrar, interrogar sob tortura, assassinar ou a proceder à transferência

575. **Caso Goiburú e Outros vs. Paragua**i, § 132.
576. Na Extradição nº 794, relativa ao general paraguaio Lino Oviedo, o Supremo Tribunal Federal brasileiros reconheceu a existência de extradição política disfarçada (*extradition politique déguisée*). BRASIL. Supremo Tribunal Federal. Tribunal Pleno. **Extradição 794**. Relator Ministro Mauricio Corrêa, j. em 17/12/2001.
577. BRASIL. Supremo Tribunal Federal. Tribunal Pleno. **Extradição 524**. Relator Ministro Celso de Mello, j. em 31/10/1990.
578. BRASIL. Ministério Público Federal. **Brasil e Argentina assinam acordo para apurar crimes de ditaduras militares.** Brasília, 28 de novembro de 2014. Disponível em: https://www.mpf.mp.br/atuacao-tematica/sci/noticias/noticias-1-1/brasil-e-argentina-assinam-acordo-para-apurar-crimes-de-ditaduras-militares. Acesso em: 10 mai. 2023.

> de seus compatriotas aos centros clandestinos de detenção localizados em seus próprios países".[579]

Se de um lado, os Estados organizaram-se para violar direitos humanos, não é paradoxal que, recuperadas as democracias na região, esses mesmos Estados devam passar a cooperar internacionalmente para investigar, processar e punir tais violadores.

4.6.4. O Dever Internacional de Requerer Cooperação: O Caso *La Cantuta vs. Peru*

No caso *La Cantuta vs. Peru*, julgado em novembro de 2006, a Corte IDH tratou das obrigações oriundas do direito internacional em matéria de cooperação interestatal em relação à investigação e eventual extradição de supostos responsáveis por graves violações de direitos humanos ocorridos na jurisdição peruana.

A chacina de La Cantuta ocorreu em 1992, na *Universidad Nacional de Educación Enrique Guzmán y Valle* – La Cantuta, que passara ao controle militar em maio de 1991, com ocupação de forças do Exército peruano no interior do *campus*. Na madrugada de 18 de julho de 1992, militares do Exército e integrantes do grupo "Colina" – uma unidade vinculada ao Serviço de Inteligência Nacional[580] – sequestraram o professor Hugo Muñóz Sanchéz e nove alunos acusados de serem subversivos. Os corpos de alguns deles foram posteriormente localizados em fossas e identificados pelos serviços forenses peuranos. Os demais continuavam desaparecidos em 2006, na data da sentença interamericana.[581]

---

579. ARGENTINA. **Nunca Más**: informe de la Comisión Nacional sobre la Desaparición de Personas. Buenos Aires: EUDEBA, 1995, p. 265-266. Disponível em: http://www.dhnet.org.br/direitos/mercosul/a_pdf/nunca_mas_argentino.pdf. Acesso em: 10 mai. 2023.

580. No caso *CAJAR*, as atividades de inteligência do governo colombiano sobre uma associação civil de advogados foram consideradas violadoras dos arts. 11.2 e 13.1 da Convenção Americana de 1969, relativos à autodeterminação informativa, considerada evolutivamente compreendida como uma dimensão dos direitos à vida privada e à liberdade de expressão. CORTE INTERAMERICANA DE DIREITOS HUMANOS. **Caso Miembros de la Corporación Colectivo de Abogados "José Alvear Restrepo" vs. Colombia**, p. 316, punto resolutivo 13. Sentencia de 18 de octobre de 2023. Disponível em: https://www.corteidh.or.cr/docs/casos/articulos/seriec_506_esp.pdf. Acesso em: 15 abr. 2024.

581. As dez vítimas foram Hugo Muñoz Sánchez, Dora Oyague Fierro, Marcelino Rosales Cárdenas, Bertila Lozano Torres, Luis Enrique Ortiz Perea, Armando Richard Amaro Cóndor, Robert Edgar Teodoro Espinoza, Heráclides Pablo Meza, Juan Gabriel Mariños Figueroa e Felipe Flores Chipana. CORTE INTERAMERICANA DE DIREITOS HUMANOS. **Caso La Cantuta vs. Perú**. Sentencia de 29 de noviembre de 2006, §§ 80.10 a 80.16 e 80.109. Disponível em: https://www.cnj.jus.

Os crimes de *La Cantuta* são abarcados pelos regimes internacionais contra a tortura e o desaparecimento forçado de pessoas. Conforme a Corte Interamericana, foram praticados em "um contexto de prática sistemática de detenções ilegais e arbitrárias, torturas, execuções extrajudiciais e desaparecimentos forçados, cometidos pelas forças estatais de segurança e inteligência".[582] Diante da gravidade dos fatos, que infringiram normas de *jus cogens*, "apresentava-se um dever de cooperação interestatal".[583] Os crimes de *La Cantuta* foram marcados por uma estraneidade *acidental*, uma vez que um dos seus principais responsáveis, Alberto Fujimori, presidente do país à época dos fatos, fugiu do Peru. Foi este evento que acionou a obrigação positiva de requerer cooperação internacional e que levou a Corte IDH a abrir um capítulo na sentença intitulado "obrigações oriundas do direito internacional em matéria de cooperação interestatal em relação à investigação e eventual extradição de supostos responsáveis em casos de graves violações de direitos humanos".[584]

Na jurisdição peruana, foram iniciados procedimentos extradicionais contra Alberto Fujimori. No ano 2000, Fujimori fugira para o Japão, aproveitando-se de sua dupla nacionalidade nipo-peruana, e depois deslocou-se para o Chile.[585] Pela segunda vez em sua jurisprudência, a Corte IDH afirmou a existência de uma obrigação processual positiva de cooperar ao reconhecer que o Peru havia cumprido o "seu dever – decorrente da obrigação de investigar – de solicitar e impulsionar, mediante medidas pertinentes de natureza jurídica e diplomática, a extradição de um dos principais acusados" do massacre de La Cantuta. O § 160 da sentença resume a densidade, descreve o conteúdo e destaca o fundamento jurídico do dever de requerer cooperação no caso *La Cantuta*: uma obrigação decorrente de uma proibição de *jus cogens* e do direito de acesso à justiça como uma norma igualmente imperativa da qual decorreu uma obrigação *erga omnes*:

> Conforme reiteradamente mencionado, os fatos deste caso infringiram normas inalienáveis do Direito Internacional *(jus cogens)*. Nos termos do

br/wp-content/uploads/2016/04/bbc1e35bbcf9642732059e06abd21568.pdf . Acesso em: 10 mai. 2023.

582. CORTE IDH. **Caso La Cantuta vs. Perú**, § 81.
583. **Caso La Cantuta vs. Perú,** § 160.
584. **Caso La Cantuta vs. Perú**, p. 81 §§ 158-160.
585. "A ausência de um dos principais processados, o ex-presidente Alberto Fujimori Fujimori, inicialmente exilado no Japão e atualmente detido no Chile, determinam uma parte importante da impunidade dos fatos". CORTE INTERAMERICANA DE DIREITOS HUMANOS. **Caso La Cantuta vs. Perú**. Sentencia de 29 de noviembre de 2006, §§ 80.88 a 80.90 e 140.

> artigo 1.1 da Convenção Americana, os Estados são obrigados a investigar as violações de direitos humanos e a julgar e punir os responsáveis. Ante a natureza e gravidade dos fatos, principalmente por se tratar de um contexto de violação sistemática de direitos humanos, a necessidade de erradicar a impunidade se apresenta perante a comunidade internacional como um dever de cooperação interestatal. O acesso à justiça constitui norma imperativa de Direito Internacional e, como tal, gera obrigações *erga omnes* para os Estados de adotar as medidas necessárias para não deixar impunes essas violações, seja exercendo sua jurisdição para aplicar o direito interno e o Direito Internacional no julgamento e, caso seja pertinente, punição dos responsáveis por fatos dessa natureza, seja colaborando com outros Estados que o façam ou procurem fazê-lo. A Corte recorda que, em conformidade com o mecanismo de garantia coletiva estabelecido na Convenção Americana, simultaneamente às obrigações internacionais regionais e universais na matéria, os Estados Partes na Convenção devem colaborar entre si nesse sentido.[586]

Em *La Cantuta*, o debate sobre o dever internacional de cooperar foi provocado pelos representantes,[587] que solicitaram à Corte que estabelecesse "critérios em relação à maneira pela qual os Estados Partes nos tratados interamericanos devem cumprir a obrigação de julgar e punir graves violações de direitos humanos nos casos em que os acusados se encontrem fora da jurisdição do Estado que deve realizar a investigação".[588]

Em consequência, a Corte IDH estabeleceu na sentença que cabia ao Peru, com fundamento no dever geral de garantia previsto no art. 1.1 da CADH - ele mesmo uma obrigação *erga omnes partes* - adotar medidas judiciais e "diplomáticas" para levar ao julgamento e eventual punição dos responsáveis pelo Massacre de La Cantuta, com especial relevo aos procedimentos extradicionais que àquela altura já estavam em curso.[589] Nota-se

586. CORTE IDH. **Caso La Cantuta vs. Perú**. Sentencia de 29 de noviembre de 2006, § 160.
587. Associação Pró-Direitos Humanos (APRODEH), o Centro de Estudos e Ação para a Paz (CEAPAZ) e o Centro pela Justiça e o Direito Internacional (CEJIL).
588. CORTE IDH. Caso **La Cantuta vs. Perú**. Sentencia de 29 de noviembre de 2006, § 195.c.
589. "Além disso, conforme destacado anteriormente (pars. 159 e 160 supra), nos termos da obrigação geral de garantia estabelecida no artigo 1.1 da Convenção Americana, o Peru deve continuar adotando todas as medidas necessárias, de natureza jurídica e diplomática, para julgar e, quando for pertinente, punir todos os responsáveis pelas violações cometidas, e continuar dando andamento às solicitações de extradição que sejam cabíveis em conformidade com as normas internas ou de Direito Internacional pertinentes. Do mesmo modo, em função da efetividade do mecanismo de garantia coletiva estabelecido no âmbito da Convenção, os Estados que nela são Partes devem colaborar entre si para erradicar a impunidade das violações cometidas neste caso, mediante o julgamento e, caso seja pertinente, a punição dos responsáveis". CORTE INTERAMERICANA DE DIREITOS HUMANOS. **Caso La Cantuta vs. Perú**. Sentença de 29 de novembro de 2006, § 227.

da parte final do § 227 da sentença que a Corte IDH construiu em torno do art. 1.1 da CADH uma obrigação coletiva interestatal, voltada para a efetiva implementação da Convenção Americana de 1969, com o dever de emprego de cooperação interetática, sempre que for necessário. Não se trata de uma opção do Estado que detém jurisdição, mas de uma obrigação *erga omnes* e de uma obrigação convencional fundada por sua vez no dever geral de garantia e na cláusula de proteção vitimária.

4.6.5. O Dever Internacional de Requerer Cooperação: Caso da *Família Julien Grisonas vs. Argentina*

Menos conhecida na doutrina do que as causas anteriormente examinadas, o caso da Familia Julien Grisonas não é menos grave e chocante do que os episódios de violência no Paraguai (*Goiburú*) e no Peru (*La Cantuta*). Tendo igual transcendência histórica, os fatos que vitimaram Mario Roger Julien Cáceres, sua esposa Victoria Lucía Grisonas Andrijauskaite e seus filhos Anatole Boris e Victoria Eva se inserem nos regimes internacionais de proibição da tortura e do desaparecimento forçado de pessoas, com status de *jus cogens*.

Mario Roger Julien e Victoria Lucía Grisonas eram militantes políticos uruguaios. Com a instalação da ditadura em seu país em 1973, eles migraram com seus filhos para a Argentina, onde Mario adquiriu o *status* de refugiado. Em 26 de setembro de 1976, na Província de Buenos Aires, numa operação das forças de segurança locais, realizada após o golpe militar daquele mesmo ano, Mario Roger foi morto e sua esposa foi sequestrada. As crianças foram abduzidas e levadas primeiro ao Uruguai e depois ao Chile, onde acabaram adotadas por um casal chileno, só tendo sido encontradas pela avó paterna em 1979. Como se vê, a estraneidade, isto é, o gatilho internacional que ativou o dever internacional de cooperar é de natureza necessária, devido ao contexto no qual os crimes se deram: a *Operação Condor*, que conduzida mediante coordenação entre os Estados da região, "no marco da doutrina de segurança nacional e de persecução daqueles qualificados como subversivos",[590] somada à posterior abdução das crianças.

A responsabilidade internacional da Argentina foi reconhecida por San José, por violação aos direitos à vida, à liberdade individual, à integridade

590. CORTE INTERAMERICANA DE DIREITOS HUMANOS. **Caso Familia Julien Grisonas vs. Argentina.** Sentencia de 23 de septiembre de 2021, §§ 56 e 88-98. Disponível em: https://corteidh.scjn.gob.mx/buscador/doc?doc=casos_sentencias/seriec_437_esp.pdf#CAFAAR_S1_PARR288. Acesso em: 10 jul. 2023.

física, à personalidade jurídica e às garantias judiciais das vítimas. Em sua sentença de 2021, a Corte IDH determinou à Argentina que, no prazo de um ano após a notificação do julgado, tomasse providências para iniciar um procedimento de cooperação interestatal regional com vistas à investigação, persecução e eventual extradição dos responsáveis pela Operação Condor. Como países envolvidos, foram mencionados especificamente a República Oriental do Uruguai, a República do Chile, a República Federativa do Brasil, o Estado Plurinacional da Bolívia, a República do Paraguai e a República do Peru. Caberia a tais países, quando impulsionados pela Argentina, aprovar um plano de trabalho conjunto, que deveria incluir medidas de cooperação internacional e assistência mútua. O objetivo desse esforço cooperativo regional seria identificar os responsáveis pela Operação Condor, sobretudo os autores dos crimes contra a Família Julien Grisonas.[591]

Como a Corte esclareceu, tal decisão não impôs obrigações diretas aos Estados que não foram partes da demanda em *Julien Grisonas*,[592] mas

591. CORTE IDH: "En congruencia con las solicitudes efectuadas, la Corte dispone que el Estado argentino, en el plazo de un año contado a partir de la notificación de este Fallo y por las vías que considere adecuadas, haga las gestiones pertinentes para convocar a los otros Estados que habrían tenido intervención en la ejecución de los hechos del caso: la República Oriental del Uruguay y la República de Chile, y, en general, en el contexto de la "Operación Cóndor", es decir, la República Federativa de Brasil, el Estado Plurinacional de Bolivia, la República del Paraguay y la República del Perú306, a efecto de conformar un grupo de trabajo que coordine los esfuerzos posibles para llevar adelante las tareas de investigación, extradición, enjuiciamiento y, en su caso, sanción de los responsables de los graves crímenes cometidos en el marco del referido plan criminal interestatal. Dicha coordinación deberá reflejarse en un plan de trabajo común entre las autoridades competentes, según la materia de que se trate, ejecutado en observancia del marco jurídico nacional e internacional aplicable, y con auxilio de los mecanismos de cooperación internacional y asistencia mutua. Así, el trabajo coordinado entre autoridades de los distintos Estados habrá de emprender esfuerzos conjuntos para el esclarecimiento de lo ocurrido durante la "Operación Cóndor", como escenario en el que fueron perpetradas sistemáticas violaciones a los derechos humanos, incluidas las que damnificaron a las víctimas del presente caso. La Corte supervisará la efectiva convocatoria para la conformación del referido grupo de trabajo". CORTE INTERAMERICANA DE DIREITOS HUMANOS. **Caso Familia Julien Grisonas vs. Argentina**. Sentencia de 23 de septiembre de 2021, § 288. Disponível em: https://corteidh.scjn.gob.mx/buscador/doc?doc=casos_sentencias/seriec_437_esp.pdf#CAFAAR_S1_PARR288. Acesso em: 10 jul. 2023.

592. Em seu voto em separado, no qual destaca a natureza *erga omnes* do dever dos Estado americanos de assegurar o funcionamento do mecanismo de garantia coletiva dos direitos humanos no continente, o juiz Patricio Pazmiño Freire lamentou que a Corte não tenha se valido do art. 58 do seu Regimento (sobre diligências probatórias de ofício) para solicitar informações aos Estados envolvidos para "determinar a natureza internacional, interestatal e transfronteiriça dos fatos". Argumentou ainda que se devia discutir a possibilidade de responsabilizar simultaneamente mais de um Estado como partes do processo interamericano em casos como o da Operação Condor. CORTE INTERAMERICANA DE DIREITOS HUMANOS. **Caso Familia Julien Grisonas vs. Argentina**. Sentencia de 23 de septiembre de 2021, Voto Concorrente do Juiz Pazmiño Freira, p. 99-100.

destacou que "a participação deles é[era] essencial para esclarecer os fatos e, ao final, para não deixar impunes as graves violações cometidas" na região.[593] Vê-se, portanto, que o dever de proceder é da Argentina, pelo que o Tribunal afirmou a existência de uma obrigação positiva de cooperar, isto é, de promover a cooperação internacional em modo ativo, no plano interinstitucional, entre tais países. Contudo, neste tópico, a Corte perdeu a oportunidade de referir-se a uma obrigação passiva, também positiva, dos Estados de cooperarem com base no direito convencional existente, seja a Convenção Interamericana sobre Assistência Mútua em Matéria Penal, celebrada em Nassau, em 1992,[594] seja o Protocolo de Assistência Jurídica Mútua em Assuntos Penais (Protocolo de San Luis), de 25 de junho de 1996,[595] que obrigam os Estados da região em matéria de assistência mútua. Apesar disso, o Tribunal reafirmou o que já fizera em *Goiburú* (2006), em *La Cantuta* (2006) e em *Anzualdo* (2009):[596] os Estados Partes da CADH, considerado o mecanismo de garantia coletiva por ela estabelecido, "em conjunto com as obrigações internacionais na matéria, regionais e universais [...], devem colaborar entre si para lograr aqueles importantes objetivos".[597]

Na perspectiva ativa, relacionada ao dever argentino de requerer cooperação aos Estados envolvidos na Operação Condor, tem-se campo para incidência do Acordo de San Juan, Argentina, de 2010, sobre equipes conjuntas de investigação (ECI).[598] A formação de *equipos conjuntos de investigación (joint investigation teams; équipes communes d'enquête; squadre investigative comuni)* é a ferramenta jurídica ideal, no âmbito da cooperação internacional, para coordenar Estados simultaneamente aptos a apurar fatos

593. CORTE IDH. **Caso Familia Julien Grisonas vs. Argentina**, § 289.

594. ORGANIZAÇÃO DOS ESTADOS AMERICANOS. **Inter-American Convention on Mutual Legal Assistance in Criminal Matters**, done at Nassau, on May 23, 1992, OAS Treaty Series, No. 75. Disponível em: https://www.oas.org/juridico/english/treaties/a-55.html. Acesso em: 10 jul. 2023.

595. MERCOSUL. **Protocolo de Assistência Jurídica Mútua em Assuntos Penais**, aprovado em San Luis em 26 de junho de 1996, Decisão CMC nº 02/96. Disponível em: http://www.sice.oas.org/trade/mrcsrs/decisions/DEC296.asp. Acesso em: 2 jun. 2023.

596. CORTE INTERAMERICANA DE DIREITOS HUMANOS. **Caso Anzualdo Castro vs. Perú.** Sentencia de 22 de septiembre de 2009, § 125. https://www.corteidh.or.cr/docs/casos/articulos/seriec_202_esp.pdf. Acesso em: 10 jul. 2023.

597. CORTE IDH. **Caso Familia Julien Grisonas vs. Argentina,** § 289.

598. MERCOSUL. Decisão Mercosul/CMC/Dec. 22/10. **Acordo Quadro de Cooperação entre os Estados Partes do Mercosul e Estados Associados para a Criação de Equipes Conjuntas de Investigação**, aprovado em San Juan, em 2 de agosto de 2010. Disponível em: http://www.sice.oas.org/trade/mrcsrs/decisions/DEC2210_p.pdf. Acesso em: 2 jun. 2023.

que se encaixem em suas jurisdições territoriais ou extraterritoriais.[599] Embora sem dizê-lo expressamente, era a formação de uma ECI o que a Corte IDH esperava da Argentina em *Julien Grisonas.*

A Corte IDH evidenciou a existência de um "dever específico de cooperação e colaboração interestatal", que exige que os Estados "cumpram e apliquem todos os mecanismos nacionais e internacionais disponíveis", tal como as ECI, e que "se necessário, criem e implementem" outros que sejam essenciais para "cumprir eficazmente suas obrigações internacionais".[600] Nota-se mais uma vez a vinculação do dever de legislar – como obrigação positiva primária – como condicionante do dever de cooperar.

Tal determinação da Corte IDH em *Julien Grisonas* é compatível com o regime convencional na matéria. Os deveres de procura de desaparecidos por meio de medidas ativas de cooperação internacional foram reconhecidos no Princípio 3 do Comitê das Nações Unidas sobre Desaparecimentos Forçados.[601] Devido às características específicas do fenômeno quando há o envolvimento de migrantes, o Conselho de Direitos Humanos também ressaltou a importância de medidas ativas de cooperação internacional para localizar internacionalmente pessoas dadas como desaparecidas.[602]

Quanto à vítima Vera Lucía Grisonas Andrijauskaite, a Corte IDH declarou que cabia ao Estado argentino investigar seu paradeiro e, em sendo o caso, localizar seus restos mortais para identificá-los, agindo com devida

---

599. Para uma análise sobre o arcabouço normativo das ECI no continente américa, ver: SOUZA, Isac Barcelos Pereira. **Equipes Conjuntas de Investigação na cooperação jurídica internacional em matéria penal**. Salvador: JusPodivm, 2019, p. 118-125.

600. CORTE IDH. **Caso Familia Julien Grisonas vs. Argentina**. Sentencia de 23 de septiembre de 2021, § 121.

601. CED: "3.4. The public policy should be comprehensive, clear, transparent, visible and consistent. It should promote cooperation and collaboration among all State bodies and also with other States and international agencies. It should be translated into appropriate legislative, administrative and budgetary measures and educational policies and other relevant sectoral policies". UNITED NATIONS. **Guiding principles for the search for disappeared persons**. CED/C/7, 8 May 2019, Principle 3, p. 2. Disponível em: https://www.ohchr.org/en/documents/legal-standards-and-guidelines/guiding-principles-search-disappeared-persons. Acesso em: 10 jul. 2023.

602. HRC: "Given the transnational nature of the enforced disappearance of migrants, States should carry out all investigative efforts, both for the search for the migrants and for the prosecution of those presumed responsible, duly cooperating with the authorities of all States involved as well as with relevant international organizations. UNITED NATIONS. Human Rights Council. **Report of the Working Group on Enforced or Involuntary Disappearances on enforced disappearances in the context of migration**, Doc. A/HRC/36/39/Add.2, 29 September 2017, §§ 57 e 92. Disponível em: https://documents-dds-ny.un.org/doc/UNDOC/GEN/G17/226/72/PDF/G1722672.pdf?OpenElement. Acesso em: 2 jun. 2023.

diligência para cumprir essa obrigação de caráter *autônomo*[603] em relação ao processo penal, realizando "todos os esforços possíveis, de maneira sistemática, rigorosa e com os meios adequados e idôneos, inclusive mediante a solicitação de cooperação a outros Estados".[604]

A posição da Corte IDH em *Julien Grisonas* nos faz recordar do caso *Herzog e Outros vs. Brasil*, julgado em 2018. Nos anos 1970, durante a ditadura militar brasileira, o jornalista Vladimir Herzog foi preso ilegalmente, torturado e morto, num estabelecimento militar em São Paulo.[605] Nele, a Corte ressaltou, com base no direito internacional, a necessidade da promoção da cooperação internacional e da assistência recíproca para enfrentar os crimes contra a humanidade. Mais do que isso, em relação a tais crimes, o Tribunal afirmou que, "como parte das obrigações de prevenir e punir crimes de direito internacional, a Corte considera que os Estados têm a obrigação de cooperar e podem [...] aplicar o princípio de jurisdição universal a respeito dessas condutas".[606]

Desta forma, "compete aos Estados garantir o julgamento efetivo dos crimes contra a humanidade mediante a adoção de medidas em escala nacional e o fomento da cooperação internacional. Essa cooperação também se aplica ao âmbito da extradição e da assistência judicial recíproca".[607] Como quer que seja, como a Corte IDH já determinara no caso *Wong Ho Wing*, de 2015, "no âmbito dos processos de extradição ou de outras formas de cooperação judiciária internacional, os Estados Partes na Convenção devem observar as obrigações em matéria de direitos humanos derivadas

---

603. A autonomia desse dever decorre dos arts. 15, 19, 24 e 25 da Convenção Internacional para a Proteção de Todas as Pessoas contra os Desaparecimentos Forçados.

604. CORTE INTERAMERICANA DE DIREITOS HUMANOS. **Caso Familia Julien Grisonas vs. Argentina**. Sentencia de 23 de septiembre de 2021, §§ 213 e 214.

605. CORTE IDH: "Recentemente, em 2017, a última versão do Texto dos Projetos de Artigos sobre os Crimes contra a Humanidade (doravante denominado "Texto de Projetos"), aprovado pela Comissão de Direito Internacional,164 reiterou a noção de que "os crimes contra a humanidade constituem uma ameaça à paz, à segurança e ao bem-estar do mundo". A Comissão de Direito Internacional recorda também o "dever de todo Estado de exercer sua jurisdição penal em relação aos crimes contra a humanidade, [l]evando em consideração que, posto que os crimes contra a humanidade não ficarão impunes, é necessário assegurar o julgamento efetivo desses crimes, através da adoção de medidas em escala nacional e o fomento da cooperação internacional, entre outros aspectos, em matéria de extradição e assistência judicial recíproca". CORTE INTERAMERICANA DE DIREITOS HUMANOS. **Caso Herzog e Outros vs. Brasil**. Sentença de 15 de marco de 2018, § 219. Disponível em: https://www.corteidh.or.cr/docs/casos/articulos/seriec_353_por.pdf. Acesso em: 2 jun. 2023.

606. CORTE INTERAMERICANA DE DIREITOS HUMANOS. **Caso Herzog e Outros vs. Brasil**. Sentença de 15 de marco de 2018, § 232.

607. CORTE IDH. **Caso Herzog e Outros vs. Brasil.** Sentença de 15 de marco de 2018, § 296.

do referido instrumento".[608] Isso mais uma vez revela o caráter sinérgico dos regimes internacionais.

4.6.6. O Dever Internacional de Requerer Cooperação: O Caso *Leguizamón Zaván e Outros vs. Paraguai*

O jornalista Santiago Leguizamón Zaván foi assassinado em Pedro Juan Caballero, em 26 de abril de 1991. As autoridades paraguaias iniciaram imediatamente a investigação criminal, mas não adotaram a tempo e modo as medidas de cooperação internacional que seriam necessárias para a persecução criminal dos autores do crime, muitos dos quais eram brasileiros.

Ao julgar o caso *Leguizamón Zaván e Outros vs. Paraguai*, em 2022, a Corte IDH determinou que o Estado paraguaio incorreu em responsabilidade internacional por negligência na tramitação das solicitações de cooperação internacional ao Brasil, pois algumas delas "não foram traduzidas ao português nem tramitadas pelos canais diplomáticos adequados", levando a que as medidas adotadas não tenham sido adequadas nem suficientes "para cumprir a obrigação estatal de realizar uma investigação exauriente e diligente". A fuga dos suspeitos para o Brasil impôs desafios específicos à elucidação do crime, mas esses óbices "poderiam ter sido superados com a adequada cooperação entre os Estados".[609] A estraneidade era, portanto, eventual.

No referido julgado, a Corte Interamericana reconheceu mais uma vez a importância da cooperação internacional para evitar a impunidade, sobretudo diante de graves violações de direitos humanos.

> Neste sentido, a Corte recorda a importância da cooperação entre os Estados em questões relacionadas com as violações dos direitos humanos, o que foi reconhecido tanto por esta Corte como por outras instâncias. Assim, na deci-

608. CORTE IDH: "Si bien los procesos de extradición son mecanismos de cooperación internacional entre Estados en materia penal, la Corte reitera que en los mismos deben observarse las obligaciones internacionales de los Estados en materia de derechos humanos, en la medida en que sus decisiones pueden afectar los derechos de las personas [...]. En particular, en los procedimientos de extradición deben respetarse determinadas garantías mínimas del debido proceso, teniendo en cuenta los aspectos políticos y jurídicos de dichos processos". CORTE INTERAMERICANA DE DIREITOS HUMANOS. **Caso Wong Ho Wing vs. Perú.** Sentencia de 30 de junio de 2015, §§ 119, 208 e 229. Disponível em: https://corteidh.scjn.gob.mx/buscador/doc?doc=casos_sentencias/297_CasoWongH0WingVsPeru_ExcepcionFondoReparacionesCostas.htm . Acesso em: 2 jun. 2023.

609. CORTE INTERAMERICANA DE DIREITOS HUMANOS. **Caso Leguizamón Zaván y Otros vs. Paraguay.** Sentencia de 15 de noviembre de 2022, § 74-76. Disponível em: https://corteidh.scjn.gob.mx/buscador/doc?doc=casos_sentencias/seriec_473_esp.pdf . Acesso em: 2 jun. 2023.

> são adotada no caso *Família Julien Grisonas vs. Argentina*, a Corte considerou que "o dever de cooperação entre os Estados na promoção e observância dos direitos humanos é uma norma de natureza *erga omnes*, uma vez que deve ser cumprida [...] por todos os Estados, e [tem] caráter vinculativo no direito internacional." Nessa ocasião, a Corte considerou que o contexto e as circunstâncias em que ocorreram os fatos envolviam as ações não só da Argentina, mas também do Uruguai e do Chile e considerou que "[os] três Estados tinham a obrigação de proteger e garantir a integridade humana. direitos e, portanto, as múltiplas violações cometidas poderiam eventualmente implicar algum tipo de responsabilidade concorrente", embora o caso tenha sido submetido à consideração da Corte apenas em relação à Argentina.[610]

Afirmou-se, assim, um dever de persecução criminal *coordenada*, para a elucidação de crimes com caráter de estraneidade, sobretudo quando intrínseca a condutas delituosas ocorridas em regiões de fronteira.[611] Concluiu-se ademais que, para crimes ocorridos em zonas fronteiriças, há obrigações específicas para adimplir o dever de persecução penal, com a devida diligência, deveres que derivam do contexto da delinquência transfronteiriça.

Para a Corte, "os pedidos de cooperação apresentados pelo Paraguai não foram processados em tempo hábil ou pelos canais apropriados, nem atenderam aos requisitos mínimos, o que, somado ao decurso do tempo, favoreceu a impunidade do crime". Ficou, assim, demonstrada a falta da

610. CORTE IDH. **Caso Leguizamón Zaván y Otros vs. Paraguay.** Sentencia de 15 de noviembre de 2022, § 77.

611. Sobre o tema, o relatório final do grupo de especialistas destacados pela CIDH para apruar a morte de três jornalistas do diário *El Comercio*, na fronteira entre o Equador e a Colômbia, em 2018, estimou que: "es factible entender la concurrencia de jurisdicciones y traducirla en una oportunidad para que los dos Estados coordinen las medidas que deban aplicar con el fin de lograr una persecución efectiva de los delitos trasnacionales de esta organización, así como el pleno esclarecimiento de los hechos relativos al secuestro y homicidio del equipo periodístico del diario el Comercio, lo que debería incluir la implementación de mecanismos de cooperación judicial recíproca tales como intercambio de pruebas y de información, asignación de tareas investigativas allí donde reposa la información relevante para compartirla en lo pertinente, traslado de testigos y delimitación de líneas lógicas de investigación que deba desarrollar cada Estado en particular, en tanto resulten de su exclusivo interés. Adiante concluiu que "la persecución coordinada [...] entre los dos Estados es un instrumento idóneo para eliminar zonas de impunidad y unificar la hipótesis principal del caso para la identificación de las conductas punibles en que ha incurrido la organización criminal, al tiempo que la cooperación internacional permite construir las bases de una persecución eficaz desde la coordinación de actividad[es] investigativas y judiciales". COMISSÃO INTERAMERICANA DE DIREITOS HUMANOS**. Informe Final del Equipo de Seguimiento Especial (ESE) designado por la CIDH**: Seguimiento del componente investigar los hechos que resultaron en el secuestro y asesinato de Javier Ortega, Paúl Rivas y Efraín Segarra (Integrantes del Equipo periodístico del Diario "El Comercio"), 2019, § 123-124. Disponível em: https://www.oas.org/es/cidh/expresion/informes/Informe_Final_ESE_MC_Dicc2019.pdf. Acesso em: 4 jan. 2024.

devida diligência do Estado na investigação do homicídio de Leguizamón Zaván, o que acarretou a responsabilidade internacional do Estado paraguaio, por cooperação deficiente.[612]

Diante da impossibilidade de continuidade da persecução, em função da prescrição da ação penal, a Corte IDH ordenou que o Paraguai constituísse um grupo de trabalho para apurar as circunstâncias do assassinato do senhor Leguizamón Zaván, cabendo-lhe levar em conta:

> (i) o contexto no qual este ocorreu, incluindo a situação de segurança na cidade de Pedro Juan Caballero e na zona fronteiriça entre o Brasil e o Paraguai; (ii) os demais homicídios de jornalistas no Paraguai cometidos após o homicídio do senhor Leguizamón Zaván, em consequência do exercício de sua atividade, e (iii) as falhas na investigação do homicídio do senhor Leguizamón Zaván, com o objetivo de propor medidas específicas para garantir a segurança dos jornalistas e superar a impunidade.[613]

4.6.7. O Dever Internacional de Requerer Cooperação: O Caso *Angulo Losada vs. Bolívia*

Um dos mais recentes processos da Corte IDH no qual se evidencia a obrigação positiva de cooperação internacional é o caso *Angulo Losada vs. Bolívia,* de 2022. Os fatos se integram aos regimes internacionais de proteção da mulher e de proteção de crianças e adolescentes, uma vez que a pessoa lesada, Brisa de Angulo Losada, então com 16 anos, foi vítima de estupro incestuoso praticado por Eduardo Gutiérrez Angulo, um primo de 26 anos, que passou a morar com a família de Brisa em Cochabamba. Os atos de violência sexual contra a adolescente ocorreram entre outubro e maio de 2002, quando Brisa tinha 16 anos.[614]

A estraneidade é acidental. O suposto estuprador fugiu da Bolívia e se ocultou na Colômbia em 2007. Contudo, somente em março de 2018, o Ministério Público boliviano mandou incluir o nome do procurado no sistema de difusões da Interpol, que o localizou na Colômbia naquele mesmo

612. CORTE INTERAMERICANA DE DIREITOS HUMANOS. **Caso Leguizamón Zaván y Otros vs. Paraguay.** Sentencia de 15 de noviembre de 2022, § 81. Disponível em: https://corteidh.scjn.gob.mx/buscador/doc?doc=casos_sentencias/seriec_473_esp.pdf. Acesso em: 2 jun. 2023.

613. CORTE IDH. **Caso Leguizamón Zaván y Otros vs. Paraguay.** Sentencia de 15 de noviembre de 2022, § 97-98.

614. CORTE INTERAMERICANA DE DIREITOS HUMANOS. **Caso Angulo Losada vs. Bolívia**. Sentencia de 18 de noviembre de 2022, §§ 34, 35, 198. Disponível em: https://www.corteidh.or.cr/docs/casos/articulos/seriec_475_esp.pdf . Acesso em: 2 jun. 2023.

ano. Várias diligências foram feitas, envolvendo o Judiciário, o Ministério Público e a chancelaria bolivianos, mas o pedido definitivo de prisão para extradição só foi enviado a Bogotá em 5 de marco de 2020. Eduardo Gutiérrez Angulo foi preso em 21 de fevereiro de 2022, para fins de extradição, mas este pedido acabou negado mais tarde, em setembro daquele mesmo ano, por prescrição conforme a lei colombiana, quando os fatos já passavam dos vinte anos.

Em suas alegações perante a Corte IDH, a Bolívia argumentou em preliminar que não se haviam esgotado os recursos internos uma vez que o ordenamento jurídico local possuía "um recurso idôneo" para aquela situação jurídica, que era exatamente a extradição, que continuava viável no ordenamento boliviano, porque não há interrupção do prazo prescricional em casos de revelia.[615]

Primeiramente, a Corte IDH considerou que a Bolívia não atuou com a devida diligência para evitar a fuga do suspeito do seu território, em 2007. Em segundo lugar, a Corte constatou que o Estado "não realizou nenhuma gestão relevante para lograr sua detenção e a extradição entre 2008 e 2014 e atuou de maneira excessivamente lenta até 2019", o que também denota falta de *debida diligencia*.[616] Para piorar o quadro, o dever de *due diligence* era reforçado, em razão da condição de menor da vítima, tendo o Estado faltado com sua obrigação de condução da persecução penal com perspectiva de gênero e de menoridade, duas condições que exigiam proteção especial da vítima diante de um crime sexual.[617]

Especificamente quanto ao dever de requerer extradição, o Tribunal em São José entendeu que as autoridades de persecução penal bolivianas "não foram diligentes na investigação da violência sexual contra Brisa nem levaram em conta os efeitos do tempo durante cada etapa do processo penal". Na data da sentença interamericana, o processo penal boliviano ainda não havia sido definitivamente julgado, embora passados mais de vinte anos dos

---

615. Corte IDH: "La Corte advierte que los períodos de poca o ninguna actividad por parte de las autoridades judiciales de Bolivia sumados equivalen a 15 años, lo cual, además de inadmisible per se, contribuyó en definitiva a la impunidad absoluta en que se encuentra el presente caso". CORTE INTERAMERICANA DE DIREITOS HUMANOS. **Caso Angulo Losada vs. Bolivia**. Sentencia de 18 de noviembre de 2022, §§ 16, 71-75 e 131. Disponível em: https://www.corteidh.or.cr/docs/casos/articulos/seriec_475_esp.pdf . Acesso em: 2 jun. 2023.

616. CORTE INTERAMERICANA DE DIREITOS HUMANOS. **Caso Angulo Losada vs. Bolivia.** Sentencia de 18 de noviembre de 2022, § 121. Disponível em: https://www.corteidh.or.cr/docs/casos/articulos/seriec_475_esp.pdf . Acesso em: 2 jun. 2023.

617. CORTE IDH. **Caso Angulo Losada vs. Bolivia.** Sentencia de 18 de noviembre de 2022, § 124.

fatos.[618] Tais fatores levaram o Tribunal a reconhecer a violação do direito *da vítima* à razoável duração do processo.[619]

Como visto, a morosidade da justiça boliviana deixou a vítima sem um remédio efetivo imediato, uma vez que, em setembro de 2022, por prescrição, a Corte Suprema de Justiça da Colômbia tornou sem efeito o mandado de prisão para fins extradicionais expedido contra Eduardo Gutiérrez. Aplicou-se o princípio da lei prescricional mais favorável, previsto no Acordo de Extradição de Caracas, de 1911, vigente entre as Partes.[620]

A Corte IDH reconheceu a responsabilidade internacional da Bolívia por ofensa aos direitos à integridade, às garantias judiciais, à vida privada e familiar, aos direitos da infância e à proteção judicial, inclusive "por não cumprir a sua obrigação de garantir, sem discriminação de gênero, assim como pela condição de criança[621] da vítima, o direito de acesso à justiça nos termos dos arts. 8.1, 19 e 25.1 da Convenção Americana".[622] Foi também reconhecida a responsabilidade boliviana por violação aos arts. 7º e 9º da Convenção de Belém do Pará, de 1994.[623] Por fim, no que ora nos importa, determinou ainda o Tribunal que mantivesse em aberto a ação penal e desse curso à investigação criminal, caso houvesse mudanças circunstanciais que o permitissem,[624]como, por exemplo, a saída do acusado do território colombiano, para outro país, onde possa vir a ser preso e de onde possa ser

---

618. Corte IDH: "Además, se advierte que los errores y falencias del Ministerio Público y de las autoridades judiciales fueron los que provocaron retrasos significativos en la tramitación de algunos recursos, la repetición de pruebas, la revocación de dos sentencias definitivas y el reenvío del caso para nuevo enjuiciamiento en dos oportunidades, así como que facilitaron, por la ausencia de la determinación de los resguardos necesarios, la fuga del imputado a su país de origen". CORTE INTERAMERICANA DE DIREITOS HUMANOS. **Caso Angulo Losada vs. Bolivia**. Sentencia de 18 de noviembre de 2022, § 130. Disponível em: https://www.corteidh.or.cr/docs/casos/articulos/seriec_475_esp.pdf . Acesso em: 2 jun. 2023.

619. CORTE IDH. **Caso Angulo Losada vs. Bolivia.** Sentencia de 18 de noviembre de 2022, § 133.

620. CORTE IDH. **Caso Angulo Losada vs. Bolivia**, §§ 12, 18 e 182.

621. Conforme o art. 1º da Convenção das Nações Unidas sobre os Direitos da Criança, uma "criança" é toda pessoa humana menor de 18 anos. NAÇÕES UNIDAS. **Convenção sobre os Direitos da Criança**, aprovada em Nova York pela Resolução A/44/25, de 20 de novembro de 1989. Disponível em: https://www.planalto.gov.br/ccivil_03/decreto/1990-1994/d99710.htm. Acesso em: 2 jun. 2023.

622. CORTE IDH. **Caso Angulo Losada vs. Bolivia**. Sentencia de 18 de noviembre de 2022, § 230.3 e 230.6.

623. ORGANIZAÇÃO DOS ESTADOS AMERICANOS. **Convenção Interamericana para Prevenir, Punir e Erradicar a Violência contra a Mulher, concluída em Belém do Pará**, em 9 de junho de 1994. Disponível em: https://www.oas.org/juridico/english/treaties/a-61.html. Acesso em: 2 jun. 2023.

624. CORTE IDH. Caso **Angulo Losada vs. Bolivia**. Sentencia de 18 de noviembre de 2022, § 185.

extraditado para a Bolívia, onde a prescrição é interrompida nas situações de revelia, nos termos do art. 90 do Código de Processo Penal local.[625]

4.6.8. O Dever Internacional de Requerer Cooperação: o Caso *Rantsev vs. Chipre e Rússia*

O Tribunal Europeu de Direitos Humanos (TEDH) também reconhece um dever estatal de cooperação ativa. No caso *Rantsev vs. Chipre e Rússia*,[626] de 2010, essa obrigação processual positiva fica clara, no contexto de um suposto crime de homicídio, cometido em situação de tráfico humano tendo como vítima uma cidadã russa que emigrou para Chipre.[627] Oxana Rantseva foi morta em 2001 em Limassol no Chipre e houve deficiência de cooperação. Aplicava-se o regime internacional de proibição do tráfico de seres humanos. A estraneidade era necessária, em função dessa dinâmica e da nacionalidade da vítima. As falhas da investigação levaram o TEDH a responsabilizar Chipre, mas não a Rússia, por violação dos deveres convencionais implícitos de investigar e de cooperar para que a persecução fosse realmente efetiva.

Em *Rantsev*,[628] o TEDH lembrou que Chipre e Rússia eram Estados Partes da Convenção Europeia de Assistência Mútua em Matéria Penal e mantinham um tratado bilateral de assistência, razão pela qual as autoridades cipriotas poderiam ter *pedido* assistência da Rússia "para investigar as circunstâncias da estada da Sra. Rantseva em Chipre e sua posterior morte". Diante da falta de uma solicitação cipriota para assistência jurídica

---

625. BOLIVIA. **Ley 1173, de 3 de mayo de 2019.** Código de procedimento penal. Disponível em: http://www.silep.gob.bo/norma/15672/ley_actualizada. Acesso em: 10 jul. 2023.

626. EUROPEAN COURT OF HUMAN RIGHTS. **Case of Rantsev v. Cyprus and Russia.** Judgment 7 January 2010, § 149, 172, 175, 289. Disponível em: https://hudoc.echr.coe.int/eng#{%22itemid%22:[%22001-96549%22]}. Acesso em: 2 jun. 2023.

627. Vide também o caso *Agache e Outros,* no qual a Romênia deixou de providenciar a captura internacional de três dos condenados pela morte de Aurel Agache, o que representou uma violação da projeção processual do art. 2º da Convenção Europeia de Direitos Humanos. EUROPEAN COURT OF HUMAN RIGHTS. **Case of Agache and Others v. Romania**. Judgment 20 octobre 2009, §§ 83-84 e p. 17, §2. Disponível em: https://hudoc.echr.coe.int/app/conversion/docx/pdf?library=ECHR&id=001-95146&filename=CEDH.pdf Acesso em: 10 jul. 2023. Vide ainda o caso *Nasr e Ghali vs. Itália* (2006), no qual o TEDH reconheceu que a Itália descumpriu suas obrigações positivas de pedir extradição de condenados residentes nos Estados Unidos. EUROPEAN COURT OF HUMAN RIGHTS. **Case of Nasr and Ghali v. Italy.** Judgment 23 February 2016, §§ 48, 145, 336, 207, 255 e 270. Disponível em: https://hudoc.echr.coe.int/fre?i=001-161245. Acesso em: 10 jul. 2023.

628. EUROPEAN COURT OF HUMAN RIGHTS. **Case of Rantsev v. Cyprus and Russia**. Judgment, 7 January 2010, §§ 149, 172, 175, 289. Disponível em: https://hudoc.echr.coe.int/eng#{%22itemid%22:[%22001-96549%22]}. Acesso em: 2 jun. 2023.

internacional, as autoridades russas não estavam obrigadas a obter as provas por si mesmas e enviá-las a Nicósia. Como explicou a Corte Europeia, para que uma investigação seja efetiva, os Estados Partes devem adotar todas as medidas necessárias para obter provas necessárias para elucidar o crime, quer estas evidências estejam no país ou no exterior.

O descumprimento deste dever de diligência acarretou a violação identificada por Estrasburgo ao art. 2º da CEDH, que protege o direito à vida.[629] Nota-se, portanto, que, tal como ocorre com o dever de investigar, a obrigação positiva de cooperar está implícita nos dispositivos materiais do tratado como uma sua projeção processual (*procedural limb*).

4.6.9. O Dever Internacional de Requerer Cooperação: o Caso *Güzelyurtlu e Outros vs. Turquia e Chipre*

Um dos casos mais importantes em que se revela a obrigação positiva de requerer cooperação internacional é *Güzelyurtlu e Outros vs. Turquia e Chipre*, de 2019. Nele, o TEDH abriu um capítulo para tratar da "*obligation of Contracting States to cooperate in transnational cases under the procedural aspect of Article 2*", na perspectiva, portanto, de um dever de cooperar como obrigação positiva decorrente da projeção processual do art. 2º da Convenção Europeia de Direitos Humanos.[630]

Os crimes contra as vidas de Elmas Güzelyurtlu, sua esposa Zerrin e sua filha Eylül Güzelyurtlu ocorreram em 2005, numa situação de execução, e aparentemente não integram nenhum dos regimes internacionais de proibição. Talvez se enquadrem na Convenção de Palermo do ano 2000, relacionada à atuação de uma organização criminosa transnacional. No caso, a estraneidade é do tipo necessário porque a conduta dos agentes foi de cunho transfronteiriço, com o envolvimento de pessoas residentes na área sob controle da República Turca do Norte de Chipre (RTNC) e o emprego de um veículo registrado naquela região. As autoridades cipriotas realizaram sua própria apuração e expediram mandados de prisão extradicional e

629. COUNCIL OF EUROPE. European Committee on Crime Problems (CDPC). Committee of Experts on the Operation of European Conventions on Co-Operation in Criminal Matters (PC-OC). **Case Law by the European Court of Human Rights of Relevance for the Application of the European Conventions on International Co-Operation in Criminal Matters,** Strasbourg, 24 January 2020, p. 267. Disponível em: em: https://rm.coe.int/pc-oc-2011-21rev13caselawecthr-january2020/16809a4674. Acesso em: 10 jun. 2023. Referência feita aos §§ 241, 243 e 244 da sentença em *Rantsev*.

630. EUROPEAN COURT OF HUMAN RIGHTS. **Case of Güzelyurtlu and Others v. Turkey and Cyprus** [GC]. Judgment 29 January 2019, §§ 229-236. Disponível em: https://hudoc.echr.coe.int/eng#{%22itemid%22:[%22001-189781%22]} . Acesso em: 10 jul. 2023.

mandados de detenção europeus contra os suspeitos.[631] Uma investigação criminal paralela foi aberta pelas autoridades da RTNC, considerada pela comunidade internacional como uma área sob controle da Turquia. As duas partes iniciaram uma cooperação intermedida pela Força das Nações Unidas para Manutenção da Paz em Chipre (UNFICYP),[632] que não produziu resultados.[633]

Em *Güzelyurtlu*, o TEDH distinguiu o dever de prestar cooperação (*obligation to afford assistance*), relativo à assistência passiva, e ressaltou a existência de um dever de *requerer* cooperação (*obligation to seek assistance*), delimitando uma "*two-way obligation*", relacionada à tutela dos direitos humanos convencionalmente protegidos.[634] Mais do que encontrar fundamento no regime global de proibição – cujas convenções de supressão costumam conter dispositivos de cooperação jurídica –, o dever de cooperar tem sua base nas convenções do regime internacional de proteção. No referido caso, o TEDH desenvolveu o dever de *prestar* cooperação (*duty to cooperate; l'obligation de coopérer; obligación de cooperar*) com apoio na projeção processual (*procedural limb; volet procédural)* do art. 2º da Convenção Europeia. Tal dever de cooperar[635] aparece vinculado a um certo contexto normativo da cooperação interestatal, especialmente a de base convencional.

Para o TEDH, o objetivo intrínseco da Convenção Europeia, como um tratado para a promoção de direitos humanos, pode, em certas circunstâncias, implicar a existência para os Estados Partes de um dever de cooperar para garantir tais direitos em suas jurisdições. Quando a apuração de um crime contra a vida depende do envolvimento de mais de um Estado Parte, este e os demais estão obrigados a "cooperar efetivamente" para "elucidar as

---

631. ECHR. **Case of Güzelyurtlu and Others v. Turkey and Cyprus** [GC]. Judgment 29 January 2019, §§ 10-44 e 194.

632. A *United Nations Peacekeeping Force in Cyprus* foi criada pelo Conselho de Segurança das Nações Unidas em 1964 para controlar o conflito entre as comunidades greco-cipriota e turco-cipriota no norte de Chipre, mantendo a zona tampão (*buffer zone*) entre Chipre e a República Turca do Norte de Chipre.

633. EUROPEAN COURT OF HUMAN RIGHTS. **Case of Güzelyurtlu and Others v. Turkey and Cyprus** [GC]. Judgment 29 January 2019, §§ 106-136, 193 e 199. Disponível em: https://hudoc.echr.coe.int/eng#{%22itemid%22:[%22001-189781%22]} . Acesso em: 10 jul. 2023.

634. ECHR. **Case of Güzelyurtlu and Others v. Turkey and Cyprus [GC].** Judgment 29 January 2019, §§ 232-268.

635. MEYER, Frank. The Emergence of Criminal Law Norms in International Organizations. *In*: BOISTER, Neil; GLESS, Sabine; JESSBERGER, Florian (org.). **Histories of Transnational Criminal Law**. Oxford, United Kingdom; New York, NY. Oxford University Press, 2021, p. 94.

circunstâncias da morte e levar os autores à justiça".[636] Mais do que isso: os Estados em questão estão diante de uma "obrigação de mão dupla", por força do art. 2º da Convenção Europeia, de modo que existe uma obrigação de prestar assistência (*obligation to afford assistance*), isto é, cooperação passiva, e uma obrigação de requerer assistência (*obligation to seek assistance*),[637] ou seja, cooperação ativa. Conforme Estrasburgo, "tais deveres estão em consonância com a efetiva proteção do direito à vida", cuja garantia está no art. 2º da CEDH, aplicado em conjunto com o art. 1º do tratado.

Simetricamente, o dever de cooperar poderá ser extraído, implicitamente, do dever de investigar, processar e punir que se projeta dos *procedural limbs* dos demais artigos de direito material da Convenção. Daí sua classificação como obrigação positiva de segundo nível. O descumprimento desses deveres de persecução transnacional dificultaria as investigações de mortes atribuídas à ação humana e "necessariamente levaria à impunidade dos suspeitos", tornando inefetiva a garantia geral do direito à vida.[638]

Como já sabemos, a obrigação de cooperar é uma obrigação de meio, do mesmo modo que as obrigações de investigar e processar o são. Neste momento é que o dever de devida diligência incide, para exigir das autoridades estatais que adotem todas as medidas razoáveis e cabíveis para cooperar internacionalmente com vistas a elucidar o crime, "exaurindo de boa-fé as possibilidades [...] disponíveis conforme os instrumentos internacionais aplicáveis de assistência jurídica mútua e cooperação em matéria penal".[639] O dever de legislar – o que inclui o *jus tractum*[640] – sobre cooperação internacional aparece na sequência do julgado, uma vez que o TEDH reconheceu em *Güzelyurtlu* que os Estados Partes não podem cooperar uns com os outros num "vácuo jurídico", especialmente diante das modalidades específicas de cooperação interestatal que existem na ordem penal internacional, como

636. EUROPEAN COURT OF HUMAN RIGHTS. **Case of Güzelyurtlu and Others v. Turkey and Cyprus [GC].** Judgment 29 January 2019, § 232. Disponível em: https://hudoc.echr.coe.int/eng#{%22itemid%22:[%22001-189781%22]} . Acesso em: 10 jul. 2023.

637. ECHR. **Case of Güzelyurtlu and Others v. Turkey and Cyprus [GC],** § 232.

638. ECHR. **Case of Güzelyurtlu and Others v. Turkey and Cyprus** [GC], § 234.

639. EUROPEAN COURT OF HUMAN RIGHTS. **Case of Güzelyurtlu and Others v. Turkey and Cyprus [GC].** Judgment 29 January 2019, § 234. Disponível em: https://hudoc.echr.coe.int/eng#{%22itemid%22:[%22001-189781%22]} . Acesso em: 10 jul. 2023.

640. O *jus tractum* (*jus tractatuum; ius tractandi*) é o direito dos Estados de celebrar tratados.

a extradição[641] e a transferência de processos penais.[642] Cabe aos Estados, no seu dever de devida diligência, avaliar todas as possibilidades previstas nos instrumentos de cooperação internacional em matéria penal existentes entre as Partes para evitar a impunidade.[643] Dada importância do julgado, vale sua transcrição neste trecho:

> Por conseguinte, a obrigação processual de cooperação nos termos do artigo 2º deverá ser interpretada à luz dos tratados ou acordos internacionais aplicáveis entre os Estados Contratantes em questão, seguindo-se, na medida do possível, uma aplicação combinada e harmoniosa da Convenção e desses instrumentos, o que não deverá resultar em conflito ou oposição entre eles. [...] Neste contexto, a obrigação processual de cooperar só será violada em relação a um Estado obrigado a pedir cooperação, se este não tiver desencadeado os mecanismos adequados de cooperação com base nos tratados internacionais relevantes; e no que diz respeito ao Estado requerido, se este não tiver respondido adequadamente ou não tiver sido capaz de invocar um motivo legítimo para recusar a cooperação solicitada com base nesses instrumentos.[644]

Portanto, a visão do TEDH dá suporte à nossa concepção, segundo a qual se forma um sistema binário entre as normas de cooperação internacional

641. No caso *Agache,* o dever de requerer extradição foi destacado pelo TEDH: "83. Enfin, la Cour constate que trois des personnes condamnées pour les violences ayant conduit au décès de M. Aurel Agache n'ont pas exécuté les peines de prison prononcées à leur encontre, faute pour les autorités roumaines d'avoir accompli les démarches d'extradition nécessaires. 84. En conséquence, la Cour estime qu'en l'espèce, la procédure pénale n'a pas été menée avec suffisamment de diligence. Ainsi, dans les circonstances particulières de l'affaire, la procédure litigieuse n'a pas offert un redressement approprié pour l'atteinte portée aux valeurs consacrées dans l'article 2 de la Convention. Partant, il y a eu violation de cette disposition dans son volet procedural". EUROPEAN COURT OF HUMAN RIGHTS. **Case of Agache and Others v. Romania**. Judgment 20 octobre 2009, §§ 83-84. Disponível em: https://hudoc.echr.coe.int/app/conversion/docx/pdf?library=ECHR&id=001-95146&filename=CEDH.pdf Acesso em: 10 jul. 2023.

642. No caso *Huseynova*, de 2017, a Geórgia recusou um pedido de extradição do Azerbaijão, por motivo de inextraditabilidade de nacionais, mas abriu a possibilidade de receber e processar a causa, mediante transferência do processo penal a pedido de Baku, o que acabou não ocorrendo, por falta de pedido ativo. EUROPEAN COURT OF HUMAN RIGHTS. **Case of Huseynova v. Azerbaijan**. Judgment 13 April 2017, § 110. Disponível em: https://hudoc.echr.coe.int/app/conversion/docx/?library=ECHR&id=001-172661&filename=CASE%20OF%20HUSEYNOVA%20v.%20AZERBAIJAN.docx&logEvent=False. Acesso em: 10 jul. 2023.

643. EUROPEAN COURT OF HUMAN RIGHTS. **Case of Güzelyurtlu and Others v. Turkey and Cyprus [GC].** Judgment 29 January 2019, § 236. Disponível em: https://hudoc.echr.coe.int/eng#{%22itemid%22:[%22001-189781%22]} . Acesso em: 10 jul. 2023.

644. EUROPEAN COURT OF HUMAN RIGHTS. **Case of Güzelyurtlu and Others v. Turkey and Cyprus [GC].** Judgment 29 January 2019, § 236. Disponível em: https://hudoc.echr.coe.int/eng#{%22itemid%22:[%22001-189781%22]} . Acesso em: 10 jul. 2023.

e as normas de proteção internacional da pessoa humana. Essa conjunção permite que as obrigações convencionais previstas nos dois regimes, quando aplicáveis ao mesmo Estado, sejam compatibilizadas de forma harmoniosa, tendo como norte o princípio *pro persona* e o direito à efetiva proteção judicial dos direitos em questão. Tal compreensão já havia sido adotada pelo Tribunal no caso *X vs. Letônia*, de 2013, no qual se discutia a aplicação da Convenção da Haia sobre os Aspectos Civis do Sequestro Internacional de Crianças, numa interação entre a Letônia e a Austrália.[645]

Antes da remessa do caso *Güzelyurtlu* à *Grand Chamber*, a Câmara do TEDH decidira responsabilizar os dois Estados, Turquia e Chipre, por cooperação deficiente, ao argumento de que "a falta de cooperação direta ou através da UNFICYP resultou numa situação em que as investigações de ambos os Estados requeridos permaneceram abertas e nada foi feito durante mais de oito anos".[646] Posteriormente, em *Güzelyurtlu*, a *Grand Chamber* entendeu que Chipre não havia descumprido sua obrigação processual positiva de *requerer* cooperação à Turquia no curso da investigação das mortes dos cidadãos turco-cipriotas Elmas, Zerrin e Eylül Güzelyurtlu, mas assinalou que a Turquia havia violado sua obrigação correspondente no plano passivo. É relevante recordar que os dois países não mantêm relações diplomáticas. Mesmo assim, o TEDH considerou que este fator não os liberava do dever de cooperar com base no art. 2º da Convenção, em sua projeção processual.

4.6.10. O Dever Internacional de Requerer Cooperação: O *Caso X e Outros vs. Bulgária*

Os fatos do caso *X e Outros vs. Bulgária*, de 2021, se integram ao regime internacional de proteção a crianças e adolescentes, cujos tratados também operam como convenções de supressão.[647] As vítimas X, Y e Z, três crianças búlgaras (um menino e duas meninas), foram adotadas em 2012 por um

645. EUROPEAN COURT OF HUMAN RIGHTS. **Case of X v. Latvia**. Judgment 26 November 2013, §§ 93-94. Disponível em: https://hudoc.echr.coe.int/eng#{%22itemid%22:[%22001-138992%22]}. Acesso em: 10 jul. 2023.

646. ECHR. **Case of Güzelyurtlu and Others v. Turkey and Cyprus [GC],** § 200.

647. Vide, por exemplo, o Protocolo Facultativo à Convenção sobre os Direitos da Criança referente à venda de crianças, à prostituição infantil e à pornografia infantil, do ano 2000. UNITED NATIONS. **Optional Protocol to the Convention on the Rights of the Child on the sale of children, child prostitution and child pornography,** adopted at Ney York, on 25 May 2000. Disponível em: https://treaties.un.org/Pages/ViewDetails.aspx?src=IND&mtdsg_no=IV-11-c&chapter=4&clang=_en. Acesso em: 2 jun. 2023. Vide ainda a Convenção de Lanzarote, de 2007. COUNCIL OF EUROPE. **Council of Europe Convention on Protection of Children against Sexual Exploitation and Sexual Abuse,** adopted at Lanzarote on 25 October 2007. Disponível em: https://rm.coe.int/1680084822. Acesso em: 10 jul. 2023.

casal de italianos, quando tinham 12, 10 e 9 anos. Posteriormente, seus pais descobriram que os três menores haviam sido submetidos a violência sexual quando viviam num orfanato na Bulgária, nação da qual eram originários. Devido a traumas sofridos no orfanato, as três crianças passaram a praticar "jogos" sexuais entre si, tal como parecia ocorrer na instituição de abrigo, o que levou os pais a procurarem ajuda psicológica e a iniciar procedimentos criminais.

A apuração inicial revelou que os abusos sexuais cometidos na instituição búlgara eram bastante graves e constantes, havendo também episódios de agressões físicas praticadas por órfãos de mais idade que as vítimas. Segundo o relato dos menores adotados, a violência sexual contra as crianças abrigadas era também praticada por onze adultos que lá trabalhavam. Conforme seus relatos, alguns dos abusos sexuais teriam sido filmados e fotografados, o que sugeriria a existência de um esquema de produção de material ilegal de pornografia infantil, o que chegou a ser reportado[648] pela imprensa.[649] A investigação preliminar aberta pelo Ministério Público búlgaro foi arquivada por falta de materialidade.[650] Na investigação preliminar italiana, as conclusões foram opostas, no sentido de que teriam ocorrido graves abusos no orfanato.[651] A segunda apuração criminal aberta na Bulgária também foi encerrada pela Promotoria por falta de provas.[652]

No procedimento perante o TEDH, os pais das vítimas alegaram que as autoridades búlgaras violaram sua obrigação positiva decorrente do art. 3º da Convenção Europeia ao não realizarem uma investigação efetiva sobre os abusos sexuais sofridos pelas três crianças.[653] Conforme a jurisprudência do TEDH, as obrigações positivas que resultam de referido dispositivo convencional incluem providências: a) de legislar e regulamentar a proteção; b) de adotar medidas específicas para proteger pessoas determinadas em

---

648. GATTI, Fabrizio. Bulgaria, nella tana dei pedofili. **L'Espresso**, 13 gennaio 2013. Disponível em: https://lespresso.it/c/inchieste/2013/1/13/bulgaria-nella-tana-dei-pedofili/5812. Acesso em: 10 jul. 2023.
649. EUROPEAN COURT OF HUMAN RIGHTS. **Case of X and Others v. Bulgaria**. Judgment 2 February 2021, §§ 10-36, 45, 49-50. Disponível em: https://hudoc.echr.coe.int/eng#{%22itemid%22:[%22001-207953%22]}. Acesso em: 10 jul. 2023.
650. EUROPEAN COURT OF HUMAN RIGHTS. **Case of X and Others v. Bulgaria**. Judgment 2 February 2021, §§ 73-74.
651. ECHR. **Case of X and Others v. Bulgaria**, §§ 92-94.
652. ECHR. **Case of X and Others v. Bulgaria**, §§ 108-111.
653. EUROPEAN COURT OF HUMAN RIGHTS. **Case of X and Others v. Bulgaria**. Judgment 2 February 2021, § 148. Disponível em: https://hudoc.echr.coe.int/eng#{%22itemid%22:[%22001-207953%22]}. Acesso em: 10 jul. 2023.

certas situações de risco; e c) de investigar de maneira efetiva as violações que ocorrerem, como uma obrigação processual de meio.[654]

Além de suas características gerais, comuns na jurisprudência da Corte, uma investigação efetiva pode, em certos casos, exigir que as autoridades de persecução de um Estado cooperem com suas congêneres noutro Estado, adotando as medidas de assistência internacional pertinentes, conforme as circunstâncias do caso, em harmonia, inclusive, o art. 38 da Convenção de Lanzarote.[655] O TEDH especulou que as autoridades búlgaras "poderiam ter viajado para Itália no contexto de um pedido de auxílio judiciário mútuo ou solicitado às autoridades italianas que entrevistassem novamente as vítimas".[656] Como alternativa, a Promotoria da Bulgária poderia ter solicitado ao *Pubblico Ministero* italiano cópias dos vídeos com os depoimentos das crianças ou a realização de perícias médicas nas vítimas, diante da alegação de estupro.[657] Como o Estado búlgaro não adotou todas as medidas possíveis, inclusive as de cooperação internacional que poderiam ter sido empregadas, o TEDH concluiu, por maioria de 9 votos a 8, que a investigação realizada no país não foi efetiva, nos termos do art. 3º da CEDH, interpretado à luz da Convenção de Lanzarote[658], tendo faltado proatividade às autoridades búlgaras para a coleta probatória transnacional.[659]

Infelizmente, as autoridades búlgaras se afastaram do padrão de devido processo fixado pelo TEDH em vários casos. Se uma testemunha crucial não estiver disponível para a tomada de seu depoimento, por se encontrar em local não sabido e ignorado, "as autoridades devem fazer os esforços razoáveis para garantir seu comparecimento", realizando uma busca ativa das testemunhas, com a ajuda das autoridades locais ou, de regra, proceder à sua oitiva por meio de cooperação internacional, quando a testemunha residir no exterior.[660]

---

654. "Generally speaking, the first two aspects of these positive obligations are classified as "substantive", while the third aspect corresponds to the State's positive "procedural" obligation". ECHR. **Case of X and Others v. Bulgaria**, § 178.

655. TEDH: "The requirement of effectiveness of the criminal investigation may in some circumstances include an obligation for the investigating authorities to cooperate with the authorities of another State, implying an obligation to seek or to afford assistance". ECHR. **Case of X and Others v. Bulgaria.** Judgment 2 February 2021, §§ 191 e 217.

656. ECHR. **Case of X and Others v. Bulgaria**, § 216.

657. ECHR. **Case of X and Others v. Bulgaria**, §§ 218-219.

658. ECHR. **Case of X and Others v. Bulgaria,** § 228.

659. ECHR. **Case of X and Others v. Bulgaria**. Judgment 2 February 2021, Joint Concurring Opinion of Judges Turković, Pinto de Albuquerque, Bošnjak and Sabato, §§ 17 e 38.

660. EUROPEAN COURT OF HUMAN RIGHTS. **Guide on Article 6 of the European Convention on Human Rights:** right to a fair trial (criminal limb), Updated on 31 August 2022, p. 96.

4.6.11. O Dever Internacional de Requerer Cooperação: O Caso *Zoletic e Outros vs. Azerbaijão*

O tráfico internacional de pessoas e a escravidão contemporânea estão no cerne do caso *Zoletic e Outros vs. Azerbaijão*, julgado pelo TEDH em 2021. Vários trabalhadores foram aliciados na Bósnia-Herzegovina e tratados como escravos por uma empresa de construção civil em Baku, no Azerbaijão, para onde foram levados. A própria natureza transnacional desse tipo de delito provoca o dever de cooperar internacionalmente por estraneidade necessária. Tal cooperação deve ser efetiva para não impactar os deveres processuais primários do Estado.[661]

Conforme o TEDH, o tráfico humano pode fazer surgir a necessidade de atividade probatória no Estado de origem, no Estado de trânsito ou no Estado de destino da pessoa traficada, uma vez que provas relevantes podem ser encontradas em qualquer deles. Para cumprir o dever geral de investigar decorrente do art. 4º do Protocolo Adicional à Convenção de Palermo,[662] que alcança crimes cometidos no território do Estado Parte, estas nações "também estão sujeitas, nos casos de tráfico transfronteiriço, a um dever de cooperar efetivamente com as autoridades competentes de outros Estados envolvidos para a investigação de fatos ocorridos fora de seus territórios".[663]

Disponível em: https://www.echr.coe.int/documents/d/echr/guide_art_6_criminal_eng. Acesso em: 10 jul. 2023; EUROPEAN COURT OF HUMAN RIGHTS. **Case of Schatschaschwili v. Germany** [GC]. Judgment 15 December 2015, § 121. Disponível em: https://hudoc.echr.coe.int/eng#{%22itemid%22:[%22001-159566%22]}. Acesso em: 10 jul. 2023.

661. EUROPEAN COURT OF HUMAN RIGHTS. **Case of Zoletic and Others v. Azerbaijan**. Judgment 7 October 2021, § 135. Disponível em: https://hudoc.echr.coe.int/fre#{%22itemid%22:[%22001-212040%22]}. Acesso em: 3 nov. 2023.

662. UNITED NATIONS. **Protocol to Prevent, Suppress and Punish Trafficking in Persons Especially Women and Children, supplementing the United Nations Convention against Transnational Organized Crime**, adopted on 15 November 2000 by General Assembly Resolution 55/25. Disponível em: https://www.ohchr.org/en/instruments-mechanisms/instruments/protocol-prevent-suppress-and-punish-trafficking-persons. Acesso em: 3 nov. 2023. UNITED NATIONS. **Protocol against the Smuggling of Migrants by Land, Sea and Air, Supplementing the United Nations Convention against Transnational Organized Crime.** Adopted at New York on 15 November 2000 by General Assembly Resolution 55/25 Disponivel em: https://treaties.un.org/doc/Treaties/2000/11/20001115%2011-21%20AM/Ch_XVIII_12_bp.pdf. Acesso em: 3 nov. 2023.

663. EUROPEAN COURT OF HUMAN RIGHTS. **Case of Zoletic and Others v. Azerbaijan**. Judgment 7 October 2021, § 191. Disponível em: https://hudoc.echr.coe.int/fre#{%22itemid%22:[%22001-212040%22]}. Acesso em: 3 nov. 2023.

Considerado sua jurisprudência no caso *Rantsev vs. Chipre e Rússia* [664] e no caso *S. M. vs. Croácia*,[665] o TEDH lembrou que o art. 4º da Convenção Europeia de Direitos Humanos, de 1950,[666] abrange obrigações positivas que incluem:

> (1) o dever de criar um quadro legislativo e administrativo para proibir e punir o tráfico; (2) o dever, em determinadas circunstâncias, de adotar medidas operacionais para proteger as vítimas ou possíveis vítimas do tráfico; e (3) uma obrigação processual de investigar situações de potencial tráfico. Em geral, os dois primeiros aspectos das obrigações positivas podem ser denotados como substantivos, enquanto o terceiro aspecto designa a obrigação processual (positiva) dos Estados.[667]

A Bósnia-Herzegovina atuou como terceiro interessado nos autos e proveu informações ao Tribunal, inclusive sobre sua própria atividade persecutória e sobre os pedidos de cooperação que enviou a Baku.[668] Tais solicitações bósnias, por si só, já deveriam ter levado as autoridades azeris a deflagrar uma investigação criminal local, pois continham informações detalhadas sobre crimes graves.[669] Tendo em conta que o Azerbaijão não apurou os crimes de que foram vítimas os trabalhadores migrantes, o TEDH acabou por responsabilizar internacionalmente o país por violação ao art. 4.2 da Convenção Europeia, no tópico referente ao descumprimento da obrigação processual positiva de investigar.[670]

---

664. EUROPEAN COURT OF HUMAN RIGHTS. **Case of Rantsev v. Cyprus and Russia.** Judgment, 7 January 2010, § 283-288. Disponível em: https://hudoc.echr.coe.int/eng#{%22itemid%22:[%22001-96549%22]} . Acesso em: 3 nov. 2023.
665. Este caso relaciona-se a esquema de tráfico humano e prostituição forçada na Croácia. EUROPEAN COURT OF HUMAN RIGHTS. **Case of S. M. v. Croatia.** Judgment 25 June 2020, § 304-320. Disponível em: https://hudoc.echr.coe.int/fre?i=001-203503. Acesso em: 3 nov. 2023.
666. O art. 4º da Convenção de 1950 regula a proibição contra a escravidão, a servidão e o trabalho forçado.
667. EUROPEAN COURT OF HUMAN RIGHTS. **Case of Zoletic and Others v. Azerbaijan**. Judgment 7 October 2021, § 182. Disponível em: https://hudoc.echr.coe.int/fre#{%22itemid%22:[%22001-212040%22]}. Acesso em: 3 nov. 2023.
668. ECHR. **Case of Zoletic and Others v. Azerbaijan**. Judgment 7 October 2021, § 145, 173-174 e 179.
669. ECHR. **Case of Zoletic and Others v. Azerbaijan**. Judgment 7 October 2021, § 198.
670. ECHR: "180. The Court reiterates that under Article 4 of the Convention the State may be held responsible not only for its direct actions but also for its failure to effectively protect the victims of slavery, servitude, or forced or compulsory labour by virtue of its positive obligations". EUROPEAN COURT OF HUMAN RIGHTS. **Case of Zoletic and Others v. Azerbaijan**. Judgment 7 October 2021, § 180, 206-207 e 209-210. Disponível em: https://hudoc.echr.coe.int/fre#{%22itemid%22:[%22001-212040%22]}. Acesso em: 3 nov. 2023.

4.6.12. O Dever Internacional de Requerer Cooperação: O Caso *Navalnyy vs. Rússia* (3)

No caso *Navalnyy vs. Rússia (3)*, julgado em 2023, o TEDH constatou que Moscou havia violado a obrigação processual prevista no art. 2º da CEDH, de investigar, de maneira efetiva, a tentativa de homicídio praticada em Tomsk, em 20 de agosto de 2020, contra Aleksey Navalnyy (1976-2024). A vítima sofreu envenenamento com uma neurotoxina do tipo *Novichok*.[671] Cuida-se de um inibidor de colinesterase proscrito pela Convenção Internacional sobre a Proibição do Desenvolvimento, Produção, Estocagem e Uso de Armas Químicas e sobre a Destruição das Armas Químicas Existentes no Mundo, assinada em Paris, em 1993 (Convenção CWC).[672] Este o regime internacional no qual se insere o caso.

Para investigar esse grave atentado à vida de um opositor político de Vladimir Putin, as autoridades russas limitaram-se a abrir uma investigação preliminar, que não cumpria o *standard* mínimo exigido pela *jurisprudence constante* do TEDH. A vítima não foi ouvida, não teve direito de participação na apuração e não houve escrutínio público sobre a atividade investigativa supostamente realizada pela Rússia. Além disso, não se buscou determinar a alegação de que agentes estatais teriam participado da tentativa de assassinato, que teria motivação política, dada a condição de Navalnyy como opositor do Kremlin. A cooperação internacional da Rússia com a Alemanha, a França e a Suécia foi obstada por questões diplomáticas. Exames periciais toxicológicos independentes realizados nesses países haviam confirmado que Navalnyy havia sido envenenado. Mesmo assim, Moscou não pediu cooperação à Organização para a Proibição das Armas Químicas (OPAQ), que também havia detectado a presença do referido agente neurotóxico no corpo da vítima.[673]

Essa falta de devida diligência teve impacto na proteção dos direitos do ofendido. O Estado tem o "dever de esgotar todas as linhas de investigação e realizar todos os atos investigativos necessários para identificar os

671. EUROPEAN COURT OF HUMAN RIGHTS. **Case of Navalnyy v. Russia (No. 3).** Judgment 6 June 2023, § 163. Disponível em: https://hudoc.echr.coe.int/eng#{%22itemid%22:[%22001-225023%22]}. Acesso em: 10 jun. 2023.

672. ORGANISATION FOR THE PROHIBITION OF CHEMICAL WEAPONS. **Chemical Weapons Convention,** done at Paris, on 13 January 1993. Disponível em: https://www.opcw.org/chemical-weapons-convention/articles. Acesso em: 10 jun. 2023.

673. ECHR. **Case of Navalnyy v. Russia (No. 3).** Judgment 6 June 2023, §§ 104, 109, 130, 160-161.

responsáveis",[674] o que inclui providências de cooperação internacional *lato sensu*, quando presente a internacionalidade, a transnacionalidade ou a estraneidade acidental, o que se exigia no caso *Navalnyy (3)*.[675]

A Corte em Estrasburgo valeu-se dos critérios sumariados no caso *Mustafa Tunç e Fecire Tunç vs. Turquia* (2015) para examinar a efetividade da investigação russa sobre o envenenamento de Navalnyy,[676] tendo concluído que os parâmetros da apuração preliminar não alcançavam o mínimo de *efetividade*, exigido pela Convenção e pela jurisprudência do TEDH, nos quesitos adequação, publicidade e participação vitimária.[677] Portanto, concluiu-se que a Rússia faltou com o seu dever internacional de investigar o evento, que decorria de obrigações processuais positivas previstas implícita e explicitamente na Convenção Europeia de Direitos Humanos e na Convenção sobre Armas Químicas (CWC):

> A obrigação de investigar o possível envenenamento ganhou uma nova dimensão após o anúncio do governo alemão sobre as evidências obtidas com o auxílio da Organização para a Proibição de Armas Químicas (OPAQ) indicando que o envenenamento do requerente foi causado por um agente neuroquímico do grupo Novichok [...]. A Rússia, como parte da Convenção sobre Armas Químicas (CWC), tinha a obrigação de investigar por meio de processos penais quaisquer atividades que violassem a proibição de armas químicas, que foi, ademais, incorporada como uma disposição específica no Código Penal (...). Conclui-se que, de acordo com o direito internacional e interno, a Rússia estava obrigada a abrir uma investigação criminal com o objetivo de determinar a origem da substância proibida, bem como identificar os responsáveis pela ingestão da substância pelo requerente. [678]

A cooperação internacional foi um tópico da decisão do TEDH, pois a Rússia expediu pedidos de assistência jurídica mútua à Alemanha – que respondeu laconicamente – e à França e à Suécia, que se recusaram a exe-

---

674. CORTE INTERAMERICANA DE DIREITOS HUMANOS. **Caso Sales Pimenta vs. Brasil**. Sentença de 30 de junho de 2022, § 99. Disponível em: https://www.corteidh.or.cr/docs/casos/articulos/seriec_454_por.pdf . Acesso em: 2 jun. 2023.
675. Outros dois casos de interesse de Aleksey Navalnyy foram julgados pelo TEDH, respectivamente em 15 de novembro de 2018 (prisões ilegais) e em 9 de abril de 2019 (liberdade de expressão). Ambas as sentenças europeias reconheceram que a Rússia violou os direitos em questão, em detrimento de Navalnyy.
676. EUROPEAN COURT OF HUMAN RIGHTS. **Case of Navalnyy v. Russia (No. 3).** Judgment 6 June 2023, § 132-136. Disponível em: https://hudoc.echr.coe.int/eng#{%22itemid%22:[%22001-225023%22]}. Acesso em: 10 jun. 2023.
677. ECHR. **Case of Navalnyy v. Russia (No. 3),** §§ 146 e 158.
678. ECHR. **Case of Navalnyy v. Russia (No. 3),** § 150.

cutar os pedidos de MLA, expedidos por Moscou. Contudo, o TEDH não se pronunciou sobre a alegada recusa à cooperação bilateral, por falta de informações nos autos, mas assinalou que a Rússia poderia ter obtido informações toxicológicas sobre o evento com a OPAQ, mediante uma forma de cooperação internacional vertical. A pedido da Alemanha, a Organização elaborou um relatório sobre a identificação da neurotoxina usada contra Navalnyy.[679] Tal informe, tornado público, poderia ser obtido por Moscou em procedimento de cooperação internacional vertical, mediante pedido ativo, nos termos do art. 7º da Convenção de Paris, de 1993. Este artigo regula a cooperação dos Estados Partes com a OPAQ e estabelece obrigações positivas relacionadas à afirmação de jurisdição e à aprovação de leis penais para a proscrição de armas químicas.[680]

Conforme o art. 7.1.a da CWC, os Estados Partes devem proibir que pessoas físicas e jurídicas, sob sua jurisdição, realizem "qualquer atividade proibida a um Estado-Parte", devendo promulgar "leis penais referentes a essas atividades", que devem ser aplicáveis a "qualquer atividade proibida a um Estado-Parte (...) realizada em qualquer lugar por pessoas físicas que possuam a sua nacionalidade, em conformidade com o direito internacional". Trata-se de obrigações positivas primárias, precursoras do dever de cooperar internacionalmente. Na sequência, o §2º do art. 7º da CWC exige que os Estados Partes cooperem entre si por meio da "modalidade adequada de assistência jurídica para facilitar a implementação das obrigações decorrentes do parágrafo 1º".[681] Nota-se que a obrigação de investigar está implícita nestes dispositivos convencionais. Percebe-se também que a Convenção de 1993 sobre armas químicas faz parte de um regime internacional específico de proibição. Sua correlação com o art. 2º da Convenção Europeia permitiu ao TEDH reconhecer a violação da obrigação de cooperar, como projeção processual do reconhecimento do direito à vida.[682] Navalnny morreu em 2024 sob custódia do Estado russo.

679. TEDH: "Coming from an independent body with a mandate recognised by Russia, the report which confirmed the use of chemical weapons was in itself capable of providing prima facie evidence sufficient to initiate a domestic investigation in Rússia". ECHR. **Case of Navalnyy v. Russia (No. 3)**, Judgment 6 June 2023, § 124. 152 e 154. Disponível em: https://hudoc.echr.coe.int/eng#{%22itemid%22:[%22001-225023%22]}. Acesso em: 10 jun. 2023.

680. ORGANISATION FOR THE PROHIBITION OF CHEMICAL WEAPONS. **Chemical Weapons Convention,** done at Paris, on 13 January 1993. Disponível em: https://www.opcw.org/chemical-weapons-convention/articles. Acesso em: 10 jun. 2023.

681. OPCW. **Chemical Weapons Convention**, done at Paris, on 13 January 1993.

682. ECHR. **Case of Navalnyy v. Russia (No. 3)**, §§ 159-161.

4.6.13. O Dever de Requerer Cooperação Internacional em Relação a Outras Vias de Cooperação Não Jurisdicional

A presença de julgados sobre aspectos da assistência judiciária internacional na jurisprudência regional europeia e interamericana desde o início do século 21 mostra a densidade do dever de requerer cooperação jurídica internacional em matéria penal, como elemento dos regimes de proteção à pessoa humana. A identificação dessa dezena de casos - que não são os únicos[683] - e a definição de sua roupagem teórica, na doutrina das obrigações processuais positivas e no âmbito dos regimes internacionais sinérgicos, nos encaminha para a construção de uma ordem pública internacional competente capaz de realizar de forma eficiente a governança da criminalidade internacional, da delinquência transnacional e dos crimes domésticos acidentalmente internacionalizados.

De fato, quando presente a estraneidade, o dever de persecução penal efetiva - que resulta da primeira mirada às sentenças europeias e interamericanas quanto a violações de direitos humanos internacionalmente reconhecidos - somente pode ser adimplido com o emprego das variadas modalidades de cooperação jurídica internacional em matéria penal, o que inclui providências extradicionais, medidas de cooperação probatória, diligências para o reconhecimento de sentenças penais estrangeiras, e iniciativas para a recuperação e repatriação de ativos, tudo tendo em mira o amplo conceito de *redress* no direito internacional.

Não se pode ignorar que tais modalidades cooperacionais, puramente jurídicas ou de color jurídico-político, não raro dependerão de procedimentos de cooperação policial internacional, no seio da Interpol, da Ameripol, da Aseanpol ou da Europol, associados, ou não, ao emprego de ferramentas mais amplas de cooperação administrativa internacional, por meio de unidades de inteligência financeira ou de fiscos, aduanas e órgãos afins. Isso nos permite afirmar que também essas formas *ativas* de cooperação internacional *não jurisdicional* se convertem em deveres estatais, na medida em que, sem elas, os crimes previstos nos regimes internacionais de proibição - como o tráfico de seres humanos, a lavagem de dinheiro e o terrorismo - ficariam

683. Da Corte IDH, também mencionamos neste livro os casos *Anzualdo Castro vs. Peru* (2009), *Contreras y Otros vs. El Salvador* (2011), *Wong Ho Wing vs. Peru* (2015), e *Ramírez Escobar e Outros vs. Guatemala* (2018). Do TEDH, examinamos, ainda que *en passant*, entre outros, os casos *Drozd e Janousek vs. França e Espanha* (1992), *Agache e Outros vs. Romênia* (2009), *El-Masri vs. Ex-República Iugoslava da Macedônia* (2012), *Aliyeva e Aliyev vs. Azerbaijão* (2014), *Nasr e Ghali vs. Itália* (2016), *Huseynova vs. Azerbaijão* (2017) e *Romeo Castaño vs. Bélgica* (2019).

impunes, com repercussões concretas sobre os direitos fundamentais de suas vítimas diretas e indiretas.

Dizendo de outra maneira, a cooperação policial internacional, cujos contornos jurídicos ainda devem ser mais bem definidos pela doutrina, também é marcada por obrigações processuais positivas de primeiro e segundo níveis, que são catalisadas por tratados de direitos humanos e por convenções internacionais em matéria penal. Não é de admirar a abertura dada pelas *suppression conventions* à cooperação por meio da Interpol[684], ao que se associa a estruturação de forças policiais comunitárias (como a Europol, o Olaf e a Frontex) ou de corporações policiais regionais (como a Aseanpol e a Ameripol), com algumas competências cooperacionais.

Do mesmo modo, embora em menor dimensão, não se pode negligenciar o papel da UNPOL[685] na cooperação policial internacional, sobretudo em operações das Nações Unidas para a manutenção da paz ou no contexto de missões de *capacity building* em Estados falidos. Devendo observar o direito internacional e o direito internacional dos direitos humanos, a Polícia das Nações Unidas pode substituir no todo ou em parte a organização policial do Estado anfitrião, atuando "para prevenir e detectar crimes, proteger a vida e a propriedade e manter a ordem e a segurança públicas".[686]

4.7. O DEVER DO MINISTÉRIO PÚBLICO DE REQUERER COOPERAÇÃO EM PROL DA DEFESA

O conjunto de casos que examinamos – e que retratam a jurisprudência da CIJ, da Corte IDH e do TEDH na matéria – não deixa dúvidas quanto ao dever estatal de requerer cooperação internacional, isto é, de agir, de ofício, para a busca probatória no exterior e para a captura de foragidos. Outras ferramentas de assistência jurídica internacional podem ser adequadas, diante da casuística, como a recuperação de ativos, a formação de equipes conjuntas de investigação ou a transferência de processos e de execução penal. Todas elas correspondem a obrigações processuais positivas de segunda dimensão

684. Vide o art. 7.8 da Convenção de Viena de 1988, o art. 18.13 da Covenção de Palermo, o art. 46.13 da Convenção de Mérida, e o art. 27.9.b da Convenção de Budapeste.

685. Embora a primeira referência ao serviço de Polícia das Nações Unidas remonte a 1948, a UNPOL foi robustecida pela Resolução S/2185(2014) e pela Resolução S/2382(2017), ambas do Conselho de Segurança das Nações Unidas, sendo competente para atuar durante operações de manutenção da paz (*peacekeeping operations*) e em missões políticas especiais (*special political missions*).

686. UNITED NATIONS. Security Council. Report of the Secretary General, **S/2018/1183**, 31 December 2018. Disponível em: https://documents.un.org/doc/undoc/gen/n19/000/17/pdf/n1900017.pdf?token=yqy6Ti9HPE835gfYBg&fe=true. Acesso em: 4 dez. 2023.

oponíveis aos Estados nos marcos regionais e no regime global de proteção da pessoa humana. Quando olhamos para dentro dos Estados nacionais, tais deveres devem ser cumpridos pelas autoridades de persecução criminal, no interesse de vítimas e acusados e, eventualmente, de terceiros alcançados pelo processo penal.

Devido a suas obrigações institucionais e éticas, ao exercerem suas atribuições criminais, os membros do Ministério Público devem zelar pelo devido processo legal e por um processo penal justo e confiável (legítimo), não podendo ceder à tentação de ignorar ou prejudicar os direitos de defesa.[687] Como lembra Aras,[688] o modelo persecutório dos Estados Democráticos de Direito deve observar uma importante normativa de *soft law* internacional: as Regras de Havana de 1990, aprovadas pelas Nações Unidas no seu 8º Congresso Criminal.

Nos "Princípios Orientadores Relativos à Função dos Magistrados do Ministério Público", lê-se que no exercício das suas funções tais autoridades devem dar prova de imparcialidade e agir com objetividade, tomando em consideração a posição do suspeito e da vítima e tendo em conta "todas as circunstâncias pertinentes, quer sejam favoráveis ou desfavoráveis ao suspeito". O Princípio 14 das Regras de Havana exorta os "magistrados do Ministério Público" a não encetar nem continuar investigações criminais ou a fazer o possível para as suspender "se um inquérito imparcial revelar que a acusação não é fundada". Segundo o TEDH, "em termos gerais, a obrigação de investigar de maneira efetiva é vinculante para as autoridades judiciais e de aplicação da lei".[689]

Além do dever de requerer cooperação para a tutela efetiva dos direitos das vítimas de crimes, há um dever estatal de requerer cooperação em prol da defesa, nos casos de tratados de MLATs que contenham *no-standing provisions*.[690] Por meio desses tratados de assistência mútua em matéria penal,

687. RICHARDSON, L. Song. Due Process for the Global Crime Age: A Proposal. **Cornell International Law Journal**, *[S. l.]*, v. 41, n. 2, p. 347–382, 2008, p. 357.

688. ARAS, Vladimir. O projeto Streck-Anastasia de Ministério Público. **Estadão**, São Paulo, 16 de fevereiro de 2020. Disponível em: https://www.estadao.com.br/politica/blog-do-fausto-macedo/o-projeto-streck-anastasia-de-ministerio-publico/. Acesso em: 2 jun. 2023.

689. EUROPEAN COURT OF HUMAN RIGHTS. **Case of Zoletic and Others v. Azerbaijan**. Judgment 7 October 2021, § 190. Disponível em: https://hudoc.echr.coe.int/fre#{%22itemid%22:[%22001-212040%22]}. Acesso em: 3 nov. 2023.

690. No âmbito brasileiro, a Portaria nº 231/2015, da Defensoria Pública da União (DPU) e da Secretaria Nacional de Justiça (SENAJUS) procura contornar o problema da limitação de acesso aos aos canais de cooperação, instituindo procedimentos para a cooperação ativa e passiva em matéria cível e penal, para brasileiros e estrangeiros que dependem de assistência jurídica internacional. BRASIL. Secretaria Nacional de Justiça; Defensoria Pública da União. **Portaria nº 231, de 17 de dezembro de 2015**. Disponível em: https://www.gov.br/mj/pt-br/assuntos/sua-protecao/cooperacao-internacional/cooperacao-juridica-internacional-em-materia-civil/

o Estado requerido pode compelir testemunhas a depor ou obrigar pessoas naturais e jurídicas a entregarem provas físicas ou digitais de interesse da acusação ou da defesa, inclusive mediante busca e apreensão transnacional. Se tal canal de MLA sofre limitação em detrimento da defesa *by design*, tal vedação convencional faz surgir o dever do Ministério Público de produzir eventual prova transnacional exculpatória, como decorrência da teoria das obrigações positivas e por aplicação das Regras de Havana de 1990,[691] além do direito interno eventualmente existente. Cuidando dos Estados Unidos, Richardson menciona a dupla função dos procuradores no sistema criminal como "advogados combativos" e como "administradores de justiça", cuja função é garantir que o processo penal seja legítimo e justo.[692] Nos países da *civil law*, os membros do Ministério Público têm *status* de magistratura, o que lhes exige uma atuação objetiva, quanto às provas de *cargo* (de culpa) e de *descargo* (de inocência) do acusado.

Incompatíveis com os tratados de direitos humanos, as restrições contidas ao emprego de MLATs em prol da defesa deixam como alternativa, para os acusados, o uso de meios informais de obtenção de provas ou a via das rogatórias, instrumentos ineficientes e muito mais morosos do que os pedidos de MLA.[693] Evidentemente, isso põe em xeque os valores da eficiência e do garantismo na persecução criminal transnacional, na dimensão da assimetria informacional e probatória e da paridade de armas, que dão uma "vantagem tática" ao Estado.[694]

Currie[695] relata que a Austrália emendou sua legislação de cooperação internacional para incluir entre as atribuições da Procurado-

---

acesso-internacional-a-justica/como-solicitar-assistencia-internacional/portariaeanexos.pdf. Acesso em: 24 jun. 2024.

691. Os Princípios Orientadores relativos à Função dos Magistrados do Ministério Público (Regras de Havana de 1990) integram a *soft law* sobre a deontologia do Ministério Público. UNITED NATIONS. **Guidelines on the Role of Prosecutors**, adopted by the Eighth United Nations Congress on the Prevention of Crime and the Treatment of Offenders, on 7 September 1990, § 13. Disponível em: https://www.ohchr.org/en/instruments-mechanisms/instruments/guidelines-role-prosecutors/. Acesso em: 10 jul. 2023.

692. "The prosecutor's unique role in the criminal justice system reflects the tension between the crime control and due process models. Prosecutors must balance their constitutionally mandated dual roles as aggressive advocates, whose primary goal is to win convictions, and quasi-judicial officers, whose primary concern is to ensure that the criminal process is fair and legitimate". RICHARDSON, L. Song. Due Process for the Global Crime Age: A Proposal. **Cornell International Law Journal**, *[S. l.]*, v. 41, n. 2, p. 347–382, 2008, p. 350 e 356.

693. RICHARDSON, L. Song. Due Process for the Global Crime Age: A Proposal. **Cornell International Law Journal**, *[S. l.]*, v. 41, n. 2, p. 347–382, 2008, p. 354-355.

694. RICHARDSON, L. Song. Op. cit., p. 377.

695. CURRIE, Robert J. Human Rights and International Mutual Legal Assistance: resolving the tension. **Criminal Law Forum**, *[S. l.]*, v. 11, n. 2, p. 143–182, 2000, p. 165-166.

ria-Geral do país decidir sobre a remessa de pedido de cooperação para a obtenção de provas no exterior de interesse da defesa.[696] Na Nova Zelândia, a Lei de Assistência Jurídica Mútua em Matéria Penal (MACMA), de 1992,[697] não prevê expressamente o acesso da defesa à cooperação internacional, mas comentários[698] feitos ao Esquema de Harare[699] – as normas de *soft law* que orientam a cooperação jurídica internacional entre os Estados da *Commonwealth* –, indicam que pedidos em prol da defesa podem ser feitos por meio da autoridade nacional competente.

Segundo o art. 160(2) do CPP alemão, o Ministério Público deve averiguar não apenas as circunstâncias favoráveis à acusação e à defesa, mas também deve garantir a coleta dessas provas. Nos modelos adversariais, o *prosecutor* tem o dever de revelar provas incriminatórias e exculpatórias à defesa no procedimento prévio de *criminal discovery*, tal como decidiu a Suprema Corte americana no célebre precedente *Brady vs. Maryland*, da

---

696. A previsão está no art. 39-A da Lei australiana de 1987: "Section 39-A. Requests by Attorney--General on behalf of a defendant. (1) If a defendant in a proceeding relating to a criminal matter thinks that it is necessary for the purposes of the proceeding that: (a) evidence should be taken in a foreign country; or (b) a document or other article in a foreign country should be produced; or (c) a thing located in a foreign country should be seized; or (d) arrangements should be made for a person who is in a foreign country to come to Australia to give evidence relevant to the proceeding; the defendant may apply to the relevant court [..] for a certificate that it would be in the interests of justice for the Attorney-General to make any appropriate request to the foreign country [...]". AUSTRALIA. Commonwealth Consolidated Acts. **Mutual Assistance in Criminal Matters Act 1987.** Disponível em: http://www8.austlii.edu.au/cgi-bin/viewdoc/au/legis/cth/consol_act/maicma1987384/s39a.html. Acesso em: 10 jul. 2023.

697. NEW ZEALAND. Crown Law Office. **Mutual Assistance in Criminal Matters Act of 25 September 1992.** Public Act 1992 No. 86. Disponível em: https://www.legislation.govt.nz/act/public/1992/0086/latest/DLM273057.html?search=ts_act_mutual_resel&p=1&sr=1. Acesso em: 10 jul. 2023.

698. "The Ministers concluded that no amendment was necessary and instead considered that the Scheme already provided avenues for defence requests. Defendants could request assistance through the prosecution and, where that was not appropriate, seek an order from a judicial authority for a request to be presented. This "filtered" process for defence requests was preferred. It offered "a pragmatic mechanism through which equality of arms could be achieved without allowing unregulated access that could lead to abuse". NEW ZEALAND. **Extradition and mutual assistance in criminal matters**. Wellington, New Zealand: Law Commission, 2014, p. 229. O texto cita PROST, Kimberly. Cooperation in Penal Matters in the Commonwealth. In: BASSIOUNI, M. Cherif (ed.). **International Criminal Law Multilateral and Bilateral Enforcement Mechanisms.** Brill, Leiden: Brill, 2008, vol. 2, p. 426.

699. THE COMMONWEALTH. **Scheme Relating to Mutual Legal Assistance in Criminal Matters Within the Commonwealth,** adopted by Commonwealth Law Ministers at their 1986 meeting, held in Harare, Zimbabwe. Disponível em: https://production-new-commonwealth-files.s3.eu-west-2.amazonaws.com/migrated/key_reform_pdfs/P15370_13_ROL_Schemes_Int_Cooperation.pdf. Acesso em: 2 jun. 2023.

Corte de Warren, em 1963.[700] No caso *Berger vs. Estados Unidos*, julgado em 1935, Sutherland registrou para a história o papel do Ministério Público como um órgão de promoção da justiça.[701] Isso significa que o procurador tem de cumprir obrigações positivas (*affirmative obligations*) no curso da persecução criminal que levem em conta os interesses da defesa[702], no difícil equilíbrio entre eficiência e garantias.[703]

Segundo Bortner e Miller,[704] nos Estados Unidos, o procedimento de "descoberta" (*discovery*) ou revelação das provas à defesa é regulado pelo precedente *Brady*, pela diretriz 16 das Regras Federais de Processo Penal e pela Lei Jencks (*Jencks Act*). Nas unidades subnacionais daquela federação haverá regras similares, a partir do caso *Brady*. Realizado após a investigação, na fase anterior ao julgamento, o procedimento em questão destina-se a evitar surpresas em juízo, servindo, portanto, à lealdade processual, à boa-fé e à verdade "real".[705]

Dito isto, o representante do Ministério Público tem o dever de pedir cooperação internacional em favor da defesa? Diante da exclusividade (*exclusivity requirement*) dos canais de MLA, a resposta é inequivocamente

700. SCOTUS: "We now hold that the suppression by the prosecution of evidence favorable to an accused upon request violates due process where the evidence is material either to guilt or to punishment... Society wins not only when the guilty are convicted, but when criminal trials are fair". UNITED STATES. Supreme Court. **Brady v. Maryland**, 373 U.S. 83 (1963), Decided 13 May 1963. Disponível em: https://supreme.justia.com/cases/federal/us/373/83/. Acesso em: 10 jul. 2023.

701. SCOTUS: "The United States Attorney is the representative not of an ordinary party to a controversy, but of a sovereignty whose obligation to govern impartially is as compelling as its obligation to govern at all, and whose interest, therefore, in a criminal prosecution is not that it shall win a case, but that justice shall be done. As such, he is in a peculiar and very definite sense the servant of the law, the two-fold aim of which is that guilt shall not escape or innocence suffer. He may prosecute with earnestness and vigor – indeed, he should do so. But, while he may strike hard blows, he is not at liberty to strike foul ones. It is as much his duty to refrain from improper methods calculated to produce a wrongful conviction as it is to use every legitimate means to bring about a just one". UNITED STATES. Supreme Court. **Berger v. United States**, 295 U.S. 78, 88 (1935), Decided 15 April 1935, p. 88. Disponível em: https://supreme.justia.com/cases/federal/us/295/78/. Acesso em: 10 jul. 2023.

702. RICHARDSON, L. Song. Due Process for the Global Crime Age: A Proposal. **Cornell International Law Journal**, *[S. l.]*, v. 41, n. 2, p. 347–382, 2008, p. 360.

703. FERNANDES, Antonio Scarance. Reflexões sobre as noções da eficiência e de garantismo no processo penal. *In:* FERNANDES, Antonio Scarance; ALMEIDA, José Raul Gavião de; MORAES, Maurício Zanoide de (Orgs.). **Sigilo no processo penal**: eficiência e garantismo. São Paulo: Editora Revista dos Tribunais, 2008, p. 24-25.

704. BORTNER, Brandon; MILLER, Douglas. Procedural Issues. **American Criminal Law Review**, *[S. l.]*, v. 40, p. 933–986, 2003, p. 941-943.

705. ARAS, Vladimir. O projeto Streck-Anastasia de Ministério Público. **Estadão**, São Paulo, 16 de fevereiro de 2020. Disponível em: https://www.estadao.com.br/politica/blog-do-fausto-macedo/o-projeto-streck-anastasia-de-ministerio-publico/. Acesso em: 2 jun. 2023.

afirmativa, desde que também preenchido o requisito da relevância da prova a ser buscada (*materiality requirement*). Esses dois princípios, extraídos da jurisprudência norte-americana,[706] servem para orientar a atividade das promotorias na cooperação jurídica internacional na sua forma *ativa*.

As já vistas cláusulas de *no-standing* que limitam o acesso da defesa aos tratados de MLA criam uma situação de exclusividade ministerial (*prosecutorial privilege*) que exige que o Ministério Público se desincumba do dever de devida diligência transnacional tanto quando da execução dos seus próprios pedidos ativos de cooperação internacional, quanto na viabilização de pedidos ativos em proveito da defesa, ou, eventualmente, da vítima, quando houver assistência de acusação. Quanto presente o requisito de relevância probatória (*materialility*), a decisão do Ministério Público sobre buscar alcançar tal prova por meio de um pedido ativo de MLA não é discricionária.[707] Será crucial para manter o equilíbrio entre a eficiência do *crime control model* e do *due process model*, descritos por Packer.[708] Richardson propõe então um modelo de devido processo legal transnacional, para equilíbrio do dever estatal de luta contra o crime com o dever de respeitar os direitos de defesa:

> Quando o *governo* [isto é, a acusação pública] tem acesso, custódia ou controle exclusivo sobre provas relevantes para a defesa deve garantir aos réus acesso a elas. A prova é relevante se houver uma probabilidade razoável de que possa afetar o julgamento do decisor. Uma "probabilidade razoável" é uma probabilidade suficiente para minar a confiança no resultado. Os réus devem fazer uma "demonstração plausível" de que as provas solicitadas são substanciais a fim de que o Ministério Público seja obrigado a conceder-lhes acesso.[709]

Essa concepção está em harmonia com a visão de Aras e Lima, quanto à assunção pelo Ministério Público deste ônus processual na assistência probatória internacional.[710] Em uma palavra, a legitimidade dos procedimentos de

706. RICHARDSON, L. Song. Due Process for the Global Crime Age: A Proposal. **Cornell International Law Journal**, *[S. l.]*, v. 41, n. 2, p. 347–382, 2008, p. 362-372.

707. RICHARDSON, L. Song. Op. cit., p. 373.

708. PACKER, Herbert L. Two Models of the Criminal Process. **University of Pennsylvania Law Review**, *[S. l.]*, v. 113, n. 1, p. 1–68, 1964, p. 5-6 e 10.

709. RICHARDSON, L. Song. Due Process for the Global Crime Age: A Proposal. **Cornell International Law Journal**, *[S. l.]*, v. 41, n. 2, p. 347–382, 2008, p. 374.

710. ARAS, Vladimir; LIMA, Luciano Flores de. Cooperação internacional direta pela Polícia ou Ministério Público, p. 141-143. In: BALTAZAR JUNIOR, José Paulo; LIMA, Luciano Flores de (Org.). **Cooperação jurídica internacional em matéria penal.** Porto Alegre: Verbo Jurídico, 2010.

cooperação internacional, na perspectiva dos direitos de defesa,[711] depende de se assegurar que todas as suas etapas, sempre que possível, sejam *bilaterais*, com paridade de armas, o que nos remete ao princípio do contraditório, em sua manifestação bidimensional.

Se o membro do Ministério Público tem ciência e acesso *exclusivo* às provas substanciais (*material evidence*) de interesse do acusado - especialmente de réus economicamente hipossuficientes –, deve utilizar os procedimentos de MLA para obter essas provas no exterior,[712] cumprindo uma obrigação de meio, não de resultado, relativa à busca pela verdade real numa persecução criminal que, além de efetiva, deve ser justa. Como ensina Cervini, a garantia da ampla defesa é um imperativo indeclinável de legitimidade da cooperação jurídica internacional em matéria penal.[713] Tal garantia também é projetada para atos de competência do Poder Judiciário ou de atribuição do Ministério Público.

Isso não significa, contudo, que o Estado deva se responsabilizar pela produção de provas no exterior que estejam diretamente à disposição da defesa, como informações em sua própria conta bancária no exterior[714] ou bens armazenados em locais sobre os quais o próprio acusado tem controle, ou de provas que possam ser facilmente obtidas, mediante, por exemplo, simples apostilamento. Em tais casos, o requisito de exclusividade se desmancha, com ele desaparecendo o dever do Ministério Público de promover a cooperação ativa em nome do Estado, para contornar as limitações probatórias dos tratados de MLA.

---

711. GROSSI, Viviane Ceolin Dallasta Del. **A defesa na cooperação jurídica internacional penal:** o auxílio direto e a atuação por meio de redes. São Paulo: Ibccrim, 2016.

712. RICHARDSON, L. Song. Due Process for the Global Crime Age: A Proposal. **Cornell International Law Journal**, *[S. l.]*, v. 41, n. 2, p. 347–382, 2008, p. 374.

713. CERVINI, Raúl. El principio de confidencialidad en la cooperación judicial penal internacional su relación con el ejercicio efectivo de la magistratura de la defensa, en particular, a la luz del protocolo del Mercosur. **Revista de Derecho: Facultad de Derecho de la Universidad Católica de Uruguay**, Montevideo, n. 6, p. 11–29, 2011, p. 13.

714. É o que se chama de razoável diligência por parte da defesa. "For example, if the defendant can access his own bank records from a foreign country, then he should not complain that the government did not request the evidence for him by way of an MLAT". RICHARDSON, L. Song. Due Process for the Global Crime Age: A Proposal. **Cornell International Law Journal**, *[S. l.]*, v. 41, n. 2, p. 347–382, 2008, p. 376.

4.8. O DEVER DE NÃO COOPERAR COMO UMA OBRIGAÇÃO NEGATIVA

Vários fatores preordenam a cooperação ativa e passiva. Eventualmente, haverá razões para não cooperar, algumas das quais alcançam o lugar de deveres estatais de proteção, cuja feição é positiva, porque são mais do que uma abstenção. No século 18, Vattel já refletia sobre a necessidade de salvaguardar os direitos de seus súditos como justificativa para que um soberano não cooperasse com a execução de rogatórias estrangeiras:

> Desde que as cartas rogatórias estejam formalmente endereçadas, o superior do acusado deve dar-lhes efeito. Não cabe a ele conhecer se a acusação é verdadeira ou falsa; ele deve bem presumir a justiça de seu vizinho e não destruir pela desconfiança uma instituição tão bem adequada para preservar a boa harmonia. No entanto, se uma constante experiência mostrasse ao soberano que seus súditos estão sendo constrangidos pelos magistrados vizinhos, ser-lhe-ia permitido, sem dúvida, pensar na proteção devida a seu povo e recusar as rogatórias até que se lhe tivessem sido eliminados eventuais abusos e se pusessem ordem nessa matéria. Mas caberia a ele alegar as suas razões e divulgá-las.[715]

Nas democracias, o dever de proteção da pessoa humana corresponde hoje a uma obrigação geral dos Estados, que beneficia não apenas os seus cidadãos. Em 1985, Jens Soering foi acusado de matar William Reginald Haysom e Nancy Astor Haysom, os pais de sua namorada, Elizabeth Haysom, em Bedford County, Virgínia. Tendo fugido para o Reino Unido, Soering e Hayssom acabaram presos em 1986 para fins de extradição, a pedido dos Estados Unidos. Em sua defesa, Soering alegou que a possibilidade de que ele passasse longos anos no corredor da morte no Estado da Virgínia violaria o art. 3º da Convenção Europeia de Direitos Humanos, que proíbe a tortura e outros tratamentos cruéis, desumanos ou degradantes. O TEDH concordou com a alegação, tendo concluído que a decisão de o extraditar poderia violar tal dispositivo convencional.[716] Em seu voto concorrente, o juiz De Meyer aditou que "extraditar alguém em tais circunstâncias seria repugnante aos padrões europeus de justiça e contrariaria a ordem pública da Europa".[717]

---

715. VATTEL, Emer de. **O direito das gentes**. Brasília: Instituto de Pesquisa de Relações Internacionais: Editora Universidade de Brasília, 2004, p. 232-233.
716. EUROPEAN COURT OF HUMAN RIGHTS. **Case of Soering v. The United Kingdom** [GC]. Judgment, 7 July 1989, § 111. Disponível em: https://hudoc.echr.coe.int/eng#{%22itemid%22:[%22001-57619%22]}. Acesso em: 10 mai. 2023.
717. EUROPEAN COURT OF HUMAN RIGHTS. **Case of Soering v. The United Kingdom** [GC]. Judgment, 7 July 1989. Concurring Opinon of Judge De Meyer. Disponível em: https://hudoc.

Por um princípio de simetria, De Meyer se opôs fortemente à pretensão britânica de conceder a transferência de custódia, argumentando que, quando o direito à vida está em jogo, o Estado requerido não pode permitir que o Estado requerente faça aquilo que o "próprio Estado requerido não está autorizado a fazer".[718] Conforme o Comitê de Direitos Humanos do PIDCP:

> [...] a obrigação do artigo 2º, que exige que os Estados Partes respeitem e assegurem os direitos do Pacto a todas as pessoas em seu território e a todas as pessoas sob seu controle, implica a obrigação de não extraditar, deportar, expulsar ou de outra forma remover uma pessoa de seu território, quando houver fundadas razões para crer que existe um risco real de dano irreparável, como o contemplado pelos artigos 6º e 7º do Pacto, seja no país para o qual a remoção deve ser efetuada ou em qualquer país para o qual a pessoa possa posteriormente ser transferida.[719]

Tendo em consideração o art. 6º da CEDH, no caso *Drozd e Janousek vs. França e Espanha*, de 1992, o Tribunal em Estrasburgo determinou que "Os Estados contratantes são (...) obrigados a recusar a sua cooperação se se verificar que a condenação resulta de flagrante denegação de justiça".[720] Os dois requerentes foram condenados em Andorra e deveriam cumprir suas penas em um presídio francês ou espanhol, conforme o costume vigente entre os três países.[721] O TEDH entendeu que a França não deveria cumprir o pedido andorrano de execução transnacional da pena, se isso violasse direitos

---

echr.coe.int/eng#{%22itemid%22:[%22001-57619%22]}. Acesso em: 10 mai. 2023.

718. **Case of Soering v. The United Kingdom** [GC]. Judgment, 7 July 1989. Concurring Opinon of Judge De Meyer.

719. UNITED NATIONS. Human Rights Committee. **General Comment No. 31**: The Nature of the General Legal Obligation Imposed on States Parties to the Covenant. Geneva, adopted on 29 March 2004, UN Doc CCPR/C/21/Rev.1/Add.13, § 12. Disponível em: https://digitallibrary.un.org/record/533996 . Acesso em: 2 jun. 2023.

720. EUROPEAN COURT OF HUMAN RIGHTS. **Case of Drozd and Janousek v. France and Spain.** Judgment 26 June 1992, § 110. Disponível em: https://hudoc.echr.coe.int/eng?i=001-57774. Acesso em: 10 mai. 2023.

721. ECHR: "(b) Enforcement of sentences. 55. Article 234 of the Andorran Code of Criminal Procedure provides for two distinct systems of enforcement for sentences of imprisonment passed in Andorra: a convicted person serves his sentence in an Andorran prison if the sentence is less than three months, and in a French or Spanish prison in other cases. (i) The choice of country of detention. 56. In the latter case it is for the convicted person to choose between France and Spain. The choice is definitive and implies the tacit acceptance of the prison regime of the country chosen. This practice originates in customary law as traditionally applied since the twelfth century. From 1979 to 1989, transfer to France was requested by 32 convicted persons and to Spain by 134. No prisoners from Andorra were admitted to French prisons in 1990 and 1991. EUROPEAN COURT OF HUMAN RIGHTS. **Case of Drozd and Janousek v. France and Spain.** Judgment 26 June 1992, § 110. Disponível em: https://hudoc.echr.coe.int/eng?i=001-57774 . Acesso em: 10 mai. 2023.

fundamentais previstos na CEDH. O conceito atual de *flagrant denial of justice* (ou *fair trial test*) foi dado pela Corte em *Ahorugeze vs. Suécia*, de 2011:

> Deve-se notar que, nos vinte e dois anos desde o julgamento de Soering, a Corte nunca considerou que uma extradição ou expulsão violaria o artigo 6º. Isso indica que o teste de "denegação flagrante de justiça" é rigoroso. A flagrante denegação de justiça vai além de meras irregularidades ou falta de garantias nos procedimentos do julgamento, que podem resultar em violação do artigo 6º se ocorrerem no próprio Estado Contratante. O que é necessário é uma violação dos princípios do julgamento justo garantidos pelo artigo 6º, que seja tão fundamental que equivalha à anulação ou à destruição da própria essência do direito garantido por aquele artigo.[722]

A Convenção Europeia sobre Extradição de 1957 foi o primeiro tratado multilateral a prever uma cláusula contra a discriminação voltada a proibir a entrega extradicional de pessoas quando houvesse fundadas razões para crer que o extraditando seria perseguido por motivo de raça, religião, nacionalidade ou opinião política. Seu texto inspirou preceito semelhante constante da Convenção de Palermo de 2000[723] e de outros tantos tratados ao longo da história.

O dever de cooperar – com base em obrigações convencionais ou em obrigações *erga omnes* ou como consequência do *jus cogens* ou em função de costumes ou por força de resoluções do CS/ONU – pode entrar em conflito com o dever de não cooperar, em consequência de obrigações também convencionais ou proibições de hierarquia superior (*jus cogens*) ou ainda por motivos de ordem pública (*ordre public*). Neste caso, devem prevalecer as obrigações *negativas* no plano cooperacional, que são correspondentes a obrigações positivas de proteção da pessoa human. Incumbe ao Estado a avaliação das consequências da concessão de cooperação internacional, por meio de uma abordagem baseada em riscos (*risk-based approach*), que aponta para a devida diligência na proteção de direitos humanos. Exige-se, portanto, uma conduta ativa do Estado requerido, e não uma mera abstenção em relação ao direito protegido que esteja ameaçado de violação.

---

722. Sylvère Ahorugeze, um ruandês de etnia hutu, era procurado pelo governo em Kigali para responder por crimes de genocídio. O TEDH não reconheceu possibilidade de violação de seus direitos convencionais no procedimento extradicional da Suécia para Ruanda. EUROPEAN COURT OF HUMAN RIGHTS. **Case of Ahorugeze v. Sweden.** Judgment 27 October 2011, § 115. Disponível em: https://hudoc.echr.coe.int/eng?i=001-107183. Acesso em: 10 jun. 2023.

723. HARRINGTON, Joanna. The Making of Modern International Extradition Law. *In*: BOISTER, Neil; GLESS, Sabine; JESSBERGER, Florian (org.). **Histories of Transnational Criminal Law**. Oxford, United Kingdom; New York, NY: Oxford University Press, 2021, p. 276–286, p. 282-283.

Um caso julgado pela Suprema Corte holandesa em 1990 retrata o problema. Charles Daniel Short, um militar norte-americano, matou sua mulher enquanto estava estacionado na Holanda. O governo dos Estados Unidos pediu sua extradição, com fundamento no *Status of Forces Agreement* (SOFA) firmado pela Organização do Tratado do Atlântico Norte (OTAN) com os Países Baixos. Invocando o Protocolo nº 6 à Convenção Europeia de Direitos Humanos, a Suprema Corte holandesa negou a extradição de Short para os EUA.[724] No entrechoque de obrigações convencionais, prevaleceu o tratado de proteção ao direito humano *vida*. Assim deve ser em qualquer situação de conflito aparente entre normas de direitos humanos previstas em tratados e os MLATs. Se não for pela hierarquia superior[725] dos tratados de direitos humanos, que sua prevalência decorra do princípio *pro persona*. De todo modo, como sugere Currie, os próprios tratados de MLA deveriam conter cláusulas de diálogo para o tratamento dos conflitos entre a execução de pedidos de cooperação e as normas de direitos humanos internacionalmente reconhecidas.[726]

Dugard e Van den Wyngaert listam vários direitos humanos que podem barrar processos extradicionais, como o direito à vida (nos casos de pena de morte), o direito à integridade física (se há risco de tortura), o direito à igualdade (se há potencial de discriminação), o direito ao devido processo legal (se não houver *fair trial* ou o órgão julgador for um tribunal de exceção). Contudo, o direito à privacidade não está entre eles.[727] De Bussel lista quatro motivos comuns para a recusa de solicitações de extradição e de pedidos de

724. CURRIE, Robert J. Human Rights and International Mutual Legal Assistance: resolving the tension. **Criminal Law Forum**, *[S. l.]*, v. 11, n. 2, p. 143–182, 2000, p. 148 e nota 19.

725. Diz Currie: "It is by no means clear, for the most part, that human rights norms must take precedence over international criminal co-operation treaties". CURRIE, Robert J. Human Rights and International Mutual Legal Assistance: resolving the tension. **Criminal Law Forum**, *[S. l.]*, v. 11, n. 2, p. 143–182, 2000, p. 163-164.

726. Em 1998, a Associação de Direito Internacional (ILA) propôs a seguinte cláusula padrão para os tratados de MLA: "Assistance shall be refused if it appears to the requested State that there are substantial grounds for believing that the rendering of such assistance would result in a serious violation of the human rights of any person under any treaty for the protection of human rights to which the requested State is a party, under customary international law, or under the domestic law of the requested State". CURRIE, Robert J. Human Rights and International Mutual Legal Assistance: resolving the tension. **Criminal Law Forum**, *[S. l.]*, v. 11, n. 2, p. 143–182, 2000, p. 165-166.

727. "Assuming that in certain cases human rights may take priority over domestic extradition statutes and international extradition agreements, the question that then arises is which human rights fall into this category". DUGARD, John; VAN DEN WYNGAERT, Christine. Reconciling Extradition with Human Rights. **American Journal of International Law**, *[S. l.]*, v. 92, n. 2, p. 187–212, 1998, p. 195-196.

MLA: a exceção do crime político; a cláusula da ordem pública; o princípio *ne bis in idem*; e o princípio da dupla incriminação.[728]

Uma dessas situações de óbice resulta do princípio da dupla incriminação, que "isenta o Estado requerido da obrigação de cooperar e aplicar o seu direito penal a condutas que ele próprio não considera criminosas".[729] Outra causa que costuma ativar o dever de não cooperar, para evitar violações extraterritoriais a direitos individuais, está na cláusula de ordem pública (*ordre public; public policy*), motivo de recusa que costuma ser incluído nos tratados de MLA.

Certo está então que obrigações de proteção à pessoa humana podem restringir o cumprimento de obrigações convencionais, quando determinados direitos humanos internacionalmente reconhecidos puderem ser postos em risco. A restrição à prestação de cooperação poderá decorrer também de normas de *jus cogens* e de outra natureza, que resguardam o direito à vida, que protegem a pessoa humana contra a tortura, que proíbem a escravidão e que impedem a retroatividade das leis penais ou o *bis in idem*.[730]

Uma das incertezas no campo do *non bis in idem* está em saber se tal princípio "deve ser empregado para além das fronteiras de um Estado soberano (*ne bis in idem* internacional)", sendo relevante determinar "qual o objeto sobre o qual não se pode incorrer mais de uma vez (se fatos ou a qualificação jurídica desses fatos)" e sobre "o que configura uma segunda incorrência".[731] Diante da diversidade dos sistemas jurídicos e da incidência cada vez maior de conflitos internacionais de jurisdição, tem grande significado jurídico a extensão da vedação do *bis in idem* para a arena internacional, sendo notável também seu impacto político por erodir a soberania num aspecto crucial da atividade estatal: o exercício da jurisdição criminal (*jurisdiction to adjudicate*).

A denegação de justiça (*denial of justice; justitia denegata; déni de justice*) identifica situações nas quais uma falha na prestação da jurisdição

---

728. DE BUSSER, Els. The Digital Unfitness of Mutual Legal Assistance. **Security and Human Rights**, *[S. l.]*, v. 28, n. 1–4, p. 161–179, 2018, p. 165.

729. VAN DER WILT, Harmen. Extradition and Mutual Legal Assistance in the Draft Convention on Crimes Against Humanity. **Journal of International Criminal Justice**, *[S. l.]*, 2018, p. 801.

730. CURRIE, Robert J. Human Rights and International Mutual Legal Assistance: resolving the tension. **Criminal Law Forum**, *[S. l.]*, v. 11, n. 2, p. 143–182, 2000, p. 154-155.

731. MENDES, Gilmar; BUONICORE, Bruno Tadeu; DE-LORENZI, Felipe da Costa. Ne bis in idem entre Direito Penal e Administrativo Sancionador: considerações sobre a multiplicidade de sanções e de processos em distintas instâncias = Ne bis in idem between Criminal Law and Sanctioning Administrative Law: considerations on the multiplicity of sanctions and prosecutions in different areas of Law. **Revista Brasileira de Ciências Criminais.** *[S. l.]*, v. 30, n. 192, p. 75–112, 2022.

representa uma violação de obrigações internacionais do Estado relativas à proteção judicial de estrangeiros.[732] Sua ocorrência deve impedir a cooperação internacional. Vattel ensinou que a justiça pode ser recusada de diversos modos, entre eles situações de erro judiciário ou corrupção judicial e de mora judicial (*justitia protracta*).[733] A "insuficiente persecução de atos criminosos praticados pelos próprios nacionais do Estado contra estrangeiros pode constituir, por si só, uma denegação de justiça".[734] Nota-se que este conceito aponta para as tarefas de persecução criminal como obrigações estatais, cuja violação corresponde a um ilícito internacional, capaz de ativar a responsabilidade internacional do Estado.

Ivory[735] sustenta que o TEDH aplicou tais princípios no caso *Othman (Abu Qatada) vs. Reino Unido,*[736] quando considerou que a deportação do requerente para a Jordânia violava o art. 6º da Convenção porque representava risco de que provas obtidas mediante tortura fossem usadas no seu julgamento no exterior, o que significaria flagrante denegação de justiça. No entanto, pontua que o TEDH demonstra relutância em julgar criticamente as concepções estrangeiras de justiça, sendo de algum modo tolerante com os *standards* de direitos humanos aplicáveis em Estados terceiros.[737] Em 1989, em *Soering*, o TEDH decidiu que o Estado requerido, sendo parte da CEDH, pode ser responsabilizado, se a pessoa procurada sofreu ou vier a sofrer "risco de flagrante denegação de um julgamento justo no Estado re-

---

732. VEROSTA, Stephan. Denial of justice. In: BERNHARDT, Rudolf. **Encyclopedia of Public International Law: States, responsibility of States, international law and municipal law**. Amsterdam, New York, Oxford: North-Holland, 1987, p. 96-97.

733. "(1º) por uma denegação de justiça propriamente dita, ou por uma recusa em ouvir as queixas do soberano ou as de seus súditos, de admiti-los a pleitear os seus direitos perante os tribunais ordinários. (2º) Por adiamentos concedidos, para os quais nenhuma boa razão possa ser dada; adiamentos podem ser equivalentes a uma recusa com consequências ainda mais ruinosas. (3º) Por uma decisão manifestamente injusta e parcial. Mas a injustiça deve ser bem evidente e palpável". VATTEL, Emer de. **O direito das gentes**. Brasília: Instituto de Pesquisa de Relações Internacionais: Editora Universidade de Brasília, 2004, Livro II, p. 400-401, § 350.

734. VEROSTA, Stephan. Denial of justice. In: BERNHARDT, Rudolf. **Encyclopedia of Public International Law**: States, responsibility of States, international law and municipal law. Amsterdam, New York, Oxford: North-Holland, 1987, p. 98.

735. IVORY, Radha Dawn. The Right to a Fair Trial and International Cooperation in Criminal Matters: Article 6 ECHR and the Recovery of Assets in Grand Corruption Cases. **Utrecht Law Review**, *[S. l.]*, v. 9, n. 4, 2013, p. 154.

736. EUROPEAN COURT OF HUMAN RIGHTS. **Case of Othman (Abu Qatada) v. United Kingdom.** Judgment 17 January 2012, §§ 258-262. Disponível em: https://hudoc.echr.coe.int/eng#{%22itemid%22:[%22001-108629%22]}. Acesso em: 10 jun. 2023.

737. IVORY, Radha Dawn. The Right to a Fair Trial and International Cooperation in Criminal Matters: Article 6 ECHR and the Recovery of Assets in Grand Corruption Cases. **Utrecht Law Review**, *[S. l.]*, v. 9, n. 4, 2013, p. 158.

querente".[738] Estes critérios de devido processo, fundados no art. 6º da CEDH, devem ser observados pelos Estados Partes quando cooperam com Estados terceiros (não-Partes) e ainda com maior rigor quando cooperam entre si.[739]

O dever de não cooperar se houver violações de direitos humanos no Estado requerente ou no Estado de origem também apareceu no caso *Pellegrini vs. Itália*, de 2001, relativo à execução de uma decisão da Rota vaticana que determinou a anulação de um casamento.[740] A Santa Sé não é Estado Parte da CEDH, o que levou a vítima a apresentar seu pedido no TEDH contra a Itália, levando à responsabilização internacional do Estado italiano pelo indevido reconhecimento da sentença vaticana que havia violado o direito da sra. Pellegrini à ampla defesa.[741]

Posteriormente, em *Saccocia vs. Áustria*, o TEDH reafirmou os critérios de *Soering* e *Pellegrini*, determinando que cabia aos tribunais austríacos verificaram, no momento da execução de um pedido norte-americano de confisco patrimonial – considerado pela Corte como de natureza cível no âmbito do art. 6º da Convenção –, se as medidas pleiteadas eram compatíveis com a CEDH e com o direito interno do Estado requerido, uma vez que, em procedimentos rogatórios, com mero *exequatur*, não há reexame do mérito das decisões estrangeiras a serem cumpridas.[742]

Ivory[743] menciona que o critério adotado em *Saccoccia* foi empregado também no caso *Duboc vs. Áustria*, de 2012, no qual o requerente alegou a violação do devido processo legal por não ter sido ouvido pessoalmente, antes da execução do pedido de confisco transnacional feito pelos Estados Unidos. Na ocasião, o TEDH determinou que o devido processo legal fora

---

738. EUROPEAN COURT OF HUMAN RIGHTS. **Case of Soering v. The United Kingdom** [GC]. Judgment, 7 July 1989, § 113. Disponível em: https://hudoc.echr.coe.int/eng#{%22itemid%22:[%22001-57619%22]}. Acesso em: 10 mai. 2023.

739. Neste sentido, vide GLESS, Sabine. Transnational Cooperation in Criminal Matters and the Guarantee of a Fair Trial: Approaches to a General Principle. **Utrecht Law Review**, *[S. l.]*, v. 9, n. 4, p. 103, 2013.

740. IVORY, Radha Dawn. The Right to a Fair Trial and International Cooperation in Criminal Matters: Article 6 ECHR and the Recovery of Assets in Grand Corruption Cases. **Utrecht Law Review**, *[S. l.]*, v. 9, n. 4, 2013, p. 151.

741. VAN HOEK, Aukje A. H.; LUCHTMAN, Michiel J. J. P. Transnational cooperation in criminal matters and the safeguarding of human rights. **Utrecht Law Review**, *[S. l.]*, v. 1, n. 2, p. 1–39, 2005, p. 7.

742. EUROPEAN COURT OF HUMAN RIGHTS. **Case of Saccoccia v. Austria.** Judgment 18 December 2008, §§ 63, 64 e 78. Disponível em: https://hudoc.echr.coe.int/fre#{%22itemid%22:[%22001-90342%22]}. Acesso em: 10 jun. 2023.

743. IVORY, Radha Dawn. The Right to a Fair Trial and International Cooperation in Criminal Matters: Article 6 ECHR and the Recovery of Assets in Grand Corruption Cases. **Utrecht Law Review**, *[S. l.]*, v. 9, n. 4, 2013, p. 152.

atendido com o contraditório escrito que foi concretizado no procedimento austríaco.[744]

Um caso ilustra bem esse dever de cuidado estatal. Em 1999, após um périplo por vários países europeus que lhe negaram asilo, o ativista político curdo Abdullah Öcalan chegou sem aviso ao Quênia em companhia de autoridades diplomáticas gregas, causando um conflito diplomático entre este país e a Grécia. Após uma negociação entre Atenas e Nairóbi para sua remoção para os Países Baixos, Öcalan foi entregue indevidamente por autoridades quenianas a agentes da Turquia, país que o procurava para fins de extradição. O caso chegou então ao Tribunal em Estrasburgo. Conforme o TEDH, a Convenção não impede a cooperação entre os Estados em matéria extradicional para que autores de crimes sejam levados à justiça, desde que tal procedimento "não interfira com quaisquer direitos específicos reconhecidos na Convenção".[745] Não são toleradas, portanto, formas disfarçadas de extradição (*disguised extradition; extradition déguisée*), quando se destinam a contornar decisões judiciais do Estado de abrigo da pessoa procurada.[746]

Mesmo no espaço judicial da União Europeia, os impedimentos à cooperação também se apresentam na forma do dever de não cooperar ou do dever de proteger. Em 2018, a *High Court* da Irlanda indagou ao TJUE se o país estava obrigado a cumprir o mandado de detenção europeu emitido por autoridades polonesas contra L. M. O Tribunal de Justiça entendeu que, antes da entrega, o Estado de execução deveria checar se, diante de falhas generalizadas ou sistêmicas com impacto sobre a independência do Judiciário existentes na Polônia, havia um risco real e concreto de violação do direito a um processo penal equitativo (art. 47.2 da CDFUE), caso a pessoa procurada fosse entregue ao Estado de emissão.[747] Luchtman especula que a recusa de cumprimento de mandados europeus em tal cenário pode

---

744. EUROPEAN COURT OF HUMAN RIGHTS. **Case of Duboc v. Austria**. Judgment 5 June 2012, §§ 35-41. Disponível em: https://www.stradalex.eu/en/se_src_publ_jur_eur_cedh/document/echr_8154-04. Acesso em: 10 jun. 2023.

745. EUROPEAN COURT OF HUMAN RIGHTS. **Case of Öcalan v. Turkey [GC].** Judgment 12 May 2005. Disponível em: https://hudoc.echr.coe.int/eng#{%22itemid%22:[%22001-69022%22]}. Acesso em: 2 jun. 2023.

746. EUROPEAN COMMISSION OF HUMAN RIGHTS. **Case of Stocké v. Germany**. Report of the Commission, 12 October 1989, § 167-168. Disponível em: https://hudoc.echr.coe.int/app/conversion/pdf/?library=ECHR&id=001-73474&filename=STOCK%C9%20v.%20GERMANY.pdf. Acesso em: 2 jun. 2023.

747. TRIBUNAL DE JUSTIÇA DA UNIÃO EUROPEIA. Acórdão da Grande Seção de 25 de julho de 2018. **Processo C-216;18 PPU (L.M.), High Court of Ireland**. Disponível em: https://curia.europa.eu/juris/liste.jsf?language=en&td=ALL&num=C-216/18%20PPU. Acesso em: 2 jun. 2023.

contribuir para uma função estruturante, de promoção da independência judicial no âmbito europeu.[748]

Noutro caso, julgado em 2019, o TJUE decidiu que a Alemanha podia executar um mandado de detenção europeu expedido pela Procuradoria de Viena. Embora o Ministério Público austríaco esteja subordinado ao Ministério da Justiça do país, o Tribunal em Luxemburgo entendeu que a homologação do mandado por um órgão judicial (um "tribunal") austríaco havia preenchido o requisito do direito comunitário. Cabe ao órgão judicante fiscalizar "com independência e objetividade [...] as condições de emissão e a proporcionalidade destes mesmos mandados de detenção, adotando assim uma decisão autônoma que lhes confira a sua forma definitiva".[749]

Segundo Van Hoek e Luchtman, o papel do TJUE na cooperação jurídica internacional autoriza o Tribunal a concluir que "todos os regulamentos sobre reconhecimento e assistência mútua contêm um motivo de recusa (explícito ou implícito) que permite aos Estados-Membros [da União] não cooperarem, se tal cooperação contribuir para uma violação de direitos convencionais". Neste sentido, para os autores, o dever de não cooperar é uma consequência direta da jurisprudência do TEDH, que não pode ser ignorada pelo TJUE.[750]

Também se verifica o dever de não cooperar no art. 98, §§ 1º e 2º, do Estatuto de Roma, quando, em perspectiva, para a execução de um pedido, o Estado requerido teria de atuar de forma incompatível com o direito internacional, "em matéria de imunidade dos Estados ou de imunidade diplomática de pessoa ou de bens de um Estado terceiro". A presença desses fatores obsta a cooperação por incidência da ordem pública internacional.

O dever de não cooperar não se confunde sempre com a *proibição* de cooperar. No primeiro caso, estamos diante de uma vedação de caráter humanitário ou direito-humanista, necessária para que o Estado cumpra seus deveres perante a sociedade internacional e proteja a pessoa humana de violações, especialmente ao direito à vida, à integridade física, à liberdade ou ao patrimônio.

---

748. LUCHTMAN, Michiel. Transnational Law Enforcement Cooperation: Fundamental Rights in European Cooperation in Criminal Matters. **European Journal of Crime, Criminal Law and Criminal Justice**, Leiden, The Netherlands, v. 28, n. 1, p. 14–45, 2020, p. 26.

749. TRIBUNAL DE JUSTIÇA DA UNIÃO EUROPEIA. Acórdão de 9 de outubro de 2019. **Processo C-489/19 PPU (N.J.), Kammergericht Berlin**. Disponível em: https://curia.europa.eu/juris/document/document.jsf?text=&docid=218890&doclang=PT. Acesso em: 10 jul. 2023.

750. VAN HOEK, Aukje A. H.; LUCHTMAN, Michiel J. J. P. Transnational cooperation in criminal matters and the safeguarding of human rights. **Utrecht Law Review**, *[S. l.]*, v. 1, n. 2, p. 1–39, 2005, p. 13.

No segundo caso, na proibição de cooperar, vista no sentido estrito, estamos diante de uma violação do direito internacional, promovida com base no direito interno, mediante a aprovação de atos normativos que juridicamente impedem autoridades nacionais de prestar cooperação a outro Estado ou a um tribunal internacional. Exemplo desta prática abusiva foi a chamada "Lei de Invasão da Haia" – na verdade a *American Service Members' Protection Act* –, um diploma aprovado no governo George Bush em 2002 que proibia autoridades norte-americanas de cooperar com o TPI e autorizava o uso da força para a libertação de qualquer cidadão estadunidense que fosse capturado por ordem da Corte.[751]

Situação similar ocorreu em 2009 quando o TPI emitiu um mandado de prisão contra Omar Al-Bashir, o então presidente do Sudão. A União Africana pediu o adiamento do cumprimento dessa decisão e, diante da falta de manifestação do Conselho de Segurança das Nações Unidas, decidiu[752] orientar os Estados Membros da UA a não cooperar com o TPI na execução do referido mandado.[753] Como se vê em *Sanchez-Sanchez*, isso difere completamente do dever de não cooperar por força de uma proibição de *jus cogens*, se houver risco de tortura no Estado requerente.[754]

Em pelo menos dois casos, a Corte IDH decidiu que havia um dever *de não* cooperar com países estrangeiros para não prejudicar os direitos das vítimas à justiça. Embora reconheça na extradição um importante mecanismo de persecução penal para lidar com graves violações de direitos humanos,[755] no caso do senador *Manuel Cepeda Vargas vs. Colômbia*, San

751. SCHABAS, William. **An introduction to the International Criminal Court**. Sixth edition. Cambridge, United Kingdom; New York, NY: Cambridge University Press, 2020, p. 30-31.

752. UA: "Decide que, uma vez que não foi tomada qualquer medida quanto ao pedido da União Africana, os Estados-membros da UA não irão cooperar, em conformidade com o Artigo 98 do Estatuto de Roma do TPI relativo às imunidades, na detenção e entrega do Presidente Omar El Bashir do Sudão". UNIÃO AFRICANA. Assembleia da União Africana. **Decisão sobre a Reunião dos Estados Africanos Partes ao Estatuto de Roma do Tribunal Penal Internacional (TPI)**, Doc. Assembly/AU/13 (XIII), Sirte, 3 de julho de 2009, §§ 9-10. Disponível em: https://archives.au.int/bitstream/handle/123456789/1112/Assembly%20AU%20Dec%20245%20%28XIII%29%20_P.pdf?sequence=3&isAllowed=y. Acesso em: 10 jul. 2023.

753. SCHABAS, William. **An introduction to the International Criminal Court**, p. 54.

754. TEDH: "In the case of an extradition, a Contracting State finds itself under an obligation to cooperate in international criminal matters. However, that obligation is subject to the same State's obligation to respect the absolute nature of the prohibition under Article 3 of the Convention". EUROPEAN COURT OF HUMAN RIGHTS. **Case of Sanchez-Sanchez v. the United Kingdom [GC].** Judgment 3 November 2022, § 83. Disponível em: https://laweuro.com/?p=20013. Acesso em: 2 jun. 2023.

755. Caso La Cantuta vs. Perú. Sentencia de 29 de noviembre de 2006. §§ 159 e 227; e Caso Goiburú y Otros vs. Paraguay. Sentencia de 22 de septiembre de 2006. §§ 127, 130 e 132. CORTE INTERAMERICANA DE DIREITOS HUMANOS. **Caso de la Masacre de Mapiripán vs. Colombia**.

José criticou a decisão de Bogotá de extraditar para os Estados Unidos dois chefes de grupos paramilitares colombianos – Ever Veloza García e Diego Fernando Murillo Bejarano – que lá responderiam por tráfico de drogas, embora na Colômbia fossem acusados de um crime mais grave, a execução da vítima, ocorrida em 1994. Apesar de o Estado colombiano haver informado a adoção de providências para evitar que tais extradições tivessem impacto negativo sobre a persecução criminal colombiana, tal prática deve ser limitada, conforme o princípio de proporcionalidade,[756] tendo em vista as obrigações positivas estatais de persecução.

A Corte IDH reiterou sua jurisprudência constante segundo a qual o direito interno – inclusive o direito extradicional – pode servir de empecilho ao cumprimento das obrigações decorrentes da Convenção Americana, de investigar, processar e punir os autores de violações de direitos humanos. Conforme reconheceu a Corte Suprema de Justiça da Colômbia em 2009,[757] a extradição de uma pessoa, em casos envolvendo paramilitares, é contrária aos fins da *Ley de Justicia y Paz*; menospreza os direitos das vítimas no Estado requerido; prejudica a administração da justiça criminal; e vulnera-se o princípio da proporcionalidade quando o delito extraditável é menos grave do que o crime cometido no território do Estado requerido.[758] Nestas circunstâncias, a extradição pode funcionar como uma forma de proteção direta ou indireta de acusados de crimes contra os direitos humanos e "atenta contra as obrigações internacionais pertinentes", servindo como um mecanismo para favorecer ou garantir a impunidade.[759]

Supervisión de Cumplimiento de Sentencia. Resolución de 8 de julio de 2009, § 40. Disponível em: https://www.corteidh.or.cr/docs/supervisiones/mapiripan_08_07_09.pdf. Acesso em: 2 jun. 2023.

756. CORTE IDH: "El Estado informó que ha adoptado medidas para que las extradiciones no tengan un impacto negativo en la continuidad de los procesos que se tramitan en Colombia, de modo tal que se realicen diligencias y procedimientos judiciales a través de audiencias virtuales y videoconferencias. En particular, el Estado informó que para la recepción de versiones libres se diseñó e implementó un sistema de transmisión de la actuación a las salas especiales para víctimas desde donde éstas pueden intervenir en forma activa". CORTE INTERAMERICANA DE DIREITOS HUMANOS. **Caso Manuel Cepeda Vargas vs. Colombia.** Sentencia de 26 de mayo de 2010, § 165. Disponível em: https://www.corteidh.or.cr/docs/casos/articulos/seriec_213_esp.pdf . Acesso em: 2 jun. 2023.

757. COLOMBIA. Corte Suprema de Justicia. Sala de Casasión Penal. Magistrado Ponente Yesid Ramírez Bastidas, **Proceso 30451, 19 de agosto de 2009**. Disponível em: https://editorapublica.com/?p=64373. Acesso em: 2 jun. 2023.

758. CORTE IDH. Resolución de 8 de julio de 2009. **Caso de la Masacre de Mapiripán vs. Colômbia**. Supervisión de Cumplimiento de Sentencia, §§ 37 e 40-41.

759. CORTE IDH. **Caso Manuel Cepeda Vargas vs. Colombia.** Sentencia de 26 de mayo de 2010, § 166.

Deste modo, antes de conceder a extradição de alguém que seja processado por graves violações de direitos humanos, o Estado deve levar esta situação em conta, de modo a negar ou sustar a entrega extradicional ou de maneira a adotar as medidas necessárias para assegurar que o processo penal local possa continuar; que eventual pena possa ser cumprida no exterior; que as pessoas envolvidas nessas infrações sérias "compareçam perante a justiça ou colaborem com esta quando sejam solicitadas";[760] e que ao final do cumprimento da pena no estrangeiro os réus sejam devolvidos ao Estado de origem para eventual continuidade do cumprimento da pena local pela violação de direitos humanos, numa forma de extradição condicional.

Evento semelhante ocorreu com paramilitares responsáveis pelo Massacre de Mapiripán, ocorrido no Departamento de Meta, na Colômbia, em julho de 1997, quando 75 camponeses foram assassinados. Um dos líderes das Autodefesas Unidas da Colômbia (AUC) e autor intelectual da chacina, Salvatore Mancuso Gómez, foi extraditado da Colômbia para os EUA em 2008, para responder por narcotráfico. Uma vez consumada a extradição, a Corte IDH determinou que o Estado deveria garantir que "os procedimentos que tinham curso fora da Colômbia" não interferissem nem atrapalhassem "as investigações das graves violações ocorridas no presente caso" nem suprimissem os direitos reconhecidos às vítimas pela sentença interamericana.[761] Para isso ocorrer, deve haver mecanismos para permitir que os extraditados continuem colaborando – inclusive por meio de acordos de colaboração premiada e de *plea bargain*[762] – com a persecução colombiana e que as vítimas possam participar das diligências de cooperação ativa que transcorram no exterior,[763] ainda que por videoconferência. Em suma, a extradição não pode transformar-se em um benefício dos réus nem em um mecanismo para assegurar a impunidade,[764] mediante a subtração do

---

760. CORTE IDH. **Caso Manuel Cepeda Vargas vs. Colombia.** Sentencia de 26 de mayo de 2010, § 166.

761. A sentença foi proferida em 15 de setembro de 2005 e passou-se à fase de supervisão de cumprimento. CORTE IDH. **Caso de la Masacre de Mapiripán vs. Colombia**. Supervisión de Cumplimiento de Sentencia. Resolución de 8 de julio de 2009, §§ 37-41.

762. CORTE IDH: "[...] corresponde a Colombia aclarar los mecanismos, instrumentos y figuras jurídicas que serán aplicadas para asegurar que la persona extraditada colabore con las investigaciones de los hechos del presente caso, así como, en su caso, para asegurar su debido enjuiciamiento". **Caso de la Masacre de Mapiripán vs. Colombia.** Supervisión de Cumplimiento de Sentencia. Resolución de 8 de julio de 2009, § 41.

763. CORTE IDH. **Caso Manuel Cepeda Vargas vs. Colombia.** Sentencia de 26 de mayo de 2010, § 216-g.

764. CORTE IDH. **Caso de la Masacre de Mapiripán vs. Colombia**. Supervisión de Cumplimiento de Sentencia. Resolución de 8 de julio de 2009, § 40.

acusado à autoridade da justiça do local onde uma grave violação de direitos humanos foi cometida.

No caso das *Comunidades Afrodescendentes Deslocadas da Bacia do Rio Cacarica (Operação Gênesis) vs. Colômbia*, de 2013, a Corte IDH voltou ao ponto quando as vítimas questionaram a opção de Bogotá por extraditar paramilitares envolvidos no deslocamento forçado dos quilombolas de Cacarica, com possível impacto negativo sobre o processo penal contra o general Rito Alejo del Río Rojas e outros acusados. Ele foi um dos paramilitares extraditados para os Estados Unidos. No entanto, a Corte IDH afastou tal alegação de irregularidade, porque não foram apresentados elementos que permitissem concluir que as extradições dos paramilitares desmobilizados de fato afetaram o "direito à verdade processual" ou que tenham impedido chegar-se a decisões judiciais compatíveis com os fatos apontados pelas vítimas.[765] De todo modo, nota-se que, se as premissas estiverem presentes, o Estado deve rejeitar um pedido de extradição que possa levar à impunidade de autores de graves violações de direitos humanos ou de crimes contra a humanidade.

Também em matéria extradicional há um dever quase universal de não cooperar quando a pessoa procurada deva responder por crimes políticos ou de opinião. Previsões desta ordem costumam estar presentes nas constituições nacionais e nos tratados bilaterais ou multilaterais sobre extradição. Especialmente nos casos de liberdade de opinião, a vedação extradicional decorre do valor superior da liberdade de expressão nos Estados Democráticos de Direito. Uma vez mais se percebe que práticas cooperacionais são condicionadas pelos regimes de proteção à pessoa humana.

4.8.1. O Dever de Não Cooperar em Função do Princípio *Non-Refoulement*[766]

O princípio da *non-refoulement* ou da não devolução ou do não rechaço é um princípio de prevenção a violações de direitos humanos, tendo o objetivo de evitar que pessoas sejam expostas a possível condição de vítimas de crimes de direito internacional a abusos em seus direitos humanos ou a

765 CORTE INTERAMERICANA DE DIREITOS HUMANOS. **Caso de las Comunidades Afrodescendientes Desplazadas de la Cuenca del Río Cacarica (Operación Génesis) vs. Colombia.** Sentencia de 20 de noviembre de 2013, §§ 390-391. Disponível em: https://www.corteidh.or.cr/docs/casos/articulos/seriec_270_esp.pdf. Acesso em: 2 jun. 2023.

766. Esta seção foi desenvolvida a partir de SUXBERGER, Antonio Henrique Graciano; ARAS, Vladimir. **A tortura no direito internacional:** marco normativo e conformação nos sistemas europeu e interamericano de proteção dos direitos humanos. Brasília, 2021, p. 13.

outras situações de risco.[767] Este postulado, que veda a devolução ao exterior de estrangeiros migrantes, asilados e refugiados, por medidas migratórias ou medidas extradicionais, é reconhecido por várias convenções celebradas ao longo do século 20 – a exemplo das quatro Convenções de Genebra de 1949; dos tratados onusiano e interamericano de 1984 e 1985 contra a tortura; da Convenção sobre o Estatuto dos Refugiados de 1951; e de tratados de extradição, gerais ou específicos.[768] Sua premissa operacional é a existência de risco para a vida ou a integridade física ou psíquica da pessoa humana, potencialmente sujeita a esse tratamento ou a conduta semelhante no Estado ou território para o qual pode ser restituída ou para o qual será enviada.

O Alto-Comissariado das Nações Unidas para os Refugiados (ACNUR) considera o princípio da não devolução (*non-refoulement*) um elemento chave do direito internacional dos refugiados "aplicável independentemente de qualquer determinação formal da condição de refugiado (...), e amplamente considerado como pertencente ao domínio do *jus cogens*".[769] Tal princípio funciona como restrição à cooperação internacional de natureza extradicional (inclusive a entrega) e como vedação à imposição de medidas migratórias de cunho compulsório. Sua origem, ao menos no plano convencional, está no art. 33.1 da Convenção sobre o Estatuto dos Refugiados, de 1951, segundo o qual os Estados Partes não podem expulsar ou devolver "de forma alguma, um refugiado para as fronteiras dos territórios nos quais sua vida ou liberdade seja ameaçada em decorrência da sua raça, religião, nacionalidade, grupo social a que pertença ou opiniões políticas."[770] No campo do direito internacional humanitário, sua presença pode ser identificada no art. 45 da Convenção IV de Genebra, de 1949. No direito internacional dos direitos humanos, tal princípio foi incorporado ao art. 3º da CAT e ao art. 22, §8º, da CADH, por exemplo.

---

767. UNITED NATIONS. International Law Commission. **The draft articles on prevention and punishment of crimes against humanity,** Report A/74/10. New York, 20 August 2019, p. 61-62, § 1. Disponível em: https://legal.un.org/ilc/reports/2019/english/a_74_10_advance.pdf. Acesso em: 4 mai. 2023.
768. UNITED NATIONS. International Law Commission. **The draft articles on prevention and punishment of crimes against humanity,** Report A/74/10. New York, 20 August 2019, p. 62, § 2, e p. 63, § 3. Disponível em: https://legal.un.org/ilc/reports/2019/english/a_74_10_advance.pdf. Acesso em: 4 mai. 2023.
769. TRINDADE, Antônio Augusto Cançado. **Princípios do direito internacional contemporâneo**, 2.ed. (revista e atualizada). Brasília: Fundação Alexandre de Gusmão, 2017, p. 183.
770. UNITED NATIONS. **Convention relating to the Status of Refugees**, adopted on 28 July 1951. Disponível em: https://www.ohchr.org/en/instruments-mechanisms/instruments/convention-relating-status-refugees. Acesso em: 10 jul. 2023.

Sua aplicação confere eficácia aos direitos de pedir e obter asilo e refúgio, como uma obrigação estatal derivada da proibição da tortura e do dever geral de prevenção a violações de direitos humanos ou a perseguições ilegítimas por quaisquer motivos. Segundo a Opinião Consultiva OC-21/14, de 19 de agosto de 2014, da Corte Interamericana de Direitos Humanos, "o princípio de não devolução constitui a pedra angular da proteção internacional das pessoas refugiadas e das pessoas solicitantes de asilo", quanto a sua integridade física e a sua vida e à proteção contra a tortura. Este princípio é hoje considerado pela própria Corte IDH como norma de *jus cogens*, no âmbito de um regime jurídico internacional de proibição absoluta de todas as formas de tortura, inclusive a psicológica.[771]

Um dever de não cooperar aparece no art. 15 da Convenção Internacional para Supressão do Financiamento do Terrorismo, de 1999. Nenhuma de suas disposições pode ser "interpretada como obrigação de extraditar ou prestar assistência jurídica mútua", se se pretender "julgar ou punir uma pessoa devido à sua raça, religião, nacionalidade, etnia ou opiniões políticas, ou que, se atendida a solicitação, a pessoa reclamada poderia ser objeto de discriminação em virtude de qualquer das razões expostas".[772]

O Tribunal Europeu de Direitos Humanos também afiançou o princípio do não-rechaço em sua jurisprudência, com base no art. 3º da Convenção Europeia de 1950, ali visto como implicitamente previsto.[773] O princípio aparece expressamente no art. 19, §2º, da Carta de Direitos Fundamentais da União Europeia, do ano 2000, segundo o qual "[n]inguém pode ser afastado, expulso ou extraditado para um Estado onde corra sério risco de ser sujeito a pena de morte, a tortura ou a outros tratos ou penas desumanos ou degradantes".[774]

Este princípio adquiriu o caráter de norma imperativa de direito internacional consuetudinário, isto é, de *jus cogens*, como entende a Corte IDH.

---

771. CORTE INTERAMERICANA DE DIREITOS HUMANOS. **Opinión Consultiva OC-21/14,** de 19 de agosto de 2014, solicitada por la República Argentina, la República Federativa de Brasil, la República del Paraguay y la República Oriental del Uruguay, §§ 223 e 224. Disponível em: https://www.acnur.org/es-es/5b6ca2644.pdf. Acesso em: 10 jul. 2023.

772. UNITED NATIONS. **International Convention for the Suppression of the Financing of Terrorism,** adopted at New York, on 9 December 1999. Disponível em: https://treaties.un.org/doc/db/terrorism/english-18-11.pdf. Acesso em: 2 jun. 2023.

773. EUROPEAN COURT OF HUMAN RIGHTS. **Case of Chahal v. United Kingdom** [GC]. Judgment 15 November 1996. §§ 61 e 80. Disponível em: https://hudoc.echr.coe.int/fre?i=001-58004 . Acesso em: 4 mai. 2023.

774. UNIÃO EUROPEIA. **Carta de Direitos Fundamentais da União Europeia,** concluída em Nice em 7 de dezembro de 2000. Disponível em: https://www.europarl.europa.eu/charter/pdf/text_pt.pdf. Acesso em: 4 mai. 2023.

Disso resulta o dever do Estado de não deportar, não devolver, nem expulsar, extraditar ou remover uma pessoa sujeita a sua jurisdição para outro Estado ou para um terceiro Estado que não seja seguro, quando existam razões para crer que tal pessoa correria perigo de ser submetida a tortura ou a tratamentos cruéis, desumanos ou degradantes.[775]

O Comitê de Direitos Humanos do PIDCP (Comitê CCPR) tem interpretado essa norma como prevendo um dever dos Estados Partes de "não [...] expor as pessoas a perigo de serem submetidas a torturas ou a penas ou a tratamentos cruéis, desumanos ou degradantes ao regressar a outro país após a extradição, a expulsão ou a repatriação".[776] O Comitê de Direitos Humanos adota a posição de que há uma obrigação de não transferir uma pessoa a outro Estado quando estiver presente esse risco fundado, que deve ser sempre averiguado, de que essa pessoa pode vir a ser submetida a um dano irreparável a sua integridade física ou a sua vida. O dever de não extraditar – e os de não deportar ou expulsar – foi reconhecido no Comentário Geral 31, de 2004.[777]

Assim, não é possível extraditar, deportar, expulsar ou remover uma pessoa do território de um Estado, se existirem motivos suficientes para crer haver risco de dano irreparável a seus direitos, sem que antes se tome em consideração a alegação da pessoa sobre o referido risco, inclusive a hipótese de tortura. Examinando este ponto, na OC-21/14, a Corte IDH concluiu pela existência da mesma proibição quanto a qualquer forma de devolução ou rechaço, mediante medidas migratórias ou de cooperação internacional, especialmente quando tal providência envolver crianças ou adolescentes.[778]

---

775. CORTE INTERAMERICANA DE DIREITOS HUMANOS. **Opinión Consultiva OC-21/14,** de 19 de agosto de 2014, solicitada por la República Argentina, la República Federativa de Brasil, la República del Paraguay y la República Oriental del Uruguay, §§ 225-226. Disponível em: https://www.acnur.org/es-es/5b6ca2644.pdf. Acesso em: 10 jul. 2023.

776. UNITED NATIONS. Human Rights Committee. **General Comment No. 20:** Article 7 (Prohibition of Torture, or Other Cruel, Inhuman or Degrading Treatment or Punishment), adopted by Human Rights Committee, on 10 March 1992, § 9. Disponível em: https://www.refworld.org/docid/453883fb0.html. Acesso em: 10 fev. 2023.

777. UNITED NATIONS. Human Rights Committee. **General Comment No. 31**: The Nature of the General Legal Obligation Imposed on States Parties to the Covenant. Geneva, adopted on 29 March 2004, UN Doc CCPR/C/21/Rev.1/Add.13, §12. Disponível em: https://digitallibrary.un.org/record/533996. Acesso em: 2 jun. 2023.

778. CORTE INTERAMERICANA DE DIREITOS HUMANOS. **Opinión Consultiva OC-21/14**, de 19 de agosto de 2014, solicitada por la República Argentina, la República Federativa de Brasil, la República del Paraguay y la República Oriental del Uruguay. Disponível em: https://www.acnur.org/es-es/5b6ca2644.pdf. Acesso em: 10 fev. 2023. Vide o §10.

No caso *Ng vs. Canadá*, o Comitê CCPR entendeu que, se a entrega extradicional de uma pessoa traz o risco de ela ser submetida a tratamento que viole seus direitos convencionais no Estado de destino, o próprio Estado extraditante pode ser considerado o violador desses direitos. Discutia-se a possível extradição do assassino em série Charles Chitat Ng, do Canadá para os EUA, onde ele poderia ser condenado à morte, o que era facilmente previsível. O Comitê entendeu que o Canadá violou suas obrigações positivas diante do art. 7º do PIDCP, ao não exigir garantias de que Ng não seria executado.[779] Haverá fundadas razões (*substantial grounds*) para estimar o concreto risco de integridade ou de vida, quando a ameaça de tortura ou de outro mal for "previsível, individualizada, atual e real".[780]

Sobre a cooperação internacional no contexto da tortura e de outros tratamentos ou penas cruéis desumanos ou degradantes, pode-se extrair lições do caso *Pizzolato*[781] e de sua ligação, ainda que indireta, com o caso *Torregiani e Outros v. Itália* (2013), um julgamento-piloto (*pilot judgment procedure*; *procédure de l'arrêt pilote*) do Tribunal Europeu de Direitos Humanos, no qual a Itália foi condenada devido à superpopulação e às condições degradantes de espaço vital das suas celas, consideradas violadoras do art. 3º da Convenção Europeia.[782]

779. CCPR: "In the instant case and on the basis of the information before it, the Committee concludes that execution by gas asphyxiation, should the death penalty be imposed on the author, would not meet the test of 'least possible physical and mental suffering', and constitutes cruel and inhuman treatment, in violation of article 7 of the Covenant. Accordingly, Canada, which could reasonably foresee that Mr. Ng, if sentenced to death, would be executed in a way that amounts to a violation of article 7, failed to comply with its obligations under the Covenant, by extraditing Mr. Ng without having sought and received assurances that he would not be executed". UNITED NATIONS. Human Rights Committee. **Chitat Ng v. Canada** Communication No. 469/1991: Canada, 7 January 1994. CCPR/C/49/D/469/1991 (1994), §§ 14.2 e 16.4. Disponível em: http://hrlibrary.umn.edu/undocs/html/dec469.htm . Acesso em: 10 jul. 2023.

780. UNITED NATIONS. International Law Commission. **The draft articles on prevention and punishment of crimes against humanity,** Report A/74/10. New York, 20 August 2019, p. 63, § 7. Disponível em: https://legal.un.org/ilc/reports/2019/english/a_74_10_advance.pdf. Acesso em: 4 mai. 2023.

781. A extradição de Henrique Pizzolato ao Brasil foi deferida pela Itália em 2015 após a assunção pelo Brasil de compromissos quanto às condições de cumprimento da pena no sistema prisional brasileiro, a fim de que a Itália, por sua vez, não fosse responsabilizada perante o TEDH, pela doutrina do ricochete. Cf. BRASIL. Supremo Tribunal Federal. Tribunal Pleno. **Ação Penal 470/DF**. Relator Ministro Joaquim Barbosa, d. em 07/02/2014.

782. EUROPEAN COURT OF HUMAN RIGHTS. **Case of Torreggiani and Other v. Italy**. Judgment 8 January 2013. Disponível em: https://hudoc.echr.coe.int/fre#{%22itemid%22:[%22001-116248%22]}. Acesso em: 10 jul. 2023.

Tem o mesmo sentido o caso *Aranyosi e Căldăraru*, julgado em 2016, no qual o TJUE autorizou a Alemanha a não executar dois mandados europeus de detenção expedidos pela Romênia e pela Hungria, em virtude das más condições prisionais nos dois países.[783] É de se considerar também o já mencionado caso *Soering vs. Reino Unido* (1989), no qual o TEDH considerou inviável a extradição de um cidadão alemão para os Estados Unidos pela equiparação de sua possível inclusão no corredor da morte a uma forma de tratamento desumano, cruel ou degradante, vedado pela Convenção.[784]

Em 2005, no caso *Agiza vs. Suécia*, o Comitê contra a Tortura decidiu que o governo sueco descumpriu suas obrigações positivas conforme a CAT, de 1984, ao não adotar cautelas necessárias para verificar se o requerente Ahmed Hussein Mustafa Kamil Agiza, que fora julgado à revelia no Egito, poderia ser expulso para aquele país, onde correria grave risco de tortura. O Comitê da CAT também entendeu que a Suécia descumpriu obrigações processuais positivas (*procedural obligations*) por não prever um mecanismo de revisão efetivo e imparcial quanto à decisão de expulsão.[785]

No Projeto de Artigos sobre a Prevenção e a Repressão a Crimes contra a Humanidade (*The draft articles on prevention and punishment of crimes against humanity*), de 2019, da Comissão de Direito Internacional, a proibição do rechaço aparece no art. 5º. Um Estado não pode "expulsar, devolver, entregar ou extraditar uma pessoa para outro Estado onde existam motivos

---

783. TJUE: "[...] perante elementos objetivos, fiáveis, precisos e devidamente atualizados que confirmem a existência de deficiências, quer sejam sistémicas ou generalizadas, quer afetem determinados grupos de pessoas ou ainda determinados centros de detenção, no que respeita às condições de detenção no Estado-Membro de emissão, a autoridade judiciária de execução deve verificar, de maneira concreta e precisa, se existem motivos sérios e comprovados para considerar que a pessoa objeto de um mandado de detenção europeu, emitido para efeitos de procedimento penal ou de cumprimento de uma pena privativa de liberdade, correrá, em razão das condições da sua detenção nesse Estado-Membro, um risco real de trato desumano ou degradante, na acepção do artigo 4.° da Carta dos Direitos Fundamentais da União Europeia, em caso de entrega ao referido Estado-Membro". TRIBUNAL DE JUSTIÇA DA UNIÃO EUROPEIA. **Processos Apensos C-404/15 (Pál Aranyosi) e C-659/15 (Robert Căldăraru) PPU,** Hanseatisches Oberlandesgericht in Bremen. Acórdão do Tribunal (Grande Seção), de 5 de abril de 2016. https://curia.europa.eu/juris/document/document.jsf?text=&docid=174758&pageIndex=0&doclang=PT&mode=lst&dir=&occ=first&part=1&cid=4099768. Acesso em: 10 jul. 2023.

784. EUROPEAN COURT OF HUMAN RIGHTS. **Case of Soering v. The United Kingdom** [GC]. Judgment, 7 July 1989. Disponível em: https://hudoc.echr.coe.int/eng#{%22itemid%22:[%22001-57619%22]}. Acesso em: 10 mai. 2023.

785. UNITED NATIONS. Committee against Torture. **Agiza v. Sweden**, Communication no. 233/2003, decision of 20 May 2005, § 13.8. Disponível em: https://digitallibrary.un.org/record/549826. Acesso em: 10 jun. 2023.

substanciais para acreditar que ele ou ela corre o risco de ser vítima de um crime contra a humanidade".[786]

O não rechaço põe em marcha o princípio da *humanidade*, que "conclama ao respeito da pessoa humana em quaisquer circunstâncias e em todos os momentos", ensina Cançado Trindade. Sua presença é marcante no direito internacional dos conflitos armados, tendo *status* de norma de *jus cogens*.[787] Para o saudoso internacionalista, "a salvaguarda e a prevalência do princípio do respeito à dignidade da pessoa humana se identificam com o próprio fim do Direito, do ordenamento jurídico, tanto nacional quanto internacional".[788] Na prática cooperacional, o não rechaço aparecerá como fundamento do *dever de não cooperar* ou de sustar imediatamente a cooperação jurídica internacional, mormente a extradicional, pouco importando a nacionalidade da pessoa a ser entregue.

4.8.2. A Cláusula de Ordem Pública como Fundamento do Dever de Não Cooperar

A cláusula ou *exceção* de ordem pública (*ordre public; public order; public policy*) é um anteparo da soberania e um instrumento de prevenção a violações de direitos humanos. Tendo surgido como um fator protetivo dos interesses dos Estados, evoluiu com o processo de internacionalização dos direitos humanos, quanto ao seu conteúdo.

Na praxe cooperacional, a ordem pública serve como um motivo para recusar a cooperação internacional ou para rechaçar provas que tenham sido obtidas com violação do seu núcleo essencial. Incidirá a cláusula de ordem pública, sempre que a execução do pedido estrangeiro afrontar a soberania do Estado requerido, sua segurança, seus interesses essenciais (inclusive os de natureza política e econômica) ou princípios fundamentais de seu ordenamento jurídico.[789] Ressaltando que se trata de um conceito historicamente instável, Ramos pontua que a ordem pública diz respeito

---

786. UNITED NATIONS. International Law Commission. **The draft articles on prevention and punishment of crimes against humanity**, Report A/74/10. New York, 20 August 2019. Disponível em: https://legal.un.org/ilc/reports/2019/english/a_74_10_advance.pdf. Acesso em: 4 mai. 2023, p. 61-62.

787. TRINDADE, Antônio Augusto Cançado. **Princípios do direito internacional contemporâneo**, 2.ed. (revista e atualizada). Brasília: Fundação Alexandre de Gusmão, 2017, p. 183-184.

788. TRINDADE, Antônio Augusto Cançado. Op. cit., p. 185.

789. GEIGER, Rudolf. Legal Assistance between States in Criminal Matters. In: BERNHARDT, Rudolf. **Encyclopedia of Public International Law:** International relations and legal cooperation in general, diplomacy and consular relations. Amsterdam; New York; Oxford: North-Holland, 1986, p. 255.

não só à aplicação do direito estrangeiro, mas também à admissibilidade de provas, na medida que a "produção de provas deve ser feita conforme os direitos humanos envolvidos".[790]

O princípio da ordem pública é uma cláusula de diálogo com outros preceitos reitores da cooperação jurídica internacional, como a proibição do *ne bis in idem,* ou o banimento da pena de morte, a vedação absoluta da tortura, a proteção dos direitos humanos no processo penal, ou a preservação de interesses econômicos ou estratégicos do Estado requerido. A ordem pública reflete os valores e princípios fundamentais do direito interno, "corolário necessário da soberania".[791]

No âmbito do direito internacional privado, a cláusula de ordem pública afasta a aplicação do direito estrangeiro; em matéria cooperacional será motivo de recusa à execução de pedidos de assistência passiva ou ao reconhecimento de decisões estrangeiras ou à admissibilidade de provas pelo Estado requerente. Segundo Dolinger, a ordem pública reflete a filosofia política do Estado, representando a moral básica da nação e as necessidades econômicas estatais.[792] A ela se integra, portanto, a ordem econômica. No caso *Kombrach*, o TJUE decidiu que a Justiça do Estado requerido pode considerar violadora da ordem pública a recusa ao réu, pela Justiça do Estado de origem, "do direito de se fazer representar para se defender sem comparecer pessoalmente".[793]

A ordem pública interna (*ordre public*) não deve ser confundida com o princípio da ordem pública internacional (*international public order*),[794] que compreende conceitos como o de *jus cogens* e o das obrigações *erga omnes*, alcançando princípios e regras que constituem o fundamento do sistema jurídico do direito internacional.

---

790. RAMOS, André de Carvalho. **Curso de direito internacional privado**. 3. ed. São Paulo: SaraivaJur, 2023, p. 545.

791. BRINK, Josef. Ordre public (public order). In: BERNHARDT, Rudolf. **Encyclopedia of Public International Law:** States, responsibility of States, international law and municipal law. Amsterdam, New York, Oxford: North-Holland, 1987, p. 320.

792. DOLINGER, Jacob. **A evolução da ordem pública no direito internacional privado**. Tese. Cátedra de Direito Internacional Privado. Faculdade de Direito da Universidade do Estado do Rio de Janeiro, Rio de Janeiro, 1979, p. 4-5.

793. TRIBUNAL DE JUSTIÇA DA UNIÃO EUROPEIA. Acórdão de 28 de marco de 2000, **Processo C-7/98 (Dieter Krombach v. André Bamberski), Bundesgerichtshof (Alemanha)**. Disponível em: https://curia.europa.eu/juris/liste.jsf?language=en&num=C-7/98 . Acesso em: 2 jun. 2023.

794. Conforme a distinção cunhada por Brocher. Para ele o princípio "repousse l'application de toute loi étrangère qui ne serait pas conforme à certains principes qu'elle reconnaît comme absolument impératifs". BROCHER, Charles. **Nouveau traité de droit international privé:** au double point de vue de la doutrine et de la pratique. Paris: E. Thorin Éditeur, 1876, p. 342.

Entre os princípios que compõem a ordem pública internacional estão o da igualdade soberana entre as nações, a autodeterminação dos povos, a não intervenção e a solução pacífica dos conflitos, o dever de boa-fé no cumprimento dos tratados ou do direito internacional geral, o dever de proteção aos direitos humanos e a proteção do meio ambiente. Os interesses comuns da humanidade neste e noutros campos "tornaram-se tão importantes que têm produzido princípios e regras com caráter prioritário ou natureza de ordem pública", podendo criar obrigações dos Estados para com a comunidade internacional, como um todo, as obrigações *erga omnes*.[795] Obrigações desta natureza não resultam apenas de preceitos de *jus cogens*, mas também de regras relativas a outros interesses comuns da comunidade internacional,[796] nos quais podemos incluir os interesses da justiça, notadamente da justiça criminal, como valor universal de todos os povos do Planeta para a segurança da casa comum e para a proteção dos direitos humanos globalmente. Estes valores podem ser representados, como já vimos, pela categoria de *bens públicos globais*.

Respeitada a ordem pública do Estado requerido, o juiz ou a autoridade competente local poderá dar cumprimento a pedidos de cooperação de acordo com as formas e procedimentos especiais indicados pela autoridade estrangeira. Os tratados de assistência costumam prever esta exceção à lei do Estado da diligência em favor da lei do Estado do processo.[797] Em casos previstos no direito internacional privado do Estado, o juiz local pode ver-se obrigado a aplicar de modo excepcional,[798] no processo civil ou no processo penal, o direito estrangeiro (*lex fori*),[799] ou seja, a lei do Estado onde o processo tem curso. Contudo, a regra geral é a de que os pedidos estrangeiros (e, portanto os pedidos de um determinado país ao exterior) são executados de acordo com a lei local (*lex diligentiæ*), isto é, conforme a lei do Estado onde a diligência será realizada, conforme, por exemplo, o art. 399 do Código Bustamante. A prova assim produzida no exterior será

795. JAENICKE, Günther. International public order. In: BERNHARDT, Rudolf. **Encyclopedia of Public International Law:** History of international law, foundations and principles of international law, sources of international law, law of treaties. Amsterdam, New York, Oxford: North-Holland publ. company, 1984, p. 314-315.

796. JAENICKE, Günther. Op. cit., p. 317.

797. ROGERSON, Pippa; COLLIER, John G. **Collier's conflict of laws.** Fourth edition ed. Cambridge, UK: Cambridge University Press, 2013, p. 5.

798. Essa exceção também é admitida pela Convenção da Haia sobre Obtenção de Provas no Exterior, em Matéria Civil e Comercial, de 1970.

799. A *lex fori* é a lei do tribunal que conhece a causa. ROGERSON, Pippa; COLLIER, John G. **Collier's conflict of laws.** Fourth edition ed. Cambridge, UK: Cambridge University Press, 2013, p. 5.

válida no Estado do processo, se não houver ofensa à ordem pública no sentido do direito internacional privado, que se remete aos valores essenciais defendidos pelo Estado.

A exceção de ordem pública aparece expressamente como causa para a recusa de assistência no art. 9.e da Convenção de Nassau, de 1992. O Estado Parte requerido pode recusar a prestação de assistência ao Estado requerente "quando [...] for afetada a ordem pública, soberania, segurança ou interesses públicos fundamentais".[800] A Convenção da Comunidade de Desenvolvimento da África Austral (SADC) também prevê, no seu art. 6.1.c, a ordem pública como motivo de recusa.[801] O art. 2.b da Convenção Europeia sobre Assistência Jurídica Mútua em Matéria Penal contém cláusula semelhante.[802] Por igual, o art. 3.1.f do Tratado de MLA da Asean lista a ordem pública como um dos fundamentos para negar a prestação de assistência ao Estado requerente.[803]

Tais previsões normativas em todos os continentes mostram que a ordem pública é um princípio fundamental do direito internacional da cooperação em assuntos penais, constituindo um dos fundamentos do dever de não cooperar, que, como vimos, pode ser lido como uma obrigação de proteger.

800. ORGANIZAÇÃO DOS ESTADOS AMERICANOS. **Inter-American Convention on Mutual Legal Assistance in Criminal Matters,** done at Nassau, on May 23, 1992, OAS Treaty Series, No. 75. Disponível em: https://www.oas.org/juridico/english/treaties/a-55.html. Acesso em: 10 jul. 2023.

801. SOUTHERN AFRICA DEVELOPMENT COMMUNITY. **SADC Protocol on Mutual Legal Assistance in Criminal Matters,** done at Luanda, on 3 October 2002. Disponível em: https://www.sadc.int/sites/default/files/2021-08/Protocol_on_Mutual_Legal_Assistance_in_Criminal_Matters_2002.pdf. Acesso em: 2 jun. 2023.

802. "Assistance may be refused: if the requested Party considers that execution of the request is likely to prejudice the sovereignty, security, *ordre public* or other essential interests of its country". COUNCIL OF EUROPE. **European Convention on Mutual Assistance in Criminal Matters.** ETS No. 30, done at Strasbourg on 20 April 1959. Disponível em: https://rm.coe.int/16800656ce. Acesso em: 10 jul. 2023.

803. ASSOCIATION OF SOUTHEAST ASIAN NATIONS. **Treaty on Mutual Legal Assistance in Criminal Matters,** done at Kuala Lumpur, on 29 November 2004. Disponível em: https://asean.org/wp-content/uploads/2021/01/20160901074559.pdf. Acesso em: 10 jul. 2023.

Capítulo 5

AS CONSEQUÊNCIAS DO DESCUMPRIMENTO DOS DEVERES DE PRESTAR E DE REQUERER COOPERAÇÃO INTERNACIONAL

O direito constitucional, o direito administrativo e o direito processual devem regular as consequências do descumprimento da obrigação de cooperar no âmbito espacial de cada Estado. A depender do direito interno, o descumprimento desses deveres pode corresponder a infrações disciplinares e resultar em responsabilidade civil subjetiva ou mesmo objetiva do Estado, perante os seus próprios tribunais. Não é nosso propósito estudar esse aspecto da responsabilização de entes públicos ou de suas autoridades. Nosso foco está na responsabilidade internacional dos Estados pelo descumprimento do dever de requerer cooperação internacional.

No entanto, não podemos ignorar a necessidade de que o Estado estabeleça meios internos (remédios) para impugnação da omissão ou dos excessos das autoridades de persecução diante de situações cooperacionais, quando se mostre conveniente ou necessário empregar instrumentos de cooperação ativa. De fato, antes que se possa abrir a instância internacional, deve haver "recursos" internos para movimentar os órgãos de persecução penal em relação aos atos de cooperação jurídica interestatal, no interesse primário ou secundário de vítimas e acusados.

O que a vítima pode fazer quando o Ministério Público do Estado do foro deixa de pedir a extradição de alguém que deva responder naquela jurisdição por um crime do regime internacional ou do regime transnacional de proibição ou que se encaixe apenas na normatividade interna do direito penal comum? O que a defesa de um réu economicamente hipossuficiente deve fazer quando a Promotoria se recusa a acionar mecanismos probatórios transnacionais em seu favor – lembremos da *no-standing provision* – para obter no exterior documentos potencialmente exculpatórios? Esses problemas têm de ser equacionados pelo direito interno, à luz das obrigações estatais positivas, no campo do dever de legislar e de oferecer remédios efetivos para a tutela de direitos humanos no curso do processo penal ou civil.

Do mesmo modo que há mecanismos de controle - judiciais ou ministeriais - para as decisões de arquivamento ou de não prosseguimento da persecução criminal, o acusado e a vítima (e eventualmente outros sujeitos processuais) devem ter acesso a meios, previstos em lei, para a impugnação das decisões dos juízes e tribunais ou do Ministério Público que signifiquem o não acionamento - ou o acionamento errôneo, tardio ou indevido - de modalidades de cooperação jurídica internacional. As pessoas físicas e jurídicas interessadas também devem ter legitimidade para questionar atrasos ou indeferimentos resultantes de manifestações das autoridades centrais,[1] sejam elas órgãos da estrutura do Ministério da Justiça ou de outra pasta governamental, ou órgãos alocados noutros poderes ou instituições do Estado. A impugnabilidade, perante o Judiciário comum a Justiça administrativa (Conselho de Estado e entes similares), de decisões governamentais é uma consequência óbvia do status da cooperação jurídica internacional como uma obrigação processual positiva e como um remédio efetivo para a tutela de direitos humanos violados.

5.1. A FALTA DE COOPERAÇÃO JURÍDICA INTERNACIONAL COMO FATOR DE IMPUNIDADE ESTRUTURAL TRANSNACIONAL

Ao longo deste estudo examinamos vários casos, da jurisprudência de cortes regionais de direitos humanos e de tribunais internacionais, nos quais este ou aquele Estado deixou de cumprir suas obrigações positivas e com isso não realizou uma investigação efetiva, com a devida diligência, por ter-se recusado a empregar ferramentas de cooperação ou simplesmente por ter-se omitido quando à sua utilização ou por ter agido morosamente ou de maneira defeituosa. Se, no plano interno, tal agir do Estado pode significar impunidade e dar lugar a pretensões reparatórias, no plano internacional, pode acarretar a sua responsabilidade.

Diante dos deveres estatais de proteção, a impunidade é o resultado da inefetividade do sistema de justiça criminal. Em alguns contextos, pode-se configurar um quadro de impunidade estrutural, que já foi identificado pela

---

1. Tomemos como exemplo as decisões de recusa de tramitação de pedidos ou da invocação de obstáculos à cooperação, como a falta de reciprocidade ou supostas violações à ordem pública. Muitas vezes, esses óbices à cooperação resultam de interpretação do direito, e não de decisões estritamente de política externa dos Estados soberanos. As manifestações das autoridades centrais sobre pedidos ativos e passivos de cooperação internacional, como decisões administrativas que são, devem ter, portanto, fundamentação adequada e devem estar sujeitas a controle recursal *intra muros* ou a controle judicial.

Corte IDH,[2] relativa à desproteção (inclusive penal) crônica de defensores de direitos humanos, ambientalistas, ativistas sociais, militantes políticos minoritários, jornalistas e integrantes de certos grupos vulneráveis, como mulheres, crianças, quilombolas, *marrons* e indígenas.

No caso *Sales Pimenta vs. Brasil*, a Corte IDH notou "a persistência de uma situação de impunidade devido à falta de devida diligência das autoridades judiciais" resultante da incapacidade de definir a responsabilidade criminal dos culpados "em um prazo razoável", o que, não sendo feito, contribui para a "prescrição nos processos penais". A impunidade estrutural impede o esclarecimento de crimes, as circunstâncias em que ocorreram e a identificação e a punição dos responsáveis.[3] Esse fenômeno pode ocorrer na cooperação internacional ou por causa dela. Como se viu no caso *Goiburú e Outros vs. Paraguai*, a Corte IDH afirmou que, num "contexto de violação sistemática de direitos humanos, a necessidade de erradicar a impunidade se apresenta perante a comunidade internacional como um dever de cooperação interestatal".[4]

Vista nesse plano relacional, a impunidade estrutural transnacional advém de: a) deficiências orgânicas (quanto à existência ou não de agências de cooperação internacional, à distribuição de suas competências e a sua capacidade operacional); b) de déficits legislativos (quanto à existência de leis e tratados que viabilizem a cooperação efetiva);[5] c) de debilidades de

---

2. Para a Corte IDH, a impunidade é "la falta en su conjunto de investigación, persecución, captura, enjuiciamiento y condena de los responsables de las violaciones de los derechos protegidos por la Convención Americana, toda vez que el Estado tiene la obligación de combatir tal situación por todos los medios legales disponibles ya que la impunidad propicia la repetición crónica de las violaciones de derechos humanos y la total indefensión de las víctimas y de sus familiares". CORTE INTERAMERICANA DE DIREITOS HUMANOS. **Caso Paniagua y Morales vs. Guatemala**. Sentencia de 8 de marzo de 1998, § 173. No mesmo sentido: CORTE INTERERICANA DE DIREITOS HUMANOS**. Caso "Niños de la Calle" (Villagrán Morales y otros) vs. Guatemala**, Reparaciones y Costas. Sentencia de 26 de mayo de 2001, § 100. Disponível em: https://www.corteidh.or.cr/docs/casos/articulos/seriec_63_esp.pdf. Acesso em: 10 jun. 2023.
3. CORTE INTERAMERICANA DE DIREITOS HUMANOS. **Caso Sales Pimenta e Outros vs. Brasil.** Sentença de 30 de junho de 2022, § 179.
4. CORTE INTERAMERICANA DE DIREITOS HUMANOS. **Caso Goiburú e Outros vs. Paraguai.** Sentença de 22 de setembro de 2006, § 131. Disponível em: https://www.cnj.jus.br/wp-content/uploads/2016/04/15934c4d6d9ca1cf602e165fc5afa3cf.pdf. Acesso em: 10 mai. 2023.
5. A impunidade transnacional pode resultar de ineficiência do Estado em relação a violações causadas por pessoas jurídicias, especialmente grandes TNCs. Segundo o Alto Comissariado das Nações Unidas para os Direitos Humanos, a efetividade da cooperação depende de marcos jurídicos específicos e de devida diligência estatal em casos concretos. UNITED NATIONS. Office of the United Nations High Commissioner for Human Rights. **Access to remedy in cases of business-related human rights abuse**: an interpretive guide. New York and Geneva: UN, 2024, p. 21.

formação profissional (quanto à aptidão técnica dos agentes encarregados da persecução); e d) da corrupção (quanto aos impactos sobre os atos de ofício relativos providências cruciais a cargo de funcionários e autoridades dos sistemas de segurança pública e justiça criminal). Para a Corte IDH, tratado dos crimes contra a vida, "é fundamental que os Estados identifiquem, investiguem efetivamente e, eventualmente, sancionem os responsáveis". Caso contrário, estariam dadas as condições para novas violações.[6]

É fácil ver que, seja na esfera doméstica ou na internacional, a impunidade de indivíduos que cometam crimes de relevância internacional, é uma obra dos Estados. Stroessner ficou impune pelos gravíssimos crimes que cometeu no Paraguai por deficiências da persecução doméstica e transnacional daquele Estado.[7] Pinochet ficou impune pelos delitos contra a humanidade que praticou no Chile, apesar dos esforços de persecução universal encetados pela Espanha e por seu próprio país natal. [8] Habré por pouco não foi beneficiado pela impunidade, não fosse a insistência da Bélgica em processá-lo, o que movimentou as respostas da União Africana, da CIJ e do Senegal.[9] Klaus Barbie foi punido pela França, mas não pela Bolívia;[10] Adolf Eichmann foi punido em Israel, mas não na Argentina, onde vivia tranquilamente;[11] Charles "Chuckie" Taylor foi condenado nos Estados Unidos, mas não na Libéria; [12] os Quatro de Butare escaparam da

6. CORTE INTERAMERICANA DE DIREITOS HUMANOS. **Caso Sales Pimenta e Outros vs. Brasil.** Sentença de 30 de junho de 2022, § 84.

7. Corte IDH: "A ausência de dois dos principais processados, o ex-ditador Alfredo Stroessner Matiauda e o ex-Ministro do Interior Sabino Augusto Montanaro, asilados no Brasil e em Honduras, respectivamente, declarados 'revéis em relação aos mandados da justiça', somada à falta de concretização de um pedido de extradição a respeito do primeiro daqueles, determinam em parte importante a impunidade dos fatos". CORTE INTERAMERICANA DE DIREITOS HUMANOS. **Caso Goiburú e Outros vs. Paraguai,** § 119.

8. JONAS, Stacie. The Ripple Effect of the Pinochet Case. **Human Rights Brief,** v. 11, no. 3, 2004, p. 36-38.

9. FALL, Mbacké. Prosecuting International Crimes in Senegal. *In*: WEILL, Sharon; THUY SEELINGER, Kim; CARLSON, Kerstin Bree (org.). **The President on Trial: Prosecuting Hissène Habré**. Oxford: Oxford University Press, 2020.

10. Em sua decisão de 1983, a Corte de Cassação francesa abriu espaço à persecução criminal, ao assentar que "pela sua natureza, os crimes contra a humanidade pelos quais [Klaus Barbie] é acusado não abrangem apenas o direito penal interno francês, mas também uma ordem repressiva internacional para a qual o conceito de fronteira e as regras extradicionais existentes são fundamentalmente estranhos". Cf. FRANCE. Cour de Cassation, Chambre criminelle, du 6 octobre 1983, **Pourvoir 83-93.194**, Rapporteur M. Le Gunehec. Disponível em: https://www.legifrance.gouv.fr/juri/id/JURITEXT000007060867/. Acesso em: 10 jun. 2023.

11. IRELAND-PIPER, Danielle. Prosecutions of Extraterritorial Criminal Conduct and the Abuse of Rights Doctrine. **Utrecht Law Review**, *[S. l.]*, v. 9, n. 4, 2013, p. 76.

12. Charles McArthur Emmanuel, conhecido por *Chuckie* Taylor, foi a primeira pessoa a ser condenada com base no *Extraterritorial Torture Statute* (ETS), de 1994, a lei americana de

justiça de Ruanda, mas não do Judiciário da Bélgica.[13] Felizmente, Alberto Fujimori, outro autor de crimes contra a humanidade, não conseguiu evitar sua extradição do Chile para o Peru.[14]

Em maior ou menor medida, esses Estados falharam nos seus deveres de investigar, processar e punir graves crimes contra a humanidade e sérias violações de direitos humanos. Isto é, falharam no seu dever de cooperar, violando uma obrigação processual secundária que teve determinou o inadimplemento dos compromissos primários que se extraem do texto dos tratados dos regimes de proteção e da jurisprudência das cortes regionais de direitos humanos. Como consequência dessa inexecução, houve impunidade em cada um dos casos citados, ao menos em certas jurisdições e por certo tempo; não ocorreu a reparação às vítimas ou esta foi retardada e se abriu a possibilidade de repetição dessas violações.

5.2. A DEBILIDADE DOS MECANISMOS DE *ACCOUNTABILITY* COOPERACIONAL EM MATÉRIA PENAL

A tentativa de estabelecer um primeiro tribunal internacional penal para julgar indivíduos surgiu no início do século 20, logo após a Primeira Guerra Mundial. O art. 227 do Tratado de Versalhes, de 1919, previu a constituição de uma corte especial para julgamento de Guilherme II de Hohenzollern, ex-imperador da Alemanha. Infelizmente, esse julgamento nunca ocorreu, porque a Holanda, país de seu exílio no período entreguerras, não o extraditou para que fosse julgado pela corte que seria criada. Previa-se que ao antigo kaiser alemão seriam asseguradas as garantias essenciais ao direito de defesa, perante um colegiado composto de cinco juízes, nomeados pelas cinco potências vencedoras: os Estados Unidos da América, a Grã-Bretanha, a França, a Itália e o Japão, seguindo em todos os passos "os princípios mais elevados da política entre as nações, com o propósito de assegurar o respeito

---

implementação da Convenção de 1984 contra a Tortura. SCOTT, Thomas J. G. Prosecuting Charles Taylor's Son for Torture: A Step toward the Domestication of International Law. **Loyola University Chicago International Law Review**, *[S. l.]*, v. 8, n. 1, 2010, p. 34.

13. REYDAMS, Luc. Belgium's First Application of Universal Jurisdiction: The Butare Four Case. **Journal of International Criminal Justice**, *[S. l.]*, v. 1, n. 2, p. 428–436, 2003.

14. Parra Vera entende que os *standards* de cooperação internacional estabelecidos nos casos Goiburú e La Cantuta tiveram o importante efeito de criar as bases que permitiram a extradição para o Peru de Alberto Fujimori, acusado do Massacre de Barrios Altos e dos desaparecimentos forçados de La Cantuta. PARRA VERA, OSCAR. Impact of the Inter-American Human Rights System in the Struggle against Impunity. *In*: BOGDANDY, Armin von; PIOVESAN, Flávia; FERRER MAC-GREGOR, Eduardo; *et al* (Orgs.). **The impact of the Inter-American human rights system:** transformations on the ground. New York: Oxford University Press, 2024, p. 424–448, p. 430.

das obrigações solenes e dos compromissos internacionais, assim como da moral internacional".[15]

Seguramente, autoridades públicas desses países e sobretudo da Holanda poderiam ser apontadas como responsáveis pela violação desse tratado de alto significado histórico. Entre outros fatores, a não punição dos responsáveis abriu espaço a repetições e um novo kaiser beligerante ascendeu ao poder em Berlim em 1933. Naquela quadra histórica, nos *roaring twenties*, ainda não havia como responsabilizar – e talvez hoje ainda não exista – quem quer que seja por esse tipo de inexecução, mesmo que se omita flagrantemente no cumprimento de obrigações decorrentes do direito internacional penal.[16]

O tribunal desenhado pelo Tratado de Sèvres, de 1920, também não teve êxito. Este acordo de paz assinado pelos Aliados e Potências Associadas e pelo Império Otomano (Turquia), em 10 de agosto de 1920, previa a criação de uma corte internacional para julgar os paxás turcos responsáveis pelo genocídio armênio, uma das mais horrendas políticas de extermínio do século 20, implementada entre 1915 e 1917. Seu art. 230 estabelecia deveres internacionais muito específicos para a Turquia, que nunca foram cumpridos.[17]

Se a inércia estatal gera impunidade, pode também gerar responsabilidade estatal, no âmbito internacional. Para usar a construção de Cassese, a partir de um pensamento de Hans Gerd Niemeyer, a falta de cooperação dos Estados com os tribunais penais internacionais "é como se a lava de um

---

15. **TRATADO** de Paz entre as Potências Aliadas e Associadas e a Alemanha e Protocolo Anexo, assinados em Versalhes em 28 de junho de 1919. Diário do Governo da República Portuguesa, Lisboa, 1921, 1º semestre, p. 306. Disponível em: https://idi.mne.gov.pt/images/pdf/primeira-guerra/TVersailes.pdf. Acesso em: 10 jul. 2023.
16. BASSIOUNI, M. Cherif. Policy Considerations on Interstate Cooperation in Criminal Matters. **Pace International Law Review**, *[S. l.]*, v. 4, n. 1, p. 123-145, 1992, p. 141.
17. "O Governo turco compromete-se a entregar às Potências Aliadas as pessoas cuja rendição possa ser exigida por estas como responsáveis pelos massacres cometidos durante a continuação do estado de guerra em território que fazia parte do Império Turco em 1º de agosto de 1914. As Potências Aliadas reservam-se o direito de designar o tribunal que julgará as pessoas assim acusadas, e o Governo turco compromete-se a reconhecer tal tribunal. No caso de a Liga das Nações ter criado em tempo hábil um tribunal competente para lidar com os referidos massacres, as Potências Aliadas reservam-se o direito de levar os acusados acima mencionados a tal tribunal, e o Governo turco compromete-se igualmente a reconhecer tal tribunal. O disposto no artigo 228.º aplica-se aos casos de que trata este artigo". LEAGUE OF NATIONS. **The Treaty of Peace Between the Allied and Associated Powers and Turkey**, signed at Sèvres on 10 August 1920. Disponível em: https://www.dipublico.org/100760/the-treaty-of-sevres-1920-the-treaty-of-peace-between-the-allied-and-associated-powers-and-turkey-signed-at-sevres-august-10-1920/. Acesso em: 10 jul. 2023.

vulcão arrastasse e incinerasse as fundações do direito internacional".[18] Não ignoramos que a implementação das obrigações internacionais é imperfeita.[19] Por isso mesmo, precisamos de mecanismos de indução da conformidade (*compliance-inducement mechanisms*),[20] que sejam previstos em tratados e sejam capazes de reduzir a descumprimento de deveres internacionais relacionados à justiça internacional e transnacional.

Lamentavelmente, as respostas usuais dos tratados de cooperação – sejam os do regime global de proibição, sejam os puramente cooperacionais – é de tipo *fraco*. Descumprir as obrigações de cooperação das convenções de supressão ou de tratados multilaterais de MLA não é algo dramático num mundo cheio de guerras e atrocidades. O art. 31 da Convenção de Nassau de 1992 limita-se a dizer que "A lei interna de cada Parte regulamentará a responsabilidade por prejuízos que possam surgir das ações de suas autoridades no cumprimento desta Convenção".[21] Quanto aos meios de solução de controvérsias, o art. 30 de Nassau seleciona o método de consultas: "Na medida em que o julgarem útil e necessário para o melhor cumprimento desta Convenção, os Estados Partes poderão trocar informações sobre assuntos relacionados com a aplicação da mesma".[22]

A Convenção da Praia de 2005 entre os países da Comunidade de Países de Língua Portuguesa também tem resposta débil: "Os Estados Contratantes procederão a consultas mútuas para a resolução de dúvidas resultantes da aplicação da presente convenção".[23] Se um Estado Parte de Nassau ou da Praia deixar de cumprir suas obrigações passivas de cooperar, pouco ou quase nada a outra Parte poderá fazer, salvo reciprocar ou retirar-se do regime convencional. Estamos, portanto, ainda muito longe de uma *civitas*

18. CASSESE, Antonio. On the Current Trends towards Criminal Prosecution and Punishment of Breaches of International Humanitarian Law. **European Journal of International Law**, *[S. l.]*, v. 9, p. 2-17, 1998, p. 12.
19. BASSIOUNI, M. Cherif. Policy Considerations on Interstate Cooperation in Criminal Matters. **Pace International Law Review**, *[S. l.]*, v. 4, n. 1, p. 123-145, 1992, p. 132.
20. BASSIOUNI, M. Cherif. Op. cit., p. 133.
21. ORGANIZAÇÃO DOS ESTADOS AMERICANOS. **Inter-American Convention on Mutual Legal Assistance in Criminal Matters,** done at Nassau, on May 23, 1992, OAS Treaty Series, No. 75. Disponível em: https://www.oas.org/juridico/english/treaties/a-55.html. Acesso em: 10 jul. 2023.
22. OEA. **Inter-American Convention on Mutual Legal Assistance in Criminal Matters.** Op. cit., art. 30.
23. COMUNIDADE DE PAÍSES DE LÍNGUA PORTUGUESA. **Convenção de Auxílio Judiciário Mútuo em Matéria Penal entre os Estados Membros da Comunidade dos Países de Língua Portuguesa,** feita na Cidade da Praia, em 23 de novembro de 2005. Disponível em: https://www.cplp.org/Admin/Public/Download.aspx?file=Files%2FFiler%2Fcplp%2FAcordos%2FmaisAcordos%2FConvAuxilJudPenalentreEMCPLP.pdf Acesso em: 2 jun. 2023.

maxima.[24] Não há a possibilidade de submeter imediatamente uma questão referente à cooperação internacional à adjudicação compulsória pela Corte Internacional de Justiça ou a tribunais regionais competentes para a solução de conflitos de jurisdição.[25] Pode haver a judicialização de causas fundadas no descumprimento da cláusula pacta sunt servanda ou de obrigações erga omnes dos Estados, para o acesso à CIJ não é uma via sempre aberta, dado o caráter limitado das hipóteses de sujeição de uma causa ao Tribunal da Haia. As honrosas exceções parecem ser o Tribunal de Justiça da União Europeia em Luxemburgo e o Tribunal de Justiça da Comunidade Andina (TJCA) e a Corte Caribenha de Justiça (CCJ), que dão a última palavra sobre a interpretação do direito comunitário, nessas regiões, inclusive em matéria de cooperação, de acordo com o princípio do reconhecimento mútuo.

Deste modo, se levarmos em conta as duas categorias de regimes internacionais que perpassam nosso estudo – os regimes de proibição e os regimes de proteção – a responsabilidade internacional do Estado, quanto ao descumprimento do dever *passivo* de cooperar, estará mais ligada (mas não só) aos regimes de proibição (e às convenções cooperacionais "puras"). Já a responsabilidade internacional do Estado pela violação do dever *ativo* de cooperar vincula-se imediatamente aos regimes internacionais de proteção da pessoa humana e ao âmbito das obrigações processuais positivas. *Não cooperar* passivamente normalmente redundará na adoção de meios diplomáticos de solução pacífica de diferendos, pelo descumprimento do tratado. Raramente controvérsias desta natureza (por falta de cooperação passiva, repita-se)[26] serão alçadas à jurisdição de uma corte internacional, como a CIJ, ou de uma corte de direitos humanos, salvo quando também representem violações autônomas de deveres convencionais pelo Estado requerido. Diversamente, num olhar *para dentro* do Estado do foro, as violações do dever de cooperação *ativa*, pelas autoridades deste Estado, podem acionar o gatilho da responsabilidade internacional estatal perante

---

24. BASSIOUNI, M. Cherif. Policy Considerations on Interstate Cooperation in Criminal Matters. **Pace International Law Review**, *[S. l.]*, v. 4, n. 1, p. 123-145, 1992, p. 139.
25. BASSIOUNI, M. Cherif. Op. cit., p. 139-140.
26. Note-se que os *abusos* da cooperação passiva (extraditar alguém havendo risco de tortura, por exemplo) podem ser questionados em cortes internacionais de direitos humanos. Mas a "não cooperação" pelo Estado requerido é uma faculdade prevista em vários tratados de assistência penal e de extradição, não havendo, nestes casos, um ilícito internacional. Podemos imaginar situações em que a não prestação de assistência passiva pode violar diretamente direitos humanos. Casos de tráfico de seres humanos ou causas relativas à Convenção da Haia sobre os Aspectos Civis do Sequestro Internacional de Crianças, de 1980, se encaixam neste padrão.

os sistemas regionais de direitos humanos e os mecanismos onusianos, por mera omissão, o que ingressa na categoria de falta de devida diligência.

Excepcionalmente, um Estado pode ser responsabilizado internacionalmente *por não conceder* a extradição de um criminoso de guerra ou não entregar a outro Estado o autor de um crime contra a humanidade. A questão entre a Bélgica e o Senegal tinha exatamente esse pano de fundo: o Senegal não queria entregar nem processar Hissène Habré.[27] Tal espécie de responsabilização internacional, por deficiência ou inércia no cumprimento de pedidos, também pode ocorrer no âmbito do ER/1998, por recusa à cooperação vertical com o TPI. A consequência é o acionamento da Assembleia dos Estados Partes (ASP) do Estatuto de Roma e, eventualmente, a sujeição da questão ao Conselho de Segurança das Nações Unidas, se tiver havido *referral* anterior.

Podemos cogitar de uma vítima de um crime comum que, tendo atuado como assistente de acusação numa ação penal, queira ver *deferido* um pedido de extradição do autor do crime. A deficiência da cooperação passiva no Estado *requerido* poderia deflagrar a responsabilidade internacional do Estado por descumprimento dos deveres de proteção ou das garantias judiciais das vítimas (como o direito de participação e o direito à razoável duração do processo), ou ainda por falta de devida diligência do Estado de abrigo do foragido.

Os Estados podem violar direitos humanos por meio da cooperação internacional ao conduzi-la sem observância do devido processo legal ou de outras garantias materiais e processuais da pessoa humana, ou ao tocá-la de forma desleixada. Também podem ser responsabilizados por não a realizar ou por realizá-la sem *due diligence.* No primeiro caso, a violação pode ocorrer no Estado que presta a cooperação ou no Estado que a recebe, tal como estabeleceu o TEDH em *Soering* (1989).[28] No segundo caso, normalmente a violação decorrerá do descumprimento pelo Estado do foro de uma obrigação processual positiva, tal como reconheceu a Corte IDH em *Goiburú* (2006).[29] Não *requerer* cooperação internacional pode ser uma

27. INTERNATIONAL COURT OF JUSTICE. **Questions relating to the Obligation to Prosecute or Extradite (Belgium v. Senegal).** Judgment 20 July 2012, I.C.J. Reports 2012, § 99. Disponível em: https://www.icj-cij.org/sites/default/files/case-related/144/144-20120720-JUD-01-00-EN.pdf. Acesso em: 10 mai. 2023.

28. IVORY, Radha Dawn. The Right to a Fair Trial and International Cooperation in Criminal Matters: Article 6 ECHR and the Recovery of Assets in Grand Corruption Cases. **Utrecht Law Review**, *[S. l.]*, v. 9, n. 4, 2013, p. 151.

29. CORTE INTERAMERICANA DE DIREITOS HUMANOS. **Caso Goiburú e Outros vs. Paraguai.** Sentença de 22 de setembro de 2006. Disponível em: https://www.cnj.jus.br/wp-content/uploads/2016/04/15934c4d6d9ca1cf602e165fc5afa3cf.pdf. Acesso em: 10 mai. 2023.

violação do direito internacional convencional, na perspectiva dos deveres de persecução efetiva e de devida diligência e de garantia do acesso à justiça às vítimas de crimes de direito internacional e mesmo em relação a delitos que representem violações de direitos humanos.[30] A cooperação *deficiente* pode, assim, ser um ato ilícito internacional. A cooperação passiva *contra legem* também pode.

Em *Sanchez-Sanchez*, o TEDH instituiu um critério de duas etapas, segundo o qual um Estado Parte da Convenção Europeia pode ser responsabilizado internacionalmente se ficar demonstrado que uma pessoa sob sua jurisdição pode ser submetida a risco real e grave de ser condenada à pena de prisão perpétua *de facto* ou *de jure* noutro Estado; e que nesse Estado de destino não há mecanismos de revisão de tal condenação ou de sua modificação no curso da execução penal, em virtude de ressocialização ou bom comportamento carcerário.[31] Como a tortura e outros tratamentos ou penas desumanos, cruéis ou degradantes são proibidos de forma absoluta, a extradição de alguém com violação ao art. 3º da CEDH (ou aos dispositivos correspondentes de San José ou Banjul) aciona a responsabilidade internacional do Estado.[32]

Como demonstramos nos capítulos anteriores, o dever de cooperar ativamente tem conteúdo próprio e goza de autonomia. Logo, do seu descumprimento devem resultar consequências na ordem interna e na ordem internacional, em harmonia com o princípio *pacta sunt servanda* e com o dever internacional de proteção da pessoa humana e de garantia de acesso à justiça que, como definiu a Corte IDH, tem natureza de *jus cogens.*[33] No seu estudo de 1957 sobre a responsabilidade internacional do Estado em relação a danos causados a estrangeiros em seu território, García Amador observou que:

---

30. EUROPEAN COURT OF HUMAN RIGHTS. **Case of Rantsev v. Cyprus and Russia.** Judgment, 7 January 2010. Disponível em: https://hudoc.echr.coe.int/eng#{%22itemid%22:[%22001-96549%22]}. Acesso em: 2 jun. 2023.
31. EUROPEAN COURT OF HUMAN RIGHTS. **Case of Sanchez-Sanchez v. the United Kingdom [GC].** Judgment 3 November 2022, §§ 95-97. Disponível em: https://laweuro.com/?p=20013. Acesso em: 2 jun. 2023.
32. EUROPEAN COURT OF HUMAN RIGHTS. **Case of Sanchez-Sanchez v. the United Kingdom [GC].** Judgment 3 November 2022, § 84. Disponível em: https://laweuro.com/?p=20013 . Acesso em: 2 jun. 2023.
33. OSMO, Carla; MARTIN-CHENUT, Kathia. A participação das vítimas no sistema interamericano: fundamento e significado do direito de participar. **Revista Direito e Práxis**, *[S. l.]*, v. 8, n. 2, 2017, p. 1464.

> A responsabilidade de um Estado pela falta de diligência para impedir lesões a estrangeiros deve ser distinguida da sua responsabilidade pela falta de diligência para levar os infratores à justiça. Esta última é uma responsabilidade por denegação da justiça. Ela surge do exercício da função corretiva por parte do Estado, enquanto a primeira surge do dever do Estado de exercer a função preventiva.[34]

O ato de não cooperar sem razão legítima pode ser visto, portanto, como uma denegação de justiça, um dos fenômenos que abre espaço para reparações conforme o direito interno e para a responsabilização de entes estatais perante os sistemas regionais de proteção à pessoa humana.

A doutrina da responsabilidade internacional dos Estados nos contextos de estraneidade está entremeada por deveres de cooperação internacional. Segundo o art. 41, § 1º, do Projeto de Artigos sobre a Responsabilidade Internacional do Estado por Atos Ilícitos Internacionais os Estados têm o dever de cooperar, como uma obrigação positiva, em caso de sérias violações de normas de direito internacional peremptório (*jus cogens*), por meio de mecanismos institucionais e não institucionais.[35] Sua não cooperação pode resultar em responsabilização por meio dos mecanismos pacíficos de solução de controvérsias.

Diferentemente do que se passa com a responsabilização do Estado por não prevenir violações de direitos humanos por particulares, a responsabilidade por não cooperação ou por *cooperação deficiente* resultará de atos precários, tardios ou inexistentes das próprias autoridades estatais. Precisamos agora delimitar essa categoria que propomos e examinar suas características no âmbito do dever de cooperar.

5.3. A COOPERAÇÃO DEFICIENTE COMO VIOLAÇÃO DE UM DEVER INTERNACIONAL

Cuidando dos crimes contra a humanidade, Van der Will[36] alerta que não é tarefa simples determinar em que medida uma cooperação deficiente foi

34. GARCÍA-AMADOR, Francisco V. **State responsibility:** International responsibility. Second report of the Special Rapporteur, 15 February 1957, p. 122, § 15.4. Disponível em: https://legal.un.org/ilc/documentation/english/a_cn4_106.pdf. Acesso em: 10 jul. 2023.
35. UNITED NATIONS. International Law Commission. **Draft articles on Responsibility of States for Internationally Wrongful Acts**, with commentaries. The Yearbook of the International Law Commission, 2001, vol. II, Part Two, p. 113-114, § 3. Disponível em: https://legal.un.org/ilc/texts/instruments/english/commentaries/9_6_2001.pdf. Acesso em: 10 jun. 2023.
36. VAN DER WILT, Harmen. Extradition and Mutual Legal Assistance in the Draft Convention on Crimes Against Humanity. **Journal of International Criminal Justice**, *[S. l.]*, 2018, p. 811-812.

determinante para o insucesso de uma persecução criminal. Será deficiente a cooperação que não observar o princípio da efetividade, que se relaciona ao dever de devida diligência.

A presença da deficiência cooperativa é indicativa de uma situação de potencial impunidade (devido à insuficiência de proteção) ou de possível abuso de poder em detrimento de direitos fundamentais (devido ao excesso de reação). Sua aparição num contexto cooperacional é suficiente para acionar a responsabilidade internacional do Estado, caso tenham sido esgotados os recursos (remédios) internos, uma vez que terá impacto sobre a obrigação primária de persecução efetiva, isto é, eficiente, como uma obrigação de meio. Se a soberania é um valor superior para o Estado, a proteção dos direitos humanos é um valor supremo. Se a soberania é um bônus para o Estado, o dever de cooperar é o seu ônus, sob pena de se provocar uma denegação de justiça[37] em prejuízo de um ou de muitos milhares.

A finalidade do processo penal não é simplesmente assegurar os meios para a defesa do acusado; tampouco serve somente para permitir ao Estado a punição dos infratores; é um instrumento político para a promoção de um "resultado justo".[38] Definir o que é "justo", na interseção de conceitos como *justice* e *fairness*,[39] é algo que foge ao objetivo deste trabalho. Mas é importante frisar que, na nossa concepção, o ideal, muito mais restrito, de "justiça processual" – que depende da justiça epistêmica – se coloca apenas nos Estados Democráticos de Direito e depende da eficácia dos direitos fundamentais e, mais do que tudo, de sua efetividade, em todas as dimensões do processo.

A estrutura institucional que decorre dos compromissos do direito penal transnacional (isto é, dos regimes globais contra a criminalidade transnacional) "claramente pressiona por uma persecução *eficiente*".[40] Essa catalisação da suficiência também resulta dos regimes de proteção à pessoa humana. Ou seja, a persecução – e tudo o que ele implica – não pode ser *deficiente*;

---

37. Para Lessa, a falta de cooperação mútua pode importar a denegação de justiça. LESSA, Luiz Fernando Voss Chagas. **Persecução penal e cooperação internacional direta pelo Ministério Público**. Rio de Janeiro: Lumen Juris, 2013, p. 57-59.
38. FERNANDES, Antonio Scarance. Reflexões sobre as noções da eficiência e de garantismo no processo penal. *In:* FERNANDES, Antonio Scarance; ALMEIDA, José Raul Gavião de; MORAES, Maurício Zanoide de (Orgs.). **Sigilo no processo penal:** eficiência e garantismo. São Paulo: Editora Revista dos Tribunais, 2008, p. 24-25.
39. RAWLS, John. Justice as Fairness: Political not Metaphysical. **Philosophy and Public Affairs**, vol. 14, No. 3, 1985.
40 WADE, Marianne L. General Principles of Transnationalised Criminal Justice?: Exploratory Reflections. **Utrecht Law Review**, *[S. l.]*, v. 9, n. 4, p. 167, 2013.

não lhe podem faltar certos atributos essenciais, que remetem à eficácia e à efetividade do procedimento para os fins de salvaguarda e reparação a que se destina. Por isso mesmo, a cooperação não prescinde da proteção suficiente aos direitos humanos do investigado ou da salvaguarda de uma pauta mais ampla de direitos humanos.

Como recorda Gonçalves, o princípio da proporcionalidade que orienta a atividade estatal na garantia dos direitos fundamentais indica que esta "deve ser sindicada não apenas para evitar medidas gravosas [...] – a proibição do excesso, *Übermassverbot* – mas, também, no sentido de proibir a proteção insuficiente, *Untermassverbot*".[41] Valdez Pereira e Fischer argumentam que "decorre[m] dos direitos fundamentais do homem a necessidade e o dever de o Estado agir positivamente para que garanta, na melhor medida do possível, o exercício de todos os direitos fundamentais", proibindo a atuação deficiente.[42] Esses conceitos podem ser perfeitamente adaptados às situações de estraneidade no âmbito dos regimes internacionais, para lidar com a atividade cooperacional do Estado na tutela penal ou na tutela cível de direitos coletivos, difusos e individuais indisponíveis.

No processo penal transnacional e internacional e no processo penal "internacionalizado" é corriqueiro o conceito de *extradition déguiseé (disguised extradition)*, isto é, de uma extradição disfarçada, que pode levar a violação de direitos humanos, no caso de perseguição política ou de discriminação ou de sujeição a pena de morte ou a tortura. Essas formas camufladas de extradição, que podem ser executadas por meio de medidas migratórias, violam o direito internacional[43] e ativam a responsabilidade internacional do Estado. Zimmerman dá como exemplo de extradição disfarçada a deportação do criminoso nazista Klaus Barbie da Bolívia para a França em 1983. [44] Contudo, no caso *Barbie*, a conclusão da Corte de Cassação francesa foi

41. GONÇALVES, Luiz Carlos dos Santos. **Mandados expressos de criminalização e a proteção de direitos fundamentais na Constituição brasileira de 1988**. Belo Horizonte: Editora Fórum, 2007, p. 57.

42. Fischer e Valdez Pereira avançaram no exame dessa categoria, que foi pioneiramente por eles descrita na doutrina brasileira. Cf. FISCHER, Douglas; PEREIRA, Frederico Valdez. **As obrigações processuais penais positivas**: segundo as Cortes Europeia e Interamericana de Direitos Humanos. 2.ed. Porto Alegre: Livraria do Advogado, 2019, p. 59.

43. EUROPEAN COMMISSION OF HUMAN RIGHTS. **Case of Stocké v. Germany**. Report of the Commission, 12 October 1989, § 167-168. Disponível em: https://hudoc.echr.coe.int/app/conversion/pdf/?library=ECHR&id=001-73474&filename=STOCK%C9%20v.%20GERMANY.pdf. Acesso em: 2 jun. 2023.

44. ZIMMERMANN, Robert. **La cooperation judiciaire internationale en matière pénale**. 5e édition ed. Berne: Stämpfli editions, 2019, p. 214, § 207.

pela legalidade do procedimento adotado pelas autoridades bolivianas.[45] Depois, a Comissão Europeia de Direitos Humanos entendeu não ter havido violação ao art. 5º da Convenção Europeia.[46] Noutro caso, porém, houve a responsabilização internacional do Estado francês por extradição disfarçada. Em *Bozano vs. França*, de 1986, o TEDH reconheceu ofensa ao referido art. 5º, por abuso da assistência passiva, por meio de medida migratória decorrente da deportação de Lorenzo Bozano da França para a Suíça em 1979.[47]

Também é conhecido o conceito de *entraide sauvage*, forma írrita de cooperação na qual um Estado abusa de procedimentos de cooperação ativa para contornar limitações que existiriam na interação com outro governo, caso a cooperação fosse executada em modo passivo. Trata-se de uma forma de fraude à lei. Zimmermann explica que, na Suíça, a autoridade local que pede a assistência mútua a outra no exterior "está proibida de transmitir, no âmbito deste procedimento [ativo], meios de prova direta e imediatamente utilizáveis em processos penais abertos no estrangeiro" ou de apurações que serão lá iniciadas imediatamente após o pedido.[48] O autor dá como exemplo desse procedimento indevido a conduta do *Ministère Public de la Confédéra-*

---

45. "[N]a medida em que nenhum procedimento de extradição estava em andamento durante a expulsão de [Klaus Barbie] pelas autoridades bolivianas, e quando, além disso, os fatos processados não estão excluídos do campo extradicional pela Lei de 10 de março de 1927, não se aplicam os artigos 23 e 25 desta lei e não há obstáculo ao exercício da ação pública contra o acusado no território nacional, desde que o direito à ampla defesa lhe seja livremente assegurado perante os tribunais de instrução e julgamento". FRANCE. Cour de Cassation, Chambre criminelle, du 6 octobre 1983, **Pourvoir 83-93.194**, Rapporteur M. Le Gunehec. Disponível em: https://www.legifrance.gouv.fr/juri/id/JURITEXT000007060867/. Acesso em: 10 jun. 2023.
46. EUROPEAN COMMISSION OF HUMAN RIGHTS. **Case of Klaus Altmann (Barbie) v. France**. Decision of 4 July 1984, p. 227-228. Disponível em: https://hudoc.echr.coe.int/app/conversion/pdf/?library=ECHR&id=001-73831&filename=ALTMANN%20(Barbie)%20v.%20FRANCE.pdf. Acesso em: 2 jun. 2023.
47. TEDH: "Depriving Mr. Bozano of his liberty in this way amounted in fact to a disguised form of extradition designed to circumvent the negative ruling of 15 May 1979 by the Indictment Division of the Limoges Court of Appeal, and not to detention necessary in the ordinary course of "action [...] taken with a view to deportation". EUROPEAN COURT OF HUMAN RIGHTS. **Case of Bozano v. France**. Judgment 18 December 1986, §§ 25 e 60. Disponível em: https://hudoc.echr.coe.int/eng#{%22itemid%22:[%22001-57448%22]}. Acesso em: 2 jun. 2023.
48. Zimmermann exemplifica: "Or il est interdit à l'autorité suisse qui demande l'entraide de transmettre, dans le cadre de cette procédure, des moyens de preuve directement et immédiatement utilisables dans la procédure pénale ouverte à l'étranger (ou qui va s'y ouvrir, à la suite de la présentation de la demande suisse)". ZIMMERMANN, Robert. **La cooperation judiciaire internationale en matière pénale**. 5e édition ed. Berne: Stämpfli editions, 2019, p. 455, § 418.

tion suíço em cooperação com seu congênere brasileiro no caso *Petrobras*, que foi objeto de glosa pelo Tribunal Penal Federal em Bellinzona.[49]

Ao longo deste livro trabalhamos com um conjunto diverso de hipóteses, componentes de uma categoria que também merece denominação própria: a *cooperação deficiente*. Vestimos este fenômeno com este rótulo e agora descrevemos seu conteúdo. Haverá cooperação deficiente ou insuficiente quando o Estado violar seu dever de devida diligência na formulação ou na execução dos pedidos de cooperação jurídica internacional *lato sensu* e os deveres de proteção judicial efetiva e de acesso à justiça, em detrimento de vítimas e acusados e outros sujeitos, como testemunhas e peritos, em procedimentos marcados por estraneidade. O conceito opera sobre o princípio que exige do Estado que confira proteção suficiente aos seus cidadãos em suas interações, agindo com *due diligence*.

A *cooperação deficiente* pode derivar do descumprimento pelo Estado requerido de seus deveres convencionais, do regime de proteção, do regime de proibição ou do regime de cooperação. Tome-se como exemplo o caso *Aliyeva e Aliyev vs. Azerbaijão,* no qual o governo azeri alegou que a falta de cooperação da Ucrânia impediu a elucidação do crime de homicídio que vitimou o filho dos requerentes. Ao examinar o caso, embora reconhecendo a deficiência da apuração realizada no Azerbaijão, o TEDH não determinou que Ucrânia violou seus deveres convencionais nem aceitou essa escusa azeri, porque não lhe competia, conforme consta do julgado, avaliar o cumprimento ou não de outro tratado que não a própria CEDH. De fato, a Ucrânia parece ter descumprido a Convenção de Minsk de 1993 sobre assistência jurídica mútua, não executando adequadamente o pedido do Azerbaijão. No entanto, a solução adotada pelo Tribunal não parece correta, uma vez que o dever de cooperar da Ucrânia decorria também da própria CEDH.[50]

---

49. "Saisi de recours contre la demande d'entraide suisse, le Tribunal pénal fédéral a stigmatisé le comportement du Ministère public de la Confédération comme une fraude caractérisée". ZIMMERMANN, Robert. **La cooperation judiciaire internationale en matière pénale**. 5e édition ed. Berne: Stämpfli editions, 2019, p. 456, § 418. Vide também os acórdãos do Tribunal Penal Federal suíço relativos ao caso Petrobras, entre Brasil e Suíça, citados por Zimmermann: TPF 2016.65, TPF RR.2015.235 de 19 janeiro de 2016, RR.2015.239 de 21 de janeiro 2016 e RR.2015.240 de 22 de janeiro de 2016, indicados em sua nota 1817, p. 456.

50. TEDH: "73. The Court notes that the Government relied on the Ukrainian authorities' alleged failure to secure all the relevant and necessary evidence to carry out an effective investigation of the murder of the applicants' son, submitting that the Ukrainian authorities' ineffective conduct of the criminal investigation and their lack of cooperation with the Azerbaijani authorities had prevented the latter from identifying the perpetrator of the crime. 74. In so far as the Government's submissions concern the Ukrainian authorities' alleged reluctance to cooperate with their Azerbaijani counterparts, the Court reiterates that it is competent to

A causa em questão diz respeito a um homicídio ocorrido na Ucrânia, no qual a vítima e os dois supostos autores eram azeris. O caso foi transferido pela Procuradoria-Geral ucraniana para Baku, cujas autoridades passaram a depender da cooperação de Kiev para a produção probatória, que acabou malsucedida. Diversamente do que ocorreu no caso *Güzelyurtlu e Outros vs. Turquia e Chipre*, os requerentes só apresentaram a comunicação contra o Azerbaijão, tornando impossível a responsabilização da Ucrânia. Porém, como vimos ao analisar o caso *X e Outros vs. Bulgária*, o TEDH pode articular outros tratados com a Convenção Europeia, para aferir o cumprimento de seu texto pelos Estados Partes. Em *X e Outros*, o Tribunal invocou a Convenção de Lanzarote, de 2007, que foi determinante para responsabilizar internacionalmente a Bulgária por violação de sua obrigação processual positiva de cooperar ativamente, isto é, por cooperação deficiente.[51]

A inextraditabilidade de nacionais costuma provocar situações de cooperação deficiente. No caso *Huseynova vs. Azerbaijão*, de 2017, o TEDH argumentou que não era possível responsabilizar o Estado azeri pela recusa da Geórgia de extraditar um dos acusados pela morte do jornalista Elmar Huseynov.[52] Diante desse obstáculo causado pelo direito interno do Estado requerido, caberia ao Estado requerente (do foro) continuar a agir diligentemente e tomar outras atitudes para cumprir seu dever primário de investigar, processar e punir, o que podia ser viabilizado pela transferência (ativa) do processo penal do Azerbaijão para a Geórgia. Tal alternativa foi oferecida pelas autoridades georgianas ao negarem o pedido extradicional. Contudo, o Ministério Público azeri não tomou essa providência, deixando de fazer o que lhe competia.[53] A cooperação foi, portanto, deficiente.

---

assure that the text of the European Convention on Human Rights is respected, but not any other international agreement. In the circumstances of the present case, any possible failure on the part of the Ukrainian authorities to respect the provisions of the 1993 Minsk Convention concerning legal assistance, or any other bilateral treaty between the two States, cannot be the subject matter of a case before the Court". EUROPEAN COURT OF HUMAN RIGHTS. **Case of Aliyeva and Aliyev v. Azebaijan**. Judgment 31 July 2014, §§ 73-74. Disponível em: https://www.stradalex.eu/en/se_src_publ_jur_eur_cedh/document/echr_35587-08_001-145782. Acesso em: 10 jul. 2023.

51. EUROPEAN COURT OF HUMAN RIGHTS. **Case of X and Others v. Bulgaria**. Judgment 2 February 2021, § 192. Disponível em: https://hudoc.echr.coe.int/eng#{%22itemid%22:[%22001-207953%22]}. Acesso em: 4 set. 2023.

52. Elmar Huseynov foi morto em 2 de marco de 2005 em Baku. EUROPEAN COURT OF HUMAN RIGHTS. **Case of Huseynova v. Azerbaijan**. Judgment 13 April 2017, § 110. Disponível em: https://hudoc.echr.coe.int/app/conversion/docx/?library=ECHR&id=001-172661&filename=CASE%20OF%20HUSEYNOVA%20v.%20AZERBAIJAN.docx&logEvent=False. Acesso em: 10 jul. 2023.

53. TEDH: "However, the refusal of the Georgian authorities to extradite the suspects did not prevent the Azerbaijani authorities from examining the feasibility of transferring the criminal

O caso *Abu Omar* (*Nasr and Ghali*) também retrata uma situação de cooperação deficiente, desta vez por interposição de segredo de Estado – relativo a informações de inteligência na cooperação entre as agências italiana e norte-americana. A este fato se somou a recusa política do Ministério da Justiça italiano de encaminhar aos EUA os pedidos de extradição de 26 cidadãos estadunidenses condenados por participação na abdução (*extraordinary rendition*) da vítima em Milão, ao que se seguiu sua transferência ilegal para o Egito, fatos ocorridos em 2003. Somente foram emitidos pela Itália os mandados de detenção europeus, com base no princípio do reconhecimento mútuo, em procedimentos nos quais só se envolvem autoridades judiciárias *lato sensu*. Na extradição, o que é ruim, ainda pesa um elemento decisional político, de competência dos governos, não dos juízes. Por tais razões, que denotam que o governo italiano deixou de fazer o que lhe cabia para dar efetividade às decisões penais de seu Poder Judiciário, o TEDH reconheceu sua responsabilidade internacional, por violação aos arts. 3º, 5º e 8º da CEDH.[54]

O caso *Angulo Losada* também é exemplo de cooperação deficiente. Embora o pedido de extradição de Eduardo Gutiérrez Angulo, acusado do estupro de sua prima adolescente, tenha sido realizado pela Bolívia, só o foi muitos anos após o crime e ainda assim, com idas e vindas que tornaram sua tramitação excessivamente morosa, a ponto de passar o tempo e impor-se o reconhecimento da prescrição pela Colômbia, o Estado requerido, conforme o princípio de *faveur*.[55]

Já o caso *Stroessner* se encaixa nas hipóteses de deficiência de instrução nos procedimentos cooperacionais. O ex-ditador paraguaio estava asilado no Brasil e podia ter sido extraditado ao Paraguai, como se cogitou na

---

case to the Georgian authorities in order for the murder charge to be prosecuted there, and the prospects of success if the case were so transferred. [...] In the present case the applicant did not have the possibility to apply directly to the Georgian authorities and the alleged perpetrators of the murder could be prosecuted in Georgia only at the request of the Azerbaijani authorities following a transfer of the criminal case". EUROPEAN COURT OF HUMAN RIGHTS. **Case of Huseynova v. Azerbaijan**. Judgment 13 April 2017, §§ 111-112. Disponível em: https://hudoc.echr.coe.int/app/conversion/docx/?library=ECHR&id=001-172661&filename=CASE%20OF%20HUSEYNOVA%20v.%20AZERBAIJAN.docx&logEvent=False. Acesso em: 10 jul. 2023.

54. EUROPEAN COURT OF HUMAN RIGHTS. **Case of Nasr and Ghali v. Italy.** Judgment 23 February 2016, §§ 48, 145, 336, 207, 255 e 270. Disponível em: https://hudoc.echr.coe.int/fre?i=001-161245. Acesso em: 10 jul. 2023.

55. CORTE INTERAMERICANA DE DIREITOS HUMANOS. **Caso Angulo Losada vs. Bolívia**. Sentencia de 18 de noviembre de 2022, § 182. Disponível em: https://www.corteidh.or.cr/docs/casos/articulos/seriec_475_esp.pdf . Acesso em: 2 jun. 2023.

sentença interamericana proferida no caso *Goiburú*,[56] mas isso não chegou a acontecer porque o pedido inicial paraguaio ao Brasil foi mal redigido e mal documentado, tendo sido indeferido pela Suprema Corte brasileira.[57]

Em suma, quanto à sua tipologia, haverá *cooperação deficiente* por: a) não apresentação de pedidos de cooperação, quando cabíveis, no interesse de vítimas ou acusados;[58] b) apresentação de um pedido de cooperação mal instruído, sem a descrição fática adequada[59] ou manifestamente incabível, ou não traduzido;[60] c) abandono de um pedido de cooperação que poderia

---

56. CORTE INTERAMERICANA DE DIREITOS HUMANOS. **Caso Goiburú e Outros vs. Paraguai**. Sentença de 22 de setembro de 2006, §§ 61.80 e 61.110. Disponível em: https://www.cnj.jus.br/wp-content/uploads/2016/04/15934c4d6d9ca1cf602e165fc5afa3cf.pdf. Acesso em: 10 mai. 2023.
57. BRASIL. Supremo Tribunal Federal. Tribunal Pleno. **Extradição 524,** Relator Ministro Celso de Mello, j. em 31/10/1990.
58. No caso Roche Azaña, a CIDH constatou que o Estado nicaraguense não prestou informações necessárias às vítimas, que eram migrantes, nem providenciou suas oitivas no processo julgado pelo júri (*tribunal de jurados*) quando retornaram ao Equador, seu país de origem. CIDH: "En similar sentido respecto del derecho a ser oídos, si bien es cierto que no fue posible tomarle la declaración al señor Patricio Roche Azaña debido a su estado de salud dentro de los 10 días que establecía la legislación nicaragüense, también lo es que todavía existían posibilidades para que participara en el procedimiento más adelante, situación que no fue tomada en cuenta por los tribunales y, por el contrario, nunca le fue informada la existencia de un procedimiento, la forma en la que podía participar y las repercusiones que podía tener para él, a pesar de que pudo salir de su estado de coma y se encontraba en posibilidades de participar en el processo". COMISSÃO INTERAMERICANA DE DIREITOS HUMANOS. **Pedro Basilio Roche Azaña y Otro vs. Nicaragua.** Caso 12.722. Informe 114/18, de 5 de octubre de 2018. Fondo, § 71. Disponível em: https://summa.cejil.org/api/files/1563561365111n25trr39pf.pdf. Acesso em: 2 jun. 2023.
59. Foi o que se deu no caso *Anzualdo Castro vs. Peru*, no qual o pedido de extradição de Alberto Fujimori pelo crime de desaparecimento forçado de Kenneth Ney Anzualdo Castro foi denegado pelo Chile, pois "no se encuentra(ba) justificada la existencia de los hechos punibles materia de los respectivos requerimientos". CORTE INTERAMERICANA DE DIREITOS HUMANOS. **Caso Anzualdo Castro Vs. Perú**. Sentencia de 22 de septiembre de 2009, § 149 e nota 195. https://www.corteidh.or.cr/docs/casos/articulos/seriec_202_esp.pdf. Acesso em: 10 jul. 2023.
60. O caso *Leguizamón Zaván* é um exempo deste tipo. Segundo a Corte IDH: "42. Durante la investigación, el Juzgado recabó las declaraciones de trabajadores de la radio, testigos, familiares y amigos del periodista, así como de dos personas sindicadas como los autores intelectuales del homicidio y desplegó distintas actividades investigativas, algunas de ellas orientadas a lograr la asistencia de las autoridades brasileras. Sin embargo, según fue reconocido por el Estado, varias de las solicitudes de cooperación internacional dirigidas a Brasil no fueron diligente o adecuadamente sustanciadas, se tramitaron con lentitud y en algunos casos, no fueron traducidas al portugués ni cumplieron con los protocolos diplomáticos previstos para este tipo de actuaciones. 43. [...] Entre la decisión del juez competente de remitir el expediente a Brasil y el envío efectivo de las copias, transcurrieron 7 años. Además, seis de los presuntos autores materiales del homicidio habrían fallecido, por lo que la acción penal está extinta. El resto están prófugos de la justicia. El Estado reconoció que las medidas adoptadas para la transferencia del proceso a Brasil fueron ineficaces y se apartaron de los estándares de debida diligencia". CORTE INTERAMERICANA DE DIREITOS HUMANOS. **Caso Leguizamón Zaván y**

resultar em proveito para a persecução criminal ou a administração da justiça; d) morosidade na formulação ou na execução de pedidos de cooperação, sem justificativa plausível;[61] e) inexecução de pedido de cooperação em função de ingerências políticas não razoáveis ou com invocação indevida da cláusula de ordem pública ou outro motivo; f) óbices à formulação ou à execução de pedido por déficit legislativo ou inexistência de base convencional;[62] g) desenho ineficiente ou burocrático dos órgãos internos de cooperação e má alocação de suas competências;[63] h) inexistência ou interrupção de relações diplomáticas, sem flexibilidade ao emprego de canais alternativos; i) apresentação de pedidos deletérios, com vistas a garantir a impunidade, por meio de extradição ou de transferência de processos, de execuções ou de condenados; j) não apresentação de pedidos de proteção transnacional a vítimas, testemunhas e colaboradores; k) não feitura de pedidos transnacionais de reparação integral do dano suportado pela vítima (*right of redress*), que tem conteúdo econômico e não econômico;[64] ou l) não assegurar os

---

Otros vs. Paraguay. Sentencia de 15 de noviembre de 2022, § 42-43. Disponível em: https://www.corteidh.or.cr/docs/casos/articulos/seriec_473_esp.pdf . Acesso em: 4 jan. 2024.

61. Em texto de 2012, no qual trata da experiência espanhola, Bachmaier Winter retrata a opinião predominante entre operadores forenses que entrevistou. Segundo seus entrevistados, os problemas da cooperação intra-europeia estavam principalmente na execução dos pedidos, "havendo com frequência demoras relevantes", em geral decorrentes da priorização dos processos penais nacionais, em detrimento das medidas pretendidas por autoridades estrangeiras. Tais problemas aparentemente costumam ser mitigados por meio dos contatos diretos entre a autoridade rogante e a autoridade rogada. BACHMAIER WINTER, Lorena. La cooperación judicial en asuntos penales en Europa: consideraciones prácticas; situación actual y propuestas de futuro. In: GÓMEZ-COLOMER, Juan-Luis; VILAR, Silvia Barona; CUADRADO, Pía Calderón. **El derecho procesal español del siglo XX a golpe de tango:** Juan Montero Aroca: Liber Amicorum en homenaje y para celebrar su LXX cumpleaños. Valencia: Tirant lo Blanch, 2012, p. 1203–1223, p. 1204 e 1213-1214.

62. Cuidando do princípio "extradite ou processe", o CAT argumentou: "The Committee considers that the State party cannot invoke the complexity of its judicial proceedings or other reasons stemming from domestic law to justify its failure to comply with these obligations under the Convention". UNITED NATIONS. Committee against Torture. **Suleymane Guengueng et al. v. Senegal**. Communication no. 181/2001, CAT/C/36/D/181/2001, Decision of 17 May 2006, p. 14, § 9.8. Disponível em: https://digitallibrary.un.org/record/575800. Acesso em: 10 jul. 2023.

63. A impossibilidade, em alguns sistemas jurídicos, da cooperação direta entre autoridades judiciárias e do Ministério Público responde por um significativo número de insucessos na persecução transnacional. A designação de autoridades centrais estranhas ao campo da persecução criminal e, eventualmente submetidas a ingerências políticas "de governo" é outro fator que preordena o fenômeno da cooperação deficiente.

64. Como vimos, na compreeensão do ACNUDH, o direito à reparação inclui a recuperação de ativos e, nos casos de corrupção, a volta do dinheiro desviado e expatriado é essencial para o atendimento, pelo Estado, dos direitos econômicos, sociais, culturais – e também ambientais – da população vítima da corrupção. Ademais, em qualquer crime, a vítima tem direito a indenização *ex delicto,* e o fator de estraneidade pode operar apenas neste momento, fazendo surgir o dever de cooperação.

direitos de informação e de participação da vítima ou do acusado nos procedimentos de cooperação em curso no exterior.

A consequência *externa* da cooperação insuficiente é a responsabilização internacional do Estado, por descumprimento de obrigações processuais positivas de segundo nível inerentes ao dever de persecução criminal e de reparação cabal da violação aos direitos da vítima. *Internamente*, há a violação do dever estatal de prover justiça e segurança pública a vítimas de lesões a direitos fundamentais de ordem constitucional, como consequência dos mandados implícitos de criminalização e de suas projeções (*limb*) processuais. Ali, responsabilidade internacional do Estado; aqui, sua responsabilidade civil.

Note-se, contudo, que a determinação da deficiência da cooperação depende da verificação de certos elementos fundamentais. Tal como o TEDH determinou em *Zoletic vs. Azerbaijão*, os parâmetros de insuficiência devem ser examinados em conjunto; sua análise isoladamente não permite constatar uma falha de persecução no que diz respeito à sua efetividade. Deve haver "deficiências significativas no procedimento e no processo de tomada de decisão", que realmente possam prejudicar a capacidade de elucidar as circunstâncias do fato ou de determinar a sua autoria.[65]

Vejamos agora as premissas que fazem com que, uma vez esgotados os recursos internos (requisito de justiciabilidade), engaja-se a responsabilização internacional do Estado, cabendo-se examinar ainda o princípio da efetividade e o dever de investigação efetiva como elementos-chave do que se pretende demonstrar: a possibilidade de responsabilização estatal pelo descumprimento do dever internacional de cooperar.

5.3.1. O Esgotamento dos Recursos Internos como Requisito de Justiciabilidade

A regra do esgotamento dos recursos internos para reparação (*rule of exhaustion of local remedies; règle de l'épuisement des voies de recours internes; agotamiento de los recursos internos*) é um requisito para o acionamento de mecanismos de responsabilidade internacional do Estado. Conforme Cançado Trindade, tal requisito tem origem costumeira e se desenvolveu em torno da doutrina da proteção diplomática: "em todos os casos havia um reclamante queixando-se de um dano sofrido em outro país ou Estado

65. EUROPEAN COURT OF HUMAN RIGHTS. **Case of Zoletic and Others v. Azerbaijan**. Judgment 7 October 2021, § 189. Disponível em: https://hudoc.echr.coe.int/fre#{%22itemid%22:[%22001-212040%22]}. Acesso em: 3 nov. 2023.

e supostamente engajando a responsabilidade desse último".[66] Nos seus primórdios, a regra sob exame era uma *conditio sine qua non* do emprego de represálias pelo Estado de origem do cidadão estrangeiro que sofrera o agravo. Mais modernamente, esse requisito passou a desempenhar o mesmo papel no contexto da proteção diplomática.[67]

O esgotamento dos recursos internos depende da existência de uma ordem jurídica funcional, que possa ser de fato ativada pela pessoa agravada para fazer valer o *rule of law*.[68] Pressupõe, portanto, que o Estado tenha exercido o seu poder de legislar (*jurisdiction to prescribe*)[69] e o tenha feita observando os critérios de *quality of law* para evitar um déficit legislativo. Mediante sua aplicação, pretende-se a "solução das controvérsias no âmbito do sistema jurídico interno do Estado em questão".[70] Tal objetivo é nota do caráter de subsidiariedade da jurisdição internacional, que diferentemente da proteção diplomática, pode agora ser provocada independentemente da nacionalidade da vítima, inclusive contra seu próprio Estado.

Os vários tratados de direitos humanos condicionam a operação dos mecanismos judiciais e quase-judiciais de proteção internacional ao prévio esgotamento das vias internas. Ramos explica que isto se converte num requisito de admissibilidade das petições individuais contra o Estado.[71] Tal condição, contudo, não deve ser exigida com rigor absoluto, devendo ter-se atenção às "circunstâncias particulares" de cada caso.[72] Cançado

66. TRINDADE, Antônio Augusto Cançado. **Princípios do direito internacional contemporâneo**. 2. ed. (revista e atualizada). Brasília: Fundação Alexandre de Gusmão, 2017, p. 226.

67. TRINDADE, Antônio Augusto Cançado. Op. cit., p. 228.

68. TEDH: "In addition, the Contracting States are under a positive obligation to secure to persons within their jurisdiction effective respect for their rights under Article 8. For the assessment of such positive obligations, it must be borne in mind that the rule of law, one of the fundamental principles of a democratic society, is inherent in all the Articles of the Convention. Compliance with requirements imposed by the rule of law presupposes that the rules of domestic law must provide a measure of legal protection against arbitrary interferences by public authorities with the rights safeguarded by the Convention". EUROPEAN COURT OF HUMAN RIGHTS. **Case of V. C. v. Slovakia**. Judgment 8 November 2011, § 140. Disponível em: https://hudoc.echr.coe.int/fre#{%22itemid%22:[%22001-107364%22]}. Acesso em: 10 jul. 2023.

69. KEITNER, Chimène I., Transnational Litigation: Jurisdiction and Immunities, *in*: SHELTON, Dinah (Org.), **The Oxford Handbook of International Human Rights Law**, 1. ed. Oxford ; New York: Oxford University Press, 2013, p. 797.

70. TRINDADE, Antônio Augusto Cançado. **Princípios do direito internacional contemporâneo**, 2. ed. (revista e atualizada). Brasília: Fundação Alexandre de Gusmão, 2017, p. 255.

71. RAMOS, André de Carvalho. **Teoria geral dos direitos humanos na ordem internacional**. 2.ed. São Paulo: Saraiva, 2012, p. 114.

72. TEDH: "The Court would emphasise that the application of the rule must make due allowance for the fact that it is being applied in the context of machinery for the protection of human rights that the Contracting Parties have agreed to set up. Accordingly, it has recognised that

Trindade explica que, em *Aksoy vs. Turquia*,[73] o TEDH "entendeu que havia circunstâncias especiais que eximiam os reclamantes do dever de esgotar recursos internos, e por conseguinte descartou a exceção preliminar de não esgotamento interposta pelo Estado demandado".[74]

A subsidiariedade implica que os Estados têm a responsabilidade primária pelo cumprimento dos deveres de prevenir, proteger e reparar as violações; é dever dos Estados prioritariamente respeitar os direitos humanos e protegê-los de agravos. Em segundo lugar, a subsidiariedade é uma concessão ao princípio da soberania estatal. Por fim, a ideia de subsidiariedade implica que os Estados devem prover meios internos eficientes para tal proteção,[75] no exercício do dever de adotar leis.

Na lição de Cançado Trindade, "a adoção da regra dos recursos internos pelas convenções e instrumentos internacionais contemporâneos relativos à proteção dos direitos individuais fundamentais requer *não* seja ela aplicada com o mesmo rigor que no plano da intervenção diplomática".[76] Apenas se não tiver êxito interno é que se pode aventar a possibilidade de invocar a proteção internacional dos direitos humanos contra esse Estado.[77] A regra opera em relação à instância internacional como uma preliminar processual de efeito dilatório.[78]

Article 26 (art. 26) must be applied with some degree of flexibility and without excessive formalism (see the above-mentioned Cardot judgment, p. 18, para. 34). It has further recognised that the rule of exhaustion is neither absolute nor capable of being applied automatically; in reviewing whether it has been observed it is essential to have regard to the particular circumstances of each individual case (see the above-mentioned Van Oosterwijck judgment, p. 18, para. 35). This means amongst other things that it must take realistic account not only of the existence of formal remedies in the legal system of the Contracting Party concerned but also of the general legal and political context in which they operate as well as the personal circumstances of the applicants". EUROPEAN COURT OF HUMAN RIGHTS. **Case of Akdivar and Others v. Turkey.** Judgment 16 September 1996, § 69. Disponível em: https://hudoc.echr.coe.int/fre#{%22itemid%22:[%22001-58062%22]}. Acesso em: 10 jul. 2023.

73. EUROPEAN COURT OF HUMAN RIGHTS. **Case of Aksoy v. Turkey**. Judgment 18 December 1996, § 53. Disponível em: https://hudoc.echr.coe.int/fre#{%22itemid%22:[%22001-58003%22]}. Acesso em: 10 jul. 2023.

74. TRINDADE, Antônio Augusto Cançado. A regra do esgotamento dos recursos internos revisitada: desenvolvimentos jurisprudenciais recentes no âmbito da proteção internacional dos direitos humanos. In:**Liber Amicorum:** Héctor Fix-Zamudio. San José: Corte IDH, 1998, p. 15–43, p. 18.

75. RAMOS, André de Carvalho. **Teoria geral dos direitos humanos na ordem internacional**. 2.ed. São Paulo: Saraiva, 2012, p. 115.

76. TRINDADE, Antônio Augusto Cançado. **Princípios do direito internacional contemporâneo**, 2.ed. (revista e atualizada). Brasília: Fundação Alexandre de Gusmão, 2017, p. 257.

77. RAMOS, André de Carvalho. **Processo internacional de direitos humanos**. 5.ed. São Paulo: Saraiva, 2016, p. 69.

78. TRINDADE, Antônio Augusto Cançado. **Princípios do direito internacional contemporâneo**, 2.ed. (revista e atualizada). Brasília: Fundação Alexandre de Gusmão, 2017, p. 258.

Portanto, a jurisdição internacional de direitos humanos é subsidiária, só podendo ser acionada depois de esgotados os recursos internos, o que reforça a responsabilidade primária dos Estados pela proteção de tais direitos. Fica preservada a primazia soberana da decisão estatal sobre tal ou qual violação. Por outro lado, estimula-se os Estados a estabelecerem meios internos de proteção ou impugnação, para prevenir ou reparar violações a direitos humanos.[79] No ambiente criminal, tais meios abrangem o habeas corpus, os instrumentos de investigação criminal, as ações penais, os recursos criminais, as ações civis *ex delicto,* as medidas de proteção a vítimas e testemunhas, as modalidades de cooperação internacional,[80] as ações constitucionais etc.

A necessidade de esgotamento dos recursos internos é uma regra geral para abrir-se acesso a cortes internacionais. Somente permite-se o processamento de petições perante tais tribunais quando não mais existem meios para a obtenção da prestação jurisdicional no Estado soberano requerido, ou quando as vias judiciais existentes são comprovadamente ineficientes ou facciosas. É o caso da justiça de faz-de-conta. Cuida-se, de fato, de uma condição de procedibilidade, cujo implemento, em relação a um determinado Estado, pode ser mais ou menos oneroso em virtude da possibilidade de utilização de remédios que existam num país e não existam noutro. Sobre o ponto, já em sua primeira sentença, de 1988, a Corte IDH assentou que:

> A regra do prévio esgotamento dos recursos internos na esfera do Direito Internacional dos Direitos Humanos tem certas implicações que estão presentes na Convenção. Com efeito, segundo ela, os Estados Partes se obrigam a disponibilizar recursos judiciais efetivos às vítimas de violação dos direitos humanos (art. 25), recursos que devem ser consubstanciados em conformidade com as regras do devido processo legal (art. 8.1), tudo isso dentro da obrigação geral a cargo dos mesmos Estados de garantir o livre e pleno exercício dos direitos reconhecidos pela Convenção a toda pessoa que se encontre sob sua jurisdição (art. 1º).[81]

---

79. RAMOS, André de Carvalho. **Processo internacional de direitos humanos**. 5.ed. São Paulo: Saraiva, 2016, p. 68.
80. Um pedido de recuperação e repatriação de ativos e uma solicitação de transferência de pessoa condenada têm impacto concreto na tutela de direitos da vítima e do acusado, respectivamente.
81. CORTE INTERAMERICANA DE DIREITOS HUMANOS. **Caso Velásquez Rodríguez vs. Honduras.** Sentencia de 26 de junio de 1987, Excepciones Preliminares, § 91. Disponível em: https://www.corteidh.or.cr/docs/casos/articulos/seriec_01_esp.pdf. Acesso em: 2 jun. 2023.

O resultado disso é o que Huneeus chama de "*victim-centered remedies*",[82] isto é, a provisão e emprego de ações, processos, recursos e medidas que focam nos interesses das vítimas, no sentido internacional.[83]

5.3.2. O Princípio da Efetividade e a Cooperação Internacional

Tanto para a Corte IDH quanto para o TEDH e o TADHP, a plena efetividade dos direitos do homem depende de obrigações negativas (deveres de abstenção), mas também de obrigações positivas.[84] Valendo-se do princípio da efetividade, o TEDH desenvolveu a doutrina das obrigações positivas implícitas.[85] A mera abstenção, pelo Estado, deixando verticalmente de violar direitos dos seus súditos, não é suficiente para a concreta proteção de direitos convencionais, pois estes também estão sob risco horizontal, nas relações entre particulares e entre estes e pessoas jurídicas. Como vimos, as obrigações positivas dos Estados abrangem ações de natureza legislativa, organizacional e procedimental que se manifestam por meio dos institutos e instituições próprios do processo penal e do direito penal transnacional.

Embora o dever de investigar, processar e punir seja uma obrigação de meio (e não de resultado),[86] a efetividade da persecução criminal se liga à proteção concreta dos direitos fundamentais.

É *efetivo* aquilo que é capaz de produzir um efeito real; diz com a potência de sucesso inerente a uma ação; reflete, portanto, uma relação exitosa entre meios e fins. Trata-se de um conceito probabilístico que "envolve antes

---

82. HUNEEUS, Alexandra. International Criminal Law by Other Means: The Quasi-criminal Jurisdiction of the Human Rights Courts. **American Journal of International Law**, *[S. l.]*, v. 107, n. 1, p. 1–44, 2013, p. 3.

83. No direito interno, "vítima" é quem sofre direta ou indiretamente as consequências de uma infração penal. No direito internacional dos direitos humanos, "vítima" é qualquer pessoa que sofra uma violação de seus direitos humanos. O desafio no processo penal é conciliar os direitos das vítimas em sentido estrito com as garantias dos acusados, numa harmonização que se pode realizar nas democracias.

84. MARTIN-CHENUT, Kathia. Le renforcement des obligations positives de nature pénale dans la jurisprudence interaméricaine: l'exemple des graves violations des droits de l'Homme commises pendant les dictatures des pays du Cône Sud. **Revue de science criminelle et de droit pénal comparé**, Paris, v. 3, n. 3, p. 705–725, 2012, p. 705.

85. MERRILLS, J. G. **The Development of International Law by the European Court of Human Rights**. Manchester: Manchester University Press, 1993, p. 102-103, *apud* MOWBRAY, Alastair R. **The development of positive obligations under the European Convention on Human Rights by the European Court of Human Rights**. Oxford ; Portland, Oregon: Hart Pub, 2004, p. 3.

86. MARTIN-CHENUT, Kathia. Le renforcement des obligations positives de nature pénale dans la jurisprudence interaméricaine : l'exemple des graves violations des droits de l'Homme commises pendant les dictatures des pays du Cône Sud. **Revue de science criminelle et de droit pénal comparé**, Paris, v. 3, n. 3, p. 705–725, 2012, p. 724.

considerar se é provável que a medida solicitada poderia ter proporcionado ('efetiva') proteção ao requerente caso tivesse sido adotada".[87] Só faz sentido responsabilizar o Estado se essa equação de ação/omissão e resultado estiver presente.

Diante de uma lesão a um direito humano internacionalmente reconhecido, a vítima tem direito a certas providências estatais (obrigações positivas), algumas adotadas previamente e outras iniciadas *ex post factum*, mas dependentes das primeiras. As providências prévias dizem respeito à aprovação de leis penais que tutelem os bens jurídicos de alta estatura que se pretende proteger; e à criação de políticas públicas de prevenção à criminalidade e de órgãos de persecução criminal que possam reagir a lesões ou a ameaças de lesão a tais bens. A existência de uma lei penal anterior ao fato é um postulado liberal (garantista), um direito do acusado, mas também, nesta ótica, um direito de toda pessoa humana, quanto à proteção penal dos seus direitos humanos internacionalmente reconhecidos, contra agressões de quem quer que seja. Por ter direito à vida, essa pessoa humana hipotética terá direito à existência de uma política efetiva de segurança pública, no campo da prevenção de lesões a tal bem. Já as providências posteriores ao fato que devem ser adotadas pelo Estado podem ser resumidas no dever de investigar e, sucessivamente, processar e, sendo o caso, punir o responsável pela violação; e o dever de reparar ou de prover os meios (remédios efetivos) para a reparação do dano causado à vítima. Se um Estado deixa de fazê-lo, é responsável internacionalmente.

O direito a uma investigação *efetiva* já é em si um remédio convencional para lidar com a lesão, a caminho da reparação. Para ser efetiva, uma investigação deve ser adequada aos fins a que se propõe, isto é, ser capaz de determinar a autoria e a materialidade de um crime e de levar à punição do seu autor, se for o caso, cabendo, contudo, às autoridades investigantes adotar todas as providências necessárias de natureza probatória, com presteza,[88] para alcançar este fim, condicionado ao grau de suficiência probatória e ao respeito aos direitos do acusado. As evidências colhidas neste percurso devem ser objeto de uma análise rigorosa e imparcial, por parte de uma autoridade

87. "If the measure requested by the applicant would not have made a difference anyway, then it would make no sense to hold the State to be under an obligation to adopt such measure with a view to protecting the applicant's human rights". LAVRYSEN, Laurens. Causation and Positive Obligations under the European Convention on Human Rights: A Reply to Vladislava Stoyanova. **Human Rights Law Review**, *[S. l.]*, v. 18, n. 4, p. 705–718, 2018, p. 716.

88. EUROPEAN COURT OF HUMAN RIGHTS. **Case of Mustafa Tunç and Fecire Tunç v. Turkey**. Judgment 14 April 2015, § 172-174 e 178. Disponível em: https://hudoc.echr.coe.int/eng?i=001-154007 . Acesso em: 10 jun. 2023.

independente, do ponto de vista fático-jurídico, e a vítima ou sua família deve ter acesso ao procedimento investigativo.[89] Merrills define o princípio da efetividade como um "meio de dar às disposições de um tratado o máximo peso e eficácia compatíveis com a linguagem usada [no texto] e com o resto do texto e de tal forma que cada parte dele possa ter significado".[90]

O dever de investigar com a devida diligência também "inclui necessariamente a garantia da segurança e proteção[91] das testemunhas antes, durante e depois dos procedimentos investigatórios".[92] O Estado "deve assegurar [...] que se faça todo o necessário para conhecer a verdade sobre o ocorrido e investigar, julgar e, se for o caso, punir os eventuais responsáveis".[93] O pleno atendimento do direito à verdade por meio do processo penal "é de interesse não apenas dos familiares das vítimas, mas também da sociedade em seu conjunto, que com isso vê facilitada a prevenção desse tipo de violações no futuro".[94] E, como se sabe, a descoberta da verdade é a meta para qual os diferentes sistemas jurídicos, inclusive a *civil law* e a *common law*, são desenhados, embora adotem métodos diversos para fazê-lo.[95]

No contexto do direito à vida – e, por extensão, na proteção de outros direitos convencionais de natureza material – um Estado deve tomar as medidas apropriadas para proteger as vidas das pessoas que estejam em sua jurisdição, sem qualquer tipo de distinção. No âmbito europeu, tal dever é resultante do art. 2º da Convenção, que impõe ao Estado a implementação de "dispositivos penais eficazes para dissuadir a prática de crimes contra a pessoa", como o TEDH decidiu em 2015 no caso *Mustafa Tunç e Fecire Tunç*. A essa obrigação legislativa, se soma outra processual, implícita, que exige a realização de "investigação oficial efetiva", seja quem for o autor da

---

89. ECHR. **Case of Mustafa Tunç and Fecire Tunç v. Turkey**, §§ 175, 177, 179.
90. MERRILLS, J. G. **The Development of International Law by the European Court of Human Rights**. Manchester: Manchester University Press, 1993, p. 102-103, *apud* MOWBRAY, Alastair R. **The development of positive obligations under the European Convention on Human Rights by the European Court of Human Rights**. Oxford ; Portland, Oregon: Hart Publishing, 2004, p. 3.
91. Tal como certas providências de cooperação internacional relacionadas à reparação do dano, as medidas de proteção a pessoas podem se prolongar para além do processo penal, sendo, portanto, autônomas em relação a ele, diretamente ligadas à tutela do direito fundamental violado ou ameaçado de violação.
92. CORTE INTERAMERICANA DE DIREITOS HUMANOS. **Caso Sales Pimenta vs. Brasil**. Sentença de 30 de junho de 2022, § 72. Disponível em: https://www.corteidh.or.cr/docs/casos/articulos/seriec_454_por.pdf . Acesso em: 2 jun. 2023.
93. CORTE IDH. **Caso Sales Pimenta vs. Brasil**. Sentença de 30 de junho de 2022, § 106.
94. CORTE IDH. **Caso Sales Pimenta vs. Brasil,** § 114.
95. RICHARDSON, L. Song. Due Process for the Global Crime Age: A Proposal. **Cornell International Law Journal**, *[S. l.]*, v. 41, n. 2, p. 347–382, 2008, p. 378.

agressão, um agente público ou um particular.[96] Essa posição é similar à da jurisprudência constante da Corte Interamericana de Direitos Humanos (Corte IDH), segundo o qual, nos casos de homicídio, "é fundamental que os Estados identifiquem, investiguem efetivamente e, eventualmente, sancionem os responsáveis, pois, do contrário, estar-se-ia criando as condições para que esse tipo de fato se repita num ambiente de impunidade".[97]

Tal concepção por implicitude se repete na jurisprudência sobre o art. 3º da Convenção de 1950. Conforme o entendimento do TEDH, a obrigação de conduzir investigações efetivas de casos de tortura decorre implicitamente do art. 3º da CEDH.[98] Este dispositivo, conjugado com o art. 1º da Convenção, cria, implicitamente, para o Estado um dever geral de realizar uma "investigação oficial efetiva", isto é, "capaz de levar à identificação e à punição dos responsáveis", sob pena de tornar ilusória a proibição da tortura, permitindo o abuso e a impunidade.[99] Para ser efetiva, tal investigação deve ser séria, imediata, profunda e independente, assegurando-se a participação da vítima.[100] A posição da Corte IDH é a mesma: "a investigação deve ser séria, objetiva e efetiva e estar orientada à determinação da verdade e à persecução, captura e eventual julgamento e sanção dos autores dos fatos".[101]

Se consideramos a cooperação jurídica internacional em matéria penal um incidente do processo penal, em sentido lato, a ela e a seus procedimentos

---

96. "By requiring a State to take appropriate steps to safeguard the lives of those within its jurisdiction, Article 2 imposes a duty on that State to secure the right to life by putting in place effective criminal-law provisions to deter the commission of offences against the person, backed up by law enforcement machinery for the prevention, suppression and punishment of breaches of such provisions. This obligation requires by implication that there should be some form of effective official investigation when there is reason to believe that an individual has sustained life-threatening injuries in suspicious circumstances, even where the presumed perpetrator of the fatal attack is not a State agent". EUROPEAN COURT OF HUMAN RIGHTS. **Case of Mustafa Tunç and Fecire Tunç v. Turkey.** Judgment 14 April 2015, § 171. Disponível em: https://hudoc.echr.coe.int/eng?i=001-154007 . Acesso em: 10 jun. 2023.
97. CORTE INTERAMERICANA DE DIREITOS HUMANOS. **Caso Sales Pimenta vs. Brasil.** Sentença de 30 de junho de 2022, § 84. Disponível em: https://www.corteidh.or.cr/docs/casos/articulos/seriec_454_por.pdf . Acesso em: 2 jun. 2023.
98. EUROPEAN COURT OF HUMAN RIGHTS. **Case of Jeronovičs v. Latvia**. Judgment 5 July 2016, § 103. Disponível em: https://www.policinglaw.info/assets/downloads/Jeronovi%C4%8Ds_v._Latvia.pdf. Acesso em: 10 jul. 2023.
99. EUROPEAN COURT OF HUMAN RIGHTS. **Case of El-Masri v. the Former Yugoslav Republic of Macedonia** [GC]. Judgment 13 December 2012, § 182. Disponível em: https://hudoc.echr.coe.int/fre#{%22itemid%22:[%22001-115621%22]} . Acesso em: 10 jun. 2023.
100. ECHR. **Case of El-Masri v. the Former Yugoslav Republic of Macedonia** [GC]. Judgment 13 December 2012, §§ 1183-185.
101. CORTE INTERAMERICANA DE DIREITOS HUMANOS. **Caso Sales Pimenta vs. Brasil.** Sentença de 30 de junho de 2022, § 85. Disponível em: https://www.corteidh.or.cr/docs/casos/articulos/seriec_454_por.pdf . Acesso em: 2 jun. 2023.

se transferem esses requisitos de efetividade que são exigidos de qualquer persecução criminal. Mas, além disso, a efetividade no contexto da cooperação jurídica internacional deve ser vista como um gatilho ou um comando para que a autoridade estatal investigante adote proativamente providências de assistência jurídica mútua em matéria penal ou de extradição ou de execução de sentenças estrangeiras, no curso da persecução, sempre que necessário para garantir a efetividade, isto é, a sua capacidade de determinar a autoria e a materialidade da infração penal, levar à punição dos autores e criar condições para a reparação do dano causado à vítima. Se não o fizer, estão dadas as condições de responsabilização internacional do Estado.

Podemos dizer, portanto, que presentes os elementos de estraneidade que caracterizam a criminalidade internacional, a delinquência transnacional e as infrações extraterritoriais, o Estado tem um dever, sujeito a conformidade internacional, de adotar instrumentos de cooperação internacional, sem o que a investigação, o processo e o julgamento não serão *efetivos*. A sentença do TEDH no caso *Mustafa Tunç e Fecire Tunç vs. Turquia* aclara o significado dessas diligências ao acentuar que os órgãos de persecução criminal "devem tomar todas as medidas razoáveis [...] para obter as provas relativas ao incidente", inclusive de natureza testemunhal, pericial e documental, pois "qualquer deficiência na investigação" que mine sua capacidade de determinação de autoria e materialidade impacta no cumprimento das obrigações convencionais do Estado. Um exemplo basta. Se a Polícia ou o Ministério Público negligenciarem a adoção de medidas para a captura internacional de um homicida ou de um torturador foragido, cujo paradeiro no exterior seja conhecido, essa falta de proatividade será sinônimo de ineficiência, com impacto significativo no direito das vítimas à justiça e à reparação. Assim, a falta de efetividade sempre gera uma cooperação deficiente.

5.3.3. O Dever de Investigação Efetiva e a Cooperação Internacional

O dever de investigação efetiva está contido em diversos documentos dos regimes globais de proibição, de forma expressa ou implícita. Os deveres de investigar e processar são assinalados pelos Princípios Básicos e Diretrizes sobre o Direito a um Recurso e à Reparação para Vítimas de Graves Violações do Direito Internacional dos Direitos Humanos e Graves Violações do Direito Internacional Humanitário, de 2005:

> 4. Nos casos de graves violações do direito internacional dos direitos humanos e de graves violações do direito internacional humanitário que constituam crimes de direito internacional, os Estados têm o dever de investigar e, se

> houver provas suficientes, o dever de submeter a julgamento a pessoa supostamente responsável pelas violações e, se for considerada culpada, o dever de puni-la. Além disso, nesses casos, os Estados devem, de acordo com o direito internacional, cooperar entre si e auxiliar os órgãos judiciais internacionais competentes para a investigação e a repressão dessas violações.[102]

Um fator chave para "uma investigação efetiva e um julgamento bem-sucedido de quem comete crimes internacionais é a cooperação interestatal".[103] No jargão do direito internacional, o adjetivo efetivo ("*effective*") é empregado quando se espera que os Estados ajam de forma diligente e mantenham sua atuação sob constante escrutínio e revisão. Considerando o crime de tortura, o Comitê contra a Tortura, com sede em Genebra, em seu Comentário Geral nº 2, de 2007, acentuou que os Estados Partes da CAT são obrigados a eliminar quaisquer obstáculos, inclusive legislativos, que impeçam a erradicação da tortura. São também obrigados a "ações positivas efetivas" para prevenir tais condutas ou sua repetição[104] e a tomar outras medidas para investigar, processar e punir condutas de particulares.[105] Não o fazer é gatilho para a responsabilização internacional perante o próprio Comitê, como mecanismo convencional.

O Manual das Nações Unidas sobre Investigação da Tortura (Protocolo de Istambul) retrata o dever estatal de realizar investigações expeditas, independentes e *efetivas*, o que se obtém mediante medidas institucionais estruturantes, em relação às agências de persecução criminal; medidas de caráter legislativo, sobre procedimentos e meios de obtenção de prova, garantias dos acusados e proteção a vítimas e testemunhas; por meio de rotinas de pronta resposta para a cabal investigação de todos os casos noticiados; e mediante providências para garantir a independência dos investigadores, a neutralização de conflitos de interesses e a apuração de responsabilidades e

---

102. UNITED NATIONS. General Assembly. **Basic Principles and Guidelines on the Right to a Remedy and Reparation for Victims of Gross Violations of International Human Rights Law and Serious Violations of International Humanitarian Law**. A/RES/60/147, 16 December 2005. Disponível em: https://www.ohchr.org/en/instruments-mechanisms/instruments/basic-principles-and-guidelines-right-remedy-and-reparation. Acesso em: 10 jun. 2023.
103. TLADI, Dire. Complementarity and cooperation in international criminal justice Assessing initiatives to fill the impunity gap. Institute for Security Studies, **ISS Paper** 277, Nov. 2014, p. 3.
104. UNITED NATIONS. Committee against Torture. **General comment No. 2** (2007) on the implementation of article 2 by States parties. CAT/C/GC/2, 24 January 2008, p. 2, § 4. Disponível em: https://documents-dds-ny.un.org/doc/UNDOC/GEN/G08/402/62/PDF/G0840262.pdf?OpenElement. Acesso em: 4 mai. 2023.
105. **General comment No. 2** (2007). Op. cit., p. 5, § 18.

transparência pública (*accountability*).[106] Investigações efetivas são dependentes de um sistema de justiça criminal também *eficiente*.[107]

A Primeira Convenção de Genebra de 1949 para a Melhoria da Sorte dos Feridos e Enfermos em Exércitos em Campanha contém não só a obrigação de criminalização das condutas rechaçadas pelo tratado, como também exige que os Estados descubram os autores dessas violações e os processem, em seus tribunais internos, independentemente de sua nacionalidade. Se não o fizerem, devem transferir a custódia dessa pessoa a outro Estado Parte para persecução. Obviamente uma "*obligation to search for persons*" suspeitas de terem cometido ou ordenado tal violação do direito internacional humanitário traz implícito o dever de investigá-las. O art. 52 determina expressamente o dever de abrir um inquérito para apurar violações à Convenção.[108] Implícitas estão as obrigações de cooperação. De todas elas se pode extrair a responsabilidade internacional do Estado, perante órgãos como a CIJ ou tribunais regionais.

O Projeto de Artigos sobre a Prevenção e a Punição de Crimes contra a Humanidade reconhece o dever de investigar, por vezes como obrigação implícita, e o regula. Seu art. 8º exige que, presente a justa causa, os Estados realizem uma investigação imediata (*prompt*), rigorosa (*thorough*) e imparcial (*impartial*) de crimes contra a humanidade.[109] Uma investigação será *imediata*, para evitar o desparecimento de provas e, consequentemente, a impunidade do agente. Uma investigação *rigorosa* exige que as autoridades dos Estados devem dedicar-se seriamente a desvendar o crime, sem adotar preconcepções ou "conclusões precipitadas ou infundadas para encerrar sua investigação ou como base para suas decisões". Além disso, os órgãos investigantes devem realizar todas as "diligências razoáveis à sua disposição" para

---

106. UNITED NATIONS. Human Rights Council. Office of the High Commissioner on Human Rights. **Istanbul Protocol:** Manual on the Effective Investigation and Documentation of Torture and Other Cruel, Inhuman or Degrading Treatment or Punishment. New York and Geneva, 29 June 2022, p. 46-47, § 193. Disponível em: https://www.ohchr.org/en/publications/policy-and-methodological-publications/istanbul-protocol-manual-effective-0. Acsso em: 10 jul. 2023.
107. **Istanbul Protocol.** Op. cit., p. 155, § 648.
108. INTERNATIONAL COMMITTEE OF THE RED CROSS. **Convention (I) for the Amelioration of the Condition of the Wounded and Sick in Armed Forces in the Field.** Geneva, 12 August 1949. Disponível em: https://ihl-databases.icrc.org/en/ihl-treaties/gci-1949/article-49. Acesso em: 10 jun. 2023.
109. UNITED NATIONS. International Law Commission. **The draft articles on prevention and punishment of crimes against humanity,** Report A/74/10. New York, 20 August 2019, p. 87 e 89, § 7º. Disponível em: https://legal.un.org/ilc/reports/2019/english/a_74_10_advance.pdf. Acesso em: 4 mai. 2023.

obter as provas do fato.[110] Uma investigação imparcial é aquela conduzida de forma séria, por autoridades independentes, sem vieses.[111]

O art. 12 da Convenção das Nações Unidas contra a Tortura, de 1984, contém uma obrigação processual positiva expressa, ao determinar o dever de investigação em casos de tortura. O dispositivo enuncia os atributos dessa investigação: prontidão imparcialidade e, implicitamente, efetividade. As autoridades de persecução devem imediatamente iniciar "uma investigação imparcial sempre que houver motivos razoáveis para crer que um ato de tortura tenha sido cometido em qualquer território sob sua jurisdição". [112] Dispositivo semelhante se acha na Convenção Interamericana contra a Tortura, de 1985, no art. 8º, que determina expressamente a realização *de ofício*, de uma investigação imediata e imparcial sobre os fatos e, se for o caso, devem iniciar um processo penal.[113] A Convenção Internacional para a Proteção de Todas as Pessoas contra o Desaparecimento Forçado, de 2006, tem em seu art. 12 regra de igual conteúdo, que se funda no dever básico dos Estados de realizar de ofício uma investigação "completa e imparcial" e de adotar medidas de proteção a vítimas, testemunhas e seus familiares, além dos responsáveis pela investigação.[114]

A Convenção de Montreal de 1971 foi a base na qual Canadá, a Suécia, o Reino Unido e a Ucrânia, agindo no âmbito *da International Coordination and Response Group for the Victims of Flight PS752*, apoiaram sua pretensão de responsabilizar o Irã, entre outras coisas, pelo descumprimento de deveres de "investigação preliminar imediata, efetiva independente e imparcial" sobre a derrubada do voo PS-752 em 2020, que partira de Teerã com destino

---

110. EUROPEAN COURT OF HUMAN RIGHTS. **Case of Barabanshchikov v. Russia.** Judgment, 8 January 2009. Disponível em: https://hudoc.echr.coe.int/app/conversion/pdf/?library=ECHR&id=001-90413&filename=001-90413.pdf&TID=thkbhnilzk. Acesso em: 10 jun. 2023.

111. UNITED NATIONS. International Law Commission. **The draft articles on prevention and punishment of crimes against humanity,** Report A/74/10. New York, 20 August 2019, p. 89, § 6. Disponível em: https://legal.un.org/ilc/reports/2019/english/a_74_10_advance.pdf. Acesso em: 4 mai. 2023.

112. UNITED NATIONS. **Convention against Torture and Other Cruel, Inhuman or Degrading Treatment or Punishment.** General Assembly Resolution 39/46, 10 December 1984. Disponível em: https://www.ohchr.org/en/instruments-mechanisms/instruments/convention-against-torture-and-other-cruel-inhuman-or-degrading. Acesso em 10 mai. 2023.

113. ORGANIZAÇÃO DOS ESTADOS AMERICANOS. **Inter-American Convention to Prevent and Punish Torture.** Cartagena de Indias, 12 September 1985. Disponível em: https://www.oas.org/juridico/english/treaties/a-51.html. Acesso em: 2 jun. 2023.

114. UNITED NATIONS. **International Convention for the Protection of All Persons from Enforced Disappearance**, adopted on 23 December 2010. Disponível em: https://www.ohchr.org/en/instruments-mechanisms/instruments/international-convention-protection-all-persons-enforced. Acesso em: 10 jun. 2023.

a Kiev.[115] Como vimos, a falta de dispositivo semelhante na CEDH ou na CADH foi suprida por interpretação em torno da obrigação *positiva* dos Estados Partes de oferecer um remédio efetivo para as violações a direitos convencionais. De fato, para o TEDH, o dever de realizar uma investigação efetiva "está implícito na noção de 'recurso efetivo' nos termos do artigo 13".[116]

A condução de investigações "de araque", enganosas, viciadas ou espúrias (*sham prosecutions*) corresponde à violação do dever de investigar de modo efetivo uma anterior violação, o que pode ensejar a responsabilização internacional do Estado. A prática de enviar *sham requests* de cooperação internacional também constitui um ilícito. O não manejo de ferramentas de cooperação internacional, quando evidentemente necessário, seja para a obtenção de provas essenciais no exterior, seja para a captura de foragidos ou para a recuperação de ativos, corresponde ao descumprimento do dever de realizar uma persecução rigorosa (*thorough*), minando a obrigação de empreender investigações efetivas e, consequentemente, a garantia da proteção judicial e de acesso à justiça. Exemplos notórios de investigações criminais com caráter transnacional que claudicaram na defesa de direitos humanos foram as realizadas no caso do jornalista saudita Jamal Khashoggi, morto por agentes do Estado no interior do consulado da Arábia Saudita em Istambul em 2 de outubro de 2018; e a tentativa de homicídio, por envenenamento, do líder opositor russo, Aleksey Navalnyy, em Tomsk, em 20 de agosto de 2020, com a neurotoxina *Novichok*, violação que chegou ao TEDH.[117] No primeiro caso, houve mero apontamento da responsabilidade internacional de Riad. No segundo caso, a Rússia foi formalmente responsabilizada pelo TEDH.

Esses dois crimes ocorreram em território europeu (Turquia e Rússia, respectivamente), estando sujeitos à Convenção Europeia de Direitos Humanos, correspondendo a atentados contra a vida, nos termos do art. 2º da Convenção. O crime contra Khashoggi teve natureza transnacional, já que

---

115. INTERNATIONAL COURT OF JUSTICE. **Application Instituting Proceedings Concerning a Dispute under the Convention for the Suppression of Unlawful Acts against the Safety of Civil Aviation (Canada, the Kingdom of Sweden, Ukraine and the United Kingdom v. the Islamic Republic of Iran).** Filed with registry 4 July 2023. Disponível em: https://www.icj-cij.org/sites/default/files/case-related/190/190-20230704-app-01-00-en.pdf. Acesso em: 5 jul. 2023.
116. EUROPEAN COURT OF HUMAN RIGHTS. **Case of Aksoy v. Turkey**. Judgment 18 December 1996, § 98. Disponível em: https://hudoc.echr.coe.int/fre#{%22itemid%22:[%22001-58003%22]}. Acesso em: 2 jun. 2023.
117. EUROPEAN COURT OF HUMAN RIGHTS. **Case of Navalnyy v. Russia (No. 3).** Judgment 6 June 2023, § 163. Disponível em: https://hudoc.echr.coe.int/eng#{%22itemid%22:[%22001-225023%22]}. Acesso em: 10 jun. 2023.

os autores se deslocaram de Riad ao território turco para sequestrar, torturar e executar o jornalista crítico do regime saudita. O crime contra Navalnyy ocorreu inteiramente no território da Federação Russa, mas nele incidiu um elemento de estraneidade, porque a vítima foi enviada ao exterior e provas do envenenamento foram detectadas em análises laboratoriais feitas na Alemanha, na Suécia e na França e pela Organização para a Proibição de Armas Químicas (OPAQ).[118]

O processo penal aberto na Turquia sobre o assassinato político de Khashoggi foi transferido internacionalmente para a Arábia Saudita,[119] um país conhecido por não respeitar direitos humanos e que tem um sistema jurídico muito pouco transparente,[120] numa situação na qual o próprio Estado saudita foi considerado pela comunidade internacional como responsável por uma execução premeditada. Trata-se de situação de cooperação deficiente. No relatório especial adotado pelo Conselho de Direitos Humanos da ONU, as falhas da cooperação passiva na Turquia[121] e da investigação Arábia Saudita foram destacadas pela relatora especial Agnès Callamard, que também assinalou o descumprimento do dever de cooperar[122] e apontou

118. ECHR. **Case of Navalnyy v. Russia (No. 3)**, §§ 124 e 150.

119. CHULOV, Martin. Turkey to send case against Khashoggi's alleged killers to Saudi Arabia. **The Guardian,** 7 April 2022. Disponível em: https://www.theguardian.com/world/2022/apr/07/turkish-court-sends-case-of-26-accused-over-khashoggi-killing-to-saudi-arabia. Acesso em: 10 jul. 2023.

120. "The court also sentenced another individual to a ten-year jail term and two others to seven years each.73 However, the verdicts have no legal or moral legitimacy. In both the above verdicts, top Government officials were given the green light and were not part of the trial". GOEL, Mehak; SUBRAMANIAN, Suraj; BHATIA, Uday; MISHRA, Utkarsh. Murder of Jamal Khashoggi: An International Law Perspective. **SSRN Electronic Journal**, *[S. l.]*, 2020.

121. UN Special Rapporteur Agnès Callamard: "Also, the Saudi Prosecutor noted that between 17 and 31 October his Government had sent three letters to the Turkish authorities requesting "evidence and information, including any audio recordings in the possession of the Turkish authorities related to the case," and to sign "a special cooperation mechanism specific to this case in order to provide them with the results of the investigation." Allegedly the Turkish authorities never responded to their requests". UNITED NATIONS. Human Rights Council. R**eport of the Special Rapporteur on extrajudicial, summary or arbitrary executions:** Investigation into the unlawful death of Mr. Jamal Khashoggi. A/HRC/41/CRP.1, 19 June 2019, p. 4, § 7. Disponível em: https://www.ohchr.org/sites/default/files/HRBodies/HRC/RegularSessions/Session41/Documents/A_HRC_41_CRP.1.docx . Acesso em: 10 jul. 2023.

122. UN Special Rapporteur Agnès Callamard: "Saudi Arabia was under an international obligation to cooperate with the Turkish authorities in the investigation of the killing of Mr. Khashoggi. Such cooperation necessarily demanded that they gave access to the consulate to the Turkish authorities in a prompt and effective fashion and in good faith. Consular immunity was never intended to enable impunity". UNITED NATIONS. Human Rights Council. **Report of the Special Rapporteur on extrajudicial, summary or arbitrary executions:** Investigation into the unlawful death of Mr. Jamal Khashoggi. A/HRC/41/CRP.1, 19 June 2019, p. 58, § 284.

a importância de fazer valer o princípio da jurisdição penal universal em tais casos.[123]

Já a investigação criminal iniciada na Rússia sobre o atentado contra Navalnyy foi marcada por falhas na cooperação internacional ativa que resultaram em ineficiência da persecução criminal e em impunidade. O Parlamento Europeu apontou a deficiência da investigação russa e pediu que o país colaborasse com a OPAQ para a elucidação do crime.[124] Por sua vez, a relatora especial sobre execuções extrajudiciais das Nações Unidas, Agnès Callamard, e a relatora especial para a promoção da liberdade de opinião e de expressão, Irene Khan, emitiram um comunicado conjunto em 2021, no qual a deficiência da cooperação internacional é posta em destaque, tanto na perspectiva ativa – por falta de efetivo interesse investigatório russo – quanto na passiva, por falta de cumprimento pela Alemanha, Suécia e França de pedidos russos.[125] Os casos Navalnyy e Khashoggi mostram que o dever dos Estados "de conduzir uma investigação eficaz estende-se para além das suas fronteiras", o que exige por parte deles a adoção das diligências imprescindíveis para a produção probatória no exterior, mediante a assistência de outros Estados. Estes "têm o dever de cooperar internacionalmente nas

---

Disponível em: https://www.ohchr.org/sites/default/files/HRBodies/HRC/RegularSessions/Session41/Documents/A_HRC_41_CRP.1.docx . Acesso em: 10 jul. 2023.

123. UN Special Rapporteur Agnès Callamard: "All States have an obligation to ensure that any persons identified as individually responsible by an independent, impartial and effective investigation into the extrajudicial execution of Jamal Khashoggi are promptly brought to justice". UNITED NATIONS. Human Rights Council. **Report of the Special Rapporteur on extrajudicial, summary or arbitrary executions:** Investigation into the unlawful death of Mr. Jamal Khashoggi. A/HRC/41/CRP.1, 19 June 2019, p. 87, § 437. Disponível em: https://www.ohchr.org/sites/default/files/HRBodies/HRC/RegularSessions/Session41/Documents/A_HRC_41_CRP.1.docx . Acesso em: 10 jul. 2023.

124. O Parlamento Europeu "[...] holds Russia accountable for the health situation of Alexei Navalny and urges Russia to investigate the assassination attempt on Alexei Navalny, fully cooperating with the Organisation for the Prohibition of Chemical Weapons". EUROPEAN UNION. European Parliament. **Resolution of 29 April 2021 on Russia, the case of Alexei Navalny, the military build-up on Ukraine's border and Russian attacks in the Czech Republic**, § 12. Disponível em: https://www.europarl.europa.eu/doceo/document/TA-9-2021-0159_EN.html. Acesso em: 10 jul. 2023.

125. "Thus far, the competent authorities of these three countries have seemingly refused to cooperate. These requests appear all to be directed at questioning the conclusion that Mr. Navalny was poisoned by a form of Novichok. There do not appear to be any requests for assistance in investigating the alleged poisoning itself". UNITED NATIONS. Human Rights Council. **Mandates of the Special Rapporteur on extrajudicial, summary or arbitrary executions; a**nd the Special Rapporteur on the promotion and protection of the right to freedom of opinion and expression. AL RU 11/2020, Geneva, 30 December 2020, p. 24-25. Disponível em: https://spcommreports.ohchr.org/TMResultsBase/DownLoadPublicCommunicationFile?gId=25830. Acesso em: 2 jun. 2023.

investigações de mortes potencialmente ilícitas".[126] Quando não o fazem são responsáveis internacionalmente.

5.4. O DESCUMPRIMENTO NO PLANO INTERNACIONAL DOS DEVERES DE PRESTAR E DE REQUERER COOPERAÇÃO

O dever de cooperar tem duas dimensões autônomas, relacionadas a uma das tipologias da cooperação jurídica internacional: a) uma horizontal, referente à cooperação interestatal; b) outra vertical, relativa à cooperação com tribunais e organizações internacionais. Na cooperação vertical, o *enforcement* do direito internacional penal depende intensamente dos Estados, uma vez que não existe uma polícia que sirva a esses tribunais penais internacionais.[127]

Cuidando da cooperação vertical com o TPI, Soler destaca que os Estados Partes do Estatuto de Roma de 1998 estão obrigados a cooperar com o Tribunal, enquanto Estados não Partes também podem estar sujeitos a isso, em certas circunstâncias. O delito internacional de não cooperar pode levar o próprio Tribunal a identificar a violação e remeter o caso à consideração da Assembleia dos Estados Partes (ASP) e, eventualmente, ao CS/ONU, se a jurisdição do TPI houver sido ativada por representação (*referral*) do Conselho. Nesses foros, o Estado pode ser submetido a uma censura política, algo como uma admoestação por escrito, que é similar a incluir o Estado numa lista cinza, num procedimento de *naming and shaming*.[128] Teoricamente, *targeted sanctions* poderiam ser impostas.

Ruiz Verduzco critica a postura leniente do CS/ONU em relação às conclusões de descumprimento do dever de cooperar (*non-cooperation findings*) que o TPI lhe envia, especialmente a inação relacionada à inexecução do mandado de prisão contra ex-ditador sudanês Omar Al Bashir, com vistas

126. UN Special Rapporteur Agnès Callamard: "A State's responsibility to conduct an effective investigation extends beyond its borders. States must take necessary steps to secure relevant evidence from other States. States have a duty to cooperate internationally in investigations of potentially unlawful death, particularly when it concerns an alleged international crime". UNITED NATIONS. Human Rights Council. **Report of the Special Rapporteur on extrajudicial, summary or arbitrary executions:** Investigation into the unlawful death of Mr. Jamal Khashoggi. A/HRC/41/CRP.1, 19 June 2019, p. 54, § 262. Disponível em: https://www.ohchr.org/sites/default/files/HRBodies/HRC/RegularSessions/Session41/Documents/A_HRC_41_CRP.1.docx. Acesso em: 10 jul. 2023.

127. CASSESE, Antonio. On the Current Trends towards Criminal Prosecution and Punishment of Breaches of International Humanitarian Law. **European Journal of International Law**, *[S. l.]*, v. 9, p.2, 1998, p. 13.

128. SOLER, Christopher. **The Global Prosecution of Core Crimes under International Law**. The Hague: T.M.C. Asser Press, 2019, p. 184-185.

à sua entrega ao Tribunal. Para ela, o Conselho agiu por conveniência, o que enfraqueceu a autoridade do Tribunal e pôs em dúvida em que medida o CS/ONU pode operar realmente como um braço executivo da Corte.[129]

Podemos concluir que a responsabilização dos Estados por falta de cooperação vertical com o TPI é de tipo *fraco*, tornando a Corte um "leão sem dentes e sem garras", na verdade "um tribunal de grandes ambições, mas sem os meios de torná-las realidade", pois dependente da boa vontade dos Estados para fazer valer suas decisões.[130] Não negando tal realidade, Ambos pondera que este é o regime de conformidade "possível no âmbito de um tribunal penal internacional baseado em tratados [que] partilha os problemas de qualquer regime de conformidade no direito internacional".[131]

Igualmente deficiente era o quadro dos tribunais *ad hoc*. No caso *Prosecutor v. Tihomir Blaškić*, no qual a Croácia se recusou a cumprir uma ordem do Tribunal Penal Internacional para a ex-Iugoslávia, no contexto da cooperação internacional vertical, a Câmara de Apelações do Tribunal reconheceu que o TPI-I não tinha poderes de execução de suas decisões contra Estados soberanos, recusando a teoria de que tal competência estaria implícita em sua jurisdição como um órgão da justiça internacional.[132] Em caso de descumprimento de mandados ou de decisões vinculantes do TPI-I (ou do TPI-R), cabia a tais tribunais reportar a questão como *contempt of*

129. "The Court has only involved the Council in these incidents through either communications or judicial findings on non-cooperation. The responses by the Council to this information have been deficient, thus weakening the role that the Council is expected to play as an executive arm of the Court". RUIZ VERDUZCO, Deborah. The relationship between the ICC and the United Nations Security Council. In: STAHN, Carsten (org.). **The law and practice of the International Criminal Court**. 1. ed. Oxford: Oxford University Press, 2015. p. 30–64, p. 46, 48 e 50.

130. JACOBS, Dov. The Frog that Wanted to be an Ox: The ICC's Approach to Immunities and Cooperation. *In*: STAHN, Carsten (org.). **The law and practice of the International Criminal Court**. 1. ed. Oxford: Oxford University Press, 2015, p. 282–302, p. 301.

131. AMBOS, Kai. Prosecuting International Crimes at the National and International Level: Between Justice and Realpolitik. *In*: KALECK, Wolfgang; RATNER, Michael; SINGELNSTEIN, Tobias; WEISS, Peter (org.). **International Prosecution of Human Rights Crimes**. Berlin Heidelberg New York: Springer, 2007, p. 64.

132. TPI-I: "As stated above, the International Tribunal is not vested with any enforcement or sanctionary power vis-à-vis States. It is primarily for its parent body, the Security Council, to impose sanctions, if any, against a recalcitrant State, under the conditions provided for in Chapter VII of the United Nations Charter. However, the International Tribunal is endowed with the inherent power to make a judicial finding concerning a State's failure to observe the provisions of the Statute or the Rules. It also has the power to report this judicial finding to the Security Council". INTERNATIONAL CRIMINAL TRIBUNAL FOR THE FORMER YUGOSLAVIA. **The Prosectuor v. Blaškić.** Judgment on the Request of the Republic of Croatia for Review of the Decision of Trial Chamber II of 18 July 1997, § 33. Disponível em: https://www.icty.org/x/cases/blaskic/acdec/en/71029JT3.html. Acesso em: 10 jul. 2023.

court ao CS/ONU, para que este órgão decidisse se caberia impor eventuais sanções ao Estado recalcitrante na forma do Capítulo VII da Carta das Nações Unidas.[133]

Em relação aos *core international crimes* e a certos regimes de proibição, a responsabilidade internacional do Estado pode ser discutida perante a Corte Internacional de Justiça.[134] Para que isto ocorra é necessário que o tratado questionado preveja a submissão da causa à jurisdição obrigatória da CIJ ou que exista uma cláusula compromissória casuística ou que valha o preceito do art. 36.2 do Estatuto.[135] Considerando o princípio *aut dedere aut iudicare*,[136] Caligiuri explica que, conforme a CIJ, o Estado do foro é considerado internacionalmente responsável por sua violação "apenas porque não cumpriu a obrigação de persecução", de modo que a opção de extraditar aciona a responsabilidade internacional "pelo não cumprimento da obrigação internacional de processar".[137]

---

133. CASSESE, Antonio. On the Current Trends towards Criminal Prosecution and Punishment of Breaches of International Humanitarian Law. **European Journal of International Law**, *[S. l.]*, v. 9, p. 2-17, 1998, p. 15.

134. Há exemplos na CIJ de casos sobre a aplicação da Convenção do Genocídio, de 1948, e da Convenção contra a Tortura, de 1984. INTERNATIONAL COURT OF JUSTICE. Questions relating to the Obligation to Prosecute or Extradite (Belgium v. Senegal). Judgment 20 July 2012, I.C.J. Reports 2012, § 99. Disponível em: https://www.icj-cij.org/sites/default/files/case-related/144/144-20120720-JUD-01-00-EN.pdf. Acesso em: 10 mai. 2023. Vide ainda: INTERNATIONAL COURT OF JUSTICE. **Case concerning the Application of the Convention on the Prevention and Punishment of the Crime of Genocide (Bosnia and Herzegovina v. Serbia and Montenegro).** Judgment 26 February 2007, I.C.J. Reports, Disponível em: https://www.icj-cij.org/en/case/91. Acesso em: 23 jan. 2023.

135. FRIEDMANN, Wolfgang G. Sir Hersch Lauterpacht and the International Court. **Virginia Law Review**, *[S. l.]*, v. 45, p. 407, 1959, p. 408-409.

136. Ao decidir uma comunicação contra o Senegal no caso Habré, o CAT lembrou que, conforme a lição de Bassiouni, tal princípio é de natureza costumeira: "Proceedings were brought against Hissène Habré. However, since the Convention against Torture is not self-executing, Senegal, in order to comply with its commitments, promulgated Act No. 96-16 of 28 August 1996 enacting article 295 of the Criminal Code. The principle *aut dedere aut judicare* comprises the obligation to prosecute or to extradite in an efficient and fair manner. In this regard, Senegalese legislators have endorsed the argument of Professor Bassiouni, according to whom "[t]he obligation to prosecute or extradite must, in the absence of a specific convention stipulating such an obligation, and in spite of specialists' arguments to this effect, be proved to be part of customary international law". UNITED NATIONS. Committee against Torture. **Suleymane Guengueng et al. v. Senegal**. Communication no. 181/2001, CAT/C/36/D/181/2001, Decision of 17 May 2006, p. 11, § 7.11. Disponível em: https://digitallibrary.un.org/record/575800. Acesso em: 10 jul. 2023.

137. CALIGIURI, Andrea. Governing International Cooperation in Criminal Matters: the role of the aut dedere aut judicare principle. **International Criminal Law Review**, *[S. l.]*, v. 18, p. 244–274, 2018, p. 248.

Na cooperação horizontal, as interações ocorrem entre os Estados, e a responsabilidade pode ser compartilhada, no viés ativo ou passivo, uma vez que o fenômeno da cooperação deficiente pode resultar de falta de *due diligence* ou de proteção efetiva no Estado requerente ou no Estado requerido. Uma vez esgotados os mecanismos internos, o Estado causador do *delito internacional* pode ser demandado em instâncias internacionais, sobretudo nas cortes de direitos humanos, mas também nos mecanismos onusianos, representados pelos comitês convencionais.

Contudo, não se pode ignorar outras vias de impugnação. No âmbito da Interpol, é possível questionar a inclusão de pessoas no sistema de *red notices*, precursor de pedidos de prisão para fins extradicionais. Um exemplo extraído da prática forense mostra que o advogado Rodrigo Tacla Durán conseguiu excluir da base de dados da Interpol um pedido da Polícia Federal brasileira, para sua captura internacional. Após reclamação do interessado, o Comitê de Controle dos Arquivos da organização, em Lion, valendo-se do art. 2º da Constituição da Interpol, decidiu excluir seu nome da lista de difusões vermelhas, por suspeita da quebra de imparcialidade do juiz competente para a causa criminal e do potencial risco ao devido processo legal no caso concreto.[138]

A responsabilidade internacional do Estado por cooperação deficiente poderá ser reconhecida, desde que presentes suas premissas, não havendo diferença subtancial entre descumprir obrigações de *jus cogens* ou obrigações convencionais ou costumeiras. Contudo, é de maior gravidade o descumprimento de deveres de cooperação em relação a crimes de *jus cogens*. Uma vez que uma decisão internacional seja adotada em relação a um determinado Estado, sua capital estará então obrigada a cumpri-la, sob pena do cometimento de um novo ilícito internacional. Baluarte e De Vos nos recordam que "o compromisso de cumprir uma decisão judicial (ou quase judicial) é crucial para a integridade de qualquer sistema jurídico, nacional ou internacional".[139]

A questão do respeito aos direitos humanos de sujeitos da cooperação internacional se torna mais difícil na MLA do que nos processos de extradição, pois, como lembra Currie, muitas vezes a pessoa investigada não estará

---

138. INTERPOL. Commission for the Control of Interpol Files. **Request concerning Rodrigo Tacla Durán (Ref. CCF/R 808.16-18).** Decision of the Commission, 3 July 2018, §§ 50-59.

139. BALUARTE, David C; DE VOS, Christian M. **From judgment to justice:** implementing international and regional human rights decisions. New York, NY: Open Society Foundations, 2010, p. 12.

na jurisdição do Estado requerido e pode nem ser sua cidadã.[140] Tal cenário pode acionar distintos regimes de responsabilidade internacional do Estado a depender da sua sujeição a um outro sistema regional ou apenas ao sistema onusiano de proteção à pessoa humana. A mera remessa de um pedido de MLA a outro Estado, que não esteja sujeito a um regime protetivo comum (como a CADH ou o PIDCP), poderá fazer com que o tratado de assistência mútua, bilateral ou multilateral, se existente, seja o único instrumento a regular as relações entre os Estados Partes de forma comum, como *lex specialis*. Alguns desses tratados passaram a prever a necessidade de respeito aos direitos humanos na execução de pedidos, mas isso nem sempre ocorre.

Não se pode esquecer que a prestação de assistência mútua (não extradicional) pelo Estado requerido tem impacto concretamente sobre o direito de privacidade, o direito à proteção de dados pessoais, os direitos patrimoniais, o direito à não discriminação e direitos processuais da pessoa processada, fazendo surgir um *locus standi*, isto é, sua legitimidade para impugnar a medida que interfere em seu patrimônio jurídico, onde quer que esteja e independentemente de sua nacionalidade.[141] Ademais, pela sua característica universal, o PIDCP pode ser esse instrumento adicional, e o Comitê de Direitos Humanos (CCPR) funciona o mecanismo de *accountability*, sem prejuízo de que as petições em prol dos interessados (acusados e vítimas) tramitem nos respectivos sistemas regionais, onde houver.

Uma falha estatal em cumprir o PIDCP – inclusive a obrigação positiva implícita de cooperar – conduz à responsabilidade internacional do Estado "por ter permitido a violação ou por deixar de adotar medidas adequadas ou deixar de agir com devida diligência para prevenir, punir, investigar ou reparar os danos causados por tais atos", ainda que praticados por particulares ou por pessoas jurídicas de direito privado.[142] Conforme decidiu o CAT no caso *Suleymane Guengueng e Outros vs. Senegal*, haverá responsabilidade internacional quando o Estado Parte da Convenção contra a Tortura de 1984 não exercer diligentemente seu dever de persecução, o que deve ocorrer independentemente de ter havido um pedido de extradição A alternativa prevista

---

140. CURRIE, Robert J. Human Rights and International Mutual Legal Assistance: resolving the tension. **Criminal Law Forum**, *[S. l.]*, v. 11, n. 2, p. 143–182, 2000, p. 150.
141. CURRIE, Robert J. Op. cit., p. 151-152.
142. UNITED NATIONS. Human Rights Committee. **General Comment No. 31**: The Nature of the General Legal Obligation Imposed on States Parties to the Covenant. Geneva, adopted on 29 March 2004, UN Doc CCPR/C/21/Rev.1/Add.13, § 8. Disponível em: https://digitallibrary.un.org/record/533996. Acesso em: 2 jun. 2023.

no art. 7º da CAT (*aut dedere aut iudicare*) só existe quando um pedido de extradição é apresentado. Antes disso, prevalece o dever de persecução.[143]

Com o ingresso da pessoa humana na condição de sujeito do direito internacional público ou, ao menos, como sujeito direto de direitos na ordem internacional, a comunidade internacional se voltou aos tribunais internacionais como instrumentos de responsabilização de Estados por *delitos internacionais* e de pessoas por graves violações de direitos humanos, categorizados como crimes internacionais. Assim surgiram os tribunais de Nuremberg, Tóquio, os tribunais *ad hoc* para a ex-Iugoslávia e Ruanda e as cortes híbridas, que se juntam aos mecanismos dos regimes globais de proibição para a prevenção e repressão aos crimes internacionais em sentido estrito e aos crimes de relevância interacional (os crimes transnacionais), fazendo com que os Estados se movam. Se estes não operam, sua responsabilidade internacional perante tribunais e os mecanismos de direitos humanos pode ser engatada. O descumprimento do dever de cooperar é uma forma de desobediência ao dever de agir, isto é, o inadimplemento dos deveres de prevenção e de ação, consubstanciados nas obrigações positivas, previstas nas convenções de direitos humanos.

Como lembra Huneeus, esses regimes protetivos surgidos no pós-guerra, que englobam um sistema de cortes regionais de direitos humanos, também operam no plano da *accountability* penal estatal, uma vez que, na sua prática jurisprudencial, têm assinalado a responsabilidade internacional dos Estados pelo não exercício de suas competências penais nos casos de graves violações de direitos humanos. Essa constatação leva a autora a descrever essas cortes regionais de direitos humanos como jurisdições internacionais quase-penais.[144]

Em seu conjunto, o *judiciário internacional* toma as ferramentas do direito penal e do direito processual penal em suas mãos, mediante atuações diretas dos tribunais penais internacionais, indiretas dos Estados (mediante os regimes globais de proibição) e dos Estados, por redundância, num *enforcement* indireto de segundo grau (por provocação dos órgãos dos sistemas de direitos humanos). Destacando o papel da Corte IDH, Huneeus identifica

---

143. UNITED NATIONS. Committee against Torture. **Suleymane Guengueng et al. v. Senegal.** Communication no. 181/2001, CAT/C/36/D/181/2001, Decision of 17 May 2006, p. 14, § 9.7. Disponível em: https://digitallibrary.un.org/record/575800. Acesso em: 10 jul. 2023.

144. "The regional human rights systems have begun to order and supervise national prosecutions when states have been unable or unwilling to act". HUNEEUS, Alexandra. International Criminal Law by Other Means: The Quasi-criminal Jurisdiction of the Human Rights Courts. **American Journal of International Law**, *[S. l.]*, v. 107, n. 1, p. 1–44, 2013, p. 1.

que as sentenças que ordenam o cumprimento das obrigações de investigar, processar e punir graves violações de direitos humanos funcionam como uma forma criativa de implementação das convenções de direitos humanos e de efetiva reparação, por meio do direito penal, pois determinam o início de persecuções criminais, modificações de competência da justiça militar para a justiça comum, a anulação de anistias, a invalidação de regras de prescrição, a criação de novos órgãos nacionais e a adoção de novos protocolos de investigação.[145] Nosso estudo mostrou que medidas de cooperação internacional em matéria penal também resultam desse engajamento criminal das cortes de direitos humanos.

Tal postura da Corte IDH em relação ao direito penal, como instrumento de tutela dos direitos humanos, rendeu críticas de certos segmentos da doutrina, quanto a um suposto "neopunitivismo" dos organismos de direitos humanos.[146] Outros autores seguem linha diversa, no sentido da incapacidade de esses organismos cumprirem um papel relevante de *accountability* penal, ressaltando-se a posição de Grover para quem algumas decisões do TEDH – relacionadas à tortura e à adoção da doutrina da margem de apreciação ou sua relutância em classificar certas violações graves como crimes internacionais[147] – são um "caminho para a impunidade".[148]

O fato é que pelo menos um dos tribunais regionais de direitos humanos assumiu um desenho que promove uma integração ainda maior entre essa esfera protetiva e o sistema penal. Mediante o Protocolo de Malabo, de 2014, foi criada uma seção de direito penal internacional no Tribunal Africano dos Direitos Humanos e dos Povos. Quando o protocolo estiver em vigor,

---

145. HUNEEUS, Alexandra. International Criminal Law by Other Means: The Quasi-criminal Jurisdiction of the Human Rights Courts. **American Journal of International Law**, *[S. l.]*, v. 107, n. 1, p. 1–44, 2013, p. 1-2.

146. Diz Pastor, de quem discordamos: "En América Latina es actualmente un hecho público y notorio, pero también insólito, que los organismos internacionales de protección y las organizaciones de activistas de derechos humanos se han convertido en defensores del neopunitivismo más radical. El punto de reconocimiento de esta disfunción cultural se aprecia a partir de un marcado fundamentalismo de lo penal, que es el rasgo característico del neopunitivismo extremo". PASTOR, Daniel R. La deriva neopunitivista de organismos y activistas como causa del desprestigio actual de los derechos humanos. **Nueva Doctrina Penal**, *[S. l.]*, n. 1, p. 73–114, 2005, p. 83. Vide também: MALARINO, Ezequiel. Judicial Activism, Punitivism and Supranationalisation: Illiberal and Antidemocratic Tendencies of the Inter-American Court of Human Rights. **International Criminal Law Review**, Leiden, v. 12, n. 4, p. 665–695, 2012.

147. Como perseguições e esterilizações forçadas de integrantes do povo rom ou romani (ciganos). Vide o caso *K. H. e Outros vs. Eslováquia* (sentença de 28 de abril de 2009); e o caso *V. C. vs.* Eslováquia (sentença de 8 de novembro de 2011).

148. GROVER, Sonja C. **The European Court of Human Rights as a pathway to impunity for international crimes**. London ; New York: Springer, 2010, *passim*.

a seção terá competência para julgar crimes internacionais (genocídio, crimes contra a humanidade, crimes de guerra e o crime de agressão) e crimes transnacionais (crime de mudança inconstitucional de governo, pirataria, terrorismo, mercenarismo, corrupção, lavagem de dinheiro, tráfico de pessoas, tráfico de drogas, tráfico de resíduos perigosos, exploração ilícita de recursos naturais).[149] Se a experiência africana for exitosa, Arusha será a primeira corte internacional a acumular competências para declaração a responsabilidade de Estados e de indivíduos. No entanto, as críticas ao seu modelo são muitas, havendo autores que consideram tratar-se de "um tigre de papel" com sérias limitações estruturais e de concepção.[150]

Na via inversa, tomando como polo as *suppression conventions*, não se pode ignorar sua força indutora. Os regimes globais de proibição têm uma função estruturante dos aparatos estatais de proteção aos bens jurídicos tutelados, o que favorece a existência de remédios internos que podem afastar a possibilidade de responsabilização dos Estados. Como já vimos, os tratados mais recentes contêm obrigações de institucionalização ou deveres de organização, o que também se vê na jurisprudência de direitos humanos, na medida em que as decisões de tribunais, comissões e comitês de direitos humanos "promovem processos locais de justiça, de memória e de reforma judicial",[151] que operam, ao mesmo tempo, como remédios internos para as vítimas e, prospectivamente, como antídotos contra a responsabilização

149. Os crimes estão listados e definidos nos art. 28-A a 28-M do Estatuto e são considerados imprescritíveis. Sua vigência ocorrerá 30 dias após a ratificação do Protocolo pelo 15º Estado Parte da União. Até 26 de abril de 2024, nenhum dos países que assinou o acordo o ratificou. As competências e funções da Seção de Direito Penal Internacional estão previstas no art. 19-bis do Estatuto anexo ao Protocolo de Malabo. O art. 22-A do Estatuto cria uma Promotoria ("Gabinete do Procurador"), responsável pela investigação e processamento dos crimes convencionais, com poderes de atuar diretamente nos Estados Partes, sem necessidade de cooperação estatal. O art. 22-C cria uma Defensoria ("Gabinete de Defesa"), para assistir suspeitos, réus e outras pessoas com direito à assistência. UNIÃO AFRICANA. **Protocolo sobre as Alterações ao Protocolo relativo ao Estatuto do Tribunal Africano de Justiça e Direitos Humanos**, adotado em Malabo, em 27 de junho de 2014. Disponível em: https://au.int/sites/default/files/treaties/36398-treaty-0045_-_protocol_on_amendments_to_the_protocol_on_the_statute_of_the_african_court_of_justice_and_human_rights_p.pdf. Acesso em: 26 abr. 2024.

150. OLASOLO, Héctor; FREYDELL, Federico. La Sección Especializada en Derecho Internacional Penal de la Corte Africana de Justicia y Derecho Humanos y su relación con la Corte Penal Internacional y las jurisdicciones nacionales. **Revista Brasileira de Direito Processual Penal**, vol. 9, n. 3, p. 1453- set./dez. 2023, p. 1472.

151. HUNEEUS, Alexandra. International Criminal Law by Other Means: The Quasi-criminal Jurisdiction of the Human Rights Courts. **American Journal of International Law**, *[S. l.]*, v. 107, n. 1, p. 1–44, 2013, p. 2.

internacional do Estado, neutralizando-a em casos futuros, se realmente conferirem proteção efetiva à pessoa humana na instância penal.

5.5. A RESPONSABILIDADE INTERNACIONAL DO ESTADO POR ATOS ILÍCITOS INTERNACIONAIS

Até meados do século 20, a arena internacional era reservada apenas aos Estados. Para Lauterpacht, a Carta das Nações Unidas marca o surgimento da pessoa humana como sujeito de direitos na ordem internacional, ao passo que a possibilidade de responsabilização direta das pessoas perante tribunais penais internacionais é a outra face dessa moeda, na perspectiva dos deveres. [152] Nas décadas seguintes à Segunda Guerra Mundial, vimos outro aspecto dessa evolução, com o surgimento da possibilidade de pessoas comuns responsabilizarem seus Estados de origem perante tribunais internacionais de competência especial. Conforme Piovesan, a experiência de Nuremberg permitiu lançar as bases para a justiciabilidade, isto é, a possibilidade de judicialização dos direitos humanos na ordem internacional.[153] Esses direitos humanos "são superiores às leis dos Estados soberanos",[154] uma característica fundamental para afirmar sua tutela supraestatal.

Conforme registra Galindo, para Lauterpacht "o direito internacional de sua época" já permitia "reconhecer a capacidade processual dos indivíduos para processar Estados na esfera dos tratados que houvessem subscrito".[155] Tal postura era compatível com sua defesa de um direito de petição da pessoa humana no sistema internacional de proteção aos direitos humanos e com a possibilidade de sua judicialização num sistema de justiça internacional.[156] Isso acabou se tornando uma realidade de modo que, ao se encerrar o século 20, "a forma pela qual o Estado trata seus cidadãos" não estava mais imune à responsabilização internacional. [157]

152. LAUTERPACHT, Hersch. **International Law and Human Rights**. London: Stevens & Sons, 1950, p. 33-36 e 70.

153. PIOVESAN, Flávia. **Direitos humanos e justiça internacional:** um estudo comparativo dos sistemas regionais europeu, interamericano e africano. 8. ed. São Paulo: Editora Saraiva, 2018, p. 93.

154. LAUTERPACHT, Hersch. **International Law and Human Rights**. London: Stevens & Sons, 1950, p. 33-36 e 70.

155. GALINDO, George Rodrigo Bandeira. Hersch Lauterpacht: an introduction. **A Panorama of Brazilian Law**, *[S. l.]*, v. 6, n. 9–10, p. 274–301, 2018, p. 289.

156. GALINDO, George Rodrigo Bandeira. Hersch Lauterpacht: an introduction. **A Panorama of Brazilian Law**, *[S. l.]*, v. 6, n. 9–10, p. 274–301, 2018, p. 291-292.

157. PIOVESAN, Flávia. **Direitos humanos e justiça internacional:** um estudo comparativo dos sistemas regionais europeu, interamericano e africano. 8. ed. São Paulo: Editora Saraiva, 2018, p. 93.

No âmbito da teoria geral da responsabilidade internacional, um Estado que praticar um ato ilícito internacional contra outro Estado é obrigado a reparar os danos que causou.[158] O regime geral de responsabilidade internacional também se aplica às organizações internacionais, como se viu no caso do conde Folke Bernadotte, de interesse das Nações Unidas, objeto de parecer consultivo da CIJ em 194.[159] Ali foram reconhecidos a responsabilidade internacional pelo evento e o potencial direito da vítima à reparação. Como visto, somente Estados se submetem às cortes regionais de direitos humanos por violação aos deveres convencionais.

Sobre a importância transcendental de *Velásquez-Rodríguez para a* responsabilidade internacional na jurisprudência interamericana, Roht-Arriaza argumenta que tal sentença "é significativa em vários aspectos", ao empregar uma concepção "muito ampla de ações que envolvem a responsabilidade do Estado", que estará presente mesmo quando a identidade do autor do ilícito for ignorada ou quando este não for um funcionário ou autoridade pública. A sucessão de governos ao longo do tempo não afasta a responsabilidade do Estado: "os governos sucessores são responsáveis pelas ações dos seus antecessores",[160] uma vez que esses *delitos* internacionais são imputados ao Estado, como sujeito de direito internacional, e não aos seus gestores.

A disciplina da responsabilidade internacional se desenvolveu a partir do direito consuetudinário e é objeto de certas normas convencionais. Conforme a extinta Corte Permanente de Justiça Internacional, "trata-se de um princípio de direito internacional e mesmo um conceito geral do direito, que qualquer violação de um compromisso comporta a obrigação de reparação".[161] Para

158. ARAS, Vladimir. **Direito internacional público**. 2.ed. Rio de Janeiro: Método, 2023, p. 265-270.

159. O conde Folke Bernadotte foi morto em setembro de 1948, em Jerusalém, por uma organização terrorista chamada *Lehi*. Ele era então mediador da ONU para a Questão Palestina. CIJ: "The Court therefore found that the Organization has the capacity to claim appropriate reparation, including also reparation for damage suffered by the victim or by persons entitled through him". INTERNATIONAL COURT OF JUSTICE. **Reparation for Injuries Suffered in the Service of the United Nations.** Advisory Opinion of 11 April 1949. I.C.J. Reports 1949. Disponível em: https://www.icj-cij.org/en/case/4. Acesso em: 10 jul. 2023.

160. ROHT-ARRIAZA, Naomi. Sources in International Treaties of an Obligation to Investigate, Prosecute, and Provide Redress. In: ROHT-ARRIAZA, Naomi (Org.). **Impunity and human rights in international law and practice**. New York: Oxford University Press, 1995, p. 31.

161. Conhecido internacionalmente como *Chorzów Factory case* ou *Affaire relative à l'usine de Chorzów*, o caso da Fábrica em Chorzów dizia respeito a uma fábrica de nitrogênio na Silésia polonesa. Antecessora da CIJ, a CPJI era então presidida por Dionisio Anzilotti e tinha como juízes juristas de renome como Antonio Sánchez de Bustamante y Sirven e o estadista brasileiro Epitácio Pessoa. PERMANENT COURT OF INTERNATIONAL JUSTICE. **Case Concerning the Factory at Chorzów (Merits) (Poland v. Germany),** PCIJ Series A no. 17. Judgment 13 September 1928. Disponível em: https://jusmundi.com/en/document/decision/en-factory-at-w-merits-judgment-thursday-13th-september-1928. Acesso em: 4 jul. 2023.

a responsabilização dos sujeitos de direito internacional não é necessária a existência de "culpa subjetiva". Algumas convenções internacionais preveem a possibilidade de responsabilidade objetiva dos Estados.

O dever de indenizar resulta de uma ação ou omissão do Estado, de um dano e da relação causal entre essa ação ou omissão e tal dano.[162] Seus três elementos são: a) prática de um ato ilícito,[163] segundo o direito internacional, que seja violador de um tratado, de um costume ou de princípio geral de direito, por exemplo, não importando se esse ato é de natureza executiva ou se resulta do exercício de competências do Poder Legislativo[164] ou do Poder Judiciário[165] ou de uma unidade subnacional; b) a imputabilidade do ato ao Estado, seja por ação ou omissão, o que pode ocorrer de forma direta ou indireta; e c) o dano, material ou imaterial ao patrimônio do Estado, ao seu território, a seus serviços ou a bens ou interesses de um seu nacional. Tal dano deve resultar do ato ilícito internacional e ser suportado por outro sujeito de direito das gentes.

Conforme Mazzuoli são necessários os três elementos clássicos: a) o ato internacionalmente ilícito; b) a imputabilidade; e c) o dano a outro Estado.[166] Vê-se que a responsabilidade internacional do Estado por violação de direitos humanos tem contornos próprios, uma vez que não se exige necessariamente esse "dano a outro Estado" ou a interesses diretos deste. No caso *García Rodríguez vs. México*, a Corte IDH acompanhou essa concepção primordial da responsabilidade internacional do Estado – que se origina numa norma consuetudinária –, quando concluiu que, com base no art. 63.1 da CADH – "toda violação de uma obrigação internacional que tenha produzido dano comporta o dever de repará-lo adequadamente".[167]

162. VARELLA, Marcelo D. **Direito internacional público**. 8.ed. São Paulo: Saraiva Educação, 2019, p. 412.
163. Certos atos lícitos também podem gerar responsabilidade internacional do Estado.
164. A aprovação pelo Poder Legislativo de uma lei nacional que afronte um tratado vigente para o Estado pode gerar situação de descumprimento do princípio *pacta sunt servanda*.
165. Exemplo: uma decisão judicial que ignore previsão expressa da Convenção de Viena sobre Relações Diplomáticas, autorizando uma busca e apreensão em sede de missão estrangeira, ou a prisão de um agente diplomático cuja imunidade de jurisdição não tenha sido objeto de renúncia pelo Estado acreditante. O episódio de abril de 2024 que resultou na invasão da Embaixada do México em Quito, para a captura do ex-vice-presidente Jorge Glas, que ali estava asilado, retrata bem esse tipo de violação. A denegação de justiça também pode gerar responsabilidade internacional do Estado, em caso de violação a direitos humanos internacionalmente reconhecidos.
166. MAZZUOLI, Valério de Oliveira. **Curso de direito internacional público**. 13.ed. Rio de Janeiro: Forense, 2020, p. 501.
167. CORTE INTERAMERICANA DE DIREITOS HUMANOS. **Caso García Rodríguez y Otro vs. México.** Sentencia de 25 de enero de 2023, § 274. Disponível em: https://www.corteidh.or.cr/docs/casos/articulos/seriec_482_esp.pdf. Acesso em: 2 jun. 2023.

A responsabilidade do Estado pode decorrer de atos de direito internacional (unilaterais ou não), ou de atos de direito interno, nas suas funções administrativa, judiciária ou legislativa, praticados pelo Estado em seu próprio território ou no território de outro Estado[168], ou ainda em zonas não sujeitas a jurisdição alguma e em áreas sobre controle militar de uma soberania. A responsabilidade estatal pode ser também a) direta, quando o ato é imputável ao próprio Estado nacional; ou b) indireta, quando se atribui a uma dependência do Estado ou uma unidade subnacional, como as entidades componentes de uma federação, ou a atos de particulares. Os atos de particulares ou de empresas nem sempre podem ser imputados aos Estados. Ensina Rezek que "este incorrerá em ilícito somente quando faltar a seus deveres elementares de prevenção e repressão".[169] Miranda concorda com a ideia:

> Simples particulares podem também praticar atos que acarretem responsabilidade do Estado a que pertencem em face do Estado estrangeiro (ou de outro sujeito de direito internacional. (...) Aqui a omissão do Estado geradora de responsabilidade tem por pressuposto a atividade ilícita dos participantes.[170]

Foi esse o entendimento que prevaleceu na Corte Internacional de Justiça, em 1980, quando do julgamento do caso do Pessoal Diplomático e Consular dos Estados Unidos em Teerã.[171] A omissão do governo iraniano na contenção dos manifestantes que invadiram a missão norte-americana em Teerã levou à responsabilização internacional da então formada República Islâmica do Irã. Na chamada Crise dos Reféns no Irã, 52 integrantes do corpo diplomático e consular norte-americano foram mantidos em cárcere privado por 444 dias, de 4 de novembro de 1979 a 20 de janeiro de 1981. A crise foi encerrada pela Declaração da Argélia de 1981, também conhecida como Acordos de Argel (*Algiers Accords*), entre os dois países. A CIJ entendeu que, embora os estudantes de uma organização islâmica iraniana que invadiram e tomaram a embaixada norte-americana tenham agido inicialmente como

---

168. MIRANDA, Jorge. **Curso de direito internacional público:** uma visão sistemática do direito internacional dos nossos dias. 4.ed. Rio de Janeiro: Forense, 2009, p. 310-311.
169. REZEK, Francisco. **Direito internacional público:** curso elementar. 16.ed. São Paulo: Saraiva, 2016.
170. MIRANDA, Jorge. Op. cit., p. 310.
171. A CIJ proferiu uma decisão cautelar em 1979. O mérito foi decidido em 24 de maio de 1980. INTERNATIONAL COURT OF JUSTICE. **Case concerning United States Diplomatic and Consular Staff in Tehran (United States v. Iran).** Judgment of 24 May 1980. Disponível em: https://www.icj-cij.org/case/64 . Acesso em: 10 jul. 2023.

particulares, diante da inação do governo em Teerã, tornaram-se agentes do Estado iraniano.

A responsabilidade internacional do Estado por atos de particulares também é presente no direito internacional dos direitos humanos. Em tais hipóteses, a responsabilidade "não decorre propriamente de um ato do indivíduo, que vínculo nenhum mantinha com o Estado e que não atuou em nome deste, mas de uma conduta negativa do Estado, relativamente às obrigações que lhe impõe o direito internacional".[172] No voto em separado do juiz Roberto Caldas, no caso *Gomes Lund e Outros vs. Brasil*, consta a seguinte passagem bem elucidativa quanto à responsabilidade internacional dos Estados:

> O Tribunal estima oportuno recordar que a obrigação de cumprir as obrigações internacionais voluntariamente contraídas corresponde a um princípio básico do direito sobre a responsabilidade internacional dos Estados, respaldado pela jurisprudência internacional e nacional, segundo o qual aqueles devem acatar suas obrigações convencionais internacionais de boa-fé (*pacta sunt servanda*). Como já salientou esta Corte e conforme dispõe o artigo 27 da Convenção de Viena sobre o Direito dos Tratados de 1969, os Estados não podem, por razões de ordem interna, descumprir obrigações internacionais. As obrigações convencionais dos Estados Parte vinculam todos os poderes e órgãos, os quais devem garantir o cumprimento das disposições convencionais e seus efeitos próprios (*effet utile*) no plano de seu direito interno.[173]

Um dos precedentes mais importantes para a definição das balizas da responsabilidade internacional do Estado foi firmado em 1928 pela extinta Corte Permanente de Justiça Internacional no caso da *Fábrica em Chorzów*, que fora expropriada pelo governo polonês, após a anexação à Polônia de parte da Alta Silésia alemã, incluindo a cidade de Chorzów, em função do plebiscito ordenado pelo Tratado de Versalhes de 1919, sobre a fronteira entre os dois países.[174]Ao apreciar o caso, a CPJI ordenou que a Polônia reparasse integralmente a Alemanha pela encampação da fábrica de nitrogênio

---

172. MAZZUOLI, Valério de Oliveira. **Curso de direito internacional público**. 13.ed. Rio de Janeiro: Forense, 2020, p. 512.
173. CORTE INTERAMERICANA DE DIREITOS HUMANOS. C**aso Gomes Lund e Outros ("Guerrilha do Araguaia") vs. Brasil.** Sentença de 24 de novembro de 2010. Voto do Juiz Roberto Caldas. Disponível em: https://www.corteidh.or.cr/docs/casos/articulos/seriec_219_por.pdf. Acesso em: 10 jul. 2023.
174. PERMANENT COURT OF INTERNATIONAL JUSTICE. **Case Concerning the Factory at Chorzów (Merits) (Poland v. Germany),** PCIJ Series A no. 17. Judgment 13 September 1928. Disponível em: https://jusmundi.com/en/document/decision/en-factory-at-chorzow-merits-judgment-thursday-13th-september-1928. Acesso em: 10 jul. 2023.

Oberschlesische Stickstoffwerke, reconhecendo o dever de reparar como um princípio geral de direito, com repercussões também no direito internacional humanitário (DIH). De acordo com a norma 150 de DIH consuetudinário, catalogada pelo Comitê Internacional da Cruz Vermelha (CICV), "um Estado responsável pelas violações do direito internacional humanitário deverá efetuar a reparação total pelas perdas ou danos causados".[175]

Em mais de uma oportunidade, a Assembleia Geral da ONU recomendou aos Estados Partes que observem o projeto de Artigos sobre Responsabilidade do Estado por Atos Ilícitos, preparado pela Comissão de Direito Internacional.[176] O princípio básico declara que todo ato internacionalmente ilícito de um Estado acarreta sua responsabilidade. Afirma-se ainda que existe um ato estatal internacionalmente ilícito quando tal conduta, por ação ou omissão, for imputável a este Estado nos termos do direito internacional e constituir uma violação de uma obrigação internacional desse Estado.[177] Nesta definição enquadra-se perfeitamente a categoria da "cooperação deficiente", que descrevemos neste capítulo, constituindo ela uma violação de obrigações positivas estatais de natureza processual.

Tal como no direito civil no plano interno, quem pratica um ato ilícito internacional também está obrigado a repará-lo.[178] Como se viu acima, esse princípio foi elucidado no direito internacional a partir do caso da *Fábrica em Chorzów*, de 1928.[179]

> Assim como na ordem interna o Estado e qualquer entidade pública respondem pelos prejuízos que decorram de atos ou omissões dos seus órgãos ou agentes, também na ordem internacional o Estado e os demais sujeitos de direito internacional respondem pelos atos ilícitos que pratiquem ou por certos atos lícitos que lesem direitos e interesses de outros sujeitos (ou de

---

175. COMITÊ INTERNACIONAL DA CRUZ VERMELHA. **DIH Consuetudinário**. Cambridge University Press, 2005. Disponível em: https://ihl-databases.icrc.org/customary-ihl/por/docs/v1_rul_rule150. Acesso em: 10 jul. 2023.
176. Sob o tema "Responsibility of States for internationally wrongful acts", vide a Resolução A/RES/56/83, de 2001, e a Resolução A/RES/62/61, de 2007, da Assembleia Geral das Nações Unidas.
177. UNITED NATIONS. General Assembly Resolution. **Responsibility of States for internationally wrongful acts**. A/RES/56/83, adopted on 17 December 2001. Disponível em: https://www.ilsa.org/Jessup/Jessup11/basicmats/StateResponsibility.pdf . Acesso em: 4 jul. 2023.
178. ARAS, Vladimir. **Direito internacional público.** 2.ed. Rio de Janeiro: Método, 2023, p. 273.
179. PERMANENT COURT OF INTERNATIONAL JUSTICE. **Case Concerning the Factory at Chorzów (Merits) (Poland v. Germany),** PCIJ Series A no. 17. Judgment 13 September 1928. Disponível em: https://jusmundi.com/en/document/decision/en-factory-at-chorzow-merits-judgment-thursday-13th-september-1928. Acesso em: 10 jul. 2023.

> pessoas dependentes destes sujeitos, como sucede através dos mecanismos de proteção diplomática.[180]

A reparação por esse ato ilícito deve ser proporcional ao dano causado e é de cunho compensatório e poderá assumir forma pecuniária (em dinheiro) ou não, a depender da natureza do dano. Pode, assim, resultar em *restitutio in integrum*, num desagravo, num pedido formal de desculpas, no reconhecimento do direito, ou na punição dos indivíduos responsáveis na jurisdição local. A reparação também pode consistir no restabelecimento do *status quo ante*.[181]

Na jurisdição dos tribunais de direitos humanos, a Corte IDH adota uma abordagem mais detalhista do *right of redress,* impondo obrigações pecuniárias e comandos injuntivos aos Estados Partes, indicando e listando as providências de conformidade, enquanto o TEDH e o TADHP são mais deferentes para com a soberania dos Estados, preferindo quase sempre uma abordagem declaratória com imposição apenas de medidas pecuniárias.[182]

Realmente, no sistema pan-africano, se constatada a "violação dos direitos humanos, como sua consequência [...] a prática do Tribunal, nessas circunstâncias, é conceder um valor fixo de indenização como ressarcimento de danos morais".[183] Contudo, o art. 27 da Carta permite ao TADHP "decretar ordens apropriadas para remediar a violação de direitos humanos". Essa diferença de acertamento – que se apoia em grande parte no art. 63.1 da CADH – pode ser vista na sentença em *García Rodríguez vs. México*, de 2023, na qual a Corte IDH detalhou as consequências do reconhecimento da responsabilidade do Estado mexicano:

> A reparação do dano causado pela violação de uma obrigação internacional exige, sempre que possível, a restituição integral (*restitutio in integrum*), que consiste no restabelecimento da situação anterior. Se isto não for viável, como acontece na maioria dos casos de violações dos direitos humanos, o

180. MIRANDA, Jorge. **Curso de direito internacional público**: uma visão sistemática do direito internacional dos nossos dias. 4.ed. Rio de Janeiro: Forense, 2009, p. 306.

181. REZEK, Francisco. **Direito internacional público:** curso elementar. 16.ed. São Paulo: Saraiva, 2016.

182. HUNEEUS, Alexandra. International Criminal Law by Other Means: The Quasi-criminal Jurisdiction of the Human Rights Courts. **American Journal of International Law**, *[S. l.]*, v. 107, n. 1, p. 1–44, 2013, p. 24.

183. TRIBUNAL AFRICANO DOS DIREITOS DO HOMEM E DOS POVOS. **Reuben Juma e Gawani Nkende v. República Unida da Tanzânia.** Acórdão de 5 de setembro de 2023, §§ 111-112. Disponível em: https://www.african-court.org/cpmt/storage/app/uploads/public/651/6e3/ef8/6516e3ef827aa521272948.pdf. Acesso em: 10 set. 2023.

> Tribunal determinará medidas para garantir os direitos violados e reparar as consequências que as violações produziram. Portanto, a Corte considerou a necessidade de conceder diversas medidas de reparação para compensar integralmente os danos, razão pela qual, além da indenização pecuniária, têm especial relevância as medidas de restituição, reabilitação, satisfação e garantias de não repetição. pelos danos causados.[184]

5.5.1. A Responsabilidade do Estado por Cooperação Deficiente

A responsabilidade internacional do Estado por atos ilícitos internacionais é um princípio fundamental do direito internacional, podendo decorrer de descumprimento de obrigações negativas ou positivas. A categoria da *cooperação deficiente* abrange um conjunto de situações, em rol aberto, que corresponde ao descumprimento de obrigações positivas estatais, inerentes ao dever de requerer cooperação ou ao dever de prestar cooperação jurídica internacional.

No caso *Ilaşcu*, no qual um dos requerentes foi condenado à morte e mantido em condições bastante adversas de prisão, o TEDH responsabilizou a Moldávia e a Rússia por não terem cumprido suas obrigações positivas em relação a violações de direitos humanos cometidos no território da Transnístria, uma área moldava que se achava sob controle da Federação Russa.[185] A falta de cooperação estatal para lidar com as violações sofridas pelas vítimas resultou na responsabilização. Van Hoek e Luchtman asseveram que, "[n]o caso da cooperação jurídica internacional (no seu sentido mais lato), os Estados Partes são responsabilizados na medida em que suas ações contribuem para uma violação dos direitos da Convenção, seja por outros Estados Partes ou por Estados não Partes".[186]

De Busser chama a atenção para o paradoxo de que os tratados de assistência jurídica mútua em matéria penal normalmente não indicam, entre os motivos da recursa de cooperar, o risco de violação a direitos humanos

---

184. CORTE INTERAMERICANA DE DIREITOS HUMANOS. **Caso García Rodríguez y Otro vs. México.** Sentencia de 25 de enero de 2023, § 275. Disponível em: https://www.corteidh.or.cr/docs/casos/articulos/seriec_482_esp.pdf. Acesso em: 2 jun. 2023.

185. TEDH: "[...] the acquiescence or connivance of the authorities of a Contracting State in the acts of private individuals which violate the Convention rights of other individuals within its jurisdiction may engage the State's responsibility under the Convention" EUROPEAN COURT OF HUMAN RIGHTS. **Case of Ilaşcu and Others v. Moldova and Russia.** Judgment 8 July 2004, §§ 318, 320, 322, 335 e 352. Disponível em: https://hudoc.echr.coe.int/fre#{%22itemid%22:[%22001-61886%22]}. Acesso em: 10 jul. 2023.

186. VAN HOEK, Aukje A. H.; LUCHTMAN, Michiel J. J. P. Transnational cooperation in criminal matters and the safeguarding of human rights. **Utrecht Law Review**, *[S. l.]*, v. 1, n. 2, p. 1–39, 2005, p. 37.

(como o direito de liberdade e o direito à privacidade), o que é surpreendente, na sua visão, por causa da responsabilidade na qual pode incorrer o Estado, quando sujeita uma pessoa sob sua jurisdição a uma tal situação.[187] Embora a cooperação jurídica internacional tenha surgido para proteger os interesses estatais de soberania, seu procedimento tem agora também "uma significativa função protetora dos direitos humanos".[188] Este caminho, porém, pode ser tortuoso.

Explicando a responsabilização dos Estados perante o TEDH, Lavrysen recorre a um modelo de responsabilidade civil (*tort*), para elucidar seus elementos. O dano corresponde à afetação de um direito convencional, isto é, se o direito era aplicável ou se houve uma interferência sobre ele. O ato ilícito, como segundo elemento da equação, será o descumprimento de uma obrigação positiva ou negativa pelo Estado. O terceiro elemento, o nexo de causalidade, deve permitir a vinculação do dano sofrido pela pessoa à falta de conformidade estatal em relação a suas obrigações positivas ou negativas.[189] Somente a presença simultânea desses três elementos pode levar à responsabilização internacional do Estado. Esses fatores devem ser detectados em certo grau não insignificante quanto à lesão ou sua ameaça, de uma maneira devidamente demonstrada quanto à materialidade e ao conhecimento da situação pelo Estado e adequadamente relacionada à causação próxima. Por isso, o próprio Lavrysen conclui que "[u]m Estado só será responsabilizado pela não adoção de medidas de proteção eficazes, e não pela não adoção de medidas ineficazes".[190]

Tomando em conta casos como o de *Soering* (no TEDH) ou o de *Ng* (perante o CCPR), vê-se que "Os Estados podem tornar-se responsáveis pelas violações em razão da simples participação no processo [cooperacional] e, ao fazê-lo, podem estar sujeitos a um escrutínio supranacional com base num sistema de petições individuais".[191] Dá-se, para fins de responsabilização, prioridade ao direito humano previsto em tratado ou no direito comunitário ou no direito constitucional do Estado requerido, em detrimento de obrigações convencionais, tendo em conta o princípio *pro persona*. Quando

---

187. DE BUSSER, Els. The Digital Unfitness of Mutual Legal Assistance. **Security and Human Rights**, *[S. l.]*, v. 28, n. 1–4, p. 161–179, 2018, p. 162.
188. DE BUSSER, Els. Op. cit., p. 163.
189. LAVRYSEN, Laurens. Causation and Positive Obligations under the European Convention on Human Rights: A Reply to Vladislava Stoyanova. **Human Rights Law Review**, *[S. l.]*, v. 18, n. 4, p. 705–718, 2018, p. 708 e 712.
190. LAVRYSEN, Laurens. Op. cit., p. 716.
191. CURRIE, Robert J. Human Rights and International Mutual Legal Assistance: resolving the tension. **Criminal Law Forum**, *[S. l.]*, v. 11, n. 2, p. 143–182, 2000, p. 149.

uma instância internacional responsabiliza um Estado por violar as obrigações processuais previstas em tratados de direitos humanos, apenas por ter extraditado um fugitivo, "é efetivamente dada primazia a uma norma de direitos humanos sobre o tratado de extradição".[192]

Van Hoek e Luchtman fazem, contudo, uma distinção entre os diversos instrumentos de cooperação internacional, "uma vez que estes servem a interesses diferentes. Nos casos em que a cooperação internacional beneficia o indivíduo, o Tribunal dará ao Estado cooperante mais margem de manobra para cooperar".[193] Tal fenômeno ocorreu no caso *Veermäe vs. Finlândia,*[194] no qual um apenado estoniano cumpria pena em território finlandês e foi transferido para o país de sua nacionalidade, com base na Convenção 112 do Conselho da Europa e seu Protocolo Adicional (ETS 167).[195] O próprio transcondenado impugnou sua transferência perante a Justiça finlandesa, argumentando que teria de cumprir um tempo maior de prisão na Estônia do que na Finlândia em razão de diferenças na legislação de execução penal. Apesar disso, o TEDH julgou o caso inadmissível, uma vez que a sentença imposta a Mairold Veermäe ainda seria convertida na Estônia e não havia comprovado risco de quebra do princípio da proporcionalidade da pena.

Situação semelhante se deu no caso *Chianca*, relativo à transferência de pessoa condenada da Rússia para o Brasil. O brasileiro Eduardo Chianca foi preso em Moscou por tráfico internacional de drogas. Na verdade, transportava alguns litros de chá de ayahuasca, uma substância alucinógena que é legal em vários países, mas não na Rússia. Condenado como traficante, sem o ser, Chianca começou a cumprir sua pena em território russo, até que foi transferido para o Brasil, num pedido baseado em promessa de reciprocidade. A sentença russa foi homologada no Brasil, e o sentenciado recebeu livramento condicional. É de se notar que o fato em si seria atípico no Estado brasileiro, mas a transferência de pessoa condenada sem a ave-

---

192. DUGARD, John; VAN DEN WYNGAERT, Christine. Reconciling Extradition with Human Rights. **American Journal of International Law**, *[S. l.]*, v. 92, n. 2, p. 187–212, 1998, p. 194.

193. VAN HOEK, Aukje A. H.; LUCHTMAN, Michiel J. J. P. Transnational cooperation in criminal matters and the safeguarding of human rights. **Utrecht Law Review**, *[S. l.]*, v. 1, n. 2, p. 1–39, 2005, p. 9.

194. EUROPEAN COURT OF HUMAN RIGHTS. **Case of Veermäe v. Finland**, (dec.) 15 March 2005. Disponível em: https://www.echr.coe.int/documents/d/echr/CLIN_2005_03_73_ENG_822328. Acesso em: 10 jul. 2023. Vide também o caso *Itosaar v. Finland* (dec.), no. 9764/03, of 15 June 2004.

195. Sobre a dispensa de consentimento para este tipo de transferência, vide o art. 3.1 do Protocolo. COUNCIL OF EUROPE. **Additional Protocol to the Convention on the Transfer of Sentenced Persons**, done at Strasbourg, 18 December 1997. Disponível em: https://rm.coe.int/168007f2c9. Acesso em: 10 jul. 2023.

riguação desse requisito foi a maneira que se encontrou para proteger os direitos fundamentais do sentenciado.[196]

Em alguns casos de cooperação internacional, a responsabilidade pode ser solidária, como se viu no caso *Sari vs. Turquia e Dinamarca*. O réu, acusado de homicídio cometido em 1990 em solo dinamarquês, foi preso na Turquia. Enquanto este país pretendia a transferência do processo para que pudesse julgá-lo, a Dinamarca postulava a extradição do acusado. O impasse, que durou até 1995, impediu a continuidade da persecução criminal num e noutro país, levando ao atraso do curso da ação penal, cuja sorte só foi definida em 1998. Apesar da demora, o TEDH não reconheceu violação do direito do acusado (e do direito dos familiares da vítima, dizemos nós) à duração razoável do processo penal, devido à relativa complexidade do procedimento como um todo. Ainda assim, o TEDH fez constar na sentença que "a falta de celeridade do procedimento de cooperação internacional, em algumas das suas fases, foi da responsabilidade conjunta da Turquia e da Dinamarca",[197] o que confirma a possibilidade, dadas as condições, de responsabilização internacional solidária em casos de cooperação deficiente.

A morosidade pode ser um fator suficiente para determinar a ocorrência do fenômeno da cooperação deficiente, tendo em vista que a garantia da razoável duração do processo refere-se ao todo, abrangendo todas as etapas processuais, inclusive a recursal, até a sentença definitiva. No caso *Ríos Avalos e Outro vs. Paraguai*, a Corte IDH reafirmou sua jurisprudência constante no sentido de que "uma demora prolongada no processo pode constituir, por si só, uma violação das garantias judiciais". Para determinar se houve a observância do direito a um processo penal de prazo razoável, a Corte leva em conta quatro elementos basilares: a) a complexidade da matéria sob julgamento; b) a atividade processual das partes; c) a conduta das autoridades judiciais, e d) o impacto gerado na situação jurídica da suposta vítima. É o

---

196. ARAS, Vladimir. O caso do brasileiro preso na Rússia, **Blog do Vlad**, 1º de setembro de 2020. Disponível em: https://vladimiraras.blog/2020/09/01/o-caso-do-brasileiro-preso-na-russia/. Acesso em:10 jul. 2023.

197. "Partant, la Cour estime que ces retards ne sauraient être imputés à une action ou omission des autorités danoises et qu'ils résultent d'un système d'entraide judiciaire tel qu'il fonctionne dans de nombreux pays et où chaque gouvernement dépend de la coopération de l'autre. Les retards intervenus doivent dès lors être considérés comme faisant partie d'un système classique qui, malheureusement, prend du temps et doit dès lors passer pour inévitable, si l'on en croit du moins les faits exposés par les parties". EUROPEAN COURT OF HUMAN RIGHTS. **Case of Sari v. Turkey and Denmark.** Judgment 8 November 2001, §§ 77-78, 92, 96 e 99-100. Disponível em: https://hudoc.echr.coe.int/app/conversion/docx/pdf?library=ECHR&id=001-64430&filename=CEDH.pdf. Acesso em: 10 jul. 2023.

Estado que deve "justificar, com base nos critérios indicados, o motivo pelo qual se exigiu o tempo decorrido para lidar com os casos".[198]

Em todos os Estados engajados na interação transnacional deve haver a possibilidade de impugnação das medidas cooperacionais, seja pelo investigado ou acusado, seja pela vítima do crime. Contudo, nem sempre todos os Estados envolvidos no delito internacional ou na sua persecução poderão ser submetidos ao mesmo regime de controle de conformidade. É o que ocorreu em *Nasr e Ghali vs. Itália,* caso que discutiu a abdução internacional, pelos Estados Unidos, do clérigo muçulmano Hassan Mustafa Osama Nasr (Abu Omar), em Milão, em 2003, e sua posterior remoção forçada para o Egito onde foi submetido a tortura.[199] Somente a Itália foi responsabilizada pelo TEDH. Os Estados Unidos e o Egito não são partes da Convenção Europeia e, nos seus respectivos regimes regionais (o interamericano e o árabe), não se sujeitam à competência obrigatória de nenhuma corte de direitos humanos. Os EUA não aceitam a jurisdição da Corte IDH, e o tribunal regional da Liga Árabe, que funcionará em Manama, no Barém, ainda não foi instalado.[200]

Episódio semelhante, com responsabilização apenas de um dos Estados envolvidos ocorreu no caso *El Masri vs. Ex-República Iugoslava da Macedônia*, agora Macedônia do Norte. O cidadão alemão Khaled El-Masri foi abduzido pela CIA em Skopje e transferido ilegalmente para o Afeganistão, onde foi interrogado sob tortura, contornando-se procedimentos de cooperação jurídica entre os Estados interessados. Para o TEDH, El-Masri foi vítima de desaparecimento forçado, imputável apenas ao governo norte-macedônio, já que os EUA e o Afeganistão não se submetem a nenhuma corte regional de direitos humanos.[201]

---

198. CORTE INTERAMERICANA DE DIREITOS HUMANOS. **Caso Ríos Avalos y Otro vs. Paraguay**. Sentencia de 19 de agosto de 2021, § 166-167. Disponível em: https://www.corteidh.or.cr/docs/casos/articulos/seriec_429_esp.pdf. Acesso em: 4 dez. 2023.

199. O TEDH determinou o pagamento de uma reparação econômica a Nasr e a sua mulher Nabila Ghali. EUROPEAN COURT OF HUMAN RIGHTS. **Case of Nasr and Ghali v. Italy.** Judgment 23 February 2016, §§ 6-27. Disponível em: https://hudoc.echr.coe.int/fre?i=001-161245. Acesso em: 10 jul. 2023.

200. INTERNATIONAL COMMISSION OF JURISTS. **The Arab Court of Human Rights:** A Flawed Statute for an Ineffective Court. Geneva: ICJ, 2015. Disponível em: <https://primarysources.brillonline.com/browse/human-rights-documents-online/the-arab-court-of-human-rights--a-flawed-statute-for-an-ineffective-court;hrdhrd00882015004>. Acesso em: 27 abr. 2024.

201. EUROPEAN COURT OF HUMAN RIGHTS. **Case of El-Masri v. the Former Yugoslav Republic of Macedonia** [GC]. Judgment 13 December 2012, § 21-36, 178, 221 e 239-242. Disponível em: https://hudoc.echr.coe.int/fre#{%22itemid%22:[%22001-115621%22]} . Acesso em: 10 jun. 2023.

Quando a cooperação deficiente é reconhecida, a afirmação da responsabilidade internacional do Estado autoriza o tribunal de direitos humanos competente a indicar as medidas compatíveis com a completa reparação (*redress*) da violação, o que pode significar o cumprimento de obrigações positivas estruturantes, relativas à legislação de cooperação internacional, aos órgãos competentes para a cooperação internacional e às medidas em concreto cujo emprego teria sido pertinente ou que ainda podem ser adotadas para essa correção, a fim de não permitir a continuidade da lesão aos direitos da vítimas da violação. Esse regime de responsabilidade, com indicação de medidas mais ou menos minuciosas pelas cortes regionais ou pelos mecanismos convencionais onusianos, é compatível com o cumprimento de obrigações positivas no campo do direito internacional penal, do direito penal transnacional e do direito penal com estraneidade ocasional.

A responsabilidade do Estado requerente será de algum modo diversa da responsabilidade do Estado requerido. Essa diferenciação pode se manifestar em graus, uma vez que é no Estado requerente que ocorrerá o julgamento do extraditado ou o uso da prova obtida no exterior ou a destinação dos ativos recuperados. O Estado requerente é responsável pela justiça do processo penal como um todo, inclusive nas etapas de estraneidade. Portanto, dizem Van Hoek e Luchtman, a origem da prova a ser usada, a forma de sua obtenção e a cadeia de custódia podem ser questionadas pelas partes no Estado requerente.[202] No plano interno, a prova que não atender a esses requisitos deve ser julgada inadmissível ou ter sua fiabilidade reduzida. No plano externo, o eventual uso de provas viciadas poderá ensejar a responsabilidade internacional do Estado requerente, pela violação do direito da pessoa lesada.

No capítulo anterior, discutimos as obrigações *erga omnes* como fundamento do dever de cooperar. Ninguém ignora que a CIJ introduziu o conceito de obrigações *erga omnes* em 1970, no caso *Barcelona Traction.* A concepção ali abraçada "abrange violações de obrigações de interesse público nos domínios do direito ambiental, dos direitos humanos e da descolonização", entre outros.[203] Seu papel na responsabilização internacional de Estados por violações de direitos humanos, contudo, ainda é bastante tímido. Simma lista apenas um punhado de casos nos quais a CIJ debruçou-se sobre o tema,

202. VAN HOEK, Aukje A. H.; LUCHTMAN, Michiel J. J. P. Transnational cooperation in criminal matters and the safeguarding of human rights. **Utrecht Law Review**, *[S. l.]*, v. 1, n. 2, p. 1–39, 2005, p. 9.

203. CRAWFORD, James. The International Court of Justice and the Law of State Responsibility. In: TAMS, Christian J.; SLOAN, James (org.). **The Development of International Law by the International Court of Justice**. Oxford, United Kingdom: Oxford University Press, 2013, p. 71–86, p. 76-77.

alguns dos quais se relacionam aos regimes internacionais de proibição ou, mais especificamente, a temas cooperacionais.[204] Isso se deve a fatores como a falta de competência compulsória da CIJ para responsabilizar Estados e ao fato de que poucos tratados de direitos humanos preveem cláusulas compromissórias de atribuição de jurisdição à CIJ. Um segundo fator é a limitação do acesso à Corte apenas a Estados. Não há a possibilidade de petições individuais, donde decorre que as questões judicializadas dizem respeito à responsabilidade internacional na perspectiva interestatal, assumindo uma feição de proteção diplomática,[205] fazendo com que as pessoas humanas vítimas das violações de direitos humanos "permaneçam invisíveis".[206] Em seu voto em separado no caso *Las Palmeras vs. Colômbia* (exceções preliminares), quando ainda judicava em San José, o juiz Cançado Trindade fez ver que "[...] os mecanismos para aplicação das obrigações de proteção *erga omnes partes* já existem, e o que é urgente é desenvolver o seu regime

204. Entre eles estão: Legality of the Threat or Use of Nuclear Weapons (Advisory Opinion) [1996]; LaGrand (Germany v. USA) [2001]; Avena and Other Mexican Nationals (Mexico v. USA) [2004]; Legal Consequences of the Construction of a Wall in the Occupied Palestinian Territory (Advisory Opinion) [2004]; Armed Activities on the Territory of the Congo (DRC v. Uganda) [2005]; Armed Activities on the Territory of the Congo (DRC v. Rwanda) (Jurisdiction and Admissibility) [2006]; Application of the Convention on the Prevention and Punishment of the Crime of Genocide (Bosnia and Herzegovina v. Serbia and Montenegro) [2007]; Application of the Convention on the Prevention and Punishment of the Crime of Genocide (Croatia v. Serbia) (Preliminary Objections) [2008]; Case Concerning Ahmadou Sadio Diallo (Guinea v. DRC) [2010]; Jurisdictional Immunities of the State (Germany v. Italy) [2010]; Application of the International Convention on the Elimination of All Forms of Racial Discrimination (Georgia v. Russia) (Preliminary Objections) Judgment of 1 April 2011 [2011]; Questions Relating to the Obligation to Prosecute or Extradite (Belgium v. Senegal). Judgment of 20 July 2012 [2012]. Cf. SIMMA, Bruno. Human Rights before the International Court of Justice: Community Interest Coming to Life? *In*: TAMS, Christian J.; SLOAN, James (org.). **The Development of International Law by the International Court of Justice**. Oxford, United Kingdom: Oxford University Press, 2013. p. 301–325, p. 307-314.

205. O tema apareceu desta forma no caso *Mavrommatis*, de 1924, entre a Grécia e o Reino Unido: "By taking up the case of one of its subjects and by resorting to diplomatic action or international judicial proceedings on his behalf, a State is in reality asserting its own rights – its right to ensure, in the person of its subjects, respect for the rules of international law. [...] Once a State has taken up a case on behalf of one of its subjects before an international tribunal, in the eyes of the latter the State is sole claimant". PERMANENT COURT OF INTERNATIONAL JUSTICE. **Mavrommatis Palestine Concessions (Greece v. Great Britain).** Judgment No. 2, 30 August 1924, p. 12, §§ 21-22. Disponível em: https://law.justia.com/cases/foreign/international/1924-pcij-series-b-no-3.html. Acesso em: 10 jul. 2023.

206. SIMMA, Bruno. Human Rights before the International Court of Justice: Community Interest Coming to Life? *In*: TAMS, Christian J.; SLOAN, James (org.). **The Development of International Law by the International Court of Justice**. Oxford, United Kingdom: Oxford University Press, 2013. p. 301–325, p. 318-319.

jurídico, com especial atenção às obrigações positivas e às consequências jurídicas das violações de tais obrigações."[207]

Uma das consequências imediatas do descumprimento de obrigações positivas em geral é ter de cumprir as sentenças das cortes regionais quando elas forem impostas. Observar tais sentenças é "um princípio básico do direito da responsabilidade internacional do Estado", conforme a regra *pacta sunt servanda*, prevista na Convenção de Viena de 1969. Segundo a Corte IDH, motivos de ordem interna não podem ser invocados para livrar o Estado de sua responsabilidade e do cumprimento *ipsis literis* das medidas de *redress* que lhe sejam impostas, consubstanciadas na obrigação de reparar.[208] A CADH confere ao Tribunal em San José uma ampla discricionariedade "para determinar as medidas que permitam reparar as consequências da violação".[209] A equação que se forma é simples: quando um delito internacional é imputado ao Estado, advém sua responsabilidade internacional e, "[c]omo resultado desta responsabilidade, surge para o Estado uma nova relação jurídica que consiste na obrigação de reparar".[210] Essa equação é a mesma no Tribunal de Arusha. Uma vez reconhecida a responsabilidade internacional do Estado, "a reparação deve ressarcir na íntegra o dano sofrido", para "restabelecer a vítima na situação em que estaria caso a violação não tivesse ocorrido".[211]

Quando analisam casos de cooperação deficiente, as cortes regionais podem limitar-se a especular sobre as medidas transnacionais que deveriam ter sido adotadas e não o foram, como ocorreu em *X e Outros vs. Bulgária* (quanto a pedidos de assistência ativa que poderiam ter sido dirigidos à Itália) ,[212] ou recriminam abertamente o emprego de instrumentos coope-

207. CORTE INTERAMERICANA DE DIREITOS HUMANOS. **Caso Las Palmeras vs. Colombia**. Sentencia de 4 de febrero de 2000. Excepciones preliminares. Voto razonado del juez A. A. Cançado Trindade, p. 5, § 14. Disponível em: https://www.corteidh.or.cr/docs/casos/articulos/seriec_67_esp.pdf. Acesso em: 2 jun. 2023.

208. CORTE INTERAMERICANA DE DIREITOS HUMANOS. **Caso Baena Ricardo y Otros vs. Panamá.** Competencia. Sentencia de 28 de noviembre de 2003, § 61. Disponível em: https://www.corteidh.or.cr/docs/casos/articulos/seriec_104_esp.pdfA . Acesso em: 2 jun. 2023.

209. CORTE IDH. **Caso Baena Ricardo y Otros vs. Panamá.** Competencia. Sentencia de 28 de noviembre de 2003, § 64.

210. **Caso Baena Ricardo y Otros vs. Panamá**. Competencia. Sentencia de 28 de noviembre de 2003, § 64.

211. TRIBUNAL AFRICANO DOS DIREITOS DO HOMEM E DOS POVOS. R**euben Juma e Gawani Nkende v. República Unida da Tanzânia**. Acórdão de 5 de setembro de 2023, §§ 110-111. Disponível em: https://www.african-court.org/cpmt/storage/app/uploads/public/651/6e3/ef8/6516e3ef827aa521272948.pdf. Acesso em: 10 set. 2023.

212. EUROPEAN COURT OF HUMAN RIGHTS. **Case of X and Others v. Bulgaria**. Judgment 2 February 2021, § 192. Disponível em: https://hudoc.echr.coe.int/eng#{%22itemid%22:[%22001-207953%22]}. Acesso em: 4 set. 2023.

racionais que não deveriam ter sido utilizados e o foram, como se deu em *Manuel Cepeda Vargas vs. Colômbia* (quanto à extradição de chefes paramilitares para os EUA).[213] Os tribunais podem ainda determinar a prática de um determinado ato cooperacional, como vimos em *Julien Grisonas*, caso no qual a Corte IDH ordenou à Argentina que promovesse a constituição de uma equipe conjunta de investigação para investigar eventos ligados à Operação Condor. Assim, no aspecto sancionatório, não há diferença quanto ao descumprimento de obrigações positivas de primeiro ou de segundo nível. A responsabilização do Estado ocorrerá perante as cortes regionais de direitos humanos ou perante os mecanismos convencionais de direitos humanos, com imposição das medidas consideradas adequadas conforme a praxe vigente nessas instâncias.

5.5.2. Mecanismos de Conformidade e de Responsabilização

Uma das maiores deficiências do direito internacional está na sua executoriedade. O desenho inadequado de instituições como o Conselho de Segurança da ONU, a debilidade da competência da CIJ, a inexistência de órgãos de apoio para manter a autoridade do TPI e a falta de órgãos centrais no sistema internacional, com poder efetivo de imposição da vontade da comunidade internacional, são mostras de que há ainda um longo caminho no desenvolvimento do direito internacional, uma disciplina acalentada por juristas do calibre de Grotius, Vattel, Lauterpacht e Kelsen. Ainda em 1944, este último descreveu tal quadro com grande precisão, a partir do dogma da soberania:

> Enquanto não for possível retirar aos Estados interessados a prerrogativa de responder à questão do direito e transferi-la de uma vez por todas para uma autoridade imparcial, nomeadamente, um tribunal internacional, qualquer progresso adicional no caminho para a pacificação do mundo está absolutamente excluído. Consequentemente, o próximo passo em que os nossos esforços devem concentrar-se é conseguir um tratado internacional concluído

---

213. CORTE IDH: "El Estado informó que ha adoptado medidas para que las extradiciones no tengan un impacto negativo en la continuidad de los procesos que se tramitan en Colombia, de modo tal que se realicen diligencias y procedimientos judiciales a través de audiencias virtuales y videoconferencias. En particular, el Estado informó que para la recepción de versiones libres se diseñó e implementó un sistema de transmisión de la actuación a las salas especiales para víctimas desde donde éstas pueden intervenir en forma activa". CORTE INTERAMERICANA DE DIREITOS HUMANOS. **Caso Manuel Cepeda Vargas vs. Colombia**. Sentencia de 26 de mayo de 2010, § 165. Disponível em: https://www.corteidh.or.cr/docs/casos/articulos/seriec_213_esp.pdf . Acesso em: 2 jun. 2023.

> pelo maior número possível de Estados, vencedores e também vencidos, estabelecendo um tribunal internacional dotado de jurisdição obrigatória.[214]

A paz por meio da justiça é uma aspiração superior da humanidade, mas infelizmente ainda é uma utopia. Por isso, Lessa argumenta que, no direito internacional, não há "um sistema unificado e coerente de sanções".[215] Hart já alertava que "uma fonte de dúvidas" quanto à vinculatividade do direito internacional "é simplesmente a ausência, no sistema, de sanções centralmente organizadas", sendo este "um ponto de comparação desfavorável com o direito interno".[216]

Os mecanismos de conformidade *(compliance)* internacional hoje existentes para a proteção dos direitos da pessoa humana são frágeis e inadequados à dimensão dos desafios contemporâneos, quando os flagelos da guerra, do terrorismo internacional e da criminalidade organizada violenta assolam todos os continentes. Basicamente, há um amálgama de instituições e organismos que operam a *accountability* internacional, num sistema formado por tribunais penais internacionais, por cortes regionais de direitos humanos, pelo Conselho de Segurança das Nações Unidas, pelos *human rights treaty bodies* e por entidades anômalas como o Comitê de Arquivos da Interpol ou a CICIG.[217] Esses mecanismos têm sido convocados para lidar com casos de impunidade em relação aos *core crimes* do direito internacional e o terrorismo,[218] mas também tem sido chamados a tratar situações de delinquência comum e violação cometidas pelo próprio Estado, no contexto de suas obrigações processuais positivas. Como alerta Cassese, o colapso dos mecanismos que regulam as relações internacionais:

> [...] deu início a uma onda de consequências negativas. Implicou uma fragmentação da sociedade internacional e uma desordem intensa que, juntamente com o aumento do nacionalismo e do fundamentalismo, resultou

---

214. KELSEN, Hans. **Peace through law**. New York: Garland, 1973, p. 13-14.
215. LESSA, Luiz Fernando Voss Chagas. **Persecução penal e cooperação internacional direta pelo Ministério Público**. Rio de Janeiro: Lumen Juris, 2013, p. 68 e 71.
216. "O direito internacional não tem um poder legislativo, os Estados não podem ser levados perante os tribunais internacionais sem o seu consentimento prévio, e não há um sistema de sanções efetivas centralmente organizado", HART, Herbert L. A. **O conceito de Direito**. 3. ed. Lisboa: Fundação Calouste Gulbenkian, 2007, p. 8 e 233.
217. HUDSON, Andrew; TAYLOR, Alexandra W. The International Commission against Impunity in Guatemala: A New Model for International Criminal Justice Mechanisms. **Journal of International Criminal Justice**, *[S. l.]*, v. 8, n. 1, p. 53–74, 2010.
218. CALIGIURI, Andrea. Governing International Cooperation in Criminal Matters: the role of the aut dedere aut judicare principle. **International Criminal Law Review**, *[S. l.]*, v. 18, p. 244–274, 2018, p. 271.

> numa espiral de conflitos armados (principalmente) internos, com muito derramamento de sangue e crueldade".[219]

Era de se esperar que, no século 21, já houvesse uma justiça internacional mais bem estruturada para lidar com tais problemas, mas não é assim. A CIJ não é uma corte de direitos humanos. Além disso, somente Estados podem provocar sua competência contenciosa. Como antes constatamos, apenas eventualmente a Corte da Haia opera como um mecanismo de conformidade em direitos humanos. Segundo Simma, no caso *Bósnia-Herzegovina vs. Servia e Montenegro,*[220] de 2007, relativo ao crime de genocídio, a Corte Internacional de Justiça "contribuiu para o desenvolvimento da doutrina das obrigações positivas na área dos direitos humanos, dando contornos às obrigações de prevenção". A Corte da Haia também aportou argumentos jurídicos relevantes para a atribuição de responsabilidade internacional ao Estado por violações de direitos humanos cometidas por atores não-estatais, como se viu no caso *Congo vs. Uganda,* de 2005, sobre atividades militares no território da República Democrática do Congo (RDC). Este foi seguramente "o primeiro acórdão na história do Tribunal em que uma constatação de violações dos direitos humanos, combinada com confirmações de violações do direito humanitário internacional, foram incluídas no dispositivo" de uma sentença.[221] A CIJ deixou claro que as obrigações convencionais desta espécie criam direitos para as pessoas atingidas e para os Estados Partes do tratado, direitos esses que são judicializáveis. Os casos *LaGrand,*[222] *Avena,*[223]

---

219. CASSESE, Antonio. On the Current Trends towards Criminal Prosecution and Punishment of Breaches of International Humanitarian Law. **European Journal of International Law**, *[S. l.]*, v. 9, p. 2-17, 1998, p. 8.

220. Ali a CIJ tratou a obrigação de prevenção do genocídio como uma obrigação de meio, não de resultado, devendo o Estado adotar medidas em concreto, com devida diligência. Vide também os §§ 442 e 443-445 sobre os deveres estatais (obrigações positivas), sobre a asserção e o exercício de jurisdição em relação ao crime de genocídio e sobre o dever de cooperação com tribunais internacionais a respeito deste crime. INTERNATIONAL COURT OF JUSTICE. **Case Concerning the Application of the Convention on the Prevention and Punishment of the Crime of Genocide (Bosnia and Herzegovina v Serbia and Montenegro).** Judgment 26 February 2007, I.C.J. Reports, p. 43, §§ 428-432. Disponível em: https://www.icj-cij.org/sites/default/files/case-related/91/091-20070226-JUD-01-00-EN.pdf . Acesso em: 2 jun. 2023.

221. SIMMA, Bruno. Human Rights before the International Court of Justice: Community Interest Coming to Life? *In*: TAMS, Christian J.; SLOAN, James (org.). **The Development of International Law by the International Court of Justice**. Oxford, United Kingdom: Oxford University Press, 2013. p. 301–325, p. 309 e 324.

222. INTERNATIONAL COURT OF JUSTICE. **LaGrand (Germany v. United States of America).** Judgment of 27 June 2001. Disponível em: https://www.icj-cij.org/case/104 . Acesso em: 10 jul. 2023.

223. INTERNATIONAL COURT OF JUSTICE. **Avena and Other Mexican Nationals (Mexico v. United States of America).** Judgment of 31 March 2004. Disponível em: https://www.icj-cij.org/case/128. Acesso em: 10 jul. 2023.

Diallo,[224] *Geórgia vs. Rússia*,[225] e *Bélgica vs. Senegal*,[226] todos examinados por Simma, são exemplos disso.

Em seu relatório ao Conselho de Segurança das Nações Unidas (ONU), a Comissão de Especialistas sobre a Situação na antiga República da Iugoslávia recordou que "as expectativas da opinião pública de uma nova ordem mundial baseada no estado de Direito internacional exigem nada menos que instituições eficazes e permanentes de justiça internacional".[227]O Objetivo do Desenvolvimento Sustentável (ODS) 16, da Agenda 2030, das Nações Unidas apontou o mesmo caminho, que põe em causa a *accountability* em vários planos.

Diante da deficiência estrutural da CIJ e de seu curto alcance na temática, ganham importância os tribunais regionais e os mecanismos onusianos de direitos humanos no papel que desempenham para lidar com algumas das massivas violações de direitos que ocorrem diuturnamente no Planeta. Ainda assim, os casos levados a julgamento por Estrasburgo, San José e Arusha são poucos numa imensidão de violações, ao passo que o papel dos comitês onusianos em Genebra é opaco para grande parte das pessoas, que ainda têm de enfrentar problemas processuais de *jus standi* para acessá-los.

Examinando o fenômeno da globalização da Justiça, Slaughter lista cinco categorias de interações entre os órgãos judiciais nacionais na sociedade globalizada, duas das quais nos interessam neste tópico, pelo seu caráter vertical: as relações entre os tribunais nacionais da União Europeia e o TJUE; e as relações entre o TEDH e os judiciários dos Estados Partes do Conselho da Europa.[228] A autora não abordou o relacionamento da

224. INTERNATIONAL COURT OF JUSTICE. **Ahmadou Sadio Diallo (Republic of Guinea v. Democratic Republic of the Congo)**. Judgment of 30 November 2010. Disponível em: https://www.icj-cij.org/case/103. Acesso em: 10 jul. 2023.

225. INTERNATIONAL COURT OF JUSTICE. **Application of the International Convention on the Elimination of All Forms of Racial Discrimination (Georgia v. Russian Federation).** Judgment of 1 April 2011. Disponível em: https://www.icj-cij.org/case/140. Acesso em: 10 jul. 2023.

226. INTERNATIONAL COURT OF JUSTICE. **Questions relating to the Obligation to Prosecute or Extradite (Belgium v. Senegal)**. Judgment 20 July 2012, I.C.J. Reports 2012, § 99. Disponível em: https://www.icj-cij.org/sites/default/files/case-related/144/144-20120720-JUD-01-00-EN.pdf. Acesso em: 10 mai. 2023.

227. UNITED NATIONS. Security Council. **Final Report of the Commission of Experts Established Pursuant to Security Council Resolution 780 (1992**), Doc. S/1994/674, § 320. Disponível em: https://www.icty.org/x/file/About/OTP/un_commission_of_experts_report1994_en.pdf. Acesso em: 10 ju. 2023.

228. "Reviewing these cases, one commentator has described the ECHR as a "sort of world court of human rights," whose judgments are increasingly quoted by national courts and accepted by them". SLAUGHTER, Anne-Marie. Judicial Globalization. **Virginia Journal of International Law**, *[S. l.]*, v. 40, n. 4, p. 1103–1124, 2000, p. 1104 e 1110.

justiça nacional com outros tribunais internacionais, o que reduz o alcance de sua posição. Contudo, sua concepção serve para percebermos que essas interações correspondem a mecanismos de responsabilização do Estado perante tribunais regionais a que estejam vinculados e que, no seu conjunto, funcionam como um sistema de cortes universais de direitos humanos que cobrem três continentes e influenciam tribunais apicais de todo o Planeta.

Em geral, os mecanismos não judiciais e quase-judiciais de monitoramento também desempenham um papel crucial na manutenção da funcionalidade sistêmica. Além de checarem a conformidade dos Estados em relação a preceitos vinculantes e não vinculantes dos tratados e da *soft law*, algumas dessas entidades, como o GAFI, "ainda repreendem os Estados pelo não cumprimento (*naming and shaming*)" de certos compromissos internacionais, pressionando "os Estados Partes a ajustarem as suas leis para além do que foi consentido" e os sancionando por meio das listas cinzas (*grey lists*).[229] Serve como exemplo deste tipo de evento a reprimenda do *Working Group on Bribery* (WGB) ao Brasil por uma decisão do STF relativa ao funcionamento de sua unidade de inteligência financeira (UIF), que poderia impactar sua operação, em conformidade com as 40 Recomendações do GAFI e os Princípios de Egmont.[230]

5.5.2.1. A Conformidade nos Regimes Internacionais de Proteção

Nos regimes de proteção, a maquinaria de monitoramento é mais sólida do que noutros domínios do direito internacional, embora isso não signifique muita coisa no final das contas. As cortes de direitos humanos atuam como mecanismos de responsabilização, desde que presente a competência internacional desses tribunais segundo o critério *ratione loci*, relativo aos eventos ocorridos no território do Estado Parte ou em território sob seu

229. MEYER, Frank. The Emergence of Criminal Law Norms in International Organizations. *In*: BOISTER, Neil; GLESS, Sabine; JESSBERGER, Florian (org.). **Histories of Transnational Criminal Law**. Oxford, United Kingdom; New York, NY. Oxford University Press, 2021, p. 97.

230. OECD. **Implementing the OECD Anti-Bribery Convention in Brazil**: Phase 4 Report, Paris: OECD Publishing, 2023, p. 25. Vide ainda: "However, the FATF expresses its serious concerns regarding Brazil's ability to comply with international standards and combat money laundering and terrorist financing that result from the limitation placed by a recent provisional injunction issued by one judge of the Brazilian Supreme Court on the use of financial intelligence in criminal investigations. The FATF is also concerned that the court decision is impacting Brazil's FIU to share information with law enforcement authorities". FINANCIAL ACTION TASK FORCE. **Outcomes FATF Plenary**, 16-18 October 2019. Paris: FATF, 2019. Disponível em: https://www.fatf-gafi.org/en/publications/Fatfgeneral/Outcomes-plenary-october-2019.html. Acesso em: 26 abr. 2024.

efetivo controle;[231] o critério *ratione personæ*, que alcança as pessoas nesse território, abarcando também os atos de cooperação internacional com outros Estados;[232] e o critério *ratione temporis*, vinculado ao momento do efetivo ingresso do Estado no regime convencional com sujeição jurisdicional.

Quanto à competência territorial, no mencionado caso *Ilaşcu e Outros vs. Moldávia e Rússia*, o Tribunal Europeu de Direitos Humanos em Estrasburgo decidiu que "a responsabilidade de um Estado também pode decorrer de atos que tenham repercussões suficientemente próximas sobre os direitos garantidos pela Convenção, mesmo que essas repercussões ocorram fora da sua jurisdição". É incompatível com os valores convencionais europeus extraditar uma pessoa para outro Estado com consciência de que tal pessoa corre efetivo risco de ser submetida a tortura.[233]

No âmbito dos sistemas de proteção aos direitos humanos, os mecanismos de monitoramento realizam uma função crucial, na medida em que checam a conformidade estatal com as decisões por eles adotadas e com os comentários gerais, muitos dos quais terão repercussões penais, no tocante ao início de persecuções criminais ou à estruturação de órgãos nos Estados Partes desses regimes, ao aperfeiçoamento legislativo e à adoção de protocolos investigativos e de cuidado com vítimas e acusados.

A imbricação da atuação das cortes e dos mecanismos com o direito penal leva Huneeus a denominá-los de mecanismos de revisão quase-penais (*quasi-criminal review*),[234] "uma prática que está a cumprir alguns dos objetivos do sistema de justiça penal internacional, incluindo a promoção da persecução de condutas ilícitas que são crimes internacionais", funcio-

---

231. TEDH: "According to the relevant principles of international law, a State's responsibility may be engaged where, as a consequence of military action – whether lawful or unlawful – it exercises in practice effective control of an area situated outside its national territory. The obligation to secure, in such an area, the rights and freedoms set out in the Convention derives from the fact of such control, whether it be exercised directly, through its armed forces, or through a subordinate local administration". EUROPEAN COURT OF HUMAN RIGHTS. **Case of Ilaşcu and Others v. Moldova and Russia.** Judgment 8 July 2004, § 314. Disponível em: https://hudoc.echr.coe.int/fre#{%22itemid%22:[%22001-61886%22]}. Acesso em: 10 jul. 2023.

232. VAN HOEK, Aukje A. H.; LUCHTMAN, Michiel J. J. P. Transnational cooperation in criminal matters and the safeguarding of human rights. **Utrecht Law Review**, [S. l.], v. 1, n. 2, p. 1–39, 2005, p. 24.

233. EUROPEAN COURT OF HUIMAN RIGHTS. **Case of Ilaşcu and Others v. Moldova and Russia.** Judgment 8 July 2004, § 317. Disponível em: https://hudoc.echr.coe.int/fre#{%22itemid%22:[%22001-61886%22]}. Acesso em: 10 jul. 2023.

234. HUNEEUS, Alexandra. International Criminal Law by Other Means: The Quasi-criminal Jurisdiction of the Human Rights Courts. **American Journal of International Law**, *[S. l.]*, v. 107, n. 1, p. 1–44, 2013, p. 2.

nando, neste campo, eventualmente em sinergia com os tribunais penais internacionais de quarta geração.[235]

Há uma série de comitês especializados no sistema internacional de proteção aos direitos humanos. Tais colegiados independentes não são órgãos da ONU; funcionam como entes de fiscalização, monitoramento e cumprimento dos tratados de direitos humanos firmados pelos Estados Partes (*human rights-treaty bodies*). Servem também como mecanismos de implementação das garantias individuais previstas nos tratados que os constituem. O Comitê de Direitos Humanos (*Human Rights Committee*) do Pacto Internacional de Direitos Civis e Políticos (PIDCP) é um órgão oficial do tratado de 1966, previsto nos seus arts. 28 a 39. Conhecido pela sigla CCPR, o Comitê do PIDCP não se confunde com o Conselho de Direitos Humanos das Nações Unidas (*United Nations Human Rights Council* – HRC), que é órgão vinculado à Assembleia Geral da ONU, nem com o *Office of the United Nations High Commissioner for Human Rights (OHCHR)* – Alto Comissariado das Nações Unidas para os Direitos Humanos (ACNUDH). Tal Comitê é um dos vários órgãos convencionais de direitos humanos do sistema das Nações Unidas. Criado pelo art. 28 do PIDCP de 1966, o Comitê CCPR é composto por 18 membros, escolhidos entre nacionais dos Estados Partes do Pacto, os quais devem ter elevada reputação moral e reconhecida competência em direitos humanos.[236]

Há dez órgãos deste tipo no sistema onusiano, como o Comitê contra a Tortura (CAT), o Comitê sobre Desaparecimentos Forçados (CED), o Comitê para a Eliminação da Discriminação Racial (CERD) e o Comitê sobre os Direitos da Criança (CRC), todos em Genebra. Entre as maiores convenções de direitos humanos, a Convenção do Genocídio é a única a não ter um mecanismo de implementação próprio.[237] Formados por especialistas independentes, esses comitês recebem comunicações individuais e petições interestatais e declaram por meio de suas *views* a desconformidade das práticas dos Estados Partes em função dos compromissos assumidos nos vários tratados onusianos de direitos humanos, entre eles o Pacto Internacional de

---

235. HUNEEUS, Alexandra. International Criminal Law by Other Means: The Quasi-criminal Jurisdiction of the Human Rights Courts. **American Journal of International Law**, *[S. l.]*, v. 107, n. 1, p. 1–44, 2013, p. 4.

236 ARAS, Vladimir. O caso Lula vs. Brasil. **Blog do Vlad**, 18 de agosto de 2018. Disponível em: https://vladimiraras.blog/2018/08/18/o-caso-lula-vs-brasil/. Acesso em: 10 jul. 2023.

237. SIMMA, Bruno. Human Rights before the International Court of Justice: Community Interest Coming to Life? *In*: TAMS, Christian J.; SLOAN, James (org.). **The Development of International Law by the International Court of Justice**. Oxford, United Kingdom: Oxford University Press, 2013. p. 301–325, p. 318.

Direitos Civis e Políticos (1966) e a Convenção das Nações Unidas contra a Tortura e Outras Penas ou Tratamentos Cruéis, Desumanos ou Degradantes (1984).[238] Embora não jurisdicionais, suas decisões são vinculantes para os Estados Partes e podem resultar na sua responsabilização internacional.

O Comitê de Direitos Humanos (CCPR) das Nações Unidas, o Comitê de Ministros do Conselho da Europa (COE) e a Corte IDH podem realizar a supervisão do cumprimento das determinações relacionadas à violação de direitos humanos em cada um desses sistemas. No entanto, os mecanismos de supervisão das ordens dos organismos não judiciais são mais frágeis do que o procedimento de acompanhamento da execução das sentenças judiciais dos tribunais regionais.[239] O descumprimento de sentenças do TEDH pode ser submetido aos ministros dos Estados Partes do Conselho da Europa. Já no processo interamericano, há uma etapa de supervisão a cargo da própria Corte. O procedimento regional se inicia perante a Comissão Interamericana (CIDH) e só então segue a Corte IDH, que se manifesta quanto ao mérito da causa e depois acompanha o cumprimento da sentença que tenha sido proferida.

Na CIDH, faz-se uma apuração preliminar da alegada violação e depois é emitido um relatório de mérito. Se não houver solução amistosa, o caso pode ser submetido à Corte IDH, iniciando-se a fase judicial ou de adjudicação, que se encerrará com a deliberação sobre as questões preliminares levantadas, sobre o mérito e sobre as reparações devidas. Se proferida uma decisão de responsabilização internacional do Estado, este deve cumprir as medidas determinadas e segue-se uma etapa de supervisão da sentença, que tem a participação da Comissão, das vítimas e, obviamente, do próprio Estado. Devido a essa configuração, explica Huneeus, o procedimento de supervisão de sentenças interamericanas tem grande importância no modelo convencional, pois, entre outras coisas, permite acompanhar o desenrolar do cumprimento das obrigações impostas pela Corte – inclusive a persecução criminal enquanto ela ocorre –, com um monitoramento multipartite da execução da sentença, baseado numa relação dialógica entre todos, com vistas à conformidade estatal.[240] Entretanto, essa *circularidade*, que se ini-

238. UNITED NATIONS. **Monitoring the core international human rights treaties**. Disponível em: https://www.ohchr.org/EN/HRBodies/Pages/Overview.aspx. Acesso em: 10 jul. 2023.

239. HUNEEUS, Alexandra. International Criminal Law by Other Means: The Quasi-criminal Jurisdiction of the Human Rights Courts. **American Journal of International Law**, *[S. l.]*, v. 107, n. 1, p. 1–44, 2013.

240. HUNEEUS, Alexandra. International Criminal Law by Other Means: The Quasi-criminal Jurisdiction of the Human Rights Courts. **American Journal of International Law**, *[S. l.]*, v. 107, n. 1, p. 1–44, 2013, p. 9 e 11-13.

cia no âmbito estatal onde o fato ocorreu e faz o caso retornar a ele, após a manifestação da instância internacional, é extremamente morosa e seu ciclo pode durar vários anos.[241]

Não raro Estados Partes do sistema interamericano descumprem sentenças da Corte IDH, especialmente quando sujeitos a situações de instabilidade político-institucional grave ou a recessos democráticos. Na fase de supervisão da sentença do caso *Roche Azaña e Outros vs. Nicarágua*, diante da omissão estatal, a Corte fez lembrar ao Estado nicaraguense que suas sentenças são definitivas, inapeláveis, produzem coisa julgada e são de cumprimento obrigatório, como consequência do princípio *pacta sunt servanda*. Seu descumprimento corresponde a "ato de evidente desacato à obrigatoriedade das sentenças do Tribunal", violação do princípio da boa-fé, tornando ilusório o direito de acesso das vítimas à justiça internacional. Tal situação por si só acarreta o cometimento pelo Estado de outro ilícito internacional. No caso concreto, a Corte IDH ativou a cláusula convencional de comunicação da violação à Assembleia Geral da OEA, para suas providências em relação à Nicarágua, nos termos da Carta de Bogotá de 1948.[242] Neste aspecto, o sistema interamericano de supervisão aproxima-se do modelo vigente no Conselho da Europa.

Na falta de efetividade do monitoramento pelos modelos convencionais multilaterais, a responsabilização do Estado por violações de direitos humanos pode ser buscada em instâncias domésticas do outro país. Apesar da regra *par in parem non habet iudicium*, não são raros os casos de responsabilização civil de Estados estrangeiros em casos de graves violações de direitos humanos, como a prática de tortura, genocídio, crimes de guerra, desaparecimentos forçados e outras violações. Nos Estados Unidos, este tipo de demanda é possível com base na *Alien Tort Claims Act* (ATCA), na *Foreign*

---

241. HUNEEUS, Alexandra. International Criminal Law by Other Means: The Quasi-criminal Jurisdiction of the Human Rights Courts. **American Journal of International Law**, *[S. l.]*, v. 107, n. 1, p. 1–44, 2013, p. 37.

242. CORTE IDH: "Por tanto, la labor de la Asamblea General de la Organización de los Estados Americanos, cuando se le presenta un incumplimiento manifiesto por parte de uno de los Estados de una Sentencia emitida por la Corte Interamericana, es precisamente la de proteger el efecto útil de la Convención Americana y evitar que la justicia interamericana se torne ilusoria al quedar al arbitrio de las decisiones internas de un Estado". CORTE INTERAMERICANA DE DIREITOS HUMANOS. **Caso Roche Azaña y Otros vs. Nicaragua**. Supervision de Cumplimiento de Sentencia. Resolución de la Corte de 17 de noviembre de 2021, §§ 6-10. Disponível em: https://www.corteidh.or.cr/docs/supervisiones/roche_azana_17_11_21.pdf. Acesso em: 10 set. 2023.

Soverign Immunity Act (FSIA),[243] na *Justice Against Sponsors of Terrorism Act* (JASTA) e na *Torture Victim Protection Act* (TVPA),[244] especialmente quando atos terroristas são atribuíveis a um Estado.[245]

Em 2021, a Suprema Corte do Brasil firmou um precedente nesta linha,[246] no qual admitiu a responsabilização da Alemanha, perante a justiça comum brasileira, pelo torpedeamento do navio pesqueiro *Chagri-lá*, pelo *U-Boat 199*, da *Kriegsmarine*. O fato ocorreu em águas brasileiras em 1943 durante a Segunda Guerra Mundial. Nesse julgado, fixou-se a tese de que "os atos ilícitos praticados por Estados estrangeiros em violação a direitos humanos não gozam de imunidade de jurisdição." Conforme a Suprema Corte brasileira, a imunidade de jurisdição de Estado estrangeiro não alcança atos de império ofensivos ao direito internacional dos direitos humanos, tais como aqueles que resultem na morte de civis em período de guerra.[247]

Este método de sujeição jurisdicional – ao qual Yang se opõe[248] – se soma às ferramentas tradicionais de *enforcement* do direito internacional

---

243. HOWE, Amy. Opinion analysis: Court rules for Sudan in dispute over service in USS Cole lawsuit. **SCOTUSblog**, March 26, 2019. Disponível em: https://www.scotusblog.com/2019/03/opinion-analysis-court-rules-for-sudan-in-dispute-over-service-in-uss-cole-lawsuit/. Acesso em: 10 jul. 2023.

244. "[T]he Act does grant federal courts original subject matter jurisdiction over any civil action by an alien for a tort only, committed in violation of the law of nations or a treaty of the-United States". BERMAN, Paul Schiff. The Globalization of Jurisdiction. **University of Pennsylvania Law Review**, *[S. l.]*, v. 151, n. 2, p. 311–545, 2002, p. 362.

245. O caso diz respeito a atentados terroristas cometidos pela Al Qaeda nas embaixadas dos EUA no Quênia e na Tanzânia em 1998, com apoio do governo do Sudão. Disse a SCOTUS: "Of particular relevance today is the terrorism exception Congress added to the law in 1996. That exception permits certain plaintiffs to bring suits against countries who have committed or supported specified acts of terrorism and who are designated by the State Department as state sponsors of terror." UNITED STATES. Supreme Court. **Opati et al. v. Republic of Sudan.** 590 U. S. __ (2020). Decided May 18, 2020. Disponível em: https://www.supremecourt.gov/opinions/19pdf/17-1268_c07d.pdf. Acesso em: 10 jul. 2023.

246. BRASIL. Supremo Tribunal Federal. Tribunal Pleno. **Agravo em Recurso Extraordinário 954.858.** Tema 944 da Repercussão Geral. Relator Ministro Edson Fachin, julgado em 23/08/2021.

247. ARAS, Vladimir. O torpedeamento do vapor Itagiba em 1942. **Blog do Vlad**, 28 de agosto de 2021. Disponível em: https://vladimiraras.blog/2021/08/28/o-torpedeamento-do-vapor-itagiba-em-1942/. Acesso em: 2 jun. 2023.

248. "The core issue concerning the relationship between State immunity and violations of human rights is the existence of extraterritorial jurisdiction (whether over criminal or civil matters). [...] Violations of international law, even of jus cogens norms, cannot automatically strip a State of immunity before a foreign domestic court. The principle that immunity may subsist for illegal acts violating human rights, odious though it may be, nonetheless remains the law at the present moment". YANG, Xiaodong. **State immunity in international law**. Cambridge; New York: Cambridge University Press, 2012, p. 440.

humanitário, que consistem basicamente em represálias.[249] Cassese também aponta a possibilidade de instituição casuística de missões de investigação (*fact-finding mechanisms*), tal como a Comissão Internacional de Investigação de que trata o art. 90 do Primeiro Protocolo Adicional,[250] de 1977, às Convenções de Genebra, ou de buscar a conformidade por meio de tribunais penais internacionais ou de tribunais nacionais, de acordo com o princípio da universalidade da jurisdição,[251] tal como se viu no procedimento aberto pela Procuradoria do TPI contra Vladimir Putin e Maria Alekseyevna Lvova-Belova, referente à Situação na Ucrânia.[252]

Apesar da fragilidade do modelo de conformidade, há também flexibilidade, possibilitando respostas das mais variadas formas, inclusive por meio de medidas multilaterais por organizações internacionais,[253] como se deu no caso *Habré*, com a intervenção da União Africana em relação ao Senegal. Algumas entidades do sistema de integração regional podem até mesmo julgar ações de descumprimento de obrigações convencionais pelos Estados Partes. Os arts. 23 a 25 do Tratado de Criação do Tribunal de Justiça da Comunidade Andina (TJCA) preveem a *acción de incumplimiento*, proposta perante o Tribunal, com sede no Equador, quando a Secretaria Geral emite um *dictamen de incumplimiento*, considerando "que um País Membro descumpriu obrigações emanadas das normas ou Convênios que integram o ordenamento jurídico da Comunidade Andina". Esta ação pode ser proposta por Estados, pela Secretaria da Comunidade e por pessoas físicas e jurídicas.[254] O TJCA já estabeleceu que lhe cabe "garantir que os Estados

249. CASSESE, Antonio. On the Current Trends towards Criminal Prosecution and Punishment of Breaches of International Humanitarian Law. **European Journal of International Law**, *[S. l.]*, v. 9, p. 2-17, 1998, p. 3.

250. INTERNATIONAL COMMITTEE OF THE RED CROSS. **Protocol Additional to the Geneva Conventions of 12 August 1949 and relating to the Protection of Victims of International Armed Conflicts (Protocol I)**, done at Geneva on 8 June 1977. Disponível em: https://ihl-databases.icrc.org/en/ihl-treaties/api-1977/article-90?activeTab=undefined. Acesso em: 10 jun. 2023.

251. CASSESE, Antonio. On the Current Trends towards Criminal Prosecution and Punishment of Breaches of International Humanitarian Law. **European Journal of International Law**, *[S. l.]*, v. 9, p. 2-17, 1998, p. 4.

252. INTERNATIONAL CRIMINAL COURT. **Situation in Ukraine**, ICC-01/22, Investigation. Disponível em: https://www.icc-cpi.int/situations/ukraine. Acesso em: 10 jul. 2023.

253. CASSESE, Antonio. On the Current Trends towards Criminal Prosecution and Punishment of Breaches of International Humanitarian Law. **European Journal of International Law**, *[S. l.]*, v. 9, p. 2-17, 1998, p. 15.

254. COMUNIDAD ANDINA. Normativa andina: **Tratado de Creación del Tribunal de Justicia de la Comunidad Andina**, aprobado en la ciudad de Cochabamba, Bolivia, a los 28 días del mes de mayo de 1996. Disponível em: https://www.comunidadandina.org/DocOficialesFiles/DBasicos/DBasico2.doc /. Acesso em: 2 jun. 2023.

Membros cumpram as normas que integram o ordenamento jurídico comunitário andino, respeitem sua intangibilidade e se abstenham de adotar medidas que o contrariem".[255] O conjunto de elementos antes analisados nos permite perceber que os regimes regionais têm mecanismos mais densos de conformidade e de responsabilização do que os regimes internacionais.

5.5.2.2. A Conformidade nos Regimes Internacionais de Proibição

Se a *compliance* de direitos humanos por meio de organismos dos regimes internacionais de proteção é débil, o mecanismo de *enforcement* dos regimes de proibição é ainda mais precário. O adequado funcionamento dos regimes globais de proibição depende de um sistema de conformidade interestatal, baseado em um método colaborativo entre soberanias e organizações internacionais. Os mecanismos de monitoramento instituídos por organizações internacionais encarregadas desses regimes são um componente crucial de sua estrutura: "Quase nenhum tratado ou regulamento de controle penal é proposto hoje em dia sem mecanismos auxiliares para garantir uma aplicação eficaz".[256]

Para Keohane, a descentralização que caracteriza os regimes internacionais "não implica falta de mecanismos de cumprimento"; significa apenas que as "sanções por violação dos princípios ou regras do regime devem ser impostas" pelos seus membros por meio dos procedimentos e regras indicados nos próprios regimes.[257] Teoricamente é assim que deveria ser, mas as ineficiências são inúmeras, ressalvadas algumas ilhas de excelência como o *Working Group on Bribery* (WGB), mecanismo de implementação da Convenção Anticorrupção da OCDE de 1997,[258] e o GAFI. Conforme Aras, a atuação do WGB levou Estados Partes a modificarem suas leis penais e processuais, para adaptarem-se a esse regime de integridade estatal.

255. TRIBUNAL DE JUSTICIA DE LA COMUNIDAD ANDINA. Processo 02-AI-2019. **Sugarlatam vs. República del Ecuador**. Magistrado Ponente Gustavo García Brito, San Francisco de Quito, 18 de julio de 2023, § 3.1.8. Disponível em: Disponível em: https://www.comunidadandina.org/DocOficialesFiles/Procesos/PROCESO02_AI_2019. Acesso em: 2 jun. 2023.

256. MEYER, Frank. The Emergence of Criminal Law Norms in International Organizations. *In*: BOISTER, Neil; GLESS, Sabine; JESSBERGER, Florian (org.). **Histories of Transnational Criminal Law**. Oxford, United Kingdom; New York, NY. Oxford University Press, 2021. p. 70–83.

257. KEOHANE, Robert O. **After hegemony:** cooperation and discord in the world political economy. Princeton, N.J: Princeton University Press, 1984, p. 98.

258. ORGANIZATION FOR ECONOMIC COOPERATION AND DEVELOPMENT. **Convention on Combating Bribery of Foreign Public Officials in International Business Transactions**, done at Paris on 17 December 1997. Disponível em: https://www.oecd.org/corruption/oecdantibriberyconvention.htm. Acesso em: 10 jul. 2023.

Mecanismos semelhantes ou mais simplificados existem noutras regiões ou organizações do mundo, como o Grupo de Trabalho Anticorrupção (ACWG), do G20; o Grupo de Estados contra a Corrupção (GRECO), do Conselho da Europa; o Grupo de Trabalho de Anticorrupção e Transparência (ACTWG), da Cooperação Econômica Ásia-Pacífico (APEC); e o Conselho Consultivo da União Africana sobre Corrupção (AUABC). Tais organismos monitoram a implementação das obrigações convencionais e dos atos de *soft law*, contribuindo para a expansão do *rule of law* por todo o globo.[259]

O modelo do GAFI, de revisão por pares e inclusão de países recalcitrantes em listas cinzas (*gray lists*), serve como exemplo de um sistema de coordenação de sanções em caso de desconformidade com o regime internacional de prevenção à lavagem de dinheiro e ao financiamento do terrorismo (PLD/FTP). O GAFI opera como um organismo de governança cujos mecanismos de coerção - inclusive seu rol de países e territórios não cooperantes - podem levar até mesmo Estados que não são partes do Grupo a alterar sua legislação, inclusive suas leis penais e processuais, para adequação ao padrão das 40 Recomendações.[260] A ação sobre os países membros do Grupo se dá mediante o exercício de persuasão, uma forma de *soft power*, mas sob ameaça de sua listagem como um dos *Non-cooperative Countries and Territories* (NCCT), o que acarreta constrangimentos aos seus governos, no ambiente econômico-financeiro, podendo o rótulo "de país não cooperante implicar prejuízos nas relações internacionais econômicas".[261] A sanção máxima é a de exclusão do GAFI, sem prejuízo de monitoramento das relações comerciais e transações financeiras desses Estados não conformes pelo Banco Mundial e pelo Fundo Monetário Internacional (FMI).[262]

259. ARAS, Vladimir. Mecanismos internacionais anticorrupção. *In*: SALGADO, Daniel de Resende; QUEIROZ, Ronaldo Pinheiro de; ARAS, Vladimir (org.). **Corrupção:** aspectos sociológicos, criminológicos e jurídicos. Salvador: JusPodivm, 2020. p. 129–199, p. 148.

260. DREZNER, Daniel W. **All politics is global:** explaining international regulatory regimes. Princeton: Princeton University Press, 2008, p. 145.

261. SUXBERGER, Antonio Henrique Graciano; JÚNIOR, Dalbertom Caselato. O papel do GAFI/FATF: natureza jurídica de suas recomendações e formas de coerção aos países membros pela sua inobservância. **Cadernos de Dereito Actual**, *[S. l.]*, n. 11, p. 173–185, 2019, p. 177.

262. SUXBERGER, Antonio Henrique Graciano; JÚNIOR, Dalbertom Caselato. O papel do GAFI/FATF: natureza jurídica de suas recomendações e formas de coerção aos países membros pela sua inobservância. **Cadernos de Dereito Actual**, *[S. l.]*, n. 11, p. 173–185, 2019, p. 180.

No Programa de Paris, aprovado em 1991 pelas Nações Unidas, para a prevenção do crime e a promoção da justiça criminal já se preconizava a necessidade de, embora respeitando a soberania dos Estados,[263] criar mecanismos para revisão da efetividade e da aplicação dos instrumentos internacionais de prevenção do crime e de justiça criminal.[264] Um desses organismos é o Mecanismo de Acompanhamento da Implementação da Convenção Interamericana contra a Corrupção (MESICIC), cujo objetivo é o cumprimento da Convenção de Caracas, de 1996, pelos Estados Partes. Em 2001, o Conselho de Segurança das Nações Unidas criou o *Counter-Terrorism Committee* (CTC), para monitorar a implementação pelos Estados Partes das convenções antiterrorismo no seu direito interno. Esse órgão subsidiário do CS/ONU foi estabelecido pela Resolução 1373 (2001).[265]

No âmbito da Convenção de Palermo, a conferência das Partes (COP) de 2018 aprovou por resolução a criação do mecanismo de seguimento (*UNTOC Review Mechanism*), previsto no art. 32.3, para assegurar a conformidade dos Estados Partes ao texto convencional e sua maior eficácia, dando completude a este regime internacional.[266]

263. Ressalva expressa do texto do Programa de Paris, de 1991.

264. UNITED NATIONS. General Assembly. **Statement of Principles and Programme of Action of the United Nations crime prevention and criminal justice programme**, annex to Resolution A/RES/46/152, adopted in Paris, on 18 December 1991, p. 220, § 20. Disponível em: https://documents-dds-ny.un.org/doc/RESOLUTION/GEN/NR0/582/40/IMG/NR058240.pdf?OpenElement. Acesso em: 10 jun. 2023.

265. UNITED NATIONS. Security Council. **Resolution S/RES/1373 (2001)**, adopted by the Security Council on 28 September 2001. Disponível em: https://digitallibrary.un.org/record/449020 . Acesso em: 10 jul. 2023. Vide também a Resolução S/RES/2617 (2021), cujo § 9: "Encourages CTED to assess as appropriate Member States' efforts to ensure the criminalization and prosecution of terrorism offences in accordance with their obligations under international law and to consider promoting national sentencing policies, practices or guidelines for the treatment of offenders in which the severity of penalties for offenders is proportionate to the gravity of offences in accordance with national legislation, while treating those who are being prosecuted for or have been convicted of terrorism offences humanely and respecting their human rights, in accordance with international law, and to consider measures to reduce recidivism, including, where applicable and pursuant to their applicable domestic laws, the rehabilitation and reintegration of prisoners into society". UNITED NATIONS. Security Council. **Resolution S/RES/2617 (2021)**, adopted by the Security Council on 30 December 2021. § 32. Disponível em: https://digitallibrary.un.org/record/3952742?ln=EN. Acesso em: 10 jul. 2023.

266. UNITED NATIONS. The Conference of the Parties to the United Nations Convention against Transnational Organized Crime. Resolution 9/1. **Establishment of the Mechanism for the Review of the Implementation of the United Nations Convention against Transnational Organized Crime and the Protocols thereto**. Disponível em: https://www.unodc.org/documents/treaties/UNTOC/Review%20Mechanism/Resolution/English.pdf. Acesso em: 10 jul. 2023.

Esses organismos de seguimento velam pela cabal implementação das obrigações convencionais e dos compromissos assumidos pelos Estados nas conferências dos Estados Partes, inclusive em matéria de cooperação jurídica internacional. Quando a conformidade não ocorre, o modelo de responsabilização é *fraco*. Não há efetivamente um método de imposição de sanções aos Estados inadimplentes, senão o método de consultas, a pressão pelos pares e o *naming and shaming*. A *accountability* interna sobre os governos nacionais também pode operar positivamente.

CONCLUSÕES

O dever de cooperar internacionalmente encontra seu lugar na teoria das obrigações processuais positivas. Estas alcançam as atividades de persecução penal internacional e transnacional em sentido amplo, englobando os crimes internacionais, os crimes transnacionais e os crimes de direito penal comum internacionalizados por estraneidade.

O enfoque expansivo dos regimes jurídicos de proteção à pessoa humana, numa ótica bifronte, que olha para os acusados e para as vítimas e os demais atores do processo – não meramente seus *sujeitos* –, mostra que os mecanismos de assistência mútua, de extradição e de reconhecimento de sentenças penais estrangeiras não se apartam do âmbito de incidência desses preceitos legais. Tais normas de proteção à pessoa humana são mais do que compromissos meramente formais entre entidades políticas, segundo o princípio *pacta sunt servanda*. Para além das aspirações universais de solidariedade, são essas normas protetivas, juntamente com os direitos de acesso à justiça e de proteção efetiva, que justificam a necessidade de cooperar e o dever de fazê-lo, tanto passivamente quanto ativamente, donde se falar num dever de *requerer* cooperação.

Considerado o problema proposto, se existe um dever de cooperação jurídica internacional, ao final deste esforço de investigação, a resposta é afirmativa. Ao longo do estudo pudemos ver, com clareza e inteireza, o sistema sinérgico e dual que condiciona a cooperação jurídica internacional em matéria penal, tendo-se revelado o desenho teórico da cooperação ativa como um dever das instituições estatais num olhar *para dentro* do Estado. Ficaram ainda evidenciadas as consequências do seu descumprimento, num olhar *para fora*, com impactos no microcosmo da pessoa humana e no macrocosmo estatal, especialmente na estruturação e na operação dos sistemas de justiça criminal, inclusive com possibilidade de responsabilização internacional do Estado.

Cremos ter demonstrado que os deveres de devida diligência e de proteção judicial efetiva, como elementos inerentes às obrigações processuais positivas, exigem dos órgãos estatais de persecução criminal providências ativas, de cooperação jurídica internacional, relacionadas à tutela dos direitos humanos, na perspectiva transnacional *lato sensu*, abarcando o direito internacional penal, o direito penal transnacional e o direito penal comum "internacionalizado" por estraneidade.

Se a promoção dos direitos fundamentais (internamente) é um dever dos Estados para consigo e para com seus cidadãos, com base em suas leis constitucionais, também o são os deveres de investigar, processar e, sendo o caso, punir, como projeções processuais dos bens jurídicos garantidos pelas normas fundamentais dos Estados Democráticos de Direito. Daí se conclui que as obrigações de segundo nível, que se prestam a assegurar a implementação desses deveres primários, são impregnadas pela mesma musculatura. Cooperar será um dever para quem investiga, sempre que presente a situação essencial ou acidental de estraneidade. A construção que resulta desta pesquisa dispensa a invocação de normas convencionais – embora essas sejam muito relevantes para a cooperação jurídica internacional – porque, conforme decidiu a Corte Interamericana de Direitos Humanos, o direito de acesso à Justiça é, para as vítimas de violações de direitos humanos, um direito fundado no *jus cogens*. Por outro lado, se a proibição de crimes de *jus cogens* exige sua prevenção e repressão, estes deveres correspondem a obrigações *erga omnes*, que também demandarão medidas instrumentais – como as de cooperação jurídica internacional – para a cabal conformidade com a norma imperativa de direito internacional.

É do direito internacional que vêm as melhores armas para a proteção da integridade do Estado e da segurança das pessoas e da sociedade. Disso são exemplos, no âmbito dos *suppression treaties*, as convenções de Viena de 1988, de Palermo de 2000, de Budapeste de 2001 e de Mérida de 2003. O direito penal transnacional tem proporcionado aos Estados ferramentas fundamentais para lidar com o fenômeno da criminalidade transnacional que afeta diretamente direitos humanos e interesses estatais soberanos. A criminalização universal da lavagem de dinheiro serve como exemplo desse reforço estrutural no campo penal, ao passo que a expansão global das técnicas especiais de investigação (TEI) será o exemplo mais marcante no campo processual penal. Por isso, podemos dizer que a estruturação de uma *ordem pública competente* e de uma *governança eficiente da criminalidade*, nos planos local, regional e de internacional, depende de duas colunas mestras que no início examinamos: o direito internacional dos direitos humanos e do direito internacional penal (junto com o direito penal transnacional).

Estes dois corpos normativos se entrelaçam e, quando adequadamente implementados, potencializam a atuação de mecanismos integrais de proteção à pessoa humana, na guerra e na paz, para lidar com ações do Estado, com atividades lesivas promovidas por entes terroristas, com as investidas de organizações criminosas ou com as ações ou omissões delitivas de pessoas comuns, inclusive quando tenham dimensão transfronteiriça (regional) ou transnacional (global).

Partindo de referências da doutrina especializada e de um grande conjunto de documentos internacionais e de decisões de tribunais internacionais, chegamos à conclusão de que os Estados devem cooperar, na modalidade de cooperação ativa, para cumprirem suas obrigações positivas, constitucionais, convencionais e extraconvencionais. Para chegar a essa conclusão, percorremos em cinco capítulos os temas que fundamentam a hipótese demonstrada, da existência de um dever jurídico, não apenas moral, de cooperar.

No *Capítulo 1*, identificamos a existência de um sistema binário que conforma a cooperação jurídica internacional em matéria penal, composto pelos regimes internacionais de proibição (onde estão as *supression conventions*) e pelos regimes internacionais de proteção (onde se encontram as convenções de direitos humanos). Ambos respondem a desafios da pós-modernidade e correspondem a conjuntos de princípios, regras, valores e instituições, com os seus respectivos arranjos, voltados para a promoção dos direitos da pessoa humana, por dois caminhos diversos, mas que se encontram ao fim do dia na instância penal, sempre que os bens jurídicos em jogo forem os mais valiosos para as sociedades contemporâneas. Essa visão se coaduna com a evolução da ordem internacional, que não é mais orientada para uma sociedade de Estados. O binômio convencional que serviu de fio condutor desta obra produz sinapses, sinergias e sintonias que criam uma malha de instrumentos e mecanismos de proteção conectados a uma ampla teia de jurisdição criminal. Esses elos permitem que os regimes se retroalimentem e operem uniformemente em torno de um eixo comum, a pessoa humana, independentemente de qualquer rótulo, seja o de nacionalidade ou o seu *status* ou posição no processo penal.

O estudo dos regimes internacionais, como uma das categorias fundamentais de suporte da hipótese, serviu para compreendermos os arranjos de governança global da justiça internacional nos campos dos *core international crimes*, dos crimes transnacionais e dos crimes comuns acidentalmente internacionalizados. Embora distintos na gênese e na formação, os regimes compartilham elementos que se orientam para a afirmação de obrigações positivas expressas e implícitas, como o dever de criminalizar condutas violadoras de direitos humanos (a unidade básica dos futuros deveres, que se apresentam por meio de mandados expressos e implícitos); o dever de asserção de jurisdição (no espaço territorial ou extraterritorial, com significativa importância para a estraneidade cooperacional); os deveres de institucionalização (ligados à criação e organização das agências de persecução criminal e de cooperação internacional); e os deveres instrumentais (que se relacionam ao aparato à disposição dos órgãos de persecução para o cumprimento das tarefas que lhes são distribuídas em cada Estado). Satélite do dever de persecução, o dever de cooperar depende do cumprimento dessas tarefas pelo Estado, no exercício das suas jurisdições prescritivas, administrativas e adjudicatórias, o que revela o importante papel do direito interno, sobretudo na implementação dos regimes e na superação de déficits legislativos que despem os direitos humanos de sua devida proteção.

A transnacionalização da criminalidade e a enorme mobilidade humana das décadas que correm produziram uma necessidade nunca vista de cooperar. A tendência no século 21 é o incremento dessa premência cooperativa. A percepção da importância da proteção dos bens públicos globais e a necessidade de enfrentamento de ameaças quase universais como o terrorismo, a cibercriminalidade, a corrupção transnacional e os delitos ambientais mostraram que a teoria da cortesia (*comity*) não é mais suficiente para a lidar com essas ameaças, às quais se somam a virada digital e os novos riscos da sociedade tecnológica, como a inteligência artificial. A regulação das iás é um desafio multilateral paralelo.

É preciso uma governança global – não isolacionalista, não soberanista, não unilateral – para lidar com tais questões, mediante ações coletivas, com coordenação de jurisdições, o que nos leva ao problema do dever de cooperar num cenário no qual ainda se vê, como outrora, o *noli me tangere* da soberania estatal. Diante de tais complexidades, que revelam a transversalidade do tema estudado, vimos que equacionar a questão do dever de cooperar exige a operação coordenada de institutos do direito internacional penal, do direito penal transnacional, do direito processual penal, da política criminal e do direito internacional dos direitos humanos.

No Capítulo 2, reforçamos o recorte teórico, para que pudéssemos tratar não do enorme gênero da cooperação internacional, mas apenas de uma de suas espécies, a cooperação jurídica internacional em matéria penal, notadamente a de modo ativo. Divisadas suas tipologias, contribuímos com uma nova classificação da cooperação internacional que considera sua incidentalidade ou intercorrência, para denominá-la de cooperação *incidental*, por oposição à cooperação *sucessiva*, por sucessão ou sequencial, aquela em que um Estado assume a jurisdição criminal a pedido de outro. Examinamos brevemente a evolução do tema no Planeta, o que nos levou a tratar de arranjos de governança para segmentos específicos, como a cooperação policial, e a abordar panoramicamente o modelo da União Europeia, onde se desenvolveu um sistema paralelo de cooperação interestatal que convive com o sistema de cooperação internacional (extra-UE).

Vimos as tensões em torno das garantias da pessoa humana que existem entre as famílias da *common law* e da *civil law* e que impregnam a cooperação internacional, sem ignorar a mescla sistêmica que caracteriza nossos dias, o que produz um processo penal cooperacional *sui generis*, cujas finalidades, também descritas, são múltiplas, mas quase sempre voltadas a uma utilidade do processo penal (e também do processo civil ou administrativo). A natureza incidental da cooperação jurídica, como um evento do processo ou para o processo, não lhe suprime, entretanto, a autonomia, uma vez que sua função primordial é a promoção do *rule of law*, da paz e da justiça, mediante a garantia de direitos individuais e a proteção de bens públicos globais.

O exame do fenômeno da estraneidade nos ajudou a compreender as situações nas quais a cooperação jurídica interestatal se apresenta como uma necessidade, promovendo as interações verticais e horizontais exigidas e suavizando o choque de soberanias, que se apoiam no princípio da impenetrabilidade e cuja invocação paradoxalmente serve como um fundamento da cooperação. A base convencional da cooperação ficou mais evidenciada, por vincular-se aos regimes globais de proibição ou a regimes cooperacionais autônomos (não criminalizadores), o que faz da própria cooperação jurídica internacional um regime destacado, no qual são necessários muitos ajustes, a exemplo da eliminação do "*unnecessary middleman*", cuja presença traz aportes político-governamentais quase sempre indesejados na interação estatal em prol da justiça criminal transnacional e internacional.

A assistência mútua interestatal, a extradição e as novas modalidades cooperacionais, inclusive as de reconhecimento de sentenças penais estrangeiras para todos os fins, aparecem como um regime internacional autônomo, embora acessório, assumindo diferentes faces, como uma manifestação do poder soberano estatal, como uma ferramenta de coordenação de jurisdições, como um instrumento de tutela dos direitos humanos, como um modo de divisão internacional do trabalho, como um incidente do processo, e como um remédio para violações de direitos. A cooperação internacional, em sua manifestação funcional, apareceu sobretudo como um instrumento de proteção a direitos fundamentais, um remédio contra abusos e uma medicina contra a impunidade. No cenário que predomina na ordem global, a soberania ainda é, ao mesmo tempo, o fundamento e a fronteira da cooperação internacional.

No *Capítulo 3*, finalmente chegamos à segunda teoria de base sobre a qual se estrutura a obra: as obrigações positivas. A luta contra impunidade é interesse comum de todos os povos para a promoção de bens públicos globais e o enfrentamento dos males públicos planetários. As garantias fundamentais são reconhecidas por quase todas as nações e devem ser validadas quando do manejo dos instrumentos intrusivos e repressivos. As obrigações positivas, que podem ser expressas ou implícitas, estão previstas no direito internacional humanitário, no direito internacional dos direitos humanos, no direito internacional dos refugiados e no direito constitucional dos Estados democráticos, ora ordenando, ora limitando a cooperação jurídica internacional, o que nos leva à afirmação de sua universalidade e o que nos permite descrevê-la como província das obrigações processuais positivas.

Vimos que a dicotomia entre obrigações positivas e negativas é útil à compreensão das competências e deveres dos Estados, servindo a um mesmo fim, destacando-se, dentre elas, as positivas que se relacionam à eficácia horizontal dos direitos humanos. As linhas entre umas e outras, contudo, são fluidas.

As obrigações positivas estão presentes nos três regimes regionais de proteção à pessoa humana analisados e no sistema onusiano e no direito de Genebra. A *jurisprudence constante* das três cortes regionais de direitos humanos hoje existentes também as mostra, com seu conteúdo em parte similar ao dos regimes de proibição, que engloba os deveres de legislar e investigar; além de outras obrigações diversas como as de prevenir, de informar e de prover remédios para violações, entre eles a própria persecução criminal doméstica e internacional.

A sintonia entre esses regimes, que procuramos sustentar, revela uma enorme força indutora, para promover a atuação concreta do Estado nos campos da governação, da legislação e da jurisdição, sendo elemento chave de ambos os sistemas o rigor e a justiça como obrigação de meio, de modo que sejam adotadas todas as medidas investigativas razoáveis e esperadas para elucidar os fatos que constituem crimes ou graves violações de direitos humanos e garantir a reparação (*right of redress*), inclusive pela adoção de medidas de cooperação internacional, se presente a estraneidade.

Diante da universalidade das obrigações positivas, apresentamos nossa classificação das obrigações processuais, alocando-as como deveres de primeiro e de segundo nível. Descrevemos quais são elas, ressaltamos sua acessoriedade, mas lembramos que nem sempre será assim, dada a função autônoma do processo penal para o *rule of law.*

As obrigações de primeiro nível são essenciais para a devida diligência estatal na proteção de direitos humanos; as de segundo nível, tributárias das primeiras, são cruciais para a consecução daquelas, mas ganham autonomia e se tornam indispensáveis para a efetividade dos próprios deveres de investigar, processar e punir e do direito à reparação. Vale dizer: as obrigações de segunda camada se autonomizam e, quando suas premissas estão presentes, o dever de devida diligência quanto a elas determina o destino da própria persecução e, para além dela, condicionam a tutela efetiva dos direitos substanciais da pessoa humana.

A proteção vitimária não se faz apenas por meio do processo penal; a cooperação internacional estará presente também para viabilizar as outras ferramentas de tutela de direitos humanos, como um remédio flexível. A classificação da cooperação internacional como obrigação de segundo nível serve ainda para dar-lhe visibilidade, permitindo compreender sua implicitude como um *procedural limb*, os mecanismos de sua expressão e sua obrigatoriedade, características estas tomadas de empréstimo ao dever de persecução criminal. Tal enquadramento mostra ainda sua instrumentalidade e sua relevância para a tutela de direitos processuais (devido processo legal; *debido processo legal*; *fair trial*) e, autonomamente, de direitos materiais.

Outro traço distintivo destas obrigações em relação às obrigações primárias está no fato de que as medidas cooperacionais não dependem unicamente do Estado do foro para a sua consecução. Estão compreendidas no compromisso de *due diligence* do Estado. Esse dever de diligência corresponde a um agir estatal cuidadoso, prudente, oportuno e eficiente, sem o qual não haverá proteção efetiva dos direitos humanos e dos bens públicos globais, que formam o espírito do dever de cooperar e que, por isso mesmo, rechaçam o desleixo e a negligência estatais na cooperação internacional. Com isso, fica claro que as obrigações processuais positivas de segundo grau são hetero-referentes, adjetivando regimes internacionais plurívocos. No emaranhado de normas convencionais e extraconvencionais que as apoiam podemos caracterizá-las como obrigações *erga omnes*, as quais, na perspectiva internacional/transnacional, se ligam ao direito de acesso à justiça, já identificada, ao menos pela Corte IDH, como uma norma de *jus cogens.*

Ao longo do texto, pudemos ver que as diversas modalidades de cooperação jurídica internacional – como a extradição, a entrega, a cooperação probatória, a transferência de pessoas condenadas etc. – constituem remédios efetivos para diversos males públicos no mundo do processo. Não esquemos que o próprio processo e a cooperação podem converter-se em males. Por isso, é essencial a observância na cooperação jurídica internacional de um requisito mínimo para legitimar as interações interestatais: a existência de um nível *adequado* (não um utópico nível *ótimo*) de proteção a direitos humanos nos Estados que cooperam, patamar ou sarrafo que funciona como premissa para qualquer medida de cooperação penal internacional, notadamente as de terceiro grau, consideradas mais intrusivas em relação a direitos humanos materiais, como a liberdade, a privacidade e a proteção de dados pessoais.

Noutro tópico relevante do terceiro capítulo analisamos os riscos e reações adversas da cooperação jurídica internacional em relação aos direitos do investigado ou acusado. Seu emprego descoordenado dos regimes internacionais de proteção traz riscos ponderáveis para um terceiro que esteva ausente na relação interestatal e cujos direitos e interesses podem ser flagrantemente violados em processos de extradição e entrega ou em função das *no-standing provisions* dos tratados de MLA, dispositivos que criticamos. Também reputamos como inconvencional a doutrina do *non inquiry,* sustentando a necessidade de um duplo controle de conformidade da obtenção da prova e sua alocação na etapa de admissibilidade no Estado do foro, um campo no qual ainda faltam leis processuais adequadas.

O outro lado da moeda também aparece, quando divisamos e explicamos a necessidade de participação do ofendido no que é agora um sistema cooperacional de quatro dimensões, devido à inserção da vítima nos procedimentos de cooperação jurídica internacional, espaço do qual estava excluída como o "quarto ausente". A participação vitimária passa a ser essencial na persecução extraterritorial e descrevemos os direitos que lhe devem ser assegurados, entre eles o direito à informação, o direito de impugnação e o direito de provocação de medidas cooperacionais. Não se cuida de suprimir direitos de um (o réu) para agraciar outro indivíduo (o ofendido). Cuida-se apenas de permitir às vítimas o exercício das garantias asseguradas a todos os seres humanos, sem distinção de qualquer espécie, sem legitimar a "vingança da vítima" ou o "*Parquet bias*" na persecução transnacional. Trata-se de inclusão, sem exclusão de ninguém, tarefa que corresponde a obrigações positivas do Estado: garantir direitos e prover os meios para seu exercício.

No *Capítulo 4* chegamos ao dever de cooperar, cuja existência e contornos já se faziam claros desde o segmento anterior. Ali discutimos a solidariedade universal – que nos deveria encaminhar para uma *civitas maxima* – como um princípio constitucional, isto é, um vetor estruturante da ordem internacional. Mas não encontramos nele a justificativa nem o fundamento jurídico cabal para o dever de cooperar.

Como o direito internacional da cooperação não é uniforme, não há uma única resposta para essa questão tormentosa e que é dependente do conceito de soberania e do valor fundante da ordem jurídica internacional atual, no qual visões opostas coexistem, uma sustentando uma soberania incontrastável; outra argumentando que o Estado soberano deve reconhecer a posição superior e central da pessoa humana na comunidade internacional e se *mover* de acordo com tal valor. Cremos ultrapassada a concepção unicamente voluntarista das obrigações estatais internacionais e pontuamos que ora existe um dever jurídico, não apenas moral, de cooperar, um dever bifatorial que constitui uma *two-way obligation,* fundada nos valores supremos de proteção da pessoa humana, de salvaguarda dos bens públicos globais e promoção do acesso à Justiça.

Acreditamos ter demonstrado a existência de a) um dever constitucional nas democracias, b) de um dever convencional para os Estados Partes e c) de um dever geral para todas as nações submetidas ao *jus cogens,* deveres estes relacionados ao acesso à justiça e à necessidade de responder de modo eficaz a violações de direitos humanos também pela cooperação jurídica interestatal.

No âmbito dos regimes internacionais que formam o binômio "proibição + proteção", associados ao marco normativo puramente cooperacional (dos tratados não criminalizadores), a identificação do dever de cooperar em modo *passivo* não oferece dificuldades. As convenções supressivas, os tratados de cooperação e os tratados de direitos humanos aportam substância jurídica ao dever de conceder cooperação, o que se percebe mais claramente nos dois primeiros conjuntos do que no terceiro. Basta que se tenha em conta o princípio *pacta sunt servanda,* que foi codificado pela Convenção de Viena de 1969, e aí estará o dever de prestar cooperação como consequência da vontade expressada pelo Estado, admitindo-se motivos limitados de recusa, também descritos nos tratados. O princípio de cooperação, que se extrai do direito internacional geral também sustenta solidamente o dever de *prestar* cooperação, especialmente quando vemos a eclosão dos Estados constitucionais cooperativos. Estas unidades políticas contemporâneas se entranham na ordem internacional e passam a exercer coletivamente a proteção de direitos humanos, por meio de mecanismos de cooperação bilateral, minilateral e multilateral.

Ainda predomina na doutrina o pensamento de que não existiria por ora um dever geral de cooperar, mas teorias como a do multilateralismo compulsório e da R2P e a própria existência de normas de *jus cogens* de acesso à justiça desafiam essa percepção. Concluímos que as fontes do dever de prestar cooperação jurídica internacional são convencionais e extraconvencionais. Sua corporificação vem do direito interno, do direito comunitário, do direito internacional, da jurisprudência internacional de direitos humanos e da *soft law* reconhecida por essas decisões judiciais.

O dever de *prestar* cooperação é claramente expresso nas convenções de supressão. Nelas, a possiblidade de *requerer* cooperação fica implícita, garantida por uma expectativa de reciprocidade. Nos regimes de proteção a fórmula é diversa, pois os deveres de prestar e requerer cooperação ficam implícitos nas obrigações processuais positivas de persecução criminal. Assim, o dever de cooperar *ativamente* é sempre subentendido nos regimes convencionais de proibição ou nos regimes de proteção. Sua presença é notada na segunda camada dos deveres estatais positivos sempre que se tem o fenômeno da *extranéité*.

No direito internacional, os costumes internacionais desempenham um papel significativo, especialmente no direito internacional dos conflitos armados e nos crimes em geral pela aplicação do princípio *aut dedere aut iudicare*, cuja longa história desde o tempo de Grotius e sua presença generalizada em tratados bilaterais e convenções multilaterais são nota de sua natureza consuetudinária.

A cooperação vertical com tribunais internacionais tem sua particularidade, a depender dos seus marcos originários. A cooperação com os tribunais *ad hoc* era vinculante para qualquer Estado Parte das Nações Unidas, porque os tribunais para a ex-Iugoslávia e para Ruanda foram criados por resoluções do Conselho de Segurança da ONU, fundadas no capítulo VII da Carta de San Francisco. Já o dever de cooperar com o TPI tem base convencional e, eventualmente, pode ser robustecido por resoluções vinculantes do CS/ONU, quando a jurisdição dessa Corte for acionada por *referral* daquele Conselho.

As obrigações *erga omnes* tais como definidas pela CIJ também são fundamento para o dever internacional de prestar cooperação, notadamente porque abrangem obrigações no campo do direito internacional humanitário e do direito internacional dos direitos humanos. Além disso, na concepção da Corte IDH, o mecanismo de garantia coletiva da Convenção Interamericana de Direitos Humanos, que compreende a cooperação entre os Estados para a tutela desses direitos, adquiriu o caráter de obrigação *erga omnes*, que funciona como um fator de humanização da ordem internacional descentralizada. Por fim, o *jus cogens* é também fundamento para o dever de prestar cooperação, uma vez que, como já dito, o direito de acesso a justiça alcançou este *status*, disso resultando que a luta contra a impunidade dos autores de violações de direitos humanos enseja deveres cabais de persecução e de cooperação, como imperativos para os Estados.

Diante desse quadro, podemos afirmar que existe um dever de cooperação passiva limitado e segmentado no plano internacional, mas que pode beneficiar-se da tese das obrigações processuais positivas.

Por outro lado, no foco central do texto, pudemos afirmar inequivocamente a existência de um dever de cooperação *ativa* amplo, a partir de normas constitucionais (do direito interno) e de normas convencionais (do direito internacional) e do *jus cogens*, conforme a construção das projeções processuais dos direitos fundamentais.

O dever de *requerer* cooperação é, assim, facilmente destacado da controvérsia sobre o dever geral de prestar cooperação, encontrando porto seguro nos dois regimes internacionais. Nos regimes de proibição, o dever de requerer cooperação será consequência dos mandados convencionais de criminalização e de asserção de jurisdição. Está implícito nas próprias regras que instituem as modalidades cooperacionais, essenciais à implementação dos regimes, mediante a incidência do princípio *pacta sunt servanda*, a partir de uma lógica de meios para os fins almejados.

Nos regimes de proteção, o dever de requerer cooperação será produto das obrigações positivas de persecução (investigar, processar e, se o caso, punir violações). O dever de requerer cooperação internacional tem relação direta com o dever de investigar, de forma cabal, completa, eficiente, pronta e diligente um crime internacional, um crime transnacional ou um crime comum internacionalizado. Além de surgir da articulação dos regimes internacionais, independentemente deles o dever de cooperar virá também do direito constitucional das democracias, sobretudo nos Estados constitucionais cooperativos. Isso equivale a dizer que a cooperação jurídica internacional é ela própria uma obrigação positiva de cunho convencional e, nos Estados Democráticos de Direito, é também uma obrigação de natureza constitucional, razão pela qual o dever de pedir assistência interestatal encontra seu fundamento na ordem interna e na ordem internacional, sob a ótica de uma persecução completa e diligente para a edificação de uma ordem pública competente. Dada a alcance universal do DIH e do direito de acesso à justiça como *jus cogens* e do espectro quase universal da Carta da ONU, da DUDH e do PIDCP, todos os Estados têm o dever de investigar e de pedir cooperação como uma obrigação de meio, para lidar com as violações que atinjam a pessoa humana.

Resumidamente, o dever de requerer cooperação internacional é uma projeção processual (*procedural limb*; *volet procédural*) dos direitos materiais previstos nas constituições ou leis fundamentais e nos tratados do DIDH e do DIH. É um dever amplo pois alcança qualquer campo da criminalidade doméstica, transnacional e internacional. É um dever implícito nesses conjuntos e nos tratados específicos de cooperação jurídica internacional e nas *suppression conventions.* É imperativo, porque se liga ao direito de acesso à justiça. É, portanto, uma obrigação processual positiva, cujos suportes constitucionais, convencionais e extraconvencionais apontam *para dentro* dos sistemas jurídicos, como uma obrigação das agências estatais de persecução e julgamento. O dever de cooperar é, por fim, um escudo, um remédio ou um recurso efetivo à disposição de todos os atores processuais, para a promoção de seus direitos fundamentais (na ordem interna) ou dos direitos humanos internacionalmente reconhecidos (na ordem externa).

Como consequência desse dever estatal, os órgãos internos de persecução terão obrigações para com seus cidadãos, sejam eles vítimas ou autores de crimes ou outros sujeitos impactados pela atuação transnacional do Estado em sua jurisdição penal. Conforme as Regras de Havana de 1990 e precedentes informadores do direito comparado, como *Brady vs. Maryland*, o Ministério Público em cada país terá missões específicas de cooperação em prol da defesa, sempre, por exemplo, que os tratados de MLA prevejam *no-standing provisions,* que devem ser lidas como desconformes, isto é, inconstitucionais ou inconvencionais.

O dever de requerer cooperação internacional foi várias vezes reconhecido expressa ou implicitamente em manifestações de mecanismos de implementação e conformidade e em sentenças de órgãos da justiça internacional, proferidas pela CIJ e, com mais clareza, pelo TEDH e pela Corte IDH. Não localizamos julgados do TADHP sobre o dever de pedir cooperação, mas a adoção por Arusha da doutrina das obrigações positivas certamente levará à sua afirmação em casos concretos, já que esta é uma chave hermenêutica capaz de abrir várias portas no edifício formado pelas duas vigas mestras que analisamos.

Em busca do dever de requerer cooperação, identificamos e analisamos cerca de duas dezenas de julgados da CIJ e de dois dos sistemas regionais, merecendo destaque os casos *Bélgica vs. Senegal* (2012) e *República Democrática do Congo vs. Bélgica* (2002), da Corte da Haia; os casos *Goiburú e Outros vs. Paraguai* (2006), *La Cantuta vs. Peru* (2006), *Familia Julien Grisonas vs. Argentina* (2021), *Leguizamón Zaván e Outros vs. Paraguai* (2022), *Angulo Losada vs. Bolívia* (2022), da Corte IDH; e os casos *Rantsev vs. Chipre e Rús-*

sia (2010); *Güzelyurtlu e Outros vs. Turquia e Chipre* (2019), *X e Outros vs. Bulgária* (2021), *Zoletic e Outros vs. Azerbaijão* (2021) e *Navalnyy vs. Rússia* (2023), do TEDH. Tais casos se espraiam por um período de duas décadas, a partir de 2002, revelando a densidade e a atualidade do fenômeno, assim como a juridicidade do dever de *requerer* cooperação internacional.

Ainda no capítulo quarto, tratamos do dever de *não cooperar* como obrigação negativa, que não se confunde com a proibição de cooperar, descrita esta como resultante de vedações unilaterais de Estados no abuso de suas soberanias. O dever de não cooperar tem fundo direito-humanista, resultando de regras do direito internacional dos refugiados, como o *non-refoulement*; de vedações de *jus cogens*; da incidência da ordem pública (*ordre public*); do risco de violação indireta de direitos humanos (por ricochete); e de situações nas quais o objetivo da cooperação é desvirtuado e esta passa a servir para promover a impunidade.

No *Capítulo 5*, examinamos as consequências do descumprimento do dever de cooperar para as vítimas e a sociedade e para o Estado. Para as primeiras, a não cooperação produz impunidade, priva-as do direito à reparação e expõe todos ao risco de repetição de condutas violadoras. Para o Estado, na ordem interna, a violação de seus deveres de proteção pode acarretar sua responsabilidade civil e eventualmente a responsabilidade política de governantes. Externamente, é fator crucial para a responsabilidade internacional do Estado. Contudo, esta responsabilidade é em geral de tipo *fraco*, já que não existe um sistema efetivo de sanções, não há órgãos centralizados de conformidade, e o TPI não tem unidades de apoio para *enforcement* de suas decisões, de modo que não há entes com poder de imposição da vontade da justiça internacional. Eventualmente, o Conselho de Segurança das Nações Unidas pode impor sanções a Estados recalcitrantes pelo descumprimento de ordens de cooperação vindas de tribunais penais internacionais. Teoricamente, a CIJ pode responsabilizar Estados por violações relacionadas à jurisdição universal e ao *aut dedere aut iudicare*, como se discutiu em *Bélgica vs. Senegal* e em *RDC vs. Bélgica*. Nos espaços de integração regional, a responsabilização dos Estados Membros pela violação do direito comunitário pode ser mais densa do que no espaço internacional ordinário. Mecanismos internacionais não jurisdicionais, que atuam no campo da *soft law*, também desempenham um papel de supervisão, conformidade e *accountability* neste campo.

Respostas internacionais a ações ou omissões ilícitas podem vir dos três sistemas regionais de proteção à pessoa humana e do sistema onusiano, especialmente do Comitê CCPR. O Estado que não age diligentemente responde internacionalmente pela violação. Contudo, muitos países são se sujeitam à competência de tribunais de direitos humanos ou aos comitês onusianos ou às comissões regionais, como a CIDH e a CADHP. A *accountability* é, portanto, relativamente fraca. Ademais, para a operação dos mecanismos em questão é necessário esgotar os recursos internos, entre os quais estão as ações penais e seus incidentes, inclusive os de cooperação internacional. A supervisão das decisões judiciais por órgãos políticos das organizações regionais acaba tendo poucos efeitos práticos, em função das imunidades soberanas.

A mais importante contribuição do quinto capítulo é a descrição do fenômeno da cooperação deficiente como um ilícito internacional e como manifestação da proteção insuficiente (*Untermassverbot*). Distinta dos fenômenos de extradição disfarçada, das abduções e da *entraide sauvage*, a cooperação deficiente ocorrerá por não acionamento das modalidades de cooperação; pelo seu acionamento errôneo; por acionamento tardio; ou por acionamento indevido. Ligamos a casuística a cada uma dessas situações.

Na quinta parte do estudo, vimos ainda que a incidência dos sistemas de proteção aos direitos humanos tem um efeito circular, com uma nota de retroalimentação. Tomemos a ótica do Estado como ponto de partida. A violação ocorre no seu plano interno. Com o esgotamento da instância doméstica, parte-se para o mecanismo internacional (uma comissão, uma corte ou um comitê), que então profere uma decisão que remete a solução do problema mais uma vez à instância interna, para que se promova o resultado reparatório justo. Nos casos de que tratamos, esse resultado dependerá do exercício da persecução criminal e da promoção das medidas de cooperação ativa para proteção efetiva de vítimas e de acusados (isto é, de ambos, como "vítimas" em sentido lato do abuso ou da omissão estatal). A supervisão do cumprimento de sentenças no espaço interamericano deixa muito evidente esse caráter cíclico do regime e a maneira pela qual as cortes de direitos humanos retroalimentam o sistema de justiça criminal.

Os mecanismos seguimento e implementação dos regimes de proibição também contribuem, embora de maneira mais tímida, para a conformidade em relação aos deveres de cooperar. Disso depende cumprir as metas de legislar, para superar o déficit legislativo; de estruturar entes especializados e corrigir os arranjos institucionais; e de capacitar as autoridades de justiça criminal e dos órgãos de cooperação. Órgãos como o MESICIC, o WGB e a CND, por exemplo, cumprem esse papel nas convenções de supressão.

Enfim, vimos que a cooperação jurídica internacional está "no processo" – desde sua etapa inicial até a fase de execução penal –, mas é mais do que isso, pois implica a tutela de direitos em toda a parte, inclusive quando já não há mais pena alguma a cumprir.

Apesar de alguns avanços importantes da ordem internacional no século 20, ainda não temos uma justiça internacional estruturada, capaz de promover a defesa completa dos bens públicos globais diante dos males públicos que os assolam.

Embora a paz por meio da justiça seja uma aspiração superior da humanidade, ainda não chegamos a ela. Devemos cooperar para que esse anseio cosmopolita de uma *civitas maxima* possa se concretizar e que os Estados, as comunidades supranacionais e as organizações internacionais possam servir à pessoa humana indistintamente e em todos os cantos do globo. Quem sabe o preito de Joseph Conrad à solidariedade, registrado na epígrafe desta obra, possa inspirar os estadistas a ver quão enlaçados estamos todos, uns aos outros, rumando a um destino comum, um destino que "une toda a humanidade, os mortos aos vivos, e os vivos aos que ainda nascerão".

REFERÊNCIAS

Livros e Artigos

AARONSON, David. New Rights and Remedies: The Federal Crime Victims' Rights Act of 2004. **Pace Law Review**, v. 28, no. 4, p. 623-682, 2008.

ABADE, Denise Neves. **Direitos fundamentais na cooperação jurídica internacional**: extradição, assistência jurídica, execução de sentença estrangeira e transferência de presos. São Paulo: Ed. Saraiva, 2013.

ACCIOLY, Hildebrando; NASCIMENTO E SILVA, Geraldo Eulálio. **Manual de Direito Internacional Público.** 12. ed. São Paulo: Editora Saraiva, 1996.

ACKER, Herbert L. Two Models of the Criminal Process. **University of Pennsylvania Law Review**, [S. l.], v. 113, n. 1, p. 1–68, 1964.

ADDERLEY, Rosanne Marion. **New negroes from Africa:** slave trade abolition and free African settlement in the nineteenth-century Caribbean. Bloomington: Indiana University Press, 2006.

AKANDJI-KOMBE, Jean-François. **Positive obligations under the European Convention on Human Rights:** A guide to the implementation of the European Convention on Human Rights, Strasbourg: Council of Europe, 2007.

AL-MIDANI, Mohammed Amin; CABANETTES, Mathilde; AKRAM, Susan M. Arab Charter of Human Rights: League of Arab States, 2004, **Boston University International Law Journal**, v. 24, p. 147-163, 2007.

ALEXY, Robert. **Teoria dos direitos fundamentais**. 2.ed. São Paulo: Editora Malheiros, 2011.

ALEXY, Robert. **Tres escritos sobre los derechos fundamentales y la teoría de los princípios.** Serie de Teoría Jurídica y Filosofia del Derecho, N. 28. Bogotá: Universidad Externado de Colômbia, 2003.

ALLE, Saulo Stefanone. **Cooperação jurídica internacional e auxílio direto ativo em matéria penal**. Belo Horizonte: Arraes Editores, 2017.

AMALFITANO, Chiara. **Conflitti di giurisdizione e riconoscimento delle decisioni penali nell'Unione europe**a. Milano: Giuffrè, 2006.

AMBOS, Kai; TRIFFTERER, Otto. **Rome statute of the international criminal court**: a commentary. Third ed. London: Bloomsbury T & T Clark, 2016.

AMBOS, Kai. Prosecuting International Crimes at the National and International Level: Between Justice and Realpolitik. In: KALECK, Wolfgang; RATNER, Michael; SINGELNSTEIN, Tobias; WEISS, Peter (org.). **International prosecution of Human Rights crimes**. Berlin Heidelberg New York: Springer, 2007.

ANDOLINA, Italo. **Ricerche sul processo III**: cooperazione internazionale in materia giudiziaria. Catania: Libreria Editrice Torre, 1996.

ANDRADE, Carlos Gustavo Coelho de. **Mandados implícitos de criminalização**: a tutela penal dos direitos humanos na Constituição e na Convenção Americana. Rio de Janeiro: Lumen Juris, 2019.

ANDREAS, Peter; NADELMANN, Ethan Avram, **Policing the globe**: criminalization and crime control in international relations, Oxford; New York: Oxford University Press, 2006.

ARAS, Vladimir; LIMA, Luciano Flores de. Cooperação internacional direta pela Polícia ou Ministério Público. In: BALTAZAR JUNIOR, José Paulo; LIMA, Luciano Flores de (Org.). **Cooperação jurídica internacional em matéria penal.** Porto Alegre: Verbo Jurídico, 2010.

ARAS, Vladimir; LUZ, Ilana Martins. **Lavagem de dinheiro**: comentários à Lei 9.613/1998. São Paulo: Almedina: 2023.

ARAS, Vladimir; PELLELA, Eduardo. Os caminhos para Roma. **Folha de São Paulo,** 18 de fevereiro de 2015. Disponível em: https://www1.folha.uol.com.br/fsp/opiniao/208642-os-caminhos-para-roma.shtml. Acesso em: 2 jun. 2023.

ARAS, Vladimir. A Convenção da Apostila e a atividade probatória em matéria penal. *In*: RAMOS, André de Carvalho; ARAÚJO, Nadia de (Orgs.). **A Conferência da Haia de Direito Internacional Privado e seus impactos na sociedade**: 125 anos (1893-2018). Belo Horizonte: Arraes Editores, 2018.

ARAS, Vladimir. A história de Jesse James Hollywood. **Blog do Vlad**, 12 de janeiro de 2010. Disponível em: https://vladimiraras.blog/2010/01/12/jesse-james-hollywood-deportado-e-condenado-a-prisao-perpetua/. Acesso em: 2 jun. 2023.

ARAS, Vladimir. A revolta dos malês de 1835. **Blog do Vlad**, 29 de janeiro de 2013. Disponível em: https://vladimiraras.blog/2013/01/29/a-revolta-dos-males-de-1835/. Acesso em: 10 jul. 2023.

ARAS, Vladimir. A transferência internacional de pessoas condenadas. In: VELLOSO, Ana Flávia Penna; JARDIM, Tarciso Dal Maso (org.). **A nova lei de migração e os regimes internacionais**. Belo Horizonte: Fórum, 2021.

ARAS, Vladimir. A um passo. **Blog do Vlad**, 17 de marco de 2015. Disponível em: https://vladimiraras.blog/2015/03/17/a-um-passo/. Acesso em: 2 jun. 2023.

ARAS, Vladimir. A vítima no processo penal: passado, presente e futuro. In: MADEIRA, Guilherme; BADARÓ, Gustavo; CRUZ, Rogerio Schietti (org.). **Código de processo penal**: estudos comemorativos aos 80 anos de vigência. São Paulo: Thomson Reuters Brasil, 2021. v. 1, p. 731–783.

ARAS, Vladimir. Cooperação penal internacional na nova lei de migração: atribuição e competência para os pedidos ativos e passivos. In: VELLOSO, Ana Flávia Penna; JARDIM, Tarciso Dal Maso (org.). **A nova lei de migração e os regimes internacionais.** Belo Horizonte: Fórum, 2021. p. 191–214.

ARAS, Vladimir. **Direito internacional público**, 2.ed. Rio de janeiro: Método, 2023.

ARAS, Vladimir. Direito probatório e cooperação jurídica internacional. *In*: SALGADO, Daniel de Resende; QUEIROZ, Ronaldo Pinheiro de. **A prova no enfrentamento à macrocriminalidade**. 2.ed. Salvador: JusPodivm, 2016.

ARAS, Vladimir. Fugas famosas, extradições legítimas e abduções ilegais. **Blog do Vlad**, 5 de janeiro de 2014. Disponível em: https://vladimiraras.blog/2014/01/05/fugas-famosas-extradicoes-legitimas-e-abducoes-ilegais/. Acesso em: 2 jun. 2023.

ARAS, Vladimir. Mecanismos internacionais anticorrupção. In: SALGADO, Daniel de Resende; QUEIROZ, Ronaldo Pinheiro de; ARAS, Vladimir (org.). **Corrupção: aspectos sociológicos, criminológicos e jurídicos.** Salvador: JusPodivm, 2020. p. 129–199.

ARAS, Vladimir. O Brasil diante do sistema interamericano de direitos humanos. In: BRANCO, Paulo Gustavo Gonet; SILVA NETO, Manuel Jorge E; MOTA, Helena Mercês Claret Da; RIBEIRO, Carlos Vinícius Alves (Org.). **Direitos fundamentais em processo:** estudos em comemoração aos 20 anos da Escola Superior do Ministério Público da União. Brasília: ESMPU, 2020. p. 819-846.

ARAS, Vladimir. O caso do brasileiro preso na Rússia, **Blog do Vlad**, 1º de setembro de 2020. Disponível em: https://vladimiraras.blog/2020/09/01/o-caso-do-brasileiro-preso-na-russia/. Acesso em:10 jul. 2023.

ARAS, Vladimir. O caso Lula vs. Brasil. **Blog do Vlad**, 18 de agosto de 2018. Disponível em: https://vladimiraras.blog/2018/08/18/o-caso-lula-vs-brasil/. Acesso em: 10 jul. 2023.

ARAS, Vladimir. **O genocídio no direito interno e no direito internacional.** Boa Esperança, MG: Editora CEI, 2023.

ARAS, Vladimir. O indulto aos autores do Massacre do Carandiru: a inconstitucionalidade e inconvencionalidade do Decreto 11.302/2022. **Meu Site Jurídico,** São Paulo, 5 de janeiro de 2023. Disponível em: https://meusitejuridico.editorajuspodivm.com.br/2023/01/05/o-indulto-aos-autores-do-massacre-do-carandiru-a-inconstitucionalidade-e-inconvencionalidade-do-decreto-11-302-2022/. Acesso em: 2 jun. 2023.

ARAS, Vladimir. O papel da autoridade central na cooperação penal. In: BALTAZAR JUNIOR, José Paulo; LIMA, Luciano Flores de (Org.). **Cooperação jurídica internacional em matéria penal.** Porto Alegre: Verbo Jurídico, 2010. p. 59-94.

ARAS, Vladimir. O projeto Streck-Anastasia de Ministério Público. **Estadão**, São Paulo, 16 de fevereiro de 2020. Disponível em: https://www.estadao.com.br/politica/blog-do-fausto-macedo/o-projeto-streck-anastasia-de-ministerio-publico/. Acesso em: 2 jun. 2023.

ARAS, Vladimir. O reconhecimento de sentenças penais estrangeiras no Brasil: os casos Robinho, Falco e Narbondo. **Revista do Ministério Público do Rio Grande do Sul**, Porto Alegre, n. 93, p. 161-194, jan. -jul. 2023.

ARAS, Vladimir. O torpedeamento do vapor Itagiba em 1942. **Blog do Vlad**, 28 de agosto de 2021. Disponível em: https://vladimiraras.blog/2021/08/28/o-torpedeamento-do-vapor-itagiba-em-1942/. Acesso em: 2 jun. 2023.

ARAS, Vladimir. Os sistemas de proteção: a ONU e os direitos humanos. **Apostila:** Aula 4. Curso Golden, 2020.

ARAS, Vladimir. Teoria geral dos direitos humanos: a internacionalização dos direitos humanos. **Apostila**: Aula 3. Curso Golden, 2020.

ARAÚJO JUNIOR, João Marcello. Extradição: alguns aspectos fundamentais. **Revista Forense**. Rio de Janeiro, v. 90, n. 326, p. 61-67, abr/jun 1994.

ARAÚJO, Nádia de. A importância da cooperação jurídica internacional para a atuação do Estado brasileiro no plano interno e internacional. In: BRASIL, Ministério da Justiça. Secretaria

Nacional de Justiça (org.). **Manual de cooperação jurídica internacional e recuperação de ativos:** cooperação em matéria penal. 3. ed. Brasília: Ministério da Justiça, 2014. p. 29–46.

ARAÚJO, Nádia De. **Direito internacional privado**: teoria e prática brasileira. 3. ed., atualizada e ampliada ed. Rio de Janeiro: Renovar, 2006.

ARRIGHI, Jean Michel. Prólogo, 2017. In: TRINDADE, Antônio Augusto Cançado, **Princípios do direito internacional contemporâneo**, 2.ed. (revista e atualizada). Brasília: Fundação Alexandre de Gusmão, 2017.

ASHWORTH, Andrew. **Positive obligations in criminal law**. Oxford: Hart, 2013.

BACHMAIER WINTER, Lorena (Org.). **The European Public Prosecutor's Office: The Challenges Ahead**. Cham: Springer, 2018.

BACHMAIER WINTER, Lorena. Cross-Border Investigations Under the EPPO Proceedings and the Quest for Balance. *In*: BACHMAIER WINTER, Lorena (org.). **The European Public Prosecutor's Office: The Challenges Ahead**. Legal Studies in International, European and Comparative Criminal Law. Cham: Springer, 2018. p. 117–139.

BACHMAIER WINTER, Lorena. La cooperación judicial en asuntos penales en Europa: consideraciones prácticas; situación actual y propuestas de futuro. In: GÓMEZ-COLOMER, Juan-Luis; VILAR, Silvia Barona; CUADRADO, Pía Calderón. **El derecho procesal español del siglo XX a golpe de tango:** Juan Montero Aroca: Liber Amicorum en homenaje y para celebrar su LXX cumpleaños. Valencia: Tirant lo Blanch, 2012. p. 1203–1223.

BACHMAIER WINTER, Lorena. The Proposal for a Directive on the European Investigation Order and the Grounds for Refusal: A Critical Assessment. *In*: RUGGERI, Stefano (org.). **Transnational Evidence and Multicultural Inquiries in Europe: Developments in EU Legislation and New Challenges for Human Rights-Oriented Criminal Investigations in Cross-border Cases**. Cham: Springer, 2014. p. 71–90.

BACHMAIER WINTER, Lorena. Transnational Criminal Proceedings, Witness Evidence and Confrontation: Lessons from the ECtHR's Case Law. **Utrecht Law Review**, [S. l.], v. 9, n. 4, p. 127-146, 2013.

BAGNOLI, Carla. Humanitarian Intervention as a Perfect Duty: A Kantian Argument. Nomos: **American Society for Political and Legal Philosophy**, [S. l.], v. 47, p. 117-142, 2006.

BALUARTE, David C; DE VOS, Christian M. **From judgment to justice:** implementing international and regional human rights decisions. New York, NY: Open Society Foundations, 2010.

BARTSCH, Kerstin; ELBERLING, Björn. Jus Cogens vs. State Immunity, Round Two: The Decision of the European Court of Human Rights in the Kalogeropoulou et al. v. Greece and Germany Decision. **German Law Journal**, [S. l.], v. 4, n. 5, p. 477–491, 2003.

BASSIOUNI, M. Cherif; WISE, Edward M. **Aut Dedere Aut Judicare**: The Duty to Extradite or Prosecute in International Law. Dordrecht; Boston; London: Martinus Nijhoff, 1995.

BASSIOUNI, M. Cherif. International crimes: jus cogens and obligatio erga omnes. **Law and Contemporary Problems,** v. 59, n. 4, p. 63-74, 1996.

BASSIOUNI, M. Cherif. **Introduction to international criminal law**. 2nd rev. Leiden; Boston: Martinus Nijhoff Publishers, 2013.

BASSIOUNI, M. Cherif. Policy Considerations on Interstate Cooperation in Criminal Matters. **Pace International Law Review**, [S. l.], v. 4, n. 1, p. 123-145, 1992.

BASSIOUNI, M. Cherif. The Penal Characteristics of Conventional International Criminal Law. **Case Western Reserve Journal of International Law**, [S. l.], v. 15, p. 27–37, 1983.

BATEMAN, Thomas M. J. The new globalism in Canadian Charter of Rights interpretation: extradition, the death penalty, and the Courts. **International Journal of Human Rights**, v. 7, n. 3, p. 49–71, 2003.

BAUMAN, Zygmunt. **Globalização**: as consequências humanas. Rio de Janeiro: Zahar Editor, 2021.

BECCARIA, Cesare. **Dos delitos e das penas**. Rio de Janeiro: Nova Fronteira, 2011.

BECHARA, Fábio Ramazzini. Cooperação jurídica internacional: equilíbrio entre eficiência e garantismo. In: BRASIL, Ministério da Justiça. Secretaria Nacional de Justiça (org.). **Manual de cooperação jurídica internacional e recuperação de ativos:** cooperação em matéria penal. 3. ed. Brasília: Ministério da Justiça, 2014. p. 47–53.

BERGMAN, Eduardo Tellechea. La cooperación jurisdicional internacional en el ámbito del Mercosur, con especial referencia al derecho uruguayo. **Revista da Associação dos Juízes Federais do Rio Grande do Sul**, Porto Alegre, n. 3, p. 9–55, 2007.

BERMAN, Paul Schiff. The Globalization of Jurisdiction. **University of Pennsylvania Law Review**, [S. l.], v. 151, n. 2, p. 311–545, 2002.

BESTAGNO, Francesco. Il trasferimento dell'esecuzione delle condanne penali tra gli Stati membri dell'Unione europea. **Diritto comunitario e degli scambi internazionali**, vol. 33, n. 3, p. 269-316, 1994.

BETHELL, Leslie. **The abolition of the Brazilian slave trade**: Britain, Brazil and the slave trade question, 1807-1869. Cambridge: Cambridge University Press, 2009.

BITTAR, Eduardo C. B. **Metodologia da pesquisa jurídica**: teoria e prática da monografia para os cursos de direito. 7 ed. São Paulo: Saraiva, 2009.

BLACK AGENDA REPORT. Brussels Conference Act of 1890. **Monthly Review**, 7 December 2022. Disponível em: https://mronline.org/2022/12/07/excerpt-brussels-conference-act-of-1890/. Acesso em: 10 jul. 2023.

BLAKESLEY, Christopher L. The Practice of Extradition from Antiquity to Modern France and the United States: A Brief History. **Boston College International and Comparative Law Review**, Boston, v. 4, n. 1, p. 39-60, 1981.

BLAKESLEY, Christopher L.; LAGODNY, Otto. Finding Harmony Amidst Disagreement over Extradition, Jurisdiction, the Role of Human Rights, and Issues of Extraterritoriality under International Criminal Law, **Vanderbilt Journal of Transnational Law**, v. 24, n. 1, p. 1–74, 1991.

BLANCO CORDERO, Isidoro. Universal jurisdiction: general report. **Revue internationale de droit pénal**, Toulouse, v. 79, n. 1–2, p. 59–100, 2008.

BLECKMANN, Albert. General Theory of Obligations under Public International Law. **German Yearbook of International Law**, [S. l.], v. 38, p. 26-40, 1995.

BODIN, Jean. **Les six livres de la République**. Texte édition 1583. Livre I. Paris: Éditions Myriel, 2017.

BOGDANDY, Armin Von; VENZKE, Ingo. **In whose name?** a public law theory of international adjudication. Oxford, United Kingdom: Oxford University Press, 2014.

BOISTER, Neil. 'Transnational Criminal Law'? **European Journal of International Law**, *[S. l.]*, v. 14, n. 5, p. 953–976, 2003.

BOISTER, Neil. A History of Double Criminality in Extradition. **Journal of the History of International Law / Revue d'histoire du droit international**, [S. l.], v. 25, n. 2, p. 218–257, 2023.

BOISTER, Neil. **An introduction to transnational criminal law**. Oxford, U.K: Oxford University Press, 2012.

BOISTER, Neil. The Growth of the Multilateral Suppression Conventions in the First Half of the 20th Century. In: BOISTER, Neil; GLESS, Sabine; JESSBERGER, Florian (Orgs.). **Histories of Transnational Criminal Law.** Oxford, United Kingdom; New York, NY: Oxford University Press, 2021.

BONNITCHA, Jonathan; MCCORQUODALE, Robert. The Concept of 'Due Diligence' in the UN Guiding Principles on Business and Human Rights. **European Journal of International Law,** [S. l.], v. 28, n. 3, p. 899-919, 2017.

BORTNER, Brandon; MILLER, Douglas. Procedural Issues. **American Criminal Law Review,** [S. l.], v. 40, p. 933–986, 2003.

BRADLEY, Curtis A.; GOLDSMITH, Jack L. Pinochet and International Human Rights Litigation. **Michigan Law Review**, [S. l.], v. 97, n. 7, p. 2129-2184, 1999.

BRANDT, Richard B. The concepts of obligation and duty. **Mind**, [S. l.], v. LXXIII, n. 291, p. 374–393, 1964.

BRASIL. **Ministério Público Federal. Brasil e Argentina assinam acordo para apurar crimes de ditaduras militares**. Brasília, 28 de novembro de 2014. Disponível em: https://www.mpf.mp.br/atuacao-tematica/sci/noticias/noticias-1-1/brasil-e-argentina-assinam-acordo-para-apurar-crimes-de-ditaduras-militares . Acesso em: 10 mai. 2023.

BRASIL. Ministério Público Federal. **Brasil envia pedido de cooperação à França para investigar caso SwissLeaks**, Brasília, 31 de março de 2015. Disponível em: Disponível em: https://www.mpf.mp.br/pgr/noticias-pgr/brasil-envia-pedido-de-cooperacao-a-franca-para-investigar-caso-swissleaks. Acesso em: 10 jul. 2023.

BREMS, Eva; LAVRYSEN, Laurens. Procedural Justice in Human Rights Adjudication: The European Court of Human Rights. **Human Rights Quarterly**, [S. l.], v. 35, n. 1, p. 176-200, 2013.

BRIGGS, Adrian. **The conflict of laws**. Third edition ed. Oxford, United Kingdom: Oxford University Press, 2013.

BRINK, Josef. Ordre public (public order). In: BERNHARDT, Rudolf. **Encyclopedia of Public International Law**: States, responsibility of States, international law and municipal law. Amsterdam, New York, Oxford: North-Holland, 1987.

BRITO, Débora Valle de. **Cooperação Jurídica Internacional na execução penal:** transferência de pessoa condenada e de execução da pena. São Paulo: Thomson Reuters Brasil, 2023.

BRITO, Mariana Isabel Rodrigues. **Aquisição de prova transnacional**: da admissibilidade da prova obtida no estrangeiro. [Dissertação de Mestrado], Universidade Católica Portuguesa, Porto, 64 p., 2023.

BROCHER, Charles. **Nouveau traité de droit international privé:** au double point de vue de la doutrine et de la pratique. Paris: E. Thorin Éditeur, 1876.

BUERGENTHAL, Thomas. To respect and to ensure: state obligations and permissible derogations. In: HENKIN, Louis (org.). **The International Bill of Rights:** the covenant on civil and political rights. New York: Columbia University Press, 1981.

BULL, Hedley. **The anarchical society**: a study of order in world politics. 3rd ed. Basingstoke: Palgrave, 2002.

BURLEY, Anne-Marie. Regulating the World Multilateralism, International Law and the Projection of the New Deal Regulatory State. In: RUGGIE, John Gerard (org.). **Multilateralism matters**: the theory and praxis of an institutional form. New York: Columbia University Press, 1993.

CABRAL, Antonio do Passo. Fundamentos para uma teoria da cooperação judiciária: a revolução que se avizinha. In: CABRAL, Antonio do Passo; DIDIER JR., Fredie (org.). **Cooperação judiciária nacional**. Salvador: JusPodivm, 2021, p. 23-60.

CALCARA, Giulio. A transnational police network co-operating up to the limits of the law: examination of the origin of Interpol. **Transnational Legal Theory**, [S. l.], v. 11, n. 4, p. 521-548, 2020.

CALIGIURI, Andrea. Governing International Cooperation in Criminal Matters: the role of the aut dedere aut judicare principle. **International Criminal Law Review**, [S. l.], v. 18, p. 244-274, 2018.

CAMPBELL, Gwyn. **The Madagascar Youths**: British Alliances and Military Expansion in the Indian Ocean Region. Cambridge: Cambridge University Press, 2022.

CANADA. Bureau de la traduction. Juridictionnaire. **Extranéité**. Disponível em: https://www.btb.termiumplus.gc.ca/tpv2guides/guides/juridi/index-fra.html?lang=fra. Acesso em: 10 jun. 2023.

CASINI, Lorenzo. Solidarity between States in the Global Legal Space. **European Review of Public Law**, [S. l.], v. 26, n. 1, p. 91-115, 2014.

CASSESE, Antonio. On the Current Trends towards Criminal Prosecution and Punishment of Breaches of International Humanitarian Law. **European Journal of International Law,** [S. l.], v. 9, p. 2-17, 1998.

CASSESE, Antonio. The Statute of the International Criminal Court: Some Preliminary Reflections. **European Journal of International Law**, [S. l.], v. 10, n. 1, p. 144–171, 1999.

CEBRIÁN SALVAT, María Asunción. **La asistencia judicial internacional en España**. Granada: Editorial Comares, 2018.

CENTRO POR LA JUSTICIA Y EL DERECHO INTERNACIONAL; LEÓN, Gisela; KRSTICEVIC, Viviana; OBANDO, Luis. **Debida diligencia en la investigación de graves violaciones a derechos humanos.** Buenos Aires: CEJIL, 2010. Disponível em: https://www.corteidh.or.cr/tablas/r25129.pdf. Acesso em: 2 jun. 2023.

CERVINI, Raúl; CHAVES, Gastón. Legitimación de los sujetos eventualmente afectados por medidas de cooperación judicial penal internacional para intervenir procesalmente en el decurso de esas instancias. In: UNIVERSIDAD CATÓLICA DEL URUGUAY DÁMASO ANTONIO LARRAÑAGA; INSTITUTO SUPERIOR IBERO-AMERICANO DE ESTUDOS CRIMINAIS; INTERNATIONAL CENTER OF ECONOMIC PENAL STUDIES (org.). **Curso de cooperación penal internacional**. Montevideu: Carlos Alvarez Editor, 1994. p. 101–122.

CERVINI, Raúl; TAVARES, Juarez. **Princípios de cooperação judicial penal internacional no Protocolo do Mercosul**. São Paulo: Revista dos Tribunais, 2000.

CERVINI, Raúl. El principio de confidencialidad en la cooperación judicial penal internacional su relación con el ejercicio efectivo de la magistratura de la defensa, en particular, a la luz del protocolo del Mercosur. **Revista de Derecho**: Facultad de Derecho de la Universidad Católica de Uruguay, Montevideo, n. 6, p. 11–29, 2011.

CERVINI, Raúl. Princípios da cooperação judicial internacional em assuntos penais. **Revista do Ministério Público do Rio Grande do Sul**. Porto Alegre, n. 30, jun-set 1993.

CHRISTÓFOLO, João Ernesto. **Princípios constitucionais de relações internacionais: significado, alcance e aplicação**. Belo Horizonte: Del Rey Editora, 2019.

CHULOV, Martin. Turkey to send case against Khashoggi's alleged killers to Saudi Arabia. **The Guardian,** 7 April 2022. Disponível em: https://www.theguardian.com/world/2022/apr/07/turkish-court-sends-case-of-26-accused-over-khashoggi-killing-to-saudi-arabia. Acesso em: 10 jul. 2023.

CLARK, Roger S. British Anti-Slave Trade Treaties with African and Arab Leaders as Precursors of Modern Suppression Conventions. In: BOISTER, Neil; GLESS, Sabine; JESSBERGER, Florian (Orgs.). **Histories of Transnational Criminal Law.** Oxford, United Kingdom; New York, NY: Oxford University Press, 2021.

COMBS, Cindy C. **Terrorism in the twenty-first century.** 6th ed. Boston: Prentice Hall, 2011.

CONRAD, Joseph. **The Children of the Sea.** Kypross Press. Ebook. [s.l.], 2016.

COSTA ANDRADE, Manuel da. **Sobre as proibições de prova em processo penal.** Coimbra: Coimbra Editora, 2006.

CORREA, Eduardo Pitrez de Aguiar. **Política Criminal Transnacional da Sociedade em Rede**: regimes de proibição global, margem de apreciação, princípio da norma mais favorável. Rio de Janeiro: Lumen Juris, 2017.

CORTE INTERAMERICANA DE DIREITOS HUMANOS. **Cuadernillos de jurisprudência de la Corte**, No. 13: Protección Judicial. San José: Corte IDH, 2021.

CORTES, Sarah. MLAT Jiu-Jitsu and Tor: Mutual Legal Assistance Treaties in Surveillance. **Richmond Journal of Law & Technology**, [S. l.], v. 22, n. 1, p. 1–99, 2015.

COSNARD, Michel. La compétence universelle en matière pénale. In: TOMUSCHAT, Christian; THOUVENIN, Jean-Marc (Org.). **The fundamental rules of the international legal order:** Jus Cogens and obligations Erga Omnes. Leiden; Boston: Martinus Nijhoff Publishers, 2006.

COUNCIL OF EUROPE. **Margin of appreciation doctrine**. The Lisbon Network, [s.d.]. Disponível em: https://www.coe.int/t/dghl/cooperation/lisbonnetwork/themis/echr/paper2_en.asp#P85_4073. Acesso em: 4 dez. 2023.

CRAWFORD, James; BROWNLIE, Ian. **Brownlie's principles of public international law.** Eighth edition ed. Oxford, United Kingdom: Oxford University Press, 2012.

CRAWFORD, James. The International Court of Justice and the Law of State Responsibility. In: TAMS, Christian J.; SLOAN, James (org.). **The Development of International Law by the International Court of Justice.** Oxford, United Kingdom: Oxford University Press, p. 71–86, 2013.

CRIDDLE, Evan J.; FOX-DECENT, Evan. Mandatory Multilateralism. **American Journal of International Law**, [S. l.], v. 113, n. 2, p. 272–325, 2019.

CRYER, Robert; FRIMAN, Hakan; ROBINSON, Darryl; WILMSHURST, Elizabeth. **An introduction to international criminal law and procedure**. Cambridge: Cambridge University Press, 2007.

CRYER, Robert. Drug crimes and money laundering. In: SCHABAS, William; BERNAZ, Nadia (Org.) **Routledge handbook of international criminal law**. Abingdon, Oxon; New York: Routledge, 2011.

CRYER, Robert. Means of Gathering Evidence and Arresting Suspects in Situations of States' Failure to Cooperate. In: CASSESE, Antonio (Org.). **The Oxford companion to international criminal justice.** Oxford ; New York: Oxford University Press, p. 201–207, 2009.

CURRIE, Robert J. Human Rights and International Mutual Legal Assistance: resolving the tension. **Criminal Law Forum**, [S. l.], v. 11, n. 2, p. 143–182, 2000.

D'AMATO, Anthony. Domestic jurisdiction. In: BERNHARDT, Rudolf. **Encyclopedia of Public International Law:** States, responsibility of States, international law and municipal law. Amsterdam, New York, Oxford: North-Holland, 1987.

DAILY, Tom Gerald. Kindred strangers: why has the Constitutional Court of South Africa never cited the African Court on Human and Peoples' Rights? **Constitutional Court Review**, *[S. l.]*, v. 9, p. 387–408, 2019.

DAMAŠKA, Mirjan R. **The faces of justice and state authority:** a comparative approach to the legal process. New Haven: Yale University Press, 1986.

DAMAŠKA, Mirjan. Negotiated Justice in International Criminal Courts. **Journal of International Criminal Justice**, [S. l.], v. 2, p. 1018-1039, 2004.

DE BUSSER, Els. The Digital Unfitness of Mutual Legal Assistance. **Security and Human Rights**, [S. l.], v. 28, n. 1–4, p. 161–179, 2018.

DE JONGE, Boudewijn. Transfer of criminal proceedings: from stumbling block to cornerstone of cooperation in criminal matters in the EU. **ERA Forum**, [S. l.], v. 21, n. 3, p. 449–464, 2020.

DE SCHUTTER, Bart. L'entraide judiciaire en matière pénale dans le cadre du Benelux. **Revue Belge de Droit International**. [S. l.], v. 1, p. 102–126, 1967.

DE WET, Erika, Jus Cogens and Obligations Erga Omnes. In: SHELTON, Dinah (Org.), **The Oxford Handbook of International Human Rights Law**, 1. ed. Oxford: Oxford University Press, 2013.

DE-LORENZI, Felipe da Costa; CEOLIN, Guilherme Francisco; BUONICORE, Bruno Tadeu. As relações de complementaridade entre Direito Penal, Direito Processual Penal e política criminal. **Revista Brasileira de Políticas Públicas**, [S. l.], v. 13, n. 1, p. 19-40, 2023.

DEL'OLMO, Florisbal de Souza. **A extradição no alvorecer do século XXI**. Rio de Janeiro: Renovar, 2007.

DELBRÜCK, Jost. Coexistence, Cooperation and Solidarity in International Law: The International Obligation to Cooperate: An Empty Shell or a Hard Law Principle of International Law?: A Critical Look at a Much Debated Paradigm of Modern International Law. *In*: HESTERMEYER, Holger P.; KÖNIG, Doris; MATZ-LÜCK, Nele; RÖBEN, Volker; SEIBERT-FOHR, Anja; STOLL, Peter-Tobias; VÖNEKY, Silja (org.). **Coexistence, cooperation and solidarity:** Liber Amicorum Rüdiger Wolfrum. [s.l.] : Brill Nijhoff, 2012.

DELMAS-MARTY, Mireille. Postface: d'un paradoxe à l'autre. In: CARTUYVELS; DUMONT, Hugues; OST, François; VAN DE KERCHOVE; Michel; VAN DROOGHENBROEK, Sébastien (dir.). **Les droits de l'homme, bouclier ou épée du droit pénal?**. Bruxelles: Bruylant, 2007.

DETTER, Ingrid. The problem of unequal treaties. **International and Comparative Law Quarterly,** v. 15, n. 4, p. 1069–1089, 1966.

DIOGO, Georgia Renata Sanchez. **Asistencia técnica internacional al desarollo en el enfrentamiento a la corrupción.** Dissertação [Mestrado]. Máster Iberoamericano en Políticas Anticorrupción. Universidad de Salamanca, Salamanca, 2021.

DODGE, William S. International Comity in American Law, **Columbia Law Review**, v. 115, n. 8, p. 2071-2141, 2015.

DOLINGER, Jacob. **A evolução da ordem pública no direito internacional privado. Tese**. Cátedra de Direito Internacional Privado. Faculdade de Direito da Universidade do Estado do Rio de Janeiro, Rio de Janeiro, 1979.

DOLINGER, Jacob. **Direito internacional privado**: parte geral. 8. ed., ampliada e atualizada ed. Rio de Janeiro: Renovar, 2005.

DONLON, Fidelma. Hybrid courts. In: SCHABAS, William; BERNAZ, Nadia (Org.) **Routledge handbook of international criminal law**, Abingdon, Oxon; New York: Routledge, 2011.

DONNEDIEU DE VABRES, Henri. **Les principes modernes du Droit Pénal International**. Paris: Recueil Sirey, 1928.

DREZNER, Daniel W. **All politics is global**: explaining international regulatory regimes. Princeton: Princeton University Press, 2008.

DUGARD, John; VAN DEN WYNGAERT, Christine. Reconciling Extradition with Human Rights. **American Journal of International Law**, [S. l.], v. 92, n. 2, p. 187–212, 1998.

DUGUIT, Leon. **Law in the Modern State**. 4th. ed. New York: B. W. Huebsch, 1919.

DUGUIT, Leon. **Le droit social, le droit individual et la transformation de l'Etat**. Paris: Librairie Félix Alcan, 1908.

ECHLE, Regula. The Passive Personality Principle and the General Principle of Ne Bis In Idem. **Utrecht Law Review**, [S. l.], v. 9, n. 4, p. 56-57, 2013.

ELHOUEISS, Jean-Luc. L'élément d'extranéité préalable en Droit international privé, **Journal du Droit International** (Clunet), n. 1, p. 39-85, 2003.

ENIKÖ, Felföldi. The rising importance on the protection of witnesses in the European Union. **Revue internationale de droit pénal**, Toulouse, v. 77, n. 1–2, p. 313–322, 2006.

ERASMUS, Adele E. Revisiting Schwarzenberger today: The problem of an international criminal law. **South African Journal of Criminal Justice**, [S. l.], v. 16, n. 3, p. 393–414, 2003.

ESPÍNOLA, Eduardo. **Elementos de direito internacional privado**. Rio de Janeiro: Jacintho Ribeiro dos Santos Editor, 1925.

EUROPEAN COURT OF HUMAN RIGHTS. **Guide on Article 13 of the European Convention on Human Rights**: Right to an effective remedy, updated on 31 August 2022. Disponível em: https://www.echr.coe.int/documents/d/echr/guide_art_13_eng. Acesso em: 10 jul. 2023.

EUROPEAN COURT OF HUMAN RIGHTS. **Guide on Article 6 of the European Convention on Human Rights:** right to a fair trial (criminal limb), Updated on 31 August 2022. Disponível em: https://www.echr.coe.int/documents/d/echr/guide_art_6_criminal_eng. Acesso em: 10 jul. 2023.

EXTRADICIÓN de Neneco es inédita para el Brasil. **ABC Color**, Asunción, 19 de noviembre de 2015. Disponível em: https://www.abc.com.py/edicion-impresa/politica/extradicion-de-neneco-es-inedita-para-el-brasil-1428440.html. Acesso em: 2 jun. 2023.

FACCIOLI FERNANDES, Ariel. Cooperação policial em resposta ao crime organizado: o caso da Ameripol. **Cadernos de Relações Internacionais**, Rio de Janeiro, v. 2020, n. 1, p. 106-129, 2020.

FALL, Mbacké. Prosecuting International Crimes in Senegal. In: WEILL, Sharon; THUY SEELINGER, Kim; CARLSON, Kerstin Bree (org.). **The President on Trial**: Prosecuting Hissène Habré. Oxford: Oxford University Press, 2020.

FASOLIN, Silvia. **Conflitti di giurisdizione e ne bis in idem europeo**. Tesi di Dottorato - Università degli Studi di Ferrara, Ferrara, 2013.

FELDMAN, David. **Civil liberties and human rights in England and Wales**, 2nd ed. Oxford; New York: Oxford University Press, 2002.

FERNANDES, Antonio Scarance. O direito processual penal internacional. In: FERNANDES, Antonio Scarance; ZILLI, Marcos Alexandre Coelho (coordenadores). **Direito processual penal internacional**. São Paulo: Atlas, 2012.

FERNANDES, Antonio Scarance. Reflexões sobre as noções da eficiência e de garantismo no processo penal. In: FERNANDES, Antonio Scarance; ALMEIDA, José Raul Gavião de; MORAES, Maurício Zanoide de (Orgs.). **Sigilo no processo penal:** eficiência e garantismo. São Paulo: Editora Revista dos Tribunais, 2008.

FERRAJOLI, Luigi. **Democracia e garantismo**. 2.ed. Madrid: Editorial Trotta, 2010.

FERRAJOLI, Luigi. **Por una constitución de la Tierra**: la humanidad en la encrucijada. Madrid: Editorial Trotta, 2022.

FERSTMAN, Carla. The Approach of the United Kingdom to Crimes under International Law: The Application of Extraterritorial Jurisdiction. In: KALECK, Wolfgang; RATNER, Michael; SINGELNSTEIN, Tobias; WEISS, Peter (org.). **International prosecution of Human Rights crimes**. Berlin Heidelberg New York: Springer, 2007, p. 149–158.

FEUILLADE, Milton C. **Cooperación jurisdiccional internacional**. Ciudad de Buenos Aires: Editorial Ábaco de Rodolfo Depalma, 2011.

FISCHER, Douglas; PEREIRA, Frederico Valdez. **As obrigações processuais penais positivas**: segundo as Cortes Europeia e Interamericana de Direitos Humanos. 2.ed. Porto Alegre: Livraria do Advogado, 2019.

FRIEDMAN, Wolfgang. **The Changing Structure of International Law**. New York: Columbia University Press, 1964.

FRIEDMANN, Wolfgang G. Sir Hersch Lauterpacht and the International Court. **Virginia Law Review**, [S. l.], v. 45, p. 407-413, 1959.

GAGLIANO, Pablo Stolze. **Novo curso de direito civil:** obrigações. 24.ed. SaraivaJur, 2023.

GALINDO, George Rodrigo Bandeira. **Hersch Lauterpacht**: an introduction. A Panorama of Brazilian Law, [S. l.], v. 6, n. 9–10, p. 274–301, 2018.

GANE, Christopher; MACKAREL, Mark. The Admissibility of Evidence Obtained from Abroad into Criminal Proceedings: The Interpretation of Mutual Legal Assistance Treaties and Use of Evidence Irregularly Obtained. **European Journal of Crime, Criminal Law and Criminal Justice**, [S. l.], v. 4, n. 2, p. 98–119, 1996.

GARCÍA-AMADOR, Francisco V. **State responsibility**: International responsibility. Second report of the Special Rapporteur, 15 February 1957. Disponível em: https://legal.un.org/ilc/documentation/english/a_cn4_106.pdf. Acesso em: 10 jul. 2023.

GARDNER, Maggie. A primer on international comity. **Transnational Litigation Blog,** October 31, 2022. Disponível em: https://tlblog.org/international-comity/#:~:text=International%20

comity%20refers%20to%20deference,not%20required%20by%20international%20law. Acesso em: 10 mai. 2023.

GATTI, Fabrizio. Bulgaria, nella tana dei pedofili. **L' Espresso**, 13 gennaio 2013. Disponível em: https://lespresso.it/c/inchieste/2013/1/13/bulgaria-nella-tana-dei-pedofili/5812. Acesso em: 10 jul. 2023.

GEIGER, Rudolf. Legal Assistance between States in Criminal Matters. In: BERNHARDT, Rudolf. **Encyclopedia of Public International Law:** International relations and legal co-operation in general, diplomacy and consular relations. Amsterdam, New York, Oxford: North-Holland, 1986.

GILLETT, Matthew. The Call of Justice: Obligations under the Genocide Convention to Cooperate with the International Criminal Court. **Criminal Law Forum**, [S. l.], v. 23, p. 63-96, 2012.

GIRGINOV, Anton. Recognition and enforcement of foreign criminal judgments under the law of Somalia. **Scholars International Journal of Law, Crime and Justice,** Dubai, p. 288-297, Oct. 2019.

GLANVILLE, Luke. Responsibility to Perfect: Vattel's Conception of Duties beyond Borders. **International Studies Quarterly**, [S. l.], v. 61, n. 2, p. 385–395, 2017.

GLESS, Sabine; VERVAELE, John A. E. Law Should Govern: Aspiring General Principles for Transnational Criminal Justice. **Utrecht Law Review**, [S. l.], v. 9, n. 4, p. 1-10, 2013.

GLESS, Sabine. The Acquisition of Legal Status by Individuals in Transnational Criminal Proceedings in Europe. In: BOISTER, Neil; GLESS, Sabine; JESSBERGER, Florian (org.). **Histories of Transnational Criminal Law**. Oxford, United Kingdom; New York, NY: Oxford University Press, p. 300–318, 2021.

GLESS, Sabine. Transnational Cooperation in Criminal Matters and the Guarantee of a Fair Trial: Approaches to a General Principle. **Utrecht Law Review**, [S. l.], v. 9, n. 4, p. 90-108, 2013.

GOEL, Mehak; SUBRAMANIAN, Suraj; BHATIA, Uday; MISHRA, Utkarsh. Murder of Jamal Khashoggi: An International Law Perspective. **SSRN Electronic Journal**, [S. l.], 2020.

GOLDBERGER, Richard. It's Just Not Cricket: Is the Principle of Reciprocity being Honored in the U.S.-U.K. Extradition Treaty. **Cardozo Law Review**, [S. l.], v. 29, n. 2, p. 819–852, 2007.

GOLDSTEIN, Judith; KAHLER, Miles; KEOHANE, Robert O.; SLAUGHTER, Anne-Marie. Introduction: Legalization and World Politics. **International Organization**, [S. l.], v. 54, n. 3, p. 385–399, 2000.

GONÇALVES, Luiz Carlos dos Santos. **Mandados expressos de criminalização e a proteção de direitos fundamentais na Constituição brasileira de 1988.** Belo Horizonte: Editora Fórum, 2007.

GOROBETS, Kostiantyn. Solidarity as a Practical Reason: Grounding the Authority of International Law, **Netherlands International Law Review**, v. 69, n. 1, p. 3–27, 2022.

GROSSI, Viviane Ceolin Dallasta Del. **A defesa na cooperação jurídica internacional penal:** o auxílio direto e a atuação por meio de redes. São Paulo: Ibccrim, 2016.

GROTIUS, Hugo. **On the law of war and peace**. Cambridge; New York: Cambridge University Press, 2012.

GROVER, Sonja C. **The European Court of Human Rights as a pathway to impunity for international crimes**. London; New York: Springer, 2010.

GUATEMALA. Comisión Internacional contra la Impunidad en Guatemala. **Que es la Cicig?** Disponível em: https://www.cicig.org/que-es-la-cicig/. Acesso em: 2 jun. 2023.

GUEIROS, Artur; JAPIASSÚ, Carlos Eduardo. **Direito penal:** volume único. São Paulo: Atlas, 2018.

GUIZELIN, Gilberto da Silva. A abolição do tráfico de escravos no Atlântico Sul: Portugal, o Brasil e a questão do contrabando de africanos, **Almanack**, n. 5, p. 123–144, 2013.

GUSTÍN, Miracy Barbosa de Sousa; DIAS, Maria Tereza Fonseca. **(Re)pensando a pesquisa jurídica:** teoria e prática. 3. ed. Belo Horizonte: Del Rey, 2010.

HÄBERLE, Peter. **Estado constitucional cooperativo.** Renovar: Rio de Janeiro, 2007.

HABERMAS, Jürgen. Kant's idea of Perpetual Peace: with the Benefit of Two Hundred Years' Hindsight. In: BOHMAN, James; LUTZ-BACHMANN, Matthias (Org.). **Perpetual peace**: essays on Kant's cosmopolitan ideal. Cambridge, Mass: MIT Press, 1997.

HALLWOOD, C. Paul; MICELI, Thomas J. **Maritime Piracy and Its Control:** An Economic Analysis. New York: Palgrave Macmillan, 2015.

HARARI, Maurice; JAKOB, Raphaël; JENNI, Erwin. La délégation de la poursuite pénale à la Suisse. **Semaine Judiciaire**, [S. l.], n. 12, p. 385–410, 2013.

HARFIELD, Clive; HARFIELD, Karen. **Covert investigation.** 6. ed. New York: Oxford University Press, 2023.

HARRINGTON, Joanna. The Making of Modern International Extradition Law. In: BOISTER, Neil; GLESS, Sabine; JESSBERGER, Florian (org.). **Histories of Transnational Criminal Law.** Oxford, United Kingdom; New York, NY: Oxford University Press, 2021, p. 276–286.

HART, Herbert L. A. **O conceito de Direito**. 3. ed. Lisboa: Fundação Calouste Gulbenkian, 2007.

HASENCLEVER, Andreas; MAYER, Peter; RITTBERGER, Volker. **Theories of international regimes.** Cambridge; New York: Cambridge University Press, 1997.

HEINZE, Alexander. The Statute of the International Criminal Court as a Kantian Constitution. In: BERGSMO, Morten; BUIS, Emiliano J. (org.). **Philosophical foundations of international criminal law:** correlatating thinkers. Brussels: Torkel Opsahl Academic EPublisher, p. 351-428, 2018.

HELD, David. **Cosmopolitanism: ideals and realities**. Cambridge; Malden, MA: Polity Press, 2010.

HELD, David. **Democracy and the global order**: from the modern state to cosmopolitan governance. Stanford: Stanford University Press, 1995.

HELD, David. Democratic accountability and political effectiveness from a cosmopolitan perspective. **Government and Opposition**, v. 39, n. 2, p. 364-391, 2004.

HELTON, Dinah; GOULD, Ariel. Positive and Negative Obligations, in: SHELTON, Dinah (Org.), **The Oxford Handbook of International Human Rights Law**, 1. ed. Oxford: Oxford University Press, 2013.

HERDEGEN, Mathias. Due diligence. In: BERNHARDT, Rudolf. **Encyclopedia of Public International Law**: States, responsibility of States, international law and municipal law. Amsterdam, New York, Oxford: North-Holland, 1987.

HEYMANN, Philip B. Two Models of National Attitudes toward International Cooperation in Law Enforcement. **Harvard International Law Journal**, [S. l.], v. 31, n. 1, p. 99–107, 1990.

HOBSBAWM, Eric J. **Era dos extremos:** o breve século XX; 1914-1991, 2. ed. São Paulo: Companhia das Letras, 2007.

HOLMANU, Loredana-Elena. The Principle of Speciality Related to the International Judicial Cooperation in Criminal Matters. **Revista Universul Juridic**, vol. 2020, no. 8, August 2020, p. 98-113, 2020.

HOWE, Amy. Opinion analysis: Court rules for Sudan in dispute over service in USS Cole lawsuit. **SCOTUSblog**, March 26, 2019. Disponível em: https://www.scotusblog.com/2019/03/opinion-analysis-court-rules-for-sudan-in-dispute-over-service-in-uss-cole-lawsuit/. Acesso em: 10 jul. 2023.

HUDSON, Andrew; TAYLOR, Alexandra W. The International Commission against Impunity in Guatemala: A New Model for International Criminal Justice Mechanisms. **Journal of International Criminal Justice**, [S. l.], v. 8, n. 1, p. 53–74, 2010.

HUFNAGEL, Saskia. The Historical Development of International Law Enforcement Cooperation: The Case of Interpol. In: BOISTER, Neil; GLESS, Sabine; JESSBERGER, Florian (org.). **Histories of Transnational Criminal Law**. Oxford, United Kingdom; New York, NY: Oxford University Press, p. 287–299, 2021.

HULSMAN, Lodwijk Henri Christiaan. Transmission des poursuites pénales à l'État de séjour et exécution des décisions pénales étrangères. In: **Le Droit pénal international:** Recueil d'études en hommage à Jacob Maartens. Leiden: E. J. Brill, 1965.

HUNEEUS, Alexandra. Courts Resisting Courts: Lessons from the Inter-American Court's Struggle to Enforce Human Rights. **Cornell International Law Journal**, [S. l.], v. 44, n. 3, p. 493–533, 2011.

HUNEEUS, Alexandra. International Criminal Law by Other Means: The Quasi-criminal Jurisdiction of the Human Rights Courts. **American Journal of International Law**, [S. l.], v. 107, n. 1, p. 1–44, 2013.

HUNGRIA, Nelson. **Comentários ao código penal**. 5.ed., vol. I, tomo 1. Rio de Janeiro: Forense, 1977.

INSTITUT DE DROIT INTERNATIONAL. **Les obligations et les droits erga omnes en droit international**. Cinquiéme session, Cracovie, 27 août 2005. Disponível em: https://www.idi-iil.org/app/uploads/2017/06/2005_kra_01_en.pdf, Acesso em: 10 mai. 2023.

INTERNATIONAL COMISSION OF JURISTS. **The Arab Court of Human Rights**: a flawed statute for an ineffective court. Geneva: ICJ, 2015. Disponível em: https://www.icj.org/wp-content/uploads/2015/04/MENA-Arab-Court-of-Human-Rights-Publications-Report-2015-ENG.pdf . Acesso em: 10 jul. 2023.

INTERNATIONAL COMMISSION ON INTERVENTION AND STATE SOVEREIGNTY. **The Responsibility to Protect:** Report of the International Commission on Intervention and State Sovereignty, Ottawa, December 2001. Disponível em: https://idl-bnc-idrc.dspacedirect.org/bitstream/handle/10625/18432/IDL-18432.pdf?sequence=6&isAllowed=y . Acesso em: 10 mai. 2023.

INTERPOL. **How our history started**. Disponível em: https://www.interpol.int/Who-we-are/INTERPOL-100/1923-how-our-history-started. Acesso em 10 jul. 2023.

IRELAND-PIPER, Danielle. Prosecutions of Extraterritorial Criminal Conduct and the Abuse of Rights Doctrine. **Utrecht Law Review,** [S. l.], v. 9, n. 4, p. 68-89, 2013.

IVORY, Radha Dawn. The Right to a Fair Trial and International Cooperation in Criminal Matters: Article 6 ECHR and the Recovery of Assets in Grand Corruption Cases. **Utrecht Law Review**, [S. l.], v. 9, n. 4, p. 147-164, 2013.

JACOBS, Dov. The Frog that Wanted to be an Ox: The ICC's Approach to Immunities and Cooperation. In: STAHN, Carsten (org.). **The law and practice of the International Criminal Court**. 1. ed. Oxford: Oxford University Press, p. 282–302, 2015.

JAENICKE, Günther. International public order. In: BERNHARDT, Rudolf. **Encyclopedia of Public International Law**: History of international law, foundations and principles of international law, sources of international law, law of treaties. Amsterdam, New York, Oxford: North-Holland publ. company, 1984.

JAKOBI, Anja P. **Common goods and evils?** the formation of global crime governance. 1. ed. Oxford: Oxford Univ. Press, 2013.

JAPIASSÚ, Carlos Eduardo Adriano. **Direito penal internacional**, São Paulo: Tirant Lo Blanch, 2020.

JAPIASSÚ, Carlos Eduardo Adriano. **O Tribunal Penal Internacional**: a internacionalização do direito penal. Rio de Janeiro: Lumen Juris, 2004.

JESCHECK, Hans-Heinrich. International crimes. In: BERNHARDT, Rudolf. Encyclopedia of Public International Law: Human Rights and the Individual in International Law. **International Economic Relations**. 1.ed., vol. 8. Amsterdam, New York, Oxford: North-Holland, 1985.

JESSBERGER, Florian. A Short History of Jurisdiction in Transnational Criminal Law. In: BOISTER, Neil; GLESS, Sabine; JESSBERGER, Florian (Org.). **Histories of Transnational Criminal Law.** Oxford, United Kingdom; New York, NY: Oxford University Press, 2021, p. 261-275.

JESSUP, Philip C. **Transnational law.** New Haven: Yale University Press, 1956.

JONES, Harry Leroy. International Judicial Assistance: Procedural Chaos and a Program for Reform. **Yale Law Journal**, [S. l.], v. 62, n. 4, p. 515–562, 1953.

JONES, Wilbur Devereux. The Origins and Passage of Lord Aberdeen's Act. **Hispanic American Historical Review**, [S. l.], v. 42, n. 4, p. 502–520, 1962.

JUGASTRU, Călina. Réflexions sur l'élément d'extranéité et les rapports de droit international privé. **Acta Universitatis Lucian Blaga**, n. 1-2, Universul Juridic, p. 109-121, 2007.

JULIÉ, William; FAUVARQUE, Juliette. The rule against the extradition of nationals: overview and perspectives. **International Bar Association**, London, [s.d.]. Disponível em: https://www.ibanet.org/article/22AF1681-37A0-487A-A660-3ACA32938540 . Acesso em: 4 set. 2023.

KANT, Immanuel. **À paz perpétua**: um projeto filosófico. Petrópolis: Editora Vozes, 2020.

KAUL, Inge; GRUNBERG, Isabelle; STERN, Marc A. Definindo bens públicos globais. In: KAUL, Inge; GRUNBERG, Isabelle; STERN, Marc A. (org.). **Bens públicos globais:** cooperação internacional no século XXI. Rio de Janeiro: Record, 2012

KAUL, Inge; GRUNBERG, Isabelle; STERN, Marc A. Introdução. In: KAUL, Inge; GRUNBERG, Isabelle; STERN, Marc A. (org.). **Bens públicos globais**: cooperação internacional no século XXI. Rio de Janeiro: Record, 2012.

KEITNER, Chimène I. Transnational Litigation: Jurisdiction and Immunities, in: SHELTON, Dinah (Org.), **The Oxford Handbook of International Human Rights Law**. Oxford; New York: Oxford University Press, 2013.

KELSEN, Hans. **Teoria geral do direito e do estado**. 3. ed. São Paulo: Martins Fontes, 2000.

KEMP, Gerhard. Foreign relations, international co-operation in criminal matters and the position of the individual. **South African Journal of Criminal Justice**, [S. l.], v. 16, n. 3, p. 370–392, 2003.

KENNEY, William S. Structures and Methods of International and Regional Cooperation in Penal Matters. **New York Law School Law Review**, [S. l.], v. 29, n. 1, p. 39–100, 1984.

KEOHANE, Robert O. **After hegemony**: cooperation and discord in the world political economy. Princeton, N.J: Princeton University Press, 1984.

KEOHANE, Robert O.; MARTIN, Lisa L. The Promise of Institutionalist Theory. **International Security**, [S. l.], v. 20, n. 1, p. 39-51, 1995.

KINGSBURY, Benedict; KRISCH, Nico; STEWART, Richard B. The Emergence of Global Administrative Law. **Revue internationale de droit économique**, [S. l.], v. XXVII, n. 1, p. 37–58, 2013.

KISSINGER, Henry. **Ordem mundial.** Rio de Janeiro: Editora Objetiva, 2015.

KLEIN, Eckart. International Régimes. In: BERNHARDT, Rudolf. **Encyclopedia of Public International Law**: International relations and legal cooperation in general, diplomacy and consular relations, vol. 8. Amsterdam, New York, Oxford: North-Holland, 1986.

KNAPP, James. Mutual Legal Assistance Treaties as a Way to Pierce Bank Secrecy. **Case Western Reserve Journal of International Law**, [S. l.], v. 20, n. 2, p. 405–434, 1988.

KOCH, Charles. Envisioning a Global Legal Culture. **Michigan Journal of International Law**, [S. l.], v. 25, n. 1, p. 1–76, 2003.

KOLB, Robert. **Good faith in international law**. Oxford, UK; Portland, Oregon: Hart Publishing, 2017.

KÖNIG, Julia; MEICHELBECK, Paulina; PUCHTA, Miriam. The Curious Case of Carles Puigdemont: The European Arrest Warrant as an Inadequate Means with Regard to Political Offenses. **German Law Journal**, [S. l.], v. 22, n. 2, p. 256–275, 2021.

KOROMA, Abdul G. Solidarity: evidence of an emerging international legal principle. In: HESTERMEYER, Holger P.; KÖNIG, Doris; MATZ-LÜCK, Nele; RÖBEN, Volker; SEIBERT-FOHR, Anja; STOLL, Peter-Tobias; VÖNEKY, Silja. **Coexistence, Cooperation and Solidarity** (2 vols.): Liber Amicorum Rüdiger Wolfrum. [s.l.] : Brill, Nijhoff, p. 103-129, 2012.

KOSKENNIEMI, Martti. Hersch Lauterpacht and the Development of International Criminal Law Symposium on Contributions to the History of International Criminal Justice. **Journal of International Criminal Justice**, [S. l.], v. 2, n. 3, p. 810–825, 2004.

KRASNER, Stephen. **International Regimes**. Ithaca, NY: Cornell University Press, 1983.

KRISCH, Nico. The Decay of Consent: International Law in an Age of Global Public Goods. **American Journal of International Law**, [S. l.], v. 108, n. 1, p. 1–40, 2014.

KRÜSSMANN, Thomas. **Transnationales Strafprozessrecht**, Baden-Baden: Nomos, 2009.

KUNZ, Josef L. General International Law and the Law of International Organizations. **American Journal of International Law**, [S. l.], v. 47, n. 3, p. 456–462, 1953.

LAGODNY, Otto; SCHOMBURG, Wolfgang. International Cooperation in Criminal Matters and Rights of the Individual from a German Perspective. **European Journal of Crime, Criminal Law and Criminal Justice,** [S. l.], v. 2, n. 4, p. 379–405, 1994.

LAGODNY, Otto. **Die Rechtsstellung des Auszuliefernden in der Bundesrepublik Deutschland.** Freiburg: Max Planck-Institut, 1987.

LAGODNY, Otto. **The individual as subject of international cooperation in criminal matters**: a comparative study. Baden-Baden: Nomos, 2002.

LANGDON, Stephen H.; GARDINER, Alan H. The Treaty of Alliance between attušili, King of the Hittites, and the Pharaoh Ramesses II of Egypt. **The Journal of Egyptian Archaeology,** v. 6, n. 1, 1920, p. 179–205.

LANGER, Máximo. Dos transplantes jurídicos às traduções jurídicas: a globalização do *plea bargaining* e a tese da americanização do processo penal. **Delictae Revista de Estudos Interdisciplinares sobre o Delito,** [S. l.], v. 2, n. 3, p. 19-115, jul.-dez. 2017.

LANGER, Máximo. From Legal Transplants to Legal Translations: The Globalization of Plea Bargaining and the Americanization Thesis in Criminal Procedure. **Harvard International Law Journal,** [S. l.], v. 45, n. 1, p. 1–64, 2004.

LAUTERPACHT, Hersch. Allegiance, Diplomatic Protection and Criminal Jurisdiction over Aliens. **Cambridge Law Journal**, [S. l.], v. 9, n. 3, p. 330–348, 1947.

LAUTERPACHT, Hersch. **An international bill of the rights of man**. Oxford, United Kingdom: Oxford University Press, 2013.

LAUTERPACHT, Hersch**. International Law and Human Rights**. London: Stevens & Sons, 1950.

LAUTERPACHT, Hersch. **The function of law in the international communit**y. Oxford ; New York: Oxford University Press, 2011.

LAUTERPACHT, Hersch. The Subjects of the Law of Nations. **Law Quarterly Review**, [S. l.], v. 64, No. 1, p. 97-119, 1948.

LAVRYSEN, Laurens. Causation and Positive Obligations under the European Convention on Human Rights: A Reply to Vladislava Stoyanova. **Human Rights Law Review**, [S. l.], v. 18, n. 4, p. 705–718, 2018.

LAW, David S. Judicial Comparativism and Judicial Diplomacy. **University of Pennsylvania Law Review**, *[S. l.]*, v. 163, n. 4, p. 927–1036, 2015.

LAZARUS, Liora. Positive Obligations and Criminal Justice: Duties to Protect or Coerce? In: ZEDNER, Lucia; ROBERTS, Julian V. (Org.). **Principles and values in criminal law and criminal justice**: essays in honour of Andrew Ashworth. Oxford, U.K: Oxford University Press, 2012. p. 135–155.

LEDESMA, María Elizabeth López. **Los derechos humanos procesales em las causas criminales indígenas de los siglos XVII y XVIII em Nueva España.** 2016. Tese (Doutorado em Direito] – Instituto de Derechos Humanos Bartolomé de las Casas, Universidad Carlos III de Madrid, Madrid, 2016. Disponível em: https://e-archivo.uc3m.es/handle/10016/22583. Acesso em: 4 mai. 2023.

LESSA, Luiz Fernando Voss Chagas. **Persecução penal e cooperação internacional direta pelo Ministério Público.** Rio de Janeiro: Lumen Juris, 2013.

LIAKOPOULOS, Dimitris. Types of international cooperation and legal assistance in the ICC. **Revista de Derecho Universidad San Sebastián,** [S. l.], v. 25, p. 104–148, 2019.

LOEWENSTEIN, Karl. Sovereignty and International Co-Operation. **American Journal of International Law**, [S. l.], v. 48, n. 2, p. 224–244, 1954.

LOMBOIS, Claude. **Droit pénal international**. Paris, Dalloz, 2e.ed., 1979.

LORENZEN, Ernest G. Story's Commentaries on the Conflict of Laws: One Hundred Years After. **Harvard Law Review**, [S. l.], v. 48, no. 1, p. 15-38, 1934.

LORUSSO, Artemisia. **La cooperazione giudiziaria internazionale nella lotta agli illeciti economici.** Tese [Dottorato di Diritto internazionale dell'Economia]. Università Commerciale Luigi Bocconi, Milano, 2009.

LUCHTMAN, Michiel J. J. P. Towards a Transnational Application of the Legality Principle in the EU's Area of Freedom: Security and Justice? **Utrecht Law Review**, [S. l.], v. 9, n. 4, p. 11-33, Sept. 2013.

LUCHTMAN, Michiel. Transnational Law Enforcement Cooperation: Fundamental Rights in European Cooperation in Criminal Matters. **European Journal of Crime, Criminal Law and Criminal Justice**, Leiden, The Netherlands, v. 28, n. 1, p. 14–45, 2020.

LÜDKE, Menga; ANDRÉ, Marli E. D. A. **Pesquisa em educação**: abordagens qualitativas. São Paulo: EPU, 1986.

LUTZ, Ellen L. International Obligations to Respect and Ensure Human Rights. **Whittier Law Rev**iew, [S. l.], v. 19, p. 345-352, 1997.

MA, Frances Y. F. Noriega's Abduction from Panama: Is Military Invasion an Appropriate Substitute for International Extradition. **Loyola of Los Angeles International & Comparative Law Review,** Los Angeles, v. 13, n. 4, p. 925–953, 1991.

MA, Xuechan, **The Spratly Islands and international law:** legal solutions to coexistence and cooperation in disputed areas, Leiden; Boston: Brill Nijhoff, 2022.

MACALISTER-SMITH, Peter. Comity. In: BERNHARDT, Rudolf. **Encyclopedia of Public International Law**: History of international law, foundations and principles of international law, sources of international law, law of treaties. Amsterdam, New York, Oxford: North-Holland publ. company, 1984.

MADRUGA, Antenor. Como entender a cooperação jurídica internacional. Revista **Consultor Jurídico**, 23 de agosto de 2011. Disponível em: https://www.conjur.com.br/2011-ago-24/cooperacao-internacional-entender-cooperacao-juridica-internacional. Acesso em: 2 jun. 2023.

MALANCZUK, Peter. **Akehurst's Modern introduction to international law**. 7.ed. Londres: Routledge, 1997.

MALARINO, Ezequiel. Judicial Activism, Punitivism and Supranationalisation: Illiberal and Antidemocratic Tendencies of the Inter-American Court of Human Rights. **International Criminal Law Review**, Leiden, v. 12, n. 4, p. 665–695, 2012.

MARCHETTI, Maria-Riccarda. Introduzione: la cooperazione "tradizionale" e le nuove forme de assistenza giudiziaria. In: MARCHETTI, Maria-Riccarda; SELVAGGI, Eugenio; BARROCU, Giovanni. **La nuova cooperazione giudiziaria penale:** dalle modifiche al Codice di procedura penale all'Ordine europeo di indagine. Milano: Wolters Kluwer, 2019.

MARTIN-CHENUT, Kathia. Le renforcement des obligations positives de nature pénale dans la jurisprudence interaméricaine: l'exemple des graves violations des droits de l'Homme commises pendant les dictatures des pays du Cône Sud. **Revue de science criminelle et de droit pénal comparé,** Paris, v. 3, n. 3, p. 705–725, 2012.

MARTIN, Lisa L. A economia política da cooperação internacional. In: KAUL, Inge; GRUNBERG, Isabelle; STERN, Marc A. (org.). **Bens públicos globais**: cooperação internacional no século XXI. Rio de Janeiro: Record, 2012.

MAYER, Benoit. Climate Change Mitigation as an Obligation under Customary International Law. **Yale Journal of International Law**, [S. l.], v. 48, p. 105-151, 2023.

MAZZUOLI, Valerio de Oliveira. **Curso de direito internacional público**. 13. ed. Rio de Janeiro: Editora Forense, 2020.

MBA, Osita, Positive Obligations Under the African Charter on Human and Peoples' Rights: The Duty of the Nigerian Government to Enact a Freedom of Information Act. **Commonwealth Law Bulletin,** vol. 35, n. 2, p. 215-249, 2009.

McCLEAN, David. **International co-operation in civil and criminal matters**. Oxford: Oxford University Press, 2002.

McDOUGAL, Myres S.; REISMAN, W. Michael. The changing structure of International Law: unchanging theory for inquiry. **Columbia Law Review**, vol. 65, p. 810-835, 1965.

MCGREGOR, Lorna. Addressing the Relationship between State Immunity and Jus Cogens Norms: A Comparative Assessment. In: KALECK, Wolfgang; RATNER, Michael; SINGELNSTEIN, Tobias; WEISS, Peter (org.). **International prosecution of Human Rights crimes**. Berlin Heidelberg New York: Springer, 2007, p. 69–84.

MEGRÉT, Frédéric. Henri Donnedieu de Vabres: Penal Liberal, Moderate Internationalist, Nuremberg Judge. In: TALLGREN, Immi; MEGRÉT, Frédéric (Orgs.). **The Dawn of a Discipline:** International Criminal Justice and its Early Exponents. Cambridge: Cambridge University Press, 2020.

MEILI, Friedrich. **Lehrbuch des Internationalen Strafrechts und Strafprozessrechts**, Zurich: Orell Füssli, 1910.

MELLO, Celso Duvivier de Albuquerque. **Curso de direito internacional público**. 13. ed. Rio de Janeiro: Renovar, 2001.

MENDES, Gilmar; BUONICORE, Bruno Tadeu; DE-LORENZI, Felipe da Costa. Ne bis in idem entre Direito Penal e Administrativo Sancionador: considerações sobre a multiplicidade de sanções e de processos em distintas instâncias. **Revista Brasileira de Ciências Criminais**, [S. l.], v. 30, n. 192, p. 75–112, 2022.

MENDEZ, Juan E. La participación de la víctima ante la Corte Interamericana de Derechos Humanos. San José: Rafael Nieto-Navia, 1994. In: NIETO-NAVIA, Rafael. **La Corte y el sistema interamericano de derechos humanos**. San José: Corte Interamericana de Derechos Humanos, 1994. p. 321-332.

MENDONÇA, Andrey Borges de. **Cooperação internacional no processo penal: a transferência de processos**. São Paulo: Revista dos Tribunais, 2021.

MENNA BARRETO, Caio Cézar Ovelheiro. **De Corte Internacional para Corte Mundial:** a Corte Internacional de Justiça e a comunitarização do direito internacional, Dissertação de Mestrado em Direito, Faculdade de Direito, Universidade do Estado do Rio de Janeiro, Rio de Janeiro, 2023.

MERRILLS, J. G. **The Development of International Law by the European Court of Human Rights.** Manchester: Manchester University Press, 1993.

MEYER, Frank. The Emergence of Criminal Law Norms in International Organizations. In: BOISTER, Neil; GLESS, Sabine; JESSBERGER, Florian (org.). **Histories of Transnational Criminal Law**. Oxford, United Kingdom; New York, NY. Oxford University Press, 2021.

MICHAELS, Ralf. Recognition and Enforcement of Foreign Judgments. In: WOLFRUM, Rüdiger (org.). **Max Planck Encyclopedia of Public International Law**. Oxford: Oxford University Press, 2009.

MICUS, Annelen. **The Inter-American human rights system as a safeguard for justice in national transitions**: from amnesty laws to accountability in Argentina, Chile and Peru. Leiden; Boston: Brill Nijhoff, 2015.

MIJANGOS GONZÁLEZ, Javier. The Doctrine of the Drittwirkung der Grundrechte in the Case Law of the Inter-American Court of Human Rights. **InDret**, [S. l.], v. 1, p. 1-31, 2008.

MINGST, Karen A.; ARREGUÍN-TOFT, Ivan M. **Essentials of international relations.** Seventh edition ed. New York: W.W. Norton & Company, 2017.

MIRANDA, Jorge. **Curso de direito internacional público:** uma visão sistemática do direito internacional dos nossos dias. 4.ed. Rio de Janeiro: Forense, 2009.

MITCHELL, Claire. **Aut Dedere, aut Judicare**: The Extradite or Prosecute Clause in International Law. eCahiers de l'Institut Genève: Graduate Institute Publications, 2011.

MONACO, Riccardo. Sources of International Law. In: BERNHARDT, Rudolf. **Encyclopedia of Public International Law**: History of international law, foundations and principles of international law, sources of international law, law of treaties. v. 7. Amsterdam, New York, Oxford: North-Holland publ. company, 1984.

MOSLER, Hermann. Völkerrecht als Rechtsordnung. **ZaöRV**, v. 36, p. 6-49, 1976.

MOUSO, Paulo. Cooperación judicial inter-etática. **Revista Colombiana de Derecho Procesal**, Bogotá, año 3, vol. 2, p. 31, 1990.

MOWBRAY, A. R., **The development of positive obligations under the European Convention on Human Rights by the European Court of Human Rights**. Oxford; Portland, Or: Hart Pub, 2004.

MOYO, Monica P. Introductory Note to Final Report on the Obligation to Extradite or Prosecute (Aut Dedere Aut Judicare) (Int'l L. Comm'n). **International Legal Materials**, [S. l.], v. 54, p. 758-779, 2015.

MUELLER, Gerhard O. W. International Criminal Law: Civitas Maxima: an overview. **Case Western Reserve Journal of International Law**, [S. l.], v. 15, n. 1, p. 1–7, 1983.

MUELLER, Gerhard. International Judicial Assistance in Criminal Matters. **Villanova Law Review**, [S. l.], v. 7, n. 2, p. 193–231, 1961.

NADELMANN, Ethan A. Global Prohibition Regimes: The Evolution of Norms in International Society. **International Organization**, [S. l.], v. 44, n. 4, p. 479–526, 1990.

NATARAJAN, Mangai. Gerhard Mueller's Role in Developing the Concept of Transnational Crime for the United Nations. In: BOISTER, Neil; GLESS, Sabine; JESSBERGER, Florian (org.). **Histories of Transnational Criminal Law**. Oxford, United Kingdom; New York, NY. Oxford University Press, p. 70–83, 2021.

NEVES, Marcelo. **Transconstitucionalismo.** São Paulo: WMF Martins Fontes, 2009.

NEW ZEALAND. **Extradition and mutual assistance in criminal matters.** Wellington, New Zealand: Law Commission, 2014.

NILSSON, Hans G. From classical judicial cooperation to mutual recognition**, Revue internationale de droit pénal**, v. 77, n. 1–2, p. 53–58, 2006.

NORTH, Douglass C. **Institutions, institutional change, and economic performance**. Cambridge; New York: Cambridge University Press, 1990.

NYE, Joseph S. **Soft power**: the means to success in world politics. New York: Public Affairs, 2004.

NYE, Joseph S.; KEOHANE, Robert O. Transnational Relations and World Politics: An Introduction. **International Organization**, [S. l.], v. 25, n. 3, p. 329–349, 1971.

NYST, Carly. Solidarity in a disaggregated World: universal jurisdiction and the evolution of sovereignty. **The Journal of International Law and International Relations** (JILIR), September 2012, vol. 8, p. 36–61, 2012.

O'DONOGHUE, Aoife. **Constitutionalism in global constitutionalisation**. Cambridge, United Kingdom: Cambridge University Press, 2014.

OHLIN, Jens David. A Meta-Theory of International Criminal Procedure: Vindicating the Rule of Law. **UCLA Journal of International Law and Foreign Affairs**, [S. l.], v. 14, n. 1, p. 77–120, 2009.

OLASOLO, Héctor; FREYDELL, Federico. La Sección Especializada en Derecho Internacional Penal de la Corte Africana de Justicia y Derecho Humanos y su relación con la Corte Penal Internacional y las jurisdicciones nacionales. **Revista Brasileira de Direito Processual Penal,** vol. 9, n. 3, p. 1453-1478, set./dez. 2023.

OLIVEIRA, Liziane Paixão Silva; BERTOLDI, Márcia Rodrigues. A importância do soft law na evolução do direito internacional. **Revista do Instituto de Direito Brasileiro**, [S. l.], n. 10, p. 6265–6289, 2012.

OLIVEIRA, Liziane Paixão Silva; KERYJAOUEN, Isa. Direitos humanos e mudança climática. **Interfaces Científicas - Direito**, *[S. l.]*, v. 4, n. 1, p. 23–32, 2015.

OLIVEIRA, Liziane Paixão Silva; PASSOS, Rute Oliveira; PORTO, Matheus Macedo Lima. Regimes internacionais e a proteção de refugiados: dos antecedentes históricos às novas perspectivas. **Dom Helder Revista de Direito**, [S. l.], v. 2, n. 4, p. 47–64, 2019.

OLIVEIRA, Liziane Paixão Silva; TEIXEIRA, Alexandre Peres. O Direito Internacional e a Defesa Cibernética da soberania na Amazônia Azul. **Revista da Escola de Guerra Naval,** [S. l.], v. 28, n. 2, p. 355–404, 2022.

OLIVEIRA, Liziane Paixão Silva. A soberania frente à globalização. **Revista do Programa de Mestrado em Direito do UniCEUB**, Brasília, v. 2, n. 1, p. 202–225, 2005.

OLSON, Laura M. Re-enforcing Enforcement in a Specialized Convention. In: SADAT, Leila Nadya (Org.). **Forging a convention for crimes against humanity**. Cambridge; New York: Cambridge University Press, 2011.

ONUF, Nicholas Greenwood. Civitas Maxima: Wolff, Vattel and the Fate of Republicanism. **American Journal of International Law**, [S. l.], v. 88, p. 280-303, 1994.

OPERTTI BADAN, Didier. **Exhortos y embargo de bienes extranjeros**. Montevideo: Amalio M. Fernández, 1976.

OPERTTI BADAN, Didier. La cooperación jurídica interamericana. **Anuario Espanol de Derecho Internacional Privado**, [S. l.], v. 0, p. 387–404, 2000.

OPSAHL, Torkel. Human Rights Today: International Obligations and National Implementation. **Scandinavian Studies in Law**, [S. l.], v. 23, p. 149–176, 1979.

OQUENDO, Catalina. Caso Pecci: el entramado criminal que acabó la vida del fiscal paraguayo. **El País**, 24 de enero de 2023. Disponível em: https://elpais.com/america-colombia/2023-01-24/

caso-pecci-el-entramado-criminal-que-acabo-con-la-vida-del-fiscal-paraguayo.html. Acesso em: 2 jun. 2023.

ORANYE, Nkechinyelu Patricia; AREMU, Abimbola W. The duty to cooperate in state interactions for the sustainable use of international watercourses. **Discover Sustainability**, [S. l.], v. 2, n. 1, p. 45-52, 2021.

ORENTLICHER, Diane F. Settling Accounts: The Duty to Prosecute Human Rights Violations of a Prior Regime. **Yale Law Journal**, [S. l.], v. 100, n. 8, p. 2537–2618, 1991.

ORGANIZATION FOR ECONOMIC COOPERATION AND DEVELOPMENT. **Risk-Based Due Diligence for RBC.** Disponível em: https://mneguidelines.oecd.org/Essentials%20of%20due%20diligence.pdf . Acesso em: 10 jul. 2023.

OSMO, Carla; MARTIN-CHENUT, Kathia. A participação das vítimas no sistema interamericano: fundamento e significado do direito de participar. **Revista Direito e Práxis,** Rio de Janeiro, v. 8, n. 2, p. 1455-1506, 2017.

OYE, Kenneth A. Explaining cooperation under anarchy. In: OYE, Kenneth A. (Org.). **Cooperation under anarchy**. Princeton, N.J: Princeton University Press, 1986.

PANGILINAN, John Stephen B. Analyzing the No-Standing Provisions of the Mutual Legal Assistance Treaties on Criminal Matters (MLATS) Entered by the Philippines and the Implications of the Supreme Court's Decision in People v. Sergio on MLATS, **Ateneo Law Journal**, v. 65, n. 1, p. 259–307, 2020.

PARRA VERA, OSCAR. Impact of the Inter-American Human Rights System in the Struggle against Impunity. *In*: BOGDANDY, Armin von; PIOVESAN, Flávia; FERRER MAC-GREGOR, Eduardo; *et al* (Orgs.). **The impact of the Inter-American human rights system:** transformations on the ground. New York: Oxford University Press, p. 424–448, 2024.

PARROTTA, Alessandro. **Manuale di diritto della cooperazione internazionale:** sviluppo, integrazione e diritti fondamentali. Pisa: Pacini Giuridica, 2020.

PASTOR RIDRUEJO, José Antonio. **Curso de derecho internacional público y organizaciones internacionales**, 4.ed. Tecnos: Madrid, 1992.

PASTOR, Daniel R. La deriva neopunitivista de organismos y activistas como causa del desprestigio actual de los derechos humanos. **Nueva Doctrina Penal**, [S. l.], n. 1, p. 73–114, 2005.

PAUL, Joel R. Comity in International Law. **Harvard International Law Journal**, [S. l.], v. 32, p. 1-79, 1991.

PEREZ CEPEDA, Ana Isabel; BENITO SÁNCHEZ, Demelsa. La política criminal internacional contra la corrupción. In: BECHARA, Ana Elisa Liberatore S.; GÓMEZ DE LA TORRE, Ignacio Berdugo (Coord.). **Estudios sobre la corrupción:** una reflexión hispano brasileña. Salamanca: Universidad de Salamanca, Centro de Estudios Brasileños, 2012.

PETRIG, Anna. The Expansion of Swiss Criminal Jurisdiction in Light of International Law. **Utrecht Law Review**, [S. l.], v. 9, n. 4, p. 34-55, 2013.

PETZSCHE, Anneke. A Historical Perspective on Modes of Liability in Transnational Criminal Law. In: BOISTER, Neil; GLESS, Sabine; JESSBERGER, Florian (org.). **Histories of Transnational Criminal Law.** Oxford, United Kingdom; New York, NY: Oxford University Press, 2021, p. 249–260.

PF E MINISTÉRIO PÚBLICO recebem todos os dados do HSBC da Suíça, Brasília, **Poder360**, 6 de julho de 2015. Disponível em: https://www.poder360.com.br/swissleaks-hsbc/pf-e-ministerio-publico-recebem-todos-os-dados-do-hsbc-da-suica/. Acesso em: 2 jun. 2023.

PIOVESAN, Flávia. **Direitos humanos e justiça internacional**: um estudo comparativo dos sistemas regionais europeu, interamericano e africano. 8. ed. São Paulo: Editora Saraiva, 2018.

POP, Oana Mihaela. The Principles and General Rules of the International Judicial Cooperation in Criminal Matters. **Agora International Journal of Juridical Sciences,** p. 209-217, 2008.

POZZATTI JUNIOR, Ademar. Existe um fundamento para afirmar um dever de cooperação internacional? Ensaio sobre o direito internacional no quadro da ética prática kantiana. **Anuario Mexicano de Derecho Internacional**, v. 1, n. 17, p. 591–622, 2017.

PROELSS, Alexander; HOFMANN, Tobias. Law of the Sea and Transnational Organised Crime. *In*: HAUCK, Pierre; PETERKE, Sven (Orgs.). **International law and transnational organized crime**. First edition. Oxford, United Kingdom: Oxford University Press, p. 422–447, 2016.

PROST, Kimberly. Cooperation in Penal Matters in the Commonwealth. In: BASSIOUNI, M. Cherif (ed.). **International Criminal Law Multilateral and Bilateral Enforcement Mechanisms.** Vol. 2. Brill, Leiden: Brill, 2008.

PROST, Kimberly. State cooperation and transfers. In: SCHABAS, William; BERNAZ, Nadia (Org.) **Routledge handbook of international criminal law,** Abingdon, Oxon; New York: Routledge, 2011.

PROTAX CONSORTIUM. **Case studies of tax crimes in the European Union**: Report, 30 October 2018. Disponível em: https://ec.europa.eu/research/participants/documents/downloadPublic?documentIds=080166e5bede4cdd&appId=PPGMS. Acesso em: 10 jul. 2023.

PULLEN, Phillip J. Nail in the MLAT Coffin: Examining Alternatives Solutions to the Current Mutual Legal Assistance Treaty Regime in International Cross-Border Data Sharing. **North Carolina Journal of International Law**, [S. l.], v. 44, n. Special Issue, p. 1–16, 2018.

RAGAZZI, Maurizio. **The concept of international obligations erga omnes**. Oxford: New York: Clarendon Press; Oxford University Press, 1997.

RAMOS, André de Carvalho; GAMA, Marina Faraco Lacerda. Controle de convencionalidade, teoria do duplo controle e o pacto nacional do judiciário pelos direitos humanos: avanços e desafios. **Revista Direitos Culturais**, v. 17, n. 41, p. 283-297, 5 mai. 2022.

RAMOS, André de Carvalho. Cooperação jurídica internacional. **Seminário sobre Cooperação Jurídica Internacional**. Salvador, Bahia: ESMPU, 22 e 23 de setembro de 2008.

RAMOS, André de Carvalho. **Curso de direito internacional privado**. 3. ed. São Paulo: SaraivaJur, 2023.

RAMOS, André de Carvalho. **Curso de direitos humanos**. 10. ed. São Paulo: SaraivaJur, 2023.

RAMOS, André de Carvalho. Mandados de criminalização no direito internacional dos direitos humanos: novos paradigmas da proteção das vítimas de violações de direitos humanos. **Revista Brasileira de Ciências Criminais**, [S. l.], v. 62, p. 547-572, 2006.

RAMOS, André de Carvalho. **Processo internacional de direitos humanos**. 5.ed. São Paulo: Saraiva, 2016.

RAMOS, André de Carvalho. **Teoria geral dos direitos humanos na ordem internacional.** 2.ed. São Paulo: Saraiva, 2012.

RAMSEY, Michael D. Escaping International Comity. **Iowa Law Review**, [S. l.], v. 83, p. 893-952, 1997.

RAWLS, John. Justice as Fairness: Political not Metaphysical. **Philosophy and Public Affairs,** vol. 14, No. 3, p. 223-251, 1985.

REHM VERLAG. **Kommentar zu den arbeits- und dienstrechtlichen Regelungen einschließlich Kommentierung des Entgelttransparenzgesetzes.** Disponível em: https://www.rehm-verlag.de/ . Acesso em: 2 jun. 2023.

REILING, Katharina. Die Anwendung des Grundsatzes der Völkerrechtsfreundlichkeit auf rechtsunverbindliche internationale Standards. **Zaörv**, *[S. l.]*, v. 78, p. 312–338, 2017.

REIS, João José, **Rebelião escrava no Brasil**: a história do levante dos malês em 1835, Ed. rev. e ampliada. São Paulo, Brazil: Companhia das Letras, 2003.

REYDAMS, Luc. Belgium's First Application of Universal Jurisdiction: The Butare Four Case. **Journal of International Criminal Justice**, [S. l.], v. 1, n. 2, p. 428–436, 2003.

REZEK, Francisco. **Direito internacional público:** curso elementar. 16.ed. São Paulo: Saraiva, 2016.

REZEK, Francisco. Matrizes políticas da justiça penal internacional. **Revista de Direito Internacional**, [S. l.], v. 13, n. 1, p. 341-346, 2016.

RICHARDSON, L. Song. Due Process for the Global Crime Age: A Proposal. **Cornell International Law Journal**, [S. l.], v. 41, n. 2, p. 347–382, 2008.

RISTAU, Bruno A. International Cooperation in Penal Matters: The "Lockheed Agreements". **Michigan Journal of International Law**, [S. l.], v. 4, n. 1, p. 85–104, 1983.

RODRIGUES, Anabela Miranda; MOTA, José Luís Lopes da. **Para uma política criminal europeia:** quadro e instrumentos jurídicos da cooperação judiciária em matéria penal no espaço da União Europeia. Coimbra: Coimbra Editora, 2002.

RODRIGUES, Anabela Miranda. **O direito penal europeu emergente**. Coimbra: Coimbra Editora, 2008.

ROFF, Heather. **Global justice, Kant and the responsibility to protect**: a provisional duty. London: New York: Routledge, Taylor & Francis Group, 2013.

ROGERSON, Pippa; COLLIER, John G. **Collier's conflict of laws**. Fourth edition ed. Cambridge, UK: Cambridge University Press, 2013.

ROHT-ARRIAZA, Naomi. Sources in International Treaties of an Obligation to Investigate, Prosecute, and Provide Redress. In: ROHT-ARRIAZA, Naomi (org.). **Impunity and human rights in international law and prac**tice. New York: Oxford University Press, 1995.

ROQUE, H. Harry L. Jr. The Security Council under Chapter VII of the UN Charter: Problems under the Rule of Law. **World Bulletin:** Bulletin of the International Studies of the Philippines, [S. l.], v. 17, p. 124-141, 2001.

ROUX-DEMARE, François-Xavier. **De l'entraide pénale à l'Europe pénale**. Paris: Dalloz, 2014.

RUBIN, Alfred P. The United States of America and the law of piracy. **International Law Studies**, vol. 63, p. 122-200, 1988.

RUGGIE, John G. International responses to technology: concepts and trends. **International Organization**, vol. 29, no. 3, p. 557-583, 1975.

RUIZ VERDUZCO, Deborah. The relationship between the ICC and the United Nations Security Council. In: STAHN, Carsten (org.). **The law and practice of the International Criminal Court**. 1. ed. Oxford: Oxford University Press, 2015. p. 30–64.

SALGADO, Daniel De Resende. **A metaprova no processo penal**: seu perfil conceitual e funcional e o controle racional da fiabilidade da prova. 2. ed. São Paulo: JusPodivm, 2024.

SAMUELSON, Paul A. The Pure Theory of Public Expenditure. **The Review of Economics and Statistics**, [S. l.], v. 36, n. 4, p. 387–389, 1954.

SANDS, Philippe. Turtles and Torturers: The Transformation of International Law. **New York University Journal of International Law and Politics**, [S. l.], v. 33, p. 527-560, 2000.

SANTOS, Milton. **Por uma outra globalização**: do pensamento único à consciência universal. 6.ed. Rio de Janeiro: Editora Record, 2000.

SARTIPI, Hossein; HOJATZADEH, Ali Reza, The Innovation in Concept of the Erga-Omnesisation of International Law, **International Journal of Humanities & Social Science Studies** (IJHSSS), v. II, n. II, p. 189–228, 2015.

SCHABAS, William. **The European convention on human rights**: a commentary, First edition. Oxford, United Kingdom: Oxford University Press, 2015.

SCHABAS, William. **An introduction to the International Criminal Court**, Sixth edition. Cambridge, United Kingdom; New York, NY: Cambridge University Press, 2020.

SCHACHTER, Oscar. The Obligation to Implement the Covenant in Domestic Law. In: HENKIN, L. **The International Bill of Rights.** New York: Columbia University Press, 1981.

SCHACHTER, Oscar. Towards a Theory of International Obligation. **Virginia Journal of International Law**, [S. l.], v. 8, p. 300-322, 1967.

SCHARF, Michael P.; DAY, Margaux. The ad hoc international criminal tribunals: Launching a new era of accountability. In: SCHABAS, William; BERNAZ, Nadia (Org.) **Routledge handbook of international criminal law**, Abingdon, Oxon ; New York: Routledge, 2011.

SCHOMBURG, Wolfgang; LAGODNY, Otto; GLESS, Sabine; HACKNER, Thomas et. al. **Internationale Rechtshilfe in Strafsachen**/International cooperation in criminal matters. 4th ed. München: Beck, 2006.

SCHÜCKING, Walther. Communication of Judicial and Extra-Judicial Acts in Penal Matters and Letters Rogatory in Penal Matters. **The American Journal of International Law**, vol. 22, n. 1, Supplement: Codification of International Law (Jan. 1928), p. 46-103.

SCHULTZ, Thomas; RIDI, Niccolo. Comity and International Courts and Tribunals. **Cornell International Law Journal**, [S. l.], v. 50, n. 3, 2017, p. 577–610.

SCHWAB, Klaus. **La quatrième révolution industrielle**. Malakoff: Dunod, 2017.

SCOTT, Thomas J. G. Prosecuting Charles Taylor's Son for Torture: A Step toward the Domestication of International Law. **Loyola University Chicago International Law Review,** [S. l.], v. 8, n. 1, p. 33-55, 2010.

SELVAGGI, Eugenio. C'è un altro mondo altro mondo là fuori: ovvero il futuro della la cooperazione giudiziaria. In: MARCHETTI, Maria-Riccarda; SELVAGGI, Eugenio; BARROCU, Giovanni. **La nuova cooperazione giudiziaria penale**: dalle modifiche al Codice di procedura penale all'Ordine europeo di indagine. Milano: Wolters Kluwer, 2019.

SHAW, Malcolm N. **International Law**. 8.ed. Cambridge: Cambridge University Press, 2017.

SHEARER, Ivan A. Extradition and Human Rights, **Australian Law Journal**, vol. 68, No. 6, p. 451-454, 1994.

SHELTON, Dinah; GOULD, Ariel. Positive and Negative Obligations. In: SHELTON, Dinah (Org.), **The Oxford Handbook of International Human Rights Law**, 1. ed. Oxford: Oxford University Press, 2013.

SHELTON, Dinah. Common Concern of Humanity. **Environmental Policy and Law**, [S. l.], v. 39, p. 83-86, 2009.

SHELTON, Dinah. Resolving Conflicts between Human Rights and Environmental Protection: Is there a Hierarchy? In: DE WET, Erika; VIDMAR, Jure (Org.). **Hierarchy in international law:** the place of human rights. Oxford, United Kingdom: Oxford University Press, 2012.

SHUE, Henry. **Basic rights:** subsistence, affluence, and U.S. foreign policy. 40th anniversary edition ed. Princeton: Princeton University Press, 2020.

SIMÃO, José Fernando. A teoria dualista do vínculo obrigacional e sua aplicação ao direito civil brasileiro. **Revista Jurídica ESMP-SP**, v. 3, p. 165-181, 2013.

SIMMA, Bruno. Human Rights before the International Court of Justice: Community Interest Coming to Life? In: TAMS, Christian J.; SLOAN, James (org.). **The Development of International Law by the International Court of Justice**. Oxford, United Kingdom: Oxford University Press, p. 301–325, 2013.

SIMONS, Nancy. Hersch Lauterpacht: The Function of Law in the International Community, 1933. In: BARRETT, Jill; GAUCI, Jean-Pierre (org.). **British Contributions to International Law**, 1915-2015 (Set). Leiden: Brill, Nijhoff, p. 51–66, 2020.

SLAUGHTER, Anne-Marie. A Global Community of Courts. **Harvard International Law Journal**, [S. l.], v. 44, n. 1, p. 191–220, 2003.

SLAUGHTER, Anne-Marie. **A new world order**. Princeton: Princeton University Press, 2004.

SLAUGHTER, Anne-Marie. International Law and International Relations. **Collected Courses of the Hague Academy of International Law**, vol. 285, 2000.

SLAUGHTER, Anne-Marie. Judicial globalization. **Virginia Journal of International Law**, v. 40, n. 4, p. 1103–1124, 2000.

SLAUGHTER, Anne-Marie. The Real New World Order. **Foreign Affairs**, [S. l.], v. 76, n. 5, p. 183–197, 1997.

SLUITER, Göran. Case Analysis: To Cooperate or not to Cooperate?: The Case of the Failed Transfer of Ntakirutimana to the Rwanda Tribunal. **Leiden Journal of International Law**, [S. l.], v. 11, p. 383-396, 1998.

SLUITER, Göran. Cooperation of States with International Criminal Tribunals. In: CASSESE, Antonio (Org.). **The Oxford companion to international criminal justice.** Oxford ; New York: Oxford University Press, p. 187-200, 2009.

SLUITER, Göran. International Criminal Proceedings and the Protection of Human Rights. **New England Law Review**, [S. l.], v. 37, p. 935-948, 2002.

SOLER, Christopher. **The Global Prosecution of Core Crimes under International Law.** The Hague: T.M.C. Asser Press, 2019.

SOUZA, Isac Barcelos Pereira. **Equipes Conjuntas de Investigação na cooperação jurídica internacional em matéria penal.** Salvador: JusPodivm, 2019, p. 118-125.

SOUZA, Solange Mendes de. **Cooperação jurídica internacional no Mercosul:** novas possibilidades. Rio de Janeiro: Renovar, 2001.

STARMER, Keir. **European Human Rights Law**. London: LAC, 1999.

STARMER, Keir. Positive obligations under the Convention. In: COOPER, Jonathan; JOWELL, Jeffrey L. (org.). **Understanding human rights principles.** Oxford: Hart, 2001. p. 139–159.

STEGER, Manfred B. **Globalization**: a very short introduction. Oxford, United Kingdom: Oxford University Press, 2013.

STESSENS, Guy. **Money laundering:** a new international law enforcement model. Cambridge [England]; New York: Cambridge University Press, 2000.

STONE, David R. Imperialism and Sovereignty: The League of Nations' Drive to Control the Global Arms Trade. **Journal of Contemporary History**, [S. l.], v. 35, n. 2, p. 213–230, 2000.

STOYANOVA, Vladislava. Causation between State Omission and Harm within the Framework of Positive Obligations Under the ECHR. **Human Rights Law Review**, [S. l.], v. 18, p. 309–346, 2018.

SUISSE. Département fédéral de justice et police. **L'entraide judiciaire internationale en matière pénale**: directives. 9éme éd., 2009. Disponível em: https://www.rhf.admin.ch/dam/rhf/fr/data/strafrecht/wegleitungen/wegleitung-strafsachen-f.pdf.download.pdf/wegleitung-strafsachen-f.pdf. Acesso em: 2 jun. 2023.

SUXBERGER, Antonio Henrique Graciano; ARAS, Vladimir. **A tortura no direito internacional**: marco normativo e conformação nos sistemas europeu e interamericano de proteção dos direitos humanos. Brasília, 2021.

SUXBERGER, Antonio Henrique Graciano; JÚNIOR, Dalbertom Caselato. O papel do GAFI/FATF: natureza jurídica de suas recomendações e formas de coerção aos países membros pela sua inobservância. **Cadernos de Dereito Actual**, [S. l.], n. 11, p. 173–185, 2019.

SUXBERGER, Antonio Henrique; CASTRO, Henrique Bawden de. Políticas públicas para a vítima: ações do CNJ e do CNMP em face da agenda ODS 2030. **Delictae Revista de Estudos Interdisciplinares sobre o Delito**, [S. l.], v. 5, n. 8, p. 185–221, 2020.

SUXBERGER, Antônio Henrique; ROCHA, Cinara Maria Carneiro; CARVALHO, João Álvaro. Information technology in judicial procedures: challenges in the use of videoconferencing for hearings and trials. **Revista do Ministério Público do Distrito Federal e Territórios,** Brasília, n. 12, p. 15-43, 2022.

SWIRE, Peter; HEMMINGS, Justin D. Mutual legal assistance in an era of globalized communications: the analogy to the visa waiver program. **New York University Annual Survey of American Law,** [S. l.], v. 71, n. 4, p. 687–740, 2016.

TALMON, Stefan. The Duty Not to 'Recognize as Lawful' a Situation Created by the Illegal Use of Force or Other Serious Breaches of a Jus Cogens Obligation: An Obligation without Real Substance?. In: TOMUSCHAT, Christian; THOUVENIN, Jean-Marc (Org.). **The fundamental rules of the international legal order**: Jus Cogens and obligations Erga Omnes. Leiden; Boston: Martinus Nijhoff Publishers, p. 99-125, 2006.

TAVERNIER, Paul. L'identification des règles fondamentales, un problème résolu?. In: TOMUSCHAT, Christian; THOUVENIN, Jean-Marc (Org.). **The fundamental rules of the international legal order**: Jus Cogens and obligations Erga Omnes. Leiden; Boston: Martinus Nijhoff Publishers, 2006.

TESÓN, Fernando R. Interdependence, Consent, and the Basis of International Obligation. **American Society of International Law Proceedings**, [S. l.], v. 83, p. 558-565, 1989.

THOMAS, Françoise. Les conventions européennes d'entraide judiciaire en matière pénale: possibilités et limites. **Revue de Droit Pénal et de Criminologie**, n. 5, Bruxelles, p. 463-501, 1978.

TLADI, Dire. Complementarity and cooperation in international criminal justice Assessing initiatives to fill the impunity gap. Institute for Security Studies, **ISS Paper** 277, p. 1-14, Nov. 2014.

TOMUSCHAT, Christian. The Duty to Prosecute International Crimes Committed by Individuals. In: CREMER, Hans Joachin; GIEGERICH, Thomas; RICHTER, Dagmar; ZIMMERMANN, Andreas (eds.). **Tradition und Weltoffenheit des Rechts**: Festschrift für Helmut Steinberger. Berlin; New York: Springer, 2002.

TOSI, Giuseppe. Guerra e paz nas relações internacionais segundo Norberto Bobbio (e Carl Schmitt). *In*: SALATINI, Rafael; MORTARI BARREIRA, César (Orgs.). **Democracia e direitos humanos no pensamento de Norberto Bobbio**. Marília; São Paulo: Oficina Universitária; Cultura Acadêmica, 2018, p. 187–220.

TRINDADE, Antônio Augusto Cançado, **Princípios do direito internacional contemporâneo**. 2.ed (revista e atualizada). Brasília: Fundação Alexandre de Gusmão, 2017.

TRINDADE, Antônio Augusto Cançado. A regra do esgotamento dos recursos internos revisitada: desenvolvimentos jurisprudenciais recentes no âmbito da proteção internacional dos direitos humanos. In: **Liber Amicorum**: Héctor Fix-Zamudio. San José: Corte IDH, 1998, p. 15–43.

TRINDADE, Antônio Augusto Cançado. As Nações Unidas e a Nova Ordem Econômica Internacional. **As Nações Unidas e a Nova Ordem Econômica Internacional**, v. 21, n. 81, p. 213–231, 1984.

TRINDADE, Antônio Augusto Cançado. **Os tribunais internacionais contemporâneos**. Brasília: FUNAG, 2013.

TULLY, James. The Kantian idea of Europe: critical and cosmopolitan perspectives. *In*: PAGDEN, Anthony (org.). **The idea of Europe:** from antiquity to the European Union. Woodrow Wilson Center series. Washington, DC: Cambridge; New York: Woodrow Wilson Center Press; Cambridge University Press, p. 331–358, 2002.

TUNKIN, Grigory. Is General International Law Customary Law Only? **European Journal of International Law**, [S. l.], v. 4, p. 534-541, 1993.

UNITED KINGDOM. **Request for Mutual Legal Assistance in criminal matters:** guidelines for authorities outside of the United Kingdom. Glossary, March 2022. Disponível em: https://www.gov.uk/government/publications/mla-guidelines-for-foreign-authorities-2012/request-for-mutual-legal-assistance-in-criminal-matters-guidelines-for-authorities-outside-of-the-uk-accessible-version#part-3. Acesso em: 10 jul. 2023.

UNIVERSITY OF OTTAWA. **World Legal Systems**. Ottawa: JuriGlobe, 2023. Disponível em: http://www.juriglobe.ca/eng/. Acesso em: 30 set. 2023.

USTOR, Endre. The Principle of Co-operation Among States and the Development of International Law. **Hungarian Branch of the International Law Association:** Questions of International Law. Budapest: Progresprint, 1971.

VAN BOVEN, Theo. Duty of States to Cooperate. **Mennesker og Rettigheter**, vol. 5, no. 3, p. 8-9, 1987.

VAN DER WILT, Harmen. Extradition and Mutual Legal Assistance in the Draft Convention on Crimes Against Humanity. **Journal of International Criminal Justice**, [S. l.], p. 795-812, 2018.

VAN HOEK, Aukje A. H.; LUCHTMAN, Michiel J. J. P. Transnational cooperation in criminal matters and the safeguarding of human rights. **Utrecht Law Review,** [S. l.], v. 1, n. 2, p. 1–39, 2005.

VAN STEENBERGHE, Raphael. The Obligation to Extradite or Prosecute: Clarifying Its Nature. **Journal of International Criminal Justice**, [S. l.], v. 9, p. 1089–1116, 2011.

VARELLA, Marcelo D. **Direito internacional público.** 8.ed. São Paulo: Saraiva Educação, 2019.

VARELLA, Marcelo D.; OLIVEIRA, Vitor Eduardo Tavares de. Da unidade à fragmentação do direito internacional: o caso MOX Plant. **Revista da Faculdade de Direito da UFMG**, Belo Horizonte, n. 54, p. 119-140, jan./jun. 2009.

VATTEL, Emer de. **O direito das gentes**. Brasília: Instituto de Pesquisa de Relações Internacionais: Editora Universidade de Brasília, 2004.

VERDROSS, Alfred. Jus Dispositivum and Jus Cogens in International Law. In GROSS, Leo (ed.). **International Law in the Twentieth Century**. New York: Ardent Media, 1969.

VERGUEIRO, Luiz Fabricio Thaumaturgo. **Cooperação jurídica internacional vertical:** civil e criminal. Sao Paulo: Quartier Latin, 2016.

VEROSTA, Stephan. Denial of justice. In: BERNHARDT, Rudolf. **Encyclopedia of Public International Law**: States, responsibility of States, international law and municipal law. Amsterdam, New York, Oxford: North-Holland, 1987.

VERVAELE, John A. E. *Ne Bis In Idem*: Towards a Transnational Constitutional Principle in the EU? **Utrecht Law Review**, [S. l.], v. 9, n. 4, p. 211-229, 2013.

VERWEIJ, Marcel. The Concept of Duty and Obligation. In: VERWEIJ, Marcel (org.). Preventive Medicine between Obligation and Aspiration. **International Library of Ethics, Law, and the New Medicine.** Dordrecht: Springer Netherlands, p. 103–122, 2000.

VIDMAR, Jure. Norm Conflicts and Hierarchy in International Law: Towards a Vertical International Legal System. In: DE WET, Erika; VIDMAR, Jure (Org.). **Hierarchy in international law:** the place of human rights. Oxford, United Kingdom: Oxford University Press, 2012.

VON GEHLEN, Gabriel Menna Barreto. **A eficácia contra particulares dos direitos fundamentais (*Drittwirkung*) sob enfoque de seus deveres de proteção (*Schutzpflichten*).** Dissertação [Mestrado em Direito]. Faculdade de Direito, Universidade Federal do Rio Grande do Sul, Porto Alegre, 2006.

VOYNOVA, Ralitsa. Comparison of the transfer of criminal proceeding with other forms of international legal cooperation in criminal matters. **International Conference**: Knowledge-Based Organization, vol. 21, No. 2, p. 532-540, 2015.

VRDOLJAK, Ana Filipa. Human Rights and Genocide: The Work of Lauterpacht and Lemkin in Modern International Law. **European Journal of International Law**, [S. l.], v. 20, p. 1163-1194, 2009.

WADE, Marianne L. General Principles of Transnationalised Criminal Justice?: Exploratory Reflections. **Utrecht Law Review**, [S. l.], v. 9, n. 4, p. 165-183, 2013.

WARLAND, Maïté; JORIS, Mélanie. Démission de Vincent Van Quickenborne: chronique d'une faute inacceptable. **RTBF**, Bruxelles, 21 octobre 2023. Disponível em: https://www.rtbf.be/article/demission-de-vincent-van-quickenborne-chronique-dune-faute-inacceptable-11275468. Acesso em: 21 out. 2023.

WATSON, Alan. **Legal transplants**: an approach to comparative law. 2.ed. Athens: University of Georgia Press, 1993.

WATSON, Alan. The Birth of Legal Transplants. **Georgia Journal of International and Comparative Law,** [S. l.], v. 41, p. 605-608, 2012.

WATSON, J. Shand. State Consent and the Sources of International Obligation. **American Society of International Law Proceedings**, [S. l.], v. 86, p. 108-112, 1992.

WEATHERALL, Thomas. **Jus cogens:** international law and social contract. Cambridge, United Kingdom: Cambridge University Press, 2015.

WEBER, Patrícia Maria Núñez. Cooperação internacional penal: conceitos básicos. In: MINISTÉRIO PÚBLICO FEDERAL. **Temas de Cooperação Internacional**. Brasília: MPF, Secretaria de Cooperação Internacional, p. 25-38, 2015.

WERLE, Gerhard; JESSBERGER, Florian. **Principles of International Criminal Law**. 4. ed. Oxford: Oxford University Press, 2020.

WHITTUCK, Edward Arthur. **Gai Institutiones**: or Institutes of Roman Law by Gaius. 4th edn, 1905.

WIENER, Imre A. New Elements of International Co-Operation in Criminal Matters. **Acta Juridica Hungarica**, vol. 41, no. 3-4, p. 171-180, 2000.

WISE, Edward M. Terrorism and the Problems of an International Criminal Law. **Connecticut Law Review**, [S. l.], v. 19, n. 4, p. 799–830, 1987.

WOLFRUM, Rüdiger. International law of cooperation. In: BERNHARDT, Rudolf. **Encyclopedia of Public International Law:** International relations and legal cooperation in general, diplomacy and consular relations, Amsterdam New York Oxford: North-Holland publ. company, 1986.

WOLFRUM, Rüdiger. International law. In: WOLFRUM, Rüdiger. **The Max Planck Encyclopedia of Public International Law**. Max Planck Institute for Comparative Public Law and International Law, Heidelberg and Oxford University Press, 2012.

WOLFRUM, Rüdiger. Obligation of Result Versus Obligation of Conduct: Some Thoughts About the Implementation of International Obligations. In: ARSANJANI, Mahnoush H.; COGAN, Jacob; SLOANE, Robert; WIESSNER, Siegfried (org.). **Looking to the Future:** Essays on International Law in Honor of W. Michael Reisman. Leiden: Brill Nijhoff, 2011.

WOLFRUM, Rüdiger. Solidarity Amongst States: an emerging structural principle of International Law. **Indian Journal of International Law,** v. 49, No. 1, p. 8-20, 2009.

XENOS, Dimitris. **The Positive Obligations of the State under the European Convention of Human Rights**, New York: Routledge, 2012.

YANG, Xiaodong. **State immunity in international law.** Cambridge; New York: Cambridge University Press, 2012.

YATES, Sean. Transplanting Legal Context without the Law: Double Criminality in Meng Wanzhou's Extradition Case. **Scholars International Journal of Law, Crime and Justice**, vol. 3, issue 9, Sep. 2020, p. 309-314.

YIALLOURIDES, Constantinos. The Legal Duty of States to Cooperate in the Fight against Pandemic Disease under the International Health Regulations. **International Community Law Review,** [S. l.], v. 25, p. 213-242, 2023.

ZAMBONI, Matteo. Romeo Castaño v. Belgium and the Duty to Cooperate under the ECHR. **EJIL: Talk!,** August 19, 2019. Disponível em: https://www.ejiltalk.org/romeo-castano-v-belgium-and-the-duty-to-cooperate-under-the-echr/. Acesso em: 2 jun. 2023.

ZARTMAN, I. William; TOUVAL, Saadia. Introduction: return to the theories of cooperation. In: ZARTMAN, I. William; TOUVAL, Saadia (org.). **International cooperation:** the extents and limits of multilateralism. Cambridge: Cambridge University Press, 2010.

ZILLI, Marcos Alexandre Coelho. Os caminhos da internacionalização do processo penal. In: FERNANDES, Antonio Scarance; ZILLI, Marcos Alexandre Coelho (coords.). **Direito processual penal internacional**. São Paulo: Atlas, 2012.

ZIMMERMAN, Michael J. Duty and Obligation. In: LAFOLLETTE, Hugh. **The International Encyclopedia of Ethics.** Malden, Mass.: Wiley-Blackwell, 2013.

ZIMMERMANN, Andreas. The Exercise of Universal Jurisdiction in Criminal Matters. In: TOMUSCHAT, Christian; THOUVENIN, Jean-Marc (Org.). **The fundamental rules of the international legal order:** Jus Cogens and obligations Erga Omnes. Leiden; Boston: Martinus Nijhoff Publishers, 2006.

ZIMMERMANN, Robert. **La cooperation judiciaire internationale en matière pénale**. 5e édition ed. Berne: Stämpfli editions, 2019.

Decisões de Tribunais

Casos por País

BRASIL. Superior Tribunal de Justiça. Corte Especial. **Homologação de Decisão Estrangeira 7986/DF**. Relator Ministro Francisco Falcão, j. em 20/03/2024.

BRASIL. Superior Tribunal de Justiça. **Agravo no Recurso Especial n. 701.833/SP**. Relator Ministro Ribeiro Dantas, Quinta Turma, j. em 04/05/2021.

BRASIL. Supremo Tribunal Federal, 1ª Turma, **Habeas Corpus 85.588/RJ**, Relator Ministro Marco Aurélio, j. em 04/04/2006.

BRASIL. Supremo Tribunal Federal, 1ª Turma, **Habeas Corpus 91.002/RJ**, Relator Ministro Marco Aurélio, j. em 26/02/2008.

BRASIL. Supremo Tribunal Federal, 1ª Turma, **Pedido de Preventiva para Extradição 760 AgR**, Relator Ministro Edson Fachin, j. em 10/11/2015.

BRASIL. Supremo Tribunal Federal, 1ª Turma, **Habeas Corpus 87.759/DF**, Relator Ministro Marco Aurélio, j. em 26/02/2008.

BRASIL. Supremo Tribunal Federal, 2ª Turma, **Extradição 1393,** Relator Ministro Dias Toffoli, j. em 25/08/2015.

BRASIL. Supremo Tribunal Federal, 2ª Turma, **Extradição 1424**, Relator Ministro Dias Toffoli, j. em 20/10/2020.

BRASIL. Supremo Tribunal Federal, 2ª Turma, **Extradição 1578**, Relator Ministro Edson Fachin, j. em 20/02/2020.

BRASIL. Supremo Tribunal Federal, Tribunal Pleno, **Ação Penal 470/DF**, Relator Ministro Joaquim Barbosa, d. em 07/02/2014.

BRASIL. Supremo Tribunal Federal, Tribunal Pleno, **Ação Rescisória 2921**, Relator Ministro Alexandre de Moraes, j. em 30/03/2023.

BRASIL. Supremo Tribunal Federal, Tribunal Pleno, **Agravo em Recurso Extraordinário 954.858,** Tema 944 da Repercussão Geral, Relator Ministro Edson Fachin, julgado em 23/08/2021.

BRASIL. Supremo Tribunal Federal, Tribunal Pleno, **Extradição 1035** AgR, Relatora Ministra Ellen Gracie, j. em 17/12/2009.

BRASIL. Supremo Tribunal Federal, Tribunal Pleno, **Extradição 524**, Relator Ministro Celso de Mello, julgado em 31/10/1990.

BRASIL. Supremo Tribunal Federal, Tribunal Pleno, **Extradição 714**, Relator Ministro Sepúlveda Pertence, j. em 13/11/1997.

BRASIL. Supremo Tribunal Federal, Tribunal Pleno, **Extradição 744**, Relator Ministro Celso de Mello, j. em 18/02/2000.

BRASIL. Supremo Tribunal Federal, Tribunal Pleno, **Extradição 794**, Relator Ministro Mauricio Corrêa, julgado em 17/12/2001.

BRASIL. Tribunal Regional Federal da 3ª Região. **Mandado de Segurança 0080370-68.2005.4.03.0000**, 1ª Seção, Relatora Desembargadora Suzana Camargo, j. em 28/12/2006.

CANADA. Supreme Court of Canada. **R. v. Terry**, Robert Scott Terry v. Her Majesty the Queen and the Attorney General of Canada, [1996] 2 S.C.R. 207, Decided on 30 May 1996. Disponível em: https://scc-csc.lexum.com/scc-csc/scc-csc/en/item/1388/index.do. Acesso em: 10 jul. 2023.

CANADA. Supreme Court of Canada. **Suresh v. Canada** (Minister of Citizenship and Immigration). [2002] 1 SCR 3. Disponível em: https://scc-csc.lexum.com/scc-csc/scc-csc/en/item/1937/index.do. Acesso em: 10 mai. 2023.

CANADA. Supreme Court of Canada. **United States of America v. Cotroni** [1989] 1 SCR 1469. Disponível em: https://scc-csc.lexum.com/scc-csc/scc-csc/en/item/469/index.do. Acesso em: 10 mai. 2023.

CANADA. Supreme Court of Canada. **United States v. Burns**, 2001 SCC 7. Judgment 15 February 2001. Disponível em: https://scc-csc.lexum.com/scc-csc/scc-csc/en/item/1842/index.do. Acesso em: 10 jul. 2023.

COLOMBIA. Corte Suprema de Justicia. Sala de Casasión Penal. Magistrado Ponente Yesid Ramírez Bastidas, **Proceso 30451,** 19 de agosto de 2009. Disponível em: https://editorapublica.com/?p=64373. Acesso em: 2 jun. 2023.

ESPAÑA. Tribunal Supremo. Sala de lo Penal. Recurso de casación. **STS 39/2003**, de 10 de enero de 2003, Magistrado Ponente Joaquin Gimenez García, Recurso 353/2002. Disponível em: https://www.poderjudicial.es/search/TS/openDocument/19222a0fa2793adc/20030912. Acesso em: 2 jun. 2023.

ESPAÑA. Tribunal Constitucional. **STC 91/2000**, de 30 de marzo de 2000, Magistrado Ponente Tomás S. Vives Antón. Disponível em: http://hj.tribunalconstitucional.es/es-ES/Resolucion/Show/4075. Acesso em: 10 jul. 2023.

FRANCE. Cour d'appel d'Aix-en-Provence, 13ème Chambre correctionnelle, **Pourvoi nº 92-16.996**, du 14 mai 1992. Disponível em: https://www.cours-appel.justice.fr/aix-en-provence. Acesso em: 10 jul. 2023.

FRANCE. Cour de Cassation, Chambre criminelle, du 6 octobre 1983, **Pourvoir 83-93.194,** Rapporteur M. Le Gunehec. Disponível em: https://www.legifrance.gouv.fr/juri/id/JURITEXT000007060867/. Acesso em: 10 jun. 2023.

MÉXICO. Suprema Corte de Justicia de la Nación. **Varios 912/2010**. Tese do Tribunal Pleno, aprobada en 28 de noviembre de 2011, Gazeta Oficial, Libro III, tomo 1, Dez. 2011. Disponível em: https://www.scjn.gob.mx/sites/default/files/gaceta/documentos/2017-04/10_III_DIC.pdf. Acesso em: 2 jun. 2023.

MÉXICO. Suprema Corte de Justicia de la Nación. Acuerdo del Tribunal Pleno. **Contradicción de Tesis 293/2011**, Ponente Ministro Arturo Zaldívar Lelo de Larrea, Sesionada el 03/09/2013. Disponível em: https://www2.scjn.gob.mx/ConsultaTematica/PaginasPub/DetallePub.aspx?AsuntoID=129659. Acesso em: 2 jun. 2023.

PHILIPPINES. Supreme Court. **Government of Hong Kong Special Administrative Region v. Hon Felixberto T. Olalia Jr. and Juan Antonio Muñoz.** Case G. R. No. 153675, Decision 19 April 2007. Disponível em: https://lawphil.net/judjuris/juri2007/apr2007/gr_153675_2007.html. Acesso em: 10 jul. 2023.

PHILIPPINES. Supreme Court. **Government of the United States vs. Hon. Guillermo Purganan and Marc Jimenez.** Case G. R. No. 148571, Decision 24 September 2002. Disponível em: https://lawphil.net/judjuris/juri2002/sep2002/gr_148571_2002.html. Acesso em: 10 jul. 2023.

PHILIPPINES. Supreme Court. Third Division. T**he People of the Philippines v. Maria Cristina P. Sergio and Julius Lacanilao,** G.R. No. 240053, 9 October 2019. Disponível em: https://chanrobles.com/cralaw/2019octoberdecisions.php?id=944. Acesso em: 10 jul. 2023.

SOUTH AFRICA. Constitutional Court of South Africa. **Jürgen Harksen v. The President of the Republic of South Africa et al**. Case CCT 41/99, decided on 30 March 2000, Justice Goldstone. Disponível em: https://www.saflii.org/za/cases/ZACC/2000/29.pdf. Acesso em: 10 jul. 2023.

SOUTH AFRICA. Constitutional Court of South Africa. **Khalfan Khamis Mohamed and Other v. President of South Africa and Others**, decided on 28 May 2001, [2001] ZACC 18. Disponível em: https://collections.concourt.org.za/handle/20.500.12144/2133. Acesso em: 10 jul. 2013.

SUISSE. Ârret du Tribunal fédéral, **ATF 132 II 178**, Cause A. contre Office fédéral de la justice, Office central USA (recours de droit administratif), 1A.326/2005 du 1er mars 2006. Disponível em:http://relevancy.bger.ch/php/clir/http/index.php?highlight_docid=atf%3A%2F%2F132-II-178%3Ade&lang=de&type=show_document . Acesso em: 10 jul. 2023.

UNITED STATES. Supreme Court. **Berger v. United States**, 295 U.S. 78, 88 (1935), Decided 15 April 1935. Disponível em: https://supreme.justia.com/cases/federal/us/295/78/. Acesso em: 10 jul. 2023.

UNITED STATES. Supreme Court. **Brady v. Maryland**, 373 U.S. 83 (1963), Decided 13 May 1963. Disponível em: https://supreme.justia.com/cases/federal/us/373/83/. Acesso em: 10 jul. 2023.

UNITED STATES. Supreme Court. **DeShanney v. Winnebago City Department of Social Services**, 489 U.S. (1989), Decided February 22, 1989. Disponível em: https://supreme.justia.com/cases/federal/us/489/189/. Acesso em: 10 jul. 2023.

UNITED STATES. Supreme Court. **Hilton v. Guyot**, 159 U.S. 113, 163 (1895), Decided June 3, 1895. Disponível em: https://supreme.justia.com/cases/federal/us/159/113/. Acesso em: 2 jun. 2023.

UNITED STATES. Supreme Court. **Knight v. Florida**, 528 U.S. 990 (1999), Decided November 8, 1999, Thomas J., concurring. Disponível em: https://www.law.cornell.edu/supct/html/98-9741.ZA.html#FN1SRC. Acesso em: 10 jun. 2023.

UNITED STATES. Supreme Court. **Lustig v. United States,** 338 U.S. 74, 78-79 (1949), Decide 27 June 1949. Disponível em: https://supreme.justia.com/cases/federal/us/338/74/. Acesso em: 10 jul. 2023.

UNITED STATES. Supreme Court. **Opati et al. v. Republic of Sudan**. 590 U. S. __ (2020). Decided May 18, 2020. Disponível em: https://www.supremecourt.gov/opinions/19pdf/17-1268_c07d.pdf. Acesso em: 10 jul. 2023.

UNITED STATES. Supreme Court. **The Antelope,** 23 U.S. 66 (1825). Disponível em: https://supreme.justia.com/cases/federal/us/23/66/. Acesso em: 31 mar. 2023.

UNITED STATES. Supreme Court. **United States v. Verdugo-Urquidez**, 494 U.S. 259 (1990), Decided 28 February 1990. Disponível em: https://www.oyez.org/cases/1989/88-1353. Acesso em: 10 jul. 2023.

UNITED STATES. United States Court of Appeals, Fifth Circuit. **Birdsell v. United States**, 346 F.2d 775 (5th Cir. 1965), Jul 8, 1965. Disponível em: https://casetext.com/case/birdsell-v-united-states. Acesso em: 10 jul. 2023.

UNITED STATES. United States Court of Appeals, Second Circuit. **Filártiga v. Peña-Irala,** 630 F. 2d 876 (2d Cir.1980). Disponível em: https://casetext.com/case/filartiga-v-pena-irala. Acesso em: 10 mai. 2023.

Casos da Corte IDH

CORTE INTERAMERICANA DE DIREITOS HUMANOS. **Caso Angulo Losada vs. Bolívia.** Sentencia de 18 de noviembre de 2022. Disponível em: https://www.corteidh.or.cr/docs/casos/articulos/seriec_475_esp.pdf. Acesso em: 2 jun. 2023.

CORTE INTERAMERICANA DE DIREITOS HUMANOS. **Caso Anzualdo Castro Vs. Perú**. Sentencia de 22 de septiembre de 2009. https://www.corteidh.or.cr/docs/casos/articulos/seriec_202_esp.pdf. Acesso em: 10 jul. 2023.

CORTE INTERAMERICANA DE DIREITOS HUMANOS. **Caso Baena Ricardo y Otros vs. Panamá.** Competencia. Sentencia de 28 de noviembre de 2003. Disponível em: https://www.corteidh.or.cr/docs/casos/articulos/seriec_104_esp.pdfA. Acesso em: 2 jun. 2023.

CORTE INTERAMERICANA DE DIREITOS HUMANOS. **Caso Contreras y Otros vs. El Salvador.** Sentencia de 31 de agosto de 2011. Disponível em: https://corteidh.scjn.gob.mx/buscador/doc?doc=casos_sentencias/CasoContrerasOtrosVsElSalvador_FondoReparacionesCostas.htm. Acesso em: 10 jul. 2023.

CORTE INTERAMERICANA DE DIREITOS HUMANOS. **Caso de la Comunidad de Paz de San José de Apartadó vs. Colombia**, Resolución de la Corte de 18 de junio de 2002, Medidas Provisionales. Disponível em: https://www.acnur.org/fileadmin/Documentos/BDL/2005/3306.pdf. Acesso em: 2 jun. 2023.

CORTE INTERAMERICANA DE DIREITOS HUMANOS. **Caso de la Masacre de la Rochela vs. Colombia**. Sentencia de 11 de mayo de 2006. Disponível em: https://www.corteidh.or.cr/docs/casos/articulos/seriec_163_esp.pdf. Acesso em: 10 jul. 2023.

CORTE INTERAMERICANA DE DIREITOS HUMANOS. **Caso de la Masacre de Mapiripán vs. Colômbia**. Sentencia de 15 de septiembre de 2005. https://www.corteidh.or.cr/docs/casos/articulos/seriec_134_esp.pdf. Acesso em: 10 jul. 2023.

CORTE INTERAMERICANA DE DIREITOS HUMANOS. **Caso de la Masacre de Mapiripán vs. Colombia. Supervisión de Cumplimiento de Sentencia**. Resolución de 8 de julio de 2009. Disponível em: https://www.corteidh.or.cr/docs/supervisiones/mapiripan_08_07_09.pdf. Acesso em: 2 jun. 2023.

CORTE INTERAMERICANA DE DIREITOS HUMANOS. **Caso de la Panel Blanca (Paniagua Morales y Otros) vs. Guatemala.** Sentencia de 8 de marzo de 1998. Disponível em: https://www.corteidh.or.cr/docs/casos/articulos/seriec_37_esp.pdf. Acesso em: 2 jun. 2023.

CORTE INTERAMERICANA DE DIREITOS HUMANOS. **Caso de las Comunidades Afrodescendientes Desplazadas de la Cuenca del Río Cacarica (Operación Génesis) vs. Colombia.** Sentencia de 20 de noviembre de 2013. Disponível em: https://www.corteidh.or.cr/docs/casos/articulos/seriec_270_esp.pdf. Acesso em: 2 jun. 2023.

CORTE INTERAMERICANA DE DIREITOS HUMANOS. **Caso del Penal Miguel Castro Castro vs. Perú**. Sentencia de 25 de noviembre de 2006. Disponível em: https://www.corteidh.or.cr/docs/casos/articulos/seriec_160_esp.pdf. Acesso em: 10 jul. 2023.

CORTE INTERAMERICANA DE DIREITOS HUMANOS. **Caso Digna Ochoa y Familiares vs. México.** Sentença de 25 de noviembre de 2021. Disponível em: https://www.corteidh.or.cr/docs/casos/articulos/seriec_447_esp.pdf. Acesso em: 10 jul. 2023.

CORTE INTERAMERICANA DE DIREITOS HUMANOS. **Caso El Amparo vs. Venezuela**. Sentencia de 14 de septiembre de 1996 (Reparaciones y Costas). Disponível em: https://www.corteidh.or.cr/docs/casos/articulos/seriec_28_esp.pdf. Acesso em: 2 jun. 2023.

CORTE INTERAMERICANA DE DIREITOS HUMANOS. **Caso Familia Julien Grisonas vs. Argentina.** Sentencia de 23 de septiembre de 2021. Disponível em: https://corteidh.scjn.gob.mx/buscador/doc?doc=casos_sentencias/seriec_437_esp.pdf#CAFAAR_S1_PARR288. Acesso em: 10 jul. 2023.

CORTE INTERAMERICANA DE DIREITOS HUMANOS. **Caso Familia Pacheco Tineo vs. Bolivia.** Sentencia de 25 de noviembre de 2013. Disponível em: https://corteidh.scjn.gob.mx/buscador/doc?doc=casos_sentencias/272_CasoFamiliaPachecoTineoVsBolivia_ExcepcionesPreliminaresFondoReparacionesCostas_.htm. Acesso em: 2 jun. 2023.

CORTE INTERAMERICANA DE DIREITOS HUMANOS. **Caso Fernández Prieto y Tumbeiro vs. Argentina.** Sentencia de 1 de septiembre de 2020. Disponível em: https://www.corteidh.or.cr/docs/casos/articulos/resumen_411_esp.pdf. Acesso em: 10 jul. 2023.

CORTE INTERAMERICANA DE DIREITOS HUMANOS. **Caso García Prieto y Otro vs. El Salvador.** Sentencia de 20 de noviembre de 2007. Disponível em: https://www.corteidh.or.cr/docs/casos/articulos/seriec_168_esp.pdf. Acesso em: 10 jul. 2023.

CORTE INTERAMERICANA DE DIREITOS HUMANOS. **Caso García Rodríguez y Otro vs. México.** Sentencia de 25 de enero de 2023. Disponível em: https://www.corteidh.or.cr/docs/casos/articulos/seriec_482_esp.pdf. Acesso em: 2 jun. 2023.

CORTE INTERAMERICANA DE DIREITOS HUMANOS. **Caso Gelman vs. Uruguay**. Supervisión de Cumplimiento de Sentencia, Resolución de 20 de marzo de 2013. Disponível em: https://www.corteidh.or.cr/docs/supervisiones/gelman_20_03_13.pdf . Acesso em: 10 jul. 2023.

CORTE INTERAMERICANA DE DIREITOS HUMANOS. **Caso Godínez Cruz vs. Honduras.** Sentencia de 20 de enero de 1989. Disponível em: https://www.corteidh.or.cr/docs/casos/articulos/seriec_05_esp.pdf. Acesso em: 10 jul. 2023.

CORTE INTERAMERICANA DE DIREITOS HUMANOS. **Caso Goiburú e Outros vs. Paraguai.** Sentença de 22 de setembro de 2006. Disponível em: https://www.cnj.jus.br/wp-content/uploads/2016/04/15934c4d6d9ca1cf602e165fc5afa3cf.pdf. Acesso em: 10 mai. 2023.

CORTE INTERAMERICANA DE DIREITOS HUMANOS. **Caso Gomes Lund e Outros ("Guerrilha do Araguaia") vs. Brasil.** Sentença de 24 de novembro de 2010. Disponível em: https://www.corteidh.or.cr/docs/casos/articulos/seriec_219_por.pdf. Acesso em: 10 jul. 2023.

CORTE INTERAMERICANA DE DIREITOS HUMANOS. **Caso Habitantes de La Oroya vs. Perú.** Sentencia de 27 de noviembre de 2023. Disponível em: https://www.corteidh.or.cr/docs/casos/articulos/seriec_511_esp.pdf. Acesso em: 10 abr. 2024.

CORTE INTERAMERICANA DE DIREITOS HUMANOS. **Caso Herzog e Outros vs. Brasil.** Sentença de 15 de marco de 2018. Disponível em: https://www.corteidh.or.cr/docs/casos/articulos/seriec_353_por.pdf. Acesso em: 2 jun. 2023.

CORTE INTERAMERICANA DE DIREITOS HUMANOS. **Caso Ibsen Cárdenas y Ibsen Peña vs. Bolívia**. Sentencia de 1 de septiembre de 2010. Disponível em: https://www.corteidh.or.cr/docs/casos/articulos/seriec_217_esp1.pdf. Acesso em: 2 jun. 2023.

CORTE INTERAMERICANA DE DIREITOS HUMANOS. **Caso Juan Humberto Sánchez vs. Honduras.** Sentencia de 7 de junio de 2003. Disponível em: https://www.corteidh.or.cr/docs/casos/articulos/seriec_99_esp.pdf . Acesso em: 10 jul. 2023.

CORTE INTERAMERICANA DE DIREITOS HUMANOS. **Caso La Cantuta vs. Peru.** Sentença de 29 de novembro de 2006. Disponível em: https://www.cnj.jus.br/wp-content/uploads/2016/04/bbc1e35bbcf9642732059e06abd21568.pdf. Acesso em: 10 mai. 2023.

CORTE INTERAMERICANA DE DIREITOS HUMANOS. **Caso Las Palmeras v. Colombia.** Sentencia de 4 de Febrero de 2000. Excepciones preliminares. Voto razonado del juez A. A. Cançado Trindade. Disponível em: https://www.corteidh.or.cr/docs/casos/articulos/seriec_67_esp.pdf. Acesso em: 2 jun. 2023.

CORTE INTERAMERICANA DE DIREITOS HUMANOS. **Caso Leguizamón Zaván y Otros vs. Paraguay**. Sentencia de 15 de noviembre de 2022. Disponível em: https://corteidh.scjn.gob.mx/buscador/doc?doc=casos_sentencias/seriec_473_esp.pdf. Acesso em: 2 jun. 2023.

CORTE INTERAMERICANA DE DIREITOS HUMANOS. **Caso López Sosa vs. Paraguay**. Sentencia de 17 de mayo de 2023. Disponível em: https://corteidh.scjn.gob.mx/buscador/doc?doc=casos_sentencias/seriec_489_esp.pdf. Acesso em: 2 jun. 2023.

CORTE INTERAMERICANA DE DIREITOS HUMANOS. **Caso Maidanik y Otros vs. Uruguay.** Sentencia de 15 de noviembre de 2021. Disponível em: https://corteidh.scjn.gob.mx/buscador/doc?doc=casos_sentencias/seriec_444_esp.pdf#CAMAUR_S1_PARR212 Acesso em: 10 jul. 2023.

CORTE INTERAMERICANA DE DIREITOS HUMANOS. **Caso Manuel Cepeda Vargas vs. Colômbia.** Sentencia de 26 de mayo de 2010. Disponível em: https://www.corteidh.or.cr/docs/casos/articulos/seriec_213_esp.pdf. Acesso em: 2 jun. 2023.

CORTE INTERAMERICANA DE DIREITOS HUMANOS. **Caso Masacre Plan de Sánchez vs. Guatemala**. Sentencia de 19 de noviembre de 2004. Disponível em: https://www.corteidh.or.cr/docs/casos/articulos/seriec_116_esp.pdf. Acesso em: 4 dez. 2023.

CORTE INTERAMERICANA DE DIREITOS HUMANOS. **Caso Miembros de la Aldea Chichupac y comunidades vecinas del Municipio de Rabinal vs. Guatemala**. Sentencia de 30 de noviembre de 2016. Disponível em: https://www.corteidh.or.cr/docs/casos/articulos/seriec_328_esp.pdf. Acesso em: 10 jul. 2023.

CORTE INTERAMERICANA DE DIREITOS HUMANOS. **Caso Miembros de la Corporación Colectivo de Abogados "José Alvear Restrepo" vs. Colombia**. Sentencia de 18 de octobre de 2023. Disponível em: https://www.corteidh.or.cr/docs/casos/articulos/seriec_506_esp.pdf. Acesso em: 15 abr. 2024.

CORTE INTERAMERICANA DE DIREITOS HUMANOS. **Caso Mohamed vs. Argentina.** Sentencia de 23 de noviembre de 2012. Disponível em: https://www.corteidh.or.cr/docs/casos/articulos/seriec_255_esp.pdf. Acesso em: 2 jun. 2023.

CORTE INTERAMERICANA DE DIREITOS HUMANOS. **Caso Moiwana vs. Surinam.** Sentencia de 15 de junio de 2005. Disponível em: https://www.corteidh.or.cr/docs/casos/articulos/seriec_124_ing.pdf. Acesso em: 10 jul. 2023.

CORTE INTERAMERICANA DE DIREITOS HUMANOS. **Caso Myrna Mack Chang vs. Guatemala.** Sentencia de 25 de noviembre de 2003. Disponível em: https://www.corteidh.or.cr/docs/casos/articulos/seriec_101_esp.pdf. Acesso em: 10 jul. 2023.

CORTE INTERAMERICANA DE DIREITOS HUMANOS. **Caso Radilla Pacheco vs. México.** Sentencia de 23 de noviembre de 2009. Disponível em: https://www.corteidh.or.cr/docs/casos/articulos/seriec_209_ing.pdf. Acesso em: 10 jul. 2023.

CORTE INTERAMERICANA DE DIREITOS HUMANOS. **Caso Ramírez Escobar y Otros vs. Guatemala.** Sentencia de 9 de marzo de 2018. Dispoivel em: https://corteidh.scjn.gob.mx/buscador/doc?doc=casos_sentencias/351_CasoRamirezEscobarvsGuatemala_FondoReparacionesCostas.html. Acesso em: 10 jul. 2023.

CORTE INTERAMERICANA DE DIREITOS HUMANOS. **Caso Ríos y Otros vs. Venezuela.** Sentencia de 28 de enero de 2009. Disponível em: https://www.corteidh.or.cr/docs/casos/articulos/seriec_194_esp.pdf. Acesso em: 10 jul. 2023.

CORTE INTERAMERICANA DE DIREITOS HUMANOS. **Caso Ríos Avalos y Otro vs. Paraguay**. Sentencia de 19 de agosto de 2021. Disponível em: https://www.corteidh.or.cr/docs/casos/articulos/seriec_429_esp.pdf. Acesso em: 4 dez. 2023.

CORTE INTERAMERICANA DE DIREITOS HUMANOS. **Caso Rochac Hernández y Otros vs. El Salvador**. Sentencia de 14 de octubre de 2014. Disponível em: https://corteidh.scjn.gob.mx/buscador/doc?doc=casos_sentencias/CasoRochacHernandezotrosVsElSalvador_FondoReparacionesCostas.htm. Acesso em: 2 jun. 2023.

CORTE INTERAMERICANA DE DIREITOS HUMANOS. **Caso Roche Azaña y Otros vs. Nicaragua.** Sentencia de 3 de junio de 2020. Disponível em: https://www.corteidh.or.cr/docs/casos/articulos/seriec_403_esp.pdf. Acesso em: 10 jul. 2023.

CORTE INTERAMERICANA DE DIREITOS HUMANOS. **Caso Roche Azaña y Otros vs. Nicaragua**. Supervision de Cumplimiento de Sentencia. Resolución de la Corte de 17 de noviembre de 2021. Disponível em: https://www.corteidh.or.cr/docs/supervisiones/roche_azana_17_11_21.pdf. Acesso em: 10 set. 2023.

CORTE INTERAMERICANA DE DIREITOS HUMANOS. **Caso Sales Pimenta vs. Brasil.** Sentença de 30 de junho de 2022. Disponível em: https://www.corteidh.or.cr/docs/casos/articulos/seriec_454_por.pdf. Acesso em: 2 jun. 2023.

CORTE INTERAMERICANA DE DIREITOS HUMANOS. **Caso Terrones Silva y Otros vs. Perú.** Sentencia de 26 de septiembre de 2018. Disponível em: https://www.corteidh.or.cr/docs/casos/articulos/seriec_360_esp.pdf. Acesso em: 2 jun. 2023.

CORTE INTERAMERICANA DE DIREITOS HUMANOS. **Caso Tiu Tojín vs. Guatemala.** Sentencia de 26 de noviembre de 2008. Disponível em: https://www.corteidh.or.cr/docs/casos/articulos/seriec_190_esp.pdf. Acesso em: 10 jul. 2023.

CORTE INTERAMERICANA DE DIREITOS HUMANOS. **Caso Trabalhadores da Fazenda Brasil Verde vs. Brasília**. Sentença de 20 de outubro de 2016. Disponível em: https://www.corteidh.or.cr/docs/casos/articulos/seriec_318_por.pdf. Acesso em: 2 jun. 2023.

CORTE INTERAMERICANA DE DIREITOS HUMANOS. **Caso V.R.P. y V.P.C. y Otros vs. Nicaragua.** Sentencia de 8 de marzo de 2018. Disponível em: https://www.corteidh.or.cr/docs/casos/articulos/seriec_350_esp.pdf Acesso em: 2 jun. 2023.

CORTE INTERAMERICANA DE DIREITOS HUMANOS. **Caso Valle Jaramillo y Otros vs. Colombia**. Sentencia de 27 de noviembre de 2008. Disponível em: https://www.corteidh.or.cr/docs/casos/articulos/seriec_192_esp.pdf. Acesso em: 10 jul. 2023.

CORTE INTERAMERICANA DE DIREITOS HUMANOS. **Caso Vargas Areco vs. Paraguay**. Sentencia de 26 de septiembre de 2006. Disponível em: https://www.corteidh.or.cr/docs/casos/articulos/seriec_155_esp.pdf. Acesso em: 10 jul. 2023.

CORTE INTERAMERICANA DE DIREITOS HUMANOS. **Caso Velásquez Rodríguez vs. Honduras.** Sentença de 29 de julho de 1988. Mérito. Disponível em: https://www.corteidh.or.cr/docs/casos/articulos/seriec_04_por.pdf . Acesso em: 2 jun. 2023.

CORTE INTERAMERICANA DE DIREITOS HUMANOS. **Caso Velásquez Rodríguez vs. Honduras.** Sentencia de 26 de junio de 1987. Excepciones Preliminares. Disponível em: https://www.corteidh.or.cr/docs/casos/articulos/seriec_01_esp.pdf . Acesso em: 2 jun. 2023.

CORTE INTERERICANA DE DIREITOS HUMANOS. **Caso "Niños de la Calle" (Villagrán Morales y otros) vs. Guatemala**, Reparaciones y Costas. Sentencia de 26 de mayo de 2001. Disponível em: https://www.corteidh.or.cr/docs/casos/articulos/seriec_63_esp.pdf. Acesso em: 10 jun. 2023.

CORTE INTERAMERICANA DE DIREITOS HUMANOS. **Caso Viteri Ungaretti vs. Ecuador**. Sentencia de 27 de noviembre de 2023. Disponível em: https://www.corteidh.or.cr/docs/casos/articulos/seriec_510_esp.pdf. Acesso em: 3 abr. 2024.

CORTE INTERAMERICANA DE DIREITOS HUMANOS. **Caso Wong Ho Wing vs. Perú.** Sentencia de 30 de junio de 2015. Disponível em: https://corteidh.scjn.gob.mx/buscador/doc?doc=casos_sentencias/297_CasoWongH0WingVsPeru_ExcepcionFondoReparacionesCostas.htm. Acesso em: 2 jun. 2023.

CORTE INTERAMERICANA DE DIREITOS HUMANOS. **Opinião Consultiva OC-18/03**, de 17 de setembro de 2003, solicitada pelo México. Disponível em: https://www.corteidh.or.cr/docs/opiniones/seriea_18_por.pdf. Acesso em: 2 jun. 2023.

CORTE INTERAMERICANA DE DIREITOS HUMANOS. **Opinión Consultiva OC-25/18**, de 30 de mayo de 2018, solicitada por la República del Ecuador. La Institución del Asilo y su Reconocimiento como Derecho Humano en el Sistema Interamericano de Protección. Disponível em: https://www.corteidh.or.cr/docs/opiniones/seriea_25_esp.pdf . Acesso em: 10 jul. 2023.

CORTE INTERAMERICANA DE DIREITOS HUMANOS. **Opinión Consultiva OC-21/14**, de 19 de agosto de 2014, solicitada por la República Argentina, la República Federativa de Brasil, la República del Paraguay y la República Oriental del Uruguay. Disponível em: https://www.acnur.org/es-es/5b6ca2644.pdf. Acesso em: 10 jul. 2023.

Casos da CIJ e da CPIJ

INTERNATIONAL COURT OF JUSTICE. **Ahmadou Sadio Diallo (Republic of Guinea v. Democratic Republic of the Congo).** Judgment of 30 November 2010. Disponível em: https://www.icj-cij.org/case/103. Acesso em: 10 jul. 2023.

INTERNATIONAL COURT OF JUSTICE. **Application Instituting Proceedings Concerning a Dispute under the Convention for the Suppression of Unlawful Acts against the Safety of Civil Aviation (Canada, the Kingdom of Sweden, Ukraine and the United Kingdom v. the Islamic Republic of Iran)**. Filed with registry 4 July 2023. Disponível em: https://www.icj-cij.org/sites/default/files/case-related/190/190-20230704-app-01-00-en.pdf. Acesso em: 5 jul. 2023.

INTERNATIONAL COURT OF JUSTICE. **Application of the Convention on the Prevention and Punishment of the Crime of Genocide (The Gambia v. Myanmar),** Provisional Measures, Order of 23 January 2020, par. 41. Disponível em: https://www.icj-cij.org/sites/default/files/case-related/178/178-20200123-ORD-01-00-EN.pdf. Acesso em: 10 mai. 2023.

INTERNATIONAL COURT OF JUSTICE. **Application of the International Convention on the Elimination of All Forms of Racial Discrimination (Georgia v. Russian Federation).** Judgment of 1 April 2011. Disponível em: https://www.icj-cij.org/case/140. Acesso em: 10 jul. 2023.

INTERNATIONAL COURT OF JUSTICE. **Arrest Warrant of 11 April 2000 (Democratic Republic of the Congo v. Belgium)**. Judgment of 14 February 2002. Separate Opinion of Judges Higgins, Kooijmans and Buergenthal. Disponível em: https://www.icj-cij.org/sites/default/files/case-related/121/121-20020214-JUD-01-05-EN.pdf. Acesso em: 2 jun. 2023.

INTERNATIONAL COURT OF JUSTICE. **Avena and Other Mexican Nationals (Mexico v. United States of America)**. Judgment of 31 March 2004. Disponível em: https://www.icj-cij.org/case/128. Acesso em: 10 jul. 2023.

INTERNATIONAL COURT OF JUSTICE. **Case Concerning Questions of Interpretation and Application of the 1971 Montreal Convention Arising from the Aerial Incident at Lockerbie (Libyan Arab Jamahiriya v. United Kingdom)**. Order of 14 April 1992, I.C.J Reports 1992. Disponível em: https://www.icj-cij.org/public/files/case-related/88/088-19920414-ORD-01-00-EN.pdf. Acesso em: 10 jun. 2023.

INTERNATIONAL COURT OF JUSTICE. **Case Concerning the Application of the Convention on the Prevention and Punishment of the Crime of Genocide (Bosnia and Herzegovina v Serbia and Montenegro).** Judgment of 26 February 2007, I.C.J. Reports 2007. Disponível em: https://www.icj-cij.org/sites/default/files/case-related/91/091-20070226-JUD-01-00-EN.pdf. Acesso em: 2 jun. 2023.

INTERNATIONAL COURT OF JUSTICE. **Case Concerning the Barcelona Traction, Light and Power Company, Limited (Belgium v. Spain)**. Judgment of 5 February 1970, I.C.J. Reports 1970. Disponível em: https://www.icj-cij.org/sites/default/files/case-related/50/050-19700205-JUD-01-00-EN.pdf. Acesso em: 10 mai. 2023.

INTERNATIONAL COURT OF JUSTICE. **Case concerning United States Diplomatic and Consular Staff in Tehran (United States v. Iran)**. Judgment of 24 May 1980. Disponível em: https://www.icj-cij.org/case/64. Acesso em: 10 jul. 2023.

INTERNATIONAL COURT OF JUSTICE. **Fisheries Jurisdiction Cases (United Kingdom v. Iceland).** Judgment of 25 July 1974, I.C.J. Reports 1974. Disponível em: https://www.

icj-cij.org/sites/default/files/case-related/55/055-19740725-JUD-01-00-EN.pdf. Acesso em: 10 jul. 2023.

INTERNATIONAL COURT OF JUSTICE. **Haya de la Torre (Colombia v. Peru).** Judgment of 13 June 1951. I. C. J. Reports 1951. Disponível em: https://www.icj-cij.org/sites/default/files/case-related/14/014-19510613-JUD-01-00-EN.pdf. Acesso em: 2 jun. 2023.

INTERNATIONAL COURT OF JUSTICE. **LaGrand (Germany v. United States of America).** Judgment of 27 June 2001. Disponível em: https://www.icj-cij.org/case/104. Acesso em: 10 jul. 2023.

INTERNATIONAL COURT OF JUSTICE. **North Sea Continental Shelf (Federal Republic of Germany/Netherlands).** Judgment of 20 February 1969. I. C. J. Reports 1969. Disponível em: https://www.icj-cij.org/sites/default/files/case-related/52/052-19690220-JUD-01-00-EN.pdf. Acesso em: 2 jun. 2023.

INTERNATIONAL COURT OF JUSTICE. **Questions relating to the Obligation to Prosecute or Extradite (Belgium v. Senegal).** Judgment of 20 July 2012, I.C.J. Reports 2012. Disponível em: https://www.icj-cij.org/sites/default/files/case-related/144/144-20120720-JUD-01-00-EN.pdf. Acesso em: 10 mai. 2023.

INTERNATIONAL COURT OF JUSTICE. **Reparation for Injuries Suffered in the Service of the United Nations.** Advisory Opinion of 11 April 1949. I.C.J. Reports. 1949. Disponível em: https://www.icj-cij.org/en/case/4 . Acesso em: 10 jul. 2023.

INTERNATIONAL COURT OF JUSTICE. **Reservations to the Convention on the Prevention and Punishment of the Crime of Genocide.** Advisory Opinion of May 28th, 1951. I.C.J. Reports, 1951. Disponível em: https://www.icj-cij.org/sites/default/files/case-related/12/012-19510528-ADV-01-00-EN.pdf. Acesso em: 10 mai. 2023.

INTERNATIONAL COURT OF JUSTICE. **The Corfu Channel Case (United Kingdom v. Albania).** Judgment of April 9th, 1949, I.C.J. Reports 1949. Disponível em: https://www.icj-cij.org/sites/default/files/case-related/1/001-19490409-JUD-01-00-EN.pdf. Acesso em: 2 jun. 2023.

PERMANENT COURT OF INTERNATIONAL JUSTICE. **Case Concerning the Factory at Chorzów (Merits) (Poland v. Germany)**. PCIJ Series A no. 17. Judgment 13 September 1928. Disponível em: https://jusmundi.com/en/document/decision/en-factory-at-chorzow-merits-judgment-thursday-13th-september-1928. Acesso em: 4 jul. 2023.

PERMANENT COURT OF INTERNATIONAL JUSTICE. Judgment No. 9. **The case of the S.S. Lotus (France v. Turkey).** September 7th, 1927. Disponível em: https://www.icj-cij.org/public/files/permanent-court-of-international-justice/serie_A/A_10/30_Lotus_Arret.pdf. Acesso em: 4 mai. 2023.

PERMANENT COURT OF INTERNATIONAL JUSTICE. **Mavrommatis Palestine Concessions (Greece v. Great Britain).** Judgment No. 2, 30 August 1924. Disponível em: https://law.justia.com/cases/foreign/international/1924-pcij-series-b-no-3.html. Acesso em: 10 jul. 2023.

Casos do TADHP

TRIBUNAL AFRICANO DOS DIREITOS DO HOMEM E DOS POVOS. **Ligue Ivoirienne des Droits de L Homme (LIDHO) e Outros c. Costa do Marfim**. Acórdão de 5 de setembro de 2023. Disponível em: https://www.african-court.org/cpmt/storage/app/uploads/public/651/a72/8fa/651a728fa9e3b406792385.pdf. Acesso em: 10 set. 2023.

TRIBUNAL AFRICANO DOS DIREITOS DO HOMEM E DOS POVOS. **Baedan Dogbo Paul e Baedan M'Bouke Faustin c. Costa do Marfim**. Acórdão de 5 de setembro de 2023, Disponível em: https://www.african-court.org/cpmt/storage/app/uploads/public/651/6e5/f45/6516e5f452e9b960946601.pdf. Acesso em: 10 set. 2023.

TRIBUNAL AFRICANO DOS DIREITOS DO HOMEM E DOS POVOS. **Chacha Wambura e Mang'Azi Mkama c. República Unida da Tanzânia.** Acórdão de 5 de setembro de 2023. Disponível em: https://www.african-court.org/cpmt/storage/app/uploads/public/651/6e2/eb4/6516e2eb4b222849666172.pdf. Acesso em: 10 set. 2023.

TRIBUNAL AFRICANO DOS DIREITOS DO HOMEM E DOS POVOS. **Reuben Juma e Gawani Nkende v. República Unida da Tanzânia.** Acórdão de 5 de setembro de 2023. Disponível em: https://www.african-court.org/cpmt/storage/app/uploads/public/651/6e3/ef8/6516e3ef827aa521272948.pdf. Acesso em: 10 set. 2023.

TRIBUNAL AFRICANO DOS DIREITOS DO HOMEM E DOS POVOS. **Stephen John Rutakikirwa c. República Unida da Tanzânia**, Petição n.º 013/2016. Acórdão de 24 de março de 2022 (méritos e reparações). Disponível em: https://www.african-court.org/cpmt/storage/app/uploads/public/624/362/a49/624362a49914b858060701.pdf. Acesso em: 2 jun. 2023.

TRIBUNAL AFRICANO DOS DIREITOS DO HOMEM E DOS POVOS. **Yassin Rashid Maige c. República Unida da Tanzânia**. Acórdão de 5 de setembro de 2023. Disponível em: https://www.african-court.org/cpmt/storage/app/uploads/public/651/6e5/657/6516e5657706d085563578.pdf. Acesso em: 2 jun. 2023.

Casos do TEDH

EUROPEAN COURT OF HUMAN RIGHTS. **Case of A. v. United Kingdom**. Judgement 23 September 1998. Disponível em: https://hudoc.echr.coe.int/eng#{%22itemid%22:[%22001-58232%22]} . Acesso em: 10 jul. 2023.

EUROPEAN COURT OF HUMAN RIGHTS. **Case of Agache and Others v. Romania.** Arrêt 20 octobre 2009. Disponível em: https://hudoc.echr.coe.int/app/conversion/docx/pdf?library=ECHR&id=001-95146&filename=CEDH.pdf Acesso em: 10 jul. 2023.

EUROPEAN COURT OF HUMAN RIGHTS. **Case of Ahorugeze v. Sweden**. Judgment 27 October 2011. Disponível em: https://hudoc.echr.coe.int/eng?i=001-107183. Acesso em: 10 jun. 2023.

EUROPEAN COURT OF HUMAN RIGHTS. **Case of Airey v. Ireland**. Judgment 9 October 1979. Disponível em: https://www.icj.org/wp-content/uploads/2014/03/ECHR-Airey-v.-Ireland-jurisprudence-1979-eng.pdf. Acesso em: 3 jun. 2023.

EUROPEAN COURT OF HUMAN RIGHTS. **Case of Akdivar and Others v. Turkey.** Judgment 16 September 1996. Disponível em: https://hudoc.echr.coe.int/fre#{%22itemid%22:[%22001-58062%22]}. Acesso em: 10 jul. 2023.

EUROPEAN COURT OF HUMAN RIGHTS. **Case of Akkoç v. Turkey**. Judgment 10 October 2000. Disponível em: https://hudoc.echr.coe.int/app/conversion/docx/?library=ECHR&id=001-58905&filename=CASE%20OF%20AKKOC%20v.%20TURKEY.docx&logEvent=False. Acesso em: 6 jun. 2023.

EUROPEAN COURT OF HUMAN RIGHTS. **Case of Aksoy v. Turkey**. Judgment 18 December 1996. Disponível em: https://hudoc.echr.coe.int/fre#{%22itemid%22:[%22001-58003%22]}. Acesso em: 10 jul. 2023.

EUROPEAN COURT OF HUMAN RIGHTS. **Case of Al-Khawaja and Tahery v. the United Kingdom [GC].** Judgment 15 December 2011. Disponível em: https://hudoc.echr.coe.int/app/conversion/pdf/?library=ECHR&id=001-108072&filename=001-108072.pdf&TID=dmxsoxhwmd. Acesso em: 10 jun. 2023.

EUROPEAN COURT OF HUMAN RIGHTS. **Case of Al-Moayad v. Germany** (dec.), 20 February 2007. Disponível em: https://hudoc.echr.coe.int/eng#{%22itemid%22:[%22001-79710%22]}. Acesso em: 10 jul. 2023.

EUROPEAN COURT OF HUMAN RIGHTS. **Case of Aliyeva and Aliyev v. Azebaijan**. Judgment 31 July 2014. Disponível em: https://www.stradalex.eu/en/se_src_publ_jur_eur_cedh/document/echr_35587-08_001-145782. Acesso em: 10 jul. 2023.

EUROPEAN COURT OF HUMAN RIGHTS. **Case of Anguelova v. Bulgaria**. Judgment 13 June 2002. Disponível em: https://hudoc.echr.coe.int/eng#{%22itemid%22:[%22001-60505%22]}. Acesso em: 10 set. 2023.

EUROPEAN COURT OF HUMAN RIGHTS. **Case of Artico v. Italy**. Judgment 13 May 1980. Disponível em: https://www.legal-tools.org/doc/773d09. Acesso em: 2 jun. 2023.

EUROPEAN COURT OF HUMAN RIGHTS. **Case of Assenov and Others v. Bulgaria.** Judgment 28 October 1998. Disponível em: https://ihrda.uwazi.io/pt/entity/ok77zua456o?page=22. Acesso em: 3 jun. 2023.

EUROPEAN COURT OF HUMAN RIGHTS. **Case of Aydın v. Turkey**. Judgment 25 September 1997. Disponível em: https://hudoc.echr.coe.int/eng#{%22itemid%22:[%22001-58371%22]}. Acesso em: 10 jul. 2023.

EUROPEAN COURT OF HUMAN RIGHTS. **Case of B. v. The United Kingdom**. Judgment 8 July 1987. Disponível em: https://hudoc.echr.coe.int/eng#{%22itemid%22:[%22001-57453%22]}. Acesso em: 10 jul. 2023.

EUROPEAN COURT OF HUMAN RIGHTS. **Case of Barabanshchikov v. Russia**. Judgment, 8 January 2009. Disponível em: https://hudoc.echr.coe.int/app/conversion/pdf/?library=ECHR&id=001-90413&filename=001-90413.pdf&TID=thkbhnilzk. Acesso em: 10 jun. 2023.

EUROPEAN COURT OF HUMAN RIGHTS. **Case of Bevacqua and S. v. Bulgaria**. Judgment 12 June 2008. Disponível em: https://hudoc.echr.coe.int/fre#{%22itemid%22:[%22001-86875%22]}. Acesso em: 2 jun. 2023.

EUROPEAN COURT OF HUMAN RIGHTS. **Case of Bijan Balahan v. Sweden**. Judgment 29 June 2023. Disponível em: https://hudoc.echr.coe.int/eng#{%22itemid%22:[%22001-225452%22]}. Acesso em: 29 jun. 2023.

EUROPEAN COURT OF HUMAN RIGHTS. **Case of Bozano v. France**. Judgment 18 December 1986. Disponível em: https://hudoc.echr.coe.int/eng#{%22itemid%22:[%22001-57448%22]}. Acesso em: 2 jun. 2023.

EUROPEAN COURT OF HUMAN RIGHTS. **Case of Calvelli and Ciglio v. Italy [GC].** Judgment 17 January 2002. Disponível em: https://hudoc.echr.coe.int/eng#{%22itemid%22:[%22001-60329%22]}. Acesso em: 2 jun. 2023.

EUROPEAN COURT OF HUMAN RIGHTS. **Case of Çelik and İmret v. Turkey**. Judgment 26 October 2004. Disponível em: https://hudoc.echr.coe.int/fre#{%22itemid%22:[%22001-67194%22]}. Acesso em: 10 jul. 2023.

EUROPEAN COURT OF HUMAN RIGHTS. **Case of Cestaro v. Italy**. Judgment 7 April 2015. Disponível em: shttps://hudoc.echr.coe.int/eng#{%22itemid%22:[%22001-153901%22]}. Acesso em: 10 jul. 2023.

EUROPEAN COURT OF HUMAN RIGHTS. **Case of Chahal v. United Kingdom**. Judgment 15 November 1996 [GC]. Disponível em: https://hudoc.echr.coe.int/fre?i=001-58004. Acesso em: 4 mai. 2023.

EUROPEAN COURT OF HUMAN RIGHTS. **Case of De Cubber v. Belgium**. Judgment 26 October 1984, § 35. Disponível em: https://hudoc.echr.coe.int/ukr#{%22itemid%22:[%22001-57465%22]} Acesso em: 6 nov. 2023.

EUROPEAN COURT OF HUMAN RIGHTS. **Case of Dedovskiy and Others vs. Russia**. Judgment 15 May 2008. Disponível em: https://hudoc.echr.coe.int/app/conversion/pdf/?library=ECHR&id=001-86218&filename=001-86218.pdf&TID=thkbhnilzk . Acesso em: 10 jul. 2023.

EUROPEAN COURT OF HUMAN RIGHTS. **Case of Di Sante v. Italy** (dec.), 24 June 2004. Disponível em: https://hudoc.echr.coe.int/eng#{%22itemid%22:[%22001-45118%22]}. Acesso em: 10 jul. 2023.

EUROPEAN COURT OF HUMAN RIGHTS. **Case of Dimitrova and Others v. Bulgaria**. Judgment 27 January 2011. Disponível em: https://www.refworld.org/cases,ECHR,4d5d276a2.html. Acesso em: 10 jul. 2023.

EUROPEAN COURT OF HUMAN RIGHTS. **Case of Drozd and Janousek v. France and Spain.** Judgment 26 June 1992. Disponível em: https://hudoc.echr.coe.int/eng?i=001-57774. Acesso em: 10 mai. 2023.

EUROPEAN COURT OF HUMAN RIGHTS. **Case of Duboc v. Austria**. Judgement of 5 June 2012. Disponível em: https://www.stradalex.eu/en/se_src_publ_jur_eur_cedh/document/echr_8154-04. Acesso em: 10 jun. 2023.

EUROPEAN COURT OF HUMAN RIGHTS. **Case of Echeverri Rodríguez v. The Netherlands**, (dec.) 27 June 2000. Disponível em: https://hudoc.echr.coe.int/eng?i=001-5366. Acesso em: 10 jul. 2023.

EUROPEAN COURT OF HUMAN RIGHTS. **Case of El-Masri v. the Former Yugoslav Republic of Macedonia** [GC]. Judgment 13 December 2012. Disponível em: https://hudoc.echr.coe.int/fre#{%22itemid%22:[%22001-115621%22]} . Acesso em: 10 jun. 2023.

EUROPEAN COURT OF HUMAN RIGHTS. **Case of Ergī vs. Turkey.** Judgment 28 July 1998. Disponível em: https://hudoc.echr.coe.int/eng#{%22itemid%22:[%22001-58200%22]}. Acesso em: 2 jun. 2023.

EUROPEAN COURT OF HUMAN RIGHTS. **Case of Fabris v. France**. Judgment 7 February 2013. Disponível em: https://hudoc.echr.coe.int/eng#{%22itemid%22:[%22001-116716%22]}. Acesso em: 10 jul. 2023. Vide o voto do juiz Pinto de Albuquerque.

EUROPEAN COURT OF HUMAN RIGHTS. **Case of Fąfrowicz v. Poland**. Judgment 17 April 2012. Disponível em: http://hudoc.echr.coe.int/eng?i=001-110469. Acesso em: 10 jun. 2023.

EUROPEAN COURT OF HUMAN RIGHTS. **Case of Gäfgen v. Germany [GC].** Judgment 1 June 2010. Disponível em: https://policehumanrightsresources.org/gafgen-v-germany-application-no-22978-05. Acesso em: 10 jun. 2023.

EUROPEAN COURT OF HUMAN RIGHTS. **Case of Gül v. Switzerland**. Judgment 19 February 1996. Dissenting Opinion of Judge Martens. Disponível em: https://www.refworld.org/cases,ECHR,3ae6b6b20.html. Acesso em: 2 jun. 2023.

EUROPEAN COURT OF HUMAN RIGHTS. **Case of Güzelyurtlu and Others v. Turkey and Cyprus** [GC]. Judgment 29 January 2019. Disponível em: https://hudoc.echr.coe.int/eng#{%22itemid%22:[%22001-189781%22]}. Acesso em: 10 jul. 2023.

EUROPEAN COURT OF HUMAN RIGHTS. **Case of Halet v. Luxembourg**. Judgment 14 February 2023. Disponível em: https://hudoc.echr.coe.int/eng?i=001-223259. Acesso em: 4 dez. 2023.

EUROPEAN COURT OF HUMAN RIGHTS. Case of **Handyside v. The United Kingdom**. Judgment 7 December 1976. Disponivel em: https://hudoc.echr.coe.int/eng?i=001-57499. Acesso em: 4 dez. 2023.

EUROPEAN COURT OF HUMAN RIGHTS. **Case of Huseynova v. Azerbaijan.** Judgment 13 April 2017. Disponível em: https://hudoc.echr.coe.int/app/conversion/docx/?library=ECHR&id=001-172661&filename=CASE%20OF%20HUSEYNOVA%20v.%20AZERBAIJAN.docx&logEvent=False. Acesso em: 10 jul. 2023.

EUROPEAN COURT OF HUMAN RIGHTS. **Case of Ignaccolo-Zenide v. Romania**. Judgment 25 January 2000. Disponível em: https://www.refworld.org/cases,ECHR,5bbb83470.html. Acesso em: 10 jul. 2023.

EUROPEAN COURT OF HUMAN RIGHTS. **Case of Ilaşcu and Others v. Moldova and Russia.** Judgment 8 July 2004. Disponível em: https://hudoc.echr.coe.int/fre#{%22itemid%22:[%22001-61886%22]}. Acesso em: 2 jun. 2023.

EUROPEAN COURT OF HUMAN RIGHTS. **Case of Ilhan v. Turkey [GC].** Judgment 27 June 2000. Disponível em: https://hudoc.echr.coe.int/Eng#{%22itemid%22:[%22001-58734%22]} . Acesso em: 3 jun. 2023.

EUROPEAN COURT OF HUMAN RIGHTS. **Case of Ireland v. United Kingdom.** Judgment 13 September 1977. Disponível em: https://www.refworld.org/cases,ECHR,3ae6b7004.html. Acesso em: 10 set. 2023.

EUROPEAN COURT OF HUMAN RIGHTS. **Case of Jeronovičs v. Latvia.** Judgment 5 July 2016. Disponível em: https://www.policinglaw.info/assets/downloads/Jeronovi%C4%8Ds_v._Latvia.pdf Acesso em: 10 jul. 2023.

EUROPEAN COURT OF HUMAN RIGHTS. **Case of Karner v. Austria**. Judgment 24 July 2003. Disponível em: https://hudoc.echr.coe.int/eng#{%22itemid%22:[%22001-61263%22]}. Acesso em: 10 jul. 2023.

EUROPEAN COURT OF HUMAN RIGHTS. **Case of Kaya v. Turkey**. Judgment 19 February 1998. Disponível em: https://hudoc.echr.coe.int/app/conversion/pdf/?library=ECHR&id=001-58138&filename=001-58138.pdf. Acesso em: 3 jun. 2023.

EUROPEAN COURT OF HUMAN RIGHTS. **Case of Kelly and Others v. The United Kingdom.** Judgment 4 May 2001. Disponível em: https://hudoc.echr.coe.int/eng-press#{%22itemid%22:[%22001-59453%22]}. Acesso em: 3 jun. 2023.

EUROPEAN COURT OF HUMAN RIGHTS. **Case of Kiliç v. Turkey**. Judgment 28 March 2000. Disponível em: https://hudoc.echr.coe.int/eng#{%22itemid%22:[%22001-58524%22]}. Acesso em: 4 mai. 2023.

EUROPEAN COURT OF HUMAN RIGHTS. **Case of M. C. v. Bulgary**. Judgment 4 December 2003. Disponível em: https://www.coe.int/t/dg2/equality/domesticviolencecampaign/resources/M.C.v.BULGARIA_en.asp. Acesso em: 10 jul. 2023.

EUROPEAN COURT OF HUMAN RIGHTS. **Case of Makaratzis v. Greece [GC]**. Judgment 20 December 2004. Disponível em:https://hudoc.echr.coe.int/fre#{%22itemid%22:[%22001-67820%22]} . Acesso em: 4 mai. 2023.

EUROPEAN COURT OF HUMAN RIGHTS. **Case of Marcello Viola v. Italy**. Judgment 5 October 2006. Disponível em: http://hudoc.echr.coe.int/eng?i=001-77246. Acesso em: 10 jun. 2023.

EUROPEAN COURT OF HUMAN RIGHTS. **Case of Marckx v. Belgium**. Judgment 13 June 1979. Disponível em: https://hudoc.echr.coe.int/fre#{%22itemid%22:[%22001-57534%22]}. Acesso em: 10 jul. 2023.

EUROPEAN COURT OF HUMAN RIGHTS. **Case of Mastromatteo v. Italy [GC]**. Judgment 24 October 2002. Disponível em: https://hudoc.echr.coe.int/fre#{%22itemid%22:[%22001-60707%22]}. Acesso em: 2 jun. 2023.

EUROPEAN COURT OF HUMAN RIGHTS. **Case of MC v. Bulgaria**. Judgment 4 December 2003. Disponível em: https://www.coe.int/t/dg2/equality/domesticviolencecampaign/resources/M.C.v.BULGARIA_en.asp. Acesso em: 10 jul. 2023.

EUROPEAN COURT OF HUMAN RIGHTS. **Case of McCann and Others v. United Kingdom**. Judgment 27 September 1995. Disponível em: https://hudoc.echr.coe.int/eng#{%22itemid%22:[%22001-58524%22]}. Acesso em: 4 mai. 2023.

EUROPEAN COURT OF HUMAN RIGHTS. **Case of Mendrei v. Hungary** (dec.), 5 July 2018. Disponível em: https://laweuro.com/?p=7365. Acesso em: 10 jul. 2023.

EUROPEAN COURT OF HUMAN RIGHTS. **Case of Mustafa Tunç and Fecire Tunç v. Turkey.** Judgment 14 April 2015. Disponível em: https://hudoc.echr.coe.int/eng?i=001-154007. Acesso em: 10 jun. 2023.

EUROPEAN COURT OF HUMAN RIGHTS. **Case of Naletilić v. Croatia**, (dec.) 4 May 2000. Disponível em: https://juricaf.org/arret/CONSEILDELEUROPE-COUREUROPEENNE-DESDROITSDELHOMME-20000504-5189199. Acesso em: 10 jun. 2023.

EUROPEAN COURT OF HUMAN RIGHTS. **Case of Nasr and Ghali v. Italy**. Judgment 23 February 2016. Disponível em: https://hudoc.echr.coe.int/fre?i=001-161245 . Acesso em: 10 jul. 2023.

EUROPEAN COURT OF HUMAN RIGHTS. **Case of Navalnyy v. Russia (No. 3)**. Judgment 6 June 2023. Disponível em: https://hudoc.echr.coe.int/eng#{%22itemid%22:[%22001-225023%22]}. Acesso em: 10 jun. 2023.

EUROPEAN COURT OF HUMAN RIGHTS. **Case of Öcalan v. Turkey [GC]**. Judgment 12 May 2005. Disponível em: https://hudoc.echr.coe.int/eng#{%22itemid%22:[%22001-69022%22]}. Acesso em: 2 jun. 2023.

EUROPEAN COURT OF HUMAN RIGHTS. **Case of Öneryildiz v. Turkey [GC]**. Judgment 30 November 2004. Disponível em: https://hudoc.echr.coe.int/fre#{%22itemid%22:[%22001-67614%22]} . Acesso em: 2 jun. 2023.

EUROPEAN COURT OF HUMAN RIGHTS. **Case of Opuz v. Turkey**. Judgment 9 June 2009. Disponível em: https://hudoc.echr.coe.int/fre#{%22itemid%22:[%22002-1449%22]}. Acesso em: 10 set. 2023.

EUROPEAN COURT OF HUMAN RIGHTS. **Case of Osman v. United Kingdom**. Judgment 28 October 1998. Disponível em: https://hudoc.echr.coe.int/fre#{%22itemid%22:[%22001-58257%22]}. Acesso em: 10 set. 2023.

EUROPEAN COURT OF HUMAN RIGHTS. **Case of Othman (Abu Qatada) v. the United Kingdom.** Judgment 17 January 2012. Disponível em: https://www.refworld.org/cases,ECHR,4f169dc62.html. Acesso em: 10 jul. 2023.

EUROPEAN COURT OF HUMAN RIGHTS. **Case of P. V. v. Germany**, (dec.) 13 July 1987. Disponível em: https://www.stradalex.com/fr/sl_src_publ_jur_int/document/echr_11853-85. Acesso em: 10 jun. 2023.

EUROPEAN COURT OF HUMAN RIGHTS. **Case of Pello v. Estonia**. Judgment 12 April 2007. Disponível em: https://hudoc.echr.coe.int/app/conversion/pdf/?library=ECHR&id=001-80123&filename=001-80123.pdf. Acesso em: 10 jul. 2023.

EUROPEAN COURT OF HUMAN RIGHTS. **Case of Perez v. France**. Judgment 12 February 2004. Disponível em: https://hudoc.echr.coe.int/fre?i=001-61629. Acesso em: 10 jul. 2023.

EUROPEAN COURT OF HUMAN RIGHTS. **Case of Plattform "Ärzte für das Leben" v. Austria.** Judgment 21 June 1988. Disponível em: https://hudoc.echr.coe.int/fre#{%22itemid%22:[%22001-57558%22]}. Acesso em: 10 jul. 2023.

EUROPEAN COURT OF HUMAN RIGHTS. **Case of Rantsev v. Cyprus and Russia**. Judgment, 7 January 2010. Disponível em: https://hudoc.echr.coe.int/eng#{%22itemid%22:[%22001-96549%22]}. Acesso em: 2 jun. 2023.

EUROPEAN COURT OF HUMAN RIGHTS. **Case of Romeo Castaño v. Belgium.** Judgment 9 July 2019. Disponível em: https://hudoc.echr.coe.int/#{%22itemid%22:[%22001-194618%22]}. Acesso em: 10 jul. 2023.

EUROPEAN COURT OF HUMAN RIGHTS. **Case of S. M. v. Croatia.** Judgment 25 June 2020. Disponível em: https://hudoc.echr.coe.int/fre?i=001-203503. Acesso em: 3 nov. 2023.

EUROPEAN COURT OF HUMAN RIGHTS. **Case of Saccoccia v. Austria.** Judgment 18 December 2008. Disponível em: https://hudoc.echr.coe.int/fre#{%22itemid%22:[%22001-90342%22]}. Acesso em: 10 jun. 2023.

EUROPEAN COURT OF HUMAN RIGHTS. **Case of Sanchez-Sanchez v. the United Kingdom** [GC]. Judgment 3 November 2022. Disponível em: https://laweuro.com/?p=20013. Acesso em: 2 jun. 2023.

EUROPEAN COURT OF HUMAN RIGHTS. **Case of Sari v. Turkey and Denmark**. Judgment 8 November 2001. Disponível em: https://hudoc.echr.coe.int/app/conversion/docx/pdf?library=ECHR&id=001-64430&filename=CEDH.pdf. Acesso em: 10 jul. 2023.

EUROPEAN COURT OF HUMAN RIGHTS. **Case of Saygılı v. Turkey** (dec.), 11 July 2017. Disponível em: https://hudoc.echr.coe.int/eng#{%22itemid%22:[%22001-177130%22]} . Acesso em: 10 jul. 2023.

EUROPEAN COURT OF HUMAN RIGHTS. **Case of Schatschaschwili v. Germany** [GC]. Judgment 15 December 2015. Disponível em: https://hudoc.echr.coe.int/eng#{%22itemid%22:[%22001-159566%22]}. Acesso em: 10 jul. 2023.

EUROPEAN COURT OF HUMAN RIGHTS. **Case of Sigurður Einarsson and Others v. Iceland**. Judgment 4 June 2019. Disponível em: http://hudoc.echr.coe.int/eng?i=001-193494. Acesso em: 2 jun. 2023.

EUROPEAN COURT OF HUMAN RIGHTS. **Case of Siliadin v. France**. Judgment 26 July 2005. Disponível em: https://hudoc.echr.coe.int/eng#{%22itemid%22:[%22001-69891%22]}. Acesso em: 2 jun. 2023.

EUROPEAN COURT OF HUMAN RIGHTS. **Case of Šilih v. Slovenia [GC].** Judgment 9 April 2009. Disponível em: https://hudoc.echr.coe.int/fre#{%22itemid%22:[%22001-92142%22]}. Acesso em: 2 jun. 2023.

EUROPEAN COURT OF HUMAN RIGHTS. **Case of Soering v. The United Kingdom** [GC]. Judgment 7 July 1989. Disponível em: https://hudoc.echr.coe.int/eng#{%22itemid%22:[%22001-57619%22]}. Acesso em: 10 mai. 2023.

EUROPEAN COURT OF HUMAN RIGHTS. **Case of Solakov v. Former Yugoslav Republic of Macedonia**. Judgment 31 October 2001. Disponível em: http://hudoc.echr.coe.int/eng?i=001-59869. Acesso em: 2 jun. 2023.

EUROPEAN COURT OF HUMAN RIGHTS. **Case of Sultan Karabulut v. Turkey.** Judgment, 24 January 2008. Disponível em: https://hudoc.echr.coe.int/fre#{%22itemid%22:[%22001-76909%22]}. Acesso em: 2 jun. 2023.

EUROPEAN COURT OF HUMAN RIGHTS. **Case of Torreggiani and Other v. Italy.** Judgment 8 January 2013. Disponível em: https://hudoc.echr.coe.int/fre#{%22itemid%22:[%22001-116248%22]}. Acesso em: 10 jul. 2023.

EUROPEAN COURT OF HUMAN RIGHTS. **Case of Tseber v. Czech Republic.** Judgment 22 November 2012. Disponível em: http://hudoc.echr.coe.int/sites/eng/pages/search.aspx?i=001-114661. Acesso em: 10 jun. 2023.

EUROPEAN COURT OF HUMAN RIGHTS. **Case of Tyrer v. United Kingdom.** Judgment 25 April 1978. Disponível em: https://hudoc.echr.coe.int/fre#{%22itemid%22:[%22001-57587%22]}. Acesso em: 10 set. 2023.

EUROPEAN COURT OF HUMAN RIGHTS. **Case of V. C. v. Slovakia.** Judgment 8 November 2011. Disponível em: https://hudoc.echr.coe.int/fre#{%22itemid%22:[%22001-107364%22]}. Acesso em: 10 jul. 2023.

EUROPEAN COURT OF HUMAN RIGHTS. **Case of Veermäe v. Finland**, (dec.) 15 March 2005. Disponível em: https://www.echr.coe.int/documents/d/echr/CLIN_2005_03_73_ENG_822328. Acesso em: 10 jul. 2023.

EUROPEAN COURT OF HUMAN RIGHTS. **Case of Velikova v. Bulgaria**. Judgment 18 May 2000. Disponível em: https://hudoc.echr.coe.int/eng#{%22itemid%22:[%22001-58831%22]}. Acesso em: 2 jun. 2023.

EUROPEAN COURT OF HUMAN RIGHTS. **Case of Verein Klimaseniorinnen Schweiz and Others vs. Switzerland.** Judgment 9 April 2024. Disponível em: https://hudoc.echr.coe.int/eng?i=001-233206. Acesso em: 10 abr. 2024

EUROPEAN COURT OF HUMAN RIGHTS. **Case of VgT Verein Gegen TierFabriken v. Switzerland.** Judgment 28 June 2001. Disponível em: https://hudoc.echr.coe.int/eng#{%22itemid%22:[%22001-59535%22]} . Acesso em: 2 jun. 2023.

EUROPEAN COURT OF HUMAN RIGHTS. **Case of Vo v. France**. Judgment 8 July 2004. Disponível em: https://hudoc.echr.coe.int/fre#{%22itemid%22:[%22001-61887%22]}. Acesso em: 10 jul. 2023.

EUROPEAN COURT OF HUMAN RIGHTS. **Case of X and Others v. Bulgaria.** Judgment 2 February 2021. Disponível em: https://hudoc.echr.coe.int/eng#{%22itemid%22:[%22001-207953%22]}. Acesso em: 4 set. 2023.

EUROPEAN COURT OF HUMAN RIGHTS. **Case of X and Y v. The Netherlands.** Judgment 26 March 1985. Disponível em: https://www.coe.int/t/dg2/equality/domesticviolencecampaign/resources/x%20and%20y%20v%20the%20netherlands_EN.asp. Acesso em: 10 jul. 2023.

EUROPEAN COURT OF HUMAN RIGHTS. **Case of X v. Latvia**. Judgment 26 November 2013. Disponível em: https://hudoc.echr.coe.int/eng#{%22itemid%22:[%22001-138992%22]}. Acesso em: 10 jul. 2023.

EUROPEAN COURT OF HUMAN RIGHTS. **Case of Yaşa v. Turkey.** Judgment 2 September 1998. Disponível em: https://www.hr-dp.org/files/2013/09/09/CASE_OF_YASA_v._TURKEY_.pdf. Acesso em: 2 jun. 2023.

EUROPEAN COURT OF HUMAN RIGHTS. **Case of Young, James and Webster v. The United Kingdom.** Judgment 13 August 1981. Disponível em: https://hudoc.echr.coe.int/eng?i=001-57608. Acesso em: 10 jul. 2023.

EUROPEAN COURT OF HUMAN RIGHTS. **Case of Zoletic and Others v. Azerbaijan.** Judgment 7 October 2021. Disponível em: https://hudoc.echr.coe.int/fre#{%22itemid%22:[%22001-212040%22]}. Acesso em: 3 nov. 2023.

EUROPEAN COURT OF HUMAN RIGHTS. **Case Relating to Certain Aspects of the Laws on the Use of Languages in Education in Belgium.** Judgment 23 July 1968. Disponível em: https://hudoc.echr.coe.int/eng?i=001-57525. Acesso em: 10 jul. 2023.

EUROPEAN COURT OF HUMAN RIGHTS. **Cases of De Wilde, Ooms and Versyp ("Vagrancy") v. Belgium**. Applications no. 2832/66; 2835/66; 2899/66. Judgment 18 June 1971. Disponível em: https://opil.ouplaw.com/display/10.1093/law:ihrl/7echr71.case.1/law-ihrl-7echr71. Acesso em: 10 jul. 2023.

EUROPEAN COURT OF HUMAN RIGHTS. **Case of Zentar v. France**. Arrêt 13 avril 2006. Disponível em: https://hudoc.echr.coe.int/fre?i=001-73338. Acesso em: 10 jul. 2023.

Casos do TJUE

TRIBUNAL DE JUSTIÇA DA UNIÃO EUROPEIA. Acórdão da Grande Seção de 25 de julho de 2018. **Processo C-216;18 PPU (L.M.), High Court of Ireland.** Disponível em: https://curia.europa.eu/juris/liste.jsf?language=en&td=ALL&num=C-216/18%20PPU. Acesso em: 2 jun. 2023.

TRIBUNAL DE JUSTIÇA DA UNIÃO EUROPEIA. Grande Seção. Acórdão de 16 de julho de 2020. **Caso C-311/18 (Schrems II). Data Protection Commissioner contra Facebook Ireland Ltd, Maximillian Schrems e outros.** Disponível em: https://curia.europa.eu/juris/document/document.jsf?text=&docid=228677&pageIndex=0&doclang=PT&mode=lst&dir=&occ=first&part=1&cid=7072130. Acesso em: 3 jul. 2023.

TRIBUNAL DE JUSTIÇA DA UNIÃO EUROPEIA. Acórdão de 28 de marco de 2000. **Processo C-7/98 (Dieter Krombach v. André Bamberski), Bundesgerichtshof (Alemanha).** Disponível em: https://curia.europa.eu/juris/liste.jsf?language=en&num=C-7/98. Acesso em: 2 jun. 2023.

TRIBUNAL DE JUSTIÇA DA UNIÃO EUROPEIA. Acórdão de 3 de setembro de 2008. **Casos C-402/05 P e C-415/05 P, Yassin Abdullah Kadi e Al Barakaat International Foundation contra Conselho da União Europeia e outros**. Disponível em: https://curia.europa.eu/juris/document/document.jsf?text=&docid=67611&pageIndex=0&doclang=PT&mode=lst&dir=&occ=first&part=1&cid=1454393. Acesso em: 2 jun. 2023.

TRIBUNAL DE JUSTIÇA DA UNIÃO EUROPEIA. Acórdão de 5 de abril de 2016. **Processos apensos C-404/15 e C-659/15 PPU (Aranyosi e Căldăraru), Tribunal Regional Superior de Bremen, Alemanha)**. Disponível em: https://curia.europa.eu/juris/liste.jsf?num=C-404/15. Acesso em: 10 jul. 2023.

TRIBUNAL DE JUSTIÇA DA UNIÃO EUROPEIA. Acórdão de 5 de fevereiro de 1963. **Processo 26/62. NV Algemene Transport- en Expeditie Onderneming van Gend & Loos, e Administração Fiscal neerlandesa.** Disponível em: https://eur-lex.europa.eu/legal-content/PT/TXT/HTML/?uri=CELEX:61962CJ0026&from=PT. Acesso em: 20 jul. 2023.

TRIBUNAL DE JUSTIÇA DA UNIÃO EUROPEIA. Acórdão de 6 de setembro de 2016. **Processo C-182/15, Supremo Tribunal da Letônia (Aleksei Petruhhin).** Disponível em: https://curia.europa.eu/juris/document/document.jsf?text=&docid=183097&pageIndex=0&doclang=PT&mode=lst&dir=&occ=first&part=1&cid=876058. Acesso em: 2 jun. 2023.

TRIBUNAL DE JUSTIÇA DA UNIÃO EUROPEIA. Acórdão de 9 de outubro de 2019. **Processo C-489/19 PPU (N.J.), Kammergericht Berlin.** Disponível em: https://curia.europa.eu/juris/document/document.jsf?text=&docid=218890&doclang=PT. Acesso em: 10 jul. 2023.

TRIBUNAL DE JUSTIÇA DA UNIÃO EUROPEIA. Acórdão do Tribunal (Grande Seção), de 5 de abril de 2016. **Processos Apensos C-404/15 (Pál Aranyosi) e C-659/15 (Robert Căldăraru) PPU,** Hanseatisches Oberlandesgericht in Bremen. Disponível em: https://curia.europa.eu/juris/document/document.jsf?text=&docid=174758&pageIndex=0&doclang=PT&mode=lst&dir=&occ=first&part=1&cid=4099768. Acesso em: 10 jul. 2023.

Casos do TPI

INTERNATIONAL CRIMINAL COURT. Appeals Chamber. **Prosecutor v. Katanga,** Case No. ICC-01/04-01/07-1497. Judgment on the Appeal of Mr. Germain Katanga against the Oral Decision of Trial Chamber II of 12 June 2009 on the Admissibility of the Case. Disponível em: http://www.icc-cpi.int/iccdocs/doc/doc746819.pdf. Acesso em: 10 jun. 2023.

INTERNATIONAL CRIMINAL COURT. Pre-Trial Chamber II. The Situation in the Republic of Kenya: In the case of the **Prosecutor v. Uhuru Muigai Kenyatta.** Decision on the Application by the Government of Kenya Challenging the Admissibility of the Case Pursuant to Article 19(2) (b) of the Statute, No. ICC-01/09-02/11, 30 May 2011. Disponível em: https://www.icc-cpi.int/court-record/icc-01/09-02/11-96. Acesso em: 10 jun. 2023.

INTERNATIONAL CRIMINAL COURT. **Situation in Ukraine**, ICC-01/22, Investigation. Disponível em: https://www.icc-cpi.int/situations/ukraine. Acesso em: 10 jul. 2023.

Casos do TPI-I

INTERNATIONAL CRIMINAL TRIBUNAL FOR THE FORMER YUGOSLAVIA. **The Prosecutor v. Anto Furundžija.** Judgment 10 December 1998. Disponível em: https://www.icty.org/x/cases/furundzija/tjug/en/. Acesso em: 10 mai. 2023.

INTERNATIONAL CRIMINAL TRIBUNAL FOR THE FORMER YUGOSLAVIA. **The Prosecutor v. Blaškić.** Judgment on the Request of the Republic of Croatia for Review of the Decision of Trial Chamber II of 18 July 1997. Disponível em: https://www.icty.org/x/cases/blaskic/acdec/en/71029JT3.html. Acesso em: 10 jul. 2023.

INTERNATIONAL CRIMINAL TRIBUNAL FOR THE FORMER YUGOSLAVIA. **The Prosecutor v. Naletilić and Martinović** (IT-98-34). Disponível em: https://www.icty.org/en/case/naletilic_martinovic. Acesso em: 2 jun. 2023.

INTERNATIONAL CRIMINAL TRIBUNAL FOR THE FORMER YUGOSLAVIA. **The Prosecutor v. Nikolić,** Case No. IT-94-2-PT, Decision on Defence Motion challenging the Exercise of Jurisdiction by the Tribunal, 9 October 2002. Disponível em: https://www.icty.org/x/cases/dragan_nikolic/tdec/en/10131553.htm. Acesso em: 10 jul. 2023.

INTERNATIONAL CRIMINAL TRIBUNAL FOR THE FORMER YUGOSLAVIA. **The Prosecutor v. Tadić,** IT-94-1, Case No. IT-94-1-A. Judgment, 15 July 1999. Disponível em: https://ucr.irmct.org/LegalRef/CMSDocStore/Public/English/Judgement/NotIndexable/IT-94-1-A/JUD62R0000067347.TIF. Acesso em: 10 jul. 2023.

INTERNATIONAL CRIMINAL TRIBUNAL FOR THE FORMER YUGOSLAVIA. **The Prosecutor v. Tadić, IT-94-1.** Decision on the Defence Motion for Interlocutory Appeal on Jurisdiction. Decision of 2 October 1995. Disponível em: https://www.icty.org/x/cases/tadic/acdec/en/51002.htm. Acesso em: 2 jun. 2023.

INTERNATIONAL CRIMINAL TRIBUNAL FOR THE FORMER YUGOSLAVIA. **The Prosecutor v. Tihomir Blaškić**. Request of the Republic of Croatia for Review of the Decision of the Trial Chamber II of 18 July 1997, Appeals Chamber. Judgment of 29 October 1997. Disponível em:

INTERNATIONAL CRIMINAL TRIBUNAL FOR THE FORMER YUGOSLAVIA. **The Prosecutor v. Zejnil Delali and others,** Case No.: IT-96-21-T, Decision on Zdravko Mucic's Motion for the Exclusion of Evidence, 2 September 1997. Disponível em: https://www.icty.org/x/cases/mucic/tdec/en/70902732.htm. Acesso em: 10 jul. 2023.

Casos de Outros Tribunais e de Comitês

AFRICAN COMMISSION OF HUMAN AND PEOPLE'S RIGHTS. **Case of The Social and Economic Rights Action Center and the Center for Economic and Social Rights v. Nigeria**. Communication No. 155/96, 27 October 2001, ACHPR/COMM/A044/1, 27 May 2002. Disponível em: https://www.escr-net.org/sites/default/files/serac.pdf. Acesso em: 2 jun. 2023.

AFRICAN COMMISSION OF HUMAN AND PEOPLE'S RIGHTS. **Legal Resources Foundation v. Zambia**, Comm. No. 211/98, 23 April 2001. Disponível em: http://hrlibrary.umn.edu/africa/comcases/Comm211-98.pdf. Acesso em: 2 jun. 2023.

COMISSÃO INTERAMERICA DE DIREITOS HUMANOS. **Maria da Penha Fernandes vs. Brasil.** Caso 12.051, Relatório 54/01, de 4 de abril de 2001. Disponível em: https://www.cidh.oas.org/annualrep/2000port/12051.htm. Acesso em: 2 jun. 2023.

COMISSÃO INTERAMERICANA DE DIREITOS HUMANOS. **Pedro Basilio Roche Azaña y Otro vs. Nicaragua.** Caso 12.722. Informe 114/18, de 5 de octubre de 2018. Fondo. Disponível em: https://summa.cejil.org/api/files/1563561365111n25trr39pf.pdf. Acesso em: 2 jun. 2023.

COMISSION US-PANAMA. **Noyes (U.S.A.) v. Panama**, Award 22 May 1933. Disponível em: https://jusmundi.com/en/document/decision/en-noyes-u-s-a-v-panama-award-monday-22nd-may-1933. Acesso em: 2 jun. 2023.

COURT OF JUSTICE OF THE ECONOMIC COMMUNITY OF STATES OF WEST AFRICA. **Case of Hissène Habré v. Senegal**, Decision No. ECW/CCJ/JUD/06/10, 18 November 2010. Disponível em: https://www.asser.nl/upload/documents/20120419T034816-Habre%20Ecowa%202010.pdf. Acesso em: 10 jun. 2023.

EUROPEAN COMMISSION OF HUMAN RIGHTS. **Case of Klaus Altmann (Barbie) v. France.** Decision of 4 July 1984. Disponível em: https://hudoc.echr.coe.int/app/conversion/pdf/?library=ECHR&id=001-73831&filename=ALTMANN%20(Barbie)%20v.%20FRANCE.pdf. Acesso em: 2 jun. 2023.

EUROPEAN COMMISSION OF HUMAN RIGHTS. **Case of Stocké v. Germany**. Report of the Commission, 12 October 1989. Disponível em: https://hudoc.echr.coe.int/app/conversion/pdf/?library=ECHR&id=001-73474&filename=STOCK%C9%20v.%20GERMANY.pdf. Acesso em: 2 jun. 2023.

EUROPEAN COMMISSION ON HUMAN RIGHTS. **Case of Cemal Kemal Altun v. Germany.** Judgment 12 March 1984. Disponível em: https://www.refworld.org/cases,COECOMMHR,3ae6b6f7c.html. Acesso em: 10 mai. 2023.

INTERNATIONAL CRIMINAL TRIBUNAL FOR RWANDA. **The Prosecutor v. Jean-Bosco Barayagwiza,** Case No.: ICTR-97-19-AR72, Decision, 3 November 1999. Disponível em: https://cld.irmct.org/assets/Uploads/full-text-dec/2000/00-03-31%20Barayagwiza%20Decision%20on%20Review.pdf. Acesso em: 10 jul. 2023.

INTERNATIONAL MILITARY TRIBUNAL. Judgment of 30 September 1946. **Nuremberg Trial Proceedings**, vol. 22, 30 September 1946. Disponível em: https://avalon.law.yale.edu/imt/09-30-46.asp. Acesso em: 4 mai. 2023.

INTERNATIONAL TRIBUNAL FOR THE LAW OF THE SEA. **MOX Plant (Ireland v. United Kingdom),** Provisional Measures, Order of 3 December 2001, ITLOS Reports 2001. Disponível em: https://www.itlos.org/fileadmin/itlos/documents/cases/case_no_10/published/C10-O-3_dec_01.pdf. Acesso em: 2 jun. 2023.

INTERNATIONAL TRIBUNAL FOR THE LAW OF THE SEA. **Request for an Advisory Opinion Submitted by the Commission of Small Island States on Climate Change and International Law**. Case No. 31, Advisory Opinion, 21 May 2024. Disponível em: https://www.itlos.org/fileadmin/itlos/documents/cases/31/Advisory_Opinion/C31_Adv_Op_21.05.2024_orig.pdf. Acesso em: 24 jun. 2024.

SPECIAL COURT FOR SIERRA LEONE. **Prosecutor v. Charles Taylor.** In the Appeals Chamber, Decision on Immunity of Jurisdiciton, 31 May 2004. Disponível em: http://www.rscsl.org/Documents/Decisions/Taylor/Appeal/059/SCSL-03-01-I-059.pdf. Acesso em: 2 jun. 2023.

TRIBUNAL DE JUSTICIA DE LA COMUNIDAD ANDINA. Processo 02-AI-2019. **Sugarlatam vs. República del Ecuador.** Magistrado Ponente Gustavo García Brito, San Francisco de Quito, 18 de julio de 2023. Disponível em: https://www.comunidadandina.org/DocOficialesFiles/Procesos/PROCESO02_AI_2019.pdf. Acesso em: 2 jun. 2023.

UNITED NATIONS. Committee against Torture. **Agiza v. Sweden**, Communication no. 233/2003, decision of 20 May 2005. Disponível em: https://digitallibrary.un.org/record/549826. Acesso em: 10 jun. 2023.

UNITED NATIONS. Committee against Torture. **Suleymane Guengueng et al. v. Senegal.** Communication No. 181/2001. CAT/C/36/D/181/2001 19 May 2006. Disponível em: https://www.globalhealthrights.org/wp-content/uploads/2014/07/CAT-2006-Soleymane-Guengueng-v-Senegal.pdf. Acesso em: 10 jun. 2023.

UNITED NATIONS. Human Rights Committee. **Chitat Ng v. Canada**. Communication No. 469/1991: Canada, 7 January 1994. CCPR/C/49/D/469/1991 (1994). Disponível em: http://hrlibrary.umn.edu/undocs/html/dec469.htm . Acesso em: 10 jul. 2023.

UNITED NATIONS. Human Rights Committee. **Osbourne v. Jamaica**, Communication n. 759/1997, 13 April 2000, CCPR/C/68/D/759/1997. Disponível em: http://hrlibrary.umn.edu/undocs/session68/view759.htm. Acesso em: 10 jul. 2023.

UNITED NATIONS. International Residual Mechanism for Criminal Tribunals. **Prosecutor v. Félicien Kabuga**, Case No. MICT-13-38-AR80.3, Appeals Chamber, Decision of 7 August 2023. Disponível em: https://www.irmct.org/sites/default/files/case_documents/DECISION-ON-APPEALS-OF-FURTHER%20DECISION-ON-FE%CC%81LICIEN-KABUGA%E2%80%99S-FITNESS-TO-STAND-TRIAL.pdf. Acesso em: 22 set. 2023.

Documentos Internacionais

ASEAN. **Human Rights Declaration.** Disponível em https://asean.org/asean-human-rights-declaration/. Acesso em: 10 jul. 2023.

ARGENTINA. **Nunca Más**: informe de la Comisión Nacional sobre la Desaparición de Personas. Buenos Aires: EUDEBA, 1995. Disponível em: http://www.dhnet.org.br/direitos/mercosul/a_pdf/nunca_mas_argentino.pdf. Acesso em: 10 mai. 2023.

COMISSÃO INTERAMERICANA DE DIREITOS HUMANOS. **Informe Final del Equipo de Seguimiento Especial (ESE) designado por la CIDH**: Seguimiento del componente investigar los hechos que resultaron en el secuestro y asesinato de Javier Ortega, Paúl Rivas y Efraín Segarra (Integrantes del Equipo periodístico del Diario "El Comercio"), 2019. Disponível em: https://www.oas.org/es/cidh/expresion/informes/Informe_Final_ESE_MC_Dicc2019.pdf. Acesso em: 4 jan. 2024.

COUNCIL OF EUROPE. Committee of Ministers. **High Level Conference on the Future of the European Court of Human Rights,** Interlaken, 18 and 19 February 2010. Disponível em: https://www.echr.coe.int/Documents/2010_Interlaken_FinalDeclaration_ENG.pdf. Acesso em: 12 mar. 2023.

COUNCIL OF EUROPE. European Committee on Crime Problems (CDPC). Committee of Experts on the Operation of European Conventions on Co-Operation in Criminal Matters (PC-OC). **Case Law by the European Court of Human Rights of Relevance for the Application of the European Conventions on International Co-Operation in Criminal Matters,** Strasbourg, 24 January 2020. Disponível em: https://rm.coe.int/pc-oc-2011-21rev13caselawecthr-january2020/16809a4674. Acesso em: 10 jun. 2023.

COUNCIL OF EUROPE. Parliamentary Assembly. **Resolution 1226 (2000).** Text adopted by the Assembly on 28 September 2000. Disponível em: https://assembly.coe.int/nw/xml/XRef/Xref-XML2HTML-en.asp?fileid=16834&lang=en. Acesso em: 10 jul. 2023.

COUNCIL OF EUROPE. Venice Comission. **Opinion on the Implementation of the Judgments of the European Court of Human Rights,** adopted by the Venice Commission at its 53rd Plenary Session (Venice, 13-14 December 2002). Disponível em: https://www.venice.coe.int/webforms/documents/default.aspx?ref=cdl-ad(2002)034&lang=EN. Acesso em: 10 jul. 2023.

CUMBRE JUDICIAL IBEROAMERICANA. **Regras de Brasília sobre Acesso à Justiça das Pessoas em Condição de Vulnerabilidade**, aprovadas pela XIV Conferência Judicial Ibero-americana, que teve lugar em Brasília durante os dias 4 a 6 de março de 2008.

EGMONT GROUP. **Principles for information exchange between financial intelligence unities.** October 28, 2013. Disponível em: https://egmontgroup.org/wp-content/uploads/2022/07/2.-Principles-Information-Exchange-With-Glossary_April2023.pdf. Acesso em: 10 jun. 2023.

ETO CONSORTIUM. **Maastricht Principles on Extraterritorial Obligations of States in the Area of Economic, Social and Cultural Rights.** FIAN International: Heidelberg, 2013. Disponível em: https://www.fidh.org/IMG/pdf/maastricht-eto-principles-uk_web.pdf. Acesso em: 10 nov. 2023.

FINANCIAL ACTION TASK FORCE. **International Standards on Combating Money Laundering and the Financing of Terrorism & Proliferation**. Paris: FATF, 2012-2023. Disponível em: https://www.fatf-gafi.org/en/publications/Fatfrecommendations/Fatf-recommendations.html. Acesso em: 10 jul. 2023.

FINANCIAL ACTION TASK FORCE. **Outcomes FATF Plenary**, 16-18 October 2019. Paris: FATF, 2019. Disponível em: https://www.fatf-gafi.org/en/publications/Fatfgeneral/Outcomes-plenary-october-2019.html. Acesso em: 26 abr. 2024.

INTERNATIONAL COMMISSION OF JURISTS. **The Arab Court of Human Rights:** A Flawed Statute for an Ineffective Court. Geneva: ICJ, 2015. Disponível em: <https://primarysources.brillonline.com/browse/human-rights-documents-online/the-arab-court-of-human-rights-a-flawed-statute-for-an-ineffective-court;hrdhrd00882015004>. Acesso em: 27 abr. 2024.

INTERNATIONAL COMMITTEE OF THE RED CROSS. International Humanitarian Law Databases. **Declaration Respecting Maritime Law**, Paris, 16 April 1856. Disponível em: https://ihl-databases.icrc.org/en/ihl-treaties/paris-decl-1856/declaration?activeTab=undefined. Acesso em: 10 jul. 2023.

INTERPOL. Commission for the Control of Interpol Files**. Request concerning Rodrigo Tacla Durán (Ref. CCF/R 808.16-18**). Decision of the Commission, 3 July 2018.

OECD. **Implementing the OECD Anti-Bribery Convention in Brazil**: Phase 4 Report, Paris: OECD Publishing, 2023.

UNIÃO AFRICANA. **Decision on the Hissène Habré Case and the African Union**. Assembly/AU/ Dec.127(VII). Disponível em: https://archives.au.int/bitstream/handle/123456789/955/Assembly%20AU%20Dec%20127%20%28VII%29%20_E.PDF?sequence=1&isAllowed=y. Acesso em: 2 jun. 2023.

UNIÃO AFRICANA. Assembleia da União Africana. **Decisão sobre a Reunião dos Estados Africanos Partes ao Estatuto de Roma do Tribunal Penal Internacional (TPI)**, Doc. Assembly/AU/13 (XIII), Sirte, 3 de julho de 2009. Disponível em: https://archives.au.int/bitstream/handle/123456789/1112/Assembly%20AU%20Dec%20245%20%28XIII%29%20_P.pdf?sequence=3&isAllowed=y. Acesso em: 10 jul. 2023.

UNIÃO EUROPEIA. Comissão Europeia. **Proposta COM(2023) 185 final 2023/0093**, Bruxelas, em 5 de abril de 2023. Disponível em: https://ec.europa.eu/transparency/documents-register/api/files/COM(2023)424_0/090166e5ff7b266d?rendition=false. Acesso em: 2 jun. 2023.

UNIÃO EUROPEIA. **Conselho Europeu de Cardiff**, 15 e 16 de junho de 1998: conclusões da Presidência. Disponível em: https://www.europarl.europa.eu/summits/car1_en.htm. Acesso em: 2 abr. 2023.

UNIÃO EUROPEIA. **Conselho Europeu de Tampere,** de 15 e 16 de outubro de 1999: conclusões da Presidência. Disponível em: https://www.europarl.europa.eu/summits/tam_pt.htm. Acesso em: 10 jun. 2023.

UNIÃO EUROPEIA. **Handbook on how to issue and execute a European Arrest Warrant.** Commision Notice of 28 September 2017, Brussels, 2017, p. 11. Disponível em: https://e-justice.europa.eu/fileDownload.do?id=db28c045-9f92-472e-9452-518b4ce84712. Acesso em: 4 dez. 2024.

UNIÃO EUROPEIA. **Proposta de Regulamento do Parlamento Europeu e do Conselho relativo às ordens europeias de entrega ou de conservação de provas eletrônicas em matéria penal**. COM(2018) 225. Estrasburgo, 17 de abril de 2018. Disponível em: https://eur-lex.europa.eu/legal-content/PT/TXT/HTML/?uri=CELEX:52018PC0225. Acesso em: 2 jun. 2023.

UNIÃO EUROPEIA. **The CLOUD Act.** Eurojust, 22 Dec. 2022. Disponível em: https://www.eurojust.europa.eu/sites/default/files/assets/the-cloud-act.pdf. Acesso em: 4 dez. 2023.

UNITED NATIONS. Committee against Torture**. General comment No. 2 (2007) on the implementation of article 2 by States parties.** CAT/C/GC/2, 24 January 2008. Disponível em: https://documents-dds-ny.un.org/doc/UNDOC/GEN/G08/402/62/PDF/G0840262.pdf?OpenElement. Acesso em: 4 mai. 2023.

UNITED NATIONS. Committee against Torture. **General comment No. 3 (2012) on the implementation of article 14 by States partie**s, CAT/C/GC/3, 13 December 2012. Disponível em: https://www2.ohchr.org/english/bodies/cat/docs/gc/cat-c-gc-3_en.pdf. Acesso em: 10 jun. 2023.

UNITED NATIONS. Committee on the Elimination of Racial Discrimination. **General Recommendation XV on Article 4 of the Convention**: organized violence based on ethnic origin, Doc.A/48/18, adopted on 23 March 1993. Disponível em: http://www.bayefsky.com/general/cerd_genrecom_15.php. Acesso em: 10 jul. 2023.

UNITED NATIONS. Economic and Social Council (ECOSOC). **Resolution 9(I) of 16 February 1946 on the Establishment of a Commission on Narcotic Drugs**. Disponível em: https://www.unodc.org/unodc/en/commissions/CND/index.html . Acesso em: 10 jul. 2023.

UNITED NATIONS. General Assembly Resolution. A/RES/3074 (XXVIII). **Principles of International Cooperation in the Detection, Arrest, Extradition, and Punishment of Persons Guilty of War Crimes and Crimes Against Humanity**, adopted on 3 December 1973. Disponível em: https://www.ohchr.org/en/instruments-mechanisms/instruments/principles-international-co-operation-detection-arrest. Acesso em: 10 jul. 2023.

UNITED NATIONS. General Assembly Resolution. A/RES/40/34. **Declaration of Basic Principles of Justice for Victims of Crime and Abuse of Power**, adopted on 28 November 1985. Disponível em: http://www.dhnet.org.br/direitos/sip/onu/ajus/prev29.htm. Acesso em: 10 jun. 2023.

UNITED NATIONS. General Assembly Resolution. A/RES/56/151. **Promotion of a democratic and equitable international order**, adopted on 19 December 2001. Disponível em: http://www.worldlii.org/int/other/UNGA/2001/244.pdf. Acesso em: 10 jun. 2023.

UNITED NATIONS. General Assembly Resolution. **Declaration on Principles of International Law concerning Friendly Relations and Co-operation among States in accordance with the Charter of the United Nations** (Declaration on Friendly Relations), A_RES_2625(XXV), adopted on 24 October 1970. Disponível em: https://www.jus.uio.no/english/services/library/treaties/01/1-01/friendly-relations.html . Acesso em: 4 mai. 2023.

UNITED NATIONS. General Assembly Resolution. **Responsibility of States for internationally wrongful acts.** A/RES/56/83, adopted on 17 December 2001. Disponível em: https://www.ilsa.org/Jessup/Jessup11/basicmats/StateResponsibility.pdf . Acesso em: 4 jul. 2023.

UNITED NATIONS. General Assembly. **2005 World Summit Outcome Resolution A/RES/60/11**, adopted on 16 September 2005. Disponível em: https://www.un.org/en/development/desa/population/migration/generalassembly/docs/globalcompact/A_RES_60_1.pdf. Acesso em: 10 jul. 2023.

UNITED NATIONS. General Assembly. **Basic Principles and Guidelines on the Right to a Remedy and Reparation for Victims of Gross Violations of International Human Rights Law and Serious Violations of International Humanitarian Law** (A/RES/60/147), 15 December 2015. Disponível em: https://www.ohchr.org/en/instruments-mechanisms/instruments/basic-principles-and-guidelines-right-remedy-and-reparation. Acesso em: 10 jun. 2023.

UNITED NATIONS. General Assembly. **Creation of an effective United Nations crime prevention and criminal justice programme**. A/RES/46/152, 18 December 1991. Disponível em: https://documents-dds-ny.un.org/doc/RESOLUTION/GEN/NR0/582/40/IMG/NR058240.pdf?OpenElement. Acesso em: 10 jun. 2023.

UNITED NATIONS. General Assembly. **Statement of Principles and Programme of Action of the United Nations crime prevention and criminal justice programme**, annex to Resolution A/RES/46/152, adopted in Paris, on 18 December 1991. Disponível em: https://documents-dds-ny.un.org/doc/RESOLUTION/GEN/NR0/582/40/IMG/NR058240.pdf?OpenElement. Acesso em: 10 jun. 2023.

UNITED NATIONS. General Assembly. **United Nations Millennium Declaration**. A/RES/55/2, adopted on 8 September 2000. Disponível em: https://www.ohchr.org/en/instruments-mechanisms/instruments/united-nations-millennium-declaration. Acesso em: 10 jul. 2023.

UNITED NATIONS. **Guidelines on the Role of Prosecutors**, adopted by the Eighth United Nations Congress on the Prevention of Crime and the Treatment of Offenders, on 7 September 1990. Disponível em: https://www.ohchr.org/en/instruments-mechanisms/instruments/guidelines-role-prosecutors/ . Acesso em: 10 jul. 2023.

UNITED NATIONS. **Guiding principles for the search for disappeared persons**. CED/C/7, 8 May 2019. Disponível em: https://www.ohchr.org/en/documents/legal-standards-and-guidelines/guiding-principles-search-disappeared-persons. Acesso em: 10 jul. 2023.

UNITED NATIONS. Human Rights Committee. **General Comment No. 20:** Article 7 (Prohibition of Torture, or Other Cruel, Inhuman or Degrading Treatment or Punishment), adopted by Human Rights Committee, on 10 March 1992. Disponível em: https://www.refworld.org/docid/453883fb0.html. Acesso em: 10 fev. 2023.

UNITED NATIONS. Human Rights Committee. **General Comment No. 31:** The Nature of the General Legal Obligation Imposed on States Parties to the Covenant. Geneva, adopted on 29 March 2004, UN Doc CCPR/C/21/Rev.1/Add.13. Disponível em: https://digitallibrary.un.org/record/533996. Acesso em: 2 jun. 2023.

UNITED NATIONS. Human Rights Council. **Enhancement of international cooperation in the field of human rights.** Resolution A/HRC/RES/35/8, adopted by the Human Rights Council on 22 June 2017. Disponível em: https://digitallibrary.un.org/record/1302320/files/A_HRC_RES_35_8-EN.pdf?ln=en . Acesso em: 10 jul. 2023.

UNITED NATIONS. Human Rights Council. **Enhancement of international cooperation in the field of human rights.** Resolution A/HRC/RES/23/3, adopted by the Human Rights Council on 13 June 2013. Disponível em: https://www.ohchr.org/sites/default/files/Documents/HRBodies/HRCouncil/AdvisoryCom/A-HRC-RES-23-3_en.pdf . Acesso em: 4 mai. 2023.

UNITED NATIONS. Human Rights Council. **Human rights and transnational corporations and other business enterprises.** Resolution A/HRC/RES/17/4, adopted by the Human Rights Council on 16 June 2011. Disponível em: https://documents-dds-ny.un.org/doc/RESOLUTION/GEN/G11/144/71/PDF/G1114471.pdf?OpenElement . Acesso em: 10 jun. 2023.

UNITED NATIONS. Human Rights Council. **Mandates of the Special Rapporteur on extrajudicial, summary or arbitrary executions; and the Special Rapporteur on the promotion and protection of the right to freedom of opinion and expression**. AL RU 11/2020, Geneva, 30 December 2020. Disponível em: https://spcommreports.ohchr.org/TMResultsBase/DownLoadPublicCommunicationFile?gId=25830. Acesso em: 2 jun. 2023.

UNITED NATIONS. Human Rights Council. Office of the High Commissioner for Human Rights. **Comprehensive study on the negative impact of the non-repatriation of funds of illicit origin to the countries of origin on the enjoyment of human rights, in particular economic, social and cultural rights.** A/HRC/19/42, 14 December 2011. Disponível em: https://www.ohchr.org/en/documents/reports/ahrc1942-negative-impact-non-repatriation-funds-illicit-origin-report. Acesso em: 2 jun. 2023.

UNITED NATIONS. Human Rights Council. Office of the High Commissioner for Human Rights. **Corporate human rights due diligence:** emerging practices, challenges and ways forward. Geneva, October 2018. Disponível em https://www.ohchr.org/sites/default/files/Documents/Issues/Business/ExecutiveSummaryA73163.pdf. Acesso em: 10 jul. 2023.

UNITED NATIONS. Human Rights Council. Office of the High Commissioner on Human Rights. **Istanbul Protocol:** Manual on the Effective Investigation and Documentation of Torture and Other Cruel, Inhuman or Degrading Treatment or Punishment. New York and Geneva, 29 June 2022. Disponível em: https://www.ohchr.org/en/publications/policy-and-methodological-publications/istanbul-protocol-manual-effective-0. Acsso em: 10 jul. 2023.

UNITED NATIONS. Human Rights Council. **Report of the Special Rapporteur on extrajudicial, summary or arbitrary executions:** Investigation into the unlawful death of Mr. Jamal Khashoggi. A/HRC/41/CRP.1, 19 June 2019. Disponível em: https://www.ohchr.org/en/press-releases/2019/06/khashoggi-killing-un-human-rights-expert-says-saudi-arabia-responsible. Acesso em: 10 jul. 2023.

UNITED NATIONS. Human Rights Council. **Report of the Working Group on Enforced or Involuntary Disappearances on enforced disappearances in the context of migration**, Doc. A/HRC/36/39/Add.2, 29 September 2017. Disponível em: https://documents-dds-ny.un.org/doc/UNDOC/GEN/G17/226/72/PDF/G1722672.pdf?OpenElement. Acesso em: 2 jun. 2023.

UNITED NATIONS. Human Rights Council. **The negative impact of corruption on the enjoyment of human rights.** Resolution A/HRC/RES/23/9, adopted on 13 June 2013. Disponível em: https://documents-dds-ny.un.org/doc/UNDOC/GEN/G13/149/72/PDF/G1314972.pdf?OpenElement. Acesso em: 10 jul. 2023.

UNITED NATIONS. International Law Commission. **Articles on the Responsibility of States for Internationally Wrongful Acts** (ARSIWA), annex to the General Assembly Resolution 56/83 of 12 December 2001. Disponível em: https://legal.un.org/ilc/texts/instruments/english/draft_articles/9_6_2001.pdf . Acesso em: 10 mai. 2023.

UNITED NATIONS. International Law Commission. **Consideration of principles of international law concerning friendly relations and co-operation among States in accordance with the Charter of the United Nations**, DOC. A/6955, 18 December 1967. Disponível em: https://legal.un.org/ilc/documentation/english/a_cn4_209.pdf . Acesso em: 10 jul. 2023.

UNITED NATIONS. International Law Commission. **Draft articles on Responsibility of States for Internationally Wrongful Acts**, with commentaries, 2001. The Yearbook of the International Law Commission, 2001, vol. II, Part Two. Disponível em: https://legal.un.org/ilc/texts/instruments/english/commentaries/9_6_2001.pdf. Acesso em: 10 jun. 2023.

UNITED NATIONS. International Law Commission. **Draft Conclusions on Identification and Legal Consequences of Peremptory Norms of General International Law (Jus Cogens):** with commentaries. Yearbook of the ILC 2022, vol. II, Part Two. Disponível em: https://legal.un.org/ilc/texts/instruments/english/commentaries/1_14_2022.pdf. Acesso em: 10 mai. 2023.

UNITED NATIONS. International Law Commission. **Peremptory norms of general international law (jus cogens), 20 August 2019**. Disponível em; https://legal.un.org/ilc/reports/2019/english/a_74_10_advance.pdf. Acesso em: 10 jun. 2019.

UNITED NATIONS. International Law Commission. **Statute of the International Law Commission**, adopted by the General Assembly in Resolution 174 (II) of 21 November 1947. Disponível em: https://legal.un.org/ilc/texts/instruments/english/statute/statute.pdf. Acesso em: 10 jun. 2023.

UNITED NATIONS. International Law Commission. **The draft articles on prevention and punishment of crimes against humanity.** Report A/74/10. New York, 20 August 2019. Disponível em: https://legal.un.org/ilc/reports/2019/english/a_74_10_advance.pdf. Acesso em: 4 mai. 2023.

UNITED NATIONS. International Law Commission. **Yearbok of the International Law Commission, 1963.** Disponível em: https://legal.un.org/ilc/publications/yearbooks/english/ilc_1963_v2.pdf. Acesso em: 10 jul. 2023.

UNITED NATIONS. **International Residual Mechanism for Criminal Tribunals** (IRMCT). Disponível em: https://www.irmct.org/en. Acesso em: 10 jul. 2023.

UNITED NATIONS. **Monitoring the core international human rights treaties.** Disponível em: https://www.ohchr.org/EN/HRBodies/Pages/Overview.aspx. Acesso em: 10 jul. 2023.

UNITED NATIONS. Secretary General**. Implementing the responsibility to protect.** Report A/63/677, 12 January 2009. Disponível em: https://www.un.org/unispal/document/auto-insert-180580/. Acesso em: 10 jul. 2023.

UNITED NATIONS. Security Council. **Final Report of the Commission of Experts Established Pursuant to Security Council Resolution 780** (1992), Doc. S/1994/674. Disponível em: https://www.icty.org/x/file/About/OTP/un_commission_of_experts_report1994_en.pdf. Acesso em: 10 ju. 2023.

UNITED NATIONS. The Conference of the Parties to the United Nations Convention against Transnational Organized Crime. Resolution 9/1. **Establishment of the Mechanism for the Review of the Implementation of the United Nations Convention against Transnational Organized Crime and the Protocols thereto**. Disponível em: https://www.unodc.org/documents/treaties/UNTOC/Review%20Mechanism/Resolution/English.pdf . Acesso em: 10 jul. 2023.

UNITED NATIONS. Office of the United Nations High Commissioner for Human Rights. **Access to remedy in cases of business-related human rights abuse**: an interpretive guide. New York and Geneva: UN, 2024.

UNITED NATIONS. Office of the High Commissioner for Human Rights. **Status of Rafitication of the International Covenant on Civil and Political Rights**. Geneva: OHCHR, 21 February 2023. Disponível em: https://indicators.ohchr.org/. Acesso em: 10 jul. 2023.

UNITED NATIONS. Office of the High Commissioner for Human Rights. **The Minnesota Protocol on the Investigation of Potentially Unlawful Death (2016)**. New York; Geneva: UN, 2017. Disponível em: https://www.ohchr.org/sites/default/files/Documents/Publications/MinnesotaProtocol.pdf. Acesso em: 10 jul. 2023.

UNITED NATIONS. **United Nations Sustainable Development Goals**: Goal 16 targets. Disponível em: https://www.un.org/sustainabledevelopment/peace-justice/. Acesso em: 10 jul. 2023.

UNITED NATIONS. **United Nations Sustainable Development Goals**: Peace, Justice and Strong Institutions. Disponível em: https://www.un.org/sustainabledevelopment/peace-justice/. Acesso em: 10 jul. 2023.

UNITED NATIONS. World Conference on Human Rights. **Vienna Declaration and Programme of Action**, adopted at Vienna, on 25 June 1993. Disponível em: https://www.ohchr.org/en/instruments-mechanisms/instruments/vienna-declaration-and-programme-action. Acesso em: 10 jun. 2023.

Legislação

AUSTRALIA. Commonwealth Consolidated Acts. **Mutual Assistance in Criminal Matters Act 1987.** Disponível em: http://www8.austlii.edu.au/cgi-bin/viewdoc/au/legis/cth/consol_act/maicma1987384/s39a.html. Acesso em: 10 jul. 2023.

AUSTRALIA. **Modern Slavery Act 2018**. Act No. 153, Assented 10 December 2018. An Act to require some entities to report on the risks of modern slavery in their operations and supply chains and actions to address those risks, and for related purposes. Disponível em: https://www.legislation.gov.au/Details/C2018A00153. Acesso em: 10 jun. 2023.

BOLIVIA. **Ley 1173, de 3 de mayo de 2019.** Código de procedimento penal. Disponível em: http://www.silep.gob.bo/norma/15672/ley_actualizada. Acesso em: 10 jul. 2023.

BRASIL. Conselho Nacional de Justiça. **Recomendação 123, de 7 de janeiro de 2022.** Disponível em: https://atos.cnj.jus.br/files/original1519352022011161dda007f35ef.pdf. Acesso em: 2 jun. 2023.

BRASIL. Câmara dos Deputados. **Lei de 7 de Novembro de 1831**, que declara livres todos os escravos vindos de fôra do Imperio, e impõe penas aos importadores dos mesmos escravos. Disponível em: https://www.planalto.gov.br/ccivil_03/leis/LIM/LIM-7-11-1831.htm#:~:text=LEI%20DE%207%20DE%20NOVEMBRO,do%20Imperador%20o%20Senhor%20D.. Acesso em: 4 dez. 2023.

BRASIL. Secretaria Nacional de Justiça; Defensoria Pública da União. **Portaria nº 231, de 17 de dezembro de 2015**. Disponível em: https://www.gov.br/mj/pt-br/assuntos/sua-protecao/cooperacao-internacional/cooperacao-juridica-internacional-em-materia-civil/acesso-internacional-a-justica/como-solicitar-assistencia-internacional/portariaeanexos.pdf. Acesso em: 24 jun. 2024.

CABO VERDE. **Lei nº 6/VIII/2011, de 29 de agosto de 2011.** Disponível em: https://www.ministeriopublico.cv/index.php/component/jdownloads/send/10-ministerio-publico-na-jurisdicao-crimninal/63-lei-de-cooperacao-judiciaria-internacional-lei-n-6-viii-2011?Itemid=0. Acesso em: 2 jun. 2023.

CHILE. **Código Procesal Penal.** Ley 19.696, de 29 de septiembre de 2000. Disponível em: https://www.bcn.cl/leychile/navegar?idNorma=176595. Acesso em: 10 jul. 2023.

COUNCIL OF EUROPE. **Recommendation No. R (97) 13**, of the Committee of Ministers to Member States Concerning Intimidation of Witnesses and the Rights of Defence, adopted by the Committee of Ministers on 10 September 1997. Disponível em: https://rm.coe.int/12-rec-97-13e/1680a6dafc. Acesso em: 4 dez. 2023.

COUNCIL OF EUROPE. **Recommendation Rec(2005)9,** of the Committee of Ministers to Member States on the Protection of Winesses and Collaborators of Justice, adopted by the Committee of Ministers on 20 April 2005. Disponível em: https://www.coe.int/t/dg1/legalcooperation/economiccrime/organisedcrime/Rec%20_2005_9.pdf. Acesso em: 4 dez. 2023.

EUROPEAN UNION. European Parliament. **Resolution of 29 April 2021 on Russia**, the case of Alexei Navalny, the military build-up on Ukraine's border and Russian attacks in the Czech Republic. Disponível em: https://www.europarl.europa.eu/doceo/document/TA-9-2021-0159_EN.html. Acesso em: 10 jul. 2023.

EUROPEAN COURT OF HUMAN RIGHTS. Registry of the Court. **Rules of Court.** Amended as of 23 June 2023. Disponível em: https://www.echr.coe.int/documents/d/echr/rules_court_eng. Acesso em: 10 jul. 2023.

INTERNATIONAL CRIMINAL COURT FOR THE FORMER YUGOSLAVIA. **Rules of Procedure and Evidence.** The Hague, as amended on 25 July 1997. Disponível em: https://www.icty.org/x/file/Legal%20Library/Rules_procedure_evidence/IT032_rev11_en.pdf. Acesso em: 10 jul. 2023.

INTERNATIONAL CRIMINAL TRIBUNAL FOR RWANDA. **Statute of the International Criminal Tribunal** for the Prosecution of Persons Responsible for Genocide and Other Serious Violations of International Humanitarian Law Committed in the Territory of Rwanda and Rwandan Citizens Responsible for Genocide and Other Such Violations Committed in the Territory of Neighbouring States, between 1 January 1994 and 31 December 1994. Disponível em: https://www.ohchr.org/en/instruments-mechanisms/instruments/statute-international-criminal-tribunal-prosecution-persons. Acesso em: 10 jul. 2023.

INTERNATIONAL CRIMINAL TRIBUNAL FOR THE FORMER YUGOSLAVIA. **Updated Statute of the International Criminal Tribunal for the Former Yugoslavia,** adopted 25 May 1993 by Resolution S/RES/827. Disponível em:https://www.icty.org/x/file/Legal%20Library/Statute/statute_sept09_en.pdf. Acesso em: 10 jun. 2023.

ITALIA. **Codice di procedura penale.** Disponível em: https://www.altalex.com/documents/news/2010/09/22/estradizione. Acesso em: 10 jul. 2023.

NEW ZEALAND. Crown Law Office. **Mutual Assistance in Criminal Matters Act of 25 September 1992.** Public Act 1992 No. 86. Disponível em: https://www.legislation.govt.nz/act/public/1992/0086/latest/DLM273057.html?search=ts_act_mutual_resel&p=1&sr=1. Acesso em: 10 jul. 2023.

SUISSE. Le Conseil federal. **Loi sur l'entraide pénale internationale,** EIMP, du 20 mars 1981. Disponível em: https://www.fedlex.admin.ch/eli/cc/1982/846_846_846/fr. Acesso em: 10 jul. 2023.

UNIÃO EUROPEIA. **Carta de Direitos Fundamentais da União Europeia,** concluída em Nice em 7 de dezembro de 2000. Disponível em: https://www.europarl.europa.eu/charter/pdf/text_pt.pdf. Acesso em: 4 mai. 2023.

UNIÃO EUROPEIA. **Regulamento (UE) 2023/1115 do Parlamento Europeu e do Conselho de 31 de maio de 2023** relativo à disponibilização no mercado da União e à exportação para fora da União de determinados produtos de base e produtos derivados associados à desflorestação e à degradação florestal e que revoga o Regulamento (UE) nº 995/2010. Disponível em: https://eur-lex.europa.eu/legal-content/PT/TXT/HTML/?uri=CELEX:32023R1115#-d1e976-206-1. Acesso em: 2 jun. 2023.

UNITED KINGDOM. **An Act for the Abolition of the Slave Trade**. 47° Georgii III, Session 1, cap. XXXVI, 25 March 1807. Disponível em: https://www.pdavis.nl/Legis_06.htm . Acesso em: 10 jul. 2023.

UNITED NATIONS. Security Council. **Resolution S/RES/748 (1992)**, adopted on 31 March 1992. Disponível em: https://digitallibrary.un.org/record/196976. Acesso em: 10 jun. 2023.

UNITED NATIONS. Security Council. **Resolution S/RES/827 (1993)**, adopted by the Security Council on 25 May 1993. Disponível em: https://digitallibrary.un.org/record/166567. Acesso em: 10 jul. 2023.

UNITED NATIONS. Security Council. **Resolution S/RES/883 (1993)**, adopted on 11 November 1993. Disponível em: https://digitallibrary.un.org/record/197374. Acesso em: 10 jul. 2023.

UNITED NATIONS. Security Council. **Resolution S/RES/1192 (1998)**, adopted on 27 August 1998. Disponível em: https://documents-dds-ny.un.org/doc/UNDOC/GEN/N98/251/64/PDF/N9825164.pdf?OpenElement. Acesso em: 10 jun. 2023.

UNITED NATIONS. Security Council. **Resolution S/RES/1373 (2001)**, adopted by the Security Council on 28 September 2001. Disponível em: https://digitallibrary.un.org/record/449020. Acesso em: 10 jul. 2023.

UNITED NATIONS. Security Council. **Resolution S/RES/1593 (2005)**, adopted on 31 March 2005. Disponível em: https://press.un.org/en/2005/sc8351.doc.htm. Acesso em: 10 jul. 2023.

UNITED NATIONS. Security Council. **Resolution S/RES/1653** (Great Lakes), adopted on 27 January 2006. Disponível em: https://www.globalr2p.org/resources/resolution-1653-great-lakes-region-s-res-1653/. Acesso em: 23 set. 2023.

UNITED NATIONS. Security Council. **Resolution S/RES/2617 (2021)**, adopted by the Security Council on 30 December 2021. Disponível em: https://digitallibrary.un.org/record/3952742?ln=EN. Acesso em: 10 jul. 2023.

UNITED NATIONS. Security Council. **Resolution S/RES/955 (1994),** adopted by the Security Council on 8 November 1994. Disponível em: https://digitallibrary.un.org/record/198038. Acesso em: 10 jul. 2023.

Tratados

ASSOCIATION OF SOUTHEAST ASIAN NATIONS. **Treaty on Mutual Legal Assistance in Criminal Matters**, done at Kuala Lumpur, on 29 November 2004. Disponível em: https://asean.org/wp-content/uploads/2021/01/20160901074559.pdf. Acesso em: 10 jul. 2023.

BRASIL; ITÁLIA. **Tratado de Extradição, entre a República Federativa do Brasil e a República Italiana**, de 17 de outubro de 1989. Disponível em: https://www.planalto.gov.br/ccivil_03/

decreto/1990-1994/d0863.htm#:~:text=1%C2%B0%20O%20Tratado%20de,na%20data%20de%20sua%20publica%C3%A7%C3%A3o. . Acesso em: 2 jun. 2023.

BRASIL; ITÁLIA. **Tratado sobre Cooperação Judiciária em Matéria Penal, entre a República Federativa do Brasil e a República Italiana**, de 17 de outubro de 1989. Disponível em: http://www.planalto.gov.br/ccivil_03/decreto/1990-1994/d0862.htm. Acesso em: 10 jul. 2023.

BRASIL. Câmara dos Deputados. Carta de Lei de 23 de novembro de 1826, que ratifica a **Convenção entre o Imperio do Brazil e Grã-Bretanha para a abolição do tráfico de escravos**. Disponível em: https://www2.camara.leg.br/legin/fed/carlei_sn/1824-1899/cartadelei-39883-23-novembro-1826-570862-publicacaooriginal-150298-pe.html. Acesso em: 4 mai. 2023.

BRASIL; REINO UNIDO. Câmara dos Deputados. Carta de Lei de 8 de novembro de 1817, que "ratifica a **Convenção addicional ao tratado de 22 de janeiro de 1815 entre este Reino e o da Grã-Bretanha** assignada em Londres em 28 de julho deste anno, sobre o commercio ellicito da escravatura". Disponível em: https://www2.camara.leg.br/legin/fed/carlei/anterioresa1824/cartadelei-39430-8-novembro-1817-569614-publicacaooriginal-92834-pe.html. Acesso em: 4 mai. 2023.

CARICOM. **Caricom Arrest Warrant Treaty**, done at Grenada on 5 July 2017. Disponível em: https://caricom.org/wp-content/uploads/CARICOM-Arrest-Warrant-Treaty.pdf. Acesso em: 10 jul. 2023.

CITES. **Convention on International Trade in Endangered Species of Wild Fauna and Flora**, adopted at Washington, D.C, on 3 March 1973. Disponível em: https://cites.org/eng/disc/what.php. Acesso em: 10 jul. 2023.

COMITÊ INTERNACIONAL DA CRUZ VERMELHA. **DIH Consuetudinário**. Cambridge University Press, 2005. Disponível em: https://ihl-databases.icrc.org/customary-ihl/por/docs/v1_rul_rule150. Acesso em: 10 jul. 2023.

COMUNIDAD ANDINA. Normativa andina: **Tratado de Creación del Tribunal de Justicia de la Comunidad Andina**, aprobado en la ciudad de Cochabamba, Bolivia, a los 28 días del mes de mayo de 1996. Disponível em: https://www.comunidadandina.org/DocOficialesFiles/DBasicos/DBasico2.doc /. Acesso em: 2 jun. 2023.

COMUNIDADE DE PAÍSES DE LÍNGUA PORTUGUESA. **Convenção de Auxílio Judiciário Mútuo em Matéria Penal entre os Estados Membros da Comunidade dos Países de Língua Portuguesa**, feita na Cidade da Praia, em 23 de novembro de 2005. Disponível em: https://www.cplp.org/Admin/Public/Download.aspx?file=Files%2FFiler%2Fcplp%2FAcordos%2FmaisAcordos%2FConvAuxilJudPenalentreEMCPLP.pdf Acesso em: 2 jun. 2023.

COUNCIL OF EUROPE. **Additional Protocol to the Convention on the Transfer of Sentenced Persons**, done at Strasbourg, 18 December 1997. Disponível em: https://rm.coe.int/168007f2c9. Acesso em: 10 jul. 2023.

COUNCIL OF EUROPE. **Convention on Cybercrime** (CETS No. 185), adopted at Budapest on 23 November 2001. Disponível em: https://rm.coe.int/1680081561. Acesso em: 10 jul. 2023.

COUNCIL OF EUROPE. **Council of Europe Convention on Protection of Children against Sexual Exploitation and Sexual Abuse**, adopted at Lanzarote on 25 October 2007. Disponível em: https://rm.coe.int/1680084822. Acesso em: 10 jul. 2023.

COUNCIL OF EUROPE. **European Convention of Human Rights**. Disponível em: https://www.echr.coe.int/documents/convention_por.pdf. Acesso em: 2 jun. 2023.

COUNCIL OF EUROPE. **European Convention on Extradition**, ETS no. 24, done at Paris on 13 December 1957. Disponível em: https://rm.coe.int/1680064587. Acesso em: 10 jul. 2023.

COUNCIL OF EUROPE. **European Convention on Mutual Assistance in Criminal Matters,** ETS No. 30, done at Strasbourg on 20 April 1959. Disponível em: https://rm.coe.int/16800656ce. Acesso em: 10 jul. 2023.

COUNCIL OF EUROPE. **European Convention on the International Validity of Criminal Judgments,** done at The Hague, on 28 May 1970. Disponível em: https://rm.coe.int/1680072d3b. Acesso em: 31 mar. 2023.

COUNCIL OF EUROPE. **Second Additional Protocol to the Convention on Cybercrime on enhanced co-operation and disclosure of electronic evidence** (CETS No. 224), adopted at Strasbourg, on 12 May 2022. Disponível em: https://www.coe.int/en/web/conventions/full-list?module=treaty-detail&treatynum=224. Acesso em: 10 jun. 2023.

HAGUE CONFERENCE ON PRIVATE INTERNATIONAL LAW (HCCH). **Convention of 25 October 1980 on the Civil Aspects of International Child Abduction.** Disponível em: https://www.hcch.net/en/instruments/conventions/full-text/?cid=24. Acesso em: 10 set. 2023.

INTERNATIONAL COMMITTEE OF THE RED CROSS. **Convention (I) for the Amelioration of the Condition of the Wounded and Sick in Armed Forces in the Field.** Geneva, 12 August 1949. Disponível em: https://ihl-databases.icrc.org/en/ihl-treaties/gci-1949/article-49. Acesso em: 10 jun. 2023.

INTERNATIONAL COMMITTEE OF THE RED CROSS. **Protocol Additional to the Geneva Conventions of 12 August 1949 and relating to the Protection of Victims of International Armed Conflicts (Protocol I)**, done at Geneva on 8 June 1977. Disponível em: https://ihl-databases.icrc.org/en/ihl-treaties/api-1977/article-90?activeTab=undefined. Acesso em: 10 jun. 2023.

INTERNATIONAL COMMITTEE OF THE RED CROSS. **The Geneva Conventions of 12 August 1949.** Disponível em: https://www.icrc.org/en/doc/assets/files/publications/icrc-002-0173.pdf. Acesso em: 10 jul. 2023.

INTERNATIONAL COMMITTEE OF THE RED CROSS. **Customary International Humanitarian Law,** Geneva, 2024. Disponível em: https://ihl-databases.icrc.org/en/customary-ihl/v1/rule161. Acesso em: 10 jul. 2023.

INTERNATIONAL CRIMINAL COURT. **Rome Statute of the International Criminal Court,** done at Rome on 17 July 1998. Disponível em: https://www.icc-cpi.int/sites/default/files/RS-Eng.pdf. Acesso em: 10 jul. 2023.

LEAGUE OF ARAB STATES. **Arab Charter on Human Rights**, adopted at Tunis, on 22 May 2004. Disponível em: https://digitallibrary.un.org/record/551368. Acesso em: 10 jul. 2023.

LEAGUE OF ARAB STATES. **Riyadh Arab Agreement for Judicial Cooperation**, done at Riyadh on 6 April 1983. Disponível em: https://www.refworld.org/docid/3ae6b38d8.html. Acesso em: 10 jul. 2023.

LEAGUE OF NATIONS. **Convention for the Suppression of Counterfeiting Currency,** signed at Geneva on April 20, 1929. Disponível em: https://treaties.un.org/pages/LONViewDetails.aspx?src=LON&id=560&chapter=30&clang=_en. Acesso em: 10 jul. 2023.

LEAGUE OF NATIONS. **Covenant of the League of Nations,** done at Versailles on June 28, 1919, Part I. The Avalon Project. Yale Law School, 2008. Disponível em: https://avalon.law.yale.edu/imt/parti.asp. Acesso em: 10 jul. 2023.

LEAGUE OF NATIONS. **Slavery Convention**, done at Geneva on 25 September 1926. Disponível em: https://www.ohchr.org/en/instruments-mechanisms/instruments/slavery-convention. Acesso em: 10 jul. 2023.

LEAGUE OF NATIONS. **The Treaty of Peace Between the Allied and Associated Powers and Turkey**, signed at Sèvres on 10 August 1920. Disponível em: https://www.dipublico.org/100760/the-treaty-of-sevres-1920-the-treaty-of-peace-between-the-allied-and-associated-powers-and-turkey-signed-at-sevres-august-10-1920/. Acesso em: 10 jul. 2023.

MERCOSUL. Decisão Mercosul/CMC/Dec. 06/18. **Emenda ao Protocolo de Assistência Mútua em Assuntos Penais**, assinado em San Luis, Argentina, em 25 de junho de 1996, aprovada em Montevidéu em 17 de dezembro de 2018. Disponível em: http://www.sice.oas.org/Trade/MRCSRS/Decisions/DEC_006_2018_p.pdf. Acesso em: 2 jun. 2023.

MERCOSUL. Decisão Mercosul/CMC/Dec. 12/19. **Acordo de Cooperação Policial Aplicável aos Espaços Fronteiriços entre os Estados Partes do Mercosul**, celebrado em Bento Gonçalves, Brasil, em 5 de dezembro de 2019. Disponível em: https://normas.mercosur.int/simfiles/normativas/75397_DEC_012-2019_ES_Acuerdo%20Cooperaci%C3%B3n%20Policial%20Espacios%20Fronterizos.pdf. Acesso em: 2 jun. 2023.

MERCOSUL. Decisão Mercosul/CMC/Dec. Nº 14/98. **Acordo de Extradição entre os Estados Partes do Mercosul**, aprovado no Rio de Janeiro em 10 de dezembro de 1998. Disponivel em: https://www.oas.org/juridico/spanish/tratados/sp_acuer_sobre_extra_ent_esta_part_mercosur.pdf. Acesso em: 4 dez. 2023.

MERCOSUL. Decisão Mercosul/CMC/Dec. 22/10. **Acordo Quadro de Cooperação entre os Estados Partes do Mercosul e Estados Associados para a Criação de Equipes Conjuntas de Investigação**, aprovado em San Juan, em 2 de agosto de 2010. Disponível em: http://www.sice.oas.org/trade/mrcsrs/decisions/DEC2210_p.pdf. Acesso em: 2 jun. 2023.

MERCOSUL. Decisão MERCOSUL/CMC/Dec. 48/10. **Acordo sobre o Mandado Mercosul de Captura e Procedimentos de Entrega entre os Estados Partes do Mercosul e Estados Associados,** aprovado em Foz do Iguaçu, em 16 de dezembro de 2010. Disponível em: http://www.sice.oas.org/trade/mrcsrs/decisions/DEC4810_p.pdf. Acesso em: 2 jun. 2023.

MERCOSUL. **Protocolo de Assistência Jurídica Mútua em Assuntos Penais**, aprovado em San Luis em 26 de junho de 1996, Decisão CMC nº 02/96. Disponível em: http://www.sice.oas.org/trade/mrcsrs/decisions/DEC296.asp. Acesso em: 2 jun. 2023.

ORGANISATION COMMUNE AFRICAINE ET MALGACHE. **Convention générale de coopération en matière de justice,** signée à Tananarive, le 12 septembre 1961. Disponível em: https://www.unodc.org/documents/terrorism/Publications/Compendium_Niger/Receuil_Niger_Tome_1_FR.pdf. Acesso em: 2 jun. 2023.

ORGANISATION FOR THE PROHIBITION OF CHEMICAL WEAPONS. **Chemical Weapons Convention,** done at Paris, on 13 January 1993. Disponível em:https://www.opcw.org/chemical-weapons-convention/articles. Acesso em: 10 jun. 2023.

ORGANIZAÇÃO DOS ESTADOS AMERICANOS. **Convenção Americana sobre Direitos Humanos,** aprovada em San José da Costa Rica, em 22 de novembro de 1969. Disponível em: https://www.planalto.gov.br/ccivil_03/decreto/d0678.htm. Acesso em: 2 jun. 2023.

ORGANIZAÇÃO DOS ESTADOS AMERICANOS. **Convenção de Havana de Direito Internacional Privado,** de 20 de fevereiro de 1928. Disponível em: https://www.oas.org/juridico/spanish/mesicic3_ven_anexo3.pdf. Acesso em: 2 jun. 2023.

ORGANIZAÇÃO DOS ESTADOS AMERICANOS. **Convenção Interamericana para Prevenir, Punir e Erradicar a Violência contra a Mulher**, concluída em Belém do Pará, em 9 de junho de 1994. Disponível em: https://www.oas.org/juridico/english/treaties/a-61.html. Acesso em: 2 jun. 2023

ORGANIZAÇÃO DOS ESTADOS AMERICANOS. **Convenção Interamericana sobre o Cumprimento de Sentenças Penais no Exterior**, concluída em Manágua, em 9 de junho de 1993. Disponível em: http://www.oas.org/juridico/english/sigs/a-57.html. Acesso em: 2 jun. 2023.

ORGANIZAÇÃO DOS ESTADOS AMERICANOS. **Inter-American Convention on Mutual Legal Assistance in Criminal Matters**, done at Nassau, on May 23, 1992, OAS Treaty Series, No. 75. Disponível em: https://www.oas.org/juridico/english/treaties/a-55.html. Acesso em: 10 jul. 2023.

ORGANIZAÇÃO DOS ESTADOS AMERICANOS. **Inter-American Convention to Prevent and Punish Torture**. Cartagena de Indias, 12 September 1985. Disponível em: https://www.oas.org/juridico/english/treaties/a-51.html. Acesso em: 2 jun. 2023.

ORGANIZATION FOR ECONOMIC COOPERATION AND DEVELOPMENT. **Convention on Combating Bribery of Foreign Public Officials in International Business Transactions,** done at Paris on 17 December 1997. Disponível em: https://www.oecd.org/corruption/oecdantibriberyconvention.htm. Acesso em: 10 jul. 2023.

PORTUGAL. Biblioteca Nacional. **Tratado de commercio, e navegação entre os muito altos, e muito poderosos senhores o Príncipe Regente de Portugal, e El Rei do Reino Unido da Grande Bretanha e Irlanda**, assignado no Rio de Janeiro em 19 de fevereiro de 1810. Disponível em: https://purl.pt/38134/2/. Acesso em: 4 mai. 2023.

SOUTH ASIAN ASSOCIATION FOR REGIONAL COOPERATION. SAARC **Convention on Mutual Assistance in Criminal Matters**, done at Colombo, on 30 August 2008. Disponível em: https://www.saarc-sec.org/index.php/resources/agreements-conventions/48-saarc-convention-on-mutual-assistance-in-criminal-matters/file. Acesso em: 10 jul. 2023.

SOUTHERN AFRICA DEVELOPMENT COMMUNITY. **SADC Protocol on Mutual Legal Assistance in Criminal Matters**, done at Luanda, on 3 October 2002. Disponível em: https://www.sadc.int/sites/default/files/2021-08/Protocol_on_Mutual_Legal_Assistance_in_Criminal_Matters_2002.pdf. Acesso em: 2 jun. 2023.

THE BRUSSELS Conference Act of 1890. **Convention Relative to the Slave Trade and Importation into Africa of Firearms, Ammunition, and Spirituous Liquors**, done at Brussels on 2 July 1890. Disponível em: https://en.wikisource.org/wiki/General_Act_of_Brussels. Acesso em: 10 jul. 2023.

THE CARIBEAN COMMUNITY (CARICOM); THE INTERNATIONAL CRIMINAL POLICE ORGANIZATION (ICPO-INTERPOL). **Cooperation Agreement between Caricom and Interpol,** signed on 25 February 2009 and on 19 March 2009. Disponível em: http://www.commonlii.org/caribbean/other/treaties/CaricomTSer/2009/1.pdf. Acesso em: 10 jul. 2023.

THE COMMONWEALTH. **Scheme Relating to Mutual Legal Assistance in Criminal Matters Within the Commonwealth**, adopted by Commonwealth Law Ministers at their 1986 meeting, held in Harare, Zimbabwe. Disponível em: https://production-new-commonwealth-files.s3.eu-west-2.amazonaws.com/migrated/key_reform_pdfs/P15370_13_ROL_Schemes_Int_Cooperation.pdf. Acesso em: 2 jun. 2023.

TRATADO de Paz entre as Potências Aliadas e Associadas e a Alemanha e Protocolo Anexo, assinados em Versalhes em 28 de junho de 1919. Diário do Governo da República Portuguesa, Lisboa, 1º semestre, 1921. Disponível em: https://idi.mne.gov.pt/images/pdf/primeira-guerra/TVersailes.pdf. Acesso em: 10 jul. 2023.

TRIBUNAL PENAL INTERNACIONAL; UNIÃO EUROPEIA. **Acordo de cooperação e auxílio entre o Tribunal Penal Internacional e a União Europeia,** celebrado em Luxemburgo em 10 de abril de 2006. Disponível em: https://www.consilium.europa.eu/en/documents-publications/treaties-agreements/agreement/?id=2005079&DocLanguage=en. Acesso em: 2 jun. 2023.

UNIÃO AFRICANA. **Carta Africana dos Direitos Humanos e dos Povos**, adotada em Banjul, em 27 de junho de 1981. Disponível em: http://www.dhnet.org.br/direitos/sip/africa/banjul.htm. Acesso em: 2 jun. 2023.

UNIÃO AFRICANA. **Carta Africana sobre a Democracia, as Eleições e a Governação,** adotada em Adis Abeba, em 30 de janeiro de 2007. Disponível em: https://au.int/en/treaties/african-charter-democracy-elections-and-governance. Acesso em: 2 jun. 2023.

UNIÃO AFRICANA. **Convenção relativa à Proibição da Importação de Resíduos Perigosos e Controle de Movimentos Transfronteiriços e Gestão de Resíduos Perigosos em África**, feita em Bamako em 30 de janeiro de 1991. Disponível em: https://au.int/sites/default/files/treaties/7774-treaty-0015_-_bamako_convention_on_hazardous_wastes_p.pdf. Acesso em: 10 set. 2023.

UNIÃO AFRICANA. **Protocolo sobre as Alterações ao Protocolo relativo ao Estatuto do Tribunal Africano de Justiça e Direitos Humanos**, adotado em Malabo, em 27 de junho de 2014. Disponível em: https://au.int/sites/default/files/treaties/36398-treaty-0045_-_protocol_on_amendments_to_the_protocol_on_the_statute_of_the_african_court_of_justice_and_human_rights_p.pdf. Acesso em: 23 set. 2023.

UNIÃO EUROPEIA; ESTADOS UNIDOS DA AMÉRICA. **Acordo entre a União Europeia e os Estados Unidos da América sobre auxílio judiciário mútuo.** Jornal Oficial nº L 181, de 19 de julho de 2003. Disponível em: https://eur-lex.europa.eu/legal-content/PT/TXT/HTML/?uri=CELEX:22003A0719(02). Acesso em: 2 jun. 2023.

UNIÃO EUROPEIA. **Convenção Relativa ao Auxílio Judiciário Mútuo em Matéria Penal entre os Estados Membros da União Europeia**, concluída em Bruxelas, em 29 de maio de 2000. Disponível em: https://www.ministeriopublico.pt/instrumento/convencao-relativa-ao-auxilio-judiciario-mutuo-em-materia-penal-entre-os-estados-memb-20. Acesso em: 2 jun. 2023.

UNIÃO EUROPEIA. **Tratado da União Europeia**, feito em Maastricht, em 7 de fevereiro de 1992. Disponível em: https://eur-lex.europa.eu/resource.html?uri=cellar:9e8d52e1-2c70-11e6-b497-01aa75ed71a1.0019.01/DOC_2&format=PDF. Acesso em: 2 jun. 2023.

UNIÃO EUROPEIA. **Tratado sobre o Funcionamento da União Europeia**, concluído em Roma, em 25 de marco de 1957. Disponível em: https://eur-lex.europa.eu/resource.html?uri=cellar:9e8d52e1-2c70-11e6-b497-01aa75ed71a1.0019.01/DOC_3&format=PDF . Acesso em: 4 mai. 2023.

UNITED KINGDOM; BRAZIL. **Convention between the United Kingdom and the Empire of Brazil for the regulation and final abolition of the African Slave Trade**, signed at Rio de Janeiro on 23 November 1826. Disponível em: https://babel.hathitrust.org/cgi/pt?id=hvd.hj1363&view=1up&seq=632 . Acesso em: 10 jul. 2023.

UNITED KINGDOM; BRAZIL. **Special Extradition Arrangements between the Government of United Kingdom and the Government of Brazil**, done at London on 29 October 1993. Disponível em: https://blogdovladimir.files.wordpress.com/2014/01/acordo-de-extradicc-ca7acc83o-ad-hoc-paulo-cecc81sar-farias.pdf. Acesso em: 10 jul. 2023.

UNITED KINGDOM; EGYPT. **Convention for the Suppression of the Slave Trade,** between the governments of United Kingdom of Great Britain and the Khedivate of Egypt, done on 4 August 1877. Disponível em: https://api.parliament.uk/historic-hansard/commons/1885/aug/10/slave-traffic-anglo-egyptian-convention. Acesso em: 10 jul. 2023.

UNITED KINGDOM; MADAGASCAR. **Treaty between Great Britain and Madagascar**, done on 23 October 1817.

UNITED NATIONS. **Charter of economic rights and duties of States**. Resolution A/RES/3281(XXIX), adopted on 12 December 1974. Disponível em: https://digitallibrary.un.org/record/190150. Acesso em: 2 jun. 2023.

UNITED NATIONS. **Charter of the United Nations**, done at San Francisco, on 26 June 1945. Disponível em: https://www.un.org/en/about-us/un-charter/full-text. Acesso em: 10 jun. 2023.

UNITED NATIONS. **Convention against Torture and Other Cruel, Inhuman or Degrading Treatment or Punishment.** General Assembly Resolution 39/46, 10 December 1984. Disponível em: https://www.ohchr.org/en/instruments-mechanisms/instruments/convention-against-torture-and-other-cruel-inhuman-or-degrading. Acesso em 10 mai. 2023.

UNITED NATIONS. **Convention for the Suppression of Unlawful Acts against the Safety of Civil Aviation,** concluded at Montreal on 23 September 1971. Disponível em: https://treaties.un.org/doc/Publication/UNTS/Volume%20974/volume-974-I-14118-english.pdf. Acesso em: 2 jun. 2023.

UNITED NATIONS. **Convention for the Suppression of Unlawful Seizure of Aircraft, The Hague,** 16 December 1970. Disponível em: https://treaties.un.org/doc/db/terrorism/conv2-english.pdf. Acesso em: 10 jun. 2023.

UNITED NATIONS. **Convention on the High Seas**, done at Geneva, on 29 April 1958. Disponível em: https://treaties.un.org/pages/viewdetails.aspx?src=treaty&mtdsg_no=xxi-2&chapter=21. Acesso em: 10 jul. 2023.

UNITED NATIONS. **Convention on the non-applicability of statutory limitations to war crimes and crimes against humanity,** done at New York, on 26 November 1968. Disponível em: https://treaties.un.org/pages/ViewDetails.aspx?src=IND&mtdsg_no=IV-6&chapter=4&clang=_en. Acesso em: 2 jun. 2023.

UNITED NATIONS. **Convention on the Rights of the Child**, adopted by General Assembly Resolution A/44/25, of 20 November 1989. Disponível em: https://www.unicef.org/child-rights-convention/convention-text. Acesso em: 2 jun. 2023.

UNITED NATIONS. **Convention relating to the Status of Refugees**, adopted on 28 July 1951. Disponível em: https://www.ohchr.org/en/instruments-mechanisms/instruments/convention-relating-status-refugees. Acesso em: 10 jul. 2023.

UNITED NATIONS. **International Convention for the Protection of All Persons from Enforced Disappearance**, adopted on 23 December 2010. Disponível em: https://www.ohchr.org/en/instruments-mechanisms/instruments/international-convention-protection-all-persons-enforced. Acesso em: 10 jun. 2023.

UNITED NATIONS. **International Convention for the Suppression of the Financing of Terrorism,** adopted at New York, on 9 December 1999. Disponível em: https://treaties.un.org/doc/db/terrorism/english-18-11.pdf. Acesso em: 2 jun. 2023.

UNITED NATIONS. **International Covenant on Civil and Political Rights**, adopted at New York, on 16 December 1966. Disponível em: https://www.ohchr.org/en/instruments-mechanisms/instruments/international-covenant-civil-and-political-rights. Acesso em: 2 jun. 2023.

UNITED NATIONS. **International Covenant on Economic, Social and Cultural Rights,** adopted at New York, on 16 December 1966. Disponível em: https://www.ohchr.org/en/instruments-mechanisms/instruments/international-covenant-economic-social-and-cultural-rights. Acesso em: 2 jun. 2023.

UNITED NATIONS. **Optional Protocol to the Convention against Torture and other Cruel, Inhuman or Degrading Treatment or Punishment**, adopted on 18 December 2002. Disponível em: https://www.ohchr.org/sites/default/files/cat-one.pdf. Acesso em: 2 jun. 2023.

UNITED NATIONS. **Optional Protocol to the Convention on the Rights of the Child on the sale of children, child prostitution and child pornography**, adopted at Ney York, on 25 May 2000. Disponível em: https://treaties.un.org/Pages/ViewDetails.aspx?src=IND&mtdsg_no=IV-11-c&chapter=4&clang=_en. Acesso em: 2 jun. 2023.

UNITED NATIONS. **Optional Protocol to the International Covenant on Civil and Political Rights,** adopted on 16 December 1966. Disponível em: https://www.ohchr.org/en/instruments-mechanisms/instruments/optional-protocol-international-covenant-civil-and-political. Acesso em: 10 jul. 2023.

UNITED NATIONS. **Protocol to Prevent, Suppress and Punish Trafficking in Persons Especially Women and Children**, supplementing the United Nations Convention against Transnational Organized Crime. General Assembly Resolution A/RES/55/25, adopted on 15 November 2000. Disponível em: https://www.ohchr.org/en/instruments-mechanisms/instruments/protocol-prevent-suppress-and-punish-trafficking-persons. Acesso em: 2 jun. 2023.

UNITED NATIONS. **The United Nations Convention to Combat Desertification (UNCCD)**, adopted at Paris, on 14-15 October 1994. Disponível em: https://www.unccd.int/sites/default/files/2022-02/UNCCD_Convention_ENG_0_0.pdf . Acesso em: 10 jun. 2023.

UNITED NATIONS. **United Nations Convention against Corruption**, adopted at Merida, on 9 December 2003. Disponível em: https://www.unodc.org/unodc/en/corruption/tools_and_publications/UN-convention-against-corruption.html. Acesso em: 10 jul. 2023.

UNITED NATIONS. **United Nations Convention against Illicit Traffic in Narcotic Drugs and Psychotropic Substances,** done at Vienna, on 12 December 1988. Disponível em: https://www.unodc.org/pdf/convention_1988_en.pdf. Acesso em: 10 jun. 2023.

UNITED NATIONS. **United Nations Convention against Transnational Organized Crime and the Protocols Thereto**, adopted at Palermo on 15 December 2000. Disponível em: https://www.unodc.org/documents/treaties/UNTOC/Publications/TOC%20Convention/TOCebook-e.pdf . Acesso em: 10 jul. 2023.

UNITED NATIONS. **United Nations Convention on the Law of the Sea**, done at Montego Bay on 10 December 1982. Disponível em: https://treaties.un.org/PAGES/ViewDetailsIII.aspx?src=TREATY&mtdsg_no=XXI-6&chapter=21&Temp=mtdsg3&clang=_en. Acesso em: 4 dez. 2023.

UNITED NATIONS. United Nations Office for Outer Space Affairs. **Treaty on Principles Governing the Activities of States in the Exploration and Use of Outer Space, including the Moon and Other Celestial Bodies**, done at London, Moscow, Washington, on 27 January 1967. Disponível em: https://www.unoosa.org/oosa/en/ourwork/spacelaw/treaties/introouterspacetreaty.html . Acesso em: 2 jun. 2023.

UNITED NATIONS. **Vienna Convention on the Law of Treaties**, done at Vienna on 23 May 1969. Disponível em: https://www.planalto.gov.br/ccivil_03/_ato2007-2010/2009/decreto/d7030.htm. Acesso em: 4 mai. 2023.

UNITED STATES; UNITED KINGDOM. **Treaty of Amity, Commerce, and Navigation**, signed at London November 19, 1794. Disponível em: https://avalon.law.yale.edu/18th_century/jay.asp#art20. Acesso em: 2 jun. 2023.

EDITORA JusPODIVM
www.editorajuspodivm.com.br

COLOR system

JUS3700